AF810544

Historische Belarus-Studien

Herausgegeben von Thomas M. Bohn

Band 9

2019
Harrassowitz Verlag · Wiesbaden

Diana Siebert

Herrschaftstechniken im Sumpf und ihre Reichweiten

Landschaftsinterventionen und Social Engineering in Polesien von 1914 bis 1941

2019
Harrassowitz Verlag · Wiesbaden

Umschlagabbildung: Quelle: Kalendarz Ziem Wschodnich 1935, Warszawa 1935, vordere Umschlagseite.

Bibliografische Information der Deutschen Nationalbibliothek
Die Deutsche Nationalbibliothek verzeichnet diese Publikation in der Deutschen Nationalbibliografie; detaillierte bibliografische Daten sind im Internet über http://dnb.dnb.de abrufbar.

Bibliographic information published by the Deutsche Nationalbibliothek
The Deutsche Nationalbibliothek lists this publication in the Deutsche Nationalbibliografie; detailed bibliographic data are available on the Internet at http://dnb.dnb.de .

Informationen zum Verlagsprogramm finden Sie unter
http://www.harrassowitz-verlag.de

© Otto Harrassowitz GmbH & Co. KG, Wiesbaden 2019
Das Werk einschließlich aller seiner Teile ist urheberrechtlich geschützt.
Jede Verwertung außerhalb der engen Grenzen des Urheberrechtsgesetzes ist ohne Zustimmung des Verlages unzulässig und strafbar. Das gilt insbesondere für Vervielfältigungen jeder Art, Übersetzungen, Mikroverfilmungen und für die Einspeicherung in elektronische Systeme.
Gedruckt auf alterungsbeständigem Papier.
Druck und Verarbeitung: Rosch-Buch Druckerei GmbH, Scheßlitz
Printed in Germany

ISSN 2197-800X
ISBN 978-3-447-11229-1

Inhalt

Abbildungs- und Tabellenverzeichnis

Abbildungen

Tabellen

Abkürzungsverzeichnis

AAN	Archiwum Akt Nowych	Archiv Neuer Akten
BBWR	Bezpartyjny Blok Współpracy z Rządem	Unparteilicher Block zur Zusammenarbeit mit der Regierung
BChD	Belaruskaja chryscijanskaja dėmakratyja	Belaruthenische Christliche Demokratie
BIHiK	Belaruski instytut haspadarki i kul'tury	Belaruthenisches Wirtschafts- und Kulturinstitut
BSH	Belaruskaja Sacyjalistyčnaja Hramada	Belaruthenische Sozialistische Vereinigung
BSRH	Belaruskaja Sjaljanska-rabotničnaja Hramada	Belaruthenische Bauern-und-Arbeiter Vereinigung
BPS-R	Belaruskaja Partija Sacyjalistaŭ-Rėvaljucyjaneraŭ	Belaruthenische Sozialrevolutionäre Partei
BSSR	Belaruskaja Saveckaja Sacyjalistyčnaja Rėspublika	Belaruthenische Sozialistische Sowjetrepublik
ČK	Črezvyčajnyj komitet	Sonderkomitee, Tscheka
Dz.U. RP	Dziennik Ustaw Rzeczypospolitej Polskiej	Gesetzblatt der Republik Polen
ĖHB	Ėncyklapedija Historyi Belarusi	Lexikon der Geschichte der Belarus
GAU		Größter anzunehmender Unfall
GONGO	government-organized non-governmental organizations	staatlich organisierte NGOs
GUS	Główny Urząd Statystyczny	Hauptamt für Statistik
GUZ	Główny Urząd Ziemski	Hauptbodenbüro
ha	hektar	Hektar
JbbGO		Jahrbücher für Geschichte Osteuropas
km	kilometr	Kilometer
km^2	Kilometr kwadratowy	Quadratkilometer
KOP	Korpus Ochrany Pograniczej	Grenzschutzkorps
KPdSU	Kommunisteičeskaja Partija Sovetskogo Sojuza	Kommunistische Partei der Sowjetunion
LOPP	Liga Obrony Powietrznej i Przeciwgazowej	Liga für Luft- und Anti-Gas-Verteidigung[1]
m^3	metr sześcienny	Kubikmeter
MRSt.	Mały Rocznik Statystyczny	Kleines Statistisches Jahrbuch
NIAB	Nacyjanal'ny Histaryčny Archiŭ Belarusi	Nationales Historisches Archiv der Belarus
NARB	Nacyjanal'ny Archiŭ Rėspubliki Belarusi	Nationales Archiv der Republik Belarus
ND	Narodowa Demokracja	Nationale Demokratie [Partei]

1 https://pl.wikipedia.org/wiki/Liga_Obrony_Powietrznej_i_Przeciwgazowej.

NGO	Non-governmental organization	Nichtregierungsorganisation
ÖPP		Öffentlich-Private Partnerschaft
PKO	Pocztowa Kasa Oszczędności	Postsparkasse
PMS	Polska Macierz Szkolna	Polnische Schulmutterschaft
PPS	Polska Partia Socjalistyczna	Polnische Sozialistische Partei
PSL	Polskie Stronnictwo Ludowe	Polnische Volkspartei
PwiWF	Przysposobienie Wojskowe i Wychowanie Fizyczne	
q	Kwintal (100 Kilogramm)	Quintal
RKP(b)	Rossijskaja kommunističeskaja partija (bol'ševikov)	Russländische Kommunistische Partei (Bolschewiki)
RZW	Rocznik Ziem Wschodnich	Ostlandjahrbuch
RKKA	Raboče-Krest'janskaja Krasnaja Armija	Rote Arbeiter- und Bauern-Armee („Rote Armee")
RP	Rzeczpospolita Polska	Republik Polen, Polnische Republik
RSFSR	Rossijskaja Sovetskaja Federativnaja Socialističeskaja Respublika	Russische Sozialistische Föderative Sowjetrepublik
SSRB	Saveckaja Sacyjalistyčnaja Rėspublika Bielarus	Sowjetische Sozialistische Republik Belarus'
TONK	Towarzystwo Opieki nad Kresami	Gesellschaft zum Schutz der kresy
TPBPSzP	Towarzystwa Popierania Budowy Powszechnych Szkół Publicznych	Gesellschaft zur Unterstützung des Baus öffentlicher Grundschulen
TRZW	Towarzystwo Rozwoju Ziem Wschodnich	Gesellschaft zur Entwicklung der Ostgebiete
UdSSR	Sojuz Sovetskich Socialističeskich Respublik	Union der Sozialistischen Sowjetrepubliken
USSR (UkrSSR)	Ukraïns'ka Radjans'ka Socialistyčna Respublika	Ukrainische Sozialistische Sowjetrepublik, Ukrainische SSR
YMCA	Young Men's Christian Association	Christlicher Verein Junger Männer
VKP(b)	Vsesojuznaja kommunističeskaja partija (Bol'ševikov)	Allunion-Kommunistische Partei (Bolschewiki)
ZfO		Zeitschrift für Ostmitteleuropaforschung
ZCZW	Zarząd Cywilny Ziem Wschodnich	Zivilverwaltung der Ostgebiete

Begriffe und ihre Standardübersetzungen in diesem Buch

(wenn nicht im Abkürzungsverzeichnis enthalten)

Polnisch	**Deutsch**
Centnar	Doppelzentner
Chutor	Einzelhof außerhalb des Dorfes
Dom ludowy	Volkshaus
Futor	Einzelhof außerhalb des Dorfes
Gubernator	Regierungspräsident, Gouverneur
Główny Urząd Ziemskiego	Hauptlandamt
gmina	Gemeinde
Ministerstwo Rolnictwa i Dóbr Państwowych	Ministerium für Landwirtschaft und Staatsgüter
Ministerstwo Rolnictwa i Reformy Rolnej	Ministerium für Landwirtschaft und Agrarreform
Ministerstwo Wyznań Religijnych i Oświecenia Publicznego	Ministerium für Religionsbekenntnisse und öffentliche Bildung
Ochotniczej Straży Pożarnej	Freiwillige Feuerwehr
Polska Macierz Szkolna	Polnische Schulmutterschaft (PMS)
Powiat	Landkreis, Kreis
Rewindykacja	Rückerlangung, Rückforderung, geistige Rückeignung
Starostwo	Landratsamt
Towarzystwo Rozwoju Ziem Wschodnich	Gesellschaft zur Entwicklung der Ostgebiete
okręg	Bezirk
Województwo	Wojewodschaft, Regierungsbezirk
Wojewoda	Wojewode, Regierungspräsident
Związek Rezerwistów	Reservistenverband
Związek Strzelecki	Schützenverband

Russisch	**Deutsch**
Chutor	Einzelhof außerhalb des Dorfes
Gubernija	Regierungsbezirk
Volost'	Gemeinde
Oblast'	Regierungsbezirk, zuweilen: Bezirk
Uezd	Kreis, Landkreis

Belaruthenisch	**Deutsch**
Belaruskae tovarystva dapamohi pacjarpelym ad vajny	Belaruthenische Gesellschaft für Kriegsopferhilfe
Vjalikaja Belaruskaja Rada	Große Belaruthenische Rada
Suvjaz' belaruskaha pracoŭnaha sjaljanstva	Bund der belaruthenischen arbeitenden Bauernschaft

I. Einleitung

Früher einmal, da schien Polesien nur aus Land und Leuten zu bestehen. Mehr noch, die Leute schienen einen dortigen Landschaftsbestandteil zu bilden. Die Zeit, falls es sie dort je gab, schien stehen geblieben zu sein. Zumindest schien es nur eine zyklische Zeit zu geben, keinen Zeitstrahl, weder ein Vorwärts noch ein Rückwärts. Dementsprechend schienen auch Ereignisse nur zyklisch stattfinden zu können, gegliedert durch den Kirchenkalender und durch Jahreszeiten, die durch außermenschliche, aber durchaus auch innerpolesische Kräfte, wie z.B. die regelmäßigen Hochwasser periodisiert waren.

Und genau diese Landschaft wurde in dem Projekt „Polesien als Interventionslandschaft"[1], in welchem ich mitarbeiten durfte, ausgewählt. Das ist kein Zufall. Denn dort, wo keine Entwicklung stattfand, sahen sich jene modernistischen Kräfte, die vorantreiben, beschleunigen, weiter- und höherentwickeln wollten, so eine erste These, besonders herausgefordert; und genau dort könne man die gegensätzlichen Prozesse von Abneigung und Aneignung, von abgewandtem und angewandtem Verhalten gegenüber der Moderne besonders gut studieren.

Was ist eine Intervention? Da wir mit Interventionslandschaft einen neuen Begriff eingeführt haben, prüfen wir in jedem Einzelfall, ob der Begriff Intervention für ein Geschehen gerechtfertigt ist – ob eine Aktivität also ausreicht, um sie Intervention zu nennen, oder ob sie dafür zu unbedeutend ist.

Existierte Polesien als Interventionslandschaft vor allem in den Köpfen von regional- oder national-romantischen Kulturschaffenden, von politischen und technologischen Modernisierern, von höheren Militärs, Klerus und Verwaltungsangestellten, oder intervenierten diese tatsächlich? Eine Antwort auf diese Frage hängt wesentlich davon ab, wie stark ein Eingriff sein muss, um Intervention genannt zu werden. Wenn allein das Pflügen von einigen Hektaren Land schon eine Intervention ist, so bemerkte Hansjörg Küster auf einer Konferenz im Juni 2016 richtig, dann taugt der Interventionsbegriff nichts, weil er zu allgemein ist, er fast schon jedwede menschliche Tätigkeit umfasst. Auf der anderen Seite haben wir nicht nur Kriege, Bürgerkriege, Pogrome und andere blutige Auseinandersetzungen analysiert, als Intervention angesehen, sondern gerade auch nichtmilitärische Einwirkungen.

Landschaftsintervention. Eine Landschaftsintervention ist nach meiner Definition eine Aktivität, bei der Menschen (!) in kurzer Zeit, in wenigen Jahren, in einer kurzen Epoche in

1 Das Forschungsprojekt „Polesien als Interventionslandschaft. Raum, Herrschaft, Technologie und Ökologie an der europäischen Peripherie (1915-2015)" wurde am Herder-Institut Marburg, der Justus-Liebig-Universität Gießen und der Universität Siegen durchgeführt und durch die Wissenschaftsgemeinschaft Gottfried Wilhelm Leibniz e. V. finanziell unterstützt. https://www.herder-institut.de/projekte/laufende-projekte/polesien-als-interventionslandschaft-raum-herrschaft-technologie-und-oekologie-an-der-europaeischen-peripherie-1915-2015.html.

den Charakter einer als stabil oder statisch angenommenen, zumindest fest umschriebene Eigenschaften aufweisenden Landschaft eingriffen.

Wir sehen daher sowohl die beide Weltkriege, die Bürger- und Kleinkriege von 1918 bis 1921, in den Ausläufern bis 1924 und die militärische Besetzung Westpolesiens von 1939 bis 1941, als auch den Bau der Polesischen Eisenbahnlinie und die Sumpftrockenlegungen ab den 1870er Jahren, den Bau von Schifffahrtsstraßen, die Einrichtung von Schulen, die verwaltungsmäßige Durchdringung durch Standesämter, die planmäßige Besiedlung von zum Polen der Zwischenkriegszeit gehörenden Westpolesien durch polnische Siedler *(osadnicy)* in den 1920er Jahren genauso als Interventionen an, wie es sich für die Kollektivierung der Landwirtschaft in der Sowjetunion in den 1930er Jahren durchgesetzt hat. Seit den 1960er Jahren stellten die heute abgeschlossene Melioration und daneben die vorläufig ebenfalls abgeschlossene Errichtung von Atomkraftwerken die bedeutendsten Interventionen in die Region Polesien dar. Mit diesen befassten sich die Kolleginnen und Kollegen der anderen beiden Teilprojekte des Projekts „Polesien als Interventionslandschaft".

Social engineering. Wie Land versus Leute, Boden versus Blut, Geo versus Bio gestellt werden, so könnten in der Interventionslandschaftsforschung entsprechend Landschaftsinterventionen von Leuteschaftsinterventionen unterschieden werden. Doch für das, was der hässliche Begriff Leuteschaftsinterventionen ausdrücken würde, gibt es schon einen eingeführten Terminus: es handelt sich hierbei um das *social engineering*. Dies ist ein Begriff, der im Unterschied zu fast allen anderen Sprachen in der deutschen (und niederländischen) Sprache beibehalten wird.[2] Im Deutschen gibt es auch den Begriff Sozialtechniken; wichtig ist es aber zu wissen, dass das Phänomen *social engineering* – anders, als es dieser Begriff wörtlich nahelegt, nicht nur ein Mittel oder eine Methode beschreibt, sondern zumeist auch ein Ziel: meistens das der Modernisierung, aber auch das der Zusammenfassung von Menschen in einer Familie, Gruppe oder einem „Volkskörper" oder sogar dann zu einer Klasse, wenn die Sozialingenieure (Sozialklempner) zu ihrem Bedauern nur eine „ungeformte" Masse vorfanden. Ich werde im Folgenden *social engineering*, zuweilen „Bevölkerungsintervention" verwenden, eben weil es präzise die Leuteschaftsinterventionen beschreibt.

Ereignisgeschichte. Vielleicht lässt der Begriff „Interventionslandschaft" eine Geschichtsschreibung der „langen Welle" erwarten, weil Landschaft als etwas etwas Langes und Festes gilt. Doch egal, ob von den Schöpferinnen des Begriffs Interventionslandschaft gewollt oder ungewollt, ist die Geschichte einer Interventionslandschaft doch sehr stark als eine Geschichte der Ereignisse zu schreiben, will man nicht auf der Ebene der Wahrnehmung und der Konzepte stehenbleiben, sondern tatsächliche Interventionen behandeln. Denn Interventionen sind in starkem Maße eben Ereignisse. Um Polesien als Interventionslandschaft zu analysieren, haben wir die Ereignisse in dieser Region nachzuvollziehen. Es ist dies wirklich nicht läppsch, man muss Details kennen, um diese Fragen beantworten zu können. Man muss die viel geschmähte Ereignisgeschichte schreiben, wenn man die Ereignisse nicht kennt. Nicht nur Sie kennen also die Region wenig, sondern auch gestandene

2 Vgl. die entsprechenden Wikipedia-Einträge; s.a. Etzemüller, Thomas (Hg.): Die Ordnung der Moderne. Social Engineering im 20. Jahrhundert, Bielefeld 2009.

Osteuropahistoriker. Und die, die etwas wissen, sind sich nicht einmal einig, wie es gewesen ist, zeichnen unterschiedliche Karten.

Über jedes der folgenden Kapitel und Unterkapitel hätte ich ein eigenes Buch schreiben können. Denn in Polesien war viel los. So ist der Text sehr lang geworden.

Je enger und ländlicher man „Polesien" definiert, desto mehr erfolgten „alle" Interventionen von außen. Daher der Hang zur Gesamtgeschichtsschreibung Polesiens in diesem Buch. Anstatt wie die Alltagshistoriker und Ethnologen eine Geschichte von innen zu schreiben zu versuchen, versuchte ich, eine von außen zu schreiben.

Und auch ein nicht stattgefundenes Ereignis ist als Intervention darstellbar, – als eine nicht gelungene.

Bisher sind Darstellungen der Ereignisgeschichte Polesiens insbesondere für die Jahre 1914 bis 1921 in deutscher und englischer Sprache nicht erschienen. Und es gilt auch für die Zeit von 1921 bis 1939 immer noch, weiße Flecken der Geschichte Polesiens und der Belarus' auszufüllen. Ich konnte weniger stark in die Geschichte der Ökologie Polesiens eintauchen als ich ursprünglich wollte.

Geschichte der Städte und Schtetl nicht geschrieben. Noch unangenehmer ist mir, dass es mir nicht gelang, jiddisch zu lernen, entsprechende Quellen zu verwerten und die Geschichte der zur polesischen Landschaft gehört habenden Schtetl als interventionslandschaftliche Geschichte zu schreiben. Wie schon Werner Benecke vor 20 Jahren muss ich den unbefriedigenden Satz schreiben, dass dies einer künftigen Forschung vorbehalten bleibt. Vielleicht wird mir das ja noch möglich werden.

Nur Westpolesien. Dass ich zwar für die Zeit von 1914 bis 1921 ganz Polesien, für die anschließende Zeit bis 1941 nur Westpolesien beschreibe und analysiere, hat hingegen andere Gründe: Erstens habe ich mich mit dem belaruthenischen Teil Ostpolesiens bereits in meiner Dissertation befasst,[3] zweitens sollte das vorliegende Projekt ausdrücklich das polnisch-ukrainisch-belaruthenische Grenzgebiet (besser: Übergangsgebiet) Polesien behandeln.

Intervention als Othering und Verseinen. Wir haben im bisherigen Verlauf des Projektes beispielsweise den Zusammenhang zwischen Intervention von außen und Kolonialismus hergestellt. Zentral sind die Fragen, inwiefern Polesien und die Bewohner Polesiens für welche Interventen in welcher Phase zum Eigenen oder zum Anderen gehörten. Oder, jenseits der präskriptiven Selbst- und Fremdeinschätzung: Machten die Intervenierenden die Bewohner Polesiens durch die tatsächlichen Interventionen zum Eigenen oder zum Anderen?

Es gab Phasen, in denen die „Poleschuken" (die Einwohnerinnen und Einwohner Polesiens) zum Eigenen gezählt wurden, also kein „Othering", sondern Inklusion/Verseinung betrieben wurde; doch war dies nicht eigentlich auch eine Intervention?

Fragen. Sowohl Landschaftsinterventionen als auch *social engineering* erforderten die Anwendung bestimmter ziviler und nichtziviler Techniken. Und dasselbe gilt auch für die Lebenskunst der potenziell von Interventionen betroffenen Menschen. In diesem Buch geht es darum, wer welche Herrschaftstechniken mit welchem Erfolg warum anwendete. Wann

3 Siebert 1998a.

und warum prallten Intervenierende und Einheimische zusammen, wann eignete man sich gegenseitig Techniken von Herrschaft an? Welche Mechanismen von Unterdrückung existierten? Welche Flächen und Räume produzierten die Partisanen aller Couleur in ihren Aktionsradien? Trugen die Landschaftsinterventionen indirekt zur Territorialisierung bei, zu einer flächendeckenden intellektuellen Beackerung, zu Vorstellungen von der Fläche, dem Raum Polesien und entsprechenden Handlungen? Bedienten sich die Intervenierenden schließlich selbst der Methoden von Partisanen?

Gab es bestimmte Muster von Herrschaft, die von zarischen, deutschen, polnischen und sowjetischen Herrschern (und Möchtegern-Herrschern) immer wieder angewandt wurden, eben weil Polesien eine Sumpflandschaft war?

Welche Schlussfolgerungen zog die einheimische Landbevölkerung aus ihren Erfahrungen mit den Herrschaftstechniken, die ihnen im Ersten Weltkrieg, im Bürgerkrieg und in Zeiten polnischer wie sowjetischer Kriegs-, Verwaltungs-, Besiedlungs-, und Modernisierungsvorhaben begegnet waren? Gab es dabei eine raumzentrierte Entwicklung, eine raumzentrierte Kontinuität?

Versuchten die Intervenierenden, mithilfe der Bauern in den Dörfern und mithilfe der Juden in den Städten zu regieren oder gegen sie? Welche Herrschaftstechniken wurden genutzt? Militärische und physische Gewalt? Raub, Geldsteuern/-abgaben, Naturalsteuern, Zuschüsse, Geschenke, Zuweisung von Herrschafts-, Raub-Territorien? Nutzten die Intervenierenden die Ressourcen der Armen durch Arbeit, Zwangsarbeit (ad hoc, dauerhaft)?

Regierten sie nach dem Prinzip „Teile und herrsche"? Die Trennung nach Geschlechtern (Militärdienst, Krankenschwester), Alter (Schulpflicht, Militärdienst), Nationalität (Juden, Ukrainer, Belaruthenen, Polen, polnische Siedler, Poleschuken), Religion (Christlich-Orthodoxe, Juden, Katholiken, Evangelische, Unierte, Moslems), Klassen oder Schichten (Grundbesitzer, Kaufleute/Händler/Aufkäufer, Bauern (arme/mittlere/reiche), Landlose/ Landarbeiter/Häusler, Eisenbahner/Bootsleute/Fuhrleute, Klerus/Lehrer/Intelligenz war ja traditionsreich – was war hier bewusster Akt, was der blanken Macht wirtschaftlicher Verhältnisse und sozialer Überlieferung geschuldet?

Versuchten sich die Intervenierenden an einer ideologisch-kulturellen Durchdringung, also einem „Kulturprogramm", wie es Ludendorff im Ersten Weltkrieg nannte, an Alphabetisierung, Bildungseinrichtungen, Sprachkodifizierung oder wollten sie ohne Ideologie und ohne Programm auskommen?

Verwaltungsmacht. Wie setzten sie ihre Verwaltungsmacht durch? Haben sie die unfähigsten Angestellten oder, im Gegenteil, wichtige Leute, eventuell mit finanziellen Anreizen in die polesische Provinz geschickt? Haben sie Anreizsysteme oder Befehlssysteme installiert oder zumindest zu installieren versucht? Wollten sie von der Bevölkerung in Ruhe gelassen werden und sie in Ruhe lassen, oder haben sie Mithilfe erwartet? Haben sie kooptiert, sie korporativ eingebunden und genötigt, bei gesellschaftlichen Zeremonien mitzuwirken? Übten sie die Herrschaft geografisch (territorial, flächendeckend) aus oder „nur" über Personen, Personenverbände, Korporationen, über „ungeografische", „nichtterritorialisierte" Institutionen?

Es wurde bisher in der Osteuropahistoriographie gerne das Persönliche gegen das Institutionelle gesetzt, das Kurzzeitige gegen das Langzeitige der Gesellschaften, aber es wurde weniger beachtet, wo das Gesellschaftliche einerseits oder (eben) das Geografische andererseits wirkte.

Kolonial? Viele dieser Fragen deuten schon an, dass sich Polesien oft den Typisierungen (anti-, post-)kolonialer Beschreibungen entzog: die Dorfbewohner waren kein „Fremdvolk“ (außer bei den Nazis so bezeichnet), sie sprachen, so wurde es gesehen, keine „andere“, aber auch nicht die „eigene“ Sprache der jeweiligen Herrscher. Sie hatten, auch dies wurde von den Beschreibenden so gesehen, als andere Religion nur einen höheren heidnischen Anteil in ihrem Christentum als die Bewohner in den Nachbarregionen. Waren Polesien und die PolesierInnen also rein quantitativ ein wenig anders, oder hatten wir es hier mit einer auch qualitativ anderen Situation zu tun?

Egal, ob die „Poleschuken“ für die Intervenierenden zum konstruierten Selbst oder zum konstruierten Anderen gehörten, das Leben dort war tatsächlich anders; es war oft geradezu das Gegenteil von dem, was Verwaltungsbeamte aus St. Petersburg, Petrograd, Moskau, Warschau, Berlin, Kiew und selbst Minsk tagtäglich um sich hatten. Die Wildnis und das Leben der Dorfbewohner war für Außenstehende so eindrücklich, dass die dortigen Kleinstädte, welche es ja auch gab, und welche für die Ökonomie Polesiens wesentlich waren, in vielen Beschreibungen Polesiens fehlten.

Schließlich die Diskursebene: Wollten die zeitgenössischen Beschreiber Polesiens Idealtypen finden – für sich und ihr Publikum – vielleicht, um anhand von diesem sumpfigen Extrembeispiel besser darlegen zu können? Wir von dem Projekt „Polesien als Interventionslandschaft 1914-2015“ wollen dies und wir stehen dazu. In den *area studies* wählt man in der Regel solche Regionen aus, die markant sind, und nicht solche nichtmarkanten wie z.B. „alles in Europa zwischen 51° und 52° n.B.“ Polesien ist hier besonders markant, weil es eben ein (mit mehr als den üblichen Schwierigkeiten genauer Grenzziehung) naturräumlich umrissenes Gebiet ist, nämlich, grob gesagt, das des Bassins des Flusses Prypjat'.

Was umgekehrt aber auch heißt: wenn wir an Polesien nicht die Bedeutung von Flächen, Flächendeckung, innerer Kolonisierung, Landschaft, Blutländern, Intervention und Interventionslandschaft nachweisen können, dann gelingt es woanders auch nicht.

Engführung. Sie merken, dies ist keine monoerotetische wissenschaftliche Arbeit. Aber alle genannten Fragen lassen sich auf folgende zwei engführen: War Polesien eine Interventionslandschaft? Und damit: Ist das Konzept der Interventionslandschaft sinnvoll?

Polesien als Interventionslandschaft – die Ausgangsthese. Polesien oszillierte, so die These, (auch) in der Zeit von 1914 bis 1941 zwischen Aufeinanderprallen und Zusammenarbeit, zwischen Anziehung und Abstoßung, zwischen Terror und Normalität, zwischen Territorialisierung und neuer „Verwilderung“, zwischen Ver- und Entsicherheitlichung, zwischen Zuschreibung zum Anderen und zum Eigenen.

Hier erstreckte sich ein diskursives wie reales, aber immer asymmetrisches Kontinuum, in dem das bald umkämpfte, bald nahezu niemanden interessierende Polesien als Interventionslandschaft geografisch, politisch, militärisch, sozial und wirtschaftlich produziert, tradiert und zerstört, erinnert und vergessen wurde.

1.1 Kritik einiger Begriffe und einiger Konzepte, die um diese Begriffe kreisen

Einige Begriffen wie *Kresy*, *Ziemie Wschodnie* (Ostgebiete), *Polska A* und *Polska B*, Moor, Morast, Sumpf, Moorbrandrodung, Melioration u.a. nehme ich in den Kapiteln unter die Lupe, in denen ich sie häufig verwende. Im Folgenden befasse ich mich zunächst mit allgemeinen Begriffen.

Natur und Landschaft. Wer sich mit Landschaften befasst, sollte die Begriffe Kultur, Natur, Umwelt, Gegend und Landschaft einer Kritik unterziehen. Das Sumpfgebiet Polesien war 1914 keine ursprüngliche Region, auch wenn es vielen von außen so schien – schließlich hatte selbst Napoleon sie auf dem Hinweg nach Moskau möglichst gemieden[4] und die Deutschen 1941 ebenso. Sie war dünn besiedelt, daher konnte es so erscheinen, als hätten die Menschen angesichts übermächtiger Naturkräfte keine Möglichkeit und keinen Willen gehabt Polesien zu gestalten. Doch auch, wenn die Einwohner Polesiens sich an die Gegebenheiten von Klima, Flora und Fauna stark angepasst haben sollten, so konnte dennoch von einer unberührten Natur keine Rede sein. Abgesehen davon, dass eine so definierte Natur selbst die Natur berührte, haben Menschen, z.B. durch flächenumgestaltende Brandrodung, auch in Polesien die Landschaft gestaltet, zumindest verändert.[5]

Natur und Kultur. Auch in Polesien waren Kultur und Natur das (menschengemachte) Gegensatzpaar, und eine neue (Agri-)Kultur brachte eine neue Natur hervor. Ich meide den Begriff Natur in dieser Arbeit nicht aus prinzipiellen, sondern aus praktischen Gründen: er ist doppeldeutig als einerseits das – der historischen Forschung übrigens immer wieder entgleitende – Ursprüngliche, andererseits eben als das antonymisch gegen Kultur gestellte, als das Gegebene, das durchaus auch irgendwann einmal produziert worden sein konnte. Egal, ob man die Natur liebt oder sie als schnöde Ressource betrachtet, die sich die Menschen untertan machen sollten: der Begriff vernebelt all zu oft.

Auch praktisch wird die Natur oft als historische Akteurin angesehen, etwa wenn von der Widerständigkeit der Natur in Polesien gesprochen wird. Doch genügt kurzes Überlegen, um festzustellen, dass es konkrete Tiere und Pflanzen sind, die widerständig sind: Mücken möchten nicht vernichtet werden, sondern selbst Blut saugen, und Bäume nicht abgehackt werden, sie alle haben den individuellen und kollektiven (arterhaltenden) Lebenstrieb. Was hier hingegen allgemein eine „Natur" oder gar eine „Naturlandschaft" für ein Interesse hat oder haben könnte, kann nur auf einer philosophischen Ebene betrachtet werden, in die dieses Werk nicht vordringen wird.

4 Streffler's Militärblatt, 25. September 1915, S. 2-5, hier S. 5; so auch später die Sowjets 1939 siehe Osen' 1939 goda: korennoj perelom v sud'be belorusskogo naroda, Brest 2009, S. 62 (Karte).

5 Kulczyński, Stanisław: Park natury na Polesiu i jego stosunek do planu meljoracji: odczyt wygłoszony na 12-stym Zjeździe dorocznym Państwowej Rady Ochrony Przyrody w Warszawie w dn. 11 stycznia 1930 r., In: Ochrona Przyrody. Band 10(1930); Bürgener, Martin: Pripet-Polessie. Das Bild einer polnischen Ostraum-Landschaft. Mit 5 Karten, 40 Abbildungen auf Tafeln, 8 Skizzen und Kurvenbildern im Text. Petermanns Geographische Mitteilungen (237 (Ergänzungsheft)). Gotha 1939, S. 35 für seine Gegenwart; allgemein: Radkau, Joachim: Natur und Macht. Eine Weltgeschichte der Umwelt, München 2000.

Umwelt. Schon allein deshalb, weil sich für die Geschichte der Ökologien im Deutschen der Begriff Umweltgeschichte eingebürgert hat, ist auch der Begriff Umwelt zu bewerten. Das „Um“ in Umwelt deutet schon auf die menschenzentrierte Sicht hin, darauf, dass es etwas Eigentliches gibt, die Welt, und zudem (drumherum) die ebenfalls zu beachtende Umwelt. Die Karriere des Begriffs Umwelt rührt von einer gedanklichen Gegenüberstellung einer eigentlichen, privatisierten Welt von Menschen mit ihrer ersten, zweiten und dritten Haut einerseits und einer außerhalb einer solchen Hülle liegenden Umwelt, egal was der Erfinder Jakob Johann von damit ursprünglich intendierte. Die Umwelt wurde dadurch bekannt, dass Menschen sie schützen wollten (und wollen sollten). Umweltschutz war mehr noch als Naturschutz oder Landschaftsschutz etwas, was den Menschen zugute kommen sollte. Man kann die Begriffe Umwelt und Landschaft sogar antonymisieren: Umwelt als das Drumherum um den Menschen, hingegen Landschaft per Definition als etwas, das Menschen betrachten, das Menschen durch einen Gesamteindruck herstellen. Landschaft ist eine bestimmte Wahrnehmungsform der Umwelt.

Der Begriff Umwelt und somit Umweltschutz passt überdies nicht zu Polesien. Schon Uexküll stellte heraus, dass jede Einheit und jede Person ihre Umwelt habe. Außerdem wirkt der Begriff „Umwelt“ im Deutschen fast etwas harmlos. Anhand des Linth-Tal-Projekts in der Schweiz wurde beobachtet, wie eine „feindliche Natur zur freundliche(n) Umwelt *(environment)* gemacht“[6] wurde.

Ökologie, Landschaft und Gegend. Obwohl es sich um ein nichtenglisches Fremdwort handelt, hat sich in Deutschland nach der Etablierung von Umweltschutz – und Ministerien für Umweltschutz – der Begriff Ökologie durchgesetzt, weil er besser organische wie anorganische, auf Makroebenen wie Mikroebenen befindliche Wechselwirkungen und gegenseitige Abhängigkeiten herausstellt als der Begriff Umwelt. Allerdings hat der Begriff Ökologie in einer historischen, also zeitorientiert gesellschaftliche Zusammenhänge behandelnden Arbeit wie dieser hier den Nachteil, dass er auch außermenschliche Wechselprozesse betrachtet, und wir daher dem Verdacht entgegenzutreten haben, wir wollten den Menschen oder die Menschen aus der Betrachtung heraushalten; dies wäre zwar reizvoll, weil es historische Entwicklung ja auch Millionen von Jahren lang auch ohne die Menschen gab; doch kommt diese Zeitepoche in dieser Arbeit nicht vor.

Was Menschen, die von außen kamen, in Polesien sahen, war vielmehr eine Gegend, eine Landschaft. Aus dem „Gesamteindruck einer Gegend“ (Humboldt) machten Menschen eine Landschaft. Das russische Wort *landšaft* gibt diesen Aspekt deutlicher wieder als das deutsche. Wenn ich das „Nicht-Landschaftliche“ einer Region benennen will, werde ich eher von Land, Gegend, Region oder Gebiet sprechen, so langweilig (und ebenfalls konstruierend) diese Begriffe auch sind.

Ökologische Systeme müssen keine Landschaft darstellen, Landschaften keine ökologischen Systeme sein (z.B. Industrielandschaft, Forschungslandschaft). Ein von der Biologie beschriebenes ökologisches System, also eines, in welchem von der Einwirkung der Menschen abstrahiert wird, kennt den Klimax-Zustand, also den Zustand, in welchem die Wech-

6 Speich, D.: Draining the marshlands, disciplining the masses: The Linth Valley hydro engineering scheme (1807–1823), In: Environment and History 8(4), S. 429-447, zitiert in: Caprotti, Federico: Mussolini's Cities: Internal Coloniallism in Italy 1930–1939, Youngstown 2007, S. 46.

selprozesse einen stabilen *Zustand* erreichen, und Änderungen erfolgen nur periodisch, innerhalb dieses Zustands (meist innerhalb eines Jahres, z.B. Jahreszeiten des Tauwetters, der Trockenheit, der Vereisung). Wenn man ökologische Landschaften beschreibt, versucht man bewusst oder unbewusst diesen *Zustand* als das Gegebene anzusehen. Landschaft und Landschaftsbilder sind Zustandsbeschreibungen. Dies ist es, was Landschaften so unhistorisch erscheinen lässt. Und dasjenige, was diesen Zustand einer Landschaft ändert, erscheint desto mehr als eine Intervention von außen. Deshalb ist der Begriff der Interventionslandschaft so eingängig.

Erweiterung des Raumschemas von Henri Lefebvre. Nach einer in letzter Zeit wieder öfter verwendeten Kategorisierung von Henri Lefebvre, der nicht mit Landschaft, sondern mit Raum arbeitete, können wir analytisch eine wahrgenommene, eine konzipierte und eine gestaltete (materialisierte) Landschaft unterscheiden. Ich bin es gewohnt, in Antonymen zu denken, und will es weiter so halten. Eine Dreiteilung ist mir daher (im Gegensatz zum ausdrücklichen Postulat Lefebvres[7]) suspekt. Deshalb löse ich sie in zwei antonyme Begriffspaare, also potenziell vier Begriffe auf. Das erste Begriffspaar ist *erlebt* versus *gemacht*, das zweite *gedanklich* versus *materiell.* Es ergeben sich, auf die Landschaft bezogen, vier Raumkategorien: Erstens *gedanklich gemacht* – dies ist die konzipierte Landschaft Lefebvres. Zweitens *gedanklich erlebt* – dies ist die wahrgenommene Landschaft Lefebvres. Drittens *materiell gemacht*, also materialisiert – dies ist die gestaltete Landschaft Lefebvres. Es fehlt bei Lefebvre also noch *materiell erlebt*, oder noch deutlicher: *stofflich* erlebt, im wahrsten Sinne des Wortes in Fleisch und Blut übergegangen. Ohne dass Timothy Snyder diese Kategorie verwenden würde, scheint er mir dies nachzuholen, und zwar als Erlebnis von Blut („Blutländer“) und Erde („Schwarze Erde“). Kann es Stofflicheres geben als Blut und Boden? [8]

Die drei Lefebvreschen „Räume“, ergänzt um den vierten (Tabelle 1)

	gemacht	erlebt
gedanklich	Nr. 1: konzipierter Raum	Nr. 2: wahrgenommener Raum
materiell	Nr. 3: gestalteter Raum	Nr. 4: stofflich erlebter Raum

7 Lefebvre, Henri: Die Produktion des Raums [1974], in: Raumtheorie. Grundlagentexte aus Philosophie und Kulturwissenschaften. Hrsg. v. Jörg Dünne und Stephan Günzel. Frankfurt/Main 2006, S. 330-342, hier S. 336-337.

8 Ich mache für Deutschland schon seit dem Hass auf Psychologisierungen im Punk einen Schrei nach Stofflichem aus, der sich nicht nur in biologischen statt psychologischen Metaphern (Adrenalinstoß, Blut, auch Boden?) ausdrückte, sondern auch der Selbstverstofflichung durch die Verwendung von Piercings und Tattoos. Was kann das auf Landschaften übertragen bedeuten?
Nicht benutzen werde ich die in der Psychologie benutzten räumlichen Begriffe wie Komfortzonen oder Distanzzonen (Proxemik). Deren Relevanz will ich zwar nicht abstreiten, aber ich möchte nicht den Pfad zu einer Psychologisierung und potenziellen Enthistorisierung der polesischen Geschichte legen. Dies ist übrigens auch der Grund, warum Sie eventuell in diesem Buch Fragen von (lokalen und regionalen) Identitäten unterbelichtet finden.

Die Verwendung von drei, jetzt vier Arten von „Räumen“ enteuklidisiert den als Länge-Breite-Höhe-Zeit definierten, ereignisorientierten Raumbegriff, weil sie drei, zudem miteinander verschränkte[9], sozusagen gleichzeitig existierende Räume beschreibt. Bleibt die Frage, warum man das „Räume“ nennen soll. Wahrscheinlich ist „Raum“ deshalb ein so häufig verwendeter Begriff, weil er abstrahierendes und abstraktes Denken versinnbildlicht, wenn auch mit einer unabweislichen „Tendenz zur Metaphorisierung“.[10]

Raum und Platz: Immer noch zum *spatial turn*. Der *spatial turn* war meines Wissens nach kein strategisches historisches Projekt, sondern versuchte, die vernachlässigte, in Deutschland obendrein rassistisch, besser: geografistisch konnotierte Kategorie Raum in die historische Debatte in einer Ergänzung wiedereinzuführen. Die Sozialgeschichte sollte nicht mehr als Strukturgeschichte, die Kulturgeschichte nicht mehr als allzu sphärische und ortslose geschrieben werden; die gegebene Raumgebundenheit oder zumindest -zugehörigkeit sollte jedenfalls explizit gemacht werden.

Als die Rehabilitation der Kategorie Raum auf eine postmaterialistische Debatte traf, wurde zugleich betont, dass Raum nun nicht mehr als ein „euklidischer“ Behälter mit Länge, Breite und Höhe zu verstehen sei, in welchem durch die Hinzufügung der vierten, Historikerinnen und Historiker interessierenden Dimension Zeit die Ereignisse stattfanden. Vielmehr wollte man die Konstruiertheit von Räumen herausstellen. Dies führte dann dazu, dass überall auf der Welt und in den Regionen nicht nur *ein* (geografischer) Raum, sondern viele wahrgenommen und produziert wurden, nicht nur die altüberlieferten Kultur- und Naturräume, sondern auch Gewalträume, Sozialräume, die Lefebvreschen Räume und so weiter. Dies führte allerdings dazu, dass der nichteuklidische Raum wieder allzu abstrakt werden konnte.

Dies wird schon in dem Begriff Raum (englisch: *space*) selbst deutlich. Raum ist ein gegenüber Fläche (englisch: *place*)[11] weniger fassbarer, für die Bildung von Metaphern anfälliger, eingängiger Begriff. Man spricht z.B. gerne von dem Räumlichen, aber wer tut dies schon von „dem Flächigen“? Die Fläche als Ankerwort benutzen aber Jörg Ganzenmüller und Tatjana Tönsmeyer im Sammelband „Vom Vorrücken des Staates in die Fläche“,[12] und zwar sogar für die Installation des Warschauer Generalgouverneurs und dessen Aktivitäten.

Man wollte offenbar den konkreteren, messbaren, euklidischen Raum aus vielen guten Gründen überwinden, darunter aber auch aus demselben Grund, weshalb man zuvor den Raum überhaupt aus der Geschichtswissenschaft so lange entfernt hatte: man wollte keine

9 Hannes Grandits, Béatrice von Hirschhausen, Claudia Kraft, Dietmar Müller, Thomas Serrier (unter Mitarbeit von Karin Casanova und Michael G. Esch) Phantomgrenzen im östlichen Europa. Eine wissenschaftliche Positionierung, In: von Hirschhausen, Béatrice, Hannes Grandits, Claudia Kraft, Dietmar Müller, Thomas Serrier (Hg.): Phantomgrenzen. Räume und Akteure in der Zeit neu denken, Göttingen 2015, S. 13-56.

10 Haslinger, Peter und Vadim Oswalt: Raumkonzepte, Wahrnehmungsdispositionen und die Karte als Medium von Politik und Geschichtskultur, In: Haslinger, Peter und Vadim Oswalt (Hg.): Kampf der Karten. Propaganda- und Geschichtskarten als politische Instrumente und Identitätstexte. Marburg/L. 2012, S. 1-12, hier S. 3.

11 „Place, in this sense, is not a volumetric space, but the immediate environment of a living body incorporating physical, historical, social and cultural aspects“, Casey 2001, S. 683, laut Caprotti 2007, S. 42

12 Ganzenmüller, Jörg und Tatjana Tönsmeyer (Hg.): Vom Vorrücken des Staates in die Fläche. Ein europäisches Phänomen des langen 19. Jahrhunderts, Köln [u.a.] 2016.

geostrategischen De- und Präskriptionen, keine strategische Geschichtswissenschaft. Man wollte, allgemeiner, nicht in eine Denkstruktur verfallen, für die sich im Deutschen bisher kein Begriff eingebürgert ist: man wollte und will keinen Geografismus.

Geografismus. Geografismus ist ein fehlender Begriff. Eine Eingabe bei Google förderte 2016 wie 2018 nur wenige Ergebnisse zutage. Geografismus sollte aber als Gegen- oder wenigstens Komplementär-Begriff zu Biologismus und Kulturalismus eingeführt werden.

Bisher wurden Biologismus und Kulturalismus (mit Recht) als gegensätzlich aufgefasst: Der Biologismus essenzialisiert die „Natur" oder die Biologie des Menschen, die Beschaffenheit menschlicher Körper, darunter auch als historischer Extremfall in gewollt diskriminierender Form die sogenannte Rasse (Extremfall, weil in der Rede von der „Rasse" mehrere biologische Eigenschaften zu einer „Rasse" verdichtet, wie sie schon seit ein paar Tausend Jahren als Agens menschlichen Handelns nicht mehr vorkommt, also gar nicht als wirksame Kategorie für Entscheidungen existiert), der Kulturalismus hingegen die „Kultur" bestimmter Menschengruppen, überliefertes gemeinsames Leben. Aber beide gehen vom Menschen aus.

Komplementär gibt es zu Biologismus/Kulturalismus einen geografischen,[13] topographischen oder landschaftlichen Determinismus – oder doch Lehren, die die geografische, topographische oder landschaftliche Situation als für gesellschaftliche Zustände und Prozesse all zu sehr konstituierend darstellen.

Deutlich wird das durch die Betrachtung gerade auch der Kritik an diesen Konzeptionen: der *spatial turn*, der den Raum als Kategorie in die wissenschaftlichen Disziplinen zurück brachte, wurde ängstlich beäugt, ob er nicht die Grundlage für eine neue Geopolitik ist. Auch wenn das leicht zurückzuweisen ist: Allzu eingängig sind räumliche politische Argumentationen. Selbst dann, wenn man in Vorträgen zum Beispiel die geostrategischen Ideen eines Aleksandr Dugin bekämpfen will, werden oft irgendwelche Schemata von ihm per Beamer an die Wand geworfen – man will ihn kritisieren, aber sein Geografismus bleibt hängen.

Das Territorialitätsprinzip erscheint einsichtiger als der Personalitätsprinzip. Land erscheint als Konstante, Leute hingegen als geradezu launisch den schnellen, über sie kommenden Veränderungen unterworfen. Land(schaft) erscheint als „lange Welle", Leute zuweilen sogar als individualistisch.

Die Geografie einer Fläche wird als etwas Gegebenes, etwas Grundlegendes, eben Essenzielles angesehen. Die Essenzialisierung der Geografie ist gegenüber derjenigen der Biologie oder der Kultur tückischer, wenn auch wahrscheinlich nicht mörderischer.

Dies galt und gilt gerade auch für Sumpfgebiete, und zwar deshalb, weil sie uns fremd sind. Es mag dort passieren was will, der Eindruck der Landschaft ist so mächtig, dass ein Sumpfgebiet als „nur räumlich" erscheint. Dass die Fläche, dass die Geografie historische bedeutsame Faktoren sind, ist gerade in einem Sumpfgebiet offensichtlich, und deshalb ist die Gefahr der Essenzialisierung auch besonders groß. Nirgendwo anders als hier, wo sich selbst jahrhundertealte wirtschaftliche Praxis und Lebenskunst bis in die Zwischenkriegs-

---

13 Verstreute Hinweise in verschiedenen Werken von Karl Schlögel und bei Cvetkovski, Roland: Modernisierung durch Beschleunigung, Raum und Mobilität im Zarenreich, Frankfurt/Main 2006, S. 39.

zeit erhalten hatten und selbst im 19. Jahrhundert Kräfte von Außen solche Regionen mieden, erscheint eine Region so dermaßen unhistorisch.

Blutländer. Deswegen hielten wir es in dem Projekt „Polesien als Interventionslandschaft" für wichtig, zu zeigen, dass diese Region nicht einfach eine Landschaft war, sondern, dass dort etwas geschehen ist. Auch Timothy Snyder hat in „Blutländer" dazu beigetragen, dass dies ins Bewusstsein gekommen ist. Ausgerechnet die „Pripjet-Sümpfe" sind – als einzige Region! – in den Karten der deutschsprachigen Ausgabe eingezeichnet.[14] Die Erleichterung, die viele Ukrainerinnen und Belaruthenen erfüllt hat, dass die Heimatländer und das Schicksal der eigenen Verwandten durch Snyders Bücher endlich einmal prominent in den Fokus gerückt wurden, verdeckte aber, dass diese Heimat nunmehr nur als eine Gewaltgeschichte, als eine Geschichte fast ausschließlich von Blut und Erde beschrieben wurde. Während Polen und Russland weiterhin als Kulturnationen empfunden und dargestellt wurden, scheinen dazwischen die Blutländer zu liegen. Ziel unseres Projekts war es zu analysieren, dass es in den „Blutländern" Gesellschaften gab, und zwar auch dann, wenn gerade niemand ermordet wurde; dass es in ihnen Veränderungen gab, und dass selbst die Interventionen von außen nicht immer nur blutig und militärisch geplant, vorbereitet und (systematisch oder spontan) durchgeführt wurden.

Kolonisierung. Die Veröffentlichung dieses Buches fällt in eine Zeit, in der in der Ukraine und in der Belarus' von einer Dekolonisierung die Rede ist – von einer nicht nur rechtlich im Dezember 1991 vollzogenen staatlichen Unabhängigkeit, sondern auch einer gesellschaftlichen, wirtschaftlichen und staatlichen Emanzipation von Russland. Insofern ist die „Kolonie"-Begrifflichkeit geläufig. Doch sie hat ihre Tücken.

1/ Das beginnt damit, dass der Kolonisierungs-Begriff sich auf Vorgänge beziehen kann, bei denen es keine Kolonisierten gibt, jedenfalls keine kolonisierten Menschen: „Schrebergartenkolonie", „Ameisenkolonie".

2/ Zudem wird traditionell räumlich zwischen a) Übersee-Kolonisation („ein Ozean mit Salzwasser muss dazwischen liegen")[15] und b) „Innerer Kolonisation" unterschieden. Dies reicht aber nicht aus, als c) dritte Art von Kolonisation müssen wir dringend die „Kolonisation angrenzender Gebiete" einführen: Sibirien zum Eigenen des Russischen Reichs zu machen ist etwas Anderes als die „Urbarmachung" von Sümpfen in der Nähe von Rom für Italien. Und als d) vierte Art der Kolonisation spreche ich von Selbstkolonisation dann, wenn der Kolonisationsprozess in starkem Maße von den Kolonisierten oder zu Kolonisierenden selbst ausgeht, wenn zum Beispiel die (vermeintliche?) persönliche Freiheit als unwichtiger angesehen wird als die (vermeintliche?) persönliche, zu Subalternität, ja zu Unterwerfung führende Sicherheit. Der gegenwärtige Prozess, dass Menschen bestimmten Staaten und sogar bestimmten Firmen alle möglichen Informationen über ihr Leben in Datenform zukommen lassen, mag veranschaulichen, dass ein solcher Prozess nichts Ungewöhnliches ist.

---

14 Snyder: Timothy: Bloodlands. Europa zwischen Hitler und Stalin. 4., durchges. Aufl., München 2012, passim; dasselbe gilt für die englische Originalausgabe „Bloodlands"; auch dort sind die „Polesian Marshes" die einzige Landschaft, die in den Karten namentlich erwähnt wird und die im Zentrum der Bloodlands eingezeichnet ist: Bloodlands. Europe between Hitler and Stalin New York 2010, S. 167, 171, 208, 220, 279.

15 Referiert von Nelson 2009, S. 1.

3/ Drittens ist natürlich zwischen wirtschaftlicher und politischer Kolonisation sowie zwischen kolonialer Ausbeutung von Menschen und von Rohstoffen zu unterscheiden. Ganz im Osten: Die westpolesischen Gebiete östlich von Brest im Prypjat'-Bassin waren besonders dünn besiedelt.

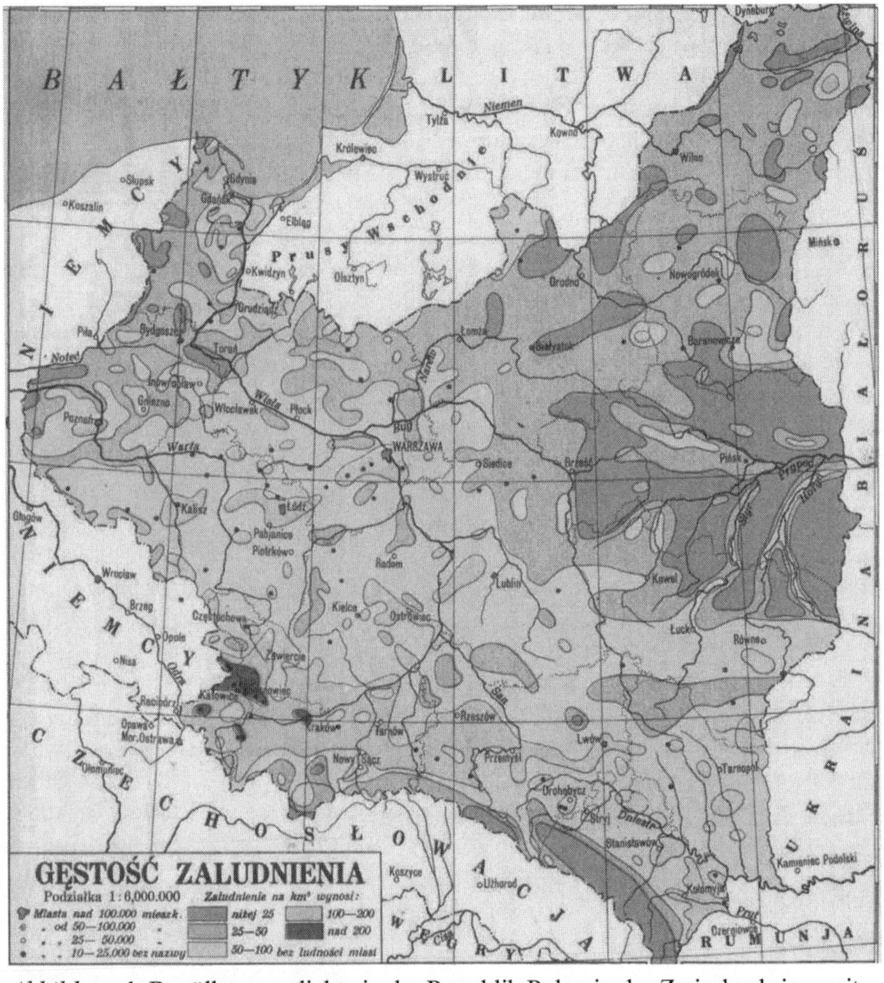

Abbildung 1: Bevölkerungsdichte in der Republik Polen in der Zwischenkriegszeit. Ganz im Osten: Die westpolesischen Gebiete östlich von Brest im Prypjat‘-Bassin waren besonders dünn besiedelt.

Quelle: Powszechny Atlas Geograficzny, Lwów 1930, S. 57, Fragment.
https://upload.wikimedia.org/wikipedia/commons/2/2d/Polska_II_RP_gestosc_zaludnienia.jpg

4/ Unterscheiden können wir auch Apikía (αποικία) von Parikía (παροικία). Die beiden im heutigen Griechischen gebräuchlichen Begriffe haben eine nicht wegzudiskutierende semantische Überschneidung, doch der idealtypische Unterschied ist, dass der *Apikia* negative, der *Parikia* positive Eigenschaften zugeschrieben werden. *Parikia* ist eher ein zum Eigenen gehörender Außenposten. *Apikia* ist hingegen eine dem Anderen zugeordnete, ausgebeutete Kolonie. Ich werde unten im Kapitel 10 auf die Kolonisierungsbegriffe und auf ihre Tauglichkeit bezüglich Polesiens eingehen.

Definition einer Interventionslandschaft. In den Begriffen Interventionslandschaft und Landschaftsintervention ist das Asymmetrische und somit das ein koloniales Verhältnis Fördernde schon enthalten: Es gibt die Menschen, die intervenieren und die (ebenfalls von Menschen bewohnte) Landschaft, in die interveniert wird. Eine Landschaftsintervention erscheint also als eine bestimmte Art von Kolonisierung und Kolonialismus: erstens als doppelte Kolonisation sowohl von „Land" als auch von „Leuten", und zweitens als eine – gemäß obiger Definition – durchgeführte Kolonisierung innerhalb eines kurzen Zeitraums.

Untersuchungszeit. Es wird nun Zeit zu schreiben, was Polesien überhaupt war. Bis 1772 war Polesien ein Teil der Adelsrepublik Polen-Litauen, der Rzeczpospolita. Nach der dritten Teilung Polens 1795 dehnte sich das Russische Reich im Westen bis nach Lodz/ Łódź aus, umfasste ganz Polesien bis zum Beginn des Ersten Weltkriegs 1914. In diesem Jahr besetzten die Truppen des Russischen Reiches einen Teil Ostpreußens und Galiziens, mussten aber in Russisch-Polen zurückweichen. Im August und September 1915 trat das Russische Reich den „großen Rückzug" an, überließ in Polesien Brest und später Pinsk den Truppen des Deutschen und des Habsburger-Reichs, also grob die westliche Hälfte Polesiens. Obwohl 1917 im März die Februarrevolution und im November die Oktoberrevolution Russland für immer verändern sollten, änderte sich bis zum Februar 1918 an der Frontlinie wenig. Als sich in diesem Monat die Führer Sowjetrusslands zwar darüber einig waren, den Krieg gegen die Mittelmächte zu beenden, nicht aber darüber, zu welchen Bedingungen ein Friedensvertrag unterschrieben werden solle, eroberten die Truppen der Mittelmächte noch weiter im Osten fast die ganze Belarus' einschließlich der die Ostgrenze Polesiens markierenden Stadt Homel', wo sie bis zur Abdankung nun auch der Kaiser des Deutschen und des Habsburgerreichs die militärische Besatzungsherrschaft innehatten – in Polesien nominell in Zusammenarbeit mit der im Januar gerade erst ausgerufenen Ukrainischen Volksrepublik (UNR). Nach dem Abzug der Truppen des Deutschen Reichs, die sich in Teilen bis zum Februar 1919 hinzog, gingen im Streit um die Herrschaft auch des polesischen Raums zwischen der Sowjetarmee, der UNR und den Truppen der ebenfalls neu auf die politische Bühne getretenen Republik Polen Letztere als Sieger hervor, bis sie, geschwächt durch Partisanenkämpfe und ab April/Mai 1920 auch durch die Sowjetarmee, dieser für wenige Monate im wahrsten Sinne des Wortes das Feld überlassen mussten. Nach polnischen Gegenvorstößen bis Oktober 1920 beendete ein Waffenstillstand vom 12. Oktober 1920 die Kämpfe zwischen der Republik Polen und Sowjetrussland plus der Sowjetukraine, nicht aber solche mit pro- (in Polen) und anti-sowjetischen (in den Sowjetrepubliken) Aufständischen und Eindringlingen. Der Frieden von Riga vom 18. März 1921 erst zementierte die Staatsgrenzen. Er teilte Polesien in zwei etwa gleich große Teile zwischen Ost und West bis zum September 1939, als die Truppen der Sowjetunion im Rahmen des Hitler-Stalin-Pakts auch Westpolesien besetzten. Im Juni 1941 überfiel das Deutsche Reich die Sowjetunion und besetzte in wenigen Tagen Polesien.

Wo endet Polesien? – Untersuchungsregion. Polesien ist kein fest, nicht einmal ein locker umrissenes Gebiet, es ging politisch immer um die Belarus, die Ukraine, Polen, auch Russland.

Polesien erstreckte sich bis 1914 auf jeweils einen Teil von vier Gouvernements (Regierungsbezirken) des Russländischen Reichs, nämlich auf die südlichen Kreise *(uezda)* Brest und Kobryn des Regierungsbezirks Hrodna, auf die südlichen Kreise Pinsk, Mazyr und Rėčyca des Regierungsbezirks Minsk, auf den südlichen Kreis Homel' des Regierungsbezirks Mahilëŭ – das sind Gebiete, die heute im Wesentlichen zur Republik Belarus' gehören, dem größten Binnenland Europas. Ebenso polesisch waren die nördlichen Kreise des Regierungsbezirks Wolhynien mit den Kreisen Luck und Kovel im Westen und Ovruč im Osten. Noch weiter östlich, zum damaligen Regierungsbezirk Kiew gehörend, lag auch, unweit der Einmündung der Prypjat' in den Dnepr, das jüdische Schtetl Černobyl/Čornobyl'/ Tschernobyl, Zentrum einer gleichnamigen Gemeinde im *uezd* (Kreis) Radomyšl' des Gouvernements Kiew.

Die polesischen Gebiete waren dünner besiedelt als die westlichen, nördlichen und südlichen Nachbarregionen, so dass aus westlicher, nördlicher und südlicher, sagen wir deutsch-polnisch-belaruthenisch-ukrainischer Sicht Polesien ein dünnbesiedeltes Gebiet war.

Zeitweise hieß Polesien (oder Teile von Polesien) auch administrativ „Polesien“, es gab eine polnische Wojewodschaft von 1921 bis 1939, ein sowjetbelaruthenisches Gebiet *(oblast')* von 1939-1941, einen sowjetukrainischen Rajon dieses Namens seit 1957.[16] Es gab polesische Aufstände, polesische Komitees und Partisaneneinheiten, doch damit waren sehr unterschiedliche Regionen gemeint. In der Stadt Homel', östlich des Dnepr, erschien in den 1920er Jahren die Zeitschrift *Polesskij kommunar*. Polesien war, wie gesagt, das Zentrum der Snyderschen „Blutländer“.

Noch verkomplizierend ist die Tatsache, dass sowohl in der Ukraine[17], als auch in der Belarus' es jeweils ein „kleines Polesien“ genanntes Eckchen gibt, in beiden Fällen etwas abseits vom eigentlichen Polesien gelegen.

Zeitweise, und die Gründe hierfür werde ich noch darlegen, waren Polesien oder eher: die „Pripjet-Sümpfe“ vielen Deutschen bekannt, doch als 2016 posthum der Roman „der Überläufer“ von Siegfried Lenz[18] erschien – den Autor kennen auch schon längst nicht mehr so viele wie früher –, rätselten viele, was er für eine Region meinte, vielleicht doch eher Masuren?[19] Was sollen einem Brest, Kobryn, Pinsk, Mazyr oder Homel' sagen, die obendrein eigentlich noch gar nicht „richtig Polesien“, weil Städte sind? Dieses heutige belaruthenisch-ukrainische Grenzgebiet war schon früher schlecht zuzuordnen, doch ist nicht auszuschließen, dass die heute existierende belaruthenisch-ukrainische, und eben innerpole-

---

16 https://de.wikipedia.org/wiki/Rajon_Poliske.

17 Polnische! Wikipedia: „Małe Polesie“; vgl. https://ru.wikipedia.org/wiki/Малое_Полесье_(Украина).

18 Lenz, Siegfried: Der Überläufer. Roman. Hamburg 4. Auflage, Verlag Hoffmann und Campe 2016.

sische Grenze Staaten trennt, die demnächst in unterschiedliche weltmachtpolitische Blöcke eingebunden sein könnten.

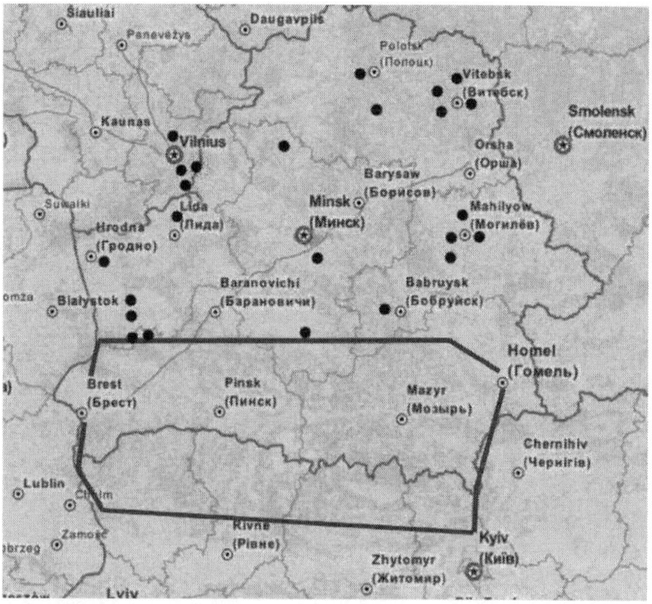

Abbildung 2: Geburtsorte belaruthenischer Offiziere der Armee des Russländischen Reichs im Ersten Weltkrieg, die in einem biographischen Buch von V. Bondarenko vorkommen: keiner ist in Polesien geboren. Legende: schwarzer Punkt: Geburtsort eines Offiziers. Schwarz umrandetes Polygon: Polesien

Datenquelle: Bondarenko, Vjačeslav: Polkovodcy i voenačal'niki Pervoj mirovoj vojny – urožency Belarusi, Minsk 2014, Kartenquelle: Openstreetmaps. Polygon und Einträge: Siebert

Geografie. Polesien ist groß. Polesien ist groß, und weil der Übergang zwischen Sumpf- und Nichtsumpfgebiet fließend war, gab und gibt es über die Gesamtfläche dementsprechend sehr unterschiedliche Angaben. Am oberen Ende der Skala schreibt Blackbourn[20] Polesien „rund 270.000 Quadratkilometer" zu, eine größere Fläche als die BRD bis 1990 aufwies. Im Polen der Zwischenkriegszeit verbreitet war die Definition Polesiens als die eines Dreiecks Brest-Kiew-Mahilëŭ,[21] eine eingängige, aber nicht ganz korrekte Definition; und oft sprach man *totum pro parte* von Polesien, wenn man die damalige den größten Teil Po-

19 Dieser Eindruck wird durch die Werbung erweckt: „Der junge Soldat Walter Proska aus dem masurischen Lyck wird einer kleinen Einheit zugeteilt, die eine Zuglinie sichern soll und sich in einer Waldfestung verschanzt hat". https://www.amazon.de/%C3%9Cberl%C3%A4ufer-Siegfried-Lenz/dp/3455405703 vgl. http://www.faz.net/aktuell/feuilleton/buecher/rezensionen/belletristik/der-roman-der-ueberlaeufer-von-siegfried-lenz-14101769.html.

20 Blackbourn, David: Die Eroberung der Natur. Eine Geschichte der deutschen Landschaft, München 2008, S. 307.

lesiens umfassende, ab 1930 36.867 km² [22] große Wojewodschaft Polesie meinte, immerhin noch größer als Belgien. Polesien ist also viel größer, als Sie gedacht hätten.

Die Begriffe Polesien, Rokitno-Sümpfe und Pripjet-Sümpfe. Polesien ist wenig bekannt, war als Toponym im russischen und polnischen Sprachgebrauch aber ebenso vorhanden wie im ukrainischen und belaruthenischen. Doch tatsächlich war Polesien als begrenzte Landschaft nicht festgelegt. Die RSDRP beispielsweise unterhielt ein *Polesskij komitet*, das Grundeinheiten in Mahilëŭ, Babrujsk und sogar Škloŭ und Orša unterhielt, Orte, die niemand als polesisch ansieht.[23] Dass andere Polesien als „zu Litauen gehörig“[24] ansahen, war da schon korrekter, denn das Großfürstentum Litauen hatte sich einst bis nach Polesien und weiter erstreckt, wovon auch der heute noch geläufige Name Brest-Litovsk für die westpolesische Stadt Brest zeugt.

Doch bis in den allgemeinen deutschen Sprachgebrauch hatte es Polesien bis 1914/1915 nicht gebracht. Als im zweiten Jahr des Ersten Weltkriegs, im September 1915, der militärische Vorstoß der Mittelmächte nach Osten weitaus schneller voranging als die Kunde über die eroberte Region, da nannte man Polesien in der Regel Rokitno-Sümpfe – auch in Gegenden, die von Rokitno weit entfernt lagen. Es ist nicht einmal klar, welches der den Namen Rokitno tragenden Orte für diesen Begriff namensgebend war. Das bei einem „Eintritt“ in die Sumpfwelt vom Westen her erste Rokitno lag an der Grenze zwischen Podlachien und Polesien im heutigen Kreis Biała Podlaska.[25] Es gibt aber auch mehrere andere Orte namens Rokitno – z.B. das heute hunderte von Straßenkilometer entfernt liegende Rokitne im Norden der Ukraine etwa 50 km östlich von Sarny; das Dorf Rokitno, *gmina* Ulhówek, *powiat* tomaszowski, Wojewodschaft Lublin; das Dorf Rokitno, *gmina* Lubartów, *powiat* lubartowski, Wojewodschaft Lublin.[26]

Polesien als Landschaft. Dass Polesien eine Landschaft darstellte, ist nach meinen (bisherigen) Forschungen unumstritten: den künstlerischen Landschaftsbegriff (insbesondere im russischen Begriff *landšaft*, s.o.) deckte der bekannte Maler Ivan Šiškin durch seine Gemälde ab, und die Polesische Eisenbahnlinie (*Polesskaja Železnaja Doroga*) hieß gerade deshalb so, weil die Ost-West-Verbindung tatsächlich dieses Gebiet abdeckte. Gerade deshalb, weil es *keine* schnöde Verwaltungsregion abbildete, mithin keine genau definierten Grenzen hatte, konnte Polesien als *Landschaft* Bedeutung behalten.

Im Jahre 1884, als durch Polesien gerade die Eisenbahnlinien gebaut wurden, beschrieb Oberleutnant Josef Popowski im militärwissenschaftlichen Verein in Krakau (das gehörte zu Österreich-Ungarn) Polesien so: „Einem Europäer, der das Polesie nicht gesehen hat, ist es schwer sich einen Begriff von diesem wüsten, communicationslosen Lande zu machen.“

21 Ėnciklopedičeskij slovar' Brokgauza i Efrona t. XXIV (1898): Povelitel'noe naklonenie – Poljarnye koordinaty, S. 456 – 458; als Dreieck auch in Słownik geograficzny Królestwa Polskiego i innych krajów słowiańskich, Tom VIII, hasło „Polesie“, Warszawa 1887, S. 579-588, hier S. 580 https://pl.wikipedia.org/wiki/S%C5%82ownik_geograficzny_Kr%C3%B3lestwa_Polskiego.

22 Gospodarcze i kulturalne potrzeby województwa poleskiego. Według memoriału wręczonego w dniu 17 XII 1936 roku Prezesowi Rady Ministrów, Warszawa, 1937, S. 5.

23 ĖHB, tom 5, Minsk 1999, S. 385. Mehr dazu in Kapitel 6.

24 Popowski, Josef: Entsumpfungs-Arbeiten in dem Polesie. Vortrag vom Ober-Lieutenant Josef Popowski, Wien 1884, S. 4-6.

25 https://de.wikipedia.org/wiki/Rokitno_%28powiat_Bialski%29.

26 Vgl. https://www.openstreetmap.org

Daher beginnt der Leutnant „eine Schilderung der litauischen Wälder (wie bekannt, ist das Polesie ein Bestandtheil von Lithauen)“. Im Zentrum seiner Beschreibung stehen

> „die Unpassirbarkeit, die Wildniss der Sumpfwälder, sowie (der) Einfluss des Wasserüberflusses auf die Vegetation. Aus kahlen, zu Zwergen verwachsenen, bucklig verkrümmten Stämmen bestehen ja die meisten Wälder des Polesie. Denken wir uns dazu noch einmal so viel unfruchtbare, mit Schilf oder einem spärlichen Grase bewachsene und mit flimmerndem Wasser bedeckte reine Sümpfe und inmitten dieser ungeheueren Sumpfwälder und Sümpfe, wie Oasen in der Wüste hervortretende Erhebungen, auf welchen die weit von einander entfernten Dörfer des Polesie liegen, so werden wir ein der Wirklichkeit sich näherndes Bild dieses trostlosen, armseligen, spärlich bewohnten, für Menschen und Thiere ungesunden Landes haben. Sümpfe setzen der Anlage trockener Communication grosse Hindernisse entgegen. Zufolge dessen gibt es in dem Polesie nur wenige Wege.“ „Die Verschlafenheit und geistige Trägheit der Polesier fällt einem Jeden auf.“[27]

Polesien war und ist gerade auch deshalb als eine Landschaft bekannt, weil hier (bis auf die paar Interventionen) eben zumindest für Außenstehende wenig passierte. Aus Sicht von

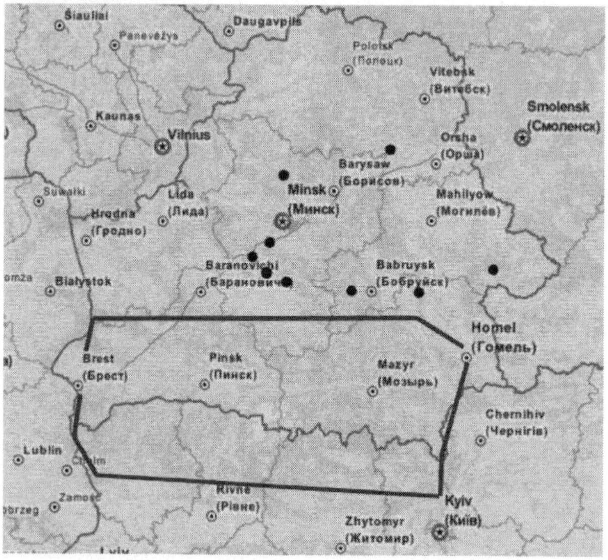

Abbildung 3: Geburtsorte belaruthenischer Schriftsteller, die im Sammelband „Die junge Eiche“. Klassische Belorussische Erzählungen“ vertreten sind: keiner ist in Polesien geboren. *Leg*ende: schwarzer Punkt: Geburtsort eines Schriftstellers. Schwarz umrandetes Polygon: Polesien

Datenquelle: „Die junge Eiche“. Klassische Belorussische Erzählungen“, hg. Von Norbert Randow, Leipzig 1987, S. 459-476. Kartenquelle: Openstreetmaps. Einträge: Siebert

27 Popowski 1884, S. 4-6.

Modernisierern aller Art wie auch Schriftstellern (Ivan Melež, Janka Maŭr, Jerzy Kosiński) rückständig geblieben, passte Polesien (nahezu) ideal in das Bild einer Landschaft, in das *land*läufige Bild nämlich von etwas Unhistorischem, nur Räumlichen.

Doch eine Landschaft ist immer historisch, allein schon deshalb, weil keine Landschaft schon immer als eine solche betrachtet wurde und keine immer als eine solche betrachtet werden wird. Beispiele für heute ungebräuchliche Landschaftsnamen gibt es gerade auch in der Nachbarschaft von Polesien: Die Schwarze Rus' (*Rus' Černaja*) und die Rote Rus' (*Rus' Čyrvonaja*). Vor allem ist zudem natürlich jede Landschaft Änderungen in ihrem angenommenen Charakter unterworfen. Das betrifft soziale und kulturelle „Bearbeitung" durch die Menschen und nicht zuletzt ihre geografische Fläche, anders ausgedrückt, ihre äußeren und inneren Grenzen.

Polesien hat als Begriff eine durchaus durchwachsene Karriere hinter sich, und wir wissen nicht, wie es in Zukunft weiter gehen wird. Bis heute sagt selten jemand: ich fahre nach Polesien, und zwar nicht deshalb, weil so wenige Leute dorthin fahren, sondern, weil diese Region derzeit nur schwach als eigener Raum, als eigene Fläche, als eigene Landschaft wahrgenommen wird. Diese Nichterwähnung Polesiens betrifft vor allem und zunächst die Städter: die Angabe der Stadt ist präziser. Schon eher spricht man von Polesien, wenn die ländliche Region gemeint ist, zumal Polesien nach wie vor eine rurale und dünn besiedelte Region ist.

Polesien als Wahrnehmung einer Landschaft erlebte einen Aufschwung durch zwei Aktivitäten, nennen wir sie Interventionen, in den 1870er und 1880er Jahren: die – von der Planung her durchaus großmaßstäbige – Trockenlegung von Sümpfen in Ostpolesien und den Eisenbahnbau. Doch konnte jemand auf diese Weise Polesien als Landschaft, also Polesien als Polesien nur sinnlich wahrnehmen, wenn sie oder er dieses riesige Territorium überhaupt einmal gesehen, durchschritten, durchfahren hatte. Für wen galt dies? Gab es für die Polesier ein Polesien?

Es gab also Menschen. Bei einem statischen, „unhistorischen" Landschaftsbegriff wird für Polesien oft ausgeblendet, dass hier Menschen lebten, und zwar nicht nur lauter „Robinsons"[28] auf den in der Tauwetterperiode entstehenden Inseln. Es ist angesichts der Beschreibung Polesiens als Dschungel, als fast menschenleere Gegend beachtlich, dass die Rede vom „edlen Wilden" in Polesien keine Anwendung fand. Besonders auffällig ist das oftmalige Nichterwähnen der Stadt (jiddisch: Schtot) Brest und den Schteteln, in denen 1897 zur Hälfte oder sogar drei Vierteln Juden lebten.[29] Dies ist um so beachtlicher, als (in Deutschland) hinsichtlich Galizien das Schtetl große Prominenz erreicht hat; es scheint hier eine wahrhafte Phantomgrenze zwischen den Schteteln Österreich-Ungarns und denen des Russischen Reichs zu geben.

28 Mackiewicz 2007, S. 128

29 Pervaja vseobščaja perepis' naselenija Rosskijskoj Imperii, XI. Grodnenskaja gubernija 1897, SPb. 1903, S. 102-105 (Tabelle X); ebenda, XXII. Minskaja gubernija, 1897, SPb. 1904, S. 80-83 (Tabelle XIII).

1.2 Quellenlage zu vier Zeitabschnitten

In diesem Buch behandele ich vier Zeitabschnitte vorwiegend Westpolesiens, die aufgrund der unterschiedlichen Quellenlage selten in einem Längsschnitt zusammen erörtert werden. In der Zeit bis 1941 gab es stark unterschiedliche Erkenntnisinteressen und daher unterschiedliche Mengen und Arten von bis heute überlieferten Texten.

Die bäuerliche polesische Landbevölkerung stellte zwar die überwältigende Mehrheit der Bewohner Polesiens, hinterließ aber über lange Zeit kaum schriftliche Zeugnisse, denn sie bestand größtenteils aus Analphabeten. Besonders die Frauen. Für diese Arbeit nutzte ich vor allem Texte der Staatsverwaltungen, Texte aus politischen Auseinandersetzungen, aber auch landeskundliche oder für Touristen herausgebrachte Texte.

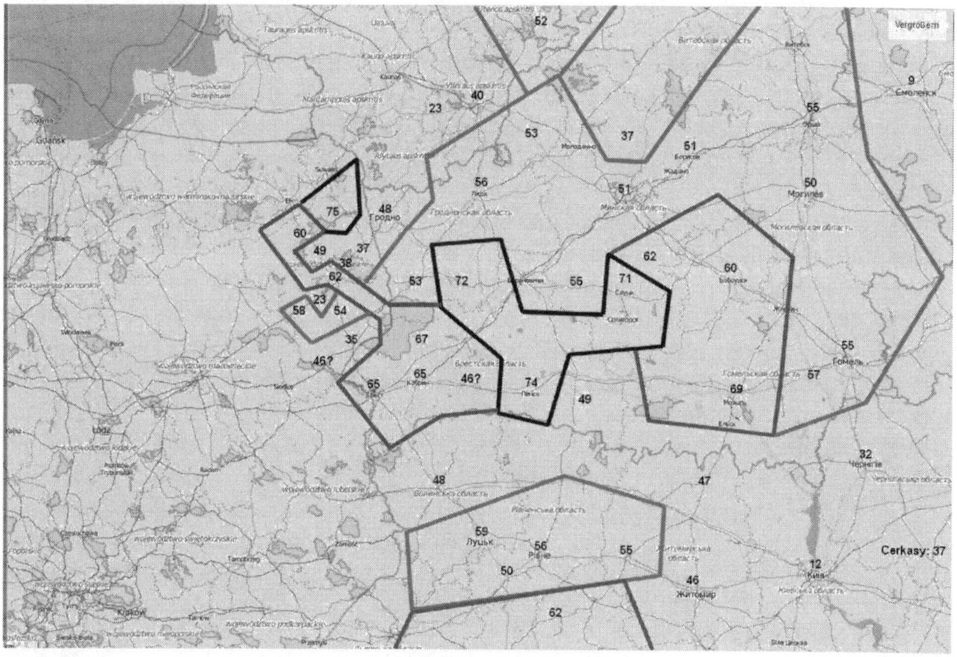

Abbildung 4: Anteil der jüdischen Bevölkerung in Städten des Russländischen Reichs, 1897
Legende: Zahl entspricht dem prozentualen Anteil der Juden
Quellen: Daten: Pervaja vseobščaja perepis‘ naselenija Rosskijskoj Imperii 1897, u.a. XI. Grodnenskaja gubernija, SPb. 1903; XXII. Minskaja gubernija, SPb. 1904; Karte: Openstreetmaps; Grenzlinien: Siebert

Aus der Zeit des Ersten Weltkriegs und des Bürgerkriegs, also der ersten beiden Zeitabschnitte, gibt es wenige polesienzentrierte Texte. Material ist auch in Minsk in den Archiven NIAB und dem NARB aufbewahrt. In deutschen Archiven findet sich hingegen weniger, selbst über die Zeit, als die Mittelmächte Westpolesien von 1915 bis 1919 besetzt hielten, unter Anderem, weil Polesien nicht zu dem „Land Ober Ost“ gehörte (hierzu mehr unten). Auch nachdem Polesien 1918 der Ukraine zugeschlagen worden war, konzentrierten sich die – zumindest die erhaltenen und archivarisch gepflegten – Texte auf die Ukraine als Kornkammer, und solch eine Region war Polesien nicht.

Anders ist die Quellenlage für die Zeit von 1921 bis 1939. Ab 1923 setzten einige polnischsprachige Monographien über die Wojewodschaft Polesien (eine den größten Teil Westpolesiens umfassende Wojewodschaft) ein; Zeitschriften befassten sich mit dieser heutzutage auch vielen Polen wenig bekannten Gegend. Ich nutzte das Archiwum Akt Nowych (AAN) in Warschau. Für diese Epoche stellt Archivmaterial eine reichhaltige Quellenbasis bereit. Dies gilt auch für die Jahre 1939 bis 1941, als Westpolesien sowjetisch besetzt und in die UdSSR eingegliedert wurde. Gut erhalten sind im Nationalarchiv der Republik Belarus' (NARB) Berichte des BSSR-Sicherheitschefs an den Chef der Kommunistischen Partei der Belarus' (KP(b)B).

Heteronarrativität. Sowjetunion. Titularnation. Belaruthenische, ukrainische, jüdische, polnische, russische und deutsche Akteure, Einheimische wie Nichteinheimische, nahmen Polesien in dieser Periode, wenn überhaupt, nicht nur ganz verschieden wahr: also als pittoresken Gegenstand von Landschaftsmalerei, als Torfausbeutungs-Gebiet, als eine wie für eine grundsätzliche Neuordnung geschaffene dünn besiedelte Region, als gefährliche, todbringende, wilde, sumpfige *terra non grata*, als menschengemachten Gewaltraum, als Siedlungsgebiet von Schtetl-Juden, polnischen Klein- und Großgrundbesitzern und national indifferenten slawischen bettelarmen Land-Bewohnern, als ur-slawische Landschaft sowie schließlich als einen Ort der Vernichtung der Juden.

Politische Narrative im 20. Jahrhundert schienen klare, holzschnittartige Darstellungen zu brauchen, nicht verflochtene Erzählungen aus 1001 Nacht. Es bildete sich eine Heterogenität von Narrativen, eine Heteronarrativität heraus, die bis heute, auch aus Gründen des Sprachverständnisses, (es kann nicht jeder neben der Muttersprache und Englisch noch fünf weitere Sprachen beherrschen) auf die historische Forschung durchschlägt. Mit der zunehmenden Ethnisierung von Nationalität entstanden diese heteronarrativen Beschreibungen polnischer, russischer, jüdischer/jiddischer, belaruthenischer und ukrainischer Provenienz über Polesien. Aus sprachlichen, aber auch latent und offen ideologischen Gründen wurde und wird dies schlecht durchbrochen. Es ist schon erstaunlich, dass beispielsweise die belaruthenische Geschichtsschreibung über die Belarus, der ich so viel verdanke, es teilweise noch immer schafft, dieses Land als Geschichte der Titularnation der Belaruthenen zu schreiben, ohne der Existenz von Schteteln und deren historischen Bewohnern ein eigenes Kapitel zu widmen.[30] Selbst bei dem Schtetelexperten Zachar' Šybeka ist die Existenz der Juden zumeist erst in der vierten Gliederungsebene vorhanden, und dann auch noch als „Formierung des dritten Standes“[31] o.ä. bezeichnet. Von sowjetischen Standardwerken will ich gar nicht erst reden. Vielleicht erfolgt(e) all dies in der guten Absicht, eine Ethnisierung des sozialen und politischen Lebens zu überwinden oder gar nicht erst zuzulassen. So, wie die Schtetl ausgeblendet wurden, blieb andererseits auch in manchen Texten zur Erforschung der Schtetl das nichtjüdischen Polesien das Nichtjüdische unterbelichtet.[32]

Aber ich sollte es eigentlich nicht kritisieren, wenn ich es selbst nicht besser mache.

30 Latyšonak, Aleh und Jauhen Miranovič: Historyja Belarusi ad sjarėdziny XVIII st. da pačatku XXI st., Vil'nja 2010

31 Šybeka, Zachar': Narys historyi Belarusi (1795–2002), Minsk 2003., S. 69f.

1.3 Vorgehensweise, Forschungsstand und Gliederung

Es gibt so gut wie keine Längsschnittdarstellung zu Westpolesien, auch nicht für den begrenzten Zeitraum von 1914 bis 1941. Daher habe ich den Forschungsstand bei Bedarf in den Einleitungsblöcken der einzelnen Kapitel und Unterkapitel dargestellt.

Und aus demselben Grund habe ich einen empirischen von einem allgemeinen Teil getrennt. Ersterer ist in vier Kapitel chronologisch und innerhalb dieser dann thematisch sortiert. Daraus ergibt sich folgender Aufbau: Teil I enthält Begriffe, Fragestellungen und was man sonst so da hinschreibt. In Teil II sortiere ich die Beschreibung und Analyse meines Materials chronologisch in folgende Kapitel: Kapitel 2 handelt vom Ersten Weltkrieg, in welchem die Mittelmächte, hier ganz überwiegend das Deutsche Reich Westpolesien bis einschließlich Pinsk von 1915 bis 1919 besetzt hielten. In Kapitel 3 geht es weiter mit der Zeit der Pogrome, Bürger- und Kleinkriege von 1918/19 bis 1920 einschließlich des polnisch-sowjetischen Kriegs. Im großen Kapitel 4 analysiere ich ein Dutzend von Landschafts- und Bevölkerungsinterventionen in der Zeit der Polnischen Republik von 1921 bis 1939, anschließend in Kapitel 5 die Zeit der sowjetischen Besetzung und Eingliederung Westpolesiens in die Sowjetunion von 1939 bis 1941. In Teil III arbeite ich mich an verschiedenen allgemeinen Theoremen ab, die zu dem Thema Interventionslandschaften etwas beitragen könnten.

Dieser Text. Dies ist ein dicker Text geworden. Das ist bei historischen Texten zum Thema Belarus' häufig so, weil es geradezu instinktiv den Wunsch gibt, weiße Flecken auszumalen. Erst Recht betrifft dies Polesien. Ich habe viele Ereignisse beschrieben. Für manche von Ihnen sind sicherlich viele Informationen unwichtig. Aber vielleicht kennen Sie sich ja in belaruthenischer, deutscher oder polnischer Geschichte aus, nicht aber in den jeweils anderen beiden. Ich wollte kein schaurig-schönes Narrativ, und bei der Dekonstruktion des wilden Polesiens kamen Tausende von Einzelinformationen heraus.

Das Buch sollte jetzt einmal fertig werden. Deshalb habe ich sicherlich historiographische Lücken aufzuweisen. Das betrifft sowohl die Empirie in den Kapiteln 2 bis 6 als auch als auch die allgemeinen Überlegungen ab Kapitel 7. Herausgekommen ist ein mosaikartiges Werk, bei dem zwar das Gesamtbild erkennbar ist, aber noch viele Steinchen fehlen.

Ich danke in streng alphabetischer Reihenfolge Felix Ackermann, Maria Bogdanou, Thomas Bohn, Andrėj Čarnjakevič, Pavel Ceraškovič, Boleslav Chernych, Rayk Einax, Christhardt Henschel, Andreas Hollender, Aljaksandr Kachanoŭski, Jerzy Kochanowski, Maria Klassen, Claudia Kraft, Cordula Lissner, Iryna Ramanava, Christiane Rennert, Ales' (Aljaksandr) Smaljančuk, Thomas Weiler und Veronika Wendland für Horizonterweiterung, Unterstützung, Tipps und Korrekturen. Allen herzlichen Dank!

32 Shohet 2012; nicht mehr verwerten konnte ich Sloin, Andrew: The Jewish Revolution in Belorussia: Economy, Race, and Bolshevik Power, Bloomington [u.a.] 2017, über die BSSR, in welchem der Autor also die Situation in ostpolesischen, nicht aber westpolesischen Schteteln analysiert.

II. Empirischer Teil: Interventionen in und nach Polesien von 1914 bis 1941

2. Militärische und zivile Interventionen im Ersten Weltkrieg

Krieg ist das Beispiel für Intervention schlechthin. Doch wie wir sehen werden, war Polesien im Ersten Weltkrieg vor sehr eigenartigen Interventionen betroffen. Zunächst soll ein Blick auf das halbe Jahrhundert vor dem Krieg darlegen, dass das Sumpfgebiet nicht frei von Landschaftsinterventionen war. Es ist wichtig, die Struktur der Landschaft nicht unabhängig von der Struktur der Gesellschaft darzustellen.

2.1 Modernisierung in Polesien von 1861 bis 1914: Eisenbahn, Melioration

Rückblick. Einst stellten die für belaruthenische Verhältnisse früh gegründeten Fürstentümer Turaŭ und Pinsk Entitäten der Kiewer Rus' dar, blieben solche in der Zeit der Teil-/Einzelfürstentümer. 1648/1667 wurde auch Polesien durch die polnisch-russisch-ukrainischen Kriege stark verwüstet, nicht nur Pinsk, Turaŭ und Mazyr angezündet, insbesondere Ostpolesien stark ruiniert.[1] Doch blieb Polesien, auch Podlesien genannt, auch in der polnisch-litauischen Zeit bis 1772/1792 eine Region, die man nicht als besonders zurückgeblieben ansah, laut Pavel Ceraškovič (Tereškovič) sogar eine der wohlhabenden. 1772/1795 teilten sich Russland, Preußen und Habsburg Polen auf, die Region Polesien wurde russländisch.

Ständegesellschaft. In Polesien wie auch überhaupt in der Belarus' (Weißrussland) und der Ukraine wiesen Stand, Beschäftigung, Religion, Sprache, Ethnizität und später Nationalität (russisch: *nacional'nost'*) starke Korrelationen auf. Noch aus den Daten der allgemeinen Volkszählung von 1897 kann man grob folgende polesische Idealtypen herauslesen: Die große Masse der Bauern sprach belaruthenisch oder „kleinrussisch" (damit war ukrainisch gemeint) — Sprachen, in denen im 18. und 19. Jahrhundert wenige schriftliche Dokumente abgefasst waren. Sie waren in der Regel russisch-orthodoxen Glaubens, in geringerem Maße katholisch. Polnischsprachige waren katholisch.

1 Nur z.B.: Bochan, Jurij Mikalaevič: Vaennyja padzei 1648–1667 hh., In: Prypjackae Palesse, Minsk 2016, S. 92-98; Ossendowski [1934] 2015, S. 22; Livan, Ali: Historiographische Auseinandersetzungen mit der Region Polesien, Essay, 2015, Internetveröffentlichung. https://ru.wikipedia.org/wiki/Штурм_Мозыря_(1648).

Grundbesitzer. Der reiche Teil der polnischen oder polonisierten ausbeutenden Adelsschicht konnte hier Reichtümer anhäufen und europäische Kultur-Standards in Musik, Theater und Malerei zumindest adaptieren.[2]

Die Grundbesitzer, insbesondere die zahlenmäßig sehr kleine Gruppe der Großgrundbesitzer — die Familien Radziwiłł, Sapieha, Potocki, Drucki-Lubecki, Krasicki, Orda und wenige andere, konnten Gesamtflächen von teilweise über 100.000 Hektar, allerdings vorwiegend von Wald und Sumpfgebieten, ihr eigen nennen. Sie waren in der Regel Katholiken. Sie waren nicht nur steinreich, sondern auch mächtige, intermediäre Herrscher über „ihre" Bauern geblieben. Der Freimaurer Fürst Ogiński wirkte im 18. Jahrhundert von Slonim aus, einst das „polesische Athen" genannt, mit Landsitzen in Celachany/Telechany, heute ein kleiner Ort, und ließ *kafenhausy* („Kaffeehäuser") betreiben. Man baute auch im ganz konkreten Sinne Landstraßen von Pinsk nach Slonim und nach Wolhynien, eine Wasserstraße (zusammen mit Butrymovič, heute als Namensgeber für das Gebäude des Pinsker Standesamt bekannt) und Brücken (mit Szymon Skirmuntt).[3] Letzterer gehörte zu der weitverzweigten, in den Gegenden um Pinsk residierenden Familie Skirmunt.[4] Ein Teil dieses Hochadels hatte sich mit der Herrschaft in St. Petersburg abgefunden, ja, die Teilungen Polens zu Ende des 18. Jahrhunderts aktiv mitbetrieben. Vielleicht war ihnen nicht klar, dass St. Petersburg auf kurz oder lang ihre Rechte infrage stellen, dann minimieren würde. In den polnischen Aufständen 1830/31 und 1863/64 waren die adeligen Männer tonangebend.

Doch waren diese an Zahl gegenüber dem Gros der *Szlachta zagrodowa* oder *Szlachta zaściańskowa* gering. Viele dieser polnischen oder polonisierten Adelsfamilien waren verarmt, lebten von eigener Hände Arbeit, sprachen bald auch belaruthenisch oder russisch. Diese Kleinadelsschicht hatte nicht den Stolz auf ihre Titel und ihre damit verbundenen Freiheiten, wohl aber ihren materiellen Wohlstand verloren, und die Familienmitglieder mussten selbst, teilweise hart, arbeiten.

Wer hingegen 1000 Hektar Grund und Boden besaß, konnte sich des Neides der Standesgenossen weiter westlich sicher sein. Doch beachteten Grundbesitzer etwa aus Deutschland oder Westpolen nicht, dass ein Großteil des sandigen oder sumpfigen Bodens nicht wirtschaftlich genutzt werden konnte.[5]

Verwaltung und Militärs. Großrussen kamen nach 1772 als Verwaltungsbeamte und Militärs in die Region, es mag aber auch Bauern gegeben haben, die sich als großrussisch sprechend darstellten.

Händler und Handwerker: Juden. In die Gebiete Polens und des Großfürstentums Litauen, des damals größten Flächenstaats Europas, waren insbesondere ab dem 15. Jahrhundert Juden aus Mittel- und Westeuropa geflohen und vertrieben worden. In der ständisch gegliederten Gesellschaft bildeten sie als Händler und Handwerker auf der Grundlage bestehender Siedlungen Schtetl, in Polesien teils an Wasserwegen, teils auf dem Trockenen. Bald

2 Auf deutsch: Ciechanowiecki, Andrzej: Michał Kazimierz Ogiński und sein Musenhof zu Słonim: Untersuchungen zur Geschichte der polnischen Kultur und ihrer europäischen Beziehungen im 18. Jahrhundert, Köln 1961.

3 Ciechanowiecki 1961, S. 26, 39, 45, 103, 125; es gibt eine Übersetzung ins Belaruthenische von Uladzimir Sakaloŭski.

4 NIAB Bestand 295-1, Sign. 9030, Blatt 136.

5 Orwid-Bulicz, Roman: Der Preis des Sieges, Bonn 1967, S. 3.

stellten sie die Mehrheit in diesen nicht vorwiegend von der landwirtschaftlichen Produktion lebenden Orten. Ihre soziale Immobilität wurde auch durch eine geografische in Schach gehalten: Juden durften im Zarenreich nur in einem die heutigen Gebiete Litauen, Belarus' und Ukraine umfassenden Ansiedlungsrayon leben (siehe auch Abbildung 4 auf Seite 33).

Die Städte waren bald vorwiegend von Juden mit jüdischem Glaubensbekenntnis bewohnt, noch 1897 in Polesien zumeist über 50 %.[6] Diese bildeten das Gros des Standes der *meščane*, auf deutsch zumeist mit Kleinbürger übersetzt.

Leibeigene. An der untersten Stufe der Hierarchie lebte die übergroße Mehrheit leibeigener Bauernfamilien.

Die Leibeigenschaft war 1861 abgeschafft worden, aber das Russländische Reich, zu dem Polesien bis zum Ersten Weltkrieg gehörte, blieb eine ständisch geprägte Gesellschaft mit Privilegien oder Beschränkungen für einzelne Schichten. Der Bezugspunkt für Bauernfamilien blieb der Grundherr.

Dennoch: Die „alte Ordnung" brach nach der Aufhebung der Leibeigenschaft auch in Polesien allmählich auf. Diesen Aufbruch in die Moderne möchte ich nicht allgemein anhand der sozial- und wirtschaftsgeschichtlichen Entwicklung aufzeigen, zumal es hierzu einen auf deutsch publizierten Aufsatz über die Belarus' gibt,[7] sondern anhand zweier Interventionen, die in den Gebieten Polesiens dort, wo sie stattfanden, die Landschaft veränderten.

Landschaftsintervention 1: Verkehrswege

Wasserweg. Der Wasserweg war noch bis in das 19., ja sogar das 20. Jahrhundert hinein je nach Jahreszeit gegenüber dem Verkehr auf dem Land kostengünstiger und auch leichter zu bewältigen. Günstig für den Wassertransport in Polesien war auch das niedrige Gefälle der Gewässer. Die sumpfige Landschaft Polesien kannte jedoch das für solche Regionen typische Bilden und Verschwinden von Wasserarmen, die Änderung der Fließrichtung, (die ich im Mai selbst beobachten konnte), für die Wasserschifffahrt besonders tückisch jedoch die Bildung von Sandbänken und Verlandung.

Dieses Phänomen wurde sowohl für Wasserkanäle als auch für Entwässerungskanäle fatal. Gelegt worden waren Wasserkanäle spätestens seit der Herrschaft von Bona Sforza[8] im 16. Jahrhundert, ein erster kleiner von 34 km Länge trägt ihren Namen.[9]

1775–1783 wurde am Dnepr-Bug-Kanal (früher: Königskanal)[10] im nach der Ersten Teilung Polens noch zu Polen gehörenden Gebiet zwischen Bug und Prypjat'[11] und in der gleichen Zeit der Ogiński-Kanal gebaut;[12] beide Kanäle wurden erst unter russländischer Herrschaft zu Anfang des 19. Jahrhunderts fertig gestellt. Alle drei Wasserwege liegen im west-

6 Pervaja vseobščaja perepis' naselenija Rosskijskoj Imperii, XI. Grodnenskaja gubernija 1897, SPb. 1903, S. 102-105 (Tabelle X); dasselbe, XXII. Minskaja gubernija, 1897, SPb. 1904, S. 80-83 (Tabelle XIII).

7 Kachanouski, Alexander: Die Bauernschaft im Wandel. Von der Aufhebung der Leibeigenschaft bis zur Kollektivierung (1861–1929), In: Handbuch der Geschichte Weißrußlands, Göttingen 2001, S. 249-257.

8 https://de.wikipedia.org/wiki/Bona_Sforza.

9 https://ru.wikipedia.org/wiki/Бона_(канал).

10 https://de.wikipedia.org/wiki/Dnepr-Bug-Kanal

11 https://ru.wikipedia.org/wiki/Днепровско-Бугский_канал

12 https://de.wikipedia.org/wiki/Oginskisches_Kanalsystem. Ausführlich:

lichen Viertel Polesiens. Wir können hier eher von einer „Sumpfnasslegung“ als von einer Sumpftrockenlegung sprechen.

Der Dnepr-Bug-Kanal verband die Ostsee mit dem Schwarzen Meer, was sich sehr interkontinental oder wenigstens kontinental anhört. Doch auch dieser Kanal, auf dem keine sehr große Fracht transportiert werden konnte, drohte mehrmals zu verlanden, ist auch jetzt wegen eines stillgelegten Wehrs für internationale Schifffahrt nicht geeignet.[13] Eigentlich lag Polesien im Zentrum des bis zur Eröffnung des Rhein-Main-Donau-Kanals 1992[14] einzigen durch ganz Europa gehenden Wasserwegs, doch die Warenströme nach hüben wie drüben scheinen eher durch mangelnde Absatzmöglichkeiten als durch mangelnde Infrastruktur von geringer Bedeutung geblieben zu sein.

Landverkehr. Die Landverkehrs-Infrastruktur blieb dürftig. Polesien besaß keine befestigten Straßen. Die Neuerung, deren Bedeutung man nicht hoch genug einschätzen kann, bestand daher in dem Bau einer Eisenbahnlinie von West nach Ost, bald auch von Nord nach Süd seit den 1880er Jahren, durch die Polesien, jedenfalls in der Nähe der Schienenwege, in alle vier Himmelrichtungen an das damals schnellste Verkehrssystem angeschlossen wurde. Ich weiß nicht, wie viel auf diesen Eisenbahnlinien befördert worden ist, seit wann sie zweigleisig waren, sogar noch nicht einmal, welchen Anteil der Personenverkehr und der Güterverkehr aufwiesen. Artem Kouida stellt heraus, dass die Eisenbahnstrecken aus militärstrategischen Gründen errichtet wurden, und hierzu waren nicht nur der schnelle Transport, sondern auch die Versorgung mit Holz zu zählen.

Polesische Orte entlang der Eisenbahnen erlebten einen „Aufschwung“, wuchsen schnell, topographisch insbesondere in der Gegend der Bahnhofsstation. Luninec wurde Eisenbahnkreuz, Žabinka Eisenbahndreieck, die Polesien im Westen und Osten abschließenden Städte Brest bzw. Homel' zu Eisenbahnknotenpunkten, bald zu Großstädten, teilweise größer als die damaligen Hauptstädte der Regierungsbezirke, zu denen sie bis 1918 gehörten.[15] Heute sind Brest und Homel' Hauptstädte von Regierungsbezirken.

Schtetl ohne Bahnanschluss hingegen gerieten ins Hintertreffen, degenerierten teilweise.[16]

In Pinsk wurde damals noch nicht ein bis heute existierendes, allerdings in Stadtplänen oft nicht eingezeichnetes Gleis vom Bahnhof zum Fluss Pina verlegt, so dass der Eisenbahn- mit dem Schiffsverkehr nur über eine drei Kilometer lange Fuhrwerksstrecke verbunden werden konnte.[17] Doch dürfte die Möglichkeit, Güter und Menschen mit der Eisenbahn zu transportieren, in erster Linie keine Ergänzung, sondern eine Alternative zur Beförderung per Schiff gewesen sein, und zwar eine preisgünstigere. Vielleicht sind sogar aufgrund dessen Kanäle versumpft oder verlandet.

Słownik geograficzny Królestwa Polskiego i innych krajów słowiańskich, Tom VII, S. 403-405 = http://dir.icm.edu.pl/pl/Slownik_geograficzny/Tom_VII/403.

13 https://ru.wikipedia.org/wiki/Днепровско-Бугский_канал.

14 https://de.wikipedia.org/wiki/Main-Donau-Kanal#Fertigstellung_des_Main-Donau-Kanals.

15 Vgl. für Homel': Schmidt, Christoph: Die entheiligte Utopie. Jüdische Ideen- und Sozialgeschichte am Dnepr (1750–1900), Köln 2004.

16 Quellenmaterial für Ostpolesien: Siebert 1998a.

17 Pamjac'. Pinsk, Minsk 1998, S. 111-114, besonders S. 114.

Landschaftsintervention 2: Melioration bis 1914

An dem Tenor der oben angeführten Beschreibung Polesiens von Popowski muss man sich bis heute abarbeiten, und ich benutzte bewusst einen Text aus dem Jahre 1884,[18] als das Deutsche und das Habsburger-Reich noch nicht an eine konkrete militärische Besetzung, Eroberung oder gar Unterwerfung dachten. Doch damals interessierte sich nicht umsonst ein Militär für die zweite Art von infrastruktureller Intervention neben dem Verkehrswesen: die Urbarmachung von Böden durch Trockenlegung der Sümpfe.

Während die Kanäle wie der Bona-, Oginski- und Dnepr-Bug-Kanal für den Wassertransport geschaffen worden waren, begann eine 1872[19] eingerichtete Kommission des Russländischen Reiches unter General I. Žilinskij (Żyliński) 1873[20] mit der Urbarmachung durch Trockenlegung/Entwässerung der Sümpfe nun auch in den anderen drei Vierteln Polesiens, in staatlichen Wald- und Sumpfgebieten (sowie den Datschen, *„dača"*[21] [!]).[22] Die Arbeiten begannen vom Ostende her, am Dnepr-Nebenfluss Vedryč.[23] Die bekannte Enzyklopädie von Brokgauz und Efron berichtet ohne genauere Ortsangaben von großen Mengen trockengelegter oder verbesserter, einer besonderen Trockenlegung nun nicht mehr bedürfender Sümpfe bis ca. 1897[24], wodurch sich der Bodenpreis von 4 auf 28 Rubel je Desjatine (1,09 km²) erhöht habe. Doch auch bei der Žilinskij/Żyliński-Expedition ging es vorwiegend um Verkehrsverbindungen. Einher ging dies mit dem Anlegen kleiner Kanäle, es entstand auf diese Weise eine Verbindung quer rüber von der Prypjat' zum Dnepr. Der Staat war dabei als Unternehmer tätig, der sich das Benutzen seiner neuen Kanäle von den Flößern und deren Auftraggebern bezahlen ließ.[25]

Fazit und Ausblick. Selbst noch im Jahr 1914 während des Weltkriegs gingen in Pinsk die Vorarbeiten für weitere Meliorationen (und übrigens für elektrische Beleuchtung der Stadt) weiter. Doch änderten diese Interventionen — Eisenbahnbau, Kanalbau und Melioration nichts daran, dass Menschen von außen Polesien bis 1914 als eine wilde und ursprüngliche Landschaft wahrnahmen.

Mehr noch: durch diese Maßnahmen, diesen *take-off* nahm man Polesien außerhalb Polesiens überhaupt zur Kenntnis. Durch die Bewegung nach Polesien hinein, dadurch, dass Maßnahmen stattfanden, wurde Polesien für lange Zeit zum „Land der Sümpfe",[26] zu einem stillstehenden Gebiet, zu einer „Naturlandschaft". Erst jetzt war Polesien nicht einfach da, sondern weckte Begehrlichkeiten auf eine sogenannte Kultivierung, auf Kultivierung nicht

18 Popowski 1884, vgl. Kapitel 1.1

19 Ėnciklopedičeskij slovar' F.A.Brokgauza i I.A.Efrona http://www.vehi.net/brokgauz/ Lexem „Poles'e". Siehe auch Słownik geograficzny Królestwa Polskiego i innych krajów słowiańskich, Tom 8, S. 579-587, hier S. 586r-587 = http://dir.icm.edu.pl/pl/Slownik_geograficzny/Tom_VIII/586

20 Popowski 1884, S. 3.

21 Zu Dača siehe http://www.vehi.net/brokgauz/ Lexem „Dača, v meževom zakonodatel'stve".

22 http://www.vehi.net/brokgauz/ Lexem „Poles'e".

23 https://be.wikipedia.org/wiki/Ведрыч_(рака); http://dir.icm.edu.pl/pl/Slownik_geograficzny/Tom_VIII/587; Słownik geograficzny Królestwa Polskiego i innych krajów słowiańskich. T. 8, Warszawa 1880–1914, S. 587.

24 Brokgauz-Efron Lexem „Poles'e".

25 Bruisch, Katja: The State in the Swamps. Wetland Drainage as a Means of Territorialization in the Late Russian Empire. In: Zeitschrift für Ostmitteleuropaforschung ca. 2019, Heft 2.

26 Čarnjakėvič, Iryna: U pašukach Palessja, In: Arche. Pačatak 2011,3 (102), S. 7-12, hier S. 8.

nur des Landes, sondern auch der Leute: auf Interventionen. Zumindest wurde dies jetzt überliefert.

2.2 Das erste Kriegsjahr und der Große Rückzug

Krieg ist das Beispiel für Intervention schlechthin. Im Russischen ist „Intervention" für diese Zeit zumeist mit „ausländischer" *(inostrannaja)* verbunden, weshalb man mir abriet, eine nichtkriegerische Intervention ins Russische überhaupt mit *intervencija* zu übersetzen. Im deutschen Sprachgebrauch hingegen ist „militärische Intervention" eher ein Euphemismus, um nicht „Krieg" zu sagen.

1914 – es ist Krieg! Reaktionen in Bevölkerung und Publizistik

Noch zu Beginn des Ersten Weltkriegs gab es keine Pläne für Polesien. Die Strategen des im Westen bis nach Lodz reichenden Russländischen Reiches wollten in Polesien nichts besonderes tun, sondern weiter westlich siegen. Polesien sollte Hinterland bleiben, in welchem Truppen und Material transportiert werden: Die polesische Eisenbahnstrecke bis zum Anschlag ausgelastet.

Heute, über 100 Jahre später, hat sich die Erzählung über den Beginn des Ersten Weltkriegs verfestigt: auf allen beteiligten Seiten hätte eine patriotische Stimmung, eine Welle nationaler Begeisterung nicht nur diejenigen ergriffen, die ohnehin militärisch interventionistische, revanchistische und chauvinistische Vorstellungen verbreiteten, sondern auch Kreise der Arbeiter- und sozialistischen Bewegung mit eigentlich internationalistischem Anspruch. Wie war dies in Polesien?

In Pinsk gab es im ersten Kriegsmonat eine dieser hurrapatriotischen Kundgebungen. 5.000 Menschen zogen schon am 30. Juli 1914 für den Zar und den Sieg auf den Straßen umher. Die Mehrheit der Teilnehmer stellten die Juden,[27] es soll sich um „Kleinbürger, Kaufleute, Beamte, Vertreter der Geistlichkeit und Studierende" gehandelt haben.[28]

Doch erzeugten die Kriegserklärungen gemischte Gefühle auch im Russländischen Reich.[29] Was ein Krieg bedeutete, das lag damals vielleicht schon ein wenig etwas außerhalb der Erfahrungswelt der Polesierinnen und Polesier. Ein Krieg schien damals etwas zu sein, für das russländische Soldaten in den Kaukasus, auf die Krim, nach Bulgarien oder Japan zogen. In Polesien selbst hatte es seit hundert Jahren, seit dem Rückzug der Truppen des napoleonischen Kaiserreichs, keinen Krieg Nation gegen Nation, Staat gegen Staat mehr gegeben. Die Gegend wurde Schauplatz der polnischen Aufstände von 1830/31 und 1863/64, und selbst dies war 1914 lange her.

Die Militärstrategen gingen immer noch davon ausgingen, dass, wie zur Zeit der Napoleonischen Kriege, Menschen einfach als Kanonenfutter eingesetzt ewrden könnten. Den

27 Historyja Pinska ad staražytnasci da sučasnasci; da 915-j hadaviny z peršaha letapisnaha ŭpaminannja hg. Von Nacyjanal'naja Akadėmija Navuk Belarusi, Instytut Historyi, Minsk 2012, S. 347.

28 Lipinskij, S. 172, zitiert in: Ignatenko, I.M.: Fevral'skaja buržuazno-demokratičeskaja revoljucija v Belorussii, Minsk 1986, S. 46.

29 Sunderland, Willard: the Baron's Cloak. A History of the Russian Empire in War and Revolution, Ithaca 2014, S. 124-125.

Bauernfamilien hingegen wurde auch in Polesien nachgesagt, dass sie keine patriotischen Gefühle für welche Nation auch immer hegten. Sie gaben die Söhne nicht gerne an die Front, schon gar nicht in Erntemonaten wie August und September.

„Der Feind kommt nicht zu uns nach Tula" – mit dieser Haltung sollen die Bauern östlich von Moskau laut Jurij Danilov negativ auf die Einberufungsbefehle reagiert haben.[30] Hatten sie in Polesien eine Vorstellung davon, dass dieser Feind – angesichts der Nähe der Front – in ihr Territorium kommen könnte?

Wir sollten festhalten, dass ein russländischer Patriotismus die wichtigste belaruthenische Zeitung, die in Vilnius erscheinende *Naša Niva* („Unser Acker") völlig unbeeindruckt ließ, deren Autoren zumindest „ohne Enthusiasmus" schrieben.[31] Hier wurden Antikriegsgedichte veröffentlicht. Doch noch nicht einmal aus prinzipiell pazifistischen Gründen wandte sich *Naša Niva* gegen den Krieg.[32] Die Autoren spürten 1914, dass die Bauern unter dieser Intervention leiden würden, und hatten – vielleicht auch im Wissen darum, dass die Belaruthenen keine eigene (nationale) Armee aufbauen würden – festgestellt, dass auch die Belaruthenen von beiden Seiten an die Front gesandt, auch sonstwie in die Kriegswirtschaft eingebunden und überhaupt als politische Kraft zermalmt werden würden.

Allerdings ist fraglich, ob diese Zeitung in den in Polesien oder an dessen Rand gelegenen Städten zwischen Brest und Homel' überhaupt gelesen wurde.

Realistisch waren die Vorstellungen und konkreter die Aktionen im Zusammenhang mit dem Alkoholverbot, allerdings mit subrealistischem Ergebnis: Mit Wassereimern versuchte man die letzten Tropfen des köstlichen Gutes wieder einzufangen, welches offiziell in einen Bach entleert wurde.[33]

Von der Musterung zur Einberufung; von der Einberufung zum Desertieren. Auch ohne sozialistische oder antiimperialistische Analyse versuchten von Beginn an Einige der Musterung oder doch der Einberufung zu entgehen. Manche versteckten sich bei Verwandten in anderen Regionen der Belarus' oder der Ukraine.[34] Andere fügten sich körperlichen Schaden zu. Weitere verwiesen darauf, dass sie auf einem Auge blind waren,[35] um den begehrten Status als Dienstuntauglicher (*belobiletnik)* zu erlangen oder, wenn sie schon erfolgreich einberufen waren, sich zu verdrücken, zu desertieren. Für ein multiethnisches, aber russisch definiertes Vaterland mit Standesprivilegien freiwillig kämpfen zu wollen, dagegen blieben die Bauernfamilien in ihrer vormodernen Erfahrungswelt in Polesien noch immun. (Etwas ganz anderes war es, vor dem Feind zu fliehen). Eher schon schienen sie der Propaganda über die blütrünstigen Streitkräfte der Mittelmächte Glauben zu schenken. Auch die anderen Bewohner dieser Region, jüdische Stadt- und Schtetl-Bevölkerung und die Katholiken waren nicht besonders kampfeswillig.

30 Danilov, Jurij N.: Rossija v mirovoj vojně 1914–1915 g. g., Berlin 1924, S. 112.
31 Mironowicz, Eugeniusz: Białoruś (wydanie 2., uzupełnione) Warszawa 2007, S. 27; belar. Übersetzung in Latyšonak/Miranovič 2010, S. 127.
32 Cuba, Michail V.: Belaruski nacyjanal'ny ruch u peryjad pamiž dzvjuma dėmakratyčnymi rėvaljucyjami: (1907–1917 hh.), Brėst 2003, S. 81-85.
33 Sunderland 2014, S. 124-125.
34 Alles Historyja Pinska 2012, S. 349.
35 Mogilev; NIAB Bestand 2053-1, Sign. 82.

Eine Einberufung bedeutete nicht nur, dass man Soldaten an die Front oder in die Etappe schickte: es wurden auch „Buchhalter, Wachposten, Boten, Pförtner und Frauen“[36] in den Dienst gebracht.

Einige Juden versuchten, in neutrale Länder wie Schweden, Dänemark oder die USA zu gelangen. Deren daheimgebliebene Verwandte wurden mit 300 Rubel Strafe belegt. Zwar waren es nur Wenige, die so schnell das Land verließen, und insgesamt blieben viele zumindest äußerlich loyal, aber die zarischen Behörden sahen in Juden trotzdem die fünfte Kolonne (den Begriff gab es damals noch nicht) des Feindes.[37] Daher schob man anfangs die eigenen Juden nicht nur in Richtung Osten und Süden ins Hinterland nun auch außerhalb des Ansiedlungsrayons, sondern sogar auch über die Grenze ins Habsburgerreich ab.[38]

Der Kampf gegen das Desertieren wurde wichtiger Bestandteil der Kriegsführung der zarischen Behörden. Egal, ob die Soldaten durch diese Verweigerungshaltung nur das eigene Leben retten wollten, oder ob das schon eine Anti-Kriegs-Stimmung war – das Militär des Russischen Reiches brauchte jeden Mann.

Ausgemachte innere Feinde. Doch gab es noch eine andere mit dem Weltkrieg, wie er bald genannt wurde, verbundene Intervention nach innen.

Man mobilisierte nicht nur die *Eigenen*, sondern machte die als nicht zugehörig Angesehenen zu *Anderen*. Basierend auf allgemein gesellschaftlicher Fremdheit und Misstrauen sahen die militärischen und politischen Strategen Deutsche und Juden, überhaupt all jene, die man für nicht dazugehörig hielt, mit denen man fremdelte, die also in Polesien als die *Anderen* angesehen wurden, als potenzielle oder schon reelle unzuverlässige Kantonisten, als Feinde des Russischen Reichs, als Spione an.

In Polesien hatten sich, durchaus auch wegen seiner abgelegenen Lage, kleine religiöse Gemeinschaften niedergelassen, darunter auch deutschsprachige Protestanten; sie lebten recht abgeschirmt unter sich.[39] Doch unter „Ur-Einheimischen“ gab es ebenfalls immer wieder religiöse Abweichungen,[40] nicht nur, aber sehr häufig insbesondere in Richtung Protestantismus. Die russländischen Behörden beäugten deutsche Siedler, Kolonisten, Evangelische, die wenig Kontakt zur Nachbarschaft hatten, besonders misstrauisch, auch dann, wenn sie einen Einzelhof außerhalb des Dorfes, einen *Chutor* bewohnten.

Ein großes bürokratisches Theater gab es beispielsweise um den angeblich oder wirklich preußischen Untertanen mit slawischem Namen Iosif Marceliev Rolevič im Dezember 1916,[41] der alle Mühe hatte, seine Rechte zu verteidigen.

Der Minsker Regierungspräsident (Gouverneur, *gubernator*) ordnete am 18. Februar 1915 die Umsetzung eines Beschlusses des russländischen Ministerrats vom Zweiten desselben Monats an, dass Staatsbürger aus dem Deutschen und dem Habsburgerreich sowie Staatsbürger des Russischen Reichs, die aus dem Deutschen oder Habsburgerreich über die

36 NIAB Bestand 2415-1, Sign. 104.
37 Historyja Pinska 2012, S. 349; Sunderland 2014, S. 130.
38 Sunderland 2014, S. 130-131.
39 Belarus' v gody pervoj mirovoj vojny, Sbornik dokumentov, Minsk 2014, Dokumente #32 und #34.
40 Rustemeyer, Angela und Diana Siebert: Alltagsgeschichte der unteren Schichten im Russischen Reich 1861–1914. Kommentierte Bibliographie zeitgenössischer Titel und Bericht über die Forschung, Stuttgart 1997; Ėtkind, Aleksandr: Chlyst.
41 NIAB, Bestand 22-1, Sign. 1293.

männliche Linie kamen, keinen Boden mehr besitzen durften. Falls es an den Unternehmen, die Boden gepachtet hatten, auch nur einen Anteilseigner aus „feindlichen" Staaten gab, dann mussten die entsprechenden Verträge annulliert werden.[42] Die Untertanen der feindlichen Staaten wurden dabei nun zunehmend differenziert, „ethnisiert" betrachtet: einem kriegsgefangenen Serben der österreich-ungarischen Armee wurde die Erlaubnis[43] zum Eheschließen gegeben. Die Behörden fertigten Listen mit Körperschaften an, deren Leitungen zu überprüfen und von solchen „Elementen" durch die Kreisbehörden zu säubern seien.

Gemäß einer umständlichen Erläuterung sollten die Untertanen feindlicher Staaten, mit Ausnahme von Menschen slawischer, französischer, italienischer und osmanisch-christlicher Herkunft aus allen möglichen aufgelisteten landwirtschaftlichen Produktions-Genossenschaften (Artelen) usw. ausgeschlossen werden.[44] In der umfangreichen Liste waren aber nur wenige in Polesien ansässige Korporationen aufgeführt. Es war also vorgesehen, dass Slawen des Habsburgerreiches und Christen des Osmanischen Reiches nicht von negativen Maßnahmen betroffen sein sollten – solche hier ethnisch, dort religiös begründeten Ausnahmeregelungen zeigten die Schwierigkeit eines autokratisch regierten Vielvölkerstaats auf, die zunehmende Ethnisierung der Identitäten für die eigenen Zwecke zu nutzen. Im konkreten Fall handelte es sich um den Versuch, das Ethnische und das Konfessionelle noch miteinander in Deckungsgleichheit und mit der Staatsangehörigkeit in Einklang zu bringen.

Die deutschsprachigen Siedler mussten Polesien verlassen, diese Region lag den Entscheidern zu nah an der Front. Russlanddeutsche wurden ins Innere des Russischen Reichs, insbesondere an die Wolga deportiert.[45]

Dass die zarische Regierung befürchtete, dass die Juden auf die Seite der Soldaten des Deutschen Reichs oder Österreich-Ungarns übergehen würden,[46] wurde dadurch begünstigt, dass sie jiddisch sprechen konnten, was ja eine dem Deutschen nahe Sprache ist. Besonders deutlich wurde dies bei Unternehmern wie den Brüder Grigorij, Moisej und David Lurie(r), österreich-ungarischen Staatsbürgern, denen die Fabrik „Progress-Vulkan", eine Schuhsohlen – und Absatzfabrik, eine Furnierfabrik, das Finanzkontor „Idel Samuil Lurie(r)" und andere Unternehmen in Pinsk teilweise schon seit den 1880ern Jahren gehörten. Grigorijs Sohn Isaak vertrat später ganz ungewöhnlich die belaruthenische Volksrepublik (BNR) in Kopenhagen und später in Berlin.[47] Der 1890 geborene Isaak Lur'e (Lurie) gehörte leitenden Gremien der Zionistischen Parteien und Organisationen an, führte in einem Fragebogen der BNR an, dass „die Unabhängigkeit der Belarus' der einzige Weg zur Wiedergeburt des belaruthenischen Landes und des belaruthenischen und jüdischen Volkes" sei – nicht gerade die klassische zionistische Position. Als seine Geburtsstadt Pinsk schon offiziell zu der Republik Polen gehörte, strebte er einen engen Bund mit Litauen und „einen Kampf gegen den polnischen und russischen Imperialismus für eine staatliche Unabhängigkeit der Belarus" an.[48]

42 Belarus' v gody pervoj mirovoj vojny, Sbornik dokumentov, Minsk 2014, S. 257.
43 Ebenda, #209.
44 NIAB, Bestand 22-1, Sign.1268, Blatt 3 und 11.
45 Historyja Pinska 2012, S. 345.
46 Sunderland 2014, S. 130.
47 Historyja Pinska 2012, S. 345-346.

Ruhiges Hinterland? All dies und die militärische Stärke der Mittelmächte schufen keine gute Grundlage für die Landesverteidigung, für die Verteidigung Russisch-Polens und der belaruthenisch-ukrainischen Gebiete gegen die Mittelmächte. Stattdessen ordnete Petrograd das an, was bald der „große Rückzug" genannt werden sollte.

War das noch ein Staat, der gegen Aktivitäten feindlicher Staaten vorgeht, oder hatten die Vertreter der oberen Behörden schon ein ethnisiertes Bewusstsein? Und wenn ja: Wer wurde zu den eigenen gezählt und wer nicht? Die Behörden des Zarenreichs verkrampften sich dabei außerordentlich. Angehörige der Staaten der Mittelmächte wurden grundsätzlich als potenzielle Feinde angesehen. Wir sollten nicht vergessen, dass es – neben tatsächlichen regelrechten professionellen Spionen – auch wirklich im Russischen Reich und hier gerade in den polnischen und baltischen Gouvernements, weniger vielleicht in Polesien, Leute gab, die willentlich oder eben bei Gelegenheit zu den Achsenmächten hielten. Auf der anderen Seite hat man durch diese Ausgrenzung innere Feinde erst produziert.

Wir sind heute nicht mehr oder vielleicht durch den religiös motivierten Terror erst neuerdings wieder gewöhnt, nach Religionsgemeinschaften zu ordnen. Damals wurde hingegen in religiösen und ständischen Kategorien gedacht, und selbst Begriffe wie Nation, *narodowość* (polnisch), *nacional'nost'* (russisch), gerade auch, weil sie in Opposition zu *lud* (polnisch), *narod* (russisch) standen, waren noch nicht ethnisch ausbuchstabiert.

Ganz so ruhig war das Hinterland also nicht. Doch auf der anderen Seite ging in Pinsk noch in der ersten Hälfte des Jahres 1915 nicht nur das Leben relativ ruhig weiter. Es gab in Vicebsk sogar Investoren („Kapitalisten"), die Pinsk elektrifizieren wollten, und es wurde verkündet, dass „Meliorationsarbeiten im Frühjahr in Angriff genommen werden".[49]

Der große Rückzug 1915 – warum?

1914 galt als ein für Polesien noch ruhiges Jahr. Denn die Frontlinie verlief weiter im Westen, Kriegsschauplatz waren Ostpreußen, das heutige Polen, und Ostgalizien, die heutige Westukraine: während die Truppen des Russischen Reiches im zu Russland gehörenden Kongresspolen den Truppen der Mittelmächte das Feld überlassen mussten, hatten sie sich in Ostpreußen auf deutschländisches und in Galizien auf österreich-ungarisches Territorium vorgekämpft; doch auch dies währte nicht lange. Seit Ende 1914 und bis 1915 hatten die Mittelmächte fast alle ihre Vorkriegs-Staatsgebiete zurückerobert, okkupierten auch den größten Teil Russländisch-Polens (Kongresspolen, Weichselgouvernements).

Zunächst existierte ein getrenntes Oberkommando des Deutschen und der Habsburgerreichs. Während die Truppen des Deutschen Reichs 1915 an ihrer gesamten Ostfront gegnerisches Gebiet besetzt hielten und um Ostpreußen herum „das Land Ober Ost" auf besetztem Gebiet einrichteten, war Österreich-Ungarn zwar noch durch die Truppen des Russischen Reiches besetzt, konnte aber ab 1915 Westwolhynien und Westpolesien mitbesetzen. Die Streitkräfte der Mittelmächte rückten also bald nicht nur in Polen, sondern auch in mehrheitlich von Ostslawen (Russen, Ukrainer, Belaruthenen) besiedelte Gebiete vor. Die-

---

48 Archivy Belaruskaj Narodnaj Rėspubliki Tom 1, Kniha 1, Vil'nja [u.a.] 1998, S. 1086, #2727, vom 17. April 1921.

49 Aus der Zeitung Ob"edinenie, zitiert in: Pamjac'. Pinsk, Minsk 1998, S. 166.

ser Rückzug der Truppen des Russischen Reichs betraf also wesentliche Teile des historischen Litauens.

In Polesien stieß eine österreich-ungarische Truppeneinheit von Süden her nach Brest (Brest-Litovsk) vor. Zudem griffen die Deutschländer von Nordwesten aus die Festungsstadt an. Das Heer des Russländischen Reichs gab die Stadt mitsamt der eigentlich gerade für solche Fälle gedachten Festungsanlage kampflos auf:[50] gemäß einem Befehl ihres Oberkommandos sprengten die Truppen bis zum 13. August 1915 die Festung. Drei Tage später beherrschten die Mittelmächte Stadt und Festung. Mit wenig Munition zog sich nun das russländische Heer Tag für Tag weiter auf vorher bestimmte Positionen zurück, gab in Polesien auch Pinsk auf, bezog Posten erst östlich der Stadt. Pinsk blieb bis Februar 1918 Frontstadt des Krieges. In der Region Polesien gab die Armee des Russischen Reiches freiwillig noch mehr Gelände frei als in anderen Gebieten. Pinsk, zu drei Vierteln von Juden bewohnt, spürte schon ein zwei Tage vor dem Abzug des russländischen Militärs im September 1915, dass es sich auf einen Rückzug vorbereitete. Dennoch griff die deutschländische Artillerie noch acht Kilometer vor Pinsk die Zivilbevölkerung einschließlich der Flüchtlinge mit Erstickungsgas an.[51]

Bei der Abdeckung des Rückzugs gab es Gefechte. Ein Bataillon fiel im morastigen Sumpf im Feuer des Feindes auseinander.[52] Man zerstörte auf dem Rückzugsmarsch militärische wie zivile Infrastruktur und Verkehrsmittel, evakuierte die Zivilbevölkerung teilweise, ließ die Untertanen ansonsten im Elend.

Es waren dies die Tage, in denen Zar Nikolaj II. schon entschieden hatte, den bis dahin Nikolaj Nikolaevič übertragenen Oberbefehl über die Russländischen Streitkräfte selbst zu übernehmen, dies aber erst am 23. August 1915 umsetzte.[53] Und das russländische Hauptquartier verlegte man von Baranavičy im Westen der Belarus' nach Mahilëŭ, 300 bis 400 Kilometer weiter nach Osten.

Die Taktik des „Großen Rückzugs“ (selbst ein Rückzug musste damals wohl „groß“ sein) wurde offensichtlich. Warum dieser militärischer Rückzug, warum die Evakuierung? Die naheliegende Erklärung ist, dass man seine Menschen und Güter vor einem als überlegen angesehenen äußeren Feind, eben den Mittelmächten in Sicherheit bringen sollte. Eine konkrete Begründung war, dass man zu wenig Waffen, Projektil, Munition habe. Wenn dies der Hauptgrund war, dann kann man dem Rückzug eine humanitäre Seite abgewinnen: Man wollte die eigenen Soldaten nicht länger verheizen.

Man hat als Argument für den Rückzug aber auch „ins Feld“ geführt, er sei eine Konsequenz aus der Erfahrung des letzten Krieges in diesen Territorien gewesen, nämlich des Sieges über die napoleonischen Truppen 1813: man habe die Mittelmächte also dadurch besiegen wollen, dass diese ihre Streitkräfte auf einem zu großen Territorium ausbreiten und sich überdehnen würden. Schließlich gibt es auch die einfache These, dass Oberbefehlshaber Ni-

50 U.a. Bondarenko, Vjačeslav: Uterjannye pobedy Rossijskoj imperii [sobytija Pervoj mirovoj vojny na belorusskoj zemle, izmenivšie chod mirovoj istorii], Minsk 2010, S. 48.
51 Pamjac'. Pinsk, Minsk 1998, S. 167.
52 Bondarenko 2010, S. 53.
53 Bondarenko 2010, S. 54.

kolaj Nikolaevič ganz einfach ein weltfremder Trottel gewesen sei, eine Ausnahmeerscheinung also, und kaum einer so wie er gehandelt hätte.

Oder haben vielleicht manche Entscheider in St. Petersburg/Petrograd die belaruthenischen und polesischen Regionen gar nicht als „echt Russisch" angesehen? Waren sie teilweise sogar froh, belaruthenisch-ukrainisch-litausisch-jüdische Gebiete los zu sein? Belege gibt es dafür nicht. Aber die Frage muss gestellt werden dürfen, obwohl die Rhetorik vom Vaterland, vom Imperium, von den Nordwest-Gebieten des Reichs (von den antiautokratischen Belaruthenen als „Westrussismus" *(zapadno-russism)* beschrieben) stets suggerierte, dass Russland als unteilbares Gebiet angesehen wurde, und mit Begründungen dieser Art waren ja 1839 die unierte Kirche orthodoxisiert, 1840 das Statut des Großfürstentums Litauen aufgelöst und 1844 auch das jüdische Kahal abgeschafft worden.

Es ist nicht nachweisbar, ob man sich vielleicht nicht nur wegen der militärischen Verhältnisse, sondern auch angesichts des Kräfteverhältnisses der zivilen Gesellschaft zurückzog. Sicher ist hingegen, dass es sogar Überlegungen bei den russländischen Entscheidern gab, noch weiter bis ins heutige Russland zur Linie Možajsk-Tula-Kursk zurückzumarschieren.[54] Angesichts solcher Pläne stellt sich sogar die umgekehrte Frage, nämlich warum sich sich die Truppen der Russischen Reichs nicht auch aus Ostpolesien zurückzogen. Die naheliegendste Erklärung ist der besagte Wechsel an der militärischen Spitze. Zudem konnte man davon ausgegangen sein, dass sich das Deutsche und das Habsburgerreich bereits überdehnt hätten. Drittens formuliere ich als Hypothese, dass ihnen wichtig war, das Eisenbahnkreuz Luninec und so eine Verbindung von Sarny (Süden) nach Norden (Richtung Vilnius) zu halten, wie auch von dieser Linie aus von Luninec nach Homel'.

Tatsache ist, dass bei dem Großen Rückzug die Militärs und Kosakenverbände nicht zimperlich waren, zuweilen ganze Dörfer in Brand setzten. Wichtiger als das Wohl der eigenen Bevölkerung war ihnen, dass keine Güter in Feindeshand gelangten.

Stellte diese Politik der verbrannten Erde eine Intervention dar? Ist es vielleicht sogar ein extremer Fall von Landschaftsintervention? Dass Brest 1911 noch 46.568, 1919 nurmehr 14.005 Einwohner zählte,[55] lag nicht nur an der Besatzungsherrschaft der Mittelmächte. Der große Rückzug bedeutete den ersten einer Reihe von (Kriegs-)Akten auf polesischem Boden, und zwar einen eigentümlichen. Ich rede nicht von *potlatch*. Doch sei daran erinnert, dass im August 1915 der Krieg zwar bereits ein Jahr währte, aber immer noch niemand damit rechnete, dass er über vier Jahre lang andauern würde. Bei diesem Rückzug inklusive verbrannter Erde handelte es sich um eine eigentümliche Intervention, die Züge einer Antiintervention trug. Wenn Städte zerstört, lebendiges und bewegliches totes Inventar weggeschafft wurden, sich aus der Fläche zurückzog, dann überließ man ja nicht nur Menschen dem Feind, sondern auch den Tieren und Pflanzen das Feld. Denn kriegerische, militärische Interventionen, bis zum Ersten Weltkrieg einschließlich, machten im Gegensatz zu späteren wie der Atombombe, Napalm oder anderen ABC-Waffen noch nicht eine Gegend für lange Zeit für Menschen unbewohnbar, schufen vielmehr für Tiere und Pflanzen neue Entfaltungsmöglichkeiten.

---

54 Historyja Pinska 2012, S. 352.

55 Studnicki, Władisław: W sprawie osadnictwa żołnierskiego na ziemiach wschodnich, Warszawa 1921, S. 10.

Die militärische Intervention der Mittelmächte. Die gegenüber Napoleon angewandte Taktik der Truppen des Russischen Reichs verfing bei den Mittelmächten nicht. (Nach 1815 waren das Russische, das Habsburger Reich und Preußen lange Zeit Verbündete geblieben.) Die Mittelmächte hatten ebenfalls ihre militärstrategischen Konsequenzen gezogen. Zudem kannte das 19. Jahrhundert neue Waffen und neue militärisch nutzbare Infrastruktur wie eben die Eisenbahn. Es fehlten auch deshalb Erfahrungen mit diesen neuen Dingen, weil in den fast schon periodisch wiederkehrenden Kriegen zwischen dem Osmanischen und dem Russischen Reich, und auch im Russisch-Japanischen Krieg 1904-1905 und selbst in den Balkankriegen 1912-1913 einige der hochmodernen Waffen noch nicht zum Einsatz gekommen waren.

Die Truppen der Mittelmächte beeilten sich nicht, die sich zurückziehenden Russischen Truppen einzuholen und zum Kampf zu zwingen, sie gingen auch nicht massiert an einem oder wenigen Frontabschnitten weit vor, sondern auf breiter Front. Allerdings gab es schon damals Meinungsverschiedenheiten bei den deutschländischen Entscheidern: Erich von Falkenhayn meinte, dass man nun nicht noch mehr erobern müsse, zumal die russischen Truppen ihre Front begradigt hatten. Die „Oberbefehlshaber Ost" Hindenburg und Ludendorff waren mit Falkenhayn kategorisch nicht einverstanden, sie wollten Russland durch ihren Sieg aus dem Krieg ausscheiden lassen. Der Generalstabschef Ober Ost, Max Hoffmann, berichtete, dass Ludendorff, damals noch „Oberbefehlshaber Ost" mit Sitz in Kaunas (Kowno), über eine Depesche aus Berlin mit Aufforderungen zur Beschränkung von geografischen Kriegszielen in Lachen ausbrach und sagte, dass man das nicht befolgen werde.[56]

Insbesondere die deutschländischen Truppen legten breit und tief gestaffelt[57] Stacheldraht möglichst entlang der ganzen Front, bauten Unterstände. Dort, wo sich die Frontlinie 1915 stabilisierte, legten nun beide Seiten einen so großen Wert auf die Verteidigung ihres Territoriums, dass wiederkehrende Offensiven des Russischen Reiches wie beispielsweise 1916 die Brusilov-Offensive nie den ganz großen Durchbruch brachten.

Noch während der Zeit der Provisorischen Regierung Russlands nach März 1917, deren Herrschaft durch sich radikalisierende Sowjets zunehmend in Frage gestellt wurde, waren die Verantwortlichen im Deutschen Reich, das sich immerhin in einem Zweifrontenkrieg befand, nicht so kurzsichtig, sich an die Eroberung weiterer Gebiete zu machen. Und nach der Oktoberrevolution und dem „Dekret über den Frieden" des Allrussischen Rätekongresses der Arbeiter-, Soldaten- und Bauerndeputierten unter Lenin im November 1917 schlossen sie im Dezember 1917 einen Waffenstillstand ab und führten mit den Sowjetführern Friedensverhandlungen. Erst, als diese sich hinzogen, und die Verantwortlichen des Deutschen Reiches im Februar 1918 davon ausgingen, dass die Verzögerung auf einer Verhandlungstaktik der Sowjets beruhte, da besetzten die Truppen Deutschlands im Widerspruch zu der Friedensresolution des Reichstags von 1917 neben Litauen und einen Teil Lettlands auch die gesamte Belarus' und die gesamte Ukraine. Jetzt hatten sich das Deutsche und das

56 Bondarenko 2010, S. 57.
57 https://www.europeana.eu/portal/de/record/0940432/_nnf791S.html mit Foto

Habsburgerreich überdehnt,[58] was sie eigentlich immer hatten vermeiden wollen, insbesondere, weil solche Gegenden wie Polesien zurecht als unwirtlich galten.[59]

Kriegskunst, Intervention und Territorialität. Giftgas.

Der Krieg wurde mit neuen Waffen geführt. Zuerst setzte das Militär des Deutschen Reichs Giftgas (chemische Waffen) auch an der Ostfront ein. Die am Besten überlieferten Einsätze erfolgten in der nordwestlichen Belarus.[60] Aber, wie erwähnt, auch acht Kilometer vor Pinsk, in Polesien verwendete man ein bläuliches[61] Gas zur Vorbereitung der Einnahme der Stadt. Das Russländische Reich wollte ebenfalls durch den Einsatz von Gas seine Kampfkraft stärken. Doch die Winde (der Zeit) bliesen den Truppen oft ins eigene Gesicht, oder man musste mangels Wind auf den Einsatz verzichten.[62] Aber auch bei günstigem Wind rief ein Giftgaseinsatz, nüchtern und kalt geschrieben, in dicht besiedelten Gebieten effektivere Vernichtungen des Gegners hervor als in dünnbesiedelten wie Polesien. Eine großflächige Landschaftsintervention durch Giftgas fand hier jedenfalls nicht statt.

Die dritte Dimension. Eine weitere Neuerung stellte die Aufklärung und Bombardierung aus der Luft dar. Auch dies wurde eher in dicht besiedelten Gebieten für sinnvoll gehalten, doch wurden die zigarrenförmigen Luftschiffe der Firma Zeppelin auch in Westpolesien gesehen. In der ganzen belaruthenischen Frontregion wurde allerdings nur ein einziges Zeppelin abgeschossen.[63] Dennoch: Schon bald verwendete man keine Zeppeline mehr als Kriegsflugzeuge, wohl weil sie zu leicht abzuschießen waren. Schließlich war der Luftkampf in Polesien bald beendet, denn die Kriegshandlungen waren von Oktober 1915 an für längere Zeit zum Stehen gekommen.

Staatliche Partisanentätigkeiten. Die Landschaft Polesien begünstigte Partisanentätigkeiten.[64] Dichter Wald diente als Versteck für Ortskundige, unpassierbare Sümpfe als blubbernde Barriere, sich jahreszeitlich vergrößernde und verkleinernde Wasserflächen desorientierten die Fremden, Flüsse mit unerwarteten Strömungen „fraßen Fleisch“, abgelegene Siedlungen boten Schutz. Polesien stellte das Gelände für den Kleinkrieg, nicht für eine Massenschlacht. Polesien war eher eine Abgelegenheit als eine Angelegenheit.

Doch die Mittelmächte stellten den Machtanspruch auch in Polesien. Es galt, die Frontlinie, die sich 1915 stabilisiert hatte, zu festigen. Mächte von außen wie die deutschländischen und österreich-ungarischen Besatzungstruppen taten (aus ihrer Sicht) auch deshlab gut daran, die Einheimischen nicht allzu sehr gegen sich aufzubringen. Durch die Taktik

58 Vgl. Koenen, Gerd:http://www.bpb.de/apuz/254460/spiel-um-weltmacht-deutschland-und-die-russische-revolution?p=2 Siehe Karte Nr. 9 auf Seite 100.

59 Vgl. Vogel, Johannes (Hofprediger): Bis Pinsk mit der Garde-Kavallerie, Potsdam 1918; und andere Autoren

60 Beljavina, V.N. [=Bjaljavina, Valjancina Mikalaeŭna]: Belarus' v gody Pervoj mirovoj vojny, Minsk 2013, S. 169-198.

61 Zeitungsbericht, zitiert in: Pamjac'. Pinsk, Minsk 1998.

62 Vrublevskij, Vadim Valer'evič (Hg.): Belarus' v gody Pervoj mirovoj vojny: (1914–1918); sbornik dokumentov, Minsk 2014, Dokument #14.

63 Bondarenko 2010, S. 46-48.

64 Bondarenko 2010, S. 103f.

des Herrschens durch Teilen der katholischen und jüdischen Zivilbevölkerung von der orthodoxen wollte man erstgenannte Bevölkerungsgruppen auf seine Seite ziehen.

Beachtlich ist, dass es wenig bäuerlichen (oder auch nichtbäuerlichen) Widerstand gegen die militärische Herrschaft gab. Möglicherweise betrachten wir Partisanenaktionen heute als zu selbstverständlich, während damals die Traditionen bewaffneten lokalen Kampfes gegen die Obrigkeit gerade ausreichend lange abgebrochen gewesen waren, um tradiert werden zu können. Umherirrende Soldaten und einheimische Bauernsöhne griffen zur Waffe, um sich ihr Überleben zu sichern, blieben dabei defensiv.

Jedoch lohnt sich ein Blick auf die Ausnahmen. Zwar blieb die Frontlinie im Ergebnis relativ starr. Doch die Gebiete zwischen Luck, Kovel und Rivne waren immer wieder heftig umkämpft. Die zarische Armee (und ein Teil der heutigen Geschichtsschreiber*innen) waren sehr stolz auf eine gelungene Partisanenoperation im Süden Polesiens (Strumen', Nevel') gegen die Mittelmächte.[65] Interessant ist, dass die Armee des Russländischen Reiches, die wir uns vielleicht unwillkürlich als verknöcherte, überbürokratisierte, daher umständliche und die eigenen Verluste an Menschen (Soldaten) rein kriegsökonomisch betrachtende Einrichtung vorstellen, dass diese Armee überhaupt Partisanenoperationen durchführte, dazu imstande war. Den diesbezüglichen Befehl unterzeichnete Kommandeur Ėvert bereits am 25. August 1915.[66]

Wenn man noch weiter gehen will, dann kann man den großen Rückzug mit der Verlegung des Hauptquartiers selbst als eine Partisanenaktion ansehen: Partisanen wollen nämlich nicht gesehen werden, wollen aus guter Deckung heraus angreifen.

Im allgemeinen Teil dieses Buches werde ich ausführlicher auf die Partisanentheorie eingehen. Jetzt bleibt festzuhalten, dass es bis zur Februarrevolution in Petrograd und Moskau keine widerständigen Aktionen im von den Mittelmächten gehaltenen Terrain Polesiens gab – ganz anders als in Litauen und Lettland.

Die Intervention der Mittelmächte beschränkte sich auf die unmittelbare Front und die größeren Orte. Die Truppen des Deutschen und Habsburgerreichs territorialisierten Polesien im Gegensatz zum durchverwalteten Ober Ost nicht. Auf beiden Seiten gab es jeweils „innerhalb“ der frontnahen Gebiete nur wenige Kampfhandlungen.

2.3 Östlich der Frontlinie

Idealtypisch stellt man sich Landschaftsinterventionen so vor, dass zuerst ein „Problem“ erkannt wird, etwa, dass die Flächenerträge für landwirtschaftliche Produkte oder die Schulbesuchsquote als zu niedrig bezeichnet werden, oder aber auch, dass die Landschaft schön, aber leider von Feinden (oder von zu ungehorsamen Menschen und Tieren) besiedelt sei. Hierauf würden dann potenzielle innere oder äußere Interventen einen Plan erstellen und dann mit mehr oder weniger harten Methoden umsetzen.

65 Bondarenko 2010, S. 113f.
66 Bondarenko 2010, S. 113.

Aber das war im Ersten Weltkrieg ganz anders. Noch bis Juni 1915 behandelten die Behörden des Russländischen Reichs im Kreis *(Uezd)* Pinsk, – die Front war nicht allzu weit entfernt –, die Fragen der immer wieder zu Streit führenden[67] Nutzungsrechten an den Servituten.[68] Gewiss: nicht normal weiter zu arbeiten, das wäre den Behörden als Defätismus ausgelegt worden – man durfte nicht übervorsichtig sein. Und lasst uns auch berücksichtigen, dass sich alle Seiten auf einen Krieg von längstens einigen Monaten vorbereitet hatten; endend natürlich mit einem Sieg des eigenen Militärbündnisses.

Von den Betroffenen wie den Verantwortlichen im Zarenreich als brennendes Problem war die Tatsache wahrgenommen worden, dass von Ende 1914 bis September 1915, ausgelöst durch den militärischen Vormarsch der Mittelmächte an der Ostfront des Ersten Weltkriegs, östlich der Frontlinien Flucht, Evakuierung, Vertreibung und Deportation einschließlich Zwangsumsiedlung in die östliche Belarus' und noch weiter nach Osten an der Tagesordnung war. Die sich zurückziehende Russische Armee, halbfreie Kosakenformationen und die zarische Bürokratie veranlassten die Untertanen zum Fliehen und evakuierten sich auch selbst teilweise. Bis heute wird in der Tradition der sowjetischen Geschichtsschreibung in der belaruthenischen, polnischen und russischen Historiographie dies *nicht* schöngeredet, es gibt nur wenige Ausnahmen.

In der deutschsprachigen Historiographie zum Ersten Weltkrieg blieb die Flüchtlingsfrage hingegen unterbelichtet, weil es wenige *deutsche* Flüchtlinge gab. Doch in der belaruthenischen Geschichtsschreibung ist es ein wichtiges Thema. Aber die belaruthenische kennt ja kaum einer. Ein weiterer Umstand: die Ereignisse an der Westfront, Benelux, Großbritannien, Frankreich, auch Italien sind für deutsche LeserInnen und ForscherInnen von beiden Seiten aus aufgearbeitet. Portale wie europeana sind sogar mit polnischen Quellen bestückt. Doch die russische, belaruthenische und ukrainische Historiographie wird nur in Fachkreisen zur Kenntnis genommen. Von zehn Artikeln in der FAZ.net-Sonderspalte zum Ersten Weltkrieg im Jahre 2014 behandelte ein Einziger die (aus deutscher Sicht:) Ostfront.[69]

Evakuierung und Flucht.

Man evakuierte die orthodoxe Bevölkerung – für Eugeniusz Mironowicz ein Grund dafür, dass der belaruthenische kulturelle Aufschwung sich in dieser Phase des Kriegs in Grenzen hielt[70] –, aber auch Angehörige der jüdischen und deutschen Minderheit, überhaupt Teile der Bevölkerung und nicht zu vergessen auch die zarischen Behörden selbst.

Polesien als Zielgebiet. Zunächst waren Mittel- und Ostpolesien noch Zielorte von Evakuierungen. Im Juli 1915 wurden „Partien“ von Kolonisten aus dem Kreis (*Uezd*) Rivne/Rowno und dem Gouvernement Chełm nach Pinsk und Davyd-Haradok evakuiert. Wei-

67 Siebert, Diana: Die ländliche Wirtschaft im polnischen und sowjetischen Teil des weißrussischen Polesien (1921–1939). Ein Vergleich, Köln 1990 (unveröffentlichte Magisterarbeit, nachträglich teilweise eingestellt auf http://www.diana-siebert.de/geschichte/Polesie-Magisterin-1990.html;) vgl. Wendland, Anna Veronika: Die Russophilen in Galizien: ukrainische Konservative zwischen Österreich und Rußland, 1848–1915, Wien 2001.

68 NIAB, Bestand 617-1, Sign. 31.

69 Ruchniewicz, Krzysztof: Der erste Weltkrieg – der fremde Krieg, In: Frankfurter Allgemeine Zeitung, 10.08.2014 = http://www.faz.net/aktuell/politik/die-gegenwart/der-erste-weltkrieg-der-fremde-krieg-13090610.html (30.03.2018).

70 Mironowicz 2007, S. 32-33.

terhin beäugte man sie, und als sie in Pinsk aufgenommen wurden, wurden Aufpasser am Elektrotheater und auf dem Basar postiert.[71]

Am 23. Juli 1915 berichtete man dem Gouverneur in Minsk, dass aus dem Gouvernement Cholm/Chełm und besonders aus dem Kreis Włodawa, über Piščа und Oltuš nun 126.000 Menschen auf den Straßen eingetroffen seien. Man strebe an, sie von Maloryta aus weiter mit Eisenbahn nach Brest, Kobryn und dann nach Pinsk zu bringen. Als Endpunkt wurde Homel' bestimmt.[72]

Die Grenze zwischen Flucht, Evakuierung und Vertreibung war fließend. Man konnte freiwillig oder unfreiwillig seine Heimat verlassen, doch aus der gegenwärtigen Diskussion über Flucht und Vertreibung wissen wir, wie schwer in konkreten Fällen eine Unterscheidung durchzuführen ist. Den Unterschied zu bestimmen ist für uns aber wichtig, weil es sich um unterschiedliche Grade und Arten von Intervention handelte. Wenn es sich nicht um Katastrophen mit langanhaltender Wirkung handelt (z.B. Super-GAU eines Atomkraftwerks, heftige Vulkanausbrüche), dann ist eine Evakuierung als eine vorübergehende Maßnahme geplant und durchgeführt, hingegen eine Vertreibung in der Regel als eine „endgültige“ Fakten schaffende. Die Evakuierungen durch das Russländische Reich im Jahr 1915 waren als eben vorübergehende Schutzmaßnahme gedacht, die allerdings den Betroffenen nicht gefallen hat. Doch wie gesagt, hätte man andernfalls den Behörden möglicherweise vorgeworfen, ihnen sei das Schicksal der Untertanen gleichgültig, hätten sie nicht evakuiert.

Schon im ersten Kriegsjahr, als, wie oben beschrieben, die Armeen des Russisches Reiches teilweise in Ostpreußen und Galizien Feindesland besetzt gehalten hatten, mussten deutschsprachige und evangelische Siedler in Polesien ihre kleine Heimat verlassen.[73] Ein Teil der jüdischen Bevölkerung wurde nach Osten und Süden umgesiedelt.

Nun, im Jahr 1915, kam eine weitere, eine „ungeplante“, viel heftigere Migrationsbewegung der slawischen Landbevölkerung in Gang: Für die Behörden der Belarus' existierte 1914 noch das Problem der Flucht *nach* Polesien, nun, seit Herbst 1915, die Frage der Flucht innerhalb Polesiens und aus Polesien.

Als im Jahr 1915 die deutschen und österreich-ungarischen Truppen im Angriff auf russländisches Gebiet, nach Polen, ab August auch nach Brest-Litovsk in Polesien und im September bis nach Pinsk vorrückten, da flüchteten viele slawische Familien und Einzelpersonen mit ihrem Hab und Gut oder sogar ohne dieses in Richtung Osten. Weder die Flüchtlinge noch die Behörden waren darauf vorbereitet, und es entwickelten sich ähnliche Phänomene wie in Deutschland im Jahr 2015.

Noch im Juli schien die Flüchtlingsfrage für die russländischen Behörden in Polesien ein handhabbares Problem zu sein[74], und der zuständige General Danilov wollte noch am 4. Juli 1915 die Flüchtlinge aus den Gouvernements Žitomir, Lublin und Chełm herausholen („befreien“) und sie auf normalen Wegen in die westpolesischen Landkreise Kobryn und Pružany senden. Noch am 6. Juli schienen nur zwei Eisenbahnzüge versorgt werden zu

71 NIAB Bestand 295-1, Sign. 9030, Blatt 33.
72 NIAB Bestand 295-1, Sign. 9030, Blatt 95-97, hier Blatt 95.
73 Belarus' v gody pervoj mirovoj vojny, Sbornik dokumentov, Minsk 2014.
74 NIAB Bestand 295-1, Sign. 8982, Blatt 1-2.

müssen. Aber am 9. Juli machte der Bund der Städte als Teil des Allrussischen Landschaftsbunds (*Vserossijskij zemskij sojuz*) Danilov darauf aufmerksam, dass es dafür zu spät, weil Kobryn schon voll von Flüchtlingen sei und dass man diese weiter nach Osten nach Pinsk sende. Der Oberkommandant *(glavnyj načal'nik)* des Minsker Militärbezirks beabsichtigte im Juli, alle Flüchtlinge in Regionen östlich des Dneprs zu senden. Danilov war am 11. Juli einverstanden und bat den Chef des Minsker Militärbezirks *(MinVO)*, schnell bei Mahilëŭ und Smolensk Flüchtlinge unterzubringen.[75]

Für die Bevölkerung des Russischen Reichs in Westpolesien und anderswo stellte sich die Frage: flüchten oder standhalten? Je nach konkreter Lage, Frontnähe, Glaubhaftigkeit von Versprechungen über Hilfe für die Flüchtlinge, je nach aufgenommenen Berichten auch über oder von schon Geflohenen usw. konnte die Antwort an einem Tag anders ausfallen als am Vortag.

Der Haupttreck kam von Westen her zunächst in Brest an, ging von Brest aus über Baranavičy in Richtung Minsk auf der befestigten Chaussee, insbesondere, falls die Menschen ein eigenes Gefährt hatten. So viele Flüchtlinge waren auf den Straßen, dass es, weil sie verstopft waren, kein Durchkommen gab. Man versuchte, den „Treck" um Minsk südlich herum zu leiten, damit diese Gouvernements-Hauptstadt nicht verstopft würde. Insbesondere Flüchtlinge ohne Gefährt versuchten mit der Eisenbahn weiter zu kommen. Dies betraf auch die polesische Eisenbahn, den einzigen dortigen „befestigten" Verkehrsweg.

Ab dem 25. Juli 1915 führte man im Russischen Reich Amtsstellen der Oberbeauftragten für Flüchtlinge ein. Diese sollten sich um Versorgung, Medizin und Veterinärwesen kümmern.[76]

Aus West- und Ostgalizien und Westwolhynien erreichten die Flüchtlinge nicht nur über Brest, sondern auch direkt von Süd nach Nord Polesien. Hier, wo die Wege unbefestigt und zudem oft schmal waren, stellten sie für die im August-September 1915 schnell vorrückenden Truppen der Mittelmächte ein ernsthaftes Verkehrshindernis dar, und die Geflüchteten wurden, wie der zynische Bericht eines Militärpfarrers nahelegt, mit ihren Habseligkeiten vom Weg gedrängt, obwohl sie inzwischen demselben Pfarrer zufolge die deutschländische der russländischen Herrschaft vorzogen. Es

> „fluteten besonders gewaltige Flüchtlingskolonnen heran, diese [!] andauernde Begleiterscheinung des ganzen, großen, schnellen Vormarsches der deutschen Heere im Osten. In ausbrechender, sinnloser Angst, geschürt durch erlogene Schilderungen über unsere barbarische Kriegsführung, sind die armen Menschen Hals über Kopf von Haus und Hof vertrieben oder geflüchtet". […] „nun kamen sie zu Tausenden und Abertausenden bei Tag und Nacht zurück"[...] „So schwankte Wagen für Wagen heran bis zum Stürzen mit der ganzen Last des Hausrats überladen, und oben darauf hockten ermattete Greise, elend aussehende Frauen und unmündige Kinder. Soviel Wohltätigkeit auch das gute, erbarmungsvolle Herz unserer Offiziere und Mannschaften im Vorübereilen erweisen mochte, von der deutschen Heeresleitung konnte auf diese unglückseligen Opfer russischer Kriegsführung keinerlei Rücksicht genommen werden. Unter allen Umstän-

75 Bondarenko 2010, S. 38.
76 Bondarenko 2010, S. 39.

den mußte die eine große Straße mit ihren Brücken, die allein zur Verfügung stand, für die heranrückende Infanterie und den ungeheuren Kolonnenverkehr freigehalten werden. Mochten jene sehen, wie sie seitlich durch Feld und Wald und Bruch aus dem Operationsgebiet herauskamen oder liegen blieben. In großen Lagern biwakierten sie jammernd und frierend neben der Straße, Hunger, Seuche und Tod lichteten erbarmungslos ihre Reihen. Viele versuchten in der Verzweiflung zu Fuß Rettung zu gewinnen, aber Rußland ist weit, sehr weit, und die zahllosen kleinen Grabhügel und Kreuze am Wege zeugten von ihrem Zusammenbruch, von einem fürchterlichen Massensterben. Eine Mutter lag tot am Wege, das zwölfjährige Mädchen hielt das jüngste Schwesterlein, einen Säugling, auf dem Arm und den kleinen Bruder an der Hand; während der Vater vielleicht für Rußland kämpfte, starrten die Seinen weinend, hilflos, hoffnungslos einem elenden Untergange entgegen."[77]

Ich habe diesen Bericht, vielleicht etwas anachronistisch aus heutiger Perspektive, zynisch genannt, weil er zwar das Leid beklagt, aber es nicht wagt, etwas gegen das Leid unternehmen zu wollen.

Wie viele Flüchtlinge? In der ganzen heutigen Belarus' sollen über eine Million Flüchtlinge unterwegs gewesen sein. Allein auf der Nebenroute der Flüchtlinge, die von West nach Ost entlang der polesischen Eisenbahn führte, befanden sich Zehntausende von Flüchtlingen;[78] Die genannte Archivquelle spricht von 30.000 Menschen auf der Flucht; wenn man sich nicht auf der Schreibmaschine vertippt hat und dadurch die gemessene Zahl der Flüchtlinge gravierend erhöht hat, dann redete man in Pinsk am 23. Juli 1915 über 126.000 Menschen, die ihre Heimat verlassen hatten.[79] Zweieinhalb Wochen später, am[80] 10. August wurden 20.000,[81] auch einer anderen Quelle zufolge am 13. August alleine in Pinsk 20.000, „wenn nicht sogar mehr" Menschen gezählt. Pinsk war deshalb für Viele ein zumindest erstes Ziel, weil man Pinsk als große Stadt und Ort tiefen Hinterlands der Armee ansah. In das an der Eisenbahnlinie gelegene Pinsk flüchteten noch in dieser Zeit Menschen selbst aus Luninec, also von Ost nach West.[82] Pinsk, wo 1911 etwa 37.700 Einwohner gezählt wurden,[83] war überfüllt.

Aktivitäten der zarischen Behörden und verschiedener NGOs

Anhand verschiedener Beispiele stelle ich im Folgenden die Aktivitäten der zarischen Behörden und verschiedener NGOs dar.

Die Regelungen der Flüchtlingsströme. Bald schienen Anweisungen über die gewünschten Zielorte der Flüchtlinge inkohärent zu sein. Sie sollen nicht in Stolin bleiben, sondern weiter östlich nach Davyd-Haradok ziehen, wies da zum Beispiel einer die Behörden dieses von der Eisenbahn abgelegenen südlich des Flusses Prypjac' (Pripjet) gelegenen

77 Vogel, Johannes (Hofprediger): Bis Pinsk mit der Garde-Kavallerie, Potsdam: Stiftungsverlag 1918, S. 101-102.
78 NIAB Bestand 295-1, Sign. 9030, Blatt 30.
79 NIAB Bestand 295-1, Sign. 9030, Blatt 95.
80 NIAB Bestand 295-1, Sign. 9030, Blatt 125/126.
81 NIAB Bestand 295-1, Sign. 9030, Blatt 147verso.
82 NIAB Bestand 295-1, Sign. 9030, Blatt 1-148.
83 Historyja Pinska 2012, S. 430.

Ortes an.[84] Auch von Pinsk aus gingen insgesamt 30.000 Flüchtlinge nach Osten, nämlich nach Sluck,[85] Rėčyca[86], Homel'[87] und Novozybkov[88], weil der bisherige Standort zu nah an der Front lag.[89]

Andere Anweisungen sahen hingegen vor, dass die Flüchtlinge am Ort bleiben sollten: Sie sollen „nicht fliehen!", telegraphierte die Behörde im September 1915 nach Rėčyca.[90] Dieser Ort schien wohl schon östlich genug zu liegen.

Was wollten die Flüchtlinge selbst? Wollten sie weiterziehen oder bleiben? Natürlich hing dies von den jeweiligen Bedingungen ab, doch allgemein bescheinigte man ihnen Gleichgültigkeit und Schicksalsergebenheit.[91] Dies schien wohl „ansteckend" gewesen zu sein, denn man wollte die Neuankömmlinge „ab jetzt nur mit der Eisenbahn" weiter fahren lassen.[92]

Landverkehr: Fuhrwerk. Wenn Flüchtlinge ein Lasttier und/oder ein eigenes Gefährt mit sich führten, dann machten sie sich in der Regel zu Fuß auf den Weg. Sie mussten aber, wenn die Nahrung für Mensch und Tier zur Neige ging, ihre Fuhrwerke verkaufen. Jüdische und nichtjüdische Händler nutzten die Not der Flüchtlinge, um diese zu extrem niedrigen Preisen zu erwerben. Behörden ergriffen daher Maßnahmen, den Flüchtlingen Tierfutter zu besorgen.[93]

Landverkehr: Eisenbahn. Spätestens in solchen Situationen erschien es den Flüchtlingen ratsam, ihr Überleben noch weiter östlich der Belarus' und Polesiens, in Russland zu suchen, und schnellstmöglich mit der Eisenbahn dorthin zu gelangen. Die Landkreisverwaltung bat den Regierungspräsidenten (Gouverneur) in dieser Situation, dafür zu sorgen, dass die Eisenbahn sie mitnimmt, damit sie auch ohne Passierscheine (*skvoznym" dokumentam")* schneller gen Osten fahren könnten.[94]

Auch die Behörden wollten nun unbedingt das fremde „Element weiterleiten".[95] Doch den Preis dafür wollte niemand so Recht bezahlen. Es hieß, dass verbilligte oder gratis verausgabte Eisenbahnkarten für Flüchtlinge die Finanz-Ressourcen des „Tat'jana-Komitees" (genauer: des „Komitees Ihrer Kaiserlichen Hoheit Großfürstin Tatjana Nikolajewna zur vorübergehenden Unterstützung der Kriegsgeschädigten") belasteten, welche besser für Anderes ausgegeben werden sollten.[96] Den ohne lange Vorplanung nun an verschiedenen Orten einzusetzenden Bahnbediensteten sollten hingegen zur Vereinfachung Jahres-Dienst-Fahrscheine ausgegeben werden.[97]

84 NIAB Bestand 295-1, Sign. 9030, Blatt 48.
85 NIAB Bestand 295-1, Sign. 9030, Blatt 43.
86 NIAB Bestand 295-1, Sign. 9030, Blatt 50.
87 NIAB Bestand 295-1, Sign. 9030, Blatt 60.
88 NIAB Bestand 295-1, Sign. 9030, Blatt 62.
89 NIAB Bestand 295-1, Sign. 9030, Blatt 67.
90 NIAB Bestand 295-1, Sign. 8982, Blatt 52, vgl. NIAB Bestand 295-1, Sign. 8982, Blatt 145.
91 NIAB Bestand 295-1, Sign. 8982, Blatt 122.
92 NIAB Bestand 295-1, Sign. 8982, Blatt 129.
93 NIAB Bestand 295-1, Sign. 8982, Blatt 111; ausführlich NIAB Bestand 295-1, Sign. 9030, Blatt 139; Lipinskij, Leonid Pavlovič: Krest'janskoe dviženie v Belorussii v 1914–1917 gg., Minsk 1975, S. 77.
94 NIAB Bestand 295-1, Sign. 9030, Blatt 96verso.; -150verso.
95 NIAB Bestand 295-1, Sign. 9030, Blatt 148verso.
96 NIAB Bestand 295-1, Sign. 8982, Blatt 42.
97 NIAB Bestand 1103-1, Sign. 236, Blatt 40.

Ohnehin waren die Eisenbahnzüge bis zum Anschlag belastet[98], auch mit Soldaten überladen.[99] Man ging daher dazu über, mehr Züge mit jeweils mehr Waggons zu bestücken. War eine Strecke nicht befahrbar, so leitete man auch über Nachbarlinien um.[100] Nicht nur in solchen Situationen setzte man doppelte, in Einzelfällen gar dreifache Zugkraft ein.[101] Es waren Transitstrecken freizumachen und Hilfszüge einzusetzen.[102] Zu diesen Maßnahmen taten sich mehrere Eisenbahnverwaltungen zusammen.[103]

Und zudem musste man noch wichtige Personen, zum Beispiel des militärischen Oberkommandos *(Stavka)* befördern. All das musste spontan organisiert werden. Der Warentransport nahm auch dadurch einen geringeren Umfang ein.[104] Doch stolz meldete die Verwaltung der „Polesischen Eisenbahnlinie", all dies ohne Unfall geschafft zu haben.[105] Kein Wunder, dass man Schwierigkeiten hatte, das Inventar zu zählen.[106]

Was nicht nur ein-zwei Jahre später die Bolschewiki wussten: wer die Verkehrsinfrastrukturen kontrolliert, ist auch Herr über die Kommunikationsstrukturen. Die Hoheit über die Eisenbahnlinien war besonders in Polesien ein wichtiger Machtfaktor, wo es keine vergleichbaren militärisch oder zivil nutzbaren Verkehrswege gab. Man hatte daher schon im Jahr 1916 mit dem Missbrauch durch die Eisenbahner selbst zu kämpfen. Angesichts der Revolutionen ein Jahr später, blieben die Maßnahmen dagegen harmlos,[107] vielleicht auch, weil man die Eisenbahner noch brauchte. Durch das Zirkular vom 14. Februar 1916 „über die Uniformen" wurde noch einmal deutlich, dass diese auch die Funktion hatten, dass sich kein Fremder als Eisenbahner ausgeben konnte.[108] Weiter unten werde ich kurz über die Rolle der Eisenbahner und der Eisenbahn in der Revolution eingehen.

Registrierung. Sahen die Behörden vor oder nahmen an, dass sich Flüchtlinge in Polesien dauerhaft niederlassen würden bzw. sollten, so stellte der erste Schritt eine sorgsame Registrierung der Neuankömmlinge dar. Man misstraute den Flüchtlingen teilweise. Im Dezember 1915 fragte man sie und wahrscheinlich ihre Vermieter oder Arbeitgeber denn auch aufgrund eines detaillierten Fragebogens, welcher „Nationalität" (russisch: *nacional'nost'*; zur Entwicklung dieses Begriffs unten!) sie angehören würden, wollte etwas über „Gründe" und „Umstände" der Flucht ebenso wissen wie darüber, „was mit dem Vermögen passiert" sei und welche Bedingungen sie am Zielort vorfänden, namentlich, wie man sie aufnähme und ob sie dort Arbeit hätten. Die Behörden wollten auch wissen, ob sie Handels- und Grundbesitzbeziehungen nach Pinsk hatten. Die in riesigen 60 cm breiten und 40 cm hohen Journalseiten eingetragenen[109] Angaben zeigten, dass oft mehrere Familien desselben Dorfes am selben Ort gelandet waren, gerade auch auf dem Lande. Inzwischen war man auch

98 NIAB Bestand 1103-1, Sign. 236, Blatt 11oben.
99 NIAB Bestand 2415-1, Sign. 395, Blatt 257.
100 NIAB Bestand 1103-1, Sign. 236, Blatt 11oben.
101 Jahr 1916, NIAB Bestand 2415-1, Sign. 104.
102 NIAB Bestand 2415-1, Sign. 89.
103 NIAB Bestand 2415-1, Sign. 28.
104 NIAB Bestand 1103-1, Sign. 236, Blatt 12.
105 NIAB Bestand 1103-1, Sign. 236, Blatt 13oben.
106 NIAB Bestand 1103-1, Sign.236, Blatt 43, -59.
107 NIAB Bestand 2415-1, Sign. 312, Blatt 11.
108 NIAB Bestand 2415-1, Sign. 312, Blatt 17.
109 NIAB Bestand 325-1, Sign. 886, t1 & t2.

aus Pinkavičy östlich von Pinsk, das von den Mittelmächten nicht erobert worden war, geflohen.[110]

Geflüchtete als Last für die einheimischen Behörden. Welche Behörde oder welches Gremium für die Betreuung und Versorgung der Flüchtlinge zuständig war, blieb so lange umstritten, wie es die Flüchtlinge gab. Die Armee, zivile Organe der Vertikale oder der Selbstverwaltung vor Ort, das Rote Kreuz – alle diese Beteiligten stellten je nach Umständen ihre Kompetenz heraus, oder eben gerade nicht. Im Juli 1915 gingen „Bevollmächtigte" nach einem schon ausgearbeiteten Plan des Oberkommandierenden der Nordwestfront Danilov vor.[111]

Es wird in den zum Teil in dem umständlichen Ton der zarischen Verwaltungen gehaltenen überlieferten Dokumenten oft nicht deutlich, ob bestimmte Behörden den Flüchtlingen helfen wollten oder nicht. Der eine forderte ein Automobil an, um sich ein Bild von der Lage machen zu können;[112] ein anderer meinte, die Armee solle sich am Bau von Baracken für die obdachlos Gewordenen beteiligen, weil solche Bauten einmal später für die Armee selbst wichtig werden könnten. Auf die Armee verwies auch einer in einem abschlägigen Antwortschreiben im August 1915 auf die Bitte örtlicher polesischer Behörden, Geld für den Betrieb von Speisepunkten zu übersenden, denn die Streitkräfte würden diese ja einrichten.[113] Die Eisenbahnverwaltung stellte naturgemäß ein häufiges Ziel von Bitten, Anforderungen und Befehlen verschiedener Zivilbehörden dar, doch war sie wie in Friedenszeiten zentral organisiert. Nun, am 13. August 1915 war es die Armee, die kein „rollendes Material" für einen Flüchtlingstransport zur Verfügung stellen konnte oder wollte.[114]

Es schien in dieser Zeit noch eine Frage des Geldes zu sein, welche Einrichtung den Flüchtlingen helfen könne und solle. Die (ja staatliche) Eisenbahn sollte Menschen gratis oder verbilligt transportieren. Wer wem einen Zuschuss geben solle, da waren die traditionell als linkslastig angesehenen, in den polesischen Gouvernements aber erst 1911[115] eingerichteten Zemstva und die Behörden wie auch die eher rechte Adelsversammlung oder die aus Petrograd eingesetzten Regierungspräsidenten (Gouverneure) sich vielleicht auch aus politischen Gründen nicht einig. Militärische, zivile und christlich-orthodoxe Einrichtungen verwiesen gegenseitig aufeinander.

In Pinsk – auch andernorts wird es so etwas gegeben haben – begnügte man sich in dieser Situation nicht mehr nur damit, Geld für Flüchtlinge zu fordern.[116] In einer breiten Versammlung mit Vertretern von verschiedensten Behörden und bürgerschaftlichen Einrichtungen versuchte man die Zuständigkeiten zu ordnen.[117] Tatsächlich ist auch Geld von der Gouvernementshauptstadt Minsk in die Kreishauptstadt Pinsk abgegangen.[118]

Ob die russländische Verwaltung tatsächlich „ihre" Binnenflüchtlinge im Stich ließ, kann man mit Fug und Recht bezweifeln. Es wurde das Tat'jana-Komitee gegründet, das

110 Ebenda.
111 NIAB Bestand 295-1, Sign. 9030-96ob; auch: Bondarenko 2010, S. 38.
112 NIAB Bestand 295-1, Sign. 8982-96.
113 NIAB Bestand 295-1, Sign. 9030, Blatt 111.
114 NIAB Bestand 295-1, Sign. 9030, Blatt 126.
115 https://ru.wikipedia.org/wiki/Закон_о_земстве_в_западных_губерниях (12.03.2019).
116 NIAB Bestand 295-1, Sign. 9030, Blatt 133.
117 NIAB Bestand 295-1, Sign. 9030, Blatt 146, vom 13.08.1915
118 NIAB Bestand 295-1, Sign. 9030, Blatt 160.

zwar auch nicht alle gewünschte Maßnahmen für die Flüchtlinge durchführen konnte und schon gar nicht in Windeseile, aber doch seinen Beitrag zur Linderung des Elends geleistet hat. Die vielen teils parallel agierenden, teils in Passivität auf die Zuständigkeit anderer Behörden und Organe verweisenden örtlichen und regionalen Einrichtungen (*gorodskaja Duma, dvorjanskoe sobranie*, Kreisverwaltung) versuchten in der Kreishauptstadt (*uezd*-Hauptstadt) Rėčyca über die Gouvernementsbehörden in Minsk an Gelder des Tat'jana-Komitees heranzukommen.[119]

Kleiner Exkurs: Wir sollten weder über die Existenz der vielen ständischen, religiösen, allgemein territorialen und anderen Einrichtungen noch über das dadurch entstandene Kompetenzwirrwarr leichtfertig lästern. Denn wir kennen etwa im heutigen Nordrhein-Westfalen durchaus ähnliche, sogar völlig entsprechende Strukturen – nicht nur die bekannten territorialen Verwaltungen von Bund, Ländern und Gemeinden, sondern auch Regierungsbezirke, Untere Landesbehörden, kommunale Spitzenverbände und wiederum deren untere Landschaftsbehörden, Industrie- und Handelskammern, die großen Kirchen, Arbeitgeberverbände und Gewerkschaften, nicht zu vergessen eine Anzahl von ständigen Beiräten, runden Tischen und Sondergremien aller Art.

Geflüchtete als Belastung und als Arbeitskräfte für die Einheimischen. Nicht nur einem Teil der in Ostpolesien gestrandeten Flüchtlinge fehlte es bald an Allem, die Not schlug auch auf die einheimische Bevölkerung durch, zu erkennen alleine schon an Inflations-Erscheinungen in Rėčyca (siehe unten).

Essen und Trinken. Im Juli 1915 wollte man in Pinsk den Geflüchteten Essensausgaben und medizinische Hilfspunkte anbieten.[120] Solche Stellen wurden ebenfalls in den Orten entlang der Eisenbahnlinien oder der Wege von Brest oder Luck/Kovel'/Rivne nach Pinsk und von dort weiter nach Osten, nach Luninec, Mazyr, Rėčyca, Homel', Dobruš und Novozybkov organisiert. Doch wo sollten Lebensmittel für Flüchtlinge herkommen, wenn sie nicht einmal für die einheimischen Städter ausreichten?[121] Schon im Ernte- und Nacherntemonat September 1915 hungerte man in Ruzaevka.[122] Im Juni 1916 dann ordnete man an, dass die Bevölkerung weniger Fleisch essen solle[123] und erließ zu diesem Zweck ein Schlacht- und Fleischverkaufs-Verbot.[124] Und am 4. Januar 1918 gab es im Kinderheim kein Brot.[125]

Behausung und Bekleidung. Im Frühherbst 1915 schliefen viele Flüchtlinge noch einfach am Straßenrand, und solange sie einen eigenen Wagen dabei hatten und sich diesen finanziell weiterhin leisten konnten, war das für sie in Ordnung. Später konnten sie Unterkünfte in Baracken, selten in schon bestehenden Behausungen in Anspruch nehmen. Doch es gab viel zu wenig Übernachtungsmöglichkeiten.[126] Die Flüchtlingsunterkünfte waren natürlich sehr einfach ausgestattet. Auch über die Behausungs-Frage gab es Kompetenzstrei-

119 NIAB Bestand 295-1, Sign. 8982, Blatt 29, 38=39.
120 NIAB Bestand 295-1, Sign. 9030, Blatt 96.
121 NIAB Bestand 295-1, Sign. 8982, Blatt 84.
122 NIAB Bestand 295-1, Sign. 8982, Blatt 109/110.
123 NIAB Bestand 2415-1, Sign. 137.
124 NIAB Bestand 2415-1, Sign. 311, Blatt 137verso.
125 NIAB Bestand 700-1, Sign. 270, Blatt 42.
126 NIAB Bestand 295-1, Sign. 8982, Blatt 124.

tigkeiten: Wer sollte Zelte bauen? Musste die Eisenbahn Baracken liefern?[127] Insbesondere die Waisenkinder brauchten ein Dach über dem Kopf.[128] Dass gerade für Kinder etwas getan werden musste, begründete man damit, dass die Kinder die „Zukunft Russlands", daher „vorrangig wichtig" zu versorgen seien.[129] Dass alle ein Dach über dem Kopf bekämen, sei nun nicht mehr nur eine Frage der Mieter; auch die Eigentümer sollten sich darum kümmern und Menschen aufnehmen, war die Devise.[130] Im Mai 1916 lebten viele auf Datschen in der Nähe der Schtetl, so dass die entsprechenden Züge überlastet waren.[131] Es gab auch Initiativen, den Flüchtlingen Kleidung zu nähen und Filzstiefel *(Valenki)* anzufertigen.[132]

Doch Unterernährung und Obdachlosigkeit der Flüchtlinge, Hunger teilweise auch der einheimischen Bevölkerung von Städten und Schtetln und das beengte Leben dort führte zu Krankheiten und Tod.

Missbrauch der Hilfsgüter. Hilfsgüter wurden teilweise als Ware wieder umgeschlagen. Das Tat'jana-Komitee hatte daher Büchlein ausgegeben, in welche alle Leistungen eingetragen werden mussten, wenn jemand Hilfe beanspruchte. Verweigerte jemand Hilfsleistungen, so musste auch dies eingetragen werden. Eine Weitergabe des Büchleins war strengstens verboten.[133] Die Austeilung dieser Büchlein stellte wahrscheinlich einen hilflosen Versuch dar, die Verteilung der spätestens nach der Februarrevolution knapper werdenden Hilfsgüter zu kanalisieren. Ohnehin hatte man nicht mehr viel zu verteilen. Doch noch nach der Februarrevolution, der Zar hatte schon abgedankt, und an der europäischen Front zwischen den Mittelmächten und dem Russischen Reich gab es seit Ende 1915 wenige neue Flüchtlinge, war es nötig, dass das immer noch existierende Tat'jana-Komitee auch ohne Imperator aktiv blieb.[134] Im September 1917 erst fragte man nach, ob man im Zuge der angestrebten „Auflösung überflüssiger Behörden" nicht auch einen Speisepunkt schließen könne.[135]

Sanitärwesen. An den Essensausgabestellen sollten idealerweise auch Sanitär-Stationen eingerichtet sein. Nicht nur waren viele Flüchtlinge von ihrer Flucht und ihrer mangelnden Nahrungsaufnahme erschöpft. Man meldete auch Fälle von Cholera und Influenzagrippe,[136] organisierte Choleraimpfung für Flüchtlinge.[137] Auch in Pinsk sollte man Baracken für Menschen bauen, die im Verdacht standen, ansteckende Krankheiten zu verbreiten.[138] Durch eine solche Isolierung hoffte man die einheimische Bevölkerung zu schützen.

Doch die Cholera war offensichtlich bereits vor den Flüchtlingen in Rėčyca eingetroffen, denn eine ortsansässige Behörde empfahl schon im August 1915 keine Flüchtlinge aufzunehmen, weil diese Krankheit hier vorkomme.[139] Noch im Juli 1916 musste es Schrift-

127 NIAB Bestand 295-1, Sign. 8982, Blatt 92.
128 NIAB Bestand 295-1, Sign. 8982, Blatt 93.
129 NIAB Bestand 295-1, Sign. 8982, Blatt 129verso.
130 NIAB Bestand 295-1, Sign. 9030, Blatt 148.
131 NIAB Bestand 2415-1, Sign. 98, Blatt 98verso.
132 NIAB Bestand 295-1, Sign. 8982, Blatt 120verso.
133 NIAB Bestand 700-1, Sign. 270, Blatt 19oben.
134 NIAB Bestand 700-1, Sign. 270.
135 NIAB Bestand 700-1, Sign. 270, Blatt 30.
136 NIAB Bestand 295-1, Sign. 8982, Blatt 105.
137 NIAB Bestand 295-1, Sign. 9030, Blatt 95.
138 NIAB Bestand 295-1, Sign. 9030, Blatt 96.
139 NIAB Bestand 295-1, Sign. 9030, Blatt 119; NIAB Bestand 295-1, Sign. 8982, Blatt 123verso.

wechsel darüber geben, dass man als Sanitärmaßnahme Desinfektionen gegen ein mögliches Auftreten von Cholera ergreifen müsse.[140] Überhaupt wurde man nicht müde zu betonen, dass Einrichtungen wie die Sanitärzüge gepflegt und mit einem Dreikantschlüssel gesichert sein müssen und weder im normalen Gebrauch verwendet werden, noch dreckig sein durften.[141]

Neben den Flüchtlingen waren auch Kriegsversehrte, kranke und verwundete Soldaten zu behandeln und zu versorgen.[142] Es ist ein Kassenbericht über die Verwundetenhilfe vom Dezember 1916 erhalten.[143]

Arbeit. Noch im August 1915 hatte man das Austeilen von Geld an Flüchtlinge aus Galizien für eigentlich richtig gehalten.[144]

Selbstverständlich versuchte man auch, Personen für einfache Arbeiten zu vermitteln. Der Minsker Regierungspräsident (Gouverneur) war im Juli 1915, als sich das Ausmaß des Dramas noch nicht abgezeichnet hatte, nicht dagegen.[145] Doch waren die geschwächten Flüchtlinge als Arbeitskraft nicht begehrt. Es hieß, die Flüchtlinge gingen sehr ungern zur Arbeit,[146] und deshalb hätten die potenziellen Arbeitgeber sie nicht arbeiten lassen wollen, auch deshalb, weil sie entkräftet seien. Vielleicht befürchteten die potenziellen Arbeitgeber auch einfach nur Scherereien. Die Arbeit der Flüchtlinge wurde beträchtlich geringer bezahlt als die der Einheimischen.[147] Später gab es Überlegungen, die Flüchtlinge zu (bezahlter oder unbezahlter) Zwangsarbeit heranzuziehen.[148]

Schule. Es war vorgesehen, dass Kinder an den örtlichen Schulen mitunterrichtet werden sollten[149], und zwar auch an Schulen, die selbst erst kürzlich evakuiert worden waren.[150]

Zusammengefasst: Konkret konnten Flüchtlinge 1915 allenfalls erwarten, dass ihre Grundbedürfnisse befriedigt wurden. Weniger die nahe Front als solche, als vielmehr die damit verbundene Flüchtlingsfrage belastete Ostpolesien zwischen Pinkavičy und Homel'.

Inflation. Dies ist an der Inflation ablesbar. Gerade auch für Grundnahrungsmittel verzeichnete man schon im Februar 1915, als die Front noch in Polen lag, in Rèčyca eine Teuerung. Ursache *und* Folge waren, dass die Produzenten, Händler wie Konsumenten ihre Waren zurückhielten. Zusammen mit dem belasteten und teilweise gewöhnlich (jahreszeitlich) wie außergewöhnlich (Krieg) nicht funktionierenden und überlasteten Eisenbahn- und Schiffstransport und anderen Faktoren führte dies dazu, dass die Güter zumindest auf dem Markt knapp wurden. Detaillierte Vorschläge der Städtischen Zivilverwaltung *(Gorodskoe obščestvennoe pravlenie)*, aus dem Kreis *(uezd)* Rèčyca für Maßnahmen gegen Wucher und Warenzurückhaltung wurden von der übergeordneten Behörde ebenso detailliert wie an der Oberfläche bleibend zurückgewiesen. Im Einzelnen: 1/ Den Vorschlag der Registrierung al-

140 NIAB Bestand 2415-1, Sign. 147.
141 NIAB Bestand 2415-1, Sign. 3, Blatt 16 und 89verso.
142 Beljavina 2013, S. 197-234., Belarus' v gody pervoj mirovoj vojny, Sbornik dokumentov, Minsk 2014, S. 149-156.
143 NIAB Bestand 2415-1, Sign. 395, Blatt 101verso.
144 NIAB Bestand 295-1, Sign. 8982, Blatt 105.
145 NIAB Bestand 295-1, Sign. 9030, Blatt 88/89.
146 NIAB Bestand 295-1, Sign. 8982, Blatt 105.
147 NIAB Bestand 295-1, Sign. 8982, Blatt 122.
148 NIAB Bestand 295-1, Sign. 8982, Blatt 56.
149 NIAB Bestand 295-1, Sign. 8982, Blatt 147.
150 NIAB Bestand 487-1, Sign. Blatt 1.

ler Güter bezeichneten die Übergeordneten sowohl als unsinnig, als auch nicht durchführbar; man verwies darauf, dass die Eisenbahn die Transporte nennenswerter Größe sowieso registriere. 2/ eine Gebühr (*taksa)* auf Lebensmittel würde die Situation nur verschlimmern. Andere Vorschläge seien zu unkonkret. In der Antwort fehlten auch keine Vorschläge, was man in Rėčyca tatsächlich tun könne, um die Lage zu verbessern.[151]

Selbst-Evakuierung. Wie die Behörden sich auch selbst evakuierten, möchte ich anhand der Kreise *(uezda)* Pinsk und Mazyr darstellen. Es gibt Anhaltspunkte, dass manche ein paar Tage früher als befohlen beispielsweise Pinsk verlassen haben. Behörden und Schulen wurden teilweise nach Sluck, (also weiterhin nahe der Front aber im von Russland gehaltenen Teil), nach Novozybkov, aber teilweise auch noch viel weiter ins Landesinnere evakuiert: Zwar wies noch im September 1915 während des „Großen Rückzugs" die Finanzverwaltung ihre Mitarbeiter an, solange am Dienstort zu bleiben, bis die Militärbehörde (!) Anweisung zur Evakuierung geben würde. Dann sollten die Angestellten/Beamten teilweise ins Gouvernement Vladimir, teilweise nach Poltava abreisen.[152] Das Petrograder Finanzministerium schrieb am 10. September, eine Woche vor der Einnahme durch die Militärs der Mittelmächte, an die Polesische Eisenbahnverwaltung, dass die Evakuierung der Angestellten gratis in der 2. Klasse, mit der Möglichkeit der Mitführung von über 80 Kilo (fünf Pud) Gepäck zu erfolgen habe. Man habe detaillierte[153] Listen darüber anzufertigen, was in dem Evakuierungsgepäck alles drin ist.

Beispielsweise wurde ein Landeinrichter *(zemleustroec)* erst von Pinsk nach Rėčyca, dann nach Sluck gesandt.[154]

Die „Höhere Grundschule" (*Vysšee Načal'noe Učilišče*) war aus Pinsk nach Ihumen (heute: Červen') evakuiert worden, wo sie bis 1919 arbeitete und nicht mehr zurückkehren sollte. Man schien dort alle Regierungen zu überdauern, egal ob unter dem Zaren, der Provisorischen Regierung oder den Bolschewiki. Während dieser erstaunlichen institutionellen und auch personellen Kontinuität der Schule hat die Besatzungszeit der Deutschen ab Februar 1918 und der Polen 1919/1920 keinen Niederschlag im Schulbuch gefunden, in welchem im Wesentlichen die Protokolle des Schulrats niedergeschrieben sind. Man legte die Stundenpläne (Fächer: Arithmetik, Geometrie, Russische Sprache, Erdkunde, Singen, Religiöses Bekenntnis *(zakon božij)*, Naturkunde) ebenso fest wie, wen man als Schüler aufnimmt. Das zu entrichtende Schulgeld konnte wegen Armut, Flucht, Krieg gesenkt werden. Man wählte in eine Kommission Herrn Kovalev als Inspektor; er war im Januar 1919 weiterhin zugegen, als das *RevKom* (Kriegsrevolutionäre Komitee) die Macht im Ort übernommen hatte; und im Juni 1919 leitete er wieder oder weiterhin die Sitzung.[155]

Parallel stellte sich die Frage, wohin man jüdische Geflüchtete verbringen solle.[156] „Welche Einrichtung sich um jüdische Flüchtlinge kümmert", blieb noch am 13. Oktober 1917 in Žitkavičy[157] unbeantwortet. 1917 gab es jüdische Flüchtlinge in Polesien auch an-

151 NIAB, Bestand 22-1, Sign. 1256.
152 NIAB Bestand 915-1, Sign. 69, Blatt 14.
153 NIAB Bestand 915-1, Sign. 69, Blatt 18.
154 NIAB Bestand 47-1, Sign. 529.
155 NIAB Bestand 487-1, Sign. 1.
156 NIAB Bestand 295-1, Sign. 9030, Blatt 150verso.
157 NIAB Bestand 700-1, Sign. 270, Blatt 31.

derswo: in Petrykaŭ wie auch in Lachva[158] stellte sich die Frage nach der Beschaffung von Unter- und Oberbekleidung[159] für die Juden. Waren dies noch Flüchtlinge aus dem Jahr 1915 oder zogen sie das neue Russland der Provisorischen Regierung dem deutschländischen Kaiserreich aus materiellen oder sogar politischen Gründen vor?

Evakuierung, Deportation und Flucht als Intervention, Nebenereignis oder Störfall? Zuerst waren die Menschen von Galizien nach Polesien geflohen, später flohen sie auch aus Westpolesien weiter nach Osten. Stellte beides eine Intervention dar? Muss eine Aktivität geplant gewesen sein, um „Intervention“ heißen zu dürfen? Evakuierung ist eine Intervention (oder Anti-Intervention). Aber ist Flucht keine? Es gibt ja Übergänge zwischen Evakuierung und Flucht, zwischen Vertreibung und Flucht. Aber gibt es dann auch Übergänge zwischen Intervention und Nicht-Intervention? Diese Frage verweist auf ein Dilemma. Eine heftige Veränderung, auch einer Landschaft, konnte geplant und ungeplant erfolgen, als strategische Operation, aber auch als „Unfall“ oder „Störfall“ und als Nebenergebnis. Wir stoßen hier an die Grenzen des Begriffes Intervention (auch Landschaftsintervention). Der Begriff der Intervention sperrt sich gegen solch quantifizierbares Verständnis von Aktivitäten. Es gibt vielleicht ein Interventiönchen, weil es keine große Reichweite entfalten könnte, das ja. Aber eine nur „halbe Intervention“ kann es schlecht geben.

Die Ethnisierung der Identität der Untertanen des Russischen Reichs. An der Flüchtlingshilfe ist ablesbar, wie weit die Ethnisierung der Identitäten im Zarenreich vorangeschritten war. Und durch nach Ethnien getrennter medizinischer und Nahrungsmittelhilfe wurde dieser Prozess noch beschleunigt. Zuerst hatten die Juden, dann die Polen ihre jeweils eigenen nationale Hilfsorganisation zur Unterstützung von Flüchtlingen und Armen gegründet. Die Polen waren eine „historische“ Nation seit fast tausend Jahren, die Juden sogar seit Tausenden von Jahren. Bei diesen erschien der Schritt der Komiteegründung logischer, „natürlicher“. Im April 1915 zogen dann auch die Belaruthenen in Vilnius nach.[160] Für diese war die seit April 1915 von den zarischen Behörden genehmigte[161] Belaruthenische Gesellschaft für Kriegsopferhilfe (*Belaruskae tovarystva dapamohi pacjarpelym ad vajny)*[162] eine der ersten Einrichtungen, die sich nicht mit belaruthenischer Publizistik, Literatur, Theater oder Schulwesen befasste. Durch diese Organisation sind die meisten Empfänger der Hilfsleistungen vermutlich erstmals mit der Existenz einer belaruthenischen Nationalbewegung überhaupt bekannt gemacht worden. Allerdings ist mir kein Fall bekannt, dass der Arm dieses Komitees bis nach Polesien reichte, dass es auch dort Hilfe leisten konnte.

Die Polen, Juden und Belaruthenen, allesamt nicht Titularnationen des Russländischen Reiches, stärkten so schon in dem Krieg die Zentrifugalkräfte, die schließlich den Zerfall desselben mitbewirkten. Gerade auch auf diese Weise wurden also die Entstehung von Nationalstaaten an der Westgrenze des Russländischen Reiches gefördert, die in einem

158 Belarus' v gody pervoj mirovoj vojny (1914–1918). Sbornik dokumentov, Minsk 2014, #95.
159 NIAB Bestand 700-1, Sign. 270-41.
160 Cuba 2003, S. 106.
161 Mironowicz 2007, S. 27.
162 Migun, Dmitrij Adamovič: Germanija i Belarus': uroki istorii (1914–1922), Minsk 2001, S. 30.

Schwerpunktheft der Zeitschrift „Osteuropa“ von verschiedenen Autoren beschrieben worden ist.[163]

Flüchtlingshilfe braucht aber Infrastruktur! Das Zarenregime selbst förderte ungewollt die Trennungen entlang nationaler Linien, wie ich auch weiter unten anhand der Entwicklung der belaruthenischen Nationalbewegung darlegen werde. Wenn man will, dann funktionierte die Ethnisierung nach dem implizit für Friedenszeiten angelegten Schema von Miroslav Hroch.[164] Eine Bäuerin nahm sicherlich wahr, von wem sie im Krieg Hilfe bekam. Die Ethnisierung „geschah nicht einfach“, sondern wurde von belaruthenischen Aktivisten bewusst bei der Gründung der besagten Belaruthenischen Gesellschaft für Kriegsopferhilfe in Vilnius im Juni 1915[165] eingesetzt.

2.4 Westlich der Frontlinie

Und auch das Deutsche Reich spielte nicht ohne Erfolg auf der Klaviatur der Trennung der einzelnen Nationalitäten des Zarenreichs, allerdings, um dieses zu schwächen.

Die Deutschen waren zunächst ob der Multiethnizität der von ihnen besetzten Gebiete erstaunt, entsetzt und sogar angeekelt,[166] während in Österreich-Ungarn so etwas für wenig Überraschung sorgte, zumal ja auch die eigenen Truppen multiethnisch aufgestellt waren. Wie würden die Mittelmächte in Polesien vorgehen?

Ober Ost. Den militärischen Kräften des Deutschen Reichs lag es daran, ein Territorium nordöstlich, östlich und südöstlich von Ostpreußen abzusichern. Dieses Gebiet nannte man in Abkürzung des Titels „Oberbefehlshaber Ost“, der selbst schon eine Abkürzung war, nun „Ober Ost“, denn schließlich wurde der Begriff für den Befehlshaber obendrein noch auf das Territorium übertragen: „Das Land Ober Ost“ ist der Titel des von den Militärs noch im Krieg herausgegebenen ersten Sammelbands über Land und Leute,[167] besonders über die angeblichen Wohltaten der Besatzungsmacht.[168] Dieses 108.808 km² große Gebiet erstreckte sich von Ventspils (deutsch: *Windau*) in Lettland im Norden bis Biała Podlaska im Süden.

Die Mittelmächte besetzten auf dem heutigen Territorium der Belarus' etwa 50.000 km². Darunter schlugen die Befehlshaber des Deutschen Reichs etwa 17.000 km² [169] dem „Land Ober Ost“ zu.

163 Osteuropa 64(2014), 2-4, Totentanz. Der Erste Weltkrieg im Osten Europas. Insbesondere die Aufsätze unter „Imperium und Nation“, S. 73-246.

164 Hroch, Miroslav: Social preconditions of national revival in Europe: a comparative analysis of the social composition of patriotic groups among the smaller European nations, Cambridge 1985.

165 Babkoŭ/Rudovič, In: EHB, tom 1, Minsk 1993, S. 359-360, hier S. 359

166 Liulevicius, Vejas G.: Kriegsland im Osten. Eroberung, Kolonisierung und Militärherrschaft im Ersten Weltkrieg 1914–1918, Hamburg 2002.

167 Das Land Ober Ost. Deutsche Arbeit in den Verwaltungsgebieten Kurland, Litauen und Bialystok-Grodno. hrsg. im Auftrage des Oberbefehlshabers Ost, Stuttgart 1917.

168 Falsch hingegen, wenn auch einleuchtend, ist es, den Begriff Ober Ost auf die geografische Lage zurückzuführen, etwa „oberer Osten“: Noch Sunderland übersetzt „Das Land der Oberost“ mit „Upper East“; Sunderland 2014, S. 130.

169 Beljavina, V.: Belarus' v gody Pervoj mirovoj vojny, In: Nauka i innovacii. – 2014. – T. 10. – № 140, S. 66-70 = http://csl.bas-net.by/xfile/n_i_i/2014/10/gvn75i.pdf.

Östlich von Ober Ost. Leicht entsetzt stellt V. Volkova[170] fest, und ich mit ihr, dass es hingegen für das (in Bezug auf die Belarus) größere Gebiet mit 33.000 km², unter anderem Polesien zwischen Brest und Pinsk keine einheitliche Sprachregelung gab. Doch die Intervention nach Polesien im Ersten Weltkrieg durch die Deutschländische und Österreich-Ungarische Armee war von den beiden verbündeten Kriegsparteien her kein Schwerpunkt: „Die Armeeführung Deutschlands sah den polesischen Frontabschnitt als nicht so wichtig an."[171] Hier war die Landschaft ja stark versumpft und von vielen kleinen Flüssen und Bächen durchschnitten. Grundsätzlich gab es in Polesien wenige Kampfhandlungen, aber der August 1915 stellte deshalb eine Ausnahme dar, weil der Sommer sehr heiß, daher sehr trocken war.[172]

Über dieses Gebiet östlich von Ober Ost, also u.a. Westpolesien, existieren sogar bis heute in der Historiographie verschiedene Ideen, was dieses Gebiet unter deutschländischer Besatzung eigentlich gewesen sei. Die einen bezeichnen es mit Liulevicius als „Rückwärtigen Verwaltungsbezirk Ober Ost".[173] Andere nennen es mit Turonak und Šybeka als „Kriegsoperationsstreifen".[174] Im ganzen Frontgebiet östlich und südöstlich von Ober Ost hegte das Deutsche Reich keine Annexionsabsichten, vielmehr soll der Streifen als territoriale Verfügungsmasse bei eventuellen Verhandlungen gehalten worden sein, um später Ober Ost und andere von den Mittelmächten weitaus begehrteren Flächen für den eigenen Machtbereich absichern zu können.[175]

Die Armee Napoleons noch hatte auf dem Marsch nach Moskau Polesien ganz gemieden.[176] Am Novemberaufstand 1863/1864 waren westpolesische Gebiete beteiligt. Doch handelte es sich hier um Einheimische oder zumindest Menschen, die sich in Westpolesien zu Hause fühlten.

Tatsächlich hatten die Armeen der Mittelmächte weder einen territorialen „Heißhunger" auf Polesien, noch Pläne, was mit dieser Region nach einem Sieg passieren sollte. Wichtig war dem Deutschen Reich die Absicherung von Ober Ost und seinem Vorfeld.

Geostrategisch waren territoriale Gebiete für die Entscheider im Deutschen Reich um so unwichtiger, je weiter sie von Königsberg entfernt lagen. Sie beäugten dünn besiedelte Gebiete wie Lettland (damals Kurland und Livland genannt) und Estland nicht nur wegen ihrer maritim-strategischen, sondern auch ihrer terrestrischen Bedeutung.

Von September 1915 bis über die Zeit der Februar- und die Oktoberrevolution hinaus, bis Februar 1918 tat sich an der Frontlinie zwischen dem Russischen Reich und den Mittelmächten wenig. Übrigens hoben Historiker bis heute die irrige Vorstellung hervor, es ein Unterschied zwischen der – aus Sicht der Mittelmächte – Ostfront und der Westfront, gewesen, dass die Front „im Osten" im Gegensatz zur Westfront ständig in Bewegung geblieben sei, dass die Ostfront inbeständiger gewesen sei als die starren Linien mit Schützengräben

170 Volkava V. V.: Administracyjna-tėrytaryjal'ny padzel njameckaj akupacyjnaj zony Ober Ost (1915–1918 hh.), In: Pracy histaryčnaha fakul'tėta BDU: navukovy zbornik, Minsk 2012, Nr. 7, S. 28-34.
171 Bondarenko 2010, S. 103.
172 Bondarenko 2010, S. 104.
173 Liulevicius 2002, S. 81.
174 Turonak, Ju.: Madėrnaja historija Belarusi, Vil'nja 2006, S. 517. Volkova 2012.
175 Šybeka, Zachar': Narys historyi Belarusi 1795–2002, Minsk 2003, S. 170.
176 Milata, Alojzy: Na froncie wschodnim. Malowniczy opis krain, położonych na wschodnim froncie wojennym: Podole, Polesie, Litwa, Siedmogród i Rumunia, Cieczyn 1916, S. 20.

an der Westfront, dass es des öfteren Verschiebungen gegeben habe.[177] Das ist etwas irreführend. Vielleicht geht Ruchniewicz zu sehr von der Zeit 1918 bis 1921 aus. Ab September 1915 hatte sich die Frontlinie östlich von Ober Ost, Westpolesien und Westwolhynien stabilisiert. Weiter südlich verlief die Kriegsfront auf Habsburger Gebiet in der Nähe der Staatsgrenzen von 1913. Neben „Russisch-Polen" und Ober Ost blieben Westpolesien und Westwolhynien bis Februar 1918 die einzigen nennenswerten von den Mittelmächten besetzten Territorien der Ostfront.

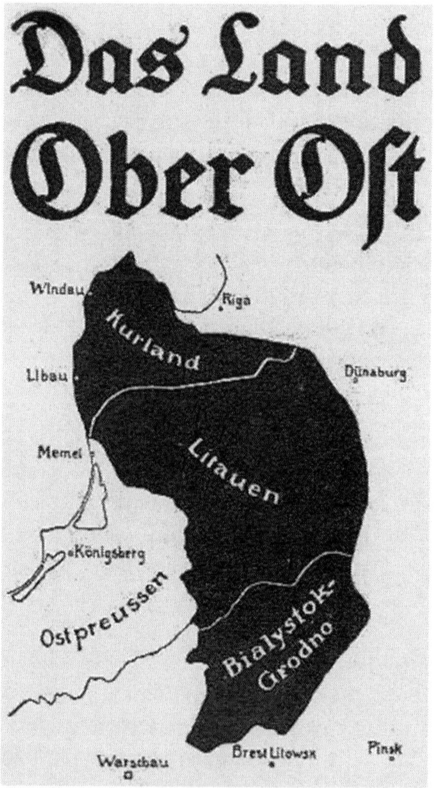

Abbildung 5:
Kartenskizze. „Das Land Ober Ost" mit seinen drei Verwaltungseinheiten „Kurland", Litauen" und „Bialystok-Grodno".
Das von den Mittelmächten besetzte Polesien mit den Städten Brest und Pinsk gehörte nicht zum nordwestlich davon gelegenen „Land Ober Ost".
Quelle: Das Land Ober Ost. Deutsche Arbeit in den Verwaltungsgebieten Kurland, Litauen und Bialystok-Grodno, hrsg. im Auftrage des Oberbefehlshabers Ost, Stuttgart 1917

Staatsverwaltung in Ober Ost, Frontabschnitt in Polesien. „Der Deutsche mißt alles nach deutschem Maß und hat kein Verständnis für ein fremdes Volk und seine Lebensbedingungen. Er kam in die Ukraine und erwartete dort einen Verwaltungsapparat, gleich dem deutschen zu finden. Da er ihn nicht vorfand, wollte er ihn, in guten [!] Willen dem Staate zu helfen, organisieren. Die Folgen dieser „Organisation" liegen schon klar zutage: die Ukraine, welche für Deutschland das wirtschaftliche Aufmarschgebiet für den ganzen Osten sein könnte, diese Ukraine ist für Deutschland jetzt ein Minenfeld geworden."[178]

177 Ruchniewicz, a.a.O., In: Frankfurter Allgemeine Zeitung, 10.08.2014.

Historiographie. Wo und wie die Grenzen von Ober Ost gezogen wurden, ist für die Westgrenze und die Ostgrenze dieses Gebietes in der Historiographie gut dokumentiert. Weniger gilt dies für die Nordgrenze und überhaupt nicht für die Südgrenze. Das schien bisher auch in der Historiographie nicht sonderlich zu interessieren, weil allgemein die – von Deutschland aus gesehen – Ostfront des Ersten Weltkriegs ohnehin wenig Widerhall gefunden hat, und weil speziell das Gebiet Ober Ost als Militärstaat deutschländischen Typs vielleicht noch ein reizvolles Forschungsobjekt war, nicht aber ein noch davon östlich gelegener „normaler" Frontabschnitt. Drittens hat sich die litauische Historiographie für das von Litauern besiedelte Gebiet interessiert. Die belaruthenische Historiographie hingegen hatte in der sowjetischen Tradition lange Zeit überhaupt den Ersten Weltkrieg und insbesondere das Thema Ober Ost gemieden, was paradoxerweise dazu geführt haben mag, dass zu diesem Thema erneut wie schon in den 20er Jahren die in russischer und sogar ukrainischer Übersetzung herausgegebenen Memoiren von Ludendorff [179] zu den wenigen aus dem Deutschen übersetzten Quellen gehören.

Die Historiographie in der Belarus' kennt den Ersten Weltkrieg als eine Epoche eines gewaltigen Flüchtlingsdramas, und A. M. Babkoŭ schrieb zudem viel über die spätere Re-Evakuierung. In der deutschsprachigen Historiographie ist Westpolesien und der ganze von den Mittelmächten besetzte Frontabschnitt jenseits von Ober Ost in der Zeit von 1915 bis 1918 kaum ein Thema, so dass man sich fragt, ob das an den Quellen liegt oder an dem geringen Forschungsinteresse.

Festhalten können wir, dass sich für Westpolesien die ganze „deutsche" Kriegszielfrage noch einmal anders stellte. Wir müssen prüfen, ob die Besatzungsmacht dieselben Vorgaben machte wie in Ober Ost, ob all die Maßnahmen aus Ober Ost auch hier befohlen und/oder angewandt wurden, zum Beispiel keine Frauen in den Behörden zuzulassen, oder Brot zu backen nur dienstags und samstags zu erlauben usw. Denn im Gegensatz zu Ober Ost war hier in Polesien nicht die preußisch-militärische Utopie an der Macht.

Exkurs: Wie „evangelisch" war die Herrschaftstechnik in Ober Ost?

Während für das Gebiet der „Wisent-Wildnis"[180] in der Belavežskaja Pušča eine Holzausbeutung auf möglichst industriellem Niveau belegt ist, gab es für die eroberten westpolesischen Gebiete vom „evangelischen" Deutschen Reich keine Vorstellungen. Auch unter dem Einfluss österreich-ungarischer Akteure wurden 1915 bis 1917 in der Frontstadt Pinsk die Juden und Katholiken (Polen) vergleichsweise besser als die orthodoxen Einheimischen behandelt: deren Kirchen und Synagogen wurden besucht – keine besonders kolonialistische Attitüde. Später wollte Hitler keine Kolonien (dazu mehr unten).

Wie meine oben schon angedeutete These besagt, war ein weiterer Faktor, dass das preußisch-evangelische Vorgehen in den besetzten Gebieten ein anderes war als das katholisch-multikulturell-habsburgerische. Österreich-Ungarn hatte eine viel größere Erfahrung

178 BA Lichterfelde, R703/13, Colin Ross u.a. 1918, Stellvertreter des Reichskanzlers: Akten btr. Ukraine, Blatt 46.

179 Ljudendorf, E.: Moï spohadi pro vijnu 1914–1918 rr. Pereklad z 5-ho nimec'koho vidannja pid red A. Svečina T.1-2, M.1923–1924.

180 Bohn/Dalhouski/Krzoska: Wisent-Wildnis und Welterbe, Köln [u.a.] 2017.

mit multiethnischen Territorien und Bevölkerungen, auch im eigenen Staatsgebiet. Im Deutschen Reich hingegen hatte bereits Bismarck eine Vertreibung von 32.000 Polen organisiert[181] – ein deutliches Zeichen dafür, dass man mit den polnischen Anliegen nicht klar kam. Im allgemeinen Teil (Kapitel 10) werde ich auf diese Fragen zurück kommen.

Dabei ist zu beachten, dass Ober Ost gerade ein solches Territorium inkorporierte, welches bis dato teilweise katholisch geprägt war. Livland und Estland hingegen, die evangelisch waren, waren nicht deutsch besetzt und gehörten *nicht* zu Ober Ost.

Man kann sogar noch weiter gehen und behaupten, dass jenes Einverständnis von Ukrainern, auf Seiten von Mittelmächten und später (in der Not geboren) sogar in einem Bündnis (von Petljura) mit Polen (Piłsudski) zu kämpfen, dass es nicht nur wegen des anerkannten Statuses der Ukrainer („Ruthenen") in Habsburg, sondern auch wegen des eingeübten, auf Erfahrungen basierenden Vorgehens des in Multikultifragen bewanderten Habsburger Militärs Bestand hatte; während hingegen die evangelisch geprägten deutschen Militärführungen aufgrund ihres nicht verdeckten Mehrwertigkeitsgefühls gegenüber den Belaruthenen diese an die Seite der Großrussen trieben.

Eine zukünftige Forschung sollte auch untersuchen, ob ein Unterschied in dem Besatzungsgebaren in Ober Ost (der nordwestlichen Belarus) einerseits und der Ukraine, des westlichen Wolhynien und Polesien andererseits darin begründet lag, dass die Besatzer nördlich von Polesien hauptsächlich evangelische Soldaten waren, diejenigen südlich von Polesien hauptsächlich katholische. Schon alleine die Idee und Praxis, ein territoriales Gebilde in Kurland, Litauen, Ostpolen und der westlichen Belarus, also das unmittelbar deutschländisch beherrschte und verwaltete Land Ober Ost überhaupt zu schaffen, war „evangelisch", weil die evangelischen Kirchen entweder an die Nationalstaaten angelehnt waren oder sich autonom, auf Gemeindeebene mit gewählten Presbytern organisierten. Die örtliche Bevölkerung in Ober Ost war hingegen katholisch, russisch-orthodox oder jüdisch, also auch religiös fremd, also „das Andere". Bei den „österreichisch-ungarischen" Truppenteilen südlich Polesiens waren hingegen die Katholiken nicht ganz so schießfreudig gegen die Menschen auf der Gegenseite und die Katholiken auf beiden Seiten hatten ein gemeinsames religiöses Oberhaupt. Österreich-Ungarn besaß eine jahrhundertelange Erfahrung als Vielvölkerstaat, da war jenes von Liulevicius den deutschländischen Befehlshabern in Ober Ost in den Mund gelegte „Weg mit den Leuten und her mit dem Raum"[182] bei einer Eroberung fremder Gebiete nicht naheliegend. Die manchmal unterschwellig von den Deutschen an den Habsburger Streitkräften geäußerte Kritik mangelnder Kampfkraft (vgl. auch Hašeks „Schwejk") hat auch hiermit zu tun, so meine These weiter. Die Deutschen verstanden „Teile und herrsche!" eher als ein ausschließliches Gegeneinanderaufhetzen der Völker und Religionen gegeneinander, während Wien sich in der Tradition des sogenannten Ausgleichs als gütig ordnende Zentrale anbot. Das Habsburgerreich können wir, wenn wir die mehrheitlich von Nichtdeutschen bewohnten Gebiete mal trotz aller Bedenken als „angrenzende Kolonien" bezeichnen, daher sogar eher als ein Kolonialreich ansehen, als das Deutsche Reich, dessen Handel mit seinen Überseekolonien nur bis zu 2 % des gesamten Außenhandels ausmachte. Österreich-Ungarn hätte sich selbst bei größerem Erfolg wahrscheinlich gehütet,

181 Vgl. auch Kopp, Kristin: Germany's wild east: constructing Poland as colonial space, Ann Arbor 2012, S. 63-66, besonders S. 66.

182 Liulevicius 2002, S. 308.

ein Projekt wie Ober Ost einzurichten. Es war es vielmehr spätestens seit 1867 (Beginn des Dualismus) auch offiziell ein Vielvölkerstaat.

Wien bot sich als Ansprechpartner wahrscheinlich an. Aber den belaruthenischen Politikern, für die das Deutsche Reich viel wichtiger war, blieben die Ohren verschlossen; es blieb ihnen nichts übrig, als sich an die katholische Zentrumspartei im Deutschen Reich zu wenden,[183] der einzigen Partei, die zumindest den Katholiken unter ihnen Gehör schenkte.

Später, gegen Ende des Zweiten Weltkriegs profilierten sich Österreichische Soldaten und Offiziere der Wehrmacht gegenüber Einheimischen in Griechenland als weniger brutalere, verständnisvollere Streitkräfteangehörige, als Armisten, die ein besseres Verständnis für Kinder, Küche und Kirche hätten. Vielleicht haben sie hierbei nicht nur davon profitieren können, dass sie 25 Jahre zuvor ebenfalls weniger entschieden im Kampfe gewesen waren, sondern dass sie überhaupt ein stärkeres Bewusstsein über multikulturelle Staaten gehabt haben, selbst als Angehörige eines an Nazideutschland angeschlossenen Landes.

Nach der ersten Sicht wird deutlich, dass bis 1918 die Belarus' („Weißruthenien“) keinen nennenswerten Platz in den Diskursen der deutschen Denker und Henker innehatte. Der Kontrast zwischen West-Polesien und Ober Ost könnte angesichts dessen, dass beide Gebiete an einer willkürlich gezogenen Grenze[184] aneinander grenzten, wirklich geringer sein. Ober Ost war wie eine etwas zu militärisch geratene große Kolchose oder Farm angelegt. Ober Ost war – dem Anspruch nach – ein wohlorganisiertes territorialisiertes quasi-staatliches Gebilde (gerade nicht: Hindenburgs Privatreich, so wenig, wie die Belarus' Lukašėnkas Privatreich ist), in welchem der Raum, die Produkte, im Idealfall jedwede Tätigkeiten der Bewohner registriert, vermessen werden sollten. Ein Raum, der autark, auf Import nämlich nicht angewiesen sein sollte.[185]

Die Ausbeutung und Ordnung von Natur und Gesellschaft in den Planungen dieses wenn nicht souverän, so doch autark sein sollenden Fast-Staats sollte durchgeplant werden. Genauso, wie später in der BSSR und dessen Perspektivplan von 1927[186] fielen hier Plan und Wirklichkeit auseinander; aber nicht dies ist das für uns hier Entscheidende, (es konnte ohnehin in beiden Fällen mit der Ausnahmesituation begründet werden), sondern die Tatsache der Planwirtschaft in einem *territorialen* Gesamtgebiet (Staatliche Einrichtungen und Firmen haben vielleicht damals ohnehin schon ihre Planabteilungen gehabt), wobei sich aber Ober Ost und die BSSR geografisch nicht überlappten, weil die westliche Belarus' in den 1920er und 1930er Jahren zu Polen gehörte. Die Ausbeutung (und Überausbeutung?) der Landschaft als Rohstoff, der Natur als Rohstoff war nicht nur beiden Gebilden inhärent, sondern auch allgegenwärtig. Dennoch schimmert in beiden Vorhaben die Idee vom „ganzen Haus“ durch, wobei „ganzes Haus“ fast wörtlich mit „Ökologie“ übersetzt werden könnte.

Ober Ost plante, noch ins eigentliche Deutsche Reich exportieren zu können. Es sollte nicht die Front vom Hinterland versorgt werden, sondern umgekehrt, denn trotz aller Glo-

183 Lastoŭski, Vaclaŭ: Karotkaja historyja Belarusi, [Vil'nja 1910], Minsk 1993, S. 113.
184 Zum Grenzverlauf Zibert 2018a; Siebert 2018b.
185 Liulevicius 2002, S. 87.
186 Perspektivnyj plan razvitija sel'skogo i lesnogo chozjajstva BSSR na 1925/26–1929/30 g., Minsk 1927.

rie, die Hindenburg und Ludendorff in der Heimat umwehte, blieb ein auch wirtschaftlicher Rechtfertigungszwang, warum „dort oben" so viele abkommandierte Menschen benötigt wurden.

Die multiethnische einheimische Bevölkerung, die diese Region (dünn) besiedelte, wurde als sehr unterlegen angesehen, und Liulevicius hat gut herausgearbeitet, wie Ober Ost das Mehrwertigkeitsgefühl der Deutschen bediente und verstärkte, der Deutschen, die sich in die Tradition des Deutschritterordens stellten. Zurück nach Polesien. Als die österreichungarischen und deutschländischen Truppen in Brest und den Orten Richtung Pinsk einen Siedlungspunkt nach dem anderen besetzten, trafen sie kaum auf Widerstand. Die jüdischen und katholischen Einrichtungen waren am Ort geblieben – wo sollten sie auch hin? – und wurden so zu Ansprechpartnern der Besatzungstruppen.

Liulevicius unterstreicht, wie die deutsche Kultur und die deutsche Gemütlichkeit[187] in die Soldatenheime gebracht wurde, dass es Kunstausstellungen gab usw. Es war geplant, dass Ober Ost dauerhaft existieren, dabei die Region germanisiert werden sollte. Hat man in Westpolesien auch so gedacht? Mit welchen infrastrukturellen und kulturellen Aktivitäten genau begann man hier? Hat man schon damals Pläne zur „Eroberung der Natur" und zur Germanisierung dieser Landschaft geschmiedet? Bisher geben meine dürftigen Quellen das nicht her.

Doch all die Dinge, die wir noch heute mit Polesien – nicht unbedingt korrekterweise – verbinden, was auf jeden Fall aber Warschau mit dem Westpolesien der Zwischenkriegszeit verband, also eine Sumpflandschaft, eine geringe Bevölkerungsdichte und die Unentschiedenheit der Bevölkerung bezüglich der nationalen Zugehörigkeit, das erblickten damals die deutschen Besatzer auch in Ober Ost bei den dortigen Land und Leuten. In dieser Hinsicht wurden die Ober Ost-Gebiete und Westpolesien ähnlich wahrgenommen. Polesien passte jedoch aus den genannten Gründen und wegen seiner Wildnis nicht zu den Assimilations- und Einverleibungsvorstellungen der Strategen des Deutschen Reiches. Und weiter unten werden wir sehen, dass man ohne viel Federlesen mit einem Federstrich 1918 der Ukrainischen Volksrepublik zugestand, für Polesien zuständig zu sein.

Die Erlebnisse und Erfahrungen der in Polesien an der Front oder in Frontnähe stationierten Soldaten des Deutschen Reichs aus dem Ersten Weltkrieg stellten auch ohne Assimilations-, Germanisierungs- und Territorialisierungsvorstellungen eine Folie für das Vorgehen im zweiten Weltkrieg dar – allerdings nicht ein zu eins. Zurückgreifen konnte man im zweiten Weltkrieg auf den Erfahrungsschatz. Man war schon mal da gewesen. Ossendowski wusste zu berichten, dass schon Żyliński bei seinen Meliorationsarbeiten (siehe oben) darauf geachtet habe, möglichst wenig „Deutsche" an den Erfahrungen teilhaben zu lassen, und dass man sich in Deutschland weiterhin dafür interessiere.[188] Konnte der nazistische Autor Martin Bürgener[189] auf ein systematisches militärgeografisches Interesse und Wissen aufbauen? Wenn ja, dann hat er dies nicht preisgegeben.

187 Liulevicius 2002, S. 173.
188 Ossendowski, Antoni Ferdynand: Polesie. Łomianki [1934] 2015 (=Cuda Polski), S. 132
189 Bürgener 1939.

Frontstadt Pinsk

Geschichtliche Überlieferung. Wie ich schon schrieb, lässt sich ein Mehr an Ereignisgeschichtsschreibung rechtfertigen, weil man so wenig weiß. Eine kritische Geschichte der belaruthenischen Nationalbewegung und speziell der BNR kann man inzwischen auch in westlichen Sprachen nachlesen.[190] Aber vielleicht ist es kein Zufall, dass im Handbuch der Geschichte Weißrusslands von 2001 der Erste Weltkrieg kaum und die Revolutionen von 1917 so gut wie gar nicht vorkommen.[191]

Für Polesien beschreibe ich in vielerlei Hinsicht erstmals in einer germanischen Sprache, was damals in der Frontstadt Pinsk vor sich ging. Selbst in der belaruthenischen Geschichtsschreibung[192] bedauert man, dass man nicht an die (in Berlin teilweise vorhandene) „Pinsker Zeitung“[193] herankomme. Im Nationalen Historischen Archiv der Belarus' (NIAB) in Minsk befinden sich Unterlagen der Russländischen Verwaltung, nicht aber der deutschländischen Besatzungsverwaltung. Ich bin die Pinsker Zeitung und die Sekundärliteratur durchgegangen.

Deutsche Militärverwaltung und die Verwalteten in Pinsk. Pinsk war Frontstadt der Mittelmächte und blieb von September 1915 bis in Februar 1918 hinein in dieser vorgeschobenen Position. Die Frontgrenze verlief direkt östlich der Stadt Pinsk. Über zwei Jahre lang herrschte in Pinsk eine Militärverwaltung: Dem Kommandeur der Garde-Kavallerie-Division Generalleutnant Adolf von Storch unterstand der Stadtkommandant von Pinsk. Dieses örtliche Amt wurde seit spätestens 7.12.1915 von „Freiherr v. Bissing, Hauptmann und Kommandant“[194] ausgefüllt. Ab dem 17.08.1916 wurde er von „v. u. zu Gilsa, Hauptmann und Kommandant“ abgelöst, der etwa am 24.12.1916 seinen Heimaturlaub antrat.[195] „Beseler, Hauptmann und Kommandant“ löste ihn ab dem 21. Januar 1917 ab[196] und blieb auf diesem Posten bis mindestens 25. Oktober 1917.

Vermutungen anhand der Pinsker Zeitung. Dass die Deutschen Besatzer die Frontstadt Pinsk nicht einfach komplett von Zivilisten räumten, vielmehr hier „Kulturarbeit“ initiierten, und, mehr noch, dabei nicht einfach alles Russischsprachige unterdrückten, fällt unmittelbar beim Aufschlagen (und noch nicht mal Aufschlagen) der Pinsker Zeitung auf, die solche Maßnahmen als Organ der Öffentlichkeitsarbeit der Kommandantur begleitete. Denn die stets 4-seitige Pinsker Zeitung erschien, spätestens seit der 70. Ausgabe vom 7.12.1915 „jeden Morgen“, selbst Weihnachten und Silvester, streng zweisprachig deutsch – und zwar nicht in Frankturr, sondern bewusst in Antiqua-Schrift[197] – und russisch: jede Bekanntmachung, jeder Zeitungsartikel konnte in diesen beiden Sprachen gelesen werden. Die Zeitung unterschied sich dadurch von vergleichbaren Organen wie „Kownoer Zeitung“ oder „Grodnoer Zeitung“ in Ober Ost. Weit über 90 % der Texte und im ersten Jahr auch der Anzeigen erschienen doppelt, und nur an dem Sprachstil ist erkennbar, ob das Original – wie

190 Rudling, Per A.: The Rise and Fall of Belarusian nationalism, 1906–1931, Pittsburgh 2015.
191 Handbuch der Geschichte Weißrußlands, hg. von Dietrich Beyrau und Rainer Lindner, Göttingen 2001.
192 Historyja Pinska 2012.
193 Pinsker Zeitung.
194 Pinsker Zeitung 70 (7.12.1915), S. 1; Freiherr wurde im Russischen mit „Baron“ übersetzt.
195 Pinsker Zeitung 325 (18.08.1916), S. 1.
196 Pinsker Zeitung 115 (21.01.1917), S. 1
197 Ein Jahr „Pinsker Zeitung“, In: Pinsker Zeitung, 29.09.1916, S. 2-3.

in den meisten Fällen der Fall – deutsch oder eben russisch war. In einigen Fällen war neben deutsch das Jiddische die zweite Sprache, aber die meisten Anzeigen selbst für den Aufruf zur Einschreibung in jüdische Schulen und Bildungseinrichtungen anlässlich des Beginns eines neuen Schuljahres erschienen auf Russisch.

In Ober Ost hingegen erschienen Zeitungen nicht auf Russisch. Die Sprache verschiedener Zeitungen dort war nicht nur deutsch, sondern auch polnisch, jiddisch, belaruthenisch, litauisch und lettisch.[198] Dass die Deutschen Militärs in Pinsk, also in Polesien, eine deutsch-russischsprachige Zeitung herausgaben, passte auf den ersten Blick nicht ins – durchaus ja auch deutlich propagierte! – Bild der die sogenannten Fremdvölker vom „sogenannten Kernrussland" isolierenden deutschen Militärmacht im Osten. Erst, wenn man sich klar macht, dass die russischsprachige Spalte der Pinsker Zeitung ebenso für die Pinsker Juden gemacht war, wie die deutschsprachige Spalte, die christlich-orthodoxe, ostslawische Bevölkerung hingegen mit Abschiebung und Vertreibung zu rechnen hatte und in Teilen nicht lesen konnte, wird man in dieser Tatsache nicht nur eine krasse Ausnahme sehen.

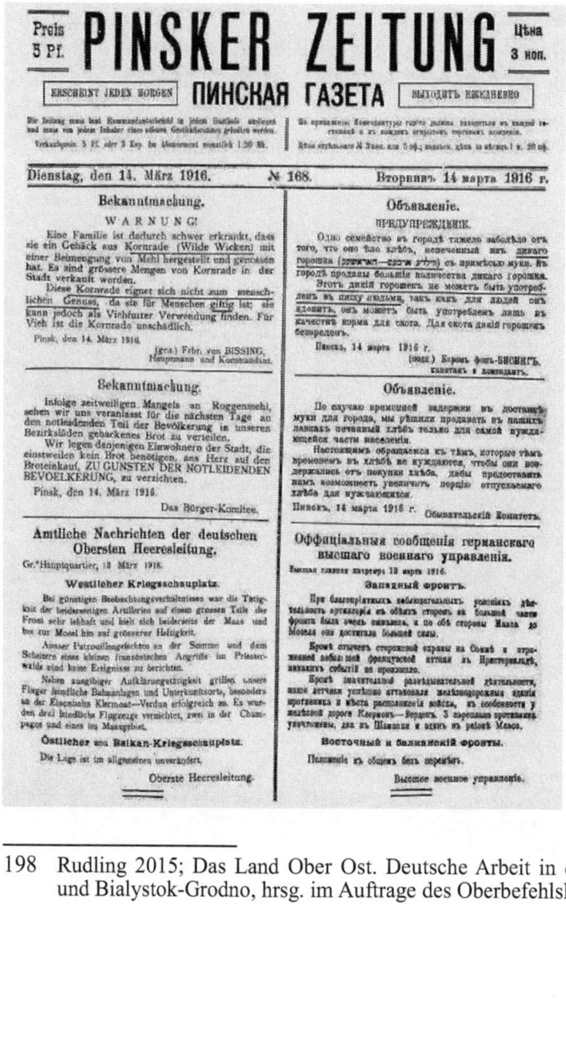

Preis 5 Pf. **PINSKER ZEITUNG** Цѣна 3 коп.

ERSCHEINT JEDEN MORGEN — **ПИНСКАЯ ГАЗЕТА** — ВЫХОДИТЪ ЕЖЕДНЕВНО

Dienstag, den 14. März 1916. № 168. Вторникъ 14 марта 1916 г.

Bekanntmachung.

WARNUNG!

Eine Familie ist dadurch schwer erkrankt, dass sie ein Gebäck aus Kornrade (Wilde Wicken) mit einer Beimengung von Mehl hergestellt und genossen hat. Es sind grössere Mengen von Kornrade in der Stadt verkauft worden.

Diese Kornrade eignet sich nicht zum menschlichen Genuss, da sie für Menschen giftig ist; sie kann jedoch als Viehfutter Verwendung finden. Für Vieh ist die Kornrade unschädlich.

Pinsk, den 14. März 1916.

(gez.) Frhr. von BISSING, Hauptmann und Kommandant.

Bekanntmachung.

Infolge zeitweiligen Mangels an Roggenmehl, sehen wir uns veranlasst für die nächsten Tage an den notleidenden Teil der Bevölkerung in unseren Bezirksläden gebackenes Brot zu verteilen.

Wir legen denjenigen Einwohnern der Stadt, die einstweilen kein Brot benötigen, ans Herz auf den Broteinkauf, ZU GUNSTEN DER NOTLEIDENDEN BEVOELKERUNG, zu verzichten.

Pinsk, den 14. März 1916.

Das Bürger-Komitee.

Amtliche Nachrichten der deutschen Obersten Heeresleitung.

Gr. Hauptquartier, 13. März 1916.

Westlicher Kriegsschauplatz.

Bei günstigen Beobachtungsverhältnissen war die Tätigkeit der beiderseitigen Artillerien auf einem grossen Teile der Front sehr lebhaft und hielt sich beiderseits der Maas und bis zur Mosel hin auf grösserer Heftigkeit.

Ausser Patrouillengefechten an der Somme und dem Scheitern eines kleinen französischen Angriffs im Priesterwalde sind keine Ereignisse zu berichten.

Neben ausgiebiger Aufklärungstätigkeit griffen unsere Flieger feindliche Bahnanlagen und Unterkunftsorte, besonders an der Eisenbahn Clermont—Verdun erfolgreich an. Es wurden drei feindliche Flugzeuge vernichtet, zwei in der Champagne und eines im Maasgebiet.

Östlicher und Balkan-Kriegsschauplatz.

Die Lage ist im allgemeinen unverändert.

Oberste Heeresleitung.

Объявленіе.

ПРЕДУПРЕЖДЕНІЕ.

Одно семейство въ городѣ тяжело заболѣло отъ того, что оно ѣло хлѣбъ, испеченный изъ дикаго горошка (...) съ примѣсью муки. Въ городѣ проданы большія количества дикаго горошка.

Этотъ дикій горошекъ не можетъ быть употребленъ въ пищу людьми, такъ какъ для людей онъ ядовитъ, онъ можетъ быть употребленъ лишь въ качествѣ корма для скота. Для скота дикій горошекъ безвреденъ.

Пинскъ, 14 марта 1916 г.

(подп.) Баронъ фонъ-БИССИНГЪ, капитанъ и комендантъ.

Объявленіе.

По случаю временной задержки въ доставкѣ муки для города, мы рѣшили продавать въ нашихъ лавкахъ печеный хлѣбъ только для самой нуждающейся части населенія.

Настоящимъ обращаемся къ тѣмъ, которые тѣмъ временемъ въ хлѣбѣ не нуждаются, чтобы они воздержались отъ покупки хлѣба, дабы предоставить намъ возможность увеличить порцію отпускаемаго хлѣба для нуждающихся.

Пинскъ, 14 марта 1916 г. Обывательскій Комитетъ.

Оффиціальныя сообщенія германскаго высшаго военнаго управленія.

Главная квартира 13 марта 1916.

Западный фронтъ.

При благопріятныхъ наблюдательныхъ условіяхъ дѣятельность артиллеріи съ обѣихъ сторонъ на большой части фронта была очень оживлена, и по обѣ стороны Мааса до Мозеля она достигала большей силы.

Кромѣ стычекъ сторожевой охраны на Соммѣ и отраженной небольшой французской атаки въ Пристерwальдѣ, никакихъ событій не произошло.

Кромѣ значительной развѣдывательной дѣятельности, наши летчики успѣшно атаковали железнодорожныя зданія противника и мѣста расположенія войскъ, въ особенности у желѣзной дороги Клермонъ—Верденъ. 3 аэроплана противника уничтожены, два въ Шампани и одинъ въ районѣ Мааса.

Восточный и балканскій фронты.

Положеніе въ общемъ безъ перемѣнъ.

Высшее военное управленіе.

Abbildung 6:
Die Pinsker Zeitung erschien in Pinsk von 1915 bis 1918 zweisprachig deutsch und russisch.
Faksimile der Pinsker Zeitung vom 14.03.1916, S. 1
Fundort: Staatsbibliothek zu Berlin

198 Rudling 2015; Das Land Ober Ost. Deutsche Arbeit in den Verwaltungsgebieten Kurland, Litauen und Bialystok-Grodno, hrsg. im Auftrage des Oberbefehlshabers Ost, Stuttgart 1917.

Die Stadtkommandanten nutzten ihr Organ auf Seite Eins zur Verbreitung ihrer „Bekanntmachungen" genannten Befehle immer wieder, aber keinesfalls lückenlos. In der Pinsker Zeitung erfuhr man etwas über Pinsk ansonsten in der Regel nur durch die Werbeanzeigen. Diese Anzeigen auf der letzten Seite lassen auf Wohl und Weh des zivilen Lebens in Pinsk schließen. Man lud ins Café ein, Zahnärztinnen boten ihre Dienste an. Nur selten wird über ein Ereignis in Pinsk in einem regelrechten Zeitungsartikel berichtet, meist über gelungene Konzerte, „bunte Abende" oder auch Fußballspiele. Die Zeitung informierte also weniger aus dem Leben in der namensgebenden Stadt als über mit dem Krieg in Zusammenhang stehende europäische Ereignisse, beispielsweise, wie der Ministerpräsident Griechenlands zum dortigen König stand oder welche Erfolge das deutschländische Heer an der Westfront verbuchen konnte.

Sicherlich wollte man damit auch den Pinskern und den dort stationierten Soldaten darlegen, welch mächtiges Land das Deutsche Reich ist. Doch vergab sich die Stadt-Kommandantur durch die strenge Zweisprachigkeit der Tageszeitung die Möglichkeit, aus taktischen Gründen die eigenen Truppen und die verbliebene Bevölkerung mit (recht) unterschiedlichen Informationen zu versorgen. Hat man gewusst, dass die (jüdische) Bevölkerung ohnehin sowohl deutsche, in lateinischen Buchstaben gehaltene als auch russische Texte lesen konnte? Oder können wir in dieser ja zwar einseitigen, aber offenen Informationspolitik schon ein Beispiel für das erkennen, was in der Zwischenkriegszeit von revanchistischen und später nazistischen Kreisen als nahezu kriegsentscheidendes Versagen der deutschländischen Informationspolitik gebrandmarkt wurde?[199]

Jüdische und Nationalitätenfrage: Vertreibung nach religiösen Kriterien.

In den Jahren 1914 bis 1915 hatte die russisch-orthodoxe Kirche die Deutschen als grausame Monster beschrieben.[200] Als nun die Militärs nach Polesien einrückten, sahen diese doch den eigenen russländischen Soldaten relativ ähnlich. Viel würde nun davon abhängen, wie sie sich gegenüber den Nationen Polesiens verhielten. Tatsächlich förderte Ober Ost von 1915 bis 1918 antirussische und antiorthodoxe Stimmungen, dies insbesondere im territorialisierten Ober Ost selbst, auch in den belaruthenischen Kerngebieten, aber kaum in Polesien.

Wie verhielt sich die deutschländische Besatzungsmacht zu den einzelnen Pinsker Ethnien? Aus der Zeitungslektüre ergibt sich zunächst nur so viel: das „russische" Grabkreuz wurde erklärt (Der schräge Balken nimmt auf das Andreaskreuz Bezug).[201] Der deutschländische Krieg an der Ostfront wurde nicht als Kreuzzug gegen die Orthodoxie beschrieben. Ansonsten kam die russisch-orthodoxe Kirche selten vor. Aber schon am 19. Dezember 1915 wurde den „Russisch-Orthodoxen" angeordnet, ins „ehem. Königreich Polen" überzusiedeln. Dass man dem Rest der Bevölkerung verbot, deren „Eigentum" zu beschädigen,[202] war für die Abgeschobenen kein Trost.

199 Laut Quinkert, Babette: Propaganda und Terror in Weißrußland 1941–1944. Die deutsche „geistige" Kriegführung gegen Zivilbevölkerung und Partisanen, Paderborn 2009.
200 Miranovič, Jauhen: Ustup, In: Bežanstva 1915 hoda, Białystok 2000, zitiert in: Rudling 2015, S. 68.
201 Pinsker Zeitung. Pinskaja Gazeta 136 (11.02.1916), S. 2 [Im Folgenden nur „Pinsker Zeitung"]
202 Pinsker Zeitung 82 (19.12.1915), S. 1.

Sie waren nicht die Einzigen, die aus der Frontstadt Pinsk vertrieben wurden. Ein paar Tage später hieß es: „in nächster Zeit müssen Pinsk verlassen: 1. Diejenigen Personen, die seit dem 1. Juli ds. Js. nach Pinsk gezogen sind [...] Diejenigen Einwohner von Pinsk, die nicht in der Lage sind, ihren Lebensunterhalt selbst zu bestreiten“ [über Bürgerkomitee] 3. Alle diejenigen Personen, die sich haben unentgeltlich impfen lassen (oder gegen Gebühr von 1 Rubel impfen lassen).[203] „Die Schlüssel von sämtlichen geräumten Häusern sind [...] auf der Kommandantur abzugeben.“[204]

Die katholische Bevölkerung, örtlich verankert in der Franziskanerkirche und dem Jesuitenkolleg, spielte in der Pinsker Zeitung keine Rolle, obschon in den Kirchen auch das deutschländische Militär zuweilen Trauerfeiern abhielt, zum Beispiel „für den gefallenen Erbprinzen Emanuel von Salm-Salm“.[205]

Es gab aber auch Pinsker aus dem Deutschen Reich! „Alle diejenigen Einwohner von Pinsk, die in Deutschland geboren sind oder von deutschen, nicht jüdischen Eltern abstammen haben sich zwischen d. 11. und 14. Juli 1914, 4 Uhr nachmittags auf der Kommandantur, Abt. IIa, zu melden. Geburtsurkunden, Konsulatszeugnisse oder sonstige hierzu vorhandene Urkunden sind mitzubringen.“[206]

Ansonsten galten die durch die Pinsker Zeitung veröffentlichten Befehle und Hinweise bis auf wenige Ausnahmen für alle „Einwohner“ von Pinsk ohne Unterschied von Religionen oder Sprachen.

Die Politik der Kommandantur des Deutschen Reichs gegenüber den Juden. Doch waren Auswahl und Inhalte der anderen Zeitungstexte dazu gedacht, die Juden, denen man in Preußen schon seit 1812 eine relativ normale rechtliche Stellung zugeschrieben hatte, und die Katholiken für die Seite der Besatzer wohlgesonnen zu stimmen – insbesondere dadurch, dass man die politischen und militärischen Entscheider des zarischen Russlands in schlechtes Licht rückte.

Dies war um so leichter zu bewerkstelligen, als ja die Juden des Russischen Reichs sich in der Kriegsparole „Für Glauben, Zar und Vaterland“ nicht hatten wiederfinden können; denn weder der orthodoxe Glaube, noch der wohl auch persönlich antisemitische Zar noch das Vaterland, in dem sich die Juden nicht einmal frei niederlassen durften, hatten den Juden für gewöhnlich irgendeine positive oder auch nur neutrale Emotion erwecken können.

Die Militärkommandantur versuchte, in der Pinsker Zeitung ein nicht grausames, nicht antisemitisches, geradezu projüdisches Bild von sich zu zeichnen. Anzeichen dafür sind, dass man erlaubte, in hebräischen Lettern zu drucken – in den Anzeigen, aber auch (selten) im Text. Es wurden ganz normale Anzeigen der jüdischen Cafés, Zahnärzte, Schulen (Gymnasien, Realschulen) und anderer Firmen abgedruckt. Der erste Redakteur der Pinsker Zeitung A. Bregman war höchstwahrscheinlich auch Jude. Man nahm auf jüdische Feiertage Rücksicht, z. B. in der Frage der Öffnung der Bäder „für die Zivilbevölkerung“.

Zwar gingen besonders die jüdischen (und die anderen auch?) Zeitungsanzeigen im Lauf der Zeit in Menge und Schlagzahl zurück. Doch weiterhin klärte man über die Bedürfnisse, Bräuche und Sorgen der jüdischen Bevölkerungsteile auf. Ein Dr. P. Oesterle erklärte

203 Pinsker Zeitung 85 (22.12.1915), S. 1.
204 Pinsker Zeitung 88 (25.12.1915), S. 1.
205 Pinsker Zeitung 330 (23.08.1916), S. 1.
206 Pinsker Zeitung 287 (11.07.1916), S. 1.

in einem Artikel, der wohl nicht nur in der Pinsker Zeitung erschien, das Jiddische: „Wir alle haben seit Monaten Gelegenheit, uns mit dem sog. Judendeutsch oder Jiddischen bekannt zu machen und so mancher dürfte sich gefragt haben: Woher kommt es denn eigentlich, dass Juden in Galizien, Polen, Russland einen deutschen, wenn auch eigenartigen Dialekt sprechen?“[207] Man druckte den „Notschrei der unterdrückten Fremdvölker Russlands „an Wilson“. Deutlich war das Bestreben, die „Finnländer, Balten, Letten, Litauer, Polen, Juden, Ukrainer, Musulmanen, Georgier“[208] gegen Glauben, Zar und Vaterland einzustimmen, stehe doch „der Zar selbst [...] an der Spitze“ des „neuen Ausrottungsfeldzugs gegen die Juden“[209]. Doch wurde auch positiv zur Kenntnis genommen, dass „Petersburg“ „den Juden wenigstens einen Teil der Bürgerrechte geben“ wolle,[210] und nach der Februarrevolution einen „Ukas über die vollständige Gleichstellung der Juden“ herausgegeben habe.[211] Dass die deutschländische Besatzungsmacht Wert auf ein positives Image bei der jüdischen Bevölkerung legte, zeigte auch die folgende Information: „Aus Anlass der jüdischen Feiertage kann die Badeanstalt an der jüdischen Schule am 25. und 26. September 1916 von Zivilpersonen genutzt werden.“[212] Die Pinsker Zeitung rezensierte in positiver Weise ein Buch von Martin Buber,[213] brachte eine Anzeige, dass im „Theater Kasino“ das Stück „das juedische Herz“ von Joseph Lateiner „zur Aufführung gelangen“ werde.[214] Im Dezember 1916 erschien ein Artikel über „Chanuka, das Makkabäerfest“. Es wird vorgestellt, dass Chanukka „in unseren Tagen ganz schüchtern begangen“ wird. Letzter Satz des Artikels: „Bescheiden brennen die kleinen Chanukalampen, aber unendlich viel wirken sie auf die jüdischen Herzen und wecken Gedanken und Erinnerungen in ihnen wach neben dem Glauben an eine bessere Zukunft.“[215] Angesichts der im Deutschen Reich damals verbreiteten antisemitischen Strömungen fragt man sich, welche Artikel in der Pinsker Zeitung das Judentum verunglimpfen oder negativ bewerten, doch einen solchen Artikel habe ich nicht gefunden.

Am eindrücklichsten ist die – allerdings von ihm selbst positiv geschilderte – Aktivität des Feldrabbiners Dr. Aron/Arnold Tänzer aus Göppingen überliefert. In den ersten Monaten der Besetzung Westpolesiens durch die Bugarmee hatte dieser nicht nur Gottesdienste in Brest, Kobryn und Pinsk abgehalten, in Soldatenheimen, Volksküchen („an je 1000 Portionen einer nahrhaften Gemüsesuppe und Tee nebst 1 Würfel Zucker verabfolgen.“) und Leihbibliotheken gewirkt und dem General von Storch „in Schloss Albrechtowo meine Aufwartung“ gemacht, sondern sich auch mit jiddischen Übersetzungen von „behördlichen Bekanntmachungen“ und mit der von den Zivilbehörden beauftragten „Zensur der hebräisch oder jiddisch geschriebenen Briefe der russischen Kriegsgefangenen“ weit über religiöse Tätigkeiten hinaus nützlich gemacht. Für Tänzer selbst am Eindrucksvollsten war eine mit Zustimmung des Pinsker Ortskommandanten Ende November oder Anfang Dezember

207 Pinsker Zeitung 330 (5.2.1916), S. 2. Man beachte: von Litauen, Weißrussland ist nicht die Rede.
208 Pinsker Zeitung 228 (13.05.1916), S. 2-4.
209 Pinsker Zeitung 300 (24.07.1916), S. 4.
210 Pinsker Zeitung 149 (24.02.1917), S. 3.
211 Pinsker Zeitung 196 (12.04.1917), S. 4.
212 Pinsker Zeitung 362 (24.09.2016), S. 1; dasselbe 5 (03.10.1916), S. 1.
213 Pinsker Zeitung 41 (8.11.1916), S. 2.
214 Pinsker Zeitung 139 (14.02.1917), S. 4 https://de.wikipedia.org/wiki/Joseph_Lateiner. Lateiner kommt bei Wikipedia nicht gut weg, und dies will bei diesem Online-Lexikon schon etwas heißen.
215 Pinsker Zeitung 83 (20.12.1916), S. 2-3.

1915 gehaltene „Predigt in der von mehr als 3000 Personen Kopf an Kopf gefüllten Synagoge“, die „lebhaften Widerhall gefunden“ hat.[216]

In einem Artikel über jüdische Hafenarbeiter in Saloniki (Thessaloniki), einer wie Pinsk mehrheitlich von Juden bewohnten, multiethnischen Stadt, verbreitete E. E. Lehmann den Tenor, dass Juden sehr wohl zu harter, körperlicher Arbeit geeignet seien.

Landläufig findet sich oft die Vorstellung, dass der erste Weltkrieg ein Vorläufer des zweiten war, mit neuen Technologien, mit dem Einsatz von Kampfgas, aber insgesamt weniger heftig als der zweite. Genährt wird die Lehre von der Kontinuität sicherlich auch dadurch, dass es ähnliche Bündnis-Konstellationen, Kriegseintrittszeiten, Seitenwechsel und Kriegsgewinner/-verlierer gab.

An der Ostfront, in jedem Fall aber in Pinsk, verhielten sich die deutschländischen Besatzer aber unterschiedlich: Während des Ersten Weltkriegs versuchten sie den Juden gegenüber darzustellen, dass es ihnen im Deutschen Reich und in vom Deutschen Reich gehaltenen Gebieten besser gehen würde als im Russländischen Reich. Dieses Motiv zieht sich durch den ganzen Erscheinungszeitraum der Pinsker Zeitung hindurch. Und dies war übrigens nicht nur gegen das Russische Reich gerichtet. Auch „England“ wird kritisiert, weil es „russische Juden nach Russland schicken“ will.[217]

Doch sollten wir die Ebene des Images von der der brutalen Kriegswirtschaftspolitik trennen: die Deutschen Besatzer schonten die Zivilbevölkerung überhaupt nicht.[218]

Sprachpolitik. Einen wesentlichen Hebel für die Nationalitätenpolitik stellte die Sprachpolitik dar. Doch was dies für Westpolesien mit seiner weder ein eindeutiges (ohnehin noch wenig kodifiziertes) Belaruthenisch noch ein Lehrbuch-Ukrainisch sprechenden Bevölkerung bedeutete, das wussten auch die Besatzer nicht, die wahrscheinlich am Wenigsten. Weiter nördlich erfuhr die damals Weißruthenisch genannte Sprache eine Aufwertung, als Ober Ost diese am 16. Dezember 1916 mit der polnischen, litauischen und jüdischen gleichrangig bezeichnete, was auch konkrete Auswirkungen hatte.[219] Aber erneut betraf dies kaum das deutsch-österreich-ungarisch besetzte Polesien. Das kulturelle Begleitprogramm zur deutschländischen Ausbeutungspolitik wurde desto umfangreicher an Orten betrieben, je näher eine Gegend an Ostpreußen gelegen war, und eigentlich auch grundsätzlich nur auf dem Gebiet von Ober Ost. Das Lehrerseminar für Belaruthenen befand sich in Svislač,[220] und derjenige Zweig der belaruthenischen Nationalbewegung, der bereit war, im von den Deutschen besetzten Gebiet belaruthenische Schul- und Kulturarbeit durchzuführen, schaffte es nur in den Ober Ost-Gebieten und 1918 dann in Minsk, nicht aber in Westpolesien, belaruthenischsprachige Grundschulen einzurichten. Wahrscheinlich sogar weniger deshalb, weil die Deutschen es nicht erlaubt hätten, sondern eher, weil die belaruthenische Bewegung dort nicht verwurzelt war. Vermutlich war es so: Während es für die westliche Belarus' und das Gebiet Ober Ost mit Hrodna und Baranavičy Erörterungen unter den

216 Hank, Sabine u.a.: Feldrabbiner in den deutschen Streitkräften des Ersten Weltkriegs, Berlin 2013, S. 175-177, 426-433.

217 Pinsker Zeitung 334 (27.08.1916), S. 1.

218 Vgl. Schuster, Frank M.: Zwischen allen Fronten: osteuropäische Juden während des Ersten Weltkrieges (1914–1919), Köln [u.a.] 2004.

219 Cuba 2003, S. 118.

220 Turonak, Jury: Belarus' pad njameckaj akupacyjaj, In: Turonak, Jury: Madėrnaja historyja Belarusi, Vil'nja 2008, S. 510-677, hier S. 521.

Deutschen gab, ob man aus taktischen Gründen belaruthenische Schulen einrichten solle oder nicht, so kam Pinsk schon nicht mehr vor.

Kulturpolitik. Die ersten Ausgaben der Pinsker Zeitung 1915 bestanden aus einem sehr dünnen einseitig bedruckten einfarbigen, nicht weißen Blatt, in denen die Reklameanzeigen überwogen. In dieser Zeit war „A. Bregman" der Herausgeber und Redakteur, der auch in der Ausgabe vom 31.12.1915 (wie verlangt?) positiv über das ausverkaufte Weihnachtskonzert der Musikkapelle des Reserve-Infanterie-Regiments Nr. 269 berichtet. Der Weihnachtsbaum war hell erleuchtet, man spielte Walzer- und Marschmusik. Das Publikum wollte Zugaben, und der Redakteur wünschte sich mehr solcher Ereignisse.[221] Im Theater *Chateau* kam das „interessante Filmschauspiel Scheilok aus Krakau (aus dem jüdischen Leben)" zur Aufführung. In der Hauptrolle „der berühmte Schauspieler Rudolf Schidkraut" – angezeigt auf deutsch, russisch und eingekürzt auf jiddisch.[222]

Bregman brachte auch für den Auftritt der „kngl. Hofopernsängerin Helene Schulz" nur gute Kritik,[223] warum auch immer – der Drucker sang schließlich selbst das Lied seiner Herren Auftraggeber, für die Pinsk zunehmend zur Frontheimat zu werden schien.

Religionspolitik. Sogar nach der Sperrstunde durften die Juden Synagogen und Gebetsstuben besuchen.[224]

Belaruthenen. Belaruthenen (Belarussen) kamen in der Pinsker Zeitung als solche kaum vor. Im April 1916 verwies das Blatt auf die seit „Mitte Februar in Wilna erscheinende weissrussische Zeitung" „Homan" (Volksstimme), die im Bereich des Oberbefehlshabers Ost herausgegeben wurde – der Artikel erschien unter dem Titel „Deutsche Kulturarbeit für die Weissrussen" (unrichtig übersetzt mit *„Nemeckaja Kul'tura v Belorussii"*)[225]. Ansonsten finden wir einen Jubiläums-Artikel mit einer Abbildung über die Bibelübersetzung des „Doktor Franz Skarina aus Polotzk" über „die erste weissruthenische Bibel" von 1517 im Juli 1917.[226] Die deutschländischen Besatzer in Pinsk werden auf wenige nationalbewusste Belaruthenen getroffen sein – Jakub Kolas, der in der Zeit von 1906 bis 1912 mit teils unfreiwilligen Unterbrechungen in Pinkavičy und Pinsk gelebt hatte, hatte die Gegend schon verlassen[227] – und zwar weder in der Stadt noch in ihrer Umgebung. Angesichts dessen, dass die christlich-orthodoxe Bevölkerung die Stadt hatte verlassen müssen, werden die Besatzer erst Recht nicht viel über die belaruthenische (oder ukrainische) Kultur haben schreiben wollen. Einmal war ein „kleinrussischer" Theater-Auftritt angekündigt.[228]

Hätte selbiges auch in der Kownoer Zeitung stehen können? Vergessen wir nicht, dass weder Berlin noch die Zentrale von Ober Ost in Kaunas/Kowno wussten, was „nach dem Krieg" mit dem besetzten Pinsk passieren solle, während in Ober Ost schon der Staat im Staate aufgebaut wurde.

---

221 Pinsker Zeitung 92 (31.12.1915), S. 3.
222 Pinsker Zeitung 09.03.1917, S. 4.
223 Pinsker Zeitung 19.04.1916 und 21.04.1916.
224 Shohet, Azriel: The Jews of Pinsk, 1881 to 1941, Palo Alto 2012, S. 300; Historyja Pinska 2012, S. 378.
225 Pinsker Zeitung 186 (1.4.1916), S. 3.
226 Pinsker Zeitung 287 (12.07.1917), S. 3.
227 Pamjac'. Pinsk, Minsk 1998, S. 161-163.
228 Pinsker Zeitung, 01.09.1916, S. 3 sowie 14.02.1917, S. 4 (Anzeige).

Wollte das deutschländische Militär die Pinsker Bevölkerung inkludieren, so waren solche Artikel auch zur Herstellung eines Gleichgewichts gegen sehr unpopuläre Maßnahmen, von denen die Hundesteuer (die übrigens in der Republik Polen weitergeführt wurde[229]) noch eine harmlose war, auch nötig. Die bald im Befehlston, bald in deskriptivem Stil gehaltene Pinsker Zeitung mit ihren bald traurigen, bald zur Aufheiterung gedachten Texten wird uns in diesem Kapitel noch des Öfteren als Quelle dienen.

Bei den kulturellen Good-Will-Aktionen ist zu prüfen, ob diese *nur* zur Prüfung der Einstellung der Bevölkerung oder zur Spaltung derselben durchgeführt wurden, oder ob sie tatsächlich die Bevölkerung der Besatzungsmacht gegenüber positiv oder wenigstens neutral stimmen sollte.

Liulevicius beispielsweise kritisiert die „Kulturpolitik" in Ober Ost als (pan)german(ist)ische Veranstaltungen, die die Welt am deutschen Wesen genesen lassen sollten.[230] Diese für Ober Ost beklagte germanische Zivilisierungsintervention ist für Pinsk zumindest aus der ja zweisprachigen Pinsker Zeitung heraus nicht herleitbar.

Techniken der Verwaltungsherrschaft

Aus der Pinsker Zeitung ist nicht zu erkennen, wie die Besatzer die Stadt Pinsk gesehen haben, und ob es ein Stadt- und Raumplanungskonzept gab, oder doch eines angedacht war. Gegebenheiten wie die jüdische Bevölkerungsmehrheit wurden nicht prinzipiell hinterfragt, sondern den Fronterfordernissen angepasst: die orthodoxe Bevölkerung wurde unsanft wegbefördert, ansonsten wurden die Bewohner der Militärmaschine dienstbar gemacht.

Den auf heutige Leser kleinlich, penibel und amtsschimmelig wirkenden „Bekanntmachungen" messe ich mehr Realitätssinn zu als es Liulevicius tut. Bemerkenswert sind die listigen Vorgehensweisen der Ämter, die in den Befehlen an die Bevölkerung zum Ausdruck kamen. Ob es um das Vorzeigen von Pferden, Metallen, Häuten oder Talg geht – immer verwendete die Militärverwaltung die Methode der Erzeugung von Scheinalternativen, nämlich, dass man sich „freiwillig" in den deutschländischen Herrschaftsbetrieb unter- und einordnen könnte, allerdings eine heftige Strafe „zu gewärtigen" habe, wenn man solchen Befehlen nicht nachkomme.

Kriegszieldiskussion. Was machten die Besatzer in Polesien, in jenem Gebiet, das in der berühmten Kriegszieldiskussion (Kriegszieldiskussion heißt hier konkret: Intervention und Annexion in Polesien oder nicht?) keine Rolle spielte? Das Vorgehen war nicht einheitlich, veränderte sich vor allem in der Zeit von 1915 bis 1918, am Besten darstellbar wiederum für die Stadt Pinsk, weil hier auch die Pinsker Zeitung erschien. Grob gesagt, war die Intervention zu Beginn sehr viel kooperativer und paternalistischer gegenüber der jüdischen und katholischen Bevölkerungsmehrheit als gegen Ende der Besatzungsherrschaft. Denn im Lauf der Zeit ist eine Tendenz zur Verschärfung der Lage zu beobachten.[231] Die am 8. Oktober 1917 veröffentlichte Verpflichtung zur Samstagsarbeit[232] in diesem jüdischen geprägten Schtetl wäre wahrscheinlich zwei Jahre zuvor noch nicht ausgesprochen worden. Von ei-

229 GA Brestskoj oblasti 2005-1, Sign. 33, Blatt 39.
230 Liulevicius 2002.
231 Messingabgaben: Pinsker Zeitung Nr. 83 vom 20.12.1915, S. 1, Nr. 244 vom 30.05.1017, S. 1 und Nr. 303 vom 28.07.1917, S. 3; Aufkaufpreise: Nr. 185 vom 30.03.1916, S. 1.
232 Pinsker Zeitung 08.10.1917, S. 1.

nem Mann wie Dr. Tänzer, jüdischer Militärseelsorger der Mittelmächte in Westpolesien 1915, hören wir 1917 nichts mehr. Die Besatzer konzentrierten sich in ihrem zunächst durchaus propolnisch und projüdisch gemeinten Regime in den Schtetln auf den Abtransport von zunächst Holz und später auch Pferden, Nahrungsmitteln und Metalltürgriffen aus Wohnungen,[233] dann auch von einheimischen Schtetl- und Landbewohnern selbst zur Zwangsarbeit. Ansonsten hatten sie keine klaren Pläne davon, was sie mit Polesien machen sollten.

Neue Erfahrungswelten. Die Soldaten waren unvorbereitet in diese *Gegend* gekommen. Sie war für sie keine Landschaft, jedenfalls nicht die Landschaft „Polesien", eher noch die „Rokitno-Sümpfe", bald auch die „Pripjet-Sümpfe", die als Begriff dann im Zweiten Weltkrieg eine feste Rolle spielten. Überraschend war Polesien in zweierlei, Hinsicht: Wer irgendwo in sumpfigen Gebieten an der Front abgestellt war, empfand Polesien als (jahreszeitlich unterschiedlich) sumpfigen, schwer durchdringbaren, vor allem für von außen kommende Intervenierende (also ihn selbst und seine Truppe) mit feindlicher Natur ausgestatteten Frontabschnitt – so wie es Liulevicius auch für die litauisch-lettischen Gebiete von Ober Ost beschrieben hat. Da konnte in dem nirgends, (noch nicht einmal in den Kleinstädten, den Schteteln) durch befestigte Straßen gesicherten Areal ein Kamerad urplötzlich in einem Sumpf versinken:

> „Weite kahle Sumpfflächen kann der Gegner aus geschütztem Hinterhalt unter Feuer nehmen. Dichtes Unterholz, zahlreiche Wasseradern und schwarze Tümpel erschweren die Bewegung auf Schritt und Tritt. Posten, Patroullen und vorgeschobene Beobachter umlauert der Tod in Sumpf und Moor. Erbarmungslos zieht die trügerische Pflanzendecke ihr Opfer hinab in die braune, gurgelnde Tiefe."[234]

Wer hingegen in einer Stadt stationiert war, konnte nicht nur Fremdes, sondern auch Eigenes entdecken. Dies betraf vor Allem Pinsk. Katholiken konnten mit dem beeindruckenden Jesuitenkolleg und dem Franziskanerkloster mit ihren Kathedralen sich an einer Religion mit einer auch aus der Heimat bekannten Baukultur orientieren. Auch die jüdischen Armeeangehörigen waren erstaunt, dass das theologische und intellektuelle Niveau der einheimischen „Ostjuden" höher war als erwartet.[235] Wie Werbeannoncen in der zweisprachig deutsch-russischen Pinsker Zeitung der deutschen Besatzer nahelegen, verkehrten, meist getrennt von den Einheimischen und sogar untereinander getrennt, Soldaten und Offiziere in Pinsker Restaurants und Cafés – wobei man sich klarmachen muss, dass eine solche Kaffeehauskultur im Russischen Reich zumindest „nördlich von Pinsk" nicht sehr verbreitet war.

Nicht nur konnten die Besatzer in den besetzten Gebieten und den dort lebenden Menschen etwas *Eigenes* wiederfinden, auch die Besetzten fanden überraschenderweise in den Besatzern etwas vom *Eigenen*; und solange die Besatzer auch nicht viel Schlimmer waren

233 Pinsker Zeitung Nr. 83 vom 20.12.1915, S. 1, Nr. 244 vom 30.05.1017, S. 1 und Nr. 303 vom 28.07.1917, S. 3; Aufkaufpreise: Nr. 185 vom 30.03.1916, S. 1

234 Die Kämpfe um Baranowitschi. Sommer 1916 unter Benutzung amtlicher Quellen des Reichsarchivs bearbeitet von Walther Vogel, Major s. Zt. Hauptmann beim Stabe des Oberbefehlshabers Ost, Oldenburg 1921, S. 13.

235 Dr. Tänzer, In: Allgemeine Zeitung des Judentums, 07.01.1916, S. 6-10; vgl. Shohet 2012, S. 304-305; vgl. Hank 2013, S. 175 mit Kurzbiographie über Aron alias Arnold Tänzer.

als die „eigenen" Herrscher, konnten sie Härten mit dem Kriegszustand in einer Frontstadt entschuldigen.

In der ersten Phase bis vielleicht Mitte/Ende 1916 versuchten die Besatzer also durchaus, die einheimische Bevölkerung auf ihre Seite zu ziehen, in Unterordnung unter die sogenannten militärischen Erfordernisse. Insbesondere, insofern sie lateinische Buchstaben lesen und die deutsche Sprache verstehen konnten, also ganz so, wie zaristische Strategen es befürchteten.

Politik, Brutalität und Kriegswirtschaft in Pinsk und Umgebung

Die orthodoxe Bevölkerung wurde, wie kurz dargelegt, bald kalt und brutal aus der Stadt vertrieben, wurde als feindliche Kraft, als das Andere begriffen.[236] Dass die ostslawische Bevölkerung von Anfang an außen vor blieb, konnte prinzipielle, aber auch taktische Gründe haben: Angst vor Spionage in der Frontstadt Pinsk war vielleicht nur das rationalisierte Extrem der Furcht, ein allzu interkulturelles Zusammenleben brächte Unordnung in den Vollzug der beauftragten Tätigkeiten.

Das Tat'jana-Komitee protokollierte am 12. November 1915 Berichte über Gewalttaten der deutschländischen Streitkräfte.[237] Wir erfahren, dass in der Choinsker Gemeinde des Kreises (*Uezd*) Pinsk die Deutschen nach der Besetzung am 13. September 1915 die männliche Bevölkerung in eine Scheune einsperrten und die Frauen und Kinder aus dem kleinen Ort verjagten. Allen wurde ihr Vermögen abgenommen. Einen Bauern, der die Bitte um Rückgabe seines Pferdes und die Möglichkeit, seine Familie und sich an einen von den Deutschen bestimmten Ort zu bringen aussprach, erschossen die Besatzer. Erst Tage später war es einer Frau aus dem Dorf möglich, den Mann in einem von ihr ausgehobenen Grab zu beerdigen, nachdem sie an der Leiche nagende Hunde vertrieben hatte.[238] In einem am 27. September 1915 von den Deutschen besetzten Dorf der Moročansker Gemeinde (*volost'*) beraubten die Besatzer die Männer ihrer Kleidung, trieben sie in eine orthodoxe Kirche und befahlen ihnen am nächsten Tag, einen Schützengraben auszuheben. Einer weigerte sich, wurde mit Stöcken malträtiert, weigerte sich aber dennoch, „Gräben gegen Russen auszuheben". Die Deutschen Soldaten erschossen den Mann, wollten ihn an Ort und Stelle begraben, aber auf Wunsch der Ehefrau wurde er auf einen Friedhof gebracht.[239]

Die Voraussetzungen für ein wenigstens in Grundzügen normales wirtschaftliches und gesellschaftliches Leben waren in Pinsk günstiger als Brest, denn Brest war durch die russländische Politik der verbrannten Erde ausgebrannt, während Pinsk 1915 einigermaßen intakt geblieben war.[240]

Die deutsche Herrschaft in Pinsk wies gegenüber derjenigen im durch- und sogar überstrukturierten Ober Ost in stärkerem Maße intermediäre Züge auf. Man beabsichtigte durch die Einrichtung einer „Stadtverwaltung", später heruntergestuft zum „Bürger-Komitee"[241],

236 Vgl. Historyja Pinska 2012, S. 379.
237 Belarus' v gody pervoj mirovoj vojny, Sbornik dokumentov, Minsk 2014, S. 210-226, darunter 210-212 Uezd Pinsk.
238 NIAB Bestand 295-1, Sign. 9027, Blatt 68-68r, zitiert in: Belarus' v gody pervoj mirovoj vojny, Sbornik dokumentov, Minsk 2014, S. 210.
239 NIAB Bestand 295-1, Sign. 9027, Blatt 69-69r, zitiert in: Sbornik dokumentov 2014, S. 211.
240 Tänzer 1916; Shohet 2012, S. 295-302.
241 Pinsker Zeitung, passim; Shohet 2012, S. 334-342.

Juden und Polen, nicht jedoch Ostslawen auf seine Seite zu ziehen und gleichzeitig lästige, konfliktträchtige Kleinarbeit subsidiär zu übertragen.

Wie in Deutschland selbst, so waren auch in Pinsk jüdische Organisationen und Parteien grundsätzlich nicht verboten. Zeire Zion (S.S.), Poalej Zion und der Allgemeine Jüdische Arbeiter-Bund von Litauen, Polen und Russland (im Folgenden: Jüdischer Bund), teilweise durchaus sozialistische Organisationen, konnten sich mit Bildung, Schule und Kultur befassen, aber keine politische Arena bilden, denn das Bürger-Komitee war ein Verwaltungs- und Vollzugsorgan und kein politischer, nicht mal ein Debattierclub.[242]

Zwei Wochen vor der Februarrevolution schließlich hat die Besatzungsmacht auch die jüdische Bevölkerung endgültig gegen sich aufgebracht, als sie am 24. Februar 1917 (greg.) „sämtliche(n) Mädchen und Alleinstehenden Frauen“ „zwischen 16 und 35 Jahren“ befahl, sich „auf der Kommandantur Abt. V zu melden und hierbei ihre russischen Ausweispapiere wie Pässe, Matrikeln u. s. w. vorzulegen.“[243] (vgl. Abbildung Nr. 6, Seite 71) Auch Frank M. Schuster berichtet: „In Pinsk und Umgebung wurden sogar Hunderte Frauen und Mädchen ab 16 Jahren zur Zwangsarbeit verschleppt“.[244] Man war schockiert über die Willkür, die Zwangsarbeit, darüber, dass man tagelang ohne Nachricht über den Verbleib der Mädchen war. Überhaupt wurde während der deutschen Besetzung das Mittel der Zwangsarbeit *(prinuditel'nye raboty)* immer häufiger angewandt; die Lage der Bevölkerung wurde immer schlechter. Kinder hungerten und starben.[245]

Da die Stadt ja vornehmlich von Juden bevölkert war, war all dies vielleicht nichts ausdrücklich Antisemitisches (dies müsste ein Vergleich mit anderen Orten zeigen), sondern in der Kriegsökonomie begründet. Um so mehr war dann den Juden nach der Besetzung im Zweiten Weltkrieg 1939 und 1941 unverständlich, dass sich die Deutschen nun völlig anders verhielten. Es dürften gerade solche damals als schlimm angenommenen Erfahrungen mit deutschländisch-österreichischer Besatzung 25 Jahre später dazu geführt haben, dass viele Juden sich nicht vorstellen konnten, dass die deutschländischen Herrscher noch viel weiter gehen würden und das sofortige Erschießen und die das komplette Aushungern nicht nur als ein Gemetzel und Pogrom im heißblütigen ersten Augenblick, sondern auch als kalten, rassistisch wie ökonomisch begründeten Massenmord durchführen würde.

Nach der Februarrevolution (dazu unten) wurde die deutschländische Stadtkommandantur immer mehr zum Hassobjekt der verbliebenen städtischen Bevölkerung: es konnte nichts Gutes bedeuten, dass nach den Mädchen nun auch „sämtliche Knaben im Alter von 13-15 Jahren zur Aufnahme in eine Liste zu melden“ hatten.[246]

Einen Unterschied gab es auf der Diskursebene. Polesien war zumindest in den bisher erreichbaren Quellen überhaupt kein Ort, kein Topos, kein Territorium. Keine Ritterlegenden verbanden die deutschländischen und österreichisch-ungarischen Eroberer mit dem Gebiet von Brest bis Homel' und von Rivne und Luck bis Baranavičy. Auch gab es hier keine

242 Shohet 2012, S. 334-342.
243 Pinsker Zeitung 24.02.1917, S. 1.
244 Schreiben aus Pinsk vom 14.04.1917 CZA Z 2 131, zitiert in: Schuster 2004, S. 301.
245 Kniga Pogromov, S. 518; Nachdem die Deutsche abgezogen waren, kamen Flüchtlinge aus Polen nach Pinsk. Verwandte und Organisationen sorgten für humanitäre Hilfe. Hilfsleistungen aus dem Ausland waren chaotisch organisiert, jede Organisation machte ihr Büro auf.
246 Pinsker Zeitung 206 (22.04.1917), S. 1.

Territorialisierung, im Gegensatz zu Ober Ost[247] nicht einmal konkrete Planungen hierfür. Man wollte nicht Brest-Litovsk und Kobryn, obwohl es dort ja Eisenbahnlinien gab, zu Ober Ost schlagen. Die Besatzer nahmen die Bevölkerung des ländlichen Polesien nicht einmal als Bevölkerungsgruppe wahr (und das Land nicht als ein bestimmtes Territorium, sondern als Rokitno-Sümpfe). Wie sich ja später bei den Verhandlungen in Brest-Litovsk ab Dezember 1917 zeigte, waren die Belaruthenen nicht als Faktor oder wenigstens Verhandlungsmasse vorgesehen – nur deren Gebiete.[248]

Währungen. In Pinsk kursierte neben dem „Zaren-Rubel" die Deutsche Mark. Der Ost-Rubel hingegen wurde in Pinsk – im Gegensatz zu „Ober Ost" – nicht eingeführt.[249] Dort hatte die belaruthenischsprachige in lateinischer Schrift veröffentlichte Zeitung Homan in ihrer zweiten Ausgabe den Umtauschkurs veröffentlicht.[250]

Sozial- und Wirtschaftspolitik

Gab es, ähnlich wie für Ober Ost auch für das Besatzungsgebiet in Westpolesien wirtschaftspolitische Vorgaben? Sollte das besetzte Gebiet ausgebeutet oder, ganz im Gegenteil, im Sinne einer Nutzung der Propaganda des Deutschen Reichs stabilisiert werden?

Die Pinsker Zeitung vom 11. März 1916 brachte folgende

> „Bekanntmachung: Die Kommandantur hat in Erfahrung gebracht, dass in Pinsk und in der Umgebung von Pinsk Roggen und Kartoffeln in grösseren Mengen vergraben liegen. Die Eigentümer oder Mitwisser dieser Bestände werden aufgefordert, der Kommandantur genaue Angaben hierüber zu machen. Die Hälfte der vorgefundenen Vorräte wird den Eigentümern überlassen und die andere Hälfte für die hiesigen Einwohner zur Ernährung gegen Barzahlung aufgekauft werden. Diejenigen, welche solche Vorräte, die ihnen nicht selbst gehören, zur Anzeige bringen, erhalten eine Belohnung von 10 % des Wertes. Die Eigentümer, welche vergrabene oder sonst verborgenen Vorräte nicht zur Anzeige bringen, gehen leer aus."[251]

War dies eine harte oder smarte Besatzungspolitik? Wie ist zu bewerten, dass hier eine Schleife eines Angebots an die Einheimischen zu unterwürfiger Kooperation gemacht wurde? Handelte es sich um einen reinen Trick zur Informationsbeschaffung oder wollten die Besatzer tatsächlich Loyalität und Verrat belohnen?

Zunehmende wirtschaftliche Unterdrückung in der Kriegsphase gegen Ende 1916. Im Groben können wir feststellen: je länger der Krieg, die Besatzung, die Kriegsökonomie andauerte, desto antagonistischer wurden die wirtschaftlichen Beziehungen zwischen Besatzern und Besetzten. Nach drei Jahren Krieg trat eine Verrohung der Soldaten und Offiziere ein.

Ob Zufall oder nicht, diese Entwicklung ist auch personell bei den Stadtkommandanten von Pinsk nachvollziehbar. Der erste Kommandant Lindemann war gegenüber der Bevölke-

247 https://commons.wikimedia.org/wiki/File%3AOberOst.jpg. https://de.wikipedia.org/wiki/Ober_Ost#/media/File:OberOstMap.png.
248 Šybeka 2003, S. 170.
249 Vgl. Shohet 2012, S. 360-361.
250 Hazeta „Homan", 1916, Nr. 2. Vgl. Zilch, Reinhold: Okkupation und Währung im Ersten Weltkrieg: die deutsche Besatzungspolitik in Belgien und Russisch-Polen 1914–1918, Goldbach 1994.
251 Pinsker Zeitung 11.03.1916.

rung wohlwollend, von da an gingen die militärischen Oberhäupter der Stadt immer brutaler vor.[252]

Immer häufiger enthielt nun die Pinsker Zeitung „Bekanntmachungen“, die die Bevölkerung in den wirtschaftlichen Ruin trieben. Am 30. März 1916 teilte man lapidar mit, dass Fischnetze in der Kommandantur abzuliefern seien. Wer seine Umlage nicht bezahlt hatte, so die Zeitung am 17. April gleichen Jahres, solle dies umgehend nachholen, da andernfalls „Abschiebung“ (russisch: *„vysylka iz goroda“)* erfolge. Es fehlte auch nicht die übliche Verkennung der Dynamik von Schwarzmarkt- und Befehls-Preisen, nämlich, dass der Schwarzmarkt der kleine Bruder der Kommandowirtschaft ist.[253] Viele zivile Mächte begriffen dies nicht, und so konnte man dieses Manko erst Recht bei Militärs erwarten. Die Pinsker Zeitung vom 7. Juli 1916 brachte folgende Bekanntmachung des „Hauptmanns und Kommandanten“ Freiherr v. Bissing vom Vortag:

> „Ich werde in Zukunft Wucherer mit Lebensmitteln nicht nur durch Haft oder Abschiebung, sondern auch durch Anbinden der Wucherer auf öffentlichen Plätzen bestrafen.“[254]

Die zunehmende Ungeduld der Soldaten der Besatzungsmächte, die fernab von der Familie und der Heimat „lebten“, führte zu einer zunehmenden Gereiztheit, die zuweilen auch in Unwillen und Kriegsmüdigkeit mündete, was aber nicht nur zu Verbrüderungsszenen, sondern auch zu zynischen Willkürakten führte. Ich will dies nicht überpsychologisieren: die Essensrationen der Soldaten waren gering, und die der Bevölkerung noch geringer, so dass die Kriegsökonomie immer häufiger durch blanken Raubmord, illegalen Tauschhandel und andere brutale Verpflegungsökonomie „in Schuss gehalten“ wurde.

Sollte die Front das Hinterland oder umgekehrt versorgen? Die Abgabequoten wurden erhöht, und die Willkür konnte bedeuten, dass urplötzlich alle Pferde requiriert oder Getreide beschlagnahmt wurde. Offiziell wurde zuweilen angekündigt, dass „die entzogene Ware [...] dann an die ärmere Bevölkerung unentgeltlich durch die Kommandantur verteilt“ würde.[255] Das ohnehin nur subsidiär mit der Erledigung von untergeordneten Aufgaben betraute „Bürger-Komitee“ spielte weniger und weniger eine Rolle. Höhepunkt brutaler Besatzungswillkür waren die erwähnten Verschickungen von Jüdinnen zur Arbeit außerhalb von Pinsk ohne jegliche Nachricht an die Verwandten. Auch bei der deutschländisch-militär-typischen Bekämpfung von Seuchen war man überhaupt nicht zimperlich: ganze Stadtviertel mussten in kurzer Zeit geräumt werden, und die Bevölkerung desinfiziert.[256] All das trieb auch bisher gegenüber der Besatzungsmacht Wohlwollende in den zivilen und militärischen Antagonismus. Offene Sabotageakte wurden zwar nicht vermerkt, aber ein Klima der Kooperation zwischen Besatzern und Besetzten gab es im Laufe des Jahres 1916 immer weniger. Will man einen Wendepunkt datieren, so stellte diesen vielleicht die Verschickung und Enteignung des Besitzers der wohl größten Fabrik in Mittel-Polesien, nämlich der Streichholzfabrik Lurie (Lur'e, Luria) dar. Doch der antisemitische Grundzug der Zarenherrschaft, des Zaren selbst und gerade auch des russländischen Offizierskorps hielt die Juden, mit anderen

252 Shohet 2012, S. 296-301.
253 Dreidoppel, Kaspar: Der griechische Dämon: Widerstand und Bürgerkrieg im besetzten Griechenland 1941–1944, Wiesbaden 2009.
254 Pinsker Zeitung, 07.07.1916
255 Pinsker Zeitung, 01.07.1916.
256 Pinsker Zeitung, 13.12.1915, S. 1.

Worten die Mehrheit der Bevölkerung in den Städten und Schtetl bis zur Februarrevolution 1917 davon ab, die Alternative in einer prorussischen Orientierung zu suchen.

Auch die polnische und ukrainische Nationalbewegung war (teilweise) antisemitisch durchsetzt. So blieb Polesien zwar eine Region, in deren Städten und Städtchen sich die jüdische Bevölkerung, (und das war ja weltweit ganz deutlich die Ausnahme und nicht die Regel) als heimisch, ja als „Hausherren" betrachtete, doch litt die jüdische Zivilbevölkerung während des Ersten Weltkriegs unter einer Perspektivlosigkeit der gefühlten Alternativlosigkeit, musste mit Hungerrationen auskommen und wusste teilweise nicht wohin. Dennoch schmolz die Stadtbevölkerung nicht nur durch Vertreibung während des Ersten Weltkriegs auf ein Drittel der Vorkriegsbevölkerung, auf 9.000 Einwohner.[257]

Gesundheit, Speisesäle. Eine mangelhaft ernährte Bevölkerung, Menschen, die durch Flucht, Vertreibung, Evakuierung keine Lebensgrundlage hatten, kleiner werdende Essensrationen auch für die besetzenden Soldaten – alles dies führte nicht nur zu Verteilungskämpfen (siehe oben, Beschlagnahme von Brot und anderen Lebensmitteln, Pferden und Fischernetzen) und zu Hungertod, sondern auch zu gesundheitlicher Schwächung.

Zunächst kümmerten sich die Besatzer noch um die Volksernährung. Die Pinsker Zeitung vom 18. Dezember 1915 kündigte an, dass am folgenden Sonntag in der (noch heute so heißenden) „Sawalnajastrasse (im Hause des ehemaligen Freitisches) eine jüdische Volksküche" eröffnet wird. 14 Monate später reorganisierten die Besatzer: „Bekanntmachungen: Die bisher in der jüdischen Volksküche an den Nachmittagen betriebene Arbeiterküche geht am 24. Februar ein. Die Arbeiter-Verpflegung" sollte nun „durch die Truppenteile, bei denen sie arbeiten" erfolgen.[258] Speziell auf jüdische Speisegebote scheint man nun keine Rücksicht mehr genommen zu haben.[259]

Fazit: Die Deutschen hatten dieselben Überlegenheitsgefühle wie in Ober Ost auch gegenüber den Einwohnern Polesiens. Sie waren brutal wie in Ober Ost und trieben jüdische Mädchen an einem Freitagabend zur Zwangsarbeit auf den Feldern.

2.5 Polesien war nicht im Fokus der Nationalbewegungen

Ukrainische und belaruthenische Nationalbewegung. Es ist jetzt an der Zeit, die ukrainische und belaruthenische Nationalbewegung in dieses Buch einzuführen, die während des Ersten Weltkriegs eine immer stärkere Verbreitung fanden. Die ukrainische Nationalbewegung konnte auf eine Reihe von außerinstitutionellen und sogar institutionellen Errungenschaften seit dem 19. Jahrhundert im Habsburgerreich zurückblicken. Verschiedene Kräfte

257 Shohet 2012, S. 315; im Jahr 1897: 28.368 (Quelle: Pervaja vseobščaja perepis' naselenija Rosskijskoj Imperii, XXII. Minskaja gubernija, 1897, SPb. 1904, S. 80-83 (Tabelle XIII), S. 1); Miljakova, Lidija (red.): Kniga pogromov. Pogromy na Ukraine, w Belorussii i evropejskoj časti Rossii v period Graždanskoj vojny, 1918–1922 g. Sbornik dokumentov, Moskva 2007, S. 598 bringt folgende Zahlen allein für die jüdische Bevölkerung: Pinsk vor dem Krieg 70.000 [!], während deutscher Besatzung: 10.000, während polnischer Besatzung (1919–1920) 25.000; desgleichen Lohišyn 4000, 100, 200, Telechany 3000, 200, 500, Ljubešov 3000, 50, 50; Sventovolja 1000, 200, 400.

258 Pinsker Zeitung 149 (24.02.1917), S. 1, Pinsk, den 23. Februar 1917, (gez.) Beseler, Hauptmann und Kommandant.

259 Pinsker Zeitung 24.02.1917, S. 1; mehr bei Shohet 2012, S. 357-358.

in Wien hatten den polnischen Faktor gefördert, es gab sogar zwischenzeitlich Überlegungen zu einem österreich-ungarisch-polnischen Trialismus oder doch stark institutionalisierten Subdualismus. Wer – ebenfalls in Wien – den polnischen politischen Einfluss hingegen kleinhalten wollte, setzte eher auf die aufstrebende ukrainische Nationalbewegung in Ostgalizien mit Lemberg als Hauptstadt.

Die Belaruthenen hatten solche Möglichkeiten nicht. Sie konnten auf kein Kosakentum des 18. Jahrhunderts zurückblicken. Die unierte Kirche, die im katholisch dominierten Habsburgerreich anerkannt war, war den Belaruthenen von der zarischen Regierung 1859[260] endgültig genommen worden. (Bis heute ist die Anzahl der Gläubigen in der Belarus' so gering, dass sie über keine von der katholischen Kirche unabhängige Hierarchie verfügen.[261])

Es nimmt daher nicht Wunder, dass die ukrainische Nationalbewegung zu Beginn des Ersten Weltkriegs weitaus stärker entwickelt war als die belaruthenische.

Neue Nationalbewegungen in Europa. Wie in vielen anderen Ländern Ost- und Südosteuropas war die ukrainische und die belaruthenische Nationalbewegung während des Ersten Weltkriegs immens gestärkt worden. Erstens entstanden im Russländischen Reich, wie gesehen, *nationale* Hilfskomitees, also Kriegsopfer-Hilfsorganisationen, die sich, vom Zaren genehmigt, entlang nationaler Linien organisiert hatten. Zweitens hatte sich in der Zeit während der Balkankriege bis 1913 eben diese Tendenz schon in Albanien, Montenegro, Serbien, Bulgarien und (spätestens jetzt als ethnisierte Nation![262]) Griechenland schon gezeigt. Drittens verkündeten Lenin und Stalin 1917 in der Deklaration über die Rechte der Völker Russlands vom 2./15. November 1917 [263] und W. Wilson im Januar 1918 in seinen 14 Punkten die Rechte der Nationen – allerdings galt dies bei Wilson nicht für die USA selbst. All diese ethnischen Fragen spielten bei der Befreiung von den mehr oder weniger verhassten, als Völkergefängnis angesehenen Dynastien in Petrograd, Wien und Konstantinopel eine große Rolle.

Gründe für die geringe Stärke der belaruthenischen Nationalbewegung: Konfessionen, keine Universität. Aber weil Religion und Konfession in ihrer Bedeutung noch nicht verschwunden waren, boten sie eine ideale „Grundierung“ für nationale und nationalistische Ideologien von Griechenland bis Finnland, gerade auch in Abgrenzung von Nachbarn. Und gerade dies verkomplizierte die Schaffung und Konsolidierung der ukrainischen und belaruthenischen Nation. Selbst wenn ein Polesier kein tiefgläubiger orthodoxer Christ war (und das betraf nicht wenige), selbst, wenn er nicht begründen konnte, warum sein in der Regel orthodoxer Gott gegenüber dem katholischen der richtige oder doch überlegene zu sein hatte – die orthodoxe (oder katholische) Religion eines Menschen in Polesien konnte kein Grundpfeiler dafür sein, dass er oder sie in die belaruthenische oder ukrainische Nationalbewegung ging; im Gegenteil, die Religion schien im Zarenreich gerade gegen eine ukrainische oder belaruthenische Nationalbewegung zu sprechen, wurde als Ausgangspunkt zur Förderung eines Schismas angesehen. Die belaruthenische Nationalbewegung hatte zudem als eine der wenigen nicht ihre „eigene“ christliche Konfession, sondern in ihr wirkten

260 https://de.wikipedia.org/wiki/Katholische_Ostkirchen#%C3%96stliches_Europa.
261 https://de.wikipedia.org/wiki/Unierte_Katholiken_in_Wei%C3%9Frussland.
262 Zelepos, Ioannis: Die Ethnisierung griechischer Identität 1870–1912: Staat und private Akteure vor dem Hintergrund der „Megali Idea“, München 2002.
263 http://www.hist.msu.ru/ER/Etext/DEKRET/peoples.htm.

sowohl Orthodoxe als auch Katholiken, und bei einer identitären Bewegung wie der Nationalbewegung war dies ein deutlicher Hinderungsgrund für deren Entwicklung.

Ein weiterer Grund dafür, dass die belaruthenische Nationalbewegung so spät auf den Plan trat, ist darin zu suchen, dass es auf dem Gebiet der heutigen Belarus, geschweige denn Polesiens keine Universität gab. Für Juden, Litauer und eben Belaruthenen war die Universität in Vilnius/Wilna jener intellektuelle Schwerpunkt, der nicht nach Polesien reichte.

1915. Die belaruthenische Bewegung hatte noch 1915 für eine Wiederherstellung einer multinationalen Herrschaft im Gebiet des Großfürstentums Litauen plädiert. Mit Unterstützung des Deutschen Reiches verabschiedete man eine viersprachige polnisch-belaruthenisch-litauisch-jiddische Proklamation („Universal“) für eine „Konföderation des Großfürstentums Litauen“ mit.[264] Doch gegen Ende des Krieges zogen die Litauer einen Nationalstaat vor.[265]

Die österreich-ungarischen und deutschländischen Besatzer förderten in jeweiligem Rahmen die ukrainische und belaruthenische Nationalbewegungen, so lange sie ihnen in den Kram passten. Man schuf die belaruthenischsprachige Zeitung Homan.[266]

Die deutschländischen Militär- und Staatsstrategen machten sich zwar Gedanken über einen ukrainisch-litauischen Grenzstreifen, die Belarus' wurde hingegen als potenzielle Staat nicht mitgedacht, allenfalls als Reserve der Reserve. Bezüglich Polesien machten sie sich Gedanken, wo der gegen Russland und das kommende Königreich Polen gleichermaßen gedachte Grenzstreifen liegen solle. Polesien, dessen größter Teil heute in der Republik Belarus' liegt, wurde abgesehen davon, dass diese Landschaft ohnehin keine Priorität genoss, alleine schon deshalb eher der Ukraine als der Belarus' zugeschlagen, weil die belaruthenische Nationalbewegung dort über keinen Einfluss, ja nicht einmal Parteigänger verfügte.

Ludendorff stellte zwar später in seinen Kriegserinnerungen die Behauptung auf, man habe zu Beginn der Eroberung der westbelaruthenischen Länder zwar von den Belaruthenen gehört, aber „Ich habe die Weißruthenen gesucht, aber nirgendwo gefunden“.[267] Das dürfte für Ober Ost wie für Polesien gegolten haben. Das hinderte die Besatzer aber nicht daran, wie kurz schon erwähnt, zumindest die belaruthenische Sprache auch mit einem Lehrerseminar zu fördern, und in dosierter Weise auch Selbsthilfekomitees.

Wenig Unterstützung bekam die belaruthenische Bewegung im Jahr 1916 aus dem Zarenreich. Zwar hielt man sich mit Antimaßnahmen zurück, gestattete sogar das Erscheinen allerdings nur weniger Nummern der Zeitungen Dzjanica und Svetač. Doch durften die russisch-nationalistischen Schwarzhundertschafter wie selbstverständlich ungehindert gegen diese Printorgane hetzen.[268] So blieb denn die belaruthenische Nationalbewegung auf beiden Seiten der Front fast völlig unter Kontrolle.

Polesien in der belaruthenischen Nationalbewegung. Welchen Bezug hatte die belaruthenische Nationalbewegung zu Polesien, was wollte sie mit dieser Gegend anfangen?

264 Bei Engelhardt, Eugen von: Weißruthenien: Volk und Land, Berlin 1943, S. 95, in Auszügen wörtlich ins Deutsche übersetzt.
265 Ebenda, S. 94, 99.
266 Siehe oben; vgl. Rudling 2015, S. 74.
267 Mamontov 1997., S. 16.
268 Cuba 2003, S. 164-166.

Der belaruthenische Vordenker Vaclaŭ Lastoŭski brachte 1910 in einem Buch eine Fotografie über „die Poleschuken";[269] theoretisch stand es außer Frage, dass er sie in den Bestand des belaruthenischen Volkes einschloss. Probleme zeigten sich eher in der Praxis, wie im Ersten Weltkrieg deutlich wurde. Wie beschrieben, erwähnte die Pinsker Zeitung (bis Ausgabe vom 25. Oktober 1917) überhaupt nicht irgendwelche „Poleschuken" und nur wenige Male die „Weißruthenen" oder „Weißrussen", während die Ukrainer („Kleinrussen") des Öfteren, auch einmal als „kleinrussische" Theatergruppe vorkommen.

Radius um Vilnius. Die belaruthenische Nationalbewegung spielte, soweit sichtbar, in Polesien keine Rolle.[270] Man kann einen Halbkreis erkennen: Die Faustregel ist, dass, je weiter ein Ort von der Hauptstadt der belaruthenischen Nationalbewegung, also von Vilnius, entfernt, desto schwächer die belaruthenische Nationalbewegung vertreten war. Die belaruthenische Nationalbewegung hat sich (ähnlich wie andere Kräfte auch) nicht sehr für Polesien interessiert, hat dort keine Energie in die Vorbereitung für den Aufbau ihres Staates gelegt.[271] Diese Untererforschung Polesiens zog sich bis in die jüngste Zeit hin, wie Fëdar Klimčuk noch 2001 feststellte.[272] Die Bewegung reichte bis Hrodna, bis Minsk, kaum weiter, vielleicht bis Baranavičy und Sluck.

Und auch in der kurzen Zeit wenig eingepflanzter, tatsächlicher Vorformen von Staatlichkeit im Jahr 1918 als Belaruthenische Volksrepublik (BNR) konnten deren Akteure ihre Reichweite trotz nominellen Anspruchs nicht bis in die polesischen Sümpfe ausdehnen. Wichtiger, als dass man sich mit der Südgrenze der Belarus' befasste, war es für die BNR, überhaupt Zustimmung von Seiten des Deutschen Reiches für die Gründung einer belaruthenischen Republik zu erhalten: Da ging inzwischen Institution vor Territorium.

Wenige Polesier brachten sich in die belaruthenische Nationalbewegung ein. Wie Biographien der nachmaligen „belaruthenischen Sejm-Abgeordneten in der II. Rzeczpospolita" zeigen: fast alle wirkten sie in oder kamen aus Vilnius, Vilejka, mit der südlichste Ort war Navahrudak.[273] Doch gab es, dazu unten mehr, mit Roman Skirmunt eine recht entscheidende Ausnahme.

Zusammenfassung. Westlich der Front war Polesien militärisch besetzt, aber ideologisch nicht aufgeladen: gegen den im November 1918 ausgerufenen polnischen Staat hatten die interessierten Kreise im Deutschen Reich schon Litauen und die Ukraine als Gegengewicht entscheidend unterstützt. Eine mit wenigen Kräften durchgeführte „dünne" Besatzung Polesiens erlaubte keine realistischen Optionen für eine herrschaftliche Durchdringung der Fläche. Angesichts dessen ist zumindest in der verkehrsgünstig gelegenen Frontstadt Pinsk viel passiert. Der jüdische Charakter der Stadt wurde nicht angetastet, auf einer kulturellen und religiösen Ebene eher gefördert. Die belaruthenische Bewegung hingegen war hier kein Faktor. Doch je länger sich der Weltkrieg hinzog, desto brutaler und härter

269 Lastoŭski, Vaclaŭ (Vlast): Karotkaja historyja Belarusi, Vil'nja 1910.
270 Vgl. auch Takoeva, Irina Timurovna: Gomel'skaja gubernija. Kak vsë načinalos' Neizvestnye stranicy, Gomel' 2014.
271 Vgl. Maz'ko, Ėduard: Palesse ŭ kancėpcyjach belaruskich palityčnych partyi Zachodnjaj Belarusi, In: Zaharoddze, Nr. 3, Minsk 2001, S. 149-153, hier S. 149.
272 Klimčuk, Fëdar: Ustupnae slova, In: Ebenda, S. 1.
273 ermittelt nach der Kategorie in der polnischsprachigen Wikipedia: Białoruscy parlamentarzyści II Rzeczypospolitej, https://pl.wikipedia.org/wiki/Kategoria:Bia%C5%82oruscy_parlamentarzy%C5%9Bci_II_Rzeczypospolitej (03.11.2018).

gingen die Besatzer gegen die Einheimischen vor. Die gebremste Intervention der Mittelmächte offenbarte aber insgesamt, dass diese nicht recht wussten, was sie mit dem Territorium und den Leuten anfangen sollten.

2.6 Von der Februarrevolution über den Oktoberumsturz zur deutschländischen Besatzung auch Ostpolesiens

Die Februarrevolution war der Anfang vom Ende des Ersten Weltkriegs. Noch heute, über 100 Jahre nach dem Ende des Ersten Weltkriegs, wird die Rolle der Februarrevolution unterschätzt. Ohne Übertreibung kann man sagen, dass diese den Anfang vom Ende des Krieges darstellte. Beispielsweise änderte sich im März 1917 die Perspektive für Belaruthenen, Ukrainer und Juden grundlegend.

Die Provisorische Regierung hob den Ansiedlungsrayon auf, der den Juden einen Platz nur in der Ukraine, der Belarus' und Litauen zugewiesen hatte. Bürgerliche Rechte wie Koalitionsfreiheit, Rede- (also Publikations-)Freiheit wurden ausgerufen, die Regularien des (ohnehin) überkommenen Ständesystems waren ausgehöhlt. Die matrilinearen jüdischen Familien fanden (wohl) die Verkündung des Frauenwahlrechts keine Katastrophe. Jüdische (Beispiel: Bund, SS, Poalej Zion) und in Polesien mit einem hohen Anteil jüdischer Mitglieder behafteter (Beispiele: Menschewiki, Bolschewiki) Parteien konnten frei agieren.

Nun war auch das Russische Reich (später: *Russische Republik*) ein Land der Judenemanzipation. Die eingeübten Vorstellungen nicht nur der Vertreter des Deutschen Reichs für die meisten Juden und Katholiken in Polesien, dass man das rückständige Russland mit dem orthodoxen, autokratischen Zarentum identifizierte, war nun in Frage gestellt. Die „Russische" Option wurde äußerst attraktiv. Dies verschärfte den Antagonismus zwischen westpolesischer Zivilbevölkerung und Besatzern aus dem Westen.

In den Reihen der Besatzungsmacht. Die „Idee" auch der kaiserlichen Armeen der Mittelmächte, nämlich für Gott und Vaterland gegen ein reaktionäres Russland zu kämpfen, wurde nun auch von innen her ausgehöhlt. Es wird in der Geschichtsschreibung unterschätzt, welchen Einfluss die Februarrevolution auf die Zersetzung der Kampfkraft der Truppen auch der Mittelmächte hatte. Der Hurrapatriotismus der Soldaten und Offiziere war ohnehin schon gedämpft, nachdem der vielbeschworene schnelle Sieg seit 2½ Jahren nicht eingetreten war. Wenn nun der russländische Zar gestürzt war, wozu sollte man noch für Kaiser aus dem Hause Habsburg oder Hohenzollern kämpfen? Zwar kamen diese Gedanken nicht von heute auf morgen, aber bis zu den Verbrüderungen vom November/Dezember 1917 und noch einmal im November 1918 war es nicht nur deshalb nicht mehr lange hin, weil Deutschland und Österreich-Ungarn kapitulierten, sondern auch, weil die Kampfkraft auf beiden Seiten der deutschländischen Ostfront deutlich nachgelassen hatte. Doch blieb die Frontlinie (Ausnahme: Riga) nicht nur in Polesien nach der Februarrevolution dort, wo sie war – gerade deshalb, weil beide Seiten von einer Kampfmüdigkeit befallen waren, welche nur mühsam unter der Oberfläche zu halten war.

Östlich der Frontlinie. In den ostpolesischen Kreisen bildeten die Bauern Sowjets (Räte).[274] Am 2. März 1917 gründete die Partei der Konstitutionellen Demokraten (KaDetten, KD) in Homel' ein „Komitee für gesellschaftliche Sicherheit und Wohlfahrt", welches von den Bolschewiki abgelehnt wurde, die ihre erste legale Versammlung in dieser Kreisstadt mit ihren viel zu wenigen Kinderkrippen[275] am 6. April 1917 abhielten und zunehmend an Stärke gewannen.[276] Was den Bolschewiki den größten Zulauf bescherte, das war der Unwille der Rekruten und Gemusterten, gegen die Truppen der Mittelmächte zu kämpfen. Auf einer Betriebsversammlung rief ein Fabrikbesitzer zum Kampf bis zum Sieg auf, doch als ein Bolschewist von der Tribüne „Nieder mit dem Krieg" ausrief, schrie der Saal „Hurra!".[277]

Als die Provisorische Regierung am 18. Juni 1917 versuchte, die Front gegen die Mittelmächte zu stabilisieren, blieben Soldaten in der Durchgangsstation Homel' und weigerten sich, in das potenzielle Kampfgebiet 200 Kilometer weiter westlich zu gehen. Eine Einheit Schwarzhunderter zerstörte zwar im Juli das Parteibüro der Bolschewiki[278] (oder meinten sie die Juden?), doch hatten diese rechten Pogromler nicht einmal Rückhalt bei der Landbevölkerung.

In Homel' (und Orša) hatte man auch Eisenbahnzüge angehalten, die Kornilov bei seiner versuchten Machtergreifung im Juli hatte zur Hilfe holen lassen.[279]

Das auch in Homel' von den bürgerlich-sozialistischen Kräften insbesondere nach dem gescheiterten Kornilov-Putsch gebildete „Komitee zum Schutz der Revolution" sah die Gefahr von Pogromen allerdings eher bei den an die Front befohlenen Soldaten und begründete damit nicht nur die Entnahme von Waffen und Munition aus der Manufaktur/Fabrik in dem damals vier Kilometer von der Stadt entfernten Ort Novobelicy, sondern auch die Nichtrückführung in die Fabrik, nachdem die größte Gefahr vorbei war. So berichtete es ein Oberst nach Minsk am 2. Oktober 1917 nur drei Wochen vor dem bolschewistischen Umsturz.[280]

Polesische Eisenbahn und Eisenbahner nach der Februarrevolution. Die Nachricht von der Februarrevolution veranlasste den Chef der Polesischen Eisenbahn, S. Moiseev, zur Verbreitung eines Zirkulars mit der Anweisung, energisch weiter zu arbeiten.[281] Hier zeigte offensichtlich seine Wirkung, dass die Februarrevolution dank der Abdankung Nikolajs II. und der Übertragung der Staatsgewalt durch seinen Bruder, Großfürst Michail an die Provisorische Regierung in Petrograd ein vollständig legaler Prozess wurde. Am 3. März erschien in der Eisenbahnerzeitung in Homel' ein schwelgerischer Bericht über die Provisorische

274 Gomel'skaja oblast', 3. Auflage, Minsk 1988, S. 30.
275 Belarus' v gody pervoj mirovoj vojny, Sbornik dokumentov, Minsk 2014, #143, 16. April 1917.
276 Gomel'skaja oblast', Minsk 1988, S. 31.
277 Gomel'skaja 1988, S. 28.
278 ebenda, S. 32-33.
279 Smol'janinov, Michail Mitrofanovič: Belarus' v Pervoj mirovoj vojne 1914-1918 gg., Minsk 2014, S. 230.
280 NIAB KMF 7,-1-21-135-136, zitiert in: Belarus' v gody pervoj mirovoj vojny, Sbornik dokumentov, Minsk 2014, #100.
281 NIAB Bestand 2415-1, Sign. 395-84, NIAB Bestand 2415-1, Sign. 53.

Regierung, die bevorstehende Konstituierende Versammlung und die Reife der Eisenbahner, die gegen den äußeren Feind weiterkämpfen würden.[282]

Doch die Revolutionen des Jahres 1917 verschärften das Chaos auf den Eisenbahnlinien: Der Verkehrschef beim militärischen Oberkommando klagte im Juni 1917 über schlechte Arbeitsmoral in der Eisenbahn; die Eisenbahner erschienen zu spät zur Arbeit, gingen zu früh weg, führten im Dienst Gespräche mit Nichteisenbahnern. In einem Appell führte er aus, dass „wir Eisenbahner zeigen sollten, dass wir bewusste Menschen des neuen Lebens sind und nicht passiv" seien.[283] Man sprach auch ein heftiges Verbot an Eisenbahner aus, bei Soldaten Staats-Eigentum (Uniform, Stiefel usw.) zu kaufen; bei Beobachtung solcher Vorkommnisse war Meldung zu erstatten.[284]

Die Konkurrenz zwischen der Provisorischen Regierung in Petrograd und der Ukrainischen Bewegung wurde auch in unserer Region aktenkundig. Bereits am 24. Oktober 1917 tauchten verschiedene Dokumente an der Südwestfront in ukrainischer Sprache auf. Man fühlte sich bemüßigt, auch die polesische Eisenbahnverwaltung darüber zu informieren, dass diese keinesfalls gültig seien.[285]

Doch das dürften für die örtlichen Eisenbahner geringere Probleme gewesen sein. Eher schon dies hier: am 28. Oktober 1917, kurz nach dem bolschewistischen Umsturz und der Verkündung des Dekrets über den Frieden, waren die Waggons auf der Polesischen Eisenbahnlinie dermaßen mit Soldaten überladen, dass Waggons im Unterbau Feuer fingen. Auch die (Dampf-)Lokomotiven waren regelmäßig überladen, man sah die Gefahr von Katastrophen, weil die Eisenbahnbrigaden (*parovoznaja brigada*) nicht arbeiten konnten.[286]

Allmählich nahmen gewalttätige Aktionen von Bauern (oder muss man Räuberbanden schreiben?) zu, beginnend schon im Sommer 1917, als Anwesen von polonisierten Gutsbesitzern ausgeraubt wurden.[287]

Reaktionen westlich der Frontlinie. Über die Februarrevolution und die nachfolgenden Kämpfe um die Macht in Petrograd berichtete die Pinsker Zeitung ausführlich – und zweisprachig. Offensichtlich hat man sich damals nicht überlegt, dass ein Bericht über die Abdankung des Zaren[288] Menschen, seien sie deutschsprachig, seien sie russischsprachig, auf den Gedanken bringen könne, dass der Kaiser des Deutschen Reiches ebenfalls irgendwann einmal abdanken solle. Ohne Färbung teilte das zweisprachige Blatt mit, dass Lenin in Zürich für einen „sofortigen Waffenstillstand" eintrat.[289] Und während die Provisorische Regierung in Petrograd und anderswo an Rückhalt und Macht verlor, versuchte die Pinsker Stadtkommandantur noch die Fuhrleute zur Pünktlichkeit zu erziehen:

> „Bekanntmachung. Die Fuhrleute werden nochmals ausdrücklich darauf hingewiesen, dass sie ihre Löhne pünktlich zu der festgesetzten Zeiten persönlich in Abteilung VI der

282 Im Vestnik Polesskich Železnych Dorog; NIAB Bestand 2415-1, Sign. 395-103.
283 NIAB Bestand 2415-1, Sign. 399-146.
284 NIAB Bestand 2415-1, Sign. 399-175, vgl. -176.
285 NIAB Bestand 2415-1, Sign. 399-238.
286 NIAB Bestand 2415-1, Sign. 399-261; zu Überladungen auch Takoeva 2014, S. 18.
287 1917 god v derevne, Moskva-Leningrad 1929, S. 149, zitiert in: Narysy historyi Belarusi, častka 2, Minsk 1995, S. 17.
288 Pinsker Zeitung 170 (17.03.1917), S. 1. 171 (18.03.1917): „Thronfolger Alexej der neue Zar."
289 Pinsker Zeitung 189 (05.04.1917), S. 3.

Kommandantur in Empfang zu nehmen haben. […] Nichterscheinen oder Unpünktlichkeit hat den Verlust der zustehenden Beträge zur Folge“.[290]

Es ist schwer zu entscheiden, ob ein – wenn auch in den Schützengräben eingefrorener – Kriegszustand die oben beschriebenen drastischen Maßnahmen gerade in den Jahren 1916 bis 1917 wenigstens aus der Sicht ihrer Betreiber rechtfertigte. Elf Jahre vor der internationalen Ächtung von Angriffskriegen[291] wirkte der in Preußen seit Friedrich II. entwickelte Rechtsstaat ohne Demokratie, der sich in kleinlichen Befehlen ausdrückte, der bei heftigen Requirierungen Quittungen ausstellte, von denen die Empfänger*innen nicht wussten, ob sie jemals etwas damit anfangen könnten, wie eine Ummantelung grausamen Wirkens. Die Bevölkerung von Pinsk wünschte sich damals allerdings Frieden und nicht das, was dann kam. Doch davon konnte sie bei der Lektüre der Pinsker Zeitung, z.B. im „Café Frieden“ auf der Brester Straße gegenüber der Zündholzfabrik, noch nichts wissen.

Doppelherrschaft und Bolschewisierung Ostpolesiens 1917 bis 1918. Der klassischen sowjetischen Erzählung zufolge existierte nach der Abdankung des Zaren schon bald eine Doppelherrschaft. Die Provisorische Regierung konkurrierte mit dem Sowjet der Arbeiter-, Soldaten- und Bauerndeputierten um die konkrete Durchsetzungsmacht in Legislative und Exekutive. Nach der Oktoberrevolution hingegen hätten nur noch die bald überall bolschewistisch dominierten Sowjets das Sagen gehabt, und Versuche von außen oder innen, daran etwas zu ändern, seien letztlich alle gescheitert.

In dieser Zeit, vom 16. bis 26. September 1917, führten 9.000 Soldaten in Homel' eine Demonstration unter dem Titel „Nieder mit dem Krieg“ durch. Sie forderten Frieden, weigerten sich an die Front zu gehen. Damals wurden auch gegen die Bauern in dem Kreis Mazyr Armeeeinheiten eingesetzt. Schon vor dem Oktoberumsturz konnten nach Neuwahlen der Sowjets in Homel' und Rėčyca die Bolschewiki mit den linken Sozialrevolutionären in diesen Gremien die Mehrheit für sich gewinnen.[292]

Doch setzte sich auch nach dem 25. Oktober bzw. 7. November 1917 die Doppelherrschaft selbst in den (nicht von den Mittelmächten besetzten) Gebieten Ostpolesiens noch eine Weile fort – nicht zuletzt wegen der Hoffnung auf die Konstituierende Versammlung. Denn die Wahlen zur Konstituante konnten ja noch ab dem 12. (gregorianisch 25.) November 1917, teilweise später[293] legal stattfinden und die Gewählten für etwa 13 Stunden am 5. Januar 1918 in Petrograd zusammentreten. Die Bolschewiki (an der Westfront) und die Sozialrevolutionäre (in den belaruthenischen Flächenwahlkreisen) schnitten bei den Wahlen zu diesem Gremium gut ab. Die Partei Lenins erhielt nur bei den Soldaten der Garnisonen in Homel' (64,2 %) und Mazyr (70 %) die Mehrheit; in der Stadt Homel' errangen sie einen Achtungserfolg von 29,6 %.[294] In der ersten Hälfte des Jahres 1918 hatten auch nach dem Ausschluss der Menschewiki und rechten Sozialrevolutionäre die linken Sozialrevolutio-

290 Pinsker Zeitung 298 (23.07.1917), S. 1.
291 https://de.wikipedia.org/wiki/Briand-Kellogg-Pakt abg. 30.11.2015.
292 Narysy, č. 2, 1995, S. 15-17.
293 https://ru.wikipedia.org/wiki/Выборы_во_Всероссийское_учредительное_собрание#Проведение_выборов.
294 Direnok, E(fim) D.: Bol'ševiki Gomel'ščiny v period oktjabr'skoj revoljucii i graždanskoj vojny, Minsk 1976, S. 63.

näre 44 % der Sowjetsitze auf Landkreis-Ebene inne, die Bolschewisten nur 38 %; auf Gouvernementsebene waren die Sowjets aber schon zu 70 % bolschewistisch.

Insgesamt blieben in den belaruthenischen Wahlkreisen Menschewiki, Jüdischer Bund und BSH je unter 2 %. 30 von 65 Deputierten waren Bolschewiki. Die rein belaruthenischen Parteien erhielten 0,59 %.[295]

Die (ehemals) regulären Truppenteile, die sich noch nicht aufgelöst hatten und noch hier und da Befehle aus der alten regulären, nun nicht mehr zarischen Armee empfingen, gab es immer noch. Zwar erschien der *Vestnik poles. železnych dorog* nach dem 15. September erst wieder am 15. Dezember (Nr. „19-24“[296]), doch gab der Verkehrschefs des Oberkommandos der Eisenbahnverwaltung, als wäre nichts geschehen, am 12. und 15. Dezember 1917 weiterhin seine Befehle aus.[297] Selbst in den Texten der Minsker Staatskammer *(Minskaja kazennaja Palata)*, einer Finanzbehörde auf Gouvernementsebene, gab es noch keinen textlichen Niederschlag des Oktoberumsturzes in der Zeit bis 31. Oktober 1917.

Fünf Tage nach der Einnahme des Winterpalasts in Petrograd waren in Homel' unter den 195 Deputierten 109 Bolschewiki, 65 Vertreter der Vereinigten *[Obedinennye]* RSDRP, 26 der linken Sozialrevolutionäre und 98 Parteilose vertreten.[298] In Rėčyca hatten die Bolschewiki sogar schon im August nach Neuwahlen den Vorsitzenden, den Sekretär und den Zeitungsherausgeber stellen können und hatten schon vor dem Oktoberumsturz in Petrograd die Ratsmehrheit inne; eine Neuwahl am 29.10.1917 verlief daher für die Leninisten problemlos.[299] Der Arbeiter- und Soldatenrat von Mazyr blieb dagegen noch in der Mehrheit der sogenannten versöhnlerischen Kräfte;[300] hier wurde die Sowjetmacht erst im Dezember 1917 errichtet. [301] Die noch getrennt arbeitenden Bauernsowjets stimmten zwar für die Sowjetherrschaft, aber gegen die führende Rolle der Bolschewiki.[302]

Am 17. November bildete man in Homel' ein Kriegsrevolutionäres Komitee *(VoenRev-Kom)*, dessen Mehrheit auf der Plattform des 2. Allrussischen Sowjetkongresses stand.[303] Es vereinigten sich Arbeiterrat und Bauernrat in Homel', im November 1917 führte man erneut Neuwahlen zum Homeler Sowjet durch.[304]

All dies war keine Besonderheit Ostpolesiens: Am 19. November 1917 [wahrscheinlich greg.] erklärte der Kongress der Arbeiter- und Soldatendeputierten der Westfront, bestehend aus 20 Sowjets, überwältigend seine Unterstützung der „Oktoberrevolution“ und bildete

---

295 Pipes, Richard: The Formation of the Soviet Union, Cambridge 1954, S. 74; Pipes, Richard: Communism: a history of the intellectual and political movement, London 2003, S. 39; Mienski, J.: The Establishment of the Belarussian SSR, In: Belarussian Review 1(1955), S. 11; Istorija Belorusskoj SSR, tom 2: Minsk 1961, S. 72; Čigrinov, Petr Gavrilovič: Istorija Belarusi, Minsk 2001, S. 434-438; Historyja Belaruskaj SSR u 5 t., t. 3, Minsk 1973, S. 84; Ladyseŭ, U.F.: Kastryčnickaja rėvaljucyja i prablemy dzjaržaŭna-palityčnynaha samavyznačėnnja Belarusi (listapad 1917 – studzen' 1918 hh.), In: Oktjabr' 1917 goda v sud'be mirovoj civilizacii. K 90-letiju Oktjabr'skoj revoljucii, Minsk 2008, S. 268-273, hier S. 269.

296 NIAB Bestand 2415-1, Sign. 395, Blatt 254.

297 NIAB Bestand 2415-1, Sign. 399, Blatt 343.

298 Direnok 1976, S. 36.

299 Direnok 1976, S. 36, 60.

300 Direnok 1976, S. 67.

301 https://ru.wikipedia.org/wiki/Мозырь, abg. 04.08.2016.

302 Direnok 1976, S.63.

303 Očerki istorii Kommunističeskoj partii Belorussii, 2. izd., Minsk 1968, T.2, S. 172.

304 Narysy, č. 2, S. 24.

einen 35-köpfigen Vollzugsrat (Exekutivkomitee).[305] Bis zum 20. November [wahrscheinlich greg.] wurde das gesamte belaruthenische Gebiet, das nicht von den Truppen der Mittelmächte besetzt war, „von den Sowjets kontrolliert". Über die Frage der Unterstützung oder Bekämpfung dieser Vorgänge spaltete sich die in Polesien ohnehin einflusslose Belaruthenische Sozialistische Vereinigung (BSH), weil sie die Lage unterschiedlich beurteilte.[306] In Babrujsk verhielt man sich überaus positiv, in Vilnius reserviert, glaubte auch nicht, dass sich die Bolschewiki lange halten würden. In Minsk verabschiedete die BSH eine Resolution der Mittelposition – und in Polesien gab es die BSH wohl kaum.[307]

Daher spielte es für Polesien auch keine Rolle, dass die „Große Belaruthenische Rada" (*Vjalikaja Belaruskaja Rada*) als Vororganisation der BNR die bolschewistische Macht in der Belarus' nicht anerkannte.[308]

In der kurzen Zeitspanne bis zur zweiten Februarhälfte 1918, als die Streitkräfte des Deutschländischen Reiches im Februar auch Ostpolesien besetzten, konnten sich die Bolschewiki nicht einmal richtig unbeliebt machen. Die bolschewistische Intervention nach dem Oktoberumsturz kam noch ohne eine Rote Armee aus. Die politische Führung hatte noch nicht den Anspruch, aus den „Roten Garden" eine regelrechte Armee zu bilden. Wer in einem „kriegsrevolutionären Komitee" mitarbeitete, tat dies freiwillig, vielleicht der materiellen Not gehorchend, aber es gab keine allgemeinen oder Zwangsrekrutierungen. Nach dem Oktoberumsturz hatten die Vertreter der noch existierenden Armee mit Erlaubnis der sowjetischen Führung an einzelnen Frontabschnitten mit den Militärs des Deutschen Reichs Feuerpausen schon ab 9. November 1917 schriftlich vereinbart; bis zum 2./15. Dezember 1917 mündete dies in einen Waffenstillstand zwischen dem Kaiserreich und den Sowjets.[309]

Die Bolschewiki brachten die großen Städte und Verkehrsknotenpunkte in ihre Gewalt, wichtig war dies insbesondere in der Frontstadt Minsk. Viel unübersichtlicher war die Lage hingegen auf den Dörfern, in den Provinzen und Regionen, darunter in Ostpolesien, dem nicht von den Mittelmächten besetzten Teil Polesiens. In der Stadt Homel' beispielsweise blieben vor der Besetzung durch die Truppen des Deutschen Reichs Ende Februar 1918 sowohl Stadtduma (am Sobor-Platz) als auch Sowjets (IspolKom im „Schloss") bestehen, sogar unter Mitwirkung der Bolschewiki. Als die Truppen des Deutschen Reiches im Februar 1918 nach Ostpolesien vorstießen und die Bolschewiki zur landesweiten Evakuierung aufriefen,[310] übergab das bolschewistisch dominierte *IspolKom* (der Vollzugsrat) des Sowjets offiziell, aber vorübergehend der Homeler Stadtduma alle Vollmachten, nahmen allerdings

305 Rudling 2015, S. 75-76.

306 Rudling 2015, S. 76.

307 Tohuleva, A.D.: Kastryčnickaja rèvaljucyja i Belaruskaja Sacyjalistyčnaja Hramada, In: Oktjabr' 1917 goda v sud'be mirovoj civilizacii. K 90-letiju Oktjabr'skoj revoljucii, Minsk 2008, S. 351-356.

308 Dzjadzinkin, A.L.: Kastryčnickaja rèvaljucyja i ažyccjaŭlenne leninskaj uladja ŭ Rasii i Belarusi (kastryčnik-listapad 1917 h.), In: Oktjabr' 1917 goda v sud'be mirovoj civilizacii. K 90-letiju Oktjabr'skoj revoljucii, Minsk 2008, S. 225-233, hier S. 227.

309 Migun, Dmitrij Adamovič: Germanija i Belarus': uroki istorii (1914–1922), Minsk 2001, S. 15; Strazhas, Abba: Deutsche Ostpolitik im Ersten Weltkrieg. Der Fall Ober Ost, 1915–1917, Wiesbaden 1993, S. 253; Historyja belaruskaj dzjaržaŭnasci ŭ kancy XVIII - pačatku XIX st.: u dzvjuch knihach, kniha 1, Minsk 2011, S. 332; zum allgemeinen Waffenstillstand: Inostrannaja voennaja intervencija v Belorussii 1917–1920, pod red. I.I.Minc, Minsk 1990, S. 67-70.

310 Mazec, V.H.: Heapalityčnyja aspekty stanjaŭvlennja belaruskaj dzjažaŭnasci (Listapad 1917– Sakavik 1918), In: Oktjabr' 1917 goda v sud'be mirovoj civilizacii. K 90-letiju Oktjabr'skoj revoljucii, Minsk 2008, S. 302-311, hier S. 307.

die Kasse mit.[311] Gleichwohl wusste ein lettisch-bolschewistischer Schütze, R. Berzin, am 25. Februar 1918 von dieser offiziellen Übergabe nichts und erklärte die Stadtduma solange für konterrevolutionär, wie die gemäßigten Stadträte nicht das „Mandat" der Bolschewiki aus der Tasche geholt hatten. In solchen Wirren konnten die Homeler Fabrikarbeiter froh sein, dass das IspolKom ihnen vor der Evakuierung 1.500 Gewehre überlassen hatte.[312] Angesichts der vorrückenden deutschländischen Truppen lehnten sie dennoch Berlins Vorschlag ab, ihre Produktion zu verbrennen, verkauften sie lieber den Deutschen.[313] Vielleicht war Vielen in Homel' die Besetzung durch die Truppen Deutschlands und Österreich-Ungarns sogar lieber, denn als vom 22. bis zum 24. Februar 1918 die Bolschewisten Homel' schon evakuiert hatten und die Stadtduma nun die Aufgabe hatte, die „Weißen" zu neutralisieren, hatte die Stadtbevölkerung Pogrome befürchtet. Man beschloss, eine Miliz zu gründen, 14-18-jährige Zionisten patroullierten durch ihre Heimatstadt.[314] Denn in diesen Tagen begann Raub an Läden und Häusern der Juden. Menschen kamen zwar nicht in Mitleidenschaft, aber die Juden versteckten sich im Keller der christlichen Nachbarn. Sogar ein reaktionärer Vertreter des alten Regimes war bereit, die Juden vor etwaigen Pogromisten zu verstecken. Erst als die Deutschen kamen, verschwanden die Pogromler.[315]

Ähnlich wie bei den Soldaten der Mittelmächte fehlte auch bei denen des Russischen Reiches inzwischen der Kampfeswille. Die Bevölkerung hatte erst Recht genug von dem Krieg. Das Intermezzo (November 1917 bis Februar 1918), in dem die bolschewistisch dominierten militärischen und zivilen Kräfte in der Mehrheit waren, aber die örtlichen Herrschafts- und Verwaltungsstrukturen nicht tief durchdringen konnten, war denn auch nicht durch einen Revolutionstaumel geprägt, sondern von einer Gleichgültigkeit und Ratlosigkeit, die in Polesien vielleicht nichts Neues war.

Auch an ihrer widersprüchlichen, von viel Taktiererei geprägten Nationalitätenpolitik[316] scheiterten die Bolschewiki in dieser Zeit nicht. Zwar erhoben auch die UNR und die BNR Anspruch auf Ostpolesien, doch hatten diese weder in den Stadtdumen, noch den Sowjets, noch, soweit ich es erkennen kann, in den polesischen Dörfern Einfluss.

2.7 Die Friedensverträge von Brest-Litovsk: Polesien als Territorium und Nicht-Territorium

Uns interessiert, inwiefern Polesien in den Friedensverträgen von Brest-Litovsk von Februar und März 1918 eine Rolle spielte, also als Interventionslandschaft gelten konnte – oder ob hier eher ein Desinteresse an dieser „wilden" Region bestand.[317] Als die Bolschewiki mit

311 Iosif Boborykin, zitiert in: GAOOGO 52:, zitiert in: Takoeva 2014, S. 11-12.
312 Takoeva 2014, S. 17-18.
313 Takoeva 2014, S. 18.
314 GAOOGO 52, zitiert in: Takoeva 2014, S. 15-16.
315 Takoeva 2014, S. 18.
316 Hierzu Trafimčyk, Anatol' V.: Bal'šaviki i ich adnosiny da dzjaržaŭnasci Belarusi ŭ peršai hod rėvaljucyi, In: Oktjabr' 1917 goda v sud'be mirovoj civilizacii. K 90-letiju Oktjabr'skoj revoljucii, Minsk 2008, S., Minsk 2008, S. 360-368 und Trafimčyk, Anatol': Lenin i Stalin dumajuc' pra Belarus', Minsk 2013.
317 Mehr zu den belaruthenischen Aspekten des Friedensvertrags in Zibert 2018a; Siebert 2018b.

Lenin an der Spitze im Oktober (gregorianisch: November) 1917 den Umsturz in Petrograd erfolgreich durchgeführt hatten, hatten sie mit ihrer Macht im Petrograder Sowjet, sogleich im *Dekret über den Frieden* die sofortige Einstellung aller Kampfhandlungen verordnet. Den Mittelmächten konnte dies angesichts der damaligen militärischen Lage nur Recht sein, denn sie brauchten nicht nur Soldaten und Kriegsgerät an der Westfront, sondern hatten ja, und das dürfte vielen gerade militärischen Akteuren wichtig gewesen sein, fremdes Gebiet, Gebiet des Russischen Reiches in großem Raum besetzt gehalten. Das Ziel, das die deutschländischen Strategen mit der Überführung Lenins durch den plombierten Waggon durch Deutschland bezweckten, schien erreicht.

Dezember 1917: Waffenstillstand. Die Verhandlungen zwischen den Mittelmächten und Sowjetrussland führten zu einem baldigen Waffenstillstand am 15. Dezember 1917 entlang der aktuellen Frontlinie, so dass Polesien im Westen bis einschließlich Pinsk im Einflussbereich der Mittelmächte verblieb, während für Ostpolesien der im Entstehen begriffene sowjetische Staat zuständig wurde.

Nun schlossen sich Verhandlungen über einen Friedensvertrag an. Sie zogen sich, wie in der Geschichtsschreibung schon oft gewürdigt, in die Länge. Da sich in der Ukraine eine von den Mittelmächten an den Verhandlungstisch zugelassene Zentrale Rada gebildet hatte, die im Januar 1918 die Ukrainische Volksrepublik (UNR) ausrief, saßen also Diplomaten und Militärs von vier Monarchien der Mittelmächte an einem Tisch mit Vertreterinnen und Vertretern zweier eben erst postulierter und gebildeter Staaten. Das waren erstens das bolschewistische Sowjetrussland, mit Adol'f Ioffe, später Trotzki und schließlich Grigorij Sokol'nikov an der Spitze der Delegation und einer linken Sozialrevolutionärin, die einen hochrangigen zarischen Vertreter umgebracht hatte, als Delegationsmitglied. Zweitens verhandelte man getrennt mit den Vertretern der auch von Sozialisten mitgebildeten UNR ab Januar 1918.

Februar 1918. Westpolesien wurde in einem zweiseitigen, aber ungleichen Vertrag zwischen den Mittelmächten und der Ukrainischen Volksrepublik vom 9. Februar 1918 eben dieser zugeschlagen.[318] Dies bedeutete *de facto* wenig, denn die UNR konnte sich nicht nur schlecht stabilisieren, da die bolschewistischen bewaffneten Kräfte zur selben Zeit schon Kiew militärisch erobert hatten. Über Ostpolesien stand in dem Vertrag nichts. Nachdem die deutsche Führung behauptet hatte, dass die sowjetische Regierung den Waffenstillstandsvertrag nicht eingehalten habe, marschierten die deutschländischen Truppen noch im Februar 1918 über die Frontlinie hinaus nach Osten, darunter Ostpolesien. Am 24. Februar standen die Mittelmächste in Kalinkavičy, am 28. in Rėčyca, am 1./2. März in Homel'.[319] Erst der Angriff des Deutschen Reichs ermöglichte der UNR-Regierung die Fortsetzung ihrer Existenz. Im Gegensatz zur Belarus' konnten sich die deutschländischen und (ab 28. Februar 1918)[320] österreich-ungarländischen Befehlshaber im Falle der Besetzung der Ukraine

318 https://de.wikisource.org/wiki/Friedensvertrag_zwischen_Deutschland,_%C3%96sterreich-Ungarn,_Bulgarien_und_der_T
%C3%Bcrkei_einerseits_und_der_Ukrainischen_Volksrepublik_anderseits.

319 Vjaliki histaryčny atlas Belarusi, tom 4, Minsk 2018, S. 18

320 Kock, Heinrich: Die Friedensverhandlungen von Brest-Litowsk im Spiegel der Wiener Presse: Dissertation, Hamburg 1937, S. 122.

auf einen (ausdrücklich bei der UNR eingeforderten)[321] Hilferuf[322] beziehen. Die Ukrainer wünschten, dass „deutsche Hilfskräfte in ukrainischen Uniformen" aufträten.[323] Die Truppen des Deutschen Reichs besetzten die Ukraine offiziell auf Einladung der UNR. Doch Beschwerden über die Schwäche und das Vorgehen der UNR häuften sich. Das Deutsche Reich war spätestens nach der Verhaftung eines jüdischen Bankiers in Kiew am 24./25.04.1918 durch ukrainische Kräfte[324] die treibende Kraft beim Sturz der UNR (sie verhafteten Mitglieder „der Ukrainer Regierung" einige Tage später) und bei einem Putsch von Hetman Pavlo Skoropads'kyj im Mai. Dieser agierte allerdings so erfolglos, dass Symon Petljura folgte, unter dem ein Direktorium eingerichtet wurde. Die Rote Armee stand zwischenzeitlich ebenfalls in Kiew.

Ohnehin war die UNR gerade in Polesien wenig präsent, weil diese Region nicht ihr wirtschaftlicher und militärischer strategischer Schwerpunkt war (siehe unten).

Der erste Friedensvertrag des Ersten Weltkriegs ... Kaum gegründet, unterschrieb die UNR also schon in jener Nacht von dem 8. auf den 9. Februar den ersten Friedensvertrag des Ersten Weltkriegs.[325] Diese schnelle Karriere dieses sehr ungefestigten Staates beflügelte ähnliche Aktivitäten in Mittel- und Osteuropa: Viele politische Strategen, teilweise in Komitees, Volksbünden und dergleichen organisiert, strebten nun an, was sie gestern selbst noch nicht für machbar und geradezu utopisch gehalten hatten: Nationalstaatsgründungen in Ostmittel- und Mitteleuropa.

... schuf den ersten „Randstaat". „Der allererste Friedensschluss des Ersten Weltkriegs"[326] zwischen den vier Mittelmächten einerseits und der Ukrainischen Volksrepublik andererseits macht deutlich, dass das Deutsche Reich hier seine hungernden Untertanen durch eine in erster Linie wirtschaftliche Ausbeutung der Ukraine zu sättigen beabsichtigte („Brotfrieden")."[327] Es war (in der Ukraine!) nicht nur keine Annexion vorgesehen, sondern, im Gegenteil, das Deutsche Reich erkannte einen rechtlich unabhängigen Staat, die UNR,

321 Krummacher, Friedrich Arnold und Helmut Lange: Krieg und Frieden: Geschichte der deutsch-sowjetischen Beziehungen. Von Brest-Litowsk zum Unternehmen Barbarossa, München [u.a.] 1970, S. 463.

322 „Hilferuf der russischen Randvölker. Die Ukraine an das deutsche Volk!" In: Das Volk (Siegen) [Zeitung] vom 18.02.1918, S. 1; Nachweis: BA Lichterfelde, N2203/23, Blatt 26.

323 BA Lichterfelde, R901, Sign. 86996, 79verso.

324 Hierzu BA Lichterfelde, R703, Sign. 13, Blatt 16.

325 BA Lichterfelde. R901-86995, Blatt 34-36.

326 Krumeich, Gerd: Der Erste Weltkrieg. Die 101 wichtigsten Fragen, München [3]2015, S. 136; allerdings nicht nur „zwischen dem Deutschen Reich und Österreich-Ungarn einerseits", sondern auch Bulgarien und das Osmanische Reich waren beteiligt, siehe Artikel I des Vertrags:
https://de.wikisource.org/wiki/Friedensvertrag_zwischen_Deutschland,_%C3%96sterreich-Ungarn,_Bulgarien_und_der_T
%C3%BCrkei_einerseits_und_der_Ukrainischen_Volksrepublik_anderseits
Source Records of the Great War, Vol. VI, ed. Charles F. Horne, National Alumni 1923, zitiert in: http://www.firstworldwar.com/source/ukrainianpeacetreaty.htm (11.02.2016).
Zu vielen Missinterpretationen von „Brest-Litovsk" siehe Zibert, Diana [Siebert, Diana]: Karta iz priloženija k Brest-Litovskomu mirnomu dogovoru: pričiny neopublikovanija i ošibki v interpretacii teksta dokumenta v nemeckojazyčnoj istoriografii, In: Žurnal Belorusskogo gosudarstvennaja universiteta. Istorija 2018, N° 2, S. 48-56, elektronisch unter
http://elib.bsu.by/bitstream/123456789/201315/1/47-56.pdf (30.08.2018).

327 Artikel VII des Vertrags, der für das Deutsche Reich (Teil A) und Österreich-Ungarn (Teil B) detaillierte Regelungen, für Bulgarien (Teil C) und das Osmanische Reich (Teil D) nur eine allgemeine Meistbegünstigung enthält.

einschließlich der größten Teile Westpolesiens[328] an. Der Vertrag hat keine länger andauernde realpolitische Bedeutung gehabt. Doch können wir hier erkennen, dass, wenn schon nicht annektiert (oder gar germanisiert) wurde, dann auf der anderen Seite auch kein offizielles kolonial(istisch)es Konstrukt, sondern ein neokolonial(istisch)es etabliert wurde: ein rechtlich souveräner Staat, der wirtschaftlich ausgebeutet wird, in der damaligen Sprache unsauber als Vasallenstaat bezeichnet. Preußen und ab 1871 das Deutsche Reich hatten keine Erfahrungen mit solch einem neokolonialen Vorgehen. Die UNR war aus kaiserdeutscher Sicht eine erste erfolgreich Etappe der Politik der Etablierung von Rand- oder Pufferstaaten, einer Idee, die in den Jahren 1917 und 1918 um so bedeutender wurde, je klarer wurde, dass die Wiedererstehung eines wirklich unabhängigen Staates Polen nicht allein mit der Internierung des militärischen Führers Józef Piłsudski[329] aufzuhalten war.

Damit stellten sich aber auch Dutzende von Grenzfragen, die in den Vorkriegs-Großreichen noch durch Unifizierung (Preußen – Deutschland), durch abgestufte Territorial- oder Volksgruppenrechte (Österreich-Ungarn, Osmanisches Reich) oder Standesrechte (Russisches Reich) unkonkret geblieben waren, die mit anderen Worten einfach nur als polnische, ukrainische, litauische, makedonische usw. „Frage“ ohne genaue geografische „Antwort“ formuliert werden konnten.

Polesien als Territorium. Doch im Februarvertrag von Brest zwischen den Mittelmächten und der UNR waren nun Grenzen konkret festgelegt. Darin beantworteten die UNR und die Mittelmächte die heftig umstrittene Chełmer Frage, ohne dass die Vertreter des „Königreichs Polen“ mit ihren Ansprüchen auf dieses Gebiet im heutigen Ostpolen gefragt worden wären. Aber es existierte weder für die UNR noch für die Mittelmächte eine erstrangige „polesische Frage“, „Brester Frage“ oder „Homeler Frage“, obwohl diese Territorien gleich nebenan lagen. Zudem konnten die Einheimischen in Stadt (Juden) und Land (Polesier) mit der ukrainischen Staatswerdung wenig anfangen. Die 1918 von Jüdischem Bund und Menschewiki dominierte Stadtduma in Homel' beispielsweise stritt sich um das Vorgehen gegenüber den Deutschen Besatzern, den Bolschewiki und auch Anarchisten, konnte aber Schreiben aus der nominellen Regierung der Zentralrada in Kiew ohne größere Sanktionen unbeantwortet lassen.[330]

Die deutschländischen und habsburgischen Besatzer wussten nicht, was sie mit den besetzten Gebieten jenseits von Ober Ost anstellen sollten. Während beider Offensiven, August/September 1915 wie auch Februar 1918 nutzten sie die augenblickliche Schwäche des Gegners aus. Schließlich entschied man sich, obwohl, wie gesagt, ohne Erfahrung mit solchen Konstruktionen, für die Einrichtung und Förderung wirtschaftlich und politisch abhängiger oder wohlgesonnener, zumindest de jure unabhängiger Staaten. Es war für die Mittelmächte am Einfachsten, Polesien der UNR zu übertragen. Beim Friedensvertrag mit der UNR, und dies war den Diplomaten der Mittelmächte bewusst, handelte es sich formal nicht um das Ergebnis eines (in solchen Situationen oft konstruierten) Hilferufs,[331] nicht um eine Kolonialisierung, nicht einmal um eine formelle Besatzung. Wenn es schon nicht Pläne, sondern wenigstens Ideen für Polesien gab, dann mussten diese sich nach der Tagesak-

328 Artikel II-2 des Vertrags.
329 https://de.wikipedia.org/wiki/J%C3%B3zef_Pi%C5%82sudski#Erster_Weltkrieg.
330 Takoeva 2014, S. 29.
331 Vgl. Caesar, Gaius Iulius: Der Gallische Krieg, Stuttgart 1987, S. 10 (Erstes Buch, 11).

tualität richten. Pinsk war bis Februar 1918 zu sehr Frontstadt, und das wirtschaftliche, wenn auch nicht kulturelle[332] Elend der in ihrer Anzahl kleiner werdenden Bevölkerung der Stadt an der Pina wurde von 1915 bis 1917 zu groß, als dass man realistische Pläne überhaupt hätte machen können.

Friedensverhandlungen mit Sowjetrussland. Denn die Friedensverhandlungen mit Sowjetrussland hatten sich hingezogen. Der Vertragsentwurf war schon im Februar 1918 unterschriftsreif, doch nun zögerten die sowjetischen Vertreter. Die in der Sowjetregierung vertretene Partei der Linken Sozialrevolutionäre war gegen den Vertrag, der besiegelt hätte, dass man, wenn man Russisch-Polen (das „Königreich Polen") und Finnland mit einrechnet, etwa ein Viertel des europäischen Teils Russlands[333] hochoffiziell hauptsächlich an das Deutsche Reich, aber auch das Osmanische Reich oder verschiedene neue Staaten abgetreten hätte, von der die Ukraine der weitaus größte war. Auch Trockij (Trotzki) war zunächst gegen die Unterzeichnung. Man wollte aber auch keine Fortsetzung militärischer Kampfhandlungen, Trotzki drückte dies in der unverständlichen Parole „Weder Krieg noch Frieden" aus. Die sowjetische Delegation wartete mit dem Unterschreiben, und dies legten die Mittelmächte als Verzögerungs- und Hinhaltetaktik aus.

Sowohl Krieg als auch Frieden. Die Bolschewiki hatten allen Grund, den Unterschriften von den Mittelmächten unter Friedensverträge zu misstrauen, denn es muss ja eigentlich nicht verwundern, wie wenig ernst diese die Macht der Bolschewiki nahmen, sondern eher, dass sie sie überhaupt ernst nahmen. Vielleicht erschienen die neuen Herrscher immer noch so etwas wie Kräfte, die in einem plombierten Waggon hin- und hergefahren werden konnten, die jedenfalls eher die labile demokratische Ordnung des Jahres 1917 zu zerstören als eine eigene aufzubauen in der Lage waren. Die Bolschewiki und der Petrograder Sowjet, die zuerst noch Trotzkis Parole „Weder Krieg noch Frieden" folgten, weil sie keinen besseren Vorschlag hatten, führten nach der Unterzeichnung eine ebenso inkonsistente Politik des, wie ich es nennen möchte, „sowohl Krieg als auch Frieden" durch. Die neue Macht in Petrograd, dann Moskau, kämpfte, wie bekannt, an verschiedenen inneren und äußeren Fronten. Den Vertrag mit den Mittelmächten konnte man in diesem Zusammenhang tatsächlich sogar dann noch als eine Atempause bezeichnen, als der äußere Hauptfeind trotz Besetzungen nicht mehr das Deutsche Reich, sondern die Entente und die von ihr gestützten russländischen Militärs der alten Ordnung waren.

Auch wird die damalige Position der Bolschewiki, dass man auf die Weltrevolution oder zumindest das Überspringen der Revolution auf Deutschland setzte, bis heute als schwere Fehleinschätzung beschrieben. Aber ich meine, dass diese Position viel erfolgreicher war, als es angesichts des Misserfolgs kommunistischer Revolutionierungsversuche in Deutschland, Polen, Ungarn, Österreich und des Ausgangs des polnisch-sowjetischen Kriegs 1920 erscheint: Große Kundgebungen in Wien, Streiks in deutschen Munitionsfabriken schon Anfang 1918, die erwähnten Verbrüderungsszenen, die Novemberrevolution in Deutschland, der Zerfall des Deutschen, Habsburger und Osmanischen Reiches, die im Gegensatz zur (späteren) Sowjetunion in Nationalstaaten zerfielen, all dies war durch die Februar- und die Oktoberrevolution stark beflügelt worden.

332 Shohet 2012.
333 Zur Verwirrung in der deutschsprachigen Historiographie siehe Zibert 2018a.

Verzögerung durch die Bolschewiki – Angriff der deutschen Truppen. Besagte Verzögerung war von Seiten Trotzkis betrieben, zumindest zugelassen worden, aber entscheidend war, dass das Zentralkomitee (ZK) der bolschewistischen Partei RSDRP(b) eine Krisensitzung nach der nächsten abhielt, bei der stets mit knappen Mehrheiten über Annahme oder Ablehnung eines Friedensvertrags entschieden wurde.

In dieser Situation konnte sich in der reichsdeutschen Delegation die Position Ludendorffs durchsetzen, eine militärische Offensive durchzuführen. Die Armee des Deutschen Reichs besetzte ab dem 18. Februar 1918 ganz Polesien bis Homel,[334] die ganze Belarus' bis Orša und Polack. Nicht zuletzt unter dem Eindruck der deutschländisch-österreichischen Besatzung fand sich im ZK der Bolschewiki eine knappe Mehrheit, darunter Lenin, Stalin und nun auch Trotzki, für einen Vertragsschluss mit den Mittelmächten, und am 3. März unterschrieb ein Vertreter aus der zweiten Reihe in Brest.

Besetzung ohne Raumkonzept. Ab 18. Februar bis März 1918 hatte die Armee des Deutschen Reichs noch ohne nennenswerten Widerstand ganz Polesien bis hin nach Homel' wie auch fast die ganze Belarus' besetzen können.

Aber jetzt (!) hatten sich ja das Deutsche Reich und Österreich-Ungarn überdehnt, was man immer hatte vermeiden wollen (siehe oben). In Orša richtete man einen Grenzübergang zwischen Sowjetrussland und dem Deutschen Reich ein.[335] Die Besetzung eines so weit in Osteuropa liegenden Gebiets beruhte nicht auf einer Raumkonzeption. Vielmehr band die Oberste Heeresleitung (OHL) in einem Zweifrontenkrieg einen Teil seiner Truppen in Osteuropa in einem Gebiet, das wahrscheinlich auf Dauer nicht hätte militärisch besetzt gehalten werden können. Die verantwortlichen Militärs, die nach dem für das Deutsche Reich verlorenen Krieg von einem Dolchstoß von hinten sprachen, hatten eben durch besagte Überdehnung die Kampfkraft an beiden Fronten geschwächt und die hierdurch entstehenden militärischen Verluste zu verantworten.[336]

Als im Februar 1918 am Südrand Polesiens, in Luck, die Truppen des Deutschen Reichs und der UNR einmarschierten, konnten diese sich zumindest einem deutschländischen Bericht zufolge schon nach wenigen Tagen ebenso frei in der Stadt bewegen wie die Einheimischen, die wieder die Straßen bevölkerten.[337]

---

334 Mamontov 1997, S. 20.

335 Miłosz, Czesław: Trwoga-sen, In: derselbe: Wiersze, t. 4, Kraków 2004, S. 155, zitiert in: Kaźmierczyk, Zbigniew: Rosja mentalna Miłosza, In: Teksty Drugie 2010, 5, S. 237-246, hier S. 239 = http://rcin.org.pl/Content/49161/WA248_66798_P-I-2524_kazmierczyk-rosja.pdf. vgl. auch Günther, Oliver: Die Rückwanderung von Wolhynien nach Deutschland bis 1918 eine Recherche im Geheimen Staatsarchiv Preussischer Kulturbesitz (GstAPK)= http://www.wolhynien.de/pdf/rw_GstAPK.pdf, S. 9-10; Mazec, V.H.: Bežanskae pytanne i sproby jaho vyrašènnja ŭ 1918 hodze, In: Smarhonščyna: trahedyja, heraizm, pamjac' Minsk 2009, S. 620-634, hier S. 625-629; vgl. auch https://www.youtube.com/watch?v=5_ESh8d102g (10.03.2019)

336 Vgl. auch Haffner, Sebastian: Die sieben Todsünden des Deutschen Reiches im Ersten Weltkrieg, [1964] Köln 2014, S. 101-114.

337 Schulthess, Heinrich: Schulthess' europäischer Geschichtskalender, 59,2(NF34,2)1918

Abbildung 7: Foto der Anlage 1 (Karte 1:800.000) zum Friedensvertrag von Brest-Litovsk zwischen „Russland“ (dem Sowjetstaat) und den vier Mittelmächten vom 3. März 1918. Text und Karte werden seit 1918 im Politischen Archiv des Auswärtigen Amts aufbewahrt. Die Grenzziehung erfolgte nicht nach ethnischen Kriterien, weil estnische, lettische und belaruthenische Gebiete durchschnitten wurden. Weil seit dem 18. Februar 1918 die deutschen Truppen Gebiete weit östlich der Friedensvertrags-Grenzlinie besetzt hatten, existierte diese nur als *de-jure*-Grenze. Sie zeigt aber das territorialistische Denken der deutschen Entscheider: die Grenzlinie verläuft in etwa wie ein Halbkreis um Königsberg.
Quelle: Politisches Archiv des Auswärtigen Amts. Ausschnitt in Farbe: Žurnal Belorus. Gos. Un-ta. Istorija Nr. 2, S. 49, http://elib.bsu.by/bitstream/123456789/201315/1/47-56.pdf

Die Belarus' nicht geräumt. Am 3. März 1918 unterschrieben beide Seiten den Friedensvertrag von Brest-Litovsk, der die Einflusssphären zwischen den Mittelmächten und dem sowjetischen Russland festlegte. Laut Anhang des Vertrags, einer großen Landkarte im Maßstab 1:800.000, erhielt das Deutsche Reich neben Polen und Litauen nur einen relativ kleinen Teil der westlichen Gebiete der Belarus' als Einflussgebiet, mit Hrodna, Lida und der Belavežskaja Pušča. Es waren dies die Gebiete, die auch zu Ober Ost gehörten, die also im geostrategischen Vorfeld Ostpreußens lagen.

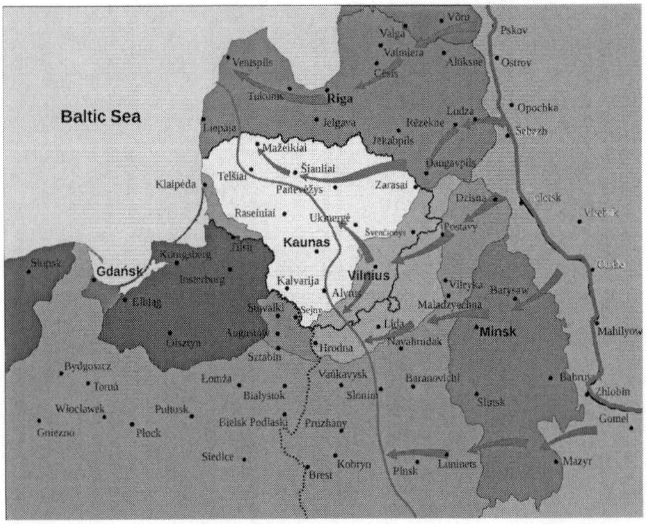

Abbildung 8: Die *de facto* deutsch-sowjetische Frontlinie im März 1918; sowie sowjetisierte Territorien im März 1919; die Linie im Osten von Pskov bis Homel' stellte die tatsächliche Trennlinie zwischen sowjetisch und deutschländisch beherrschtem Territorium am 3. März 1918 dar.
Quelle: Wikipedia, CC BY-SA 4.0, Алэксандр, Own work
https://ru.wikipedia.org/wiki/Советско-польская_война#/media/File:PL-RU_war_1919_phase_(RU).svg

Deutschland hätte laut diesem Vertrag die ihm wichtigen Gebiete als Einflussgebiet erhalten, aber alle besetzten Gebiete der mittleren und östlichen Belarus, seien sie nun vor oder nach Februar 1918 besetzt worden, wieder räumen müssen,[338] beeilte sich damit jedoch überhaupt nicht. Dennoch forderten die Bolschewiki den Rückzug nicht ein. Stattdessen legte man in sogenannten deutsch-sowjetischen „Privatvereinbarungen" provisorische Grenzen zwischen dem Deutschen Reich und Sowjetrussland fest.[339] Andernfalls hätten

338 Nur Wheeler-Bennett, John W.: Brest-Litovsk: The Forgotten Peace. March 1918, London 1963, und in der Folge dessen Karte auch in Chernev, Borislav: Twilight of empire – the Brest-Litovsk Conference and the remaking of East-Central Europe, 1917–1918, Toronto 2017 bringen wenigstens eine katorgraphische Skizze zu dieser Erkenntnis.

339 Traccjak, Sjarhej A.: Brėscki mir i hramadska-palityčnyja pracėsy ŭ Belarusi, listapad 1917 – studzen' 1919 h, Minsk 2009, S. 44; in Vjalkiki atlas 2018, S. 18 sogar „Savecka-hermanskaja dėmarkacionnaja linija" genannt.

auch die anderen für Sowjetrussland schändlichen Teile des Friedens thematisiert werden müssen. Die Sowjetführer hatten anderes zu tun als auf Legalismus zu drängen. Als der deutsche Kaiser acht Monate später abgedankt hatte, annullierten die Sowjets den Vertrag. Die sowjetische Historiographie pflegte erst ab diesem Zeitpunkt der Geschichte die Ereignisse wieder zu beschreiben.

Man wird den Eindruck nicht los, dass die Bolschewiki andere Prioritäten an anderen „inneren" Frontabschnitten hatten als die ländlichen belaruthenischen. In einem Zusatzvertrag vom 27. August 1918 legten die beiden Vertragsparteien lediglich fest, dass sich die Truppen des Deutschen Reichs an die Berezina in der mittelöstlichen Belarus' zurückzuziehen hatten,[340] was auch geschah.

Polesien. Bezüglich Polesien verlautete der Vertragstext vom 3. März hingegen lapidar, dass die ukrainisch-sowjetrussische Grenze im Norden Polesiens bilateral festgelegt werden solle.

In der Geschichtsschreibung ist kaum beachtet worden, dass diese nominelle „polesische" Grenze von Februar/März 1918 an diejenige zwischen der Ukraine und dem, was man immer noch Russland nannte, lag – zwischen dem nominell antisowjetischen und dem nominell sowjetischen Einflussbereich.

Die Führer der UNR konnten auch deshalb, weil die Belaruthenische Rada schwach war (hierzu unten), erreichen, dass sich das UNR-Territorium bis zur Annullierung des Vertrags im November 1918 (und dann noch einmal 1941 bis 1944) nominell auch auf Polesien erstreckte. Doch blieb die Grenze so lange eine theoretische, nur vorgestellte, solange sich die Truppen des Deutschen Reichs auf beiden Seiten dieser Grenze zwischen Nord und Süd befanden. Für unser Thema ist dies natürlich aber hochgradig wichtig. Denn Polesien wurde einem Staat zugeschlagen, der hier keine Macht entfalten konnte. An den Eisenbahnlinien entlang,[341] aber auch nur da, besetzten wenige Einheiten des Deutschen Reichs das Land. Die Intervention ging in diesen Sumpfgebieten nicht in die Fläche.

Das Deutsche Reich und Österreich-Ungarn führten in der Ukraine (hierzu gehörte nun auch Polesien) einen hybriden Krieg. Im Interesse der Entscheider in Österreich-Ungarn lag es, keine Annexionen der Ukraine durchzuführen, aber von dort möglichst viel Brotgetreide in das Habsburgerreich zu schaffen.

2.8 Die Belaruthenische Volksrepublik und die Ukrainische Volksrepublik beanspruchen Polesien und zeichnen Karten

Belaruthenische Nationalbewegung. Ein starkes Interesse an einer Eingliederung Polesiens in ihren potenziellen Staatsverband hatten die Vertreter*innen der in weiten Teilen nur nominellen, am 25. März 1918 unter deutscher Besatzungsmacht ausgerufenen Belarutheni-

340 Deutsch-Russischer Ergänzungsvertrag zu dem Friedensvertrage zwischen Deutschland, Österreich-Ungarn, Bulgarien und der Türkei einerseits und Rußland anderseits, In: Deutsches Reichsgesetzblatt Band 1918, Nr. 130, Seite 1154-1171, Artikel 3.

341 So General Hoffmann, zitiert in: Münkler, Herfried: Der Große Krieg. Die Welt 1914 bis 1918, Berlin ^{2}2013, S. 668.

schen Volksrepublik (BNR). Diese saßen aber weder in Brest 1918 noch in Riga 1921 (dazu später) mit am Verhandlungstisch.

Nicht nur deshalb war den Vertretern der belaruthenischen Nationalbewegung aber der März-Vertrag von Brest „besonders verhaßt“.[342] Noch betrüblicher fanden sie die geografische Durchschneidung des vorgestellten nationalen Territoriums. Schon vor dem Oktoberumsturz hatte Jazep Varonka, späterer Chef des Nationalen Sekretariats der BNR, am 17. September 1917 in seiner Rede auf der Allrussländischen Demokratischen Versammlung mit Bedauern verlautbart: „Die Belarus' wird gerade geteilt“; damals kam Varonka aber noch zu dem Ergebnis, dass er für die Einheit (des neuen) Russlands stehe.[343] Am 9. März 1918 verkündete das Volkssekretariat der BNR dann, sich für den „Erhalt der Ganzheit seines Territoriums einzusetzen“, welches jetzt in drei Teile geteilt sei. „Das belaruthenische Volk erkennt für sich den Friedensvertrag nicht als verbindlich an“, der dieses in Teile zerlegt habe und „von einer ihm fremden Regierung unterschrieben worden ist, ohne Teilnahme seiner Vertreter.“[344]

BNR 1917. Diese Erste Teilung der Belarus' war auch wegen der Schwäche der unausgereiften belaruthenischen Bewegung möglich. Nachdem die Zeitung *Naša Niva* 1915 eingegangen war, wurde unter dosierter Förderung durch die Militärverwaltung des Deutschen Reichs zumindest in Ober Ost die belaruthenische Nationalbewegung mit Vilnius als Zentrum im Krieg dezent gestützt. Publizisten und Wissenschaftler wie Prof. Rudolf Abicht (Breslau)[345] und später Dr. Fritz Curschmann[346] sowie der polnische PPS-Vordenker Leon Wasilewski[347] hatten einen Diskurs über die „Weißruthenen“ auch im deutschsprachigen Milieu mit allerdings geringer Reichweite geschaffen. Nach der Februarrevolution wurde Minsk zu einem zweiten Standbein der an Stärke gewinnenden Bewegung. In Analogie zu den Aktivitäten der ukrainischen Bewegung verstärkten die von der schon 1902 unter anderem Namen gegründeten Belaruskaja Sacyjalistysčnaja Hramada (BSH) geprägten Aktivisten ihre Aktivitäten und gründeten ein Belaruthenisches Nationales Komitee (Belaruski nacyjanal'ny kamitėt).[348] Zur schnellen Etablierung des zuvor politisch nicht benutzten Begriffs nacional'nyj in der russischen Sprache siehe unten.

Nach dem Oktoberumsturz in Petrograd beriefen die belaruthenischen sozialistischen Kräfte für Dezember 1917 in Einvernehmen mit den noch von den Parteien Jüdischer Bund und Menschewiki geprägten Sowjets einen großen Ersten Allbelaruthenischen Kongress in Minsk ein, also im nicht von den Deutschen besetzten Gebiet. Zugegen waren aus Polesien

---

342 Curschmann, Fritz: Die Weißruthenen. Ein erwachendes slawisches Bauernvolk., In: Deutsche Rundschau XLIV, (=Jahrgang 44) 1918, S. 273-296, hier S. 291.

343 NARB Bestand 325-1-21, Blatt 13-13rück, hier 13verso.

344 NARB Bestand 325-1, Sign. 16, Blatt 33.

345 Cuba 2003, S. 120; Sakaloŭski, Uladzimir: Auf der Suche nach der verlorenen Identität. In: Via Regia, Oktober 1993, S. 18-20, hier S. 19.

346 Curschmann 1918, S. 273-296.

347 Wasilewski, Leon: Die Ostprovinzen des alten Polenreiches. (Lithauen und Weißruthenien. Die Landschaft Chełm. Ostgalizien. Die Ukraina), Krakau 1916.

348 Es gab ein *Belaruski narodny kamitėt* von 1915 bis 1918, das nicht mit genanntem *Belaruski nacyjanal'ny kamitėt* zu verwechseln ist; Rudovič, S. S.: Belaruski nacyjanal'ny kamitėt, In: ĖHB, tom 1, Minsk 1993, S. 448-449; Sidarėvič, A.M.: Belaruski narodny kamitėt, In: ĖHB, tom 1, Minsk 1993, S. 438.

wenige, und diese fielen nicht durch Wortbeiträge auf.[349] Ohnehin waren viel weniger Delegierte erschienen als eingeladen und Stimmrecht gehabt hätten.[350] Man wählte eine Rada. Doch als der Kongress diese Rada als oberstes Organ in einem noch zu schaffenden Staate beschrieb, da sprengten diejenigen, die die Waffen hatten, und das waren die Bolschewiki, den Kongress im Namen der Sowjets in der Nacht zum 18./31. Dezember 1917 nach 13 Tagen inzwischen ermüdender Sitzungszeit kurzerhand[351] – und dies, während die Friedensverhandlungen in Brest-Litovsk liefen.[352]

Der Erste Allbelaruthenische Kongress förderte die enorm gewachsene quantitative Stärke wie auch qualitative Schwäche der belaruthenischen Bewegung zu Tage. Im Gegensatz z.B. zum Kongress der Soldaten der Westfront ist offenbar kein einziges Foto dieser für die belaruthenische Nationalbewegung bis heute wichtigen, weil die belaruthenische Staatlichkeit legitimierenden Großversammlung überliefert. (Insofern möchte ich die These, dass der Untergang der Titanic 1911 das letzte Großereignis war, von dem es keine Fotos gab,[353] relativieren.)

BNR 1918. Die Finnen und die unmittelbaren Nachbarn, die Ukrainer und die Litauer, hatten ihre Nationalstaaten schon auf guten Weg gebracht. Nach der „Verstaatlichung" der UNR durch den Februarvertrag von Brest am 9. Februar 1918 wurde am 16. Februar 1918 die Unabhängigkeit Litauens vom Deutschen Reich anerkannt.[354] Die Vilniuser Belaruthenische Rada *(Vilenskaja Belaruskaja Rada)* beschwerte sich beim deutschen Reichskanzler wegen des Litauen „zugestandenen" Territoriums heftig,[355] setzte hingegen weniger Energie für einen Protest gegen die Überlassung Polesiens an die UNR, wie auch überhaupt in die Verbreiterung der eigenen Machtbasis ein.

Die Bolschewiki haben sich hingegen nicht nur mit den linken Sozialrevolutionären an der Regierung bis in die ersten Monaten des Jahres 1918 halten können, sondern auch noch einen Friedensvertrag mit den Mittelmächten abgeschlossen. Angesichts dessen sah sich die Belaruthenische Rada trotz ihrer sehr schwachen Basis gehalten, bei der nun von Finnland bis Albanien und Georgien praktizierten Ausrufung von Staaten Schritt zu halten. Die Bolschewiki hatten den Kongress vom Dezember 1917 gesprengt, doch kurz zuvor hatte dieser noch verkündet, einen belaruthenischen Staat aufzubauen. Die Rada beschrieb sich nun selbst als Staatsverwaltung, gab sich im Februar 1918 ein Volkssekretariat.

Auch weil zudem die Friedensverträge keinerlei Erwähnung der Belarus' („Weißruthenien") enthielten, beeilte man sich, eigene staatliche Strukturen zu verkünden. Elf Tage nach der Unterzeichnung des Friedensvertrags zwischen der UNR und den Mittelmächten brachte die Rada des Ersten Allbelaruthenischen Kongresses am 20. Februar 1918 eine Grün-

349 Vgl. einen teilweise stenographischen Bericht über den Kongress in: Belaruskaja Narodnaja Rėspublika – krok da nezaležnasci. Da 100-hoddzja abvjaščėnnja. Histaryčny narys, Minsk 2018, S. 31-63.
350 Rudling 2015, S. 77.
351 ĖHB, tom 6, č. 2, Minsk 2003, S. 5-6.
352 Mazec, V.H.: Heapalityčnyja aspekty stanjaŭvlennja belaruskaj dzjažaŭnasci (Listapad 1917– Sakavik 1918), In: Oktjabr' 1917 goda v sud'be mirovoj civilizacii. K 90-letiju Oktjabr'skoj revoljucii, Minsk 2008, S. 302-311, hier S. 305.
353 Schuster 2004, S. 89.
354 Archivy Belaruskaj Narodnaj Rėspubliki Tom 1, Kniha 1, Vil'nja [u.a.] 1998, S. 52.
355 Ebenda, S. 51, dok. 0098.

dungsurkunde *(Ustaŭnaja hramata)* in Umlauf.[356] Die Rada rief am 25. März 1918 in der Situation der inzwischen erfolgten Besetzung durch Truppen des Deutschen Reichs die BNR als Staat aus.[357] Man wusste angesichts der Verträge der Mittelmächte mit der UNR und mit dem sowjetischen Russland in Brest-Litovsk ja schon, dass das Kaiserreich keine Berührungsängste mit Begriffen wie Volkssekretariat und Volksrepublik hatte, hatten diese doch die UNR als erste anerkannt.

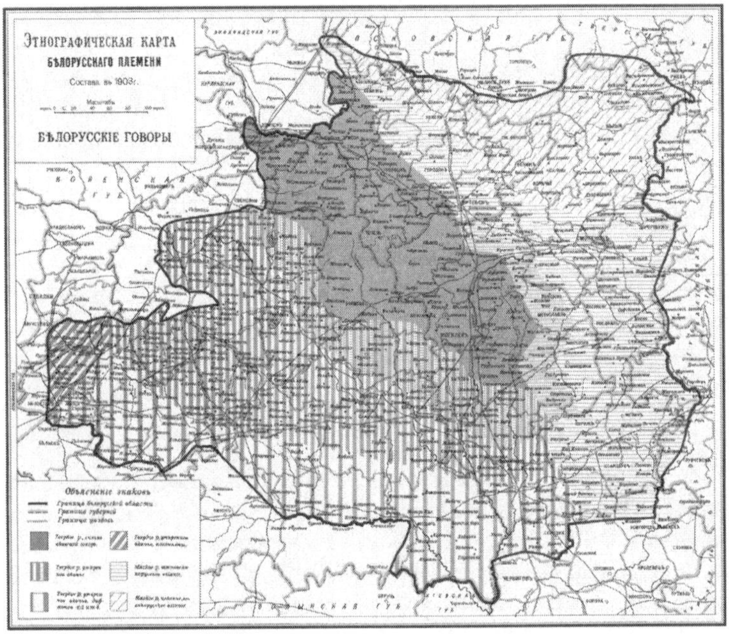

Abbildung 9: Efimij Karskij stellte in seiner „Ethnographischen Karte des belaruthenischen Stammes“ von 1903 Westpolesien mit Brest und Pinsk als nichtbelaruthenisch, Smolensk und Novozybkov hingegen als belaruthenisch dar.
Quelle: public domain;
https://ru.wikipedia.org/wiki/Карский,_Евфимий_Фёдорович#/media/File:Belarusians_1903.jpg

Die BNR, die UNR und Polesien. Polesien war der BNR zufolge größtenteils belaruthenisches Gebiet – man stellte sich als Südgrenze der Belarus' die Südgrenzen der Gouvernements Białystok, Hrodna, Minsk und Mahilëŭ vor, wie in einer inzwischen berühmten, weil immer wieder (auch hier) abgedruckten Karte zu erkennen ist.[358] Doch da die deutschländischen Besatzer die BNR und ihre vorherigen vorläufigen Gremien nicht anerkannten, hatten

356 Historyja Belaruskaj Dzjaržaŭnasci, č.1, Minsk 2011, S. 355.
357 Viele Quellen. Text: NARB 325-1-15, Blatt 58. Man beachte diese Ausrufung einige Monate vor derjenigen der Polnischen Republik.
358 Im deutschen Sprachraum wohl zuerst Jäger, Walter: Weißruthenien. Land, Bewohner, Geschichte, Volkswirtschaft, Kultur, Dichtung; mit 93 Abb. u. 1 Kt., Berlin 1919, Anhang.

die BNR-Vertreter keine Delegation zu den Friedensverhandlungen nach Brest-Litovsk entsenden können, nicht einmal als Beobachter. Einzig die UNR akzeptierte BNR-Diplomaten bei sich, widersprach dem zumindest nicht. Den BNR-Vertretern Cvikevič, Rak-Michajloŭski und anderen war ihre durch die UNR zumindest halbwegs gestützte diplomatische Anerkennung so wichtig, dass sie die polesische Frage gegenüber der UNR zwar anschnitten,[359] aber nicht hartnäckig verfolgten. Cvikevič hat, da er sich auf die besagte, mehrmals wiederaufgelegte Karte von Efim Karskij über die „belaruthenischen Stämme“ von 1903[360] stützte, zunächst sogar gar keine Ansprüche auf die westpolesischen Gegenden um Brest, Kobryn und Pinsk gestellt.[361] (Hingegen erfasste die Karte die Kreise *(uezda)* Brjansk[362] und Smolensk[363] als belaruthenisch, wo 1897 nur jeweils 1 % diese Sprache als Muttersprache angegeben hatten).

Die BNR territorialisiert und grenzt. Zunächst hatte die BNR Polesien noch nicht territorialisiert. In der Unabhängigkeitserklärung (dem 3. Universal) der BNR hieß es dann: „Die belaruthenische Volksrepublik soll alle Gebiete umfassen, in denen das belaruthenische Volk lebt und eine Mehrheit hat, das heißt: Die Gegenden um Mahilëŭ, der belaruthenische Teil der Minsker Gegend, Vil'nja [Vilnius], Vicebsk, Smalensk, Čarnihoŭ [Černihiv], und die angrenzenden Teile der benachbarten Gouvernements, die von Belaruthenen besiedelt sind,“[364] was über die polesischen Gebiete deshalb alles offen lässt, weil gerade hier unklar war, wo die Belaruthenen die Mehrheit der Bevölkerung stellten, welche Selbstzuschreibung also die Polesierinnen und Polesier in Land und Schtetl vornehmen würden. Anderthalb Wochen später ist in einem Memorandum des Volkssekretariats der BNR davon die Rede, die Grenze verlaufe „entlang des Flusses Prypjac“.[365]

Doch bald gingen die BNR-Vertreter dazu über, die Grenze weiter südlich entlang der alten Gouvernementsgrenzen zu zeichnen, mit Włodawa als westlichem Punkt der belaruthenisch-ukrainischen Grenzlinie und registrierten, dass die UNR und die Vertreter des Deutschen Reichs anderer Meinung waren.[366]

Forderungen der BNR an die UNR hinsichtlich der polesischen Gebiete. Der Februarvertrag hatte die Grenze nur in Westpolesien festgelegt,[367] was hingegen östlich des nördlich von Pinsk gelegenen Vyhanoŭskae-Sees, also östlich der Schützengräben der Mittelmächte (Stand: Januar 1918) geschehen würde, war für die Deutschen Besatzer wohl uninteressanter gewesen. Wie gesehen, hatten die Vertreter der BNR Westpolesien mit Brest

359 Historyja Pinska 2012, S. 386.
360 https://be.wikipedia.org/wiki/Яўхім_Фёдаравіч_Карскі#/media/File:Belarusians_1903.jpg.
361 NARB Bestand 325-1, Sign. 8, Blatt 16=17; auch Leon Wasilewski hatte die belaruthenisch-ukrainische Grenze entlang der Linie „Wald von Białowież, oberhalb Prużany, dann am Nordostrand des Bezirks Pinsk „von der Szczara bis zur Pripet gegenüber Davidgródek“, weiter entlang der „Pripet“ bis „Mozyrz“, „Owrucz“ und von hier „entlang der Gouvernementsgrenze bis zum Dnepr“ beschrieben: Wasilewski, Leon: Die Ostprovinzen des alten Polenreiches. (Lithauen und Weißruthenien. Die Landschaft Chełm. Ostgalizien. Die Ukraina), Krakau 1916, S. 71-72.
362 http://demoscope.ru/weekly/ssp/rus_lan_97_Uezd.php?reg=1420.
363 http://demoscope.ru/weekly/ssp/rus_lan_97_Uezd.php?reg=1384.
364 Drittes Universal der BNR, Verkündung der BNR am 25.03.1918, In: Archivy BNR 1,1, S. 62-63.
365 Volkssekretariat der BNR an den Kanzler Deutschlands 5.4.1918, In: Archivy BNR 1,1, S. 79.
366 NARB Bestand 325-1, Sign. 21, Blatt 53-56, hier S. 53-54.
367 Artikel II, Absatz 2 https://de.wikisource.org/wiki/Friedensvertrag_zwischen_Deutschland,_%C3%96sterreich-Ungarn,_Bulgarien_und_der_T%C3%BCrkei_einerseits_und_der_Ukrainischen_Volksrepublik_anderseits

und Kobryn (noch) nicht beansprucht. Da die UNR die einzige über eine gewisse Staatlichkeit verfügende Einrichtung war, die die BNR anerkannte, konnten die BNR-Verhandlungsführer in Kiew und anderswo wenig erreichen.

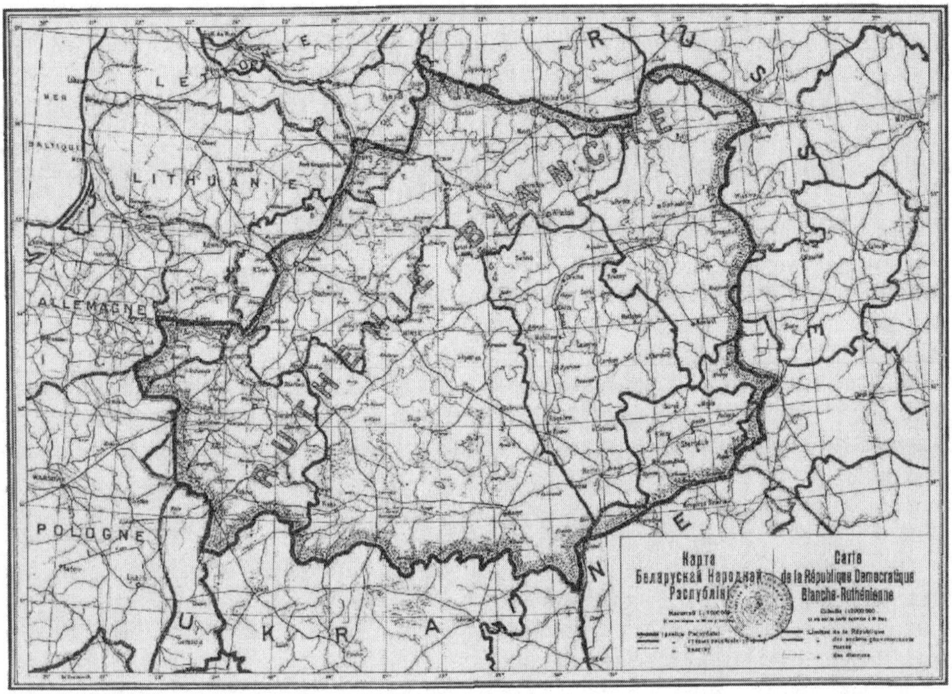

Abbildung 10: Die Akteure der Belaruthenischen Volksrepublik (BNR) verwendeten ab 1919 diese Karte, um das beanspruchte Territorium von Białystok bis Smolensk darzustellen. Zunächst hatte man sich noch nach der „Karte des belaruthenischen Stammes" von Efimij Karskij von 1903, (vgl. Abbildung 9) gerichtet, die die polesischen Gebiete um Brest und Pinsk als ukrainisch ansahen.
Quelle: http://www.karty.by/wp-content/uploads/2011/01/BNR.jpg public domain; vgl. Jäger 1919

Doch beriet man bald in heftiger Form, wie man die Frage der BNR-Südgrenze mit den Ukrainern klären solle. Der Wissenschaftler M.V. Dovnar-Zapol'skij, damals Leiter der belaruthenischen Handelsvertretung in der Ukraine,[368] schlug vor, auf dem Prinzip der Selbstbestimmung auch dieser polesischen Region zu beharren; Unterhändler A. Cvikevič jedoch wies darauf hin, dass man die Wahlen in diesen Gebieten wohl kaum gewinnen werde. Dovnar-Zapol'skij beabsichtigte auch, die Verhandlungen mit der UNR dadurch eskalieren zu lassen, dass man von ihr den Rückzug vom Vyhanoŭskae-Sees und der Eisenbahnlinie Pinsk-Homel' verlange. Doch da man das Vorbringen dieser Forderung in einer sofortigen

368 https://be.wikipedia.org/wiki/Мітрафан_Віктаравіч_Доўнар-Запольскі#У_палітыцы.

ultimativen Form für nicht zweckdienlich hielt, entwickelte man Eskalationsstrategien, wollte sich das Einverständnis des diplomatischen Vertreters des Deutschen Reichs bei der UNR, Adolf Mumm von Schwarzenstein einholen.[369]

Das Thema Südgrenze der BNR beschäftigte die BNR-Rada und das Volkssekretariat also mehr, als in der allgemeinen Erzählung über die Geschichte der belaruthenischen Staatlichkeit für gewöhnlich überliefert wird. Am 14. April 1918 beispielsweise unterbreitete A. Cvikevič in einer internen Unterredung der „Delegation des Volkssekretariats zu der Verhandlungsfrage“ seinen Vorschlag, für „die Kreise Mazyr, Pinsk und Homel“ „als vorübergehend von der Ukraine besetzte Kreise“ „belaruthenische Kommissare“ zu ernennen. Man beschloss zwar, dies durchzuführen und besagte Kommissare materiell entsprechend auszustatten, gleichzeitig sollte dies aber in Einvernehmen mit den – laut Februar-Friedensvertrag von Brest-Litovsk – dort weilenden UNR-Kommissaren geschehen.[370] Jedenfalls brachte man nun auch Brest, Drahičyn und Kobryn, also Westpolesien, als zur Belarus' gehörende Gebiete ins Spiel.

Am 20. Mai 1918 nahmen jetzt auch „die Vertreter der Homeler belaruthenischen Organisationen, K. Huška und Ja. Nececki“ an einem Treffen über die Außenpolitischen Verhandlungen teil,[371] beantragten bei der Rada der BNR Geldzuschüsse, „weil die [Homeler] Rada eine große politische Bedeutung für die Gegend von Černihiv, für die Kreise (*Uezda*) Rėčyca, Mazyr und Pinsk“ hätte. Insbesondere, da bis jetzt „keine profunde Verwaltung“ existierte, wurden 3.000 Rubel bewilligt.[372] Ein Gegencheck zeigt aber, dass die belaruthenischen Organisationen im Homeler politischen Leben keine Bedeutung hatten.

> „Die ukrainische Seite ignorierte die Interessen der belaruthenischen politischen Elite, wohl wissend, dass die Regierung der BNR in ihrem Land keine reale Macht darstellte, dass Deutschland die Belaruthenische Republik nicht anerkannte, und dass die Zukunft und Form der belaruthenischen Staatlichkeit bis zuletzt bei den belaruthenischen „Unabhängigen“ (*„Nezaležniki“)* selbst nicht festgelegt war.“[373]

Es gab zwar heftige Proteste des belaruthenischen Lagers: Die UNR berufe und begründe sich zwar auf Selbstbestimmung und Selbstbefreiung, betreibe aber eine „Selbstbestimmung mit Annexion“.[374] Man habe zwar keine Illusionen mehr gegenüber der UNR, aber die Ukrainer sollten nicht vergessen, dass die Belarus' lebt und leben wird, und dass man lieber in gegenseitigem Interesse handeln solle.[375] Doch die faktische Nichtbefassung der polesischen Frage durch die UNR reichte aus, um die Sache im Sande verlaufen zu lassen. Es blieb bei der nominellen Herrschaft der UNR über Polesien, wie sie im Februarvertrag von Brest-Litovsk festgelegt war.

Die UNR territorialisiert und grenzt. Verhandlungen zwischen der Ukraine und Sowjetrussland über die im März-Vertrag von Brest-Litovsk vorgesehene Einigung über

369 Archivy BNR 1, 1, S. 118-119 # 0273. (21.04.1918)
370 Archivy BNR 1, 1, S. 95 # 0225. (14.04.1918).
371 Archivy BNR 1, 1, S. 154-157 # 0395, hier S. 154.
372 Archivy BNR 1, 1, S. 154-157 # 0395, hier S. 156.
373 Historyja Pinska 2012, S. 386.
374 Ebenda, S. 387.
375 Ebenda, S. 386.

den Grenzverlauf begannen am 23. Mai 1918.[376] Das Innenministerium der zwar seit 9. Februar 1918 anerkannten, aber ebenfalls schwachen und von Putschen und Gegenputschen zerrütteten Ukraine arbeitete erst Ende Sommer 1918 einen Gesetzesentwurf über die Staatsgrenzen der Ukraine aus, was man als einen ersten Schritt zur Territorialisierung ansehen sollte. Demgemäß sollten der Landkreis Homel' in das Gouvernement Černihiv, die Landkreise Mazyr und Rėčyca in das Gouv. Kiew, die Landkreise Kobryn und Pinsk in das Gouvernement Wolhynien eingehen. Am 4. August 1918 erblickte ein anderer Entwurf das Licht der Welt, demzufolge die Gegenden um Homel, Rėčyca, Mazyr und Pinsk einen eigenen „Bezirk Polesien" zu bilden hatten, mit Mazyr als Hauptstadt. Die Grenze sollte am Fluss Ščara entlang, über Ljubašaŭ – Kruhovičy, Loktyčy, Čėpeli, Pahost, Urėčča, Paseki, Sluck, Brarova nach Novy Scep, und dann im Gouvernement Mahileŭ entlang des Flusses Dnepr vier Verst nördlich von Žlobin bis Račyn, Čapjatovičy entlang des Flüsschens Soža und von dort zur Grenze des Gouv. Černihiv verlaufen.[377] Eine Vorlage der ukrainischen Delegation in den ukrainisch-russischen Verhandlungen vom 3. Oktober 1918 sah schließlich die genaue UNR-Nordgrenze vom Vyhanoŭskae-See ostwärts weit in heute belaruthenische Gebiete hinein über Sluck und Žlobin zum Dnepr hin vor.[378]

Im April 1918 wollte die UNR in einem auf Ukrainisch abgefassten Schreiben wissen, wie viele Lokomotiven und Waggons die „Bolschewiki" (nur einmal Sowjetarmee *„Sovetskie Vojska"* genannt[379]) bei ihrem Rückzug aus dem Bereich der Polesischen Eisenbahnen mitgenommen haben. [380] Zehn Antworten der einzelnen Eisenbahnstationen fasste die Verwaltungszentrale bis Mai 1918 zusammen,[381] auch über „zerstörtes" Material. (Ein Bericht kam auch aus Novozybkov[382], wobei man sich dort wohl verrechnet hat.[383]) Es gab also durchaus Bestrebungen der UNR, in Polesien Fuß zu fassen. Aber die Territorialisierung der UNR auf dem Papier ging auch in Polesien nicht mit einer tatsächlichen Territorialherrschaft einher. Die Stadtduma in Homel' und der Grundbesitzerverein der *Uezd*e Pinsk, Mazyr, Rėčyca und Homel' protestierten dagegen, dass die Gegend der UNR zugeschlagen werden sollte[384], und zwar nicht deshalb, weil man lieber unter die Obhut der Bolschewiki wollte. So blieb es denn bei der zumindest formalen Herrschaft der UNR in Polesien und

376 Mirni perehovory miž Ukrains'koju deržavoju ta RSFSR 1918 r. Protokoly i stenohramy plenarnych zasidan'. Zbirnik dokumentiv i materialiv, Kyiv [u.a.] 1999, S. 35.
Die Autorin dankt Boleslav Chernych für den Literaturhinweis.

377 nach Historyja Pinska 2012, S. 386-387.

378 Genauer entlang folgender Orte und Flüsse: rosijs'ko-ukraïns'ku mežu, počinajuči vid Vigonovs'kogo ozera na schid, v takim naprjami: V mežach Mins'koï hubernii – po r. Šari, dali na Ljubaševo, Kruhoviči, Loktiši, Čepeli, Pohost; na Uriččja, Pasiki, Sluck, Borovu, Nov. Step. V mežach Mohilivs'koï hubernii: na Dnipro, 4 versti višče Žlobina, dali na Rahin, Šepetoviči; po r. Sožu do r. Besidi, dali na Svjats'ke. Zvidsi po administrativnij meži Černihivs'koï hubernii do Krasnoho Rohu, dali na Semec – Trubčevsk – po r. Nerusi, po r. Sivu do r. Tari na Aneškoviči – Orlja." Nach: Nota ukraïns'koï delehacii z propozicieju pristupiti do konkretnoï roboti po vstanovlennju deržavnoho kordonu miž Ukraïnoju i RSFRR, In: Mirni perehovory miž ukrains'koju deržavoju ta RSFSR 1918 r. Protokoly i stenohramy plenarnych zasidan'. Zbirnik dokumentiv i materialiv, Kyiv [u.a.] 1999, S. 341-343, hier S. 342.

379 NIAB Bestand 2415-1, Sign. 465, Blatt 250.

380 Ebenda.

381 NIAB Bestand 2415-1, Sign. 465, Blatt 44-45.

382 NIAB Bestand 2415-1, Sign. 465, Blatt 36.

383 NIAB Bestand 2415-1, Sign. 465, Blatt 114/282.

384 Archivy BNR 1, 1, S. 147l, #0369.

dem bloßen Abheften von Anweisungen aus Kiew, solange nicht die Bolschewiki die Obermacht zu bekommen drohten,[385] was für die Stadtverwaltung die noch schlechtere Lösung gewesen wäre. Tatsächlich hatten ja Ukrainische Rada, Skoropads'kyj und Direktorium unter Petljura damit zu kämpfen, selbst Kiew gegenüber den jeweils anderen und den Sowjettruppen zu halten.

Weiter westlich, in Pinsk, herrschten Armut und Epidemien wie Diphtherie und Typhus. Die Krankenhäuser waren überfüllt. Das immer noch existierende Bürgerkomitee konnte nichts Reelles für die Bevölkerung tun,[386] geschweige denn Rückkehrer aus anderen alten oder neu entstandenen Ländern mit einem Dach über dem Kopf oder Nahrung versorgen. Man lebte in Ruinen oder Synagogen und anderen Gebetshäusern.[387]

BNR und Polesien. Das Geschilderte ist zudem ein Hinweis darauf, dass Polesien der belaruthenischen Nationalbewegung ebenfalls nicht übermäßig wichtig war. So, wie Königsberg in der Region für Deutschland der zentrale Ort der Region war, so war dies Vilnius (Wilna) für die Staatswerdung der Belarus' in der Region. Mit dem geografischen Abstand eines Ortes von Vilnius in Richtung Osten und Süden nahm für die Bedeutung für diese Bewegung entscheidend ab. Vilnius war – ähnlich wie für die Litauer – die Hauptstadt der belaruthenischen Bewegung, auch wenn dort nur wenige Belaruthenen gelebt hatten.

Damals intellektuelle Ideen wie die des Nationalstaates entstanden sehr stark in Universitätsstädten. Selbst aus belaruthenischer Perspektive lag Polesien weit weg. Die Geburtsorte von Schriftstellern und Intellektuellen der belaruthenischen Bewegung lagen selten in Polesien. Ausnahme in der Bewegung und wie in seiner Familie war Roman Skirmunt, von dem weiter unten ausführlicher die Rede sein wird. Jakub Kolas verbrachte einige – in seinem schriftstellerischen Schaffen durchaus produktive – Jahre seines Lebens in Pinkavičy und in Pinsk; aber gerade in Polesien, vielleicht noch mehr als in anderen belaruthenischen Regionen, sind auch Aufenthalte russischer Schriftsteller wie Blok, Dostoevskij und Leskov wie auch polnischer Schriftstellerinnen wie Maria Rodziewiczówna und Eliza Orzeszkowa bezeugt.[388]

Jedenfalls spielte die belaruthenische Nationalbewegung in Homel' genauso wenig eine Rolle wie die UNR. In Pinsk hatte sich unter deutschländischer Besatzung die jüdische Bevölkerungsmehrheit nicht mit belaruthenischen Nationalbewegten auseinandersetzen (oder zusammenarbeiten) zu brauchen. Dies war im nicht ganz so jüdischen Brest und in den Schteteln entlang der Eisenbahnlinie nicht anders. Als südlichsten städtischen Außenposten der belaruthenischen kann man das gleich nördlich von Polesien gelegene Sluck (sprich: Sluzk) ansehen, das literarisch wie aufstandsmäßig eine sehr große Rolle in der belaruthenischen Nationalbewegung spielte.

Die Herrschaft der BNR, lag ihr Sitz nun in Minsk oder später in Vilnius oder Kaunas, hatte selten eine größere Reichweite, reichte eigentlich nie bis Polesien. Sie ging auch nicht besonders in die Tiefe, so dass die Regierung dieser Republik ständig auf der Suche nach ihrem Souverän war. Man sprach zwar – ähnlich wie die Bolschewiki – ohne zu zögern davon, im Namen des gesamten Volkes zu handeln, allein, das Volk ging nicht hin. Es nimmt

385 Takoeva 2014, S. 19.
386 Shohet 2012, S. 359.
387 Shohet 2012, S. 361; Historyja Pinska 2012, S. 386-387.
388 https://pl.wikipedia.org/wiki/Kategoria:Ludzie_zwi%C4%85zani_z_Polesiem.

daher nicht Wunder, dass eine der ersten Herrschaftstechniken der BNR darin bestand, sich die schon existierende örtliche Herrschaftsebene zu unterstellen zu versuchen. Die Duma von Minsk wies diesen Anspruch im April 1918 deutlich zurück (siehe unten).

2.9 Ethnisierung als *„nacional'nost'"* – die Karriere eines Begriffs

Außer in der UNR hatte die BNR keinerlei Vorbild.[389] Neben der militärisch-politischen Schwäche dieses proklamierten Nationalstaats, dieser Proklamations-Intervention, muss also auch dessen Laborhaftigkeit in Rechnung gestellt werden. Neben Uneindeutigkeiten der Politik in Boden- und anderen sozialen Fragen wirkte die beabsichtigte Lösung der Nationalitätenfrage unausgegoren. Am 29. März 1918, also vier Tage nach Ausrufung der BNR, legte man genau fest, welcher Nationalität jemand auf welchem Posten dieses Staates anzugehören habe.[390] Als postenführende Nationalitäten (oder Ethnien) waren Belaruthenen, Polen, Juden und Großrussen vorgesehen. (Der Name „Großrussen" aus der Feder von nationalbewussten Belaruthenen mag irritieren, aber einfach nur „Russen" zu schreiben wäre missverständlich gewesen, denn der Begriff „Russen" war noch als Sammelbegriff für „Groß-, Klein- und Belarussen" im Sprachgebrauch.) Solch eine Institutionalisierung von Nationalitäten bis in die Verfassungsorgane hinein sollten wir nicht als einen unbedeutenden Spleen der staatsrechtlich und diplomatisch unerfahrenen Belaruthenen abtun: Noch bis heute bleiben in der Verfassung solche Regeln des Libanon reell und der Republik Zypern nominell gültig, und auch in Südtirol werden die Dinge nach Nationalitäten geordnet.

Wie wichtig der BNR die Nationalitätenfrage war, erkennen wir auch daran, dass in dieser Situation des Kaum-Agieren-Könnens einer der wenigen und einer der ersten Schritte des von Jazėp Varonka[391] geleiteten Volkssekretariats der kaum existierenden BNR ein undatierter Entwurf für einen Runderlass verbreitet wurde, dass ein präzises Verzeichnis der Einwohner in ihrem territorialen Gebiet anzulegen und der Zentrale zuzusenden sei.[392] An wen Jazėp Varonka oder sein Nachfolger dieses Schreiben geschickt hatte, habe ich nicht herausgefunden; örtliche oder Landbezirks- (*„krajovye"*) Radas gab es im März/April 1918 zumindest in Mahilёŭ, Babrujsk, Radaškovičy, Barysaŭ, Sluck, Nesviž, Navahrudak und Kojdanava (heute: Dzjaržinsk)[393], in Polesien wohl immerhin in Rėčyca.[394]

Tatsächlich hat die BNR sehr wenige Staats- und Staatsverwaltungsaktivitäten gezeigt, die auf eine Festigung der Verwaltung und eine Durchdringung in der Tiefe abzielten. Unterhalb der Republiksebene gab es eine Rada in verschiedenen genannten Städten. Gut erhalten ist die Korrespondenz mit dem Belaruthenischen Nationalen Kommissariat (Belo-

---

389 Kascjuk, Michail Paŭlavič: Belaruskaja Narodnaja Rėspublika – Ukrainskaja Narodnaja Rėspublika. Nekatoryja asablivasci šljachu i ŭzaemaadnosin, In: Derselbe: Šljach da isciny. Histaryčnaja navuka Belarusi ŭ kancy XX – pačatku XXI. st., Minsk 2015, S. 139-148.

390 Archivy BNR 1,1, S. 66-67 #0147.

391 https://be.wikipedia.org/wiki/Язэп_Якайлевіч_Варонка.

392 NARB Bestand 325-1, Sign. 19- Blatt 33 „Proekt" instrukcii uezdnym" načalnikam"/sovetnikam"/ Belorusskoj Narodnoj respubliki, kommandirovannym na uezde", §5, ca. April-Mai 1918.

393 Historyja Belaruskaj Dzjaržaŭnasci, č.1, Minsk 2011, S. 375.

394 NARB Bestand 325-1, Sign. 21, Blatt 211.

russkij Nacional'nyj Kommissariat) in Odessa.[395] Viel mehr habe ich im Archiv nicht gesehen.

Da nach einer klassischen Definition von Georg Jellinek zu einem Staat nicht nur Geld, Armee und Territorium gehörten, sondern, was ja irgendwie als selbstverständlich vorhanden vorausgesetzt wird, auch eine Bevölkerung, die die jeweilige Staatsangehörigkeit besitzen oder wenigstens deren Untertan sein soll, ist diese Registrierung zwar etwas voluntaristisch, aber für ihre Zeit keine absurde Idee gewesen. Ob die Ober Ost- und anderen Deutschen ihnen dies eingeflüstert haben, ob das Sekretariat der BNR davon ideologisch beeinflusst war, oder ob man vielleicht tatsächlich nur eine Datenbasis für eine Wahl zu grundlegenden Staatlichen Organen haben wollte, ist unklar.

Nationalität – Nacional'nost'. Bezeichnend ist, dass die örtlichen und regionalen Behörden neben üblichen Daten auch die „Nationalität“ *(nacyjanalnasc', nacional'nost')* der Betreffenden erfragen und verzeichnen sollten.[396] Es ist dies nicht nur deshalb so besonders bemerkenswert, weil gerade in der Belarus, gerade in Polesien die Frage nach der ethnischen Identität, oder allgemeiner, nach der Frage „Wer bist Du?“, für viele dort Lebende besonders schwer zu beantworten war.[397] In der Volkszählung von 1897 hatte der Staat Sprache und Religion/Konfession *(veroispovedanie),* nicht aber *„Volkszugehörigkeit“* oder *„Nationalität“* abgefragt.[398] In den polesischen Landkreisen des Gouvernements Hrodna/Grodno hatten die Befragten ganz andere Antworten gegeben als in denen des Gouvernements Minsk (siehe unten): Ganz offensichtlich gab es für die Befragenden also Vorschläge, was sie bei den von ihnen Befragten als Muttersprache eintragen sollten.

Registrierkarten nach nationalen Kriterien kannten auch die schon im Dezember 1915 angefertigten Journalseiten über Daten der Flüchtlinge.[399] Viele nannten sich Russen *(„Russkie“).* Was damit gemeint war, ist aber nicht eindeutig, weil z.B. die Volkszählung 1897 unter diesem Begriff Groß-, Klein- und Weißrussisch- *(belorusskij)* Sprechende (!) subsumiert hatte.

Varonka sah nun, etwa im April 1918 fünf Rubriken vor: „Belaruthenen“, „Polen“, „Litauer“, „Ukrainer“ und „sonstige“, wohin offensichtlich Juden und Russen einzusortieren waren.[400] Der Begriff der *nacional'nost'* tauchte in dem Zirkular von Varonka nicht zum ersten Mal auf, war aber zuvor noch nicht als amtliche Kategorie eingeführt gewesen.

In der alten Ordnung hatte *nacional'nost'* keinen rechtlichen Begriff dargestellt. Es gab unterschiedliche Rechte und Rechtsprechung für Stände und Religionen, auch die Regionen kannten eigene nur für sie oder für sie nicht geltende Gesetze, wie wir z.B. an der Existenz des jüdischen Ansiedlungsrayons sehen können. Sehr wohl kannte man die offiziell-staatliche Trennung nach Religionen, besonders ausgeprägt im *Millet*-System des Osmanischen Reichs. Und seit Jahrhunderten gab es das Ständesystem.

Während des Ersten Weltkriegs machte der Begriff *nacional'nost'* Karriere. Wir kennen das Prinzip des Eintrags der *„nacional'nost'“* aus der Sowjetunion, sichtbar in den sowjetischen Pässen. Doch war auch dies damals recht ungewöhnlich.

395 NARB Bestand 325-1, Sign. 10, Blatt 1-30/31.
396 NARB Bestand 325-1, Sign. 19, §5.
397 Zuletzt: Törnquist-Plewa 1998, zitiert in: Rudling 2015, S. 3-4.
398 Pervaja vseobščaja perepis' naselenija Rossijskoj Imperii 1897 goda.
399 NIAB Bestand 295-1, Sign. 9030-148ob; NIAB Bestand 325-1, Sign.886, t1 & t2, mehr siehe oben.
400 NARB Bestand 325-1, Sign. 19 Blatt 33.

Dass die BNR keine getrennte Erfassung nach Religionen wollte, kann man gut verstehen, weil sie keine Trennung der Belaruthenen nach Orthodoxen und Katholiken wollte (siehe oben und unten im allgemeinen Teil). Sie kannte auch keinen Stand, und dass die Belaruthenen gar keine soziale Differenzierung nach Schichten hätten, diese Vorstellung sollte später immer wieder vorgebracht wie auch kritisiert werden. Das Paradoxe an der BNR war, dass sie einen Nationalstaat wollte und in einer ihrer ersten Amtshandlungen nach Nationalitäten trennte. Ihre Protagonisten mussten darlegen, ob sie selbstverständlich von einem Staatsvolk der Belaruthenen ausgingen, die anderen also als Minderheiten beschrieben, oder für alle Nationalitäten da sein wollten.

Der besagte Runderlass Varonkas war einer der wenigen (erhaltenen) Verwaltungsaktivitäten der BNR im engeren Sinne überhaupt. Ob er abgeschickt wurde, angekommen ist und wo, und wenn ja, ob er nicht einfach abgelegt oder weggeworfen worden ist, ob es gar Rückläufer gab, muss wohl unbekannt bleiben.

Das galt natürlich erst Recht für Polesien, wohin die BNR vielleicht kaum Briefe hätte senden können, die der deutschländischen Militärzensur entgangen wären. Ein Bonmot von Per Rudling[401] ist, dass die BNR zwar Briefmarken druckte, aber über keine Post verfügte.

Immerhin gab es in Rėčyca zwei Zemstvo-Vertreter, die sich über die staatliche Zugehörigkeit Polesiens insofern Gedanken machten, als sie das Volkssekretariat der BNR am 13. Mai 1918 in Minsk besuchten und mit Jazėp Varonka und Arkadz' Smolič Gespräche über die belaruthenisch-ukrainischen Verhandlungen über Polesien führten.[402]

Sowohl die Akteure Polesiens, als auch die der Ukraine und der Belarus' verfügten über wenige politische Kräfte in Polesien. Einzig die Zionisten von *Zeire Zion* und *Poalej Zion* und der Jüdische Bund waren dort zu Hause, aber nur in den Städten.

Roman Skirmunt. Eine Ausnahme stellte Roman Skirmunt dar, dessen Gut Parėčče in der Nähe von Pinsk lag. Wie anhand von im Jahr 1915 aus dem *Uezd* Pinsk evakuierten Grundbesitzplänen und Flurkarten nachvollziehbar ist, war Roman Spross einer weitverzweigten, hauptsächlich in Mittel-Polesien ansässigen Adelsfamilie.[403] Er war der einzige polesische Akteur, der in einer Liste von Aktivisten erwähnt wurde, die im Sekretariat der BNR existierte[404] und eine führende Rolle in der BNR spielte – alle anderen belaruthenischen Aktivisten waren aus Orten wie Minsk, Mahileŭ, sogar Druja. Er war nicht vollständig polonisiert, spielte in der BNR wegen seiner konservativen An- und Absichten aber auch eine polarisierende Rolle (siehe unten).

Den deutschen Spruch „Ausnahmen bestätigen die Regel“ verwendet man in der Rhetorik gewöhnlich als einfaches Bonmot, mit Hilfe dessen man eine argumentative Schwäche überdeckt und dennoch das Publikum milde stimmt. Der Spruch bedeutet aber mehr: die Ausnahmeerscheinung zeigt auf, unter welchen besonderen Umständen und wie jemand oder etwas anders ist und dennoch in den Kontext passt. Und dies war bei Skirmunt der Fall: seine – wie er selbst katholische – Verwandtschaft interessierte sich wenig für die belaruthenische Frage, weil sie sich überhaupt nicht besonders für politische Fragen interessierte. Skirmunt war aber „produktiv“ tätig, unterhielt zwei Fabriken in Parėčče. Sein Pro-

401 Rudling 2015.
402 Homan Nr. 41 (1918), zitiert in: Historyja Belaruskaj Dzjaržaŭnasci, Minsk 2001, kniha 1, S. 376.
403 NIAB Bestand 915-1, Sign. 69.
404 NARB Bestand 325-1, Sign. 21, Blatt 133.

duktivismus drückte sich nicht in einer Schinderei seiner Belegschaft aus, sondern in einer fast idealtypischen Fürsorglichkeit eines Gutsherrn und Fabrikbesitzers, so ist es jedenfalls mündlich überliefert.[405] Hier habe ich auch die Wurzel seines Belaruthenismus gesucht: Skirmunt generalisierte seine Fabrik- und Gutshofgemeinschaft zu einer Volksgemeinschaft der konfessionell nicht (mehr) definierten Belaruthenen. Er ethnisierte sich zweitens dabei zudem selbst – nämlich als Belaruthene, was drittens Ursache und Folge dessen ist, dass ihm dies wichtiger war als die familiären Bande zu seinen „unproduktiven" Verwandten.

2.10 Die BNR und das Deutsche Reich nebst UNR

Die BNR machte vieles der UNR nach – bis hin zu den Bezeichnungen für Institutionen wie Rada und Universal.[406] Nachdem die Strukturen der belaruthenischen Rada bei den Friedensverhandlungen von Brest-Litovsk, wie gesehen, nicht zugelassen wurden, hängten sie sich an die UNR und kamen in Brest erst an, als Trotzki schon nicht mehr anwesend war. Die Vertreter des Deutschen Reichs erklärten den BNR-Vertretern Cvikevič und Rak-Michajloŭski, dass der Friedenstext schon ausgearbeitet, mithin die Verhandlungen bereits gelaufen seien und führten nurmehr informelle Gespräche.[407]

Auch in den folgenden Monaten kam es zu keiner Anerkennung der BNR durch das Deutsche Kaiserreich, das doch mit der ebenfalls erst unlängst gegründeten UNR im Februar 1918 einen Vertrag zwischen Staaten abgeschlossen hatte.

In ihrer Verzweiflung schickten maßgebende Mitglieder der Belaruthenischen Rada am 25. April ein Telegramm an Kaiser Wilhelm.[408] Die Bolschewiki schlachteten weidlich aus, dass nicht nur Gutsbesitzer, sondern auch Sozialisten einem Monarchen in Berlin huldigten. Die Partei der Linken Sozialrevolutionäre fügten ihrem Protest gegen dieses Telegramm noch eine gewisse nationale oder, wenn man so will, ostslawische Note hinzu, weil sie das Telegramm an den Kaiser einen „Akt des Verrats" nannten.[409] Die Sozialrevolutionäre konnten sich diesen Tonfall im Gegensatz zu den Bolschewiki erlauben, da sie ja nicht in einem plombierten Wagen durchs deutschländische Kaiserreich geleitet worden waren und genauso wenig für die Annahme des Friedensvertrags von Brest-Litovsk gestimmt hatten. Auch die Mitglieder der Rada in Minsk[410] unterschrieben nicht alle.

BNR und Zemstvo. Schwerwiegender als der Protest der Bolschewiki und der Linken Sozialrevolutinäre war der Widerspruch aus den gewählten Institutionen in der Belarus' selbst. Die Minsker Gouvernements-Zemstvo-Versammlung stellte am 20. Mai heraus, dass

---

405 Smaljančuk, Ales': Raman Skirmunt, 1868-1939. Žyccjapis hramadzjanina kraju, Minsk 2018 ist eine umfangreiche Monographie über die Bedeutung Skirmunts. Über die Skirmunts als Unternehmerdynastie vgl. Zaharoddze – 3, Minsk 2001, S. 118 mit weiteren Literaturangaben.

406 Am 24. Mai 1918 war allerdings vorgesehen, die Republik durch einen *Sojm* zu legitimieren, statt weiterhin von Rada zu sprechen. Vgl. NARB Bestand 325-1, Sign. 19, Blatt 208, insgesamt etwa 30 Umbenennungsvorschläge.

407 Mazec 2008, S. 305.

408 Deutschsprachiger Entwurf in NARB Bestand 325-1, Sign. 21, Blatt 146.

409 NARB Bestand 325-1, Sign. 21, Blatt 213.

410 Fraktionen siehe NARB Bestand 325-1, Sign. 21, Blatt 252.

ihr Gremium in allgemeinen, direkten, gleichen und geheimen[411] Wahlen gewählt worden sei,[412] hielt sich selbstverständlich weiterhin für das einzig legitime Organ und wies die Verkündung des Ersten belaruthenischen Staates der Neuzeit grundsätzlich zurück. In einer einstimmig beschlossenen[413] Erklärung enthielt man sich jedweden Gekeifes, sondern berief sich selbst auf die Beschlüsse des Ersten Allbelaruthenischen Kongresses – dies war für die Legitimation der BNR weitaus schmerzhafter. Der Text des Zemstvo machte deutlich, dass es zwar sehr wohl ein Recht auf belaruthenische Staatlichkeit gebe, dass dies aber nur eine Konstituierende Versammlung beschließen könne – die BNR sei hingegen „in ihrer derzeitigen Zusammensetzung“ auf Abwegen. Ironie dabei: Das Zemstvo sah sich nun gehalten, den Staat zu spielen, wo doch der zarische Staat es immer väterlich behindert hatte. Das Gouvernements-Zemstvo war nun gewillt, selbst eine solche Versammlung einzuberufen, die eine allgemeine Legitimation erzielen könnte.

Die Betonung des Zemstvo auf seine allgemeine Legitimation zielte darauf, dass die BNR sich als explizit belaruthenische Republik verstand. Der Vorsitzende der Zemstvo-Versammlung, A.I.Weinstein (Vajnštejn) vom Jüdischen Bund, hatte allen Grund zu dieser Klage, waren doch in der Rada inzwischen keine Menschen mit jüdischen Namen mehr vertreten (siehe Fraktionsliste[414]). Noch am 12. April 1918, also vor dem Brief an Wilhelm II., hatten wenigstens ein Poalej-Zion- und ein Zeire-Zion (S.S.)-Vertreter an Sitzungen der Rada teilgenommen.[415]

BNR, Staatsbürgerlichkeit und Republiksprinzip. Die BNR nannte sich zwar Republik, aber hatte offensichtlich weder das „Republiksprinzip“ richtig verstanden noch ein Konzept von Staatsbürgerlichkeit (*civilité, graždanstvennost',*)[416] gehabt, wenn man mal von der Neutralität gegenüber den Religionsgemeinschaften absieht. Ohne über eine Armee oder Geld zu verfügen, hatte die Zentrale den örtlichen Organen aufgetragen, die Einwohner zu registrieren oder zumindest eine Art Volkszählung durchzuführen. Auch institutionell schienen sich die Vertreter in der Rada wenig daran zu stören, dass ihr Gremium mit den Delegierten aus verschiedenen Vereinen und Parteien weniger an ein Oberstes Gremium des Souveräns, sondern eher an spätere Zusammensetzungen des sowjetischen Allunionskongresses und andere halbstaatliche und staatstragende Vereine mit vielen geborenen Mitgliedern erinnerte: Abschnitt 11 eines Textes über die „derzeitige Zusammensetzung der Rada“ sprach von Vertretern der örtlichen Rada, Zemstvos, höheren Lehranstalten, belaruthenischen religiösen und „Kult“-Vereinigungen, dem orthodoxen Klerus, dem katholischen Klerus, Nationalen Minderheiten [sic!], Grundeigentümern, Kooperativen, Arbeitsgesellschaften *(rabotnickich chaurusaŭ)*, Eisenbahnern, Post- und Telegraf-Angestellten, der Bela-

411 Rezoljucija Minskago Gubernskago Zemskago Sobranija po Belorusskomu voprosu prinjataja 20 Maj 1918 god, In: NARB Bestand 325-1, Sign. 21, Blatt 159.
412 Das war im Juli 1917 die Stadt-Duma, vgl. Ljachoŭski, U.V.: Uplyv peršaj susvetnaj vojny i rėvaljucijnych padzej 1917h. na škol'nuju spravu ŭ Belarusi, In: Oktjabr' 1917 goda v sud'be mirovoj civilizacii. K 90-letiju Oktjabr'skoj revoljucii, Minsk 2008, S. 284-301, hier S. 294.
413 NARB Bestand 325-1, Sign. 21, Blatt 162.
414 NARB Bestand 325-1, Sign. 21, Blatt 252.
415 Zasedanie 5-ie 12 aprelja 1918 goda, NARB Bestand 325-1, Sign. 21, Blatt 118.
416 Vgl. Baberowski, Jörg: Diktaturen der Eindeutigkeit. Ambivalenz und Gewalt im Zarenreich und in der frühen Sowjetunion, In: Moderne Zeiten?: Krieg, Revolution und Gewalt im 20. Jahrhundert, Göttingen 2006, S. 37-59, hier S. 43; polnisch: *obywatelstwo*.

ruthenischen Lehrer-Gesellschaft *(Belaruskaho vučicel'skaho chaurusu)* und anderen Gremien.[417]

Dieser Verbändehuberei hätten die Vertreter der nationalen Minderheiten und verschiedener Religionen und „Kulte“ vielleicht noch zähneknirschend zustimmen können; doch hat die Radaspitze die Belaruthenizität und dessen Staat zunehmend ethnisch, immer weniger geografisch definiert.

Der Erste Belaruthenische Kongress im Dezember 1917 hatte es schwer gehabt, eine Struktur des kommenden Staates zu bestimmen. Er konnte sich zunächst nur auf ein proportionales Wahlsystem und die Berücksichtigung einer Rätestruktur verständigen. In einer dieser nominalistischen Erklärungen noch vor Ausrufung der BNR – in dem Beschluss *(Postanovlenie)* Nr. 1 vom Februar 1918 des Volkssekretariats der Rada erklärte man alle öffentlichen wertvollen Güter als unter die Leitung und Disposition eben dieses Volkssekretariats gehörend, und da war noch von „den Völkern der Belarus“ die Rede.[418] Ja, die Minsker Stadtduma hatte die BNR noch am 18.03.1918 unterstützt.[419]

Nun, nach der Ausrufung der BNR im März 1918 wurde verlangt, dass man nur „bewusste Belaruthenen in die Rada wählen“[420] dürfe, wenn man Rada-Mitglied sein will. Zwar konnten ein solches Bewusstsein ja, wenn man es interpretieren will, auch die Polen, Juden, Russen und Ukrainer ihr eigen nennen. Doch die Richtung schmeckte den Polen, Juden, Russen, Litauern und Ukrainern in der Belarus' nicht.

Als am 12. Juli 1918 schließlich ein „Universal“ dann von „dem belaruthenischen Volk und allen hier siedelnden Völkern“ *(Narod Belaruski i use Narody naseljajučie)* sprach, da hatte man die Ethnien schon hierarchisiert. Man wollte einen „Wilsonschen“ Nationalstaat lenken, kam aber nicht umhin, die Nationalitäten zu erwähnen, wenn man sich noch Chancen auf die Etablierung der BNR ausrechnen wollte.[421]

Spätestens seit dem Telegramm an Kaiser Wilhelm vom 25. April 1918 hatte die Reputation der BNR abgenommen. Die BNR unternahm auch, übrigens ohne dass aus den von mir eingesehenen Dokumenten der damaligen Zeit ein Selbst-Rechtfertigungsbedürfnis heraus zu lesen ist, keine größeren Schritte zu einer allgemeinen Wahl. Selbst Reaktionen auf das, was die Rada tat, wurden rarer. Die Zeitung *Belorusskaja žizn'* vertrat die Position, dass es „Phantasie“ sei, wenn die Rada sich als Legislative und das Sekretariat als Exekutive ansehe – wie es wohl auch die Zeitung *Minskij golos* tue.[422]

Einige Monate später sollte die Polnische Republik ausgerufen werden, mit denselben Mängeln in der nationalen Frage, aber mit viel soliderer Grundlage, was Militär, Geld, und, damit zusammenhängend, Unterstützung von auswärtigen Kräften betraf.

417 NARB Bestand 325-1, Sign. 21, Blatt 122.
418 „Perechodjat" v" vedenie i rasporjaženie Narodnogo Sekretariata Belorussii“, NARB Bestand 325-1, Sign. 21, Blatt 99.
419 Mit Aron Vajnštejn als Erstunterzeichner. Archivy BNR 1,1, S. 57 #0113.
420 Original: „s'vjadomych belarusou“ NARB Bestand 325-1, Sign. 19, Blatt 29, Punkt 2.
421 NARB Bestand 325-1, Sign. 21, Blatt 226.
422 Belorusskaja žizn' 23 Ijunja 1918 goda, In: NARB Bestand 325-1, Sign. 21, Blatt 244.

2.11 Fazit: War Polesien während des Ersten Weltkriegs eine Interventionslandschaft?

Im Gegensatz zu Ober Ost wussten die Akteure des Deutschen Reichs nicht, was sie mit den polesischen Gebieten anstellen sollten.

Ähnlich wie in Ober Ost waren die Mittelmächte unter der Führung des Deutschen Reichs auch hinsichtlich Polesien bereit, sich über sprachliche, ethnische und religiöse Fragen bei der Grenzziehung der in den Friedensverträgen von Brest-Litovsk hinwegzusetzen. Sie hatten allein schon deshalb keine Hemmungen, Polesien der UNR zuzuschlagen, weil ihr Einfluss dadurch gesichert schien. Und im Gegensatz zu der großen Empörung aufgrund der Zuordnung des Gebietes um Chełm kam bezüglich Polesiens kein politischer Konflikt an die Oberfläche öffentlichen Disputs. Die Mittelmächte hatten die „Rokitno-Sümpfe" (Polesien) eher als „Nicht-Ort",[423] als „*No place*"[424] angesehen, denn als ein Gebiet, auf das ein „Weißruthenien" Anspruch erheben könnte, welches in ihren Augen als politische Entität ebenfalls gar nicht existierte.[425]

Dass über Aufstände wie auch Repressionen und überhaupt wenig über diese Region geschrieben, jedenfalls überliefert wurde, heißt nicht, dass es sie dort nicht gab. Vielmehr waren die brutalen Aktionen weniger verstaatlicht und (nicht nur deshalb) weniger beschrieben worden. Eine Rolle dürfte nicht zuletzt die geografisch entfernte Lage gespielt haben.

Es fällt schwer, die Frage nach der Interventionslandschaft zu beantworten.

Westpolesien war durch Krieg, Besetzung, Flucht, Vertreibung ein Territorium gewesen, auf welchem eine militärische und in dessen Windschatten von September 1915 bis Februar 1919 auch eine nichtmilitärische Intervention (gleichwohl unter den Bedingungen einer Kriegsökonomie) stattfand. Aber handelte es sich um eine Landschaftsintervention? Bis zum Abzug der letzten Truppen des Deutschen Reichs blieb Polesien in weiten Strecken eine Anti-Interventionslandschaft. Das heißt: man wollte dort herrschen, aber viel Geld, Waffen und Menschen dafür bereitstellen wollte niemand. Nur einer von mehreren Gründen dafür war der Wunsch, das Schicksal Napoleons nicht erleben zu wollen. Beide Kriegsparteien hatten daraus ihre Schlussfolgerungen gezogen: Das Russländische Reich trat den großen Rückzug 1915 an. Die Militärs des Hohenzollern- und des Habsburgerreichs mit ihrer Angst vor der Weite gingen aus diesem Grund bis Februar 1918 nicht weiter als bis zu der Frontlinie, die sich 2½ Jahre lang in Polesien fast stabil hielt. Ja, es war fast verwunderlich, dass sie überhaupt bis Pinsk gingen.

Neben den militärischen waren Gründe der Ökonomie und der Zivilverwaltung mitentscheidend. Selbst aus näher liegenden Gebieten war der Wald noch nicht abgeholzt, und wegen der schlechten Verkehrsinfrastruktur und der noch wenig entwickelten Forstwirtschaft waren sowohl das Abholzen als auch der Holztransport teuer. Selbst in Ober Ost waren die Gestellungskosten durch die Zentralverwaltungswirtschaft Ludendorffschen Typs sehr hoch.

---

423 Augé, Marc: Nicht-Orte. 4. Auflage, München 2014.

424 Brown, Kate: A biography of no place. From ethnic borderland to Soviet heartland. Cambridge, Mass. 2005.

425 Vgl. Siebert 2018a und 2018b.

Haltung der Einheimischen. Die alte Grundregel bis zum Ersten Weltkrieg lautete: Bauernfamilien, die irgendwelchen Boden auch nur halbwegs ihr eigen nennen konnten, und sei er nur gepachtet, sei es in einer Flurgemeinschaft, sei es in einem feudal verschachtelten Weiderecht, waren bereit, für die Heimat zu kämpfen, hingegen aber in ihrem vornationalen und vielleicht sogar vorethnischen Denken nicht gewillt, sich an Fronten im Ausland verheizen zu lassen. Dies und der Standortvorteil, sich in der Heimat auszukennen (was in Polesien ein besonders wichtiger Faktor war), war kriegsentscheidend. Das vergessen wir hinsichtlich des Ersten Weltkriegs gerade deshalb, weil er in den Revolutionen und Nationalstaatsbildungen endete.

Wie entscheidend der Heimvorteil war, kann man an den militärischen Ereignissen im Jahr 1915 gut erkennen. Ein Vorstoß der Österreich-Ungarischen Armee (IV. Armee Erzherzog Joseph Ferdinand) in Wolhynien „holperte" vom gerade eroberten Luck aus vorwärts, so dass eine breite Flanke entstand. Die „Russen" versteckten sich im Ried und in den Sümpfen, und attackierten diese Flanke zwischen Luck und Rivne. Am 7. Juni 1916 eroberten die Truppen Russlands im Rahmen der Brusilov-Offensive Luck zurück. Es gibt weitere Beispiele, wie sehr Sümpfe eine Rolle spielten.[426]

Man könnte daher geradezu von Polesien als einer Nichtinterventionslandschaft sprechen: Überall wurde interveniert und gekämpft, nur in Polesien lieber nicht. Und ein wichtiger Punkt liegt nach der Lektüre von Norman Stones Werk auf der Hand, wird aber von ihm nicht explizit herausgearbeitet: Die Pripjat'-Sümpfe trennten den Zuständigkeitsbereich vom Deutschen Reich und dem Habsburger Reich (am Anfang wirklich, später, als österreich-ungarische Truppen von Deutschen befehligt wurden, in der Theorie). In dieser Situation kam Pinsk als Frontstadt mitten in den Sümpfen eine militärgeografische Schlüsselstellung zu – aber als Zentrum eines Gebiets, das beide Mittelmächte nicht besonders interessierte.

Die Stadtbevölkerung, in Pinsk zu 75 % von Juden gebildet, die sich im Sumpf nicht verstecken konnte, war zeitweise evakuiert worden, ging teilweise, wenn möglich, selbst in neutrale Gebiete, so dass zu Ende des Krieges nur noch 1/3 der Vorkriegsbevölkerung diese Stadt bewohnte.

Die deutschländischen und habsburgischen Besatzer behandelten die Zivilbevölkerung im Laufe der Kriegszeit unterschiedlich. Zwar wird immer wieder betont, dass alle Seiten mit einem kurzen Krieg von nur mit wenigen Monaten gerechnet hatten. Aber im Verlauf der Jahre gewöhnten sich die Soldaten und die Zivilbevölkerung an Prostitution, Kameraden/Soldaten, Kriegsökonomie, Unterordnung der Zivilbevölkerung, kleine Privilegien in der Lebensmittelzuteilung. Diese Verrohung während der Kriegsjahre ist weniger präsent. Die Folgen, Revolutionen, Nationalismus, Rassismus sind zumeist als Ausfluss des Denkens und Handelns einer ganzen rassistisch orientierten „Privilegiengesellschaft" analysiert worden,[427] nicht hingegen aus dem Verlauf des Ersten Weltkriegs an der Ostfront selbst, sondern allenfalls aus dessen Ergebnis heraus.

---

426 Stone, Norman: The Eastern Front: 1914–1917, London 1975, S. 173, 190.
427 Zimmerer, Jürgen: Die Geburt des Ostlandes aus dem Geiste des Kolonialismus. Die nationalsozialistische Eroberungs- und Beherrschungspolitik in (post-)kolonialer Perspektive, In: Sozial.Geschichte 19(2004), S. 10-43, hier S. 16.

Warum postkoloniale Politik? Warum versuchten sich die deutschländischen Befehlshaber 1918 an der Bildung postkolonial abhängiger Staaten in Osteuropa? Mehrere Dinge spielten eine Rolle. Erstens traute man sich eine Assimilation nicht zu. Die deutschländischen Heere hatten keine größere Erfahrung mit Kontinentaleroberungen. In Ober Ost konnten sie noch assimilieren wollen. Doch gegen Ende des Krieges gaben sie dies ebenfalls auf. In Polen hingegen hatten sie ab November 1916 das „Königreich" ausgerufen, auch wenn dies ursprünglich nur einen offensichtlichen Versuch darstellte, die Haager Landkriegsordnung formal einzuhalten[428], ja, ein bei Bedarf wieder zurücknehmbarer Werbegag war, was schon die polnischen Heeresangehörigen damals durchschauten. Für die Belarus' hatten die deutschländischen Strategen hingegen kein Konzept gehabt: sie hatten Polesien im Februar 1918 der UNR abgetreten, dieses und das Frontgebiet, soweit es nicht zu Ober Ost gehörte, besetzt. Spätestens im Jahr 1918, nach den Russischen Revolutionen, deren beider Protagonisten Freiheit für die Völker versprachen und im Falle Finnlands und Polens auch zunächst wenig gegen eine Umsetzung des Selbstbestimmungsrechtes taten, konnten die Deutschen in Berlin und Kaunas den nationalen Faktor nicht mehr unberücksichtigt lassen. Hinzu kam die populäre Wilson-Doktrin von Januar 1918, auf die sich nun jedes Volk des „Neuen Europa" (George W. Bush) bezog.

Deutschlands „Kolonial"-Politik in Ost- und Mitteleuropa blieb widersprüchlich. Noch im Dezember 1917 hatte es Waffenstillstände und Friedensaussagen, sogar Verbrüderungen gegeben. Am 3. März 1918 unterzeichnete u.a. das Deutsche Reich den Frieden von Brest-Litovsk. Der zuständige General Erich von Falkenhayn soll zuerst für Einhaltung des Vertrags gewesen sein, führte jedenfalls als Begründung für die Nichtanerkennung der BNR durch das Deutsche Reich an, dass die belaruthenischen Gebiete Teil Russlands seien,[429] aber als Chef der X. Armee ab 4. März 1918[430] blies er nicht zum Rückzug aus belaruthenischen Gebieten, wie es im Friedensvertrag vereinbart gewesen ist (siehe Karte). Man blieb in Minsk, gab Befehle gemäß der Haager Landkriegsordnung heraus. Falkenhayn empfing am 27. Mai 1918 eine Delegation der BNR und ließ die schwachen belaruthenischen Strukturen gewähren, solange sie nicht mit dem Ausbau einer eigenen Armee begannen.[431] Die Bevölkerung leistete zunächst keinen Widerstand, zumal sich die Bolschewiki in wenigen Monaten sehr unbeliebt gemacht hatten. In Minsk wurde der wichtige Aktivist und einer der führenden Köpfe des jüdischen Bunds, Aron I. Weinstein (Vajnštejn), Vorsitzender der Duma. Doch wieder war die Deutsche Macht nicht willens oder in der Lage, über ihren Schatten zu springen und eine indirekte Herrschaft systematisch aufzubauen – vielleicht wollten sie ja tatsächlich keine nichtbolschewistische Macht jenseits ihres offiziellen Einflussbereiches.

Hatten sich die Armeeangehörigen und -verantwortlichen vielleicht geschämt, dass sie dieses ihnen nach dem Frieden von Brest-Litovsk gar nicht zugesprochene Gebiet nach dem Vertragsabschluss am 3. März 1918 nicht wieder geräumt hatten? Haben sie nicht erkannt, dass sie wesentliche Teile der politischen Bevölkerung von z.B. Minsk auf ihre Seite hätten

428 Lehnstaedt, Stephan: Imperiale Polenpolitik in den Weltkriegen. Eine vergleichende Studie zu den Mittelmächten und zu NS-Deutschland, Osnabrück 2017, passim.
429 Turonak, Jury: Madėrnaja historyja Belarusi, Vil'nja 2008, S. 524.
430 https://de.wikipedia.org/wiki/Erich_von_Falkenhayn#Rum%C3%A4nien,_Pal%C3%A4stina_und_Russland (02.01.2019).
431 Turonak 2008, S. 525-526.

ziehen können? Hielten sie alle Dumas und Sowjets für britisch gesteuert? Oder ist erneut der Grund darin zu suchen, dass der Krieg schon 3½ Jahre angedauert hatte, dass also die Nerven strapaziert waren? Im Ergebnis verliefen die Dinge wie gehabt: Die Deutsche Kommandantur verhaftete Stadtduma-Mitglieder,[432] woraufhin sich Vajnštejn sowohl an die zentralen Behörden in Berlin und die dortige Vertretung der RSFSR sowie als auch an Moskau[433] wandte. Über eine entgegenkommende Aktion aus Berlin ist nichts bekannt. Berlin rief keine *korenizacija*-Politik aus, kannte keine Belarus' als politische Entität und kein Polesien. Polesien war nominell ukrainisch und die offiziell auf Einladung der UNR seit Februar 1918 auch Ostpolesien besetzende Armee des Deutschen Reichs konnte sich aussuchen, ob sie versuchte, Hungernde, Kranke, Verletzte, Geflüchtete zu versorgen, oder ob sie die besetzten Gebiete nur kurzfristig wirtschaftlich ausbeuten wollte. Eine Strategie ist nicht erkennbar.

432 Belarus' v gody pervoj mirovoj vojny, Sbornik dokumentov, Minsk 2014, #173.
433 Belarus' v gody pervoj mirovoj vojny, Sbornik dokumentov, Minsk 2014, #174.

3. 1918–1920: Griff nach Polesien? Territorialisierung und Entterritorialisierung im Bürgerkrieg durch militante Landschaftsinterventionen

Im Folgenden beleuchte ich einige recht unterschiedliche reguläre und „irreguläre" militärische und militante Interventionen. Ich analysiere Interventionsereignisse, die mit dem Friedensschluss zwischen der Republik Polen und Sowjetrussland (plus der Sowjetukraine) im März 1921 endeten. Dabei streiche ich unter Anderem heraus, dass deutsche Soldaten noch bis Januar 1919 in ganz Polesien verblieben waren – ein in der deutschsprachigen Geschichtsschreibung nicht bekanntes Thema.

Schon vor dem Abzug der Truppen des Deutschen Reiches, der sich von November 1918 bis Februar 1919 hinzog, beanspruchten in Polesien sowjetische, polnische, ukrainische und einheimische Kräfte die Herrschaft. Die belaruthenische Bewegung ist hierbei nicht zu erwähnen, denn sie war ohnehin im ganzen Land schwach, blieb aber in Polesien fast unbedeutend. Der Botschafter der BNR in der Ukraine, Aljaksandr Cvikevič, berichtete z.B. im Dezember 1919 seiner Zentrale, wie schwierig es für ihn, seinen Attaché und die Sekretärin gewesen war, überhaupt aus der Ukraine heraus zu kommen.[1] Die ukrainischen Kräfte (aufeinanderfolgend UNR, Pavlo Skoropads'kyj, das Direktorium unter Petljura) konnten sich in Polesien ebenfalls nicht profunde etablieren.

Kurzer chronologischer Überblick. Deshalb erlebte Polesien von 1918 bis 1920 viele Versuche der Etablierung von Herrschaft, von denen ich nun in den folgenden Unterkapiteln einzelne darstelle.

Schon Anfang 1918 hatte ein in der Zeit der Provisorischen Regierung Russlands gebildetes Erstes Polnisches Korps unter Józef Dowbór-Muśnicki, bestehend vor allem aus dessen 1. Division, gegenüber dem bolschewistischen Russland zunächst seine Neutralität erklärt. Da diese polnische Militäreinheit sich der Roten Armee aber nicht unterordnen wollte, besetzte sie auf eigene Initiative ab Februar Gebiete um Babrujsk, die teilweise nach Polesien hineinreichten. Doch als, wie beschrieben, die Deutsche Reichswehr bis Anfang März 1918 auch die östliche Belarus' besetzt hatte, verlangte sie dessen Auflösung, und das Korps begab sich in die Obhut der deutschländischen Besatzer.

Kurz vor der Kapitulation Deutschlands brach ein „polesischer Aufstand" gegen die Besatzung aus.[2] Doch konnten, hiervon abgesehen, die antideutschländischen Kräfte, erst dann Erfolge gegen die Deutschen verbuchen, nachdem die Revolution nun auch in Berlin den Kaiser zum Abdanken bewegt hatte.

Nach dem Abzug der letzten deutschländischen Truppen aus der Ukraine und der Belarus' rückte die Rote Armee nach Westen ein, auch nach Ostpolesien. Von West nach Ost hingegen arbeiteten sich ab Februar 1919 die Streitkräfte der eben gegründeten Republik

1 Archivy BNR, 1, kniha 1, Vil'nja 1998, S. 609-617, hier S. 611.
2 ÈHB, tom 5, Minsk 1999, S. 385f.

Polen nach Brest, dann im März 1919 nach Pinsk, später in kleinen siegreichen Gefechten gegen die Rote Armee nach Ostpolesien vor. Bis zum Dnepr, allerdings nicht bis nach Homel' reichte die Besatzung, die über den ganzen Winter 1919/1920 andauern sollte.

Dabei errichteten die Truppen unter Staatschef Józef Piłsudski in den belaruthenischen Gebieten keine Militärverwaltung, sondern die „Zivilregierung der Ostgebiete“ (Zarząd Cywilny Ziem Wschodnich, ZCZW).[3]

Der junge Staat Polen konnte sich der Unterstützung durch Frankreich, Großbritannien und der USA ziemlich sicher sein; dies wird in der sowjetischen und dann belaruthenischen Geschichtsschreibung besonders herausgestellt. Nachdem verschiedene streng geheime Verhandlungen zwischen Polen und Sowjets keinen dauerhaften Waffenstillstand erbracht hatten, begann im Frühjahr 1920 eine neue militärische Aktion Polens. Nun betrauten die Sowjets den zarischen General Tuchačevskij mit der Gegenattacke. Ab Mai eroberte die Sowjetarmee die polesischen Gebiete zurück, am 1. August 1920 standen sie in Brest, stießen bis fast vor Warschau vor.[4] (vgl. Abbildung Nr. 12, S. 140) Doch nach dem „Wunder an der Weichsel“ ab dem 16. August 1920 eroberten die polnischen Truppen wieder den größten Teil der Belarus' zurück.[5] Ausgelaugt einigten sich Polen und Sowjetrussland auf Friedensverhandlungen, die am 12. Oktober 1920 zu einem Waffenstillstand führten.

Die kriegerischen Auseinandersetzungen in den Jahren 1919 und 1920 waren keine traditionellen. Es mussten sich sowohl die Sowjets als auch die polnischen Streitkräfte mit bewaffneten Aktivitäten von kleinen Einheiten auseinandersetzen. Sie initiierten oder unterstützten aber auch selbst solches Vorgehen, von dem ich hier neben dem Sonderfall des Korps unter Dowbór-Muśnicki vier exemplarische Beispiele bringe. An der Tagesordnung waren Waffengänge und Pogrome, die die geringe Reichweite der polnischen wie sowjetischen Herrschaft im Sumpf offenbarten.

3.1. Bis Januar 1919: Dowbór-Muśnicki, dessen Erstes Polnisches Korps, „polesischer Aufstand“ und der späte Abzug der Deutschen – Krieg im Krieg?

Intervention 1: das Erste Polnische Korps.

Die Aktivitäten des in der Zeit der Provisorischen Regierung Russlands gebildeten Ersten Polnischen Korps unter Dowbór-Muśnicki wurden wenig beachtet, und wenn doch, so haben sie in der Historiographie sehr unterschiedliche Bewertungen hervorgerufen. Im *Atlas historyczny Polski* ist z.B. dessen geografischer Wirkungskreis als einer von zweien der sich bildenden polnischen Armee überhaupt dargestellt.[6] Durch die flächige Kennzeichnung erscheint das Korps im Gegensatz zu den viel stärker tradierten polnischen Legionen dort als „echte” Truppe. Mehr noch: das von Dowbór-Muśnicki belegte Gebiet wirkt als eine

3 Bezeichnenderweise bis 02.03.2018 nur einen polnischen Wikipedia-Eintrag https://pl.wikipedia.org/wiki/Zarz%C4%85d_Cywilny_Ziem_Wschodnich aber keinen in einer anderen Sprache.

4 Bič, M. V., U. N. Sidarcoŭ und V. M. Famin: Historyja Belarusi XX stahoddze: vučėbny dapamožnik dlja 10–11 klasaŭ sjarėdnjaj školy, Minsk ²1993, S. 131.

5 Bič 1993, S. 132.

von nur zwei territorialisierten Flächen, in denen der polnische Staat 1918 wiedererstanden ist.

In der Tat hatte diese Armee-Einheit, über dessen quantitativen Bestand es ebenfalls unterschiedliche Ansichten gibt, den Vorteil, eine legale Formation der „Russischen Republik”, nämlich das im Juli 1917 gebildete Erste Polnische Korps (als Hauptentität der polnischen Truppen im Osten[7] zu sein. Der in den russländischen Truppen gedient habende[8] Korps-Befehlshaber Józef Dowbór-Muśnicki verlangte und erhielt in seinen Truppen eiserne „vorrevolutionäre“ Disziplin.[9] Er erklärte im Januar 1918 der Sowjetmacht gegenüber zunächst Neutralität. Als er aber am 25. Januar 1918 den Befehl bekam, sich der Sowjetmacht unterzuordnen, erklärte er den Krieg und begann mit antisowjetischen Operationen.[10] 25.000 Mann nahmen ab Ende Januar 1918 Babrujsk[11] mit seiner Festung und Paryčy ein und zerstörten kleinere Orte. Die ebenfalls eingenommenen Orte Rahačoŭ und Žlobin wurden von den Sowjets schon bis 31. Januar 1918 zurück erobert.[12] In Azaričy (*Uezd* Rėčyca) flohen die Einwohner in den Wald.[13] Doch am 13. Februar 1918 wurden die Truppen des Korps auch hier von den Sowjettruppen geschlagen.

Fünf Tage später – die Verhandlungen in Brest-Litovsk waren gerade abgebrochen – begannen die Truppen des Deutschen Reichs mit ihrem Vormarsch. Der Rest des Korps nahm am 19. oder 20. Februar Minsk ein – bald schon deutschländisch besetztes Gebiet.[14]

Dowbór-Muśnicki baute seine Truppen wieder auf und besetzte am 12. März 1918 Mahilëŭ,[15] bevor auch dieser Ort im Osten der Belarus' im Mai von den Deutschen eingenommen wurde. Die Befehlshaber des Deutschen Reichs wünschten aber nicht einmal antibolschewistische Aktivitäten außerhalb ihres eigenen Kommandos. Sie begannen daher am 21. Mai 1918 das Polnischen Korps in dessen Babrujsker Zentrale aufzulösen und die Truppenangehörigen nach Polen zu transportieren. Dieser Prozess zog sich bis zum 8. Juli 1918 hin.[16]

Diese Vorgänge waren ein Vorgeschmack auf das Chaos des Bürgerkriegs mit seinen vielen Frontwechseln gerade kleinerer Einheiten, auch mit seiner Perspektivlosigkeit und dem Wirrsal, das gerade Militärs ergriffen hatte, die keine Oberbefehlshaber hatten.

Denn was hätte das, etwas übertrieben so bezeichnete, Erste Polnische Korps anderes tun können? Dessen Wirkungsbereich, die Gegend um Babrujsk, lag in einer aus polnischer Sicht „zu östlichen“ Gegend, in der es in der einheimischen Zivilbevölkerung zwar gar

6 Atlas historyczny Polski, wydanie 14, Warszawa 1998, S. 43, Karte „Poleskie formacje wojskowe w r. 1918“; leider konnte die Autorin nicht verarbeiten: Mel'nikaŭ, Ihar: Zabyty korpus. Historyja pol'skaha vojska na tėrytoryi Babrujščyny ŭ 1918, 1919–1920 hadach, Minsk 2018.

7 Vgl. https://pl.wikipedia.org/wiki/Wojsko_Polskie_na_Wschodzie_(1914%E2%80%931920),

8 https://pl.wikipedia.org/wiki/J%C3%B3zef_Dowbor-Mu%C5%9Bnicki#I_wojna_%C5%9Bwiatowa.

9 https://ru.wikipedia.org/wiki/Довбор-Мусницкий,_Иосиф_Романович#Формирование_первого_польского_корпуса.

10 Iljustravanaja chranalohija Historyi Brlarusi, Minsk 1995, S. 207.

11 Foto in Iljustravanaja 1995, S. 212.

12 https://ru.wikipedia.org/wiki/Довбор-Мусницкий,_Иосиф_Романович#Формирование_первого_польского_корпуса. https://be.wikipedia.org/wiki/Мяцеж_Дойбар-Мусніцкага.

13 Direnok 1976, S. 71.

14 Iljustravanaja 1995, S. 209.

15 Ebenda, S. 210.

16 https://pl.wikipedia.org/wiki/I_Korpus_Polski_w_Rosji#Dzia%C5%82ania_korpusu.

nicht wenige, aber eben zu wenige Polen gab.[17] Einheimische konnten mit der Idee eines polnischen Staates nichts anfangen. Ich werde auf diese „spatiale" Frage noch zurückkommen.

Diese Tatsache bewirkte, dass sich das Polnische Korps nicht auf die Einwohnerschaft stützen und sich militärisch nicht durchsetzen konnte. Das lag sicher auch an der fehlenden politisch-ideologischen Perspektive Dowbór-Muśnickis, vor allem aber daran, dass es den polnischen Staat damals nur als Versprechungen verschiedenster Mächte, real jedoch nur in Gestalt des Regentschaftsrats (der *Rada Regencyjna*) gab. Allerdings hatte niemand versprochen, dass sich das polnische Staatsgebiet auf Babrujsk oder Rèčyca erstrecken würde.

Dowbór-Muśnicki hatte insofern „Glück", als die Entität, für die er bis Mai 1918 gekämpft hatte, nach November 1918 tatsächlich (allerdings nicht in Babrujsk) existierte: Die Republik Polen. Er konnte daher überleben und ab 1919 in Großpolen eingesetzt werden.[18]

Von März bis November 1918 fanden diese Kampfvorgänge unter deutschländischer Oberherrschaft statt. Doch die deutschländischen Befehlshaber fürchteten einen Krieg im Krieg. Da sie sich weder der Loyalität des Polnischen Korps sicher sein konnten, noch dessen, dass dieses sich gegen antipolnische und probolschewistische (das war damals noch nicht immer dasselbe) Militärformationen behaupten konnte, war die Auflösung des Korps durch die Deutschen ein machtpolitisch folgerichtiger Schritt.

Novemberrevolution 1918 in Deutschland: Soldaten des Deutschen Reiches blieben bis 1919 in Pinsk

Lassen wir dahingestellt sein, inwieweit die militärischen Niederlagen des Deutschen Reichs den Kampfeswillen und daher die Kampfkraft von Offizieren (Sebastian Haffner spricht sogar von Dolchstoß der OHL[19]), Soldaten und Bevölkerung minimierten, oder inwieweit gerade Letzteres die Ursache für Ersteres war. Als Wilhelm II. abdankte, als ein Waffenstillstand mit den Ententestaaten unterschrieben und die Republik ausgerufen wurde, da standen die Soldaten des Deutschen Reiches noch in ganz Polesien bis hin nach Homel'. Die meisten Soldaten wollten nur noch nach Hause, doch es erging kein Befehl zur sofortigen (!) Heimkehr wenigstens an die Vorkriegsstaatsgrenze.

Nicht nur in Deutschland herrscht(e) der Eindruck vor, dass gerade an der Ostfront die Auslösung der Reichswehr mit der Bildung von Freikorps einherging. Doch dies trifft im Wesentlichen für die baltischen Länder zu. In der Belarus' und der Ukraine, also auch in Polesien blieben allerdings, was relativ unbekannt ist, die regulären Strukturen noch bis zu drei Monate lang in kleiner Besetzung bestehen. Die Deutschen, die seit Februar 1918 entlang der Eisenbahnlinien vorgerückt waren, zogen sich nun auf diesem Wege wieder zurück. Sie verließen die östlichste Stadt Polesiens, Homel, im Januar 1919.[20]

---

17 Vgl. Wakar, Włodzimierz: Rozwój terytoryalny narodowości polskiej, cz. III. Statystyka narodowościowa kresów wschodnich, Kielce 1917, S. 65-66.

18 Inostrannaja voennaja intervencija v Belorussii, 1917-1920, Minsk 1990, S. 47-61.

19 Haffner [1964] Köln 2014, S. 101-114.

20 Takoeva 2014, S. 80; Iljustravanaja 1995, S. 214-218 nennt folgende Daten für den Abzug der Truppen des Deutschen Reichs in der gesamten Belarus: 18.09.1918 Lepel', 31.10.1918 Mahilëŭ (die genannten als Folge des deutsch-sowjetischen Zusatzvertrags vom 27.08.1918), 16.11.1918 Bychaŭ, 21.11. Polack, Žlobin, Drysa, 22.11. Rahačoŭ, 26.11. Babrujsk, 02.12. Barysaŭ, 10.12. Minsk, 14.12. Vilejka, 18.12. Maladzečna, 25.12. Vilnius, 27.12. Navahrudak. Es ist also beachtlich, dass die Deutschen das viel weiter westlich gelegene Navahrudak vor Homel' verließen.

Dabei kam es durchaus zu Friktionen und widersprüchlichen Aktivitäten innerhalb der Deutschen Armee. In einem Bericht nach Berlin vom 3. Januar 1919, also immerhin NACH der Kapitulation des Deutschen Reiches, beklagte sich Leutnant d.R. Bergfeld, der „Beauftragte des Generalquartiermeisters der Landstelle Brest Litowsk“ und Vertreter des Soldatenrats, darüber, dass man die Posten und Vorposten verlassen habe, obwohl noch „augenblicklich 46 Waggons mit Manganerzen, Zucker, Fellen etc. der Umladung harren“, die man doch noch aus der Ukraine, aus Südpolesien nach Deutschland schaffen könne. Wie beim Rückzug Napoleons „haben die Leute 4-600 km per Fussmarsch zurückgelegt, einige Formationen führten sogar ihre Toten mit“.[21]

Anders verlief der Rückzug in Homel'. Hier bildeten sich wie anderswo an der Ostfront gemäßigte deutsche Soldatenräte, die mit Vertretern der Stadtduma über ihren freien Abzug in Richtung Westen verhandelten.[22] Doch noch bis Januar 1919 dauerte es, dass die letzten Soldaten des Deutschen Reiches das westlicher gelegene Pinsk verließen[23] und die Machtübernahme durch sowjetische Einheiten am 22. Januar 1919 erfolgt war.[24] Diese „Vertreibung der Deutschen und Petljuraleute“ war längst nicht überall eine gewaltsame. In Parochonsk ging das Verständnis deutschländischer Soldaten so weit, dass sie im Januar 1919 den roten „Partisanen“ „sogar ein Maschinengewehr und viele Patronen schenkten“.[25]

Den abziehenden deutschländischen Truppen rückte im Osten Polesiens die Rote Armee nach, im Westen polnische. Im belaruthenischen wie ukrainischen Polesien gestaltete sich die bolschewistische wie die polnische Intervention und die Etablierung und Territorialisierung der Herrschaft, insbesondere die Durchdringung mit einer Zivilverwaltung besonders schwierig.

Intervention 2: Der bolschewistische „polesische Aufstand“ während des umständlichen Abzugs der Truppen des Deutschen Reichs – ein Aufruhr von unten?

Die sowjetischen Kräfte haben hierbei im Gegensatz zu den polnischen den Schulterschluss mit den Einheimischen gesucht – sei es aus militärischen (oder kriegsökonomischen), sei es aus ideologischen Gründen.

Schon vor der Abdankung der Kaiser der Hohenzollern und der Habsburger bereiteten seit Juni 1918 linksradikale Kräfte einen Aufstand im damals nominell zur Ukraine gehörenden Homel' vor. Die Arbeitsteilung in der zahlenmäßig nicht großen Gruppe funktionierte laut einem der Teilnehmer so, dass die Anarchisten den Straßenkampf übernahmen und die Bolschewiki das Geld gaben. Doch die Massen zogen nicht mit.[26] Die deutschländische Oberherrschaft, die ukrainisch-nationale und die menschewistisch-bundistisch örtliche blieben in Takt, obwohl sie selbst miteinander rivalisierten.

21 Beauftragter des Generalquartiermeisters, Landstelle Brest Litowsk, an „Bedege“ Berlin, In: BA Lichterfelde R3101/858, Blatt 4-6.
22 Takoeva 2014, S. 63, 77.
23 Brief eines Soldaten an seinen Sohn aus Pinsk von 9. Dezember 1918, zitiert in: https://www.europeana.eu/portal/de/record/2020601/contributions_12857.html. Aufzeichnung eines Soldaten, der von Ekaterinoslaw aus am 5. Januar 1919 in Brest eintraf https://www.europeana.eu/portal/de/record/2020601/contributions_241.html.
24 Pamjac'. Pinsk. Minsk 1998, S. 175-176.
25 Pamjac'. Pinsk, Minsk 1998, S. 180-183, hier S. 181.
26 Takoeva 2014, S. 34-45.

Als die Soldaten der Mittelmächte ab November 1918 nach und nach abzogen, waren es im Osten Polesiens bolschewistische Kräfte, die die örtliche Gewalt übernahmen. Zwar war deren Reichweite in ländlichen Gebieten nicht groß. Doch es stießen bei nachlassender deutschländischer Oberherrschaft in das immer noch nominell von einem ukrainischen Staatswesen regierten Polesien seit November 1918 hauptsächlich sowjetische und prosowjetische Kräfte der Linken Sozialrevolutionäre und der Bolschewisten. Gerade auch Juden, die nicht mit den Bolschewiki sympathisierten, schrieben sich in die Rote Armee ein, als deren Gründungsdatum Februar 1918 deshalb angegeben wird, weil die Phase der Friedens- und Demobilisierungsverlautbarungen der Kommunisten nun durch den Aufruf zur Bildung eigener roter Einheiten beendet wurde. Die Bolschewiki unterwarfen sich der Logik der Kriegsökonomie, um an der Macht bleiben zu können.

In Mittelpolesien, in den Gemeinden Hancavičy (Hancewicze), Luninec, Stolin und Dubrovicy (letzteres im ukrainischen Polesien befindlich) gab es nach dem Abzug der Deutschen keine unmittelbaren polnischen oder sowjetischen Machtzentren. Doch auch hier unterstützten die prosowjetischen Kräfte örtliche Initiativen gegen die Raubökonomie der deutschländisch-ukrainischen Streitkräfte, die ganz gemäß dem Brest-Litovsker Februarvertrag viele Eisenbahnwaggons voller Lebensmittel und anderer Kostbarkeiten, zu Zügen zusammen gestellt, aus Polesien abtransportiert hatten.[27]

Den „polesischen Aufstand“[28], in der ukrainischen Geschichtsschreibung als „Dubrovicker bewaffneter Aufstand“ überliefert,[29] können wir als einen Versuch der entstehenden kommunistischen Armee-Einheiten ansehen, mit der örtlichen Bauernschaft einen Schulterschluss zu üben, um sich auf diese Weise festzusetzen. Als sich in Russland die Bolschewiki durch ihre Kriegskommunismus genannte Ausbeutungsökonomie schon gründlich unbeliebt gemacht hatten, begann man am 21. November 1918 in dem Schtetl Dubrovica[30] im ukrainischen Polesien gegen die Mittelmächte und die Hetman-Ukraine den bewaffneten Kampf. Am 1. Dezember informierte der Chef der inzwischen „roten“ Westarmee den Revolutionären Militärsowjet *(RevVoenSovet)* darüber, dass die verbliebenen Teile der Reichswehr aus den Bezirken Rėčyca, Kalinkavičy und Luninec abziehen wollten und der deutschländische Soldatenrat in der Frage der Herrschaft in dieser Region neutral sein wolle.

224 Menschen wählten in Stolin am 25. Dezember 1918 nach dem Vorbild von anderen Orten ein Kriegsrevolutionäres Komitee mit Ryhar Astroŭski an der Spitze.[31] Man tat sich mit dem 1. und dem 2. Polesischen Regiment sowie dem 1. Dubrovicker Regiment zusammen, befahl allen Männern im Alter zwischen 20 und 30 Jahren, an dem Aufstand teilzunehmen. Die sich hinziehenden Verhandlungen mit den deutschländischen Soldaten kamen Anfang Januar 1919 zu einem erfolgreichen Abschluss, als Letztere den bolschewistisch

27 https://be-tarask.wikipedia.org/wiki/Палескае пайстаньне 1918– 1919 гадой

28 https://be.wikipedia.org/wiki/Палескае_паўстанне_(1918—1919) https://be-tarask.wikipedia.org/wiki/Палескае_пайстаньне_1918 – 1919_гадой.

29 So die ukrainische Wikipedia bis 2017; https://uk.wikipedia.org/wiki/w/index.php?title=Дубровицьке_збройне_повстання&redirect=no; http://leksika.com.ua/18490812/ure/dubrovitske_zbroyne_povstannya_1918-19.

30 wahrscheinlich https://ru.wikipedia.org/wiki/Дубровица gemeint, siehe aber https://ru.wikipedia.org/wiki/Дубровица_(значения).

31 Nicht zu verwechseln mit Radislaŭ Astroŭski, der später den Nazis zur Verfügung stand.

dominierten Aufständischen den Großteil der militärischen Infrastruktur gegen freien Abzug überließen. Verstärkt durch den ZK-Beauftragen Aleksandr Nikolaevič Il'in und professionelle Absolventen der „Peterhofer Roten Kurse“, erließ die Führung nun einen Einberufungsbefehl auch an die 30- bis 40-jährigen Männer und formierte die Truppen als reguläre Einheiten der Roten Armee neu. Ab dem 14. Januar 1919 gab es grimmige Kämpfe gegen die Truppen des ukrainischen Armee- und Staatschefs Petljura, man wurde aus Dubrovica verdrängt, hielt sich aber in Stolin (mit Mankavičy), Rėčyca[32] und Perabrody.

Die Deutschen besetzten ab dem 15. Januar 1919 erneut den Eisenbahnknotenpunkt Luninec mit dem Ziel, dass die noch in Homel' befindlichen 50.000 Soldaten und Offiziere der Deutschen Armee ebenfalls ohne Störung auf der polesischen Eisenbahn in die Heimat fahren konnten, wo der Krieg ja schon offiziell seit über zwei Monaten beendet war. Nach einigen Festnahmen erklärte man den Bahnhof Luninec für neutral und die Stadt für kommunistisch.

Die Deutschen, die das westlich gelegene Pinsk schon den Petljuratruppen übergeben hatten, mussten im Zuge dieses Deals dort ebenfalls die Macht dem „RevKom“ übergeben. Astroŭski zufolge hatte man den Deutschen in Luninec damit gedroht, andernfalls auf der schon verminten Strecke Luninec-Pinsk die deutschländischen Militärzüge zu sprengen. Daher zogen die deutschländischen Soldaten und dann auch Offiziere die Übergabe an das RevKom vor, was denn auch am 25. Januar 1919 geschah, als der letzte deutschländische Militärzug Pinsk verließ.[33]

Insgesamt sollen bis zu 10.000 Männer auch an der (Aufstand genannten) militärischen Vorgehensweise gegen die antisemitisch aufgeladenen Truppen des persönlich nicht antisemitischen Petljura teilgenommen haben, die nun Fahrt aufnahm. Diese von den Bolschewisten geförderte oder geleitete Erhebung erstreckte sich im Süden auch auf die Besetzung der Eisenbahnstrecke von Dubrovica (Dombrovica)[34], sondern auch auf Sarny und einen Teil der Eisenbahnlinie von Lemberg nach Kiew sowie eine Reihe von kleinerer Orte in Westwolhynien.[35] Diese militärische Intervention Aufstand zu nennen, das ist auf der einen Seite so falsch wie auf der anderen, es für eine übliche Operation einer staatlichen Armee zu halten. Das Wort Aufstand ist zwar unangebracht für Regimenter, die sich durch Einberufungsbefehle verstärkten. Auf der anderen Seite jedoch hatte die Rote Armee noch nicht das erste Jahr seines Bestehens hinter sich, wies noch viele unprofessionelle Elemente auf.

Es zeigte sich, dass schon damals sowohl die deutschländischen und österreich-ungarischen Besatzer als auch die bolschewistischen Kader das einübten, was man heute die hybride Kriegsführung nennt. In der gegebenen Situation konnte eine solche Aktion sehr erfolgreich sein. Auf Dauer war beides nötig: das eine, die Partisanenaktion, um aktuell wirken zu können, wie das andere, die Behauptung staatlicher Macht durch eine immer regulärer werdende Armee, um auf Dauer zu bestehen.

Dies sollte nicht das letzte Mal sein, dass die örtliche Bevölkerung mit den sozialistischen und auch bolschewistisch-kommunistischen Kräften ein Bündnis einging. Doch blieb

32 Gemeint ist wahrscheinlich der Ort bei Stolin, nicht die größere Uezd-Hauptstadt Rėčyca.
33 Pamjac'. Historyka-dakumental'naja chronika Lunineckaha raëna. Minsk 1995, zitiert in: https://be-tarask.wikipedia.org/wiki/Палескае_паўстаньне_1918 – 1919_гадоў.
34 https://uk.wikipedia.org/wiki/Дубровиця_(станція).
35 https://uk.wikipedia.org/wiki/Дубровицьке_збройне_повстання.

dies bis in den zweiten Weltkrieg hinein taktisch. Die Rote Armee war immer dann stark, wenn sie sich auf örtlich verwurzelte Offiziere und andere Menschen stützen konnte, wie anhand der Einheiten von Vasyl' Talaš zu sehen sein wird.[36]

3.2 Polnische und sowjetische politische und militärische Interventionen im Jahr 1919. Rotarmisten gegen Kommunisten: Strekopytov-Aufstand. Partisanen gegen Polen.

Intervention 3: Die Bolschewiki.

Nach dem deutschen Abzug noch nicht festgelegt, wohin Ostpolesien administrativ oder territorial gehören sollte. Es wirkte weiterhin das „Polesische Komitee der RSDRP(b)", bald in RKP(b) umbenannt. Im Februar 1918 gründete man einen die Gouvernements Vicebsk, Vilnius, Minsk, Mahileŭ und Smolensk umfassenden „Westbezirk" des Sowjetstaates (ab 13. September offiziell „Westliche Kommune" genannt,[37] mit Smolensk als Hauptstadt), der zwar die belaruthenischen Gouvernements umfasste, betrieb jedoch keine „belaruthenische" Nationalitätenpolitik.[38] Noch am 2. Dezember 1918 bereitete die Verwaltungskommission des Allrussischen Zentralen Vollzugskomitees *(VCIK)* eine Erst-Territorialisierung der „Westliche Kommune" vor: sie sollte die Gouvernements Smolensk, Vicebsk, Mahilëŭ, Černihiv, Minsk, Hrodna, Vilnius und Kaunas umfassen.[39] Und selbst am 23. Dezember bestätigte man sich, dass es „Gebietseinheiten im Ural, im Westen und im Norden"[40] geben solle. Der Durchbruch der Territorialisierung der belaruthenischen Idee in den Köpfen auch der bolschewistischen Entscheider kam erst mit der Ausrufung der SSRB am 1. Januar 1919. Deren Grenze enthielt Polesien von Brest bis Homel'.[41]

Intervention 4: Polnische Einheiten.

Nach der Novemberrevolution im Deutschen Reich galten polnische Einheiten ein „stabiler Faktor". Die Entente erwirkte, dass das noch in der Belarus' stehende Militär des Deutschen Reichs dafür sorgen müsse, dass sich alle polnischen Truppen ab dem 25. Januar 1919 nicht nur in Polen, sondern auch in dem von Litauen und von der BNR beanspruchten Gebiet frei bewegen können musste.[42] In der westlichen Belarus' hatten die Deutschen an einigen Orten

36 Vgl. auch die Tätigkeit von V.Z. Korž im Zweiten Weltkrieg; hierzu Cuba, Michail V.: V.Z.Korž. Nevjadomyja i malavjadomyja staronki žyccja, Pinsk 2010.
37 NARB Bestand 60-3, Sign. 426, Blatt 144, Kopie, zitiert in: http://elib.bsu.by/bitstream/123456789/92350/1/Snąpkovsky.pdf, Nr. 32.
38 Ramanovič, P.S.: Administracijna-tėrytryjal'nae ŭladkavanne Belarusi 1917–1921 hh.), In: Oktjabr' 1917 goda v sud'be mirovoj civilizacii. K 90-letiju Oktjabr'skoj revoljucii, Minsk 2008, S. 320-324, hier S. 320.
39 NARB Bestand 60p-3, Sign. 668, Blatt 62, zitiert in: Historyja Belaruskaj Dzjaržaŭnasci, č.1, Minsk 2011, S. 387.
40 Sbornik ukazov RSFSR. 1918. No 99. St. 1019, zitiert in: http://elib.bsu.by/bitstream/123456789/92350/1/Snapkovsky.pdf, Nr. 36.
41 Beschlossen am 30. Dezember 1918. NARB Bestand4p-1, Sig., 4, Blatt 40/41. Pratakol I z'ezda Kamunistyčnaj partyi (bal'ševikoŭ) Belarusi. Minsk, 1934. S. 33–34, zitiert in: http://elib.bsu.by/bitstream/123456789/92350/1/Snapkovsky.pdf, # 39, S. 74.
42 Bič 1993, S. 126.

die Obergewalt direkt an polnische Einheiten übergeben.[43] Wie ich unten noch näher ausführen werde, verfügten die polnischen Kräfte nicht nur über viel stärkere Streitkräfte als die schon vorher ausgerufenen UNR und BNR, zudem mit einem anerkannten Oberbefehlshaber (Józef Piłsudski), sondern auch über stärker ausgereifte Vorstellungen von einem Staat, seiner Diplomatie und seiner Verwaltung. Großbritannien, Frankreich und die USA waren dabei behilflich, vermittelt teilweise über die Auslandspolen (Polonia); die Belaruthenen hatten keine entsprechenden „Auslandsvertretungen“. Der Grund dafür war nicht nur, dass die Belaruthenen keine „historische Nation“ waren, die es dann von 1795 bis 1918 geschafft hatte zu überleben, sondern dass sie auch nicht gerade finanzkräftig waren, über keine selbstbewusste Adelsschicht verfügten, sondern „ein erwachendes slawisches Bauernvolk“ (Curschmann)[44] bildeten.

Polnische politische Positionen und Raumkonzeptionen. Dreihundert Kilometer weiter westlich von Homel, von Vilnius über Hrodna und Brest bis Lemberg, war die polnische Idee präsent. Dabei wurden die Vorschläge für die künftige Staatsstruktur Polens schnell „angepasst“. Es hatte zunächst zwei (allerdings nur idealtypisch) entgegenzustellende Konzeptionen des polnischen Staates gegeben: die piastische und die jagiellonische[45] oder neojagiellonische.[46] Roman Dmowski, nationalistischer Chef der Partei „Nationale Demokratie“ *(Narodowa Demokracja, eNDecja, ND)*, wollte Polen als unitären, katholisch geprägten Nationalstaat – seine Raumvorstellungen (Flächenvorstellungen) umfassten daher unbedingt das Posener, pommersche und oberschlesische Gebiet. Er hatte auch nichts gegen eine Ausdehnung des Polnischen Staates nach Osten und Süden, solange die genannten Prämissen dort Gültigkeit erlangen sollten. Ich werde darauf im nächsten Kapitel zurückkommen.

Die 1919 in den Friedensverhandlungen von Paris polnischerseits präsentierte Dmowski-Linie[47] umfasste denn auch fast alle Gebiete des ganzen alten Polens einschließlich aller litauischen und bis auf einen Streifen westlich des Dnepr alle belaruthenischen Gebiete – nur in Polesien (westlich von Mazyr) und der Ukraine (westlich von Žytomir, Berdyčev und Vinnica) waren die Grenzforderungen nicht ganz so extrem formuliert.

Die jagiellonische Konzeption, die mit Piłsudski, zumindest dessen Ratgeber Leon Wasilewski identifiziert wird, sah hingegen ein Wiedererstehen Polen-Litauens in den Grenzen von 1772 als Föderation vor. Polnische Vordenker, die aus den „litauischen“ Regionen, also aus Litauen, der Belarus' (und der nordwestlichen Ukraine) kamen, wussten, dass ein solcher Staat im heraufziehenden Zeitalter der Nationalstaaten nicht durch eine einfache, unverschachtelte, „preußische“ direkte Beziehung zwischen Staat (mit Kirche) und Bürgerinnen verwirklicht werden konnte.[48]

Wasilewski nannte die Idee „Föderalismus“, doch war durch diese ein „aus polnischer Sicht“ neues Problem entstanden: eine solche Föderation sollte nämlich ebenfalls eine do-

43 Siebert 1990, S. 51 über Brest.
44 Curschmann 1918, S. 273-296.
45 So spätestens 1940 in den deutschen Sprachraum von Harald Laeuen eingeführt: Laeuen, Harald: Polnisches Zwischenspiel. Eine Episode der Ostpolitik, Berlin 1940, S. 7; vgl. derselbe: Polnische Tragödie, Stuttgart 1955, S. 11.
46 Veronika Wendland, In: JbbGO 2010, S. 121-125, Rezension über Schenke, Cornelia: Nationalstaat und nationale Frage. Polen und die Ukrainer in Wolhynien 1921–1939, Hamburg 2004.
47 Siehe Karte in https://pl.wikipedia.org/wiki/Linia_Dmowskiego.
48 Reichhaltige Literatur, auf belaruthenisch auch Bič 1993, S. 128-129.

minierende Rolle Warschaus und der katholischen Kirche beinhalten. Damit würden sich vielleicht „litauische" katholische Adelige einer Adelsföderation im 18. Jahrhundert, wahrscheinlich sogar im 19. Jahrhundert haben anfreunden können, nicht aber die modernen, idealiter alle Volksschichten umfassenden Nationalbewegungen des beginnenden 20. Jahrhunderts, die sich nicht mehr mit der „Phase A" nach dem Schema von Miroslav Hroch[49] zufrieden gaben.

Parallel zur Entwicklung dieser „Raumkonzeptionen" für den polnischen Staat fanden die realen Kämpfe statt: Das Wiedererstehen des polnischen Staates wurde vorwiegend als Staats- und Volkskonzeption, weniger als Raumkonzeption wahrgenommen.

Realität. Die polnischen Truppen mieden Polesien nicht, die immer noch Legionen genannten polnischen Streitkräfte eroberten bis März 1919 Kobryn und Pinsk, bis April 1919 alle größeren Orte Westpolesiens. Hier gab es weniger Widerstand von sowjetischer oder ukrainischer Seite als südlich und nördlich von Polesien. Doch die am 27. Februar 1919 vom kommunistischen Moskau ausgerufene und gelenkte Litauisch-Belaruthenische SSR (SSR LitBel) gab es während ihrer formalen Existenz bis Mitte 1920 fast nur auf dem Papier, wurde auch in Sowjetrussland nicht als ernstzunehmender Faktor angesehen. Am 1. Juni 1919 holte die RSFSR Bevollmächtigungen ein, die Geschäfte für die Ukrainische, die Litauisch-Belaruthenische und die Lettische SSR mit zu führen.[50] Während in Polesien die polnischen Legionen alleine kämpften, gingen sie in der Ukraine mit Petljuras Truppen ein Zweckbündnis ein und eroberten Kiew.

Der ZCZW. Der bereits im Februar 1919 in Kreise und Gemeinden unterteilten „Zivilverwaltung der Ostländer" (*Zarząd Cywilny Ziem Wschodnich*, ZCZW)[51], stand zunächst der Thorner Ludwik Kolankowski, bald der polesische Gutsherr Jerzy Osmołowski vor.[52] Auf dem Höhepunkt der polnischen Expansion im Osten Ende 1919 war der ZCZW in vier Bezirke (polnisch: *okręgi*) eingeteilt. In Polesien erstreckte sich der Bezirk II namens „Brześć Litewski" bis Mazyr[53], das ebenfalls eroberte Rėčyca am Dnepr ging hier nicht ein. Der ZCZW gehörte nicht zum polnischen Staatsgebiet, aber man ließ dennoch nicht zu, dass dieses zum allergrößten Teil in der Belarus' liegende Territorium mit einem irgendwie „belaruthenischen" Namen belegt wurde.

Während in Warschau schon der Sejm tagte, während man in Polen sich an den Aufbau des zivilen Lebens machte, war nicht klar, was aus dem ZCZW werden sollte. Doch Staatschef Józef Piłsudski war es von Anfang an wichtig, diese Fläche als eine zivil regierte herauszustellen (unten mehr). Gleichwohl war die militärische Beherrschung des Territoriums die naheliegende und einstweilen bedeutendere. Nachdem Piłsudskis Armee in Vilnius einmarschiert war und die (schwache) Verwaltung der BNR aufgelöst hatte, legte er noch im April 1919 seine wahrscheinlich bewusst nicht genau ausformulierte Konzeption öffentlich dar: In dieser multikulturellen Stadt sprach er von der Freiheit, die seine Leute in diese immer benachteiligt gewesene Gegend gebracht hätten, der Ermöglichung von „innerer, natio-

49 Hroch 1985.
50 Bič 1993, S. 127.
51 https://pl.wikipedia.org/wiki/Zarz%C4%85d_Cywilny_Ziem_Wschodnich; Gierowska-Kałłaur, Joanna: Zarząd Cywilny Ziem Wschodnich (19 lutego 1919 – 9 września 1920), Warszawa 2003.
52 Bič 1993, S. 127.
53 https://pl.wikipedia.org/wiki/Zarz%C4%85d_Cywilny_Ziem_Wschodnich#/media/File:Zarz%C4%85d_Cywilny_Ziem_Wschodnich.png. (04.03.2019).

naler und religiöser Entwicklung". Die Zivilregierung unter Osmołowski solle Wahlen vorbereiten, an denen alle ungeachtet ihres Geschlechts, ihrer Religion oder ihrer Nationalität teilnehmen könnten.[54] Doch schon im August, als die polnischen Streitkräfte die halbe Belarus' einschließlich Pinsk eingenommen hatten, sprachen die Verordnungen eine im wahrsten Sinne des Wortes andere Sprache: gültig war nur die polnische Sprache, das Versammlungsrecht wurde beschnitten, und Widerstand wurde durch härteste Strafen im Keim erstickt,[55] auch wenn Piłsudski im September 1919 in Minsk noch einmal in belaruthenischer Sprache auftrat.[56]

Intervention 5: Pogrome und ihre Folgen für die Republik Polen.

In den Augen der jüdischen Bevölkerung nicht nur Polesiens hatte sich das polnische Militär und damit der junge polnische Staat schon zuvor desavouiert. Denn am 5. April 1919 hatten polnische Soldaten im Pogrom von Pinsk etwa 35 Menschen an der Außenwand des Gebäude des Jesuitenkollegs erschossen.[57] Die Organisationen aus den USA, die den Juden in den polnisch-belaruthenisch-ukrainischen Gebieten mit Hilfslieferungen und Geldmitteln geholfen hatten, alarmierten die nordamerikanische und europäische Öffentlichkeit. Selbst in Südafrika wurden Vorträge „über Pinsk" gehalten.[58] Eine Kommission unter dem später viel bekannteren US-Amerikaner Henry Morgenthau reiste vor Ort und versuchte nicht nur die näheren Umstände des Pogroms aufzuklären, sondern auch die politische Lage in Polesien zu erfassen.[59] Es existierten sogar Gerüchte, dass die Polen den Pogrom „gemeinsam mit den Bolschewiki" durchgeführt hätten.[60]

Piłsudski verteidigte den Pogrom zwar nicht, wies aber Kritiker mit Hinweis auf die militärische Psychologie und Gefahrenlage zurück. Seit dieser Zeit gab es in Pinsk kaum mehr propolnische Juden. Es gab keine Möglichkeit mehr, die Stadtbevölkerung auf die Seite Warschaus zu ziehen. Bis zu seinem Tod im Jahr 1935 blieb Piłsudski allerdings für die Juden in allen Teilen Polens ganz klar das kleinere Übel gegenüber der eNDecja unter Roman Dmowski.

Doch erlebte Polesien Pogrome nicht erst unter der polnischen Armee. Es dürfte auch diese Zeit gewesen sein, als Kosaken das Schtetl Davyd-Haradok heimsuchten.[61] „Am

---

54 Piłsudski, Józef: Odezwa do mieszkańców byłego Wielkjiego Księstwa Litewskiego (22 kwietnia 1919r.), In: Monitor Polskiego 28 kwietnia 1919r.), zitiert in: Piłsudski, Józef: Pisma zbiorowe. Wydanie prac dotachczas drukiem ogłoszonych, Tom V, Warszawa 1937, S. 75-76, hier S. 75; vgl. in diesem Text unten wörtliches Zitat. Faksimile des Monitor Polski 95(28. April 1919), S. 2, Internet: http://buwcd.buw.uw.edu.pl/e_zbiory/ckcp/monitor_pl/1919-04/numer095/imagepages/image2.htm (04.11.2018); Auszug auf russisch: Rižskij mir v sud'be belorusskogo naroda, kniga 1, Minsk 2014, S. 113.

55 Ebenda, S. 118.

56 Ebenda, S. 117.

57 Ausführlich: Shohet 2012, S. 374-387; vgl. Schuster 2004, S. 437; Śleszyński, Wojciech: Województwo poleskie, Kraków 2014, S. 23-24; Szejnert, Małgorzata: Usypać góry. Historie z Polesia, Kraków 2015, S. 299; Kniga pogromov, S. 602 spricht von 37 Erschossenen.

58 Ansprache des Generals Smuts am 3. November 1919 in Johannesburg bei dem ihm zu Ehren veranstalteten Empfang der jüdischen Gemeinschaft Südafrikas, In: Der Jude, 1919–1920, Heft 11, S. 522-528, hier S. 523.

59 Morgenthau, Henry: All in a life, 1922, https://archive.org/details/allinlifetime00morguoft.

60 Archivy BNR, 1, 1, S. 352, # 1217.

61 Biegun, Dov: David's Castle – Davidgrodek: saga in the pipet marshes, London 1982, S. 38-40.

26. März 1919, als die Polen Rėčyca noch nicht erobert hatten, gab es in diesem Schtetl einen Pogrom gegen kommunistische Juden; erst am 2. April wurde die Sowjetmacht wiederhergestellt, doch selbst zu diesem Zeitpunkt hatten viele „Arbeiter“ noch nicht ihre Plätze wieder eingenommen“.[62]

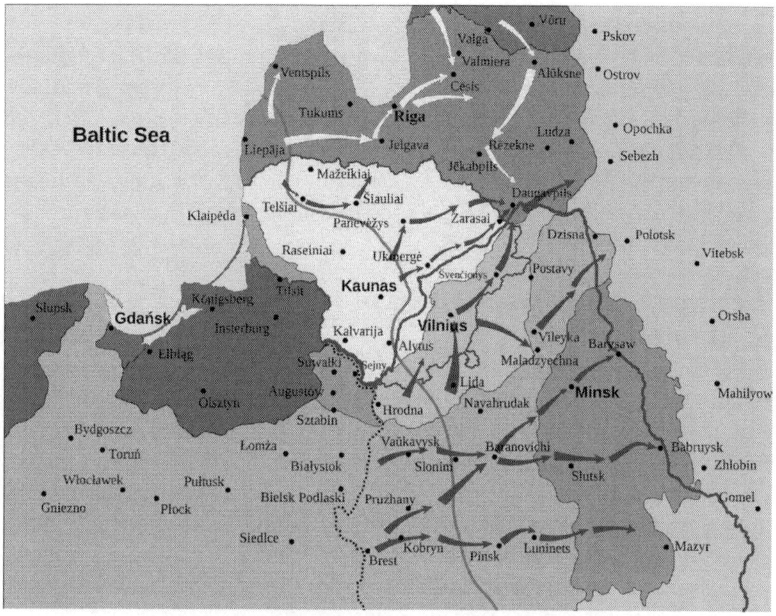

Abbildung 11: Weitester Vormarsch der Streitkräfte der Republik Polen 1919.
Die durchgezogene Linie von Dzisna über Barysaŭ nach Babrujsk bezeichnet die Ostgrenze der weitesten Gebietseroberungen.
Quelle: Wikipedia, diese wiederum Renata3 – Self-made from scratch using Inkscape. Based on (2001) Lietuvos istorijos atlasas, Vaga: Vilnius, pg. 40; CC BY-SA 4.0 0 „Renata3 – Self-made from scratch using Inkscape. Based on (2001) Lietuvos istorijos atlasas, Vaga: Vilnius, Seite 40“
https://commons.wikimedia.org/wiki/File:PL-RU_war_1919_phase_II.svg

Letztlich scheiterte die polnische Besatzung nicht nur daran, dass sie die einheimische Bevölkerung in einem harten Regime ausplünderte, sondern auch daran, dass unklar blieb, welche Ziele die polnische Armee und die Zivilverwaltung ZCZW 1919 und 1920 verfolgten.

Die gar nicht mal als langfristiges, sondern als unmittelbares Ziel vorgestellte Etablierung der polnischen Republik auch in Polesien rivalisierte in dieser Phase deutlich mit der ganz realen Kriegsökonomie, in der polnische Truppen sich immer noch eher als Legionäre definierten, denn als Teil der Exekutive eines das zivile Leben ebenso organisierenden Staates. Sie begriffen sich als Interventionisten. Gerade mal vier Monate nach der Ausrufung dieses Staates in Warschau war es zwar kein Wunder, dass man den Festlegungen über die

62 NARB Bestand 4-1, Sign. 15, Blatt 2, zitiert in: Siebert 1998a, S. 46.

Reichweite dieser Territorial-Herrschaft in Versailles geschwind durch das Schaffen militärischer Fakten unterstützend Ausdruck verleihen wollte, doch waren gerade Fakten wie die über den Pogrom von Pinsk geeignet, die Position Polens international zu schwächen.

Für die Juden wie Belaruthenen zumindest Polesiens, also für alle Einheimischen außer den Polen, wirkte die polnische Macht wie eine beliebige äußere; zum Teil sogar nur als verbrecherisch wahrgenommene.

Und die Pogrome insbesondere an der jüdischen Bevölkerung gingen in dieser Gemengelage weiter. Besonders schreckliche Ereignisse gab es 1920, als die Polen vor der Roten Armee abzogen. In Pinsk, Stolin und Davyd-Haradok kauften die Juden sich los, indem sie „den Kommandanten beträchtliche Summen zur Sicherung der Ruhe, der Erhaltung des Lebens und des Vermögens der Bevölkerung zahlten“.[63] Dadurch konnten Pogrome verhindert werden, nicht aber weiteres Ausrauben. Unten werde ich exemplarisch die von den Einheiten unter Bulak-Balakovič verübten Morde darstellen.

Intervention 6, von unten: Der Strekopytov-Aufstand – Rotarmisten gegen Bolschewisten

In der frühen Phase der polnischen nichtmilitärischen Durchdringungsversuche in Westpolesien wandten sich am Ostrand Polesiens Rotarmisten gegen die bolschewistische Herrschaft.

Die RKP(b) und die Sowjetregierung, die gleich zu Beginn ihrer Herrschaft mit dem Dekret über den Frieden und dem Dekret über den Boden den Nerv des Willens der Bauern und Soldaten und, falls vorhanden, deren Familien getroffen hatten, machten sich mit ihren Zwangsmaßnahmen mittels eben der Armee (das war kein „Frieden“) und der Zwangsrequirierung von Nahrungs- und Saatmitteln, der *prodrazvërstka* (das war weder „Land“ noch „Brot“) schnell unbeliebt. Diese Ökonomie war als Kriegsökonomie dem Ziel untergeordnet, sich gegen militärische Interventionen der „Ausländer“, der Polen, der „Weißen“, der „Grünen“ und einfacher „Banden“ zu behaupten.

Eine Armee kann nicht demokratisch sein, nur demokratisch legitimiert. Aber die Rote Armee übernahm schon bald die klassischen Herrschaftsstile für ihre innere Ordnung, mit Zwangsrekrutierung, Strafen bis zum Erschießen bei Befehlsverweigerung und dergleichen. Dies entsprach nicht dem Willen der Einberufenen. Sehr schnell übernahm die Rote Armee eingeübte Strukturen regulärer Streitkräfte. Als wesentliche Neuerung konnte hingegen gelten, dass den – nicht selten schon unter dem Zaren gedient habenden – Kommandanten immer ein (Polit-)Kommissar zur Seite gestellt wurde.[64] Doch dies brachte den Soldaten ja herzlich wenig. Viele Einberufene widersetzten sich der Musterung durch die Rote Armee oder desertierten, wenn möglich.

Im Zentrum des nach wie vor existierenden „Polesischen Komitees der RKP(b)“, nämlich in Homel', meuterten im März 1919 sogar die Rotarmisten selbst, kämpften Teile der Roten Armee organisiert gegen die Herrschaft der kommunistischen Kommissare. Sie hatten nicht einsehen wollen, warum man sie in die polesischen Sümpfe schicken wollte. Die Motivation der Soldaten war schon ein-zwei Jahre nach der Gründung der Roten Armee ähnlich schlecht wie die der zarischen Armee zwei-drei Jahre zuvor.

63 Kniga pogromov 2007, S. 602.
64 Vgl. https://de.wikipedia.org/wiki/Politoffizier#Geschichte.

In der Historiographie wurden solche Brüche innerhalb des prosowjetischen Lagers weniger beschrieben. Selbst die Machnovščina in der Südukraine, die sich mit anarchistischen Aussagen um ideologische Unterfütterung ihrer „Gewaltökonomie" bemühte, sortierte man zuletzt nicht nur wegen ihres äußerst brutalen Vorgehens schlicht in das „Banditentum" ein.[65] Haben prosowjetische Kräfte, unter Anderem linke Sozialrevolutionäre und Anarchisten im Wesentlichen also, ähnlich wie die spontanen „grünen" Militärformationen, nur ihre Gewalttaten ideologisch verbrämt? Oder war da doch mehr? Nicht nur aus diesem Grund lohnt es sich, einen ausführlicheren Blick auf den Aufstand unter Vladimir Strekopytov zu werfen.

Nachdem die Reichswehr, wie beschrieben, im Januar 1919 aus Homel' im Südosten der heutigen Republik Belarus, nach Verhandlungen des deutschländischen „Großen Soldatenrats" ihren Abzug ausgehandelt hatte, verdrängten die Kommunisten eher mit der Waffe als mit demokratischen Methoden den Stadtrat (die Stadtduma), dieser konnte aber eine gewisse ordentliche Übergabe an die Kommunisten aushandeln.[66]

Homel' war (ähnlich wie Orša) seit dem Eisenbahnbau in den 1880er Jahren als Knotenpunkt so schnell gewachsen,[67] dass es 1897 schon 36.775 Einwohner hattc,[68] fast so viele wie die Gouvernementshauptstadt Mahilëŭ mit 43.119 Einwohnern.[69] Im Jahr 1919 sollen hier 100.000 bis 150.000 Menschen gelebt haben.[70] Das vielzitierte proletarische Element war hier vertreten, hingegen eine belaruthenische oder ukrainische Bewegung kaum nachzuweisen; Politik betrieben hier vielmehr die „russischen" Parteien Jüdischer Bund, die menschewistisch dominierte „vereinigte" RSDRP, Poalej-Zion und die Bolschewiki (seit 1918 „Kommunisten", der Begriff ging schnell in den Sprachgebrauch über).

Wie in den Städten, so waren auch auf den Dörfern die Menschen mit der Herrschaft der Bolschewiki unzufrieden: Im am Rande Polesiens gelegenen Kreis (*uezd*) Rahačoŭ und in Kormjanskij gab es schon Unruhe unter den Bauern.[71]

Im März 1919 äußertc sich die Unzufriedenheit in zwei Regimentern einer in Homel' stationierten Militärbrigade. Bald standen etwa 1.000 wütende Rotarmisten vor dem Bahnhof. Einem Kommunisten aus Homel' sagte ein Soldat auf die Nachfrage, was hier denn sie hier täten: „irgendetwas werden wir tun". Zunächst hatte man vor, gesammelt in Richtung Moskau, zunächst nach Brjansk zu fahren, um der kommunistischen Führung seine noch nicht ausformulierten Forderungen vorzutragen. Dies war die Stunde des bis dahin nicht aufgefallenen Vladimir Strekopytov. Auf einer improvisierten Rede-Tribüne wandte er sich gegen die Fahrt nach Brjansk und überzeugte die Versammelten, dass Lenin und Trotzki in Moskau nichts anderes tun würden, als die unwilligen Rotarmisten verhaften zu lassen. Nun

65 Eindruck entstand bei dem Lesen des Buches von Schnell, Felix: Räume des Schreckens. Gewalt und Gruppenmilitanz in der Ukraine 1905–1933, Hamburg 2012
66 Takoeva 2014.
67 Vgl. Schmidt 2004.
68 http://demoscope.ru/weekly/ssp/rus_lan_97_Uezd.php?reg=799 darunter 20.236 jüdische (55 %).
69 http://demoscope.ru/weekly/ssp/rus_lan_97_Uezd.php?reg=793, darunter 21.453 jüdische (50 %).
70 Vgl. Takoeva 2014, S. 167, 169, 179, während im von Polen eingerichteten ZCZW im Dezember 1919 für Brest nur 14.005, Kobryn 8.835, Pinsk 21.436 und Pružana 6.173 Personen gezählt wurden. (nach Studnicki, Władisław: W sprawie osadnictwa żołnierskiego na ziemiach wschodnich, Warszawa 1921, S. 10).
71 Takoeva 2014, S. 147.

wurde Strekopytov zum Anführer der versammelten Mannschaft vorgeschlagen, ein Mann, der überhaupt nicht damit gerechnet hatte, in diese Rolle zu geraten, und angesichts dessen sehr klug handelte.

Strekopytov selbst hatte mit der belaruthenischen Bewegung nichts zu tun: Er war aus Russland gekommen und in der Roten Armee eingesetzt. Man kann nicht sagen, dass es in Homel' eine Volks- oder volksnahe Bewegung zum Anschluss an die BSSR gab, jedenfalls noch nicht 1919. (In die BSSR wollten die in der Stadt Homel' allerdings kaum vertretenen belaruthenischen Sozialrevolutionäre.[72]) Es ist wichtig zu betonen, dass die Bewertung des Strekopytov-Aufstands keinen Spielraum für die Behauptung der Existenz einer anderen nationalen Frage außer der jüdischen zulässt.

Was Strekopytov konnte, das war ein Truppenteil zu organisieren und einen sowjetisch-demokratischen Aufbau im zivilen Leben zu propagieren. Es wurde ein Aufstandskomitee aus Delegierten der einzelnen Truppenteile gebildet.[73] Die Rotarmisten, erst vor wenigen Tagen an die Front geschickt, waren nun in Kampfstimmung. Innerhalb von 48 Stunden nahmen die Aufständischen nach heftiger Gegenwehr die strategisch wichtigsten Punkte der Stadt ein: das Gefängnis (es wurden nicht nur die politischen Gefangenen freigelassen), die Telegraphenstation, die Post, das Gebäude der Stadtduma, der Gewerkschaft, zuletzt das beste Hotel am Platze namens Savoy, in dem sich die Tscheka (ČK) und die Kommunisten verschanzt hatten. Die prokommunistischen Kräfte hatten es auch deshalb schwer, weil nicht nur weite Teile der Bevölkerung, sondern selbst viele Kommunisten Sympathien für das „Aufstandskomitee“[74] hatten. Mitglieder der nach der Oktoberrevolution schnell gewachsenen RKP(b) verbrannten nun ihr Parteibuch; selbst aus dem Parteivorstand fanden sich mehrere Mitglieder nicht am Verteidigungsort (dem Hotel) ein, oder gingen unter verschiedenen Vorwänden (z.B. Versorgung der kranken Ehefrau) aus dem unter Beschuss stehenden Gebäude – teilweise über mehrere Dächer und Zäune in der engen Innenstadt. Diejenigen Tschekisten und Kommunisten, die sich schließlich den aufständischen Rotarmisten ergeben mussten, wurden ins Gefängnis geworfen; Leiter der Einrichtung wurde ein eben noch selbst eingesessener politischer Gefangener.[75] Innerhalb kurzer Zeit waren Homel' und in geringerem Ausmaß Mazyr in der Hand der Aufständischen.

In angeblich von den Kommunisten unterschriebenen Telegrammen in die Gouvernementshauptstadt Mahilëŭ und anderswohin desinformierten und verwirrten die Strekopytov-Leute die Partei und Verwaltung und andere höhere Stellen mit Behauptungen wie derjenigen, dass man keine militärische Verstärkung zur Aufstandsbekämpfung brauche. An die Bauernschaft, die Arbeiterschaft, an die „Kameraden“ der benachbarten „Angehörigen der Truppen Lenins und Trotzkis“ und überhaupt an die Bevölkerung sandte man Informationen und Aufrufe, von denen man ausgehen konnte, dass sie größtenteils positiv aufgenommen werden. „Das Land“ solle „dem Volk“ gehören, „eiserne Gesetze über den Schutz der Arbeit“ erlassen, eine Kombination „aus privater und staatlicher Initiative im Bereich von Handel und Industrie“ hergestellt werden. Zur im engeren Sinne staatlichen Struktur

72 Vgl. Siebert 1998a.
73 Takoeva 2014, S. 179.
74 So im Befehl Nr. 1, zitiert in: Takoeva 2014, S. 167.
75 Vgl. Takoeva 2014, S. 185.

gaben die sich diesmal „Aufstandskomitee Polesiens“ nennenden Absender die Parolen „Alle Macht der Konstituierenden Versammlung“, „Herstellung bürgerlicher Freiheiten“ sowie „Eintritt Russlands in den Völkerbund“ aus.[76] Dies waren gewiss keine ausgefeilten programmatischen Aussagen, doch, und dies sollte beachtet werden, wusste die Bevölkerung nun durchaus, dass es den aufständischen Rotarmisten nicht nur um engere soldatische Interessen ging.

Es dürfte Strekopytov und seinen Mitstreitern nicht nur bewusst gewesen sein, dass ein Aufstand ohne geografische Ausweitung erfolglos bleiben musste, sondern dass die Disziplin und Einheit der sich ihm unterstellt habenden Truppen eine Voraussetzung dafür war, auch nur wenige Tage zu überleben.

Zumindest aus diesem Grund wurde im Befehl Nr. 2 noch einmal wiederholt, dass Plünderungen und Pogrome mit sofortigem Erschießen geahndet würden. Es ist erstaunlich, dass der mit dem Leben in jüdischen Schteteln wahrscheinlich nicht vertraut gewesene Strekopytov hier eine klare und deutliche Sprache sprach – vielleicht deshalb, weil in der Roten Armee auch viele jüdische, selbst nichtkommunistische Rekruten dienten. Tatsächlich hatten sich zu diesem Zeitpunkt schon sogar Bauern aus umliegenden Dörfern – mit leeren Säcken und Taschen – auf den Weg nach Homel' gemacht, um bei einem eventuellen Pogrom nicht leer auszugehen. Die Rotarmisten unter Strekopytov konnten Zerstörungen und Plünderungen nicht verhindern, aber zu einem Massenpogrom mit Morden ist es nicht gekommen. Dennoch: die Ladeninhaber vermieden es, ihre Geschäfte zu öffnen.[77]

Hätten die Bauern und der Mob selbst nur kleine Teile der jüdischen Bevölkerung umbringen können, wäre es nicht nur mit dem moralischen, sondern auch dem militärischen Erfolg des Aufstands schnell dahin gewesen: die Stadt-Bevölkerung hätte die Rote Armee wie gehabt als das kleinere Übel angesehen, zumal die Bevölkerung, in nur wenigen Monaten illusionslos über die kommunistische Macht geworden, dennoch kaum an den Erfolg des Aufstands glaubte.[78]

Nach einigen Tagen hatten die Kommunisten in Mahilëŭ und Moskau ein Bild von der Lage und sandten beträchtliche Verstärkung aus der weiteren Homeler Umgebung und teilweise sogar Moskau in das frontnahe Gebiet. Mit Hilfe von chinesischen Einheiten und deutschländischen Internationalisten gelang es, eine Übermacht gegen die Aufständischen herzustellen. Das „Aufstandskomitee Polesiens“ sah sich vor die Alternative gestellt, den Aufstand auszuweiten oder aus Homel' abzuziehen. Man ließ viele Gefangene am Leben.[79] Da man die erste Möglichkeit für unrealistisch hielt,[80] zogen einige Tausende in Richtung Rėčyca und dann Mazyr ab, sie mussten gegen gegnerische, von den Kommunisten entsandte Einheiten der Roten Armee kämpfen. In Rėčyca fand man wie schon in Homel' Pogromstimmung vor, insbesondere bei einem Sportclub „Falken“, man konnte einen Pogrom aber abwenden.

Ziel war es, von den ukrainischen Truppen unter Symon Petljura kontrollierte Gebiete in Südpolesien zu erreichen. Weil sie in Mazyr die Prypjac'-Brücke gesprengt vorfanden,

76 Takoeva 2014, S. 181.
77 Takoeva 2014, S. 184.
78 Takoeva 2014, S. 185.
79 Takoeva 2014, S. 194.
80 Takoeva 2014, S. 189, 191.

mussten die Strekopytovcy wertvolle Gegenstände zurücklassen und Waffen zerstören oder in die Sümpfe werfen. Bis zu 3.500 Aufständische gingen 40 bis 50 Werst durch sumpfiges Gelände, teilweise knietief im Wasser flussabwärts von Mazyr in den von der UNR kontrollierten Ort Barbaraŭ.

Erst jetzt nach der Niederschlagung des Homeler Aufstands sprachen die Kommunisten von den Aufständischen als „Weißgardisten", „Lakaien der Polen" und dergleichen. Die Rache an denen, die sich am Aufstand beteiligt hatten und in der Stadt geblieben waren, war heftig. Insgesamt wurden 158 Menschen, darunter Eisenbahner, erschossen. Die Aufständischen wurden also kurzerhand und brutal getötet, doch war dies noch nicht mit der Willkürherrschaft der 30-er Jahre vergleichbar.[81] Lange dauerten hingegen die Untersuchungen der Kommunisten in den eigenen Reihen. Zunächst mussten alle Parteimitglieder in Homel' eine Neuregistrierung beantragen. Es wurden nicht wenige Parteigänger vom Status des Mitglieds zum dem des Kandidaten herabgestuft.

Später wurde den Menschewiki und dem Jüdischen Bund vorgeworfen, dem Aufstand zugeneigt gewesen zu sein. Menschewiki wurden im Juni 1919 aus diesem Grund von der Kandidatenliste für die Wahl zum SovNarChoz gestrichen.[82]

Die Bedeutung des Strekopytov-Aufstands lag weniger darin, dass er groß oder langandauernd gewesen wäre, das war er ja nicht, als darin, dass auch in Polesien Sowjetrussland von Innen her militärisch bekämpft wurde, von den eigenen Leuten. Solch ein Aufstand ohne nationale Konnotationen ist in ganz Polesien nur in Homel' möglich gewesen, denn der Ort war damals noch sowohl „russisch" als auch sowjetisch, aber antibolschewistisch. Die jüdische Bevölkerungsmehrheit war nicht die alteingesessene eines traditionsreichen Schtetls wie in Pinsk oder Turaŭ, sondern die einer Eisenbahnkreuz-Boomtown am Ostrand Polesiens. Strekopytov hatte wie die Einheimischen in Homel' keinen Bezug zur belaruthenischen (oder ukrainischen) Nationalbewegung. Die Motive für den Aufstand waren sozialer Natur. Die Herrschaft der *bolschewistischen* Partei über die Sowjets und in den Sowjets war den Aufständischen ein Dorn im Auge. Irina Takoeva geht davon aus, dass die Akteure etwa aus der Stadtduma, jedenfalls „Menschen mit durchaus politischer Erfahrung", Strekopytov geholfen haben, deutlich politische Forderungen wie die nach Einberufung einer „Konstituierenden Versammlung" in ein demokratisches und soziales 6-Punkte-Programm zu gießen.[83]

Selbst prosowjetische Kräfte haben sich also bald gegen die Bolschewiki (seit 1918: Kommunisten) gewandt. Doch reale Alternativen konnten allenfalls die eher auf dem Land arbeitenden Vertreter der BPS-R sein, nicht hingegen nach den Pogromen auch polnischer Einheiten die Republik Polen. Dadurch blieb die Rote Armee (und damit die RSFSR, oder auch die SSRB) schließlich nicht nur für die meisten Juden in den Kleinstädten immer noch das kleinere Übel.

Doch je länger der Bürgerkrieg andauerte, je mehr Fronten eröffnet wurden, desto mehr offene Rechnungen blieben nach dessen endgültigen Ende gegen Mitte der 1920er Jahre

81 Takoeva 2014, S. 202.
82 NARB Bestand 1452-1, Sign. 16, Blatt -29 Protokol zasedanija komiteta [RSDRP] sovmestno s predstaviteljami učreždenii s sojuzov 25 ijunja 1919 goda.
83 Takoeva 2014, S. 180-181.

übrig, desto mehr Menschen gab es, die etwas auf dem Kerbholz hatten, Menschen umgebracht, vergewaltigt, ausgeraubt, entkleidet, verraten hatten.

Die Bewohner Homel's möchte ich hier beispielhaft dafür anführen, dass die Einheimischen in Stadt und Land bis Ende 1920, ja bis 1921 und länger nicht wissen konnten, welche Herrschaft sich festsetzen würde. Daher ist eine passive Reaktion, das Verstecken in dem hintersten Winkel der spärlichen Behausung sehr verständlich. Aus polesischer Sicht kamen fast alle regulären und irregulären Streitkräfte von außen. Die Disziplin von Soldaten in der Gründungszeit der Roten Armee (RKKA) hing stark davon ab, in welchem Ausmaß sie den Eindruck hatten, ihre Heimat zu verteidigen und etwas zu essen zu bekommen.

Intervention 7: Die polnische Armee und die antipolnischen Bewegungen Ende 1919 bis 1920.

Dass es einige Partisaneneinheiten schon gegen Ende der Deutschen (Ober?)-Herrschaft bis Ende 1918 gab, hatten wir anhand des „polesischen Aufstands“ gesehen. Antistaatliche Bewegungen verstärkten sich 1919, als weder die Sowjetarmee noch die polnische Herrschaft sich in Polesien flächendeckend etablieren konnten.

Der polnische Staat hat in den ersten Monaten nach seiner Gründung seine Legionen unter Anderem nach Polesien gesandt, in eine Region, die, nicht zu den „Weichselgouvernements“, sondern zum „europäischen Teil Russlands“ gehört hatte, der Russland, die Ukraine, Moldawien, die Belarus' und die baltischen Gebiete umfasst hatte. Die Truppen Polens stießen in Phasen nach Osten vor, besetzten im Oktober 1919 auch das ostpolesische Petrykaŭ. Die Rote Armee konnte Homel' allerdings halten. Diese Stadt war den Kommunisten zu wichtig, denn von Südosten her drohte die weißgardistische Armee von Černihiv aus ebenfalls dorthin vorzustoßen.[84]

Nachdem schon die Bolschewiki den Boden der Gutshöfe nicht aufgeteilt und den Bauern kein Land gegeben, sondern Staatsgüter (SovChosen) gegründet hatten („Kriegskommunismus“), setzte Warschau nun die (in Westpolesien zumeist polnischen, hier aber auch russischen) Gutsbesitzer wieder in ihre alten Besitzrechte ein.[85]

Widerstand. Da die von Polen eroberten Ostgebiete unter Zivilverwaltung gestellt worden waren, war die Gendarmerie für die Herstellung von Sicherheit und die Absicherung polnischer Herrschaft zuständig. Die Gendarmen der Polnischen Republik arbeiteten brutal und willkürlich, führten „ungesetzliche Requisitionen“ durch, so dass „selbst weitab von der Front, im Kreis Brest-Litowsk“ Bewohner von Malaryta vier Gendarmen töteten.[86] Wie Vertreter der BNR darlegten, formierte sich bei Kobryn eine 500-köpfige aufständische Einheit gegen die Polen. Die Angegriffenen bezeichneten diese Belaruthenen als „Bolschewiki“, die 150 Verst westlich der Front operiert hätten.[87] Belaruthenische Einheiten einer „Grünen Armee“, die während der bolschewistischen Herrschaft hinter den Linien der bolschewistischen Armee gearbeitet und den Polen viel bei ihrer Vorwärtsbewegung geholfen

84 Rižskij mir, kniga 1, 2014, Seite 115-116; Laeuen 1940, S. 43-50 lässt durchblicken, dass Piłsudski die Rote Armee nicht schwächen wollte, solange diese gegen die Weißgardisten kämpfte.
85 Siebert 1998a, S. 44-47.
86 Archivy BNR 1, 1, S. 681u, #1897, Erklärung der BNR auf der Pariser Friedenskonferenz vom 25. Februar 1920.
87 Ebenda.

hatten, organisierten nun den Kampf gegen die polnischen „Okkupanten“, worüber die polnische Regierung und polnische Medien schweigen würden.[88]

Es dürfte die Rückgabe der Grundstücke an die Grundbesitzer und das brutale Benehmen der Sicherheitskräfte und weniger die nationale Frage gewesen sein, auf Grund derer sich eine Partisanenbewegung von untereinander nicht oder nur lose verbundenen Kampfgruppen herausbildete. Auf dem Gebiet der Belarus' sind bis zu 40.000 Kämpfer aktiv gewesen, in Polesien sogar im westlich gelegenen Pružany. In der nachsowjetischen belaruthenischen Geschichtsschreibung geht man davon aus, dass die Partisanen als etwa zur einen Hälfte den Bolschewiki, zu anderen der Belaruthenischen Partei der Sozialrevolutionäre (BPS-R) zugehörig zu betrachten waren.[89] Diese Partei, die ihre Historie auf die BSH und später den kompromisslosen Flügel der BNR zurückführen konnte, war sehr schnell gewachsen, weil sie bäuerliche soziale Interessen verfolgte und strikt gegen alle vorging, die den Bauern kein Land gaben oder es ihnen wieder weggenommen hatten – die polnischen Streitkräfte hatten ja die vorrevolutionären Grundbesitzstrukturen wiederhergestellt. 20.000 Mitglieder hatte diese Partei um Tamaš Hryb und Paluta Badunava, als deren Bauernorganisation, der „Bund der belaruthenischen arbeitenden Bauernschaft“ (*„Suvjaz' belaruskaha pracoŭnaha sjaljanstva“)* eine „Partisanenarmee“ aufstellte.[90] Allein, dass es solche starken antipolnischen Strukturen überhaupt gab, lässt vermuten, dass die polnische Herrschaft unbeliebt und wenig gefestigt war.

Der BNR-Flügel um Anton Luckevič hingegen, der auf eine Föderation mit oder wenigstens Territorialautonomie in der Republik Polen setzte, war inzwischen keine Größe mehr. Luckevič und seine wenigen Unterstützer waren von Piłsudski in einem Wechselspiel von Internierungen und lauen Versprechungen politisch aufgerieben worden. Beide Flügel der belaruthenischen Bewegung allerdings nahmen an einer Sitzung der Rada im polnisch besetzten Minsk am 12. Dezember 1919 teil, auf der sich der Unabhängigkeitsflügel zwar ohne Schwierigkeiten durchsetzen konnte, aber hernach verhaftet wurde.[91]

Im Dezember 1919 schlossen die Partisanenarmee der BPS-R und die Rote Armee ein Abkommen über die Bildung einer gemeinsamen Front, der sich auch der Bund, Poalej-Zion, die (Mini-)Partei der Belaruthenischen Sozialistischen Föderalisten BPS-F und andere anschlossen.[92] Doch welchen Anteil die Rote Armee und welche die Bauerneinheiten unter dem Einfluss der Sozialrevolutionäre an dem Widerstand gegen die polnische Armee hatten, das bleibt schwer zu ermitteln.

Die BNR bereitete ebenfalls den Aufbau einiger Truppenteile vor. Doch erreichten diese nie eine solche Stärke, dass die Vertreter Polens irgendwelche ernst gemeinten territorialen Vereinbarungen über einen belaruthenischen Staat einzuhalten oder überhaupt zu treffen für nötig hielten.[93] Nachdem die BNR keine Staatlichkeit hatte festigen können, hielten sich die Siegermächte des Ersten Weltkriegs nun erst Recht lieber an Polen, deren Auslandsvertretungen und Polonia man schon kannte, während die BNR-Belaruthenen verzweifelt mit

---

88 Rižskij mir, kniga 1, 2014.
89 Rižskij mir, kniga 1, 2014, S. 121.
90 Bič 1993, S. 130.
91 Bič 1993, S. 129.
92 Bič 1993, S. 130; siehe auch Staškevič, In: ĖHB, tom 5, 1999, S. 418.
93 Archivy BNR 1, 1, S. 377, #1270.

Memoranden und anderen Deklarationen[94] darauf aufmerksam machten, dass es in der Belarus' ein potenzielles Staatsvolk gab, dessen Selbstbestimmungsrecht missachtet werde.

Intervention 8, von unten: Vasil' Talaš.

Wir wissen bis heute über zumindest eine Episode dieser Zeit der polnischen Besetzung Bescheid, nämlich diejenige des damals schon 74-jährigen, später legendären Vasil' Isakevič Talaš, der als der „Ded Talaša" in der Erzählung „Sumpf" (*Dryhva*) von Jakub Kolas die Hauptrolle spielte. Im Jahr 1919 war er Führer einer Partisaneneinheit im Dorf Navasylkaŭ bei Petrykaŭ.[95] Die polnischen Truppen nahmen die Kleinstadt Petrykaŭ am 18. September kurz und dann am 2. Oktober für länger, bis Juli 1920 ein, gegen den Widerstand auch der Kriegsschiffe der Prypjac'- und Dnepr-Flottille, die aber bei Nebel wenig ausrichten konnte. Die Rote Armee verließ auch die Dörfer Belka und Navasëlki.[96]

Vasyl' Talaš stand zunächst 12, bald 80[97], dann 300 Männern vor, „Batraken und einzelne Rotarmisten, die ihre Einheiten verloren hatten",[98] die in seinem Heimatort – zuerst völlig überraschend[99] – Waffen und Lebensmittel von den verjagten polnischen Einheiten entwenden konnten.[100] Es existierte in Skryhalaŭ unter einem Ivan Hančar [Gončar] eine Einheit, die Ende 1919 aktiv wurde[101] und zusammen mit Talašs Männern alle polnischen Matrosen tötete. Viele dieser Einheiten und auch diejenige von Talaš gingen in die Rote Armee. Partisanen, die in Skryhalaŭ blieben, wurden von den Polen erschossen.[102] Es heißt, dass auf Piłsudskis Geheiß die Flottille in dem Gebiet Turaŭ, Mazyr und Petrykaŭ verstärkt werden sollte, doch vernichtete mit Unterstützung der Roten Armee Talašs Brigade alle damit befassten Polen.[103] Nach Auflösung von Talašs Einheit diente dieser als Aufklärer der Roten Armee.[104] Bei dieser Tätigkeit von zwei polnischen Soldaten gefangen gehalten, konnte er ein Gewehr ergattern und auf die beiden Soldaten schießen.[105] In dieser Zeit verbreitete Talaš Untergrundliteratur.[106]

Auch andere Einheiten ähnlicher Art wirkten in Polesien.[107]

94 z.B. Archivy BNR 1, 1, S. 679-684, #1897.
95 ĖHB, tom 6, Minsk 2001, S. 496.
96 Alles Žyhocki, Mikola: Jakub Kolas i lehendarny dzed Talaš: narysy, Minsk 2012, S. 143.
97 Žyhocki 2012, S. 145.
98 ĖHB, tom 6, Minsk 2001, S. 496.
99 Žyhocki 2012, S. 145.
100 Žyhocki 2012, S. 146.
101 Žyhocki 2012, S. 146-147.
102 Žyhocki 2012, S. 147.
103 http://www.kimpress.by/index.phtml?page=2&id=3239 25.07.2016.
104 Žyhocki 2012, S. 147.
105 Direnok 1976, S. 175.
106 Žyhocki 2012, S. 147.
107 Staškevič, In: ĖHB, tom 5 (1999), S. 418.

3.3 Sowjetische und polnische Armee; Mimikry-Republik des Import-Patrioten Bulak-Balachovič

Intervention 9: Der polnisch-sowjetische Krieg 1920

Bald und vor allem nach der Zerschlagung der „weißen" „Streitkräfte Südrusslands" *(Vooružënnye sily Juga Rossii)* durch die Rote Armee und der Amtsniederlegung des Armeechefs Anton Denikin am 4. April 1920 entflammten wieder die Kämpfe zwischen Polen und Sowjetrussland, nun polnisch-sowjetischer Krieg genannt.

Die Sowjetarmee hatte bereits viele weiße und grüne Formationen besiegt, die polnischen Besatzer hingegen hatten sich macht- und wirtschaftspolitisch diskreditiert und sowohl die Stadt- wie Landbevölkerung als auch die belaruthenischen Politiker*innen gegen sich aufgebracht. In dieser Situation ging erst Polen zum Angriff über, dann die Rote Armee mit einem Gegenangriff, aber nicht in Polesien, sondern südlich (und nördlich) davon, eroberte Kiew. Am 1. August 1920 standen sie Sowjettruppen weiter westlich in Brest, und rückten sehr schnell auf Warschau vor. In dieser Arbeit kann nicht nachgezeichnet werden, warum und wie die polnischen Verteidigungskräfte Warschau im „Wunder von der Weichsel" vom August 1920 verteidigen konnten.

Spätestens jetzt wurde der polnisch-sowjetische Krieg von beiden Seiten mit wenigen Truppen geführt. Nach einem erneuten polnischen Vorstoß in die Belarus' hinein wurde am 12. Oktober 1920 in Riga ein Waffenstillstand vereinbart, der Polesien (und die Belarus) in zwei Herrschaftsbereiche teilte. Das westliche Polesien von Brest bis Pinsk und Luninec kam unter die Kontrolle der Republik Polen, der östliche von Turaŭ und Mazyr bis Homel' unter die der Sowjetmacht, und man verhandelte über einen endgültigen Friedensvertrag.

Intervention 10: Bulak-Balachovič

Diese Situation eines Waffenstillstands zwischen zwei schwachen Staaten versuchte Stanislaŭ Bulak-Balachovič (Stanisław Bułak-Bałachowicz) auszunutzen, indem er eine Freiwilligenformation zum Kampf gegen die sowjetische Herrschaft in Polesien zusammenstellte. Wer war dieser Mann?

Neuerdings werden die bewaffneten Formationen von des 1883 im belaruthenisch-lettischen Grenzgebiet Geborenen[108] auch durch die Republik Belarus' dosiert positiv, zumindest nicht nur negativ beschrieben (dazu unten). Dieser war nach Kämpfen auf Seiten des Zaren (von 1914 bis Anfang 1918), der Roten Armee (Frühjahr und Sommer 1918), dann der Weißen (November 1918) in den baltischen Gebieten und der Armee Estlands (ab August 1919) von seinem eigenen General Judenič kurz verhaftet, und im Februar 1920 endgültig aus der Armee Estlands entlassen worden, suchte nun ein neues Betätigungsfeld. Der umtriebige, etwas windige und wendige BNR-Vertreter Kanstancin Ezavitaŭ überzeugte Bulak-Balachovič, dass dieser „völlig freie Mensch" kein Litauer, sondern ein Belaruthene sei.[109] Doch so ganz war auch Ezavitaŭ nicht davon überzeugt. Piłsudski sagte über Bulak-

108 Alles nach Balachoŭcy. Svedčanni. Dakumenty. Dasledavanni, Smalensk 2014, S. 7.
109 Archivy BNR 1, 1, S. 479; vgl. Balachoŭcy 2014, S. 103.

Balachovič diesbezüglich einmal: “Heute ist er ein Pole, morgen ein Russe, am Tag darauf ein Belaruthene und danach vielleicht ein Afrikaner.“[110]

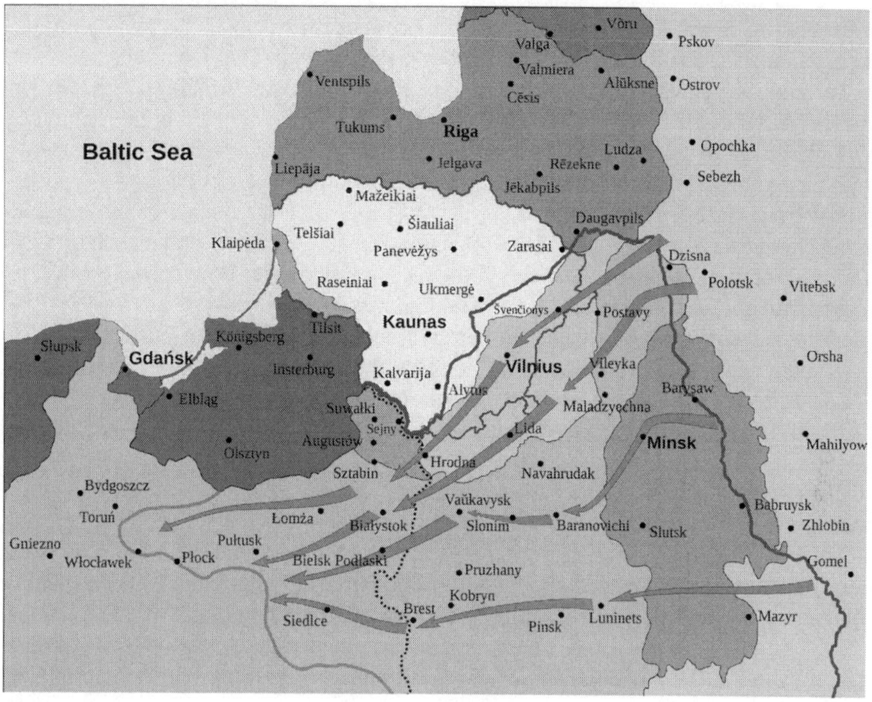

Abbildung 12:

Weitester Vormarsch der sowjetischen Truppen bis August 1920 bis an die Weichsel.

Quelle: Wikipedia. Renata3. Self-made from scratch using Inkscape. Based on (2001) Lietuvos istorijos atlasas, Vaga: Vilnius, pg. 40 CC BY-SA 4.0; https://commons.wikimedia.org/wiki/File:PL-RU_war_1919_phase_III.svg

Ab Februar 1920[111] stand er unter polnischem Kommando, im April unterschrieb er eine Vereinbarung mit dem „Belaruthenischen politischen Komitee“,[112] legte sich jetzt einen belaruthenischen Sound zu. Nun redete ihn wenigstens die BNR mit „Bürger General“[113] an – er brachte 700 Mann ein, die – also noch vor dem polnisch-sowjetischen Waffenstillstand – in der Brester Festung einquartiert wurden, allerdings als Teil der polnischen Armee. Dass Bulak-Balachovič sich als einen belaruthenischen Unabhängigkeitskämpfer stilisieren konnte und dabei kaum versteckt den polnischen Militärstrukturen unterstand, zeigt nicht

110 Rudling 2015, S. 114.
111 Balachoŭcy 2014, S. 19.
112 Alles Balachoŭcy 2014, S. 7-9.
113 Balachoŭcy 2014, S. 19.

nur dessen Unglaubwürdigkeit, sondern auch die Schwäche der BNR. Es gibt gemeinsame Fotos der Balachoŭcy mit Offizieren der polnischen Armee aus dem Frühjahr 1920.[114]

Die persönlichen Züge dieses Haudegens interessieren in dieser Arbeit weniger als das politische Programm. Dieses war jedoch so dürftig, dass es niemand recht ernst nahm, sogar in der gespaltenen belaruthenischen Nationalbewegung nur ein Teil. Doch in seiner Verzweiflung war BNR-Chef Vaclaŭ Lastoŭski einverstanden, dass sich Bulak-Balachovič zunächst der BNR unterstellte.[115] Tatsächlich aber handelte Bulak-Balachovič ohne Absprache mit der BNR und begann seinen bewaffneten Kampf gegen die sowjetischen Streitkräfte im Juli 1920 in Wolhynien, Polesien und der Gegend um Lublin.[116] Später ließ er sich von denen, die hierbei mitwirkten, bestätigen, dass er der wahre BNR-Führer sei. Der Importpatriot Bulak-Balachovič hatte mit seinen Mannen schon vor dem polnisch-sowjetischen Waffenstillstand, im Sommer 1920 während der Warschau-Offensive der Sowjetarmee in Westpolesien sein Unwesen getrieben. Wie der Verbindungsmann der polnischen Armee, Lis-Błoński, berichtete, lebte Bulak-Balachovičs Einheit schon damals „auf Schritt und Tritt" von Raub in Schteteln und Dörfern einschließlich Raubmord, vergewaltigte Frauen – in einem Dorf *alle* Frauen ab zehn Jahren. Die Balachoŭcy verbreiteten einen solchen Schrecken, dass sich Lis-Błoński sehr ernste Sorgen über den Ruf der Armee Polens machte und ein Gerichtsverfahren gegen die schuldigen Balachoŭcy vorschlug.[117]

Dass Bulak-Balachovič in seinen Verlautbarungen und Flugblättern Wert darauf legte, dass Männer in seine Armee nur auf freiwilliger Basis eintreten sollten, verschärfte vermutlich noch den finanziellen Engpass der Truppe, denn ihr Führer konnte keinen festen Sold versprechen. Neben dem bei ihm und allgemein vorherrschenden militanten Antisemitismus waren die Pogrome wohl auch in der finanziellen Not der Truppe begründet.

Bulak-Balachovič nahm die verschiedensten Kräfte in seine „Russische Volks-Freiwilligen-Armee des Generals Bulak-Balachovič", wie sie zunächst offiziell hieß, auf. Sein Partner war der bekannte Ex-Sozialrevolutionär Boris Savinkov, der früher Attentate auf den Zaren plante, sich nun aber nicht scheute, mit zaristischen Monarchisten unter Doppeladler und Totenkopf gegen die Sowjets zu kämpfen.[118] In seiner Truppe dienten „Mohammedaner", Armenier, Georgier, auch Polen, und sogar Juden soll es gegeben haben. Ganz gemäß den Regeln der Kriegsökonomie gab es im Großraum Polesien eine Menge von Männern, die nicht in ihre russische oder kaukasische Heimat zurückgehen konnten oder dies zumindest befürchteten.[119] Bei Bulak-Balachovič oder Savinkov anzuheuern, hielten diese für ihre beste Perspektive. Eine größere Einheit stellten die nationalbewussten Belaruthenen dar, unter denen sich vielleicht sogar junge Männer aus Polesien selbst befanden.

Es gab in den Flugblättern oder auch mündlichen Verlautbarungen der Balachovcer Dissonanzen. Es kam nicht nur einmal vor, dass ein Unteroffizier in irgendeinem Ort eine Rede über das „einige und unteilbare Russland" hielt, welches „hier war und hier sein wird" – sehr zum Ärger der polnischen Verbindungsleute in dieser zusammengewürfelten Kleinar-

114 Balachoŭcy 2014, S. 203.
115 Rudling 2015, S. 114.
116 Balachoŭcy 2014, S. 7-9.
117 Lis-Blonski, In: Balachoŭcy 2014, S. 388.
118 Voriger und dieser Absatz nach Balachoŭcy 2014, S. 340.
119 Balachoŭcy 2014, S. 247.

mee. Kalmücken hatten wieder ganz andere Interessen – „Das war wahrhaft ein Turm von Babylon!“[120]

Offizieller polnisch-sowjetischer Waffenstillstand ... Die Demarkationslinie des Waffenstillstands vom Oktober 1920 teilte Polesien mittenzwei, Mikaševičy wurde Grenzort. Dabei hatten die Sowjets am 31. Juli 1920 beschlossen, die SSRB erneut auszurufen.[121] Es gab also in den offiziellen Verlautbarungen eigentlich gar keine Waffenstillstands-Grenze RSFSR-Polen in Polesien oder in der Belarus. Auch die Gegend um Vilnius war an Litauen „gegeben“ worden.[122]

Niemand von belaruthenischer Seite, weder sowjetischer noch antisowjetischer Couleur, saß mit am Verhandlungstisch und so konnte niemand die originären Interessen einer etwaigen belaruthenischen Staatlichkeit vertreten. Aber nicht nur die Delegation Polens brauchte Verhandlungsgegner, die wirklich Macht innehatten – und diese wollten sich auf keine Belaruthenen einlassen; die polnische Regierung sah, ein nicht völlig abwegiger Gedanke, die SSRB als ein Konstrukt „Moskauer Beamter“ an. Auch die RSFSR-Vertreter wünschten keine SSRB-Vertreter bei den Verhandlungen. Verhandlungsführer Čičerin teilte dem Politbüro des ZK der RKP(b) am 30. Dezember 1920 mit: „Die Delegation ist russisch-ukrainisch, aber die Regierung der RSFSR [...] hat auch Vollmacht aus Belorussland. Aus dem Rahmen dieser Kombination herauszugehen ist nicht zielführend [...] Im Falle des Erscheinens einer unmittelbar belaruthenischen Delegation in Riga stößt dies unsere ganze diplomatische Kombination um.“[123]

... und die Balachoŭcy. Die Balachoŭcy nutzten diese Situation aus, und starteten Anfang November 1920, bis zum 17. des Monats durchaus nicht ohne Erfolg, in Ostpolesien eine als militärische Kampagne bezeichnete Kette von Pogromen, gegen die zunächst weder die Rote Armee noch eilig zusammengestellte Selbstschutzeinheiten der jüdischen Bevölkerung etwas ausrichten konnten.

Man muss kein Militärexperte sein, um feststellen zu können, dass angesichts der Heterogenität der Armee mindestens drei sich widersprechende strategische Ziele existierten, wenn sie auch vielleicht gar nicht sauber formuliert wurden: Da war erstens das Ziel Warschaus, einen stabilen und großen polnischen Staat zu errichten oder inzwischen, anderthalb Jahre nach der Gründung desselben, zu verteidigen. Zweitens wollten die national-belaruthenischen Kräfte einen belaruthenischen Staat errichten, zumindest östlich der Demarkationslinie vom 12. Oktober 1920. Schließlich wollten Savinkov, die russischen Monarchisten und andere Angehörige seiner bunten Truppe ein antibolschewistisches Russland. Wir Osteuropahistoriker/innen müssen zuweilen immer noch den Unterschied zwischen „Weißrussen“ und „Weißgardisten“ erklären, der in der DDR-Wissenschaft dazu geführt hatte, dass man den „Weißgardisten“ sprachlich die „Belorussen“ gegenüberstellte. Doch bei den Truppen Bulak-Balachovičs kämpften tatsächlich „Weißrussen“ und Weißgardisten zusam-

---

120 Voriger und dieser Absatz nach Balachoŭcy 2014, S. 278.

121 Bič 1993, S. 132.

122 Ramanovič, P.S.: Administracijna-tėrytryjal'nae ŭladkavanne Belarusi (1917–1921 hh.), In: Oktjabr' 1917 goda v sud'be mirovoj civilizacii. K 90-letiju Oktjabr'skoj revoljucii, Minsk 2008, S. 320-324, hier S. 322.

123 Znešnjaja palityka Belarusi [...] 1997, S. 240, zitiert in: Ramanovič 2008, S. 320-324, hier S. 323; auch Baroŭskaja, Vol'ha: Belaruskae pytanne na sovetsko-pol'skich perahavorach 1918–1921 hh. Minsk 2017 ebenfalls mit Originaldokumenten.

men. Vereint waren diese Gruppen allerdings nur in ihrem Kampf gegen die Rote Armee. Und es gab noch eine vierte Gruppe mit eigenem Interesse: diejenigen, die um ihr eigenes Überleben kämpften. Später konnten viele von ihnen nur „Ballast"[124] werden.

Wieder: Pogrome. Dov Biegun, ein jüdischer Schuljunge in Davyd-Haradok, beschrieb mehrmals (allerdings Jahrzehnte später), wie äußerst brutal und unehrlich die Balachoŭcy gegen die jüdische Bevölkerung in seinem Heimatort vorgingen. In dieser Kleinstadt südlich des Flusses Prypjac' waren die jüdischen Bewohner ohnehin nicht vor den Ausschreitungen der nichtjüdischen Bewohner sicher gewesen. Für die jüdische Bevölkerung, die in diesem Ort schließlich einen Heimatschutz organisiert hatte, war die Rote Armee durchgängig das geringste Übel unter den in Polesien wirkenden Streitkräften.[125] Shohet berichtet anlässlich von „Invasion und Aufstand" von Balachovičs „weißen" (antibolschewistischen) Kräften vom 26. bis 29. September 1920 in Pinsk davon, dass diese „grausamen, brutalen und rüden" Pogromisten 20 Pinčuken ermordet hatten. Selbst dies sei aber noch nicht so schlimm gewesen wie das Morden und Vergewaltigen in den kleineren Schteteln.[126]

Oder in dem Dorf Terevo im Kreis Mazyr, in dem die Überlebende Chasja Kvetkina am 9. Mai erfahren hatte, dass „eine Bande Balachovcy" einfallen würde. Man versteckte sich im Roggen zum Übernachten, doch fanden die Pogromisten sie. Die Balachoŭcy verfuhren nach einem immer wieder beobachteten Muster: sie töteten oder folterten Frauen und Männer, angeblich um den Weg zu versteckten Kostbarkeiten freizupressen, doch war es ihnen stets zu wenig, und so ließen sie ihrem Sadismus freien Lauf: sie füllten schwangere Frauen mit Wasser ab, zerschmetterten die Schädel der Erniedrigten und Beleidigten mit einer Axt oder anderen hammerharten Gegenständen, malträtierten noch die Leichen der Ermordeten, warfen sie dann auf die Straße oder in einen Fluss oder auch nicht, befahlen, Gruben auszuheben, in die dann die Geschwächten selbst gestoßen und lebendig begraben wurden. Überlebende, die über all das berichten konnten, gab es deshalb, weil die Raub-Pogrome als Gewaltorgie begangen wurden, bei der Schwerverletzte zurückblieben, oft Kinder. Von einer kalten Industrie wie später bei der Shoah war man aus materiellen und mentalen Gründen weit entfernt, die Schreie der gequälten Menschen waren in die Nachbarhäuser und über die Straße hin hörbar.[127] Aber der Sadismus der Pogromler war schwer zu überbieten. Man könnte viele Seiten mit Aussagen der überlebenden Opfer, der Zeuginnen und Zeugen füllen. Die Balachoŭcy hatten in Davyd-Haradok die jüdische Bevölkerung erpresst und eine relative Verschonung teuer bezahlen lassen, aber in Turaŭ begingen sie brutale Morde und Raub.[128]

---

124 Lis-Blonski, In: Balachoŭcy 2014, S. 362.

125 Biegun 1982, S. 41, 49.

126 Shohet 2012, S. 444-450.

127 Ioffe, Ėmmanuil Grigor'evič: Stranicy istorii evreev Belarusi. Kratkij naučno-popul'arnyj očerk. Minsk 1996, S. 79; weiteres Beispiel in Ulaščyk, Mikalaj: Vybranae, Minsk 2001, S. 243, zitiert in: Balachoŭcy 2014, S. 255.

128 Bericht: Nicht später als 1.10.1921; Miljakova, Lidija (red.): Kniga pogromov. Pogromy na Ukraine, w Belorussii i evropejskoj časti Rossii v period Graždanskoj vojny, 1918–1922 g. Sbornik dokumentov, Moskva 2007, Dokument #239, S. 605 ff.), ebenso im November 1920 in Petrykaŭ (ebenda, S. 611). Weiter Berichte über das pogromhafte Vorgehen deer Balachoŭcy: Balachoŭcy in Petrykaŭ im November 1920 (ebenda, S. 611, #240); in Mazyr (#243, #244, #250). Savinkov blieb noch nach 19.11.1920 in Mazyr (#246); Balachovič und Savinkov sprachen vor jüdischer Bevölkerung in Mazyr (#249).

Zuweilen wurden Deals, in denen „Geld gegen Leben und Unversehrtheit" getaucht wurde, teilweise eingehalten. Noch vor dem Waffenstillstand zwischen Polen und Sowjetrussland, als Bulak-Balachovič sich mit polnischen Offiziellen absprechen musste, kamen z.B. jüdische Kutscher in Pinsk von ihnen aufgezwungenen Fahrten heil zurück.[129] Die Balachoŭcy erfüllten auch andere Versprechungen gegen Bestechungsgelder, aber häufig gab es über solche Vorkommnisse unterschiedliche Versionen.

Antisemitismus als Ideologie und als Vorwand. Bulak-Balachovičs Mitstreiter und späterer Biograph Stanisław Lis-Błoński beantragte wegen der antisemitischen Übeltaten der Balachoŭcy erfolgreich seine Entlassung aus der Armee. Später bewertete dieser aber Bulak-Balachovič positiv.[130]

Die materiellen Mittel für ihre Herrschaft schienen sich die Balachoŭcy selbst beschaffen zu müssen. Die BNR von Lastoŭski in Kaunas konnte mangels Masse nicht, und Polen wollte nicht unterstützen, denn es fühlte sich an den Waffenstillstand von Riga doch gebunden, hatte auch Minsk im Oktober 1920 verlassen, weil es der SSRB zugesprochen wurde. In reiner Kriegsökonomie schufen sich die Balachoŭcy, die selbst einschließlich aller Trittbrettfahrer nie Divisionsstärke erreichen konnten, ihre infrastrukturellen und logistischen Grundlagen durch Requisition, Raub und Pogrome gerade in Polesien selbst. Bulak-Balachovič arbeitete dabei mit dem nicht geringen hilfswilligen Teil der örtlichen Landbevölkerung zusammen, die die Sowjetmacht als Judenmacht interpretierte. Dies stellte eine Verbindung der antistädtischen (Die Stadt saugt nur aus und gibt nichts.) mit der religiös fundierten antisemitischen „Ideologie" dar, die ein Verständnis nur für die eigene Lebenswelt aufbringt.

Eine pseudobelaruthenische Pseudostaatlichkeit. Als die Balachoŭcy nach den schnellen Erfolgen der ersten Tage ihrer Kampagne am 10. November 1920 von Petrykaŭ aus Mazyr besetzten,[131] dort zwei Tage später die weiß-rot-weiße Fahne hissten und Bulak-Balachovič den „Belaruthenischen Staat" (*„Belaruskaja Dzjaržava"*)[132] ausrief, folgte dem eine nur über wenige Tage andauernde „Staatlichkeit": das war eine Mini-Verwaltung, besetzt mit ungeeigneten Leuten, weil Bulak-Balachovič selbst und seine Leute keine Idee von einem Staat, seinen Finanzen und seiner Verwaltung, weder von einem speziell „belaruthenischen" Staat noch sonst irgendeinem, ja eigentlich auch nicht einmal seinem Militär hatte. Es bestätigte sich die Binsenweisheit, wie wichtig für einen Sieg und erst Recht eine nachhaltige Herrschaftssicherung wenigstens rudimentäre Vorstellungen davon sind, was man mit geraubten Waffen, Geld und Menschen anderes tun will, als lediglich die Kriegskasse und die Infrastruktur für den nächsten Gewaltakt zu stützen.

Die „Republik" konnte sich – außer in den Köpfen weniger Befürworter – nicht lange halten. Kaum einer nahm sie ernst. Zu wenig verband Bulak-Balachovič mit der belaruthenischen Bewegung, als dass diese ungefähr sechste Ausrufung einer belaruthenischen Staatlichkeit[133] in drei Jahren authentisch hätte wirken können.

---

129 Shohet 2012, S. 451.
130 Balachoŭcy 2014, S. 160.
131 ĖHB, tom 2, Minsk 1994, S. 122.
132 Vgl. ĖHB, Tom 2, Minsk 1994, S. 122; vgl. den Film von Belsat, Minute 43 https://vod.tvp.pl/video/general-nieskonczonej-wojny,general-nieskonczonej-wojny,4284096 und Rudling 2015.
133 Rudling 2015.

Dass Bulak-Balachovič keinen Staat aufzubauen im Stande war, auch nicht bei einem größeren militärischen Erfolg in der Lage gewesen wäre, kann man an seinen öffentlichen Verlautbarungen leicht erkennen. Er nannte sich *Ataman*[134] und *Bat'ko*. Er forderte die polesischen Männer auf, „zu mir“ in die Armee einzutreten. Selbst mit der aufständischen Organisation Grüne Eiche („*Zeleny dub*“), die in der nördlich von Polesien gelegenen Region um die Stadt Sluck aktiv war, verkehrte er in Befehlsform.[135] Bulak-Balachovič war ein Beispiel für eine bei vielen Menschen vielleicht Eindruck erweckende Entschiedenheit, er erinnert aber sehr stark an den im Russischen bis heute bekannten Spruch: „Hochstapler brauchen wir hier nicht, Kommandant bin ich!“[136] Ich habe kein Dokument gesehen, in dem Bulak-Balachovič in seiner Agitation auf die Verkündung der SSRB oder der LitBelSSR reagiert hätte, kein Beispiel von einer Idee von oder Agitation für belaruthenische Staatlichkeit.

Dementsprechend versuchte Bulak-Balachovič auch gar nicht, seine Macht in Gestalt von ihm gehörenden Gebieten zu territorialisieren. Ob er es überhaupt wollte, sei dahingestellt. Aber er hätte es auch nicht können, weil er und seine Leute von Raub und Erpressung lebten. Es gab sogar Vorfälle, dass die einen Mitstreiter sich gegen andere wandten, die zufällig im gleichen Ort waren.[137]

Es war eher umgekehrt: *Weil* Bulak-Balachovič meinte, in Ostpolesien eine friedenshungrige Bevölkerung in Stadt und Land ignorieren zu können, wollte er sich dort festsetzen und absurderweise in der Kleinstadt Mazyr eine Republik ausrufen.

Als die Bolschewiki im Oktober/November 1917 ihren Umsturz machten, waren sie vielleicht gar nicht so viele mehr als die Balachoŭcy, aber Letztere verkündeten in ihren Texten immer nur die Leier von den miesen Bolschewiki, während Erste mit dem (unehrlichen) Dekret über den Boden und dem (allzu ehrlichen) über den Frieden die Bedürfnisse der Menschen gerade in den Frontgebieten traf.

In seiner Einfallslosigkeit kopierte Bulak-Balachovič das Vorgehen von Piłsudski fast Eins zu Eins. Denn erstens schuf er neben sich eine zivile Macht, die er informell beherrschen wollte – und akzeptierte weder die Vaclaŭ-Lastoŭski-BNR noch Anton-Luckevič-BNR.[138] Von dieser zivilen Macht hörte man dann nicht viel. Zweitens nannte er sich „Chef des Belarussischen Staates“ *(„Načal'nik belaruskaha dzjaržava“)*. Auch hieran kann man erkennen, dass Bulak-Balachovič keine Vorstellungen vom Aufbau eines Staates hatte, und als er sie sich zulegen musste, ein allenfalls schematisches Verständnis entwickelte. Wahrscheinlich ging er davon aus, falls er wenigstens so weit gedacht hat, dass er in diesem Polesien schon keine Schwierigkeiten haben würde.

So treffen auf Bulak-Balachovič die bekannten Typisierungen über politisierende *siloviki* zu, die wir, um ein Beispiel zu nennen, als Wiedergänger in den Pseudostaaten der Donecker und der Luhansker Volksrepublik seit 2014 kennen gelernt haben.

Am 14. November 1920 fand der zunehmende Konflikt zwischen Balachovič und Savinkov einen Niederschlag in einem Ultimatum des Letzteren an Ersteren: die „Russen“

134 Z.B. Balachoŭcy 2014, S. 339.
135 Flugblatt, In: Balachoŭcy 2014, S. 345.
136 Original: *Samozvancev nam ne nado, komandirem budu ja!*
137 Biegun 1982, S. 102.
138 Vgl. Historyja Pinska 2012, S. 410.

wollten die verkündete belaruthenische Staatlichkeit nicht und wollten daher Bulak-Balachovič das Kommando wegnehmen. Dieser antwortete in einer Sprache, die die Offiziere und Soldaten verstanden, als Väterchen gegenüber den „Söhnen“ (*„Synki“)* – und blieb weiterhin der Befehlshaber.[139]

Der weiteste Vorstoß der Balachoŭcy ging bis zum Dnepr bei Rėčyca. Der Rückmarsch der Balachovcer unter dem Eindruck der Gegenattacke der Roten Armee ab 16. November 1920[140] wurde bald zu einer chaotischen Aktion, bei der die Disziplinlosigkeit noch größer wurde. Die Rote Armee rückte relativ langsam vor;[141] sie bereitete dieser Freiwilligenarmee eine Niederlage nach der anderen. Auf der ereignisgeschichtlichen Ebene gab es drei Gründe, warum gerade dieses Datum eine Kehrtwende einleitete. Erstens hatte die Rote Armee kurz zuvor mit der Hilfe der Verbände von Nestor Machno am Schwarzen Meer am Perekop die weißgardistische Armee Wrangels (Vrangel') geschlagen. Zweitens hatte Polen zu diesem Zeitpunkt seine Berater abgezogen.[142] Und drittens hatten sich, wie gesagt, die beiden Protagonisten der Freiwilligenarmee, Savinkov und Bulak-Balachovič zerstritten.

In der Zeit vom 26. November bis zum 7. Dezember 1920 gingen 884 Offiziere und 6.936 Soldaten Bulak-Balachovičs über die demarkierte Staats-Grenze nach Polen. Die sowjetischen Strukturen nahmen 4.460 Balachoŭcy gefangen.[143]

Grausamkeit selbsternannter Atamanen. Man kann keine besondere Grausamkeit, keinen besonderen Umfang, keine besondere Qualität der Balachoŭcy im Vergleich zu anderen „Atamanen“ des Bürgerkriegs erkennen, wie sie z.B. im Buch *Kniga pogromov* beschrieben werden.[144]

Dass die Balachoŭcy alles andere als eine „Volksarmee“ waren, sieht man daran, dass nie berichtet wird, dass jemand in Stadt oder Land aus der allerdings sehr armen Bevölkerung ihnen mit Brot, Quartier oder gar Kämpfern geholfen hätte. Es gab auch keine gruppenweisen Übertritte von der Roten Armee zu den Balachoŭcy. Die Führung der Balachovič-Armee verbreitete Flugblätter in belaruthenischer oder russischer Sprache darüber, dass die Bolschewiki den Einheimischen alles weggenommen hätten, doch sie selbst waren ja überhaupt nicht anders, und ihre schriftlichen Versprechungen mussten sehr hohl gewirkt haben. In der Anfangsphase allerdings verteilten noch einige Offiziere der Balachoŭcer erbeutete Süßigkeiten an Dorfkinder.

Die Landschaft und die Balachoŭcy. Die Widrigkeit der Landschaft auch für die Balachoŭcy findet sich in mehreren Beschreibungen. Einmal wollten Balachoŭcy-Einheiten ihre eigenen Leute auf der anderen Seite des Flusses unterstützen, allerdings er war nicht passierbar, man wollte aber weder größere, noch kleinere Waffen, weder Material noch Pferde zurücklassen. Schließlich baute man Flöße – doch diese erwiesen sich ebenfalls als zu schwach und sanken schon bei leichtem Gewicht auf den Boden. Der Kampf zu Pferd war schwierig, denn nicht nur war das Gelände nicht geeignet, sondern sie konnten auch, wenn sie keine oder beschädigte Hufe hatten, im Schnee schlecht vorwärts kommen. Automobile

139 Balacoŭcy 2014, S. 277.
140 ĖHB, tom 2, Minsk 1994, S. 122.
141 Balachoŭcy 2014, S. 323.
142 Balachoŭcy 2014, S. 320.
143 Historyja Pinska 2014, S. 410.
144 Miljakova, Lidija (red.): Kniga pogromov 2007.

konnten sich auch nicht gut fortbewegen, es fehlte zudem an Benzin. Und die abgemagerten Pferde schafften es nicht, die Autos mit einer Kraft von mehreren Pferdestärken zu ziehen.[145]

Allerdings konnten sich Bulak-Balachovičs Leute sich in dieser Situation eigentlich nur in solch einem unwegsamen Gelände wie in Polesien halten, denn es bot doch Schutz, und die Rote Armee musste haushalten und würde nicht alle verfügbaren Kräfte dort zur Rückeroberung hingeschickt haben.

So verlegten sich die Balachoŭcy auf die Ausplünderung der jüdischen Bevölkerung. Es war nach Krieg und Bürgerkrieg (einschließlich polnisch-sowjetischem) offensichtlich immer noch möglich, mobile Vermögenswerte herauszupressen. Doch reichte dies den Pogromisten nicht für lange Zeit. Nicht nur spielte eine Rolle, dass die *terms of trade* in solchen Situationen sich zuungunsten des Wertes von alten Gemälden[146] und Geldwährung rasant verschieben konnte. Es war auch einfach nicht mehr ganz so viel zu holen, um auch nur mehrere Tausend Soldaten zu verpflegen – erst Recht nicht in Polesien im November.

Auf der (viel später entstandenen) „Kriegs"-Karte mit den üblichen Pfeilen für kriegerisch erfolgreiche Vorstöße macht es viel Eindruck, weil in etwa zehn Tagen Hunderte von Kilometern „erobert wurden". Aber das Gebiet wurde ja nicht territorialisiert. So ist denn der Rückzug der Balachoŭcy auf einer Karte ebenfalls sehr beeindruckend.[147] Die ganze Kampagne wirkte wie ein zeitlich begrenzter Raubzug mit Vergewaltigungs- und Tötungs-Orgien, bei dem der Teil, der es bis Dezember 1920 über die Grenze nach Polen geschafft hatte, froh sein konnte, mit dem Leben davon gekommen zu sein.

Doch bei der Landbevölkerung bewirkten die Aktivitäten von Bulak-Balachovič und anderen Atamanen eine noch gesteigerte Gewaltbereitschaft und Verrohung. Wenn Antoni F. Ossendowski etwa zehn Jahre später „den Poleschuken" als verkniffen und misstrauisch beschrieb, so sollten wir darin keinesfalls einen direkten Einfluss der dortigen – von ihm und anderen ja andererseits als idyllisch beschriebenen! – Landschaft sehen, sondern eine Folge von kriegerischen und blutigen Ereignissen über die lange Zeit von 1914 bis 1920/1921, in der jeder Fremde ein solcher sein konnte, der einen tötet, quält, vergewaltigt, ausraubt, zwangsrekrutiert.

Wer schuf Mimikry-Republiken? Bulak-Balachovič, ein Stief-*bac'ko* (Stiefvater)

Stanislaŭ Bulak-Balachovič hat 1919 nicht seine Heimatregion im engeren Sinne verteidigt. Er konnte in Estland genauso militärisch intervenieren wie in Ostpolesien; wie ein Söldner, der sich zum Herren aufschwang, aber verschwieg, dass er mit der Republik Polen eine staatliche Infrastruktur wenn nicht als propagandistische Unterstützerin, so doch im Hintergrund hatte. Er konnte einen belaruthenischen Staat ausrufen, war dabei aber nicht bereit bis zum Äußersten, also dem Heldentod zu gehen.

Später ging Bulak-Balachovič auch offiziell in Piłsudskis Dienste. Damit entwertete er die Reste des ohnehin geringen ideologischen Gehaltes seiner Landschaftsintervention. Er war kein „Vater" oder „Väterchen" (*bat'ko/bac'ko),* (wie er manchmal genannt wurde), son-

145 Balachoŭcy 2014, S. 327.
146 Lis-Błonski, In: Balachoŭcy 2014 berichtet.
147 Balachoŭcy 2014, S. 342-343.

dern ein Stiefbat'ko, der Polesien und andere Gebiete wie Estland nur angekündigt zu seiner Heimat machte.[148]

Bulak-Balachovič wählte Polesien nicht bewusst aus. Aber Polesien bot ihm die besten Interventionsmöglichkeiten. Hier waren die Frauen und Juden am Ungeschütztesten.

Unter einer „Republik" ging nichts. Als Stanislaŭ Bulak-Balachovič im November 1920 politische Akte und Befehle ausgab und seinen Belaruthenischen Staat ausrief,[149] da war er ja nicht der erste. Rudling zählt insgesamt allein sechs belaruthenische Republiks-ausrufungen.[150] Die Mode, Republiken zu gründen, war damals so sehr verbreitet, dass man sich für Bulak-Balachovičs Bekundungen gar nicht mehr besonders interessiert haben dürfte. Ähnlich wie bei Aleksandr Antonov im Regierungsbezirk Tambov, Nestor Machno im ukrainischen Regierungsbezirk Ekaterinoslav/Katerynoslav und vielen anderen Atamanen oder Väterchen gehörte es inzwischen zu dem üblichen Handwerkszeug, jedwede auch sehr kurzfristige Herrschaft oder sogar nur Herrschaftsanspruch mit einer Republiksausrufung zu unterfüttern. Zumeist gegen den Herrschaftsanspruch „der Stadt" als solcher gegründet, haben diese Atamane bestimmte Herrschaftstechniken abgelehnt. Hierzu gehörte die von der Bevölkerung oft unterstützte Ablehnung einer weitläufigen staatlichen Bürokratie, da diese als parasitärer Bereich jeglicher Herrschaft angesehen wurde.

Umgekehrt konnten insbesondere Frauen und Juden in der Regel jedem Quäntchen geordneter Staatsverwaltung etwas abgewinnen. Die Mode, Republiken zu gründen, war zunächst eine direkte Folge des Zerfalls des zarischen Russischen Reichs.

Sowohl das Deutsche Kaiserreich als auch die Bolschewiki[151], selbst Anarchokommunisten[152] hatten im Jahr 1918 gelernt, ohne zu zögern Republiken zu gründen oder zu unterstützen.. Bulak-Balachovič brauchten also keine größere Phantasie zu entfalten, um dies auch zu tun. „Republik" bedeutete dabei eigentlich nichts anderes als „Herrschaft", und das belegte Territorium „Herrschaftsgebiet". Das Wort für „Herrschaft", im Russischen *deržava*, ist im belaruthenischen auch heute noch zudem das Wort für „Staat".[153] Die Legitimation solcher Herrschaft erwuchs zunächst – in bester nominalistischer[154] Tradition – aus der Ausrufung selbst. Im November 1920 hatten die Menschen schon genug von den verschiedensten Republiksproklamationen, von Republiken, die weder ein Staatsvolk, noch eine stabile Herrschaft, noch eigene Steuererhebung, noch eigenes Geld, noch eine Legitimation durch die Einheimischen hatten.

---

148 *Bac'ka* ist in beiden https://be.wikipedia.org/wiki/Бацька https://be-tarask.wikipedia.org/wiki/Бацька belaruthenischen Sprachen, *Bat'ko* in der ukrainischen das normale Wort für Vater. Für Pfarrer gibt es hingegen *Párach*.

149 Siehe oben, vgl. ÈHB, Tom 2, Minsk 1994, S. 122.

150 Rudling 2015.

151 Z.B. eine Donbass-Republik https://de.wikipedia.org/wiki/Sowjetrepublik_Donez-Kriwoi_Rog, oder Odessa-Republik).

152 Rossijskaja sovetskaja respublika Nargen; https://ru.wikipedia.org/wiki/Советская_республика_матросов_и_строителей.

153 Offizielle Wörter wie *čyhunka, deržava, prozvišča* im Belaruthenischen sollten wahrscheinlich volkstümlich sein, aber schaden der heutigen belaruthenischen Sprache genauso wie das Fehlen des „Г" mit Haken oder des Щ, denn sie verwischen den semantischen Unterschied zwischen Eisenbahn und Eisenbahnlinie, zwischen Staat und Herrschaft und zwischen Nachname und Beiname.

154 Wirpsza, Witold: Pole – wer bist Du? Luzern [u.a.] 1971, S. 20-21; orig.: Polaku, kim jesteś? 2. Auflage, Berlin 1986.

Im Gegensatz zu Bulak-Balachovič war die Intervention der genannten nördlicher operierenden Organisation *Zelenyj Dub* schon wesentlich politischer begründet. Es gab ein schriftlich niedergelegtes Programm. [155] Wir wissen nicht, wie sehr die Belaruthenische Partei der Sozialrevolutionäre (BPS-R) dies beeinflussten, denn es hätte von ihnen kommen können.

Wir müssen uns dabei vor Augen halten, dass für viele Zeitgenossen selbst die Gründung einer „Belaruthenischen Volksrepublik“ und sogar einer „Ukrainischen Volksrepublik“ oder auch der entsprechenden Sowjetrepubliken allein schon deshalb wie ein etwas zu primitiv geratener Trick wirkte, weil sie die Nationen als Staatsvölker von Estland bis Albanien damals noch nicht ernst nahmen. Erst aus späterer Sicht erscheinen solche Staaten als normale und mit voller Existenzberechtigung behaftete.

Bulak-Balachovič in der heteronarrativen Geschichtsschreibung.

Bezüglich der Aktivitäten von Bulak-Balachovič ist die Heteronarrativität nicht nur nicht überwunden; vielmehr nimmt man nicht einmal zur Kenntnis, dass man in den jeweils anderen Milieus überhaupt etwas darüber geschrieben hat.

Die Männer, die aus welchen Gründen auch immer mehr oder weniger freiwillig bei Bulak-Balachovič dienten, dienten in ihrer Widersprüchlichkeit nicht selten als Typus in Erzählungen belaruthenischer Schriftsteller. Wie so oft in der „klassischen“ belaruthenischen Prosa nahm man eine Perspektive von unten ein.[156]

In den letzten Jahren wird eine Verherrlichung Bulak-Balachovičs nicht mehr all zu sehr beargwöhnt. Da aber der sowjetische Sieg im großen vaterländischen Krieg nach wie vor für die belaruthenische Geschichtspolitik, und überhaupt für die Politik konstituierend bleibt, wird – vielleicht mit Ausnahme des Strekopytov-Aufstands – vorerst noch kein antikommunistischer Aufstand positiv bewertet. Die negative Bewertung Bulak-Balachovičs ergibt sich zudem aus der Unterordnung dieses Wüterichs zuerst unter die antisowjetischen Militärs in Estland, dann aus der Zusammenarbeit mit den polnischen Streitkräften und Piłsudski persönlich.

Der belaruthenischen Bewegung hat sich Bulak-Balachovič trotz seiner propolnischen Haltung positiv vermittelt. Ein von *BelSat* verbreiteter Film über diesen „Ataman“ beginnt und endet damit, dass junge Menschen mit weiß-rot-weißen Fahnen und Abzeichen des Bulak-Balachovič als Helden gedenken.

In der „jüdischen“ Geschichtsschreibung sind er und seine Mannen hingegen als das bekannt, was er war: antisemitische Pogromisten.[157]

Zumindest diese Einordnung scheint breiter bekannt zu sein, denn sie wird zuweilen damit gekontert, dass man nicht die Juden, sondern die Kommunisten bekämpft habe, die nun mal häufig Juden gewesen seien. Schon Bulak-Balachovič selbst hat dieses Argument agitatorisch benutzt, doch die Praxis war ja eine andere.

---

155 Statut Belaruskaj Seljanskaj Partyi „Zjalëny Dub“, In: Stužynskaja, Nina: Belarus' mjacežnaja: z historyi ŭzbroenaha antysaveckaha supracivu ŭ 20-ja hh. XX stahoddzja, Minsk 2012, S. 334-342; vgl. Posadskij, Anton V. (Hg.): Krest'janskij front: 1918 - 1922 gg. Sbornik statej i materialov, Moskva 2013.

156 Randow, Norbert: Vorwort, In: Randow, Norbert (Hg.): Die junge Eiche. Klassische belorussische Erzählungen, Leipzig 1987, S. 5-8.

157 Ioffe 1996.

Die Balachoŭcy verbreiteten in den Schteteln nicht nur Angst und Schrecken, sondern gingen mit einer Brutalität und entfesselten Gewalt vor, die selbst im Ersten Weltkrieg nicht bekannt war. Haben sie dabei ohne einheimische Helfer auskommen können? Die Berichte geben hier wenig Auskunft. Es erscheint oft so, dass die Balachoŭcy sich die Informationen mit Gewalt erpresst haben und sich daher nicht auf freiwillige Informationen von Einheimischen zu stützen brauchten. In den allerdings Jahrzehnte später veröffentlichten Schilderungen von Dov Biegun[158] waren es in erster Linie Fremde, vor allem Balachoŭcy und Kosaken, die die Pogrome begingen. Daher kann ich noch nichts über das Thema „Die Polesier und der Antisemitismus“ schreiben. Der nicht helfende Nachbar musste kein Antisemit sein, er konnte viele Gründe haben. Der helfende wiederum konnte einer sein, weil er eine Arbeitskraft im Haushalt auszunutzen verstand. Eine zukünftige Analyse sollte berücksichtigen, dass die eine Passivität der Polesierinnen und Polesier auch in diesem speziellen Punkt begründet sein könnte, und dass, weil sie nicht so ethnisiert waren, noch viel grundsätzlicher herausgearbeitet werden müsste, ob sie in den einheimischen Juden in erster Linie fremde Stadtbewohner und Stadtbewohnerinnen sahen oder ein fremdreligiöses „Völkchen“.

3.4 Warum wurde die polnisch-sowjetische Grenze 1921 dort gezogen, wo sie gezogen wurde?

Um den Charakter staatlicher wie nichtstaatlicher Interventionen beurteilen zu können, sind die Begleitumstände des nach fünf Monaten Verhandlungen am 18. März 1921 abgeschlossenen Friedensvertrags von Riga zu analysieren. In diesem wurden die Grenzen des Waffenstillstands im Groben und Ganzen bestätigt.

Bei den Verhandlungen war es nicht darum gegangen, dass beide Verhandlungspartner ein möglichst großes Territorium der Belarus' und Polesiens ihr eigen nennen wollten. Ganz im Gegenteil: ursprünglich hatte die sowjetische Delegation beim ersten Austausch von Vorschlägen Anfang 1920 der polnischen ein noch viel größeres Territorium angeboten,[159] doch die polnische Delegation lehnte ab. „Die sowjetische Seite war bereit, [fast] die ganze Belarus' Polen zu geben“. Aber die polnische Seite war nicht im Stande, solch ein „Opfer“ anzunehmen, da sie sich kein „belaruthenisches Problem“ schaffen wollte.[160] Dies erscheint geostrategisch zunächst so absurd, dass die Geschichtsschreibung diese Tatsache lange nicht tradiert hat. Doch beide Seiten hatten ihre Gründe für ihr zurückhaltendes Verhalten. Offensichtlich wollte sich keine der beiden Seiten in Polesien und nördlich davon ein Gebiet aneignen, mit dem sie sich nur Ärger einhandelten.

Historisch hat es solche Situationen des Öfteren gegeben. Immer dann, wenn aus den verschiedensten Gründen, allen voran Krieg und tödliche Pandemien, die Bevölkerungszahl

---

158 Biegun 1982.

159 Conrad, Benjamin: Umkämpfte Grenzen, umkämpfte Bevölkerung. Die Entstehung der Staatsgrenzen der Zweiten Polnischen Republik 1918–1923, Stuttgart 2014, Karte im Anhang Nr. 8; vgl. Laeuen 1940, S. 50.

160 Hryckevič, Anatol': Sluckae paŭstanne 1920 h. Zbrojny čyn u barac'be za nezaležnasc' Belarusi, In: Spadčyna 1993, No. 2, S. 3.

in bestimmten Territorien zurück gegangen war, standen Staaten und andere Herrschaftsgebilde vor der Frage, ob sie ein Territorium flächendeckend absichern sollten. Georges Bataille beschrieb, wie China und andere Mächte mehrmals Tibet eroberten, aber sich aus diesem unfruchtbaren Gelände zurückzogen, da die Besatzungkosten den Nutzen, insbesondere die Einnahmen überstiegen.[161]

Leon Wasilewski blieb bei den Verhandlungen im September-Oktober schließlich der einzige aus der Delegation Polens in Riga, der für die Zugehörigkeit von Minsk zu Polen warb, ein der sowjetischen Seite auch unterbreitetes Anliegen, das diese zuerst nicht negativ beantwortet hatte.[162] Doch die polnische Delegation forderte Minsk nicht mehr.[163] Ansonsten wurde die Grenze ungefähr entlang der Frontlinie, entlang des status quo vom Oktober 1920 gezogen.[164] Umgekehrt schien die sowjetische Seite kein Problem damit zu haben, dass in der Endphase der Verhandlungen in Polesien und Nord-Wolhynien (das geografische Süd-Polesien) ein Gebiet von 5.000 km² doch noch Polen zugeschlagen wurde, einzelne Autoren sprachen übertrieben sogar von 12.000 km².[165]

Die polnische Seite hatte bereits deutlich zu spüren bekommen, dass sowohl die eigene militärische Intervention von 1919 bis 1920 als auch diejenige durch Bulak-Balachovič bis November 1920 am Widerstand nicht nur der Roten Armee, sondern auch der Einheimischen in Land und Stadt scheiterten. Polen wurde mit der Wahl gerade dieser Grenze zwar kein Nationalstaat, aber die ethnisch slawischen und katholischen Polen waren in diesem Staat doch die deutliche Mehrheit: rund vier Millionen Ukrainer, drei Millionen Juden, zwei Millionen Belaruthenen und eine Million Deutsche waren die wichtigsten Minderheiten. Eine noch größere Anzahl von zu den ethnischen Minderheiten gehörenden Staatsbürgern hätte dieses Land noch mehr in nationale, ethnische oder religiöse Konflikte getrieben, vielleicht sogar gesprengt. Wenn mehr als die Hälfte des belaruthenischen Territoriums zur Republik Polen gehört hätte, wäre die Frage einer Föderation oder zumindest einer territorialen Autonomie ukrainischer und belaruthenischer Gebiete noch viel stärker auf die Tagesordnung der Politik der polnischen Republik gekommen. (Dass die politische Vertretung der inländischen Minderheiten, geschützt durch einen im Vertrag von Versailles festgeschriebenen Antidiskriminierungs-Status, durchaus die Politik der Republik beeinflussen konnte, zeigte sich schon 1922, als deren Abstimmungsverhalten entscheidend dafür war, dass Gabriel Narutowicz bei den Wahlen zum Präsidenten über seinen nationaldemokratischen Konkurrenten siegte.)

Strategie Polens. Die polnische Seite wollte Wilna und Lemberg in den neuen Staat inkorporieren.[166] Was Polesien betrifft, so war das polnische und katholische Element (und ist bis heute) in Westpolesien und der westlichen Belarus' viel stärker verbreitet als im Osten dieses Gebietes. Die Volkszählung von 1897 verzeichnete im Gouvernement Grodno/Hrod-

161 Bataille, Georges: Die Aufhebung der Ökonomie. Das theoretische Werk, Band 1, München 1975, S. 125-145, insbesondere S. 143.
162 Conrad 2014, S. 242.
163 Laeuen, Harald: Polnisches Zwischenspiel. Eine Episode der Ostpolitik, Berlin 1940, S. 67.
164 Kartenskizze https://pl.wikipedia.org/wiki/Wojna_polsko-bolszewicka#/media/File:Bitwa_o_granice_1920.png (30.01.2019)
165 Conrad 2014, S. 246.
166 Weitere Argumente Siebert 1998a.

na (hierzu gehörten Brest und Kobryn) 24 % der Einwohner Katholiken, im Gouvernement Minsk (mit Pinsk, Luninec, Mazyr und Rėčyca) 10 %, im noch weiter östlichen Gouvernement Mahilëŭ (mit Homel') 3 %.[167]

Mehr als die Anzahl der Katholiken oder ethnischer Polen dürften die Grundbesitzverhältnisse eine Rolle gespielt haben. Es befand sich zwar an der schließlich gezogenen Grenze keine scharfe, deutlich erkennbare Grenze des überwiegend polnisch-katholischen Großgrundbesitzes. Dass polnische Grundbesitzer in Westpolesien stärker vertreten waren und größere Grundflächen ihr eigen nannten als in Ostpolesien, ist aber deutlich:

Einer Schätzung von 1909 zufolge wurde (von West nach Ost) 32 % des privaten Grundbesitzes im Kreis *(uezd)* Pinsk von Polen gehalten, in Mazyr 29 %, in Rėčyca 16 % und in Homel' 9 %. Für ein Selbstverwaltungs-Reformprojekt wurden diese Werte getrennt nach Großgrundbesitz (entsprechend 71 %, 39 %, 39 % bzw. 22 %) und kleinerem Grundbesitz (16 %, 14 %, 8 % bzw. 8 %) angegeben.[168]

Entsprechend war auch der Katholizismus in den westlichen polesischen Gebieten, wenn nicht von der Bevölkerung her, aber als Machtfaktor stärker präsent als in den östlichen Gebieten. Die Frage der Religionszugehörigkeit spielte ja, wie schon kurz dargelegt, eine starke Rolle. Es war 1921 noch nicht lange her, dass viele orthodoxe Kirchen in „russischem“ Baustil, sogenannte *Murav'ëvki*, nach dem Verbot der Unierten Kirche (orthodoxer Ritus, aber rechtlich der römisch-katholischen Kirche untergeordnet), insbesondere nach dem Aufstand von 1863 systematisch gebaut und geweiht wurden; sie sollten gemäß einem Zirkular vom 25. Mai 1865 „in eleganter Weise, gründlich und ohne unnötige Hast“ gebaut werden.[169]

Es war also zu erwarten, dass eine Polonisierung, wie sie insbesondere der Nationaldemokratie *(eNDecja)* unter Dmowski vorgeschwebt hat, im westlichen Polesien einfacher zu bewerkstelligen wäre als im östlichen.

Im März 1921 wollte die polnische Seite jedenfalls nicht ihr Territorium überdehnen, hatte aber keinen Einfluss mehr auf einen potenziellen belaruthenischen oder sonstwie gearteten Pufferstaat zwischen Polen und den sowjetischen Gebieten. Andererseits blieb eine weitgehende Ausweitung des Staatsterritoriums angesichts der Schwäche der sowjetischen Republiken verlockend. Auch wenn der Sowjetstaat eine Armee hatte auf die Beine stellen können, die beinahe Warschau erobert hatte, so hätte doch kaum einer darauf gewettet, dass dieser multiethnische Staat namens Sowjetunion im ausgerufenen Zeitalter der Nationalstaaten 70 Jahre lang einer der mächtigsten der Erde sein würde. Daher war es für die Vertreter der Republik Polen eine Art Kompromiss mit sich selbst, nämlich zwischen der eigenen Ideologie und der eigenen Strategie, sich die halbe Belarus, halb Polesien, halb Wolhynien und die Westukraine ins Haus zu holen.

Solche Überlegungen spielten eine ausgesprochene und auch unausgesprochene, eine bewusste und vielleicht auch unbewusste Rolle am Rigaer Verhandlungstisch, doch ob sie

167 Pervaja Vseobščaja perepis' naselenija Rossijskoj Imperii 1897 g. Pod red. N.A.Trojnickogo. t.I. Obščij svod po Imperii rezul'tatov razrabotki dannych Pervoj Vseobščej perepisi naselenija, proizvedennoj 28 janvarja 1897 goda. S.-Peterburg 1905, zitiert in: http://demoscope.ru/weekly/ssp/rus_rel_97.php.

168 Errechnet Wakar, Włodzimierz: Rozwój terytoryalny narodowości polskiej Cz. III. Statystyka narodowościowa kresów wschodnich, cz. 3, Kielce 1917, S. 65-66.

169 Prypjatskae Palesse 2016, S. 213 bringt das Originaldokument hierzu.

entscheidend waren, das muss in einem anderen Forschungsprojekt herausgefunden werden. Im Ergebnis war Polen kein Nationalstaat, gab sich jedoch die Struktur eines solchen und verankerte auch die führende Rolle der römisch-katholischen Kirche in der Verfassung.

Abbildung 13: Die Karikatur zeigt eine von einem polnischen und einem sowjetischen Soldaten entlang der Grenzlinie des Friedens von Riga zerrissene, sich von „Bel'sk" bis „Smalensk" erstreckende Belarus'. Oben: „Nieder mit dem Rigaer Schandvertrag!" Unten: „Es lebe die freie, unteilbare bäuerliche Belarus'!"
Quelle: https://upload.wikimedia.org/wikipedia/commons/9/9f/Caricature_for_Riga_Peace_1921.png Владимир Орлов, Генадзь Саганович. Десять веков белорусской истории (862—1818): События. Даты, Иллюстрации. — Вильня: Наша Будучыня, 2001; public domain

Sowjetische Strategie. Für die sowjetische Seite stellte sich die territoriale Lage ebenfalls nicht unkompliziert dar. Um dem zwar nicht starken, aber sichtbar angestiegenen nationalen Bewusstsein der Belaruthenen Rechnung zu tragen, verkündete man am 1. Januar 1919 die SSRB, schon am 27. Februar 1919 die Litauisch-Belaruthenische SSR (LitBelSSR), und am 31. Juli 1920 erneut eine belaruthenische.[170] Doch nach wie vor waren wenige Belaruthenen in der Kommunistischen Partei, wie die Bolschewiki sich nun nannten, vertreten. Selbst in der Kommunistischen Partei (Bolschewiki) der Belarus' (KP(b)B) waren nicht einmal die Hälfte Belaruthenen.[171] Der Chef der KP(b)B war bis 1937 nie ein Belaruthene. Die

170 Platonaŭ R.: Utvarėnne BSSR, In: Ėncyklapedyja historyi Belarusi. U 6 t. T. 6. Kn. 2: Usveja – Jašyn; Dadatak, Minsk 2003, S. 16-18, hier S. 17.

171 Jetzt auch Raspe, Jonathan: Nation wider Willen. Weißrussland in der Sowjetunion, 1921–1931, in: Jahrbücher für Geschichte Osteuropas 2018, S. 218-244.

BNR war zwar schwach, stand aber in Wilna und/oder Kaunas in Wartehaltung. Die UdSSR war noch nicht gegründet worden (dies geschah am 30.12.1922).

In dieser Situation bestand die Gefahr, dass eine BSSR der leninistischen Kontrolle entgleiten könnte. Andererseits wäre die Aufgabe eines solchen Konstrukts für Moskau nicht mehr zweckdienlich gewesen. Man entschied sich für eine sehr kleine BSSR. In Polesien gehörten zu ihr nur die Gebiete um Mazyr. Die heute zur Ukraine gehörenden Gebiete Ostpolesiens wurden der Ukrainischen SSR zugeschlagen. Der Osten Ostpolesiens mit Rėčyca und Homel' kam zur RSFSR. Ostpolesien war von 1921 bis 1926 also auf drei Sowjetrepubliken aufgeteilt. Die bis 1924 nur – nicht einmal vollständig – sechs Kreise des Regierungsbezirks Minsk umfassende Zwerg-BSSR hätte so allenfalls zu einem Zwerg-Pufferstaat werden können. Gerade die belaruthenischen Sozialrevolutionäre hatten die Gelegenheit beim Schopf zu packen und hier ihren Einfluss auszubauen versucht. Sie protestierten gegen die erneute Ausrufung der SSRB.[172] Aber sie wurden nach einer Verhaftungswelle fast direkt im Anschluss an den Frieden von Riga zur Selbstauflösung gezwungen. 1924 war die Belaruthenische Partei der Sozialrevolutionäre Geschichte.[173]

Nachklang. In Polen hingegen erörterte man weiterhin, ob insbesondere die Nicht-Übernahme von Minsk ins Staatsgebiet Polens nicht doch ein Nachteil gewesen war. Beispielsweise führte ein Referent einer ungenannten polnischen Verwaltungseinheit an, dass dadurch das Zentrum der belaruthenischen Bewegung in Polen von Minsk nach Vilnius verlagert wurde, was „vollkommen unnötigerweise die belaruthenische Frage in das Vilnius-Gebiet gebracht" hätte und den Bolschewiki ermöglicht hätte, Minsk als Herd für die Verbreitung der belaruthenischen Bewegung zu adeln.[174] Doch hinterher war man schlauer. Ob die Bolschewiki sich in der kleinen BSSR so leicht und unter welchen Bedingungen und Zugeständnissen überhaupt behaupten konnten, das blieb noch die ganzen 1920er Jahre hindurch eine nicht endgültig geklärte Frage.

3.5 Fazit: Interventionen im Bürgerkrieg: War Polesien eine Interventionslandschaft?

Nation und Staat. In der belaruthenischen Geschichtsschreibung wird bedauert und analysiert, dass das ethnisch-nationale Prinzip von Woodrow Wilson auf die Bildung eines belaruthenischen Staates nicht angewandt wurde, dass die belaruthenische Nationalbewegung weder in Brest 1918, noch in Versailles 1919, noch in Riga 1921 wenigstens mit am Tisch saß. Doch nicht nur die numerische Schwäche der nur einige Hundert umfassenden Aktivist*innen[175] und deren Armee war hier entscheidend: Man wird 100 Jahre später auch den Eindruck nicht los, dass es den Aktivisten der BNR an diplomatischen Fähigkeiten mangelte.

172 Bič 1993, S. 132.
173 Siebert 1998a, S. 51-55.
174 Archivy BNR 1, 2, S. 1295, #3146, ca. 8. März 1921.
175 Eindrücklich: Rudling 2015.

Die Sowjets hatten hingegen Wert auf die Einrichtung von Verwaltung(en) gelegt, waren sich aber offensichtlich sowohl grundsätzlich als auch taktisch bezüglich dessen uneinig, wie eine Sowjetunion aufgebaut werden solle.

Polen hatte das ZCZW (wörtlich „Zivilverwaltung der Ostgebiete“) geschaffen, auch die Polen wollten nicht als Besatzer dastehen. Doch der Aufbau gerade einer zivilen Staatsverwaltung musste einstweilen mit Hindernissen rechnen. Die militärischen Auseinandersetzungen, die Kleinkriege, die Pogrome, all das wurde in den letzten insbesondere nach dem 11. September 2001 als Kriegsökonomie, Gewaltökonomie, asymmetrische Kriegsführung, hybride Kriegsführung und für die größere Region um Polesien herum für die Zeit seit dem Frühstalinismus als Aktivität in „Blutländern“ (Snyder) bezeichnet. Tatsächlich gab es auch in Polesien die *„Atamanščyna“*, jene auf einen bestimmten Führer ausgerichteten bewaffneten Gruppen oder Truppen, die weniger von der Territorialisierung des von ihren gehaltenen Gebietes, als von der schnell wechselnden Präsenz gerade an den Orten lebten, an denen am meisten zu holen war – das konnte in einem Schtetl sein, aber auch auf einem gut ausgebauten Gutshof oder mittelgroßen Chutor.

Doch fällt bei den Interventionen des „polesischen Aufstands“ wie auch denen von Talaš und Bulak-Balachovič ungeachtet ihrer Stoßrichtung auf, dass sie zumindest zeitweise an die sehr kurze Leine entweder der Sowjetmacht oder eben Polens gelegt worden waren, also sehr viel enger, als sie selbst den Eindruck erweckten und erwecken wollten. Dowbór-Muśnicki betrachtete hingegen seinen Korps sogar offiziell als offiziell.

Selbst die Zarenarmee hatte ja, wie gesehen, 1915/1916 Partisanenoperationen durchgeführt. Die polnischen und sowjetischen Kräfte nutzten diese Möglichkeit ebenfalls. Partisanenformationen hatten für die dahinter stehenden Mächte den Vorteil, dass man sich von ihnen im Zweifelsfall auch distanzieren konnte.

In der Geschichtsschreibung stellte man je nach Konjunktur bald den Aspekt der Unabhängigkeit, bald den der Verbundenheit mit „eigenen“ oder des Kampfes mit „gegnerischen“ Mächten heraus. Das hat dazu geführt, dass wirklich unabhängige größere politische und militärische Kräfte wie die belaruthenischen Sozialrevolutionäre (BPS-R) so wenig erforscht sind, dass man sie schwer einschätzen kann. Noch weniger kann man die Positionen der Stadt- und Landbevölkerung zu solchen Interventionen bewerten, falls sie sich nicht ausdrücklich gegen sie richtete.

Doch was weder die polnische, noch die sowjetische noch die nationalbelaruthenische Seite gut konnten, zum Teil wegen der äußeren Kriegsumstände, zum Teil, weil sie nicht vorbereitet waren, war, auf die Bedürfnisse der örtlichen Bevölkerung einzugehen; sie konnten alle keine Verwaltung im Vertrauen oder wenigstens mit Rücksicht auf die Einheimischen aufbauen. Dies führte zu verschiedenen Aufständen gegen die polnische und sowjetische Militär- und Verwaltungsherrschaft.

Bulak-Balachovič sowie die „grünen“ bäuerlichen Partisaneneinheiten hatten vielleicht nicht einmal eine Vorstellung von moderner Verwaltung oder sogar ihrer Notwendigkeit. Das unterschied sie von Polen, der Sowjetunion (und selbst der BNR), die andere hausgemachte Schwierigkeiten beim Verwaltungsaufbau hatten: Warschau wollte, dass wieder ein *polnisch* geprägter Staat entsteht: Konflikte waren da vorprogrammiert. Die Sowjetunion konnte auch in den 1920er Jahren nur schwer ihre Devise „wer nicht für uns ist, ist gegen uns!" ablegen. Daher gab es nur eine schmale Basis zur Zusammenarbeit zwischen Macht und Staatsangehörigen.

Dennoch haben die Kommunisten mehr von den schon in der Zaren- und Russischen-Republiks-Zeit dienenden Militärs, Buchhaltern usw. zur Mitarbeit gewinnen oder anhalten, z.T. sogar nötigen können als die Polen. Der ostslawisch-polnische Antagonismus blieb auch dudurch „national" erklärt. Dies sollte bei der sowjetischen Besetzung im September 1939 noch sehr wichtig werden (siehe unten, Kapitel 5).

Die Akteure beider Staaten hatten das Gefühl, ihre Interventionen in schwer zugängliches Gebiet, in fremdes Gebiet, in das Gebiet der *Anderen* durchgeführt zu haben. Sie legten aber beide daher um so größeren Wert darauf, nicht als von außen Kommende wahrgenommen zu werden: Die Sowjets wollten als Vollführer des (aufständischen, antipolnischen) Willens der aufständischen Einheimischen gelten, die Polen als Verteidiger angestammter Gebiete des Gft. Litauens und der polnischen Kultur bis hin nach Pinsk und sogar Babrujsk.

Anders die Deutschen: Sie konnten weder historische noch aktuelle Argumente anführen. Weitaus mehr noch: sie hatten zuerst besetzt, und erst danach eine nähere Vorstellung von dem, *was* sie da besetzt hatten. Und auch Sowjetrussland stützte sich zunächst nur auf die Städte. Polen fremdelte mit den Poleschuken. Bulak-Balachovič tat nur so, als sei er ein Einheimischer. Strekopytov kam aus Russland. Und Talaš konnte, ähnlich wie Machno[176] und Antonov, eher kämpfen als einen Staat aufbauen.

Geografisches. Unbedingt verteidigen wollten die Bolschewiki Homel' und die Polen Brest, also die Großstädte am östlichen bzw. westlichen Ende von Polesien. Doch an den Sümpfen hatten sie nachrangiges Interesse. Daher konnten sich in solchen Gebieten, sogar in Antiinterventionsgebieten wie Polesien „grüne" Brigaden, Formationen unter Bulak-Balachovič und selbst die Mannen unter dem ortsfremden Strekopytov für kürzere oder sogar etwas längere Zeit halten. Polesien eignete sich für Interventionen einheimischer und nicht einheimischer Kleingruppen. Doch vergessen wir nicht: auch solche von Interventen für ökonomisch und kriegsstrategisch wichtiger gehaltene Gegenden wie Kiew, Dnipropetrovs'k (heute Dnipro) und Katerynoslav (Zaporižže) und die Gegenden drum herum erlebten viele Herrschaftswechsel in der Zeit von 1917 bis 1921. Und es gibt auch keinen Grund anzunehmen, dass gerade in den für unwichtig gehaltenen Gebieten die Kämpfe besonders scharf gewesen sein sollen.

Die Territorialisierung von Herrschaft schritt gerade in Polesien bis 1921 nur langsam voran. Und gerade in der Belarus' hat sich die Rede von den feindlichen Mächten, die von der einen oder der anderen Seite in das Land einfallen und ihre Intervention zur Verwüstung nutzen, bis heute erhalten. Diese Rede dient als Begründung, ja fast als Entschuldigung, als Ausrede dafür, dass man selbst kein Nationalbewusstsein und keine Staatlichkeit habe entwickeln können, dass man Geschichte nur erlitten habe und erleide. Auch deshalb lag die Belarus' im Schatten Polesiens.

Die geografistische Rede von einem „Machtvakuum" führt oft in die Irre. Irgendjemand hat immer etwas zu sagen. Mit Machtvakuum ist eher gemeint (gewesen), dass kein (formadibler) Staat auf irgendeinem Territorium eine langfristige Herrschaft ausübt. Der Begriff

176 Schnell 2012.

vom Machtvakuum impliziert aber, dass solch ein Zustand eines Fehlens eines (formadiblen) Staates sicherlich nicht lange anhalten wird.

Doch Gebiete mit *failing states* gibt es nicht erst, seit dieser Begriff in Mode gekommen ist. Gerade in Polesien galt: Weil die militärische Reichweite staatlicher Herrschaft in den Sümpfen nicht groß war, erstreckte sie sich auf begrenzte Zeit und begrenzte Flächen. In den Zeiten, in denen niemand „von außen“ herrscht, wie gerade in mehreren Phasen des Ersten Weltkriegs und der sich daran anschließenden Kleinkriege bis 1920, konnten Einheimische, insofern sie nicht eingezogen waren, die Gelegenheit, dass keine Försterherrschaft da war, dazu nutzen, Bäume zu fällen und ein neues Haus zu bauen.[177]

Interventionen der Tiere und Pflanzen. Doch auch die Tier- und Pflanzenwelt konnte angesichts des Fehlens staatlicher Ordnung und eines heftigen Rückgangs der Bevölkerung ihren Wirkungsbereich ausdehnen. Viele Soldaten auf beiden Seiten hatten an der Front ihr Leben gelassen, im Kampf, aber auch durch Krankheiten und Kälte (also „Natur“) geschwächt. Nach dem Ende des Krieges sorgte eine Kombination aus durch Tod und Flucht reduzierter Bevölkerungsmenge (Volkszählung vom Dezember 1919), nicht beweideter Weiden, nicht bestellter Felder und im Morast versinkender Stacheldrahte dafür, dass die Wölfe zur Nahrungsaufnahme aus dem Wald kamen.[178] Man musste immer die Möglichkeit haben, sofort Feuer zu erzeugen.[179] Wie man üblicherweise und tautologisch so sagt: Die Natur eroberte sich ihr Territorium zurück.

Das Nichtbeweiden und das Brachlassen von als Weide bzw. Acker genutzter Flächen hat neben dem Bevölkerungsrückgang noch eine zweite Ursache. In Zeiten der Kriege und anderer bewaffneter Auseinandersetzungen ist der Hang zu intensiver und überhaupt zu Aussaat geringer. Getreidesaat wird eher versteckt als auf die Felder gebracht.

Zwischen Territorialisierung und neuer Verwilderung. Neo-*kormlenie*. Polesien oszillierte zwischen Territorialisierung und neuer Verwilderung. Ich will den ursprünglich auf das Mittelalter und die frühe Neuzeit bezogenen Begriff der Territorialisierung insofern für das Polesien des 20. Jahrhunderts verwenden, als ich darunter auch überhaupt den Übergang von einer Herrschaft über Menschen und Tiere auf eine Herrschaft über ein – nicht unbedingt peripheres – Territorium verstehe. Das Eintreiben von Steuern hatte sich historisch in West- wie Osteuropa so entwickelt: Im Frühmittelalter ritt man umher und ließ sich durchfüttern *(kormlenie.).*[180] Dann erst wurde die oberhauptliche Herrschaft stationär, die Bedeutung des Herrscherhofes nahm zu: In Konstantinopel seit der Antike ununterbrochen, in Aachen gipfelnd in Karl, in Moskau unter Ivan dem Schrecklichen. Dadurch wurde eine weitere Stufe der Territorialisierung vollzogen. Pogromisten wie Bulak-Balachovič kehrten nun zu diesem *kormlenie* zurück.

In Polesien blieb lange die Herrschaft über Menschen wichtiger als die über Sümpfe. Und deshalb benutze ich bewusst Begriffe wie Verwilderung oder Wüstung als Antonyme zu Territorialisierung.

---

177 Korž in seinen Memoiren; vgl. Cuba 2010.

178 Benecke, Werner: Die Quäker in den Kresy Wschodnie der Zweiten Polnischen Republik. Aufzeichnungen britischer und amerikanischer Mitglieder der „Society of Friends“ über ihre Tätigkeit in den Ostgebieten Polens nach dem Ersten Weltkrieg, In: JbbGO 42 (1994), S. 510-520, hier S. 517.

179 Biegun 1982; vgl. Kosiński 1968.

180 https://ru.wikipedia.org/wiki/кормление.

Polesien als Normal- oder Spezialfall? Was die *staatlichen nichtmilitärischen* Aktivitäten betraf, war Polesien also auch 1921 noch eher eine Antiinterventionslandschaft als eine Interventionslandschaft. Gerade deshalb, *weil* so viel Blut geflossen war, gerade, weil die Region kaum industrialisiert war, hat diese Region, die Jahrzehnte später moderne Technologen auf den Plan rief, noch wenig interessiert.

Ich halte an dieser Stelle inne und betrachte eine für die Beurteilung dessen, ob Polesien eine Interventionslandschaft war, wichtige Frage: welche der beschriebenen Fakten galten nur oder zumindest in abweichendem Ausmaß für Polesien, nicht aber für die benachbarten Regionen, nennen wir sie „Brjansk", „Orël", „Belarus", „Wolhynien" oder „Ostpolen im *heutigen* Sinne"? Auf diese Frage wird eine Antwort erwartet. Denn nur so kann sauber beantwortet werden, ob Polesien, und/oder seine Nachbarregionen eine spezielle Landschaft waren.

Die (vielleicht unbefriedigende) Antwort ist: teils-teils. Viele der besprochenen Vorkommnisse waren keine polesienspezifischen: Die *Oblast'* Brjansk in Russland, die heutige Nachbarregion der *Oblast'* Homel' (mit 35 Einwohner je km^2), hat ebenfalls eine Bevölkerungsdichte von 35 Einwohner je km^2. Die Eisenbahnlinien in Polesien stellten ebenfalls keine Ausnahme dar. Politische und unpolitische Aufstände und Räuberbanden gab es auch nördlich und südlich (*Zelenyj dub*, Slucker Aufstand vom 27. November bis zum 31. Dezember 1920), aber auch in Tambov oder Alexandrovsk (Zaporižže). Dass solche bewaffneten kleineren und manchmal mittleren Formationen oder Zusammenrottungen Pogrome begingen, dass sie von den „Roten" wie den „Weißen" oder den demokratischen Polen, Belaruthenen oder Ukrainern ausgenutzt und für die eigenen Zwecke instrumentalisiert wurden, ist ebenfalls genauso wenig etwas spezifisch Polesisches gewesen wie die harte und grausame Brutalität, mit der sie dabei vorgehen konnten.

Polesienspezifisch war hingegen das besonders schwaches Bewusstsein der eigenen Nationalität; zwar hatten auch in der linksufrigen Ukraine oder in Russland viele bäuerliche Familien kein ausgeprägtes ethnisches oder Nationalbewusstsein, doch konnte man sich dort wenigstens zuordnen.

Ebenso unterschied sich Polesien in den Augen der Mittelmächte: sie hatten für dieses Gebiet keine territorialen oder Verwaltungsvorstellungen gehabt. Damit hängt zusammen, dass die deutschländische Stadtkommandantur in Pinsk sogar eine zweisprachig deutsch-russische Zeitung herausgebracht hat. Doch das blieb Episode. Bis heute hingegen fällt auf, dass die belaruthenische, ukrainische (und polnische) Nationalbewegung die polesischen Gebiete zwar als Zielvorstellung und mit dem Finger auf der Landkarte in ihr Staatswesen integriert hatten, Polesien aber nicht als bedeutenden Schwerpunkt ihrer territorialen Vorstellungen und daher militärischen Strategien ansahen. Mit dafür ursächlich waren wiederum die „geografischen" Gegebenheiten, nämlich eine besonders starke Tendenz zur Verlandung, Verwaldung und vor allem Versumpfung. Eine geringe Bevölkerungsdichte war Ursache und Folge dieser geringen Territorialisierung.

Polesien war eine Landschaft. Es gab dort Interventionen. Fest steht aber: Wenn Polesien in dieser Zeit eine Interventionslandschaft war, dann waren Wolhynien, Ostgalizien, Podolien und Moldavien auch eine. Was Polesien in dieser Zeit von anderen Landschaften unterschied, war eher, dass es eine Anti-Interventionslandschaft war: Niemand wollte den politischen oder militärischen Gegner dort wissen, aber selbst waren einem die Kosten an-

gesichts des Nutzens zu groß. Daher überließ man „Land und Leute“ trotz gegenteiliger Impulse immer wieder noch sich selbst. Und zwar so sehr, dass man geneigt ist, die Terrain zurückerobernde „Natur“ als historischen Akteur anzusehen, und nicht als Konstrukt menschlichen Denkens.
Nach 1921 änderte sich dies: es setzten in beiden Teilen Polesiens Modernisierungsversuche ein, und da wurde Polesien ein Objekt von diskursiver wie auch tatsächlicher Umgestaltungsbegierde.

4. Die Wojewodschaft Polesien (1921-1939) zwischen Intervention und Vernachlässigung

4.1 Einleitung

Die territoriale Situation nach dem Frieden von Riga im März 1921

Ab März 1921 gehörte der Westen Polesiens mit der Hauptstadt Brest zu Polen, der mittlere Osten mit Mazyr zur SSRB, der Osten mit Rėčyca und Homel' zur RSFSR, der Südosten mit Tschernobyl zur Ukrainischen SSR. Die SSRB war nur formal ein souveräner Staat. In dem Territorium der SSRB waren die Bestimmungen des ZK der RKP(b), des Allrussischen Zentralen Vollzugsrats und der SovNarKom der RSFSR gültig. Zur operativen Koordination der Partei- und Sowjet-Arbeit „sandte das ZK der RKP(b) und das SNK der RSFSR seine Vertreter in die Belarus", die SSRB „hatte keine eigene Währung und wurde aus dem Budget der RSFSR finanziert."[1] Bevor die – von der RSFSR und den anderen Sowjetrepubliken als Staat anerkannte – SSRB, später BSSR den größten Teil ihrer Souveränität an die im Dezember 1922 gegründete UdSSR auch offiziell abtrat, war sie eigentlich noch viel unsouveräner. Vom politischen wie sogar rechtlichen Status her war „die Souveränität rein formal und trug einen deklarativen Charakter".[2]

In den Hauptstädten Europas, aber auch in einem nicht geringen Teil des polnischen Staatsgebiets von 1923 bis 1939, nämlich in Großpolen und Westgalizien (Kleinpolen) mit großen Städten wie Krakau, Kattowitz und Posen, hatten im Ersten Weltkrieg keine Kampfhandlungen stattgefunden! Erfolgreiche russländische Vorstöße gegen das Deutsche und das Habsburgerreich im ersten Kriegsjahr galten Ostpreußen, Ostgalizien und Podolien. Polen in den Grenzen von 1923 bestand geografisch aber zu 67 %[3] aus Gebieten des ehemaligen Russischen Reichs. Und auch innerhalb dieses Territoriums verwüsteten die Armeen beider Seiten viel stärker die Ostgebiete (die *Ziemie Wschodnie*) als Kongresspolen. Snyders These von den Blutländern sollte man, egal, was man von ihnen hält, bis in diese Zeit zurückdatieren, wahrscheinlich müssen wir dies sogar, um besser zu verstehen, was sich hinterher abspielte.

Dass der Aufbau moderner Strukturen, eine Art ziviler Intervention in den besonders stark verwüsteten *Kresy Wschodnie* nach dem Weltkrieg besonders sinnvoll und nötig war, hätte durchaus eine logische Argumentation sein können. Dieses Argument wurde aber nicht gebracht. Zwar gab es in den Ostgebieten besonders viel zu tun, aber selbst in solchen Gebieten Polens, die den Krieg nie gesehen hatten, gab es gewaltige Aufgaben, denn die infrastrukturelle, rechtliche, soziale und wirtschaftliche Überwindung der Teilungsgrenzen war Staatsraison. Was also im Osten tun? Polen hatte mit fünf von seinen sieben Nachbar-

1 Ramanovič 2008, S. 320-324, hier S. 323.
2 Ebenda.
3 Hoensch, Jörg K.: Geschichte Polens, Stuttgart 1983, S. 258.

staaten schlechte Beziehungen[4] und sogar Streit um die (Staats)-Grenzen, doch besonders herausgehoben war hierbei der Sowjetstaat, der ja als einziger nach Ende des Ersten Weltkriegs eine militärische Offensive nicht nur auf polnisches Staatsgebiet, sondern bis vor die Hauptstadt Warschau gewagt hatte. Die 1412 Kilometer lange Grenze[5] mit „Russland", unter das man die SSR Belarus' und die Ukrainische SSR in Polen weiterhin subsumierte, ließ militärische wie zivile Strategen ihr Auge auf die Ostgebiete, also auch Polesien werfen.

Die Wojewodschaft Polesien als Randland

Dadurch, dass und solange, bis die *Zivilregierung der Ostgebiete* (*ZCZW*, siehe oben) für eine eigene Entität zuständig war, eben die *Ziemie Wschodnie (ZW)*, war einstweilen der Status der nun zur Republik Polen gehörenden westbelaruthenischen und westukrainischen Gebiete östlich des Bugs noch zu bestimmen, zumal sich der Vertrag von Versailles einer Aussage zu diesem Thema enthielt. Als die Grenze Polens zu den Sowjetrepubliken im Oktober im Waffenstillstand von 1920 und im Frieden von Riga im März 1921 endgültig bestimmt waren, waren auch die Ostgrenzen der Wojewodschaft Polesien mit seinen zunächst zehn, dann neun[6] Landkreisen bestimmt worden. Für die Grenzziehungen zwischen den drei nordöstlichen Wojewodschaften, den vier Wojewodschaften der *Kresy Wschodnie* (*kresy*) oder den sieben Wojewodschaften der *Ziemie Wschodnie* gab es keine historischen Vorbilder, keinen Zwang, die Wojewodschaften so und nicht anders abzugrenzen. Noch das ZCZW hatte eine andere Verwaltungsgliederung gekannt.[7] Sicherlich hat bei den Grenzbestimmungen der nationalitätenpolitische Wille, keine Wojewodschaften mit Namen wie belaruthenisch, ukrainisch oder litauisch einzurichten, eine Rolle gespielt. Weder das geografische noch das historische Litauen sollten namensgebend sein, auch nicht die alten Gouvernementsgrenzen aus dem Zarenreich, die im russischen Kernland zunächst auch von den Sowjets beibehalten wurden. Historische Landschaften wie Wolhynien oder Polesien waren in den Augen der Gründer der Polnischen Republik eher geeignet, Grenzen und Namen von Wojewodschaften zu bestimmen. Allerdings gerieten durch diesen Schritt manche ohnehin ungebräuchlich gewordene Landschaftsnamen, die „Ruś" enthielten, z.B. Schwarzruthenien oder Rotruthenien, nun in Vergessenheit, weil sie als Verwaltungseinheit keine Verwendung fanden. Pragmatisch wurden andere Ostwojewodschaften nach ihrer Hauptstadt benannt („Nowogródek", „Stanisławów").

Die Südgrenze der Wojewodschaft Polesien zu der von Wolhynien verlief allerdings in etwa an den Grenzen zwischen den zarischen Gouvernements Grodno/Hrodna, Minsk und Mahilëŭ einerseits und Wolhynien andererseits. Die besagte Grenze zerschnitt dadurch aber den Polesien genannten Naturraum, so dass zuweilen in Abgrenzung zum eigentlichen Polesien von einem wolhynischen Polesien die Rede war. Diese historische Grenze stellte keine sprachliche und keine ethnische dar. Auch 1921 war noch die Grenze zwischen der west-

4 Vgl. Benecke, Werner: Die Ostgebiete der Zweiten Polnischen Republik. Staatsmacht und öffentliche Ordnung in einer Minderheitenregion 1918 - 1939. Köln 1999, S. 41.

5 https://pl.wikipedia.org/wiki/II_Rzeczpospolita#D%C5%82ugo%C5%9B%C4%87_granic

6 Der Landkreis *(powiat)* Sarny wurde nach 1930 der Wojewodschaft Wolhynien zugeschlagen. Dz.U. RP http://dziennikustaw.gov.pl/DU/1930/s/82/649/1.

7 https://pl.wikipedia.org/wiki/Zarz%C4%85d_Cywilny_Ziem_Wschodnich#/media/File:Zarz%C4%85d_Cywilny_Ziem_Wschodnich.png.

lichen Belarus' und der westlichen Ukraine fließend, da auch die Sprachen und Dialekte, selbst die Benutzung (oder Nichtbenutzung) bestimmter sprachlicher Laute der Bauernfamilien nicht abrupt an bestimmten Stellen endeten. Anspruch auf Polesien hatten, wie wir gesehen haben, sowohl die belaruthenische wie die ukrainische Nationalbewegung erhoben und erhoben sie nun weiterhin.

Das wolhynische Polesien wurde bereits von den Zeitgenossen vom eigentlichen Wolhynien nicht nur geografisch unterschieden: Wolhynien sei ukrainisch dominiert, während das „wolhynische Polesien" eine „Domäne der »Hiesigen«" sei, das heißt derjenigen, die ihre Sprache nicht in nationalen Kategorien zu bestimmen verstünden, und dies habe sowohl mit der Sprache als auch mit dem abgelegenen Territorium zu tun, schrieb Stanisław Dworakowski 1938.[8]

Die Wojewodschaft Polesien hingegen, mit der ich mich in diesem Hauptkapitel in der Regel befasse, fiel dann von 1939 an bis heute größtenteils an die Belarus, im kleineren Südteil an die Ukraine.

Westpolesien, also das Gebiet der Wojewodschaft Polesien, erlebte eine Verschiebung in den herrschenden spatialen Vorstellungen. Während Polesien bislang eine für den Westen des Russischen Reichs vielleicht zurückgebliebene Gegend war, wie sie es aber im großen Reich auch anderswo gab, verschob sich dieses Gebiet nun von einem „Russischen Herzland" zu einem polnischen Randland, um Kate Brown bezüglich des Begriffes *kresy*[9] zu paraphrasieren.

Kurze Geschichte räumlicher Begriffe: *Kresy (wschodnie), Ziemie Wschodnie* und Westliche Belarus'

Der Begriff „*kresy*", *Kresy Wschodnie* ist herausgehoben von Wincenty Pol verwendet worden, insbesondere in seinem *Mohort* (1854), einem literarischen Werk über einen polnischen Verteidiger des Vaterlands und des Glaubens. Lange bevor der Begriff ab 1921 auf staatlich polnische Gebiete innerhalb der östlichen Wojewodschaften Polens „begrenzt" wurde, bezeichnete Pol als „*kresy*" das viel größere, insbesondere heute ukrainische Gebiet der östlichen Rzeczpospolita. Es bezeichnete eine Militärgrenze zur tatarischen Horde: einst reichten die *kresy* an Dnepr und Dnestr.[10] Hier verortet Kate Brown[11] die *kresy* noch für die viel spätere Zeit. Mitte des 19. Jahrhunderts wurde der Begriff schon axiologisch verwendet, er konnte dann für einen „Diskurs der Unsrigkeit" verwendet werden.[12]

In der Zwischenkriegszeit wurden die Kresy Wschodnie dann mit denjenigen Gebieten identifiziert, die „im Ergebnis des Kriegs gegen die Bolschewiki" von den Europäischen Gouvernements des Russländischen Reichs abgetrennt und Polen zugeschlagen wurden, also gehörte auch (West-)Polesien nun dazu. Wer es genau nahm, bezeichnete mit *Ziemie*

8 Dworakowski, Stanisław: Rubież Polesko-Wołyńska, In: Sprawy narodowiościowe 12 (1938), 3, S. 3-25, hier S. 13.

9 Brown, Kate: A Biography of No Place: From Ethnic Borderland to Soviet Heartland, Cambridge, Mass. 2003.

10 Zur Begriffsentwicklung siehe Jasiewicz, Krzysztof: Oni: okupacyjny aparat sowiecki na Kresach Północno-Wschodnich w latach 1939–1941, Warszawa 2015, S. 20-23; vgl. Gloger, Zygmunt: Encyklopedia staropolska 1900–1903, t.3, S. 98-99; Benecke 1999; Schimsheimer, Christof (noch unveröffentlicht, 2019)

11 Brown 2003.

12 Vgl. Trybuś, Krzysztof: Kresy – dekonstrukcja, Poznań 2007, S. 97-99.

Wschodnie alle 7 östlichen Wojewodschaften, mit *Kresy Wschodnie* die vier ehemals russländischen Gebiete der Wojewodschaften Wilno, Nowogródek, Polesie und Wołyn.[13]

Die *kresy* blieben (oder wurden nun erst) eine Art Atlantis.[14] Doch die konkreten Schwierigkeiten der Staatsgewalt mit der Integration der Bewohner und der Territorialisierung der *kresy* ließen deren „Mythos“ verblassen. Nach dem Zweiten Weltkrieg bezeichnete man so jene Gebiete Vorkriegspolens, die nun an UdSSR gegangen waren. Allein schon diese Tatsache nicht mehr leicht erreichbarer „verlorener Gebiete“ führte nun bei vielen Polen zu einer Sehnsucht nach den *kresy*,[15] und hierbei in einer bestimmten Variante nach Polesien als polnischer Landschaft.

„Polesien“ und „*Ziemie Wschodnie*“, vielleicht selbst „*Kresy Wschodnie*“ klang in der Zwischenkriegszeit zuletzt nicht mehr nach Ruhm und Ehre der Helden der Grenzregion, sondern nach vielleicht wilder, vielleicht verruchter, vielleicht primitiver Gegend, mit den entsprechenden Menschen in Polesien, den „Poleschuken“. Ausgenommen wurden davon allenfalls die Städte, sicher Brest (rasch wachsend) und auch Pinsk (weniger wachsend), aber schon die Schtetl konnten in das Bild vom zurückgebliebenen Polesien eingepasst werden. Die *kresy*, insbesondere Polesien wurden also von einer Helden- zu einer Problemzone. Die Begriffsgeschichte von Räumen spiegelt die Vorstellungen wider.

Der Begriff „Westliche Belarus“ (Zachodnjaja Belarus') wurde von den Sowjets, spätestens von Karl Radek 1923 als begriffliche Intervention in den politischen Umlauf gebracht, der sie 1923 auf einer Konferenz der KP Polens einführte, um den Autonomiestatus einer KPZB innerhalb der Partei zu territorialisieren.[16] Auch der Schriftsteller Jakub Kolas benutzte ihn schon damals. Die Kommunistische Partei der Westlichen Belarus' *(Kamunistyčnaja Partyja Zachodnaj Belarusi (KPZB))* wurde als autonome Organisation innerhalb der Kommunistischen Arbeiterpartei Polens *(Komunistyczna Partia Robotnicza Polski, KPRP)* gegründet.[17]

Es lag damals in der Luft, den nicht zuletzt durch die Westukrainische Volksrepublik zu Bekanntheit gelangten Begriff „Westliche Ukraine“ auf die Belarus' zu übertragen. Der Begriff hat sich heute für die territorialen Verhältnisse der Zwischenkriegszeit relativ breit durchgesetzt, allerdings nicht in Polen.

Die politische Funktion des Begriffes Westliche Belarus' hat sich besonders in der Republik Belarus' erhalten. Bis heute sagt und schreibt man dort, wörtlich übersetzt, dass „die Westliche Belarus' zu Polen wegging“, während man nicht sagt, „die Östliche Belarus' ging zur Sowjetunion weg“.

Polesien. Hingegen ist gerade der Begriff Polesien international noch nicht politisch konnotiert, man kannte Polesien eher als „Naturraum“, als geografische Region, und wenn doch als politischen Raum, dann als einen Raum, in dem Politik nicht produziert, sondern erlitten wird. Dies bewirkt sogar, dass man nicht besonders viel an (West-)Polesien denkt,

13 Kacprzak 2009, S. 9.
14 Jasiewicz 2015, S. 22.
15 Siehe auch Benecke, Werner: Die Kresy – ein Mythos der polnischen Geschichte, In: Hein-Kircher, H. und Hahn, H.H. (Hg.): Politische Mythen im 19. und 20. Jahrhundert in Mittel- und Osteuropa, Marburg 2006, S. 257-266.
16 Jasiewicz 2015, S. 23.
17 https://pl.wikipedia.org/wiki/Komunistyczna_Partia_Zachodniej_Bia%C5%82orusi.

wenn man den Begriff Westliche Belarus' hört – weder an die polesische Landschaft, noch an Brest oder Pinsk.

Sicherheits- und Außenpolitik Polens. Die Ostgebiete der Republik und speziell die Grenze zur Sowjetunion zu versicherheitlichen, war angesichts der offensiven sowjetischen Rede von der westlichen Belarus' ein folgerichtiges Anliegen Warschaus. Der Vertrag von Rapallo und die deutschländisch-sowjetische Zusammenarbeit[18] nahmen der Republik Polen Deutschland als potenziellen Bündnispartner, der von Locarno[19] auch noch Frankreich als reellen Garant der territorialen Integrität der 388.634 km^2 großen Republik Polen weg. Zwar schloss Polen 1932 mit der Sowjetunion einen Nichtangriffspakt ab und 1934 folgte ein Vertrag mit dem nationalsozialistischen Deutschland, doch änderte dies wenig daran, dass man sich der von beiden Nachbarn ausgehenden politischen und militärischen Gefahren mehr und mehr gewahr wurde. Für Polesien und die Ostgebiete wurde 1924 ein spezielles Grenzschutzkorps, das KOP.[20] (siehe unten im Unterkapitel zu Militär) aufgebaut, es wurden Regeln für militärisches Vorgehen (siehe Theorie-Kapitel) erstellt.

Struktur, Wirtschaft, Gesellschaft

Polesien war in der Republik Polen nicht mehr nur eine von vielen zurückgebliebenen Gegenden, sondern stieg zu einem Sinnbild der allerrückständigsten Landschaft auf, ganz einfach deshalb, weil es dies nach den Flächenerträgen im Landbau, überhaupt der Wirtschaftsleistung, der hohen Geburten-, geringen Alphabetisierungsrate und dem Grad der medizinischen Versorgung, kurz, nach all den modernen Kriterien, tatsächlich war. Selbst die Bevölkerungsdichte war hier am Geringsten. Die ab 1921 gebildete Wojewodschaft Polesien war also, setzt man polnische Durchschnittsmaßstäbe an, in nahezu allen Hinsichten die Rückständigste. Das ist zum Teil eben aus der niedrigen Dichte der Bevölkerung heraus zu erklären.[21] Es gab beispielsweise keine befestigten Straßen (Chausseen[22]) mit Ausnahme der von Brest nach Baranavičy (und weiter nach Minsk).[23]

Dies bedeutete politisch, dass die Ostgebiete und speziell Polesien eben als hinterwäldlerische, als Problemregion wahrgenommen wurden, wie das Titelblatts des Kalendarz Ziem Wschodnich 1935 mit den Pfeilen von West nach Ost zeigt (Abbildung14 auf Seite 170)

Polska A und Polska B. Auf den Begriff gebracht wurde das Denken von der Rückständigkeit der Ostgebiete mit der griffigen Formel von einem mehr entwickelten, westlichem *Polska A*, dem man ein zurückgebliebenes östliches *Polska B* gegenübergestellte.[24] Die Begriffsbildung nahm Anleihen beim Völkerbund. Dieser war bestrebt, „Bilder eines „akti-

---

18 Laz'ko, Ryhor R.: Nas ab"jadnali – chto? – Čužanicy... Ab historyčnych umovach ab"jadnannja Belarusi u verasni 1939 h. In: Vosen' 1939, Minsk 2015, S. 22-35, hier S. 25.
19 https://de.wikipedia.org/wiki/Vertr%C3%A4ge_von_Locarno#Deutschlands_Ostgrenzen.
20 https://pl.wikipedia.org/wiki/Korpus_Ochrony_Pogranicza.
21 Siehe oben die Karte zur Bevölkerungsdichte.
22 https://de.wikipedia.org/wiki/Chaussee.
23 Karte von Mešecko, E.N.: Kraevedenie. Učebno-metodičeskie posobie dlja studentov geografičeskogo fakul'teta, Brest 2010, Tema 3, Risunok Nr. 2: Chausseen mit harter Straßendecke im Jahr 1935.
24 Grodzicki, L.: Polska A i Polska B, In: Rocznik Ziem Wschodnich i kalendarz na 1937, Warszawa 1937, S. 20-22.

ven“ und „passiven“ Wirtschaftslebens (Europa A und Europa B) gegenüberzustellen“. Der Vizepremier und Finanzminister Eugeniusz Kwiatkowski beharrte in den 1930ern darauf, dass es solch eine Grenze auch innerhalb Polens gebe.[25] *Polska A* bestand danach aus den sieben Wojewodschaften Warschau, Kleck, Krakau, Lodz, Meeranrainer *(Pomorze)*, Posen *(Poznań)* und Schlesien *(Śląsk)*), während die vier Ost-Wojewodschaften Vilnius *(Wilno)*, Navahrudak *(Nowogródek)*, Polesien und Wolhynien, sowie die nur etwas stärker entwickelten ukrainischen Wojewodschaften Lemberg, Stanisławów und Ternopil zusammen mit den nicht zu den Ostgebieten *(„Ziemie Wschodnie“)* zählenden Wojewodschaften Białystok und Lublin *Polska B* bildeten.[26] Geographisch wurde die Grenze zwischen den beiden Polen also in etwa an der Ostseite der Weichsel gezogen. Und selbst „die Ostgebiete, die die Mehrheit des Polen B von Minister Kwiatkowski darstellen, sind gleichwohl nicht monolithisch unter wirtschaftlichem Gesichtspunkt und unterscheiden sich untereinander fast so stark wie Polska A von Polska B“.[27] Am Ärmsten waren die Nordostgebiete.[28] Es gab 3 Nordostwojewodschaften, 4 *Kresy-Wschodnie*-Wojewodschaften, 7 *Ziemie-Wschodnie*-Wojewodschaften, 9 *Polska-B*-Wojewodschaften (siehe Kartendarstellung Nr. 16 auf Seite 172)

Polska B war also größer als die von den Ostslawen und Litauern mehrheitlich bewohnten Gebiete, umfasste auch vorwiegend polnisch besiedelte Gegenden. Die Unterscheidung von Polska A und Polska B war also keine ethnisch-kulturalistische, sondern eine wirtschaftsgeografische. Der Westen Polens war stärker industrialisiert, hatte mehr Rohstoffe, selbst die Kaffee- und Teeverarbeitung war hier konzentriert; es handelte sich um 36 % des Territoriums mit 115 Einwohner je km², mit 16 Millionen Einwohnern, wo 93 % der Energie” produziert wurden. Unter den Polska-B-Wojewodschaften tendierten Lemberg, Stanisławów und Ternopil noch am ehesten in Richtung Polska A.[29] Es gab aber auch einen anderen Klassifizierungvorschlag, der Polska A, B und C unterschied. Raumgeografisch war die Festlegung des 1936 eingerichteten Zentralen Industriereviers *(COP)* an der Grenze zwischen *Polska A* und *Polska B* gelegen.

Politik im „Ostraum“. Nachdem die Grenzen Polens 1923 auch international anerkannt waren, widmeten sich Politik und Staatsverwaltung der Republik sogleich der Integration von Land und Leuten als eine Hauptaufgabe. Denn es galt ja zunächst, Gebiete der drei ehemaligen Teilungsmächte zu vereinigen. Hinsichtlich des Rechtsraumes waren sogar vier kodifizierte wie auch gewohnheitsrechtliche Traditionen unter einen Hut zu bringen,[30] weil im Russländischen Reich das Königreich Polen (die „Weichselgouvernements“) rechtlich anders gestellt geblieben waren als selbst dessen Stamm-Gouvernements im europäischen Teil.

In den vagen Erklärungen des Zaren von 1914, der Provisorischen Regierung und des bolschewistisch geführten Sowjets 1917 über ein autonomeres Polen und nach der Ausru-

25 Rižskij mir, kniga 1, S. 243.
26 https://pl.wikipedia.org/wiki/Polska_A_i_B#II_Rzeczpospolita.
27 Grodzicki, Ludwik: Polska A i Polska B, In: Rocznik Ziem Wschodnich, 1937, S. 20-22, hier S. 21.
28 Ebenda, S. 22.
29 Rižskij mir, kniga 1, 2014, S. 243.
30 Kraft, Claudia: Europa im Blick der polnischen Juristen: Rechtsordnung und juristische Profession in Polen im Spannungsfeld zwischen Nation und Europa 1918–1939, Frankfurt/Main 2002.

fung eines ebenso vagen Königreichs Polen durch die Mittelmächte im Dezember 1916 war man zunächst allseits von einem Kernterritorium der zehn „Weichselgouvernements“ (Kongresspolen) mit Warschau als Hauptstadt ausgegangen. Sicherlich hielten dies alle politischen Strömungen in Polen (mit Ausnahme der internationalistischen SDKPiL, in der man sich für nationale Fragen zu interessieren ablehnte) für ein viel zu kleines, weil nicht alle mehrheitlich ethnisch polnisch besiedeltes Gebiet. Zumindest beide Teile Galiziens sollten dazugehören, sowohl das mehrheitlich polnisch besiedelte Westgalizien als auch das mehrheitlich ukrainisch besiedelte Ostgalizien.

Aber selbst die bis 1918 deutschländischen Gebiete Posen und Westpreußen hatte nur der nationaldemokratische Flügel der polnischen Bewegung offen als polnisches Staatsgebiet reklamiert, so dass man in Paris überrascht war, dass die dortigen als ruhig, nichtmilitant und gemäßigt geltenden polnischen Bewohner im Dezember 1918 einen Aufstand anzettelten. Roman Dmowski, der für ein erneuertes Russisches Reich und gegen das Deutsche agierte oder doch agieren wollte, hatte ein „piastisches“ Polen propagiert, aber vor der Kapitulation der Mittelmächte eine baldige Umsetzung seiner Vorstellungen wohl kaum für realistisch gehalten.

Die *kresy* als Rechts- und Verwaltungsgebiet hingegen, das war wieder etwas ganz Anderes. Dass der Großadel hier inmitten einer Mehrheitsbevölkerung von Ostslawen auf dem Land und von Juden in den Schteteln seine riesigen Ländereien oft eher besaß als hegte und bewirtschaftete, war dabei genauso bedeutend wie die Tatsache, dass viele Akteure, allen voran der seit Ende 1918 unangefochtene Staatschef (*Naczelnik Państwa)* Józef Piłsudski selbst aus den *kresy* kamen. Der polnische höhere und hohe Adel der *kresy* war es gewohnt, auf unmoderne Weise seine nicht mehr politische Macht auszuüben. Spatial hieß dies in der Gründungszeit der Polnischen Republik, dass man die alte Litwa und die alte Rus' im polnischen Staat oder Staatsverband sehen wollte, man wollte Vilnius und Lemberg dabei haben. Wer eine kurze Grenze wollte, wollte Westpolesien ins polnische Staatsgebiet integrieren, da es geografisch dazwischen lag.

Modernisierung. Polen war kein europäischer Sonderfall. Spezialisierung, Mechanisierung (oder doch stärkerer Geräteeinsatz), Agrarreformen (oder doch Agrarstrukturreformen), und die Verbesserung des Bodens durch Melioration im weiteren (z.B. den Einsatz von natürlichem und künstlichen Dünger) wie auch engeren Sinne (Ent- bzw. Bewässerung von Böden), für all dies gab es (gelungene) Vorbilder aus anderen Regionen des Kontinents; sie alle konnten als Modernisierungsvorhaben angesehen werden.

Doch wie sollte eine Modernisierung durchgeführt, wie in die – eben als anders und besonders zurückgeblieben angesehene – Gesellschaft Polesiens nichtmilitärisch interveniert werden? Sollte ein massenhaftes ziviles Eindringen des „polnischen Elementes“ nach Polesien erfolgen? Wäre damit Aufeinanderprallen (clash) und Widerstand (Impedanz) nicht vorprogrammiert? Sollten die Einheimischen wirtschaftlich und sozial durch eine Agrarreform und durch Verbesserung (Melioration) der Böden und durch deren land-, wasser- und forstwirtschaftliche Erschließung verbessert werden? Würden solche Maßnahmen – sowohl eine Besiedlung mit ethnischen Polen, als auch eine Agrarreform – die polesische Landbevölkerung polonisieren können, oder trügen sie zu einer weiteren gegenseitigen Entfremdung oder sogar Antagonisierung bei? Wurden diese nur projektiert oder auch durchgeführt? Wer setzte welche Akzente und Prioritäten? Welche waren die Interessen der armen Landbevölkerung, und wurden diese berücksichtigt?

Wahlen und Umsturzbewegungen: vormoderne und moderne Politik in Polesien

Politische Kräfte in Polen. Die Wendungen im Politischen Leben der Republik Polen von 1921 bis 1939 vollzogen sich auch in Polesien, mit spezifischen Ausprägungen. Die zeitweise galoppierende Inflation zwischen 1919/1920 und 1924 auf der einen Seite und die die Sparer bestrafende Deflationspolitik ab 1930 auf der anderen Seite wirkten sich in einer die Geldwirtschaft kaum kennenden ländlichen Polesien indirekt aus – allerdings auch hier durchaus heftig. Andere Einschnitte wie der Putsch Piłsudskis im Mai 1926 und die zunehmend die Nichtpolen diskriminierenden rechtlichen und faktischen Aktivitäten von Politik, Verwaltung und Armee hatten in den Ostgebieten hingegen baldige, den größten Teil der Bevölkerung betreffende Auswirkungen.

Die jeweils fast gleichzeitig stattgefunden habenden Sejm- und Senatswahlen brachten die **Parlamente** von 1919, 1922, 1928, 1930 und 1935 hervor. In der Zeit von 1918 bis 1939 wechselte 27 mal der Ministerpräsident[31] (hierin den damaligen Verhältnissen in Deutschland oder Griechenland nicht unähnlich), aber in diesem gesamten Zeitraum wurde das Land von vier Staatspräsidenten (ohne kurzzeitige Interimspräsidenten) repräsentiert.[32] Bei den Sejm- und Senats-Wahlen 1922 konnten verschiedene Vertreter des Minderheitenblocks aus Ukrainern, Juden, Belaruthenen und (für Polesien nicht bedeutend:) Deutschen in das Parlament einziehen,[33] die dann (zumindest im Senat) die stärkste der Fraktionen war. Sie wählten mit linken und Bauern-Parteien Gabriel Narutowicz in ein repräsentatives, aber symbolisch sehr aufgeladenes Amt, nämlich zum ersten gewählten polnischen Staatspräsidenten – kurze Zeit später wurde dieser von einem fanatischen Rechtsextremen ermordet. Hierauf und auf die vielfach beschriebenen beträchtlichen Veränderungen nach dem Putsch Piłsudskis vom Mai 1926 und durch die neue Verfassung von 1935 mit den seit 1926 tatsächlich, seit 1935 auch juristisch eingeengten Möglichkeiten der politischen Partizipation kann ich hier nicht weiter eingehen.

Politische Kräfte in Polesien. Piotr Cichoracki hat die politische Geschichte Polesiens im Jahr 2014 detailliert beschrieben,[34] so dass ich sie hier nur in einigen Zügen nachzeichne. In den 1920er Jahren konkurrierten auch in Polesien durchaus vielgestaltig, lebendig und kontrovers politische Parteien und Organisationen.

Polnische und jüdische Parteien und Organisationen. Unter den polnischen Parteien waren hier zunächst die PPS und das PSL *Wyzwolenie* stark vertreten. Es gab eine Reihe von jüdischen Organisationen und Parteien, dessen gesamtes Spektrum auch in der Wojewodschaft Polesien tätig war.[35] Die sozialistischen Organisationen, darunter die bekannte Partei „Jüdischer Arbeiter-Bund"[36], waren unter Anderem, weil es in Polesien wenige Groß-

31 https://pl.wikipedia.org/wiki/Premierzy_Polski#Polska_okresu_mi%C4%99dzywojennego_(1918%E2%80%931939).
32 https://de.wikipedia.org/wiki/Liste_der_Pr%C3%A4sidenten_Polens#Pr%C3%A4sidenten_der_Republik_Polen_(Zweite_Republik,_1918%E2%80%931939).
33 https://pl.wikipedia.org/wiki/Senat_Rzeczypospolitej_Polskiej_I_kadencji_(1922%E2%80%931927).
34 Cichoracki 2014.
35 AAN 1183, Sign. 53, Blatt 26.
36 Auf deutsch, allerdings kaum über Polesien: Pickhan, Gertrud: „Gegen den Strom", Stuttgart 2001.

betriebe und keine bedeutende Industriearbeiterschaft gab, bei Wahlen in die Stadt- und Gemeinderäte etwas weniger erfolgreich als die heute vielfach unbekannten zionistischen und traditionsorientierten Organisationen.[37] Die Sicherheitsabteilung der Wojewodschaftsverwaltung zählte derer insgesamt etwa 25 auf;[38] darunter war auch die Organisation *Brith Hazohar*, in der ein noch sehr junger Menachem Begin[39] Aufmerksamkeit auf sich zog, weil er in Brest die Leitung übernommen hatte.

Belaruthenische Organisationen. Die Belaruthenen hatten Schwierigkeiten, sich in Polesien zu platzieren, selbst in den Zeitabschnitten, in denen sie in den nördlich davon gelegenen Wojewodschaften von sich reden machten. Es gab kaum eine soziale und kulturelle belaruthenische Infrastruktur, auf die eine politische hätte aufbauen können. Doch sollte nicht vernachlässigt werden, dass insbesondere in den „trockeneren" nördlichen Landkreisen Kosava und Pružany die belaruthenische Bewegung präsent war. Von 1925 bis Anfang 1927 wirkte die zunächst erfolgreiche, dann aber durch das 1926 nach einem Putsch Piłsudskis etablierte *Sanacja*-Regime zerschlagene[40] Belaruthenische Bauern- und Arbeiter-Vereinigung (*Belaruskaja Sjaljanska-Rabotničaja Hramada, BS-RH)*[41] auch in Nordpolesien.[42] Die BS-RH war kommunistisch geprägt, dirigiert und vielleicht sogar erfunden worden, unterschied sich von der seit 1923 offiziell tätigen KPZB durch ihre große Massenbasis, und auch dadurch, dass in ihren Spitzenpositionen ausschließlich Belaruthenen saßen, während in der KPZB auch Juden vertreten waren.

Innerhalb der nichtkommunistischen belaruthenischen Bewegung Polesiens machte im Wesentlichen der Belaruthenische Bauernbund (*Białoruski Związek Włościański)* von sich reden, und zwar ebenfalls vorwiegend in den nördlichen Kreisen der Wojewodschaft. Dessen schillernder Mitgründer, der langjährige Abgeordnete, *Osadnik*, Nazikollaborateur und sowjetischer Lagerinsasse, Fabian Jarėmič, hatte seinen Sejm-Wahlkreis zeitweise in Polesien.[43]

Ukrainische Organisationen. Ähnliches wie für die belaruthenische galt für die ukrainische Bewegung. Da Polesien und Wolhynien seit 1795 zum Russischen Reich gehört hatten und nicht zu Ostgalizien, dem „ukrainischen Piemont", hatten hier die ukrainischen Nationalorientierten keine kulturellen Organisationen aufbauen und sich nicht auf die hier zerschlagene Unierte Kirche beziehen können. Erfolge erzielte in Polesien die Bauerninteressen vertretende Organisation *Sel-Rob*.

Umstürzlerische Aktivitäten. Die Staatsverwaltung war auch in Polesien über umstürzlerische Aktivitäten besorgt. In den wöchentlichen oder 14-tägigen Lageberichten der Wojewodschaftsverwaltung[44] gab es eine ständige Rubrik „Umsturzbewegung" („*Ruch wy-*

---

37 Wahlergebnisse bei Cichoracki, Piotr: Województwo poleskie 1921–1939. Z dziejów politycznych Polesia, Łomianki 2014, S. 304, 306.
38 Noch genauer: Sorkina, Ina: Mjastėčki belaruskaha Palessja ŭ XIX – peršaj trėci XX stst. In: ARCHE. Pačatak 2013, Nr. 4, S. 52-81.
39 https://de.wikipedia.org/wiki/Menachem_Begin.
40 Šybeka 2003, S. 268-269.
41 Benecke 1999, S. 58 darüber, dass „Fast nichts über die konkret vor Ort geleistete Arbeit [...] bekannt (ist)" und über die die Mitgliederzahl beschleunigenden Gerüchte, dass erst ein Eintritt in die BSRH eine Bodenparzelle bei der Aufteilung sichere.
42 Laz'ko 2015, S. 25.
43 https://be.wikipedia.org/wiki/Фабіян_Мацвеевіч_Ярэміч, vgl. AAN 1183, Sign. 7/123.
44 AAN 1183.

wrotowy"), in denen vor allem über die Kommunisten berichtet wurde. Die UdSSR stellte tatsächlich für viele Polesier in den 1920er Jahren (im Gegensatz zu dem anschließenden Jahrzehnt) eine denkbare Alternative dar. Doch auch nichtumstürzlerische gesellschaftliche Aktivitäten wurden in diesen Berichten möglichst genau verzeichnet. Der jüdische Bund gehörte hierbei nicht zu den „Umstürzlern".[45]

Nicht wenige Bauernjungs und ganze Familien wählten einen anderen Weg: Statt sich mit Umsturz zu befassen, zogen sie in der Hoffnung auf ein besseres materielles Los in den östlichen, sowjetischen Teil der Belarus' – eine Hoffnung, die angesichts sowjetischer Willkür nicht immer erfüllt wurde.[46]

Die aus der Sowjetunion geförderten militanten Aktionen armer Bauern und Waldbewohner hatten gerade in Polesien einen zwar nicht öffentlichen, aber offensiven Charakter. Das konnte so weit gehen, dass man den Wojewoden Downarowicz und den katholischen Bischof Zygmunt Łoziński[47] in einem Eisenbahnzug überfiel und entkleidete.[48] Die Reaktion bestand in einer zunehmenden Versicherheitlichung bestehender Strukturen und der Gründung des erwähnten speziellen Grenzschutzkorps namens KOP an der Ostgrenze Polens. In der Wojewodschaft Polesien wurden in starkem Maße Männer aus den zentralen Sicherheitsverwaltungen als Wojewoden eingesetzt, ehemalige Innenminister zum Beispiel.[49]

Auch gab es landesweit nach dem Maiumsturz 1926 *(zamach majowy)* des Mannes, der die größte Autorität im Lande hatte, Józef Piłsudski, schon erhebliche Einschränkungen des politischen und gesellschaftlichen Lebens. Doch vollzog sich dieser Prozess allmählich. Nach den Stadtratswahlen am 27. März 1927 dominierte in Pinsk zum Beispiel eine Mitte-Links-Mehrheit.[50] Exekutive herrscht. In den 1930er Jahren gab es immer weniger öffentliche Auseinandersetzungen über die einzuschlagende Politik. Die Exekutive herrschte, die Legislative verkam faktisch zu einem unbedeutenden Organ, bis 1935 der Zustand einer Präsidialherrschaft und eines indirekten Wahlsystems, bei dem politische Parteien nicht mehr vorgesehen waren, auch in (auf Józef Piłsudski persönlich zugeschnittenes) offizielles Recht gegossen wurde. Wer dagegen war, musste entweder versuchen, trotzdem in diesem Verwaltungsstaat ein kleines Stück Macht abzubekommen oder wurde in eine real wirkungslose nationaldemokratische, agrarische oder sozialistische Opposition getrieben, welche dann obendrein marginalisiert wurde. Die Wojewodschaft Polesien nahm hier eine besondere Stellung ein, weil in Brest die Prozesse gegen die politische Opposition stattfanden und hier das berüchtigte Lager Bereza Kartuska (im Kreis Pružany) eingerichtet wurde.

---

45 Z.B. AAN 1183, Sign. 7-142verso.
46 Zaerko, A.L.: Krovavaja granica. Kniga pervaja 1918–1939, Minsk 2002, S. 93-117.
47 https://pl.wikipedia.org/wiki/Zygmunt_%C5%81ozi%C5%84ski.
48 Vgl. Mel'nikaŭ, Ihar: Zachodnebelaruskaja atlantyda 1921–1941, Minsk 2015, S. 16.
49 Ich danke Holger Haugk für den Hinweis.
50 Ziemia Pińska 1927,12, S. 2, zitiert in: Historyja Pinska 2012, S. 432.

Abbildung 14: Die Stoßrichtung der potenziellen und tatsächlichen Interventionen, dargestellt auf der vorderen Umschlagseite des ersten *Kalendarz Ziem Wschodnich* 1935, herausgegeben von der Gesellschaft zur Entwicklung der Ostgebiete (*Torwarzystwo Rozwoju Ziem Wschodnich*).
Quelle: Kalendarz Ziem Wschodnich 1935, vordere Umschlagseite

Wirtschafts- und Verkehrspolitik. Wirtschaftspolitisch verknüpfte der polnische Staat die Aufgaben einer allgemeinen Modernisierung mit dem Streben nach Überwindung der speziellen Situation, die erstens mit den Zerstörungen durch die Kriege 1914 bis 1918 und 1919 bis 1920 (in den Teilen der Republik, in denen er stattgefunden hatte) und zweitens mit der Tatsache zu kämpfen hatte, dass die Infrastruktur in den drei Teilungsmächten auf die dortigen Zentren zugeschnitten war. Wichtig war es, den Hafen in Gdingen/Gdynia aufzubauen, später den erwähnten COP.

Der Aufbau einer Industrie stellte in dem überdies auf Polen und die Sowjetunion aufgeteilten Polesien keine Priorität dar. Polen hat eine „polnische“ Durchdringung dieses Raumes in den 1920er Jahren auch nicht durch eine Verbesserung der Verkehrsinfrastruktur vorangetrieben. Allerdings hatte man Polesien nicht einfach liegen gelassen, jedenfalls nicht liegen lassen wollen: Es gab Pläne, die Sümpfe in Polesien trocken zu legen. Zu all dem unten ausführlich. Doch einstweilen lebte die große Mehrheit der polesischen Bevölkerung weiterhin in ihren Dörfern,[51] die in der Regel keine spezialisierte Produktion betrieben.

Dass die Struktur der Schtetl[52] nicht modern war, war offensichtlich, aber ausdrückliche Modernisierungsvorhaben blieben in Planung, Vorbereitung und Durchführung zäh. Zwar gab es weitreichende Ideen: “Neben der Kolonisierung der Dörfer sollte man die Aufmerksamkeit auf die Kolonisierung der Städte richten; hierzu wäre es sehr wichtig, einen Teil des Kleinbürgertums aus dem ehemaligen Preußen umzusiedeln,“[53] aber kaum eine entsprechende Praxis.

Verwaltung, Arbeit, Eisenbahn. Die Ostslawen führten in den Handwerks- und wenigen Industriebetrieben Polesiens nur die allereinfachsten Tätigkeiten durch. Die Belaruthenen wurden nicht zum Eisenbahndienst herangezogen.[54] Das bedeutete, dass man ihnen misstraute.

Man kann dies so interpretieren, dass es keine Maßnahmen des *Social engineering*, geschweige denn der Inklusion in der Arbeitsmarktpolitik gab. Den Verantwortlichen war es lieber, wenn staatsnahe Einrichtungen wie Verwaltung und Eisenbahn für die einheimische Landbevölkerung außen vor blieben, mit der Wirkung, dass man sich gegenseitig in Ruhe ließ, eine Intervention also nur strategisch wichtige geografische Orte betreffen würde. Es existierten kaum inklusive Effekte durch die Arbeitswelt, und der allergrößte Teil der Polesierinnen und Polesier lebte weiterhin von Land-, Wasser- und Waldwirtschaft.

Verwaltungspolitik. Polen war zwar im 19. Jahrhundert kein Staat, aber polnische Verwaltungsangestellte konnten insbesondere im zu Österreich-Ungarn gehörenden Galizien viel Erfahrungen bei ihrer Tätigkeit auf öffentlichen Verwaltungsstellen sammeln. Im zum Russischen Reich gehörenden Warschau gab es eine Verwaltungshochschule seit dem 19. Jahrhundert.[55] Während in der Polnischen Republik überall Verwaltungsgebäude und -fachleute fehlten, waren nach der Staatsgründung in Posen und Lemberg sogar ein leichter

51 Strukturgeschichte eines normalen Dorfes: Zasim, Pilip: Šani, vëska Pružanskaha paveta. Ėkanamičnae i sacijal'nae dasledavanne, In: ARCHE. Pačatak 2013, Nr. 4, S. 359-419.

52 Sorkina, Ina: Mjastëčki belaruskaha Palessja ŭ XIX – peršaj trèci XX stst. In: ARCHE. Pačatak 2013, Nr. 4, S. 52-81.

53 Słowo 18.08.1934, zitiert in: Rižskij mir, kniga 1, 2014, S. 240-241.

54 Tomaszewski, Jerzy: Ojczyzna nie tylko Polaków. Mniejszości narodowe w Polsce w latach 1918–1939, Warszawa 1985, S. 79.

55 Kraft 2002, S. 39-41.

Überschuss zu verzeichnen. Da man in Polesien aus der einheimischen Bevölkerung insbesondere höhere Verwaltungsangestellte weder rekrutieren konnte noch wollte, waren Konflikte mit von außen Entsandten geradezu vorprogrammiert (siehe unten im Kapitel Verwaltung).

Abbildung 15: Von innen nach außen:
3 Nordostwojewodschaften,
4 Kresy-Wschodnie-Wojewodschaften,
7 Ziemie-Wschodnie-Wojewodschaften,
9 Polska-B-Wojewodschaften.
Die zeitgenössische Unterteilung von Polska A und Polska B erfolgte nach wirtschaftlichen, nicht nach ethnischen Kriterien. Der Begriff „kresy" wurde nur für vier Wojewodschaften im Osten und Nordosten verwendet, die nicht zu „Ostkleinpolen" gehörten, besser bekannt unter dem Namen „Ostgalizien".
Quellen: Karte: Wikipedia. Bastianow (Bastian) – Diese W3C-unbestimmte Vektorgrafik wurde von Bastianowa (Bastiana) mit Inkscape erstellt CC BY-SA 2.5.
Polygone: Siebert

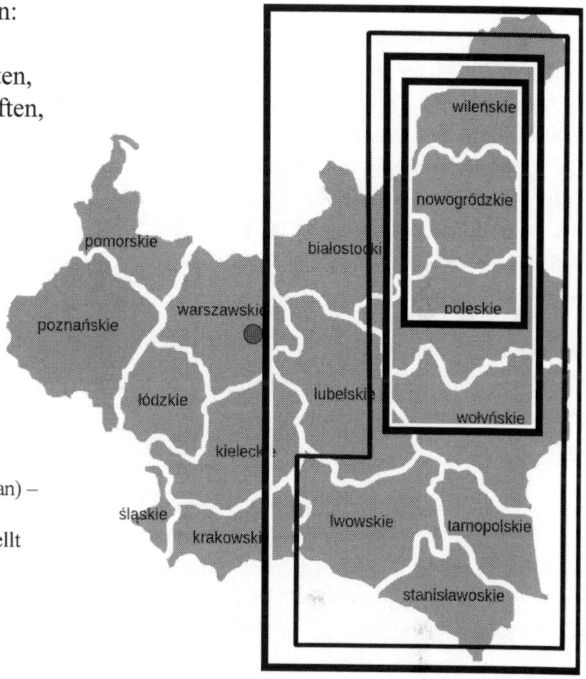

Nationalitätenpolitik. Konnte es sein, dass angesichts eines geringen Anteils von Polen (1931: 14,5 % polnischsprechende) und eines noch geringeren an Katholiken (1931: 11 %) in Polesien überhaupt andere Fragen im Vordergrund standen als die von Nationalitäten-[56], Sprach-, Verwaltungs- und Siedlungspolitik?

Die Gefahr bei Zeitgenossen, der Nachwelt und speziell der Historiographie bestand darin, all die sozialpolitischen und sozialökonomischen Konflikte durch die Nationalitätenkonflikts-Brille zu sehen; und die beschriebene Konstellation, die starke Korrelation zwischen ethnischer Differenzierung und sozialer Schichtung lässt dieses auch für Polesien als möglich erschienen.

56 Paškevič, Aljaksandr: Nacyjanal'nyja pracėsy ŭ Paleskim vaevodstve ŭ 1920-ja hh. praz pryzmu vynikaŭ vybarčych kampanij u pol'ski parlament, In: ARCHE. Pačatak 2013, Nr. 4, S. 99-210.

Beispielsweise ist zu fragen, ob sich Konzeptionen für den Staatsaufbau aus der Nationalitätenpolitik ergaben oder umgekehrt. Auch tatsächlich durchgeführte Maßnahmen stellten sich auf den ersten Blick als eine Mischung aus Sicherheits-, Modernisierungs- und Polonisierungsaktivitäten dar.

Ich werde zu prüfen und analytisch zu trennen haben, ob Modernisierungsvorhaben, ob Maßnahmen der öffentlichen Hand, a) über die Polonisierung der polesischen Gesellschaft oder b) über die Hebung der politisch-gesellschaftlichen Standards erfolgen sollten und erfolgten.

Man kann sich sehr in Nationalitätenfragen vertiefen, z.B. welche Menschen nicht in die Schubladen passten, wie viele orthodoxe Polen oder katholische Belaruthenen es in Polesien gegeben hat. Gewiss wurde und wird mit solchen demographischen Statistiken und Behauptungen Politik gemacht. Bei Interventionen des Staates sollten wir das Vorhaben einer „allgemeinen" staatlichen Durchdringung der polesischen Gesellschaften, der abgelegenen polesischen Dörfer und der Schtetel von ausdrücklich ethnisch und/oder religiös gemeinten analytisch abzuscheiden versuchen. Halten wir fest: eine Intervention ist nicht immer sauber nach Polonisierung und allgemeiner „Inklusion" unterscheidbar. Genauso wenig ist eine Nichtintervention nicht einfach als „Mangel an Polonisierung" beschreibbar.

Inkorporationismus und Föderalismus als polnische Flächenkonzeptionen

Deshalb sind die allgemeineren politischen Konzepte, Ideen, Gedanken nicht auf rein nationalitätenpolitische reduzierbar, und zwar selbst dann, wenn die Protagonisten es selbst so gesehen haben mochten und verstanden wissen wollten.

Es existierten die zwei erwähnten Konzeptionen, die schon von den Zeitgenossen idealtypisch gegeneinander gestellt worden sind, auch deshalb, weil sie von den zwei herausragendsten Politikern ver"körper"t worden zu sein schienen. Diese Gegenüberstellung war und ist so wirkungsmächtig, dass sie in der Geschichtsschreibung, wie ich meine: zurecht tradiert und entwickelt wird.

Die inkorporationistische (unitaristische, piastische) Linie Roman Dmowskis wollte, ursprünglich in Abgrenzung zu den Konservativen und anderen am *status quo* Festhaltenden, einen polnischen Nationalstaat errichten. Dies verstand man in Paris, London und Berlin, und als US-Präsident Woodrow Wilson im Januar 1918 seinen 14-Punkte-Plan verkündet hatte, bekam diese Vorstellung beträchtlichen Aufwind, denn Polen war in dem Plan ausdrücklich als ein wieder herzustellender Staat benannt. Weniger Einverständnis hatte das von Dmowski geführte nationaldemokratische Lager der eNDecja aber für die später projektierte Curzon-Linie von 1919, welche die Ostgrenze des ethnographisch mehrheitlich von Polen besiedelte Gebiet darstellen sollte und die heute in etwa die Ostgrenze Polens bildet. Als Roman Dmowski die nach ihm benannte Dmowski-Linie verkündete, verlief diese an manchen Stellen weit über 100 km östlich der Curzon-Linie (siehe oben). Die, wie gesehen, am deutlichsten von dem PPS-Sozialisten Leon Wasilewski formulierte andere Strömung wurde von Piłsudski allenfalls in der Zeit der Gründung der Republik und nur für Litauen und die Belarus, nicht aber die Ukraine als ernsthafte Option in Erwägung gezogen, und auch dies nur „mit dem Revolver in der Tasche“.[57] Der Föderalismus ging von der begreiflichen These und Erfahrung aus, dass es nicht ein einfaches Zusammenleben der Völker Polens geben könne, falls man die Grenze von 1772 *ernsthaft* als die neue Ostgrenze der Polnischen Republik etablieren wollte. Ähnlich wie die Bolschewiki, die Austromarxisten und die jüdischen Organisationen (sofern sie sich nicht auf *Eretz Israel* konzentrierten) suchte man ein *Modus vivendi* zwischen mehreren Völkern oder Nationen zu finden.

Diese beiden Hauptströmungen wurden in Polen allerdings nicht aus irgendwelchen Theorien über das gesellschaftliche Zusammenleben und das Verhältnis zwischen Staat, Nation und Gesellschaft heraus entwickelt, sondern viel eher, weil sich Dmowski lange Zeit auf das Russische Reich, Piłsudski hingegen auf Österreich-Ungarn politisch gestützt hatte.

Dass Dmowski in der konkreten Situation der polnischen Staatsgründung eine konkrete ethnische und konfessionelle Gegebenheiten unberücksichtigt lassende, geografische Dmowski-Linie verkündet hatte, war ungünstig für seine Position, denn diese ließ sich nicht durchhalten, nicht real verteidigen, zumal die vorgesehenen belaruthenischen Untertanen des Dmowskischen Staates in dieser keinen Wert erblickten.

Piłsudski hingegen ist nie konkret geworden. Als die polnischen Truppen am 22. April 1919 Vilnius erobert hatten, blieb er vage:

> „Euer Land kennt seit Hundert und einigen Dutzenden von Jahren keine Freiheit, war unterdrückt durch feindliche russische, deutsche, bolschewistische Gewalt“ [...] „Die polnischen Streitkräfte bringen Euch allen Freiheit. Ich möchte euch die Möglichkeit der Entwicklung der inneren, nationalen und bekenntnisförmigen Angelegenheiten auf eine Weise geben, wie ihr selbst das für euch wünscht, ohne jedwede Gewalt oder Druck von Seiten Polens. Deshalb führe ich trotz dessen, dass in eurem Land *(ziemia)* noch Blut fließt, nicht eine Kriegs-, sondern eine zivile Verwaltung ein.“[58]

Für Piłsudski war die Frage der Errichtung territorialer Entitäten eine praktische Frage, abhängig von der militärischen Lage. Schon für diesen Zeitpunkt, April 1919, ist daher auch die Frage erlaubt, ob Piłsudski diese Rede ernst meinte oder nicht, ob er einschätzen konnte, ob es in der Belarus' nennenswerte Kräfte gab, die eine Konkretisierung und Durchführung solcher Föderationspläne überhaupt einforderten. Denn da sich die Truppen mit dem weißen Adler in Polesien und der Belarus' schon in kürzester Zeit äußerst unbeliebt gemacht hatten, (siehe oben) wurde diese Frage ja bezüglich Litauen und der Belarus' spätestens Ende 1919 müßig.

57 Neuester Beitrag zur Debatte: Kornat, Marek: Z projektów federacyjnych w polskiej myśli politycznej (1917–1921), In: O ziemię naszą, nie waszą. Ideowe aspekty procesów narodowotwórczych w Europie Środkowej i Wschodniej, Łukasz Adamski (red.), Warszawa 2018, S. 361-409, hier S. 367-375.

58 Piłsudski, a.a.O. [22 kwietnia 1919r.], Tom V, Warszawa 1937, S. 75-76, hier S. 75; ähnliche Aussagen auch gegenüber der Tageszeitung "Le Journal des debates“ vom 2. Mai 1919, ebenda, S. 78-80: Ich möchte der Bevölkerung helfen, ihren Willen zum Ausdruck zu bringen. Aus diesem Grund habe ich in Wilno statt einer Militär- eine Zivil-Verwaltung eingeführt. [...] Frage: Wäre nicht die für Polen ideale Lösung eine Vereinigung mit dem ganzen historischen Litauen? Antwort: Wahrscheinlich sollte man eben danach streben, auch wenn diese Aufgabe nicht ohne Schwierigkeiten ist. Ich glaube, dass Belarussen und Polen sich sehr leicht verständigen könnten. Mit den Litauern wäre dies schon schwieriger.“

Anders war es, ein Jahr später, in der Ukraine. Mit der Ukraine Petljuras ging Piłsudski tatsächlich und vertraglich ein Bündnis ein, das eine Grundlage für eine spätere Föderation oder andere Art von Zusammenarbeit hätte bilden können. Da aber Petljuras Truppen weder die Juden (was zu erwarten war) noch die Ukrainer (was schon weniger zu erwarten war) von der Richtigkeit der Anwesenheit polnischer Truppen überzeugen konnten, da sie in der späten selbstverzehrenden Kriegsökonomie von heftigen Kontributionen, Marodeurtum und Pogromen gegen Juden bis 1920 gelebt hatten, konnte das Bündnis Petljuras mit Piłsudski (mit Polen) die Realitätsnähe von Föderationsplänen ebenfalls nicht unter Beweis stellen.

Zu Ende des polnisch-sowjetischen Krieges 1920 hatten die Streitkräfte Polens schließlich zwar Warschau (unter bedeutendem persönlichem Anteil Piłsudskis) verteidigen und einen nicht unerheblichen Teil der Ukraine und der Belarus' besetzen können, doch die politischen Ideen des Föderalismus hatte nun keiner mehr präsentieren wollen.

Jetzt, und spätestens nach dem Rückzug Piłsudskis aus dem politischen Leben im Jahr 1923, triumphierten die Nationaldemokraten: Der ND-Politiker Joachim Bartoszewicz schrieb 1924 rückblickend, dass die föderalistischen Ideen auch deshalb gescheitert seien, weil die Litauer und Ukrainer Föderationen nicht gewollt hätten.[59]

Tatsächlich war es nach dem Frieden von Riga kaum noch vertretbar, einen zwar polnisch-katholisch dominierten, aber nationsübergreifenden, multiethnischen, multireligiösen und ähnlich konzeptionierten Staat nicht einfach nur als Nationalstaat zu errichten, weil eben die föderale Konzeption von Wasilewski von der PPS, für die ursprünglich auch der jüdische Bund und die Zionisten etwas übrig gehabt hatten, politisch und militärisch gescheitert war. Nachdem der Staat Litauen entstanden war, die Armee Polens aber das Wilnagebiet erobert hatte, konnte die polnische Staatsmacht ihre Ziele nur dann dauerhaft durchsetzen, wenn sie Entitäten wie ihr „Mittel-Litauen" abschaffte und eine normale Wojewodschaft um Vilnius (Vil'na, Wilno, Wilna) errichtete. Dasselbe betraf die heute ukrainischen und belaruthenischen Gebiete.

Als die Grenzen Polens 1920 noch nicht feststanden, hatte Sowjetrussland bereits eine ukrainische sowie belaruthenische „Republik" ausgerufen und zu errichten begonnen. Diese Errichtung von damals scheinbar unabhängigen, in Wirklichkeit Moskau streng untergeordneten sowjetischen, später am Scheinföderalismus der Union der Sozialistischen Sowjetrepubliken (UdSSR) beteiligten Republiken, war nötig geworden, weil die ukrainische und belaruthenische Nationalbewegungen schon 1918 ihren je eigenen Staat ausgerufen hatten, aber ebenso aus außenpolitischen Gründen. Man hatte in Moskau zunächst gehofft, dass es am Ende zweit- oder drittrangig sei, in welcher territorial verfassten Form der Sieg der Kommunisten erfolgen würde – erst 1991 stellte sich endgültig heraus, dass dies nicht egal war; denn die Konstruktion scheinbar unabhängiger Sowjetrepubliken in den Jahren bis 1922, die erst nach dem Zerfall der Sowjetunion 1991 „verwirklicht" wurde, hatte in Russland nicht jedem gefallen. Doch war damals diese Territorialisierung weder von Moskau noch dessen Gegnern ernst genommen worden: die Vertreter der BSSR mit ihrer etwa 200 Kilometer langen Grenze zu Polen durften, wie erwähnt, in Riga 1920/1921 nicht einmal am Verhandlungstisch sitzen, geschweige denn den Friedensvertrag mitunterzeichnen; und in Polen und Deutschland sprach man noch lange einfach von „Russland" auch dann, wenn

59 Bartoszewicz, Joachim: Znaczenie polityczne kresów polskich dla Polski, Warszawa 1924, S. 12-13.

die Sowjetunion gemeint war. Doch pflegte die Ende 1922 gegründete UdSSR einen nichtkolonialen *Sound* von Gleichberechtigung, der nationalbewusste Ukrainer und Belaruthenen zunehmend beeindruckte, und der trotz aller Repressionen ein Erfolgsmodell zu sein schien, an dem formal festzuhalten sich für die Staatsmacht einstweilen lohnte.

Für die politische Elite Polens beider politischer Lager bestand hingegen ein zu großes Risiko, in seinem Osten Entitäten zu schaffen, die, beflügelt durch nationale und soziale Konflikte, territoriale Ausgangspunkte für Forderungen nach staatlicher Unabhängigkeit gewesen wären. Nicht nur die Nationalbewegungen der Ukrainer und Belaruthenen hätten die Zentrifugalkräfte befördert, sondern es hätten auch die Juden, die in den Groß- und Kleinstädten zumindest in Polesien und Umgebung das zahlenmäßig dominierende Element waren, nichts gegen politische autonome Gebilde gehabt.

Auf der tagespolitischen Ebene war mit dem Mord an Präsident Gabriel Narutowicz 1922 die letzte Illusion gestorben, dass es in Polen für die Minderheiten, 10 Millionen an der Zahl, mehr als nur schwachen Minderheitenschutz, geschweige denn eine auch nur geringste Territorialisierung ihrer Ansprüche geben würde.[60]

Der Piłsudski-Flügel der polnischen Bewegung hatte zwar militärisch und politisch gewonnen: Mit Ausnahme der Zeit von 1923 bis 1926 hatten Piłsudski und die Nachfolger aus seinem Lager immer das Sagen im Staat, und es ist schon ein politisches Lehrstück, mit welchen neumodischen politischen Techniken die Vertreter der ideologisch eigentlich dominierenden Vertreter der eNDecja erst 1918, dann durch Piłsudskis Putsch 1926, dann durch die Gründung des politisch-antipolitischen BBWR 1928, nach dessen Auflösung sogar durch die Schaffung des OZN 1937 politisch kurz gehalten wurden. Es gab in Polen bald, insbesondere nach Piłsudskis Tod 1935, immer weniger inhaltliche „Auseinandersetzungen“ zwischen dem Piłsudski- und dem Dmowski-Lager, aber durchaus heftige persönliche.[61] Dadurch gelang es dem Pro-Piłsudski-Lager um so besser, seine formelle und informelle Macht zu behaupten.

Polesien

Dass die Idee einer Föderation mit nichtpolnischen Staatsvölkern aus dem Spiel war, bedeutete für Polesien und die *kresy*, dass die regierenden Lager der Polnischen Republik von 1923 bis 1939 kaum eine Zusammenarbeit mit den Petljuraleuten, der unierten Kirche oder der jüdischen Intelligenz erreichen konnten, ja – sie wollten es teilweise ja auch nicht; ferner blieb die katholische belaruthenisch-ukrainische Intelligenzschicht zu dünn, die jüdische nicht polonisiert genug, und die litauische zu litauisch. Der belaruthenische Adelige und BNR-Akteur Roman Skirmunt blieb eine Ausnahme, als er sich polonisierte und sich für den BBWR in den Senat wählen ließ.[62] Da eine nichtterritoriale, kulturelle Autonomie außer vom Jüdischen Arbeiter-Bund wohl nicht diskutiert worden ist und der bestehende

60 Zur polnischen Minderheitenpolitik der Zwischenkriegszeit das Themenheft der Zeitschrift für Ostmitteleuropaforschung; Zeitschrift für Ostmitteleuropaforschung 62(2013), 2: Nationalisierung und Pragmatismus. Staatliche Institutionen und Minderheiten in Polen 1918–1939, hg. v. Stephan Stach u. Christhardt Henschel.

61 Ähnlich wie in Griechenland, wo die Konflikte zwischen Venizelisten und Antivenizelisten in der Zwischenkriegszeit ebenfalls zunehmend kaum nach politischen Standpunkten ausgerichtet waren.

62 https://be.wikipedia.org/wiki/Раман_Аляксандравіч_Скірмунт#У_міжваеннай_Польшчы_(1921 – 1939). Jetzt vor allem: Smaljančuk 2018.

Zustand ebenfalls unbefriedigend war, blieb Warschau nur, eine staatliche oder, mehr noch, nationale „Assimilation“ zu betreiben. Über die Erfolgsaussichten solcher Versuche konnte man sich streiten, doch schienen sich alle einig zu sein, dass es bei den „Poleschuken“, also der polesischen Landbevölkerung am einfachsten sei, sie zu Polinnen und Polen im ethnischen Sinne zu machen.

Meine Ausgangsthese ist daher, dass nach Polesien erfolgreich zu intervenieren und die polesische Landbevölkerung zu verseinen (zu den Seinen, den Eigenen zu machen) anstatt zu andern („othern“), dass dies zwar nur in denkbar schlechter Weise, aber eben nur durch auf die polnischen Zentren ausgerichtete wirtschaftliche Integration, der Identifikation mit der Armee Polens, durch das polnische Schulwesen hätte gelingen können – vielleicht auch durch die Ausbreitung der katholischen Kirche. Und hierzu, das erkannte auch das Piłsudski-Lager, gab es nur diesen „dmowskischen“ Weg der Assimilation. Das piłsudskische Lager hatte aber mehr Fähigkeiten, mehr Wissen als das dmowskische darüber, wie so etwas zu bewerkstelligen sei. Die Diskussionen nach dem Vortrag des Ethnosoziologen Józef Obrębski in Warschau im Jahr 1936[63] zeigen deutlich, dass man sich des Problems gewahr war, bei einer Polonisierung der „Poleschuken“ Porzellan zu zerschlagen.

In Polen sprach man nicht wenig über die *kresy*. Doch welche der verschiedenen Vorstellungen, die von politischen, wissenschaftlichen und publizistischen Strömungen veröffentlicht wurden, wurde in den 18 Friedensjahren seit 1921 verwirklicht? Wurden diese Ideen wenigstens in Pläne gegossen? Der zeitgenössische Polesienversteher T. Wid jedenfalls vermisste nicht nur tatsächliche Änderungen, sondern auch ausgereifte Pläne bezüglich Polesien.[64]

4.2 Die Staatsverwaltung(en) und die Einheimischen. Deren soziale Schichten und Nationen

Von einer politischen Landschaft zu einer unpolitischen Verwaltungsherrschaft (auch) in Polesien: Verwaltung als das Andere der Einheimischen

Die Verwaltung der polnischen Republik stellte ihren Staat die ganze Zeit hindurch als einen Rechtsstaat heraus. In vielen auch weniger bedeutenden Runderlassen oder Verordnungen wurde der Bezug zu mindestens einer Position im staatlichen Gesetzblatt hergestellt.

Wichtig für Polesien war, dass sich der erwähnte häufige Regierungswechsel in der Republik Polen nicht in einem häufigen Auswechseln der obersten Beamten in den Wojewodschaften, also der Wojewoden niederschlug.

Galizier nach Polesien. Polen, ein bis 1795 ein vom Adel dominierter Staat, wies nach seinem Wiedererstehen schon bald eine recht gut sortierte und somit starke Verwaltung auf, weil die Polen in Galizien an der dortigen betulichen Verwaltung Österreich-Ungarns partizipiert hatten. Mir ist gerade an der polnischen Verwaltungssprache der Zwischenkriegszeit,

63 Obrębski, Józef: Polesie, Kraków 2007, Redakcja naukowa i wstęp Anna Engelking, Warszawa 2007 (= Studia etnosocjologiczne 1), S. 319-334.
64 Wid 1928, S. 17.

und das hat sich sicher bis heute tradiert, aufgefallen, wie viele Begriffe direkt als Lehnübersetzungen des Deutschen die polnische Wortbildung Eingang fanden: Ausdrücke wie „nach sich ziehen“ *(posągać/posągnąć za sobą)* oder „Inbetriebnahme” *(uruchomienie)* sprechen eine beredte Sprache. Die „Galizier” waren denn auch in der Polnischen Republik dafür bekannt, auf die Verwaltungsleute im restlichen Polen herabgeschaut zu haben. Tatsächlich wurden sie auch in anderen Regionen eingesetzt.[65] In Polesien bedeutete dies, dass man sie vor allem in den Wojewodschafts- und anderen Verwaltungen in der Hauptstadt Brest, aber auch im Bezirksgericht in Pinsk oder am Eisenbahnkreuz in Luninec beschäftigte. Und tatsächlich: Ein Topos in der Literatur waren Verwaltungsbeamte, die in verschlafene Provinzen wie Polesien versetzt wurden. Man wollte die Fläche mit ethnischen Polen decken – doch dafür gab es zu wenige interessierte (!) Polen.

Franciszek Wysłouch, ein einheimischer Adliger aus dem Ort Pirkavičy (Pirkawicze, nicht zu verwechseln mit Pinkavičy) im polesischen Landkreis Drahičyn (Drohiczyn), schrieb aus dem Londoner Exil der 1960er Jahre heraus in seinen Erinnerungen, wie solch ein Galizier Anfang der 1920er Jahre als *Starosta* der Landkreisverwaltung eingesetzt wurde – und wie er mit seinem kakanischen Verwaltungsstil in Polesien in ernste Schwierigkeiten geriet: Alle Welt in Drahičyn kannte dort einen Juden, der im Bürgerkrieg mehrere polnische Soldaten versteckt und so gerettet hatte. Vor seinem ersten Jagdausflug setzte der galizische Starosta noch ein Schreiben ab, in welchem er den besagten Juden, ja was – „einladen“? so etwas macht ein polnischer leitender Staatsangestellter ja nicht – wollte. Durch eine Verkettung unglücklicher Umstände wurde daraus ein „Vorladen“. Der beunruhigte Jude erschien auch und wurde, mangels Anwesenheit des Starosta in Untersuchungshaft genommen. Der Starosta hätte von seinem Jagdausflug aus die Situation auch nicht aufklären können, weil in dem Gemeindesitz in diesem südpolesischen Ort kein Telefon existierte. Erst nach der Rückkehr nach Drahičyn konnte der Starosta präzisieren, was er mit der Vorladung gemeint hatte, aber da hatte die Wilnaer Tageszeitung *Słowo* schon einen äußerst negativen Artikel über den Vorfall gedruckt.[66]

Die Republik Polen als Zentralstaat. Die Existenz einer „Minderheitenfrage“ mag dazu beigetragen haben, dass die Polnische Republik schon in der „kleinen Verfassung“, dann auch in der Märzverfassung von 1921,[67] sozusagen in einer präventiven Maßnahme, als Zentralstaat konzipiert wurde. Denn wenn man von der föderalen Idee sprach, dann war damit immer das von Wasilewski verbreitete Anliegen einer Föderation zwischen Polen, Ukrainern, Belaruthenen und Litauern gemeint, also der Nationen, die das Gebiet Polen-Litauen bis 1772 bewohnt hatten. Beim Staatsaufbau war (zudem) die Überwindung der Teilungsgrenzen ein solch erstrangiges Anliegen, dass man bewusst oder unbewusst regionale politische Körperschaften nicht vorsah, die sicherlich einen landsmannschaftlichen Egoismus institutionalisiert hätten. Vielleicht bewirkte ein Scheitern dieser föderalen Ideen auch, dass die Polnische Republik keine regionalen politischen Entitäten zulassen wollte und Wojewodschaften als reine Verwaltungsbezirke aufgebaut hatte. Dies allerdings ist ver-

65 Krzyżanowski, Lech: Sędziowie Drugiej Rzeczypospolitej. Okręgi apelacyjne: krakowski i katowicki, Katowice 2011.
66 Wysłouch, Franciszek: Echa Polesia, [1979], nach der Ausgabe Łomianki o.J, S. 104-111.
67 Verfassung vom 17. März 1921. Dz.U. RP 1921, poz. 267.

wunderlich angesichts des polnischen Selbstbildes, in welchem Regionen, überliefert aus der Zeit der Adelsrepublik bis 1795, eine starke Rolle gespielt hatten.

Vor dem Hintergrund, dass sich die Entscheider im polnischen Staat in der Zwischenkriegszeit einem enormen äußeren Druck ausgesetzt sahen, wird der Zentralismus der Polnischen Republik vollständig verständlich: hinter der ukrainischen und der belaruthenischen Minderheit stand die UdSSR mit ihren Nominalrepubliken Ukrainische SSR und Belaruthenische SSR, hinter der deutschen Minderheit das Deutsche Reich – so wurde es zumindest empfunden.

Die **Territorialverwaltung** des 30-Millionen-Einwohner-Staates kannte sechs Ebenen: 1. Der Staat, unterteilt in 2. die 15 Wojewodschaften (etwa: Regierungsbezirke), die in der sozial- und wirtschaftspolitischen Diskussion, aber in keinster Weise verwaltungsmäßig den beiden oben beschriebenen großen Blöcken, das westliche, mehr industrialisierte „*Polska A*“ und das östliche, kaum industrialisierte „*Polska B*“ zugeordnet wurden. Allerdings gab es durchaus Gesetzgebungen speziell für die Ostgebiete, oder, noch detaillierter, z.B. bei der Militärkolonisation (siehe unten), für 22 bestimmte Landkreise in ihnen.

Jede Wojewodschaft von durchschnittlich etwa zwei Millionen Einwohnern umfasste etwa 10 Landkreise *(powiat)* auf Ebene 3 von etwa 200.000 Einwohnern mit einem Vorsteher (oder: Kreisrat, Landrat, *Starosta)* an der Spitze. Diese gliederten sich in jeweils etwa 10 Gemeinden (*gmina*, pl.: *gminy*) mit etwa 20.000 Einwohnern (in Polesien durchschnittlich halb so viel) – wir wären auf der vierten Ebene angelangt. Nicht nur in Polesien war es üblich, noch von einer *gromada* [68] zu sprechen, von denen es etwa 20 bis 40 je Gemeinde gab. Solch eine *gromada,* die keine offizielle öffentliche Repräsentation kannte, bestand dann wirklich aus den Grundeinheiten: sie konnte aus einem einzigen Dorf bestehen, aber auch aus einem größeren Gutshof (*folwark)*, einer Klosteranlage, einer Eisenbahnstation und Kombinationen von diesen. Rein von der Verwaltung her, die sich auf die Siedlungspunktzählung im Rahmen der Volkszählung von 1921 stützen konnte, wurden Polesien und die anderen Ostgebiete also schon territorialisiert.[69]

Durch die aufgrund der 1921er-Verfassung durchgeführten allgemeinen, gleichen, freien, proportionalen und geheimen Wahlen zu Sejm und Senat war die nur auf der nationalen Ebene existierende Legislative durch die Wählerinnen und Wähler demokratisch legitimiert. Dass dort Teile die Exekutive 1926 die Macht gewaltsam an sich reißen konnten, ist zu Genüge analysiert worden. Was hingegen mit Zentralstaat richtig umschrieben, aber wenig herausgestellt wurde, war, welche der fünf formellen Ebenen der Territorialverwaltung wie legitimiert waren: Der Wojewode (2. Ebene) wurde ausschließlich von oben eingesetzt;[70] dem Landrat (*Starosta,* 3. Ebene), auch dieser fast immer ein ethnischer Pole, stand ein *sejmik powiatowy*[71] zur Seite. Erst der Gemeinderat mit dem *sołtys* (Schultheiß, Schul-

68 Benecke 1999, S. 169.

69 Skorowidz miejscowości Rzeczypospolitej Polskiej: opracowany na podstawie wyników pierwszego powszechnego spisu ludności z dn. 30 września 1921 r. i innych źródeł urzędowych. T. 8, Województwo poleskie. Hg.: Główny Urząd Statystyczny Rzeczypospolitej Polskiej, Warszawa 1924.

70 Bei der deutsch-sowjetischen Besetzung Polens 1939, der Westverschiebung des Polnischen Staatsgebietes und bei der Gründung der ebenfalls zentralistischen PRL nach 1945 kam den neuen Machthabern der zentralstaatliche Aufbau Polens in der Zwischenkriegszeit gut zu Pass.

71 https://pl.wikipedia.org/wiki/Sejmik_powiatowy

ze) an der Spitze, respektive der Stadtrat waren von den Dorf- bzw. Stadtbevölkerungen gewählte Personen.

Gebietskörperschaften und Territorialeinheiten der Republik Polen 1918-1939, (Tabelle 2)

	Bezeichnung der Territorialebene	deutsche Übersetzung	polnisch Bez. des Dienstchefs	deutsche Übersetzung	gewählt?	Durchschnittliche Einwohnerzahl
1	Rzeczpospolita Polska	Polnische Republik	premier	Ministerpräsident	vom Sejm gewählt	30.000.000
2	województwo	Wojewodschaft, Regierungsbezirk	wojewoda	Wojewode, Regierungspräsident	von oben ernannt	2.000.000, in Polesien 1.000.000
3	powiat, starostwo	Landkreis, Landratsamt	starosta	Starost, Landrat	aus den Gminy entsandt[72]	in Polesien 100.000
4	gmina	Gemeinde	wójt	Gemeindevorsteher	gewählt	in Polesien 10.000
5	gromada (wieska)	Dorfgemeinde	sołtys	Schultheiß, Schulze	gewählt	in Polesien ca. 1.000
6	wieś u.a.					

Siedlungsstruktur in Polesien. Polesien war die von der Bevölkerung her kleinste Wojewodschaft, kleiner auch die Bevölkerungszahl in den unteren territorialen Einheiten. Ich habe mir einmal die Mühe gemacht, anhand von je einer Gemeinde in dem eher ukrainischen südöstlichen Landkreis Sarny (Gemeinde Bereźnica), im zentralen Kreis Pinsk (Gemeinde Bodnica) und im belaruthenischen nordwestlichen Kreis Pružany (Gemeinde Bajki) die Besiedlungsstrukturen des Jahres 1921 auszuwerten.[73] Ergebnis:

In der südöstlichen Gemeinde Bereźnica (10821 Einwohner) lebten 35 Menschen auf Einzelhöfen *(chutora)*, 14 auf einem Gutshof *(folwark)*, 38 in einer Ansiedlung *(osada)*, 526 an Eisenbahnsiedlungspunkten und 10208 Menschen in 15 Dörfern (durchschnittlich 681 Menschen je Dorf). In der zentralen Gemeinde Bodnica (9367 Einwohner) lebten niemand auf einem Einzelhof, 330 auf einem Gutshof, 71 in einer Ansiedlung, 115 an Eisenbahnsiedlungspunkten und 8735 Menschen in 32 Dörfern (mit durchschnittlich 273 Menschen je Dorf). In der nordwestlichen Gemeinde Bajki (1419 Einwohner) wiederum lebten niemand auf einem Einzelhof, 50 auf einem Gutshof, 17 in einer Ansiedlung, 115 an Eisenbahnsiedlungspunkten und 1330 Menschen in 10 Dörfern (mit durchschnittlich 133 Menschen je Dorf).

Bei der Einrichtung der Wojewodschaft Polesien war der westliche Teil mit Brest und Kobryn stärker bevölkert als der östliche mit Pinsk als Zentrum.

Der Zentralstaat Polen kannte also keine Gesetzgebung auf Wojewodschaftsebene, nicht einmal ein auch nur in beratender Funktion auftretendes gewähltes Gremium. Hierin unter-

72 Ebenda.
73 Skorowidz T. 8, a.a.O, 1924; ich habe jeweils die alphabetisch erste Gemeinde gewählt.

scheidet sich das heutige (2018) Polen mit seinen *Sejmiki*[74] sehr deutlich. In der Zwischenkriegszeit hingegen bezeichnete man mit Sejmik die Institution auf der 3. Ebene des Landkreises![75]

Rolle der Wojewoden. Die sechs Wojewoden in der Zeit des Bestehens der Wojewodschaft Polesien, Walery Roman (1921–1922), Stanisław Downarowicz (1922-1924), Kazimierz Młodzianowski (1924-1926), Jan Krahelski (1926-1932), Wacław Kostek-Biernacki (1932-1939) sowie kommissarisch bis zur Besetzung durch die Sowjetunion Jerzy Albin de Tramecourt spiegelten nicht nur (etwas verzögert, dies lag in der Natur der Sache) die politischen Verhältnisse der polnischen Republik wider, sondern prägten auch selbst, jeder auf seine Art, das politische Leben ihrer Wojewodschaft Polesien deutlich. Denn diese Wojewoden hatten, besonders in den 1930er Jahren, eine starke Stellung inne. Dauer der Amtszeit in Kombination mit der Machtfülle dieses Verwaltungspostens ergaben unterschiedliche Vorgehensweisen der einzelnen Wojewoden und auch unterschiedliche Ergebnisse in Polesien als beispielsweise den Nachbarwojewodschaften, und dies, obwohl Wojewodschaft und Starostei politisch nur von Warschau, nur von oben legitimiert waren.

Wojewodschaft als Verwaltung. Nicht nur an sich bedeutete dies, dass sich die Einwohner einem reinen Verwaltungsapparat gegenüber sahen, der über die Prioritäten auf den Gebieten Schule und Bildung, Krankenhäuser (und andere Gesundheitseinrichtungen), Verkehr, Gewerberecht, Regelungen in der Landwirtschaft und Religionsverwaltung „unpolitisch" entschied. Es bedeutete dies in Polesien überdies, dass zu erwarten war, dass der Wojewode und die neun (bis 1930 mit Sarny zehn) ethnisch polnischen Starosten, in den genannten Verwaltungsbereichen die Interessen der ethnischen Polen (1931: 14,5 % der Bevölkerung) und der Katholiken (1931: etwa 10 %) vorrangig bedienen würden. Es war vorhersehbar, dass durch diese „unpolitische", zentralistische Konstruktion der Verwaltung der Polnischen Republik die Mehrheit der Bewohner der Wojewodschaft Polesien den Staat als fremd, als nicht eigenen ansehen würde; politische Teilhabe gab es für sie nur bis zur Gemeindegrenze.

Polesien, örtlich. In die Gemeinderäte wählten die polesischen Bäuerinnen und Bauern durchaus Männer aus ihrer Mitte, mehrheitlich parteilose „Bauern" und „Ukrainer". Die durchschnittliche Wahlbeteiligung betrug allerdings unter 40 %.[76] Doch selbst die örtliche Selbstverwaltung wurde polonisiert. Waren in der untersten gewählten Einheit, der Gemeinde in den 1920er Jahren noch viele in Ämtern, die sich als Ukrainer, Belaruthenen oder Russen bezeichneten, so nahm dies in den 1930er Jahren immer mehr ab. Und dieses Phänomen gab es nicht nur in der Territorialverwaltung. „In der Verwaltung der Landgüter, in der staatlichen Verwaltung oder örtlichen Selbstverwaltung, bei Wald- und Straßenarbeiten, bei Meliorations- und Eisenbahnarbeiten – überall nahm eine Teilung [der Arbeit] gemäß des Grundsatzes die Form an: Kopfarbeit für Polen, physische Arbeit für die Hiesigen". „Beamte, Schreiber, Aufseher – das waren Herren-*(„pańskie")*-Aufgaben, die das Privileg

74 https://de.wikipedia.org/wiki/Wojewodschaftstag.

75 Samorząd terytorialny w II Rzeczypospolitej – zarys prawno-historyczny, Biuro analiz i dokumentacji. Zespół Analiz i Opracowań Tematycznych. Opracowania tematyczne, OT-638, Kancelaria Senatu, Warszawa 2015. https://www.senat.gov.pl/gfx/senat/pl/senatopracowania/134/plik/ot-638_internet_2.pdf, S. 10.

76 AAN 1183, Sign. 7, Blatt 65-66 mit den Ergebnissen der Gemeinderatswahlen nach Nationalität, Beruf, Bildung, Partei; erstellt 13.07.1927.

der Polen waren. Die Poleschuken machten die keine Ausbildung erforderliche ungelernte Arbeit („schwarze Arbeit"). Es blieb die traditionelle Ansicht erhalten, dass ein *mužik*, wenn er nicht an der Sichel oder bei dem Vieh war, nur ein „körperlich arbeitender Barfüßler" sein könne. Nicht nur blieb ein solcher Mensch außerhalb der Dorfverwaltung, sondern sogar außerhalb des Dorfrats. Außerhalb des Dorfes konnte der Poleschuk zwar etwas „höheres" als im Dorf werden, „aber kein Pan in der Behörde".[77]

Doch das Amt eines Gemeindevorstehers in der Gemeinde oder eines Schultheiß im Dorf war nicht gerade beliebt. Wie Werner Benecke[78] dargelegt hat, ließ Warschau im Lauf der 20 Jahre des Bestehens der Polnischen Republik zunehmend das Konnexitätsprinzip unbeachtet, bürdete den unteren Ebenen, zusammengefasst (aber unpräzise) Selbstverwaltung (*samorząd*) genannt, immer mehr ausgabenwirksame Pflichtaufgaben auf, ohne die entsprechenden finanziellen Mittel dazu bereit zu stellen. Und in Polesien schlug dies einmal mehr extremer zu Buch als anderswo: die Pflicht, die staatliche Polizei mitzufinanzieren, verschlang den Löwenanteil der sowieso immer zu geringen Menge an Budgetgeldern; Polesien wurde die einzige Wojewodschaft, in der hierfür mehr ausgegeben wurde als für die Elementarschulen.

Der BBWR als „unpolitische" Partei

Das „Unpolitische" der aus Warschau gelenkten Herrschaft der staatlichen Verwaltung und der Sicherheitsbehörden wurde seit 1928 noch verstärkt, als sich der polnische Staat und damit auch das politische Leben in den Regionen noch weiter entpolitisierte: Piłsudski gründete mit Politikern aus seinem Lager die Partei (wörtlich!:) „Unparteilicher Block zur Zusammenarbeit mit der Regierung" *(BBWR)*, eine meines Wissens nach europaweit vorbildlose Konstruktion einer Antiparteienpartei mit der Besonderheit, dass sie nicht (populistisch) die staatliche Verwaltung beschimpfte, sondern umgekehrt Verwaltungsleute in ihren „Block" hereinholte. In der Pro-*Sanacja* (besser: Pro-BBWR)-Presse in Polesien führte man denn auch, mit der Zeit immer häufiger, die Rede darüber, dass man kein politisches Geschrei wolle, sondern, dass fachliche und „menschliche" Kriterien eine Rolle spielen sollten:

„Die Listen des Blocks für Wirtschaftliche Zusammenarbeit wurden nicht im Hinblick auf Nationalität oder Partei gebildet." [...] „Ein Mitglied des Stadtrates sollte ehrlich, professionell oder durch lebendiges Zeugnis für wirtschaftliche Arbeit vorbereitet sein, das Wohl der Stadt immer über sein eigenes Interesse oder das der Gruppe stellen, aus der er kommt."[79]

Dieser Text über einen idealen kommunalpolitisch engagierten Menschen aus dem Spektrum des BBWR appellierte – ähnlich wie in der UdSSR – an die Ehrenhaftigkeit und sogar den Altruismus des gesellschaftlichen Geistes, und obendrein waren Fachkenntnisse gewünscht. Ich stelle mir die Frage, ob der BBWR einen Nerv traf. Gewiss konnte der BBWR als Antiparteienpartei eine vorhandene antiparteiliche Stimmung aufnehmen, aber

77 Dieser Absatz nach Obrębski 2007, S. 350.
78 Benecke 1999, S. 172.
79 AAN, Bestand 323/0, Akta Kazimierza Lewińskiego, Sign. 64, 1933–1934: Gazeta Poleska, Jg. 2, 10.06.1934 Nr. 24, S. 1.

ob durch solche Profilbeschreibung wirklich fachlich versierte, oder auch Menschen aus der einheimischen Landbevölkerung sich dabei angesprochen fühlten, bleibt zweifelhaft.

Der BBWR vertrat nicht nur eine technokratisch gemeinte Politik, sondern stellte eigentlich einen Griff der Staatsverwaltung und seiner GONGOs (*government-organized non-governmental organizations*; staatlich organisierte NGOs) nach der (eigentlich) politischen Sphäre dar. Dies wurde zu Piłsudskis Lebzeiten noch dadurch überdeckt, dass er persönlich und einige seiner Getreuen Vollblutpolitiker waren. Wurden die nationalen Minderheiten noch von politischen Politikern und militanten Kräften an den Rand gedrängt und sogar militärisch bekämpft, so wurde der innerpolnische Disput zwar seit 1926/1930 auch durch Massenverhaftungen und Einweisungen in Konzentrationslager, aber gleichfalls sehr wirksam durch eine zunächst schleichende, dann Fahrt aufnehmende Entpolitisierung und die Gründung des BBWR zu lösen versucht.

Nicht anders ging man an landwirtschaftliche Fragen heran: In der vorangegangenen Ausgabe der eben schon zitierten Wochenzeitung *Gazeta Poleska* hatte ein Artikel das Genossenschaftswesen (*spółdzielszość)* propagiert: Was man brauche, sei „eine geplante Arbeit" [sic!] in der Landwirtschaft, und dies wurde als Vorbereitung eben auch zu einer Tätigkeit in der Gemeinde angesehen.[80] Es waren dies Vorhaben und Appelle, die sich darin einfügten, mit der Antiparteienpartei eine Staatsverwaltung auszubauen, eben mit dem „Unparteilichen [!] Block zur Zusammenarbeit mit der Regierung" – eine dramatische, aber sehr erfolgreiche Idee. Der Block wurde in Polesien in den Sejmwahlen 1928 mit relativer und den Senatswahlen mit absoluter Mehrheit gewählt.[81]

Und da der BBWR keinen *politischen* Zusammenhalt hatte, konnte dessen Vorsitzender den Block auch in einem Federstrich wenige Monate nach Piłsudskis Tod auflösen – selbst ein *„Bezpartijny Blok"*, der nur „zur Zusammenarbeit mit der Regierung" gebildet worden war, galt noch dem Auflöser, dem erfolglosen Ministerpräsidenten und BBWR-Vorsitzenden Walery Sławek, als politischer Ballast.

Die Entparteilichung und Entpolitisierung führte man, wie oben schon angerissen, auch auf Parlamentsebene ein, indem zu der Sejm- und Senatswahl ab 1935 keine Parteien mehr kandidieren durften, sondern nur noch Einzelpersonen. In Vorwahlen wurden auf Listen Wahlmänner (in Polesien nicht dabei: Frauen) persönlich aufgestellt, wobei dann bei der eigentlichen Wahl nur noch unter diesen ausgewählt werden konnte.[82] Durch dieses Wahlverfahren wurde die Stellung des Wojewoden noch einmal gestärkt.

Bei dieser Gelegenheit flogen in Polesien übrigens die auf der Liste befindlichen Juden doch noch raus.[83] Parallel wurde, ebenfalls ähnlich wie in der Sowjetunion, mit einer kampagnenartigen Losung auf Seite 1 der Zeitung an die moralische Wahlpflicht erinnert: „Am 6. November wird jeder Bürger seine Pflicht erfüllen und durch die Abgabe seiner Stimme über die Wahl der Abgeordneten entscheiden".[84]

80 Ebenda, 03.06.1934, Nr. 23, S. 1.
81 Cichoracki 2014, S. 254-258.
82 für Polesien: Cichoracki 2014, S. 361-362.
83 Polesie. Tygodniowe Pismo społeczne, gospodarcze i kulturalne. Wydaje i odpowiada H[ieronim] Opitz, Rok 1 (25.09.1938), Nr. 4, S. 4-5.
84 Polesie. Tygodniowe Pismo, Rok 1 (09.10.1938), Nr. 6, S. 1; (16.10.1938), Nr. 7, S. 1.

Staatsangestellte. Bedeutete diese allgemeine Entpolitisierung von Gesellschaft und Staat nun, dass in Polen „Staatsdiener, verständnislos gegenüber sozialen Konflikten“[85] eine als Masse verstandene Gesellschaft verwalten oder nach angeblich objektiven Kriterien formen wollte? Dies ist aus mehreren Gründen nicht so gewesen, jedenfalls nicht so, wie man sich Staatsbeamte in Deutschland, im Russischen Reich, in Österreich oder auch in Frankreich oder Großbritannien vorstellte. Denn erstens war dieser Staat erst 1918 entstanden, – und ausgebildetes Verwaltungspersonal gab es vorwiegend aus Österreich-Ungarn, welches nicht alle Verwaltungsplätze abdecken konnte und (noch einmal in gesteigertem Maße bezüglich Polesien:) wollte. Zweitens waren viele Militärs in Verwaltungsbereichen weiter verwendet worden, sei es, weil sie angesichts einer demobilisierten, verkleinerten Armee eine neue Aufgabe suchten, sei es, weil sie zu alt waren, sei es, weil man sich durch Ex-Militärs eine stärkere Loyalität zum neuen polnischen Staat erhoffte als durch Nichtmilitärs. Letzteres sollte in den Augen der Akteure nicht nur aufgrund der militärischen Fähigkeit zum Unterordnen sichergestellt werden, sondern man ging auch emotional wie unemotional davon aus, dass Militärs, die im Feld ihre Bereitschaft bewiesen hatten, für die polnische Staatlichkeit zu bluten, auch in ihrer zivilen Verwaltungstätigkeit loyal bleiben würden.

Allerdings hatten die politischen Strategen bei solchen Überlegungen nicht solch selbstständige Wojewoden wie Kostek-Biernacki in Polesien oder Henryk Józewski in Wolhynien vor Augen, die eigene Agenden für ihre Wojewodschaften nicht nur entwarfen, sondern auch verfolgten.

Der Verwaltungsstaat in Polesien. Rhetorisch und zelebrisch blieb die Polnische Republik ein zwar von einer nationalen Idee, spätestens nach Piłsudskis Tod auch von einem Kult um dessen Person getragener, aber ansonsten recht farbloser schnöder Verwaltungsstaat, widerspricht sie doch der Heldenerzählung von erfolgreichen Aufständen, von Legionen und einem genialen Staatschef. An diese These muss man sich erst gewöhnen. Doch es gibt weitere Belege. Es fand in den 1930er Jahren zunehmend eine regelrechte Verwaltungshuberei statt.

Verschiedenste institutionalisierte wie auch institutionell nicht vorgesehene Zusammenkünfte unter Verwaltungsfachkräften und Vertretern von Wirtschaft, Armee und Banken suchten Konsens in wirtschaftlichen, sozialen und nationalen Fragen der Wojewodschaft. Zu einer „normalen periodischen Wojewodschafts-Versammlung“ lud der Wojewode am 10. Oktober 1933 beispielsweise 24 Vertreter verschiedener Organisationen ein, darunter den Präses des Finanzamts aus Brest, den Direktor des Staatswalds Białowież, den Schulbezirkskurator, einen Vertreter des IX. Armeekorps, den Direktor der Landwirtschaftsbank in Pinsk, den Direktor der Projektbüros für die Melioration Polesiens in Brest, den Vorsitzenden der Bezirksbodenverwaltung wie auch Vertreter aus Wilna, Radom, Lublin und Warschau ein,[86] nicht jedoch Vertreter von Parteien oder Religionsgemeinschaften. Solche nicht vorgeschriebenen Treffen mögen nicht vorhandene institutionalisierte, präzise definierte Planungs-, Bei- und Kontrollräte ersetzt haben. Vorbildlos waren sie nicht: Zusammenkünfte zwischen Vertretern verschiedenen Verwaltungsstellen, halbstaatlicher Organisationen

85 Blackbourn 2008, S. 125.
86 AAN 1183, Sign. 55/1-1b: Protokoł normalnego wojewódzkiego zebrania perjodycznego odbytego w dniu 19.X.1933r. w Brześciu n/Bugiem.

und von Dachorganen wirtschaftlicher und karikativer Vereine waren in Polesien schon in der späten Zarenzeit (1916) bekannt.[87]

Die Verwaltung und die Staatsbürger. Dennoch verstanden sich Verwaltung und Politik der Republik Polen als neuentstandenem Staat, so meine These, weiterhin im Vergleich zu den Nachbarstaaten in geringerem Ausmaß als Vertreter obrigkeitsstaatlicher Behörden, die Untertanen zu verwalten hatten. Während im Deutschen Reich und in Österreich zwar Konzepte der Massengesellschaft und empirische Tatsachen der Massenvergesellschaftung logischerweise auch eine Modernisierung der Verwaltungen beinhalteten, jedoch die Verwaltungskörper eine größere Kontinuität als die politischen Spitzeninstitutionen aufwiesen, war in Polen beides seit 1918/1919 erst aufzubauen. Dieser Vorgang war mit dem Konzept, oder doch der Idee, zumindest mit dem Schlagwort des *obywatelstwo* gegenwärtig, ins Deutsche kaum, am ehesten mit Staatsbürgerschaftlichkeit übersetzbar.

Das *obywatelstwo* war allerdings eine an die polnische Nationalität gebundene Idee. Insofern sah sich dieses Konzept in Provinzen wie Polesien der multinationalen Herausforderung gegenüber gestellt. Sollte das *obywatelstwo* für alle Einwohnerinnen und Einwohner gelten? Und wenn ja, sollten angesichts des Mehrwertigkeitsgefühls der Polen Maßnahmen zur Verbürgerschaftlichung *(uobywatelizacja)* der polesischen Bauernfamilien betrieben werden?

Heutzutage werden Diskussionen darüber geführt, ob Gleichberechtigung und faire Verteilungs-, Geschlechter-, Generationen-, Zugangsgerechtigkeit und überhaupt Teilhabe eines *„affirmative act"*s, einer „positiven Diskriminierung" bedarf, oder ob zu diesem Ziele die strikte Gleichbehandlung aller gleichberechtigten Bürger oder Einwohner der bessere, weil unbürokratischere, wenig Korruption versprechende und vor Allem der Individualität der Individuen gerecht werdende Weg ist.

In der Republik Polen hat niemand eine positive Diskriminierung[88] gefordert. Vielmehr muss man sich vergegenwärtigen, dass es allein schon in (theoretischen) Vorüberlegungen und Planungen wie auch im praktischen Alltag eines Ankämpfens gegen die vorgefundene ethnographische Infrastruktur bedurft hätte, um die Land- und Stadtbewohner Polesiens gleich zu behandeln wie die ethnischen Polen, da die orthodoxen Polesier, die Juden und die Polen immer noch in verschiedenen Welten lebten.

Es ging in der Polnischen Republik damals vielmehr um die Frage, ob die gesetzlich festgeschriebene *individuelle* Gleichberechtigung aller Staatsbürgerinnen und Staatsbürger (und eine Reihe von Einwohnern in den Ostwojewodschaften waren in der ersten Hälfte der 1920er Jahre noch keine Staatsbürger*innen!) belassen werden sollte („*Ein* Recht für alle"), welches auf der Ebene der Verfassung nur durch die formulierte Hervorhebung der katholischen Kirche (§114) beeinträchtigt war, oder ob es eine ausdrücklich diskriminierende Gesetzgebung z.B. gegenüber Juden geben solle, wie sie in getrennten Bänken in Bussen und Hochschulhörsälen zu Ende der 1930er Jahre tatsächlich verwirklicht wurde.

Welche waren die Reaktionen der Staatsbürger (in spe)? Wurden diese Verwaltungsstrukturen und ihre konkrete Ausprägung von dem Verhalten der Bevölkerung mitgeprägt? Nein, diese Frage ist falsch gestellt. Die von Warschau bestimmten Verwaltungsstrukturen

87 Siehe zum Beispiel in NIAB Bestand 295-1, Sign. 9030, Blatt 147.

88 Vgl. Martin, Terry Dean: The Affirmative Action Empire: Nations and Nationalism in the Soviet Union, 1923–1939, Ithaca, NY 2001, über die Sowjetunion als *affirmative action state*.

waren in allen Wojewodschaften dieselben, die Bevölkerung konnte darauf eigentlich nur reagieren.

Es wäre auch falsch anzunehmen, dass sich die polesische Landbevölkerung in den 1930er Jahren das „politischere“ Polen der 1920er Jahren zurückgewünscht hätte. Man hatte dort nämlich wenig von der politischen Freiheit geschnuppert, und vermisste ihr Fehlen kaum.

Marginalisierte Provinzpolitik wurde zu verwaltungsorientierter Provinzpolitik. Marginalisiert wurden die auch in Polesien in 25 verschiedenen gesellschaftlichen und politischen Organisationen und Parteien organisierten Juden, die polenweit in jedem folgenden Sejm weniger Abgeordnete stellten, sowie die dünne Schicht belaruthenischer, ukrainischer und sogar russischer politischer Aktivisten, die aus ihren Reihen aus Polesien 1922, 1928 und noch 1930 gewählte Abgeordnete in den Sejm geschickt hatten, dann aber ebenfalls politisch versenkt, wenn nicht physisch verhaftet wurden.

Auch unter den Juden mache ich in den 1930er Jahren eine gewisse Parteienverdrossenheit aus. Zunehmend wählten unter den genannten Umständen die Menschen in den Schteteln auch jüdische parteilose Vertreter in die Stadträte. In den Landgemeinden waren Ende der 1930er Jahre 20 der 52 jüdischen Gemeinderatsmitglieder parteilos, in den Städten und Schteteln 62 von 88 jüdischen Stadtratsmitgliedern[89] und zwar, wie die Sicherheitsabteilung der Wojewodschaft feststellte, ganz überwiegend solche, die dem – dem BBWR faktisch untergeordneten – „Jüdischen Klub des Staatsgedankens“ (*Żydowski Klub Myśli Państwowej*, ŻKMP) nahestanden, der von 1930 bis 1936 existierte. Diese Organisation umfasste 1500 nicht formal Organisierte und sammelte für ein Flugzeug unter der Losung „Die Juden Polesiens – der Armee Polens”. Aber die Sammlung war nicht erfolgreich, das Flugzeug wurde nicht gestiftet *(ufundowane)* – und seit 1935 entfaltete dieser Klub in Polesien keine Aktivität mehr.[90]

Schon zuvor hatte es jüdischerseits mit dem BBWR Zusammenarbeit gegeben, und der Lemberger Außenpolitiker Henryk Loewenherz[91] war Sejmabgeordneter und Senator bis 1934, anschließend ein Vertreter Polens in der Interparlamentarischen Union.[92] Die seit 1933 erschienene BBWR-nahe „Polesische Zeitung“ *(Gazeta Poleska)* brachte, in allerdings dosiert geringem Maße, Artikel über Aktivitäten beispielsweise des erwähnten „Jüdischen Klubs für Staatsgedanken“.[93]

Das galt auch für Ukrainer. Denn es gab auch ukrainische Vertreter im BBWR.[94] Gerade in den *kresy* war dieses bedingte Verseinen bei der Wahl 1928 sehr erfolgreich.[95]

89 AAN 1183, Sign. 53, Blatt 24.
90 AAN 1183, Sign. 53, Blatt 27-27verso.
91 https://pl.wikipedia.org/wiki/Henryk_Loewenherz, Mitglied des Präsidiums des BBWR 1929; https://pl.wikipedia.org/wiki/Bezpartyjny_Blok_Wsp%C3%B3%C5%82pracy_z_Rz%C4%85dem#/media/File:Prezydium_BBWR.jpg.
92 https://de.wikipedia.org/wiki/Interparlamentarische_Union
93 AAN, Bestand 323/0, Akta Kazimierza Lewińskiego, Sign. 64, 1933–1934: Gazeta Poleska, Rok 1, Nr 2, 29. Oktober 1933, S. 9; AAN, Bestand 323/0, Sign. 63 Kronika Łuniniecka. Tygodnik poświęcony sprawom społecznym i gospodarczym, 1933, Rok 1, Nr 18, 6 sierpnia 1933, S. 4.
94 Benecke 1999, S. 230.
95 Siehe Stimmanteile in den Wahlkreisen https://pl.wikipedia.org/wiki/Bezpartyjny_Blok_Wsp%C3%B3%C5%82pracy_z_Rz%C4%85dem#/media/File:Nonpartisan_Bloc_for_Cooperation_with_the_Government_results_in_the_Polish_legislative_election,_1928.PNG.

Insbesondere nach dem Pogrom von Brest 1937 mit Dutzenden von Verletzten[96] und nach der Auflösung des BBWR setzte die zunehmende Entfremdung zwischen Juden und Nichtjuden auch in diesem Milieu ein.[97] Sowohl die polesische Landbevölkerung als auch die Juden in den Städten und Schtetln konnten unter diesen Umständen in der zweiten Hälfte der 1930er Jahre nurmehr eine klassische, vormoderne Strategie zur Durchsetzung ihrer Interessen wählen, die sich nicht auf die Besetzung politischer Institutionen bezog. Unten dazu mehr.

Wesen und Auswirkungen der Verwaltungspolitik der Sanacja-Regierungen. Warum diese Befürwortung der Verwaltungsherrschaft zuungunsten von „Politik"? Zunächst galt diese „Politisierung" nicht nur der Territorialverwaltung als ein Mittel *gegen* Bürokratismen. Die *sanacja* wurde als eine Aufgabe begriffen, durch die ein Ruck auch durch die Verwaltung gehen solle: Der Sanacja-Mann T. Wid beschrieb für Polesien, – ein entsprechender Text ist auch auf Jiddisch vom BBWR veröffentlicht worden –, dass sich die Verwaltungstätigkeit nach dem Maiumsturz 1926 wesentlich gebessert habe. Die Administration würde nun mit „Exaktheit" arbeiten, der Typus des „reinen Ideen"-Beamten sterbe ebenso ab wie die Kompliziertheit und der Bürokratismus, die für die alte Art zu verwalten so charakteristisch gewesen seien, dass die polnische Herrschaftstechnik sich in einem Fluch des Volkes widergespiegelt hatte. Auch die polesische Selbstverwaltung sei vor dem „Mai" in Lethargie versunken, habe sich jetzt hingegen schöpferischer Arbeit zugewandt.[98] Die Leiter hätten früher nicht gerne gearbeitet: „Solch notwendige Investitionsleistungen *(prace inwestycyjne)* in den Ostgebieten, die die Entwicklung der Kultur und des guten Lebens *(dobrobytu)* beeinflussen, wurden nicht durchgeführt, wurden nicht einmal projektiert." Die jetzige Regierung hole dies auf der Ebene der Leiter nach. Dies habe in kurzer Zeit zu guten Ergebnissen geführt. Die neuen Starosten „sind junge Leute, voller Energie und Begehren nach schöpferischer Arbeit."[99] Als Beleg führte Wid an, dass jetzt Wege und Brücken gebaut wurden und das Schul- und Krankenhauswesen einen Aufschwung genommen habe. In der kurzen Zeit seien auch schon landwirtschaftliche Flächen melioriert worden.[100]

Die Vorstellung von einer Lenkbarkeit der wirtschaftlichen Tätigkeiten und sogar des guten Lebens war nichts spezifisch Polnisches oder Polesisches, man wollte dies ja beispielsweise auch in der UdSSR, in Deutschland vor und während der Nazizeit. Doch auch die Passivität der Verwaltung[101] war nicht nur hier in Polesien eine eingeübte Technik. Daher ist eher Wids übertriebene Schelte über die faulen Staatsangestellten in der Vor-Mai-Zeit glaubwürdig als das Lob über die Effektivität der Neueingestellten. Wir können aus dem Text vorerst nur die Erkenntnis ziehen, das man Faulheit der Staatsverwaltung als ein Problem ansah, als ein Hindernis auf den verschiedenen Modernisierungsvorhaben und In-

96 https://de.wikipedia.org/wiki/Pogrom_von_Brest_(1937).

97 Mehr bei Śleszyński, Wojciech: Zajścia antyżydowskie w Brześciu nad Bugiem 13 V 1937 roku. Białystok 2004; vgl. Michlic-Coren, Joanna: Anti-Jewish Violence in Poland 1918–1939 and 1945–1947. In: Polin. Studies in Polish Jewry 12 (2000), S. 34-61.

98 Wid, T.: Polesie w okresie rządów pomajowych, Brześć 1928, S. 9-10.

99 Ebenda.

100 Ebenda, S. 10-11.

101 Spittler, G.: Passivität statt sozialer Bewegung. Familiäre Subsistenzwirtschaft als Basis für defensive Strategien der Bauern und Passivität der Verwaltung, In: Soziale Bewegung in Entwicklungsländern, Baden-Baden 1983, S. 45-73.

terventionen. Hingegen wirkt die Erfolgsmeldung, dass sich alles verbessert habe, sehr propagandistisch. Die beklagte Faulheit mag auch eine der Begründungen dafür gewesen sein, dass die Stellung der Verwaltung und insbesondere des Wojewoden in mehreren Schritten ausgebaut wurden.[102]

GONGOs. Wie wir in den einzelnen Kapiteln noch sehen werden, wirkte der polnische Verwaltungsstaat auch mithilfe von GONGOs (Regierungsorientierte Nichtregierungsorganisationen). In den gedruckten wie ungedruckten Quellen traten diese wahrscheinlich stärker in Erscheinung als es ihrem tatsächlichen Gewicht entsprach, doch ist es wohl nicht übertrieben zu sagen, dass sich gerade in Polesien ein Überangebot an GONGOs gab, denn die Polen, besser: die katholischen Polen machten ja nur 10 Prozent der Bevölkerung aus. Die Vizevorsitzenden-, Kassenwarts-, Schriftführer- und Beisitzerposten konnten wohl besetzt werden, aber Hohn über die Vereinsmeierei blieb nicht aus.[103]

Denn es ging auch um Integration und Assimilation. Diese sollte in der Schule auch mit Hilfe von GONGOs erfolgen, beispielsweise dem (halb?)-säkularen Związek Strzelecki, oder einer Schulbau-Gesellschaft, die Geld einsammelte.[104] Doch die GONGOs hatten es nicht leicht. Wenig Enthusiasmus gab es in Polesien, den Bau und Betrieb von Schulen finanziell zu unterstützen. Auch sah längst nicht jeder ein, warum man in die vielen Organisationen eintreten solle. „Die Lehrerschaft muss viel Zeit verwenden, um Mitglieder für die „Gesellschaft zur Unterstützung des Baus öffentlicher Grundschulen“ *(TPBPSzP, Towarzystwa Popierania Budowy Powszechnych Szkół Publicznych)*,[105] für PwiWF, PR, LOPP,[106] Feuerwehren, Reservistenverband und viele andere zu werben.“ Diese Arbeit sei zeitraubend,

> „aber man kann nicht sagen, dass sie unfruchtbar war. [...] Heute fangen die Leute an zu verstehen, was der Schützenverband *(Związek Strzelecki)* und der Reservistenverband *(Związek Rezerwistów)* ist, was die kleinen Beiträge für das TPBPSzP bringen, welchen Nutzen das Dorf aus der Einrichtung eines Volkshauses *(dom ludowy)*, der [Organisationen wie] die Freiwillige Feuerwehr *(Ochotniczej Straży Pożarnej)*, P.R., Landwirtschaftszirkel usw. zieht,“

berichtete man im Grenzschutzkorps 1935.[107] War hier eine gehörige Portion Zweckoptimismus im Spiel?

Es ging den Modernisierern also um mehr als um das Absolvieren des Schulpensums. Und jeder gesellschaftliche Aktivist und Aufklärer „versteht, dass das Wort ohne die Tat schwach ist, und weiß darum, dass jeder Tat ein Wort vorangestellt werden muss.”[108]

---

102 Śleszyński, Wojciech: Województwo poleskie, Kraków 2014 mit Unterkapitel.
103 Mackiewicz, Józef: Okna zatkane szmatami, Londyn 2007, S. 130.
104 Obrębski 2007, S. 376.
105 siehe http://www.szynkielow.amr.pl/artykuly.php?artykul=75 (11.03.2018).
106 Liga Obrony Powietrznej i Przeciwgazowej, Liga für Luft- und Anti-Gas-Verteidigung, vergleichbar mit dem „Bundesverband für den Selbstschutz“.
107 AAN Bestand 2478, Sign. 9, 1935, Blatt 96.
108 Ebenda, S. 96verso.

Die beliebteste Organisation war in den grenznahen Orten (in Czuczewicze, Wielka Różana und Czudzin) der Schützenverband *(Związek Strzelecki)*,[109] was man damit erklären mag, dass dieser m.W. nicht dezidiert katholische Verband das Schießen lehrte.

Schon bald standen sich in und bei den Schulen die GONGOs gegenseitig auf den Füßen. All diese Organisationen halfen in den Augen des polnischen Staates, das Gute vom Schlechten zu trennen. Aber es waren zu viele Organisationen, wie schon Zeitgenossen vom Grenzschutzkorps 1935 vermerkten:

> „Die Anzahl und Vielfalt dieser Organisationen wirkt sich oft negativ auf die Errungenschaften *(zdobycie)* und Ergebnisse der Arbeit aus. Die Arbeit der Leiter und Lehrer in all den Organisationen ist verstreut und fragmentiert. Die Bevölkerung ist von all diesen Titeln (Bürger, Schütze, Feuerwehrmann, Mitglied) der Gesellschaften wie gelähmt und betäubt. Die Aktiven halten eine Reihe von Posten gleichzeitig inne (Schatzmeister, Sekretär, Vizepräsident usw.). Die Arbeit in so vielen und grundsätzlich verschiedenen Organisationen ist oberflächlich, eher verdirbt sie die Mitglieder als sie zu erziehen. Denn es ist schwierig, in mehreren Organisationen gleichzeitig effizient zu arbeiten."[110]

Der Lehrer war oft der Aktivste in all diesen Organisationen, ging bis ans Maximum seiner Kräfte.

Resümee GONGO. Genauso wie bei der Frage des Regionalismus, auf den der polnische Staat gar nicht einging und stattdessen einen Zentralverwaltungsstaat (ohne Zentralverwaltungswirtschaft) errichtete, so war es auch bei seinen NGOs: der Staat versuchte, den sprichwörtlichen „Freiheitsdrang des Polen" in ein Dutzend oder mehr Organisationen zu pressen, die formell oder informell, direkt oder indirekt von ihm abhängig waren. GONGOs, so scheint es durch, waren dabei noch nicht einmal ein Prinzip, das bewusst von anderen Staaten, wie zum Beispiel dem Deutschen oder Russischen Reich oder der Sowjetunion abgeguckt waren, sondern ein schon in den 1920er Jahren integraler Bestandteil staatlich-gesellschaftlichen Wirkens der Polnischen Republik. Der für das Russische Reich wie auch die polnische Nation so stark in der Historiographie beachtete (oder nur konstruierte?) Gegensatz Staat-Gesellschaft wurde mehr oder weniger erfolgreich mit diesen Organisationen überbrückt oder kanalisiert. Und, nebenbei, welche Organisation war eigentlich stärker vom (in diesem Falle:) polnischen Staat abhängig – eine gut subventionierte NGO oder aber eine staatliche Struktur in chronischer Finanzknappheit?

War nun dies in den ehemaligen Gebieten Österreich-Ungarns oder des Deutschen Reichs vielleicht erfolgreich, so wirkte es zumindest in Polesien teilweise lächerlich. Die kleine Minderheit der ethnischen Polen bekam Gelegenheit, die Ämter in diesen Vereinen und Verbänden zu bekleiden. Die Einheimischen bildeten auch hier das Fußvolk, wenn sie denn aus konfessionellen und/oder ethnischen Gründen zu solchen Aufgaben überhaupt zugelassen waren. Zu beachten ist dabei zudem, dass viele dieser Organisation erst ab Mittelschulniveau praktisch wirkten oder wirken wollten.

109 Ebenda, S. 97.
110 Ebenda, S. 97.

Welche Verwaltungen gab es?

Befassen wir uns nun nicht mit der politischen Funktion der Verwaltung, (also mit der Funktion der Verwaltung insofern, als sie in anderen Ländern von politischen Gremien wahrgenommen wurden), sondern mit dem Kern ihrer eigentlichen Aufgaben.

Die Wojewodschaftsverwaltung stellte weder ein durchgängiges Mehrliniensystem[111] dar, noch waren alle Verwaltungen auf Wojewodschaftsebene einfach gemäß dem Einliniensystem in ihrer Gesamtheit dem Innenministerium untergeordnet. Die Hauptebene arbeitete dem Innenministerium zu, doch unterhielten die Landwirtschaftsabteilungen der Wojewodschaften auch direkten Briefwechsel zum „Ministerium für Landwirtschaft und Staatsgüter“ *(Ministerstwo Rolnictwa i Dóbr Państwowych)*, ab August 1932 „Ministerium für Landwirtschaft und Agrarreform“ *(Ministerstwo Rolnictwa i Reformy Rolnej)*, die Bildungsabteilung verkehrte mit dem „Ministerium für Religionsbekenntnisse und öffentliche Bildung“ *(Ministerstwo Wyznań Religijnych i Oświecenia Publicznego)*, um die für dieses Buch zwei wichtigsten zu benennen. In Analogie zu der Bundesbahn und Bundespost der Bundesrepublik bis 1993 waren die Postämter und Bahnstationen indirekt oder direkt den entsprechenden Warschauer Hauptbehörden zugeordnet, ohne intermediäre Befugnisse der Wojewodschaftsverwaltungen. Dies galt, wie in den meisten Staaten, ebenfalls für die Sicherheitsstrukturen. Nicht nur Armee und der 1924 eingerichtete Grenzschutzkorps *(Korpus Ochrony Pogranicza, KOP)* waren ihren Oberkommandos in Warschau unterstellt; auch die Staatliche Polizei *(Policja państwowa)* empfing ihre Befehle aus Warschau, nicht aus der Wojewodschaftshauptstadt Brest.

Für die Gerichte galt dasselbe.

Die territoriale Zuständigkeit Unterer Behörden und von Unterabteilungen von einigen Ministerien deckten sich nicht mit den Wojewodschaftsgrenzen. Für Polesien zuständig waren z.B. die Krakauer Abteilung der Hohen Bergbauverwaltung, die Bezirksverwaltungen der Staatswälder in den Ostgebieten *(Ziemie Wschodnie)*, die Bezirksinspektoren für Arbeit in Białystok und die Bezirksverwaltung für Post und Telegraf in den Ostgebieten in Wilna.[112]

Verwaltung und Adel

Wie war das Verhältnis der Staatsverwaltung zu dem Adel, zu den traditionellen „Grundherrschern“ in Polesien? Das Wort *„Pan“* war in Zentral- und Westpolen inzwischen zu einer allgemeinen Anrede arriviert, auch wenn viele Polen sich noch mit der Siezform der 2. Person plural, also mit *„Wy“* anredeten,[113] statt die Wendung mit 3. Person Sg. Mit *„Pan/Pani“* zu benutzen. In den *kresy* hingegen wies *Pan* nicht nur Konnotationen mit dem Polentum, sondern auch mit den adligen „Herrschaften“ (*Państwo*), dem polnischen Staat (*Państwo*), oder, noch fataler, mit der Leibeigenschaft (*Pańszczyzna*) auf.

111 https://de.wikipedia.org/wiki/Linienorganisation#Mehrliniensystem. Vgl. https://pl.wikipedia.org/wiki/Struktura_liniowa.

112 Rižskij mir v sud'be belorusskogo naroda, kniga 1, 2014, S. 239.

113 Walczewska, Sławomira: Damen, Ritter und Feministinnen. Zum Frauenrechtsdiskurs in Polen, Wiesbaden 2015, S. 94.

Subalterne redeten nicht oder doch. Auch der Adel schwieg und redete. Der Adel in den *kresy* war es nicht gewohnt, im Handgemenge der modernen, parlamentarischen, volkssouveränen Politik offen mitzumischen und hielt sich von *diesem* schmutzigen Geschäft in der Regel fern. Nicht nur in der Hinsicht auf die Landreform, auch überhaupt war es der Adel – wahrscheinlich noch aus der Zeit des Russischen Reichs –, in diesem Teil der Polnischen Republik nicht gewohnt, seine politischen Forderungen laut zu stellen. Hier gab es eine Übereinstimmung mit dem Vorgehen der Bauernfamilien: wie diese konnte der Adel in bestimmten Situationen sehr offensiv seine Interessen vertreten, konnte aber mit der bürgerlichen Öffentlichkeit[114] (Pressewesen, allgemein, gleich, geheim, frei gewählte Parlamente) wenig anfangen.

Der polesische Wojewode stellte am 1. August 1923 fest, dass der polnische Adel zur Befriedung Polesiens beitragen könne, „jedoch in seinen alltäglichen Sorgen über diesen Zustand gleichgültig" sei. Doch sei es

> „unzweifelhaft, dass eine Zusammenarbeit der Militärsiedler und des Adels mit den Staatsorganen auf dem Wege der Festigung des polnischen Staatlichkeit in Polesien einen reichhaltigen Ertrag ergeben würde und einen Grenzkordon der Bevölkerung Polesiens gegenüber allem erschaffen könne, was die (Krankheits-)Erreger des Kommunismus, der staatsfeindlichen Agitation und umstürzlerischer Handlungen in sich trage."[115]

Doch dazu waren die Adligen in der Regel nicht bereit. Der Adel wollte seine führende Rolle aus der Zeit des Großfürstentums Litauen wiedererlangen, aber diese hatte er im Russländischen Reich verloren, und die „befreiten" Bauern ließen nun eine Rückkehr dorthin nicht mehr zu. Ohnehin hatte die Republik Polen alle Standesbeschränkungen aufgehoben. Der Adel verstand in der Regel nicht die Zeichen der Zeit. Einige Ausnahmen, wie die der Gräfin Józefa Potocka, die bei Pinsk dem ZCZW ein großes Gebiet zur Parzellierung anbot, gab es aber auch.[116]

Doch hatte der Adel für die Staatsraison der Republik einen wichtigen Vorteil: er war polnisch. Der Adel brauchte daher eigentlich politisch nicht aktiv zu werden, solange sein Besitz nicht angetastet wurde und er bei Geldnot Grundstücke zu Marktpreisen oder sogar hohe Entschädigung bei Enteignungen verkaufen konnte. Dabei verkauften Adlige eher große Landstücke gegen Geld, übrigens auch an Juden, statt kleinteilig an polesische Bauern. Denn der Adel scheute traditionell einen geschäftlichen Kontakt mit dem Plebs, und zudem vermied man Verwaltungsaufwand dadurch, dass man große Stücke verpachtete oder verkaufte.

Es gab in den *kresy*, auch in Polesien, durchaus Adlige, die sich um das Gesamtwohl ihres Vaterlands aktiv kümmerten und im populär bis populistisch konzipierten BBWR mitwirkten. Da war beispielsweise Roman Skirmunt mit seinem Hof und seiner Fabrik bei Pinsk, der die aktivste Phase seiner politischen Tätigkeit zur Zeit der Gründung der BNR[117]

---

114 Zum Unterschied offensiv versus öffentlich siehe Siebert 1998a, S. 15.
115 1. August 1923; Wojewode, In: AAN Bestand 1183, Blatt 73.
116 Śleszyński 2014, S. 24.
117 siehe oben, Unterkapitel „Ethnisierung als „Nacional'nost'" – die Karriere eines Begriffs".

schon hinter sich hatte, und später als polesischer Senator des BBWR[118] wenig Aktivität entfaltete.[119] Sein Verwandter Konstanty Skirmunt war sogar kurzzeitig Außenminister.

Sehr unterschiedlich wirkten auch die Sprösslinge der weitverzweigten Magnatenfamilie Radziwiłł. Janusz Franciszek Radziwiłł war Abgeordneter für den BBWR, später Senator, mit dem Schwerpunkt der Staat-Kirchen-Beziehungen. Er kritisierte die Einschüchterung und brutale Unterdrückung der Opposition im Brester Prozess, das in Polesien beheimatete Straflager in Bjaroza-Kartuzskaja (Bereza-Kartuska) und die Schärfe der Zensur in den 1930er Jahren. Ein anderer Radziwiłł der Davyd-Haradok-Ordination im Landkreis Stolin hingegen galt als Naturschützer (siehe unten).

Wieder einen anderen Typus eines Adligen, eines Angehörigen der *szlachta*, repräsentierte Franciszek Wysłouch. Dieser hatte laut den eigenen Aussagen in seinen Episodenerzählungen wenig Berührungsängste mit den „Poleschuken“, bezeichnete sich zuweilen selbst als einen, sah dies fast als einen Ehrentitel an.[120]

Die in der zeitgenössischen Öffentlichkeit bekannteste „Staatsaktivität“ des Adels stellte das Treffen Piłsudskis etwa fünf Monate nach seinem Staatsreich mit dem Hochadel in Njasviž (*Nieśwież*) dar.[121] Gastgeber war Janusz Franciszek Radziwiłł. Unter den Kreisen des Adels, der zuvor Piłsudski als verlorenen Sohn angesehen hatte und mit mehr als nur Misstrauen begegnet war, bildeten sich spätestens bei diesem Schulterschluss Pro-Piłsudski-Strömungen heraus, vertreten unter anderem durch Zdzisław Lubomirski und Eustachy Sapieha. Die zentrale Rolle spielte der Chefredakteur des Vilniuser „Słowo”, Stanisław „Cat” Mackiewicz. Der Adel war also aufgerufen, aktiv an der Ausgestaltung des *Sanacja*-Regimes mitzuwirken.

Verwaltung und Juden

Zu den Entscheider-Posten der Staatsverwaltung wurden Juden de facto kaum zugelassen. Aus dem Militär waren sie 1920 sogar ausdrücklich entlassen worden.

Dennoch wurde es in der Zeitschrift *Polesie* 1938 so dargestellt, als seien sehr viele, jedenfalls für den Geschmack des Autors zu viele Juden in der Stadtverwaltung in Brest tätig; allerdings wurde dies in der kommenden Ausgabe dementiert.[122] Wie im nationalsozialistischen Deutschland begann man auch in Polen und Polesien in der zweiten Hälfte der 1930er Jahre überall Juden zu sehen, auch dort, wo es sie gar nicht gab.

Dass der BBWR hingegen für Juden offen war, ist oben beschrieben. Diese bald nach Piłsudskis Tod am 30. Oktober 1935 aufgelöste Antiparteienpartei war grundsätzlich nach der Devise „Wer nicht gegen uns ist, ist für uns“ aufgebaut. Im Gegensatz dazu war dann der ein Jahr und vier Monate später, im Februar 1937 etablierte OZN (OZON)[123] ausdrücklich antisemitisch:

---

118 https://be.wikipedia.org/wiki/Раман_Аляксандравіч_Скірмунт#У_міжваеннай_Польшчы_(1921 – 1939).
119 Smaljančuk, Ales': Raman Skirmunt, 1868–1939. Žyccjapis hramadzjanina kraju, Minsk 2018.
120 Wysłouch, Franciszek: Opowiadania poleskie, [^{2}1994], hier nach Łomianki o.J., S. 14.
121 http://www.rp.pl/Historia/310249891-Nieswiez-Jak-Jozef-Pilsudski-wzmacnial-prawa-noge.html.
122 Polesie. Tygodniowe Pismo społeczne, gospodarcze i kulturalne, Rok 1, Nr.4 25.09.1938, S. 5 mit Entgegnung Nr. 6 09.10.1938, S. 5.
123 https://pl.wikipedia.org/wiki/Ob%C3%B3z_Zjednoczenia_Narodowego.

„Eine besonders verlockende, den Nationaldemokraten entrissene Beute des OZON war der Antisemitismus. Die Vorgeschichte des OZON, die Legionen, und die POW, aber auch der BBWR überlieferten keine derartigen Tradition. Doch sah man den Antisemitismus als ein so prächtiges Instrument für das Verbleiben an der Macht, daß das OZON den Nationaldemokraten ganz einfach die Urheberschaft dieser Idee zu bestreiten begann. Mit Recht waren diese verärgert."[124]

Es ist vielleicht kein Zufall, dass nach der Auflösung des BBWR und der OZN-Gründung der Pogrom in der schnell angewachsenen Provinzhauptstadt Brest am 13. Mai 1937 stattfand. Nachdem ein jüdischer Fleischverkäufer einen Polizisten getötet hatte, brach sich der Mob Bahn, schädigte und verwüstete Geschäfte, zog Handwerkstätten in Mitleidenschaft. Die Verwaltung und die Sicherheitsbehörden waren untätig geblieben. Es gab Dutzende Verletzte.[125]

Zusammenfassung: Othering der einheimischen Polesier als Ursache und Folge für fremdgebliebene zentral gesteuerte Verwaltungen

Die Polnische Republik war als Zentralstaat konzipiert. Auf der regionalen Ebene gab es keine Legislative. Dies und nicht nur dies führte zu einer Konzentration der Macht in Warschau und in den Territorial- und anderen Verwaltungen. Diese Tatsache wurde wiederum durch den Vorgang verstärkt, dass sich die nichtoppositionellen, also maßgeblichen politischen Kräfte ab 1928 in der scheinbar unpolitischen Partei BBWR konzentrierten und eine angeblich fachorientierte, aber oft inhaltslose Politik betrieben, die sich nicht scheute, auch sehr repressiv zu sein. Wie in der Vormoderne haben daher die Bauernfamilien Polesiens, die die sehr große Mehrheit Westpolesiens stellten, nur auf der Dorf- und Gemeinde-*(gmina-)*Ebene mitentscheiden können, aber selbst dort fehlten Geldmittel zur Umsetzung von Maßnahmen. Nicht nur Polizei, andere Sicherheitsstrukturen und Justiz, sondern auch die zivilen staatlichen Verwaltungen wurden wie in der Vormoderne von ihnen zu Recht als von außen kommend und außen bleibend angesehen.

Soziale Mobilität in Staatsverwaltungen und Unternehmen (Eisenbahn, Post, Sparkasse) blieb, falls man überhaupt staatliche Stellen bekleiden konnte, in dem Bereich einfacher Arbeiten stecken. Die Juden als relative oder absolute Mehrheitsbevölkerung in Stadt und Schteteln durften nach einem ungeschriebenen Gesetz ebenfalls keine hohen Posten in den Wojewodschaftsverwaltungen und bei der Eisenbahn bekleiden. Etwas besser sah es in den Stadträten und -verwaltungen aus, z.B. in Pinsk 1927: Einen jüdischen Stadtratsvorsitzenden hätte es unter dem Zaren nicht gegeben.

Ein *social engineering* in Form einer Inklusion, einer Verseinung in den engeren staatlichen Bereich war also nicht vorgesehen. Eher erfolgten Interventionen durch Akquise von galizischen oder anderen zentralpolnischen Polen als Landrat, als dass man jemanden von den Einheimischen dafür herangezogen hätte. Nur wenige beklagten diesen Zustand fortgesetzter, in Bezug auf die Juden sogar forcierter Antagonisierung und schroffer Diskriminie-

124 Pragier, Adam: Das Klima im Lande, In: Staemmler, Klaus: Polen. Geschichte u. Gegenwart in Berichten u. Dokumenten, Würzburg 1975, S. 169-171, hier S. 170.

125 Vgl. https://de.wikipedia.org/wiki/Pogrom_von_Brest_(1937).

rung. Diese Zustände machten Pogromstimmungen und den tatsächlichen Pogrom in Brest von 1937 möglich.

Auch wenn die besagte Behauptung gestimmt haben sollte, dass energische, gutmotivierte, junge Verwaltungsangestellte in Polesien etwas erreicht haben, so blieb ein nicht ohne Grund vorhandenes Misstrauen der Dorfbewohner aus der Zarenzeit verbreitet. Auch die reformfreudigen Mitarbeiter der in Polesien erst 1911[126] eingerichteten *Zemstva* waren ja mit dieser Einstellung gegenüber der Staatsverwaltung konfrontiert. Und dies änderte sich nach 1921 nicht gegenüber einer anderssprachigen und anderskonfessionell geprägten Verwaltung.

Als Beleg soll ein Beispiel dienen, das Marian Hepke überliefert hat, meines Wissens der erste Deutsche, der einen (kleinen) Reisebericht über Polesien 1934 veröffentlicht hat. Im „Verhältnis der Bevölkerung zu den Behörden" beobachtete er, dass man gegenüber Polizeibeamten „ergeben und unterwürfig" sei; allerdings: „Die Weißrussen sollen aber überall in den Dörfern ihre Vertrauensleute haben". Von eigentlichen „Zellen" könne jedoch nicht gesprochen werden. Schwierigkeiten entstünden aus Sicht des Reisenden mit seinem „unparteiischem Auge" dadurch, dass sich erstens die „Bewohner" aufgrund ihrer „östlichen Einstellung" „durch den Beamten in ihrer Ruhe und Beschaulichkeit gestört" sehen; und sie würden zweitens „aus der nicht immer [...] genügenden Qualifikation der Beamten, besonders der unteren Beamtenschaft" resultieren. Höhere Beamte fragten demnach teilweise in Muttersprache die Bevölkerung nach deren Sorgen und Nöten; ein „unterer Beamter" hingegen „versteht es wahrscheinlich nicht immer, den Leuten Sinn und Bedeutung einer behördlichen Anordnung klarzumachen".[127] Was bei einer Stippvisite zu dem deutschen Reisenden gedrungen ist, wird von diesem zwar vorschnell generalisiert, aber dass Verwaltung und Verwaltete einen schwierigen Umgang miteinander hatten, wird überdeutlich.

Der Politiker Juliusz Poniatowski versuchte seine Gesprächspartner 1936 in einer wissenschaftlich-politischen Diskussion davon zu überzeugen, dass man das Verhältnis der polesischen Landbevölkerung zur staatlichen Verwaltung nicht generalisieren solle. Es gebe nicht nur Abneigung zur oder sogar Hass auf die Verwaltung, sondern es werde auch anerkannt, dass die Verwaltung ihren Job mache.[128] Eine weitere Beobachtung Poniatowskis: Die Leute hätten nichts gegen Strafen, wollen aber eine *gerechte* Strafe. Gerade einfache archaische Gesellschaften wiesen diesem Politiker zufolge ein sehr empfindliches Gerechtigkeitsbewusstsein auf. Dass man die Verwaltung nicht nur als Feind sehe, könne man, so Poniatowski, auch daran messen, dass es viele Eingaben in die Verwaltung gebe.

Entwickelten die Staatsangestellten einen Behördengeist, oder klüngelten und mangelten sie mit den hiesigen Untertanen? Die „Poleschuken" wurden als fremde Primitive dargestellt, von denen ja sowieso nichts zu holen war. Insofern werden die Staatsangestellten in Polesien als teilweise Ortsfremde eher einen Behördengeist entwickelt haben als z.B. in Warschau oder Krakau, zumal sie in Polesien in ihrer Freizeit im selben Verein waren.

126 https://ru.wikipedia.org/wiki/Закон_о_земстве_в_западных_губерниях (siehe oben).
127 Hepke, Marian: Polesische Reise. Bilder von einer Fahrt durch Europas größtes Sumpfgebiet, 3. Auflage, Bromberg 1934, S. 17.
128 Laut Obrębski 2007, S. 320.

4.3 Ungeplante Repatriierung und Geburtenüberschuss als Ohnmacht statt Intervention

Klassische Volkswirtschaftsgeschichten beginnen nicht selten mit der Bevölkerungsentwicklung.[129] Ob man dies mag oder nicht, in Westpolesien unterlagen für die die wirtschaftliche und gesellschaftliche Entwicklung stets bedeutenden und immer noch unterschätzten Faktoren der Geburtlichkeit,[130] Sterblichkeit, Einwanderung und Auswanderung vom Ersten Weltkrieg an in solch starkem Maße den politisch-militärischen Entwicklungen, dass sich Interventionsstrategien ohne diese nicht verstehen lassen. Deshalb muss zur Erklärung wirtschaftlicher, gesellschaftlicher und politischer Fragen Polesiens mehr gesagt werden als die lapidare Feststellung, dies sei eine dünn bevölkerte Region gewesen und geblieben, eine Rede, die besonders dann immer angeführt wurde, wenn Polesien als archaisch und daher statisch und nur „naturräumlich“ angesehen wurde. Die Jahre 1921 bis 1939 wurden in dieser Sache also bezüglich Polesien bewusst oder unbewusst als ein Block angesehen, in dem sich zwar allerhand abspielte, man aber die Bevölkerungsentwicklung außer acht lassen könne.

Die Repatriierung und der Geburtenüberschuss

Immer mehr Menschen in Polesien. Zumindest zwei Faktoren sorgten für eine beträchtliche Erhöhung der Bevölkerungszahl. Sie stieg bis 1924 durch Rückwanderung und bis 1939 durch einen Geburtenüberschuss an. Diese beiden Faktoren summierten sich zu dem größten Bevölkerungszuwachs aller Wojewodschaften in der am wenigsten urbanisierten Region Polens von 1921 bis 1939.

Insgesamt gab es einen Zuwachs in den vier Wojewodschaften Vilnius, Navahrudak, Polesien und Wolhynien um 28 % in der Zeit von 1924 bis 1928.[131] Die Bevölkerung nahm in den „nichtpolnischen“ Ostgebieten stärker zu als in den westlichen Wojewodschaften Polens[132] und in den Städten weniger als auf dem Lande.

Im Dezember 1919 lebten in der Wojewodschaft Polesien (ohne die Kreise Kašyrsk und Sarny) 553.283 Menschen[133], im Jahr 1921 bereits in 126.251 Gebäuden auf dem Lande und 18.794 Wohngebäuden in den Städten 880.898 Menschen einschließlich den beiden genannten Kreise, ohne diese beiden Kreise waren es 676.045.[134] 1931 verzeichneten die Volkszähler bereits 1.131.939 Einwohner. Dies bedeutete, dass die Bevölkerung von 1919 bis 1921 um 22,2 % gewachsen war, und von 1921 bis 1931 noch einmal um 28,5 %. Polesien hatte auch 1938 noch die höchste Geburtenrate (30 Neugeborene auf 1.000 Einwohner

129 Henning, Friedrich-Wilhelm: Das industrialisierte Deutschland 1914–1978, 5. Auflage 1979, S. 14-16.

130 Von mir, D.S., trivialisierter, einst von Hannah Arendt in die philosophische Debatte eingeführter Begriff.

131 Benecke 1999, S. 116.

132 Horoszkiewicz 1934, In: AAN Bestand 2675/09/4.

133 Cichoracki 2014, S. 18.

134 Cichoracki 2014, S. 21. (=880898-146250-58603). Skorowidz 1924, S. Übersichtsblatt „Tablica Wojewódzka“ [ohne Paginierung].

je Jahr) und den höchsten natürlichen Bevölkerungszuwachs (16 auf 1.000 Einwohner) aller Wojewodschaften.[135]

Der Vollständigkeit halber zu erwähnen wäre auch die zahlenmäßig allerdings geringe Einwanderung aus dem Westen, also aus Zentralpolen – dies waren Verwaltungsangestellte, zum Teil auch Teil landwirtschaftliche Siedler, von denen unten ausführlich die Rede sein wird.[136] Stärker war die Bewegung in die umgekehrte Richtung. Eine nennenswerte Anzahl von Menschen wanderte bis nach Nord- und Südamerika aus.[137] Aber weder Aus- noch Binnenwanderung konnte das Wachstum der Bevölkerungszahl in den 1930er Jahren ausgleichen, denn die mit hoher Arbeitslosigkeit einhergehende wirtschaftliche Depression gab es auch in den entwickelten Industrieländern, und in die UdSSR wollte jetzt angesichts der brutalen Kollektivierung und der Hungersnot niemand mehr auswandern. In Polen selbst dauerte die Depression sogar länger an als in anderen Staaten, so dass zeitweise eher Menschen aus der Stadt aufs Land gingen als umgekehrt.[138]

Die Repatriierung

Seit der Gründung der Polnischen Republik war nicht nur die vielbeachtete Frage der Grenzen zu den Nachbarn, sondern auch die Repatriierungsfrage ein viele Menschen auch ganz persönlich betreffendes Politikum: Menschen, die während des Ersten Weltkriegs geflüchtet oder evakuiert worden waren, hatten das Recht auf Rückkehr in die zentralpolnischen, nach dem Frieden von Riga 1921 auch die östlichen Gebiete der Polnischen Republik.

Wer war zuvor evakuiert worden? Die Behörden des Russischen Reichs hatten aus den heute westbelaruthenischen Gebieten vornehmlich die orthodoxe Bevölkerung evakuiert, insgesamt anderthalb Millionen Menschen[139] und auch die Mittelmächte hatten ja zumindest in den Schteteln vorwiegend die orthodoxe Bevölkerung weggeschafft. Daher betraf die eventuelle Repatriierung auch diese vorwiegend.[140] Doch auch die Juden waren ja vor den anrückenden Truppen der Mittelmächte 1915 teilweise evakuiert worden.

In der Zeit von 1919 bis 1923 wurden in die nordöstlichen Gebiete des polnischen Staates über 700.000 Menschen repatriiert, die während des Ersten Weltkriegs von dort geflohen waren.[141]

1917/1918. Das von den Mittelmächten ausgerufene Königreich Polen unternahm erste Repatriierungsaktivitäten seit 1917/1918.[142] Eine Vertretung des „Regentschaftsrats des Königreichs Polen in Russland“ *(Przedstawicielstwo Rady Regencyjnej Królestwa Polskiego w Rosji)* konnte in Petrograd wie auch in Moskau eingerichtet werden, weil sowohl die Provisorische Regierung als auch die Sowjets dekretiert oder zumindest betont hatten, dass Po-

135 Mały rocznik statystyczny Rok 10 (1939), Warszawa 1939, S. 42.
136 Vgl. Siebert 1990, S. 154.
137 In den Nordostwojewodschaften 100.000 bis 120.000 Menschen; Historyja belaruskaj dzjaržaŭnasci ŭ kancy XVIII - pačatku XIX st.: u dzvjuch knihach, kniha 1, Minsk 2011, S. 569; vgl. Razuvanava, K.S.: Belaruski Instytut Haspadarki i Kul'tury ŭ Zachodnjaj Belarusi (1926–1936 hh.), Minsk 2013, S. 43.
138 Benecke 1999, S. 116-117.
139 Mironowicz 2007, S. 29-31.
140 Cichoracki, Piotr: Polonisation Projects for Polesia and their Delivery in 1921–1939, In: Acta Poloniae Historica 109, 2014, S. 61–79, hier S. 64.
141 Kascjuk, Michail P. (hg.): Historyja Belarusi, 5 Bände (Minsk 2005–2008), Band V, S. 379.
142 Vgl. AAN Bestand 509 Przedstawicielstwo Rady Regencyjnej Królestwa Polskiego w Rosji.

len ein unabhängiger Staat oder doch ein Gebiet mit starker Eigenständigkeit werden könne. Der ohnehin nur von März bis November 1918 gültige Friedensvertrag von Brest-Litovsk bestand in dieser Hinsicht nur auf dem Papier, weil die vertraglich vereinbarte Grenze zwischen den Einflussgebieten des Deutschen Kaiserreichs und den Sowjetgebieten aufgrund der deutschen Besetzung nicht existierte (siehe oben).

Die Auslandsvertretungen des Regentschaftsrats des „Königreichs Polen“ verwendeten sich konkret für die Rückkehr der sich in den Weiten Russlands und der Ukraine befindenden Polen. Die Rückführung von Polinnen und Polen nach Polen war eine schwierige, aber ungemein praktische Aufgabe des Königreichs, über welches nach November 1918 ja niemand mehr sprach. Die Repatriierungen aus dem Russischen Reich erfolgten ab März 1918 über das allgegenwärtige Ober Ost.

Die Vertretung ging 1918 davon aus, dass über 1.150.000 Personen rückwandern wollten. Da jeden Tag nur die Rückkehr von bis zu 10.000 Personen bewältigt werden könne, müsse man mit einer Dauer von 5 bis 6 Monaten rechnen, bis die 12 Gouvernementskomitees, unterteilt in 84 Kreiskomitees (*powiat*-Komitees), ihre Arbeit erfüllt hätten.[143] Doch eine Instruktion über „das Recht der Rückkehr ins Land“ der Rada Regencyjna legte in §1 fest, dass zur Rückkehr das Recht habe, wer in den „10 polnischen Gouvernements geboren“, „wer von dem Augenblick des Ausbruchs der Kriegs, sei es freiwillig, sei es nicht freiwillig, nach Russland gelangt ist, sowie auch diejenigen, die über lange Zeit in Russland gelebt haben, ebenso [solche], die sich als Polen betrachten und betrachtet werden und die gegenwärtig ins Land (*kraj*) zurückzukehren wünschen.“ Es ist nicht festzustellen, wie viele von der letztgenannten Gruppe einen „Repatriierungs-“-Wunsch nach Polen hatten, geschweige denn, wie viele unter ihnen aus Polesien kamen. §2 sah vor, dass „Mittelsmänner und Spekulanten nicht über ein Recht zum Einreisen in das Königreich vor dem endgültigen Ende (Beseitigung) des Krieges“ verfügen sollten.[144] Zur Abwicklung wurden „Sammelpunkte in Konzentrationslagern“ eingerichtet. Die deutschländischen Behörden wandten sich an die polnischen mit dem Vorschlag, je einen „Sekretär der Reemigrationsabteilung“ nicht nur zu den großen Sammelpunkten zu entsenden, deren größter sich offenbar in Pskov befand, sondern auch zu kleineren „Durchgangslagern“, darunter nach Pinsk und Brest, wie auch nach Holoby (Hołoby) bei Luck, am Rande des ukrainischen Polesien.[145] Solche Kontrollpunkte gab es im April 1918 sogar im Rajon Smolensk.[146] Dies bedeutete, dass die Vertreter des Deutschen Reichs sich keine Mühe gegeben haben, die Rückkehr nur in die westlich der ja noch gültigen Grenzlinie gemäß dem Vertrag von Brest-Litovsk liegenden Orte zu gestatten, also wenigstens insofern diesen Vertrag einzuhalten.

Nach Polen zurückkehren konnten „Grundbesitzer, landwirtschaftliche Arbeiter, Ärzte, Tierärzte, Techniker, Beamte und Personal aus Schulen, Internaten und Findelhäusern“,[147] nicht jedoch Studenten, wie das deutschländische Generalkonsulat am 8. August 1918 fest-

143 AAN Bestand 509-0, Sign. 6, Blatt137, Przedstawicielstwo Rady Regencyjnej Królestwa Polskiego w Rosji. 1914–1918. 1: Komisja Likwidacyjna do Spraw Królestwa Polskiego, Narada Ekonomiczna i Polska Narada Ekonomiczna; 1918 [Powrót Polaków do kraju. Działalność Centralnego Urzędu Reemigracyjnego. Raporty, wykazy, protokół, depesze, korespondencja.], Blatt 3-4.

144 AAN Bestand 509-0, Sign. 6, Blatt137, Blatt 46.

145 AAN Bestand 509-0, Sign. 6, Blatt 137, Blatt 48.

146 AAN Bestand 509-0, Sign. 6, Blatt 138, ebenda, Blatt 7-8.

147 AAN Bestand 509-0, Sign. 6, Blatt 137, Blatt 83.

legte.[148] Die deutschländischen zivilen und militärischen Behörden bestimmten also, wer durchkommen sollte:

> „Die politische Filtration wird in solchen Fällen durch die deutschen Behörden erst in den Conzentrationslagern des Occupationsgebietes vorgenommen, von wo alle politisch unerwünschten Elemente, insbesondere aber der bolschewistischen Partei angehörende oder ihr nahestehende Persönlichkeiten nach Russland zurückgesandt werden."[149]

Ebenfalls erörtert wurde, ob Invaliden zurückkehren durften.[150] Es wird deutlich, dass das Deutsche Kaiserreich kurz vor seinem Bankrott das vorgesehene Königreich Polen ganz im Stile von Ober Ost dermaßen reglementieren wollte, dass dieses nicht einmal seine Untertanen auf sein Territorium lassen durfte. Zu groß war die Angst vor Ereignissen wie in Russland. Es ist mir unklar, ob die Behörden des Deutschen Reichs einen Gedanken darauf verschwendet haben, dass sie damit selbst wohlgesonnene polnische Politiker abgeschreckt haben.

Und Ober Ost eröffnete im August 1918 sogar eine eigene Vertretung in Moskau.[151] Dieser Nebenstaat Deutschlands[152] fand auch Begründungen dafür, bis zum 20. Oktober „zeitweilig die Grenze schließen" zu wollen.[153]

Spätestens ab September 1918 versuchte auch die RSFSR, die Rückkehr nach Polen zu konditionieren. Mitführen durfte man keine aktuell brauchbaren, sondern nur Waffen mit historischem Wert. Dasselbe galt für Münzen und Geldscheine.[154] Transportlisten waren nun teilweise mit sowjetischen Stempeln bewehrt.[155]

1918/1920. Unmittelbar nach der Kapitulation des Deutschen Reiches und der Gründung der Polnischen Republik richtete man in dem neu ausgerufenen Staat am 11. November 1918 das Staatliche Amt für Kriegsgefangenen-, Flüchtlings-, und Arbeiterfragen (ursprünglich *Państwowy urząd do Spraw Jeńców*) ein.[156] Durch den Chef der Remigrationsabteilung des Innenministeriums *(Naczelnik Wydziału Reemigracji w MSW)* wurden mehr als ein Dutzend Nebenstellen der Behörde in Nord- und Südrussland sowie in der Ukraine eingerichtet. Die Überführung erfolgte, wie geschildert, in Kriegszügen der immer noch anwesenden deutschen Besatzungsmacht und wurde durch diese auf Rechnung der polnischen Regierung vorfinanziert.[157]

Es kamen Hungrige und Kranke zurück, verlaust, in Lumpen gehüllt, oft krank oder mit Krankheitserregern angesteckt. Viele Rückkehrer befanden sich in den neuen Grenzgebieten. Jede Etappe hatte staatlich finanzierte Baracken, Desinfektions-Bäder, im besten Fall auch eine Apotheke, eine Ambulanz oder ein Krankenhaus. Noch im August 1920 existierten 41 solcher Etappen. Die Berichte der Behörden stellten heraus, wie schwierig die Be-

148 Ebenda, Blatt 84.
149 Ebenda, Blatt 179.
150 Ebenda, Blatt 140, Brief vom 25. September 1918.
151 Ebenda, Blatt 99.
152 Hierzu auf deutsch noch maßgebend: Liulevicius 2002.
153 AAN Bestand 509-0, Sign. 6, Blatt 138; ebenda, Blatt 93.
154 Ebenda, Blatt 116.
155 AAN Bestand 509-0, Sign. 6, Blatt 145, Blatt 13.
156 AAN 15, Sign. 1654, Repatryacja. Ministerstwo Opieki Społecznej w Warszawie 1921–1922, Blatt 20.
157 Ebenda, Blatt 21.

wältigung der Repatriierungsfrage war. Nach Baranavičy kamen zum Beispiel in der Zeit vom 11. bis 17. Oktober 1918 statt wöchentlich erwarteter 2.500 Personen tatsächlich 14.351 Personen, im Juli 41.841 und im August 60.935 Personen. Auch in Rivne übertraf die Zahl der Rückkehrerinnen und Rückkehrer die Erwartungen. In Stolpcy (Stołpce) waren im August 70.000 Personen zu versorgen oder weiter zu leiten. Später zählte die Behörde 3.728.200 Rückkehrer in der Zeit von November 1918 bis zum 1. Januar 1922. Diese Zahl betraf hauptsächlich die Polen, aber es handelte sich auch um „viele andere Nationalitäten, die durch unser Land in ihre Heimatländer fuhren". Als polnische Kriegsgefangene registrierte man 456.727, als Flüchtlinge *(uchodźców)* 1.286.038, als Kriegsgefangene und Flüchtlinge anderer Nationalitäten 1.633.421 Personen. Zu berücksichtigen ist allerdings, dass, weil sich viele auch mehrmals registrieren ließen, die hier genannten Ziffern höhere Werte aufwiesen als die tatsächliche Zahl zurückgekehrter Flüchtlinge und Kriegsgefangenen.[158] Diese Zahlen sind denn auch viel höher als die des Kleinen Statistischen Jahrbuchs *(Mały Rocznik Statstyczny)* von 1939 mit der Angabe von polenweit insgesamt 1.265.000 Repatriierten, darunter 492.000 Belaruthenen und 470.000 Polen,[159] so dass also die in Polen gebliebenen Rücksiedler nur einen Teil der nach dem Krieg registrierten Migrationsbewegung bildeten. In Polesien wurden hauptsächlich Rückkehrerinnen und Rückkehrer erfasst, die nach Kobryn, Pružany, Brest, Drahičyn und Kosava[160] kamen, also in die nördlichen und westlichen (eher „belaruthenischen") Gebiete der Wojewodschaft.

Auf der anderen Seite blieben Menschen unregistriert, die „wild" repatriierten. Gerade nach Polesien kehrten in den Bürgerkriegsjahren von Ende 1918 bis Oktober 1920 die Menschen auf diese Weise zurück. Pinsk, gegen Ende der deutschländischen Besatzung von etwa 9.000 Menschen „bewohnt", wuchs rasch an. Bauernfamilien war es wichtiger, auf ihrer Scholle zu sitzen, denn nur hier konnten sie für ihren Lebensunterhalt sorgen, nur hier hatten sie ihren Heimvorteil, hier kannten sie die örtlichen Bedingungen, die Wohltaten und Tücken von Weiden, Sümpfen, Gewässern und Wäldern.

Viele wurden in den Lagern festgehalten. Die Behörden wussten oft nicht, wen sie da vorsorglich bei „ungenießbarem" Essen in Lager eingesperrt hatten, in welche keine eigenen Nahrungsmittel eingeführt werden durften. Man versuchte beispielsweise, vier Gruppen von Rotgardisten auseinanderzuhalten: „Polen", „Gegner der Sowjetmacht", „Sympathisanten der Kommunisten" und „Kommunisten". Der sich um Lagerinsassen kümmernde YMCA beklagte sich, dass die Lage der Russen und Ukrainer (von Belaruthenen sprach man noch nicht) in „17 Baracken, ohne Ausgangsrecht" „sehr schwer" sei. Viele Insassen seien erkrankt.[161]

Im Januar 1921, also der Zeit zwischen dem polnisch-sowjetischen Waffenstillstand und dem Friedensvertrag, datiert ein Brief des Beauftragten der Sowjetregierung, Adol'f Ioffe,

158 AAN 15 Ministerstwo Opieki Społecznej w Warszawie, Sign. 1654, Repatryacja, Ministerstwo Opieki Społecznej w Warszawie 1921–1922, Blatt 21.

159 Mały Rocznik Statystyczny, Warszawa 1939, S. 52unten. 735.000 vom 11.11.1918 bis zum 30.09.1921, 530.000 vom 1.10.1921 bis zum 30.06.1924.

160 Bieńkiewicz, W.: Niektóre wiadomości o województwie poleskim, In: Rocznik poleski 1927, Brześć 1926, S. 32, zitiert in: Tomaszewski, Jerzy: Z dziejów Polesia. 1921–1939. Zarys stosunków społeczno-ekonomicznych, Warszawa 1963, S. 21.

161 AAN Bestand 322, Sign. 12673, Blatt 7, 14 Repatryacja. Ministerstwo Spraw Zagranicznych w Warszawie. Sekretariat Delegacji RP w Komisji Mieszanej do Spraw Repatriacji w Moskwie, 1920–1922.

des Inhalts,[162] dass man schon mehrmals auf die unmöglichen Bedingungen in den polnischen Lagern hingewiesen habe.[163] Man schlage die Inhaftierten mit Eisendraht, die Arbeiter- und Bauern-Regierung könne so etwas nicht weiter hinnehmen.[164] Bereits am 20. Oktober 1920 war der YMCA auf diese Zustände aufmerksam geworden.[165]

Im Lager Hrodna beklagte man sich über „Hunger und Fehlen von Kleidung"; „in der letzten Zeit änderte sich im Zusammenhang mit dem Frieden mit Polen das Schlagen durch das Aufsichtspersonal, aber hörte nicht vollständig auf." Die Lagerinsassen gaben zu Protokoll, dass man ihnen vorgeschlagen habe, in der Wrangelarmee zu dienen.[166]

Angesichts solcher Zustände war eine wilde Repatriierung für viele Polesier sehr viel attraktiver.

1921-1924. Zu einer geregelten Remigration kam es nach 1920/1921. Die Vertretung der RSFSR in der „Gemischten Russisch-Ukrainisch-Polnischen Kommission in Fragen der Repatriierung" sorgte sich um das Schicksal von Repatrianten in der Richtung von West nach Ost.[167] Bis zum 17. Februar 1922 seien schon 47 Menschen, die repatriiert werden wollten, verhaftet worden. Die Russisch-ukrainische Delegation beschwerte sich am 4. März 1922 im Namen der RSFSR, dass von 446 Menschen aus dem Evakuierungszug aus Polen nach Minsk 418 angekommen, 27 Menschen hingegen aus dem Zug genommen worden seien.[168]

Der größere Teil remigrierte von Ost nach West. Die sowjetische Regierung soll in der Zeit nach dem Friedensschluss in Riga einer Rückkehr der Einheimischen in die westbelaruthenischen und westukrainischen Gebiete überhaupt nicht abgeneigt gewesen sein, „namentlich in der Hungerzeit von 1921";[169] außerdem sei im Sowjetgebiet die Hoffnung gehegt worden, dass die Belaruthenen und Ukrainer im Staate Polen für kommunistische Agitation zu gewinnen gewesen seien.[170] Dies befürchteten auch die polnischen Behörden.

Ein Teil der zunächst Obdachlosen wurde in Zelten untergebracht.[171] Es gab auch Restriktionen darüber, was man nach Polen transportieren durfte; In – beiläufig als Rückseiten in AAN Akten erhaltenen – Regularien wurde dies genauestens festgelegt.[172]

Zahl der Repatriierten. Für die Wojewodschaft Polesien kennt die Statistik eine Repatriierungszahl von insgesamt 134.501 Menschen in den Jahren 1921 bis 1924.[173] Repatriiert wurde in die „Trocken"gebiete Polesiens, also jene nordwestlichen Kreise, die etwas weniger sumpfig waren (siehe unten), besonders nach Brest. Um etwa 15 % wuchs hierdurch die Bevölkerungszahl Polesiens innerhalb von vier Jahren. Allerdings war die Bevölkerung der

162 Anhang dazu: Odpis. A.A.Joffe an Warschau Przewodniczący Delegacji Rosyjsko-Ukraińskiej 9. stycz. 1921r. L.177, Blatt 1.
163 Ebenda, Blatt 11.
164 Ebenda, Blatt 12.
165 Ebenda, Blatt 13 [YMCA].
166 Ebenda, Blatt 15.
167 AAN Bestand 322-0, Sign. 12673, Blatt 47.
168 Ebenda, Blatt 48.
169 Siebert 1990, S. 153-154.
170 Bieńkiewicz 1927, S. 32.
171 Bild in Bieńkiewicz 1927, S. 34. Nelard, [Oktawiusz], inż: Polesie ilustrowane. Monografja. Praca zbiorowa pod redakcją inż. Nelarda, Brześć n/B 1923, S. 41. Foto *„Repratjanci"* [sic!] w Baranowiczach.
172 AAN Bestand 322-0, Sign. 12673, unpaginiert (ca. Blatt 130).
173 Cichoracki 2014, S. 27.

(späteren) Ostgebiete der Polnischen Republik besonders während des Kriegs und des Bürgerkriegs durch Ermordung, Tod, Flucht und Evakuierung so stark dezimiert worden, dass hier selbst für den langen Zeitraum von 1900 bis 1921 die Bevölkerung von 4,4 auf 4,2 Millionen Einwohner (oder 36 auf 33 Einwohner je km^2) geschrumpft war. 1931 erreichte in diesen Gebieten die Bevölkerungszahl den Wert von schon 5,6 Millionen, und 1939 waren es 6,2 Millionen Einwohner (entsprach 45 bzw. 50 Einwohnern je km^2).[174]

Ende der Repatriierung. Im August 1924 konstatierte die sowjetische Seite der erwähnten gemischten Kommission, dass man die Kommission selbst auflösen könne, da „die massenweise Repatriierung aus dem Gebiet der UdSSR schon durchgeführt wurde mit Ausnahme des Gebiets der Föderativen Kaukasus-Republik und des Fernen Ostens." Am 30. August 1924 erklärten „die beiden Seiten der Kommission ihre Tätigkeit für beendet".[175]

1925-1926: Probleme mit der Einbürgerung. In Polesien zog sich der bürokratische Vorgang der Repatriierung insofern noch bis 1926 hin, als viele der Rückkehrer noch nicht die polnische Staatsangehörigkeit erhalten hatten. Am 28. August 1926 stellte das Innenministerium in seinem Schreiben an die Wojewoden der Ostgebiete fest, dass

> „einige Jahre nach der Errichtung der Grenze der Polnischen Republik sich die Mehrheit der Bevölkerung, die sich in den Wojewodschaften der Grenzgebiete angesiedelt hatte, keine polnische Staatsbürgerschaft besitzt. Das ist nicht normal."[176]

Viele Repatriierte waren also noch immer nicht gleichgestellt. War Misstrauen gegenüber kommunistischer Infiltrierung das Motiv bei dieser Nichteinbürgerung? Wollte man die Menschen in Polesien aus wirtschaftlichen oder bevölkerungspolitischen Gründen nicht in Polesien einbürgern? Betrachteten Vertreter von Behörden die Ostgebiete *(Ziemie Wschodnie)*, die *Kresy Wschodnie*, oder speziell Polesien als „inneres Ausland"? Das Innenministerium forderte ein, dass all jene, die im „europäischen Krieg" „nach Russland oder in die Ukraine ausgereist" und „auf dem legalem Wege der Repatriierung zurückgekehrt" waren, das Recht auf polnische Staatsbürgerschaft erwerben" sollten, und zwar sowohl „auf dem Dorf wie in der Stadt", wie die Behörde betonte.[177]

Wer wurde repatriiert?

Doch wer wohin repatriiert wurde, bleibt schwer zu ermitteln, denn die Volkszählungen hatten in Polesien unklare Begriffe der Nationalitäten, und selbst die Ausfüller der Fragebögen waren oft nur halb alphabetisiert. Ein Längsschnitt über die Zeit von 1914 bis 1926 muss daher unpräzise bleiben.[178] Begnügen wir uns also mit den Angaben aus dem Statistischen Jahrbuch, welches für Polen (nicht: Polesien) anführt, in welchen Jahren wie viele Menschen wohin aus- und woher rückgewandert sind. Die Zahl der Belaruthenen übertraf danach sogar polenweit mit 492.000 diejenige der Polen mit 470.000; berichtet wird auch über 124.000 Ukrainer („Rusini"), 122.000 Russen und 33.000 Juden.[179]

174 Mały Rocznik Statystyczny 10(1939), dział II, tabl. 2.
175 AAN Bestand 322-0, Sign. 12675, Blatt 78, 82.
176 31. März 1926 von MSW an Herrn Direktor von Abteilung II. über Polesien AAN Bestand 9/ t.II MSW, Sign. 1382, Blatt 494-497.
177 Ebenda.
178 Tomaszewski 1963, S. 21-22.
179 Mały Rocznik Statystyczny Rok 10 (1939), Warszawa 1939, S. 52, Tabelle 18.

Krankheiten und Erfahrungen mitgebracht. Ein Teil der aus den sowjetischen Gebieten Repatriierten schleppte auch Krankheiten ein. Da das Gesundheitswesen gerade in den umkämpften Ostgebieten noch nicht funktionierte, und auch wegen des allgemein niedrigen Niveaus von Hygiene stieg die Sterblichkeitsrate an. Sogar der Völkerbund befasste sich mit dem Problem.[180]

Aber nicht nur Krankheiten, auch ganz konkrete Erfahrungen des Militärdienstes in der Roten Armee brachten die männlichen Repatrianten mit: „Viele der einberufenen Rekruten hatten schon in der Sowjetischen Armee gedient [...] und durch diese waren sie auch demobilisiert worden."[181] Die Repatriierung brachte die evakuierten, geflüchteten, demobilisierten Personen nach Polesien zurück, aber ihre Erfahrungen und somit Vorstellungen und Ideen waren rundum erneuert, und trafen nun auf diejenigen eines Staates, der zur Zeit der erzwungenen, als nötig betrachteten oder freiwilligen Abwanderung genauso wenig existiert hatte wie der sowjetische. Noch 1936 ging Józef Obrębski davon aus, dass gerade die Rückkehrer der Nachkriegszeit, also der Periode der massenweisen Repatriierung den Sowjetstaat als positive Einrichtung angesehen hätten.[182]

Doch es gab auch die gegensätzliche Auffassung: Anfang der 1930er Jahre sahen die Behördenvertreter bei einer Revolte in dem Landkreis Kamenec-Kašyrsk gerade diejenigen als empfänglich für kommunistische Agitation an, die *nicht* evakuiert gewesen waren, die also die Bolschewiki noch nicht in Aktion erlebt hatten, und die nun für eine Welt ohne Herren, ohne Steuern und ohne Polizei militant wurden.[183]

Undeutlich bleibt also, warum nicht wenige Rückkehrer dem Land der Sowjets etwas abgewinnen konnten. In Betracht ziehen sollten wir zumindest folgende Faktoren: A) Die Rückkehrer haben den Sturz des Zaren und später sogar die Verteidigung des ganz jungen Sowjetstaates als etwas Eigenes erlebt; B) Sie gingen davon aus, dass es den Bauern sozial und materiell auf der anderen Seite der Grenze besser ging; C) Sie gingen davon aus, dass es Menschen auf der anderen Seite der Grenze „ethnisch besser" ging: gleiche Rechte für alle Völker; D) Sie unterlagen der gezielten sowjetischen, darunter auch sowjetbelaruthenischen und sowjetukrainischen Propaganda; schließlich E) Sie wussten nichts über die Sowjetunion. Obrębski selbst redete etwas undeutlich von dem sozialen – selbst gesehenen oder in Briefen von evakuierten Angehörigen beschriebenen – möglichen Aufstieg aus der Bauernschicht heraus, der in dem Sowjetstaat möglich gewesen sei.[184]

Landbesitz und Repatriierung. Repatriierte Bauernfamilien erhielten kein (zusätzliches) Land durch irgendwelche staatliche Maßnahmen. Aber dadurch, dass ein gewisser Teil der Bevölkerung gestorben war oder nicht zurückkehrte, gab es Flächen, deren Bewirtschaftung allseitig gewünscht war. Kurzfristige Verträge zwischen Staat und Pächtern (siehe unten im Geldkapitel) sollten Letzteren, darunter auch Repatrianten, eine erste Perspektive geben.

180 Cichoracki 2014, S. 53.
181 Matelski, Dariusz: Mniejszości narodowe w Wojsku Polskim w 1922 roku, Poznań 1995, S. 30.
182 Obrębski 2007, S. 329.
183 Cichoracki, Piotr: Polesie nieidylliczne. Zaburzenia porządku publicznego w województwie poleskim w latach trzydziestych XX w., Łomianki 2007, S. 27.
184 Obrębski 2007, S. 329.

Schlussfolgerungen: *Replaced persons*

Sowohl das Deutsche Reich bis Kriegsende, als auch die junge Republik Polen bemühten sich teils erfolgreich um eine Kanalisierung der Repatriierung. Es wird deutlich, dass man sich in den Staatsverwaltungen der Repatriierten oft nicht ganz geheuer war. Das war kein Randphänomen. Zu viele nichttraditionelle Biographien hatten Weltkrieg, Bürgerkrieg und polnisch-sowjetischer Krieg hervorgebracht. Den Begriff *Displaced Person* kannte man noch nicht, die Repatriierten könnten als *Replaced Persons* gelten. Nicht jeder wollte in den „Sowiety“, wie man in Polen schon damals sagte, leben. Andere waren für den Geschmack der Behörden vielleicht all zu sowjetisch eingestellt, aber was sollte Polen mit demobilisierten Rotarmisten anfangen, die nun ein Leben in Polen vorzogen? Auf der einen Seite wollte man unzuverlässige oder gar staatsfeindliche Untertanen loswerden, auf der anderen Seite konnte man Leute für den Aufbau des polnischen Staates gebrauchen.

Die Repatriierung erwirkte eine Reterritorialisierung, wobei die Frage der Zugehörigkeit auch von wüst gefallenen Bodenflächen sich durch die Repatriierten in aller Schärfe stellte. Dies betraf nicht nur Boden in Eigentum, sondern auch die Allmenden und andere *Commons*. Wie wir sehen werden, blieben die Boden- und Eigentumsfragen bis 1939 ein Politikum, und die Tatsache von Flucht, Vertreibung und Repatriierung spielte dabei keine unwesentliche Rolle.

Sogar beim beweglichen Element, nämlich bei den Menschen, gab es nach dem formellen Einreißen alles Standesschranken und dem in der Politik etablierten *one (wo)man – one vote* eine neue Schranke, nämlich diejenige zwischen den Staatsangehörigen und den Rückgewanderten (Eingewanderten?), die noch bis zu Ende der 1920er Jahre nicht als Staatsbürgerin und Staatsbürger, wie man früher zu sagen pflegte, naturalisiert worden waren.

Durch die Repatriierungen und die natürliche Bevölkerungszunahme (den Überschuss der Geburten über die Tode) erreichte Polesien gegen Mitte der 1920er Jahre eine nie gekannte Bevölkerungsdichte.

4.4 Grund und Boden: Struktur und Intervention

Allmende, Eigentum und bäuerliche Produktion

Der Grund und Boden war den Bauernfamilien teuer. Gerade, weil sie wenig, oft zu wenig davon hatten, war er ihnen das Wichtigste. Den Boden, wenn nicht zu besitzen, doch garantiert nutzen zu können, war für die polesische Landbevölkerung die Lebensgrundlage, egal, ob es sich um Äcker, Wiesen, Weiden, Wasser oder Wald handelte.

Die westpolesischen Dörfer hatten nicht die in Russland bekannte *obščina*, die Bodenumverteilungs- und Steuerhaftungsgemeinde gekannt.[185] Doch besaßen die Dorfgemeinschaften ähnlich wie in Mitteleuropa/Deutschland bis ins 19. Jahrhundert[186] Nutzungsrechte an Wiesen und Weiden, und, für Polesien wichtig, zum Teil auch an Gewässern und Wäldern.

185 Karten in: Siebert 1998a, Belarus' (S. 12), Europäischer Teil des Russischen Reichs (S. 415).
186 https://de.wikipedia.org/wiki/Allmende#Geschichte_und_Entwicklung.

Gemengelage, Verschachtelung. Ebenfalls aus Mitteleuropa bekannt ist die Gemengelage, auf polnisch *szachownica* genannt. Sie entstand dadurch, dass bei der auch in Polesien geltenden Realerbteilung jedes einzelne Feld unter den Erben aufgeteilt wurde (also nicht jeder ein ganzes Feld von oft dann sehr unterschiedlicher Qualität erhielt, und es erbte auch nicht nur ein Nachkomme). Es konnten dadurch immer schmalere Felder entstehen. In Polesien wird zwar nicht von nur noch einen Meter breiten Handtüchern berichtet, wie sie in Westgalizien den Bauernfamilien das Leben schwer machten; doch konnten in Polesien selbst arme Bauern etliche, kleine, verstreut liegende Felder ihr eigen nennen, durchschnittlich über 6 Stück (siehe unten).

Servitute. In beiden bis 1917 zum Russischen Reich gehörenden Teilen Polens, also sowohl den Weichselgouvernements (Königreich Polen, Kongresspolen), als auch in den Gebieten des historischen Litauen, gab es darüber hinaus eine weitere Verschachtelung. Das waren die Servitute[187], auf deutsch etwa als Dienstbarkeiten bekannt. In Servituten durften Bauernfamilien Wälder ihrer (ehemaligen) Grundherren unter festgelegten Bedingungen und in festgelegtem Ausmaß nutzen.

Verschachtelungen der Rechtsverhältnisse. Die genannten Bodenverfassungsformen stellten eine Verschachtelung nicht nur der Felder, sondern auch der Rechtsverhältnisse dar, die den wirtschaftlichen und politischen Modernisierern ein Dorn im Auge war. Das Modernisierungsprogramm sah in seiner kapitalistischen Variante eine Liquidierung, eine Verflüssigung des Bodens vor, hin zu der Kapitalisierung, der Möglichkeit, Boden zu kaufen und zu verkaufen, ohne gleichzeitig komplizierte Rechtstitel wie Flurzwang, Nutzungs- (und damit auch: Wege-, ggf. auch Mast-) Rechte Dritter mit kaufen bzw. verkaufen zu müssen. Der Boden sollte zu einer Ware wie jede andere werden.

In der sozialistisch-kommunistischen Modernisierungsvariante sprach man von der „Idiotie des Landlebens",[188] und das Verschachteltsein konnte als geradezu beispielhaft für eine Behinderung der Produktionsbeziehungen gelten, die eine Entwicklung der sogenannten Produktivkräfte behindere. Die Schwierigkeiten, die die Marxisten und Leninisten mit dem Bauernstand hatten, sind oft beschrieben worden, auch für die BSSR.[189] Das Ideal der sozialistischen Modernisierer blieb der gut organisierte Gutshof, der als Sovchose nur noch unter ein sozialistisches Vorzeichen gestellt werden sollte. Landeinrichtung und Landnutzung des armen und mittleren Bauerntums kam den Kommunisten insofern eigentlich ungelegener als dasjenige der bekämpften Kulaken, deren größere Böden und wenigstens etwas differenzierte Geräteparks die sowjetischen Entscheider und Schlüsselbesitzer zu ihrer Verfügung haben wollten. Durch die Zwangskollektivierung der Landwirtschaft löste man in der Sowjetunion, nach dem 2. Weltkrieg auch in der DDR, der ČSSR und in anderen Ländern (nur zu einem Teil in Polen) die Verschachtelung, die sich aus Realerbteilung und überhaupt Bodenvererbung, Flurzwang, Gemengelage, Streulage, Pachtrechten, Weiderechten, Servituten ergab, gewaltsam und mit einem Schlag auf.

187 https://pl.wikipedia.org/wiki/Serwitut.
188 Karl Marx, laut Marion Gräfin Dönhoff: Dogma oder Weizen?, In: Die Zeit, 5. September 1975; vgl. Siebert 1998a, S. 15.
189 Siebert 1998a.

Maßnahmen gegen Verschachtelung und gegen ihre Aufhebung. Die Bauernfamilien konnten gegenüber all diesen Maßnahmen äußerst misstrauisch sein. Nicht nur hatten sie – eine gar nicht einmal unberechtigte – Angst, bei Änderungen in den Grundbesitzverhältnissen aller Art übers Ohr gehauen zu werden. Sie sahen in der Verschachtelung der Felder und der Rechte an den Feldern und Wäldern eine Art Sicherheitspolice, und sie hatten Recht damit. Einzig gegen mehr Land war nichts einzuwenden, und auf diese Losung konzentrierte sich die kommunistische und kommunistisch dominierte Agitation in der Polnischen Republik.

Die Modernisierer in Polen wollten hingegen den Knoten, den man in der Sowjetunion zerschlug, nur behutsam auflösen, und zwar einerseits dadurch, dass man die bestehenden Rechte an den Böden, allgemein gesprochen, neu ordnete: Durch Parzellierung, durch Auflösung der Servitute, durch Flurbereinigung; andererseits dadurch, dass man die Ackerbau-, oder wenigstens Weide- und Wiesenflächen vergrößerte, und die Böden „verbesserte". Man spricht von Melioration, worunter man in Polesien ganz überwiegend die Trockenlegung der Sümpfe verstand. Unten werden wir sehen, inwieweit diese Interventionen in welchem Zeitabschnitt gelangen, gegen welche von ihnen es offenen politischen oder bäuerlichen Widerstand gab.

Die Ökonomie der polesischen Bauernfamilien

Im dünn besiedelten Polesien lebten die Bauernfamilien nur zu einem Teil vom Getreide-Ackerbau. Weide-, Wiesen-, Wald- und vor allem Wasserwirtschaft spielten wie auch der Anbau von Flachs ebenso eine Rolle zur Herstellung von Kleidung und Nahrung.

Die Bauernfamilien waren Allrounder, und gerade dies hatte schon früh viele Ethnographen und Landeskundler, auch einige Touristen angezogen und sogar begeistert. Unser heutiges urbanisiertes Auge beeindruckt das nur aus Holz in der Zwischenkriegszeit gefertigte Fahrrad, das im Museum des belaruthenischen Polesien aufbewahrt wird,[190] aber auch viele andere Nutzgegenstände wurden aus Holz angefertigt. Die polesische Landbevölkerung verstand es, mit wenig Werkzeug auszukommen. Fische konnten mit der Hand gefangen werden.[191]

Die Diversität bäuerlicher Arbeit in Ackerbau, Gemüse- und Obstbau, Viehhaltung, Fischfang, bäuerlichem Tierfang bis hin zum Sammeln von Pilzen und Beeren führte viel weniger zu einer institutionalisierten Arbeitsteilung, als es eine ökonomische Lehre vom Nutzen der Spezialisierung erwarten ließ. Denn die Bauernhaushalte oder zumindest Dörfer verstanden es, ohne Austausch mit der außerdörflichen Welt oder auch nur dem Nachbardorf zu leben bzw. zu überleben.

Allerdings darf aus einem geringen Güteraustausch und Gebrauch von Geld auch für Polesien nicht geschlossen werden, dass Austausch und Kredit nicht existierten. Der Austausch von Waren und Dienstleistungen existierte eben nur nicht durch das Geld.

Getrennt existierten die Sphären zwischen den „Waldbrüdern" und den anderen Bewohnern des ländlichen Polesiens. Franciszek Wysłouch beschreibt den *ochotnik* (im Gegensatz

190 Abbildung bei Szejnert 2015, S. 15.
191 Bericht aus heutiger Zeit: Hejke, Krzysztof: Polesie, Poznań 2009, S. 62-63.

zum *myśliwy)*, das war ein Einheimischer, der überwiegend im Wald lebte.[192] Nur etwas spezialisierter war die Bienenzucht: die meisten Bienenstöcke wurden in Nebentätigkeit bewirtschaftet.[193]

„Fischfang, Heuernte, das Sammeln von Pilzen und Waldbeeren – dies sind die Hauptbeschäftigungen des Poleschuken", zudem gebe es Holzwirtschaft und Flößerei.[194] Mit solchen oder ähnlichen Aussagen wurde der außerpolesischen Leserschaft die polesische Ökonomie beschrieben. Tatsächlich ist es aber bis heute schwierig, das Verhältnis zwischen den genannten Tätigkeiten, der Viehhaltung und dem Ackerbau exakt zu bestimmen, denn Statistiker über die bäuerliche Wirtschaft konnten zwar im Bereich Ackerbau und Viehhaltung noch die Stückzahl des gehaltenen Viehs oder mit dem bebauten Boden in Beziehung setzen. Beim Fischfang war dies schwer möglich. Und damit einher ging und geht das Unvermögen, die damalige Nahrungsarmut in den polesischen Dörfern zu bestimmen und zu beschreiben.

Verlockend war und ist, aus dem Leben der Bauernfamilien in sehr einfachen Ein-Raum-Hütten auf bittere Armut auch in Menge und Qualität in deren Speisen zu schließen. Doch sollten wir hierbei berücksichtigen, dass der Ertrag aus der Fisch- und Waldwirtschaft sehr viel schwerer kontrollierbar war als die Größe der Behausung.

Sowohl die Hausarbeit, als auch die außerhäusliche Arbeit waren sehr vielseitig. Weil besagte Wirtschafts- und Lebensweise mit geringer innerdörflicher und regionaler Arbeitsteilung beschrieben, bewundert und sogar idealisiert worden ist,[195] möchte ich mich zu diesem Thema etwas zurückhalten. Doch möchte ich eine hier ein weiteres Mal erfolgende Beschreibung der polesischen bäuerlichen Wirtschaft damit rechtfertigen, dass die polesische Ökonomie etwas war, mit der sich Interventen im Sumpf schwer taten und die Zähne ausbissen.

Die Subsistenzwirtschaft oder: die Alleskönnerinnen. Bis heute kann man sich die Frage stellen, ob die Tätigkeit der (meist unbezahlten) Hausarbeit (meist von Frauen ausgeübt, noch heute zu 60 % mehr gemacht als von Männern) spezialisierter ist, als die außerhäusliche (bezahlte) Arbeit. In Polesien machten alle alles nur dann, wenn man als Grundeinheit nicht ein Individuum, sondern eine Familie ansieht. Unter den Ehepartnern und in der Familie gab es hingegen durchaus eine klare gewohnheitsmäßige Arbeitsteilung.

Das Alles-Können-Müssen lag auch in den unwirtlichen Verkehrsverbindungen begründet. Im Emsland/Jadebusen war es *nötig*, dass die Torfstecher sowohl diesen Bodenschatz hoben, als auch Landwirtschaft betrieben, als auch die Boote führen mussten, die die Waren aus der Region exportierten. Ähnlich wie in Polesien fand der Torfstecher-Bauer-Schiffer der ostfriesischen/oldenburgischen Fehne „sentimentale Beachtung, selbst bei jenen, [...] die sich als durch und durch moderne Menschen verstanden." „Auch wenn er die Naturgewalten bändigte, hatte der Fehntjer doch etwas von einem Handwerksmeister an sich, und seine drei Berufe in einem waren wie eine demonstrative Absage an die moderne Arbeits-

192 Wysłouch, Franciszek: Echa Polesia, [1979], nach der Ausgabe Łomianki o.J.
193 Heutzutage: Hejke, Krzysztof: Polesie, Poznań 2009, S. 58-61.
194 Kulwieć, Kazimierz: Polska w granicach naturalnych i historycznych, Warszawa 1919, S. 180.
195 Siebert 1990.

teilung".[196] David Blackbourn verglich den Niedergang des Fehntjers mit dem Niedergang der Handwerksberufe nach der Aufhebung des Zunftsystems.

In Polesien gab es auch Bootsführer, aber traditionell kamen die Abnehmer der Waren der polesischen Bauernfamilien, meist Juden, ihnen auch „topographisch" entgegen. Für Nordwestdeutschland galt, dass „wirtschaftliche Krisen bedeuteten, dass die Kolonisten bei Händlern oder Torfschiffern Geld aufnehmen mussten und praktisch zu Torfstechern wurden, während andere den Gewinn davon hatten"[197] – auch hier bestanden Parallelen zu Polesien.

Das Besondere der polesischen Wirtschaft war in seiner besonderen geografischen Lage begründet. Im spärlich bevölkerten Polesien mit seiner besonderen hydrologischen Beschaffenheit und daher auch Tier- und Pflanzenwelt war der Besitz von oder doch die Verfügungsgewalt über Grund und Boden ein bedeutender, aber bei weitem nicht der einzige Faktor für das Wohl und Weh einer Bauernfamilie. Hier war der Zugang zu Holz und anderen Waldprodukten, zu fischhaltigen Gewässern, zu Wiesen und Weiden besonders wichtig.

Als sich Westpolesien in dem Staatsgebiet der Republik Polen wiederfand, prallte auf diese Situation eine schon bald polonisierte Staatsverwaltung (höhere Chargen im Gerichtswesen blieb davon teilweise ausgenommen),[198] in der viele Mitarbeiter von Außen nach Polesien kamen, oft mit der Vorstellung im Kopf, dass die polesischen Zustände schnell geändert, reformiert werden müssten, oft aber auch als Verwaltungsangestellte ohne jegliche Ambitionen.

Moorwirtschaft ohne Moorkultur. Dasjenige, was die polesische Landwirtschaft von derjenigen der meisten anderen, aber längst nicht allen der benachbarten polnischen, belaruthenischen, ukrainischen und russischen Wirtschaften unterschied, war die größere Bedeutung der Sümpfe. Ohne es essentialisieren zu wollen, lässt sich doch deutlich sagen, dass diese „natürlichen" Voraussetzungen die „geografische", mithin auch „technische" Seite der polesischen ländlichen Wirtschaft bis 1941 deutlich prägten. Diese stand in ebenso deutlicher Wechselwirkung mit deren sozialer Seite. Die Sümpfe unterlagen allerdings keiner flächendeckenden Bewirtschaftung, wie dies zum Beispiel in den estnischen und lettischen Gouvernements des Russischen Reichs vor 1914 eingeführt worden war.[199] Sumpfwirtschaft war in Polesien in hohem Ausmaße bäuerliche Wirtschaft.

Moorbrandrodung. Die auch im Emsland beobachtbare Moorbrandrodung wurde in Westpolesien bis ins 20. Jahrhundert hinein angewandt. Wie bei anderen Arten von Brandrodung brannte man die Wälder ab, um den so gewonnenen ertragreicheren Boden so lange es ging hintereinander zu bewirtschaften – in der deutschländischen Nordseeregion zumeist sieben mal hintereinander, dann wurde der Boden 30 Jahre brach gelassen.[200]

196 Blackbourn 2008, S. 188, mit Anm. 134: Stumpfe, Emil: Die Besiedelung der deutschen Moore: mit besonderer Berücksichtigung der Hochmoor- und Fehnkolonisation, Berlin 1903, S. 402-403.
197 Blackbourn 2008, S. 188.
198 Benecke 1999, S. 152-153, S. 318-319.
199 Ruuskanen, Esa auf der Konferenz der ESEH in Zagreb, 1. Juli 2017.
200 Blackbourn 2008, S. 190-192.

Es waren die Naturschützer, die für Polesien bemerkten, dass es sich in diesem sumpfigen Terrain gerade aufgrund der Brandrodung nicht um Urwald in dem Sinne handelte, dass der Mensch bislang nicht eingegriffen hätte.[201]

Torf. In Polesien wurde mehr über Torfabbau geredet, als dass man ihn wirklich exportorientiert abgebaut hätte. Denn im 20. Jahrhundert war es für Polen effektiver Kohle abzubauen. Torf wurde eher für den Selbstverbrauch abgebaut.

Dennoch: bis ins 19. Jahrhundert können wir die ländliche Wirtschaft in Polesien auch unter Einschluss der Moorbrandrodung und anderer menschlicher Aktivitäten als eine nachhaltige ansehen. Doch nun, in der ersten Hälfte des 20. Jahrhunderts, unterbrochen durch einen dramatischen Bevölkerungsrückgang in den Kriegszeiten seit 1915, wuchs die Bevölkerungszahl stark an – eine Herausforderung für die traditionell „extensiv" genannte[202] Wirtschaftsweise.

Das Bevölkerungswachstum wirkte sich auf die Hofgrößen aus. Auch jede Maßnahme einer Agrarreform musste angesichts weiterer Teilungen von Bodenflächen zu einem Wettlauf mit der Zeit werden. Egal, ob Melioration und andere Arten von Bodenverbesserung, Flurbereinigung, Parzellierung oder Auflösung der Servitute: Der vorhandene Landhunger drohte angesichts des Bevölkerungswachstums nur größer zu werden. Ausgerechnet im dünn besiedelten Polesien machte die wachsende Bevölkerung zu schaffen. Und tatsächlich: Innerhalb der Klasse des armen und mittleren Grundbesitzes bis zu 50 Hektaren blieb der natürliche Bevölkerungszuwachs von 1921 bis 1938 größer als die Vergrößerung der landwirtschaftlich genutzten Fläche, so dass den Familien (den „Essern", wie sie von der Verwaltung wie auch von den Bauern selbst des öfteren genannt wurden), immer kleinere Flächen zur Verfügung standen.[203]

Zum Vergleich: In der BSSR (der östlichen Belarus) versuchte man der Bodenknappheit, (aus der Perspektive der Bauernfamilien: dem Landhunger), in den 1920er Jahren dadurch zu begegnen, dass man immer mehr Land aufteilte – dennoch verkleinerte sich auch dort bis zur Kollektivierung der Ackerboden je Person.[204]

Die Hofgrößen: Quantität. Wer in Westpolesien eine modernisierende Intervention anstrebte, hatte sich mit der äußerst ungleich verteilten Landbesitzstruktur auseinanderzusetzen.

1921 besaßen die 923 größten Gutshöfe 2.088.063 Hektar (darunter 856 private mit 1.658.019 Hektar), während die 142.462 privaten Höfe der restlichen ländlichen Bevölkerung mit 3.090.336 Hektar zu Buche schlugen.[205] Im Jahr 1928 berichtete ein Autor, dass unter den 147.973 Höfen die allermeisten, nämlich 130.615 Höfe eine Fläche von je unter 15 Hektaren, mit insgesamt 966.454 (also durchschnittlich 7,4) Hektaren besaßen; gleich-

201 Kulczyński, Stanisław: Park natury na Polesiu i jego stosunek do planu meljoracji: odczyt wygłoszony na 12-stym Zjeździe dorocznym Państwowej Rady Ochrony Przyrody w Warszawie w dn. 11 stycznia 1930 r., S. 4.; Bürgener 1939, S. 35.

202 Kritik der Begriffe extensive und intensive Wirtschaft siehe Siebert 1998a, S. 16, Fußnote 9.

203 Interessante Statistik von Mieszczankowski, Mieczysław: Struktura agrarna Polski międzywojennej, Warszawa 1960, S. 195, 203 tab. 84; vgl. Kacprzak, Michał: Ziemia dla żołnierzy: problem pozyskania i rozdysponowania gruntów na cele osadnictwa wojskowego na Kresach Wschodnich 1920–1939, Łódź 2009, S. 28.

204 Siebert 1998a, S. 112.

205 Rocznik statystyki Rzeczypospolitej Polskiej, Warszawa 1921, R. 4, S. 134, zitiert in: Rižskij mir v sud'be belorusskogo naroda, kniga 1, 2014, S. 251.

zeitig nannten die 84 größten landwirtschaftlichen Betriebe fast dieselbe Fläche, nämlich 874.168 (durchschnittlich 10.407) Hektar ihr eigen. Im Einzelnen:

Anzahl der Höfe nach Hofgrößenklassen in der Wojewodschaft Polesien im Jahr 1927 (Tabelle 3)[206]

	Höfe	Hektar
Summe	147973	2706195
Über 3.000	84	874168
400-3.000	304	339933
15-400	16970	525640
unter 15	130615	966454

Nach einer anderen Statistik gab es an Hofwirtschaften in Polesien: unter 2 ha: 22.000, 2-5 ha: 58.200, 5–10 ha: 47.600; 10–15 ha. 14.800; 15–50 ha. 10.700 und über 50 ha. 700.[207] Im Jahr 1931 wurde die Stratifikation noch drastischer: 102.515 ärmere Höfe (oder 49 % aller 209.096 Höfe) nannten nur 1–5 Hektar Gesamtbodenbesitz ihr eigen.[208]

Anzahl der Höfe nach Hofgrößenklassen in der Wojewodschaft Polesien im Jahr 1936 (Tabelle 4) [209, 210]

Hektar	Hofzahl		Hektar	Hofzahl
Unter 1	8250		50 bis 100	714
1 bis 3	42651		100 bis 200	245
3 bis 5	48489		200 bis 500	215
5 bis 7	34475		500 bis 1.000	112
7 bis 10	32093		1.000 bis 2.000	87
10 bis 15	22277		2.000 bis 5.000	71
15 bis 20	9516		5.000 bis 10.000	28
20 bis 30	6643		Über 10.000	16
30 bis 50	2932			
Summe bis 50 ha	207326		Summe über 50 ha	1488

206 Wid, T. 1928, S. 26. Falsch zumindest für Polesien ist hingegen die Angabe von Freund, R.: Die polnische Agrarreform, In: Weltwirtschaftliches Archiv 24(1926), S. 309 – 320, hier S. 311, zitiert in: Benecke 1999, S. 83, dass 80 % aller Betriebe über 50 Hektar sogar mindestens 500 Hektar umfassten.

207 Studnicki, Wladyslaw: Das östliche Polen, Kitzingen, Main: Holzner 1953, S. 147 (ohne Jahresangabe).

208 Grodzicki, zitiert in: Śleszyński 2014, S. 132.

209 Ebenda, S. 33, Tabelle XVI (Hofgrößen bis 50 Hektar).

210 Ebenda, S. 17, Tabelle V. (Hofgrößen über 50 Hektar).

Dass in den vier *kresy*-Wojewodschaften 49 % der Hofeigentümer unter fünf Hektar besaßen,[211] in Polesien ebenfalls 48 %,[212] zeigt uns gleichwohl, dass die Lage noch dramatischer war, als die allgemeinen Zahlen über landarme Bevölkerung zeigen, da nämlich selbst diese in sich noch differenziert war:

Qualität des Bodenbesitzes. Gewiss hatten die kleinen Wirtschaften einen prozentual höheren Anteil an Ackerland, während die Magnaten viel Wald- und Sumpfland besaßen. Doch der durchschnittliche, 88 % der Bevölkerung betreffende Bodenbesitz von besagten 7,4 Hektar in Westpolesien konnte eine Bauernfamilie bei Weitem nicht so gut ernähren wie in den zentralen und westlichen Regionen der Republik Polen mit ausgebautem Ackerbau. Deshalb ist es gar nicht mal als eine statistische Verschleierungsaktivität von T. Wid anzusehen, wenn er in der untersten Klasse der Bodenbesitzenden alle Höfe unter 15 Hektar zusammenfasste.[213] Werner Benecke zufolge konnte selbst ein Hof von 20 Hektar noch „als Zwergbesitz" gelten.[214] Und „selbst auf jenen Höfen, die 15-50 ha besaßen, nahmen die grundbesitzenden Familienoberhäupter nur zu 11,6 % Arbeitende auf ihrem Hof an."[215]

Landnutzung. In keiner Wojewodschaft blieb der Anteil des Ackerbaus und überhaupt der Landbaus so niedrig wie in Polesien. Von der 36.668 km² großen Gesamtfläche[216] nach der Ausgliederung des Kreises *(powiat)* Sarny 1930 nutzte man 23 % als Ackerland (zum Vergleich: Gesamtpolen 49 %), 1 % (1 %) als Obst- und Gemüsegärten, 19 % (10 %) als Wiesen, 10 % (7 %) als Weiden und 26 % (22 %) als Wald, 21 % (11 %) galten als Ödland.[217] Auch den Bewohnern des Dorfes Czudzin gehörten 21 % Ackerland, 42 % Wiesen, 8 % Wald, 6 % Gärten, 21 % Ödland, und 1 % waren bebaut.[218] Bei den durchschnittlich 3.076 ha [219] oder 3.129 Hektar ihr eigen nennenden 388 [220] Großgrundbesitzern ging man von 7 % Acker, 20 % Wiesen, 49 % Wald und 24 % Ödland aus. [221] Der Anteil der privaten Großwälder machte dabei nur 743.493 Hektar (57 %), die staatlichen 385.630 (30 %) und die der Religionsgemeinschaften und der Selbstverwaltungen 13 % aus.[222]

Was war also Landbesitz?

Gerade in der Frage des Landbesitzes spielte das Gewohnheitsrecht auch im 20. Jahrhundert noch eine große Rolle. Mochte auch im Rechtsverständnis und -buchstaben des modernen neuerstandenen polnischen Staates das Eigentum und der Privatbesitz auch an Boden

---

211 Benecke 1999, S. 83.
212 Grodzicki, Ludwik (oprac.): Struktura posiadania mniejszej własności rolnej na Ziemiach Wschodnich: (według danych Statystyki Produkcji Rolnej z 1931 r.). Z. 4, Województwo Poleskie, Warszawa 1938, S. 17 und 33, Tabellen V und XVI.
213 Wid, siehe oben.
214 nach Benecke 1999, S. 82.
215 Zahlen nach dem Zensus von 1931; vgl. Rocznik Ziem Wschodnich 1938, S. 12; Mieszczankowski 1961, S. 186; Siebert 1990, S. 161.
216 https://pl.wikipedia.org/wiki/Wojew%C3%B3dztwo_poleskie
217 Mały Rocznik statystyczny 1939, S. 72.
218 Rolecki, Rudolf: Czudzin – wieś powiatu łuninickiego. Stosunki społeczno-gospodarcze, In: Białoruskie Zeszyty Historyczne 2006, Nr. 26, S. 146-217, hier 161.
219 Laut Ormicki Tabelle XII, zitiert in: Benecke 1999, S. 83.
220 Oben zitierte obere 2 Klassen von Wid.
221 Laut Ormicki Tabelle XII, zitiert in: Benecke 1999, S. 83.
222 Miklaszewski, J.: Lasy i leśnictwo w Polsce, t.I, Warszawa 1928, Tab. VII, zitiert in: Benecke 1999, S. 84.

ein Grundpfeiler sein, so waren, insbesondere Anfang der 1920er Jahre traditionell überlieferte und auch auf Papier festgehaltene Vorstellungen der Bauern über ihre Nutzungsrechte an Weiden, Wald (siehe die erwähnten Waldbewohner) und Wasser praxisbildend. Ich gebe Franciszek Wysłouch Recht, wenn er dies, allerdings all zu mechanisch, mit dem Dickicht (dem dichten Wald) – eigentlich auch eine Art Leere! – in Verbindung bringt:

> „Die Wegelosigkeit und die langen Entfernungen führten dazu, dass fremde Einflüsse das Waldland nicht erreichten. Der Mensch lebte dort seit Urzeiten sein eigenes Leben. Gewohnheitsrechte sind verbindlich festgelegt. Die Leute warten keine Begründungen für irgendwelche Anweisungen ab. Es heißt: «Es war schon immer so» – also kannst du es nicht ändern und du musst dem Brauch folgen“.[223]

Noch heute ist – im Weltmaßstab – das absolute Eigentum an Land keine Selbstverständlichkeit:

> „Der UN-Landwirtschaftsorganisation FAO zufolge deckt die arme Landbevölkerung in Hungerzeiten ihren Nahrungsmittelbedarf zu 80 Prozent durch das Sammeln von Wildpflanzen, ohne dazu ein formelles Recht zu besitzen“; und „die Weltbank beschreibt in einem Bericht über Tansania von 2009, dass der überwiegende Teil aller Baumaterialien, Energieträger und der traditionellen Medizin der bäuerlichen Bevölkerung aus gemeinhin als „ungenutzt“ bezeichneten Wäldern stammt.“[224]

Von den Modernisierern wurden (und werden) diese rechtlichen Gegebenheiten in der Regel als fortschrittshemmend angesehen. Beobachter von außen haben die Bedeutung von Gewohnheitsrechten und *Commons* außerdem zuweilen fehlgedeutet. Deren Kompliziertheit bedeutete jedenfalls nicht, dass die Bauernfamilien kein ausgeprägtes Gerechtigkeitsbewusstsein in diesen Dingen gehabt hätten. Vielmehr tun *wir* uns heutzutage mit Gewohnheitsrechten schwer.

4.5 Landschaftsintervention 1: Die Auflösung der Servitute

Einleitung, Allgemeines und Übersicht über Einzelmaßnahmen. Die „ungesunde“ Bodenbesitzstruktur wurde durch den Bevölkerungsanstieg nur verschärft. Der Anlass für eine Bodenreform im Juli 1920 war jedoch ein anderer: Unter dem Eindruck der aus den belaruthenischen und ukrainischen Gebieten nach Polen heranrückenden Sowjetarmee verabschiedete der Sejm eilig ein Landreformgesetz.[225] Daneben gab es weitere Reformgesetze, die die Flurbereinigung *(komasacja; scalenie gruntów)* verbunden mit der Einrichtung von Chutora und die Liquidierung der Servitute enthielten. Mit der Durchführung der Reform in konkreten Orten betraute man Landämter (*Urzędy Ziemskie).*[226] Doch die genannten drei

223 Wysłouch, Franciszek: Echa Polesia, [1979], nach der Ausgabe Łomianki o.J., S. 177.
224 Bodenatlas. Daten und Fakten über Acker, Land und Erde, Berlin 2015, S. 27 https://www.boell.de/sites/default/files/bodenatlas2015_iv.pdf.
225 Dz.U. RP 15.07.1922, poz. 462. Ustawa o wykonaniu reformy rolnej.
226 Dz.U. RP 1922, poz. 345.

gesetzlich bestimmten Maßnahmen waren nur ein Teil der von den Modernisierungsakteuren vorgesehenen zur Verbesserung bestehender und Urbarmachung neuer Böden, von der man insbesondere Mitte der 1920er Jahre zu sprechen begann.

All diese Maßnahmen konnte man auf unterschiedliche Weise durchführen: würde die Agrarreform die Bauernfamilien satt machen, gar eine Umverteilung von oben nach unten bewirken? Welche Ziele verfolgten die Interventen? Wer musste für die genannten Maßnahmen bezahlen?

Die Auflösung der Servitute. Die Liquidierung der Servitute war im ehemaligen Russländischen Reich ein Thema, wie die Akten des Landwirtschafts- und Agrarreformsministeriums verdeutlichen. Die örtliche Bevölkerung pochte auf ihren Rechten, brachte alte Dokumente bei, die ihre Ansprüche beweisen sollten, die aber zuweilen sogar gegen ihre eigenen Interessen verstießen.[227] Die Bauern sahen die Servitute zunächst allerdings als für die Bedürfnisse des Dorfes wichtig an.

Was waren Servitute? Bei den Servituten handelte es sich um ein Rechtsinstitut, wie es für eine verschachtelte Bodenverfassung typisch ist. Diese Dienstbarkeiten legten fest, dass die örtliche Bevölkerung Nutzungsrechte an Weidegründen, Holz und anderen Waldfrüchten auf fremdem Landbesitz innehatten. Im Fall der Servitute durfte die Bevölkerung Wald und Weideflächen der Grundherren nutzen, als Weideplätze für Schweine und anderes Vieh, um Holz zu schlagen und Waldfrüchte zu sammeln.[228] „Diese Rechte wurden einem ganzen Dorf *en bloc* verliehen“ und nach 1861 durch die zarischen Regierungen bestätigt, wohl auch als eine für die Zeit nach 1864 durchaus antipolnische, in diesem Fall gegen die Grundbesitzer gerichtet Maßnahme.[229]

Bis 1913 waren Servitutsrechte auch in Polesien schriftlich fixiert worden. Dies bedeutete aber nicht, dass die durch die unterschiedliche Auslegung der Rechte an den Servituten hervorgerufenen Konflikte zwischen Landbesitzern, Staat und örtlicher Bevölkerung vom Tisch waren. Im Gegenteil, es trat neben das Gewohnheitsrecht nun eine weitere Rechtsquelle, denn nicht immer war es einfach, die Gewohnheitsrechte flächendeckend zu verzeichnen.

Die bäuerlichen Haushalte hielten in der Regel wenig Vieh. Da sie aber keine Veredlungswirtschaft betrieben, konnten sie in Extremfällen bis zu 40 Stück Vieh durchbringen, auch „weil sie die Servitute benutzen und sich das Heu in den großen Gutsländereien holen.“[230] Die ärmsten bäuerlichen Haushalte, die nur einen, zwei oder drei Hektar ihr eigen nennen konnten, waren auf die Servitute angewiesen,[231] wenn sie nicht Hunger leiden wollten. Dies konnte vielleicht solange gut gehen, wie die Bevölkerungszahl nicht all zu sehr angestiegen war.

Verbreitung. Besonders viele Servitute gab es in der Wojewodschaft Polesien: 1921 machten diese in den Wojewodschaften Vilnius/Wilna 26.486 Hektar, in Navahrudak/Nowogródek 90.588 Hektar, in Polesien 321.232 Hektar (oder 9 % der Gesamtfläche der Wo-

227 AAN Bestand 13/0, Sign. 377, Ministerstwo Rolnictwa i Reform Rolnych w Warszawie. Likwidacja serwitutów i komasacja, Blatt 183.
228 Vgl. Kaleko, Saul: Die Agrarverhältnisse in Weißrußland vor und nach der Umwälzung im Jahre 1917, Diss FWU Berlin 1929, S. 492; vgl. Benecke 1999, S. 85.
229 Benecke 1999, S. 85.
230 Bieńkiewicz 1927, S. 41.
231 Vgl. Śleszyński 2014, S. 136.

jewodschaft) aus. Nach Nutzungsart handelte es sich um 7.272 Hektar Ackerland, 10.184 Hektar Wiesen, 155.883 Hektar Weiden, 44.810 Hektar Wald und 7.126 Hektar Torfmoore und Staubecken.[232]

Nach der Zählung von 1921 gab es in der Wojewodschaft Polesien 22.007 Höfe, also 15–20 % aller Höfe, Höfe, die von Servitutenrechten auf 148 Landgütern Gebrauch machten, darunter nutzten 2.895 Höfe (13 %) nur Wald, 14.995 (68 %) nur Weiden, 4.089 (18 %) sowohl Wald als auch Weiden und 28 (1 %) sonstige Böden.[233]

Als Modernisierung. Die modernistische Kritik sprach ohnehin von verhinderter Modernisierung, solange die Servitute nicht aufgelöst seien. Das fing bei den Zeitgenossen an, („Servitute, Gemengelage und Nachkriegsnutzer verunmöglichen eine rationale Wirtschaft und verschärfen in unangemessener Weise die nachbarlichen Beziehungen.“)[234] und hörte in den letzten Sowjetjahrzehnten nicht auf.[235]

Die Maßnahmen. In der Belaruthenischen SSR, der RSFSR und der Ukrainischen SSR, zu denen die Gebiete Ostpolesiens in der Zeit von 1921 bis 1926 gehörten, wurde die Servituten-Frage durch die Enteignung und Verstaatlichung des Bodens der (Groß-)Grundbesitzer auf einen konfliktreichen Kampf zwischen Bauernfamilien und Staat reduziert und somit erheblich vereinfacht. Die Bauernfamilien nahmen sich in den 1920er Jahren die Rechte, die ihnen nach ihrer Auffassung sowieso gehörten.

In der Polnischen Republik blieb es hingegen kompliziert. Für den Staat war die beabsichtigte Auflösung der Servitute ein wichtiger Schritt, um im Sinne der modernen bürgerlichen Rechtsinstitute aus dem Boden klare Eigentumstitel zu machen.

Was geplant war. Der Gesetzgeber sah bereits am 7. Mai 1920 die Auflösung der Servitute für das Gebiet des ehemaligen Kongresspolens vor. Versammlungen unter dem Vorsitz des Schultheiß *(sołtys)* sollten die Ablösungen beschließen. Die Auflösung sollte in gegenseitigen Einvernehmen erfolgen; wenn jedoch 10 Jahre nach Inkrafttreten des Gesetzes nichts geschehen war, sollte der Staat eine Zwangsliquidierung einleiten.[236] Ebenfalls hatte die staatliche Bezirks-Boden-Kommission mitzuwirken, wenn es sich um Grund handelte, der zur Flurbereinigung, Parzellierung, Kolonisierung oder Melioration vorgesehen war.[237] In die einzelnen Bewertungs- und Schlichtungskommissionen *(Komisja Szacunkowa-Rozjemcza)* waren je zwei Vertreter der beiden Seiten und ein von diesen vier Personen zu wählender Fünfter als Vorsitzender zu entsenden. Die staatliche Seite war mit je einem Landmesser und einem Landwirtschaftsinstrukteur vertreten, die aber nur beratende Stimme hatten.

232 Rižskij mir 2014, kniga 1, 2014, S. 252.

233 Absolute Angaben nach: Bor'ba trudjaščichsja Zapadnoj Belorussii za social'noe i nacional 'noe osvoboždenie i vossoedinenie s BSSR. Dokumenty i materialy, tom 1, Minsk 1962, S. #12, S.45; vgl. Cichoracki 2014, S. 63.

234 Polesie i jego bogactwa. Rada Wojewódzka Okręgowych Towarzystw Rolniczych Wojwództwa Poleskiego Brześć n. B.: Rada Wojewódzka Okręgowych Towarzystw Rolniczych Wojwództwa Poleskiego, [1926] (Brześć n. B. 1926, S.6.

235 Z.B. Šabunja, Konstantin Ivanovič: Agrarnyj vopros i krest'janskoe dviženie v Belorussii v revoljucii 1905–1907 gg. In: Ežegodnik po agrarnoj istorii vostočnoj Evropy 1961, S. 435-446, hier S. 446.

236 Dz.U. RP 07.05.1920, Nr. 42, poz. 249 Ustawa o likwidacji serwitutów na terenie b. Królestwa Kongresowego, §19e.

237 Ebenda, §19a und 19b.

Das Gesetz machte Vorgaben, wie zum Beispiel die, dass der Wert einer einjährigen Nutzung der Servitute mit 3,3 % des mittleren Bodenwertes der letzten fünf Jahre festgelegt wurde.[238] Als Servitute genutzten Weiden waren gemäß der Stückzahl des von beiden Seiten eingebrachten Weideviehs aufzuteilen. Berechnungsgrundlage waren die Jahre 1909 bis 1914, falls neuere Daten fehlten.[239]

Ein weiteres Gesetz vom 10. Januar 1922 stellte die Grundregeln für die Liquidierung der Servitute, die es ja nur noch im ehemaligen Gebiet des Russischen Reichs gab, nun auch für die Gebiete östlich Kongresspolens auf.[240] Die meisten Artikel des 1920er-Gesetzes wurden übernommen, einige abgewandelt. Die Entschädigung für die Liquidierung der Servitute sollte nun in der Regel in Grund und Boden erfolgen, und in Holz/Wald *(w lesie)* oder Geld nur für den Fall, dass sich beide Seiten einig waren,[241] während in dem Gesetz von 1920 noch sowohl Boden als auch Holz/Wald als Entschädigungsform in gleicher Weise vorgesehen waren.[242] Die Bauernfamilien sollten nach deren Auflösung ein Drittel der Fläche der Waldservitute und 15 % der Weideservitute erhalten.[243] Bei brach gelassenen gemeinsamen Flächen von Grundherren und Bauern sollten die Bauern 25 % erhalten.[244] Eine Verordnung des Präsidenten des Hauptlandamtes *(Rozporządzenie Prezesa Głównego Urzędu Ziemskiego)* aus dem Jahre 1923 präzisierte detailliert Einzelheiten.[245]

Die Beseitigung der Servitute stellte die Entflechtung von Rechtsansprüchen verschiedener Parteien auf einem Flecken dar, die Flurbereinigung wiederum die Entflechtung verschiedener Parzellen eines Besitzers; aus aufgeklärter Sicht war es daher günstig, beides in einem Gang zu erledigen.[246] Im Gesetz über die Zusammenlegung von Grundstücken aus dem Jahr 1923 (siehe unten) war festgelegt, dass zusammen mit der Flurbereinigung eine Ablösung jedweder Dienstbarkeiten erfolgen sollte.[247] Im folgenden sprachen die Verfügungen *(Rozporządzenie)* des Landwirtschaftsministers die Regelungen über die Servituten explizit an.[248] Auch Wid bemerkte,

> „dass man ohne eine Auflösung *der Servitute* schlecht über eine Flurbereinigung reden kann, gleichwohl ist diese Auflösung eine Notwendigkeit. Ein vollständiges Ergebnis

238 Ebenda, §30.
239 Ebenda, §19 und §30.
240 Dz.U. RP 10.01.1922, Nr. 10, Poz. 65 Ustawa w przedmiocie likwidacji serwitutów w województwach: wołyńskiem, poleskiem i nowogródzkiem oraz w powiatach: białowieskim, białostockim, bielskim, grodzieńskim, sokólskim i wołkowyskim województwa białostockiego; vgl. Benecke 1999, S. 97.
241 Ebenda, §5.
242 Ebenda.
243 Dz.U. RP 07.05.1920, Nr. 42, poz. 249, a.a.O., §19 und §30. vgl. Bor'ba trudjaščichsja, tom 1, Minsk 1962, S.#14,S.46-50, hier S. 47.
244 Bor'ba trudjaščichsja, a.a.O., S. 49.
245 Dz.U. RP 14.12.1923 Nr. 8 poz. 49 i 50 – Rozporządzenie Prezesa Głównego Urzędu Ziemskiego w przedmiocie wykonywania ustawy z dnia 7 maja 1920 r. ze zmianami, wprowadzonemi ustawą z dnia 7 kwietnia 1922 r. o likwidacji serwitutów na terenie b. Królestwa Kongresowego. Sowie Rozporządzenie Prezesa Głównego Urzędu Ziemskiego z dnia 14 grudnia 1922 r. o wykonaniu ustawy z dnia 10 stycznia 1922 r. w przedmiocie likwidacji serwitutów w województwach: wołyńskiem, poleskiem i nowogródzkiem oraz w powiatach: białostockim, bielskim, grodzieńskim, sokólskim i wołkowyskim województwa białostockiego.
246 Siebert 1990, S. 138.
247 Dz.U. RP 31.07.1923, poz. 718, §7a.
248 Dz.U. RP 27.02.1924, poz. 266, §12.

der Auflösung der Servitute kann erst erreicht werden, wenn das Dorf später flurbereinigt wird. Die Flurbereinigung nämlich [erst] erhöht den Besitzstand der Bauern und ermöglicht ihnen, Waldböden zu Feldern oder Wiesen zu entwickeln. Wenn aber die Entschädigung im Gemeinschaftsbesitz verbleibt, und so geschieht es [ja] in der Regel, wenn das Dorf nicht flurbereinigt wird, dann verliert der Bauer".[249]

Wid ging davon aus, dass den einzelnen Familien die Auflösung der Servitute nichts bringen würde, solange der Boden in der Allmende, im Gemeinbesitz der Dorfgemeinschaft verbleiben würde, begründete dies aber nicht. Für ihn als modernen Kommentator der zeitgenössischen Entwicklung schien nur der familiär genutzte Acker, vielleicht noch die Wiese und Weide einen Nutzen zu versprechen, wobei er aber nicht die unterschiedlichen Interessen einer modernen polnischen Gesellschaft und der einzelnen polesischen Bauernfamilien analysierte. Für seine Position kann der Autor in Anspruch nehmen, dass es tatsächlich Dörfer gab, die eine Flurbereinigung vornehmen wollten.

Was man tat. Bis 1924 waren in Polesien 360 Betriebe mit 2.821 Hektar abgelöst worden,[250] keine 0,1 % der Gesamtfläche Polesiens. Bis 1925 ging die Auflösung der Servitute schleppend voran; in diesem Jahr hatte es einen „Rekord" von 18.928 Hektar aufgelöster Servitute in ganz Polen gegeben, bis 1929 waren in Westpolesien 51.228 ha, bis 1933 118.780 ha[251] Servitutflächen liquidiert worden; hiervon waren 14.283 Höfe betroffen,[252] also rund zwei Drittel aller Höfe, die überhaupt Servitute genutzt hatten. Polenweit löste man bis 1938, hauptsächlich in der Zeit von 1927 bis 1933, 280.500 Höfe, mit 595.300 Hektar betreffende Servituten auf.[253]

Wenn die Bodenkommissionen wie gesetzlich vorgesehen mit der Auflösung der Servitute auch noch eine Flurbereinigung verbinden wollte, verkomplizierte sich das Verfahren. Der polesische Wojewode berichtete zum Beispiel nach Warschau, dass im Kreis Kosava die freiwillige Auflösung der Servitute nicht gelungen und die Angelegenheit nun vor Gericht gegangen war; der Wojewode ging von einem länger andauernden Prozess aus.[254] Später, am 19. Februar 1929 wiederholte sich der Wojewode, er könne die Durchführungsfrist bis zum Ende des Monats nicht einhalten, weil die Sache immer noch gerichtsanhängig sei.[255]

In einem Rundschreiben aus der Anfangszeit des Sanacjaregimes, genauer am 8. August 1927, forderte der Direktor der Landwirtschaftsabteilung des Ministeriums für Landwirtschaft und Agrarreformen bei den Wojewoden „energische Schritte" zu einer „vollständigen Auflösung der Dienstbarkeiten" ein – sei es freiwillig oder unter Zwang.[256] Am 26. Januar 1928 wurde schon Durchführung gemeldet: „Die Aktion der Liquidierung der Dienstbarkeiten, die staatliche Agrargüter auf Kosten landwirtschaftlicher Flächen belasten, sei es durch freiwillige Vereinbarungen oder durch Zwangsmaßnahmen, sind grundsätzlich durchge-

249 Wid 1928, S. 20.
250 Benecke 1999, S. 98.
251 Laeuen, Harald: Östliche Agrarrevolution und Bauernpolitik, Breslau 1934, S. 20f.
252 Bor'ba trudjaščichsja tom 1, Minsk 1962, #77, S. 126.
253 Mały rocznik statystyczny 10(1939), S. 70.
254 AAN 13/378/329.
255 AAN 13/378/426-427.
256 AAN 13/378/17; vgl. AAN 13/378/329.

führt.“[257] Zuweilen biss sich der Staat an der Servitutenauflösung die Zähne aus. Jedes Servitut musste in einem Zug abgelöst werden.[258]

Der Pro-Sanacja-Autor T. Wid meldete gewisse Erfolge. Bis 1927 seien in Polesien nur 12 Dörfern mit 1.065 Höfen 6.560 Hektar als Eigentum übergeben worden. Allein im Jahr 1927 waren es nun 46 Dörfer mit 4.335 Höfen, die 10.240 Hektar übertragen bekamen, und im selben Jahr darüber hinaus Servitute von 36 Dörfern mit 4.500 Höfen und 12.940 Hektar zwangsweise aufgelöst worden.[259] Trotz der starken Erhöhung waren diese 82 Dörfer nur ein Tropfen auf dem heißen Stein. Im Jahr 1927 hat ein neues Gesetz bezüglich der Normen der Auflösung der Dienstbarkeiten das Verfahren vereinfacht.[260]

Doch Wid sollte Recht behalten: in der Nach-Mai-Sanacja-Zeit wurden sehr viel mehr Servitute aufgelöst als zuvor. Während es 1927 einen bescheidenen Anstieg auf 625 abgelösten Betrieben mit 5.194 Hektar Boden gab, so steigerte sich der Wert 1928 auf 6.898 Böden mit 22.159 Hektar, 1929 auf 6.400 Höfe mit 21.054 Hektar, und auch in den Jahren 1930 bis 1938 wurden zusammen 31.137 Höfe (3459 je Jahr durchschnittlich) mit einem Besitzwechsel von allerdings nurmehr 63.272 Hektar (7030 je Jahr) abgelöst.[261] Der Großgrundbesitz hatte 1928 und 1929 eine große Menge an Boden zur Ablösung grundsätzlich bereitgestellt.[262] Insgesamt wurden etwa 120.000 Hektar Servitute aufgelöst.[263]

Werner Benecke sieht im Gegensatz zu Wid hier rein wirtschaftliche Gründe walten: in der Hochkonjunktur bis 1929 hätten die Großgrundbesitzer, die Waldbesitz dank des mengenmäßig und preislich steigenden Holzexports teuer verkaufen wollten, einer Ablösung der Servitute auch unter schlechteren Bedingungen zugestimmt. Tatsächlich waren die Waldbesitzer großzügiger, als die Bauern erwartet hatten.[264]

Barański gab die in den *kresy* herrschende Regel des Grundstückwertes von 80 % Wald, 20 % Boden wieder.[265] Diese Regel dürfte auch für die Sumpfgebiete Polesiens gegolten haben, weil dort zwar der Wald langsamer nachwuchs und weiter entfernt von den Bahnstrecken und brauchbaren Straßen war, aber eben auch der Boden dadurch weniger Wert war.

Noch allein im Jahr 1938 wurden für etwa 1.200 Höfe in der Wojewodschaft Polesien die Servitutenrechte ausgelöst, wodurch diese 2.300 Hektar erhielten. Eine Liquidierung in Geld fand nicht statt.[266] Die Bauern erhielten aber die schlechteren, versumpften Flächen. In der westlichen Belarus' waren bis 1936 3387 Servituten aufgelöst, das betraf 134.160 oder 38,5 % aller Bauernhöfe.[267]

Reaktionen der Bauernschaft. Schon im 19. Jahrhundert hatte es Konflikte um die Servitute gegeben. Durch die En-bloc-Vergabe trat das Dorf als Rechtskörper auf. Dies erforderte und förderte eine gemeinschaftliche Zusammenarbeit innerhalb des Dorfes. Die Servitute waren den modernen Grundbesitzern, die den Boden mehr und mehr als eine Ka-

257 AAN 13/378/35-37.
258 Benecke 1999, S. 99.
259 Wid, T.: Polesie w okresie rządów pomajowych. Br.[est?] 1928, S. 20.
260 Razuvanava 2013, S. 41.
261 Benecke 1999, S. 100.
262 Benecke 1999, S. 99-100.
263 Eigene Schätzung.
264 Tochtermann, S. 14, zitiert in: Benecke 1999, S. 101-102.
265 Barański, W.: Kwestja drzewna w Polsce, Warszawa 1928, S. 45, zitiert in: Benecke 1999, S. 101.
266 Mały rocznik statystyczny 1939, S. 70.
267 Razuvanava 2013, S. 41.

pitalanlage betrachteten, hinderlich,[268] für die Bauern aber sehr wichtig. „Die Bauern, die alle Bequemlichkeiten schätzen, die ihnen die Weideservitute darstellen, verweigern entweder ganz ihre Zustimmung [zur Auflösung der Servitute] oder wenden sich an den Eigentümer mit solchen Forderungen, die jener nicht zu erfüllen in der Lage ist", heißt es daher in einem Bericht über das Gouvernement Minsk. Von 1167 Gutsländereien konnten in 25 Jahren konnten bis 1899 nur in 120 die Servitute auflöst werden.[269]

Da die Bauern die Weide- und Waldnutzungsrechte, also die Servitute auch als wichtig für die Bedürfnisse des Dorfes ansahen,[270] verschärften sich die ohnehin nicht seltenen Konflikte zwischen Grundbesitzenden und Nutzungsberechtigten, wenn es um die Auflösung dieses Instituts ging. Immer wieder waren die Bauern mit der Auflösung der Servitute unzufrieden. Oft gab es wegen dieser Frage Auseinandersetzungen mit der Polizei oder den Waldmeistern, wie in verschiedenen Berichten verzeichnet ist. 1933 berichtete die KPZB sogar von 1.500 Menschen, die sich in der Gegend um Pružany gegen diese Maßnahmen wandten und mit dem Forstwart ein Scharmützel lieferten.[271]

In dem Ort Hanna (Kreis Brest) wollte der Grundherr auf einem Servitut Wald abholzen lassen, aber die Bauern waren schneller, sie kamen ihm zuvor und schleppten das Holz weg.[272] Der Pinsker Kreisvorsteher schrieb 1932 an die Wojewodschaftsverwaltung, dass es auf verschiedenen Landgütern mit Servituten zu scharfen Konflikten komme, die zu „direkten Zusammenstößen mit der Verwaltung" führten. Auf dem Landgut Bogdanowka (Landkreis Luninec) hatte der Besitzer einen Teil des Bodens, der von den Dorfbewohnern als Servitut genutzt wurde, verkauft; der neue Besitzer wurde an der Nutzung des Stücks gehindert, erreichte sein Ziel aber mit Polizeischutz. Im Dorf Zahor'e machten die Bauern trotz eines gegenteiligen Gerichtsentscheides weiter von einem Servitut Gebrauch. Der Kreisvorsteher berichtete, dass die Bauern den betreffenden Boden als ihnen gehörig betrachteten.[273] Verschiedene Beispiele ließen sich ergänzen.[274]

Zusammenfassung. Die nicht zuletzt eben durch die Vergabe der Servitutenrechte als rechtliche Körperschaft legitimierten Dorfgemeinden und die in ihr organisierten Bauernfamilien blieben gegenüber der Ablösung der Servitute reserviert. Es ging dabei nicht nur um die praktisch gar nicht leicht zu beantwortende Frage einer wirtschaftlichen Äquivalenz[275] zwischen einem wertmäßig schwer zu ermittelndem bäuerlichen Anteil an einer Dienstbarkeit in einem Wald oder auf einer Weide, und andererseits einem Stück Land mit seinen je nach Lage und Bodenbeschaffenheit selbst bei gleicher Größe unterschiedlichem Gebrauchswert.

Es ging um mehr als dies. Denn die Dienstbarkeiten hatten auch eine soziale Funktion. Nicht jedem und jeder passte es, wenn die Dorfgemeinschaft auf diese Weise zugunsten familiärer Rechte an Bedeutung verlor. Die Servitutenrechte wurden von der Dorfarmut mit

268 Šabunja 1961, S. 446.
269 Ličkov, Leonid Semenovič: Servituty, In: Ėnciklopedičeskij slovar' Brokgauza i Efrona, a.a.O., Band 29a(1900), S. 629-641.
270 Cichoracki 2014, S. 63.
271 Rižskij mir, kniga 1, 2014, S. 313-314.
272 Polujan 1978, S. 157.
273 Alles Polujan 1978, S. 157f.
274 Razuvanava 2013, S. 43.
275 So Benecke 1999, S. 98-99.

der Möglichkeit zu überleben identifiziert. Obrębski ging davon aus, dass die Nutzung der grundherrlichen Weiden- und Wald-Böden für die Bauern mit seiner „wirtschaftlichen Psychologie“ erklärbar sei.[276] Ich möchte noch einen Schritt weiter gehen und die Frage aufwerfen, ob nicht die Aneinanderbindung von Grundherren und Bauernfamilien durch die Servitute einen Kitt der sozialen Beziehungen ganz ähnlich dem Prinzip Kredit-Kreditbedienung darstellte, wie es Graeber für die Weltgeschichte beschrieben hat.[277] Die Bauernfamilien schätzten hierbei weniger, wie zuweilen behauptet, einen Paternalismus der Grundherren, sondern das Wissen um die Verschachtelung. Zudem empfanden die Familienvorstände es geradezu als Entehrung, wenn ihnen seit Generationen überlieferte Rechte abgelöst werden sollten, wie Veronika Wendland für Galizien nachgewiesen hat.[278]

Angesichts dieser Situation zählte für die Bauern das faktische Nutzungsrecht mehr als das formale Eigentumsrecht. Sie legten großen Wert auf die Erhaltung ihrer Ansprüche. Warum warfen sie Geldbeträge zur Finanzierung eines Anwalts zusammen oder zerstörten neu errichtete Marksteine?[279] Für die Bauernfamilien stellte ihr überliefertes Recht offensichtlich einen über den ökonomischen Vorteil der Nutzungsmöglichkeit hinausgehenden Wert dar. Dabei sollten wir festhalten, dass diese Rechte – hier an Servituten – nicht identisch mit den heute bekannten „Eigentumsrechten“ waren. Im Gegenteil.

Vom modern-rechtsstaatlichen Denken her bedeutete die Auflösung der Servitute eine erwünschte Entflechtung komplizierter rechtlicher Bindungen. Agronomen und Politiker sahen darin, insbesondere wenn sie zusammen mit einer Flurbereinigung erfolgte, einen Modernisierungsschub, der eine höhere Produktivität in der Land- und Forstwirtschaft und schließlich mehr Wohlstand auch für die kleinbäuerlichen Familien selbst bewirken würde. Daher konnten sie sich Widerstand gegen die Servitutenauflösung nur durch einen angenommenen irrationalen und unökonomischen Konservatismus oder dadurch erklären, dass der bäuerliche Anteil bei einer Rechts-Teilung als zu gering bewertet wurde. Ersteres Argument wurde auch in wissenschaftlichen Kreisen gebracht: Die Auflösung der Servitute rief zuerst Unzufriedenheit hervor, „aber deshalb, weil der Poleschuk misstrauisch ist“.[280]

Solange die Bevölkerung noch nicht stark angestiegen war, verschenkten sich die Grundherren mit der Auslösung von auf Servitutenrechten beruhenden Grundstücken wenig, denn sie konnten ohnehin nicht neben jeden Bauern einen Aufpasser stellen. Die Grundherren unterschätzten das Problem und dessen Anwachsen, und aus Sicht von manchen Großgrundbesitzern blieb es tatsächlich lapidar, während andere mit ihren „ständigen Berichten über Wilddiebe und Holzdiebstahl“[281] den Antagonimus zum „Dorf“ beschleunigten.

---

276 Obrębski 2007, S. 292-293.

277 Graeber, David: Schulden: die ersten 5000 Jahre, 5. Auflage, Stuttgart 2012.

278 Wendland, Anna Veronika: Die Russophilen in Galizien: ukrainische Konservative zwischen Österreich und Rußland, 1848–1915, Wien 2001.

279 Polujan, Vladimir Aleksandrovič: Revoljucionno-demokraticeskoe dvizenie v zapadnoj Belorussii (1927–1939gg.), Minsk 1978, S. 156.

280 Diskussion über ein Referat Obrębskis [im Jahr 1936], In: Obrębski 2007, S. 323-324.

281 Orwid-Bulicz, Roman: Der Preis des Sieges, Bonn 1967, S. 17.

4.6 Landschaftsintervention 2: Die Zusammenlegung von Flurstücken und die Errichtung von Chutora als Auflösung von Verpflichtungen in der Dorfgemeinschaft

Als weitere Modernisierungsaktivität ist uns die Flurbereinigung *(komasacja)* als Maßnahme zur Zusammenlegung verstreut und verschachtelt liegender Feldflure im vorigen Kapitel bereits begegnet. Das Plädoyer, ja das Drängen der Agronomen und der Staatsmacht auf Flurbereinigungen waren überall in Europa zu beobachten, wo Realerbteilung und somit Zersplitterung der Ackerstücke existierte.

Ausgangszustand. Wenn die Grundstücke von 70 % der Höfe auf sechs oder mehr Parzellen verteilt waren,[282] war es gerade in Polesien „unter solchen Bedingungen schwer, an eine ordnungsgemäße Fruchtfolge, an starke Düngung usw. überhaupt nur zu denken."[283] Etwa 63 % der 141.068 Betriebe mit einer Größe von unter 50 Hektar sollen „in Streulagen" gewirtschaftet, dies selbst nicht gut gefunden und eine Flurbereinigung befürwortet, hingegen eine damit verbundene Aussiedlung auf Einzelhöfe außerhalb des Dorfes *(chutora)* abgelehnt haben.[284]

Was man vorhatte. Die ersten Gesetze über die Flurbereinigung waren in den 1920er Jahren geschaffen worden. Das Gesetz über die Zusammenlegung von Grundstücken aus dem Jahr 1923 sah als Ausnahme vor, dass Grundbesitzer eine Zusammenlegung von „rational ausgebeuteten beziehungsweise vorbildlich bewirtschafteten" Torfböden ablehnen können.[285] Der Gesetzgeber sah denn auch hauptsächlich die Bereinigung von Fluren in Gemengelage und verengten Feldern vor.[286]

Eine Flurbereinigung galt zudem als sinnvoll, im Zuge der Melioration (dazu unten), speziell dem Bau von Abwasserkanälen durchzuführen, denn die Kanäle sollten sich ja idealerweise nicht nach den in Gemengelage befindlichen Flurstücken richten, sondern nach der Beschaffenheit der Böden und den geografischen Begebenheiten. Aber auch falls eine Flurbereinigung schon durchgeführt worden sei, gestalte sich die Melioration in „möglichst langen, einfachen Abschnitten" der Kanäle schwieriger, weil ein Abscheiden von Teilstücken verschiedener Eigentümer viele Schwierigkeiten hervorrufe. Diese Schwierigkeiten gäbe es nicht, wenn die Flure mit ihren neuen Grenzen und die Kanäle an deren Rand in einem Zug festgelegt würden, lesen wir in einer der nicht sehr langlebigen zeitgenössischen Zeitungen.[287]

Doch nur ein Teil der Arbeiten im Zusammenhang mit der Vermessung und Neuvermessung der Grundstücke wurde auf Staatskosten betrieben. Man sah ein wohlgeordnetes, aber daher nicht unkompliziertes konkretes Verfahren vor (siehe unten). Werner Benecke schreibt sehr richtig, dass Warschau die Flurbereinigung als das Herzstück der Agrarrefor-

282 Errechnet nach Kwartalnik Statystyczny 1925, Tabelle 1a, zitiert in: Benecke 1999, S. 106. 5,5 % der ursprünglichen Höfe waren auf über 20 Anteile aufgeteilt; 70,4 % auf über 6 Anteile; 94,5 % auf immerhin 3 Anteile.

283 Rolnictwo na Polesiu, In: Polesie 1(5.8.28), Nr.1, S.4.

284 Benecke 1999, S. 84, 86.

285 Dz.U. RP 1923, poz. 718 vom 31. Juli 1923, §3f.

286 Dz.U. RP Nr. 26 (1924) poz. 266; Dz.U. RP Nr. 15 (1926), poz. 84.

287 Gazeta Poleska, Jg. 2, Nr. 2, 07.01.1934, S. 7, inż. B. Galicki, In: AAN, Bestand 323/0, Akta Kazimierza Lewińskiego, Sign. 64, 1933–1934.

men ansah, sich öffentlich viel von ihr versprach, damit zugleich aber Erwartungen weckte, die dann nicht einfach zu befriedigen waren. Auf dem Verwaltungswege anzuordnen, dass im Jahr 1925 einfach mal Grundstücke von 40.000 Hektar zusammenzulegen seien, war doch sehr voluntaristisch. Die Landvermesser selbst erachteten die Staatsverwaltung als zu bürokratisch.[288]

Was man tat: 1920er. So wurden in Polesien bis 1926 überhaupt keine Flure bereinigt, 1926 dann 24.893 Hektar, 1927 weitere 26.000 zusammengelegt.[289] 1928 arbeitete man in Polesien an der Zusammenlegung von 152.000 Hektar Boden. Im Vergleich dazu waren in der Periode des Russischen Reich insgesamt 93.000 Hektar flurbereinigt worden. Die gesamte Flurbereinigung würde noch 25 Jahre andauern. Doch 1934 berichtete man weiterhin über noch Streulage, wie auch über „Enklaven", d. h. über Grundstücke innerhalb eines einzigen Grundstücks eines anderen Grundbesitzers. Schon dann, wenn sich Besitzer von mindestens 25 Hektar zusammen gefunden hatten, wollte die Verwaltung in der Regel mit der Flurbereinigung beginnen. Nach einer positiv erfolgten Prüfung eines Antrags wurde ein Beirat gewählt, ein Projekt ausgearbeitet und den Beteiligten zur Billigung vorgelegt.[290]

In Polesien hatte man 2.936 Höfe in der Zeit von 1919 bis 1927 kommassiert, aber die „schwebenden Verfahren" umfassten 35.358 Höfe.[291] Von 31 Monaten Dauer vom Beginn bis zur Verwirklichung einer Flurbereinigung gingen Landvermesser selbst dann aus, wenn keine Einsprüche auf dem Rechtsweg erfolgten. Die Institutionen versuchten, den „Zustand der abwartenden Passivität" der Vorstände der Bauernfamilien „so effektiv wie möglich zu verkürzen".[292]

Pläne in den 1930ern. Mit der Verbesserung der Pflanzenproduktion befassten sich auch verschiedene örtliche Zirkel (*koła)* der Gesellschaft zur Entwicklung der Ostgebiete (*Towarzystwo Rozwoju Ziem Wschodnich*, TRZW). Diese bildeten die unterste Ebene dieser Organisation. Offensichtlich als Antwort auf einen Fragebogen, bei der die Zirkel die Bedarfe vor Ort beschreiben konnten, legte der *koło* von Pružany am 17. August 1935 dar, dass die landwirtschaftliche Entwicklung von Flurbereinigung und Melioration abhänge: „Bei dem gegenwärtigen Tempo dieser Aktion kann man eine hundertprozentige Verwirklichung in 25 bis 30 Jahren erwarten. Oft sind [gegenwärtig] 4 Hektar aus 50 oder mehr getrennten Ackerstückchen zusammengesetzt. Da ist eine rationelle Bodenbewirtschaftung nicht möglich."[293]

Was man tat 2: 1930er. Schließlich wurde die Flurbereinigung in den 1930er Jahren eine im Sinne der Modernisierer erfolgreiche Aktion. Was 1926 mit einem „Objekt" mit 77 Höfen und 850 Hektar begonnen hatte, erreichte bis zum 1.1.1938 einen Wert von 578.130 Höfen und 501.508 Hektar in „unserer Region" (leider keine genaueren Angaben), „von Jahr zu Jahr wachsend". Alleine 1937 waren 74 Objekte mit 12.119 Höfen und 87.538 Hektar dran.[294] In einer anderen Ausgabe berichtete die Zeitschrift Polesie, allein in Polesi-

288 Benecke 1999, S. 106, 108, 112-113.
289 Laut Wid, T. 1928, S. 20.
290 Benecke 1999, S. 107.
291 Reforma rolna w Polsce, Warszawa 1929, S. 90.
292 Benecke 1999, S. 111.
293 Der TRZW Koło w Pružanie 17 sierpnia 1935 r., In: AAN 2678- 3, Blatt 4-7 und Blatt 19-21.
294 Polesie. Tygodniowe Pismo, Rok 1, Nr. 3, 18. September 1938, S.7, *Sprawy gospodarcze.*

en seien durch die Flurbereinigung Parzellen auf 530.850 Hektar zusammengelegt worden,[295] wovon 61.457 Höfe profitierten. Auf 240.000 Hektaren seien 6.963 neue selbstständige Höfe hervorgegangen, zudem konnten 25.600 Zwerghöfe vergrößert werden konnten.[296]

Von den bis 1938 über 500.000 Hektar zusammengelegten Fluren, bei denen etwa 70.000 Höfe tangiert waren, entfielen auf die 1920er Jahre gerade einmal 109.000 Hektar mit 10.000 Höfen.[297] Im Jahr 1936 beispielsweise wurden im Polesischen Wojewodschafts-Amtsblatt (*Poleski Dziennik Wojewódzki)* zahlreiche kleine Texte über vollzogene Flurbereinigungen verzeichnet.[298] Insgesamt hielt man die Aufgabe für gelöst.

Die Zeitschrift Polesie schaute zufrieden und optimistisch auf die kommenden Flurbereinigungen: Noch 412 Objekte seien bislang nicht erforscht, was 10 Jahre Arbeit bedeute. Als wichtiger Faktor wurde angegeben, dass „die Differenz zwischen dem von dem Bauern bezahlten Preis und den tatsächlichen Kosten der Staatsschatz“ deckt. Vorgesehen war für 1938/1939, auf 188 Objekten 32.936 Höfe betreffende Flurbereinigungen auf 261.307 Hektar durchzuführen; zum Berichtszeitpunkt seien schon 48 % der Arbeiten vollführt.[299]

Warum gelungen? Die Flurbereinigung wurde erst seit 1926, dann forciert in den 1930er Jahren unter viel Druck vom Staat durchgeführt. Ein Autor führte an, dass „dies bezeugt, das der polesische Bauer den Nutzen verstanden hat, der aus der Bewirtschaftung (*gospodarowanie)* nach rational aufgebauten Arbeitsvorhaben hervorgeht. Heute erfordert die Flurbereinigung schon keine Propaganda mehr unter den Bauern. Positive Ergebnisse in den flurbereinigten Objekten sind die beste Propaganda.“[300] Er ging sogar von einer höheren Nachfrage aus: aus Finanzierungs- und Personalgründen könne allerdings der Bedarf der Bevölkerung nicht vollständig befriedigt werden, die gerne ihre vermengten Böden zusammenlegen möchte.

Qualität der Flurbereinigung. Die staatlichen und wissenschaftlichen Propagandisten der Flurbereinigung hatten zuweilen übertriebene Vorstellungen: „Unter den Bedingungen Polesiens, wo wir eine besonders tückische Gemengelage haben, machen wir keinen großen Fehler, wenn wir darlegen, dass die Ernteerträge in den zusammengelegten Höfen um 50 % steigen“, lesen wir in einer Zeitschrift aus dem September 1938. Diese Behauptung versuchte der Autor damit zu belegen, dass

> „die in Polesien angewandte Dreifelderwirtschaft 33 % der Böden als Brache belässt, was nach der Zusammenlegung sich zu einem Minimum verringert oder gänzlich verschwindet, 10 % bringt [die Nutzung der bisher] ungewöhnlich häufigen Furchen ein, sowie kleinere Stücke von ungenutzten Böden, 7 % können wir kühn auf die Erhöhung der Ertragsfähigkeit aufgrund der Möglichkeit der Anwendung rationellerer Wirtschaftsmethoden zurückführen.“[301]

295 Also eine ähnliche Zahl wie eben zitiert.
296 Polesie. Nr. 11, 13.11.1938, S. 7.
297 Cichoracki 2014, S. 61 mit einer Aufschlüsselung nach Jahren.
298 Poleski Dziennik Wojewódzki Nr. 7, 30.05.1936, S. 91-94 und Nr. 8, 26.06.1936, poz. 59-60, In: AAN Bestand 63, Związek powiatów RP, Sign. 591.
299 Sprawy gospodarcze, In: Polesie, Rok 1, Nr. 3 (18.09.1938), S.7.
300 Ebenda.
301 Ebenda.

Dies sei aber schwer zu verallgemeinern, weil die Flurbereinigung eine weitgehende Individualisierung der Wirtschaften, in Abhängigkeit von den Neigungen und Fähigkeiten der Eigentümer bedeute.[302]

Hier haben wir ein Paradebeispiel für einen modernistischen Zweckoptimismus. Gönnen wir dem Artikelschreiber seine Beweisführung, doch lassen wir nicht dessen schematische Grundannahmen außer acht: eine Brache hatte ihren Sinn, der Boden regenerierte sich, denn durch zu enge Fruchtfolgen nimmt der Humusgehalt im Boden ab.[303] Eine verbesserten Dreifelderwirtschaft, bei der nicht alle drei Jahre brach gelassen wird, hätte daher nicht einfach die Erträge um 33 % erhöhen können. Ohnehin war eine Flurbereinigung eine vielleicht notwendige, aber sicherlich keine hinreichende Bedingung für die Einführung einer Fruchtwechselwirtschaft oder verbesserte Dreifelderwirtschaft. Auch dürften die Furchen bedeutend weniger als 10 % der Anbaufläche ausgemacht haben.

Widerstand? Die Bauernfamilien waren gegenüber der Zusammenlegung ihrer Flächen aufgeschlossen, konnten aber befürchten, dass sie zu wenig Fläche bekamen, zu hohe Steuern zu entrichten hatten oder anderswie übers Ohr gehauen würden. Die kommunistischen Kräfte polemisierten ebenfalls gegen die Flurbereinigung, denn gewiss war gerade die ältere Generation noch gar nicht an die polnische staatliche Herrschaft gewöhnt und hegte daher Misstrauen. Eine kommunistische Zeitung hatte für die „so angepriesene Flurbereinigung“ wenig übrig: „Was hat die denn dem armen und mittleren [Bauern] gebracht? So, wie wir ohne Land waren, so bleiben wir es auch.“[304] Tatsächlich hatten landlose und landarme Bauern nichts von einer Flurbereinigung.

Flurbereinigung wurde als modernisierende Maßnahme von Pro-Sanacja-Kräften befürwortet und im Wahlkampf beworben.[305] Doch gegen die Maßnahmen sprach auch das Kostenargument. Schon die Gesetze der 1920er Jahre enthielten Passagen über die Kosten der Flurbereinigung und deren Aufteilung. 1938 kostete die Zusammenlegung von einem Hektar Boden die Bauernfamilien grundsätzlich 15 zł.[306]

Im Landkreis Stolin leisteten die Betroffenen aktiven Widerstand gegen Landvermesser und Polizei, während der Chutorisierung kam es zum Verprügeln eines mit der Durchführung der Neuaufteilung beauftragten Landvermessers durch einen allerdings nicht normalen Bauern. Doch konnten dies Einzelfälle sein. Piotr Cichoracki hält es für ausgemacht, dass die Dörfler nicht grundsätzlich gegen Flurbereinigungen eingestellt gewesen seien.[307] Tatsächlich hatten dies selbst die zeitgenössischen Kommunisten anerkannt.

Chutora. Vielleicht waren auch nicht die Flurbereinigung als solche bei den Bauernfamilien unbeliebt, sondern die damit oft einhergehende Aussiedlung bäuerlicher Betriebe als Chutora (Einzelhöfe), die auch in der Zeit der Wirtschaftskrise energisch betrieben wur-

302 Ebenda.

303 Bodenatlas, Berlin 2015, S. 18.

304 Czerwony Sciah [Rote Fahne] vom Dezember 1928. Übersetzung ins Polnische, Brief vom Wojewoden Polesiens an die Starosten vom 4. Juni 1929, In: AAN 1183, Sign. 71, S. 4-5.

305 Mateusz z Polesia: Polesie dziś i dawniej, [Brześć n. Bugiem] 1930, S. 14.

306 Polesie. Rok 1, Nr. 3, 18 września 1938, S.7.

307 Cichoracki, Piotr: Województwo poleskie 1921–1939. Z dziejów politycznych Polesia, Łomianki 2014, S. 62.

de.[308] In der Tat hätte die Aussiedlung auf Chutora wenig ökonomischen Sinn gehabt, wenn sie nicht mit einer Flurbereinigung verbunden gewesen wäre.

Vorsicht ist geboten, ob mit *Chutorisierung* aber immer auch eine räumliche Verlegung des Hofes weg vom Dorf gemeint war, denn das Polnische kennt nicht den im Russischen (allerdings auch hier eher in der Fachwelt) bekannten Unterschied zwischen dem Chutor (polnisch auch: futor), der ab vom Dorf einzeln liegt und dem Otrub, der zwar aus der der Landumverteilungs- und Steuerhaftungsgemeinde, der *obščina* ausschied, aber im Dorf verblieb.

Auf keinen Fall sollten wir die größere Sicherheit, die das Dorf bot, gerade in bewaldeten, dünn besiedelten Gebieten wie Polesien unterschätzen. Ein Weniger an familiärer Freiheit konnte durch ein Mehr an sozialer Kontrolle deutlich wettgemacht werden.

Bewertungen und Schlussfolgerungen. „Man kann schlecht gegen seine Infrastruktur leben", sagte Reinhard Loske einmal, der dabei Dinge im Blick hatte wie die, dass private westeuropäische Haushalte bei noch so viel Energiespraren es nicht vermögen, so wenig an CO_2 auszustoßen und Energie zu verbrauchen wie durchschnittliche indische. Der schon mehrmals zitierte T. Wid sah in der Flurbereinigung eine solche paukenschlagähnliche Maßnahme, die es ermögliche, „aus solchen Strukturen heraus zu kommen, in der sie [die Bauern] sich gegenwärtig befinden".[309]

Insofern war eine Flurbereinigung eine sehr typische Modernisierungsmaßnahme. Es galt das Versprechen, sichtbar in der Wirklichkeit, sichtbar auf den Ortskarten der Agronomen, Technologen und Modernisierer, sichtbar an den Ernteerträgen, eine Verbesserung für alle Seiten zu bewirken. Die Felder waren auch nach der Flurbereinigung klein genug, als dass die ohnehin noch nicht verbreitete Kritik allzu einseitiger Anbauweise hier evident gewesen wäre.

So spricht denn auch die neuere belaruthenische Geschichtsschreibung von Flurbereinigung als einer objektiv progressiven Erscheinung,[310] es seien eben nur alle Kosten auf den Rücken der Bauern abgewälzt worden.[311]

Kritik oder Widerstand aus der Bauernschaft würden aus dieser Sicht nur dann zu erwarten gewesen sein, wenn die bäuerlichen Haushalte, oder einzelne von ihnen, sich betrogen fühlten, oder wenn sich ihr vielzitierter Konservatismus sich gegen Neuerungen aller Art grundsätzlich gewandt hätte. Ersteres konnte viele Gründe haben, da Flurstück nicht gleich Flurstück war. Diese Tatsache, die Leute vom Fach sehr wohl in Rechnung stellten, und die Ivan Melež in der Belletristik für Polesien als Quelle dörflichen Ärgernisses beschrieben hatte,[312] konnte dazu führen, dass sich eine Neuaufteilung lange hinzog.

Flurbereinigungen, insbesondere, wenn sie mit anderen Maßnahmen wie der Auflösung der Servitute oder mit Melioration verbunden waren, konnten neben den immer wieder genannten Vorteilen weniger Flurzwang, größere Anbaufläche und kürzere Wege für die Bauern aber auch negative Eigenschaften aufweisen, da sie die Kapitalisierung des Bodens för-

308 Vgl. Razuvanava 2013, S. 39; Rižskij mir, kniga 2014, kniga 1, 2014, S. 319; Tołpa, Stanisław: Z wędrowek po Polesiu, Lwów 1936, S. 136.

309 Wid 1928, S. 19.

310 Istoryja belaruskaj dzjaržaŭnasci ŭ kancy XVIII – pačatku XIX st.: u dzvjuch knihach, Band 1, 2011, S. 568; ebenso Razuvanava 2013, S. 40.

311 Ebenda, S. 41.

312 Melezh, Iwan: Menschen im Sumpf. Roman, Berlin 1974.

derten. „Warum die Bauern sich gegen Flurbereinigung wandten, obwohl sie vom ökonomischen Standpunkt aus nur Vorteile zu bieten schien, blieb den polnischen Modernisierern unklar".[313] Und schon den polnischen Zeitgenossen blieb eines nicht verborgen: „Die Angst der Bauern davor, gezwungen zu sein, den Boden unter den Füßen zu verkaufen, war nur allzu berechtigt."[314] Was als rückständig erschien, und was von Obrębski doch etwas psychologisiert wurde,[315] war eine sogar ökonomisch durchaus verständliche Reaktion.

Zudem konnten Bauernfamilien den Flurzwang auch als ein sozialen Kitt der Dorfgemeinschaft ansehen, der ihnen zwar die Möglichkeit nahm, eigenen Bedürfnissen und Fähigkeiten entsprechend anzubauen; aber den anderen Dorfbewohnern und potenziellen Aufkäufern eben auch. Das oben für die Auflösung der Servitute Gesagte galt auch hier.

Je weniger die Ausdehnung der landwirtschaftlich, und speziell ackerbaulich genutzten Fläche mit dem Anstieg der Bevölkerungs- und Hofzahl mithalten konnte, und je mehr Erbteile in der achtzehnjährigen Friedenszeit in Polesien bis 1939 aufzuteilen waren, desto kleiner wurden die aufgesplitteten Flure, desto größer der Druck, Flure zu bereinigen. Im Ergebnis überwogen für die meisten bäuerlichen Haushalte die Vorteile dieser Modernisierungsmaßnahmen.

4.7 Landschaftsintervention 3: Die Parzellierung

Das Dritte und Letzte, was gemeinhin als konstituierender Bestandteil der Agrarreform *(Reforma Rolna)* angesehen wurde, war die Parzellierung. Die Parzellierung begriffen die Bauern als Herzstück der Reform, allerdings hatten sie ein gesteigertes Interesse nur dann, wenn keine oder nur geringe Entschädigungen für die Übereignung aus Grundherren- oder Staatsland zu zahlen waren.

Politische Positionen. Die Bauern- und die Linksparteien waren entschiedene Befürworter der Landaufteilung oder doch -abteilung und agitierten für die Agrarreform. In Polesien traf sich der Politiker der Bauernpartei *Wyzwolenie* („Befreiung") nicht nur mit Bauern, sondern auch mit den Grundherren. Diese blieben aber gleichgültig gegenüber dem Los der Bauern, waren Vertreter der alten Ordnung. Dies galt auch für den Naturliebhaber Karol Radziwiłł aus dem Ordynat Davydharadok. Die PPS, vertreten durch Stanisław Wolicki, stritt mit den Bauern für Parzellierung, trat aber gegen wilde, vom Staat nicht geregelte Abteilung ein. Abgesehen von verbalem Radikalismus, sagte man, sei das beschlossene Agrarreformgesetz ein „Schritt nach vorne".[316]

Der in der Zwischenkriegszeit im politischen Spektrum nach Rechts gerückte Politiker Władysław Studnicki ging von tatsächlichen, und nicht nur vorgeschobenen Problemen bei der Parzellierung aus: Es habe auch „auch hier eine landwirtschaftlichen Überbevölkerung [gegeben], die im [hohen] Prozentsatz der Zwergwirtschaften unter 2 ha und der Kleinwirt-

313 Siebert 1990, S. 139.
314 Bieńkiewicz 1927, S. 40.
315 Obrębski, Józef: Dzisiesi ludzie Polesia, In: Przeglad socjologiczny, 4(1936), Heft 1-2; Obrębski, Józef: Problem etniczny Polesia, In: Sprawy narodowościowe 10(1936), Heft 1-2.
316 Cichoracki 2014, S. 139-140.

schaften zwischen 2 und 5 ha zum Ausdruck kommt.“[317] Es sei schwierig, „die Wirtschaften mit weniger als 5 ha Nutzland zu vergrößern“. Denn „dem Scheine nach“ sei die Parzellierung leicht möglich. „Auf den Ländereien der größeren Besitze wiegen jedoch die Wälder und das Unland vor“,[318] und da nur 22,6 % der Fläche Ackerboden sei, komme es nicht nur auf die Fläche, sondern auch die Qualität an. Das mag gestimmt haben, aber auch einem waldbewachsenen Boden wären die Polesierinnen und Polesier nicht abgeneigt gewesen, wäre der Zukauf nicht teuer gewesen.

Das erwähnte Gesetz vom 15. Juli 1920[319] sah eine Vergrößerung der Anbaufläche für die bäuerlichen Haushalte vor. Es regelte die Parzellierung, also die Abtrennung von Boden für die Bauern gegen Bezahlung in Höhe von „50 % des durchschnittlichen, örtlichen üblichen Marktpreises“.[320] Doch das Bodengesetz blieb lange auf dem Papier.[321] Seit der Festlegung der Ostgrenze im Frieden von Riga im März wurde zunächst wenig tatsächlich parzelliert. Zudem sah die Verfassung Polens vom März 1921 eine Parzellierung nur gegen „volle Entschädigung“ vor. Es wurden „lediglich Staatsgüter und auf freiwilliger Basis einige Güter durch ihre Besitzer selbst parzelliert“, die man an Bauern „zu Marktpreisen“ verkaufte.[322] Wurde gegen Geld verkauft, so in Dollar oder Goldrubel.[323]

Da die Böden in Polesien ökonomisch betrachtet minderwertig waren, legte der Gesetzgeber im Dezember 1925 schließlich in einem neuen Bodenreformgesetz fest, dass den Besitzern in jedem Fall 180 ha, in den Ostgebieten 300 Hektar Boden, industrialisierten Betrieben sogar 700 ha zu belassen seien,[324] doch stellte dies angesichts der Grundbesitzstruktur in Polesien kein Problem dar.[325]

Auch die Menge des zu parzellierenden Bodens war durchaus gesetzlich geregelt. Als seien die Marktpreise und die hohen Kreditraten nicht ohnehin abschreckend genug gewesen, sah das endlich im Dezember 1925 verabschiedete Bodenreformgesetz eine Vorgabe von 200.000 Hektar jährlich für die ersten zehn Jahre in ganz Polen vor. Wo dies geschehen sollte, das war staatlicherseits jährlich zu bestimmen. Wurde das Jahreskontingent nicht erfüllt, so wurde die fehlende (nicht parzellierte Menge) auf das nächste Jahr aufgeschlagen. „Der Ministerrat teilte die Kontingente unter die Wojewodschaften auf, und die Art und Weise der Durchführung bestimmte jede Wojewodschaft für sich. Einen Zwangsverkauf sollte es nur dann geben, „wenn das Jahreskontingent der freiwilligen Parzellierung nicht realisiert wurde.“[326] In diesem Fall hatte die Regierung eine Liste der zur Zwangsparzellierung bestimmten Güter aufzustellen.[327]

317 Studnicki 1953, S. 147.
318 Ebenda, S. 148.
319 Dz.U. RP 15.07.1920, poz. 462, Ustawa o wykonaniu reformy rolnej.
320 Ebenda, §2a und §6-22; vgl. Benecke 1999, S. 92.
321 Rižskij mir, kniga 1, 2014, S. 252.
322 Landau, Zbigniew und Jerzy Tomaszewski: Wirtschaftsgeschichte Polens im 19. und 20. Jahrhundert, Berlin 1986, S. 133.
323 Benecke 1999, S. 118.
324 Gesetz vom 29. Dezember 1925, veröffentlicht in Dz.U. RP 09.01.1926, No 1, poz. 1, §4; Kacprzak 2009, S. 40.
325 Benecke 1999, S. 310.
326 Gesetz vom 29. Dezember 1925, veröffentlicht in Dz.U. RP No 1 poz. 1 vom 9. Januar 1926, §11, §12, §16-26.
327 Landau/Tomaszewski 1986, S. 132-134.

Wer es machte: Kredit, Bodenbank, BSRH-Bank. Da die allerwenigsten örtlichen Kleinbauern die Möglichkeit hatten, den zugekauften Boden unmittelbar zu bezahlen, mussten sie in der Regel einen Kredit aufnehmen. In der Zeit der Inflation beschloss der Sejm, für mittellose Rückwanderer 20 Milliarden Mark bereit zu stellen.[328]

Das Abteilen von Landstücken aus Guts- und Staatsland erfolgte durch die Bodenbank, eine Parzelle sollte 15 ha, in der westlichen Belarus' 25 ha groß sein. Ein Hektar kostete 610-830 zł; zum Vergleich: eine Kuh kostete 100-120 zł, 1 Zentner Roggen 36-37 zł. Und die Zinsen waren nicht ohne, die Bodenbank verlangte mindestens 12 % je Jahr.

Da der Staat die Parzellierung zunächst „eher begleitete als anordnete",[329] sahen die Nationalbewegungen hier ebenfalls ein Betätigungsfeld. Aus der belaruthenischen Bewegung heraus wurde unter Beteiligung von Aktiven der in der kurzen Zeit ihres Bestehens sehr starken Belaruthenischen Bauern- und Arbeitervereinigung (BSRH) eine Bauern-Kooperativ-Bank gegründet, die gute Kreditkonditionen anbot, aber nach dem Verbot und der Zerschlagung der BSRH in Schwierigkeiten geriet und 1938 ihre Tätigkeit endgültig einstellte.[330]

Das Argument, in Polesien seien Böden zur Parzellierung ungeeignet. Es gab ein weiteres Argument, warum in Polesien nicht parzelliert werden sollte: Zwar gebe es in der Wojewodschaft 665.771 Hektar Ackerlands und 470.487 Hektar Weiden, Wiesen und Sumpfflächen, die einer Parzellierung grundsätzlich unterliegen würden, aber ein großer Teil des Bodens sei schlecht nutzbar.

„Das Wesen der Agrarreform in dieser Wojewodschaft besteht daher nicht in der Vergrößerung der Fläche der Kleineigentümer, sondern vor allem in der Trockenlegung der Sümpfe und der Flurbereinigung, und anschließend in einer höheren Landwirtschaftskultur unter den örtlichen Bauern. In ganz Europa gibt es nämlich keinen Winkel, wo die Kenntnis der Landwirtschaft und die Nutzung des Bodens so gering ist, wie unter den polesischen Bauern."[331]

Die Argumentation folgt also dem Muster, dass an der äußerst ungleichen Verteilung des Bodens nichts geändert werden solle oder brauche, solange es andere Möglichkeiten gebe, auch wenn sie einen Eingriff in die Tier- und Pflanzenwelt, (das war damals ohnehin unhinterfragt) oder organisatorische, technische und überhaupt agri-kulturelle Verbesserungsmöglichkeiten gebe, die eine Art Sozialpartnerschaft ermöglichen würde.

Der „Reichtum" Polesiens erweist sich demnach als ein eigentlicher, als ein potenzieller, dessen Bergung und Nutzung man denjenigen antragen wollte, die die wenigsten Mittel dazu hatten. Deren extensive Wirtschaftsweise wurde einmal mehr als unrationell bewertet und beklagt. Die Autoren wollten nicht sehen, dass eine ansteigende, beträchtliche Menge von Bauernwirtschaften eine Fläche von unter 5 Hektar besaßen.[332] Und immerhin gehörten 620.044 von einer Gesamtfläche von 3.960.503 Hektar Boden (oder 15,7 %) dem Staat.[333]

---

328 http://dziennikustaw.gov.pl/DU/1923/s/92/720/1 Ustawa z dnia 8 sierpnia 1923 r. o przyznaniu kredytu 20 miljardów marek na pomoc rolną w r. 1923 dla reemigrantów we wschodnich województwach, Nr. 92, poz. 720.

329 Benecke 1999, S. 118.

330 Razuvanava 2013, S. 39-40.

331 Polesie i jego bogactwa 1926, S. 17-18.

332 Siehe die Tabelle oben Seite 210 von Ludwik Grodzicki über Böden in Hektar nach Besitzer.

Wie viel parzelliert wurde. Zunächst wurde, wie angedeutet, in Polesien wie anderswo wenig Boden parzelliert, in den Jahren 1921-1925 durchschnittlich 4.433 Hektar Privatboden je Jahr. Im Jahr 1926 steigerte man diese Zahl auf 5.193 Hektar, im ersten Nach-Mai-Jahr 1927 auf 14.600 Hektar. Die von der Abteilung Staatliche Böden durchgeführte „Regierungs-Parzellierung“, umfasste in den 1921 bis 1925 ungefähr etwa 7.700 Hektar, allein 1926 dann 4.500 Hektar, 1927 auf 10.800 Hektar erhöht.[334]

Von den bis etwa 1929 parzellierten insgesamt 110.000 Hektar, so rechnet uns ein Jubeltext aus dem Sanacja-Lager vor, seien 70.000 in Piłsudskis Nach-Mai-Ära abgeteilt worden. Weit über 10.000 Höfe konnten bis dato vergrößert werden, einige Tausend neu entstehen.[335] Es entstand auch (dadurch?) eine neue Besiedlung, wie der Ausdruck „neue selbstständige Kolonien“ (*nowe samozdzielne kolonje)* belegt. Der BBWR reklamierte für sein Lager: „Man macht also schon jetzt etwas und wartet nicht, bis ganz Polesien trocken gelegt ist, was ja Jahre dauert.“[336] Allerdings soll man angesichts des BBWR-Jubels nicht vergessen, dass das Gesetz 1925, also noch vor dem Maiumsturz verabschiedet wurde.

Enteignungen gab es in Polesien nur 1926 und 1927, und zwar von zusammen 17.160 Hektar, und dies, während in anderen Orten Polesiens im Jahr 1927 ein „Überhang von übernommenen, aber noch nicht endgültig parzelliertem Land von 35.748 Hektar“ unklarer Qualität existierte.[337] Die im Gesetzblatt veröffentlichten gegen volle Entschädigung zu enteignenden Flächen waren 1926 zwischen 40 und 600 Hektar groß, lagen in 7 der 10 Landkreise und betrafen insgesamt 16 Gutshöfe. Darunter befand sich auch eine 100 Hektar große Fläche aus dem Gut Duboj in Brodnica[338] der ansonsten als Wohltäterin bekannten Marja Wydżdżyna.[339] 1927 legte der Gesetzgeber fest, 97 verschiedenen Eigentümern, darunter zuweilen auch überpersönlichen Körperschaften Boden abzukaufen, oft nur 10 Hektar groß. Der Magnat Mikołaj Henryk Karoł Radziwiłł hatte in seiner *Ordynacja* bei Davyd-Haradok 800 Hektar zu verkaufen, die – von Samuel Gomberg betriebene (siehe unten) Aktiengesellschaft Agahell 600 Hektar, und – falls es sich nicht nur um einen Namensvertter handelte – auch der politisch aktive Adam Ronikier[340] wurde zum Verkauf von 100 Hektar gezwungen.[341] Die Liste enthielt so viele hochadlige Namen, dass sie sich fast wie ein Nobilitäts-Verzeichnis liest: all die Nachnamen waren vertreten, von Drucki-Lubecki über Potocki und Krasicki bis Orda und Roman Skirmunt, Jan Skirmunt und Władysław Skirmunt – vielleicht konnte sogar der Eine oder Andere neidisch geworden sein, nicht dabei zu sein. Schließlich wurde ja auch gut gezahlt. Da sowohl 1926 als auch 1927 die Liste zu Beginn des Jahres veröffentlicht wurde, ist auszuschließen, dass es sich hierbei um eine Wende im Zusammenhang mit dem Maiputsch 1926 gehandelt haben könnte.

333 Zum Vergleich: 740500 ha (20 % der Gesamtfläche) wurden als Ödland gezählt; Biskupski, Stefan: Ceny ziemi w województwie poleskiem w latach 1924–1929 = Prix de terres au département de Polesie en 1924–1929. Warszawa 1931, S. 3.
334 Wid 1928, S. 19.
335 Mateusz z Polesia 1930, S. 13; vgl. Bezpartyjny Blok Współpracy z Rządem: Polesie 1926–1930, [Warszawa] 1930.
336 Vgl. Bezpartyjny 1930, S. 15.
337 Benecke 1999, S. 121.
338 nach Dz.U. RP 1926, No 2, poz. 14, Nr. 10.
339 https://www.radzima.org/pl/object/8701.html.
340 https://pl.wikipedia.org/wiki/Adam_Ronikier.
341 Dz.U. RP 1927, No2, poz. 13, Punkt 9.

Jedenfalls hatten die Grundbesitzer wenig gegen eine Abtrennung und Enteignung eines Teils ihrer oft sehr großflächigen Böden einzuwenden. „Lediglich in den westlichen Wojewodschaften mit intensiv betriebener Landwirtschaft erreichte die freiwillige Parzellierung relativ geringe Ausmaße, und daher griff die Regierung nur dort zum Zwang",[342] lautete die allgemeine Regel.

Die Höhe der tatsächlich parzellierten Flächen blieb polenweit noch hinter den vorgesehen jährlichen 200.000 Hektar zurück. Zwar konnten im ersten Nach-Mai-Jahr 1927 245.000 ha abgeteilt werden, aber seit 1929 wurde nie die 200.000-Hektar-Marke erreicht, und 1934 wechselten nur mehr 57.000 Hektar den Besitzer.[343] Immerhin entstanden in Polen so 154.000 neue Bauernwirtschaften, 503.000 konnten vergrößert werden.[344] Bis 1937 hatten durch die Parzellierung in ganz Polen 2.535.600 ha, darunter in den Ostwojewodschaften 977.800 Hektar den Besitzer gewechselt.[345] Zwar stellte bis 1931 die Parzellierung die Mehrheit der Bodentransaktionen in der Wojewodschaft Polesien dar,[346] aber dies lag daran, dass andere Transaktionen noch geringer waren.

Pacht und Parzellierung. Angesichts dessen, dass viele Böden nicht, andere in nur langsamer Geschwindigkeit parzelliert worden waren, weil sie den Bauern in Anschaffung und Zinszahlung zu teuer waren, verlegten sich viele von ihnen zu Beginn der 1920er Jahre auf das Pachten von Land von staatlichen Behörden.

Das Ministerium für Landwirtschaft und Bodenreform fertigte in den Jahren 1921 bis 1923 Pachtverträge aus, die sich für die Pächter unerwartet günstig ausnahmen, weil die Inflation den Wert der zu zahlenden Pacht auffraß. Dies war für beide Seiten überraschend. Die erste der gewöhnlich halbjährlichen Pachtraten war zwar im Voraus zu entrichten, danach aber dezimierte sich der zu entrichtende Betrag aufgrund der Teuerung. Pech hatten allerdings solche Pächter, die, für bäuerliches Verständnis damals in „reeller" Weise (siehe unten), in ihrem Pachtvertrag eine Zahlungsverpflichtung in Naturalien verschriftlicht fanden.[347] In einem Pachtvertrag mit dem Landrat (*Starosta)* von Kosava hatte der Pächter von 10 Morgen 12 Pud Getreide Pacht zu zahlen.[348] Ein anderer Vertrag über eine Pacht von 15 Hektar über drei Jahre vom 1.10.1922 bis zum 1.10.1925 mit dem Starosta von Kamień-Koszyrsk vom 3.6.1922 sah eine Pacht von 4,95 Doppelzentner (*Centnar)* je Jahr vor.[349] Es gab Verträge, die nur ein halbes Jahr lang Gültigkeit besaßen.[350]

342 Landau/Tomaszewski 1986, S. 132-134. Es wäre interessant zu untersuchen, wie sehr das Gesetz durch diese Regelungen einen antideutschen Charakter aufwies, wie es in der deutschen Presse vor Allem der Nazizeit behauptet wurde.
343 Mały Rocznik Statystyczny 1939, S. 70.
344 Landau/Tomaszewski 1986, S. 134.
345 Zum Vergleich: Im Zentrum 827.900 Hektar, im Westen 347.300 Hektar und im Süden 382.600 Hektar. Mały Rocznik Statystyczny 1938, S. 66, zitiert in:Historia Polski w liczbach. T. 2 T. 2, Gospodarka, [zespół red. Franciszek Kubiczek et. al.; publ. oprac. Andrzej Wyczański]; Główny Urząd Statystyczny, Warszawa 2006, S. 374, #357, darunter in Polesien 224.000ha von 1919–1938; Cichoracki 2014, S. 59.
346 Biskupski 1931, S. 11.
347 Mehrere Verträge über Landstücke in Polesien in: AAN 13, Ministerstwo Rolnictwa i Reform Rolnych w Warszawie 1921–1923, Sign. 735.
348 Ebenda, Blatt 209.
349 Also 247½ Kilo halbjährlich im Voraus, Blatt 324, ähnlich die Blätter 328, 332 und 336, jeweils 15 Hektar verpachtet.
350 Von 15. Juni 1922 bis 15. November 1922, Blatt 213, ähnlich Blatt 217.

Das Pachten des Bodens konnte die Parzellierung behindern, wie das Beispiel eines Briefes aus der Verwaltung in Brest nach Warschau mit der Bitte zeigt, ein Stück Land verpachten zu dürfen, das eigentlich für die Militärsiedler oder die Parzellierung vorgesehen war. Das Verpachtungsvorhaben begründete man damit, dass die betreffenden Wiesen und Weiden sich nicht zur Parzellierung eignen würden, da sie zu wässrig seien. Als einzige würden es die Dorfgemeinden *(gromady wiejskie)* bewirtschaften wollen, auch, um zukünftig selbst parzellieren zu können: „Unter diesen Bedingungen ist weder eine Verpachtung dieser Flächen *(obszarów)* im Ganzen, noch die Aufteilung in Parzellen von unter 15 Hektar mit dem Ziel der Verpachtung auf dem Wege freiwilliger Verträge durchführbar.“[351]

Noch 1923 verpachtete die öffentliche Hand, wie die Landwirtschafts- und Veterinarabteilung aus Polesien an das Ministerium in Warschau am 1. Februar desselben Jahres kundtat, viele örtliche Parzellen in der Gegend um Sarny provisorisch, nach dem Muster unbebauter landwirtschaftlicher Parzellen.[352]

Woher die Grundstücke kamen. 1920 und in der ersten Hälfte 1921 wurden von der Landwirtschafts-Abteilung der Wojewodschaft Polesien etwa 150 verlassene Landgüter zugunsten der Abteilung für verstaatlichte Güter übertragen.[353]

Im Jahr 1922 herrschten weiterhin unterschiedliche Verwendungsmöglichkeiten für solche Böden, die an den Staat gefallen waren. Von besagten Über 150 Landgütern hatte die Landwirtschaftsabteilung in Polesien zum Stichtag am 20. April 1922 waren nur noch 18 zu verwalten, die zum Weiterverkauf angeboten, teilweise aufgeteilt und verpachtet werden sollten.[354]

Zwei Arten großer Privatwirtschaften waren auseinander zu halten: Diejenigen, die der Wirkung des Landreformgesetzes unterlagen, und diejenigen, die diese Eigenschaft nicht auswiesen. In der Wojewodschaft Polesien, so ein 1926 veröffentlichter Text, nannten die Besitzer von 8.956 Landgütern über 50 Hektar ihr eigen, mit einer Gesamtfläche von 1.658.019 Hektar. Zu der allgemeinen Anzahl von Landgütern gehörten der Parzellierung nicht zur Verfügung stehende 458 (kleinere) Güter mit 70.233 Hektar und der Parzellierung nur teilweise unterliegend 398 Güter mit 1.587.786 Hektar. Unter Abzug der verbleibenden Fläche errechnete man, dass 237.660 Hektar Wald-Boden und 631.434 Hektar Landwirtschafts- und Sumpffläche für die Parzellierungszwecke zur Verfügung zu stehen hatten. Addierte man die staatlichen Flächen hinzu, so erhöhten sich die Werte auf 1.084.451 Hektar, darunter 325.076 Hektar Wald und 759.376 Hektar Landwirtschafts- und Sumpfboden. Zusammen mit dem für Neusiedler vorgesehenen, aus dem Großgrundbesitz übernommenen Boden kam man auf eine etwas höhere Gesamtfläche von zusammen 1.135.258 Hektar Boden, und zwar 665.771 Hektar für Landwirtschaft und zum Pflügen als geeignet angesehenem Waldgebiet, sowie 470.487 Hektar Wiesen, Weiden und Sümpfe.[355]

Die Grundherren verkauften teuer. Erst bei der Bodenreform vom 28. Dezember 1925 wurden Höchstpreise für Grundstücksverkäufe festgelegt. Die Preise für zwangsweise auf-

351 AAN 13, Sign. 736, Blatt 11.
352 AAN 13, Sign. 737, 1922–1927, Blatt 21.
353 Ebenda, S. 19.
354 Ebenda, S. 19.
355 Polesie i jego bogactwa, Brześć 1926, S. 15-16.

gekaufte Böden legte das Ministerium für Staatsgüter auf der Grundlage der Einschätzung der Hauptbodenkommission fest.[356]

Schwer zu beantworten ist die Frage, ob in der Zeit der nichtstaatlichen Parzellierung bis 1926 die ärmeren bäuerlichen Schichten in Polesien überhaupt Käufer von abgeteiltem Boden waren. Sehen wir uns dazu die Verkäufe auf dem freien Markt an: Die Mehrheit dieser Transaktionen betraf nur einen teilweisen Abverkauf des Bodens, wobei dies oft durch die verbreitete Gemengelage und Bodenteilungen innerhalb der Familien hervorgerufen wurde. Dies heißt, dass der Boden entweder durch Erbschaft aufzuteilen war und daher in der Familien blieb, was arme wie reiche Familien in gleichem Maß betraf. Ein anderer Grund war, dass man die Flure nicht durch Tausch und Zusammenlegung bereinigte, sondern Grundstücke verkaufte, z.B. um Schulden abzuzahlen oder weil sie entbehrlich waren. Diese (vor dem Weltkrieg nicht üblichen) bezeugten 605 Transaktionen in den Jahren 1924 bis 1929 erfolgten in der Regel nicht zur Schaffung neuer Hofstellen, sondern in 78 % zur Vergrößerung (aus Sicht des Käufers) bzw. Verkleinerung (aus Sicht des Verkäufers) schon bestehender Wirtschaften. Einem umfassenden Bericht über die Bodenpreise in Polesien kann man die Einschätzung entnehmen, dass die meisten Käufe von Parzellen zu einer Arrondierung von Höfen von einer angestrebten Größe von 5 bis 20 Hektar Land dienen sollten.[357]

Angesichts dessen, dass bei der Volkszählung 1921 für Schlesien eine Einwohnerdichte von 304 Einwohner je km², in Polesien hingegen von 21 Einwohner je km² ermittelt wurde, verwundert es nicht, dass die Bodenpreise bei der Parzellierung (in Preisen von 1924) im Jahr 1926 in der Wojewodschaft Krakau 1538 zł/ha, in Polesien aber nur 229 zł/ha betrugen. Bei einem Verkauf einer ganzen Ansiedlung *(osada)* waren es in Krakau immer noch 1104 zł/ha, in Polesien 153 zł/ha.[358] Die Bodenpreise waren in den *kresy* nur halb so hoch wie in Kongresspolen, das Kreditvolumen hingegen genauso hoch, weil im Durchschnitt weitaus größere Grundstücke den Besitzer wechselten.[359]

Preise zu hoch? Kosten der Parzellierungen. Diese Preise galten nicht nur den Kommunisten als zu hoch, die die unter der bäuerlichen Bevölkerung beliebte Forderung nach entschädigungsloser Enteignung des Großbesitzes forderten. Die Zeitung *Czerwony Scjach* (Rote Fahne) vom Dezember 1928:

> „Die Parzellierung, über deren Nutzen die Faschisten und Beschwichtigungspolitiker so viel reden, wird auf eine Weise durchgeführt, dass sie die Siedler und Kulaken stärkt. Die Bodenpreise sind überaus hoch festgelegt, und was soll der arme Bauer damit anfangen?“[360]

---

356 Dz.U. RP 1926, poz. 1, Nr. 1, §27,3 und §28,1.

357 Biskupski 1931, S. 21-24 und S. 52. Es wurden ausgewertet: 4.670 Parzellierungs-Verträge sowie 281 Verträge aus freiem Verkauf; sowie eine Schätzung von 161 Objekten mit zusammen 20.964 Hektar und 18 Objekten aus der Parzellierung durch die Landwirtschaftsbank.

358 Wasilewski, Leon: Sprawy narodowosciowe w teorji i w życiu, Warszawa 1929, S. 68-69.

359 Ludkiewicz, Zdzisław: Parcelacja a reforma rolna, Lwów 1922, S. 5-8.

360 Zitate aus Czerwony Sciah vom 4. Dezember 1928 unter dem Titel „König Hunger“, zitiert in: AAN 1183, Sign. 71, Wojewoda Poleski Nr. IV-7/19 Brześć n/B. Dnia 4/VI. 1929 r.: O sprawie kampanji głodowej, Blatt 4.

Konsequenz der Kommunisten war die Ablehnung einer „wilden Parzellierung“, eben weil sie die Grundforderung, „den Boden an die Bauern ohne Entschädigung“ zu übertragen, zu verunmöglichen drohte.[361]

1933 stellte ein Politbürokandidat der KPZB heraus, dass es in der „Westlichen Belarus“ eine Masse an Haushalten gebe, die auf dem Wege der Parzellierung Boden zu einem dreifach überhöhten Preis bezogen hätten, und die ohne Ausweichmöglichkeit auf ihren Parzellierungs-Schulden säßen. Dies betreffe nicht nur die kleinen Bauern, sondern zu einem bedeutenden Teil auch die Siedler von außen, die *osadnicy*.[362]

Tatsächlich saßen die polesischen Bauernfamilien beim Aushandeln von Grundstückspreisen am kürzeren Hebel. Doch ist nicht ausgemacht, ob hier bewusst staatliche Interessen durchgesetzt werden sollten, oder ob, wie T. Wid meinte, die Parzellierung „chaotisch und ohne Plan“ durchgeführt worden sei und erst der Maiumsturz ein geordnetes Verfahren ermöglicht habe.[363]

Bewertungen der Parzellierung. Wie dem auch sei, nach dem Zweiten Weltkrieg zog J. Chałasiński in einem Vorwort zu einer Broschüre von Juliusz Poniatowski eine negative Bilanz der Parzellierung:

> „Die langwierige Natur unserer Landreform, ihre Nichtvollendung, der hohe Bodenpreis und vor allem die Begleitatmosphäre des Widerwillens von Seiten der Intelligenz angesichts der ganzen „geschädigten Landbesitzer“ und die angebliche Zerstörung der Kultur bewirkten, dass diese Reform sich nicht in das Gedächtnis des Dorfes als ein großer Akt historischer Gerechtigkeit eingeschrieben hat, durchgeführt von einem wiedergeborenen Staat.“[364]

Władysław Studnicki stellte im Nachhinein sogar das Ziel der Parzellierung, nämlich die Schaffung von mehr und größeren Hofstellen in Frage:

> „Zur Überwindung der Zersplitterung des Grund und Bodens und zum Zwecke der Aufrundung der Zwergwirtschaften bis zu einer Minimalgröße von 5 ha wird man sich zur Aufgabe stellen müssen, die Sümpfe trocken zu legen und das Unland [!] zu meliorieren. Die Parzellierung war einerseits ein Mittel, um den Kleinwirtschaften zu vervollständigen und lebensfähig zu machen, andererseits führte sie zu einer zahlenmäßigen Vermehrung der Kleinwirtschaften, weil die Landarbeiter der grossen [!] Güter kleine Parzellen zugeteilt erhielten und die Lage der Kleinbauern sich durch die Aufteilung des Grossgrundbesitzes verschlechterte, weil die Möglichkeit zu zusätzlichem Verdienst durch Saisonarbeit auf den Grosswirtschaften entfiel.“[365]

361 Ebenda, Blatt 7.
362 Aus dem Vortrag des ZK-Kandidaten der KPP und Mitglied des ZK-Büros der KPZB über die wirtschaftliche Lage in der westlichen Belarus' vom 18.10.1933, In: Rižskij mir, kniga 1, 2014, S. 314-319, hier 319.
363 Wid 1928, S. 18.
364 J. Chałasiński, In: Poniatowski, J.: Młode pokolenia chłopów, Rzym 1946, S. 3–11.
365 Studnicki 1953, S. 147.

Diese negative Sicht im Nachhinein konnte allerdings schon die Fakten berücksichtigen – den immensen Bevölkerungszuwachs auch in den 1930er Jahren und die andauernde, aber oft unausgesprochene Unzufriedenheit der Bauernschaft mit dem polnischen Staat.

Unterm Strich fand Parzellierung signifikant statt, sie umfasste immerhin 6 % der Gesamtfläche Polesiens, durchschnittlich hatte jeder Hof über einen Hektar hinzugekauft, meist auf Kredit. Trotzdem war die durchschnittliche Hofgröße gerade auch der ärmeren Landbevölkerung 1939 kleiner als 1921. Es „reichte eine Verkleinerung der Flächen des Großgrundbesitzes nicht dazu aus, den Landhunger auch nur auf gleicher Stufe zu halten.“[366] Die unterbäuerlichen Schichten Polesiens nagten weiterhin am Hungertuch: dadurch, dass der Anteil des Ackerlands an der Gesamtfläche gering blieb und sich die Höfe durch die Realerbteilung verkleinerten, blieb die Ernährungsfrage ungelöst.

> „In dem Dorf Cudzin hatte sich z.B. von 1861 bis 1931 die Bevölkerung vervierfacht, die Hofzahl war in diesem Zeitraum von 40 auf 248 gestiegen. Manche Höfe besaßen nur noch 1/48 des ursprünglich 1861 erhaltenen Anteillands *(nadel)*, d. h. unter 0,5 ha; 19 Familien waren landlos. Manche Familien konnten nur deshalb Getreide für die neue Saat behalten, weil sie sich hauptsächlich von Kartoffeln ernährten.“[367]

Die Grundbesitzstruktur blieb „ungesund“, dies wollte eigentlich niemand bestreiten. Angesichts dieser Knappheit selbst des Saatguts ist nicht einmal klar, ob die stark gewachsene Fläche, die vom Kleinbesitz gehalten wurde, auch proportional mehr besät wurde. So kamen denn die Historiker Landau und Tomaszewski in der kommunistischen Ära Polens zu der Schlussfolgerung, dass die Parzellierung zwar viel zu langsam erfolgt sei, doch müsse

> „man den mit Gutsbesitzerkreisen verbundenen Ökonomen zustimmen, die die Thesen vertraten, sogar eine radikale Bodenreform würde in Polen das Problem der in der Landwirtschaft überflüssigen Menschen nicht lösen.“[368]

Doch die Gegenthese blieb attraktiv: eine „einmalige Parzellierung“ und „radikale Reform“ des „gesamten Bodenstreifens“ hätte nach Ansicht der Bauernparteien in der Polnischen Republik eine Konsolidierung der polnischen Landwirtschaft und des Lebens der Bauernfamilien ermöglichen können.[369]

Die Waldwirtschaft – Leben im Wald. Bisher betrachteten wir den Landbau. Wenigstens streifen möchte ich die Waldwirtschaft, zumal die Waldfläche in Polesien gerade in der Zwischenkriegszeit kontinuierlich abnahm und weil sich unter den parzellierten Böden auch Wald befand:

> „In offiziellen Berichten lesen wir, dass in Polesien für die Auflösung von bäuerlichen Dienstbarkeiten, Parzellierung, Flurbereinigung und Kolonisierung 126.000 ha private

---

366 Tomaszewski 1963, S. 97.
367 Ebenda, S. 97.
368 Landau/Tomaszewski: Wirtschaftsgeschichte Polens im 19. und 20. Jahrhundert. Berlin 1986, S. 141; zur Kritik an den Termini „überflüssige Menschen“ oder „versteckte Arbeitslosigkeit“ siehe Siebert 1998a, Einleitung.
369 Kacprzak 2009, S. 35-36.

Wälder völlig in Anspruch genommen wurden. Der polesische Wald war daher ein Opfer der Nachfrage nach Ackerland."[370]

Im Wald prallten die unterschiedlichen Interessen ebenfalls aufeinander. Wysłouch kannte den polnischen *myśliwy* (Jäger) im Gegensatz zum einheimischen *ochotnik* (Jäger), letztere waren Männer (!), die im Wald lebten, und somit den Idealtypus des Poleschuken verkörpern, wie ihn Ossendowski beschreibt: er kannte alles, konnte die Geräusche identifizieren, fühlte sich zu Hause. Daher hielten sich die *ochotnicy* auch nicht für Wilderer.[371] Der „Waldhüter"[372], um den nächsten Akteur einzuführen, war natürlich der bei der Bevölkerung Verhasste, während die adlige Jagd adlig war, auf altem Recht beruhte, daher besser akzeptiert war. Doch nun ging es um eine systematische Ökonomisierung des Waldes durch Holzausbeute.

Noch 1923 ging ein polnischer Autor davon aus, dass in Polesien 4m³ je Hektar und Jahr nachwachsen.[373] Das erwies sich als optimistisch. Man musste beträchtlich nach unten auf (Stand 1937:) 1,5m³ je Hektar und Jahr korrigieren.[374] Auch die 8 zł./m³, die für Holz im Rohzustand am Orte (loco)" als Verkaufspreis erzielt werden konnten,[375] waren vielleicht – zumindest galt das für bestimmte Regionen Polesiens – zu hoch gegriffen. Denn nicht überall gelangte man so einfach hin. Das Holz konnte ja saisonal unterschiedlich gut abtransportiert werden. Entlang der Eisenbahn holzte man ja zuerst ab. Immerhin würde der jährliche Zuwachs rechnerisch 12.600.000 zł. einbringen können.[376]

4.8 Landschaftsintervention 4: Besiedlung durch Ex-Militärs – Nische von oben?

Neben dem Aspekt der Agrarstrukturreform, nämlich der Parzellierung, der Flurbereinigung sowie der nur noch das ehemalige Teilgebiet des Russischen Reiches betreffenden Auflösung der Servitute gab es zwei weitere Polesien betreffende Maßnahmen, die als Landschaftsintervention bezeichnet werden können: die Militärbesiedlung (das *osadnictwo wojskowe*) und die Pläne für eine umfassende Trockenlegung der polesischen Sümpfe.

370 Kulczyński, Stanisław: Park natury na Polesiu i jego stosunek do planu meljoracji: odczyt wygłoszony na 12-stym Zjeździe dorocznym Państwowej Rady Ochrony Przyrody w Warszawie w dn. 11 stycznia 1930 r., In: Ochrona Przyrody. R. 10: 1930. Auszug 1931, S. 5.

371 Wysłouch, Franciszek: Echa Polesia, Londyn 1979, nach der Ausgabe Łomianki o.J., S. 180.

372 Vgl. Mak, Geert: Amerika! Auf der Suche nach dem Land der unbegrenzten Möglichkeiten, München 2014, S. 226.

373 Nelard, Oktawiusz (Hg.): Polesie ilustrowane, Brześć n/B, 1923, S. 111.

374 Rychłowski, Stefan: Dzisiejszy stan problemu meljoracji Polesia, Warszawa 1937, S. 22; zum Vergleich: Deutschland hatte laut Waldbericht der Bundesregierung, Stand September 2017, 11,2 m³ Nachwuchs je Hektar und Jahr (Vorratsfestmeter mit Rinde). https://www.bmel.de/SharedDocs/Downloads/Broschueren/Waldbericht2017Langfassung.pdf?__blob=publicationFile.

375 Ebenda, S. 22.

376 Ebenda, S. 23.

Motive

Wir haben gesehen, dass Polesien für die Akteure im polnischen Staat ein nicht nur wirtschaftliches Problem darstellte. Die 1412 km lange Grenze der Republik Polen mit der Sowjetunion abzusichern, galt als eine erstrangige Aufgabe für den jungen Staat. Und wenn man auch in Wilna und Lemberg die polnische Kultur für das neue Polen sichern und pflegen wollte, so spielte in Polesien für „Warschau" der genannte Aspekt der militärischen Sicherung doch die Hauptrolle. Daher lag es geradezu in der Luft, die Besiedlung der *kresy* durch Siedler zu beschließen.

Der *PSL-Piast*-nahe Historiker F. Bujak stellte die gewagte These auf, dass „die Geschichte der Wirtschaft Polens [...] vor allem eine Geschichte der Besiedlung" gewesen sei.[377] Und wenn wir Z. Ludkiewicz rezipieren, der meinte, „dass der Aufbau und die Intensivierung der Produktion einzig auf dem Wege der Kolonisierung aus Kleinpolen erfolgen könne, die eine höhere Qualität des Saatguts und Inventar sowie die nötige Energie mitbringen"[378] würden, was schnell positive Effekte herbeibringen sollte, dann konnte kaum noch jemand aus Zentral- und Westpolen den klassischen Kolonisierungsformeln widersprechen. „Platz gäbe es für die Ankömmlinge wie die Einheimischen, man müsse nur eine geplante Aktion" durchführen, um, so Ludkiewicz, ein „Maximum zufriedener Bürger bei maximaler Produktion" in den *kresy* zu erhalten, die aus dem reichlich vorhandenen Ödland „kleine, gesunde landwirtschaftliche Werkstätten" machten. Der Partei Volksnationaler Bund *(Związek ludowo-narodowy, ZLN)* zufolge sollte gezielt das dem polnischen Staat gegenüber loyale Polentum in den Ostgebieten strategisch wichtige Regionen besiedeln;[379] dieser Partei war es sogar weniger wichtig, wie viel Land diese Kolonisten bekämen, politische Motive überwogen.

Das Ärmelhochkrempeln nach dem Krieg und „Bürgerkrieg" (man spricht für Russland von Bürgerkrieg, nicht aber in der Belarus' – hier waren es in der Regel die Nachbarn, die das Land zum Kriegsschauplatz machten) würde also ab Beginn der Staatlichkeit nicht nur in der Heimatregion, sondern auch in Polens wildem Osten erfolgen. Doch ob jemand bereit war, diesen Motiven zu folgen und als Zentral- oder Westpole den Osten zu kolonisieren, das stand auf einem anderen Blatt.

Sowohl Ministerpräsident Wincenty Witos (im August 1920) als auch Staatschef Józef Piłsudski (Oktober 1920) machten sich für die Soldatenkolonisierung stark.[380] Rein praktisch konnten Ansprüche von Invaliden in der Zeit des Aufbaus der polnischen Staatlichkeit am einfachsten mit einem Stück Land befriedigt werden. Außerdem versprach man sich mit der Ansiedlung eines militärisch erfahrenen polnischen Elements auch eine günstige Sicherung der Grenze und der Grenzregion.[381]

Es waren also sicherheitspolitische, praktische, ökonomische und nationalitätenpolitische Motive, die bei den einzelnen politischen Strömungen und Personen in unterschiedlichen Grade zusammenfließen konnten, um eine Militärbesiedlung zu befürworten (oder auch abzulehnen).

377 Bujak, F.: Historia osadnictwa ziem polskich w krótkim zarysie, Warszawa 1920, S. 5.
378 Kacprzak 2009, S. 43.
379 Kacprzak 2009, S. 44.
380 Benecke 1999, S. 123-124 mit Zitaten.
381 Benecke 1999, S. 125.

Das gab es vorher. Die geplante Besiedlung von Regionen mit verdienten und auch ausgedienten Militärs hat eine lange Tradition, die bis in die Antike zurückgeht. Es kann sein, dass bei den Entscheidern in der Polnischen Republik bei dem Vorhaben einer Militärbesiedlung *(osadnictwo wojskowe)* „alte Traditionen" auch sogar deshalb mitschwangen, weil hierdurch einmal mehr gezeigt würde, wie „alt" und auch daher „staatsberechtigt" die polnische Nation war, selbst wenn diese Besiedlung keine raumordnerisch durchgeplante Aktion sein sollte. In jedem Fall jedoch sollte das *osadnictwo* auch das Polentum in den allzu nichtpolnischen *kresy* fördern.

Bauten für die Verwaltungsangestellten. Als sich der polnische Staat in Polesien etablierte, baute er für die Staatliche Verwaltung und deren Angestellte eigene Häuser. Ihar Mel'nikaŭ wies darauf hin, dass dies als ein Vorläufer des *osadnictwo* anzusehen ist.[382] Tatsächlich pflanzte sich der Staat hierdurch sozialräumlich in das Gebiet ein. Daneben gab es durch die katholische Kirche, die Eisenbahn und die Post, in der – siehe unten – vorwiegend ethnische Polen Dienst taten, weitere auch gebäudliche polnische Hotspots in den städtischen wie dörflichen Siedlungen.

Politische Diskussionen

Doch die Besiedlung *par excellence* war das *osadnictwo wojskowe*. In allgemeiner Form sah eine Vergabe von Boden an Soldaten schon das hastig am 15. Juli 1920 verabschiedete Gesetz zur Agrarreform vor.[383] Auch die Bauernparteien *PSL Piast* und *PSL Wyzwolenie* befürworteten zunächst die Militärbesiedlung[384], damals konnte allerdings keine Klarheit über die östlichen Außengrenzen Polens herrschen. Gleichwohl unterschrieb Piast-Chef Witos als Ministerpräsident zeitlich nach dem Waffenstillstand vom Oktober 1920 am 17. Dezember 1920 die Gesetze.[385]

Nur vor dem damals aktuellen Hintergrund können wir die beiden Gesetze verstehen: den Waffenstillstand hatten Polen mit Sowjetrussland und der Sowjetukraine schon unterschrieben, und die letzten mit Polen mehr oder weniger abgestimmten, aber erfolglosen Versuche bewaffneter Gruppen wie diejenigen von Bulak-Balachovič und Savinkov (siehe oben), das Sowjetregime von den *kresy* ausgehend militärisch zu stürzen, waren gescheitert. Der Friedensvertrag von Riga war noch nicht ausgehandelt. In dieser Situation schien es ratsam, Soldaten und Offizieren ein neues Wirkungsfeld, durchaus aber auch eine Belohnung angedeihen zu lassen. Zudem hatte der Sejm ja Mitte 1920 die Landreform in seinen Grundzügen beschlossen.

Pikanterweise entschieden über das Gesetz, und damit auch über die Territorien, in denen Grundstücke an Soldaten vergeben werden sollte, Parlamentarier des Gründungs-Sejms *(Sejm Ustawodawczy)*, in welchen noch gar keine Abgeordnete der Ostgebiete gewählt wor-

---

382 Mel'nikaŭ 2015.

383 Tomaszewski 1963, S. 158-166; Cichoracki 2014, S. 31.

384 Tomaszewski 1963, S. 158; Leblang, St.: Polnische Bauernparteien, In: Europäische Bauernparteien im 20. Jahrhundert, 1977, S. 271-322, hier S. 300.

385 Gesetz über den Übergang von Grundstücken an den polnischen Staat und über die Zuteilung von Grund und Boden an Soldaten der polnischen Armee, Dz.U. RP 1921 Nr.4 Poz. 17&18 vom 12.01.1921, auf russisch übersetzt abgedruckt in Bor'ba trudjaščichsja, tom 1, Minsk 1962, #4, S. 28-30; Einzelheiten zu den Gesetzestexten vgl. Benecke 1999, S. 125-126.

den waren.[386] Man konnte zwar den Abgeordneten nicht vorwerfen, dass sie noch ohne Kollegen aus den *kresy* gesetzgeberisch tätig waren. Allerdings musste es den Parlamentariern doch leichter gefallen sein, Grund und Boden zu verschieben, der nicht aus ihrem Wahlkreis stammte, sondern in Regionen hinter dem Bug, in denen sie vielleicht noch nie in ihrem Leben gewesen waren und wohin sie keine persönlichen Beziehungen hatten. Konflikte sowohl mit den Großgrundbesitzern, als auch mit den landarmen Bauernfamilien waren daher vorprogrammiert.

Kritik kam jedoch auch aus den polnischen Gebieten westlich des Bug – von rechts, von links und aus der Mitte. Dass man die beiden Gesetze schnell erarbeitet und die Mehrheit im Sejm sie schnell verabschiedet hatte, konnte man ihnen ansehen. Sie – wie auch spätere Ausführungsbestimmungen – enthielten zu viele Ungenauigkeiten.[387] Das betraf die Fragen der genauen Zuordnung der Kompetenzen der beteiligten Ministerien,[388] über diejenigen, ob Obergrenzen des nicht zu enteignenden Bodens für das fruchtbarere Wolhynien und das weniger fruchtbare Polesien gleich hoch sein dürften, der aufzuweisenden Qualifikation der Antragsberechtigten und der finanziellen Abwicklungen bis hin zum politischen Ziel des Ganzen.

War nicht in dem Gesetzesentwurf der Fristablauf, nach dem Grundstücke eingezogen werden wollten, falls die Besitzer ihre Höfe nicht einnahmen, mit dem 1. Juni 1921, zu kurz bemessen, also unrealistisch?[389] Hätte der Staat warten müssen, bis sich die russisch-orthodoxe Kirche nach der „Russischen Revolution“ im Exil regeneriert hatte, bevor es an die Enteignung des Grundbesitzes dieser Institution ging? Sollte man nicht festlegen, dass zuerst Brachen vergeben werden, bevor der Staat in schon bewirtschaftetes Land eingreift?[390]

Doch die Befürworter einer schnellen Gesetzgebung argumentierten, dass das Gesetz gut sei, weil schnell umsetzbar (die Partei *„PSL Wyzwolenie“*), dass die Zeit dränge, und dass die drei Aufgaben des Gesetzes: „Kolonisierung der *kresy*, Boden für Soldaten und Bewirtschaftung des brachliegenden Ödlands“ rasch in Angriff genommen werden müssten *(PSL Piast)*. Wer dagegen sei, wolle nur sabotieren, so die PPS. Dass die Interessen der Einheimischen zu berücksichtigen seien, galt als geradezu demagogisches Argument, da die belaruthenischen Bauern das Gesetz richtig finden würden, denn auch ihr Boden sei ja durch die polnische Armee vor den Bolschewisten geschützt.[391] Eine andere Argumentationsführung mit freilich derselben Konsequenz war die des Volks-Nationalen Bundes *(ZLN)*, man solle die vom Feind befreiten Gebiete den Soldaten geben, denn mit deren Blut sei dieser Boden befreit worden.[392]

Die Gesetze

Den am 17. Dezember 1920 verabschiedeten Gesetzen zufolge sollte Grund und Boden in „einigen Landkreisen *(powiaty)* der Polnischen Republik“ in Staatsbesitz übergehen, um

386 Kacprzak 2009, S. 261.
387 Vgl. Kacprzak 2009, S. 114.
388 Vgl. Kacprzak 2009, S. 110.
389 Kacprzak 2009, S. 139.
390 Trzciński, zitiert in: Kacprzak 2009, S. 108.
391 Kacprzak 2009, S. 107.
392 Kacprzak 2009, S. 103.

ihn „für die Kolonisierung unter den Soldaten und die Durchführung der Bodenreform“ [393]zu verwenden. Die Größe einer Parzelle sollte[394] eine „Fläche umfassen, die zur Durchführung einer selbstständigen Wirtschaft ausreicht“. Auch zusammen mit dem etwaigen Altlandbesitz des Soldaten durfte das Grundstück aber nicht 45 Hektar überschreiten. Nach §6 war innerhalb eines Jahres das Grundstück zu besiedeln. Nur ein Teil der Berechtigten bekam den Boden gratis überlassen.[395] Diejenigen, die ihre Parzelle käuflich erwarben, hatten nach einer abgabenfreien Zeit 30 Jahre lang 30 bis 100 kg Roggen je Hektar und Jahr an Abgaben zu entrichten. Dem belaruthenischen historiographischen Narrativ zufolge waren diese Abgaben, wenn nicht gratis, ein „Spottpreis“.[396] Doch 0,3 bis 1 dt/ha Steuerabgaben waren ja nicht nur auf den Ackerböden eine spürbare, wenn auch maßvolle Abgabe von 3 % bis 12 %, sondern diese Abgabe bezog sich ja nicht nur auf das Acker-, sondern den gesamten Landbesitz. Bei den damals geringen Ernteerträgen von – je nach Landkreis – durchschnittlich in der Zeit von 1925 bis 1935 zwischen 7,6 und 13,8 dt/ha.[397] sollten wir nicht vergessen, dass die *osadnicy* die ihnen zugeteilten Parzellen zum Teil erst urbar machten mussten und auch nach der Landeinrichtung nur teilweise ackerbaulich nutzen konnten.

Der Staat hatte nach Möglichkeit lebendes und totes Inventar des demobilisierten Heeres und bis zu 80 m³ Baumaterial zur Verfügung zu stellen sowie 2.000.000.000 polnische Mark – es herrschte Inflation! – für Geld-, Landwirtschaftsgeräte- oder auch Saat-Kredite bereitzuhalten. Das Kriegsministerium und Abteilungen der Streitkräfte waren zur Hilfestellung verpflichtet.[398]

Die Umsetzung erfolgte schnell und begann in einer Zeit, in der die Grenzen der Polnischen Republik noch nicht feststanden. Werner Benecke spricht sogar von *fait accompli*[399]; dieser Begriff ist insofern irreführend, als er assoziieren lässt, es habe keine gesetzliche Grundlage gegeben, und als hätten die Militärs in einem „Alleingang“ Grundstücke ohne staatliche Konsultation den Boden an sich gerissen; aber er ist insofern treffend, als die Zivilbehörden zur Umsetzung der Agarreform, für die die selben Böden hätten Verwendung finden können, noch nicht aufgebaut waren und nicht nur die bäuerliche, sondern auch die städtische und die grundbesitzende Bevölkerung der *kresy* bis zum Dezember 1922 ihre Vertreter noch nicht in den Sejm hatte schicken können (siehe oben).

Vor und nach der Verabschiedung. Nachdem die beiden Gesetze auch mit den Stimmen der (in den *kresy* weniger vertretenen) Bauernparteien *„Piast“*, *„Wyzwolenie“* sowie der PPS und anderen verabschiedet worden waren, ließ es nicht lange auf sich warten, bis die ersten Änderungs- und Ergänzungsgesetze zur Verabschiedung anstanden. Auch wurde die Frist, bis wann die Eigentümer, die sich unfreiwillig oder freiwillig nicht in Polen befanden, auf ihre Güter zurückgekehrt sein mussten, bis zum 1. August 1921 verlängert. Am 10. Mai 1922 besichtigte eine Sejm-Unterkommission vor Ort den Stand der Dinge, streifte

393 Ustawa z dnia 17 grudnia 1920 r. o przejęciu na własność Państwa ziemi w niektórych powiatach Rzeczypospolitej Polskie, §4.
394 Dz.U. RP 1921 nr 4 poz. 18 Ustawa z dnia 17 grudnia 1920 r. o nadaniu ziemi żołnierzom Wojska Polskiego, §5.
395 Dz.U. RP 1921, Nr. 4, poz. 17 und poz. 18.
396 Vgl. Palujan, U.A.: Asadniki, In: ĖHB, tom 1, 1993, S. 202.
397 Śleszyński 2014, S. 40 und S. 133.
398 Dz.U. RP 1921, Nr. 4, poz. 18.
399 Benecke 1999, S. 131.

dabei aber nicht Polesien. Dies galt auch für eine weitere Reise, nach der man eine Resolution verabschiedete, dass man die Lösung der Servitutenfrage mit der der Militärbesiedlung (*osadnictwo)* verknüpfen solle. Auch später wurden die Regelungen oft erneuert und korrigiert.[400]

Wyzwolenie und *Piast* wollten mit Unterstützung von J. Poniatowski den Grundbesitzern nicht mehr als 400 Hektar belassen. Andernfalls habe ja diese Aktion nichts mehr mit einer Agrarreform zu tun.[401] Die Partei *Piast* hatte wohl die kleinen Parzellen in ihrer Hochburg Galizien vor Augen. Wären den Großgrundbesitzern tatsächlich die Grundstücke über 400 Hektar weggenommen worden, dann hätte – allerdings nur rein rechnerisch – tatsächlich eine weitere Millionen Menschen Menschen mit ausreichend großen landwirtschaftlichen Flächen versorgt werden können.

Gleichwohl bildeten beide Gesetze die Grundlage für potenziell nicht ganz unerhebliche Eingriffe in die Agrarstruktur.

Und die öffentlichen Diskussionen um die Militärbesiedlung gingen weiter. Władysław *Studnicki* warnte, dass man beim osadnictwo vieles falsch machen könne; insbesondere sei es unklug, Boden an Arbeitslose oder unzuverlässige Leute zu vergeben, dies würde nur Banditismus fördern.[402] *Man diskutierte, ob* die Soldaten (und auch Zivilisten) den Raum der kresy in Zeitstufen von West nach Ost besiedeln, also in den „polnischeren“ Kreisen und Landstreifen beginnen sollten, oder ob sie, wie Grabski vorschlug, zuerst an der Staatsgrenze ihr Baumaterial zur Ansiedlung bekommen sollten – auch mit dem Argument, dass der Staat die Großgrundbesitzer, die nicht mitziehen würden, ja auch nicht verteidigen könne.[403]

Ebenso diskutierte man, ob die Besiedlung in staatlicher oder privater Regie erfolgen solle, oder, wie ein Dritter meinte, rechtlich privat, aber staatlich heftig gestützt sein solle.[404]

Eine weitere Auseinandersetzung berührte die Frage, ob solch unwirtliche Gebiete wie Polesien angesichts des dort hohen Bevölkerungszuwachses und der geringen Ackerfläche besonders für eine innere Kolonisation geeignet gewesen seien, oder ob es sich gerade deshalb eher um „einen teuren und unreifen Vorgang“ handele.[405] Auch wenn kaum einer so weit gehen wollte wie der kresy-Kenner Leon Wasilewski von der PPS, der vorschlug, es sollten die Arbeiter und Handwerker von vor Ort sein, welche (und damit müssten in Polesien unter Anderem Juden gemeint gewesen sein) kolonisieren sollten, eine Militärkolonisation hingegen nur zu strategischen Zwecken[406] zu unterstützen sei, so blieb doch die Frage, ob und wie die einheimische Bevölkerung alleine schon aus Kostensenkungsgründen an dieser inneren Kolonisierung zu beteiligen sei. Und: müsse nicht zuerst „Melioration, Intensivierung und Rationalisierung der Landwirtschaft“ erfolgen, die Tarifpolitik überdacht und

400 Kacprzak 2009, S. 111, 117, 118, 260.
401 Kacprzak 2009, S. 106.
402 Studnicki, Władysław: W sprawie osadnictwa żołnierskiego na ziemiach wschodnich Warsaza 1921, S. 3-6.
403 Kacprzak 2009, S. 46.
404 Dębski für privat, Z. Ludkiewicz für staatlich. Lechnicki (und Chodnikiewicz): soll privat aussehen, aber staatlich heftig gestützt sein. Kacprzak 2009, S. 53-54.
405 Kacprzak 2009, S. 47.
406 Kacprzak 2009, S. 47.

breite Infrastrukturmaßnahmen ergriffen werden, bevor man die Soldaten auf neuen Schollen ansiedelt? Würde das Ganze nicht teuer, zumal noch die Umzugskosten hinzukämen, die hier besonders hoch seien?[407]

Weiterhin wurde das Gesetz auch grundsätzlich in Frage gestellt. Die orthodoxe Kirche argumentierte, die Polen hätten zwar gegen Bolschewisten gekämpft, würden aber nun wie jene Enteignungen vornehmen. Auf das Argument – durchaus auch aus adeligen Kreisen, – die *osadnicy* brächten nur Ärger von außen in die Ostgebiete, erwiderte man, der Adel (das polnische Element) brauche die *osadnicy*, weil er alleine die *kresy* nicht verteidigen könne.[408] Die Zeitung *Kurier poranny* interessierte sich vor allem für *osadnicy* selbst; den Adligen in ihrer Kleinlichkeit hingegen empfahl man, sich angesichts dieser nationalen Aufgabe zurückzuhalten, das Staatsinteresse sei vorrangig.[409]

Bremse 1923. Der erste in den neuen, endgültigen Grenzen gewählte Sejm bremste die Praxis der Vergabe von Grundstücken an Soldaten, und insbesondere die Militärsiedlungen aus. Es machte sich bemerkbar, dass die Wählerinnen und Wähler in den Ostgebieten belaruthenische und ukrainische Abgeordnete, aber auch Großgrundbesitzer gewählt hatten, die die Siedler nicht gerne sahen.[410] Eine Mehrheit aus rechten Parteien, PPS (frisch in der Opposition), Ukrainern und Belaruthenen stimmte 1923 mit 133 gegen 85 Abgeordnete per Hammelsprung für eine Resolution, die im Ergebnis die Verteilung von Boden an *osadnicy* einschränkte.[411] Tatsächlich bezogen die nachfolgenden Regierungen die Fragen der örtlichen Bevölkerung in ihre Überlegungen mit ein[412], aber auch in die Praxis?

Die sowjetische und die polnische Propaganda. Wie wir unten sehen werden, erfolgte die Grundstücksübertragung an die Soldaten und Offiziere fast ausschließlich in den 1920er Jahren. Doch noch in den 30er Jahren, als die Kinder der Siedler und der Einheimischen schon auf die selbe Schule gingen, war der Typus des Osadniks nicht ohne Grund noch ein Topos in Publizistik und Belletristik.

Dabei wich der heftige, wilde Diskurs rund um die Militärkolonisten aus den 1920er Jahren nun festen heteronarrativen Einzelblöcken. Die BSRH ließ im Frühjahr 1927 auf ihren Versammlungen „Nieder mit den Militärbesiedlern" rufen.[413] Die sowjetische Propaganda nutzte die Verschränkung von sozialen, ethnischen und militärischen Faktoren, um die Unterdrücker als Polen und die Unterdrückten als Belaruthenen oder Ukrainer darzustellen. Das taten sie noch bei dem Einmarsch 1939, und dies offensichtlich relativ erfolgreich, obwohl die Vergabe von Grundstücken an die verdienten Legionäre bereits Mitte der 1920er Jahre gegen Null tendierte. Doch konnte diese sowjetische Propaganda mit umgekehrten Vorzeichen auf das Lob (in manchen Kreisen fast den Kult) der polnischen maßgebenden Gesellschaft gegenüber den *osadnicy* als polnische Vorposten zurückgreifen. Wie stark die-

407 Kacprzak 2009, S. 48-49.
408 Kacprzak 2009, S. 141.
409 Kacprzak 2009, S. 141-143.
410 Kacprzak 2009, S. 124-126.
411 Kacprzak 2009, S. 127.
412 Kacprzak 2009, S. 129-133.
413 AAN 1183-Urząd Wojewódzki w Brześciu nad Bugiem. Sign.6, Sprawozdania sytuacyjne i meldunki o ruchu społeczno-politycznym, zawodowym, narodowościowym, komunistycznym i o stanie bezpieczeństwa na terenie województwa, Poleski Urząd Wojewódzki Nr. IV.3160/27, Brześć n/B, dn. 2/VI 1927r. Tajne Meldunek sytuacyjny Nr. 40 z dnia 1 i 2 kwietnia 1927r. Ruch wytworowy. […] Ruch polityczny – powiat Prużanski, Blatt 68-69.

ser Kult in Teilgesellschaften noch heute gepflegt wird, kann man daran erkennen, dass es eine Liste in der polnischsprachigen Wikipedia gibt, in der jeder bekannte *osadnik* einzeln aufgeführt ist.[414] Auf der polnischen Seite waren nach erfolgter Gesetzgebung und kaum noch neu abgeteilten Grundstücken für Militärsiedler in den 1930er Jahren die Positionen zu den Militärsiedlungen genauso verfestigt, ja fast vereinheitlicht wie auf vielen anderen gesellschaftspolitischen Feldern: Der *osadnik* wurde weiterhin als Verkörperung der Modernisierung, als Träger der polnischen Kultur, eigentlich als, auch wenn der Begriff selten gebraucht wurde, innerer Kolonisator angesehen. Nur wenige, wie z.B. Józef Mackiewicz nahmen in ihrer Kritik an dem *osadnictwo* und insbesondere dessen (kultur-)politischer Aufladung kein Blatt vor den Mund (siehe unten[415]).

Woher kamen die Grundstücke und wem wurden sie zugeteilt?

Die Grundstücke für die Besiedlung durch Militärangehörige sollten vom Staat bereit gestellt werden, welcher durch eine Verstaatlichung an verschiedene Böden zu gelangen vorhatte. Nur auf diesen Böden sollten Flächen für das *osadnictwo* bereitgestellt werden.[416] Das Gesetz vom 17. Dezember 1920 sah vor, dass (laut §6:) in 22 Landkreisen, darunter in den polesischen Brest, Pružana, Luninec, Pinsk, Kobryn, Sarny (nicht also in den Kreisen Kosava/Kosów Poleski, Kamień Koszyrski und Drahičyn/Drohiczyn),[417] alle Grundstücke des Russländischen Staates, der Russländischen Dynastie, der ehemaligen Bauernbank und anderer öffentlicher Einrichtungen genauso an den polnischen Staat überzugehen hatten, wie z.B. verlassene Grundstücke. Land von Eigentümern, die über 400 Hektar je Gutshof (nicht: je Eigentümer) ihr eigen nannten, sollte der Staat gegen angemessene Entschädigung erhalten.[418]

Während zunächst alle polnischen Parteien für die Auszeichnung der Soldaten waren, war man sich uneins gewesen, woher die Grundstücke kommen sollten.[419] Als sich dann aber die teils zwangseinquartierten.[420] Arbeiterbrigaden zur Abteilung der Grundstücke ans Werk machten, konnten diese beiden Fragen nur zusammen bewertet werden. Die Rechtspolitiker waren zuerst dagegen.

Allein aus diesem Grund schon musste das Gesetz nicht nur die armen Bauern, sondern auch die Grundbesitzer, gerade auch den Großgrundbesitz trotz der soliden Entschädigungszahlungen verstimmen und sogar gegen sich aufbringen. Bei den landhungrigen Bauern kam ein „Unwille" auch deshalb auf, weil sie keinen Boden gratis bekamen.[421] Die an-

414 https://kresy.genealodzy.pl/zbior/pdf/osadnicy_wojskowi.pdf.
415 Mackiewicz 2007.
416 Kacprzak 2009, S. 262.
417 Insgesamt in allen Wojewodschaften die Kreise: „1) brzeskim, 2) prużańskim, 3) wołkowyskim, 4) słonimskim, 5) nowogródzkim, 6) baranowitkim, 7) wilejskim, 8) dziśnieńskim, 9) nieświeżskim, 10) łuninieckim, 11) pińskim, 12) kobryńskim, 13) włodzimierskim, 14) kowelskim, 15) łuckim, 16) rówieńskim, 17) dubieńskim, 18) sarneńskim, 19) krzemienieckim, 20) ostrogskim, 21) grodzieńskim, 22) lidzkim"; nach Dz.U. RP 1921, Nr. 4, poz. 17, §6, vom 17. Dezember 1920.
418 Dz.U. RP 1921, Nr. 4, poz. 17, §1, 2.
419 Kacprzak 2009, S. 263.
420 Benecke 1999, S. 126.
421 Kacprzak 2009, S. 261.

fängliche Unterstützung des *osadnictwo* durch die linke Bauernpartei *PSL Wyzwolenie* und der PPS wurde immer schwächer.[422]

Für die Jahre 1925 (und 1926) sind Daten über die Herkunft der Flächen verbreitet: 733 (788) Antragsteller hatten eine Hofstelle erhalten, darunter 581 (577) aus Parzellierung, 26 (101) aus dem Bestand von Organisationen und 136 (110) aus Privatbestand.[423]

Zusammen kamen in der Zeit bis etwa 1936 in den Ostgebieten *(Ziemie Wschodnie)* 45 % der Landstücke aus polnisch-privater, 38 % aus russisch-privater, 8 % aus staatlicher und Lehranstalts-, 5 % aus orthodoxer und katholischer Kirchenhand, sowie 3 % aus sonstigen Quellen. Bei den damit in den Staatsbesitz übergegangenen Flächen handelte es sich entsprechend um 47 %, 40 %, 8 %, 1 % und 4 % der Gesamtfläche.[424]

Erneut sind die historiographischen Stränge sehr heterogen. Der schon zitierte Artikel in der Enzyklopädie der Geschichte der Belarus' stellt kurz fest: „Die Böden der polnischen Großgrundbesitzer blieben unangetastet“[425], was angesichts der genannten Zahlen nicht den Tatsachen entsprach. Richtig ist hingegen, dass die Großgrundbesitzer den allergrößten Teil behielten, dass sie also nicht zuletzt angesichts der hinter den Erwartungen zurückbleibenden Gesamtmenge der Militärbesiedlung kaum Einbußen an Land zu verzeichnen hatten.

Wem wurden Grundstücke zugeteilt? Während die Antragsteller begutachtet wurden und die Wartelisten der „Qualifizierten“ abgearbeitet wurden, diskutierte man weiter, nach welchen Kriterien man wem Grundstück anbieten dürfe, solle und könne. Mehrere Politiker und Publizisten erhoben ihre Stimme, dass man nicht jedem x-beliebigen Soldaten ein Grundstück in einer Gegend anvertrauen dürfe, die er noch gar nicht kenne. Zdzisław Ludkiewicz forderte ein, Militärs nicht dort anzusiedeln, wo der Widerstand am Geringsten sei, sondern nach ausgearbeitetem Plan.[426] Henryk Wielowieyski sah ein umfangreiches Konversionsprogramm vor, derzufolge demobilisierte Sanitäter als medizinische Grenzschützer eingesetzt werden sollten, die zur Verhinderung von Epidemien beizutragen hatten, und militärische Pioniere sollten Traktoren bedienen und die erhaltenen Grundflächen meliorieren, dabei nicht nur Land, sondern auch eine Arbeitsplatzgarantie erhalten. In einem Dreistufenplan „nach englischem Vorbild“ sollten die vorgesehenen Urbarmacher zuerst auf der Militärhochschule lernen, dann eine Kooperative bilden und zuletzt erst individuelles Land erhalten.[427]

Tatsächlich kam man ja angesichts der Anzahl von Antragstellerinnen auch gar nicht umhin, Kriterien dafür zu entwickeln, wem man Grundstücke anvertrauen solle. Sollten beispielsweise auch Invaliden in den Genuss eines Grundstücks in diesen unwirtlich vorgestellten Regionen kommen?[428] Selbst Menschen, die „keine polnische Staatsangehörigkeit haben“, sollen zum Erhalten von Boden von der entsprechenden Kommission qualifiziert gewesen sein; denn die Schlussfolgerung des Innenministeriums lautete nicht, dass diese Personen von dem zu erwarteten Landsegen auszuschließen seien, sondern, dass die Tatsa-

422 Kacprzak 2009, S. 263-264.
423 Rižskij mir, kniga 1, 2014, S. 254.
424 Kamiński, W.: Osadnictwo wojskowe, In: Rocznik Ziem Wschodnich 1937, S. 166.
425 „Zemli pol'skich pameščikaŭ zastalisja nekranutymi“; Paljujan, U.A.: Asadniki, In: ĖHB, tom 1, S. 202.
426 Kacprzak 2009, S. 51.
427 Kacprzak 2009, S. 51-52.
428 Kacprzak 2009, S. 71.

che, dass „sie in den polnischen Streitkräften gedient" hatten, „zweifelsohne" bezeuge, dass sie die polnische Staatsangehörigkeit verdient hätten.[429]

Durchführung der Abtrennung und Kompetenzen. Dass die Durchführung der Abtrennung der Landstücke durch aktive Teilnahme der Streitkräfte erfolgte, brachte die Grundbesitzer *(ziemiane)* und die politische Rechte genauso wie die ukrainischen und belaruthenischen Abgeordneten[430], welche ohnehin für Kolonisierung und Polonisierung nichts übrig hatten, gegen das *osadnictwo* auf.

Die Durchführungskompetenzen lagen beim Ministerium für Landwirtschaft und Staatsgüter, beim Hauptbodenbüro *(Główny Urząd Ziemi*, GUZ) wie auch beim Kriegsministerium, doch die zivilen Behörden sahen die damit verbundene Tätigkeit nie als prioritär an.[431]

Im Detail konnten die Regelungen zum *osadnictwo* nämlich einigen Ärger schaffen. Selbst bei Pachtverträgen mit Dritten war eine Klausel enthalten, dass ein Grundstück gegen Erstattung der Kosten an den Staat zum Zwecke der Landeinrichtung für Militärsiedler zurückfallen solle.[432]

Als weiteres Beispiel, wie kompliziert es sein konnte, Boden für Militärsiedler bereitzustellen, möge das Beispiel von Herrn Telesfor Falkowski dienen, der einen mit dem alten Russland geschlossenen Pachtvertrag beibringen konnte, der trotz des Untergangs dieses Staates immer noch Gültigkeit besaß. Seit den Zeiten Nikolajs I. gehörte dieses Grundstück zur der Ordination Kleck. Im Jahr 1918 wurde in Minsk der Pachtvertrag für das Grundland, die Wassermühle und weiteres Land in der Nähe des Dorfes Zaostrowicze, mit Pacht bis zum 1.4.1924 abgeschlossen. Mit Entscheidung vom 30.8.1923 bestätigte eine „Polesische Berufungskommission", dass dieser Gutshof vom Staat für die Militärkolonisation übernommen sei. Das Landratsamt schlug, im Wissen, dass der alte Vertrag rechtlich nicht aufgelöst war, nun Herrn Falkowski vor, dass, da von dem Gut 24 Desjatinen Ackerland und 17 Desjatinen Wiesen schon im Jahr 1923 den Militärsiedlern zur Nutzung übergeben worden waren, die Auslösung der Pacht für ein Äquivalent von 110 Centnar Roggen vor. Dies lehnte der Pächter ab und erklärte, nur 15.000.000 Mark bezahlen zu wollen, damals ungefähr 22 Centnar Roggen entsprechend. Angesichts des Grades an Kompliziertheit übergab die polesische Wojewodschaftsverwaltung den Fall dem Ministerium zur Entscheidung, nicht ohne die Bemerkung einzufügen, dass man es ungeachtet eines späteren Gerichtsbeschlusses für eine „äußerste Erleichterung der Sache" halte, wenn die 110 Centnar eingeholt werden, da ja der Boden bald aufgeteilt werden solle.[433]

Die besseren Böden? Geklagt wurde oft darüber, dass die *osadnicy* bessere Böden erhielten als die Einheimischen sie hatten. In der Gemeinde *(gmina)* Charska, Kreis Stolin zum Beispiel besäßen die Bauern zwar 200, 300 Hektar, seien aber Kleinbauern, da 5 Hektar Nutzland 195 Hektaren Sümpfen gegenüberstünden, die man nur für 25 Groschen je Hektar verkaufen könne. Die *osadnicy* hätten hingegen 18 bis 20 Hektar besten Bodens

429 AAN Bestand 9/ t.II, Ministerstwo Spraw Wewnętrznych w Warszawie. Sign.1382, Sprawy obywatelstwa w związku z Traktatem Pokoju w Rydze, Blatt 495.

430 Kacprzak 2009, S. 262.

431 Kacprzak 2009, S. 262-263.

432 AAN Bestand 13/0, Sign. 735, Ministerstwo Rolnictwa i Reform Rolnych w Warszawie 1921–1923, Blatt 83, §17.

433 AAN Bestand 13/0, Ministerstwo Rolnictwa i Reform Rolnych w Warszawie 1923–1925, Sign. 736, Wojew. Polesie, Blatt 32-37. Zu Centnar: https://pl.wikipedia.org/wiki/Centnar (12.07.2017).

nahe an dem Schtetl Davydharadok erhalten, welcher manchmal 1000 zł. je Hektar wert sei.[434]

Ungerne nach Polesien. Wollten die ehemaligen Gefreiten und Offiziere überhaupt ein Grundstück in Polesien bewirtschaften, oder machten sie dies nur mangels einer besseren Perspektive? Tatsache ist, dass es in Polesien viel weniger „Militärkolonisation" gab als in den Nachbarwojewodschaften Navahrudak und Wolhynien.[435] Man ging dorthin, wo bessere Ernteerträge zu erwarten waren. Es gibt auch keine raumgeografische Begründung für eine besondere Kolonisierung gerade der etwas katholischeren oder polnischeren Landkreise *(powiaty)*.

Immerhin sah sich die Landwirtschafts- und Veterinarabteilung der Wojewodschaftsverwaltung in Polesien noch im Juni 1923 veranlasst darauf hinzuweisen, dass

> „sich in einigen Objekten, die aus den Ländereien teilweise für den Bedarf der Militärsiedlungen überlassen oder auch überhaupt zum Zwecke der Agrarreform parzelliert waren, versumpfte polesische Wiesen und Weiden ernsten Ausmaßes (befanden), deren Verpachtung in vorschriftsmäßiger Weise auf ernsthafte Schwierigkeiten stößt."[436]

Ergebnisse. Eine komplizierte rechtliche Gemengelage, politisch divergierende und antagonistische Interessen, unwirtliche Böden – all dies waren schlechte Voraussetzungen für eine Durchführung der Gesetze vom Dezember 1920. Welche Ergebnisse wurden erzielt? Die Höfe für die *osadnicy* wurden in der Anfangszeit des Bestehens der Polnischen Republik abgeteilt. Innerhalb von zwei Jahren waren in den Ostgebieten 8700 Soldaten teilweise mit Familie mit einer Fläche von 360.000 Hektar versorgt worden. Bis in die 1930er erhöhte sich nach weiteren Zu- und Abgängen die Zahl auf etwa 9000, vielleicht auch 10.000 in allen gesetzlich dafür vorgesehenen Gebieten zusammen genommen.[437]

Von den polenweit offiziell eingereichten Anträgen konnte nur an einen kleinen Teil ein Grundstück vergeben werden. Czesław Brzozowski berichtete für den 1.1.1923 von 99.513 Anträgen und 22.503 Bewilligungen.[438] In den Ostgebieten setzten sich 1933 die ehemaligen Angehörigen der Streitkräfte, die eine Zuteilung erhalten hatten, aus 41 % Gefreiten *(szeregowi)*, 42 % Unteroffizieren und 17 % höherrangigen Offizieren zusammen.[439]

Stobniak-Smogorzewska kommt auf 9.082 bis zum Jahr 1932, darunter für Polesien auf 1.146 *osadnicy*[440]; für diese Wojewodschaft gab Z. Wilk 1.378 (Ex-)Militärs an.[441] Speziell

434 Mackiewicz 2007, S. 131.
435 Benecke 1999, Karte auf Seite 312, auch S. 131.
436 AAN Bestand 13/0, Ministerstwo Rolnictwa i Reform Rolnych w Warszawie 1923–1925, Sign. 736, Poleski Urząd Wojewódzki, Wydział Roln. I Weter, 25 czerwiec 1923, Brześć n/d Bugiem [an] Ministerstwo Rolnictwa i Reform Rolnych w Warszawie. Wydział majątków państwowych. Blatt 11.
437 Kacprzak 2009, S. 262-263; vgl. Henschel, Christhardt: Frontline Soldiers into Farmers. Military Colonisation in Poland after the First and the Second World War, In: Hannes Siegrist und Dietmar Müller (Hg.), Property in East Central Europe. The Notion, Institutions, and Practices of Property to Land in the 20th Century, New York/Oxford 2015, S. 144–162, hier S. 147.
438 Brzozowski, Czesław: Akcja osadnictwa wojskowego na kresach wschodnich 1920–1931, o.O. 1938, S. 28 -29, zitiert in: Benecke 1999, S. 127.
439 Związek Osadników: Sprawozdanie z działalności za czas od 1.11.1933 do 1.10.1935 r., Warszawa 1935, S. 8.
440 Stobniak-Smogorzewska, J.: Kresowe osadnictwo wojskowe 1920–1945, Warszawa 2003, S. 103-104, 240.
441 Nach Kacprzak 2009, S. 239-240.

in der Wojewodschaft Polesien wurden zum 3. April 1922 eine Zahl von 690 *osadnicy* mit oder ohne Anhang gezählt, die 27.478 Hektar Boden zur Bewirtschaftung erhalten hatten; unter ihnen hatten 410 ein Einzelgrundstück erhalten, 280 Höfe gruppenweise zugeteilt bekommen.[442] Bis zum 1. Januar 1923 waren 1477 Grundstücke, darunter 810 für einen einzelnen Hof und 181 für eine Gruppe von Höfen bereitgestellt.[443]

Daneben gab es noch die nichtmilitärische „bürgerschaftliche“ Besiedlung, dies hauptsächlich in Polesien. In der Zeit von 1920 bis 1927 waren hier 2.854 Grundstücke bereitgestellt worden.[444]

In den fünf östlichen Landkreisen Polesiens waren zum 1.1.1927 1929 Hektar (eventuell Desjatinen) auf 814 Hofstellen registriert, auf denen 2940 Familienmitglieder und 650 Landarbeiter und Dienstmädchen lebten.[445]

Am 1. Dezember 1928 wie auch am 16. März 1929 zählte man in der Wojewodschaft Polesien 1264 zugeteilte Böden. Bis Mitte der 1930er Jahre tat sich ebenfalls nicht mehr viel, so dass nun 1378 *osadnicy* verzeichnet wurden. darunter 1126 auf zugeteilten Böden und 252 ohne zugeordnetem Land.[446]

Geografische Herkunft der Siedler. Am 1. Januar 1927 erfasste man in Polesien statistisch 814 Böden auf 19.294 Hektar; die Inhaber entstammten vorwiegend Kongress- (440 *osadnicy*), zudem 132 aus Klein- und 20 aus Großpolen; acht Jahre nach Gründung des polnischen Staates dürften es Heimatliebe, aber auch sprachliche und kulturelle Barrieren gewesen sein, die Soldaten aus Klein- und Großpolen abgehalten hatten, den Erhalt eines Stücks Land im ostslawisch und orthodox geprägten Osten zu beantragen.[447]

In der Wojewodschaft Polesien betrug angesichts der Gesamtzahl von 126.251 Höfen am 30. September 1921 und 208.814 im Jahr 1931[448] also der Anteil der Höfe der *osadnicy* nie mehr als auch nur 1 % der Höfe. Da alle Seiten viel Aufhebens um die Besiedlung durch verdiente Militärs machten, geriet diese Tatsache in den Hintergrund. Doch auch den Zeitgenossinnen war es nicht entgangen: Frau Terpiłowska von der Gesellschaft zur Entwicklung der Ostgebiete (*Towarzystwo Rozwoju Ziem Wschodnich*) stellte auf die Wohnfläche der Siedler bezogen fest, dass die Besiedlung durch Exmilitärs in der allgemeinen Masse der Bewohner einen so winzigen prozentualen Anteil umfasse, dass [der Bau entsprechender Immobilien] keinerlei grundsätzliche Änderungen bewirkt“ habe.[449]

Die Grundstücke wurden oft als Chutor vergeben,[450] und die *osadnicy* ohnehin von den einheimischen Dorfbewohnern als fremdes Element empfunden.

---

442 CAW, GMSWojsk, sygn. I.300.1.660, zitiert in: Kacprzak 2009, S. 238 und 293.

443 Studnicki, Władysław: Ziemie Wschodnie, stan gospodarczy i widoki rozwoju, Warszawa 1929, S. 71.

444 Studnicki 1929; Ziemia Poleska, Rok 2, Nr. 4-5 Kwiecień-Maj, 1933 S. 1. Das osadnictwo wojskowe betraf 30.000 Hektar.

445 Kacprzak 2009, S. 296.

446 Kacprzak 2009, S. 240, 298-299.

447 Kacprzak 2009, S. 296.

448 Für 1921: Gebäude in Orten unter 2000 Einwohner, dort 730.638 Einwohner. Skorowidz, a.a.O., T. 8, Województwo poleskie, (hg. Von Główny Urząd Statystyczny Rzeczypospolitej Polskiej) Warszawa 1924; für 1931: Grodzicki 1936, a.a.O., S. 17 und 33; Jarmarki Poleskie – próba aktywizacji życia gospodarczego, 2013, S. 10.

449 AAN Bestand 2678 TRZW, Sign. 2, Blatt 279-293.

450 Razuvanava 2013, S. 39, 43.

Diese Stabilität des Anteils der Militärsiedler auf niedrigem Niveau führte aber bis 1939 schon dazu, dass es dann keine weiteren unmittelbaren Querelen um Land und Leute mehr gab.

Bewertung des Ausmaßes, mit einem Vergleich zwischen Polesien und Wolhynien. Polesien wies einen nicht unbedeutenden Anteil am Gesamt*osadnictwo* auf. Rein von der Hofzahl her gab es aber in den Wojewodschaften Wolhynien und Navahrudak mehr Militärbesiedlung.[451] In Wolhynien und Navahrudak wiesen die Behörden aus dem angeeigneten Bodenflächen mehr Hektar für die *osadnicy* als für die Agrarreform aus. In Polesien war es umgekehrt: hier betrug die Hektarzahl 22.544 für die Militärsiedler und 33.565 für die Agrarreform.[452] Das war durchaus beabsichtigt, denn es ist davon auszugehen, dass sich die Ex-Militärs lieber in Wolhynien oder Navahrudak ansiedeln wollten als in den polesischen Sümpfen.

In Polesien wurden den Ex-Angehörigen der Streitkräfte darunter auch ein nicht geringer Anteil an „Wälder, Sümpfe, nasse Wiesen und Ödland" übertragen. Quasi als Ausgleich bemaß das durchschnittlich übergebene Stück Land in Polesien 23 Hektar, während es im mit besseren Böden ausgestatteten Wolhynien 15 Hektar waren. Insgesamt übergab der polnische Staat zwar eine doppelt so große Fläche in Polesien wie in Wolhynien, dort aber gab es viel mehr *osadnicy* als in Polesien. Und während in Wolhynien 16 Höfe durchschnittlich eine Militärsiedlung bildeten, waren dies in Polesien nur knapp 10.[453]

„Zivilisten aus Großpolen nach Polesien!" Die Grenze zwischen individuellem und organisiertem zivilem Besiedeln war schwer zu ziehen.

Man hatte in Polesien ein wenig Erfahrung mit Kolonisten, z.B. mit freien christlichen Siedlungen aus Deutschland.[454] Doch waren dies Kolonien von Gemeinschaften, die sich ihr Plätzchen dort gesucht hatten, wo sie möglichst von niemandem gestört wurden und meist auch niemanden stören wollten. Doch nun, nach der wiederholten Rede polnischer Politiker, dass man Polesien besiedeln müsse, und zwar mit dem „polnischen Element", würde eine Besiedlung einen interventionistischen Charakter bekommen. Man nahm offensichtlich in den 1930er Jahren die Aufforderung zu ziviler Besiedlung ernst, und es ist vielleicht kein Zufall, dass es Polen aus dem ehemals zum Deutschen Reich gehörenden Großpolen waren, die sich mit Kolonisierungsplänen trugen.

„Großpolen an die polesische Front!" (*„Wielkopolanie na front poleski!"*), so lautete der schlachtrufartrige Titel einer 1931 in Posen herausgegebenen Broschüre. Die Großpolnische Landwirtschaftskammer beteiligte sich an der Besichtigung auszutrocknender Sümpfe im Landkreis Kosava/Kosów. Dort gebe es 6.500 Hektar zu entwässerndes Niedermoor, bislang seien 1.600 Hektar melioriert. Mit dem fast schon üblichen Optimismus verkündete man, dass „dieser Boden zur Übernahme in den Besitz durch Siedler" bereit sei.[455] Die Autoren versuchten, gegen offensichtlich schwer auszurottende Zweifel anzukämpfen, ob man denn dort überhaupt günstige Erträge erzielen könne. Warum habe man „gerade Polesien"

451 Tabellen bei Kacprzak 2009, S. 293, 298, 299, 300-301; vgl. für Navahrudak: Rižskij mir, kniga 1, 2014, S. 254-255.
452 Kacprzak 2009, S. 236.
453 Kacprzak 2009, S. 241.
454 Belarus' v gody Pervoj mirovoj vojny (1914–1918): Sbornik dokumentov, Minsk 2014, #31, 35.
455 Połowicz, Marian Stanisław: Wielkopolanie na front poleski!: projekt kolonizacji Polesia wieśniakami z Wielkopolski, 1931, S. 6.

ausgewählt, „das Land der Sümpfe, des Dickichts, der Flüsse und Seen"? „Kann man denn dort," wo, „wie man sagt, der Teufel mit seinem Schweif zum Begräbnis läutet, überhaupt rationell wirtschaften?", wird im Text rhetorisch gefragt. [456]

Als Vorbild nahmen sich die großpolnischen Autoren nicht die Wirtschaftsweise der örtlichen Bevölkerung, sondern „Schweden, Holland, Dänemark, Deutschland",[457] die bewiesen hätten, dass man auch versumpftes Land urbar machen könne. Und dass eine polesische Kuh 25 % weniger als in Polen wiege, dass es vorkomme, dass ein Bauernhof mit 3 und sogar 4 Kühen nicht genug Milch hat, dass Eiweiß fehlt,[458] all dies führen die Autoren nicht auf die unwirtlichen Futterbedingungen zurück, sondern verweisen auf gewaltige Möglichkeiten – die sich daraus ergäben, dass die Deutschen und Engländer 300 Tage im Jahr arbeiteten, der Pole hingegen nur 200.[459] Und da lesen wir dann die schematischen Berechnungen, angetrieben vom Machbarkeitskult: Da in Polesien 1.700.000 Hektar versumpft seien, darunter 750.000 Hektar Moorland, könne man also 30.000 Höfe zu je 25 Hektar auf Torfgebiet und auf den anderen Gebieten weitere 38.000 errichten.[460] Man könne auch durchaus Invaliden in diese Gebiete schicken, aber es seien ebenso Landwirtschaftsfachleute gefragt.

Staatliche und gemeindliche Unterstützung. Neben dem Grund und Boden gab der Staat Unterstützung für die Einrichtung des Hofes 80m³ Holz,[461] aber keine bedeutende offizielle laufende Unterstützung[462] für die *Osadnik*-Familien. Doch Józef Mackiewicz sprach über „Pensionen, Landstücke, Kredite, Hilfen, Unterstützung und Protektion".[463] Noch 1932 stellte man „4000 zł. für die *osadnicy* in Nowosiółkach" zur Verfügung, um Parzellen *(działki)* zu kaufen".[464] Dafür konnte man auf dem freien Markt zwar nur etwa 10 Hektar erwerben, und der Betrag war nur das Vierfache der Subvention für ein einziges Orchester namens „Ludwikowo" des nahegelegenen KOP-Bataillons, des Grenzschutzes, aber Geld ist Geld.[465]

Organisierungsversuche und Verhaltensweisen der *osadnicy*

Man wollte die Militärsiedler gerne organisiert wissen: Alljährlich trafen sich die Militärbesiedler auf Wojewodschaftsebene.[466]

Doch die Wojewodschaft war groß, und im Alltag konnte man sich eher auf Kreisebene organisieren. Am 15. November 1926 fand in Kašyrsk/Koszyrsk die zweite Vollversammlung des Kreisbunds der Militärsiedler *(Powiatowy Związek Osadników)* mit 34 Anwesenden statt. Auch im Kreis Drahičyn/Drohiczyn gab es das Vorhaben der Organisation von *osadnicy*, aber hier kam das Quorum nicht zustande.[467] Nicht jeder *osadnik* wollte sich in

456 Ebenda, S. 7.
457 Ebenda, S. 8.
458 Ebenda, S. 9.
459 Ebenda, S. 9.
460 Ebenda, S. 8.
461 Dz.U. RP 1921, Nr. 4, poz. 18, Art. 8; vgl. Kacprzak 2009, S. 58, 205.
462 Kacprzak 2009, S. 264.
463 Mackiewicz 2007, S. 131.
464 AAN Bestand 2478, Sign. 9, KOP, Polacy na ZW RP i na terenach ZSRR w latach 1918–1939. Zbiór kserokopii materiałów z archiwów zagranicznych 1918–1944, hier 1935, Blatt 93.
465 Ebenda.
466 Gazeta Poleska, Nr.9, 17 grudnia 1933, S. 2, In: AAN, Bestand 323/0, Sign. 64.
467 AAN 1183, Sign. 4, Blatt 185.

seiner Eigenschaft als *osadnik* organisieren. Die ganz große Begeisterung für Vereinsmeierei war unter den Ex-Militärs nicht aufgekommen, aber sie bildeten Kreise und nahmen regen Anteil an Gemeinschaftseinrichtungen wie Maschinen-, Wasser-, Landwirtschaftsindustrie-, Saatgutauslese und Tierkopulations-Gesellschaften und -stationen.[468] Allein schon, dass sie sich am polnischen, also staatlich und gesellschaftlich herrschenden Diskurs beteiligten, darin untergebracht waren, unterschied sie deutlich von den einheimischen Bauernfamilien.

Doch nicht jeder Siedler war für die Modernisten vorbildlich, denn „leider gaben nicht alle *osadnicy* ein gutes Beispiel ab, ein Teil übernahm z.B. die niedrigstehenden örtlichen Methoden der Bewirtschaftung, nutzte die vergebenen Kredite schlecht und wartete passiv auf weitere Hilfe“.[469]

Józef Mackiewicz zeigte sich in seiner Buchreportage aus der zweiten Hälfte der 1930er Jahre reichlich genervt von der kumpeligen Vetternwirtschaft dieser Leute, die die Alteingesessenen nur abschrecken konnte:

„Ein Kellner a.D. aus Lodz. Boah, was für ein Radaubruder! Manchmal würde er gerne im ganzen Städtchen herumtrinken und herumkrakelen. Oh, Mann, dass der *osadnik*, der „Pionier des Polentums“ aber bloß nicht in die gemeindliche Ausnüchterungszelle eingesperrt wird! Erst als er anfing, auf dem Markt … – aber gerade jetzt fuhr das Auto des Herrn Landrats *(starosta)* vorbei. … Oh, mein alter Freund! Auch *Osadnik*. Aus der Minsker Gegend. Wachtmeister der Dąbrowski-Ulanen.“[470]

Wir hatten ja gesehen, dass aus dem ehemals deutschländischen und österreichischen Teilungsgebiet wenig Interesse an einem Grundstück in den *kresy* bestanden hatte.[471] Aber auch für die *osadnicy* aus Kongresspolen galt, dass die Erwartung staatlicher Unterstützung mitentscheidend war; auch wenn sich der einzelne *osadnik* vielleicht darunter nicht von vorneherein vorgestellt hatte, grölend über den Marktplatz der Einheimischen laufen zu können, aber einen Kumpel in der Verwaltung zu haben, war immer attraktiv.

Immerhin – der Historiker Michał Kacprzak sieht ein allmähliches, durch den sowjetischen Einmarsch 1939 jäh unterbrochenes Vernetzen der Einheimischen und der *osadnicy* untereinander, durch die heranwachsende nächste Generation, über Schulen und Volkshäuser.[472] Auch waren die *osadnicy* keine blinden Staatsdiener: Sie mähten eigenständig Heu auf Flächen, die ihnen nicht gehörten, so wie die örtlichen Bauern es auch taten.[473]

Die *Osadnik*-Familien. Doch die Missgunst der Einheimischen hatte weiterhin ihre Berechtigung: Ein *Osadnik*hof unterhielt mit durchschnittlich 1,9 Pferden, 3,6 Rindern, 3,1 Schweinen weitaus mehr als ein einheimischer, nur der Wert von 0,5 Schafen wurde von den Einheimischen übertroffen.[474] Allein dies schon konnte angesichts der ärmlichen Wirtschaften Neid unter den Einheimischen hervorgerufen.

468 Kacprzak 2009, S. 243-245.
469 Ebenda.
470 Mackiewicz 2007, S. 131.
471 Kacprzak 2009, S. 296.
472 Kacprzak 2009, S. 264.
473 AAN Bestand 13/0, Sign. 737.
474 Kacprzak 2009, S. 243.

Osadnictwo als Planung?

Das *osadnictwo* unterlag zunächst keiner systematischen Planung, wurde hektisch durchgeführt.[475] Ich stelle daher sogar in Frage, ob man von einer zentral und nach ausgereiften geografischen Plänen durchgeführten Kolonisierung sprechen kann. Es sind keine „Generalpläne“ mit ihren topographistischen Skizzen bekannt. Insofern war die Besiedlung weit entfernt von einer systematischen, oder sogar generalstabsmäßig vorbereiteten, auf Reißbrettern entworfenen Maßnahme, wie sie in Deutschland von Leuten wie dem präskriptiven Geographen Walter Cristaller betrieben wurde. Allerdings war es nun nicht so, dass es keine staatlichen Behörden und halbstaatlichen Organisationen gegeben hätte, die sich damit befasst hätten. Neben dem Siedlerbund *(Związek osadników)* gab es eher zu viel als zu wenig Organisationen, die sich mit der Entwicklung der Landwirtschaft befassten.[476]

Ausblick und Fazit

Ab 1945 war ebenfalls eine Kolonisationsmöglichkeit für Militärs und Partisanen vorgesehen, nun im Westen der Republik. In der ersten Etappe bis Oktober 1945 betraf dies 152.000 Personen, bis 1948 dann 175.000 Militärfamilien mit 535.000 Personen, das waren 12 % aller in den früher zu Deutschland gehörenden Gebieten Angesiedelten.[477]

Christhardt Henschel verglich die beiden Vorhaben, und stellte viele Parallelen in Vorbereitung und Durchführung fest. Der größte Unterschied war freilich das Ausmaß: während die *kresy* und auch speziell Polesien durch Krieg und Bürgerkrieg eine Abnahme der Bevölkerung zu verzeichnen hatte, und an dem anschließenden Anstieg der Bevölkerungszahl die *Osadnik*familien nur zu 1 % beteiligt waren, waren seit 1944 Millionen von Deutschen aus den späteren polnischen Westgebieten vertrieben worden, und die Besiedlung durch verdiente Militärs war nur eine Form von mehreren von freiwilliger, forcierter und zwangsweiser Umsiedlung. Die Entscheider im kommunistischen Polen hüteten sich, ihre Maßnahme mit dem *osadnictwo wojskowe* der 1920er Jahre zu vergleichen oder darauf sogar zu rekurrieren. Das Volksbewusstsein und die Volkserfahrungen kannten das *osadnictwo* gleichwohl.[478]

Das *osadnictwo* war eine erfolgreiche Intervention des polnischen Staates und seiner maßgeblichen Akteure insbesondere in der Zeit der eNDecja-dominierten Kabinette in einem allerdings definitiv nicht umfassenden Sinne: es schuf eine „Neue Heimat“ in einer als ziemlich leer empfunden Region in dem Maße, wie die einheimische Bevölkerung abgedrängt wurde (und werden sollte). Und dieses Ausmaß blieb gering.

Was die Brisanz des *osadnictwo* ausmachte, war daher nicht die Tatsache, dass ein Prozent der Bevölkerung Grundstücke zu Konditionen bekommen hatten, von denen die Einheimischen nur träumen konnten, sondern, dass sie eine andere Kultur (auch Agrikultur und Sicherheitskultur), Sprache und Religion, mithin eigene Feier- und Trauerkultur in das länd-

---

475 Siehe auch Henschel, Christhardt: Frontline Soldiers into Farmers. Military Colonisation in Poland after the First and the Second World War. In: Hannes Siegrist und Dietmar Müller (Hg.): The Notion, Institutions, and Practices of Property to Land in the 20th Century, New York/Oxford 2015, S. 144–162.

476 Ziemia Poleska 1933, Rok 2, Nr. 4-5, Kwiecień-Maj, S. 3-6 bringt einen Überblick über die Organisationen.

477 Kacprzak, 2009, S. 55-56.

478 Henschel 2015, S. 144–162.

liche Polesien mit einführten. Ein *osadnik* blieb in den 15 oder 18 Jahren bis zur sowjetischen Aggression in der Regel ein Angehöriger eines besonderen Menschenschlags, wurde zumindest als solcher gesehen.[479] Dies galt auf je eigene Weise sowohl für diejenigen, die auf Einzelhöfen am Dorfrand als auch für solche weniger Zahlreichen, die gemeinsame Neusiedlungen bildeten. Die Gemeinsamkeit, und dies hieß auch Besonderheit, wurde noch vom Siedlerbund (*Związek Osadników)* besonders gefördert, man hielt sich für etwas Besseres. Es wurden typische Muster der Kolonialisierung mit all seinen Reibungen deutlich, auf die ich im allgemeinen Teil zurückkommen werde. Der *Osadnik* wurde daher mehr gehasst als der alteingesessene Grundbesitzer. Die Kommunistische Agitation knüpfte daran an.

Dieser Hass hatte zwei Ursachen. Auf der einen Seite wollte man keine „fremden Eindringlinge". Auch wenn den Dörfern nichts weggenommen wurde, so galt der *Osadnik* als ein mit den etablierten Sitten des Ortes und der Region nicht Vertrauter, der seine gar nicht einmal unbedingt moderneren, aber mit eingeführten Alltagsgebräuche über die bestehende soziale Ordnung, über das Gewohnheitsrecht oder sogar das geschriebene Gesetz stellte. Zweitens gehörten die Militärsiedler zu dem Volk, dessen Militär und Paramilitär sich bei der Besetzung Polesiens 1919/1920 und im polnisch-sowjetischen Krieg 1920 an der einheimischen Bevölkerung in Stadt und Land vergriffen hatten und nun mit ihrem Siedlerboden dafür auch noch belohnt wurde.

Beförderte oder behinderte das auf diesem Hintergrund und auf diese Weise durchgeführte *osadnictwo* die Assimilation der Polesier, „staatlich" oder sogar „national"/ethnisch? Es kamen nun waschechte Polen in noch-nicht-polnische Gebiete, und allein durch ihre Existenz hatten sich die – immer noch die große Mehrheit stellenden – Einheimischen daran zu gewöhnen, dass man polnisch lernen müsse, katholische Kirchen pflegen und bauen und so weiter. Das waren andere Siedler als die „Deutschen" oder „Tschechen", von denen man mal gehört hatte, dass sie ihre Dörfer in Wolhynien „betrieben".

Doch dies hätte die Einheimischen noch nicht in einen Antagonismus gegen über den *Osadnik*i zu bringen brauchen. Allerdings schauten die Ex-Soldaten, die sich zumeist auch als Vaterlandretter fühlten, auf die Einheimischen herab. Oft waren sie im Gegensatz zu den Einheimischen alphabetisiert. Sie wurden eher Feindbild als Vorbild, und waren daran selbst nicht gerade unschuldig – Ausnahmen gab es natürlich auch.

Im Gegensatz zu Wolhynien, Navahrudak und dem Gebiet um Vilnius galten die Polesierinnen und Polesier ja als leichter polonisierbar – doch die *osadnicy* sahen eine Polonisierung in der Regel nicht als ihre Aufgabe an.

Der einheimische polnische Hochadel (zum Kleinadel siehe unten) übte keinen systematischen Schulterschluss mit den Siedlern, war ihnen sogar feindlich gesinnt, und so entstand in den nichtstädtischen polesischen Gebieten ein Dreieck Adel-Bauern-Siedler, in dem sich niemand mit niemandem verbündete. Der einzige Grund, warum es in Polesien bis 1939 nicht zu einer heftigeren Auseinandersetzung gekommen war, war wohl der, dass es hier gerade einmal tausend Höfe waren, keine 1 % der Hofstellen, die an die *osadnicy* gingen oder von ihnen gebaut wurden. Dennoch: dadurch, dass diese im Durchschnitt bessere Grundstücke erhalten hatten, dadurch, dass sie auf Böden der orthodoxen Kirche ackerten, dadurch, dass sie sich zum Teil in eigenen Siedlungen organisierten, zum Teil auf

479 Kacprzak 2009, S. 302.

Chutora lebten, und sich zunächst nicht mit der einheimischen Bevölkerung mischten, konnte sich das Misstrauen und die Feindschaft der Einheimischen gegenüber den von Außen gekommenen und umgekehrt bis 1939 halten.

Auf die Bremse trat der Gesetzgeber ab 1923, doch war es nun schon zu spät, um das *osadnictwo* nicht zu einer Quelle ständigen Ärgernisses werden zu lassen. Bis zur Jahrzehntwende 1920er/1930er nahm das *osadnictwo* noch zu. Später war es nicht der schlechte Boden, die veränderte Landschaft, sondern die Leute, nämlich der Gesetzgeber die mit dafür sorgten, dass viele Antragsteller vom Staat keine Hofstelle mehr zugewiesen bekamen.

Bewertung der Intentionen. Weil die Gesetze über das *osadnictwo* in Eile entworfen und beschlossen wurden, gab es Intentionen, aber keine ausgeklügelten Pläne. Angesichts des geringen Ausmaßes neu eingerichteter Hofstellen und Kleinsiedlungen ist das Bestreben, nicht jedoch die Verwirklichung einer die Landschaft umformenden Intervention im engeren Sinne nachweisbar.

Es gab Politiker in allen Lagern, denen bewusst war, dass eine Strategie nicht aufgehen könne, derzufolge die Ansiedlung von Polinnen und Polen in Polesien bedeuten würde, dass das „polnische Element" stärker vertreten sein würde und dadurch die Polonisierung der Einheimischen erfolgen würde.

Hinter dem *osadnictwo*, wie es seit 1920 betrieben wurde, steckten nicht zuletzt ideologische Gründe, aber in der konkreten Situation spielten auch praktische Erfordernisse eine beträchtliche Rolle. Die akute Frage seit 1921 war ja weniger, wie die Polonisierung der *kresy* und Polesiens gelingen könne, sondern wie die ausgedienten Militärs belohnt und materiell versorgt, wie sie und die Witwen der Gefallenen untergebracht werden könne. Dass das *osadnictwo* im Gegenteil den Assimilierungsmöglichkeiten der Einheimischen widersprach, das hätten nicht nur Vordenker wissen können.

4.9 Landschaftsintervention 5: Melioration

Melioration als Intervention. Was man vorhatte. Internationale Vorbilder

Die bisher beschriebenen Maßnahmen der Auflösung der Servitute, der Flurbereinigung und der Parzellierung waren die einer Agrarreform genannten Agrarstrukturreform.[480] Die Ideen und Pläne für eine Melioration wurden von den Zeitgenossen hingegen nicht als Teil der Agrarreform gesehen, auch wenn bestimmte Vorstellungen, wie die, dass Ödland zu Nutzland werden sollte, oder speziell, dass Polen nach Polesien umsiedeln könnten, durchaus im Zusammenhang mit den anderen „landschafts"-gestaltenden Aktivitäten gesehen wurden.

Wir haben nicht nur zu fragen, ob die Melioration als eine Landschaftsintervention *par excellence* in Polen ein imperiales oder doch koloniales Projekt war, sondern auch, ob sie überhaupt gelungen war, und falls nicht, woran sie gescheitert ist.

Der Begriff Melioration umfasst im weiteren Sinne auch allgemein die (wörtlich übersetzt:) „Verbesserung" des Bodens durch Auftragen von Dünger oder Verwendung ertragreichen und widerstandsfähigen Saatguts, wurde aber im Polnischen und wie im Russischen

480 Vgl. Benecke 1999, S. 96.

– wie auch in vielen anderen Sprachen – damals zu einem Synonym für Sumpftrockenlegung verengt.

Die Melioration Polesiens (im engeren Sinne einer Urbarmachung und Ertragssteigerung durch Entwässerung) war ein großer Traum, ein Anliegen, für das es erfolgreiche Vorbilder nicht nur in den Niederlanden, in den Flusstälern von Rhein, Ems, Weser, Oder und Warthe, und in wenigstens geringem Umfang auch in Ostpolesien gegeben hat. Zudem verfolgte man aktuelle Meliorationstätigkeiten wie die in den pontinischen Sümpfen südlich von Rom mit Interesse auch in Polesien.[481] Spätestens nachdem sich der Völkerbund mit der Möglichkeit einer flächendeckenden Melioration Polesiens befasste, da er den Ausbau der Wasserwege befürwortete,[482] kam Schwung in die Vorhaben in Polesien. Dass erfahrene niederländische Spezialisten mit tun sollten,[483] erregte allerdings Argwohn in Warschau und Brest,[484] zumal diese in der damaligen Gegenwart nicht nur als Kapazitäten für Entwässerung und allgemein Wasserbau galten, sondern die Niederlande in der Neulandgewinnnung auch moderne Sozialtechniken unter starker staatlicher Beteiligung anwandten.[485]

Ohnehin mussten einige anderswo nicht vorkommende hydrogeografische Besonderheiten Polesiens berücksichtigt werden, wie z.B., dass es hier Sümpfe sogar in der Nähe der Wasserscheide (zwischen Ostsee und Schwarzem Meer!) gab.[486] Wenn man sich nicht auf einzelne Maßnahmen beschränken wollte, so galt es, mithilfe eines Generalplans in ganz Polesien Land zu gewinnen und nutzbar zu machen.

Zudem hatten sich Tiere und Pflanzen nach dem Weltkrieg und den anschließenden militärischen Auseinandersetzungen in den „verschlammten und verschütteten" Kanälen[487] geografisch und topographisch ausbreiten können. Nun versuchten die Menschen, den älteren Zustand wieder herzustellen, und es „machte sich die polnische Regierung im Jahr 1923 an die Entwässerung von [!] Polesie [!], indem sie die Regulierung und Vertiefung einiger kleinerer Flüsse anordnete",[488] mit dem Ziel des Wasserabflusses.

Politische Auseinandersetzungen – Ziele unterschiedlicher Akteure

Hinter dem neutral anmutenden modernen Vorhaben, Sümpfe trockenzulegen, konnten sich politisch unterschiedliche, ja gegensätzliche Ziele verbergen. Wer z.B. den Boden im Zuge der Landreform parzellieren wollte, musste sich dessen gewahr sein, dass nicht meliorierte Torfgrundstücke schlecht parzelliert werden können.[489]

481 Express Poleski vom 15.01.1933, Nr 1, S. 2

482 Société des nations. Commission consultative et technique des communications et du transit. Note du Comité d'experts mis à la disposition du Gouvernement polonais par la Société des Nations sur l'asséchement des marais de la Polésie, Genève 1927.

483 Ruszczyk, Grażyna: Polesie. Fotografie z lat dwudziestych i trzydziestych, Warszawa 1996

484 Mateusz z Polesia 1930, S. 13.

485 Van de Grift, Liesbeth: „On New Land a New Society": Internal Colonisation in the Netherlands, 1918–1940. In: Contemporary European History 22 (2013,4), S. 609–626 = doi:10.1017/S0960777313000386

486 Kulczyński, Stanisław: Peat bogs of Polesie, Cracovie 1949, S. 29

487 Pruchnik, Josef: Wissenschaftliche Untersuchungen im Zusammenhang mit der Bearbeitung eines Entwässerungsplans der Sümpfe von Polesie in Polen, Groningen 1932, Sonderdruck S. 5. vgl. Benecke 1994, S. 516-517.

488 Pruchnik 1932, S. 5.

489 AAN Bestand 13/0, Sign. 277, nicht paginiert.

Siedlungsträume. Der nachmalige Bildungsminister Stanisław Grabski propagierte schon 1923 „die Durchführung von Meliorationsarbeiten in diesem Land zur Stärkung der Kolonisation".[490] Und aus einer Ansprache des damaligen Landwirtschaftsministers in Brest am 31. Juli 1926 ging hervor, dass man „Polesien zu einem Objekt des Interesses des Ministeriums (machte), nach der Melioration, als eventuelles Kolonisationsgebiet, auf dem man die Bevölkerung aus den mehr übervölkerten Teilen [Polens] hinführen könne, besonders aus dem südlichen Teil des Staates".[491]

Dass zumindest ein Teil der Politiker – als wichtige Akteure der veröffentlichten Meinung – diese Arbeiten als (ausschließlich) der Kolonisation zweckdienlich ansah, hatte sich bald in das polesische Dorf herumgesprochen. Als dann irgendwann tatsächlich die ersten Landvermesser und Hydrologen in den polesischen Dörfern und Sümpfen aufkreuzten, dürften die polesischen Bauernfamilien nicht gerade begeistert gewesen sein. Sie haben das Vorhaben wahrscheinlich so gesehen wie die belaruthenische Geschichtsschreibung 80 Jahre später. Das Autorenteam der Minsker Publikation *„Rižskij mir"* geht davon aus, dass „mit dem 1928 ausgearbeiteten Plan einer Trockenlegung der Sümpfe und der Umgestaltung der trockengelegten Boden-Gebiete die polnische Regierung vor allem politische Ziele, eben die polnische [!] Kolonisierung der Westlichen Belarus' erreichen wollte".[492] Ein „H-ski" zeichnender Autor (Grabski) legte noch 1934 dar, dass

> „die Ostgebiete eine agrarische Bedeutung für Polen (haben), das in vielen seinen Provinzen überbevölkert ist. Die Besiedlung Polesiens durch die polnische Mehrheit mit Hilfe der Kolonisierung ist völlig möglich und sogar leicht. Unsere ideologischen Auseinandersetzungen mit Russland über die Ostgebiete [Polens] riefen 15 Kriege und 3 Aufstände hervor. Entscheiden kann man dies nur auf zwei Arten: Die Kolonisierung der Ostgebiete durch polnische Elemente und die Assimilation. Die Rückständigkeit und die geringe Produktivität der Landwirtschaft der östlichen Wojewodschaften führte zu einer bestimmten psychologischen Auffassung bei den Bauernmassen dergestalt, dass man seine Lage nur mittels der Vergrößerung der Boden[fläche] verbessern könne."

Und er ging noch weiter: Die einheimische Landbevölkerung verhalte sich „misstrauisch" gegenüber der Erhöhung des produktiven Niveaus ihrer Wirtschaft. Deshalb würde die Parzellierung der trockengelegten Bodenfläche unter den örtlichen Bauern das selbe bedeuten wie überhaupt die Melioration zunichte zu machen.[493]

Es wurde also auf die trocken gelegten Gebiete überzusiedeln nicht den landarmen belaruthenischen Bauern vorgeschlagen, sondern polnischen Kolonisten. Obendrein sollten die Meliorationsarbeiten „zu 40 % von staatlichen Einrichtungen, zu 40 % von örtlichen Organen der Staatsmacht und zu 20 % von der örtlichen Bevölkerung" finanziert werden.[494]

Die Regierungszeitung *Gazeta Polska* schließlich schrieb 1934, man müsse Polesien als Territorium bestimmen, welches für die Expansion [!] und das *osadnictwo* bestimmt ist,

490 Kon, Feliks: Zapadnaja Belorussija – kolonija panskoj Pol'ši, (k processu nad Belorusskoj Gromadoj), Moskva 1928, S. 5.
491 Staniewicz, Witold (prof. Dr.): Zagadnienie melioracji Polesia, Wilno 1937, S. 3-5.
492 Rižskij mir, kniga 1, 2014, S. 240.
493 Słowo (Wilno) 17.08.1934, S. 7.
494 Ebenda.

und nur aus diesem Gesichtspunkt [sollte man] Meliorations- und Siedlungsprojekte ausarbeiten, die die nötigen Bedingungen zur Verteidigung des Staates vorsehen.“[495]

Andere Autoren verbanden ihre Bewertung des Meliorationsvorhabens in Polesien nicht präskriptiv mit der Propagierung einer Besiedlung aus Süd- oder Zentralpolen. Sie nahmen mehr Rücksicht auf die (zumindest vermuteten) Interessen der Einheimischen: Selbst dann, wenn man einen großen Anteil des „Neulands“ den Einheimischen veräußern würde, könne „gerade die Trockenlegung Polesiens den nötigen Bodenfonds für eine Unterbringung von 50.000 Familien [!] polnischer Kolonisten ohne die notwendige „Abtrennung“ von schon in der Region vorhandenem polnischem Bodenbesitz ermöglichen“,[496] so der Zeitgenosse Ludwik Grodzicki, der sich intensiv mit Polesien befasst hat.

Ein Teil der Pro-Sanacja-Literatur sah in der Melioration Polesiens unabhängig von irgendwelchen Kolonisationsprojekten „große Möglichkeiten“. Der Sanacja-Apologet T. Wid schwärmte in einem auf polnisch und jiddisch erschienenen Buch vor, dass 1.600.000 Hektar Sumpfland in Polesien trockengelegt werden könnten.[497] Die Entwässerung werde „von der Regierung als erstrangige Aufgabe angesehen. In Umrissen ist ein Plan ausgearbeitet und derzeit gelangt dieser Plan in das Stadium der aktiven Durchführung.“ Wid stellte heraus, dass die Regierung 40-50 Prozent der Kosten übernehmen und für die Entwässerung von Einzelgebieten Kredite von bis zu 70 Prozent für die Dauer von sechs bis neun Jahren vergeben würde.[498] Der Sejmabgeordnete Józef Poniatowski sah die durch Trockenlegung zu gewinnenden landwirtschaftlich nutzbaren Böden als Möglichkeit für eine Einwanderung nach Polesien durch Kolonisierung,[499] ohne dies national oder ethnisch zu konnotieren, der Begriff Kolonisierung blieb bei ihm undefiniert. Und der langjährige Wojewode Polesiens, Wacław Kostek-Biernacki, kritisierte, dass selbst die Meliorationsarbeiter von außen kommen sollten. Die Bevölkerung in ihrer materiellen Not werde durch solche Maßnahmen gegen den Staat aufgebracht.[500]

Schon vor dem Krieg habe es erste Schritte der Trockenlegung gegeben, aber der Krieg „und das Fehlen von Pflege- und Wartungssarbeiten von Seiten der Grundbesitzer führten zu der Zerstörung der schon durchgeführten Arbeiten.“ Die jetzigen Arbeiten „haben die weitestgehenden Unterstützung und Hilfe von Seiten der Regierung.“[501]

Organisatorische und technische Seite. Erste Schritte zu einer koordinierten Tätigkeit unternahm 1923 die Bezirksdirektion für Öffentliche Arbeiten in Brest (*Okręgowa Dyrekcja Robót Publicznych w Brześciu),* die Wasserkanäle und Entwässerungsgräben erneuern ließ. Zu echten Arbeiten kam es aber erst 1926. Man machte sich daran, eine Reihe von Kommunikations-Kanälen auszubauen und zum Gebrauch bereitzustellen, die noch in der Żylińskizeit (siehe oben, Kapitel 2) angelegt worden waren, in erster Linie den völlig zerstörten Ogińskikanal.[502] Bis etwa 1928 gelang es, die durch die Kriege arg beschädigten

495 Gazeta Polska 23.03.1934; Rižskij mir, tom 1, 2014, S. 241.
496 Grodzicki, Ludwik. In: RZW 1937, S. 177-182, hier S. 182; Rižskij mir, tom 1, S. 240.
497 Einschließlich Landkreis Sarny; die ganze Wojewodschaft hatte ab 1930 nur etwa 3666800 https://pl.wikipedia.org/wiki/Wojew %C3%B3dztwo_poleskie.
498 Wid 1928, S. 24.
499 Poniatowski, Józef: Polesie w gospodarczej strukturze Polski, Wilno 1934, S. 12.
500 Cichoracki, Piotr: Droga ku anatemie. Wacław Kostek-Biernacki (1884–1957), Warszawa 2009, S. 311-312.
501 Wid 1928, S. 24.
502 Staniewicz 1937, S. 3.

Wasserstraßen an den Flüssen Hrywda und Osipówka sowie den Żyliński-, den Königin-Bona- und den Motykalski-Kanal zu regulieren bzw. kanalisieren;[503] All diese Baumaßnahmen wurden übrigens mit einer Ausnahme im westlichen Teil der Wojewodschaft durchgeführt. Doch mit diesen Maßnahmen wurden ja nur Wasserstraßen flott gemacht, nicht aber der Boden melioriert. Es konnte nun wie bei den unter Żyliński angelegten Kanälen Holz abtransportiert werden, nicht aber der Ertrag der landwirtschaftlichen Produktion erhöht werden.

Zwar verstand man unter Melioration nur Entwässerung (und nicht wie anderswo die Verbesserungen durch Saatgut oder Düngung), aber sie sollte mehrere konkrete Zwecke erfüllen: „Zweck" der „Regulierungsarbeiten" sollte es sein, 1/ „die Flussbette zu vertiefen und dadurch die Meliorationsarbeiten" zu ermöglichen, 2/ „die Dauer der Hochwasserzeit zu verkürzen und damit die Vegetationsperiode zu verlängern" 3/ „Prypjat', Styr und Horyn' schiffbar zu machen". Daher wurde der Ruf nach einem Generalplan laut:

> „Wenn man die Regulierung der einzelnen Flüsse und Bäche ohne Rücksicht auf das Ganze entwirft und ausführt, so kann man viele Fehler begehen, sowohl bei hydrotechnischen Berechnungen, als auch bei der Trassenführung der Entwässerungskanäle."[504]

Das Büro zur Melioration Polesiens

Ende 1924 stellte das Ministerium für öffentliche Arbeiten ein Memorandum *(Memoriał)* vor. 330.000.000 zł. sollten für eine allgemeine Melioration Polesiens und einiger angrenzender Kreise zur Verfügung gestellt werden. Eine Broschüre, die für die „allgemeine Trockenlegung" auch die Regulierung von Flüssen und Bächen und einen Kanalbau vorsah,[505] ging sogar von Kosten über 480.000.000 zł. aus, darunter 9.000.000 zł. für „Unvorhergesehenes".[506]

Zunächst arbeitete man probeweise an einzelnen Projekten wie der besagten Regulierung des Flusses mit dem bezeichnenden Namen Hrywda (belaruthenisch für „Sumpf"), eines Zuflusses der Ščara.[507] Doch blieb man mit dem Klein-Klein unzufrieden: „Es zeigte sich aber bald, dass dieses Verfahren [wie unter Żylinski] [...] nicht zweckdienlich ist. Polesie ist ein flaches Land" und wies „Gefälle oft weniger als 0,1 Promille" auf.[508] Ein Teil der Fachleute kam zu der Schlussfolgerung, dass nur eine große Lösung sinnvoll sei.

Völkerbund 1926-1927. Die Republik Polen, Mitglied des Völkerbunds, war in der Zwischenkriegszeit mit mehreren führenden Staaten des desselben in Verträgen freundschaftlich verbunden, und konnte erwirken, dass sich dieser mit dem Projekt vor allem des Ausbaus der Wasserwege, aber auch der Melioration westpolesischer Flächen befasste. Der

503 Wid 1928, S. 24-25.
504 Pruchnik 1932, S. 7-8.
505 Turczynowicz, Stanisław & Tillinger, Tadeusz: Konieczność budowy drogi wodnej przez Polesie i osuszania go celem połączenia zachodnich centrów przemysłowych ze źródłami surowców środkowej i wschodniej Europy, Warszawa 1925.
506 Radzikowski, J.: Kilka uwag w sprawie meljoracyj [!] na Polesiu, In: Inżynieria Rolna 1926, Nr. 5, S. 444-460, hier S. 446-447.
507 Staniewicz 1937, S. 3-5.
508 Pruchnik 1932, S. 5-6.

Völkerbund veröffentlichte 1927 eine entsprechende Studie,[509] die noch 1937 angeführt wurde, um die Rationalität der Trockenlegung polesischer Sümpfe hervorzuheben.[510]

Das Büro, der Präsidentenerlass. Am 15. Februar 1928 war es dann so weit: Am Vorabend des Beginns der wirtschaftlichen Depression auch in Polen wurde durch einen Erlass des polnischen Präsidenten I. Mościcki und der Unterschrift von Piłsudski, damals kurz Ministerpräsident sowie 13 Ministern beim Ministerium für öffentliche Arbeiten ein Projektbüro zur Melioration Polesiens, das *Biuro Projektu Melioracji Polesia*[511] mit Sitz in Brest geschaffen.[512] Artikel 1 dieser Verordnung gab als Ziel „die Ausarbeitung eines Plans der allgemeinen Melioration Polesiens" aus.[513] Zu dessen Fertigstellung hatte das federführende Ministerium für Öffentliche Arbeiten innerhalb von vier Jahren sechs Millionen Złoty bereitzustellen (§4). Wie hoch das Büro aufgehängt war, konnte man schon daran erahnen, dass in einer ständigen beratenden Kommission nicht weniger als acht Ministerien, die Spitzen von vier Wojewodschaften, der Direktor des Wasserstraßenamts in Wilna und *last but not least* der Direktor des Meliorationsbüros selbst mitzuwirken hatten (§7). Das Büro sollte sich mit der Verbesserung von nicht weniger als 14.525 km² Mooren und Sümpfen allein in der Wojewodschaft Polesien befassen, zusammen mit den Wojewodschaftsgrenzen überschreitenden Sumpfgebieten in den Gebieten Wolhynien, Białystok und Navahrudak handelte es sich um 16.540 km².[514]

Finanzierung. Jana Osterkamp hat für die Habsburgermonarchie dargelegt, wie verschiedene staatliche und halbstaatliche Ebenen mit verschiedenen Eigeninteressen Melioration – auch finanziell – förderten oder behinderten.[515] Im zentralstaatlichen (siehe oben, Verwaltungskapitel) Polen hingegen lagen die Dinge trotz der Einbeziehung vieler Ministerien etwas anders. Zwar sollte auch hier die Finanzierung anteilig erfolgen, aber es war doch ein einziges, integrales gewaltiges Meliorationsprojekt vorgesehen. Gewichtiger war, dass es kaum kommunale oder bezirkliche Träger gab, die an einem solch großen Projekt aktiv mitwirken wollten.

In Polesien sollten die 276 Millionen zł. teuren Maßnahmen (Stand 1931) zu 72 % durch den Staat, zu 14 % durch die Selbstverwaltungen zu 5 % durch die Groß(grund)besitzer und zu 9 % durch Kleineigentümer finanziert werden.[516] Nach anderen Angaben ging es um 330 Millionen zł.,[517] später 480 Millionen zł. (siehe oben).[518] Auch über die anteilige

509 Commission consultative 1927.

510 Połowicz, Marian Stanisław: Wielkopolanie na front poleski!: projekt kolonizacji Polesia wieśniakami z Wielkopolski, Poznań 1931, S. 8.; Staniewicz 1937, S. 3.

511 Tomaszewski,Jerzy: Z dziejów Polesia, Warszawa 1963, S. 168; vgl. Pruchnik 1932, S. 304

512 Vgl. Pruchnik 1932, S. 304.

513 Dz.U. RP 1928, Nr. 17, poz.143 == http://dziennikustaw.gov.pl/DU/1928.

514 Vgl. Pruchnik, Józef, Inż: Postępy prac przy meljoracji Polesia. Referat (uzupełniony) wygłoszony na zebraniu tygodniowym P. T. P. w dniu 6 marca 1929 r. In: Czasopismo techniczne [auch Sonderdruck], S. 1-2; vgl. Horaczuk, Michał: Prace Biura projektu meljoracji Polesia. In: Wiadomości Geograficzne 1930 Unpaginiert, [S. 1].

515 Osterkamp, Jana: Wasser, Erde, Imperium. Eine kleine Politikgeschichte der Meliorationen in der Habsburgermonarchie, In: Ganzenmüller/Tönsmeyer 2016, S. 179-198.

516 Powierza, Bołesław, Inż.: O sfinansowaniu meljoracji Polesia w warunkach 1934 roku, In: Inżynieria Rolna, Warszawa 1934, H.2-3, hier nach dem Sonderdruck, S. 4.

517 Radzikowski, J.: Kilka uwag w sprawie meljoracyj [!] na Polesiu. In: Inżynieria Rolna 1926, Nr. 5, S. 444-460, hier S. 446-447.

518 Ebenda, S. 447; Der Völkerbund (Anm. siehe oben berechnete 450 Millionen zł.

Aufbringung der Finanzen gibt es eine andere Angabe: Die Meliorationsarbeiten sollten „zu 40 % von staatlichen Einrichtungen, zu 40 % von örtlichen Organen der Staatsmacht und zu 20 % von der örtlichen Bevölkerung finanziert“[519] werden. Was man 1928 nicht wissen konnte und 1931 nicht wahrhaben wollte: Die 1930 mit voller Wucht einsetzende Wirtschaftskrise, die bis 1932 jährlich zu negativem Wachstum, einer erst 1935 wieder Vorkrisenniveau erreichenden Industrieproduktion[520] und zu beträchtlich sinkenden Steuereinnahmen der zentralstaatlich geführten öffentlichen Hand führte, verunmöglichte geradezu die Verwirklichung eines solch teuren Projektes. Nicht nur sahen später Vertreter der Staatsverwaltung die Kosten als hoch und den Nutzen als zweifelhaft an, sondern es würden auch die Grundbesitzer über keine Geldmittel verfügen, und die örtlichen „Selbstverwaltungen“,[521] die sich ebenfalls an den Kosten beteiligen sollten, seien zu arm.[522] Später wurden ÖPP-Initiativen bekannt (siehe unten).

Kosten und Nutzen. Schon der Zeitgenosse Czesław Zbierański hatte gewarnt, dass im Landkreis Luninec, diesem „östlichen Vorposten der Republik“ die Böden nur zu 8 % als Ackerböden (*„grunte orne“*) genutzt würden (siehe englische Wikipedia[523] zu der Frage, ob damit nur aktuell oder auch potenziell genutzte urbar gemachte Böden gemeint sind), aber ansonsten aus sauren Wiesen bestünden, „die nicht melioriert werden können, weil dazu hohe Summen nötig wären“,[524] mithin der Nutzen der Melioration fragwürdig sei.

Internationales und ausländisches Kapital heranziehen?

Je deutlicher wurde, dass Akteure in Polen alleine die gewaltigen Kosten für eine ganzheitliche Melioration Polesiens nicht aufbringen konnten, desto verlockender wurde der Gedanke, internationale und ausländische Geldgeber heranzuziehen. In der schon zitierten Rede des Landwirtschaftsministers in Brest am 31. Juli 1926 nahm dieser positiv darauf Bezug, dass sich das ausländische Kapital für die Melioration Polesiens interessierte, „besonders das holländische.“[525] Der Politiker Władysław Studnicki kam 1929 zu derselben Meinung:

> Vor der allgemeinen Melioration Polesiens müsse es eine detaillierte Melioration in einzelnen Gebieten gemäß der Erfahrungen der Moorstation in Sarny geben sowie von Landgütern, die in ihrer Melioration auf den Erfahrungen dieser Station basieren. Bei Zugabe angemessener Dosen Salzes könne man aus einem Hektar 300 q. Kartoffeln, 120 q Heu, 900 q Kohl usw. erhalten.[526]

Doch das Misstrauen gegenüber den potenziellen Investoren mit „fremdem“ Kapital überwog: War die Ablehnung von Angeboten jüdischer Organisationen[527] noch auf den grassie-

519 Ėkonomičeskaja istorija Belarusi, Minsk 2004, S. 88; Rižskij mir, tom 1, 2014, S. 240-241
520 Mały Rocznik Statystyczny 1939, S. 3, Tabl. 2.
521 Zu der Ungenauigkeit des Begriffs Selbstverwaltungen *(samorządy)* siehe Benecke 1999, S. 165ff.
522 Powierza 1934, S. 4-5
523 https://en.wikipedia.org/wiki/Arable_land (5.1.2018).
524 Das war im Jahr 1936; Józef Obrębski: Polesie, Warszawa 2007, S. 325; vgl. Rychlowski, Stefan: Dzisiejszy stan problemu meljoracji Polesia, Warszawa 1937, S. 10.
525 Staniewicz 1937, S. 3-5.
526 Studnicki 1929, S. 65-66.
527 Słowo (Wilno) 17.08.1934, S. 7

renden Antisemitismus – z.B. eines Autors aus dem Posener Gebiet[528] – zurückzuführen, so ist der Grund für die Abneigung gegen niederländische Investoren[529] vor allem in der Angst vor dem Verlust der frisch erkämpften Unabhängigkeit Polens zu sehen.

Personal. Zurück zur Arbeit des Büros. Damit das Personal, das auch vom Ministerium für öffentliche Arbeiten gestellt wurde, seine Tätigkeit durchführen konnte, wurde ein Gebäude von 8.000 m^3 umbautem Raum mit modernen Vorrichtungen wie Zentralheizung, elektrische Beleuchtung, Wasserrohre und Kanalisation erbaut.[530] Zum Jahresende 1928 waren 24 Ingenieure, 3 Absolventen eines Technikums, 16 Techniker mit mittlerer Bildung und 12 technische Helfer in dem Projekt beschäftigt. Außerdem arbeiteten in Polesien drei Universitätsprofessoren, zwei Mitglieder des Wissenschaftlichen Instituts in Puławy und ein Vertreter des Staatlichen Geologischen Instituts. Und trotz der „schwierigen Arbeitsbedingungen" hielten sich „die Fälle von Desertion aus Polesien in Grenzen".[531]

Vorarbeiten. Wie aus einer Skizze ersichtlich, wurden die am Beginn des Projekts stehenden Ingenieursarbeiten, land- und torfwirtschaftlichen sowie geologischen Studien zunächst im Westen und Norden der Wojewodschaft und hauptsächlich an den Eisenbahnen durchgeführt – hier befand sich auch die Scheidelinie der Zuflüsse zur Ostsee und zum Schwarzen Meer.[532] Man fotografierte in etwa 15 Flügen aus 2.100 Meter Höhe 1,8 km mal 1,8 km große Flächen des Geländes, mit 1.400 km Flüssen, was im sumpfigen, unwegsamen Polesien besonders zeitsparend und „großen Effekt" erzielend war.[533] Man notierte kurz die Position. Bilder überschnitten sich bis zu 2/3 ihrer Fläche, dank derer man die Karte fehlerfrei erstellen konnte. Um dies zu ermöglichen, wurden zudem auf den Feldern weiße Kreuze und trigonometrische Punkte angelegt,[534] denn genaue Nivellationspunkte gab es in Polesie zuvor überhaupt nicht."[535] Diese „aerophotogrammetrische Methode" war „beinahe bestimmend" fürs Gelingen allein schon der Projektarbeit.[536]

Flächenträume. Positionen zu organisatorischen und technischen Fragen. Da der Präsidentenerlass das Meliorations-Büro auf sechs bestimmte Gewerke festlegte (siehe oben),[537] bedeutete dies, dass damals bereits vorgetragene Bedenken, man müsse zuerst die Prypjac' regulieren, um Erfolge bei der Melioration zu erzielen,[538] nicht mehr berücksichtigt wurden. Auch W. Trojanowski, der wie die Anderen in der ersten Etappe eine Flussregulierung vorsah, wollte in der zweiten Zeitetappe eine Oberflächentrocknung durchführen, d. h. eine Ausdehnung der Drainagewirkung von Flüssen auf das gesamte Becken, dabei die Trockenlegung erst des Prypjat-, dann auch des Muravec-Beckens.[539]

528 Połowicz, Marian Stanisław: Wielkopolanie na front poleski!: projekt kolonizacji Polesia wieśniakami z Wielkopolski, Poznań 1931, S. 9.
529 Mateusz z Polesia, S. 13.
530 Horaczuk 1930, Unpaginiert, 4 Seiten, S. 1-4.
531 Vgl. Horaczuk 1930, S. 1.
532 Ebenda, S. 3.
533 Ebenda, S. 1.
534 Ebenda, S. 3-4.
535 Pruchnik 1932, S. 8-9.
536 Ebenda, S. 10.
537 Horaczuk, 1930, Unpaginiert, 4 Seiten.
538 Radzikowski 1926, S. 447.
539 Trojanowski, W.: Melioracja nieużytków w województwach wschodnich wobec reformy rolnej, In: Inżynieria Rolna 1926, Nr. 5-6, S. 461-479, hier S. 467.

Dies waren konkrete, aber kleinteilige Beiträge zu einer Melioration des Prypjac'-Beckens. Will man die fachlichen organisatorisch-technischen Auseinandersetzungen generalisieren, so standen die, wie ich sie nennen möchte, Generalisten gegen die Vorsichtigen. Hierbei gab es durchaus deutliche, fast heftige Auseinandersetzungen, die ich nicht bis in alle Verästelungen nachzeichne. Nur soviel: Es gab Einigkeit der Modernisierer darüber, dass eine Melioration auf jeden Fall sinnvoll sei. Eine mögliche Verbesserung des polesischen Bodens, also eine Melioration weckte die Phantasien der Ingenieure und rief die Planer auf den Plan, lag hier doch ein gewaltiges Potenzial: die bestehende bewirtschaftete Fläche würde erheblich mehr Erträge liefern[540] und es könnten ein Drittel der Fläche Polesiens vom schlecht genutzten Sumpfgebiet zu Nutzland werden.

Die mit der konkreten Planung, Vorbereitung und ersten Durchführungsarbeiten der Melioration in Polesien betrauten Fachkräfte, meist Ingenieure, gingen in der Regel von der organisatorischen und technischen Seite an die die Fragen heran und warfen von dort ausgehend Fragen der Machbarkeit, gerade auch der Finanzierung auf, aber nicht die politische Frage, für wen dieser Lebensraum im Osten Polens geschaffen werden sollte. Diese neutral anmutende Position stellte ein Beispiel dafür dar, dass Konflikte zwischen Menschen(gruppen) zugunsten einer Umgestaltung der Landschaft aufgelöst werden sollten.

Die Vorsichtigen warnten: Würden die Arbeiten nicht fachmännisch durchgeführt, so drohe Austrocknung, oder im Gegenteil Überschwemmung, daher müsse man Vorsicht walten lassen. Der Ruf nach den Fachleuten war gewiss nicht unbegründet, dennoch haben Jahrzehnte später eben in Polesien gerade Fachleute bei der Melioration in der BSSR viel falsch gemacht.

Ein anonymer Autor der *Gazeta Poleska* mahnte ganz im Gegenteil die Dringlichkeit von Einzelmaßnahmen an, zumal ja die schnelle Verwirklichung der allgemeinen Meliorationsprojektes nicht zu erwarten sei. Die Melioration sei ein großer Sprung nach vorne in der polesischen Frage, sie sei einfach durchzuführen, weil fast kostenlos. Und „nach der Meinung hervorragender Experten und Gelehrter" verschlechtere sich die Lage in einem schnellen Tempo immer mehr „von Natur aus". Durch massenweise Rodung von Wäldern würden statt der von den Landwirten erwarteten anbaufähigen Böden früher oder später sandige oder versumpfte Brachländer entstehen, nämlich Wanderdünen und Torf-Hochmoore.

> „Daher „kämpfen" die Bauern Polesiens nicht mit den Sümpfen, was [ja] sehr schwierig ist, sondern sie „bekämpfen" Wälder, roden sie unbarmherzig und verwandeln sie im Laufe der Zeit in Ödland. Die Verwirklichung des obengenannten skizzierten [Meliorations-] Programms würde es nicht nur erlauben, den Prozess umzukehren, sondern sogar erheblich den wirtschaftlichen Zustand zu verbessern, und dies in relativ schneller Zeit."[541]

Damit waren gesellschaftspolitische Fragen angeschnitten.

540 Konkrete Beispiel aus der Żyliński-Expedition seit den 1870er Jahren hatte der Völkerbund benannt; siehe Société des nations. Commission consultative […], Genève 1927.

541 Gazeta Poleska, Jg. 2, Nr. 8, 18.02.1934, S. 1, ganzseitig.

Verständigung mit Sowjetunion nötig gewesen?

Es gab unter den gesellschaftlichen Themen sogar einen Punkt, der außenpolitische Fragen aufwarf, nämlich den der Zusammenarbeit mit der Sowjetunion.

Die zu den Meliorationsbestrebungen in Polesien parallel im selben Jahr erfolgende Melioration in Italien befand man als „gigantisch“.[542] Doch war die dortige Fläche der pontinischen Sümpfe eigentlich gering angesichts des eigenen Vorhabens, welches dann Jahrzehnte später mit viel Getöse und vielen Fehlern, aber schließlich erfolgreich in der Sowjetunion der 1960er bis 1980er Jahren durchgeführt wurde.

Ein Teil der Fachkräfte errechnete nämlich, dass eine flächendeckend wirksame Melioration des Prypjac'-Beckens nur in Absprache mit der Sowjetunion möglich sein könne, in deren Gebiet die Prypjac' ja 270 Kilometer weiter östlich, aber nur wenige Meter niedriger in den Dnepr floss. Dass es Stimmen gab, die meinten, dass man sich ausgerechnet mit der Sowjetunion einigen sollte, zeigt, wie eine landschaftliche Konstellation politische Entscheidungen beeinflussen kann.

Wenn man einen dieser um die richtige Entwässerungsmethode streitenden Ingenieure, Pruchnik, ernst nehme, „dann zeigt sich, dass man ohne Verständigung mit Russland einen Teil unseres Polesiens der Entsumpfung unterziehen kann, die Entsumpfung aber der Zuflüsse der Prypjat' ist äußerst kompliziert.“ Die in Absprache mit den Sowjets zu erreichende „Tieferlegung der Prypjat'“ in den durch Ingenieur Pruchnik beschriebenen Grenzen des Möglichen hätte positive Konsequenzen für einen bedeutenden Teil seines Zuflusses. Außerdem „können die Zuflussgebiete des Bugs, die 300.000 Hektar Sümpfe umfassen, sowie das Zuflussgebiet der Ščara, das etwa 100.000 Hektar umfasst, unabhängig von der Prypjat' trockengelegt werden“, textete der Politiker Władysław Studnicki.[543] Louise Arner Boyd, als Geo- und Ethnographin eigentlich des unhinterfragten Modernismus unverdächtig, schrieb 1936:

> „Damit sich Pinsk entwickeln kann, sollten zwei Dinge getan werden: Beziehungen zum sowjetischen Nachbarn aufbauen und die Region selbst entwickeln, was durch die Melioration der polesischen Sümpfe kommen wird, ein gegenwärtiges Projekt der polnischen Regierung. Wir haben unlängst die Errungenschaft zweier bemerkenswerter Landkultivierunggewinnung in Europa gesehen: Entwässerung der Zuidersee-Bucht und der Pontinischen Sümpfe. Aber die Aufgabe des Büros zur Melioration Polesiens ist eine gewaltige. Wahrscheinlich wird eine lange Zeit vergehen, bis die wilden Einsamkeit der Sümpfe von Pinsk zu fruchtbaren Feldern umgewandelt sein wird und eine weitere primitive Landschaft zu einer nur noch historischen Tatsache wird.“[544]

Gerade Boyd, die, aus den USA anreisend, die nationalen Narrative gut hätte einschätzen können, scheint hier den Zusammenhang zwischen gesellschaftlichen Konflikten (oder überhaupt Konnotationen) mit einer Sumpftrockenlegung nicht erblickt zu haben. Dies lässt sich auch anhand dessen vermuten, dass sie die beiden wichtigsten zeitgenössischen euro-

542 Express Poleski. Jg. 1, Nr. 1, 15.01.1933, S. 2.
543 Studnicki 1929, S. 63-64.
544 Boyd, Louise A.: The marshes of Pinsk, In: The Geographical Review, 1936, S. 376–395, hier S. 395; eigenwillige Übersetzung ins Russische: http://media-polesye.by/news/amerikanka-predvidela-melioraciyu-i-vhozhdenie-polesya-v-sssr-22279.

päischen in den Niederlanden und Italien zum Vergleich heranzieht, bei denen es keine nationalen oder ethnischen Konflikte, wohl aber soziale gab.

Indes fand eine Verständigung mit den Entscheidern in Moskau nicht statt, und die Planungen, Vorbereitungen und ersten Arbeiten gingen ohne eine solche voran.

Differenzierung und Schwierigkeiten bei der Planung

Nach einer ersten Planungsphase unterschied man drei Kategorien von Maßnahmen:

A/ auf dem Wege des Umgrabens errichtete, nur örtliche Bedeutung erreichende „normale“ Abwässerkanäle, die keine großen Finanzmittel erfordern. Dies sollte durch die Grundbesitzer selbst durchgeführt werden, und sogar für die kleinlandwirtschaftlichen Inhaber gelten, die mit den Wasser-Gesellschaften verbunden waren.[545]

B/ „Gebiete, die sehr komplizierte Arbeiten erfordern, [nämlich] das Ausheben eines ganzen Netzes von Abwässerkanälen, die durch sogenannte Hauptkanäle das Wasser aus den Sümpfen zu den Flüssen entwässern würden. Diese Arbeiten müssen gut geplant sein, und könnten nur auf der Grundlage eines detaillierten Plans, unter Beteiligung aller interessierten Grundeigentümer und durch große Wasser-Gesellschaften durchgeführt werden“.

C/ Zur dritten Gruppe rechneten die Sachverständigen die große Mehrheit der Gebiete Polesiens, nämlich die, deren Trockenlegung man nicht nur durch ausschließliches Ausheben der Kanäle und Anlegen von Abwässergräben durchführen könne, bevor nicht der hohe Wasserstand in den größeren Flüssen reduziert wird, indem letztere reguliert würden. Auch der Völkerbund sah es als gegeben an, dass „die Regulierung der Flüsse eine unabdingbare Bedingung für die Möglichkeit der Ausarbeitung eines großen allgemeinen Planes der Melioration Polesiens“ seien. „Die wichtigste Aufgabe jedoch ist die Ausarbeitung eines Projektes zur Regulierung der Prypjat' und ihrer Zuflüsse“, eine Aufgabe, die zu lösen möglich, allerdings äußerst schwierig und kompliziert sei, angesichts dessen, dass sich die Prypjat'mündung auf dem Territorium Sowjetrusslands befinde.[546]

Hoch- oder Niedermoore? Diese Dreiteilung bedeutete *in praxi* eine Zweiteilung.

Niedermoore zu meliorieren galt als zu teuer und zu kompliziert, daher würden vorwiegend Hochmoore entwässert, was allerdings wenig wirksam sei: Es gebe Torfausbeutungs und Torf-zu-Wald-Initiativen, aber wie sehe dies in der Praxis aus? „Die Entwässerung von Torfmooren ist in Polesien wegen des Fehlens des Gefälles und des hohen Wasserspiegels in den Hauptarterien normalerweise schwierig.“ Aber selbst dann, wenn man nur 15.000 Hektar Torf trockenlegen wolle, seien die Meliorationsunternehmen ja nicht imstande, die Prypjac', die Jasiolda oder auch nur den Muchawec zu regulieren. Es gebe eine zu große Disproportion zwischen Aufwand und Ertrag. Also konzentriere man sich auf die Hochterrassen. Doch dies rechne sich in Holland, bei Bremen oder Hamburg, aber nicht in Polesien. Dort zu bewalden sei sehr schwer, und zeitige negative Wirkungen auf den Naturschutz.[547]

545 Staniewicz 1937, S. 4.

546 Alles nach Staniewicz, Witold (prof. Dr.) Zagadnienie melioracji Polesia, Wilno 1937, S. 3-5. Der letzte Satz laut Tillinger, T.: Regulacja Prypeci, In: Inżenieria Rolna 1928, Nr. 5, tabl. III.

547 Kulczyński (1930). 1931, S. 6; vgl. Pruchnik, Józef, Inż.: Postępy prac przy meljoracji Polesia. (Sprawozdanie za rok 1930). Lwów 1931 Odbitka z „Czasopisma Technicznego” 1931 r., S. 6.

Ergebnisse, Planungsergebnisse. Diese Schlaglichter auf Meinungsverschiedenheiten soll genügen um darzulegen, warum sich die Planungen über Jahre hingezogen haben. Schließlich handelte es sich bei dem Projekt um die potenziell größte Meliorationsfläche Europas.

Im Jahr 1934 sprach die *Gazeta Poleska* lediglich davon, dass die generelle Projektierung der Melioration Polesiens gerade fertiggestellt werde. Aktueller Planungsstand war weiterhin, dass das Vorhaben „das riesige Gebiet von 55.000 km²" Gesamtfläche umfasse, einschließlich 20.000 Hektar Seen. Man ging immer noch von Gesamtkosten von 350.000.000 zł. aus, worunter diejenigen für die allgemeine Melioration, daneben die Regulierung von Flüssen, der Bau von Abwässerkanälen, die Planung von Wasserwegen, Wehren, Schleusen, Wasserreservoirs für die Schifffahrt und die Flößerei, allgemeine Pläne und Indizes für die Entwicklung von Ackerflächen, Wiesen, Weiden, Wäldern, Seen, Fischteichen, Aufforstung von Sanddünen, die industrielle Nutzung von Torf, der Bau fester und unbefestigter Straße, Brücken, Durchlässen, und nicht zu vergessen, auch Karten und Finanzierungspläne fielen. Und dabei seien schließlich auch soziale und kulturelle Aspekte nicht zu vernachlässigen, denn Polesien sei das kulturell und technisch sehr rückständige, materiell sehr arme und das am wenigsten bevölkerte Gebiet. Man solle keine schnellen Erfolge erwarten, zumal die Konjunktur von 1934/1935 schwer vorhersagbar sei. Angesichts der sich hinziehenden Generalplanung sei bis dato eine lediglich „sporadische und lokale Melioration" durchgeführt worden.[548]

Naturschutz: einsame Rufer in den Dünen

Obendrein meldeten sich im Jahr 1934 Akteure zu Wort, die in dem Meliorations-Büro nicht mitgewirkt hatten: die Naturschützer.

Wir sollten nicht glauben, dass sich niemand für die ökologischen Folgen der beabsichtigten Meliorationsprojekte für die Flora und Fauna Polesiens interessiert hätte. Nahmen Jäger und Touristen noch das Abhandengekommensein von Elchen mit einem achselzuckenden Seufzer hin, so finden wir in der Zeitschrift *Ochrona Przyrody* ernsthafte Pläne, den östlichsten Teil der Wojewodschaft zum „Naturpark" *(park natury)* (je nach Einstellung:) auf- oder abzuwerten. Zur Unterfütterung des Anliegens hatten die Naturschützer auf dem 12. Kongress des Staatlichen Naturschutzrates im Jahr 1930 Grundaufklärung betrieben; sie gebrauchten dabei grundlegende ästhetische („ruft nicht nur ein Gefühl von Schönheit, sondern auch eines rauhen Schreckens hervor."), militärische („Nicht zum ersten und nicht zum letzten Mal hielten die polesischen Sümpfe den Einmarsch der siegreichen Armeen in die Tiefe des Einzugsbereichs von Prypjat' und Dnepr auf") und philosophische Argumente („Die aktive Rolle [des Wassers] wechselt häufig in die passive, indem es selbst das Objekt des Einflusses anderer Faktoren wird, die noch betriebsamer sind als es selbst.").[549]

Für einen solchen „Naturpark", heute würden wir sagen, Nationalpark, argumentierte man durchaus defensiv. Zunächst verbreitete der Autor Stanisław Kulczyński die Kunde, dass man es in Polesien nicht mit unberührter Natur zu tun habe. „Den Bedarf an Ackerboden befriedigt der Bewohner Polesiens seit jeher [...] durch Rodung des Niederwalds. [...]

548 Gazeta Poleska 2(07.01.1934), Nr. 2, S. 7, zitiert in: AAN, Bestand 323/0, Akta Kazimierza Lewińskiego, Sign. 64, 1933–1934.
549 Kulczyński 1930, hier zitiert nach odbitek, S. 1-3.

Immer mehr Wanderdünen gingen in den Bestand des heutigen Landschaft Polesiens als eine mächtige Zutat ein.“ Die Dünen seien landwirtschaftliches Ödland allerletzter Güte. Selbst ein umsichtiger (*kulturalny)* Landwirt könne sich kaum vor ihr schützen, denn sie zu meliorieren und sie in landwirtschaftliches Nutzland zu verwandeln verstehe er nicht. Also brenne er erneut Wald ab, denn er brauche neue Erde für seine Landwirtschaft. „Keiner glaubte,“ ergänzte Kulczyński, „dass es schon 1924 in Polesien weniger Wald als in der Wojewodschaft Schlesien gab. Von 1924 bis 1928 wurden [zudem] 126.800 Hektar Wald, also 15 % der Privatwälder vernichtet.“ Selbst wenn die Staatswälder erhalten geblieben wären, ergebe sich ein Minus von 10 Prozent aller Wälder.

Auch die noch vorhandene Wildnis *(puszcza)* sei eben schon weit vom Ursprungsstadium entfernt.[550] Stanisław Kulczyński argumentierte also, dass es schon in der jüngeren Vergangenheit, erst recht in der damaligen Gegenwart keine unberührte Natur mehr gegeben habe und dass sich durch die Dünenbildung eine landwirtschaftliche Nutzung immer schwieriger gestalten würde. Ob er damit seine holznutzenden und -exportierenden armen wie reichen Zeitgenossen überzeugen konnte?

Etwa sechs Jahre später schlug man konkret und kartengestützt die Errichtung eines Nationalparks an der Grenze zur Sowjetunion („Russland“) in der Größe von etwa 1600 km² (160.000 Hektar) vor. Defensiv legte man dar, dass zwar ein Nationalpark erst ab einer bestimmten Größe sinnvoll sei, daher „würde sich dieses Postulat auf 6 % der Oberfläche Polesiens beziehen“.[551] Auf der anderen Seite sehe man ein, „dass unter den heutigen Bedingungen und Bedürfnissen des wirtschaftlichen Lebens Polesiens das Reservieren eines 20 mal so großen Gebiets wie das der polnischen Tatra eine undenkbare Sache ist.“ Einen Ausweg sah der Naturschützer Kulczyński darin, den Naturpark im Zuge der allgemeinen Melioration einzurichten. Ihm schwebte ein Reservat vor, „welches zur wirtschaftlichen Expansion etwa 50 % der Oberfläche des Gesamtgebietes, welches durch Torf, Wasser und Ödland eingenommen wird“ offengehalten werde. Allerdings müsse man erörtern, ob die Trockenlegung [des Prypjatbeckens] „nicht zu solch [starken] Veränderungen der allgemeinen Lebensbedingungen führen werde“, dass ein Naturschutzgebiet im engeren Sinne zu einer Fiktion werde.[552]

Mit dem Naturschutz war seit 1925 das Ministerium für Landwirtschaft und Agrarreform betraut.[553] 1933 hielt man es für geboten, dass der Naturschutz „nicht grundsätzlich mit dem Plan der Trockenlegung und Melioration Polesiens kollidiert und dass er [der Naturschutz] die allerwertvollsten Gebiete umfasst“,[554] könne doch jede Meliorationsarbeit in stärkerem oder schwächerem Ausmaß den Naturschutz einschränken.[555] Erneut bemühte man die Schönheit und die Wissenschaft als eine Ursache für das Wertvolle einer nicht oder wenig bewirtschafteten Fläche: „Der Geologe und der Bodenkundler gehen daran wie der Historiker ins Archiv,“ klärte man auf. Es werde „Das Heiligtum der polesischen Natur“

550 Alles nach Kulczyński 1930, Auszug, S. 4-5.
551 Ebenda, S. 9.
552 Ebenda, S. 7.
553 Nasze Lasy i ochrona przyrody. Przewodnik po wystawie. Lwów 5-30 września 1936 r., 1936, S. 91.
554 Szafer, Władysław: Ochrona przyrody na Polesiu = (Preservation of nature in Polesie) (Biuro Meljoracji Polesia.) Odb.: Postęp prac przy meljoracji Polesia: sprawozdanie za lata 1931–1932, Brześć nad Bugiem 1933, S. 1.
555 Ebenda, S. 3.

darüber hinaus noch andere Bedeutungen haben: es wird nämlich „die ewige und unzerstörbare Quelle der schönen Natur Polesiens erhalten." „Zu dieser Quelle werden polnische Maler herkommen, die Nachfolger von Fałat", auch „die Meister der Feder, die Nachfahren Weyssenhoffs" würden nicht fehlen, „und hier werden unsere Poeten, die Nachfahren Ejsmonds,[556] den Geist der Waldungen suchen."[557] Es ist kein Wunder, dass Argumente einer positiven ökologischen Wirkung allein noch kein Argument für Naturschutz und einen Nationalpark begründeten. Ein Verständnis für die Ökologie von Sumpfgebieten war den zeitgenössischen Naturschützern greifbar nahe, drückte sich aber in ästhetischen und philosophischen (nicht jedoch religiösen!) Bekundungen aus.

Der Vorschlag für das auszuweisende Gelände des *„park natury"* war mit dem Südosten der Wojewodschaft Polesien gut gewählt. Denn nach hoffentlich positiven „Reaktionen des Büros zur Melioration Polesiens" und dann der wissenschaftlichen Kreise" erwartete man nicht zuletzt die Zustimmung „des Besitzers des Terrains, des Ordynats des Fürsten Karol Radziwiłł, dieses großen Liebhabers der polesischen Natur". Es bestand Zuversicht, „dass all diese maßgeblichen Akteure das Projekt eines polesischen Naturparks als aktuelle Angelegenheit anerkennen, als eine vom Standpunkt des Bedarfs der polnischen Kultur [sic!] in den *kresy* erstrangige Angelegenheit."[558]

Auch wirtschaftlich hielt man den Vorschlag für gut, denn die Gegend um die östlich des Horyn gelegenen Flüsse L'va (Lwa) und Stvyha (poln. Stwiga, russ. Stviga)[559] seien „ohnehin nicht wertvoll zu nutzen". Hier gebe es nur Hochmoore, daher solle man hier einen Polesischen Naturpark errichten. Dies führe überdies zu einem positiven interaktiven Effekt: der Park „werde ein Menge Naturliebhaber anziehen, was sich zweifelsohne positiv auf die Erhöhung des Vermögens der hiesigen Bewohner auswirken" werde.[560]

Langsames Fortschreiten von Planung und Umsetzung. Noch 1936 hieß es: die Melioration schreite langsam voran. Nur die Hochmoore trocken zu legen bringe nichts, bei den Niedermooren hingegen sei dies wiederum sehr teuer. Alleine schon sicherzustellen, dass die Wassermenge und der Wasserspiegel den Höhen der Schleusen entspricht, koste viel Geld. Die teuren Gesamtarbeiten durchzuführen werde, so ein nun deutlich vorgetragenes Argument, durch die „wirtschaftlichen Schwierigkeiten unseres Staates ausgebremst". „Hoffen wir aber, dass die junge Generation sich noch daran macht."[561] Fünf Jahre nach der ersten Konferenz zur Melioration Polesiens zog der Ingenieur Bolesław Powierza eine nur bescheidene Bilanz. Aufgrund der „Krise" müsse das Meliorationspaket „besonders auf dem Gebiet der Finanzierung" „einer Revision unterzogen werden".[562] Resigniert berichtete man aus dem Kreis Kobryn über die bisherigen Maßnahmen:

> „Um diese Ziele zu erreichen, ist es notwendig, grundlegende Meliorationen in einem größeren Maßstab durchzuführen, da die Meliorationsarbeiten, die gegenwärtig im Zu-

556 Wahrscheinlich https://pl.wikipedia.org/wiki/Franciszek_Teodor_Ejsmond gemeint.
557 Szafer 1933, S. 1.
558 Ebenda, S. 3.
559 http://www.encyclopediaofukraine.com/picturedisplay.asp?pic_path=pic/H/O/Horyn_River_Map.jpg.
560 Tołpa 1936, S. 177-179.
561 Ebenda, S. 177-178.
562 Powierza 1934, hier nach einem Sonderdruck, S. 3.

> sammenhang mit der Rekonstruktion des landwirtschaftlichen Systems durchgeführt werden, lokalen Charakter mit einem kleinen Radius der Reichweite haben.“[563]

Auch der örtliche Zirkel in Prużana der Gesellschaft zur Entwicklung der Ostgebiete (TRZW) antwortet am 17. August 1935 auf die Frage, welche Maßnahmen im Kreis zu treffen seien, mittlerweile vielleicht schon fast mechanisch: „Zu Punkt 7. Nötig sind Entwässerungsarbeiten für die Melioration, Flurbereinigung, Schulgebäude, sowie der Bau von 20 Kilometern neuer befestigter Straßen nach Wołkowysk.“[564] Ähnliches wurde aus dem Landkreis Brest berichtet: „Die Melioration der Böden beschränkt sich derzeit nur auf die Trockenlegung von Wiesen.“[565]

Unmut über die mageren Ergebnisse und weitere Planungen.
Bołesław Powierza war die Frustration im Text von 1934 anzumerken: Was man als Mittel zur Verfügung hatte, reiche nicht zur Bewältigung der zu erfüllenden Aufgaben. Er sah sogar eine „natürliche Tendenz in die falsche Richtung“: „Der materielle Zustand Polesiens verschlechtert sich stetig als Wirkung der schrittweisen Versumpfung der Böden.“ Die Bevölkerung könne die Melioration nicht alleine stemmen, daher müsse der Staat helfen. Es sei im Interesse des Staates, seinen Finanzierungsanteil an dem Großprojekt von 200.000.000 zl. aufzubringen. Wenn das allgemeine Budget nicht erhöht werden könne, müssten die Mittel hierzu anderswo weggenommen werden. Mehr Produktion, dadurch mehr Transport, dadurch eine nichtdefizitäre Staatseisenbahn sei genauso im Interesse des polnischen Staates wie eine verbesserte Handelsbilanz und eine Erhöhung der Kaufkraft der Bevölkerung. Der Autor zog alle Register volkswirtschaftlicher Parameter, um den Nutzen staatlich geförderter Melioration herauszustellen.

Drastisch schilderte Powierza die ungünstigen Voraussetzungen für die Melioration, aufgrund derer „der Staat materiell nicht so sehr interessiert sei, viele Mittel einzulegen.“ Auch von den anderen gesetzlich zur Beteiligung Verpflichteten sei wenig zu erwarten: „Die Selbstverwaltungen sind ärmlich ausgestattet, und die [Grund]besitzer verfügen über keine [Bar-]Geldmittel.“ Und das sei nicht alles; auf die Grundbesitzer kämen noch gewaltige Ausgaben „für die Detail-Melioration und die Bewirtschaftung zu, ungeachtet der Rentabilität der Investitionen“.[566] Sein Fazit: „Unter diesen Bedingungen hat die Finanzierung auf der Grundlage der bisherigen Gesetze, wie auch die Erhöhung des Staatsanteils an den Kosten schwache Aussichten auf Verwirklichung.“ Das Gesamtprojekt sei nicht zu finanzieren, „wenn Geldmittel fehlen, und die eine Seite etwas zu gewinnen und die andere etwas zu verlieren hat“.[567]

563 AAN Bestand 63, Związek powiatów RP 1930–1938, Sign. 559, Rechnungswesen im powiat Kobryn, Blatt 281.
564 AAN Bestand 2678- 3, Ankieta, S. 4-7, Offensichtlich füllten die verschiedenen TRZW-Orts-Zirkel einen Fragebogen mit 8 oder mehr Punkten aus. Bei dieser Gelegenheit haben sie auch ihre größten Bedarfe anmelden können.
565 AAN Bestand 2678- 3, Ankieta, S. 11-15, hier S. 12.
566 Powierza 1934, nach einem Sonderdruck, S. 5.
567 Ebenda, S. 4-5.

Schließlich versuchte man die Vorhaben zu retten, indem man auf Öffentlich-Private Partnerschaft (ÖPP)[568] setzte. Der Geldmangel führte dazu, dass der TRZW-Arbeitskreis *(koło)*, sozusagen die unterste Stufe dieser GONGO, eine Privatinitiative beschrieb. 1931 entstand eine Meliorationsabteilung bei einer „Privaten Wege-Verwaltung“ (*Prywatny Zarząd Drogowy)* im Kreis Kosava, welche vorhatte, das Finanzierungsproblem durch die Verrichtung von Scharwerken der Anrainer zu lösen,

> „die die Arbeiten mit Hilfe von Spanndiensten durchführt, und nur die technische Aufsicht wird aus den Mitteln der Bezirks- und Gemeindeverwaltung bezahlt. Diese Art der Durchführung von Arbeiten gibt die Möglichkeit, ohne langwierige Kredite in wirtschaftlicher Weise zur Verringerung der Brachfläche, zur Erhöhung der Güteklasse von Wiesen und Ackerflächen beizutragen. Die örtliche Bevölkerung zeigt ein großes Verständnis für diese Dinge und berichtet spontan aus allen Dörfern über die Bitte, Pläne für die Trockenlegung ihres Landes zu entwickeln, die die nötige Arbeit bieten.“ Es „besteht die Hoffnung, dass der Anteil an Ödland in einigen Jahren deutlich abnehmen wird.“[569]

Die Aufgaben der Melioration wurden schließlich bei der Wojewodschaftsverwaltung konzentriert. Dies sei nicht anders machbar, man solle nicht die Selbstverwaltungen mit dieser Aufgabe betrauen, welche keinen Verwaltungsapparat und keine finanziellen Mitteln dazu hätten;[570] schließlich ginge es ja um 450 bis 800 Millionen zł.[571]

Für wen?

Und wieder biss sich die Katze in den Schwanz: da die Einheimischen, und zwar offensichtlich sowohl die Armen als auch die Reichen, keine Investitionsmittel zur Melioration bereitstellen konnten (oder wollten), sah manch einer in den Siedlern die potenziellen Akteure der Meliorationsarbeiten. Das musste gar nicht mal als Polonisierungsmaßnahme gedacht gewesen sein, man war aber auf der Suche nach menschlichen Aktivposten für Polesien, die sich dort die Erde untertan machen würden: Der *Osadnik* „erfüllt dort die Rolle eines Pioniers und unterstützt staatliche Aktivitäten.“ Man ging davon aus, dass Siedler für die Möglichkeit, in fremden Gewässern zu fischen, dem Staat dankbar sein sollten.

Mechanistisch sollte auf diese Weise auch ein demographisches Problem gelöst werden: „Gleichzeitig entlastet die Maßnahme von der Überbevölkerung eines Teils des Landes.“ Die aktuellen Zahlen, dass in Schlesien 300 Einwohner je km², in Polesien 37, im Kreis Stolin 23, im Kreis Luninec 19 Einwohner je km² lebten, sollten die Planung für einen Lebensraum im Osten Polens unterfüttern.

Eine Melioration sei „sogar im Stande, die dortigen Bewohner zu ernähren”. Das derzeitige Getreideeinfuhrgebiet, in dem der „Wohlstand zwei mal geringer als im Durch-

568 https://de.wikipedia.org/wiki/%C3%96ffentlich-private_Partnerschaft.

569 AAN Bestand 2678- 3Ankieta S. 18: Von ZRZW Zarząd Koło w Kosowie Poleskim. Kosów Poleski, 28 października 1935 r. [maschinenschriftlich], Do Zarządu Głównego TRZW.

570 Gospodarcze i kulturalne potrzeby województwa poleskiego, Warszawa 1937, S. 16.

571 Cichoracki, Piotr: Droga ku anatemie. Wacław Kostek-Biernacki (1884–1957). Warszawa 2009, S. 311; Czerwijowski, Zygmunt: Projekt sfinansowania melioracji Polesia, Warszawa 1935, S. 12, 15, 21.

schnitt Polens" ist, könnte aber doppelt so viele Bewohner ordentlich ernähren wie bisher.[572]

So wurden die Forderungen angeblich unpolitischer, nur das Organisatorische und Technische im Blick habenden Ingenieure dann unweigerlich politisch: Die Siedler sollten Boden zu einfachen Bedingungen erhalten. Denn die 30 %, also 17.000 km² des polesischen Bodens, die dem Großgrundbesitz gehörten, könnten von diesem mangels Geld und sogar Krediten nicht entwickelt werden. An diesen Boden müsse man genauso heran wie an den des Staates (11 % oder 6080 km²). Dies blieb nicht die einzige spektakuläre Forderung: Der örtliche Bauer solle nicht geschädigt werden. Eine Vervollständigung der Zwergwirtschaften müsse bei der Melioration berücksichtigt werden. „Die Melioration verbessert seinen Alltag *(byt)*. Der *Osadnik* hilft ihm, sich kulturell zu erheben." „Einen Überschuss an Boden" und „die Einfachheit seines Erwerbs für den Siedler in großen, primitiv bewirtschafteten Gebieten – das sind besondere Bedingungen, die wir woanders nicht haben"; „da die Besiedlung (das *osadnictwo)* von Melioration abhängig ist", müsse man diese Aufgaben zusammen behandeln „unter technischem, wie finanziellem Gesichtspunkt".[573] Wir haben hier ein Beispiel vor uns, dass technisch gemeinte Lösungen wie die Melioration zu äußerst vertrackten Lösungsvorschlägen wie einer Forderung nach Finanzierung und massenweisen Besiedlung führen, deren gewaltige soziale und politische Konsequenzen zwar in den Raum gestellt, aber nicht überblickt oder ganz bewusst außer Acht gelassen wurden.

Fazit: Die Melioration: Ergebnisse, Gründe hierfür, Theoretisierung

Letztlich wurden nur 58.000,[574] nach anderen Angaben 66.000 Hektar in 20 Jahren melioriert, was über 16.000.000 zł. kostete,[575] eine angesichts der Projektkosten teure Angelegenheit.[576]

Hohn und Spott eines Nazi-Autors ließ nach dem Ende der auskömmlichen Phase deutsch-polnischer Beziehungen in der zweiten Hälfte der 1930er Jahre nicht auf sich warten. Ohne Beleg goss Erich Jaensch seinen Giftkübel aus und behauptete, das Projekt sei „an Korruption gescheitert".[577]

Ich möchte im Folgenden den Versuch anderer, miteinander verwobener Erklärungen unternehmen.

---

572 Powierza, Bołesław, Inż.: O sfinansowaniu meljoracji Polesia w warunkach 1934 roku. In: Inżynieria Rolna, Warszawa 1934, Heft 2-3, S. 5-6

573 Alles in diesem Absatz nach Ebenda, S. 6.

574 Zwischen 1926 und 1936: Historia Polski w liczbach. Tom II, Gospodarka, Warszawa 2006, S. 388.

575 Polesie. Nr 11 vom 13.11.1938, S. 7; Mały Rocznik Statystyczny 1938, S. 65.

576 Auch Blackbourn 2008, S. 316, schreibt, es habe bis 1938 kaum Fortschritte gegeben, spricht aber von einem „bescheidenen Budget". Da Cichoracki 2014, S. 58 für die Zeit bis 1939 3-4 % der zu meliorierenden Fläche als verwirklicht beschreibt, wären dies bei einer zu meliorierenden Fläche von 15000 km² dann 45.000 bis 60.000 Hektar.

577 Esch, Peter: Polen kreuz und quer. Blicke hinter die Kulissen, Berlin 1939, S. 20, wörtlich: „1928 wurde [...] ein „Planungsbüro zur Melioration Polesiens" ins Leben gerufen. Es beschäftigte außer vier Gelehrten dreiundfünfzig Ingenieure und Techniker neben einem umfassenden Mittleren und unteren Beamtenapparat. Dieses Büro hat drei Jahre lang unter Ausschluss der Öffentlichkeit gewirkt und ist dann im Zeichen zahlloser Korruptionen von allein zugrunde gegangen."; Bürgener, Martin: Pripet-Polessie. Das Bild einer polnischen Ostraum-Landschaft, Gotha1939, S. 71 kritisierte zwar allgemeine Untätigkeit, nicht aber Arbeit und Vorschläge des Meliorationsbüros.

Erstens: Projekt zu groß. Polesien wurde ja gerade deshalb als für Meliorationsmaßnahmen geeignet angesehen, *weil* es so sumpfig war. Denn hier konnte man von einer Tabula Rasa faseln. Polesien schien selbst für viele Polen mental und geografisch so weit weg zu liegen, dass sie den Eindruck bekamen, dass dort keiner leben würde. Die Umgestaltung Polesiens bei einer Umsetzung der Pläne schien ohne gesellschaftliche Konflikte auszukommen, wäre aber tatsächlich gewaltig gewesen, die einzusetzenden Mittel allerdings ebenfalls. Es handelte sich eben nicht um ein überschaubares Gebiet wie in den in dieser Zeit trocken gelegten pontinischen Sümpfen oder dem Zuiderzee. Und daran alleine schon musste das Vorhaben scheitern.

Zweitens: Nichtbeachtung der Einheimischen. Die Rechnung wurde eben ohne die einheimische Bevölkerung gemacht. Diese hatte sich in den 1930ern immer weniger politisch durchsetzen oder auch nur organisieren können. Aber der Rechtsstaat Polen scheute vor zeremonielosen Enteignungen zurück. Der Boden befand sich nur zum Teil in staatlichem Eigentum; die Landbevölkerung betrachtete aber weder Wald noch Weide, noch nicht einmal das „Ödland“ als Niemandsland. Die Nichtbeachtung der örtlichen Bevölkerung musste nicht einmal böser Wille sein, doch gefördert wurde solch kolonialistisches, bestenfalls paternalistisches Gehabe durch den oben ausführlich dargelegten Aufbau der Republik Polen als Zentralstaat, insbesondere dadurch, dass es keine regionale Legislative in den Wojewodschaften, nicht einmal einen gewählten Beirat gab. Angesichts der föderalen adelsdemokratischen Traditionen der ersten Republik und des Hasses der politischen Akteure auf das zentralistische und autokratische Russländische Reich und auch auf Preußen und das Deutsches Reich bis in die Zeit vor dem Ersten Weltkrieg ist dies zwar als erstaunlich anzusehen. Doch nicht nur wegen der multiethnischen Zusammensetzung, sondern auch, weil man durchregieren und die Teilungsgrenzen baldigst überwinden wollte, ließ man keine institutionalisierte politische Willensbildung auf regionaler, also auf Wojewodschafts- und Kreisebene zu. Im Zuiderzee gab es keine Einheimischen mit Landbesitz.

Drittens: Kolonialisierung. Zu beleuchten ist drittens, dass diese Meliorationsvorhaben oft mit der Vorstellung verbunden waren, dass viele Familien aus dem landhungrigen Galizien nach Polesien übersiedeln könnten. Dies dürfte weder den einheimischen Dorfbewohnern noch den Grundbesitzern gefallen haben. Wir haben es hier nämlich mit der klassischen Idee einer Kolonisierung zu tun, als Paroikía sowohl ausgegeben, als auch gemeint, aber tatsächlich eine Apoikía. Die Frage, was für die Einheimischen bei der Melioration abfallen würde, wurde oft nicht einmal gestellt, geschweige denn beantwortet.

Für die einheimische Bevölkerung insbesondere auf dem Lande blieb die Frage, wem die Melioration dienen sollte, zumindest unbeantwortet, und auch von Seiten des wohlgemerkt polnischen Adels fehlten Statements.

Im Sanacjalager gab es durchaus Stimmen wie die von T. Wid, die die Lage der Einheimischen in Polesien durch eben auch agrarreformerische und meliorative Maßnahmen verbessern und so an die Republik heranführen wollten.[578] Offen kolonialistischen Vertretern, meist der Strömung der Nationaldemokratie zugehörig oder nahestehend, fiel hingegen nichts als eine „nationale Assimilation“ der slawischen Minderheiten ein[579] – bei gleichzei-

578 Wid, T. 1928.
579 z.B. bei Grabski, siehe oben.

tigem Othern/Andern der Juden[580] und der Deutschen. Doch eine solche nationale Assimilation konnte in Westpolesien nicht funktionieren, wenn eine Besiedlung durch ethnische Polen vorgesehen war.[581]

Viertens: Destruktion durch Melioration und die Interessen der örtlichen Bevölkerung. Es zeigte sich viertens, dass die Bauernfamilien ungern selbst eine Meliorationsgenossenschaft, mithin eine Melioration wagten. Sie konnten der verschachtelten Bodenverfassung etwas abgewinnen (siehe oben), weil ihnen hier Rechtsgarantien gegeben wurden, die sie andernfalls verloren wähnten.

Interessen der örtlichen Bevölkerung. Die Einheimischen hatten nicht nur deshalb, weil manche mit den Meliorationsvorhaben auch die Einwanderung von Siedlern verknüpfen wollten, etwas gegen die Melioration. Selbst wenn eine Trockenlegung der Sümpfe zu für die Einheimischen ausdrücklich günstigen finanziellen Bedingungen durchgeführt worden wäre, so hätte sie einen doch erheblichen Eingriff in ihre traditionelle Wirtschaftsweise mit ihrem hohen Anteil an Wasser- und Waldwirtschaft bedeutet.[582] Das wilde ökologische, speziell hydrologische System in Polesien, konkreter: die vielen schwach fließenden Flüsse, der allmähliche, „uferlose“ Übergang von Wasser zu Land bot vielen Fischen eine Lebensgrundlage. Die Polesier lebten vom Fisch in hohem Maße.[583] (Mehr hierzu unten im Kapitel über die Geldwirtschaft.)

Dass diese auf großer Flächennutzung beruhende, verschachtelte, familiäre und – im Sinne Aleksandr Čajanovs – auf die Befriedigung der familiären Bedürfnisse statt auf Expansion ausgerichtete Ökonomie und Lebenskunst angesichts des Bevölkerungswachstums ohnehin weniger und weniger nachhaltig gestaltet werden konnte, dies wusste man eventuell noch nicht. Doch das, was Beobachter von außen bedauerten und beklagten, oder aber auch bewunderten und sogar romantisierten, nämlich, dass „die Poleschuken“ es verstanden, sich nicht nur eiweißreiche tierische Nahrung aus Wasser und Wald zum Verzehr selbst zu beschaffen,[584] sondern auch die dazu nötigen Werkzeuge und sogar ein Holzfahrrad[585] selbst anzufertigen, – dass sie also, aus welch unangenehmen Gründen auch immer, autark leben konnten, das wäre nach einer Komplettmelioration nicht mehr möglich gewesen.

Waren die polesischen Bauernfamilien, also, anders gefragt, bereit für eine mit der Melioration verbundene größere Einbindung in die Waren- und Geldwirtschaft?

Das Misstrauen war in dem Maße begründet und verstärkt, wie politische und auch unpolitische Kräfte in Warschau die Melioration mit der Vergabe an mittel- und zentralpolnische Bevölkerung verknüpfen wollten – nicht immer zu Recht, aber bestimmt nicht immer zu Unrecht als Polonisierungsmaßnahme angesehen.[586] Die sogenannte „ländliche Überbe-

580 Rosenfeld, Max: Die Europäische Polenfrage und die polnische Judenfrage. In: Der Jude, 1917-1918, Heft 10-11, S. 642ff, hier S. 646.

581 Orsini-Rosenberg, Stanisław: Zagadnienia styczne polityki gospodarczej i technologji społeczniej na Ziemiach Wschodnich Rzeczypospolitej, Warszawa 1928, S. 46.

582 Vgl. z.B. Blackbourn, David: Die Eroberung der Natur, München 2008, S. 123-124, 132-140 für den Oberrhein.

583 Vgl. Hejke 2009; Boyd 1936 und viele Andere.

584 Radkau 2000, S. 159 geht auch für die unter Mussolini trockengelegten pontischen Sümpfe davon aus, dass die „vom Fischreichtum der Gewässer“ gelebt habenden Einheimischen kein Interesse an der flächendeckenden Melioration hatten.

585 Abbildung bei Szejnert, Małgorzata: Usypać góry. Historie z Polesia, Kraków 2015, S. 15.

586 Studnicki, W.: Kolonizacja i rozwój gospodarczy naszego wschodu, Warszawa 1921.

völkerung" soll es ja v.a. in Westgalizien gegeben haben, aber selbst in ex-preußischen Gebieten wurde eine Kolonisierung Polesiens vorbereitet.[587]

So geriet auch bei der Frage der großflächigen wie kleinteiligen Gewinnung von Ackerland Polesien im wahrsten Sinne des Wortes ins Hinterland, weil der Standort Randgebiet auch hier negativ auf die Effektivität einer Maßnahme wirkte.

Fünftens. Melioration in Zeiten der Entpolitisierung. In den 1930er Jahren sind wiederkehrende Äußerungen in polesischen und außerpolesischen Periodika auffällig, dass man kein Gerede, Getöse und politisches Gekämpfe brauche, sondern stattdessen lieber die Fachleute heranlassen solle. Hinter der scheinbaren Objektivität lesen wir nicht nur eine Ignoranz oder Unbekümmertheit gegenüber der außertechnischen und außerwissenschaftlichen Welt, sondern einen ungebrochenen Modernismus, ja einen Wissenschafts-, Technik- und Fortschrittskult des sich oft als zivilisatorischen Vorpostens betrachtenden polnischen Milieus gerade auch jenseits der Experten selbst.[588]

Gerade diese Verweise, ja, der Kult um Fachkräfte und Spezialisten wurde noch dadurch gestärkt, dass, wie oben im Verwaltungskapitel geschrieben, eine generelle Entpolitisierung der Politik und des Staates in der Polnischen Republik gerade in den 1930er Jahren stattgefunden hatte.

Eine Melioration wurde zwar durch diese modernistische, unpolitisch gemeinte, aber ja politische Politik nicht in Frage gestellt. Aber die Popularität von Fachleuten bedeutete nicht, dass die Frage der Finanzierung dadurch geklärt war.

Es ist nämlich aus den zeitgenössischen Darstellungen eine gewisse Unsicherheit über die einzuschlagenden Maßnahmen herauszulesen, und Rychłowski schlug 1937 schließlich vor, die Melioration nach und nach statt auf einen Schlag durchzuführen.[589] Dass da viel schiefgehen konnte, war eine berechtigte, wenn auch wenig ausgesprochene Angst. Insofern liegt es nicht nur an der günstigeren propagandistischen Darstellbarkeit, dass, Regierungen generell lieber Talsperren bauten (und feierlich eröffneten) als Sümpfe trockenlegten.

Zusammengefasst. Auch die Melioration war für Westpolesien nur von einem Teil der Strategen als ein Polonisierungskonzept vorgesehen, aber die Meliorationsprojekte und -durchführungen lassen sich als ein solches lesen. Denn es sollten im Zuge der Vergrößerung der Ackerflächen Polens (auch zivile) Siedler die Überbevölkerung gerade im ehemals galizischen Süden Polens durch Einwanderung verringern helfen.

Wie bei all den Landschaftsinterventionen und den unterschiedlichen Maßnahmen des *social engineering* ist auch bezüglich der Melioration zu fragen, was die zu durch diese Maßnahmen zu „Betroffenen" gemachten Menschen, falls überhaupt vorgesehen, davon hatten. Im vorliegenden Fall war es nur von einem Teil der Interventen gewünscht, dass sie an den Flächengewinnungen und -urbarmachungen teilhaben sollten, und *die da unten* selbst waren ohnehin nicht von vorneherein von den Meliorationsmaßnahmen überzeugt.

Die Melioration Polesiens war das größte zeitgenössische Meliorationsprojekt europaweit. Es war auch das die größte geografische Fläche umfassende Vorhaben in der Polni-

587 Połowicz 1931.
588 Mackiewicz, Józef: Okna zatkane szmatami, Londyn 2007, S. 130; der Text entstand in der 2. Hälfte der 1930er Jahre.
589 Rychłowski 1937, S. 28.

schen Republik der Zeit 1918 bis 1939, die größte beabsichtigte Landschaftsintervention überhaupt. Die Trockenlegung von Feuchtgebieten, die ohnehin zu den „größten menschlichen Interventionen in Ökosysteme“ zählten,[590] konnte allein schon mangels finanzieller Ressourcen nicht umgesetzt werden. „Es ging [...] um eine durchgreifende Änderung der Landschaftsgestaltung [...] auf einem sehr großflächigen Gebiet. Dies ist zu vergleichen mit dem Dschungel, der stehengelassen, entlaubt oder mit Napalm bombardiert wurde.“ Die Nichtverwirklichung einer großflächigen Melioration war „auch eine Geschichte des Scheiterns von Wertschöpfungsanstrengungen“.[591]

4.10 Landschaftsintervention 6: Drei Verkehrsinfrastrukturen

Als letzte möglicher Flächeninterventionen betrachte ich nun die Maßnahmen zur Verdichtung der Verkehrsinfrastruktur. In den 1930er Jahren gingen Polesier zu Fuß nach Warschau zu einem Kongress. War dies als eine Aufsehen erregende PR-Aktion zu verstehen, oder war es in wohlverstandenem ökonomischen Eigeninteresse der günstigste Weg? Auch ohne solche spektakulären Ereignisse konnte es Leuten auffallen, dass Polesien, abgesehen von den beiden Normalspur-Eisenbahnlinien, ein unmodernes Verkehrswegesystem hatte.

Der Friedensvertrag von Riga im März 1921 beendete nicht nur den polnisch-sowjetischen Krieg, sah auch Entwicklungen von Handels- und Verkehrsbeziehungen vor.[592] Er durchschnitt die Ost-West-Verkehrswege auf dem Lande und den Verkehr auf der Prypjat', Diese waren ja schließlich auch seit Jahrhunderten gewachsen, die trennende Grenze nie zuvor dagewesen. Doch konnte an eine praktische Umsetzung lange Jahre nicht zu denken sein.

Für Westpolesien bedeutete dies, dass man sich von den traditionellen östlichen nun auf westliche Absatzmärkte umorientierte. Würde Polesien hierdurch zu einer blühenden Landschaft in einem Zonenrandgebiet werden? War eine Verkehrs- und überhaupt Infrastrukturstrategie als Raumstrategie für Polesien zu erkennen, und wenn ja, trug sie Züge einer Kolonialstrategie? Und falls dies zutraf: verfolgte man damit eher wirtschaftliche oder gesellschaftlich-zivilisatorische Zwecke?[593]

1935 klagte das Grenzschutzkorps KOP, die Wege der grenznahen Gemeinde *(gmina)* Czuczewicze seien „in überhaupt nicht befriedigendem Zustand.“ Seit 1918 seien schon neun Gemeindevorsteher (Vogte, *wójtów)* gekommen und gegangen, doch nur wenige Wege seien gebaut worden. Zwar sei die Situation besser als vor fünf Jahren, aber weitaus schlechter als in Zentralpolen. „Und wenn irgendwo, dann müssen hier, unter unwegsamen Sümpfen und gewaltigem Morast, feste Straßen und Eisenbahnenlinien gebaut werden,“ denn „die Entwicklung“ sei eng von den Verkehrsverbindungen abhängig“, befand der Be-

590 McNeill, John: Something New Under the Sun: An Environmental History of the Twentieth-Century World, 2001.
591 Christian Gerlach in einer Diskussion 2016.
592 Dz.U. RP 1921, Nr. 49, poz. 300, §22.
593 Vgl. Schenk, Frithjof Benjamin: Russlands Fahrt in die Moderne: Mobilität und sozialer Raum im Eisenbahnzeitalter, Stuttgart 2014, S. 19.

richterstatter.[594] Doch widersprach dies nicht nur der Doktrin aus Militärkreisen, dass man zur sowjetischen Grenze ein Vorfeld brauche und dass Polesien wegen seiner Unzugänglichkeit dafür gut geeignet sei, sondern auch der in Polesien vielleicht ungerne ausgesprochenen volkswirtschaftlichen Rationalität, gemäß derer feste Wege eher dort angelegt werden sollten, wo sie aufgrund höherer Bevölkerungsdichte nicht nur stärker genutzt würden, sondern auch günstigere, weniger sumpfige Böden im wahrsten Sinne des Wortes als Grundlage hätten.

Drei Verkehrsinfrastrukturen. Von den drei Arten von Verkehrswegen, nämlich den Wasserstraßen, den Landstraßen und der Eisenbahn stellten erstere das älteste Element dar – und zugleich das amorpheste. Franciszek Wysłouch brachte es auf den Punkt: „Wohin schwimmen, wenn es kein Ufer gibt?“[595] Doch haben sich Menschen durchaus an diesen „nicht existierenden“ Flussufern angesiedelt und Kleinstädte gebildet, denen wir im 19. Jahrhundert als Schtetler begegnen. Und diese durch Kanäle ergänzten und strukturierten Verkehrsverbindungen gaben auch die „Linien“ vor, an denen sich die Landstraßen und schließlich die Eisenbahnlinien orientierten. In Polesien reden wir da zunächst von der Ost-West-Linie entlang der Prypjat'. Gerade weil aber die Prypjat' und ihre größeren Nebenflüsse aber in breiten Flussauen lagen, hielt man zwischen der Prypjat' und der davon nördlich verlaufenden Eisenbahnlinie bis zu 20 km (bei Drahičyn) Abstand.[596]

Die drei von Brest bis Kalinkavičy und Mazyr verlaufenden Trassen und Straßen der Flüsse/Kanäle, der Landwege und der Eisenbahn bildeten also einen Strang konkurrierender, in Pinsk räumlich wenig entfernter Wege. Drei der fünf größten Städte in der Wojewodschaft Polesien lagen an diesem Strang, nämlich Brest, Pinsk und Kobryn.

Bevölkerungszahl in den fünf größten westpolesischen Städten, 1897 u. 1931 (Tabelle 5) [597]

Jahr	**1931**	**1897**
Brest	50.706	46.568
Pinsk	31.912	28.368
Dawidgródek/Davyd-Haradok	11.739	10.086
Kobryn	10.217	10.408
Pružany	8.013	763

Eisenbahn

Vorgeschichte. Im Zarenreich sah man es offenbar nicht als vordringlich an, Polen zu schützen. Dies ließ sich daran festmachen, dass Brest als „westlicher Punkt“[598] des militä-

594 AAN Bestand 2478, Sign. 9, Blatt 92.
595 Wysłouch, Franciszek: Opowiadania poleskie, Londyn 1968 [nach der Neuausgabe o.J.], S. 42.
596 AAN Bestand 9/0I, Sign. 235, eine Karte, nicht durchpaginiert.
597 Quellen: AAN Bestand 71, Sign. 20, Blatt 1 = Rocznik Ziem Wschodnich 1938, S. 6 laut 1931; Pervaja vseobščaja perepis' [...], XI. Grodnenskaja gubernija, 1897, SPb. 1903, S. 1; Dasselbe, XXII. Minskaja gubernija, 1897, SPb. 1904, S. 1.
598 Schenk 2014, S. 68.

risch bedeutsamen Eisenbahnnetzes mit der Russischen Spurbreite von 1520 mm[599] angesehen wurde. „Bereits in den 1860er Jahren entstand […] die Legende, Nikolaj I. habe sich für die breitere Spur entschieden, um westlichen Angreifern die Nutzung der russischen Bahnanlagen zu erschweren.“ Hingegen wurde 1839 die Strecke Warschau-Wien mit der „europäischen“ Spurbreite 1435mm von der zarischen Verwaltung genehmigt.[600] Einen Schub für die Infrastruktur Polesiens bedeutete der Bau der Polesischen Eisenbahn von 1882 bis 1887 in der Belarus. Das Streckennetz umfasste damals rund 1000 Verst Eisenbahnlinien, und zwar hauptsächlich in Polesien.[601]

Vor dem Eisenbahnbau gab es hier 980.000, nachher 50.000.000 Pud Güterumschlag. Vor allem eine Ausdehnung der Holzwirtschaft wurde durch die Eisenbahn ermöglicht. Existierten im Jahr 1885 noch sechs Schneidemühlen, so gab es 1909 derer schon 48. Eine ähnliche Entwicklung nahm die Lederindustrie. Damals galten die Polesischen Eisenbahnen als einer der besten, mit gut geführten Werkstätten in Pinsk, und gut ausgewählten Technikern an dieser Eisenbahnlinie. Auch die Orte Žabinka und Luninec seien gewachsen, weil sie entlang der Eisenbahnlinien gelegen waren. Man überlegte, den Orten Stadtrecht zu geben. „Solch eine Periode gab es vorher und nachher nicht mehr“.[602] Der zu Ende der 1880er Jahre erreichte Streckenbestand blieb – vom Bau von Schmalspurbahnen abgesehen – jahrzehntelang so bestehen.

Dünnes Schienennetz? Oft anzutreffen ist die Behauptung, das Eisenbahnnetz sei in Polesien sehr dünn gewesen.[603] Doch dies galt nur für das Verhältnis der Strecke zur Fläche, nicht jedoch zur Einwohnerzahl: Die drei Wojewodschaften Vilnius, Navahrudak und Polesien der Polnischen Republik umfassten 23 % des Territoriums mit 11 % der Bevölkerung, und hier führten 14 % der Eisenbahnkilometer entlang.[604] Doch blieb das grundsätzliche Problem der dünnbesiedelten Gebiete, nämlich das der weiten Wege, bestehen.

Länge und Rangigkeit. In der Wojewodschaft Polesien bildeten die Eisenbahngleise eine von West nach Ost von Brest bis Mikaševičy 275 km lange Strecke.[605] Das gesamte Eisenbahnnetz umfasste in Polesien am 1. April 1935 1009 km, darunter 759 km mit Normalspur, die anderen mit Schmalspur.[606] Unter den 304 Eisenbahnlinien Polens galten 56 als

599 https://de.wikipedia.org/wiki/Spurweite_(Bahn)#1520_mm.

600 Schenk 2014, S. 127.

601 Kištynov, Andrej: Ėkonomičeskij potencial Poles'ja v načale XX veka, In: Zaharoddze – 3. Minsk 2001. [sbornik sta'tej] Matėryjaly navukowa-krajaznaŭčaj kanferėncyi „Palesse ŭ XX stažoddzi“, 1–4 čėrvenja 2000h., Belastok 2001, S. 115-119, hier S. 115.

602 Kištynov 2001, S. 119.

603 Dies tat Cichoracki 2007, S. 13; derselbe 2014, S. 50.

604 Barański, Władisław: Akcja gospodarcza na ziemiach północno-wschodnich, [Wilno]: Izba Przemysłowo-Handlowa w Wilnie, 1934, S. 3-4.

605 Urzędowy Rozkład jazdy i lotów z załączniki: Komunikacja samochodowa P.K.P.[...] (Reprint Poznań 2014), S. 337, 407. Es gab folgende Entfernungen: Polesie ilustrowane, 1923, S. 53-54; Unterdirektion Brest hat auch Linien westlich von Brest [...]. Žabinka → Luninec 202 Kilometer, Luninec → Grenze 42 km. Brest → Kowel 128 km. Luninec → Horyn 42 km, Brest → Baranowicze 204 km, Baranowicze → Luninec 118 km.

606 Rocznik Ziem Wschodnich 1938, S. 93; vgl. Rühle, Edward: Ziemie Wschodnie w cyfru, In: Rocznik Ziem Wschodnich 1938, S. 14: Am 1.1.1937 in Polesien: Normalspurbreite 778; Schmalspur 285, zusammen 1063 km; Dies entsprach 27,5 Meter je km².

„erstrangige", 98 als „zweitrangige" und schließlich 98 als „drittrangige".[607] Strecken in Polesien brachten es allenfalls zur Zweitrangigkeit.[608]

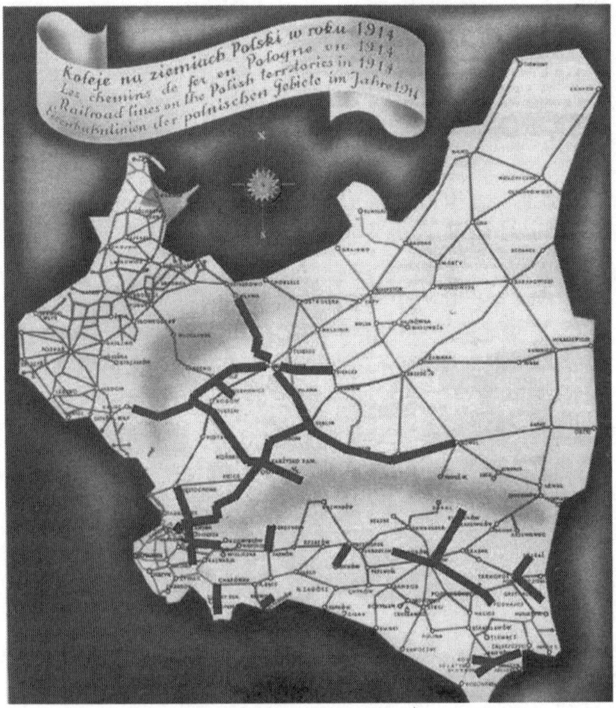

Abbildung 16: Das Eisenbahnnetz (Vollspur) von 1914 in den Gebieten der Polnischen Republik von 1922. Der Ausbau konzentrierte sich auf die Überwindung der Teilungsgrenzen. Diese sind gleichwohl noch deutlich zu erkennen und optisch noch hervorgehoben.
Quellen: Archiwum Tomasza Basarabowicz, https://nowahistoria.interia.pl/ii-rzeczpospolita/news-rozbudowa-szlakow-kolejowych-w-ii-rzeczpospolitej,nId,1067412

Die Eisenbahn als Infrastruktur bis 1918. Unter dem Eindruck des Ersten Weltkriegs und der Russischen Revolutionen wurde die Bedeutung der Macht über die Eisenbahn als damals schnellste Fortbewegungsmöglichkeit und wichtigster Infrastruktur überdeutlich: Sei es, dass Zar Nikolaj II. nach Ausbruch der Februarrevolution keine Möglichkeit mehr hatte, mit der Eisenbahn in „seine" Hauptstadt Petrograd zu gelangen, seien es die Bolschewiki, die auf die Sicherung der modernen Infrastruktur größte Aufmerksamkeit gelegt, oder seien es die deutschländischen Besatzer, die in dem von ihnen besetzten Gebiet keine neuen Normalspurstrecken bauten, wohl aber schnell zu bauende, für Kleinbahnen geeignete, Schmalspurstrecken, vor allem, um Holz abzutransportieren. Zudem wurden die Eisenbahnstrecken, darunter auch die polesische, von ihnen auf die europäische Spurbreite „umgena-

607 Bissaga, Teofil: Geografia kolejowa Polski z uwzględnieniem stosunków gospodarczo-komunikacyjnych, Warszawa 1938, S. 111-116.

608 Nämlich die Ost-West-Linie 78 żabinka-[Pinsk] – Łuniniec – Staatsgrenze) und die Nord-Süd-Linie (79 Wilno-Lida-Baranowicze-Luninec-Sarny-Równe) sowie die Linien 76 Brest-Chełm, 77 Kowel -Brest- Cz[e]remcha- Białystok- – Grajewo – Staatsgrenze und schließlich 116 Strumień-Pawłowice sowie einige Verbindungsbahnen.

gelt".[609] Rudolf Rühling ging davon aus, dass die Polnische Republik dies nach 1921 nicht selbst bewerkstelligt hätte, da sie ihre knappen Mittel für andere Dinge eingesetzt hätte.

Prioritäten im Eisenbahnbau. Im Polen der neuen Grenzen von 1921 fehlten nun Eisenbahnlinien von Warschau nach Lemberg, Oberschlesien und an die Ostseeküste. Vom Deutschen und vom Habsburgerreich hatte die Republik 50 Eisenbahnlinien geerbt, die an die alte Russländische Grenze führten, „aber nur 10 von diesen führten über die Grenze hinaus."[610] Am Eisenbahnnetz ist besonders deutlich abzulesen, dass die Prioritäten des Schienenbaus dort lagen, wohin der polnische Staat mit seinen bescheidenen Mitteln die raumgeografische Wirtschaftstätigkeit lenken wollte: Vorrang hatte in Polen die Verbindung der Eisenbahnen zwischen den ehemaligen Teilungsgebieten sowie der Anschluss an die neue Hafenstadt Gdingen/Gdynia und in den 1930ern in das COP.[611] Doch hatte der Brester Eisenbahndirektor Oktawiusz Nelard auch Vorschläge für Strecken, die in Polesien wiederhergestellt und ausgebaut werden sollten, z.B. von Parėčče nach Pinsk.[612] Man war sich dessen gewahr, dass eine stärkere Besiedlung Polesiens auch den Bau weiterer Eisenbahnstrecken erfordern würde.[613]

Aber das Schienennetz wurde in Polesien während der Zeit der Polnischen Republik nicht ausgebaut. Die Anzahl der Eisenbahn-Streckenkilometer blieb in Polesien stabil. Dies bedeutete aber, dass der Anteil am Gesamtnetz schwand.[614] Die Strecke Brest-Pinsk-Luninec-Mikaszewicze wurde auch nicht zweigleisig ausgebaut,[615] und es fuhren auf ihr keine Schnellzüge im Personenverkehr.[616]

Aber auch in Gesamtpolen baute man weniger Eisenbahnstrecken als geplant, nachdem man 1925 unter Ministerpräsident Grabski einen ausgeglichenen Haushalt erreichen wollte.[617]

Unter Dampf. Zugpferd. In ganz Polen gab es im Wesentlichen nur dampfbetriebene Lokomotiven.[618] Im Eisenbahnbezirk Wilna gab es erst seit 1935 motorbetriebene und gar keine Elektro-Lokomotiven, die „Elektrische" gab es nur in Warschau und Umgebung.[619] Es ging also auch kein eisenbahninfrastrukturgesteuerter Impuls für Handel und Wirtschaft in Polesien aus, auch nicht für die Veränderung der Landschaft.

Kleinbahnen. Ergänzt wurden das Streckennetz der Zarenzeit durch die von den teilweise von den deutschländischen Besatzern im Krieg gebauten Schmalspurlinien.[620] „Die Deutschen errichteten [...] ein Netz von Schmalspurbahnen, das hauptsächlich der räuberischen Ausbeutung der Wälder diente." Daher wurden viele Strecken „provisorisch" mit

---

609 Rühling, Rudolf: Eisenbahngeographie Polens, Dresden 1935, S. 27.
610 Landau/Tomaszewski 1986, S. 164-165.
611 Landau/Tomaszewski 1986; vgl. Rühling.
612 Polesie ilustrowane, 1923, S. 69.
613 Polesie i jego bogactwa 1926, S. 2
614 Cichoracki, a.a.O., In: Acta Poloniae Historica 109, 2014, S. 62.
615 Rühling 1935, hinter S. 100, Karte 1.
616 Ebenda Karte 2.
617 Landau/Tomaszewski 1986, S. 177.
618 Bissaga 1938, S. 139-140.
619 „Die Elektrifizierung des polnischen Bahnnetzes [...] umfasst [!] schon jetzt den Knotenpunkt Warschau". Urzędowy Rozkład jazdy i lotów z załączniki: Komunikacja samochodowa P.K.P.[...] (Reprint Poznań 2014), S. 407.
620 Cichoracki 2014, S. 52.

„Brücken aus Holz" gebaut, „Gleise wurden in Eile verlegt, oft ohne entsprechenden Unterbau".[621] Vorrangiger Zweck der Bauten war der Abtransport von Holz aus von ihnen entlegenen Gebieten, es entstand „ein ganzes Netz von Schmalspurbahnen". z.B. Ivacevičy – Ivanava – Kašyrsk, sowie Baranovičy-Leśna",[622] auch von Kovel/Kowel nach Kašyrsk/Kamieniec Kaszyrsk.[623] Insgesamt erstreckten sich die polesischen Schmalspurbahnen in ihrer Hochzeit auf 714 km, darunter auch die 1920 und 1921 einnahmeträchtige Strecke Ivanava – Derevek – Kašyrsk/Kamień-Koszyrski mit 214 km.[624]

Nicht alle von den Truppen des Deutschen Reichs erbauten Schmalspurbahnen wurden weiterhin betrieben.[625] Und diejenigen, die betrieben wurden, waren nicht zum Transport von Personen geeignet, jedenfalls waren sie nicht im Fahrplan der staatlichen Eisenbahngesellschaft PKP eingezeichnet.[626]

Dass die Schmalspurbahnen oft *ad hoc* gebaut worden waren, zeigt das Beispiel, dass die von den deutschländischen Besatzern auf bäuerlichem Land entlang gebaute Schmalspurbahntrassen Błudeń-Michalin und Białowicze-Telechany „durch die Straßen des Dorfes in einer Entfernung von 3 bis 5 Meter von Gebäuden entfernt" entlang führte. Die Wojewodschaftsverwaltung war alarmiert:

„Diese Eisenbahnen verursachen Brände, in nur einem Dorf gab es 33 Unfälle. Diese Eisenbahnstrecken werden derzeit von privaten Unternehmen genutzt. Weder die Regierung noch diese Unternehmen haben bisher die Zugehörigkeit des in Anspruch genommenen Landes geregelt."[627]

All dies bereite den Boden für staatsfeindliche Agitation, rufe diesen Zustand allgemeiner Unzufriedenheit, dabei ohne politisches Programm hervor.

Der Personenverkehr. Die Strecke Brest-Pinsk-Luninec-Mikašėvičy wies nur eine Spur auf. Allein für den Personenverkehr wäre eine zweite Spur auch nicht nötig gewesen, denn im Sommer 1938 fuhren laut Fahrplan für die Linie 515 drei, von und nach Warschau durchgehende, Zugpaare: zwei über Brest bis Luninec, einer über Brest bis Mikašėvičy/Mikaszewicze. Zusätzlich gab es noch einen Zug von Pinsk nach Brest sowie einen je nach Saison unterschiedlich fahrenden Zug mit Umsteigen in Ivanava/Janów oder Kobryn ausschließlich an Schultagen. Mehr als fünf Lokomotiven mussten zum Transport von Personen gleichzeitig nicht im Einsatz sein. Die Geschwindigkeit, mit der die Passagiere befördert wurden, betrug etwa 45 km/Stunde. Ein Anschlusszug hinter der sowjetischen Grenze nach Žytkavičy wurde mit dem Hinweis „nur montags und freitags" verzeichnet.[628] Die Züge von und nach Warschau führten die 1., 2. und 3. Klasse, die anderen Züge nur die

621 Landau/Tomaszewski 1986, S. 102.
622 Niezbrzycki, Jerzy: Polesie: opis wojskowo-geograficzny i studjum terenu, Warszawa 1930, S. 111.
623 Bissaga 1938, S. 85.
624 Polesie ilustrowane, 1923, S. 53-54.
625 Deren Lage, siehe Karte in Pruchnik 1932, Karte zwischen Seite 6 und 7.
626 Urzędowy 1939, (Reprint Poznań 2014).
627 AAN–1183, Sign. 4/31-32 Poleski Urząd Wojewódzki, nr VI 2256 pf. Brześć n/B 30. VI. 25 r.[…], Blatt 32-33, über Monat Mai 1925.
628 Urzędowy Rozkład jazdy i lotów z załączniki: Komunikacja samochodowa P.K.P.[...] (Reprint Poznań 2014), S. 337.
Von Brest aus konnte man fahrplanmäßig erreichen: (mit ungefährer Fahrtdauer): Žabinka (Entfernung:) 26 km (in 30 Minuten), Kobryn 46 (1 Stunde), Drahičyn 98 (2 h 15 min), Ivanava 133 (3 h), Pinsk 169 (4 h), Luninec 228 (5h 30 Minuten), Mikaševičy (Grenzort) 275 (6 bis 7 Stunden).

zweite und dritte. „Die 1. Wagenklasse ist mit weichgepolsterten Bänken zu je zwei Plätzen ausgestattet, sodass vier Personen im Abteil Platz haben; die 2. Klasse ist gleichfalls gepolstert, die Abteile haben 6 Plätze; die 3. Klasse ist mit Holzbänken versehen und hat acht Plätze in jedem Abteil“.[629] Die Preisunterschiede waren nicht so extrem, wie Frithjof Schenk sie für die Zarenzeit beschrieben hat.[630] Der Passagier-Beförderungs-Tarif begann für kurze Strecken in der 3. Klasse bei 5 *groszy* je km, hielt sich in dieser Höhe bis zu einer Entfernung von 200 km; danach sank der km-Tarif auf 3,08 *groszy* je km. Die Preis für die 2. Klasse war (egal über welche Entfernung) anderthalb mal, für die 1. Klasse doppelt so hoch wie für die dritte Klasse.[631] Zu zahlen waren Schnellzugzuschläge, aber man gewährte auch Preisrabatte von 33 % und 75 %.[632] Es gab getrennte Raucher – und Nichtraucherabteile, Buffetwagen, Speisewagen (ebenfalls nach Rauchern und Nichtrauchern getrennt), eine Bahnbuchhandlung „Ruch“ und Schlafwagen.[633] Auf der Nord-Süd-Strecke von Luninec nach Sarny fuhren drei Zugpaare täglich.[634]

Auch, wenn es Züge gab, die nur an Schultagen fuhren: Viele junge Männer fuhren zum ersten Mal beim Einzug in den Militärdienst mit der Eisenbahn.[635] Das Eisenbahnnetz, in der Wojewodschaft in vier Himmelsrichtungen vertreten, war alles Andere als flächendeckend.

Reisenbahn. Die Beschreibungen Polesiens, seien sie allgemeine oder ausdrücklich als Reise- oder Wanderführer konzipierte, stellten das Eisenbahnwesen nicht besonders heraus.[636] Eine Liste von Eisenbahnen zu den Kurorten der Republik Polen enthielt keine polesischen.[637] Es gab keine besondere ästhetisierende Eisenbahnliteratur zu der polesischen Eisenbahn in der polnischen Zeit. Im Gegenteil, Knarzewski bezeichnete die Fahrt von Warschau nach Pinsk eine Hölle. Das rollende Material erinnerte ihn an den Weltkrieg.[638]

Der Güterverkehr als Holztransport.

Hauptsächlich dürften auf der polesischen Eisenbahn nach wie vor Güter befördert worden sein, und zwar vorwiegend Holz und Holzprodukte in der Richtung von Ost nach West. Zwar gab es Rabatte bei Eisenbahntarifen für den Export nach Westpolen,[639] aber man beklagte sich über hohe Tarife, „die die Möglichkeit ausschließen, einen Nutzen vom Export aus unserem Gebiet in die Industrie- und Handelsgebiete“ zu erwirken.[640]

629 Ebenda, S. 407.
630 Schenk 2014, S. 147-149.
631 Urzędowy Rozkład (Reprint Poznań 2014), alles ebenda, S. XIII.
632 Ebenda, S. XIV-XVI.
633 Ebenda, S. 407-408.
634 AAN Bestand 323-63 Kronika Łuniniecka. Tygodnik poświęcony sprawom społecznym i gospodarczym, Nr. 3, 12. Februar 1933, S. 6.
635 Kitajczuk, Mieczysław: Burzliwe dzieje Polesia, Wrocław 2002, S. 103.
636 Moldalski 1927, Ossendowski 1934, Marczak 1935.
637 Bissaga 1938, S. 196-200.
638 P. Zb. Knarzewski: Nad brzegami Piny, In: Czas 18 &19.VIII [1938], zitiert in: Polesie. Tygodniowe Pismo społeczne, gospodarcze i kulturalne. Wydaje i odpowiada H[ieronim] Opitz, 1938, Rok 1 Nr.1, S.4.
639 Razuvanava 2013, S. 33.
640 AAN Bestand 2678- 3, unpaginiert, Ankieta [offensichtlich füllten die verschiedenen TRZW-Orts-Koła einen Fragebogen mit 8 oder mehr Punkten aus. Bei dieser Gelegenheit haben sie auch ihre größten Bedarfe anmelden können], TRZW Koło w Prużanie 17 sierpnia 1935 r. [maschinenschriftlich].

Sowjetunion. Es gab in Polesien keine nennenswerten Eisenbahngüterverkehrsverbindungen zur Sowjetunion. Die 22 wichtigsten Verbindungsstrecken durch Polen mit den Nachbarländern im Warenverkehr nach Grenzorten führten zum Beispiel von Brest nach Baranavičy und von Brest nach Lemberg, sogar von Turmont über Vilnius und Luninec nach Rivne und Mohylany – aber die Linie Brest-Pinsk-Luninec-Mikaševičy[641] spielte hier keine Rolle.[642]

Die Stationen. In Polesien gab es 50 Eisenbahnstationen, darunter vor allem an den drei Eisenbahnkreuzen Brest, Luninec und Sarny.[643] Diese Situation änderte sich in den nächsten Jahren nicht. Eine Neuerung stellte allerdings dar, dass das Schtetl Drahičyn, das von der Eisenbahnlinie doch etwas entfernt gelegen hatte, einen Eisenbahnhaltepunkt erhielt.[644]

Ein Deutscher berichtete 1934, der „Bahnhof Łuniniec" mache einen „schönen sauberen Eindruck. Das Büfett des Wartesaales II. Klasse bietet alles, was ein europäisches Bahnhofsrestaurant bieten kann." Der Bahnhofvorplatz sei früher ein „Müllabladeplatz" gewesen, durch „Selbstbesteuerung" nun aber eine schöne Anlage mit einem Piłsudski-Denkmal geschaffen worden.[645]

Vierter Klasse reisen. Die Polizeidirektion Brest wies in einem Rundschreiben ausdrücklich darauf hin, dass es verboten war, die Eisenbahngleise zu überqueren. Dass die Gleise ein erstklassiger Weg waren, wie man ihn in Polesien in der Tauwetterzeit sonst nirgends (!) fand, ließ die Behörde unberücksichtigt.[646] Zu Fuß zu gehen konnte man als „vierter Klasse" zu reisen ansehen. Denn die Eisenbahntrasse stellte eine wichtige Infrastruktur selbst für solche Menschen dar, die gar nicht in die Eisenbahn stiegen.

Keine Lahmlegung von Eisenbahnverkehrs. Aus heutiger Sicht erstaunlich ist, dass in den verschiedenen kleineren Aufruhrbewegungen, seien sie ohne Einwirkung von außen, seien sie kommunistisch oder ukrainisch-national gesteuert gewesen, die Akteure in der Regel nicht zu dem eigentlich wirksamen Mittel der Lahmlegung des Eisenbahnverkehrs griffen. Noch 1918 hatte man die Eisenbahn als ein modernes Mittel herausgestellt, gegen die Patisanenaktivitäten nichts ausrichten könnten, mehr noch: der ganze moderne Krieg sei wegen der Eisenbahn ein anderer.[647] Selbst bei dem Partisanenakt im Jahr 1924 wurde die polnische Staats- und Kirchenmacht in Gestalt führender Vertreter getroffen, als an der Station Loŭčy entlang der Linie Pinsk-Luninec der Sonder-Eisenbahnzug mit dem Wojewoden Stanisław Downarowicz, dem Bischof Zygmunt Łoziński, dem Polizeidirektor Mensovič und Senator Bolesław Wysłouch überfallen und ausgeraubt wurde.[648] Aber die Staatsmacht

641 Bissaga 1938, S. 165-167.
642 Zu polnisch-sowjetischen Vereinbarungen: Dz.U. RP 1922, poz. 178, 253; Dz.U. RP 1925, poz. 174, 344; vgl. Benecke 1999, S. 94.
643 Piekałkiewicz, J. & Rutkowski, S.Z.l: Okręgi gospodarcze Polski, Warszawa 1927, S. 10-11, zitiert in: Tomaszewski 1963, S 18.
644 Wysłouch, Franciszek: Echa poleskie, [Erstauflage Londyn 1979], nach der Ausgabe Łomianki 2014, S. 104-111.
645 Hepke 1934, S. 16-17.
646 AAN Bestand 2478, Sign. 1527, Blatt 22.
647 Pavlovič, M. P.: Osnovy imperialističeskoj politiki i mirovaja vojna, Band 11,1: Brestskij mir i uslovija ėkonomičeskago vozroždenija Rossii: estestvennyja bogatstva Rossii; ėkonomičeskij progress i gosudarstvennyja sooruženija, žel̆eznodorožnoe stroitel'stvo, vodnoe stroitel'stvo, Volgo-Donskoj kanal. Moskva: Izdat. Vserossiskago Central'nago Ispolnitel'nago Komiteta Sovětov R., S. K. i K. Deputatov, 1918, S. 21.
648 Vgl. Mel'nikaŭ, Ihar: Zachodnebelaruskaja atlantyda 1921–1941, Minsk 2015, S. 16.

wurde nicht in Gestalt der Eisenbahn selbst, also ihres *technischen* Herrschaftsinstruments, angegriffen.

Die Eisenbahner, die Gewerkschaften und die nationale Frage. Im Eisenbahndienst wurden staatstragende, also polnische Männer bevorzugt in den höheren Stellen beschäftigt. Das ging soweit, dass man in der Zeit der Entstehung des polnischen Staates die nichtpolnischen, insbesondere jüdischen Eisenbahner entlassen hatte.[649] Selbst im ehemals österreichischen Galizien wurden schon 1918/19 jüdischen Arbeiter und Angestellten der polnischen Eisenbahn entlassen.[650] Doch die Eisenbahn wurde in Polesien von den Einheimischen dennoch nicht als das bekämpft, was sie nach der Polonisierung geworden war: ein Instrument in staatlicher Hand zur Sicherung der staatlichen Herrschaft.

Die polesischen Eisenbahner waren in starkem Maße gewerkschaftlich und in der PPS organisiert. Die Polnische Sozialistische Partei *PPS* stützte sich vor Allem auf den Eisenbahnerbetriebsbund *(Związek Zawodowy Kolejarzy, ZZK)*, der in den PPS-Hochburgen in den Eisenbahnkontenpunkten Luninec, Brest und Sarny selbst dann noch besonders stark war,[651] als diese Partei in der Fläche keine Kraft mehr darstellte und kaum Wählerstimmen erhielt. Aber die Eisenbahner organisierten sich auch in anderen Gewerkschaften.[652] Kürzungen bei Gehalt und Personalbestand im Osten der Wojewodschaft Polesien führten zum Aufschwung des *ZZK*. Im April 1926 kam es zu Streiks mit jedoch uneinheitlicher Stärke, denn Sarny wollte wegen Grenzlage nicht streiken.[653] Der „Gewerkschaftsbund" *(Związek Związków Zawodowych, ZZZ)* wurde nach seiner Gründung 1931 später einflussreicher, sogar bei den traditionell PPS-gesteuerten ZZK-Eisenbahnern.[654]

Egal, welche Partei oder Gewerkschaft die Eisenbahner bündelte, eines war ihnen allen gemeinsam: dadurch, dass die staatliche Eisenbahngesellschaft fast ausschließlich ethnische Polen beschäftigte, waren auch die Gewerkschaften und die PPS, gewollt oder ungewollt, bewusst oder unbewusst, Teil eines „polnischen" Interventionsprojekts geworden. Selbst der Korpsgeist der Eisenbahner wurde dadurch polonisiert. Der polnische Staat griff diesen auf und förderte ihn mit Kultur- und Bildungstätigkeit entlang der Schienen: Man gründete das Theater *„Znicz"*, errichtete eine feste Bibliothek mit 4.500 und eine mobile mit 2.000 Bänden.[655] Im Kulturzentrum in Luninec spielte man in solch einer Lesestube auch Schach,[656] und hier existierte ein Eisenbahngymnasium,[657] ein Flachbau, der als Eisenbahnkirche diente,[658] und es fehlte auch kein „Eisenbahnkino".[659] Seit 1. Mai 1922 erschien in Brest die allerdings kurzlebige, selbstreferenzielle Zeitung „Der Kresy-Eisenbahner" *(Kole-*

649 Nach der Entlassung von 6000 jüdischen Arbeitern durch die Polnische Staatseisenbahn schrieb Zygelbojm 1926: „Wir lassen und nicht als „Fremde" behandeln!"; nach Pickhan, Gertrud: „Gegen den Strom": der allgemeine jüdische Arbeiterbund „Bund" in Polen 1918–1939, Stuttgart 2001, S. 78.
650 Tomaszewski, Jerzy: Rzeczpospolita wielu narodów, Warszawa 1985, S. 154-155, zitiert in: Pickhan 2001, S. 188.
651 Cichoracki 2014, S. 94-95.
652 Cichoracki 2014, S. 98.
653 Ebenda, S. 197.
654 Cichoracki 2014, S. 343.
655 Polesie ilustrowane 1923, S. 58.
656 Ebenda, S. 60.
657 Ebenda, S. 63.
658 Ebenda, Foto S. 79.
659 AAN Bestand 323-63, Kronika Łuniniecka. Tygodnik poświęcony sprawom społecznym i gospodarczym, Nr. 2, 12. Februar 1933, S. 6.

jowiec Kresowy),[660] zum Beispiel mit „Humoresken“ aus „dem Tagebuch eines Eisenbahners“.[661]

Man betonte, dass Eisenbahn und Armee die örtliche Industrie und Handwerk stärkten und viele Leute beschäftigten.[662] Das heißt, es gab schon damals die Unsitte, Verkehrsverbindungen und Armee nicht als notwendiges Mittel, sondern als Selbstzweck, als Beschaffung von Arbeitsplätzen und Motor der Stärkung der örtlichen Wirtschaft zu preisen.

Zusammenfassung. Der Bau von Hauptstrecken in der Zarenzeit und von Schmalspurbahnen unter der deutschländischen Besatzung hatten in Westpolesien ein durchschnittlich dichtes Streckennetz geschaffen, das in der Polnischen Republik mit Mühe aufrecht erhalten wurde. Die beiden Eisenbahnlinien Brest-Mikašėvičy und Vilnius-Sarny waren im Personenverkehr nicht ausgelastet. Durch die Tarifgestaltung versuchte man den Güterverkehr anzukurbeln. Dabei ging es im Wesentlichen um Holz aus Polesien ins Zentrum. In der Rand-Wojewodschaft Polesien gab es auch eine Intervention anderer Art: ethnisch polnische Eisenbahner bekamen Jobs, belegten diese Verkehrsarterie. Das Eisenbahnwesen trug so zur Unterscheidung von Polen und Nichtpolen (Ostslawen, Juden) bei.

Chaussee: Herrschaft im Matsch

In den drei nordöstlichen Wojewodschaften Polens lebten 11 % der Bevölkerung, hier lagen 14 % der Eisenbahnkilometer. Aber hier befanden sich nur 5 % der Chausseen.[663] In der Wojewodschaft Polesien lagen diese fast ausschließlich im Westen; es handelte sich hierbei bis 1938 unter Anderem um den östlichen (polesischen) Teil der Straßen Warschau-Brest über Mińsk Mazowiecki, Siedlce und Biała Podlaska, zudem um die Strecke Luck-Kovel-Brest, sowie Brest-Kobryn-Pružany-Slonim-Baranovičy.[664] Ansonsten gab es in der Wojewodschaft keine Chausseen.[665]

Um die Landstraßen in Polesien war es also weitaus schlechter bestellt als um das Eisenbahnnetz. Das ist nachvollziehbar, denn im 19. Jahrhundert war gerade der Eisenbahnbau forciert worden, er versprach Umsatz und Gewinn. Zudem war gerade in sumpfigen Gebieten eine Eisenbahnlinie „stabiler“ als eine Straße, sie musste von vorneherein so gebaut sein, dass sie nicht zugrunde geht. Eine befestigte Straße war hingegen insbesondere für den motorisierten Verkehr eine gute Sache.

In der Zeitperiode der Polnischen Republik gab es im Gegensatz zu den Wojewodschaften Wilna und Navahrudak in Polesien kaum eine Entwicklung im Straßenbau. 1924 gab es hier 883 km Chaussee, im Jahr 1934 eine Steigerung auf 919 km (26 Meter je km^2). Zwischen 1924 und 1938 baute man insgesamt 231 km Straßen mit fester Decke. Dies war in absoluten Zahlen wenig, aber im Verhältnis zum Gesamtnetz der festen Straßen von 1087 km (am 1. April 1938) konnte es sich sehen lassen.[666] Die Qualität der Straßen aber war

660 Vgl. Kolejowiec Kresowy. Organ Myśli Niepodległej. Pismo tygodniowe, Brześć 29.05.1922, S. 1.
661 Vgl. Kolejowiec Kresowy, 12.06.1922, S. 4.
662 Polesie. Tygodniowe Pismo społeczne, gospodarcze i kulturalne. Nr. 11, 13.11.1938, S. 7.
663 Barański, Władisław: Akcja gospodarcza na ziemiach północno-wschodnich: odczyt wygłoszony w dniu 20.II. 1934 w Towarzyszwie rozwoju ziem wschodnich w Warszawie, 1934, S. 3-4.
664 Bissaga 1938, S. 217.
665 Ebenda, S. 218, Karte.
666 Das entsprach 30 Meter/km^2. Mały Rocznik statystyczny 1939, S. 197, Tabelle 14; Historia Polski w liczbach, T.2, S. 483, zitiert in: Rižskij mir 2014, T. 1, S. 270. Polesie. Nr. 11, 13.11.1938, S. 7 gab 1035,6 km öffentliche befestigte Straßen an.

schlechter als die in den mittleren und westlichen Gebieten.[667] „Eng, matschig, versumpft", und „im Frühling endet jedwede Kommunikation auf Rädern" – so beschrieb es Frau Lachowiczówna im Jahr 1938. Die Wege seien dann mit Wasser geradezu geflutet., so sehr, „dass es zeitweise schwierig ist, danach die Spur der Straße zu finden."[668] Damals waren die Wege immer noch seit der „Teilungszeit und dem polnisch-sowjetischen Krieg" in fatalem Zustand. Man assignierte 27.000.000 zł. für neue Straßen und 16.000.000 zł. für Brücken.

Wieder entwickelte sich eine Spirale nach unten: Es gab wenige Fahrzeuge, die in Polesien registriert waren. Am 1. Januar 1939 wurden hier ganze 268 Kraftfahrzeuge, 145 Motorräder und 21.391 Fahrräder gezählt.[669] So war es denn kein Wunder, dass das Wegenetz kaum ausgebaut wurde. In den Landkreisen Kamen'-Kašyrsk, Pinsk, Luninec und Stolin gab es ausschließlich Feldwege.[670] Gerade für Fahrräder, – darunter auch für ein Holzfahrrad – waren gedeckte, möglichst asphaltierte Straßen wichtig, doch der Park des motorisierten Verkehrs war ja zu vernachlässigen. Angesichts der Tatsache, dass sich hier 3 % der polenweiten Anzahl „mechanischer Transportfahrzeuge" befanden,[671] galten Investitionen als wenig erforderlich. Die Eisenbahnen wurden überdies vom Staat (seltener von Aktiengesellschaften) betrieben, staatliche Investitionen kamen somit dem Staat selbst zugute. Ein Kraftfahrzeug oder ein LKW waren im Güterverkehr im Vergleich zu dem Versand von Stückgut und Wagenladungen auf der Eisenbahn teuer, und ein Auto als Freizeitvehikel konnten sich die wenigsten leisten.

Straße Brest-Pinsk. Es gab aber ein Prestigeprojekt. Die Straßeninfrastruktur zwischen den beiden größten Städten Polesiens, Brest und Pinsk wurde als besonders mangelhaft angesehen. 1938, in der Periode der leidlichen volkswirtschaftlichen Erholung der Polnischen Republik, wurde die unter öffentlicher Begleitung gebaute,[672] etwas übertrieben „autostrada" genannte [673] Straße fertiggestellt. Man jubelte in der Zeitung *Polesie* über eine Pressebusfahrt, wie schnell man in Polesien unterwegs sein konnte. Unterwegs nahm man Arbeiter mit, die vom Minister das Verdienstkreuz bekommen würden. Während unterwegs hier und da Arbeiter noch die letzten Arbeiten durchführten, staunte man, in nur 35 Minuten von Ivanava (Janów) bis Pinsk „an die Konditorei *(Cukiernia)* von Grzegorowicz" gelangt zu sein, noch ausreichend Zeit für einen Spaziergang und ein Abendessen gehabt zu haben, bevor man im sauberen Hotel „bei der schlesischen Tante" nächtigte. Am nächsten Tag verlieh Vizeminister Piasecki besagte Orden. Bei der Rückkehr nach Kobryn wurde die Busgesellschaft beim Blick auf andere Wege daran erinnert, „dass diese Straße, auf der wir jetzt mit 80 km Geschwindigkeit fahren, einst [selbst] solch ein versumpftes Wegebett" war. „Das

667 Tomaszewski 1963, S. 18-19.

668 Lachowiczówna, Z.: Drogi bite i koleje żelazne w województwach wschodnich, Warszawa 1937, S. 28 (Magisterarbeit), zitiert in: Tomaszewski 1963, S. 19.

669 Historia Polski w liczbach, T.2, S. 483, S. 484, zitiert in: Rižskij mir, kniga 2014, kniga 1, 2014, S. 282.

670 Tomaszewski 1963, S. 18; vgl. Fotos in: Puchała-Rojek, Karolina (red.): Zofia Chomętowska: Polesie; fotografie z lat 1925–1939 [...] wystawie: Zofia Chomętowska. Między kadrami. Fotografie z lat 1925–1945; Narodowe Muzeum Historyczne Republiki Białorusi, Mińsk, Warszawa 2011.

671 Barański 1934, S. 3.

672 Trusiewicz, Stanisław: Uwagi i dane o możliwościach ekspansji gospodarczej kupiectwa i rzemiosła polskiego na Polesiu i dodatek informacyjny o Wołyniu, Warszawa 1937, S. 18.

673 Na poleskiej autostradzie (reportaż), In: Polesie. Nr 10 13.11.1938, S. 5.

erhöht die Bewunderung und Wertschätzung für diese Straße“: „Auf dem Weg begrüßt fast der ganze Ort den Minister mit Brot und Salz,“ überall wurde aufkommende Freude registriert. Die Erleichterung über ein reales, vorzeigbares Ergebnis der Modernisierung ist dem Autor anzumerken: „Diese Straße sagt mehr als die allerbesten Phrasen”. Die Eröffnung der Chaussee Pinsk-Brest mit Anschluss an Warschau wurde zum Sinnbild Polesiens in Polen hochstilisiert: ”Das vereinigte polnische Volk – es lebe hoch!”[674] Wie so oft vorher und nachher, wie beim Knüppeldamm in Ivan Meležs „Menschen im Sumpf“ oder den Brücken in Patras oder Istanbul, in Görlitz oder Frankfurt an der Oder, galten die Verkehrsverbindungen als vereinigender Faktor.

Wenn man von der Gedenktafel am Geburtshaus von Ryszard Kapuściński absieht, so ist das derzeit einzige Denkmal in Pinsk, das der „polnischen“ Zeit bis 1939 gewidmet ist, dasjenige für diese 1938 fertig gestellte „Brester Chaussee“. Dieser Bau war damals „nachholend“, denn dass es zuvor eine solche Straße nicht gab, war besonders rückständig. Vielleicht hatte man sie auch zunächst nur als nicht nötig erachtet, weil ja die Eisenbahnverbindung zwischen diesen beiden größten Städten Polesiens gab. Man empfand die Fertigstellung dieser Straße als Sieg über den Matsch.

Wassertransport

Weil es wenige Eisenbahn- und Chausseeverbindungen gab, blieb der Wassertransport wichtig.[675] Auch Jerzy Tomaszewski stellte diesen Zusammenhang her: „Zu einigen Ecken konnte man“, dafür ist Polesien ja bekannt, „einzig auf dem Wasserweg gelangen“.[676]

Nichts fließt. Allerdings waren die polesischen Flüsse fast ausschließlich unreguliert, was den Güterverkehr auf Schiffen „in hohem Maße erschwerte. Das betraf sogar die großen Flüsse wie Styr und Stochod“. Dass sich Seitenarme immer neu bildeten, die Flüsse nicht „flossen“, sondern eher verlandeten, war Ursache *und* Wirkung dessen, dass Polesien wenig bewirtschaftet wurde, dass wenig Transport, wenig Handel betrieben wurde.[677]

Bäuerliche Boote. Weniger Hindernisse boten die flachen Gewässer der ländlichen Bevölkerung. Sie nutzte Boote, möglichst Einbäume, um ihre Waren an Verkaufsstellen anzubieten und dort einzukaufen. Bis in die 1930er Jahre hinein legten Boote in Pinsk an, und die “Volksindustriellen“, die Bauern-Fischer verkauften Waren zum Teil direkt vom Schiff aus, was gerne fotografiert wurde. Es muss wohl auch eine Tradition gegeben haben, bei der Fahrt nach und von Pinsk Segel einzusetzen.[678] Die örtliche Bevölkerung verfügte also über die Infrastruktur mit einer weitverzweigten Reichweite. Dadurch erstreckte sich das Wasserstraßennetz[679] bis vor Warschau.

Terrainbedingte Hindernisse für die Schifffahrt: flache Gewässer, Hochwasser, Verlandung. Doch auch dem Wassertransport waren natürliche Grenzen gesetzt. Die stillen Gewässer waren flach: Die Vermessung der Seen ergab, dass die 10 größten Seen Westpole-

674 Polesie. Nr 10 13.11.1938, S. 5.
675 Rižskij mir, kniga 1, 2014, S. 271.
676 Tomaszewski 1963, S. 19.
677 Mondalski, W.: Polesie, Kraków 1927, S. 81; auch: Lencewicz, Stanisław: Polska, Warszawa 1937, (=Wielka Geografia Powszechna 7), S. 275.
678 Abbildung: http://by.ethnology.ru/by_lib/j_russia/graf/j_russia.html?1 Belorusskoe Poles'e, S. 376.
679 Rocznik Ziem Wschodnich, 1938.

siens in der Regel eine Tiefe von nur bis zu 2,5 Meter maßen.[680] Es gab 23 Seen mit einer Größe von über 1 km², 117 mit über 1 Hektar.[681] Sowohl Flüsse als auch Seen verfügten allzu häufig über keine festen Ufer, was der Schifffahrt abträglich war. Nicht nur zu flache Gewässer, sondern auch die starke Schwankung des Wasserspiegels war ein Hindernis der Natur für die Entwicklung der Schifffahrt.

Die „europäische Hauptwasserscheide [...] ist stellenweise so undeutlich, dass bei höheren Gewässerständen die Pripjet sich in das Flussgebiet des Bug ergießt und umgekehrt." Beide Arten von Flüssen waren einer Nutzung gegenüber impedant: Die den „Charakter von Niederungsflüssen" aufweisende „Pripjet, fast alle nördlichen Zuflüsse derselben und manche südliche, wie Stochód und Turja" wiesen ein geringes Gefälle auf, was an sich für das Flößen und Segeln ja vorteilhaft war, aber nachteilig „durch ein verschlammtes und mit Pflanzenwuchs verwachsenes Flussbett [...], welche(s) sogar in Trockenjahren den Abfluss des Wassers verhindert." Aufgrund des geringen Abflusses dauerte „der hohe Wasserstand [...] manchmal zwei bis drei Monate" an. Das Hochwasser maß zwar nur 4 Meter (an der Prypjat' 3 Meter), doch „trotzdem überschwemmt das Hochwasser alljährlich sehr grosse Gebiete, weil das Terrain flach ist," und „macht manchmal fast gänzlich die Wiesenkultur unmöglich". Das Abflussmengenverhältnis zwischen Hochwasser und Niederwasser konnte bei 150 zu 1 liegen, an der Prypjat' 35 zu 1. Der „Abflusskoeffizient" lag bei bescheidenen 0,6 Liter je Sekunde und km² für Niederwasser, hingegen bei 60 Liter/Sekunde bei Hochwasser. Die Flüsse Styr und Horyn wiesen ein etwas größeres Gefälle auf. Doch da das Hochwasser „in der Regel im Frühling, in der Zeit, wo der Schnee taut, der Boden noch gefroren und das Einsickern gering ist", verursachte es immer größere Probleme als die Sommerregen, die „sehr selten Überschwemmungen" mit sich brachten. „Die Hochwasser führen fast kein Geschiebe, deswegen ist das Wasser klar."[682]

Dass natürliche Gewässer der Verlandungs- und, im Gegenteil, der Erosionsgefahr unterliegen, ist normal. Diese Phänomene werden von Menschen bei künstlichen Gewässern als betrüblich empfunden, da sie sich wie eine Sisyphus-Qual auswirken. Man möchte eben keinen hohen Wartungs- und Reparaturaufwand. Die hohen Folgekosten haben bis heute in Polesien dazu geführt, dass Kanäle verlandeten oder jedenfalls nicht benutzbar waren.

Gesellschaftliche Hindernisse für Kanalbau und Schifffahrt. Doch die Tücke der Natur war nur ein Grund für die geringe Entwicklung des Wassertransports in Westpolesien. Es gab zudem ein beträchtliches Hindernis aufgrund der durch die Realerbteilung erzeugten Flurverfassung. Die Abwasserkanäle führten entlang von Flurgrenzen, nicht entlang der von Geographie und natürlicher Vegetation (man verzeihe mir diesen Ausdruck) her rationalen Grenzen. Nicht die Natur schlug hier der angestrebten Modernisierung ein Schnippchen, sondern die von den Menschen selbst geschaffene Aufteilung der Flure.

Ein solcher „entgegen jeglichen technischen Grundsätzen" errichteter Kanal war „kein echter Meliorationskanal mehr, sondern eher eine Grenze von zwei Eigentumsgrundstücken

680 Kondracki, Jerzy& Lencewicz: Katalog jezior poleskich. Bd. 1,Warszawa 1938, S. 11-17.
681 Ebenda, S. 23.
682 Alles nach Pruchnik 1932, S. 6-7.

oder zwei Dörfern, und in Zukunft muss der umgebaut werden", „damit er nicht einer geschwinden Verschlammung und Deformation unterliegt".[683]

Der Kanalbau war also schwerlich getrennt von der Flurbereinigung durchzuführen und zudem mit der Meliorationsfrage verknüpft. Ein Kanal sollte ja nicht nur als Wasserweg, sondern auch als Teil eines umfassenden Abwassersystems brauchbar sein. So hielt man denn wenig davon, Kanäle unabhängig von einer Melioration durchzuführen. Die Kritik lautete, „der Einfluss [!] der bestehenden Kanäle auf die Entwässerung der angelegten Gebiete" sei „minimal".[684]

Und auch die aktuelle Melioration zeitigte „kümmerliche Ergebnisse", da das entsprechende Gefälle fehle. Selbst die Warthe habe immerhin ein Gefälle von 24 cm je Kilometer, der Styr aber nur 6 cm/km, schrieb ein Wasserbaufachmann 1935.[685]

Gut zwei Jahre später griff ein anderer Autor das Thema erneut auf. Davon ausgehend, dass „Wasserwege nicht nur eine Rolle als Kommunikationswege (spielen), sondern auch Einfluss auf die Entwicklung der Industrie und Landwirtschaft" haben, sollte die Möglichkeit dieses „preiswerten Transports von Rohstoffen und solchen Massengütern erfolgen, die keinen schnellen Transport erfordern." Und wieder: Wasserwege spielten nicht nur eine Rolle als Kommunikationswege, sondern seien mit der Gesamtgestalt der Aufgaben der Wasserwirtschaft (Nutzung der Wasserkraft, Melioration usw.) verbunden. Zwar habe Polesien gute natürliche Wasserwege. Aber „sie erfüllen heute nicht die ihnen zugewiesene Aufgabe", da auch die Verbindung zu anderen Wasserwegen fehle. Und dies, obwohl eigentlich die „Mehrheit der Flüsse verhältnismäßig tief und für die Schifffahrt geeignet" sei.[686] Ob die Flüsse nun die ihnen zugewiesene Aufgabe erfüllten oder nicht: „Alle Systeme künstlich angelegter Wasserwege stehen vor dem Problem, den Wasserpegel möglichst konstant zu halten",[687] und dies war in Polesien besonders diffizil.

Fahrrinnen: „Prosty". Die Pina zum Beispiel galt als „ein riesiges Wasser, dessen schilfbedeckte Oberfläche von zahlreichen Fahrrinnen durchschnitten wird. Es sind die *Prosty*, die Prosten, die Geraden, die oft den Weg der sich hin- und herschlängelnden Jasiołda, die wir jetzt befahren, um ein beträchtliches [Stück] ab[zu]kürzen". Doch auf diesen Prosten konnten die Schiffe auf der „Fahrt nach dem Wyganoskie-See" nicht ohne Hindernisse fahren: „Obwohl keine 50 Passagiere an Bord" waren und es „viel geregnet" hatte, war man „einmal doch angelandet". Zwar hatte „unser Dampfer »*Ładny*« einen Tiefgang von 35 cm." Doch unter einer Brücke hindurch kam man nur, indem man „Schornstein und Fahrerhäuschen" umlegte. Notfalls musste ein Teil der Passagiere aussteigen und staken. Jeder machte bei solch einer Aktion mit, und unterwegs konnte man noch Krebse kaufen. Man kam „langsam vorwärts".

683 Gazeta Poleska, Jg. 2 (1934) Nr 2, S. 7, inż. B. Galicki, In: AAN, Bestand 323/0, Akta Kazimierza Lewińskiego- 64.
684 Sobolewski, Walerjan: Zagospodarowanie Polesia, In: Kalendarz Ziem Wschodnich na rok 1935, Warszawa 1935, S. 212-216, hier S. 212.
685 Tillinger, T.T.: Drogi wodne na Polesiu, In: Kalendarz Ziem Wschodnich na rok 1935, 1935, S. 209-212, hier S. 209-210.
686 Puczyński, Kazimierz: Drogi wodne na Polesiu, In: Rocznik Ziem Wschodnich, 1938, S. 93 – 98, hier S. 93.
687 Blackbourn 2008, S. 187.

Solche Erscheinungen boten dem deutschländischen Touristen einmal mehr Möglichkeiten, sich über die Mentalität der Einheimischen zu äußern: „Vielleicht liegt es auch an den Menschen, die ja Zeit haben, so unendlich viel Zeit. Unterwegs hat der Kessel unseres Dampfers sämtliches Holz, das wir an Bord hatten, verzehrt, so daß unterwegs der Bestand aufgefüllt werden muß." „Wir „bunkern" also Holz [...] und alle machen mit, vom ersten bis zum letzten Passagier; denn uns ist die Zeit kostbar. Und allmählich erreichen wir auch das Ziel unserer Reise, den riesigen Wyganoskie-See. Unterdessen ist die Nacht hereingebrochen und ehe wir die nächste Etappe unserer Wasserfahrt erreichen werden, dürften wohl 36 Stunden seit unserem Start vergangen sein." [688]

Doch Tourist Hepke führte den darniederliegenden Wassertransport schließlich doch nicht auf die Mentalität der polesischen Landbevölkerung, sondern auf den darniederliegenden Holzhandel zurück: er sah „Dampfer, die von Mai bis Anfang Juli 2-3 Fahrten gemacht haben und nun wieder bis zum nächsten Frühjahr stillliegen." Ihm erschien es „wie ein Märchen aus Tausend und einer polesischen Nacht, wenn man hört, dass Pińsk ehemals 50 Dampfer beheimatete, die dem Holztransport dienten und die eine große Zahl regelmäßiger Schiffsverbindungen aufrecht erhielten."[689]

Traften. Und er gibt das Schiffer-Latein gerne weiter: „Von Pińsk aus, so sagt, man, konnte man früher auf den Flußläufen trockenen Fußes bis nach Brest gehen. So dicht waren die Wasserarme mit Holztraften belegt."[690] Der eigentliche Grund dafür, dass von Pinsk nach Brest keine großen Traften mehr geschleppt wurden, dürfte darin gelegen haben, dass sich der Dnepr-Bug-Kanal (Königskanal) in einem schlechten Zustand befand. Doch gab es ein weiteren Grund für das geringe Ausmaß des Wassertransports: Es fehlte der Absatz in die Sowjetunion. Es gab durchaus Stimmen, die dem abhelfen wollten. Zum Beispiel wurde in einem Referat aus dem Jahr 1936 beklagt, dass zwar „der Vertrag von Riga (...) eine Inbetriebnahme des Transits zwischen Polen und der UdSSR vorsah". Doch „auf dem Gebiet der Gewässer ist dies noch nicht ausgeführt, ungeachtet dessen, dass der Vertrag sogar eine detaillierte Entwicklung dieser Frage vorsieht: Eine Anlegestelle und einen Gleisanschluss in Pinsk."[691]

Schwarz auf weiß (inzwischen vergilbt) lesen wir, warum der Ostteil des polnischen Polesiens zum Zonenrandgebiet verkam:

> „Der Transit von Holzmaterialien auf dem Wasserwege würde einen bedeutenden Nutzen für die polesische Bevölkerung bringen, die mit Flößerei und Schleppschifferei befasst ist, und vom Standpunkt der Interessen der polnischen Wirtschaft könnte dies keinerlei ungünstige Auswirkungen haben, wo doch die Möglichkeit des Zugangs zur den mittel- und westeuropäischen Märkten für Waren durch andere Staaten oder durch Polen mittels der Eisenbahn existiert. Darüber hinaus hat das gegenwärtige System der Regulierung der internationalen Umsätze vermittels Kontingente und Kompensationen jed-

688 Alles Hepke 1934, S. 21-23.
689 Hepke 1934, S. 19.
690 Hepke 1934, S. 19; Traft, siehe Trift.
691 AAN Bestand 2678-2, Blatt 7-12, hier Blatt 12, Referat „Program gospodarczego podniesienia Ziem Wschodnich", ca. 1936.

wede eventuellen Einwände aufgehoben, was die Schädlichkeit des Transits für die wirtschaftlichen Interessen Polens betrifft".[692]

Kanalbauprojekte. Betrachten wir das Schicksal der Vorhaben zum Bau, Wartung oder Reparatur von einzelnen Kanälen: Der Königskanal (Dnepr-Bug-Kanal) sollte ab 1935 von Grund auf modernisiert werden. Etwa drei Jahre später berichtet der *Rocznik Ziem Wschodnich* über eine „erste Etappe" beim Umbau des Königskanals. Der umgebaute Kanal könne nach deren Abschluss schließlich Ladungen bis 600 Tonnen aufnehmen; Auch der damals 150 Jahre alte Oginski-Kanal, der ebenfalls Ostsee und Schwarzes Meer verband, habe, so Hepke „leider" lange Zeit seinen „Zweck nicht erfüllt".[693] Das *Biuro Projektu Meljoracji Polesia* bereitete eine grundsätzliche Erneuerung des Kanals vor, eine „rationale Trasse, die beinah 10 Meter westlich der alten" verlaufen sollte und „gleichzeitig die Entwässerung eines weiteren großen Sumpfgebiets in dem Zuflussgebiet der Ščara, der Jasiolda und der Hrywda ermögliche. Drittens gab es das Vorhaben eines „Kanał Kamiennego", der Klesów (östlich von Sarny) mit Pinsk verbinden sollte. Es war vorgesehen, Granit und Basalt nach Pinsk zu verschiffen und so Material für den Wegebau zu liefern, dessen Fehlen ja besonders in Polesien spürbar sei.[694] Dem Argument der Gegner, dass man „heute alles mit der Eisenbahn" transportieren könne, konterte der Autor mit der Gegenfrage, warum denn denn dann in Deutschland, Frankreich und Großbritannien weiterhin in großem Maße Wasserwege gebaut würden. Man wolle ja schließlich Polesien ohnehin meliorieren und könne Synergieeffekte erzielen.[695]

Wieder lernen wir, dass es am Besten sei, alle Modernisierungsmaßnahmen in einem Zuge durchzuführen – doch wieder einmal ahnen wir, dass solch abgestimmte Maßnahmen schwer umzusetzen wären. Drei Jahre später war weiterhin von dem *Kanał Kamiennego* die Rede, Begründungen für den Sinn eines solchen hatten sich nicht geändert. Der Bau von 130 km Kanal würde 8.000.000 zł. kosten und nicht nur Nutzen für Staat, sondern auch für Polesien und seine Bevölkerung bringen. In dieser Region, in der Steine gewöhnlich teuer sind, würde der Kanal zu einer verbesserten Kommunikation führen.[696] Als von Bedeutung sah man auch die Entwicklung des Wassernetzes durch die weitere Vertiefung des Flusses Haryn'/Horyn' bis nach Ostroh/Ostróg sowie des Styr nach Beresteczki an, um sie für Schiffe mit einem Gesamtgewicht von 300 Tonnen schiffbar zu machen.[697]

Zusammenfassung. Weil die Eisenbahn in Polen eine starke Konkurrenz darstellte und die meisten Flüsse zu klein oder flach waren, entwickelte sich der Warentransport auf Schiffen nur langsam: 2794 Wasserfahrzeuge, darunter 173 Dampf- oder Motorantrieb, der Rest Kähne oder Boote konnten eine Gesamtlast von 160.000 Tonnen befördern. Da Polen auch nicht auf die Entwicklung einer Hochseeschifffahrt vorbereitet war,[698] wird auch die

692 Ebenda.
693 Hepke 1934, S. 22.
694 Sobolewski, Walerjan: Zagospodarowanie Polesia, In: Kalendarz Ziem Wschodnich, Warszawa 1935, S. 212-216, besonders S. 211.
695 Ebenda, S. 212; siehe zur Frage der Gleichzeitigkeit unten in der Kapitelzusammenfassung.
696 Puczyński, Kazimierz: Drogi wodne na Polesiu, In: Rocznik Ziem Wschodnich, 1938, S. 93-98, S. 95.
697 Ebenda, S. 96.
698 Landau/Tomaszewski: Wirtschaftsgeschichte Polens im 19. und 20. Jahrhundert. Berlin 1986, S. 167-168.

Binnenschifffahrt noch unter ihren Möglichkeiten geblieben sein. Dennoch war man auf die Flottille in Pinsk sehr stolz.[699]

Zusammenfassung:
Keine Landschaftsintervention durch Verkehrsinfrastrukturausbau.

So, wie Sandbänke und regelmäßig sehr unterschiedliche Wasserstände eine Entwicklung der Schifffahrt auf der Prypjat' und ihrer Nebenflüsse behinderten, so waren auch die ungedeckten Straßen je nach Jahreszeit kaum befahrbar. Nur die Eisenbahntrassen stellten eine solide Schneise durch das Sumpfgebiet dar, aber auch sie fielen in dem großen Gebiet kaum ins Gewicht.

Bis auf das Leuchtturmprojekt des Baus der Chaussee *(„autostrada")* von Brest nach Pinsk gab es keine nennenswerte Netto- oder sogar Ersatz-Investition in die Verkehrsinfrastruktur Westpolesiens. Ein armes, dünn besiedeltes, nichtpolnisches Randgebiet der Republik, das obendrein an die UdSSR grenzte, wurde nicht zum Zielgebiet diesbezüglicher Landschaftsinterventionen. Geringe Angebote führten zu geringer Nachfrage und umgekehrt. Wert legte man darauf, dass die Eisenbahn und die Pinsker Flottille von zuverlässigen Männern betrieben wurden, und darunter verstand Warschau ethnische Polen.

4.11 Erstes Fazit: Die Landschaftsinterventionen selbst befanden sich in einer organisatorischen und gesellschaftlichen Gemengelage und waren teuer

Landschaftsinterventionen: Agrarreform, *osadnictwo*, Melioration, Verkehrsinfrastruktur. Ich habe unter Landschaftsinterventionen all jene Planungen subsumiert, die in ihrer Konsequenz die Landschaft verändern würden – egal, ob beabsichtigt oder unbeabsichtigt, egal, ob umgesetzt oder nicht. In Polesien kam zu den – auch in anderen Teilen Polens vorbereiteten oder durchgeführten Interventionen – drei klassischen Teilen der Agrarreformen noch die Melioration, und in den gesamten Ostgebieten die Militärbesiedlung hinzu.

Insgesamt sind in der Wojewodschaft von 1921 bis 1939 etwa 120.000 Hektar Servitute aufgelöst, 224.000 Hektar parzelliert, 530.850 Hektar flurbereinigt, 30.000 bis 40.000 Hektar den Militärsiedlern zur Verfügung gestellt und eine Melioration auf 66.000 Hektar durchgeführt worden.

699 Szejnert 2015, S. 171ff. Im Interview kam es zu dem Missverständnis, dass sie, Szejnert, die polnische Pinsker meinte, aber der Gesprächspartner über die sowjetische Dnepr-Flottille sprach.

Von Modernisierungs- und Besiedlungsmaßnahmen in der Wojewodschaft Polesien betroffene Flächen in km², 1921-1939 (Tabelle 6)[700]

Aufgelöste Servitute	Parzellierungen	Flurbereinigungen	Boden an Ex-Militärs	Melioration	Summe	Zum Vergleich: Naturparkidee
1.200	2.240	5.308	400	580 bis 660	ca. 9.900	ca. 1.600

Eine Fläche, eine Parzelle, eine Flur kann in diesen Zahlenwerten doppelt und sogar dreifach enthalten sein, und zwar immer dann, wenn man dem benannten Ideal einer gleichzeitigen Durchführung mehrerer Reform- und Interventionsschritte entsprechen konnte.

Ist die „Eroberung der Natur", sind die Landschaftsinterventionen des polnischen Staates in Polesien gescheitert? Dies traf zumindest angesichts des geplanten Ausmaßes auf das völkerbundbeflügelte Meliorationsprojekt zu. Die Ergebnisse blieben, insbesondere was die Melioration und Ertüchtigung der Verkehrswege, aber auch, was Maßnahmen des bald ausgebremsten *osadnictwo* betraf, bis 1939 hinter den Planungen zurück. Ansonsten sollte man Trägern der Staatsverwaltung nicht das Versagen bei Dingen unterstellen, die sie gar nicht gewollt haben. Die Begrenzung der zu parzellierenden Fläche auf 200.000 Hektar in ganz Polen zum Beispiel war ja vom Souverän beschlossen worden! Mehrere Gründe für die nur stück- und teilweise erfolgten Landschaftsinterventionen lassen sich zusammenfassen.

Politische Landschaftsinterventionen: Sicherheit in einem peripheren, dünn besiedelten Land. Die Familie Radziwiłł besaß 150.000 ha Grundfläche, darunter nur 1 % Ackerland.[701] Und weil es so wenig Ackerland gab, wurde Polesien einerseits als menschenleer, andererseits als landwirtschaftlich überbevölkert dargestellt. So rum oder so rum, die Modernisierer wollten Landschaftsinterventionen. Befördert, ja befeuert wurden diese Aktivitäten noch dadurch, dass die Sicherheitsstrukturen des polnischen Staates umstürzlerische und auch nichtumstürzlerische kommunistische, ukrainische und, insbesondere von 1925 bis 1927, auch belaruthenische Bewegungen als Gefahr für die Integrität der Republik Polen und der polnischen Nation ansahen.

Doch konnte man gerade *wegen* dieser Konstellation in Polesien auch zu der Schlussfolgerung gelangen, dass sich gerade hier territoriale Investitionen in die „Eroberung der Natur" nicht lohnten. Der finanzielle Aufwand bei all diesen Maßnahmen zur Landschaftsinterventionen war in Polesien im Verhältnis zum Ertrag schließlich angesichts der niedrigen Bevölkerungsdichte, der niedrigen Grundstückspreise, der „weiten Entfernungen" höher, der Ertrag geringer als im übrigen *Polska B*, geschweige denn im westlichen *Polska A*. Dies galt insbesondere für einen Vergleich mit dem Zentralen Industrierevier COP und mit dem Bau des Hafens in Gdynia, aber auch mit dem ganz normalen infrastrukturellen Zusammenwachsen der polnischen Kerngebiete. Hier im Zentrum sollte zuerst zusammen wachsen, was zusammen gehört, auf dem Gebiet der Infrastruktur wie in der Angleichung der Rechtssysteme.

700 Parzellierungen vgl. Cichoracki 2014, S. 59; Flurbereinigungen vgl. ebenda, S. 61. Meliorationen: In den vier Wojewodschaften der Kresy Wschodnie 269.300 Hektar, Studnicki 1953, S. 147; die Zahl 66.000 Hektar (mit Kosten hierfür: 16.000.000 zł) laut Polesie. Nr. 11 vom 13.11.1938, S. 7; vgl. 185.000 Hektar insgesamt am Zuiderzee https://de.wikipedia.org/wiki/Zuiderzeewerke#Die_Polder.

701 Vgl. Cichoracki 2007, S. 307; Cichoracki 2014, S. 30

Das COP wurde wahrscheinlich eher aus geostrategischen, denn aus nationalitätenpolitischen Gründen dorthin projektiert, wo es hin projektiert wurde. Die „von-Thünenschen“ konzentrischen topographischen Kreise, mit denen man gewöhnlich die Regel des abnehmenden Ertragszuwachses erklärt, lassen sich hier auf den Großraum „Republik Polen“ anwenden. Westpolesien blieb östliches Randgebiet. Selbst für einen dichten und tief gestaffelten Ausbau der durch die Sümpfe führenden (polnisch-sowjetischen) Staatsgrenze gab es daher aus den genannten Gründen Gegenargumente. Welchen Zweck konnte es haben, neben jeden Grenzdorfbewohner Polesiens einen Polizisten zu stellen? Doch während der Grenzschutzkorps KOP an der polnisch-sowjetischen Grenze mit den Schmugglern Katz und Maus spielte,[702] versuchte diese Struktur auch auf die unorganisierte Zivilgesellschaft einzuwirken.

Unterschiedliche Prioritäten zu unterschiedlichen Zeiten. In unterschiedlichen Zeitabschnitten gab es jeweils eigene Prioritäten der einzelnen beabsichtigten Landschaftsinterventionen, die sich auf eine zeitliche Aufeinanderfolge der Projekte niederschlugen, denn diese waren gar nicht alle den gesamten Zeitraum über für eine Realisierung vorgesehen gewesen. Die Auflösung der Servitute wurde eher in der ersten Hälfte der 20er Jahre, die Parzellierung ab 1926 und die Flurbereinigung hauptsächlich in den 1930er Jahren und dort eher gegen Ende des Jahrzehnts durchgeführt. Beim *osadnictwo* sah man es als vordringlich an, die Ex-Militärs sofort zu versorgen, um aus ihnen eine bleibende Stütze beim Aufbau des Staates zu machen, während man andererseits bei der Umgestaltung, Deckung und Eroberung anderer Flächen sogar unabhängig von den Kosten um den Nutzen stritt, – sei es aus technischen Gründen wie bei der Melioration, aus organisatorischen, wie bei der Auflösung der Servitute oder aus politischen wie bei der Parzellierung. Der Sinn der letzteren Maßnahme wurde sogar aus wirtschaftlichen Gründen angezweifelt, weil in allen politischen Spektren außer den Kleinlandwirteparteien *PSL Piast* und *PSL Wyzwolenie* zumindest von jeweils *einigen* Vertretern die These vertreten wurde, dass große Felder rationeller bewirtschaftet würden als mittlere oder gar kleine.

Bei der Lektüre des Handbuchs der Geschichte Weißrusslands kann man den falschen Eindruck gewinnen, als sei die Aufeinanderfolge, erst Auflösung der Servitute, dann Flurbereinigung, dann Parzellierung ein geplanter oder zumindest bewusster Akt gewesen.[703] Tatsächlich hat sich die Praxis bei den hier behandelten staatlichen Aktivitäten aus den Gesetzen ergeben, und die waren parlamentarisch ausgehandelt, nicht einem Generalplan unterworfen. Das Gesetz über die Militärbesiedlung (das *osadnictwo)* wurde 1920, über die Agrarreform (hier auch Parzellierung) in seiner konkreten Form 1925 verabschiedet.

Finanzmittel. Man hatte nicht die Finanzmittel. Dies haben wir insbesondere bei dem ambitionierten Projekt der flächendeckenden Melioration gesehen, welches man eben nicht portionieren konnte, dessen Realisierung sich gleichwohl über Jahre hinstrecken würde. Die Melioration Polesiens in der Sowjetunion der 1960er und 1970er Jahre[704] zeigte deutlich,

702 Piasecki, Sergiusz: Der Geliebte der großen Bärin. Roman, Köln [u.a.] 1962.
703 Benecke, Werner: Kresy. Die weißrussischen Territorien in der polnischen Republik (1921–1939), In: Handbuch der Geschichte Weißrusslands, Göttingen 2001, S. 153-165, hier S. 158.
704 Kouida, Artem: Melioration im Belarussischen Polesien. Die Modernisierung der sowjetischen Peripherie (1965–1991), Wiesbaden 2019

welch großer Naturbeherrschungs- und Modernisierungswille geherrscht haben musste, gerade auch angesichts der vielen unerwünschten Ergebnisse dieser Maßnahmen.

Die als Entwässerung verstandene Melioration der Böden und die Militärbesiedlung waren zunächst ebenfalls heiß diskutierte Vorhaben, die praktisch dadurch umgestalteten Flächen blieben aber geringfügig. Ein Warschauer Amt schrieb 1938:

> „Angesichts der gewaltigen Bedürfnisse Polesiens ist das, was getan wurde, wenig, in Bezug auf die Mittel, die dem Staat, der Selbstverwaltung und der Gesellschaft zur Verfügung stehen, sehr viel.“ [705]

Tatsächlich wird bis heute, außer bei der Ertüchtigung der Verkehrswege, oft vergessen, dass all diese Maßnahmen sehr viel Geld kosteten. Es ist vielleicht noch nie untersucht worden, ob die Sowjetunion bei der Zwangskollektivierung auch den Vorteil sah, dass dies weitaus preiswerter war, als die stetige Neuaufteilung, mithin Neuvermessung und Neu*justierung* des Bodens in bisher nicht existierenden[706] Katastern mit kleinen Grundstücken.

Landschaftsinterventionen und Eigentum: Eigentlich alles gleichzeitig machen. Meliorative Maßnahmen wirklich umzusetzen stand wie die Servitutenauflösung, die Flurbereinigung, aber auch die Parzellierung und die Militärbesiedlung vor einem erheblichen praktischen Problem: Es wäre kostengünstig und doppelte Arbeit einsparend gewesen, all dies in einem Zuge durchzuführen. Mehrere Beispiele: Nicht meliorierte Torfgrundstücke konnten nämlich schlecht parzelliert werden.[707] Die Abwasserkanäle sollten am Besten an den Grenzen schon umgebauter, parzellierter und abgeteilter Grundstücke gegraben werden. Eine Auflösung von Servituten konnte die ein Jahrzehnt später durchgeführten Flurbereinigungen sogar erschweren und den Bauernfamilien zum Nachteil gereichen.[708] Ein Einvernehmen über die Entwässerung, insbesondere eine anteilige Beteiligung an den Kosten herzustellen, war kompliziert, wenn noch eine Flurbereinigung ins Haus stand. Und wenn man Meliorationen durchführen würde, ohne an die Wasserwege zu denken, könne man das zwar machen, aber „das wird aber nicht einmal einen Groschen billiger sein“.[709]

Dass die Agrarreformen nicht in einem Zug durchgeführt wurden, war allerdings keine Gedankenlosigkeit. Das Gesetz über die Zusammenlegung von Grundstücken aus dem Jahr 1923 schrieb sogar vor, dass im Rahmen der Flurbereinigung auch Grenzbegradigungen, die Umwandlung jedweder Dienstbarkeiten, die Melioration der zusammengelegten Grundstücke, die Regulierung der Wege und „die Parzellierung der Privatgrundstücke im Rahmen des Gesetzes über die Agrarreform“ zu erfolgen habe.[710]

Der vormalige Landwirtschaftsminister Witold Staniewicz sprach 1937 sogar von Erfordernissen der Gleichzeitigkeit. Man mache zwar viel. Aber „in Polesien erfordern alle Ar-

705 Polesie. Tygodniowe Pismo, Rok 1, Nr. 11, 13.11.1938.
706 Vgl. Benecke 1999, S. 109.
707 AAN 13/0 Ministerstwo Rolnictwa i Reform Rolnych w Warszawie, 1919–1925, Sign. 277, nicht paginiert.
708 Wid, T. 1928, S. 19-20.
709 Tillinger, T.T.: Drogi wodne na Polesiu, In: Kalendarz Ziem Wschodnich na rok 1935, S. 209-212, hier S. 212.
710 Wid 1928; vgl. Dz.U. RP 718/1923 vom 31. Juli 1923, §7a)-g). Auch auf gesamtpolnischer Ebene: Pamiętnik 1-go Ogólno-Państwowego Zjazdu Meljoracyjnego w Warszawie 25 – 28 wrzećnia 1926 roku, In: Inżynieria Rolna, Heft 5-6, 1926, S. 249-542, hier S. 365-368; Kazimierz Sawicki: Wykonanie meljoracji [!] rolnych przy scalaniu gruntów als Beispieltext.

beiten, seien dies Parzellierungs-, seien es Flurbereinigungsmaßnahmen, seien sie verbunden mit der Auflösung von Dienstbarkeiten, eine Durchführung der Meliorationsarbeiten, damit diese rational projektiert und durchgeführt werden könnten."[711] Staniewicz war nicht der Einzige, der auf die anzustrebende Gleichzeitigkeit hinwies. Für die Modernisierungsarbeiten an der Fläche wurden sogar eine Eigentumsbildung oder langfristige Pacht in klein- und mittelbäuerlicher Hand als Probleme gesehen: „Die Fragen der Flurbereinigung, der Auflösung der Servitute, von Kauf und Verkauf, die sich über Jahre hinziehen [...] zwingen zur Umgehung von Rechtsvorschriften". „Im Ergebnis gehen eine ganze Reihe von Immobilien in die Hände grundsätzlich Unberufener über, und zwar grundsätzlich in langfristigen Verträgen, was in der Zukunft Komplikationen hervorrufen kann."[712]

Das theoretische Ideal der Modernisierer wäre also ganz gewiss eine gleichzeitige Melioration ganz Polesiens, bei gleichzeitiger Flurbereinigung in ganz Polesien, gleichzeitiger Parzellierung und Auflösung der Servitute in ganz Polesien und Siedlung für Soldaten in ganz Polesien gewesen – doch dies ging organisatorisch nicht, und zwar abgesehen von den Schwierigkeiten, genug Fachkräfte gleichzeitig zur Verfügung zu stellen vor allem deshalb nicht, weil es gesellschaftliche Antagonismen gab. Eine Gleichzeitigkeit ließ sich nur in der UdSSR durchsetzen, weil die Staatsmacht die örtliche Bevölkerung nicht einzubeziehen brauchte oder gar einbeziehen musste und weil man die vorsowjetischen Eigentumstitel und selbst sowjetischen Besitzrechte und Allmenden nicht zu berücksichtigen brauchte. Insofern war der „kleinbäuerliche Faktor" in den Ostgebieten der Republik Polen und selbst in Westpolesien stärker als in der BSSR in Rechnung zu stellen. Dass dem „rauen" Kommunismus wegen dieser Machbarkeit seiner Maßnahmen (und nicht nur wegen der besagten Rauheit als solcher) selbst von seinen Gegnern jahrzehntelang Bewunderung gezollt wurde, lag gerade auch hieran. Es mussten nicht bildprägende Großbaustellen sein, vielmehr imponierte schon die Durchführbarkeit, die „Eindeutigkeit",[713] die den erstrebten Ausgangspunkt einer neuen *tabula rasa* möglich zu machen erschien.

Auch im Faschismus Italiens konnte man sich über etwaigen Widerstand leichter hinwegsetzen. Noch einfacher waren eine Durchplanung und Verwirklichung speziell der meliorativen Landschaftsintervention (Wasserschaftsintervention?) am Zuiderzee zu bewerkstelligen, ganz einfach deshalb, weil es hier wirklich um Neuland im vollen Sinn des Wortes ging. Dass der Zuiderzee weder Privateigentum noch ein internationales Gewässer war, hat eine Eroberung der Natur sehr vereinfacht.

Aber die westpolesischen Sümpfe befanden sich zu einem sehr großen Anteil in Privateigentum. Hier im Morast, wo man grundrechtlich und gewohnheitsrechtlich wenig Eigentumsbewusstsein schon allein deshalb erwartete, weil es keine Grundstückszäune gab, musste man sehr wohl individuelle und kollektive Rechtsansprüche und -titel berücksichtigen.

711 Staniewicz 1937, S. 5.
712 Polesie i jego bogactwa. Brześć 1926, S. 7.
713 Baberowski, Jörg: Diktaturen der Eindeutigkeit. Ambivalenz und Gewalt im Zarenreich und in der frühen Sowjetunion, in: Moderne Zeiten?: Krieg, Revolution und Gewalt im 20. Jahrhundert, Göttingen 2006, S. 37-59

Nicht alles gleichzeitig. Was man tat. Doch in der Praxis führte man die genannten Maßnahmen in der Regel getrennt durch. Dadurch wurden wenigstens diese eher zu einem erfolgreichen Ende geführt, als wenn all dies hätte koordiniert werden müssen.

Wir können dies mit Straßenbauarbeiten in heutigen deutschländischen Städten vergleichen, wo ebenfalls eine gleichzeitige Reparatur oder Neuverlegung Wasser- und Abwasserkanälen, Telefon-/Glasfaserleitungen, Gasleitungen, Stromleitungen und der Bürgersteigs- und Straßendecke wünschenswert wäre, aber selten praktiziert wird.

Das Dilemma der Planer (nicht nur bei Servituten und Flurbereinigung) war, dass man den großen Wurf wollte und angeblich brauchte; eine Planungsrationalität kannte kein Klein-Klein, doch dabei vergaß man oft die gesellschaftlichen Verhältnisse mit den vielen Akteuren. Dass man nicht alle Maßnahmen gleichzeitig durchführen konnte, lag eben auch darin begründet, dass viele Ämter involviert waren. Auf der ersten Meliorationskonferenz im September 1926 in Warschau stellte man fest, dass es allein schon drei verschiedene staatliche Behörden gebe, die für Meliorationstätigkeiten zuständig waren: Das Ministerium für öffentliche Arbeiten, das Landwirtschaftsministerium und die Landwirtschaftsbank (*Bank rolny)*. Der Ingenieur Kazimierz Sawicki kritisierte daher: „das Fehlen der Kompetenz der Behörden zur Gestaltung von Meliorationsprojekten (im Zusammenhang mit der Zusammenlegung von Feldern) sowie der Beaufsichtigung der Ausführung dieser Projekte erklärt sich daraus, dass es von diesen Behörden etwas zu viele“ gebe.[714]

Für wen? Aushandlung von Macht. Es galt nämlich, all diese Maßnahmen nicht nur unter verschiedenen Behörden, sondern auch mit den Betroffenen auszuhandeln. Es galt ja die polnische Demokratie auch für Polesien. Und dies lag nicht nur daran, dass sich die Bauernfamilien Herrschaftstechniken angeeignet hatten, sondern auch daran, dass bestimmte Techniken der Durchsetzung überliefert waren. Allgemeiner formuliert: in Polesien lebten Menschen.

Und damit sind wir bei einer Frage, die man niemals unberücksichtigt lassen soll. Dass alles möglichst in einem Rutsch zu erfolgen habe, da waren sich Planer und Politiker vielleicht noch einig. Doch war dies nicht nur aus organisatorischen und technischen Gründen schwer möglich, sondern auch aus unterschiedlichen politischen Vorstellungen. Die Unterschiede, das sehen wir am eben angeführten Zitat über die „Unberufenen“, betrafen schon allein die Zielgruppe: Sollte für Einheimische, und wenn ja, für welche, oder für Siedler geplant und durchgeführt werden? Es war nichts Besonderes, dass verschiedene Interessen aufeinander prallten.

An den Auflösungen der Servitute hatten die Adligen und andere Grundeigentümer selbst ein großes Interesse, nicht jedoch an der gesetzlich verfügten Parzellierung, zumindest nicht, solange sich die Ablösesummen nicht sehen lassen konnten. Für die Dörfler war hingegen die Flurbereinigung interessant, sie betraf auch in erster Linie nur sie selbst.

Doch blieben die Bauernfamilien grundsätzlich verunsichert, nicht nur, weil das Land gerne an zugezogene Siedler vergeben wurde. Immerhin konnten diejenigen, die mit den Örtlichkeiten vertraut waren, also die breite Masse der Landbevölkerung, sich angesichts einer „widerständigen Vegetation“ insofern durchsetzen, als sich das *osadnictwo* in Grenzen

---

714 Sawicki, Kazimierz: Wykonanie meljoracji [!] rolnych przy scalaniu gruntów, In: Inżynieria Rolna, 1926, Heft 5-6, (S. 249-542, Pamiętnik 1-go Ogólno-Państwowego Zjazdu Meljoracyjnego w Warszawie 25 – 28 wrzećnia 1926 roku), S. 365-369, hier S. 368.

hielt, und eine Melioration, von der man nicht viel Gutes erwartete, kaum durchgeführt wurde.

Das Ausmaß der Parzellierung verblieb hinter den Erwartungen. Melioration war beabsichtigt, aber die Aufgabe wuchs der mäßig interessierten polnischen Verwaltung über den Kopf. Manche Verwaltungsangestellte und Funktionäre vor Ort mühten sich vergeblich ab, die Einheimischen jedoch blieben der neuen Macht gegenüber so misstrauisch wie der alten. So war denn war in der Zeitschrift Polesie 1938 noch Ähnliches zu lesen zu Beginn der Neuentstehung des polnischen Staates: „Das Wirtschaftsprogramm muss in erster Linie Arbeiten zur Trockenlegung der Sümpfe und nasser Wiesen umfassen, die Melioration und Flurbereinigung der Böden der Bauern und der Bau von Wegen.“ Die Durchführung dieser Arbeiten ermöglichte nicht nur, die örtliche Bevölkerung zu befriedigen, sondern schafft außerdem die Möglichkeit, die des Ackerbodens beraubten Bauern aus anderen, übervölkerten Teilen des Staates zu besiedeln, ohne Reibereien hervorzurufen.”[715]

West-Ost-Gefälle *innerhalb* der Wojewodschaft. Angesichts der Fragmentarität und der sich über 18 Jahre hinziehenden Aktivitäten ist es kein Wunder, dass die Flächen *innerhalb* der sehr großen Wojewodschaft Polesien sehr unterschiedlich stark verändert wurden. Aus Gründen, die mir verborgen blieben, waren nur 6 von 10 Landkreisen überhaupt für eine Militärbesiedlung vorgesehen, (siehe oben, Kapitel über *osadnictwo*), während die drei zentralen Landkreise der Wojewodschaft eben nicht drankommen sollten.

Auch der von den Naturschützern geforderte Nationalpark *(„park natury“)*, der 160.000 Hektar hätte umfassen sollen,[716] aber nicht eingerichtet wurde, sollte ein bestimmtes Gebiet umfassen, und zwar das an der Staatsgrenze liegende. Dass es dort lag, hatte sicherlich auch damit zu tun, dass hier wenig los war und eben, dass sich hier die nichtparzellierten Flächen der Familie Radziwiłł befanden.

Der eben genannte Hinweis verweist auf ein generelles West-Ost-Gefälle auch innerhalb der Wojewodschaft. Im Februar 1921 war zunächst das in der Wojewodschaft zentral gelegene Pinsk zur Wojewodschaftshauptstadt bestimmt worden.[717] Nach einem verheerenden dortigen Großbrand bekam jedoch zuerst vorübergehend, dann dauerhaft das am Westrand gelegene Brest diese Funktion, und dies verstärkte noch die großen Unterschiede in der Bevölkerungsdichte. Auch die Kanalbauarbeiten hatten im Westen ihre Schwerpunkte. Die sich von West nach Ost, vom Bug bis zur Staatsgrenze über etwa 280 Kilometer erstreckende Wojewodschaft konnte zwar über das Prypjat'-Bassin als einheitlicher „Naturraum“, nicht aber als einheitlicher landwirtschaftlicher Raum definiert werden. „In mittleren und östlichen Landkreisen der Wojewodschaft“ gab es überwiegend Sümpfe und „Ödland“, im Westen hingegen bessere Böden und Wirtschafts- und Verkehrs-Beziehungen. Dies hat sich erheblich auf die Bodenpreise ausgewirkt.[718] Hierbei ist wohl schwer zu unterscheiden, ob die geografische Lage (die Entfernung von Brest in die Hauptstadt Warschau beträgt ja nur etwa 205 Kilometer) den Hauptausschlag gab oder eben die vegetative und hydrologische Beschaffenheit der Böden.

---

715 Polesie. Tygodniowe Pismo, Rok 1, 1938, Nr.3, S. 5.
716 Kulczyński 1930.
717 Pinsk. Pamjac' 1998, S. 190.
718 Biskupski 1931, S. 13.

Auch wenn Stefan Biskupski es nicht für ausreichend hielt, weil selbst innerhalb einer Gemeinde (*gmina*) sehr unterschiedliche Bodenpreise existieren konnten, so unterschied er: I – den Norden mit dem Landkreis Brest und der Gemeinde Žabinka (im Landkreis Kobryn) – hier gab es übrigens ein Eisenbahndreieck; II – Gemeinden mit vorwiegend Ackerland (Mehrheit der Landkreise in Drahičyn, Pružany komplett, sogar Sarny und die Hälfte des Kreises Kobryn); III – niedrigwertige Sumpf-Wiesen-Gebiete mit wenig Ackerland, geringer Bevölkerung, einem Fehlen von Verkehrsverbindungen und weit entfernten Absatzmärkten. Dies betraf den Preis in Kašyrsk, Luninec, 4/5 in Stolin, 9/12 in Pinsk, 4/6 in Kosava.[719] Auch wenn es sich bei Biskupskis Einteilung um eine gewisse Kausal-Tautologie handeln könnte, weil Biskupski die Landkreise schon danach ausgewählt haben könnte, welche Preise erzielt werden konnten, und nicht danach, wie der Boden beschaffen war, so bleibt doch die Tatsache erheblicher Preisunterschiede für Böden.[720]

„Die Streikbedrohung ist auf dem allgemeinen Hintergrund der Wirtschaftsbeziehungen in den Grenzbezirken deutlich gewachsen, deren Bevölkerung aus den Tiefen des Landes kommt,“ warnte ein Beamter des Grenzschutzkorps KOP.[721] Ob ein wie auch immer gearteter Streik drohte oder nicht, offensichtlich schien man die wirtschaftliche Situation im Zonenrandgebiet des Zonenrandgebiets als besonders dramatisch einzuschätzen. Doch zu offenem Aufruhr und Pogromen kam es nicht (nur) in Grenznähe (z.B. in Stoŭpcy in der Nachbarwojewodschaft Navahrudak), sondern (auch) in Kamien-Kašyrsk, oder eben zum Pogrom von Brest 1937.

Die Maßnahmen zur Territorialisierung Westpolesiens machten bis 1939 Fortschritte, waren aber nicht flächendeckend. Macht nichts.

4.12 *Social engineering* 1: Entdeckung und Mobilisierung des Kleinadels als das Eigene durch die Polen

Social Engineering. Wie in der Einleitung geschrieben, wäre der Begriff „Leuteschaftsintervention“ als kontrapunktischer Begriff zu Landschaftsintervention geeignet, das Material in diesem Buch zu sortieren. Dies will ich nun tun, aber mit dem im Deutschen eingebürgerten Begriff *social engineering*, der dasselbe bezeichnet.

Was war die Kleinszlachta?

Verarmte Adelige rückten spätestens seit dem 18. Jahrhundert als soziale Gruppe in das Bewusstsein.[1] Obwohl sie oft, unter Anderem durch die Realerbteilung, nur ein kleines Stück

719 Biskupski 1931, S. 14-15 enthält eine nach Bodenwertklasse unterteilten Tabelle mit allen Gminy aller 10 Landkreise.
720 Dargestellt bei Biskupski 1931, S. 13.
721 AAN 1183, Sign. 1-97.
1 Zeraschkowitsch, Pawel: Ethnischer Wandel und Nationalitätenpolitik in den weißrussischen Provinzen (1795–1914), In: Handbuch der Geschichte Weißrußlands, Göttingen 2001, S. 359-376, hier S. 364-365.

Land besaßen, erhielten sich bis zum Ende der Rzeczpospolita 1795 ihre adeligen Vorrechte: „Ein Adliger auf dem Bauernhof ist dem Wojewoden gleichgestellt.“ (*Szlachcic na zagrodzie równy wojewodzie)*. Im Russländischen Reich versuchten die zarischen Behörden die Privilegien des Adels zu erhalten, aber die große Zahl polnischer Adliger dadurch zu beschränken, dass diese Bescheinigungen der Zugehörigkeit zum Adelsstand einholen mussten.[2] Doch dies änderte nichts an dem ständischen Selbstbewusstsein der Angehörigen des Kleinadels *(szlachta zagrodowa)*, auch wenn sie genauso wie andere Bauern von ihrer eigenen Hände Arbeit leben mussten, vielleicht nicht lesen und schreiben konnten und sich auch nicht unbedingt als Polen im ethnischen Sinne ansahen.[3]

Die *szlachta,* auch die *szlachta zagrodowa,* war einem alteingesessenen Stand zugehörig, lebte seit Jahrhunderten in polesischen Gebieten, kam also nicht von außen, sondern war eher einst polonisiert worden. Nicht erst im 20. Jahrhundert kann man in ihrem Fall nicht davon sprechen, dass sie Interventen von außen gewesen seien. Viele Kleinadelige blieben auch in sowjetischen und postsowjetischen Zeiten ihrer Scholle treu: Noch heutzutage kann man auf selbstbewusste Nachfahren dieser verarmten Adelsgeschlechter stoßen.

1919 hatte die Polnische Republik die Adelstitel und Privilegien abgeschafft. Die Standesschranken, das letzte rechtliche Unterscheidungsmerkmal zwischen Kleinszlachta und Bauern, waren durch die Verfassung vom März 1921 beseitigt.[4]

Ob man jemanden zum Adel, zur *szlachta* zugehörig ansehen sollte, konnte man ja aufgrund von Adelsbüchern erkennen. Für Polesien konnte man auf (inzwischen in der russischsprachigen Wikipedia veröffentlichten) Verzeichnissen aus der Zeit des Russischen Reiches nachschlagen, doch waren ja, wie beschrieben, längst nicht alle Adelsfamilien als solche anerkannt und wurden von den zarischen Behörden dem Kleinbürger- *(meščane)* oder sogar dem Bauernstand zugeordnet.[5] In Verknüpfung mit den Nachnamen und den Wappen, die ebenso wie die Geschlechter patrilinear weitergegeben wurden, war aber festgelegt, wer dazu gehörte. Aber je weniger eine Selbstauskunft Anerkennung fand, desto mehr bewahr(t)en gerade wegen dieser Unsicherheiten manche Familien in polesischen Dörfern ihre Stammbäume bis heute auf.[6]

Der Kleinadel blieb in den 1920er Jahren zunächst ein mehr oder weniger beachteter Teil der Gesellschaft Polens, wurde fast als Kuriosum betrachtet, bekannt eher als Typus denn als Gattung im echten Leben. Auch später eignete sich der polnische Kleinadel als ein Betätigungsfeld der Stereotypenforschung.[7] Eindringlich beschrieb Józef Mackiewicz zu Ende der 1930er Jahre, der Kleinadelige sei ein christlich-orthodoxer Bauer, der in Bastschuhen auf hungriger Erde laufe, ein Adeliger aus Olpień spreche von „Wir, die Belaruthenen.”[8] Walter Jäger, der die Belarus' dem deutschen Sprachraum bekannt machte, kannte

2 https://pl.wikipedia.org/wiki/Szlachta_za%C5%9Bciankowa.
3 Tomaszewski 1985, S. 81-82.
4 Verfassung vom 17. März 1921. Dz. U RP 1921, poz. 267. https://pl.wikisource.org/wiki/Konstytucja_marcowa_(1921), Art. 96.
5 https://pl.wikipedia.org/wiki/Szlachta_za%C5%9Bciankowa.
6 Hejke, Krzysztof: Polesie Poznań 2009, S. 120-121 mit einem auf großen Stück Textil gedrucktem Stammbaum.
7 Vgl. für Litauen: Sawaniewska-Mochowa, Zofia und Anna Zielińska: Stereotyp drobnej szlachty litewskiej w tekstach literackich, folklorystycznych i gwarowych. Rekonesans, In: Pogranicza języków, pogranicza kultur: studia ofiarowane Elżbiecie Smułkowej, Warszawa 2003, S. 280-287.
8 „Białorusini“, nach Mackiewicz, Józef: Okna zatkane szmatami, Londyn 2007, S. 262.

den Kleinadel hingegen nicht: „Nur die Großgrundbesitzer sind ver-polt“.[9] Diese Bevölkerungsgruppe verhielt sich auch recht unauffällig. Sie haben die „Landwirtschaft in beträchtlichem Maß für den Eigenbedarf produziert, die Holzwirtschaft aber schon für den Markt betrieben“.[10] Oft bekannten sie sich zum christlich-orthodoxen Glauben, sprachen auch nicht polnisch.[11]

Dem ungeschlachten *Osadnik*, der in der Regel kein Obst und Gemüse anbaut, stellte Mackiewicz den „Adligen aus Remel“, einem kleinen Ort in Südpolesien mit dem Nachnamen Knobelsdorf entgegen. Dieser „ruhige und arbeitsame Mensch“, „Hiesiger seit Urgroßväters Zeiten, Gemeindevorsteher“ habe im Laufe von fünf Jahren „19 Grundschulen errichtet, 300 km Wege, Abwassergräben, Getreidespeicher aus Stein und ein schönes Gemeindehaus in eigenem typischen Stil“ errichten lassen. Aber Dritte, und darunter seien auch diese Menschen aus den „Kulturträger-Siedlungspunkten“, wie er die Siedler ironisch bezeichnete, würden ihn schlechtmachen.[12]

Die Entdeckung des Kleinadels

Warschau entdeckte eigentlich relativ spät den Kleinadel in Polesien als potenzielle Stütze von Staat und polnischer Gesellschaft. Anstelle der überlieferten Dichotomie „einheimische ostslawisch-orthodoxe Bauern“ versus „Wir Polen“ würde dies die Schaffung einer neuen Gegenüberstellung bedeutet haben: Auf dem polesischen platten Land würde dann es sowohl „unsere“, nämlich die polnische Kleinszlachta als auch „die da“, nämlich die ostslawisch-orthodoxen Bauernlümmel geben. Noch in den 1920er Jahren griffen Autoren nur sporadisch die Frage des polnischen Kleinadels auf. Einer von ihnen war Władysław Studnicki, der die Frage im Zusammenhang mit seinem Plan der Kolonisierung der Ostgebiete anschnitt.[13]

Roman Horoszkiewicz veröffentlichte Verzeichnisse der Kleinszlachta. Für Polesien begann er damit ab spätestens 1930. Horoszkiewiczs Broschüre über den Kreis Stolin enthält ein „Verzeichnis der Familiennamen der Klein-Szlachta des Kreises Stolin“ mit 58 Nachnamen, darunter so „unpolnische“ wie Butt-Hossaim oder Knobelsdorf, sowie 32 Dörfer, in denen diese wohnten.[14] So blieb einmal mehr bei der Beschreibung verschiedener Orte wie z.B. Davyd-Haradok die Existenz von jüdischem Leben heteronarrativ unerwähnt. Doch wurde schon deutlich, dass die Kleinszlachta den gewohnten Selbstzuschreibungen der Polen nicht immer gerecht werden konnte: nicht einmal polnische Namen hatten sie alle.

Was als Hobby Einzelner begann, baute man auch in offiziellen Kreisen aus. In den 1930er Jahren wurde der Kleinszlachta mehr und mehr Aufmerksamkeit geschenkt. Ich habe keine Nachweise dafür finden können, dass dies vom Kleinadel selbst ausgegangen war. Bei dieser Entdeckungsreise zum Kleinadel wurde deutlich, dass man diesen als zur polnischen Nation gehörig betrachtete, mit dem man aber sogar ein wenig fremdelte.

9 Jäger 1919, S. 8.
10 Tomaszewski 1985, S. 80-83.
11 Horoszkiewicz, Roman: Szlachta zasciankowa na ziemiach wschodnich.Polskie Towarzystwo Turystyczno-Krajoznawcze, Oddzial Pinski, Warszawa 1936, S. 7.
12 Mackiewicz 2007, S. 131-132.
13 AAN Bestand 71, Sign., Blatt 11.
14 Horoszkiewicz, R(oman): Powiat stoliński, (notatki historyczne), Brześć nad Bugiem 1930, S. 27.

Die Monatszeitung *Ziemia Poleska* enthielt 1933 einen Aufsatz, in welchem auf die *Szlachta zaściańskowa* kurz aufmerksam gemacht wird, welche, „obwohl vergessen, das wertvollste Material für verschiedenste Kultur- und Bildungsarbeiten darstellt".[15] Hoffentlich war der polesische Kleinadel mit der Fremdbeschreibung als „Material" zufrieden – immerhin war ja nicht auszuschließen, dass Vertreter dieser als Hoffnungsträger identifizierten Gattung, die laut demselben Zeitungsartikel in Polesien 70.000 Personen umfasste, die Zeitung in die Hände bekamen.

Die Wissenschaftliche Kommission zur Erforschung der Ostgebiete (*Komisja Naukowa Badań Ziem Wschodnich)* befasste sich seit spätestens 1934 mit der Frage. Vom 1. Oktober dieses Jahres datiert Roman Horoszkiewiczs Denkschrift über den Kleinadel in den Ostgebieten. Horoszkiewicz bemerkte, das der Kleinadel auch innerhalb der Ostgebiete nicht einheitlich war. Und weil sich der Kleinadel als dezidiert polnisch, belaruthenisch, ukrainisch, rusinisch, oder russisch, oder aber, besonders in Polesien, „national noch nicht gestärkt" definierte, könne man gerade in Polesien die besten Resultate bei einer Mobilisierung des Kleinadels für nationale polnische Zwecke erzielen.[16] Es wurde also die selbe Strategie wie gegenüber den polesischen Bauernfamilien vorgeschlagen, da Bauern wie Kleinadel eben in Polesien durch ein *social engineering* noch formbarer gewesen seien als anderswo. Nach einer ersten Etappe der Feststellung der Familiennamen und deren Wappen solle man die wirtschaftlichen Beziehungen erhellen. Der Kleinadel sollte in der Region gehalten werden: Horoszkiewicz unterbreitete den Vorschlag, dass nicht die Polen in ferne Länder auswandern, sondern die Juden bei ihrer Übersiedlung nach Palästina unterstützt werden sollten.[17]

Auch ein Bericht der Grenzstationen des Grenzschutzkorps (KOP) in der Gemeinde (*gmina*) Czuczewicze, Landkreis Łuniniec aus dem Jahr 1935 charakterisierte die Situation der Kleinadeligen in Bildung und Gesellschaft – hier nun aber in deutlichem Gegensatz zu den reservierten und sich selten waschenden „Poleschuken" – ebenfalls als „leicht beeinflussbar". Diese Szlachta erzeugte bei dem Berichterstatter eine Wertschätzung: sie sei zwar häufig christlich-orthodox, habe sich aber das Gefühl für das Polentum und auch die Sprache erhalten.[18]

1936 war man soweit, dass die Pinsker Abteilung der Polnischen Touristisch-Landeskundlichen Gesellschaft (*Polskie Towarzystwo Turystyczno-Krajoznawcze)* von eben Roman Horoszkiewicz einen Abriss über die „Klein-Szlachta in den Ostländern" veröffentlichte. Als Argument für die Bedeutung der Klein-Szlachta führte man deren große Zahl ins Feld. 400.000 Personen von Vilnius/Wilno bis Stanislaviv/Stanisławów gehörten diesem (ehemaligen) Stand an.[19]

Die Kleinadligen unterschieden sich untereinander „in Religion, (römisch-katholisch, griechisch-katholisch oder orthodox), Sprache (polnisch, belaruthenisch, ukrainisch)", ganz besonders […] in ihrem Grundbesitz, „aber überall kennt [man] seine adlige Herkunft und betont stolz, dass es polnischer Adel ist, von polnischen Königen in den Ostgebieten für die

15 Organizacje społeczno-rolniczne na Polesiu", In: Ziemia Poleska 1933, Rok 2, Nr. 4-5, Kwiecień-Maj, S. 3-6, hier S. 3, In: AAN, Bestand 323/0, Akta Kazimierza Lewińskiego- 60.
16 AAN Bestand 2675, Sign.9, Blatt 2.
17 AAN Bestand 2675, Sign. 9, 12 Blätter.
18 AAN Bestand 2478, Sign. 9, Blatt 91-108, hier Blatt 102 (1935).
19 Horoszkiewicz 1936, S. 7.

ritterliche Verteidigung gegen ihre Feinde verliehen“.[20] Horoszkiewicz bewunderte, wie „fest vor allem das Bewusstsein seiner adligen Herkunft bewahrt wurde“, teilweise seit 600 Jahren.[21]

In Polesien machten die Beschreiber etwa 30.000 Personen dem Kleinadel Zugehörige aus,[22] also etwa 3 % der Bevölkerung. Sie lebten vor allem in drei Landkreisen, Pinsk, Luninec und Stolin (es sind dies drei der sechs von insgesamt zehn Kreisen, in die das Gesetz die Ansiedlung von Militärsiedlern vorsah).[23] In diesen zentralpolesischen Regionen redete die *szlachta zagrodowa* nicht mehr polnisch, war zu 90 % orthodox – teilweise seit Jahrhunderten, teilweise erst in zweiter oder dritter Generation. Sie machten dort 8-10 % der Bevölkerung aus, aber vergleichsweise weniger Ackerböden. Sie bildeten die große Mehrheit in bestimmten Dörfern, darunter auch im Dorf Bereźce: „Das ist ein Dorf auf vier Inseln in den Sümpfen.“[24] Noch immer waren Nachnamen mit den Namen einer Reihe solcher Dörfer verbunden, z.B. die Familien Boryczewscy in Boryczewicze. „Nicht alle Geschlechter kennen ihre Wappen”.[25]

Ludwik Grodzicki machte sich an eine Einschätzung aufgrund des Materials der Volkszählung von 1931, die im Jahr 1938 veröffentlicht wurde. Die Anzahl der zur *szlachta zaściankowa* gehörenden Familien war seinem Text zufolge „nicht genau bekannt, die einen schätzen sie auf 50.000 Köpfe, andere auf 30.000.“ Es gebe 20.000 christlich-orthodoxe Kleinadelige, in bestimmten Gebieten konzentriert. In anderen Gebieten mache ihr Anteil unter 1 % der Bevölkerung aus. Warum er die einen der Kleinschlachta, die Anderen den Bauern zuordnete, legte er nicht offen. Der ermittelte Anteil der Kleinszlachta an der Gesamtbevölkerung lag, je nach Landkreis zwischen 4 und 22 % aller Höfe. Diese hatten durchschnittlich kleineren Grundbesitz als die Katholiken (durchschnittlich 10,7 ha), aber größeren als die Orthodoxen mit durchschnittlich 6,9 ha. Da die Kleinszlachta eher im südlichen, sumpfigeren Polesien wohnte, habe sie wenig Acker- und Gartenbau betrieben.[26] Grodzicki führte also die Spezifika der Land-, Wald- und Wasserwirtschaft des Kleinadels nicht auf dessen ständische Eigenart, sondern auf die Beschaffenheit der Landschaft zurück.

Man wurde sich des begrenzten Wertes für die Polonisierung bewusst. Ausgangspunkt war die Überlegung von einem „praktischen“ Wert als einem Element, welches „aufgrund seiner Herkunft und Überzeugungen stark mit der polnischen Staatlichkeit verbunden“ sei,[27] und zwar insbesondere an Orten, wo sie „bis heute ein Bollwerk des Polentums“ darstelle: „Hier sollte man dieser *szlachta* Schutz und Hilfe von Seiten der Regierung und der Gesellschaft zukommen lassen und ihr vor allem im Alltag unter den heutigen wirtschaftlichen

20 Horoszkiewicz 1936, S. 7.
21 Ebenda, S. 8.
22 Ebenda, S. 19.
23 Dz.U. RP 1921 Nr. 17, §6, http://www.dziennikustaw.gov.pl/DU/1921/s/4/17/1.
24 Horoszkiewicz 1936, S. 19.
25 Ebenda, S. 23.
26 Grodzicki, Ludwik (oprac.): Struktura posiadania mniejszej własności rolnej na Ziemiach Wschodnich: (według danych Statystyki Produkcji Rolnej z 1931 r.). Z. 4, Województwo Poleskie; Instytut Gospodarczy Ziem Wschodnich. Biblioteka Narodowa Instytut Gospodarczy Ziem Wschodnich, Warszawa: Instytut Gospodarczy Ziem Wschodnich 1938, S. 24-28.
27 Horoszkiewicz 1936, S. 23.

und kulturellen Bedingungen zukommen lassen.“ Sogar das Argument, dass der Staat sie in diese Gegend ja einst hingesetzt habe, wurde bemüht.[28]

Wichtig war den Strategen auch weniger, welche Sprache die polesischen Kleinadligen sprachen oder welcher Religionsgemeinschaft sie angehörten, sondern dass sie eine „geschlossene“ Bevölkerungsgruppe darstellten,[29] denn eine solche schien geeignet, eine von den Sozialingenieuren zugedachte Aufgabe zu bewältigen.

Der Ausgangspunkt wurde also positiv gesehen, doch musste die Modernisierung an den gleichen Stellen ansetzen wie bei den nichtadligen Bauernfamilien. Horoszkiewicz schrieb, dass es die Schule sei, die kulturelle Hilfe geben könne, umso mehr, als die *szlachta* den Lehrunterricht zwar sehr schätze, es aber in einigen der von Kleinadligen bewohnten Dörfer keine Schule gebe.[30] Während sich die ukrainische Bewegung um diese Menschen kümmere, sei die polnische noch nicht initiativ gewesen.[31] Auch daher entwickelte sich bei den polnischen Akteuren der Eindruck, spät, vielleicht zu spät, seine Aktivitäten begonnen zu haben.

Mobilisierungsversuche von außen als Herrschaftsstrategie

1937 begann ein Komitee für Kleinadelsangelegenheiten (*Komitet do Spraw Szlachty Zagrodowej)* mit seiner Tätigkeit,[32] gab sich eine Satzung[33] mit dem Ziel eines „Ausbaus der Stärke des Polentums in den *kresy“*.[34] Spätestens für das darauffolgende Jahr ist auch eine „Wissenschaftliche Abteilung“ *(Sekcja Naukowa)* dokumentiert, an welcher aus Warschau 71, aus Lemberg 26, aus Krakau 12, aus Wilna 8 Personen, aber kaum welche aus Polesien mitzuwirken beabsichtigten. Franciszek Wysłouch aus Perkowicze, den wir schon als späteren exilpolnischen Autor über Polesien kennen gelernt haben, wurde mit dem Ortszusatz „Grodno“ verzeichnet.[35] Zuvor hatte man sich – ab 1935 – im Karpathengebiet und in Kleinpolen mit dieser Frage befasst, nun ging man zu Polesien über.[36] Es ist nicht ersichtlich, dass die Initiative vom Kleinadel selbst ausgegangen wäre. In einem Treffen von 25 Personen in Räumen des Kriegsministeriums überlegten die Komiteemitglieder, welche gesellschaftlichen Kräfte zu dieser GONGO heranzuziehen seien. Neben den anderen, schon bestehenden GONGO-Organisationen wie TRZW, *Towarzystwo Szkoły Ludowej*, *Związek Strzelecki* und *Małopolskie Towarzystwo Rolnicze* sollten dies vor allem der Bund der Kleinadeligen *(Związek Szlacheckiej Zagrodowej)*, Wirtschaftskreise, Verwaltungskräfte, das Kirchen-Milieu *(środki kościelne)* und die Streitkräfte sein.[37] Man wollte also die ganze polnische Gesellschaft in den *kresy* mit einbeziehen, sei es, weil man nach der Devise „mehr hilft mehr“ handelte, sei es, weil sich niemand wegen Nichteinbeziehung auf den Schlips getreten fühlen sollte.

28 Horoszkiewicz 1936, S. 27-28.
29 Ebenda, S. 7.
30 Horoszkiewicz 1936, S. 28.
31 Ebenda, S. 29.
32 AAN Bestand 71, Sign. 1, passim.
33 AAN Bestand 71, Sign. 1, Blatt 17.
34 AAN Bestand 71, Sign. 5, Blatt 1.
35 AAN Bestand 71, Sign. 5, Blatt 1, 6-8.
36 AAN Bestand 71, Sign. 1, Blatt 11.
37 AAN Bestand 71, Sign. 1, Blatt 25-27.

Doch wer zumindest aus Polesien doch nicht in Erscheinung trat, das war die Kleinszlachta selbst. In einem Kommunique aus dem Jahr 1939 zogen die Organisatoren die folgende Konsequenz: „Die Kleinadeligenschicht in Polesien und der Gegend um Vilnius, die sich zahlreich angemeldet haben, konzentriert sich in den Reservistenverbänden, im Schützenverband, in den Krakus-Einheiten oder bildet aus eigenem Antrieb Kirchenbaukomitees. Daher werden wir in diesen Gebieten keine Kleinadels-Aktion durchführen.“[38] Der wissenschaftlichen Apparat des Komitees für Kleinadelsangelegenheiten *(Komitet do Spraw Szlachty Zagrodowej)* betrachtete offenbar die Kleinadeligen Polesiens genauso als ein Objekt von (wohlgemerkt wissenschaftlicher) Verwaltungstätigkeit, wie sie andere Verwaltungen den armen „Poleschuken“ angedeihen lassen wollten.

Vor Beginn des deutschländischen und sowjetischen Kriegs gegen Polen im Jahre 1939 hatte sich das Komitee drei Arten von Schriften zu veröffentlichen vorgenommen: statistische, Quellenbände und popularisierende.[39]

Datensammlung. Man bedauerte, dass zur Datengewinnung die „so manche Geheimnisse enthaltenden griechisch-katholischen und orthodoxen Tauf-, Heirats- und Sterberegister verschlossen“ seien.[40] Daher setzte man auf die für das Jahr 1941 vorgesehene Volkszählung. Man versprach sich dabei auch eine „genaue Revision des gesamten Familiennamen-Materials“ *(rewizja całego materiału nazwiskowego)* der Volkszählung von 1931, welches mehr bringen werde als amateurhafte oder oberflächliche Verzeichnisse aus der zeitgenössischen Staatsverwaltung. Ziel war eine „genaue Zahl der polnischen Bevölkerung sowohl von adliger als auch bäuerlicher Herkunft zu erhalten, welche über Jahrhunderte assimiliert worden ist”. Eine solche Revision würde 15.000 zł. kosten.[41]

Dieser Vorschlag verstieß gegen die Gesetze der polnischen Republik, wahrscheinlich, ohne dass die Autoren dies bemerkten. Denn die polnische Republik hatte alle Standesgrenzen abgeschafft. Eine Unterscheidung nach Ständen bei einer Volkszählung verbot sich da. Doch eine genaue Unterscheidung von Adligen und Nichtadligen durch eine Revision der Volkszählung hielten die Aktiven des Komitees zur Durchführung ihrer Arbeit für nötig. Denn wie sollten sie die in Polesien orthodoxen und nicht polnisch sprechenden Objekte ihrer Begierde anders identifizieren? Zwar hat das Komitee keine rassischen Merkmale zu identifizieren versucht, aber die Einführung einer diskriminierenden Unterscheidung zwischen adligen und bäuerlichen Polen sowie den Nichtpolen hätte, wenn sie in Volkszählungen und darüber hinaus in unterscheidenden konkreten Maßnahmen bei der Landeinrichtung oder im Schulwesen wirksam geworden wäre, weitere Unruhe in die polesischen Regionen gebracht. Und dies, obwohl bis 1939 zwar Aktionen gegen Großgrundbesitzer, nicht aber gegen die alteingesessene *szlachta zagrodowa* zu verzeichnen gewesen waren. Hatte man in diesen Warschauer, Wilnaer oder Lemberger Kreisen gar keine Befürchtungen, durch diese Spaltung nach Ständen dem eigenen Ziel der Polonisierung der Ukrainer und Belaruthenen, zumindest der Polesier, geradezu entgegen zu wirken?

Mangels einschlägigen Materials versuchte man selbst die Anzahl der Angehörigen der *szlachta zagrodowa* zu ermitteln und fertigte Listen über „Sitze, Geschlechter, Wappen,

38 AAN Bestand 71, Sign. 6, Blatt 5.
39 AAN Bestand 71, Sign. 7, Blatt 2.
40 AAN Bestand 71, Sign. 7, Blatt 7.
41 AAN Bestand 71, Sign. 7, Blatt 2.

Beinamen und der Anzahl der Kleinszlachta“ an.[42] Man analysierte, dass, „gesellschaftlich-wirtschaftlich“ betrachtet, ein Teil der *szlachta zagrodowa* ein Pächter-Adel (*szlachta czynszowa)* war, die bei der Krone oder bei Magnaten Boden nur gepachtet hatten.[43] Das Russische Reich habe diese Gruppe durch Aussiedlung in die Tiefe Russlands, durch Entzug der Titel und der Adelsrechte sowie durch eine unmittelbare Russifizierung vor allem durch die orthodoxe Kirche ihres Wesens zu rauben versucht.[44] Bezüglich der Wojewodschaft Polesien textete das Komitee:

> „Nur eine kleine Anzahl [des Kleinadels] behielt die römisch-katholische Konfession und die polnische Sprache sowie das nationale Selbstbewusstsein bei. Die Mehrheit ist orthodoxer Konfession, spricht die „polesische“ Sprache [nicht: poleschukische]. Hingegen sind die Szlachta-Traditionen sehr lebendig und die Getrenntheit von dem Rest der Bevölkerung wird im Alltagsleben stark unterstrichen.“

Unter wirtschaftlichem und kulturellem Gesichtspunkt stehe die „Szlachta“[45]-Bevölkerung „niedrig“.

Ungefähr 100.000 Personen soll die *szlachta zagrodowa* in Polesien umfasst haben.[46] Diese Zahl übertrifft die Schätzung Horoszkiewiczs aus dem Jahr zuvor um das Dreifache und ist zu hoch gegriffen. Wie Horoszkiewicz ging das Komitee von 20.000 Kleinadligen im Kreis Pinsk aus.[47] Mit Hilfe der Verwaltung der Streitkräfte versuchte man zu differenzieren:

> „In der Wojewodschaft Polesien haben die Militär- und Verwaltungs-Kräfte teilweise Verzeichnisse von aus der *szlachta* stammenden Bevölkerung mit der Berücksichtigung des religiösen Bekenntnisses, der Sprache und des Grades des nationalen Bewusstseins unter der *szlachta* durchgeführt. Außerdem wurden individuelle Proben des Interessiertseins der Gesellschaft an der Szlachta-Frage in diesem Gebiet im Rahmen der hier aktiven gesellschaftlichen Organisationen durchgeführt.“[48]

Organisierung. Das Komitee für Kleinadelsangelegenheiten ließ also nicht locker. Es war – zumindest auf einer äußerlichen Ebene – auch durchaus erfolgreich. Hatte es Ende 1936 erst 12 Kleinadelszirkel mit 500 Mitgliedern gegeben, so zählte man im Oktober 1937 derer schon 82 mit 6.000 Mitgliedern und zu Beginn Februar 1938 147 mit 10.000 Mitgliedern. Besonders in den westukrainischen Gebieten („Ost-Kleinpolen“) bemühte man sich um die „Wiedererlangung“ *(rewindykacja)* [des Polentums] und Rückgängigmachung der Ukrainisierung.[49] Am 13. Februar 1938 fand die 1. Allgemeine Versammlung der Delegierten des Kleinadelverbands *(Związek Szlachty Zagrodowej)* mit 300 Delegierten aus 147 Grundorga-

42 AAN Bestand 71, Sign. 1, Blatt 2.
43 Ebenda.
44 AAN Bestand 71, Sign. 1, Blatt 3.
45 Im Original in Anführungszeichen.
46 AAN Bestand 71, Sign. 1, Blatt 8.
47 AAN Bestand 71, Sign. 1, Blatt 9.
48 AAN Bestand 71, Sign. 1, Blatt 15.
49 Alles AAN Bestand 71, Sign. 24, Blatt 1.

nisationen statt.[50] Der Kongress legte mit großem Enthusiasmus fest, dass der Marschall von Polen, Edward Rydz-Śmigły, um die Schirmherrschaft gebeten werden solle.

Die Sicht der polesischen *szlachta zagrodowa* auf diese Vorschläge. Sicherlich waren die Kleinadligen auf ihre Herkunft und ihre Titel stolz. Und sie dürften mit Genugtuung zur Kenntnis genommen haben, dass man sich ihrer in Warschau, Lemberg, Wilna und vielleicht auch Brest annahm. Doch die in Polen herrschende, ideologisch enge Definition, dass Polen eben Katholiken oder zumindest griechisch-katholisch sein sollten, und polnisch sprechen sollten, dies konnte die Kleinadligen zumindest in Polesien nicht automatisch für die polnische Sache gewinnen. Wenn sie Mitglied im Kleinadelsverband wurden, dann deshalb, weil sie ihre Zugehörigkeit demonstrieren, nichts verpassen wollten oder sogar befürchteten, etwas zu verlieren, wenn sie nicht mitmachten.

Gegenströmung. Der langjährige Wojewode Polesiens, Wacław Kostek-Biernacki, war misstrauisch, was die Organisierung der Kleinadeligen durch Warschau betraf: „Durch diese Bewegung können Sie dazu beitragen, die restliche Bevölkerung des Staates abzutrennen."[51] Er soll sich sogar gegen die Bildung eines Szlachta-Zirkels im Landkreis Kobryn gestellt haben. Die Polen sollten nicht in getrennten Gruppen auftreten: „Das Interesse Polens ist nicht das Interesse von Individuen aus Polen, welche man gar nicht besonders unterscheiden kann, denn [dann – *D.S.*] kann es keine Polonisierung von Polesie geben", sagte er am 9. Februar 1938.

Das Postsanacja-Lager war hier eigentlich konsequent: ausgehend von der Idee einer staatlichen Assimilation (*asymilacja państwowa)* gelangte man, wie ich unten im Abschnitt „Der Opitz-Trick" darlegen werde, zu der empirisch nicht belegbaren und etwas tautologischen Schlussfolgerung, dass es keine Polesien-, Poleschuken- oder Minderheitenfrage in Polesien gebe.[52] Dies konnte konsequenterweise aber auch nur bedeuten, dass es keine Sonderregeln für Adel, Militärsiedler und auch nicht für den Kleinadel geben dürfe. Ohnehin wollte Kostek-Biernacki die Zahl der „Polen" in Polesien nicht „mechanisch erhöhen".[53]

Zusammenfassung – Erste Schlussfolgerungen

Das Konzept der besonderen Organisierung der *szlachta zagrodowa* war zwar ein Konzept zur Durchdringung des polesischen Raumes durch das Polentum, diese Verbreitung durch eine Polonizität (*polskość)* war aber nicht mit einer raumgeografischen Strategie verbunden.

Ich schließe mich Tomaszewski an, der es für eine künstliche Intervention Warschaus hielt, die Dichotomisierung zwischen (polnischer?) *szlachta (zagrodowa)* und (belaruthenisch-ukrainischen) Bauern just am Ende der 1930er Jahre zu betreiben,[54] in einer Zeit, da die Unterschiede zwischen den landwirtschaftlich Tätigen, die der *szlachta* einerseits und dem Bauernstand andererseits entstammten, schon fast bis zur Unkenntlichkeit verschwunden waren, und als man sich daran gewöhnt hatte, dass das Ständesystem mit seinen Privilegien und Beschränkungen abgeschafft war.

50 AAN Bestand 71, Sign. 1, Blatt 15.
51 Am 9.Mai 1938, Cichoracki 2009, S. 291.
52 Polesie. Tygodniowe Pismo społeczne, gospodarcze i kulturalne. Wydaje i odpowiada H[ieronim] Opitz, Rok 1, 1938, Nr. 1, S. 1.
53 Cichoracki 2014, S. 289-291.
54 Tomaszewski 1963, S. 153-154.

Zwar waren sich auch diejenigen, die der *szlachta* einen eigenen Status zukommen lassen wollten, der Gefahr bewusst, dass man dadurch innerhalb eines national oder ethnisch verstandenen Polentums eine innere Unterscheidung treffen würde, die böses Blut bedeuten konnte. Man betonte, dass man keinen „exklusiven Adel“ wollte.[55] Doch auch dann, wenn die Differenz zwischen der Szlachta und dem Rest der polnischen Welt nicht hierarchisch gemeint gewesen sein sollte, so blieb unklar, wie das konkret gehen sollte; vor allem aber erfolgte dadurch ein ungewolltes Othering der Nicht-*Szlachta*.

Indem man diskursiv den polnischen oder zumindest „eigentlich polnischen“ Kleinadel von den Bauern („Poleschuken“) trennte (auch Obrębski betonte, dass er den Kleinadel nicht beschrieben habe[56]), bastelte man sich in Warschau zwar einen behaupteten Träger des Polentums, und überdies der Zivilisation, aber in der Praxis wirkte sich dies zumindest in Polesien bis 1939 überhaupt nicht aus.

Wir wissen nicht, ob diese Herrschaftsstrategie Erfolg gehabt hätte, wenn die Sowjetunion die Ostgebiete Polens nicht besetzt hätte. Doch Zweifel sind angebracht. Denn um dieses Vorgehen zum Erfolg zu führen, hätte sich das ständische adlige Bewusstsein, dem Polentum anzugehören, ein Bewusstsein, welches sich mit der Zugehörigkeit zur orthodoxen Konfession und dem Sprechen der ukrainischen oder hiesigen Sprache verbinden konnte, in ein Bewusstsein überführen müssen, dem modernen polnischen Volk anzugehören und eine moderne, national orientierte Polonizität (*polskość)* zu vertreten – mehr noch, es hätte in entsprechende Realien überführt werden müssen. Die so verstandene *polskość* des 20. Jahrhunderts gab es wirklich, auch in Polesien, wurde aber von den Staatsangestellten in Büros und bei der Eisenbahn vertreten, nicht vom Kleinadel.

4.13 *Social engineering* 2: Geld oder Fisch? – Das Geld als Schule der Nation?

In der familiären Ökonomie hing die Wertschätzung des Bodens und somit der Punkt, ab dem man zu verkaufen oder verpachten bereit ist, von vielen familiären Dingen ab. Generell verkauften die Bauern ungern, und daher verzweifelten Analysten alleine schon daran zu bestimmen, wie viel Wert ein Boden „objektiv“ habe. Auch die Bauernfamilien selbst konnten, weil sie nicht zu verkaufen oder verpachten gewillt waren, auch nicht einmal die Opportunitätskosten ermitteln, wie viel der Boden Wert sein *könnte*:

> „In Polesien dagegen, mit seiner niedrigen Kultur und extensiver Landwirtschaft, sind sich die Bauern nicht über die mögliche Größe ihres Einkommens im Klaren, welches aus dem Boden unter den gegebenen Umständen erzielt werden könnte. Sie behandeln ihn nicht als eine Quelle der Rendite, sondern nur als eine Werkstatt, in der sie mit ihrer und ihrer Familie Arbeit ihr Einkommen erzielen.[57] Bei geringem Lebensstandard, geringen Bedürfnissen sind auch die Anforderungen an den Boden gering. [...] Polesien

55 Benecke 1999, S. 272.
56 Obrębski 2007, S. 327-328 (Diskussion eines Referats von Obrębski im Jahre 1936).
57 Man beachte: Das positive Klischee vom Ganzen Hof wird konterkariert!

[befindet sich] sozusagen an der Bruchstelle zweier Epochen […] wenn es hier um den Handel mit Boden geht, herrscht ein Chaos an Werten und Preisen, welches sich [nur] unter Schwierigkeiten in jene Normen fassen lassen, die in den westlichen Provinzen [Polens] schon gelten."[58]

Einleitung: Geld und Armut

Meinen Zeitgenossinnen und Zeitgenossen ist sowohl der Versuch über eine einheitliche Währung einen gemeinsamen Diskursraum (Öffentlichkeit) wie eine gemeinsame Gesellschaft (die Gemeinschaft der Euro-Benutzer) herzustellen, als auch deren eventuelles Scheitern (nicht der Währung selbst, sondern der Herstellung einer europäischen Identität oder wenigstens Diskursraums) bekannt: Die Währungseinheit hat zwar Devisenspekulationen zwischen den inzwischen im Euro aufgehobenen Währungen überwinden können, nicht aber eine politische oder auch nur gesellschaftliche, „europäisch" genannte Gemeinschaft schaffen können. Was bei der D-Mark 1990 noch geglückt ist – erst die Währung, dann die politische Einheit –, ist hier einstweilen ausgeblieben. Auf der anderen Seite ist die These nicht abwegig, dass es erst die Euro-Krise war, die einen europaweiten Diskurs der „öffentlichen" und „veröffentlichten" Meinungen hergestellt hat: anti-Euro-, anti-EU- und antieuropäische Bewegungen wie auch die Bewegungen gegen die mit der Stabilisierung des Euro(s) ab 2010 verbundenen mit sozial äußerst harten Maßnahmen verbundenen Versuche, die Staatsverschuldungen nicht ausufern zu lassen, sind EU-weit, ja, europaweit tätig gewesen. Nicht mehr abwegig erscheint es daher heute, was ich 1998, also in ECU-Zeiten, noch als kleine Sensation[59] beschrieb: dass das Geld eine Schule der Nation sein konnte.[60]

Die These besagte, dass durch die Verwendung von Bargeld in Münz- oder Papierform eine Vorstellung davon entsteht, dass der Staat in die „zwischenmenschlichen" Handelsbeziehungen mit seiner Materie, dem Geld eingreift, in diesem Fall obendrein so symbolisch wie profan deutlich mit einem Weißen Adler Polens markiert.

Da die land-, wasser- und waldwirtschaftliche Produktion der polesischen Landbevölkerung zu einem äußerst hohen Prozentsatz traditionell nicht auf einen außerdörflichen Markt ausgerichtet war, hatte auch das Geld als Tauschmittel wie auch das Geld als Ware (bei Finanzdienstleistungen) im polesischen Dorf keine wesentliche Rolle gespielt. Erstens konnten auch Waren (z.B. eine Flasche Wodka) die Funktion von Währungen übernehmen, und zweitens wurde ein beträchtlicher Teil von Nahrung und Verbrauchsgütern in den Bauernfamilien selbst hergestellt.

---

58 Biskupski 1931, S. 51.

59 Siebert, Diana: Józef Obrębski und die Argonauten der westpolesischen Sümpfe, Köln 1998 = http://www.diana-siebert.de/geschichte/Jozef-Obrebski-Diana-Siebert.pdf.

60 Hingegen ist die These, das Geld die traditionellen (Bluts?-)Familienbeziehungen zerstört, schon aus dem 19. Jahrhundert: Die Katholische Soziallehre sah eine in Natur gründende Familie als „Keimzelle" für „die sozialpolitische Potenz der Sitte, aus welcher das Gesetz hervorgewachsen ist" ; vgl. Johann Heinrich Riehl: „Die Familie ist überhaupt die notwendige Voraussetzung aller öffentlichen Entwicklung der Völker" siehe http://www.recherche-online.net/elisabeth-timm.html (18.03.2016).

Das hieß nicht, dass es in den Dörfern kein Kreditwesen gab. Kredite waren in der einen oder anderen äußeren Form schon seit Tausenden von Jahren nicht nur in sogenannten Hochkulturen bekannt. Zudem stellten Kredite nur einen Teil des Austauschsystems dar.[61]

In der sich als moderner Nationalstaat verstehenden Polnischen Republik hat der Staat seinen „wirtschaftlichen" Austausch grundsätzlich in Geldform betrieben. Einnahmen und Ausgaben wurden in Geldform festgelegt. Wie würde der polnische Staat an seiner Peripherie im Osten den Austausch mit der ländlichen Bevölkerung gestalten, wie sich die konkrete Währung, zunächst die polnische Mark, ab 1924 der Złoty durchsetzen?

Ich gehe (zunächst) nicht davon aus, dass es eine bewusste Intervention gab, die eine Monetarisierung der wirtschaftlichen und gesellschaftlichen Beziehungen mit Polesien und innerhalb Polesiens zum Ziele hatte. Solch Intervention gab es bei den Vorhaben Melioration, Sprache, Bildung, Religion, aber dass jemand bei der Beschreibung der polesischen Familien als Hinterwäldler die (berechtigte) Annahme *als Vorwurf* in den Vordergrund gerückt hätte, dass diese die positiven Segnungen des Geldgebrauchs nicht kennen würden, ist mir in den Quellen nicht begegnet. Dafür mag es Gründe gegeben haben, die in den besonderen Bedingungen der Polnischen Republik lagen, aber wir sollten auch bedenken, dass der Kult des Geldes – im Gegensatz zum Kult um Reichtum – ohnehin nicht verbreitet war.

Denn Geld war aus Sicht der polnischen und erst Recht polesischen Familien immer dasjenige, wovon man zu wenig hatte. Aus Sicht des Staates stand nach der Inflationszeit eine Ankurbelung der Konjunktur in der Priorität nicht so hoch wie die Stabilität des Złoty. Großen Wert legte der Staat auf das pünktliche und vollumfängliche Bezahlen der Steuern durch seine Untertanen.

Diejenigen, die wie Ossendowski romantisierten, konnten der polesischen Subsistenzwirtschaft, wenn nicht positive Seiten abgewinnen, so doch einer gewissen Attraktion ihr gegenüber unterliegen. Nicht der Edle Wilde schien jedoch durch, sondern der grundsätzlich (und daher auch dem Geld gegenüber) misstrauische Hinterwäldler, der vielseitige Kenntnisse und Fähigkeiten zur Befriedigung seiner geringen, und selbst diese noch saisonal herunterschraubenden, Grundbedürfnisse hatte.[62]

Eine Antwort auf die mittlerweile klassische Frage, ob die Bauernfamilien in Polesien, Juchitán und anderswo einen Hang zur Subsistenzwirtschaft hatten, oder ob sie nur aufgrund ihrer ökonomischen Lage autarker als in anderen Regionen wirtschafteten und lebten, weist über das rein Geldliche hinaus: Es ginge um die Einbindung der polesischen Familien in die Volkswirtschaft Polens insgesamt. Auch im 20. Jahrhundert musste das Fehlen von Geldzirkulation noch nicht bedeuten, dass Dörfler arm waren. Doch fiel den Nichtpolesiern die Armut der polesischen Bauernfamilie besonders auf, und sie brachten dies zumeist in Verbindung damit, dass man sich nicht einmal einfache Waren zu kaufen leisten konnte:

> „Unser Wirt beleuchtete einst mit Kerosin, denn in der Zimmer-Holzdecke gibt es eine Deckenlampe ohne Glas, umflochten mit dichten Spinnweben und bis zum Rand mit einem Haufen toter Fliegen aufgetürmt. Allerdings ist Petroleum zu teuer. So hängt die Lampe in der Hütte ein wenig zur Verzierung. [...] In der Mitte des Raumes war eine rie-

61 Graeber, David: Schulden: die ersten 5000 Jahre, 5.Auflage, Stuttgart 2012.
62 Ossendowski 1934 [2015].

> sige Schüssel mit Kartoffeln hingestellt, daneben zwei mit Dickmilch. Der Kreis der Schalen wurde plötzlich von Gedränge heimgesucht. Ein Dutzend Holzlöffel kreuzten sich zwischen diesem Geschirr. Ich verstand gleich, dass das für solch großen »Appetit« zu wenig war. [...] Um so mehr, als ja selbst der vermögendste Poleschuk in der Erntezeit nie einen Überschuss an Getreide besitzt, den er verkaufen könnte. Wenn er im Herbst verkauft, dann müsste er im Frühjahr teurer einkaufen. Was hingegen macht der arme Poleschuk mit seinen Kindern? Er hungert. Und arm sind hier die überwiegende Mehrheit. Schon vom frühen Frühjahr an sehen die Kinder weder Brot noch Kartoffeln. Vor Ostern also hungern fast alle. Es wird für sie erst dann günstiger, wenn im Wald die Beerenpflanzen anfangen, Früchte zu tragen und sich die ersten Pilze zeigen."[63]

War die Armut der einzige Grund, dass die Polesier kein Geld hatten, oder gab es eine Abneigung gegen Geld? Um diese Frage zu beantworten, möchte ich „unethnografisch" und vielleicht all zu modernistisch das wirtschaftlichen Leben der Bauernfamilien beschreiben. Nicht um die Techniken der Hausindustrie (eine wörtliche Übersetzung des polnischen Begriffs wäre: Volksindustrie) als solche soll es gehen, sondern allenfalls um die Frage der Verwendung solcher einzelner Techniken zur Beschaffung von Nahrung, Bekleidung, Unterkunft und Wärme, also darum, auf welche Weise und in welchem Ausmaß das Alltagsleben der Polesier in die Geldwirtschaft eingebunden war.

Die Geldlose Wirtschaft

Die Grundbedürfnisse wie Essen, Wärme – also Haus, Bekleidung und Heizung – und Sicherheit wurden, wie wir oben gesehen haben, noch selten mittels Geld, mittels Kauf von Waren befriedigt. Der „Import" von Waren selbst in das Schtetl Davyd-Haradok beschränkte sich im Wesentlichen auf die „allerwichtigsten Alltagsgüter".[64]

Schauen wir genauer hin, damit wir Erkenntnisse darüber gewinnen, warum dies so war: konnten sie nicht, oder wollten sie nicht in einen stärkeren dörflichen „Außenhandel" eintreten, und falls sie nicht konnten: lag es daran, dass sie zu viele Leute versorgen mussten, oder einfach schnöde daran, dass sie zu wenig Geld hatten?

Čajanov und nach ihm viel „ökonomistischer" Landau/Tomaszewski haben den Mechanismus gut beschrieben, der gerade in Krisenzeiten und gerade in Regionen wie Polesien ein Verhalten der Bauernfamilien begünstigt, sich der Geldwirtschaft nicht zuzuwenden, ja, sich von ihr sogar abzuwenden. Insofern führten Landau/Tomaszewski in der Historiographie Analysen der Gründe für die Stabilität der geldlosen Wirtschaft in den polesischen Dörfern ein. Sie haben, noch ökonomisch argumentierend, festgehalten:

> „In Polesien und Nowogródek konnte man eine beinahe urgeschichtliche Wirtschaftsweise antreffen. Der Bauer fertigte selbst seine Hausgeräte, Schuhe und Werkzeuge, als Beleuchtung diente der Kienspan. Seine Verbindung mit der Geldwirtschaft beschränkte sich auf die Bezahlung von Steuern und Versicherungen, auf den Kauf von Salz und manchmal von Tabak. Unumgängliche Transaktionen auf den lokalen Märkten beruhten

63 Tołpa 1936, S. 113.
64 AAN Bestand 2478 KOP, Sign. 9, 1935, Blatt 100-108, Woszczyński, Władysław. Instruktor oświaty Bataljonu K.O.P. „Dawidgródek", Gminy Horsk i Dawidgródek, powiat stolińskiego, hier Blatt 105.

oft auf dem Austausch Ware gegen Ware. Auch die Arbeiter auf den Gütern wurden gewöhnlich mit Naturalien entlohnt."[65]

In den Jahren der Wirtschaftskrise erweiterte sich der geografische Bereich der geldfreien Wirtschaft noch auf zentral- und südpolnische Dörfer.[66]

Landau und Tomaszewski erkannten die solcher bäuerlicher Wirtschaft innewohnende, nicht nur moralische, sondern auch wirtschaftliche Rationalität für die Bauernfamilien selbst. Ein Faktor war, dass die „periphere Lage zu den Industriezentren bewirkt[e], daß die Transportkosten die herbeigeschafften Industriewaren beträchtlich verteuerten";[67] ein anderer, dass „(sich) selbstverständlich in der Wirtschaft immer irgendeine Beschäftigung (fand). So ein „überflüssiges" Familienmitglied hütete eine Kuh auf der Wiese, ging viele Kilometer zum Markt, um irgendetwas zu verkaufen oder zu kaufen, machte sich im Hause nützlich. Das ersparte Ausgaben."[68] Wäre ein Industrielohn eine realistische Alternative gewesen, hätte man im polesischen Dorf vielleicht umgedacht. „Doch im Kleinbetrieb rechnete man anders, denn wenn es keine anderen Arbeitsgelegenheiten gab, verkörperte die Zeit der Hausgenossen keinen Wert."[69] In der marxistischen Sprache Landaus und Tomaszewskis fand sich folgendes Fazit: "Alle hatten also die Hände voll Arbeit, wenn das auch oftmals bedeutete, daß die Kräfte des Landmanns vom gesellschaftlichen Standpunkt aus vergeudet wurden".[70] Verständlich war daher, dass „der polesische Bauer nach dem Erhalt des Bodens strebt, sogar, wenn er nicht von ihm nicht zu überleben vermag".[71]

Keine Einkaufsläden. Nicht nur Grundsatzentscheidungen wie die über (Ver)-Kauf oder (Ver-) Pachtung von Boden, auch ganz alltäglicher Austausch wurde erst allmählich über Geld abgewickelt. Es gab in abgelegenen polesischen Dörfern keine Einkaufsläden für Nahrung, Stoffe oder Haushaltswaren.[72] Angesichts dessen, dass es in den Familien, zumindest in den Dörfern stets genug Menschen gab, die Waren des nichttäglichen Bedarfs von weiter weg herholen konnten, oder städtische Krämer, die auf die Dörfer gingen oder fuhren, angesichts dessen, dass der Geldumlauf gering geblieben war, hätte kaum einer allein von einem Einkaufsladen leben können. Wohl aber entwickelten sich Läden (besser: Verkaufspunkte) als Zuerwerb von bäuerlichen Höfen.

Wie der Teig gehärtet wurde: Getreide, Fisch und Waldprodukte als Nahrung

Es gab keine professionelle Bäckereien. Jede Familie backte selbst am Herd. Dies war so eingeübt, dass es vielleicht angebracht ist, den Begriff „Familie" in Polesien weder über Blutsverwandtschaft noch über Eheschließung zu definieren, sondern als eine Gruppe vonmindestens zwei Menschen, mit demselbem Herd, und die vom am selben Herd gebackenen Brot aßen.

65 Landau/Tomaszewski 1986, S. 131-132.
66 Ebenda, S. 132.
67 Ebenda, S. 132.
68 Ebenda, S. 131.
69 Ebenda, S. 132.
70 Ebenda, S. 132.
71 Biskupski 1931, S. 21.
72 Handel na wsi, In: Polesie. Organ wsi poleskiej Nr. 4 (26.08.1928), S. 8.

Es gab auch nicht die Tradition des Dorfbackofens oder des Abbackenlassens, die in der Eifel die Vorstufe zu der Herausbildung von ständigen Bäckereien darstellten.[73]

„Zu jeder Mahlzeit gibt es Vollkornbrot, ohne welches der Poleschuk nicht leben kann. Deshalb[74] ist das Brotbacken ein besonderes Privileg der Frau.“ Eine junge Hausherrin müsse zuerst das Backen erlernt haben. Zudem müsse jede Hausherrin Brot auf Vorrat haben. „Das Brot wird einmal je Woche gebacken“, in der Regel 8 Laibe. Das Brot werde in einem Backtrog hergestellt, in der ein Teil des Teigs vom letzten Mal steht, dann Mehl hinzugefügt. Nachdem der Teig über Nacht aufging, wurde das Brot zwei Stunden lang gebacken. Nur zweimal im Jahr, zu Weihnachten und Ostern, wurden Weizen-Brötchen gebacken, „die Reicheren geben noch etwas Zucker und Rosinen hinzu.“[75]

Getreide war in Polesien Mangelware. Eine Familie aus dem Dorf kaufte dort kein Getreide ein, wohl aber in den Schteteln. Dieses haben sie allerdings nicht aus „Überschüssen“ aus anderen Dörfern bezogen, sondern von außerhalb Polesiens. Man kann das auch an den Preistabellen für Getreide sehen, die in der polesischen Zeitschrift *Ziemia Poleska* abgedruckt wurden: Der Preis für Roggen war 1932 in Warschau niedriger als in Brest, Kobryn, Drahičyn, Pinsk oder Stolin.[76] Die Folge war, dass sich auch die Verarbeitung von Getreide nicht entwickelte. Mühlen blieben größtenteils „primitiv”. Es existierten keine großen Ölmühlen *(Olejarni)*.[77] Auch boten Brauereien keine gute Qualität, konnten aus diesem Grunde nicht konkurrieren. Dennoch muss die Frage gestellt werden, warum sich die Industrie, insbesondere die Nahrungsmittel- und Holzindustrie nicht noch stärker entwickelte, wo doch in den polesischen Dörfern und Städtchen Arbeitskräfte noch billiger als in anderen Regionen Polens gewesen wären.

Viele Fische in Polesien. Die Ackerbaufläche blieb in Polesien unterdurchschnittlich groß. Ernährten sich die polesische Landbevölkerung also eher von Milch und Fleisch? Hepke und Boyd gingen davon aus, dass die Menschen vorwiegend von Fisch lebten.[78] Wir sollten die hohe Fischquote als das vielleicht wichtigste Wunder Polesiens[79] ansehen, denn diese eiweißreiche Nahrung war doch sehr wichtig für die Gesundheit, konnte den Verzehr von Säugetier- und Vogelfleisch überflüssig machen. Fische gab es zuhauf, weil sie in den noch dünner besiedelten und noch wenig erschlossenen Gebieten in Mengen vorhanden waren, zwar nicht im Morast, aber in seichten Gewässern, die ja in der Tauwetterperiode größere Flächen einnehmen konnten als zu anderen Zeiten.

Fischfang. Talaka. Jahreszeiten. Der Hecht. Die polesischen Männer fischten sowohl gemeinschaftlich als auch individuell. Die gruppenweise Fischerei ist als *talaka* zu einer dörflichen Institution aufgewertet worden. Allerdings mahnt Akudowitsch zu Mäßigung:

73 Zender, Matthias: Das Volksleben in den Rheinlanden seit 1815, In: Wirtschaft und Kultur im 19. und 20. Jahrhundert (=Rheinische Geschichte in drei Bänden, Band 3, Düsseldorf 1979, S. 759-868, hier S. 785-792.

74 Warum „deshalb“?, Anm. D.S.

75 Kobieta na Polesiu, hg. Koło Krajoznawcze Uczniów Gimn. Państ. im. Marsz. J. Piłsudskiego, Pińsk 1939, S. 44-45.

76 Ziemia poleska, 1932, Rok 1, Nr. 1, S. U3 und U4.

77 Wid 1928, S. 30.

78 Hepke 1934; Boyd, Louise A.: The marshes of Pinsk, In: The Geographical Review, 1936, S. 376–395.

79 „Polesia Czar“ war der Titel eines polnischen Tangos über Polesien.

die *talaka* sei keine Leidenschaft der belaruthenischen Bauern gewesen und sie sei allzu sehr als eine zwar informelle, aber doch feste Institution betrachtet worden.[80] Wie auch immer, auch beim gemeinschaftlichen Fischfang fiel etwas für die Familien ab. Meine nicht mit Datenmaterial unterfütterbare These ist, dass Fische nicht einfach ein zusätzliches gelegentliches, sondern – je nach hydrotopographischer Situation – Grund-Nahrungsmittel darstellten. Denn die Fische waren relativ leicht zu fangen, manche schafften dies sogar mit bloßen Händen.[81]

Im Winter konnten Fische durch die Eislöcher gefangen werden. Franciszek Wysłouch scheint diese Methode nicht geläufig gewesen zu sein, so begeistert schrieb er darüber. Gerade im Winter, als die Bauern sonst wenig zu essen hatten, dürften Fische eine wichtige Nahrungsquelle gewesen sein.[82]

Hechte zu erlegen erforderte hingegen zwar große nächtliche Geduld, doch die Ernte enthielt reiche Kalorien. Gerade die zeitweilig breit, aber niedrig überschwemmten Wiesen Polesiens stellten ein günstiges Milieu für Hechte dar.[83] Sie konnten unter guten Bedingungen gut gesehen werden, denn eine glatte Wasseroberfläche aufgrund von Windstille, Vollmond und ein klarer Himmel rufen Licht-Reflexionen der Hechte hervor. Bei bestimmten Konstellationen sprangen Hechte sogar selbst in den Bootskahn.[84]

Fische auf Märkten und ihre Preise. Dass Fische und Krebse eine häufige Nahrung darstellten, lässt sich indirekt auch dadurch belegen, dass sie auf die Märkte zum Verkauf gebracht wurden.[85] Fische wurden zu geringen Preisen verkauft. „Und auch dort [in der Stadt mit Eisenbahnanschluss] werden noch lächerliche Preise gezahlt. Wir sahen in Pinsk z.B. Hechte und Schleie, die mit 20-40 Groschen pro Kilo angeboten wurden, wir kauften Krebse das Schock mit 1,00 zł. Das zahlt man jedoch nur, wenn man direkt beim Fischer kauft; denn der Händler diktiert auf dem Markt, und bei Absatzmöglichkeit in die Großstadt selbstverständlich ganz andere Preise."[86] Dies ließ erstens darauf schließen, dass es einen Überschuss gab, und zweitens, dass nicht nur wenige diesen veräußern wollten.

Auf dem seit 1936 betriebenen „polesischen Jahrmarkt" in Pinsk trat ein Fischer-Zirkel (*Koło rybackie)* auf. Widersprüchliches ist zu lesen: Dass die Bauern den Fisch grundsätzlich lieber konsumierten statt ihn zu verkaufen, rief weitere unerwünschte Ergebnisse hervor: doch nicht selbst gegessene Fische wurden „verhökert, meist spottbillig". Über diese Wirkung der Marktmechanismen war der Modernisierer frustriert. Die sogar in der Laichzeit gefangenen Fische würden auf entfernt liegenden Märkten in einem oft schon beschädigtem Zustand angeboten und untergrüben das Vertrauen zu polesischen Fischen.[87] Wir

80 Akudowitsch, Valentin: Der Abwesenheitscode. Versuch, Weißrussland zu verstehen, Berlin 2013, S. 80.
81 heutzutage: Hejke, Krzysztof: Polesie, Poznań 2009, S. 62-63.
82 Ebenda, S. 161.
83 Wysłouch, Franciszek: Echa Polesia, Londyn 1979, hier nach der Neuauflage Łomianki o.J., S. 160; vgl. https://de.wikipedia.org/wiki/Hecht#Vermehrung.
84 Wysłouch, Franciszek: Echa, S. 166.
85 Mackiewisz 1938, S. 112; Tomaszewski 1963, S. 106f., dass die Bauern den Erwerb von Fischereiwerkszeugen in Fischen abzahlten.
86 Hepke 1934, S. 15.
87 Kozłowski, Jan Zygmunt: Pierwszy „Jarmark Poleski" w Polsce Odrodzonej, Brześć n/B. 1937, S. 26-28.

können rätseln, ob er den Bauernfamilien vorwirft, dass sie verkauften, oder, dass sie nicht verkauften; deutlich wird in jedem Fall das Anliegen des Autors, dass die Polesier mehr Fische und zwar in besserer Qualität auf den Markt bringen sollten.

Hebung der Fischwirtschaft. Eine solche bessere Vermarktung sahen Zeitgenossen in einer Modernisierung der Fischwirtschaft: in einer besseren Organisation sowie einer besseren Kapitalausstattung. Man hatte sehr wohl ein Auge auf die Fischwirtschaft geworfen, und ungeachtet der Schichten- oder Klassenverhältnisse bemängelte der schon zitierte Bewerter des Ersten Jahrmarkts in Pinsk, dass „die Fischwirtschaft in Polesien ist nicht rationell organisiert“ sei und bedauerte: „Die Kleinbauern kümmern sich offensichtlich nicht um den Zustand der Fischbrut *(zarybienia)*, versuchen vor allem möglichst viel Fisch zu fangen, und ihn dann zu konsumieren“.[88]

Das Programm einer unhinterfragten Modernisierung, das Unverständnis gegenüber der bäuerlichen Wirtschaft ist hier schon in wenigen Zeilen zusammen gefasst. Die Intervention zielte konkret auf die Propagierung von Aufklärung durch entsprechende Zirkel.

> „Diese Zirkel vereinigen Fischer wie auch Bauern, die sich mit Fischfang befassen oder mit dem Aufkauf von Fischen. Es werden auch Fischsektionen bei den örtlichen Lebensmittelgenossenschaften eingerichtet. Daher soll man in Polesien eine Fischwirtschaft aufbauen, eine Reihe von modernen Eiskellern sowie Fischkonservenwerke bauen, Fischbrut in geschlossene Seen aussetzen, strengste Rigorosität bei der Respektierung der Fischereivorschriften durchführen, schließlich die Organisation des Absatzes von Fisch über die dafür bestimmte Firma stützen.“[89]

Denn Fisch sei ein wichtiger Exportartikel. Die derzeitige polesische „Fischproduktion“ [!] liege bei über 1.500.000 kg, darunter 1.300.000 kg aus Flüssen und Seen.

Dem Autor schwebte eine höhere Anzahl von Fischen und Fischteichen, insbesondere mehr Zuchtgewässer vor. Er schlug vor, eine Erhöhung der Zahl der Lagunen vorzunehmen sowie „lebendige Propaganda und didaktische Arbeit unter der polesischen Bevölkerung“ mit dem Ziel eines Übergangs zu geplanter und rationaler Wirtschaft durchzuführen. Wenn solche Investitionen in die Fischindustrie erfolgen würden, „dann hat die Fischwirtschaft in Polesien eine große Zukunft vor sich“.[90]

Meinte es Jan Zygmunt Kozłowski wirklich gut mit den Fischern (oder Bauern, die auch fischen), oder wollte er für die (außerpolesischen) Konsumenten modernisieren? Wem wünschte er, etwas von geschlossenen Seen zu haben? Im Zusammenhang mit einem Lob der Raziwiłł-Ordination scheint auf, dass er die Implikationen der Schichtung der Verhältnisse für die Möglichkeit und Unmöglichkeit, die Fischhaltung an den Warenmärkten zu orientieren, nicht berücksichtigte.

Fischproduktion versus Fischfang. Deutlicher als mit einer Gegenüberstellung der Begriffe „Fischproduktion“ und „Fischfang“ kann man die unterschiedliche Lebenskunst und die unterschiedlichen Wirtschaftsstile von bäuerlicher Lebensmittelbeschaffung und industrieller Warenproduktion eigentlich nicht zum Ausdruck bringen. Während der Jahrmarkt-

88 Kozłowski 1937, S. 26-28.
89 Kozłowski 1937, S. 27-28.
90 Ebenda, S. 27-28.

mann den Warenanteil an der Fischwirtschaft heben wollte, war für die traditionelle Fischwirtschaft der Einheimischen ein Fisch-FANG eine ziemlich unmittelbare Nahrungsquelle.

Fischfang als Möglichkeit, „natürlich" die Bedingungen zu verbessern, war auch schon zuvor ein Vorschlag. Leider werde diese Möglichkeit nicht voll ausgenutzt,[91] „denn der Fischfang war in vielen Gegenden eine Quelle von kleinem Einkommen – nirgendwo jedoch Quelle des Wohlstands".[92] Und weiter:

> „Die größten Mängel wurden bei der Sortierung von Fischen" und deren geeignetem Transport zu Städten in den Tiefen Polens festgestellt. Auf dem lokalen Markt, an Orten, wo die meisten Landwirte ihren Fang betrieben, konnten die von professionellen Fischfängern gefangenen Fische keine befriedigenden Preise erzielen. „Es fehlte eine entsprechende Selbstorganisation der Fischer, was durch die Händler ausgenutzt wurde, die den Preis für [den Ankauf] dieses Produkt[es] senk[en konn]ten."[93]

Fassen wir zusammen: neben augenfälligen Dingen wie zu langen Transportwegen und zu großer Diversität waren es wieder die grundsätzlichen *terms of trade* und eben die Tatsache, dass man in den Dörfern diese eiweißreiche Nahrung selbst verzehrte, die dazu führten, dass die Geldwirtschaft in einem als potenziell profitabel angesehenen Wirtschaftszweig wenig Einzug erhielt.

Bäuerliche Jagd? Bäuerlicher Tierfang! Bauern hatten grundsätzlich keine Rechte, im grundherrlichen Wald zu jagen, und Bauern hatten keine gute Ausrüstung, um im Wald zu jagen. Gleichwohl war es für die Bauern und auch spezielle „Waldbrüder", wie ich sie in Analogie zum Baltikum nennen will, ein Gewohnheitsrecht, auch „aus dem Wald zu leben". Was den alten und neuen polnischen „Herren", also den Waldbesitzern und der staatlichen Forstwirtschaft als Wilddieberei galt, (siehe oben, Unterkapitel Waldwirtschaft), war für die Bauernfamilien kein Sport, sondern eine Organisation des Überlebens. „Herrschaftliches" und „bäuerliches" Erlegen von Wild standen sich weiterhin gegenüber. Wysłouch benutzte, wie gesehen, zu dieser Unterscheidung einfach mit *myśliwy* und *ochotnik* den polnischen und russischen Begriff für Jagd.[94] Dabei waren die *myśliwy* eher Jäger, denen es auch auf die Präsentation von Trophäen ankam, die *ochotniki* hingegen eher, wie ich es nennen will, Tierfänger. Geert Mak berichtet, dass man bis heute im Norden der USA von „Bärenernte" *(bear harvest)* spricht.[95] Ähnlich, wie also das Angeln vom Fischen zu unterscheiden ist, so sollte die Waldjagd vom „Wildtierfang" (in Analogie zu „Fischfang") unterschieden werden.

Waldwirtschaft. Die Einheimischen nutzten die Wald-Servitute auch, um Tiere erlegen zu können. Der Wald wurde als Allmende, oder als niemandem gehörig begriffen, so drückte es Wysłouch aus,[96] aber die abnehmende Waldmenge und die zunehmende Bevölkerung brachten die Frage des Besitzes, der Jagdrechte und ihrer Durchsetzung nur noch stärker auf die Tagesordnung. Und auch früher war der Wald vielleicht ein de facto rechtsfreier

91 Jarmarki Poleskie – próba aktywizacji życia gospodarczego, Kraków 2013, S. 15.
92 Gazeta Poleska, 21.07.1935, Nr. 30.
93 Gazeta Poleska, 15.09.1935, Nr. 37.
94 Wysłouch: Echa 1979, S. 179-180.
95 Mak 2014, S. 162 hat es in der Nähe von Burlington aufgeschnappt.
96 Wysłouch, Franciszek: Echa Polesia, [1979], nach der Ausgabe Łomianki o.J., S. 177-184.

Raum, – besser gesagt ein Raum, in dem das Recht des Stärkeren galt, und galt tatsächlich für viele als eine *no-go-area*.

Vielen dürfte es ergangen sein wie mir: durch die Lektüre der Bücher von Peter Wohlleben verstand ich, was es alles konkret bedeutet, dass, ähnlich wie bei der Haustierhaltung und bei der Fischzucht, auch in der Waldwirtschaft unter Einsatz von Düngemitteln, Futter und anderem Materialeinsatz das Maximale aus dem Boden herausgeholt wird, dass die moderne Form der Waldhute eine regelrechte Tierzucht ist, und dass wir von einer Massenpflanzenhaltung sprechen sollten.[97] Ist es aber nur ein neues Phänomen und nur eine Phänomen dichtbesiedelter Gebiete, dass dass Tiere „angefüttert" werden?

Machen wir uns klar, dass selbst das Bild von zufällig erlegten Wildtieren und gepflückten Pilzen und Beeren idyllisiert ist, und zwar nicht nur wegen der harten Lebensbedingungen der Menschen, die Waldwirtschaft zu betreiben [!] nötig haben, sondern auch, weil die Ökologie von Wäldern schon dann menschlich mitbestimmt ist, wenn es noch gar nicht zu den von Wohlleben beschriebenen Phänomenen kommt.

Genussmittelkonsum als Eintrittstor in die Geldwirtschaft? Alkohol und Tabak. Um das, was wir nach wie vor Genussmittel nennen, beziehen zu können, brauchte man teils Geld (wie beim Tabak), zumal die Produktion nicht in der eigenen Region gewährleistet werden konnte. Alkohol wurde hingegen möglichst selbst produziert. Nicht nur konnte man dadurch außerhalb der Geldwirtschaft bleiben. Mehr noch, der Wodka (*harėlka)* wurde bald Ersatz-, bald Leitwährung. Noch 1992 war dies in den Dörfern im Regierungsbezirk Novgorod (Russland) so.

Entdeckung von Schwarzbrennerei. Der polnische Staat wollte dagegen vorgehen, dass Schnaps selbst gebrannt wurde. In der Inflationszeit wurde die Prämie für Aufdeckung von Schwarzbrennerei mehrmals erhöht, in Polesien beispielsweise am 18. September 1922 von 9.000 auf 45.000 Mark, am 30. September 1922 von 90.000 auf bis zu 450.000 Mark. In ihren internen Rundschreiben stellte die staatliche Polizei heraus, dass ihre Mitarbeiter solche Prämien tatsächlich bekamen. Am 29.8.1922 würde einer 15.000 Mark für das Aufdecken einer Brennerei bekommen.[98]

Zudem versuchte man, den Wodkaschleichhandel durch Festsetzen von Höchstmengen zu kanalisieren. Bis zu immerhin 7,2 Liter Spiritus und Wodkaprodukten durften transportiert werden.[99] Soweit ging das Misstrauen gegenüber den niederen Angestellten der Staatlichen Polizei, dass sie angewiesen wurden, nach der Entdeckung von Selbstgebranntem sich nicht vom Ort der Beschlagnahme fort zu bewegen, sondern telefonisch die Kreiskommission zu informieren. Man versorgte den Außendienst mit Informationen darüber, welche Läden welche Öffnungszeiten haben durften.[100] Durch solche Maßnahmen wurde weniger die Schwarzbrennerei als solche erfolgreich beschränkt, als speziell die Sphäre der Geldzirkulation; mag sein, dass es dem Staat ohnehin mehr um Abschöpfung durch Steuern und um Straferhebung auf illegalen Alkoholhandel ging – für diejenigen, die in der Barter-Sphäre des Bauernhandels verblieben, dürfte sich wenig geändert haben.

97 Wohlleben, Peter: Der Wald. Eine Entdeckungsreise. 3. Auflage, München 2016.
98 AAN Bestand 2478, Sign. 1527, Blätter 31, 35, 36 sowie 37.
99 Ebenda, Blatt 31, VI. Transporty spirytusu i wyrobów wódczanych: Wyjaśniam funktjonarjuszom P.P. że zgodnie z [...] Dz.U. RP 10.05.1922, Nr. 33, poz. 274 par.8.
100 Ebenda, Blatt 24, 32.

Hygiene und Gesundheit

Ein weiterer, von den Modernisierern als weitaus sinnvoller erachteter Bereich, der von der Geldwirtschaft wenig erfasst wurde, war der der Hygiene und der Gesundheit. Man tätigte, wenn wir einem Schüler der Pinsker Józef-Piłsudski-Schule glauben sollten, wenig Ausgaben für Seife und Handtücher: Um die typische persönliche Hygiene in Polesien zu studieren, müsse man in ein von Sümpfen umgebenes echtes polesisches Dorf gehen. Nur hier könne man studieren, dass die Einheimischen sich zuerst die Hände, dann das Gesicht und schließlich die Ohren waschen würden. Selten habe in einer Familie jeder ein eigenes Handtuch. Sonntags wurden Handtuch und Unterwäsche gewechselt. Und selbst dieser Vorgang sollte nicht als profan angesehen worden sein: Wenn er nicht erfolge, dann bringe das jemand Anderem Unglück. „Nachtwäsche kennt man in Polesien nicht", und „das Baden im Fluss oder See ist relativ selten, [erfolge] einige Male im Jahr, in sehr kurzem Zeitraum" auf Anraten des Hl. Elias. Man trage dabei ein altes Hemd, benutze dann keine Seife, denn die würden ja nur für Hände, Ohren und Gesicht benutzt, und „an den Beinen schaden". Im Sommer gehe man barfuß.[101] Es fällt heute eine Einschätzung schwer, wie ernsthaft eine solche Beschreibung war. Die Broschüre betrieb jedenfalls kein Othering, wollte eher eine Beschreibung der Heimat als der Fremde sein.

Auch der Vorkriegsabsolvent Rudolf Rolecki, selbst ein Polesier, stellte nüchtern fest, dass dort, „wo die ganze Familie auf dem Ofen schläft, in den selben Joppen und Schafspelzen, die man auch den ganzen Tag trägt, von einem ausreichenden Niveau von Hygiene keine Rede sein kann."[102]

Gesundheit, Toilette, Körperpflege, Hygieneinfrastruktur. Und dass die Autorinnen und Autoren nicht nur eine Welt blinden Aberglaubens beschreiben wollten, ist an einer anderen Stelle nachweisbar: Wenn jemand krank wurde, dann ging man nicht zum Feldscher: „Zum Feldscher gehen nur die Herren, denn sie haben viel Geld, aber wir die Dörfler, haben immer noch unsere Einflüsterer *(„szeptuchy")* und Kurpfuscherinnen.[103] Der Autor der Piłsudski-Schule erfuhr von seinen Befragten als Begründung hierfür, dass sie kein Geld hätten, und nicht etwa, dass sie Feldscher misstrauten.

Es ist mir fast unangenehm, etwas über den schon oft analysierten Hygienediskurs zu schreiben, weil dies entweder dazu beiträgt, diesen als biologistisch zu denunzieren oder aber ein gewolltes oder ungewolltes Verständnis für mitunter drastische Maßnahmen zeigt, wie sie zum Beispiel im Ersten Weltkrieg in den Entlausungsstellen vorgenommen wurden. Doch ist das Ganze zu aussagekräftig, als dass ich mich davor drücken könnte:

„Und das Eindringen des Beamten auf den Hof, das Nachforschen nach Sauberkeit, die hygienischen Anordnungen – das sind alles Dinge, ohne die die polesische Wirtschaft früher auch bestand und die heute Ärger und Verdruß bedeuten. So ging man zum Beispiel früher hinter das Haus oder in den Stall, um seine Bedürfnisse zu verrichten. Heute verlangt ein Beamter, daß man ein besonderes Holzhäuschen für diesen Zweck errichtet. Das ist, bei der allgemeinen Armut jener Landstriche, eine bedeutende Belastung. Und nicht genug da-

101 Kobieta 1939, S. 46-47.

102 Rozprawa Rudolfa Roleckiego poświęcona Czudzinowi (oprac. Jerzy Tomaszewski), In: Białoruskie Zeszyty Historyczne. Z. 26 (2006), S. 141-217, hier S. 201.

103 Kobicta 1939, S. 59.

mit, daß man diese Holzhäuschen errichten muß – sie müssen auch noch sauber gehalten werden! Der Beamte kommt von Zeit zu Zeit und überzeugt sich davon, ob diese Häuschen auch sauber sind – falls nicht, setzt es Strafen! Unter solchen Umständen geht man natürlich wie bisher in den Stall oder hinter das Haus und der Polizeibeamte kann zufrieden melden, daß alle Aborte in dem Dorfe in sauberem Zustande vorgefunden wurden! Und der Verfasser hat in der Tat Dörfer mit Reihen solcher unbenutzten schönen Holzhäuschen gesehen."[104]

Legion sind die Berichte über ungewaschene „Poleschuken"[105] und legendär die Berichte über das verfilzte Haar,[106] aber der Landeskundezirkel des Piłsudski-Gymnasiums in Pinsk hatte schon mitbekommen, dass sich eine Poleszanka mit Eisendraht die Haare ondulierte.[107]

Wärme: Kleidung, Hausbau, „Wohnen", Zündholz

Egal, ob Alltags- oder Festtagskleidung, auch diese fertigte die Landbevölkerung selbst an, in mehreren mühsamen Arbeitsschritten. Es war äußerst arbeitsaufwändig Kleidung aus Leinen selbst herzustellen. Wahrscheinlich hatte nicht jede Familie die Möglichkeit hierzu. In der östlichen Belarus' war der Pidžak aufgekommen.[108] Auf den Westpolesierinnen zeigenden Fotos überwog das Leinenhemd, doch belegen kann dies aufgrund der besondereren Fotografiesituation wenig.

Gehen wir von der zweiten zur dritten Haut über. Zwar war der Verfassung zufolge „Die Wohnung des Bürgers unantastbar."[109] Aber selbst ein kleines, wärmendes, Regen und Schnee abhaltendes und „unantastbares" Haus zu bauen konnte an Grund und Boden und an Holz scheitern. Zu Anfang der 1920er Jahre lebten nicht wenige Familien, besonders Rückkehrer, in Erdhütten. Eine Zweiraumwohnung (besser: ein Zweiraumhaus) galt als Luxus. Es musste Platz in der kleinsten Hütte sein. Vor diesem Hintergrund zeigt sich, wie existenziell die Konflikte um Holzschlag für die armen Familien waren.

Dies galt auch für das Heizen. Neben Torf (wo vorhanden) war Brennholz das wesentliche Heiz-Material, das von Dorfbewohnern nicht gekauft wurde. Kohle war in Polesien „unbekannt, da zu teuer".[110]

Das Vermeiden von Geldausgaben (im Gegensatz zu Arbeitsverausgabung) führte in Polesien sogar dazu, dass „statt Zündhölzern man Feuersteine (verwendete), und man behalf sich sogar damit, daß man die Glut in der Asche bewahrte."[111] Doch nicht nur die Flucht in die Eigenversorgung mit Feuer wurde begünstigt, sondern es gab auch einen illegalen Han-

104 Hepke 1934, S. 17-18. Die angeordneten Holzhäuschen sind bis heute als Sławojka bekannt (https://pl.wikipedia.org/wiki/S%C5%82awojka), benannt nach dem Ministerpräsidenten von 1936 bis 1939, Felicjan Sławoj Składkowski.
105 Orynżyna 1937, S. 73.
106 Foto in Ossendowski [1934] 2015, S. 13; zu „Weichselzopf" siehe auch Scharlaj, Marina: Null und Atlantis: metaphorische Konzeptualisierung des Weißrussischen, München [u.a.] 2012, S. 283.
107 Kobieta 1939, S. 48.
108 Kaspjarovič, Halina: Matėryjal'naja kul'tura belaruskaha naroda: Adzenne, In: Naviny Belaruskaj Akadėmii Navuk, Minsk, 05.03.1993.
109 Verfassung vom 17. März 1921 == http://www.verfassungen.eu/pl/verf21-i.htm, §100.
110 Hepke 1934, S. 23.
111 Landau/Tomaszewski 1986, S. 163; vgl. Kosinski, Jerzy: Der bemalte Vogel, Frankfurt/Main 1968 [Malowany ptak].

del mit Feuerzeugen aus Deutschland.[112] Dieser dürfte sich aber auf die Westgebiete erstreckt und Polesien nicht erreicht haben.

Was also kaufte eine polesische Bauernfamilie? Salz, Zucker, Petroleum, Grabesstätten und Steuern

Eine normale polesische Familie, die aus der traditionellen geldlosen Wirtschaft nicht herauskam, hatte dennoch ein Budget für Waren einzuplanen, die in der Regel nur gegen Geld zu erwerben waren. Neben den Zündhölzern war dies vor allem das Salz.[113] Das einziges Nahrungsmittel, an dessen Verwendung kein Mensch vorbeikam (vergleiche verschiedene Märchen mit dieser Aussage als Pointe), galt es in jedem Fall zu beschaffen. Gerade deshalb, weil Salz nicht fehlen durfte, versuchte wohl eine „Salzmafia" im 19. Jahrhundert in Pinsk, ein faktisches Gebietsmonopol zu errichten, um so die Preise diktieren zu können.[114] Eher möglich war da die Vermeidung von Zucker, ein ebenfalls registriertes Phänomen. „In abgeschiedenen Weilern verzichtete man zuweilen völlig auf Zucker".[115] Ein weiteres Gut, das für die polesische Landbevölkerung zur Ware geworden war, war das Petroleum.[116] Schließlich galt es Geldmünzen mitzuführen, wenn jemand beerdigt werden sollte: Nachdem man mit Hilfe des Nachbarn den Leichnam „15 km weit" zum Pater gebracht hatte und die Zeremonie vollbracht war, übergab man zwei *groszy*, um den Grabesplatz zu bezahlen.[117] Dies waren geringe Beträge angesichts der Steuern, Pacht- und Ablösezahlungen, und der Bedienung von Baukrediten *(siehe unten)*, die nicht immer unverhältnismäßig hoch sein mussten, aber in Geld zu entrichten waren.

Allrounder und Geld

Es ist aus den angeführten Phänomenen leicht ersichtlich, dass die Güterproduktion der Bauernfamilien, die ein Stück Land besaßen, aber auch Dienstleistungen, in weit überwiegendem Maße außerhalb der Geldsphäre verblieben waren. Die bäuerliche Wirtschaft blieb eine entweder „geldlose" oder „Schulden-"Wirtschaft. Was vom Standpunkt des Staates egal sein konnte, solange die Steuern und Abgabenzahlungen eingingen, wurde für die Bauern zum heftigen Problem.

Ossendowski und andere behaupteten, dass „der Poleschuk" alles selbst anfertigte, dass er als Ackerbauer, Hirte, Jäger, Sammler, Fischer, Holzfäller, Schreiner, Zimmermann, Dachdecker, Wagner, Fassbinder und Fuhrmann unterwegs und zu Hause gewesen sei.[118] All diese Tätigkeiten konnten außerhalb der Geldwirtschaft verbleiben. Die ebenso vielseitigen „weiblichen" Tätigkeiten brauche ich nicht aufzuzählen, weil diese sowieso nicht in die Geldwirtschaft eingebunden waren.

---

112 Landau/Tomaszewski 1986, S. 163.
113 Express Poleski 03.12.1933, S. 7: „Wo doch die Poleschuken nicht einmal Geld für Salz haben".
114 Chvahina, Taccjana Arkad'eŭna: Pinsk. Sėrca Paleskaha kraju, Minsk 2014, S. 100, 103; Böhm, André und Maryna Rakhlei: Weissrussland. Mit Minsk, Brest, Hrodna, Homel, Mahiljoŭ [!] und Vicebsk, Berlin 2016, S. 221.
115 Landau/Tomaszewski 1986, S. 163.
116 Hepke 1934, S. 15: „und dafür etwas Petroleum zu erwerben."
117 Kobieta 1939, S. 64.
118 Ossendowski 1934.

Im Winter hatten die bäuerlichen Betriebe nicht viel mit Ackerbau und Weidewirtschaft zu tun.

Angst vor dem Geld? Gab es außerökonomische Gründe für den Verbleib außerhalb der Geldwirtschaft? Spielte hier eine Rolle, eine Autonomie, wenn nicht Autarkie als Schutz vor externen Interventionen anzusehen?

Eine erste Einschätzung geht davon aus, dass Barterhandel kein Ersatzhandel sein muss. Selbst dann bespielsweise, wenn es Überschuss gegeben hatte, konnte sich die Angst, übers Ohr gehauen zu werden, in einer Angst vor dem Geld überhaupt ausdrücken. Man kann dies ökonomisches oder psychologisches Phänomen nennen.

Aus volkswirtschaftlicher Sicht allerdings ist die Chance, bei Bartergeschäften übers Ohr gehauen zu werden, noch viel größer. Aus der Sicht derjenigen, die in die Geldkreisläufe nicht eingebunden waren, waren solche Sichtweisen aber befremdlich. Die Menschen werden überschlagen haben, wie viel Zeit, wie viel Mühe sie aufwenden müssen, um ihre Steuern zu bezahlen oder wie viel Aufwand sie als Opportunitätskosten hätten, um dasjenige selbst herzustellen, was sie käuflich erwerben könnten, und, ob sie es überhaupt käuflich erwerben könnten.

Denn schließlich kommen Barteraustäusche auch deshalb selbst in durchmonetarisierten Gesellschaften zustande, weil die beiden Parteien ihre Güter und Dienstleistungen für einen Wert anbieten, für den sie ihn auf dem Markt nicht losbekämen, dafür aber eine Ware oder Dienstleistung von dem Gegenüber erhalten, den sie auf dem Markt zu bezahlen nicht bereit wären.

Bargeld. Wie viel Bargeld gelangte also überhaupt in ein polesisches Dorf? Das Bargeld hatte (und hat) ja den Vorteil, dass es viel leichter transportiert werden konnte, auch innerfamiliär, dass es zwar vielseitig, aber in den allermeisten Fällen zum Bezahlen von Produkten nur der außerdörflichen Sphäre verwendet werden konnte. Eine Flasche Wodka *(Harėlka)* hätte hingegen vielleicht nicht einmal die Fahrt nach Hause „überlebt".

Ich stelle sogar die vorläufige These auf, dass die Tatsache, dass ab einem bestimmten Zeitpunkt auf den Marktflecken nur Geld akzeptiert wurde, zu einem noch größeren Kontrast zwischen Marktort und Dorf geführt hat. Die Reichweite des Staates erstreckte sich nur bis zum Marktort, nicht aber bis in den Sparstrumpf oder die Mitgifttruhe. Man kann auch noch weiter gehen: nicht nur die Tatsache, dass es das Geld war, das als Zahlungsmittel akzeptiert wurde, sondern auch diejenige, dass die Waren der Bauernfamilien größtenteils nicht sonderlich begehrt waren und ja auch kein Alleinstellungsmerkmal hatten, führte dazu, dass die Geldwirtschaft nur langsam in die polesischen Dörfer Einzug erhielt.

Geldeinkünfte der ländlichen Polesier. Aber Geldausgaben gab es, und um diese tätigen zu können, musste auf verschiedene Arten Geld in den Haushalt gelangen. Hierzu trug neben dem Warenverkauf im Wesentlichen die Lohnarbeit bei. Die Tagessätze für Hilfsarbeiten waren in Polesien allerdings besonders niedrig,[119] und zwar für Kinder niedriger als für Frauen, und für diese niedriger als für Männer. Eine nicht ausnahmsweise, sondern wesentliche Einbeziehung in die Geldwirtschaft war also die Auswärtsarbeit: In den westli-

119 Rižskij mir, kniga 1, 2014, S. 281.

chen Wojewodschaften Polens konnte man mehr verdienen. Ohnehin war im dünn besiedelten Polesien jede Arbeit, die nicht beim nächsten Gutsherren erfolgte, eine Auswärtsarbeit.

Auswärtsarbeit als Schule der Nation. Wir sollten nicht unterschätzen, dass die auswärtige Arbeit dazu beitrug, Polen als eigenes Land zu verstehen. Hier lernte die männliche wie weibliche (Frauen verdingten sich als Dienstmädchen oder fuhren nach Wolhynien zur Ernte[120]) polesische Bevölkerung andere, „polnischere" Regionen Polens kennen und wurde in Geld ausgezahlt. Das Stiftengehen, die Arbeit der Männer war grundsätzlich bekannter, weil sie – wie zu Hause – in sichtbareren Bereichen von Produktion und Dienstleistung arbeiten, Frauen hingegen vor allem in großer Zahl in eigenen und fremden Haushalten, aber auch auf Feldern arbeiteten.

Die saisonale auswärtige Arbeit *(otchožie promysly)* gab es bereits in der Zarenzeit als Massenphänomen. Zuletzt hat Frithjof Schenk darauf hingewiesen, dass die Einführung der vierten Holz-Klasse in den Eisenbahn-Passagierzügen auch damit begründet wurde, dass die Wanderarbeiter andernfalls zu viel Zeit mit dem An- und Abgang verbringen würden.[121] Auch aus Polesien ist dies gut bezeugt.

Nach nach der endgültigen Grenzziehung 1921 waren nicht nur die eingeübten Transportwege, sondern auch die eingeübte Arbeitsmigration aus Polesien nach Nordosten, Osten und Südosten abgeschnitten. Eine durch Deflation noch geförderte Arbeitslosigkeit machte sich in Polen spätestens in den 1930er Jahren breit, konnte in Polesien nur mit den klassischen „Čajanovschen" Methoden des Sich-Einigelns und der Reduzierung der Nahrungsaufnahme abgefangen werden,[122] aber immerhin besser als anderswo. Aber es gab nun weniger Möglichkeiten auswärts zu arbeiten. Die geografische Mobilität verbesserte sich in den Jahren der Wirtschaftskrise nicht mehr.

Doch grundsätzlich verlagerte sich das Auswärtsarbeiten nun nach Westen und begründete eine Neuorientierung der polesisch-außerpolesichen Beziehungen. Dass Männer und Frauen auswärts nicht nur Kost und Logie bekommen, sondern sogar Geld verdienen konnten, das machte die *terms of trade*, den gering geschätzten Wert der innerpolesischen Arbeiten erst so richtig deutlich. Wenn man auch auf die eigenen „polesischen" Leistungen und Fähigkeiten weiterhin stolz sein konnte, so breitete sich doch, wenn auch noch kein Minderwertigkeitskomplex, so doch „das Gefühl der Mittelmäßigkeit"[123] aus.

Dennoch, so die vorläufige These, wurde das Auswärtsarbeiten dadurch, dass es nur in Polen selbst oder sonst gleich ganz woanders, nämlich in Übersee möglich war, zu einer Schule der Nation. In *Polska A* musste man polnisch sprechen. Es gab sonntags keine orthodoxe Kirche.

Falls in Polen stattgefunden, band selbst das polnische Geld, das man dafür erhalten hat, die auswärts Arbeitenden an Polen, ließ sie zumindest gewärtig werden, dass „Polen" existiert: „Durch diese Reisen und Touren durch das ganze Land entwickelten sie ein Gefühl der ungeheuren Größe, von Macht und Reichtum der Rzeczpospolita."[124]

120 Hepke 1934, S. 16.
121 Schenk 2014, S. 149.
122 Vgl. Siebert 1998a, passim.
123 Obrębski 2007, S. 473.

Nicht wanderten auch in die beiden Amerikas aus. Nachdem die USA ihre Grenzen dicht gemacht hatten, waren dies insbesondere Kanada, zunehmend Südamerika.[125] In welchem Ausmaß es eine Auswanderung nach *Polska A* oder ins Ausland gab, und ob es von dort Geldübertragungen nach Polesien gab, darüber habe ich keine Anhaltspunkte gefunden.

Verkaufte Waren. Die zweite Geldeinkunftsquelle waren verkaufte Waren. Von dem Fisch war oben schon die Rede. Hepke ging davon aus, dass der Verkauf nur dann etwas einbringen konnte, wenn der Fischer seine Beute in einer Stadt absetzen konnte, die eine Bahnverbindung aufwies.[126] Er hatte wahrscheinlich nicht mitbekommen, dass Fische auch vor Ort an fahrende Händler verkauft wurden. Selbst Schilf und Heu wurde verkauft, vor allem aber Holz,[127] das zwar in Sägewerken und Furnierfabriken verarbeitet wurde, aber es gab keine einzige Papier- oder Kartonfabrik.[128]

Auf der Suche nach Wirtschafts- und Industriepolitik in Polesien. Der Geldgebrauch wurde in den 1930er Jahren aufgrund der makroökonomischen Krise noch eingeschränkt. Von 1930 an siegte der staatsgestützte Produktivismus in Gestalt von Faschismus, New Deal und Kommunismus weltweit. Auch in Polen sah man in der Industrialisierung einen Hebel zur Modernisierung, gerade auch zu mehr Verteidigungsfähigkeit. Für Polesien sind aber weder Projekte zur Industrieförderung, oder sogar Ansiedlung bekannt, noch zur Industrialisierung der Landwirtschaft.

Die Rede war vielmehr immer von der Erhöhung der Menge der Wald- und landwirtschaftlichen Produktion (Belege oben für Fischproduktion, aber auch die Agrarreformen und die Sumpfentwässerung sollten ja diesen Zielen dienen) und, damit verbunden, von der Möglichkeit, weitere Menschen in Polesien anzusiedeln. Eher nebenbei sorgte man sich auch um die Hebung des Lebensstandards der örtlichen Bevölkerung, die der in den 1930er Jahren unterdrückten polnischen, belaruthenischen und ukrainischen Opposition so sehr am Herzen lag. Eine sogenannte Intensivierung der landwirtschaftlichen Produktion bezog sich zwar grundsätzlich auf alle Produktionsfaktoren: Boden, Mensch und Werkzeuge/Kapital, der Schwerpunkt lag aber auf dem Boden, in zweiter Linie auf dem Menschen.

Das sumpfige „Ödland“, aber auch sumpfige Waldgebiete und sumpfige Weiden sollten ja melioriert werden. Zu diesem Zweck war man vor der Krise von 1929/1930, die erst 1935 ihren Tief- und Umkehrpunkt erreicht hatte, zu großen Investitionen bereit gewesen.

Es wurden auch Saathilfen angeboten. Erst Mitte der 1930er rückte neben dem Land der Mensch in den Mittelpunkt modernisierenden Interesses: In bescheidenem Umfang wurden Fortbildungskurse angeboten und genutzt, die landwirtschaftliche aber auch dorfindustrielle

124 AAN Bestand 2478, KOP, Sign. 9, Blatt 100-108 Woszczyński, Władysław. Instruktor oświaty Bataljonu K.O.P. „Dawidgródek“, Gminy Horsk i Dawidgródek, powiat stolińskiego, hier Blatt 104verso.

125 Mały Rocznik statystyczny 1(1930), S. 12: von 1925 bis 1929 aus ganz Polen 826.200 Menschen, darunter 549.800 in Europäische Länder, darunter 285.400 nach Deutschland und 234.900 nach Frankreich; 90.800 nach Kanada, 44.600 in die USA, 23.600 nach Palästina, nur 4.100 nach Südamerika; 1919 bis 1924 waren es noch 483.400, darunter 304.100 in außereuropäische und nur 179.300 europäische Länder, während im gleichen Zeitraum 1.181.800 Menschen repatriiert wurden.

126 Hepke 1934, S. 14.

127 Hepke 1934, S. 15-16.

128 Rižskij mir, kniga 1, 2014, S. 275.

Techniken verbreiteten. Hierbei hatten die produktivistischen Strategen insbesondere die Wintermonate im Blick.Erst an dritter Stelle kamen die Produktionsmittel. Wenn man will, kann man die Kopulationspunkte und das gesamte Veterinärwesen dazu rechnen, da Tiere ja im ökonomischen Denken sowohl Produktionsmittel (Zugtiere, Militärtiere, Milch, Wolle, in Polesien sogar Dung) als auch Produkte (Fleisch) waren. Geräte, Maschinen und landwirtschaftliche Fahrzeuge (Traktoren, Kombinen) hingegen wurden für Polesien nicht (oder kaum) propagiert.

Holzindustrie. Die Bedingungen für Ansiedlung von Industrie waren in Polesien eigentlich nicht schlecht: Insbesondere der „Rohstoff" Holz war in ausreichendem, wenn nicht reichem Maße vorhanden. Doch die holzverarbeitende Industrie lag in der Mitte der 1930er Jahre darnieder. „Heute liegt alles still. Von den sieben Sägewerken, die Pińsk besitzt, arbeiten eins oder zwei, aber nur für den Lokal- oder Inlandsverbrauch." Es gab „Betriebe [...], die heute eine Friedhofsstille aufweisen." „Und Export ist unmöglich. Rußland, Rußland, murmeln die Holzhändler, das ist der Schlüssel".[129] Die Holzhändler wollten bestimmt nicht eine Wirtschaft wie in der UdSSR, aber eine offene Grenze.

Der Staat versuchte 1933, die Holzwirtschaft selbst anzukurbeln. „Der Staat hat auf eigene Rechnung in den Wäldern Holz schneiden lassen und auf den Markt gebracht," doch auch dies „hat aber nichts gebracht". Man sei skeptisch gewesen, denn es existiere kein „organisch gewachsener, wirtschaftlich bedingter und fundierter Handel" und es seien „zu hohe Preise festgelegt worden"; die Förster wurden die Ware nicht los, sollten aber auf der anderen Seite nicht zu viele neue Bäume fällen. „Mit dem Holzhandel liegen auch sämtliche Wassertransport-Unternehmungen still. Die staatlichen Holztransporte werden natürlich auch von der Staatsbahn befördert. Trotz der zahlreichen Wasserarme Polens wird hierzulande nur 1 Prozent aller Frachtsendungen auf dem Wasserwege befördert", „Ohne Grenzöffnung und andere Belebung des Holzexports" werde „Pińsk [...] keinen Aufschwung mehr erleben."[130]

Zusammengefasst kann man für Polen trotz korporatistischer Ideen und Vorhaben dieses Verwaltungsstaates nicht davon reden, dass es einen New Deal gegeben hat.

Industrie: das Beispiel Gomberg, zweiter Sektor. Gomberg. Gerade wegen seiner Seltenheit ist das Beispiel von Samuel Gomberg so prägnant. Dieser kaufte an der Grenze zur Sowjetunion bei Mikaševičy/Mikaszewicze ein größeres Areal und baute eine Furnierfabrik, die Hunderte von Menschen beschäftigte. Es ist bezeichnend, dass, ähnlich wie die Handvoll Pinsker Fabriken, auch dieses Unternehmen nicht von einem „polnischen Katholiken" aufgezogen wurde: Gomberg war vom Judentum zum Protestantismus übergetreten. Er bezahlte seine Arbeiterinnen und Arbeiter korrekt bis gut. Ganz im Gegensatz zu den verbreiteten Annahmen, die Adligen hätten für ihre Untertanen gesorgt, während die Fabrikbesitzer hingegen nur auf – überdies schnelle und kurzfristige – Ausbeutung bedachten gewesen seien, ließ Gomberg ein Volkshaus und eine Kantine bauen, auch eine orthodoxe Kirche sprang bei seinen Initiativen heraus.[131] Wohl nicht ohne Stolz stellte Gomberg für

129 Hepke 1934, S. 19.
130 Ebenda, S. 20.
131 AAN 1183, Sign. 86, Blatt 9; vgl. Sign.493.

einen Reiseführer[132] Fotografien seiner Fabrik zur Verfügung. Seine Firmen Olza und Agahell – Aktiengesellschaften mit Beteiligung von Belgiern[133] – waren in dem hinteren Reklameteil des Reiseführers vertreten.

Zwei Reaktionen der Staatsmacht zumindest sind überliefert. Erstens gibt es einen Bericht von der Amtsärztin Maria Skokowska-Rudolfowa, in welchem sie ebenfalls die hygienischen Bedingungen der am Ende der damaligen polnischen Welt gelegenen Fabrik durchaus lobt: In ihrem auf einer kleineren Konferenz der Kreisärzte der Wojewodschaft Polesien in Pinsk im April 1935 gehaltenen Vortrag stellte sie vor, dass es in Gombergs Firma Waschräume, Kantine, elektrisches Licht gab.[134]

Die Sicherheitsstrukturen waren allerdings über diesen „nichtpolnischen" Menschen gerade auch deshalb beunruhigt, weil er seine Firma an der sowjetischen Grenze aufgebaut hatte. Die Untersuchungen ergaben, dass Gomberg auch eine Weile in der Sowjetunion gelebt hatte, und dass die KPZB die Devise ausgegeben hatte, im Falle einer Machtübernahme in der westlichen Belarus' Gomberg als „guten Pan"[135] zu behandeln. Die Autoren eines Dossiers gingen davon aus, dass Gomberg zur Befriedigung seiner Aktionäre mit den Zahlen über Vermögen und Liquidität der Fabrik jongliere.[136]

Zumindest zur Absicherung sandte der Wojewode Kostek-Biernacki einen Bericht nach oben. Gomberg selbst, der sich ohnehin hatte ausrechnen können, dass die Grenzlage seiner Firma den polnischen Behörden grenzwertig vorkam, wandte sich offensiv-präventiv an die Behörden in Brest, mit der Bemerkung, es habe ihn niemals irgendwer gefragt, ob er bereit wäre, von dort weiter ins Landesinnere wegzugehen, was er sich durchaus vorstellen könne.[137]

Doch eine Industrialisierung in der Nähe der Grenze hätte Militärstrategen wie Stefan Czarnowski[138] ja ohnehin nicht gefallen, da diese für einen sehr breiten Grenzstreifen bar jedweder Ansiedlung industrieller oder gar militärisch wichtiger Firmen plädierten.

Andere Industrie. Doch es gab auch einen katholischen Fabrikbesitzer. Von dem „erweiterten ganzen Haus" von Roman Skirmunt, das industrielle Produktionsstätten enthielt, war oben schon die Rede.[139] Doch kann niemand widerlegen, dass diese Aktivität eines Adligen ein Zufall war: sein Cousin Henryk beispielsweise interessierte sich für Kunst und Musik, Roman hingegen für wirtschaftliche Produktion im Manufakturbetrieb seines Vorfahren.

Die Industrie in Pinsk selbst war im Wesentlichen eine holzverarbeitende: die Streichholzfabrik, die Nadelfabrik von Lurie (mit 180 Mitarbeitern), die Sperrholzfabriken von

132 Marczak 1935.
133 AAN 1183, Sign. 86, Blatt 2.
134 AAN 15/0, Sign. 493, 6 Seiten, Ministerstwo Opieki Społecznej w Warszawie, 1935, Zjazd lekarzy powiatowych Województwa Polesie 1935, Blatt 4-5.
135 AAN 1183, Sign. 86, Blatt 9.; zu den Begriffen guter Pan und schlechter Pan vgl. Smaljančuk, Ales': Paleskaja vëska ŭ stasunku da Pana, In: Smaljančuk, Ales': Belaruskaja historyja: znajsci čalaveka, Minsk 2013, S. 138-154.
136 Ebenda, Blatt 1-2.
137 AAN, ebenda, Blatt 9.
138 Czarnowski, Stefan Zygmunt: W sprawie określenia granic strategicznych państwa polskiego: (studyum wojskowo-geograficzne), Warszawa 1921, S. 3-4, 35; vgl. auch Niebrzycki 1930.
139 Vgl. Smaljančuk 2013, S. 138-154; Szejnert 2015, S. 84-114.

Lurie (mit 600 Mitarbeitern), und „Leszcze" (Eigentümer Ch. Feldman i B. Kunda) mit 430 Mitarbeitern. Insgesamt gab es 13 Industrieunternehmen im Jahr 1930.[140]

Fazit zum zweiter Sektor. In den Krisenjahren der 1930er Jahren hatten selbst die nahe der Eisenbahn, vor allem in Pinsk konzentrierten Unternehmen Schwierigkeiten, ihre rohstoffnahe holz- und nahrungsmittelverarbeitende Produktion aufrecht zu erhalten. Sie entließen einen Teil ihrer Belegschaft.[141] Weil die Absatzmärkte im Osten fehlten, hätte nur ein bewusstes Infrastrukturprogramm dem Niedergang der Produktion abhelfen können. Doch ein Teil der politisch Verantwortlichen sah es, insbesondere in der zweiten Hälfte der 1930er Jahre, sehr gerne, wenn die jüdischen Familien aus Polen auswanderten und verfolgten eine entsprechende Politik. Zionistische Parteien zogen ähnliche Konsequenzen.

Dritter Wirtschaftssektor: Preise, Preisbildung, Handelsstruktur. Wir hatten ja oben im Verwaltungskapitel schon festgestellt, dass in der staatlichen Verwaltung die Polen die Russen ersetzten, und dass in den GONGOS ebenfalls Polen schalteten und walteten. Auch darüber, dass die polesische Landbevölkerung in den Handel der eingesessenen Stadtbevölkerung nicht eindringen konnte, habe ich schon geschrieben. Die bäuerliche Bevölkerung wurde bei Bedarf als Dienstpersonal eingestellt. Die Tatsache, dass die ländliche Bevölkerung nicht in Arbeitsplätze des monetär organisierten dritten Wirtschaftssektors einrücken konnte, hatte nicht nur seine Gründe in einem politisch motivierten Draußenhalten oder dem Mangel an Ausbildung, sondern es gab auch ohnehin „Unterbeschäftigung" und Arbeitslosigkeit.

Preisbildung. Die Preise auf den polesischen Märkten geben einigen Aufschluss über die Lage.[142]

In einer offiziösen Aufstellung der Zeitschrift *Ziemia poleska* aus dem Jahr 1932 wurden in Pinsk in zł. je 100 Kilogramm notiert: Roggen 20, Weizen 28, Hafer 17, Gerste 19, Buchweizen 16, Hirse 20, ganze Erbsen 25. Futter: Weizenkleie 15, Roggenkleie 12, Leinkuchen (*Makuch lniany)* 30, Wiesenheu aus festem Boden 6, Wiesenheu aus Sumpfboden 5, Klee 7, Stroh 4,50, Kartoffeln 6,50. Vieh kostete je Stück Ochsen (600 kg.) 200, Kühe (350 kg.) 85, *materjal hodowlany* 100, ein Kalb (50 kg.) 8, Schafe und Ziegen 7,50. Schweine (über 150 kg.) 165; mittlere (120-150 kg.) 140, leichte (100-120 kg.) 90 zł.

Weitere Kilopreise betrafen Zement 0,10; Baukalk 0,06, Petroleum 0,65, Gänse 2, Hühner 1,20, Enten 1,40, schwerere Fische 1,60, Kleinfische 0,50; Molkereiprodukte kosteten

140 http://Schtetlroutes.eu/pl/pinsk-karta-dziedzictwa-kulturowego/.

141 mehr bei Szejnert 2015 und Shohet 2012.

142 Man verkaufte Milch (42 Groszy/Liter) und Kartoffeln (19 Groszy/kg) preiswert. Wenn wir den (in Kalorien gemessenen) geringeren Nährwert der Kartoffeln gegen über dem Weizen berücksichtigen, so war es auch normal, dass in Vilnius 1kg Weizenmehl 107 Gr. kostete. Schweinefleisch wiederum war mit 3,30 zł/kg deshalb als preiswert zu bezeichnen, weil noch immer 3 bis 5 Kalorien pflanzliche Nahrung nötig waren, um 1 kg tierische zu „produzieren". Zucker hingegen kostete 1,58 zł/kg (alle Werte für 1928), was sich wenige leisten konnten. Historia Polski w liczbach T.1, S. 416 sowie Historia Polski w liczbach T.2, S. 349-352, 374, 388, zitiert in: Rižskij mir, kniga 2014, kniga 1, 2014, S. 257-258; überliefert sind aus der Reise von Louisa Arner Boyd die am 1.10.1934 existierenden Lebensmittel- und Viehpreise, in einer Zeit also von Niedrigpreisen allerdings war leider nicht das Leitprodukt Roggen dabei. http://media-polesye.by/news/amerikanka-predvidela-melioraciyu-i-vhozhdenie-polesya-v-sssr-22279 (13.03.2019, Tabelle: D. Bodzevič, Text: D. Kisel').

je kg: Milchbutter 4, Dorfbutter 2,75, Hauskäse 0,85, litauischer Käse 3, Vollmilch 0,30, Magermilch 0,07. Ein Schock (60 Stück) Eier 4,00, ein Ei 0,07 zł.[143]

Die Jahreseinkünfte eines Hofes mit (umgerechnet) 1900 zł. wollen wir mit dem Hektar-Preis für „Boden" in Beziehung setzen: in den östlichen Wojewodschaften (darunter Polesien) betrug er 1250 zł, in den westlichen 2400 zł. und in den südlichen sogar 3120 zł. Im Sammelband *Rižskij mir* hält man die Preise für sehr hoch,[144] doch ist m.E. das letzte Wort darüber noch nicht gesprochen. In den Krisenzeiten sanken die Hektarpreise, 1938 finden wir nur mehr 780 zł./ha angegeben.[145]

Bauern auf dem Markt. Die Bauern hatten ohnehin wenig Ware zu verkaufen.[146] Ging jemand mit seinen Produkten auf den Markt, so konnte dies risikoreich sein. Die Käufer sollen es geschafft haben, die Verkäufer-Bauern im Unklaren darüber zu lassen, welchen Wert ihre Ware in Polen oder im Ausland habe. Am Ende des Tages rang man in einer Art Nervenkrieg darum, ob für wenig Geld eine Transaktion zustande kam. Die Bauern wollten nicht auf ihren Produkten sitzen bleiben, die Aufkäufer die Preise drücken. Die jüdischen Mittelsmänner hatten selbst auch kein leichtes Leben. Sie wurden zudem bei den Behörden angeschwärzt, als „Argumente" wurden Besäufnisse der Jugend und illegales Schweineschlachten vorgebracht.[147]

Ordnungsrahmen und Staatsintervention beim Handel in den Schteteln: Hausierer, Ladenschlusszeiten, Hygiene, Alkohol. Die staatliche Polizei kümmerte sich um Einhaltung der Regeln auf dem Markt, einer laut einer Direktive erstrangigen Aufgabe. Preisauszeichnung und Name der Verkäufer mussten gut sichtbar sein.[148] Mit dem Übergang von Mark zu Złoty waren Schwankungen nur noch vom Dollarkurs bestimmt. Die Behörden wollten die Handelssituation von Beginn der Existenz der Wojewodschaft an entspannen. Man dekretierte Höchstpreise, doch hatte dies nur für Grundnahrungsmittel Zweck. Sonst hätten die Bauern nichts davon gehabt.[149]

Die Staatsmacht hatte ein Auge auf Hausierer, vermutete hinter ihnen Spionage.[150] Weitere Handelskontrollen betrafen die Qualität der Ware. Einen religionspolitischen Charakter hatte das Verbot, sonntags zu kaufen und zu verkaufen. Juden waren für lange Öffnungszeiten am Samstag Abend, damit nach Ende des Arbeitsverbotes am Sabbat, welches zum Anbruch der Dunkelheit am Samstag galt, noch eingekauft werden konnte. Christen hingegen waren für frühen Geschäftsschluss an Samstagen, mit der Begründung, dass das Personal eine Erholungspause brauche. Für viele Juden wäre in den Sommermonaten eine Riesenpause von Freitag bis Sonntag Abend nicht haltbar gewesen.[151]

Es wurde häufig ein Katz- und Maus-Spiel zwischen polnischem Polizisten und jüdischem Verkäufer erwähnt, bei dem der Ordnungshüter durch den Ladeneingang ging und

143 Ziemia Poleska 1932, Rok 1, Nr. 2 S.U3+U4
144 Rižskij mir, kniga 1, 2014, S. 257.
145 Historia Polski w liczbach, 2006, T. 2, S. 349.
146 Śleszyński 2014, S. 144-149.
147 Śleszyński 2014, S. 145.
148 Śleszyński 2014, S. 147.
149 Śleszyński 2014, S. 146.
150 DABV 93-1- 475-241, zitiert in: Śleszyński 2014, S. 147.
151 Śleszyński 2014, S. 148, der in diesem Zusammenhang von den Wintermonaten spricht.

kontrollierte, aber die Kunden durch den Hintereingang aus dem Laden verschwanden und eigentlich alle wussten, wie man an die Waren kam, wenn der Laden offiziell geschlossen hatte. Schließlich ging es bei Kontrolle um Hygiene – eine entsprechende Kontrolle war ja der unmittelbare Anlass für den Mord und den anschließenden Pogrom in Brest 1937.

Eine weitere staatliche Einmischung betraf die Konzessionen für den Alkoholverkauf. In einem Antrag für eine Konzession waren den Behörden sieben Dinge anzugeben, einschließlich der zu Hause gesprochenen Sprache.[152] Der polnische Staat intervenierte also durch den Versuch der Herstellung eines allgemeinen Ordnungsrahmens.

Gewerbeförderung. Mehr Staatsinterventionismus? Doch gab es durchaus Überlegungen für eine stärkere Einmischung des Staates, da man in der Sphäre des Handels meinte nachhelfen zu müssen: „Die Handelsstruktur in Polesien unterliegt einem spezifischen Charakter. Es existiert auf diesem Gebiet eine ziemlich große Anzahl von kleinsten Handelsunternehmen, die nicht zu ernsthafen Aktivitäten geeignet sind. Die Handels-Artikel gehen durch zahlreiche Hände der Wiederverkäufer“,

was zu Chaos führe. Ziel seien weniger Handelsunternehmen, aber stärkere. Und eine solche Initiative müsse von oben kommen.[153] Initiativ wurde die öffentliche Hand durch die Idee der großen regionalen Märkte in der Krisenzeit. Zunächst gab es einen „Polesischen Festtag“ *(Święto Polesia)* und eine „Polesische Woche“ *(Tydzień Polesia)*, die 1936 zu „Polesischen Jahrmärkten“ *(Jarmarki Poleskie)* erweitert wurden.[154]

Verkaufe nur an Juden!

Die hinter solchen staatsinterventionistischen Überlegungen zumeist stehende Klage über die starke Stellung der Juden im Handel war schon allein deshalb mindestens unreflektiert, weil es eigentlich kein Wunder sein sollte, dass die Juden als Mehrheit der Bewohner von Städten und Schtetln eben auch die Mehrheit im polesischen Handel stellten.

Zudem konstrastierte dies mit der ebenfalls oft hörbar gewesenen Klage polnischer Modernisierer, dass „der Poleschuk nur an den Juden verkauft“. Es wollte den oft von außen kommenden Akteuren nicht in den Sinn, warum die Einheimischen gerade in den dünn besiedelten, aus Sicht der Modernisierer „entfernt“ liegenden Gebiete diese Gewohnheit hatten. In einem Bericht des Grenzschutzkorps (*KOP*) über die Zustände in der Gemeinde (*gmina)* Čučevicy/Czuczewicze im Landkreis Luninec hieß es, die örtlichen Bewohner seien Belaruthenen;[155] doch „die (Juden), die überall in ihrer Hand den Handel konzentrieren und den letzten Tropfen Blut des polesischen Bauern aussaugen“,[156] würden bewirken, „dass der Poleschuk weniger kultiviert ist als der Masure, der Posener oder sogar der Podlache“. Die hiesige Bevölkerung sei verarmt. Und „zu den sehr charakteristischen Eigenschaften des Poleschuken gehört das Misstrauen gegenüber dem, was nicht aus den jüdischen Händen kommt“.[157]

---

152 Śleszyński 2014, S. 148.
153 Kozłowski, Jan Zygmunt: Pierwszy „Jarmark” 1937, S. 24.
154 Gazeta Poleska 10.05.1936.
155 Man beachte, dass diesmal nicht von „Hiesigen“ oder „Poleschuken“ die Rede ist.
156 AAN Bestand 2478, Polacy na ZW RP i na terenach ZSRR w latach 1918–1939. Zbiór kserokopii materiałów z archiwów zagranicznych 1918–1944, Sign. 9, KOP 1935, Blatt 92.
157 Ebenda, Blatt 92verso.

Der Text wirkt nicht so, als werde hier (nur) ein festgefahrenes Stereotyp durchgekaut. Im Gegenteil, es ist eine gewisse Überraschung zu vernehmen. Dennoch scheint es sich dem Berichterstatter des KOP nicht näher ergründen zu wollen, warum es diese Orientierung auf die Juden gab; Misstrauen als überlieferte Charaktereigenschaft scheint erneut als Erklärung auszureichen: „Sehr schwierig ist es, das Vertrauen des verarmten Eingeborenen zu den „Polen“ aufzubauen.“ Der Autor will dieses Verhalten dabei nicht ethnisch verstanden wissen: „Übrigens sind nicht nur die Poleschuken misstrauisch. Das selbe und manchmal sogar in höherem Ausmaße ist bei der einheimischen polnischen Bevölkerung zu spüren, die auf den hiesigen Gebieten seit längst vergessenen Zeiten lebt.“[158]

Wenn wir aber festhalten, dass den Bauernfamilien die „Polen“ als Steuereintreibende für ihren unbrauchbaren Staat begegneten, ja sogar wie Bulak-Balachovič einem die Lebensmittel einfach wegnahmen, und im Krieg Töchter vergewaltigen und Eltern ermorden konnten, so ist das sonderbar anmutende Verhalten der Einheimischen durchaus verständlich, ja folgerichtig gewesen. Im Ersten Weltkrieg und in den Bürgerkriegen waren nichtjüdische „Aufkäufer“ nicht zimperlich. Die militärischen und paramilitärischen Formationen requirierten und raubten, mit roher Gewalt oder der Drohung mit derselben. Solange „die Juden“ nicht mit den Bolschewisten identifiziert wurden, sondern schlicht in ihrer einfachen Eigenschaft als Aufkäufer und Tauschgeschäftler in die abgelegenen Dörfer und Einzelhöfe kamen,[159] führten sie keinen Krieg, verprügelten einen nicht einmal und trieben auch keine Steuern ein. Das, was sie, wenn auch zu einem Spottpreis, kauften und, wenn auch überteuert, verkauften, war real; schließlich konnte der bäuerliche Familienvater den Handel auch ablehnen.

Der Autor Stanisław Tołpa berichtete ebenfalls: Der Poleschuk könne nur den Juden verkaufen. „Ich habe gesehen, wie bei Luninec ein Bauer für 15 kg Tomaten vom Händler 50 Groschen erhielt, während man in den benachbarten Kleinstädten 40 Groschen für ein Kilogramm erhält.“[160] Manche Bauern wollten daraus sogar die Konsequenz ziehen, jiddisch zu lernen, mit der Begründung, dass es nützlich werden könne.[161]

Angesichts solcher Gewinnspannen erachteten sich viele Produzenten natürlich als übers Ohr gehauen. Die Organisation des Handels „rief viele Emotionen unter den Einwohnern, insbesondere der bäuerlichen Gesellschaft hervor. Der Bauern fühlte sich durch die örtlichen Händler ausgenutzt, die seinen Preis brachen.“[162]

Dass die Bauern für Spottpreise zu verkaufen bereit waren,[163] wurde zumeist auf ihre Ausweglosigkeit zurückgeführt. Denn, so die Zeitung *Życie Polesia* 1926 etwas unlogisch, es gebe keine Organisation auf den Märkten, so dass die Händler Preise diktieren könnten.[164]

158 Ebenda, Blatt 92verso.
159 Z.B., um ein Fuchsfell zu kaufen, vgl. Wysłouch, Franciszek: Opowiadania poleskie, [Londyn 1968], nach der Ausgabe Łomianki o.J., S. 30.
160 Tołpa 1936, S. 123.
161 Ebenda, S. 122–123.
162 Jarmarki Poleskie – próba aktywizacji życia gospodarczego, 2013, S. 16.
163 Wysłouch, Franciszek: Opowiadania poleskie, Londyn 1968, S. 67.
164 Życie Polesia, vom 31. Januar 1926, nr.5.

Auch 1935 noch wurde die Gemeinde Davyd-Haradok (und hierbei hauptsächlich das im Jahr 1931 11.739 Einwohner beheimatende Schtetl) so beschrieben, dass „in den Händen der Juden 85 % des Handels“ abgewickelt würden. Der Berichterstatter war verwundert, allerdings lebten in diesem Ort ja mehrheitlich Juden. Die KOP-Station berichtete denn auch beeindruckt über jüdische „Großindustrie, zwei Mühlen, drei Sägewerke, eine Gerberei, eine Händlerbank, eine Volksbank, eine Kreditanstalt mit kostenloser Kreditvergabe, eine Apotheke, ein Apothekenlager, eine Tarbut-Schule und fünf Gebetsstätten/Tempel; die ortsansässigen Polen seien vorwiegend Staatsangestellte und Lehrer und würden über zwei Bibliotheken, eine Genossenschaft, eine Molkerei, eine Stefczykkasse und ein E-Kraftwerk verfügen. In der ganzen Gemeinde Horst und Dawidgródek gebe es nur eine Kapelle. Diese nach Konfessionen/Ethnien getrennte Aufzählung von Einrichtungen ergänzte der Autor durch einen Bericht über den „Belaruthenen“, wie er ihn genannt hat, welcher selbst Handel betrieb: er sei „Landwirt, Handwerker, Fischer, und ab dem Frühjahr „Tourist“, denn er reise durch ganz Polen und verkaufe Saatgut und Eis.“[165]

Motive der Beschreiber: Hilfe für Bauern oder Antisemitismus? Angesichts der – häufig mit Antisemitismus Hand in Hand gehenden – allgemeinen Handelsfeindlichkeit des Produktivismus ist nicht immer leicht auseinander zu halten, ob diese häufigen Berichte aus einer Sorge vor den geringen Erlösen der Bauernfamilien heraus oder aus einer Sorge vor den hohen Erlösen und einer Ablehnung einer zumindest behaupteten monopolartigen Handels-Machtstellung der Juden heraus den Vorrang hatte, mit anderen Worten: welchen Anteil der Antisemitismus und welcher der einer allgemein erwünschten rationellen Handelsrahmens an den Vorschlägen für Maßnahmen innehatte.

Lehrgeschichtchen. Ein erster Weg zur Sensibilisierung für hohe Handelsspannen wurde durch die Veröffentlichung von Artikeln in den immer kurzlebigen Zeitschriften in Polesien beschritten; das waren kurze Lehrgeschichten darüber, „wie die Oma für 5 Groschen einen Sack Kartoffeln verkaufte“[166] oder „Wie sich der Bauer Wasyl vor Spekulanten schützt.“ Die Moral von letzterer Geschichte war, dass die staatliche Kreditkasse in Luninec viel günstiger für einen Einleger sei.[167]

Boykottaufrufe. Doch auch eindeutig antisemitische Boykottaufrufe gab es in Polesien und zwar schon am 1. August 1923. Allerdings wurde ein Boykottaufruf gegen den jüdischen Handel durch eine Gesellschaft namens Rozwoj teilweise von Christen nicht beachtet, da diese zu sehr mit jüdischem Handel verbunden waren. In Kosava trat die *Osadnik*-Streitkräfte-Organisation „Selbsthilfe“ *(Samopomoc)*, auf, strebte an, in Verbindung mit den Landwirtschaftszirkeln in Kosava einen starken Handelsplatz zu errichten, mit dem Ziel, den jüdischen Handel zu boykottieren. Der Präses der Gesellschaft war auch Schulinspektor und Siedler.[168]

165 AAN Bestand 2478, Sign. 9, KOP, Blatt 100-108, hier Blatt 104verso.

166 AAN Bestand 323, Sign. 63, Kronika Łuniniecka. Tygodnik poświęcony sprawom społecznym i gospodarczym 1933, Rok 1, Nr 2, 12 lutego 1933 roku, S. 8: Jak baba za 5 groszy pud kartofli sprzedała.

167 AAN Bestand 323, Sign. 63, Kronika Łuniniecka. Tygodnik poświęcony sprawom społecznym i gospodarczym, 1933, Rok 1, Nr 9, 2 kwietnia 1933, S. 5. Der Porträtierte wurde hier übrigens mit dem typisch belaruthenisch-ukrainischen Vornamen Wasyl belegt.

168 AAN Bestand 1183-1, Blatt 13.

Die Währungen der polnischen Republik

Bisher habe ich beschrieben, welche Mechanismen der existierenden (oder nicht existierenden) Märkte sich wie auf das Ausmaß des Geldgebrauchs ausgewirkt haben. Welche finanzpolitischen Maßnahmen des Staates zeitigten Konsequenzen für Polesien? Gab es eine staatliche Intervention zur geldlichen Durchdringung von Wirtschaft und Gesellschaft der Polnischen Republik? Hat die Benutzung der polnischen Mark und ab dem 14. April 1924[169] des Złoty die Benutzer dieser Währung zu Staatsbürgern Polens gemacht, weil sie in einer Gemeinschaft der Złotybenutzer lebten? Außerdem möchte ich untersuchen, ob es von Seiten der Politik, der Intelligenz oder der Staatsverwaltung den heutzutage unkritisch oder kritisch verwandten Gedanken einer „Intervention durch Einbeziehung in die Geldwirtschaft" wenigstens implizit gab. Nur dann können wir von einer Intervention reden.

Auf einer oberflächlichen Ebene war die Währung der Polnischen Republik zuerst nicht vertrauenerweckend. Die polnische, in der deutschen Wikipedia *Landeskreditanstalt* genannte Behörde emittierte, ähnlich wie in Deutschland, soviel Mark, dass es zu einer Hyperinflation kam. Zwar mag es wenig polesische Sparerfamilien und viel eher – allerdings nur zum Teil in Geld – verschuldete Familien gegeben haben, deren Schulden nun durch die Inflation minimiert wurden. Aber diese druckpressengemachte Inflation sollte ja nicht dazu dienen, arme polesische Haushalte zu entschulden. Mit den Geldscheinen und den darauf befindlichen polnischen Hoheitssymbolen verband man dann also nicht Stabilität, sondern Saisongeld. Zu einer Prägung von Münzen der polnischen Mark ist es wegen der Inflation nie gekommen. Die galoppierende Inflation schuf natürlich Misstrauen und ganz reale Verwerfungen. Der Wojewodschaftsverwaltung berichtete man:

> „Die Haltung der Bevölkerung gegenüber staatlichen Behörden. Genau wie in vorhergehenden Monaten. Steigende Preise, Spekulation mit Waren des täglichen Bedarfs, und ein künstliches Heraufschrauben der Preise in der letzten Zeit rufen eine bestimmte Sichtweise unter den arbeitenden Menschen hervor, nämlich, dass die Staatsmacht mangelhaft sei, da sie nicht die Inflation in den Griff bekomme".[170]

Dass die neue Währung von 1924, der Złoty, goldgesichert war und in den Zeiten der – politisch sogar geförderten oder doch unproblematisch angesehenen – Deflation ab 1930 „mehr Wert" wurde, dass das Geld nun zu einer harten Währung wurde, konnte das Vertrauen nicht so bald wiederherstellen.

Was man vorhatte und was sich tat – Absatzorganisation und -förderung, Kredite und Finanzprodukte

Der Modernismus der 1920er und 1930er Jahre zielte nicht auf eine Monetarisierung der gesellschaftlichen Beziehungen selbst. Die Propagierung von Gesellschaften und Genossenschaften, die Vergabe von Krediten oder gar Zuschüssen waren vielmehr Mittel zu in der Regel konkreten Vorhaben, wie etwa gemeinschaftlichem Einkauf, produktionssteigernde Anbau- und Verarbeitungsmethoden, Förderung des Absatzes oder ganz einfach Saathilfe.

169 https://de.wikipedia.org/wiki/Polnische_Mark (23.04.2018).
170 AAN Bestand 1183, Sign. 1, Einheit 136.

Sehr wohl war zwar mit solchen Aktivitäten beabsichtigt, dass die bäuerlichen Wirtschaften einen Überschuss erzeugen würden, der auf dem Markt verkauft werden könne, nicht aber explizit eine Monetarisierung als Selbstzweck.

Absatz und Rechnen. Wie wir schon gesehen haben, sahen die Modernisierer den Absatz landwirtschaftlicher Produkte als schlecht organisiert an. Zumeist wurden aber in der Betrachtung der Schwierigkeiten beim Absatz verschiedene Dinge vermischt.

Als Grundproblem machte ein Autor 1937 aus, dass viele Polesier neben Lesen und Schreiben auch das Rechnen erst erlernen müssten. Und die rechenkundigen, ihren Überschuss verkaufenden Bauern sollten durch Erlernen von Handelstechnik und Kalkulation an die Marktwirtschaft herangeführt werden.[171]

Im Jahr 1926 bemängelte der „Wojewodschaftsrat der landwirtschaftlichen Bezirksgesellschaften der Wojewodschaft Polesien", dass der landwirtschaftliche Absatz gar nicht organisiert sei. Es erfolge der „Handel durch die Juden", und dies kontrastiere mit einer „Passivität der örtlichen Gesellschaft" (zu der die Juden offenbar nicht gezählt wurden). Da in Polesien eine Getreide-, Holz- und Fleisch-Warenbörse nicht existiere, sei es sehr schwierig, sich über die Verkaufspreise zu orientieren. Mittelsmänner würden diese Situation nutzen und bedeutend niedrigere Preise als die in den Warenbörsen notierten Marktpreise bezahlen. Daher sollten Bauerngesellschaften (*spółki rolników)* eingerichtet werden. Dies stoße aber auf gewaltige Schwierigkeiten. Es fehlten Kapital und Menschen mit Initiative, die von den Dingen etwas verstünden. „Milchgenossenschaften haben wir nicht. Manchmal fehlen auf dem Markt Molkereiprodukte". Handel und das Schlachten in Schlachthäusern von Rindvieh „ist vollständig von Juden beherrscht, und durchgeführt auf rituelle Weise", was die Durchführung eines Handels durch Christen verunmögliche.[172]

Auch beim Fischfang sah man dieselbe Problemlage. Eine Referentin der Gesellschaft zur Entwicklung der Ostgebiete (TRZW), Andrea Felcówna, schlug im Jahre 1936 von Spezialisten gegründete Fischerei-Vereine vor: „Das Einkommen aus der Fischerei geht weitgehend in die Taschen der Käufer und Vermittler und Pächter, die die Situation beherrschen, und wenn wir berücksichtigen, dass die Vermittler meist reiche Juden sind auf Kosten der Bedürfnisse des Fischer, dann werden wir die bedauerliche Situation des Fischer-Poleschuken verstehen." Dagegen könne eine wirtschaftlich angemessene Organisation des Fischfangs in hohem Maße über die Entwicklung der Wirtschaft Polesiens entscheiden.[173]

Absatzgesellschaften. Einen Ausweg sah man also in Zirkeln, Handels- und anderen Gesellschaften. Man wollte die als entweder grundsätzlich oder eben in ihrer jüdischen Ausprägung als parasitär angesehenen Händler umgehen. Dabei ignorierte man meistens – wie so oft in der Geschichte des Genossenschaftswesens[174] – dass solche überfamiliären

171 Kozłowski 1937, S. 22.
172 Polesie i jego bogactwa, 1926, S. 6.
173 AAN Bestand 2678 TRZW, Sign. 2, Możliwości gospodarcze Polesia, Blatt 259-260.
174 Der Tagungsbericht: Die Entstehung und Entwicklung des Antisemitismus als politische Bewegung im europäischen Vergleich (1879–1914), 24.03.2010 – 26.03.2010 Berlin, in: H-Soz-Kult, 19.04.2010, <www.hsozkult.de/conferencereport/id/tagungsberichte-3073> abg. 02.11.2018: „Dem Zusammenhang von Antisemitismus und Genossenschaftsbewegung in Litauen 1904–1914 widmete sich Klaus Richter (Berlin). Sein Referat zeichnete die übereinstimmende Haltung litauischer Katholiken, Liberaler und Bauern für die genossenschaftliche Organisation zur Begrenzung der wirtschaftlichen Emanzipation der Juden nach."

Einrichtungen selbst zu ökonomisch-juristischen Dritten werden, die vielleicht eine niedrigere Gewinnspanne aufweisen, deren bürokratische Kosten aber Zeit und Geld der Einleger binden. Die Gesellschaften waren selbst Vermittler mit eigenen Interessen *gegenüber* den Gesellschaftern oder Genossenschafts-Mitgliedern.

Kreditwirtschaft. Staatliche Kredite und Zuschüsse. Die einfachen Geschäfte von Spar- und Darlehenskassen, nämlich Annahme von Einlagen und Vergabe von Krediten konnte der polnische Staat über die Postsparkasse tätigen. Zwar gab es einen Artikel im *Rocznik Ziem Wschodnich* unter dem philosophischen Titel „Ziele und Wege des Lebens", in welchem es im Kern darum ging, gespartes Geld bei der Postparkasse (PKO) anzulegen;[175] doch für die Mehrheit der Bevölkerung Polesiens war eher interessant, wie sie an einen Kredit kommen könnte.

Belaruthenische oder ukrainische Spar- und Darlehenskassen. Es gab zwar nicht viele belaruthenische oder ukrainische Spar- und Darlehenskassen, und deren Geschäftsvolumen war niedrig. Aber dass es sie gab, zeigt, dass es Menschen gab, die Schulden lieber im eigenen Milieu machen wollten. Leider ist nicht bekannt, ob die Einlagen von kleinen Leuten kamen oder von größeren Anlegern, die Kassen also nur Ausdruck einer chronischen Verschuldung der Bauernhöfe waren.

Denn ein beträchtlicher Teil der polesischen Landbevölkerung hatte kein Geld zum Sparen oder auch Investieren, sondern lebte in einer Schuldenwirtschaft. Geld wurde von diesen als Materialisierung von Schulden angesehen. Geld hatten immer nur die Anderen. Es half aber nichts: Kredite mussten aufgenommen werden, zum Beispiel für Baumaterial.[176] Der Pro-Sanacja-Autor Wid beschäftigte sich damit, dass in seiner Zeit (1928) die Termine für die Rückzahlung der Raten für das zum Bau geliehene Geld nahten. „Die Ratenzahlungen sind für die Bevölkerung überaus schwierig, da sie ja bis jetzt nicht die vollständige Möglichkeit hatte, ihre Wirtschaften auf das Niveau rational wirtschaftlicher Entwicklung zu bringen". Er lobte die Regierung: „Die Regierung anerkennt die schwierige Lage der großen Schicht der armen Bevölkerung" und befürworte eine teilweise oder den Gesamtbetrag umfassende Verlängerung der Leihfrist. Überhaupt hätten die Bauernfamilien wegen des „Fehlen[s] von Krediten, besonders von langfristigen"[177] oder doch ihrer Gewährung nur zu hohen Zinsraten keine Initiative gezeigt. Erst jetzt unter dem Sanacjaregime gebe es Verbesserungen, weil die Kreditzinsen gesenkt worden seien.[178] Kredite wurden sogar zur Beschaffung von Frühlingssaat von Gerste und Hafer vergeben.[179]

Kommunistische Kritik an Kredit. Die handels- und kreditfeindliche kommunistische „Rote Fahne" *(Červony Sciah)* griff einen reellen Punkt auf, als sie das Sanacjaregime in einem Artikel mit dem Titel „König Hunger" auch auf diesem Gebiet angriff: „Und die Politik der Kredite? Da haben doch die verschiedenen Jungs des faschistischen Paradieses so viel gesungen. Was hat das den Bauern gebracht oder geholfen.[180] Nein! Das hat nur den

175 Rocznik Ziem Wschodnich 1938, S. 234.
176 Wid 1928, S. 23.
177 Ebenda, S. 26-27.
178 Ebenda, S. 28.
179 AAN Bestand 323, Sign. 63, Kronika Łuniniecka. Tygodnik poświęcony sprawom społecznym i gospodarczym, 1933, Rok 1, Nr. 11, 23 kwietnia 1933, S. 3. Hier 17.000 zł.
180 Im Original kein Fragezeichen.

Halsabschneidern und den Händlern und Spekulanten geholfen." Sie kritisierten, dass kein zinsfreier Warenkredit in Form von Saatgut vergeben werde. Die kommunistische Kritik hob darauf ab, dass den Bauernfamilien ein Naturalkredit vertrauter als ein Geldkredit war. Aber auch die Höhe der Zinsen wurde kritisiert.[181]

Förderung von Heimarbeiten und der Obst- und Waldfrüchteverarbeitung. Eine weniger intensive, aber bis dato unbeachtete Einbindung in die Markt- und speziell Geldwirtschaft hätte die Verwirklichung des Vorschlags eines organisierten Ankaufs von Heimarbeiten und Waldfrüchten bedeutet. (Letzteres gab es auch in der DDR noch in den 1980er Jahren.) Dies schwebte den Modernisierern ebenfalls vor. In der Analyse des ersten polesischen Jahrmarkts lesen wir: „Weil auf dem Markt sich Fälschungen von »Heimarbeiten«" befinden und befinden werden, wird der »Jarmark Poleski« zu einem Apparat [!] des Absatzes für original polesische Textilien.[182] Zudem lohne sich die Obstverarbeitung, welche dem Jahrmarkt noch bescheidene Ausmaße aufwies, aber eine große Zukunft habe. Denn Polesien sei reich an Erdbeeren, schwarzen Johannisbeeren, Himbeeren, Blaubeeren und Pilzen. Der Ankauf von Beeren und Pilzen sei nicht angemessen organisiert, denn damit würden sich derzeit noch die Kinder in der Zeit beschäftigen, in der sie frei von der Schule und Tätigkeiten zu Hause sein [man beachte die ökonomistische Wortwahl!]. Sie würden für Schleuderpreise verkaufen. Der Autor ging davon aus, dass die noch einzurichtenden Aufkaufstellen besonders für die landarmen unter den Dörflern wichtig würden. Zudem sollten schöne Gemüse- und Obstgärten angelegt werden und die Früchte verarbeitet werden: „Bis jetzt gibt es nicht eine Firma, die Obst, Gemüse, Beeren und Pilze verarbeitet". Jetzt, 1935, habe es aber in Kosava einen Kurs mit einem theoretischen und einem praktischen Teil gegeben, in welchem die Techniken der Beerenverarbeitung, Säfte-, Marmeladen-, Konfitüren-, Kompott- und Marinadeherstellung unterrichtet worden seien.[183] Neben der chronischen zu niedrigen Kapitalausstattung habe man leider auch bislang Pilze nicht auf richtige Weise gesammelt, denn man habe „den Pilz mit den Wurzeln ausgerissen", und das Trocknen der Pilze nicht beherrscht. Zudem seien die seit 1933 eingerichteten 2-6-tägigen 147 Gemüsehandelskurse mit 9600 Zuhörern sehr zu begrüßen.[184] Wir wissen nicht, ob das Besuchen solcher Kurse, also die Stärkung der Kenntnisse und Fähigkeiten zur Obst- und Gemüseverarbeitung in eine stärkere Verkaufsquote umschlug, und eine stärkere Einbindung in die Geldwirtschaft gebracht hat. Dass zu wenig Kapital für die Einrichtung von Massenproduktionen in den bäuerlichen Haushalten vorhanden war, davon ist auszugehen. Aber es stellt sich genauso die Frage, ob es einen lukrativen (!) Absatz für verarbeitete Wald- und andere pflanzliche Produkte gegeben hätte.

---

181 AAN Bestand 1183, Sign. 71, Blatt 4: Wojewoda Poleski, Nr. IV-7/19, Brześć n/B. Dnia 4/VI. 1929 r., O sprawie kampanji głodowej. An die Starosten [...]. Zitate aus Czerwony Sciah vom Dezember 1928.

182 Kozłowski 1937, S. 22.

183 Kozłowski 1937, S. 22.

184 Kozłowski 1937, S. 23.

Der Staat und seine Nichtregierungsorganisationen gingen selbst zur geldlosen Wirtschaft über

Zwar ignorierte und bekämpfte man die kommunistische Kritik natürlich, doch spätestens ab 1933 gab es tatsächlich auch direkte Beihilfen vom Staat. Die *Kronika Łuniniecka* sprach davon, dass der Wojewode, der Bürgermeister und die Staatspolizei gegen den Hunger der Ärmsten je 160 Gramm Mehl für Kinder und 200 Gramm für Erwachsene verteilt hätten, insgesamt 36.000 Kilogramm für sechs Landkreise.[185]

Solche Beihilfen sollten aber durch gemeinnützige Arbeiten „auf Wegen, Kanälen oder Plätzen usw." abgearbeitet werden. Hat vielleicht deshalb der deutschländische Reisende Marian Hepke einen solch schön angelegten Bahnhofsvorplatz in Luninec besichtigen können?[186] Jedenfalls zeigt dieses Beispiel, dass sich die Staatsgewalt selbst in die wirtschaftliche Sphäre außerhalb der Geldwirtschaft begab, wie ich im nächsten Abschnitt ausführlicher darstellen werde. Auch der Grenzschutzkorps *KOP* berichtete über Hilfe des polnischen „Staates" für die polesische Bevölkerung im Jahr 1933. Der „Staat" schickte nach einer Heu-Missernte 8 Waggons Heu, 3 Waggons Roggen, 1 Waggon Mehl und ½ Waggon Salz ins Grenzgebiet zur Sowjetunion. „Dies war eine gewaltige Wohltat für die verarmte und ausgezehrte Bevölkerung."[187]

Doch mit der Überschrift meinte ich nicht die direkte Nahrungs- und Futterrmittelhilfe des Staates, da auch wenn diese selbstverständlich ebenfalls keinen Geldverkehr zwischen Staat und Polesiern beinhaltete. Der polnische Staat hatte großen Wert auf ausgeglichene Haushalte gelegt und seine notorische Finanznot durch eine bewusste Deflationspolitik noch gefördert. Sechs lange Jahre in Folge verringerte sich ab 1929 die Industrieproduktion. Eine Melioration Polesiens im Großmaßstab konnte die öffentliche Hand nicht finanzieren, ebensowenig Kredite an meliorationswillige Private oder Organisationen vergeben.

Der Staat hatte ein Interesse an der pünktlichen und vollständigen Bezahlung der Steuern, aber die örtlichen Kreisverbände der *Gesellschaft zur Entwicklung der Ostgebiete* (TRZW) konnten es kritisch sehen, wenn, wie im trockenpolesischen Landkreis Kosava, Verkaufsstellen von landwirtschaftlichen Betrieben unter der Steuerlast litten:

> „Zu Punkt 3 Bedürfnisse des Handels. [...] Es lohnt sich, das Errichten und Betreiben von kleinen Geschäften in einzelnen Dörfern zu unterstützen. Besondere Aufmerksamkeit müssen hierbei die Kommunen und Finanzämter aufwenden, die diese Einrichtungen in vielen Fällen komplett ruinieren. Kleine Geschäfte auf dem Land sind nicht die Haupt-, sondern in den meisten Fällen nur zusätzliche Einnahmequelle eines kleinen Bauernhofs. Aus diesem Grund sollten die Kommunalverwaltungen bei der steuerlichen Dimension berücksichtigen, nicht die Höchstsätze festzusetzen – was zwar zugegebenermaßen im Einklang mit dem Gesetz, aber unvereinbar mit ihrem Geist und der Reali-

185 AAN Bestand 323, Sign. 63, Kronika Łuniniecka. Tygodnik poświęcony sprawom społecznym i gospodarczym, 1933, Rok 1, Nr 14, 21 maja 1933 S. 11. Ob es hier eine Korrelation mit der Hungersnot in der Ukrainischen SSR gab, müsste eine gesonderte Untersuchung zeigen.

186 Hepke 1934, S. 16.

187 AAN Bestand 2478, Sign. 9, (1935), Blatt 94.

tät ist – sondern manchmal die Mindestsätze gemäß der Zahlungsfähigkeit eines bestimmten Geschäfts anzuwenden.“[188]

Da auch die potenziellen Vertragspartner nicht über Geld verfügten, entwickelte sich der Hang des Staates, selbst von der Geldwirtschaft abzurücken. Dies mögen fünf Beispiele verdeutlichen:

Beispiel 1: Samen statt Geld. Das TRZW empfahl dem Staat daher Hilfe für die örtliche Bevölkerung in Form von Saatgut. Hauptsächlich Hafer und Leinsamen sollten bereitgestellt und dabei auf Qualität geachtet werden. Der Flachs habe „aufgrund der Möglichkeit der Weiterverarbeitung mit eigenen Kräften in der eigenen Werkstatt eine sehr große Bedeutung für die örtliche Bevölkerung.“[189] Das Zitat verdeutlicht indirekt, dass damit ein landwirtschaftlicher Zweig angekurbelt werden sollte, der viel Arbeitseinsatz erforderte; im TRZW ging man davon aus, dassman Zeit, Hände und Orte dazu hatte. „Seit zwei Jahren propagierte der Landwirtschaftsverband *(Związek Rolniczy)* die Verwendung von Leinsamen aus Wilna.“ Schrittweise verbesserte sich Qualität und Ertrag auch beim Hafer, freute sich das TRZW, doch sei, auch mangels Geldmittel, noch mehr Aktivität im Bereich Warenkredit möglich.

Beispiel 2: Pachtverträge mit Naturalsteuer in der Inflationszeit: Naturalien statt Geld. Der Staat gestaltete, wie im Parzellierungskapitel gesehen, Anfang der 1920er Jahre Pachtverträge so, dass die Pächter verpflichtet waren, die Pacht zu bezahlen und erst dann Getreide veräußern durften.

Ein Vertrag zwischen dem Landratsamt in Sarny und Taras Iwanicki im Dorf Netreba (Gemeinde Horodecki) über die Verpachtung von 80 Desjatinen Boden, darunter 12 Desjatinen Ackerland enthielt eine Passage, dass „zur Sicherstellung der Durchführung des Vertrags“ „sich der Pächter verpflichtet, kein Getreide ohne besondere schriftliche Genehmigung des Landrats *(starosta)* bis zur Bezahlung aller Verbindlichkeiten und Verpflichtungen aus diesem Vertrag zu veräußern.“[190]

In der Inflationszeit versuchte sich der Staat so für den Notfall eine Naturalsteuer zu sichern. Wenn der Pächter also kein Geld hatte, dann konnte er auf die Ernte zurückgreifen. Dem Staat selbst war es nicht geheuer, dass er nur Geld verlangt – allein schon angesichts der Inflation kein Wunder. Und es finden sich in den Akten des Landwirtschaftsministeriums noch auf Mitte 1922 datierte Pachtverträge zum Beispiel der Starostei des Landkreises Kosava, in denen die im Voraus zu entrichtende Pacht in Naturalien bemessen wurde – hier 12 Pud Getreide für 10 Morgen. Solche Verträge schloss der polnische Staat oft auf kurze Zeit, für ein oder zwei Jahre, in einem Fall sogar nur für die Zeit vom 15. Juni 1922 bis zum 15. November desselben Jahres ab.[191]

---

188 AAN Bestand 2678, Sign. 3, Ankieta, 19-21: Koło ZRZW w Kosowie Poleskim, Blatt 19.
189 AAN Bestand 2678, Sign. 3, Blatt 9verso.
190 AAN Bestand 13/0, Sign. 735 Ministerstwo Rolnictwa i Reform Rolnych w Warszawie, 1921–1923, Blatt 81-83, Umowa Dzierżawna, 27.10.1921.
191 AAN Bestand 13/0, Sign. 735, Blätter 209, 213; andere Beispiele: Ebenda, Sign. 735, Blätter 324, 328, 332, 336; auch AAN Bestand 13/0; auch ebenda, Sign. 737, Blätter 30-100 enthält viele solcher Pachtverträge.

Das Landwirtschaftsministerium aus Warschau gab vor, wie viel an Naturalien für die Pacht für bestimmte Parzellen in dem Landkreis Sarny zu zahlen war.[192] In solchen Pachtverträgen trafen sich die Interessen der Pächter, denen eine Naturalsteuer traditionell lieber war, mit denen des Staates, der aktuell, eigentlich schon seit dem offiziellen Beginn der neuen polnischen Staatlichkeit auch in den Ostgebieten 1921 anlässlich der kräftigen, später sogar Hyperinflation selbst zur Naturalbesteuerung überging.

Beispiel 3: Grundstücke erarbeiten: Boden statt Geld für Arbeit. Während bis 1924 es die Inflation war, die eine Flucht in die Sachwerte auch des Staates erzeugte, warb ein 1934 veröffentlichter Text hingegen dafür, Meliorationsarbeiten nicht in Geld auszuzahlen, sondern in Grund und Boden. Denn in der Deflationszeit musste die Staatsverwaltung nicht nur mit der durch strikte Verknappungspolitik hervorgerufenen Geldknappheit der Polesierinnen und Polesier umgehen, sondern auch mit der eigenen. Bei dieser Entlohnung in Grund und Boden konnten die Behörden schon auf die Erfahrungen der Besiedlung durch Ex-Militärs, des *osadnictwo wojskowe* zurückgreifen.

Doch während beim *osadnictwo wojskowe* eine Auszahlung in Geld (wenn wir Inflation außer acht lassen) offensichtlich nicht einmal angedacht war, weil die Grundstückvergabe stets mehr bewirken sollte als nur die Bereitstellung von Behausungs- und Ernährungsmöglichkeiten, wäre bei Entwässerungsarbeiten eine Bezahlung in Geld die gewöhnliche, eigentlich übliche und in den staatlichen Meliorations-Etats auch vorgesehene Entlohnungsform gewesen.

Bolesław Powierza argumentierte, eine Entlohnung in Grundstücken erleichtere nicht nur die Bindung von Neusiedlern an den Boden, sondern sie schone auch den Staatshaushalt. Der Staat könne seine Mittel auf dreierlei Art aufbringen. Neben einer Auszahlung in Obligationen oder mit einem Bonus-System und den „nur zum Teil" – weil ein Teil des Waldes erhalten bleiben müsse! – verwendbaren Staatsböden, könne man „Land, das [...] aus größerem Besitz übernommen wurde" als Zahlungsmittel verwenden.[193]

Beispiel 4: Einlage in Grund und Boden oder Arbeit statt Geld. Doch da ja die Bevölkerung die Meliorationsarbeiten zum Teil mitfinanzieren sollte, war auch hier die Geldknappheit, diesmal der Bevölkerung, ein Problem. „Wer weder Boden im Überfluss hat, noch Geldmittel zur Bezahlung der Kosten der Melioration, der soll [seinen] Anteil mit einem dritten Wert bezahlen: mit Arbeit." Eine Kalkulation für Arbeitseinlage statt Geldeinlage sah folgendes vor: „Die Kleinbesitzerschicht, die ungefähr 52 % einnimmt und keinen Boden im Überfluss hat, kann dann [stattdessen] Arbeiten einbringen, die es am Einsatzort [bisher] nicht gibt." Statt einer Beteiligung der Bevölkerung mit 24.000.000 zł. könne man „9.000.000 Arbeitstage" ansetzen, dabei Männerarbeit für 30-40 Tage heranziehen. Auf diese Weise würden die Meliorationstätigkeiten ein Arbeitsfeld bieten, das auch geeignet ist, die Arbeitslosenzentren *(Ośródki bezrobocia)* zu entlasten. Dies würde sich gerade für „unqualifizierte Arbeiter" eignen, die „in speziell gebauten Baracken" wohnen könnten. Da es

192 AAN Bestand 13/0, Sign. 735, Blatt 202, Wojewodschaft Polesie an Min RiDP Wydział Majątków Państwowych, 23. 02.1923.

193 Powierza 1934, nach einem Sonderdruck, S. 7-8.

sich um „typische Investitionsarbeiten" handele, könnten sie aus dem Arbeitsfonds (*Fundusz pracy)* finanziert werden.[194]

Beispiel 5: Getreide als Einlagen in den Speicher: Naturalien statt Geld. Während der Vorschlag „Boden gegen Meliorationsarbeit" nicht verwirklicht wurde, ging in den 1930er Jahren der Landwirtschaftsverband der Wojewodschaft Polesien dazu über, den Bauern zu ermöglichen, die Einlage in zu errichtende gemeinsame dörfliche Getreidespeicher nicht in Złoty und Groszy, sondern unter der Losung „Getreideschutte" *(„Zsyp żyta")* in Getreide zu entrichten.[195] Tatsächlich war die Aktion, die man mit einer ähnlichen Aktion bei Adam Czartoryski im Jahre 1772 verglich, in Polesien sehr erfolgreich: 1932/33 betrug das Ausmaß 262.375,57 kg. geleisteter Beiträge, 1933/34 bereits 1.373.557,91 kg.[196]

Als die Politik also aufgrund der – durch eine ausdrücklich betriebene Deflationspolitik noch verstärkten – Rezession das Geld zu einem knappen und teuren Gut machte, wurden durch solche Maßnahmen staatlicher oder kollektiver Einrichtungen die Bauernfamilien zur Fortsetzung ihrer geldlosen Wirtschaft angehalten, ein Sich-Einigeln des polesischen Dorfes gefördert.

Zusammenfassung: Geld als Schule der Nation?

Geld = Staat. Noch lange hielt sich der Rubel als Zahlungsmittel. Die Bedeutung des Geldes, haptisch insbesondere des Münzgeldes, weniger des Papiergeldes, das die Staatsverwaltung ausgibt und auch annimmt, blieb den meisten polesischen Bauernfamilien äußerlich. Aufgrund seiner Symbolik auf beiden Seiten der Medaille, besser: der schönen Scheine war der Staat zwar repräsentiert, doch während und nach der Inflationszeit blieb jedem klar, was für eine scheues Reh das Geld war. Vor allem, wenn man keins hatte, aber der Staat es von einem haben wollte, wurde das Verhältnis zwischen modernem Geld und modernem Staat sichtbar.

Den Interventen war nicht wichtig, den Gebrauch von Geld unter der polesischen Landbevölkerung zu verbreiten. Sie sahen, soweit ich das beurteilen kann, noch nicht einmal in einer Monetarisierung als solcher ein geeignetes Mittel zur Heranführung der Polesier an die polnische Gesellschaft und den polnischen Staat.

Steuereinnahmen, Marktwirtschaft. Die Staatsverwaltung hatte zwar erstens ein Interesse, festgesetzte Steuern auch einzunehmen,[197] was zeitweise zu gewaltigen Konflikten führte. Doch wie dies die Steuerzahler bewältigen sollten, war ihr weniger interessant. Wichtig war den Modernisierern zweitens, dass eine rationell geführte Wirtschaft Überschüsse produzierte, die auf dem gesamtpolnischen Markt verkauft werden konnten. Einem Teil von ihnen war besonders wichtig, dass hierbei keine Juden im Spiel waren. Und drittens wollten sie, dass die Menschen in Polesien genug zu Essen hatten, es sich leisten konnten, die Kinder zur Schule zu schicken und anderen Verseinungsmaßnahmen zugänglich

194 Ebenda.

195 AAN Bestand 1183-0 Urząd Wojewódzki w Brześciu nad Bugiem, Sign. 58 (1932–1935) Poleski Wojewódzki Związek rolniczy, Blatt 2; AAN Bestand 1183, Sign. 58, Blatt2rück-3; vgl. Strowski, J.: Związki rolnicze na Polesiu, Brześć nad Bugiem 1935, S. 24.

196 AAN Bestand 1183, Sign. 58, Blatt 2verso.

197 Gazeta Poleska 11.03.1934, Nr. 11, S. 2.

waren. Dass dabei Geld eine Rolle spielte, ein Mittel war, das wurde nicht problematisiert. Die Mark war ein Pleiteprojekt, der Złoty sollte keine Schule der Nation sein.

Aber das Geld wurde gerade dies doch. Die Verbindung von Geldgebrauch und polnischer Staatlichkeit begann schon auf einer sehr symbolischen Stufe: Der Groschen in der Tasche bewirkte, dass Geld nicht mehr mit dem Zaren und der orthodoxen Kirche, sondern eben mit der Republik Polen verknüpft war. Jeden Tag wurde man, ähnlich wie heute noch mit dem Euro-Bargeld, subtil oder sogar deutlich daran erinnert, dass es einen Staat Polen mit einer ab 1924 stabilen Währung gab.

Das Geld war dabei angesichts des hohen Anteils der geldlosen Wirtschaft kein Zeichen für eine Zusammengehörigkeit des Dorfes oder der Gegend, denn hier blieben Naturalien und Wodka die Zähleinheiten. Geld war dasjenige, was man an Steuern, Pacht, Versicherungsprämien und Gebühren zu entrichten hatte, alles keine angenehmen Dinge. Eine korrekte Bezahlung vorausgesetzt, konnte aber der bei der Auswärtsarbeit verdiente Lohn ein positives Gefühl nicht nur zum Bargeld mit seinem in den 1930er Jahren stabilen Tauschwert erwirken, sondern auch zur Eingliederung in die polnische Nation. Besonders in der Zeit bis 1929 ermöglichte die Arbeitsmarktentwicklung, dass insbesondere Männer aus ihrer Gegend herauskommen und außerhalb des heimischen Dorfes in Lohn und Brot gehen konnten. In der Krisenzeit ab 1930 gab es wieder eine Tendenz zum Schrumpfen und Sich-Einigeln auf bäuerliche Familien- und Dorfwirtschaft. Dass Lohnarbeit oder Geld die bäuerlichen Unterschichten an die Nation heranführten, ist eine sehr unästhetische Behauptung, die ich nicht allzu sehr stützen kann. Ich muss mich hierbei besonders davor hüten, parallele Entwicklungen als in einem ursächlichen Zusammenhang stehend darzustellen. Aber es verdient Beachtung, dass Geld (polnisches Geld), das nicht zur Steuerzahlung und Subsistenzsicherung verwendet zu werden brauchte, gespart, investiert oder vergeudet werden konnte. Das Geld in all seinen Funktionen, auch mit all seinen Wertschwankungen, war nicht nur ein Wertmaßstab, sondern ein konstituierendes Moment der bürgerlichen Gesellschaft, und wer es besaß, hatte an dieser Gesellschaft teil. Geld wurde nicht als des Teufels angesehen. Das Dorf selbst war laut Obrębski gespalten, wie dies zu bewerten sei. Die Alten sahen im Geld einen Verfall der Sitten, für die Jungen bedeutete es Freiheit.[198]

Was war Armut? Die polesische Bevölkerung war arm, oft bitterarm. Wie anders als arm sollte man auch Leute beschreiben, die sich keine Schuhe leisten konnten, nur ein Handtuch je Familie besaßen und mit dem Zahlen der Steuern nicht nachkamen? Doch ist eine genauere Beweisführung gerade deshalb schwierig, weil die schon damals eingeübten volkswirtschaftlichen Indikatoren – Preise, die beim Verkauf von Überschüssen erzielt wurden, oder Dinge, die jemand einkaufen konnte, gerade in Polesien zu irreführenden Schlussfolgerungen führen konnten.

Die Sehnsucht gehobener Schichten nach Polesien, nach einer Art neuem Mickiewiczschen Litauen, hatte sicherlich auch damit zu tun, dass man sich eine Welt ohne Geld, ohne Geldverschuldung, ja ohne Bürgerlichkeit vorstellte. Man stellte sich gerne in den Schatten Polesiens, aber nur, wenn man wehmütig, nicht, wenn man verschuldet war.

198 Obrębski 2007, S. 393-397.

Das Geld, äußerlich „nur ein Stück Stoff", würde Menschen im Normalfall unabhängig von ihrer Erde machen, aber auch von ihrer Familie und Dorfgemeinde in Polesien. Doch selbst, wenn das Geld diese Funktion erfüllen konnte – würden die Einheimischen ihre Gemeinschaft leicht verlassen?

4.14 *Social engineering* 3: Intervention durch Tourismus und Folklorisierung

In der Polnischen Republik gab es in quantitativer wie qualitativer Hinsicht keinen Massentourismus. Nur die obere Mittelschicht und die Oberschicht konnten sich solche Reisen, oder überhaupt dasjenige leisten, was wir heute (!) mit Tourismus verbinden.

Polesien hatte ja zunächst nicht zu bieten, was Urlauber brauchten: eine Gesundheit und Regeneration fördernde Umgebung. Weder Luftkurorte noch Badestrände noch Skipisten konnte Polesien sein eigen nennen, war vielmehr für seine „polesische Nachtigall",[199] die Mücke bekannt. Anders als in den vom Ersten Weltkrieg nicht betroffenen Gebieten galt es zunächst Jahre lang, die besonders starken Zerstörungen in den Städten und Schtetln, überhaupt die Vorkriegsinfrastruktur erst einmal wiederherzustellen. Polesien hatte keine ausgebaute touristische Infrastruktur, selbst für damalige Verhältnisse nicht.

Drei Bücher: Mondalski, Ossendowski, Marczak

Polesien war anders. Die ersten für die Ortsfremden und Regionsfremden konzipierten monographischen Beschreibungen Polesiens gab es eben in der Zeit der Polnischen Republik.

Mondalski. Das 1927 erschienene Buch von Wiktor Mondalski,[200] Auflage 500, benannte in der Einleitung als Zielgruppe alle Interessierten, konnte aber eigentlich nur Leute ansprechen, die an der geologischen und geografischen Beschaffenheit, an Klima, Flora und Fauna Westpolesiens interessiert waren. Der Autor sah sich dem „Regionalismus"[201] verpflichtet, womit hier Liebe zum Detail regionaler Besonderheiten gemeint war. Erst auf den Seiten 194 bis 235 werden wir mit der Endstufe der evolutionsbiologischen Entwicklung der Natur und Landschaft Polesiens bekannt gemacht, nämlich mit dem Menschen als Endprodukt der Schöpfung der Natur in seiner Entwicklung von der „Vorgeschichte" bis zu den heutigen Tagen mit seinem Volks-Mosaik. Der Mensch erscheint bei Mondalski wie bei vielen Geographen seiner Zeit als Krönung einer Naturgeschichte, als welche die Weltgeschichte überhaupt nur verstanden wurde.[202]

Mondalski kannte Weißruthenen *(„Białorusini")*, die Schwarze Rus' *(„Ruś Czarna")*, Kleinruthenen *(„Małorusini")* und Polen, bringt einen Abschnitt über die *„Kresowcy"*, also die *Kraëvcy*, um dann zu betonen, dass man eigentlich wenig über die hiesigen Polen wisse. Es fehlte auch nicht die Beschreibung der Juden und der Russen.

199 Emmer, Maksymilian, a.a.O.
200 Mondalski, Wiktor: Polesie, Kraków: Centralne Biuro wydawnictw N.K.N., 1927.
201 Ebenda, S. VI.
202 Jureit, Ulrike: Das Ordnen von Räumen. Territorium und Lebensraum im 19. und 20. Jahrhundert. Hamburg 2012, S. 13.

Mondalskis Buch war für einige Jahre die einzige Allgemein-Monographie über Polesien überhaupt, wurde in der großen italienischen Enzyklopädie[203] als weiterführende Literatur empfohlen.

Mag sein, dass die Touristen interessierenden Dinge in dem nicht mehr veröffentlichten Teil 2 noch zur Sprache gekommen wären. Mondalski war ein NPR-ler, ein Aktivist einer in Polesien kaum verbreiteten Partei mit Schwerpunkt im polnischen Teil Oberschlesiens, ein Aktivist, einer von denen, die in Polesien eine Tageszeitung auf die Beine stellen wollten,[204] und, da kam man in Polesien ja gar nicht drumherum, ein Landeskundler: Mondalski teilte z.B. korrekt den Anteil der Sümpfe an der Gesamtfläche in den einzelnen Kreisen Polesiens mit.[205]

Marczak. Dagegen war der Reiseführer von Marczak[206] wirklich wie ein Reiseführer aufgemacht und hieß auch so. Dieser Text konnte die kulturelle Distanz der Autors zu den „Poleschuken" nicht verbergen,[207] wollte es wahrscheinlich auch gar nicht, es ist von Schlampigkeit *(„niechlujstwo")* die Rede und davon, dass die örtliche Bevölkerung keine Hygiene kenne.[208] Marczak beschrieb all die Sehenswürdigkeiten, die er finden konnte, insbesondere in den Städten und Schtetln. Das fing bei der Festung in Brest an[209] und hörte erst bei der Beschreibung kleinerer Kapellen auf. Synagogen wurden nicht ausgeklammert.[210] Ganz im Stil eines Baedekers beschrieb Marczak, wie viel die *Restauracja Goldberg* für Halbpension berechnete. Und Marczak empfahl auch das Grenzregime: „Auf dem Wachtgebäude des *KOP*" könne man „auf der anderen Seite den sowjetischen Grenzschutz und dessen Wachtturm sehen." Daher „besuchen wir" selbstverständlich das zweigeschossige Gebäude. Man betrachtete aufmerksam die im Vergleich zum Landesinneren herrschende militärischere Ordnung: Jeder, der nicht Soldat war, wurde doch sehr misstrauisch beäugt.[211] Nicht überliefert ist, ob Marczak den Touristen einen Besuch wärmstens empfahl, oder ob sie darüber nur lesen sollten. Als weiteren Knüller präsentierte Marczak die Furnierfabrik von Gomberg, (siehe oben) „die größte Polens": dort, an der besonders dünn besiedelten Grenze bei Mikaševičy/Mikaszewicze gab es elektrisch Licht bis 24 Uhr auch außerhalb der Fabrik und eine katholische Gemeinde, „derzeit noch ohne eigene Kirche".[212] Fotos vom Kanalbau brachte Marczak ebenfalls[213] – doch wollte die Zielgruppe Kanalbauten sehen? Weder der faule, noch der wandernde Tourist konnten wahrscheinlich durch die Kanäle selbst angelockt werden. Vielmehr wurde durch solche Bilder der Anschluss Polesiens an Polen (im wahrsten Sinne des Wortes) dokumentiert. So schwankte der Bericht zwischen Verseinung und Veranderung.

---

203 Enciclopedia italiana di scienze, lettere ed arti, Band 27, [Peth – Porth], Roma 1937, S. 622.
204 Cichoracki 2014, S. 162.
205 Mondalski 1927, S. 83.
206 Marczak, Michał: Przewodnik po Polesiu, Brześć nad Bugiem: Oddział Polsk. Tow. Krajoznawczego, 1935.
207 Cicharacki, Petr [Cichoracki, Piotr]: Paljašuk – ab'ekt cyvilizacyjnaj misii, In: ARCHE. Pačatak Zachodnjaja Belarus'. Mižvaenny peryjad = Arche Pačatak (2014) № 7-8 (128-129), S. 72-110, hier S. 76.
208 Puchała-Rojek, Karolina (red.): Zofia Chomętowska 2011.
209 Marczak 1935, S. 58-59.
210 Ebenda, S. 75.
211 Ebenda, S. 89.
212 Ebenda, S. 88-89.
213 Ebenda, S. 94-95.

Ossendowski. Polesien als touristische Besonderheit konnte trotz (oder wegen?) einer fehlenden Infrastruktur deshalb präsentiert werden, weil eben dem Tourismus innewohnt, das *Andere* zu sehen, zu hören, zu riechen, zu schmecken und zu tasten, oder sogar kennen zu lernen. Hat Ferdynand Antoni Ossendowski, als er schon auf der ersten Seite Polesien als unbekanntes („In der Mitte Europas, im zwanzigsten Jahrhundert: solch ein sehr seltsames, exotisches Land!")[214] und „fast unbewohntes"[215] Land beschrieb, dies im Sinn gehabt? Dies möchte man glauben, wenn er darlegt, dass den Tibet, den Amazonas, Niger oder Neuguinea „der weiße Mann überall schon im Kampf erreicht, erforscht und detailliert beschrieben" habe – eben im Gegensatz zu Polesien.[216] Doch im Verlauf der Buchs wird deutlich, dass Ossendowski sehr wohl detailreich Menschen und ihre Tätigkeiten im Wald, auf dem Feld und zu Wasser in allen Jahreszeiten in seinem Text darstellte. Einzig die Juden ignorierte er komplett, und somit beschrieb er auch die Städte in Wort und Bild nur insofern, als sie katholisch (und ein bisschen orthodox) waren.

Was war Polesien dann also für den Autor? Schön oder hässlich? Ossendowski beschreibt Polesien nicht als Eisenbahnfahrt, nicht als Wege-Führer, auch nicht als hässlich, aber auch nicht als Reiseführer mit Spezifika von einzelnen Orten. Er beschreibt Polesien so, als sei Polesien in seinem sumpfigen, unplatten Land überall gleich.

Ossendowski entdeckte den „Poleschuken in seinem Element". Die Bauernfamilien betrachtete er zeitlos, und nur die dortigen Stammesvölker vergangener Zeiten sah er als zwar historisch an,[217] aber eigentlich nur, um sie zur Darstellung einer behaupteten Kontinuität von (Aber)-Glauben und Arbeitspraktiken bis auf die heutige Zeit heranzuziehen. Beim (polnischen) Adel hingegen kennt er nicht nur eine jahrhundertealte Geschichte, sondern auch deren bleibende Werke: Kanäle, Manufakturen[218] und Gebäude. Auch die jüngste Geschichte kam vor, z.B. die Aktivitäten Sowjetrusslands und der dortigen Elche: Seiner Aussage, dass sie „auf die polnische Seite gingen, weil sie sich dort sicherer fühlten" können wir bei Bedarf glauben, wie auch seine Behauptung über irgendwelche geheimen Pläne Deutschlands.[219]

Betrieb Ossendowski also eine Folklorisierung? Ja, und zwar vorwiegend in Form einer Naturalisierung („in seinem Element"). Ob sich die Leser des Buches durch seine Darstellung Polesiens und seiner Bewohner angezogen fühlten, weiß ich nicht. Der Titel erschien in der Reihe *Cuda Polski*[220] mit den Slogans *Piękno przyrody. Pomniki pracy, Zabytki dziejów* (etwa: „Schönheit der Natur, Denkmäler der Arbeit, Sehenswürdigkeiten der Geschichte) und verstand sich als „ein Zyklus von Monographien, die der Landeskunde der Länder und Städte der Republik gewidmet" waren. In „luxuriöser Ausgabe", mit Heliogravür-Photos und „mehrfarbigen Buchdeckeln" wurden über Schlesien bis „Wilno" vergleichbare Buchtitel herausgegeben.

---

214 Ossendowski [1934] 2015, S. 7.
215 Ebenda, S. 8, Foto S. 9.
216 Ebenda, S. 7.
217 Ebenda, S. 131.
218 Ebenda, S. 152, 155.
219 Ebenda, S. 131-132.
220 Wörtlich: Wunderdinge Polens, etwa: wundersames Polen.

Der Tourismus

So wenig zahlreich und auffällig Touristinnen und Touristen damals blieben, so wirkungsmächtig waren solche Darstellungen Polesiens, von denen ich hier nur die monographischen beschrieb, auf das außerpolesische Bild von Polesien. Wenn man sich, unter anderem aus nationalpolitischen Gründen, auch der Überhöhung der „Poleschuken" zu Edlen Wilden enthielt, so konnte doch das „seltsame, exotische Land" als Folie für faszinierende Rückständigkeit dienen.

Wysłouch. Dadurch konnte Polesien nach dem Zweiten Weltkrieg und dem anschließenden Bevölkerungsaustausch zu einer polnischen Erinnerungs- und Sehnsuchtslandschaft werden, besonders im westlichen Exil.[221] Diese Perspektive nahm Franciszek Wysłouch erst nach dem Zweiten Weltkrieg im Londoner Exil ein: er beschrieb in den 1960er und 1970er Jahren Land und Leute aus der Ich-Perspektive, aus derjenigen des wissenden einheimischen Adeligen. Bei Wysłouch erscheint allerdings Polesien nicht als Atopie oder das ewig Dortige, sondern als gut gefüllte Landschaft, die bis ins Innere von Wäldern hineinreicht.[222] Kein Wunder, denn er kam von dort. Wysłouch war im Gegensatz zu den meisten anderen mittendrin gewesen, beschrieb Polesien von innen. Aber auch bei Wysłouch sind die Menschen in der Regel in die Landschaft eingepasst. Er andert/othert sie nicht, kann aber sein Mehrwertigkeitsgefühl genausowenig überwinden wie die anderen Genannten. Nach sowjetischer, dann deutscher Besatzung, nach Vernichtung der jüdischen Stadtbevölkerung in der Shoah, nach dem Bevölkerungsaustausch ab 1945 befanden sich die meisten der überlebenden polesischen Polen, wenn nicht im Lager, dann außerhalb der Sowjetunion, zu der Polesien nun gänzlich gehörte – sei es in der PRL, sei es, wie bei Wysłouch, im westlichen Exil. Daher wurde Polesien zu einer Erinnerungslandschaft, und von dort war der Schritt zur Sehnsuchtslandschaft nicht mehr weit. Das passte gut: Polesien konnte so verwunschen werden, wie seine Sümpfe sumpfig waren.

Land oder Leute? Waren für Touristen. Schwerer als mit dem Land tat man sich im Zwischenkriegspolen mit den Leuten. Die Zähmung des Anderen, des Poleschuken, die Touristisierung nicht nur des Landes, sondern auch der Leute erfolgte wie in anderen Regionen auch hier durch eine Folklorisierung. Eine fremde Sprache wurde zu einer interessanten Mundart, die Schufterei bei der eigenen Herstellung von Ton zur netten Betrachtung. Produkte des Volkshandwerks, das Kunsthandwerks waren Trophäen der Touristinnen und Touristen schon damals, die auf Wochen-, besonders auf Jahrmärkten den Einheimischen abgekauft wurden. Wurde ein Tontopf eher gekauft, weil man ihn als Gegenstand brauchte, oder, weil man Folklore mitnehmen wollte? Wir sollten uns hüten, aus der Tatsache, dass eine derzeit aussterbende Generation in Deutschland und anderswo eine Unzahl von kitschigen, aber durchaus auch nicht kitschigen, aber unbrauchbaren Urlaubsmitbringsel hinterlässt, mit dem die nachwachsenden Generationen wenig anfangen können, zu

221 Für die *kresy*, die 1921 bis 1939 für den polnischen Staat und die polnische Gesellschaft mit ganz normalen Problemen verknüpft waren, in deutscher Sprache: Benecke, Werner: Die Kresy – ein Mythos der polnischen Geschichte, In: Hein-Kirchner, H. und Hahn, H.H. (Hg.): Politische Mythen im 19. und 20. Jahrhundert in Mittel- und Osteuropa, Marburg 2006, S. 257-266; Kochanowski, Jerzy: Paradoxe Erinnerungen an die kresy, In: Ebenda, S. 267-278.

222 Wysłouch, Franciszek: Echa Polesia, [1979], nach der Ausgabe Łomianki o.J.; Wysłouch, Franciszek (1976): Na ścieżkach Polesia, o.O. 1976 [nach der Neuausgabe o.J.]; Wysłouch, Franciszek (1968): Opowiadania poleskie, Londyn 1968 [nach der Neuausgabe o.J.].

schließen, dass das dörfliche Kunsthandwerk schon immer Nippes an den Mann und die Frau bringen wollte. Zwar gab es auch unter früheren Generationen von Touristen schon einen Teil mit einer ausgesprochenen Abneigung gegen das Primat des Praktischen, doch der Hauptgrund war ein Anderer: beim dörflichen Kunsthandwerk existierte schon immer eine Art ästhetischer Überschuss, war die Produktion noch nie einfach auf den ökonomischen Nutzen reduzierbar.

Insofern waren auch in Polesien Touristisierung und Folklorisierung eng verbunden. Der Tourist brauchte zu der Landschaft die passenden Leute und umgekehrt. Die Typologie von Völkern und, wie sie damals in Deutschland genannt wurden, „Volksgruppen" oder „Stämme", konnte schon im 19. Jahrhundert in der Eisenbahnliteratur herausgestellt werden.[223]

Noch bis weit in 1980er Jahre hinein verstand man in der Sowjetunion unter einem Touristen *(„Turist")* einen Menschen, der sich, alleine oder in einer kleineren Gruppe unterwegs, an der Natur abarbeitet, ohne sie zu erobern. Jemanden, der sich in einem Ferienhaus der Gewerkschaft entspannte und die Seele baumeln ließ, hätte man damals nicht als Touristen bezeichnet, erst Recht nicht einen Vollpensionär.

Fazit. Der Tourismus war bis 1939 noch zu wenig verbreitet, als dass die Interaktionen zwischen Einheimischen und Touristen ihre Spuren hinterlassen hätten. Eine Folklorisierung war konzipiert, und Polesien wurde ja auch volkskundlich beschrieben, doch fällt eine Beweisführung über Interaktionen schwer.

4.15 *Social engineering* 4: Ab in die Schule!

Die Etablierung von Schulen war eine Intervention. Im Gegensatz zu Geldgebrauch und Auswärtsarbeiten war das Schulwesen eine staatlich geförderte staatliche Einrichtung, die als Intervention zu bezeichnen ist. Das fällt uns heutzutage vielleicht nicht so auf, weil wir die Schulpflicht – was angesichts von Individualisierung und Flexibilisierung sogar erstaunen mag – für eine selbstverständliche Sache, eine gut eingeführte alt-moderne Einrichtung halten. Doch die Feindschaft gegenüber der Institution Grundschule war in einer Gesellschaft wie der Westpolesiens noch bis in die 1930er Jahre hindurch weit verbreitet, konnte diese doch bedeuten, dass den Eltern Arbeitskräfte genommen, ihren Kindern fremde Erziehungsziele und eine fremde Sprache aufgezwungen wurden, und sogar deren Gesundheit konnte unter dem Besuch einer Schule leiden. Insofern ist zu fragen, inwieweit eine in der polesischen Gesellschaft überhaupt nicht als normal empfundene Beschulung staatlich durchgesetzt werden konnte, und wenn ja, welche Ergebnisse die zeitigte.

Tatsächliche Entwicklung des Schulwesens 1839-1915. Die Einrichtung von Schulen war in Polesien im 19. Jahrhundert eng mit der russischen Orthodoxie verbunden. In deren kirchlichen Pfarreischulen konnte ein Kind lesen, schreiben und rechnen lernen.[224] Seit den 1880er Jahren richtete der russländische Staat dann Volksschulen ein.[225] Doch gingen die allermeisten Bauernfamilien davon aus, dass sie im Alltag keine lese- und schreib- und re-

223 Schenk 2014, S. 182-188.
224 Obrębski 2007, S. 340.
225 Ebenda, S. 341.

chenkundigen Mitglieder benötigten. Bei gesellschaftlichen Konflikten waren die Leser, Schreiber und Rechner zumeist auf der Seite des Gegners. In dieser Situation beschränkte sich der Staat darauf, den Volksschulunterricht in die feldarbeitfreie Winterzeit zu verlegen, womit die Bauernfamilien leben konnten. In den litauisch-belarussich-ukrainischen Gebieten, die bis 1772 zu Polen-Litauen gehört hatten, gab es für Staat und Orthodoxie ein weiteres gewichtiges Argument für die Volksbildung: die Entpolonisierung.[226] Die Juden hatten ihre eigenen Bildungsstätten in ihrer eigenen Sprache behalten.

1915-1918. Als die Front 1915 aus dem Westen näher kam, wurden Lehrer, auch belaruthenisch-nationalbewusste, evakuiert, und viele Schulen in Hospitäler umgewandelt.[227] Im Hinterland organisierte das Tat'jana-Komitee Schulen speziell für Flüchtlingskinder.[228] Man richtete auch eine Schule für polnische Flüchtlingskinder ein.[229]

In der Zeit der Besatzung durch die Mittelmächte 1915-1918 wurden dann weiterhin Schulgebäude teilweise als Spitäler und Lazarette genutzt oder in sie umgewandelt, teilweise wieder ihrer eigentlichen Bestimmung zugeführt, die ersten schon ein paar Tage nach dem Einmarsch der Mittelmächte.[230]

Sprachpolitik in der Schule. Die Geschichtsschreibung betrachtete weniger allgemein die Tatsache als solche, dass unter deutscher Herrschaft in Ober Ost und in Westpolesien Schulen eröffnet wurden, sondern erörterte vielmehr speziell die – allerdings wirklich wichtige – Frage der Schulsprache. Dies ist verständlich, weil es zuvor keine „staatlichen" („von oben" betriebenen) Schulen in den Heimatsprachen belaruthenisch, ukrainisch, litauisch und jiddisch gegeben hatte.

Das Herz der ukrainischen Bewegung hüpfte höher, als im südwestpolesischen Provinznest Maloryta eine ukrainische Schule und seit 1916 in Biała (Podlaska) das Blatt *Rodnoe Slovo* herausgebracht wurden.[231] Es wurden „Weißruthenische Volksschule[n]" eröffnet,[232] sogar belaruthenischsprachige Vorschulen ohne Bezahlung betrieben.[233] Belaruthenische, litauische und jüdische Schulen wurden „gleich behandelt", russische Schulen verboten,[234] letzteres galt aber nicht für Pinsk. Die unter deutschländischer Besatzung erschienene belaruthenische Zeitung *Homan* jubelte, dass sich erstmals seit fast 100 Jahren belaruthenische Sprache, belaruthenische Schulen und belaruthenische Kultur ohne Verbote entwickeln konnten.[235] Während ja für die Lehre der ukrainischen Sprache im Habsburgerreich ein solider Grundstock existierte, gab es zu Beginn der deutschländisch-österreichischen Besatzung Westpolesiens keine belaruthenischen Bildungseinrichtungen, keine Lehrerseminare, nicht einmal eine belaruthenische Grammatik. Am 17. Oktober 1916 wurde ein belarutheni-

226 Obrębski 2007, S. 340.
227 Cuba 2003, S. 100.
228 NIAB Bestand 300-1, Sign.67 und 151; Smol'janinov 2014, S. 140.
229 Vrublevskij, Vadim Valer'evič (Hg.): Belarus' v gody Pervoj mirovoj vojny: (1914–1918); sbornik dokumentov, Minsk 2014, #118.
230 Shohet 2012.
231 Nelard, [Oktawiusz] inż (Hg.): Polesie ilustrowane. Monografja. Praca zbiorowa pod redakcją inż. Nelarda, Brześć n/B. 1923, S. 107.
232 Curschmann 1918, S. 288.
233 Cuba 2003, S. 106-109.
234 Migun 2001, S. 12, Anm.28; Beljavina, V.N. [=Bjaljavina, Valjancina Mikalaeŭna]: Belarus' v gody Pervoj mirovoj vojny, In: Nauka i innovacii, 10(2014), Nr. 140, S. 66-70.
235 Cuba 2003, S. 118-119.

sches Lehrerseminar nördlich von Polesien, nämlich in Svislač bei Waŭkavisk eröffnet, das 114 Lehrer ausbildete.[236] Die Existenz dieser ersten Bildungsstätte für belaruthenischsprachige Lehrer kann auf den ersten Blick wenig beeindrucken, doch dadurch war ein Bann gebrochen.

Da es nur wenige und schlechte Lehrbücher gab, wurde ab Ende 1915 daher in Vilnius ein Verlag betrieben, welcher die allernotwendigsten Bücher herausgab. Die Belaruthenische Gesellschaft für Kriegsopferhilfe (*Belaruskae tovarystva dapamohi pacjarpelym ad vajny),*[237] gründete einen Schulausschuss, errichtete belaruthenische Schulen und befasste sich mit belaruthenischer Terminologie.[238]

Die Einrichtung von Schulen war hoch aufgehängt.[239] Hindenburg selbst äußerte sich 22. Dezember 1915 über das Schulwesen. Die Einrichtung muttersprachlicher Schulen sollte das Bildungswesen dem sprachlichen und eben politischen Einfluss Russlands entziehen, doch verband man diese Kulturarbeit, wie zu erwarten war, mit Germanisierungsbestrebungen. Am 16. Januar 1916 wurde verfügt, dass die Lehrer deutsch können mussten.[240] In Kirche, Schule, Kunst und Wissenschaft wurden diese Prinzipien durchgesetzt.[241]

Liulevicius geht davon aus, dass die Schulpolitik „von Anfang an aus dem Ruder" lief. Nicht nur, dass es zu wenig Schulgebäude und keine Lehrbücher gab – darüber hinaus hatte das Russische Reich auch solche Lehrer evakuieren lassen, die nun für den muttersprachlichen Unterricht in den Landessprachen hätten zur Verfügung stehen können. Und wenn, wie in Ober Ost, Gymnasiastinnen und Bauern Schulen in Eigenregie organisiert hatten, beunruhigte das den Oberbefehlshaber Ost. Dennoch wurden neue Schulen gegründet. Nach einem Erlass, dass man grundsätzlich in der Muttersprache unterrichten solle, „nahmen die Weißrussen ihre Kinder aus den polnischen Schulen."[242] Viele deutschsprachige („deutsche") Schulen hatten nur jüdische Schüler.[243] Und in den detaillierten Plänen des Deutschen Reichs für die Nachkriegszeit war keine Schulpflicht vorgesehen.[244]

Die unter der Besatzung des Deutschen Reichs eröffneten insgesamt etwa 150 (nach anderen Daten 350) belaruthenischen Schulen dienten Ełski zufolge noch nicht einmal integratorischen oder „antirussischen" Zielen, sondern seien ein „ausschließlich politischer Schachzug" in Berechnung auf einen propagandistischen Außeneffekt gewesen.[245] Diese Sichtweise verkennt, dass sich die Vertreter des Deutschen Reichs der disziplinierenden Wirkung von Schulen durchaus bewusst gewesen sein dürften.

Jüdische Schulen in Pinsk 1915 bis 1918. Eine besondere Betrachtung verdient das differenzierte jüdische Schulwesen in Pinsk während des Ersten Weltkriegs. Das Bürgerko-

236 Cuba 2003, S. 120.
237 ĖHB, tom 1, 1993, S. 359-360.
238 Cuba 2003, S. 122, 123, 136.
239 Zemke, H.: Der Oberbefehlshaber. Ost und das Schulwesen im Verwaltungsbereich Litauen während des Weltkriegs, Berlin 1936.
240 Migun 2001, S. 47-49.
241 Das Land Ober Ost 1917, S. 351.
242 Liulevicius 2002, S. 157-160, Zitat S. 160. „1918 gab es insgesamt 1.350 öffentliche Volksschulen: 750 litauische, 299 polnische, 164 jüdische, 89 weißruthenische, 81 deutsche und 7 lettische".
243 Liulevicius 2002, S. 161.
244 Strazhas 1993, S. 249.
245 Ełski [= Laniewski], Stanisław: Die weissruthenische Frage: Historisch-politischer Abriss, Berlin: Publikationsstelle für den Dienstgebrauch, 1942, S. 77.

mitee, die aus Einheimischen gebildete Quasi-Behörde, trieb Steuern in Pinsk ein, die u.a. für Schulen ausgegeben wurden.[246] Die Tochter eines früheren Duma-Abgeordneten wurde Schulleiterin[247] an einem vom *Sukkot*-Tag 1915 bis zum Ende der Deutschen Herrschaft existierenden jüdischen Gymnasium.[248] Die stabilste unter den jüdischen Schulen blieb die Mädchenschule der „Allgemeinen Zionisten“ unter der Verantwortung der Organisation *Zeitei Zion*.[249] Statt Russisch wurde nun hebräisch unterrichtet. Dass es sich um ein Kriegsfront- und Besatzungsgebiet handelte, wurde zunächst an schwierigen, aber nicht höchst dramatischen Dingen deutlich wie dem, dass im Winter der Lehrer in der Pause das mitgebrachte Holz verheizen musste. Man wollte auch eine Knabenschule betreiben. Die Schule vom Hilfsverein *Ezra*, die sich vom örtlichen Komitee finanzierte, ging in der Unterrichtssprache von Jiddisch zu Hebräisch über, ohne über Lehrbücher zu verfügen. In einer vom Jüdischen Arbeiter-Bund eingerichteten, also jiddischsprachigen Schule fand der Unterricht im Sommer im Hof vom Holtzman-(Holcman)-Theater, im Winter in der Zawalna-Straße statt. Ein *Poalej-Zion*-Mann eröffnete sogar eine Schule mit russischer Unterrichtssprache.[250] Die neben den weltlichen Schulen betriebenen religiösen hatten es nicht leicht. Eine religiöse Talmud-Tora-Grundschule blieb ohne Geld, wurde geschlossen. Und in Karlin (Pinsk) konnte eine gerade noch überleben.[251] Die Organisation *Zeire Zion* versammelte 64 Schüler, bildete 500 Menschen in Abendschulen weiter.

1916 hielt man eine Gedenkfeier für den verstorbenen Scholem-Alejchem ab. Diverse Ankündigungen in der Pinsker Zeitung[252] kündeten von einem blühenden jüdischen Schulleben in schwerer Zeit zumindest bis 1916.[253] Dass das jüdische Bildungswesen gedieh, lag mit daran, dass Dr. Aron (Arnold) Tänzer, ein jüdischer Armeeseelsorger,[254] zu einem konstruktiven Bindeglied zwischen Besetzern und Besatzern wurde. Anlässlich eines Besuchs „einer jüdischen Mädchenvolksschule“ vermerkte er: „ Ein Mann in deutscher Offiziersuniform, der hebräisch zu ihnen sprach, war ihnen far zu unerhört.“[255] Noch im Jahr 1917 wurden Fotos von der dritten Stufe der Abendschule geschossen. Angesichts der dramatischen Frontstadtlage, in denen Zwangsabgaben von Eisentiegeln und Messingtürgriffen und zunehmend Zwangsarbeit und Hunger an der Tagesordnung waren, lässt einen der Ausspruch „Our heart bursts with joy“[256] über das jüdische Schulwesen in Pinsk frösteln.

Nach der Februarrevolution „nationalisierte“ sich das Schulwesen in der Belarus' noch weiter. Zwischen Februar und Oktober 1917 tat sich viel im Bildungswesen. Es wurden in dieser Zeit kirchliche Schulen in allgemeine umgewandelt. Die Hilfe für polnische Flüchtlingskinder umfasste die Einrichtung von Schulen, und es existierten auch jüdische,

246 Shohet, Azriel: The Jews of Pinsk, 1881 to 1941, 2012, S. 336-338.
247 Tänzer, In: Allgemeine Zeitung des Judentums, 7. Januar 1916, S. 9.
248 Shohet 2012, S. 351.
249 Tänzer, a.a.O.
250 Shohet 2012, S. 353.
251 Ebenda, S. 290.
252 Pinsker Zeitung 07.03.1916, 01.04.1916, 20.04.1916, 29.04.1916.
253 Shohet 2012, S. 350-354.
254 Vgl. Hank, Sabine u.a. Feldrabbiner in den deutschen Streitkräften des Ersten Weltkriegs, Berlin 2013, S. 175.
255 Tänzer, In: Allgemeine Zeitung des Judentums, 7. Januar 1916, S. 9.
256 Shohet 2012, S. 354.

tatarische, lettische und litauische Schulen. Die Bolschewiki kassierten in ihrem Machtbereich dann die Gouvernements-Bildungsräte.[257]

Die spätere polnische Wojewodschaft Polesien fiel seit dem Friedensvertrag vom 9. Februar 1918 ins Zuständigkeitsgebiet der UNR. Die auf ihrem nördlichsten Territorium nicht sehr verwurzelte, von innen und außen destabilisierte ukrainische Herrschaft unter deutschländischer Besatzung auch im ostpolesischen Homel' stellte für die Ukrainisierung von Schulwesen und außerschulisches Bildung viel Geld bereit.[258] Anfang November 1918, in der Zeit des Übergangs von der deutschländischen auf die polnische Herrschaft in Westpolesien, wurde die erste offizielle polnische Schule gegründet.[259]

Als Piłsudski 1919 die Zivilverwaltung der Ostgebiete *(ZCZW)* ausgerufen hatte, gab es neben den russischen Schulen noch die in der deutschländischen Zeit errichteten belaruthenischen, jüdischen, litauischen und polnischen.[260] Föderalisten und Inkorporationisten stritten gerade auch über das Schulwesen. Doch ohnehin konnte der ZCZW angesichts der militärischen Lage nicht einfach ausführen, was er verfügt hatte. Im Kampf um die Schulen ging es in Polesien nur um russisch- oder polnischsprachige Schulen, nicht um belaruthenische oder ukrainische. „Der kurze Zeitraum der Existenz der BNR war nicht imstande, das Gemeinwesen zusammen zu fügen“ und die Idee eines eigenen Staates durch dauerhafte Verwaltungsstrukturen zu verwirklichen.[261]

Von den unter den deutschländischen Militärs eingerichteten etwa 350 belaruthenischen Schulen funktionierten im Februar 1919, als die polnischen Streitkräfte in die Gebiete Hrodna, Navahrudak und Wilna kamen, noch etwa 150.[262]

Die Inkorporationisten unterstützen keine belaruthenischen Schulen. Ein Teil der ZCZW-Verwaltung sah in funktionierenden russischen [!] Schulen ein Sicherheitsventil. Größere Angst hatte man, dass belaruthenisches Schulwesen als Katalysator für die Nationalbewegung dienen könne.

Selbst manche „Söhnchen“ von Bulak-Balachovič (der „kein Politiker war, ihn interessierte nur die Armee und die Vorbereitung zum Kampf.“)[263] sollen Schulen in allerdings sehr chaotischer Weise errichtet haben. „Die örtliche Bevölkerung wusste nach fünf Jahren unter verschiedener Herrschaft nicht, was tun. Deshalb machten die „Söhnchen“ von Bulak-Balachovič, was sie wollten,“ schrieb der Biograf Stanisław Lis-Błoński, der dabei gewesen war.[264]

---

257 Ljachoŭski, U. V.: Uplyv peršaj susvetnaj vojny i rėvaljucijnych padzej 1917h. na škol'nuju spravu ŭ Belarusi, In: Oktjabr' 1917 goda v sud'be mirovoj civilizacii. K 90-letiju Oktjabr'skoj revoljucii, Minsk 2008, S. 284-301, hier S. 286.

258 Takoeva 2014, S. 31.

259 Kvačuk, Evgenij: Voenno-političeskaja situacija na Poles'e v 1918–1919 godach. In: Zaharoddze – 3. Minsk 2001, a.a.O., S. 133.

260 Śleszyński, Wojciech: Bezpieczeństwo wewnętrzne w polityce państwa polskiego na ziemiach północno-wschodnich II Rzeczypospolite, Warszawa 2007, S. 183; Gierowska-Kałłaur, Joanna: Zarząd cywilny arząd cywilny ziem wschodnich: (19 lutego 1919 - 9 września 1920), Warszawa, S. 220.

261 Śleszyński 2007, S. 183.

262 Ebenda, S. 184.

263 Śleszyński 2007, S. 184

264 [polnisch:] Bałachowcy, o.O. (W-wo Mireki) 2013, S. 175; [belaruthenisch:] Balachoŭcy 2014, S. 277.

Vorhaben und tatsächliche Entwicklung von 1919 bis 1939

Verwaltung. Die hohe Priorität, die Warschau dem Schulwesen einräumte, zeigte sich auch darin, dass es, ähnlich wie die Justiz, die Eisenbahn, die Post und das Telegraphenwesen, direkt aus der Hauptstadt verwaltet wurde, nicht indirekt über die Wojewodschaftsverwaltungen.[265] Der Schulapparat war, anders als in anderen Staaten, in Polen zentralisiert.[266] Die Schulbezirke und Schulverwaltungsgrenzen deckten sich daher auch nicht unbedingt mit den allgemeinen Verwaltungsbezirksgrenzen.[267] Doch gerade in der Krisenzeit konnte und wollte der Staat die Aufgaben, die er sich bezüglich der Entwicklung des Schulwesens gestellt hatte, nicht alleine bewältigen.

Die Grundschulen. Als man 1920 nach dem Waffenstillstand endgültig die Möglichkeit hatte, polnische Schulen in Polesien einzuführen, kam „die polnische Schule nach Polesien nicht als Antwort auf gesellschaftliche Tendenzen in Polesien und kulturelle Bedürfnisse des polesischen Bauern, sondern als Ausdruck des aktuell gültigen Rechts und der historischen Ansprüche der polnischen Nation“, erläuterte Józef Obrębski, „und in dieser Funktion verblieb sie [die Schule] über die ganze Zeit ihres 20-jährigen Bestehens“.[268]

Die Aufgaben der polnischen Volksschule waren schon im Schulpflichtartikel der Verfassung vom 17. März 1921 festgelegt, denn sie nannte Vaterlandserziehung und Elementarbildung in einem Atemzug: „Die Bürger haben die Pflicht, ihre Kinder zu rechten Bürgern des Vaterlandes zu erziehen und ihnen zum mindesten die Elementarbildung angedeihen zu lassen.“[269] Gerade in Gebieten mit mehrheitlich nichtpolnischen Gebieten würde dies eine Herausforderung sein.

Haben die Schulen in Polesien die durch die Verfassung gebotene vaterländische Pflicht erfüllt? Man musste in Polesien auf einem niedrigen Niveau beginnen. Im Landkreis Brest gingen im Schuljahr 1921/22 nur 21 % der Schulpflichtigen Kinder zur Schule, 1928/29 waren es schon 85 %.[270] Allerdings bedeutete der Schulbesuch alleine noch nicht, dass die Kinder auch alphabetisiert wurden.

Ausgangslage. Im März 1921 wurde das Schulbezirksamt (*Kurjatorjum Okręgu Szkolnego Poleskiego)* als Hauptinstitution für das Schulwesen eingerichtet.[271] Man fand ein sehr niedriges Niveau vor. Im Juni 1921 gab es 315 öffentliche Allgemeinschulen, 32 private, 457 „Lehrkräfte”, 17.400 Schüler*innen. Allgemeine Mittelschulen gab es neun, darunter drei staatliche, ein Lehrerseminar und eine Vorbereitungseinrichtung für Lehrer. Damit war niemand zufrieden. Ende des Schuljahrs 1921/1922 waren es bereits 925 Allgemeinschulen mit 1.302 Lehrern, sowie 15 Mittelschulen, darunter vier staatliche, zwei Lehrerseminare und zwei Vorbereitungsschulen. Zum neuen Schuljahr verstaatlichte man drei Gymnasien,

265 Cichoracki 2014, S. 73.
266 Wychować lojalnych obywateli – polityka oświatowa państwa polskiego na Polesiu, wstęp i opracowanie naukowe Andrzej Smolarczyk, Wojciech Śleszyński, Anna Włodarczyk, Kraków-Białystok 2016, S. 65.
267 Cichoracki 2014, S. 73-74.
268 Obrębski 2007, S. 345-347.
269 Auf deutsch: http://www.verfassungen.eu/pl/verf21-i.htm. Art. 94.
270 Mehr: AAN Bestand 63, Związek powiatów RP, Sign. 551, ZPRP, 1930: Polesie, Organ wsi poleskiej, 30.03.1930 Rok 3, Nr. 12-13, S. 15.
271 Nelard 1923, S. 122.

so dass das Schulnetzwerk in Polesien nun 21 Mittelschulen umfasste, darunter 7 staatliche.[272] Das schnelle Tempo der Ausbreitung des Schulnetzes konnte allerdings nicht darüber hinweg täuschen, dass es angesichts von etwa einer Millionen Einwohner dünn blieb. 1928/29 unterrichteten an 1019 Schulen 1845 Lehrer 92.925 Schüler.[273]

Grundschulbesuch und Schulwesen in Zahlen. Im Schuljahr 1921/22 waren nur 22 % der schulpflichtigen Kinder in die Schule geschickt worden, 1930/31 waren es schon 71 %.[274] 1935/1936 unterrichteten dann 2.463 Lehrerinnen und Lehrer an 1.164 polnischsprachigen und 34 vorwiegend privaten Schulen mit einer anderen Lehrsprache in insgesamt 2.137 Klassenzimmern 175.777 Kinder; 31.282 Schulkinder (oder 15 % aller) waren der Schulpflicht hingegen nicht nachgekommen.[275] Als nicht rein polnische Schulen verblieben in der Wojewodschaft Polesien 1937/38 nur zwei zweisprachige Schulen. Es gab keine „nichtpolnische“ Elementarschule mehr.[276]

Die Alphabetisierungsrate und die Zahl der SchülerInnen waren erhöht worden. Doch der Analphabetismus blieb in Polesien im Vergleich zu anderen Wojewodschaften am allerhöchsten.[277] Die Lehrerinnen und Lehrer an den Grundschulen waren für den Staat eine neuralgische Gruppe.[278]

Schulgebäude und Lehrerinnen/Lehrer. Der Staat besaß eigene Schulgebäude, aber man mietete geeignete Gebäude auch an. An manchen Orten entschied „das Fehlen von Wohnungen für Lehrer über die Frage der Existenz einer Schule“, wie in substantivierten Beamtenpolnisch mit geteilt wurde.[279] Die schon erwähnte Schulgebäude-GONGO “Gesellschaft zur Unterstützung des Baus allgemeiner Grundschulen“ widmete sich dem dringend nötigen Bau neuer Gebäude.[280]

Die ganzen 1930er Jahre hindurch sorgte sich die Schulverwaltung um die Loyalität der Lehrer. Im Februar 1937 wollte die Wojewodschaftsverwaltung die Lebensbedingungen der Lehrer verbessern, auch mit langfristigen günstigen Krediten, denn die Lehrer hätten einen großen Einfluss auch auf die Eltern, der Lehrer habe ja eine „Mission“. Würden die Lehrerinnen und Lehrer nicht gepflegt, könnten sie sonst „russifiziert oder sogar ukrainisiert“ werden (Befürchtungen einer Belaruthenisierung gab es nicht mehr), sie drohten dann, so wurde nicht ohne Anlass befürchtet, passiv oder sogar „der polnischen Staatsmacht gegenüber feindlich“ zu werden.[281] „Vermittels der Schule, exakter: vermittels der Schulkinder

272 Nelard 1923, S. 122-123.
273 Vabiščėvič, Aljaksandr: Asveta na Palessi ŭ 1921–1939 hh.: pamiž spaddzjavannjami i rėalijami, In: ARCHE. Pačatak 2013, S. 82-98, hier 85.
274 Wychować lojalnych 2016, S. 11; Tomaszewski 1963, S. 150-151; literarische Verarbeitung vgl. Melezh, Iwan: Menschen im Sumpf, Roman, Berlin 1974, S. 182.
275 Wychować lojalnych 2016, S. 128-129.
276 Tomaszewski 1963, S. 148-149.
277 Cichoracki 2014, S. 41-43.
278 Cichoracki 2014, S. 45.
279 Nelard: Polesie ilustrowane 1923, S. 123.
280 Rižskij mir, kniga 1, 2014, S. 519. 1938 jubelte die Wochenzeitung Polesie, dass es 1171 Grundschulen in 336 gebauten Gebäuden gebe. Polesie. Tygodniowe Pismo społeczne, Nr. 11, 13.11.1938, S. 7.
281 Vabiščėvič 2013, S. 82-98, hier S. 97.

hat die Lehrerschaft einen Einfluss auf die örtliche Bevölkerung", lautete die empirisch offenbar belegte Interventionsstrategie des Grenzschutzkorps.[282]

Beispiel: Die Situation der Grundschulen in Czuczewicze. Betrachten wir die Situation der Grundschulen speziell in der an die BSSR grenzenden Gemeinde Čučėvicy/Czuczewicze, in der es im Jahr 1935 laut einem Bericht des polnischen Grenzschutzkorps 15 kleine Schulen gab. Nur im Gemeindezentrum Czuczewicze Wielkie existierte eine 4-Klassen-Schule in „einem sehr schönen und geräumigen Gebäude" für „300 Kinder". Die anderen Schulen waren „aber schlechter organisiert", nämlich als einklassige und zweiklassige Schulen. Der Lehrerverband kümmerte sich um Hygiene, trachtete nach der Beseitigung des Analphabetismus nicht nur bei Kindern, sondern auch Erwachsenen. Doch „weil in der Bevölkerung noch das Verständnis für solche Dinge fehlte, muss der Lehrer herumfahren und die Kleinen einsammeln." „Schließlich gelingt es ihm, die Leute zu überzeugen", auch Holzspenden für neue Schulgebäude zu sammeln; ein Grundstück sollte dann von dem Besitz der Gemeinde, dem Großgrundbesitz oder dem *KOP* locker gemacht werden. Die Kinder kamen der Schulpflicht nicht alle nach. In Ružany/Różany Wielky gab es zum Beispiel „220 Schüler, aber 300 waren auf der Liste." So entstand eine „Armee von Analphabeten von über 30 % im Alter von über 14 Jahren". Für die Kinder sei dies sehr nachteilig gegenüber der Gesellschaft gewesen.[283]

Mängel in der Infrastruktur. Dies alles waren keine Probleme speziell der Landgemeinde Czuczewicze. Von Anfang an fehlten der Polnischen Republik in Polesien Lehrer „quantitativ wie qualitativ".[284] In der Zeit der Wirtschaftsdepression von 1930 bis 1935 war es auch in Polesien besonders schwierig, Schulen zu bauen und auszubauen, Lehrer*innen zu bezahlen, Infrastruktur, ja selbst Bücher bereit zu stellen. Neben Vereinen und Verbänden halfen auch Mittelschulen den Grundschulen. Die Grundschulkinder freuten sich über Spielbälle, Schulbücher, Hefte und Bleistifte, gaben aber auch kund, dass sie am ehesten warme Kleidung benötigten.[285]

Mittelschulen, Gymnasien. Anfang 1919 hatten die deutschländischen Besatzer in der westlichen Belarus' zwei Lehrerseminare und fünf belaruthenische Gymnasien hinterlassen;[286] allerdings befanden sich diese sämtlich in den späteren Wojewodschaften Wilna und Navahrudak, nicht in Polesien.

Kaum ein Kind vom Lande besuchte nach der – wenn überhaupt – zumeist nur mit Ach und Krach bewältigten 4-jährigen Grundschule noch eine weiterführende. Noch im Schuljahr 1935/36 gab es in der ganzen Wojewodschaft 14 [!] Mittelschulen mit 3.102 Schüler*innen, an denen mehr Mädchen (879 an staatlichen + 702 an privaten) als Jungen (962+559) den Unterricht besuchten. Das waren 1.841 Lernende an staatlichen und 1.261 an privaten Gymnasien, auf denen immer häufiger koedukativ gelernt wurde.[287]

Die Auseinandersetzung um die Schulsprachen wurden nicht nur in Kommissionen des Sejms und der Publizistik ausgetragen. Parallel verlief die reale Gründung polnischer Schu-

282 AAN Bestand 2478, Sign. 9, KOP, 1935, Blatt 94-95, hier über Czuczewicze.
283 Ebenda, Blatt 93-96.
284 Wychować lojalnych 2016, S. 10.
285 Wychować lojalnych 2016, S. 119-121.
286 Razuvanava 2013, S. 50.
287 Wychować lojalnych 2016, S. 130-131.

len, die zu Beginn der 1920er Jahre durchaus in einem Pioniergeist, mit entsprechendem Enthusiasmus und ehrenamtlichem Engagement eingerichtet wurden, wie man am Beispiel des polnischem Gymnasiums in Brest nachlesen kann.[288] Man spürt die Pioniersprache, einen guten Willen zur geistigen Polonisierung Polesiens, welche die Akteure oft auch im außerkirchlichem Raum als geistige Rückeignung *(rewindykacja)* begriffen. Ohne dieses in den 1920er Jahren nicht nur staatlich organisierte Eintreten für das Polentum waren meiner Auffassung nach manche Modernisierungen in diesem Staat nicht zu erklären.

Berufsschulen und Fachschulen. Noch 1926 existierte nur eine landwirtschaftliche Schule. Zudem gab es eine Moorversuchsstation in Sarny, und im Kreis Pružany eine Versuchsfarm für Torfanbau.[289]

Erst gemäß einem (Rund)-Erlass des Religions- und Schulministers vom 21. November 1933 wurden auch in Polesien systematisch Berufsschulen eingerichtet.[290] Einen Schwerpunkt bildete die handwerkliche Ausbildung, die sich zufriedenstellend entwickelte. In Polesien lernten im Schuljahr 1933/34 an handwerklich-industriellen Fachschulen 473 Schüler, an Frauenberufsschulen 208 Schülerinnen, im Schuljahr 1936/37 schon 568 bzw. 679.[291] Während es zuvor nur zwei öffentliche weiterführende Berufsschulen in Brest und in Pinsk gegeben hatte, kamen im Jahr 1935 vier neue Schulen in Kobryn, Pružany, Luninec und Davyd-Haradok hinzu. Außerdem konnte man in Brest an sieben über einige Wochen andauernden Kursen teilnehmen. Die Landwirtschaftsschule im vielleicht 20 km westlich von Pinsk gelegenen Duboj/Duboi bei Brodnica,[292] für die die junge Maria Wydżdżyna auf ihrem eigenen Grundstück 140 Hektar zur Verfügung gestellt hatte,[293] versammelte im Jahr 1937 221 Schüler.[294] Die dreiklassige Koedukations-Handelsschule in Brest hat ebenso Kurse organisiert wie das kaufmännische Gymnasium in Pinsk. Insgesamt wurden 531 Schüler in 8 Handelsschulen unterrichtet.[295]

In Polesien gab es zum Schuljahr 1936/1937 zusammen genommen 25 Berufsschulen mit 2.388 Schülerinnen und Schülern, und zwar vorwiegend handwerkliche, getrennt für Jungen und Mädchen, und landwirtschaftliche. Hierzu waren in Brest, Pinsk und Luninec bestehende Schulen aufgewertet und/oder umgerüstet worden. Zudem gab es noch 18 Handwerksstätten an Grundschulen, an denen 1.377 Schülerinnen und Schüler lernten.[296] Auch sechs Internate des Bundes der Soldatensiedler *(Związek Osadników Wojskowych)* waren zu den spärlich verbreiteten polesischen mittleren Bildungseinrichtungen zu zählen. In drei „Sonntagsuniversitäten" versammelten sich 62-70 Schüler.[297]

---

288 Nelard: Polesie ilustrowane 1923, S. 123.
289 Polesie i jego bogactwa [1926].
290 Wychować lojalnych 2016, S. 132-133.
291 Kozłowski 1937, S. 19.
292 Kozłowski 1937, S. 29; Romanowicz, Lidija: Szkola rolnicza w Duboi, In: Echa Polesia vom 1. Juni 2014.
293 Foto auch Śleszyński 2014, S. 202.
294 Kozłowski 1937, S. 30.
295 Kozłowski 1937, S. 37-38.
296 Śleszyński 2016, S. 132-133.
297 Śleszyński 2016, S. 136.

Bei der Entwicklung des Fachschulwesens wirkte auch die 1905 gegründete *Polska Macierz Szkolna* (PMS), wörtlich übersetzt etwa: Polnische Schulmutterschaft, mit[298] die sich die Alphabetisierung von Polen auf die Fahne geschrieben hatte. Besonders Kinder polnischer Kolonisten und Beamter wurden gefördert. „Gerade durch die Schulen der PMS wurde das Fehlen eines Netzes staatlicher polnischer Schulen in Polesien kompensiert"; in den „schullosen Bezirken"" in Pinsk betrieb die PMS eine Tischlerschule.[299]

„15 Mädchen absolvierten die landwirtschaftliche Wanderschule. Diese Schule wird mit gemeinsamen Kräften des Staates und der Gemeinde betrieben (der Staat bezahlt den Instrukteur, und die Gemeinde deckt die Ausgaben in Höhe von 500 zł.)". Außerdem wurden „1934 dreitägige Kurse für die Bevölkerung jedes Dorfes organisiert. Sie hatten einen propagandistisch-landwirtschaftlich-bildungsmäßigen Charakter" mit Zielen wie denen, die Rassenkultur des Rindviehs zu verbessern, Kopulationspunkte einzurichten. Anschließend sollten sich Gemeindelandwirtschaftsbünde organisieren.[300] Auch für rationelle Weberei sind in jedem Dorf dreimonatige Kurse der Webekunde organisiert worden.[301]

Außerschulische Bildung und ihre Träger. Abendkurse, Bibliotheken, Lesestuben, kleine Kulturzentren, Theater und Chöre rundeten das polnische Fortbildungsprogramm ab, all dies bildete und bildete weiter, kam jedoch vor allem der Stadtbevölkerung zu gute.[302] „Die wichtigsten Investitionen" in außerschulische Bildung bewirkten, dass 1938 „neun Kreis-*(powiat)*-Zentralbibliotheken mit über 30.000 Bänden, 739 Bildungsbibliotheken mit 164.000 Bänden, 617 Kulturzentren, 173 Volkschöre, 332 Volkstheater, 110 Volkshäuser, 10 Sonntagsuniversitäten und 11 „allgemeine Universitäten", also von den Gemeinden betriebene volkshochschulähnliche Einrichtungen[303] existierten.[304] Diese Zahlen wurden auch deshalb mit stolz verkündet, weil sie vom Aufbau eines polnisches Bildungs- und Kulturwesens in einer größtenteils nichtpolnischen Umgebung kündeten.

Die ukrainischen und belaruthenischen Nationalbewegungen stürzten sich auf die Arbeitsfelder Sprache, Kultur und Erziehung. Das Streben nach einer nachholenden Entwicklung in der Bildung und Ausbildung der polesischen Land- und Stadtbevölkerung war nicht nur ein Anliegen der staatlichen und außerstaatlichen polnischen Entwickler, sondern auch der ukrainischen und belaruthenischen Nationalbewegung. Diese wollten wie die jüdischen geistig-kulturellen und politischen Strömungen, die den Schulbesuch wie auch die außerschulische Bildung und Weiterbildung schon seit Langem praktizierten, die Polesierinnen und Polesier zu einer modernen nationalorientierten bäuerlichen Schicht im Wortsinn heranbilden. Sie wollten die ukrainische bzw. belaruthenische Sprache verbreiten, und ohne dies hätten sie sogar ihre eigene Daseinsberechtigung angezweifelt; denn, wie oben geschrieben, kam das Identifikations-Unterscheidungsmerkmal „Religion", und zumindest bei den Belaruthenen auch nicht die „historische Nation" als konstituierende Merkmale

298 Rižskij mir, kniga 1, 2014, S. 518. Vabiščevič, A.M. In: Vesn. Brėsc. Un-ta Ser. humanit i hramad. Navuk 2007,2, S. 31. Zu PMS https://pl.wikipedia.org/wiki/Polska_Macierz_Szkolna (13.03.2019).

299 Polesie. Tygodniowe Pismo społeczne, Nr.4, 25.09.1938, S. 8.

300 AAN Bestand 2478, Sign. 9, (1935), Blatt 98.

301 Ebenda, Blatt 98verso.

302 Śleszyński 2016, S. 134-135.

303 https://pl.wikipedia.org/wiki/Uniwersytet_powszechny.

304 Polesie. Tygodniowe Pismo społeczne, Nr. 11, 13.11.1938, S. 7.

nicht infrage. Daher haben diese Bewegungen auf den Schulaspekt einen noch größeren Wert gelegt als auf die Fragen der Agrarreformen.

Mehr noch: das von Benjamin Loring für das sowjetische Zentralasien beobachtete Phänomen, dass der Ausschluss lokaler Kader von zentralen Entscheidungsbefugnissen zu deren Fokussierung auf „kulturelle" Berufe führte,[305] lässt sich noch ausweiten: sie führte auf die Konzentration kultureller Fragen überhaupt. Hier haben wir sie wieder, die Gründe dafür, dass vom Schalmeibläser (Jukub Kolas) bis zum Künstlerpartisanen die belaruthenische Befindlichkeit auf die Kultur ausweicht (man könnte eine neue Definition des Begriffs Kulturnation daran anknüpfen!).

Auf die Situation in Polesien übertragen gab es den Unterschied, dass es hier um polnische und belaruthenische/ukrainische Antagonismen geht, nicht um „innerstaatliche" oder „innerparteiliche". Wie die Kommunisten, bei denen ohnehin nichts anderes zu erwarten war, zogen die ukrainische und die belaruthenische Bewegung sich den Schuh des polnischen *Othering* an, und wähnten sich so automatisch Seite an Seite mit der polesischen Landbevölkerung. Doch interessierte sich diese für die Ukrainisierung bzw. Belaruthenisierung ihres Daseins?

Schulpflicht als Intervention

Dass die polesischen Schulkinder der Schulpflicht nicht nachkamen, wurde von den Zeitgenossen damit erklärt, dass viele Schulkinder weitab auf Chutora lebten, dass die Lehrer einer hohen Belastung ausgesetzt waren und die Schulräume einfach zu klein waren.[306]

Weite Schulwege im Sumpf. Kleidungsfrage. Solche Dinge fielen auch einem an der Lage der Bevölkerung interessierten deutschländischen Reisenden auf. Schulen seien selten. „Die Kinder müssen oft Wege von 10 bis 15 Kilometer zurücklegen, um die Schule zu erreichen". Zuerst hätten die Eltern ihre Kinder ungern auf Schulen geschickt, um nicht selbst aufs Vieh aufpassen zu müssen. „Das soll sich in letzter Zeit jedoch geändert haben, da die Eltern Zweck und Sinn [!] des Schulbesuchs erkannt haben."[307] Dennoch: Nicht wenige Kinder mussten aus *Chutora* oder durch einen Sumpf ohne Frühstück zur Grundschule gehen, um pünktlich zum Unterricht zu erscheinen, der womöglich auch noch in zwei Schichten abgehalten wurde, eine vormittags, eine nachmittags.[308] Und wer auf eine weiterführende Schule ging, musste z.B. in Luninec innerhalb der Stadt mit dem Unterricht in drei verschiedenen Gebäuden vorlieb nehmen.[309] Noch im Jahr 1937 gab es „schullose Bezirke", Gebiete also, in denen es gar nicht an den Eltern lag, dass ihr Kinder nicht auf eine Schule kamen.[310]

Eine Klasse. Im Zusammenhang mit dem durchschnittlich solch langen Schulweg polesischer Kinder stand, dass oft der Schulunterricht oft nur in einer einzigen Klasse für alle durchgeführt werden konnte, weil ja bei zwei- oder mehrklassigen Schulen deren Einzugs-

305 Loring, Benjamin: "Colonizers with Party Cards". Soviet Internal Colonialism in Central Asia, 1917–39. In: Kritika: Explorations in Russian and Eurasian History 15,1(2014), S. 77–102, hier S. 97.
306 Śleszyński 2016, S. 129.
307 Hepke 1934, S. 16.
308 Stępowski, Marjan: W dżungli poleskiej: wrażenia z wędrówek radjokronikarza, Lwów 1933, S. 14.
309 Vabiščėvič, In: Arche 2013, S. 82-98, hier S. 96.
310 Ebenda, S. 97.

kreis noch größer hätte ausfallen müssen. Viele Schulen, die als zwei- und mehrklassige geplant waren, blieben de facto einklassig.[311]

Warmes zum Anziehen. Aber nicht nur weite Entfernung in Kilometern war problematisch. Die Schulkinder haben auch etwas Warmes zum Anziehen gebraucht. „Es türmen sich die Schwierigkeiten auf, wenn das Kind zur Schule zu gehen beginnt. Ein Hemd reicht schon nicht mehr aus. Man muss schon etwas mehr anziehen.“ Die Kinder gingen dann in alten zu weiten väterlichen Jacken *(„pindżaki”)*.[312]

Gründe für den Rekordabsenteismus: Landwirtschaft, Hygiene, Feiertage. Doch es gab noch weitere, vielschichtige Gründe für den – im polnischen Vergleich – Rekordabsenteismus der polesischen Landbevölkerung.[313]

Angeführt wurden landwirtschaftliche Pflichten, aufgrund derer viele Kinder erst ab dem 14. Oktober in den Schulen erschienen. Auch ein Weg von „nur“ 3 Kilometern im aufgeweichten Boden oder Schneematsch konnte in Bastschuhen nicht leicht bewältigt werden, verursachte aber genauso Krankheiten wie die Schulen selbst, die wegen ihrer Atmosphäre zuweilen „als »Folterkammer« bezeichnet“ wurden. Da die Gebäude niedrig, klein und schlecht gelüftet waren, keine Garderobe und kein Vorzimmer aufwiesen, zuweilen dreckig waren und Haustiere im Hof umher liefen, waren die hygienischen Bedingungen wirklich unzureichend, und es gab in der Schule in der Regel weder Medikamente, noch existierte eine rudimentäre ärztliche Schulaufsicht.

Viele orthodoxe Feiertage waren für christlich-orthodoxe Eltern ebenfalls ein Grund, ihre Kinder zu Hause zu behalten. Sowieso habe man ja zur Verrichtung von Landarbeit keine Schule zu besuchen brauchen. Und aus einer konservativ-patriarchalischen Grundhaltung heraus schickte man Mädchen ohnehin nur aus Angst vor staatlicher Bestrafung in eine Schule, in der als fremd empfundene Personen einen unkontrollierbaren Einfluss auf die Kinder nahmen. Die Strafen für die Missachtung der Schulpflicht von 40 zł. oder zwei Tage Haft wurden angesichts dessen tatsächlich häufig in Kauf genommen, denn sie machten sich nach Angaben von Eltern bezahlt.[314]

Drei Interventionsgründe. Aus dem Beschriebenen wird schon deutlich, dass der Kampf um das Schulwesen grundsätzliche Bedeutung hatte.[315] Schauen wir genauer hin, welche einzelnen Interventions-Motive im polnischen Diskurs bestanden, dessen Frage war, wie man durch die Elementarschulen aus den Bewohnern der *kresy* gute, moderne Polen machen könne.

Es lassen sich drei (allerdings miteinander zusammen hängende) Anliegen herausschälen: Erstens sollte den belaruthenischen und ukrainischen, zum Teil russifizierten Schulkindern die Staatssprache Polnisch beigebracht werden; zweitens sollten die allgemeinen

311 Wychować lojalnych (Śleszyński) 2016, S. 66, 68, 71, 72, 73.
312 Tołpa 1936, S. 14.
313 Wychować 2016, S. 11-12.
314 Alles nach Wychować 2016, S. 11-13.
315 Cichoracki 2014, S. 40.

Kenntnisse angehoben werden, (dies ist etwas, was heutzutage im Vordergrund steht) und drittens sollten die Kinder zu loyalen Staatsbürgern erzogen werden.

Da ja die einen das Elementarschulwesen zur unbedingten Polonisierung, zur nationalen Assimilierung nutzen wollten, die Anderen hingegen zur „staatlichen Assimilierung“,[316] traten je nach Standpunkt die Schwerpunkte bei diesen drei im folgenden analytisch getrennten Motiven in unterschiedlichem Grade hervor.

Dasselbe galt, quasi spiegelbildlich, in der Regel auch für die ausdrücklich jüdischen, ukrainischen und belaruthenischen Schulen: der Unterricht sollte in der Sprache der Eltern, also auf Jiddisch, Belaruthenisch oder Ukrainisch erfolgen, teilweise auch in der erst zu erlernenden Sprache Ivrit; die allgemeine Hebung der Kenntnisse war auch hier ausgesprochen oder unausgesprochen Erziehungsziel, und loyal sollten die Schülerinnen und Schüler, zumindest in erster Linie, nicht gegenüber dem polnischen Staat, sondern gegenüber den jüdischen, ukrainischen oder belaruthenischen Bewegungen werden.

Erstens: Sprachenfrage

Politische Auseinandersetzungen. Was in jeder Grundschule Erziehungsaufgabe war, nämlich die Sprache zu lernen, zu verbessern und sich in Wort und Schrift gut auszudrücken, hatte in den Gebieten der Minderheiten einen besonderen Akzent: Es galt, ein normiertes Polnisch nicht nur lesen und schreiben, sondern auch sprechen zu lernen. Wie das Schlesische und Kaschubische galt auch die Sprache, die die Bauernkinder in Polesien von ihren Eltern erlernt hatten, als Dialekt. Korrekter wäre es gewesen, von einer Übergangssprache vom Belaruthenischen ins Ukrainische zu sprechen. Aber egal, wie man die sprachlichen Unterschiede einsortierte, sie blieben doch bestehen, und sie waren weitaus größer als für Schulkinder aus Krakau, Posen oder Warschau.

Die Auseinandersetzungen um „nationale Assimilation“ versus „staatliche Assimilation“ der nationalen Minderheiten[317] wurden im Schulwesen als „nationale Erziehung“ und „staatliche Erziehung“ (so wörtlich der Titel eines Referats)[318] konkretisiert.

Wer für eine rein „staatliche Assimilation“ eintrat, konnte (musste aber nicht) zu der Schlussfolgerung kommen, für belaruthenisch- und ukrainischsprachige Schulen einzutreten. Das führte zu zeitweise hitzigen Diskussionen über die Sprachenfrage in der Anfangszeit der Polnischen Republik: Die Bauernpartei *PSL Wyzwolenie* agitierte für belaruthenische und ukrainische Schulen. Ihr Vertreter Antoni Kordowski begründete die Sinnhaftigkeit eines ukrainischen und belaruthenischen Schulwesens damit, dass die diese Sprache Sprechenden mit eigenem Blut die Ostgebiete verteidigt hätten.[319] Der eNDecja-Ideologe Joachim Bartoszewicz kritisierte solche Positionen scharf und mit sichtbaren Übertreibungen: „Die linken Kräfte wollten belaruthenisches und ukrainisches Schulwesen. Das polnische Schulwesen ging besonders in den Jahren 1917 und 1918 rapide bergab“, und das, als

316 Henschel, Christhardt und Stephan Stach: Einleitung: Nationalisierung und Pragmatismus. Staatliche Institutionen und Minderheiten in Polen 1918–1939, In: Zeitschrift für Ostmitteleuropaforschung 2013, S. 164-186.

317 Jetzt wieder theoretisch und exemplarisch analysiert im Themenheft 2013 der Zeitschrift für Ostmitteleuropaforschung.

318 Wychować 2016, S. 80.

319 Cichoracki 2014, S. 148-149.

„die ruthenische Bevölkerung nicht nur einmal die Gunst erbat, dass die orthodoxen Kinder auf polnische und katholische Schulen gehen dürften. In dem wiedererstandenen Polen sind Fälle bekannt, dass polnische Kinder in ukrainischen Schulen lernen mussten, da es ja eine polnische nicht gab. Das Ergebnis dieser scheinbar föderativen, aber im Grunde antipolnischen Politik unserer linken Regierungen konnte nur der Niedergang der Autorität Polens in diesen Ländern sein, in denen die Bevölkerung mehr als irgendwo anders dem Reiz imponierender Tapferkeit und einer starken Staatsmacht unterliegt.“[320]

Sprachfrage im Religionsunterricht. Eine Besonderheit war die Sprache des Religionsunterrichts. Der orthodoxe Unterricht wurde meist in russischer Sprache erteilt.[321] In den 1930er Jahren, unter dem Wojewoden Kostek-Biernacki hatte man sogar vor, die Unterrichtssprache eigentlich im „Dialekt“ Polesiens zu erteilen, da dieser tatsächlich gesprochen werde. Und da aber dieser Dialekt nicht kodifiziert sei, solle der Unterricht auf Polnisch stattfinden.[322]

Das jüdische Schulwesen

Die Sprecher*innen ostslawischer Sprachen sollten polonisiert werden, sie sollten an den polnischen Staat und die polnische Kultur assimiliert werden. Dies galt nicht für die jüdischen Familien, die jüdische Kultur oder die jiddische Sprache. Das war zunächst insofern schon ein „logisches“ Vorgehen, als man sich nicht vorstellen konnte, die jüdische Kultur und Religion zu christianisieren – zur Unifizierung der Feiertage hätte beispielsweise nicht einfach eine Kalenderreform gereicht, mit der man ja die Daten verschiedener christlicher Konfessionen und Riten vereinheitlichte; zudem war die jiddische Sprache von der polnischen ja grammatisch und lexikalisch viel weiter entfernt als die belaruthenische oder ukrainische.

Jüdische Schulen in der Wojewodschaft Polesien, 1928 (Tabelle 7)[323]

7	polnische Unterrichtssprache
8	polnische Unterrichtssprache mit Ivrit als Fach
18	Ivrit als Unterrichtssprache
13	Jiddisch als Unterrichtssprache
10	Jiddisch als Unterrichtssprache mit polnisch und Ivrit als Fach
2	Ivrit als Unterrichtssprache
2	mit Russisch als Unterrichtssprache, wo auch polnisch und ukrainisch gelehrt wurde.

320 Bartoszewicz, Joachim: Znaczenie polityczne kresów polskich dla Polski, Warszawa 1924, S. 14.
321 Cichoracki, Piotr: Polonisation Projects for Polesia and their Delivery in 1921–1939. In: Acta Poloniae Historica 109(2014), S. 61–79, hier S. 67.
322 Cichoracki 2009, S. 266-268.
323 Ebenda.

Während in der polnischen veröffentlichten Meinung allenfalls gestritten wurde, *wie* die polesischen Bauernfamilien assimiliert werden sollten, und nicht, ob, so gab es für einen theoretisch möglichen Diskurs für die Assimilation der Juden kaum einen Raum [!] außerhalb der jüdischen Diskussion selbst, so dass diejenigen, die den polnischen Nationalismus zu Ende gedacht hatten, den Juden einen Raum in Palästina oder Madagaskar zuweisen wollten.[324]

Einstweilen schickten aber die nichtemigrierten jüdischen Eltern in ihren Schteteln ihre Kinder weiterhin auf polnische oder jüdische Schulen. Das jüdische Schulwesen spiegelte die Vielfalt der religiösen, kulturellen und politischen Strömungen wider, wie aus einer vollständigen Aufzählung allein der jüdischen Privatschulen ersichtlich ist. Von diesen gab es 1921 in der Wojewodschaft Polesien 32.[325] 1924/25 gingen in Polesien 53 % der jüdischen Schulkinder auf eine Privatschule (in ganz Polen 18 %); für 1934/35 lagen die Werte bei 42 % bzw. 19 %. Im Jahr 1928 gab es 65 jüdische Schulen in den unterschiedlichsten Varianten. Im Einzelnen:

Bis 1937 gab es sogar 166 private Schulen (das waren 12,5 % aller Schulen in Polesien). Weder der polnische Staat und seine Ideologen, seien sie aus *Sanacja*, *eNDEcja* oder *ChaDecja,* wollten etwas an dieser Spirale des gegenseitigen *Otherings* ändern; vielmehr musste das Privatschulnetz das Unterangebot der staatlichen Schulen kompensieren. Die jüdische Seite fügte sich und eröffnete eigene Mittelschulen, Tarbut-Gymnasien und andere Schulen.

Die von der Tarbut-Gesellschaft betriebenen Schulen genossen einen zumeist guten Ruf, im Falle des (im Jahre 1936 2.587 Schüler unterrichtenden) Pinsker Tarbut-Gymnasiums sogar einen ausgezeichneten. Doch mussten die Eltern für Privatschulen ordentlich in die Tasche greifen. Über sozial gestaffelte Ermäßigungen, Stiftungen und – heute würden wir sagen – Sponsoring versuchte man allerdings zu erreichen, dass auch Minderbemittelte sich den für einen Angehörigen eines Buchvolks selbstverständlichen Schulbesuch leisten konnten.[326]

Gegen Ende der 1930er Jahre wirkten sich die zunehmend antisemitischen Maßnahmen und Stimmungen auch in Polesien aus. Jüdisches Schulwesen konzentrierte sich mehr und mehr auf die Vorbereitung der Ausreise nach Palästina; wer sich für Assimilation entschied, schickte seine Kinder auf polnische Schulen. Im Jahr 1939 existierten in der Wojewodschaft Polesien noch 29 nichtstaatliche Schulen mit hebräisch, 10 mit polnisch und jiddisch, und 9 mit jiddisch als Unterrichtssprache.[327]

Nachmittags gingen Jungen aus religiösem Elternhaus noch in den Talmud-Tora-Unterricht und auf Cheder,[328] die als Stätten der hebräischen Alphabetisierung anzusehen sind. Dabei vermittelten diese Schulen noch viel stärker als polnische eine Art zweite Welt, die

324 Snyder, Timothy: Black Earth hat noch einmal mehrere diesbezügliche Studien zusammengefasst.
325 Vabiščėvič 2013, S. 91.
326 Vabiščėvič 2013, S. 92-93; vgl. auch Śleszyński 2016, S. 104-118.
327 Śleszyński 2014, S. 196.
328 Ebenda.

von derjenigen der konkreten außerschulischen Erfahrungswelt weit entfernt war (siehe unten).

So schien es ungefährlich, dass das jüdische Schulwesen „außerhalb der Hauptströmung der Liquidierung des Minderheiten-Schulwesens blieb. Von jenen schien mit Ausnahme der wenigen Kommunisten keine Gefahr auszugehen". Diese Haltung entsprang aber eher einer Ratlosigkeit, was konkret mit den jüdischen Schülern zu tun sei. Dass die jüdischen Schulen nicht angetastet wurden, entstand „weniger aus dem Willen, Konflikten aus dem Weg zu gehen", sondern beruhte auf dem „Fehlen einer ausgearbeiteten Politik in Beziehung auf die kleinstädtischen jüdischen Gemeinschaften."[329] Daher hatten die Jüdinnen und Juden weiterhin mehr Möglichkeiten zu einem eigenen Schulwesen als Belaruthenen, Ukrainer oder Litauer. Doch mit solch einem jüdischen Schulwesen waren die polnischen Schulpolitiker nicht ganz zufrieden. Denn es blieb die Frage, wie denn die anderen strategischen Ziele der Beschulung zu erreichen seien, wenn die Verbreitung des Polnischen nicht in polnischen Schulen erfolgen konnte, wie wir jetzt sehen werden.

Die Gesetzgebung über die Schulsprachen und die Reaktion hierauf. Ukrainische und belaruthenische Politiker. Wie es für Staaten mit großen oder kleinen sprachlichen Minderheiten üblich war, gab es also heftige politische Auseinandersetzungen um die Schulsprache.

Die nach der Sejm-Wahl 1922 gebildete Belaruthenische Fraktion (*„Belaruski Klub")* im Sejm stellte den muttersprachlichen belaruthenischen Unterricht neben der kostenlosen Übergabe des Bodens an die Bauern und der territorialen Autonomie als eine seiner drei Kernforderungen auf.[330]

Die nationalbelaruthenischen und -ukrainischen Organisationen befürchteten, dass die Polonisierungen nur ein Mittel zu ihrer Marginalisierung waren. Sie hatten für ihre Anliegen muttersprachlicher Schulen sogar Formulierungen des Friedensvertrags von Riga[331] und des „Minderheitenschutzvertrags"[332] auf ihrer Seite: 1921 protestierte der nominelle Staatschef der BSSR bei Roman Skirmunt gegen die Nichterrichtung belaruthenischer Schulen.[333]

Werner Benecke stellt ein Anwachsen und eine Verbesserung belaruthenischen Schulwesens in den 1920er Jahren heraus. Doch zunächst gab es, geht man von den Zahlen unter der deutschländischen Herrschaft aus, einen Abschwung. Danach existierte ein kleiner Aufschwung. Bis 1924 gab es in den vier „belaruthenischen" Wojewodschaften noch 37 belaruthenische Schulen und 4 Gymnasien gegenüber insgesamt 2280 Schulen im Lande insge-

329 Alles nach Śleszyński 2007, S. 90.

330 Bergmanowa 1968, S. 50, zitiert in: Siebert 1990.

331 Traktat pokoju między Polską a Rosją i Ukrainą podpisany w Rydze dnia 18 marca 1921 r. 85 lat później, Warszawa 2006, S. 43-79, hier S. 57; vgl. http://www.irekw.internetdsl.pl/traktatryski.html (14.11.2018), Art. VII 1.

332 Vertrag zwischen den Alliierten und Assoziierten Hauptmächten und Polen, abgeschlossen zu Versailles am 28. Juni 1919, Artikel 7: „Kein polnischer Staatsangehöriger darf in dem freien Gebrauch einer beliebigen Sprache irgendwie beschränkt werden, weder in seinen persönlichen oder wirtschaftlichen Beziehungen, noch auf dem Gebiete der Religion, der Presse oder bei Veröffentlichungen jeder Art, noch endlich in öffentlichen Versammlungen.",
In: https://www.europa.clio-online.de/quelle/id/artikel-3341, (14.11.2018).

333 Dokumenty i materialy po istorii sovetsko-pol'skich otnošenij, Tom IV, #37, S. 52f.

samt.[334] Die Anzahl belaruthenischer Schulen blieb insgesamt kläglich gering.[335] In den 1930er Jahren gab es ohnehin immer weniger belaruthenische oder polnisch-belaruthenische Schulen.[336]

Sprachengesetz von Juli 1924. Niedergang des belaruthenischen Schulwesens. Eine Novelle des Schulgesetzes erfolgte unter Stanisław Grabski (dem Bruder des Ministerpräsidenten), die als „Lex Grabski“ bekannt wurde.[337] Das Recht auf muttersprachliche Schulen wurde festgeschrieben. Doch die Durchführungsbestimmungen ließen in der Regel allenfalls zweisprachigen Schulen Raum. Dem Thugutt von *Wyzwolenie* ging das Gesetz nicht weit genug. Das Gesetz wurde von dem ukrainischen Aktivisten Dmitrijuk vorsichtig positiv aufgenommen. Es sei allerdings peinlich, wenn ein Ukrainer auf polnisch schreiben müsse. Die ukrainischen Politiker Chrucki und Nazaruk hingegen wetterten gegen das Gesetz.[338]

1922/1923 existierten in ganz Polen 32 staatliche belaruthenische Grundschulen.[339] Doch Warschau wollte eine nationale Konsolidierung.[340] 1925 wurden 22 Anträge für eine Eröffnung belaruthenischer Schulen abgelehnt.[341] Nach dem Maiumsturz hingegen schlug Sanacja-Ideologe Tadeusz Hołówko gewisse Zugeständnisse an das belaruthenisches Schulwesen vor.[342] Dies führte dazu, dass die Anzahl belaruthenischer Schulen von 8 im Jahr 1926 auf 26 Stück im Jahr 1927 hochschnellte, zu Ende der 1920er Jahre aber wieder schnell abnahm.[343]

Dabei hatte es zunächst durchaus Forderungen nach auch staatlichem Unterricht in der Muttersprache gegeben. An kaum einem Beispiel lässt sich der Unterschied zwischen den Bestrebungen nach „nationaler“ und „staatlicher“ Assimilierung so deutlich zeigen wie in der Frage der Grundschulsprache.

Zwar lagen „in der Praxis die beiden Konzepte“ der staatlichen und der nationalen Assimilation enger beieinander“, wie Cornelia Schenke für das „stark kriegszerstörte Wolhynien“ analysierte.[344] Doch trugen „Landreformen und Schulsprachengesetz“ „noch deutlich liberalere Züge als die Politik der späteren Jahre“.[345]

Vertreter der Ukrainer und Belaruthenen forderten zunächst die im Gesetz vom Juli 1924 durchaus vorgesehenen staatlichen nichtpolnischen oder zweisprachigen Schulen ein.

334 Razuvanava 2013, S. 50.
335 Benecke 2001.
336 Cichoracki, Piotr: Droga ku anatemie. Waclaw Kostek-Biernacki (1884–1957), Warszawa 2009, S. 266-268.
337 Gesetz „über die Sprache und die Organisation des Schulwesens für die nationalen Minderheiten vom 31.07.1924; vgl. Vabiščėvič 2013, S. 82-98, hier S. 84; vgl. Henschel/Stach, In: Zeitschrift für Ostmitteleuropaforschung 2013, S. 175.
338 Cichoracki 2014, S. 169-170.
339 Vabiščėvič, A.M.: Asveta ŭ Zachodnjaj Belarusi (1921–1939 hh.), Brėst, 2004, S. 18.
340 Śleszyński 2007, S. 182.
341 Cichoracki, Piotr: Polonisation Projects for Polesia and their Delivery in 1921–1939. In: Acta Poloniae Historica (109) 2014, S. 61–79, hier S. 67.
342 Ebenda, S. 186. Gomółka, Krystyna: Białorusini w II Rzeczypospolitej, Gdańsk 1992, S. 106.
343 Zahidulin, A.M.: Dzaržaŭnaja palityka Pol'šy ŭ haline belaruskaj adukacyi (1921–1939 hh.), In: Vesnik GrDU, ser. 1, no. 2 (2005), S. 16. vgl. Cichoracki, a.a.O., S. 409
344 Schenke, Cornelia: Polnische Ukrainepolitik in Wolhynien 1921-1939, In: Zeitschrift für Ostmitteleuropaforschung, 62(2013), 2, S. 273-291, S. 276.
345 Vgl. Benecke 1999.

Insgesamt 2536 Anträge auf Eröffnung belaruthenischer Schulen wurden insbesondere in den Landkreisen Kosava und Pružany gestellt, aber „von den polnischen Behörden faktisch ignoriert".[346] In den 1930er Jahren wurden dann bestehende belaruthenische oder ukrainische Grundschulen geschlossen, an Gymnasien war in den 1930ern nicht mehr zu denken, einzig das russische Gymnasium in Brest konnte bis 1939 Schüler aufnehmen.[347]

Dadurch, dass belaruthenische und ukrainische Schulen vorwiegend, ab Ende der 1920er Jahre nahezu ausschließlich von den Vertretern der Minderheiten selbst eingefordert wurden, interpretierte Warschau jedes Schulangebot als staatsfeindlich.[348] Immer seltener wurden polnische Stimmen, die wie T. Wid forderten, keinen chauvinistischen Nationalismus zu pflegen, weil er die Landbevölkerung vom polnischen Staat nur entfremden würde.[349] Umgekehrt war 1927 die BSRH gegen polnische Schulen.[350]

Nach der kurzen Erneuerungsphase belaruthenischen Schulwesens von 1926 bis 1930 blieb dem deutschländischen Reisenden nur festzuhalten: „Die Schulen in diesen weißrussischen Gebieten sind polnisch, nur Religionsunterricht wird in Weißrussisch erteilt." Und unter den knapp 10.000 Einwohnern der Kreisstadt Luninec seien nur etwa 200 Polen, und zwar Polen aus anderen Gebieten, die als Polizei-, Bahn- und Starosteibeamte eingesetzt seien. 15 Prozent der Einwohner seien Juden, deren Kinder zusammen mit den polnischen das Gymnasium besuchten, im Elternrat existiere eine jüdische Mehrheit, aber die Schulsprache sei polnisch.[351]

Belaruthenen wurden zu Umqualifizierungskursen nach Krakau gesandt, und dann im Inneren Polens eingesetzt. Den Platz in deren Heimat nahmen dann (ethnische) Polen ein. Im von Janusz Jędrzejewicz, dem Minister für Religion und Schule, ausgearbeiteten Gesetzen „Über die Organisation des Schulwesens"[352] sowie „Über Privatschulen" waren Aufnahmegebühren für Gymnasien über 10 zł, für Universitäten von 270 zł. vorgesehen. Dies führte mit dazu, dass im Schuljahr 1938/39 in der Wojewodschaft Navahrudak gerade noch 5 polnisch-belaruthenische zweisprachige Schulen existierten.[353]

Nachdem die belaruthenischen und ukrainischen Organisationen keine staatlichen Schulen hatten durchsetzen können, in denen auf Belaruthenisch bzw. Ukrainisch offiziell gelehrt wurde, verlegten sie sich auf außerschulische Bildungstätigkeiten. Diese setzten auch bei den Erwachsenen an. Neben der auch durch die Sowjethistoriographie prominent gesetzten linkssozialistisch ausgerichteten Gesellschaft Belaruthenischer Schulen *(Tavarystva Belaruskaj Školy, TBŠ)* gab es die von dem christlichen Belaruthenischen Wirtschafts- und Kulturinstitut (*Belaruski instytut haspadarki i kul'tury, BIHiK)* von 1926 bis 1936 betriebenen Kurse und Bibliotheken.[354] Jedoch war speziell in Polesien weder die TBŠ noch die BI-

---

346 Vabiščėvič 2013, S. 85.
347 Vabiščėvič 2013, S. 90-91.
348 Śleszyński, Wojciech: Bezpieczeństwo wewnętrzne w polityce państwa polskiego na ziemiach północno-wschodnich II Rzeczypospolitej, Warszawa 2007, S. 186-187.
349 Wid 1928, S. 13.
350 Cichoracki 2014, S. 214.
351 Hepke 1934, S. 16.
352 Dz.U. RP 1932, nr.38 poz. 389; vgl. https://pl.wikipedia.org/wiki/Reforma_j%C4%99drzejewiczowska (13.03.2019).
353 Gomółka, Krystyna: Białorusini w II Rzeczypospolitej, Gdańsk 1992, S. 105.
354 Razuvanava 2013, besonders S. 77-84; vgl. Rižskij mir, kniga 1, S. 447.

HiK stark verwurzelt. Dennoch: Die der kommunistischen Umtriebe beschuldigte TBŠ hatte noch 1930 58 Zirkel auf die Beine stellen können, an denen 1088 Mitglieder mitwirkten.

Mehr als das in Artikel 95 der Verfassung garantierte „Leben, Freiheit und Eigentum" gönnte man den Polesiern nicht.[355] Schikanen gegen belaruthenische Privatschulen ließen ebenfalls nicht auf sich warten.[356] Warschau und Brest schlossen belaruthenische und ukrainische Schulen in den Ostgebieten, bis kaum etwas von ihnen übrig blieb.

Regionale Verteilung. Wie andere Aktivitäten erstreckte sich in Polesien die Bewegung auch für Grund- und Erwachsenenbildung in belaruthenischer Sprache nur auf die Landkreise Kosava und Pružany. Es mag sein, dass die polnischen Behörden in Polesien besonders repressiv gegen Versuche der Belarussifizierung einer als „Hiesige" identifizierten Bevölkerung vorgingen. Einen viel stärkeren Ausschlag dürfte aber gegeben haben, dass die belaruthenische Bewegung bei den Poleschuken einfach keinen Fuß fassen konnte. Die Anzahl der Zirkel (*Hurtki)* des besagten Belaruthenischen Instituts für Wirtschaft und Kultur *(BIHiK)* betrug zum Beispiel laut Ksenija Razuvanava in den Wojewodschaften Białystok immerhin 12, in Wilna ca. 56, in der Wojewodschaft Navahrudak ca. 31, aber in der Wojewodschaft Polesien nur 4. Das selbe besagt die Anzahl der belaruthenischen Bibliotheken: in der Wojewodschaft Białystok gab es 3, Wilna 19, in Navahrudak 12, aber in der Wojewodschaft Polesien nur eine einzige Bibliothek, nämlich in Dabučyn im Landkreis Pružany.[357]

Ukrainische Schulen und die Prosvita. Der ukrainische Sejmabgeodenete W. Dmitrijuk und andere ukrainische Aktivisten hatten 1923 im Landkreis Brest die Einführung ukrainischer Schulen gefordert. Doch niemand ging so weit, zum Boykott der Schulpflicht aufzurufen.[358] Dennoch war das ukrainische Schulwesen stärker verbreitet und rief dementsprechend stärkere Reaktionen in Warschau hervor.

Von Lemberg aus haben sie eine ukrainische *Ridna škola* in Polesien eröffnen wollen, aber gegen Ende der 30er Jahre war das Schulwesen voll polonisiert.[359] Weil der flächenmäßig größere und der mehr verstädterte Teil Polesiens heute in der Republik Belarus' und nicht in der Ukraine liegt, sind wir gewohnt, auf den geringen Erfolg der belaruthenischen Initiativen in Polesien zu schauen. Doch das für die belaruthenischen Schulen Beschriebene galt auch für die ukrainischen. Immerhin konnten sich ukrainische Schulen in den 1920er Jahren ein wenig stärker herausbilden als belaruthenische: Im Schuljahr 1925/26 wurden in der Wojewodschaft 1343 Schulkinder auf belaruthenisch und 6239 auf ukrainisch unterrichtet.[360]

Während sich die Bestrebungen zur Errichtung belaruthenischsprachiger Grundschulen auf die nordwestpolesischen Landkreise konzentrierte, war die Prosvita in fast allen ande-

355 „Die polnische Regierung sichert auf ihrem Gebiet allen ohne Unterschied der Herkunft, Nationalität, Sprache, Rasse oder Religion vollen Schutz des Lebens, der Freiheit und des Eigentums zu." Verfassung vom 17. März 1921 = http://www.verfassungen.eu/pl/verf21-i.htm, Art. 95 (13.03.2019).
356 Siebert 1990, S. 125.
357 Razuvanaja 2013, S. 236-239.
358 Cichoracki 2014, S. 169.
359 Cichoracki 2014, S. 49.
360 Cichoracki 2014, S. 48.

ren Kreisen vertreten. Auch im weiterführenden Schulwesen und in außerschuler Bildung konnte sich die *Prosvita* besser etablieren als die belaruthenischen Organisationen.

Der 1923 in Brest gegründete („einberufene") Verein „*Prośvita na Polissi*", hatte beim Wojewoden vorgesprochen, konnte registriert werden.[361] Der Verein mit seiner Zentrale in Brest hatte allerdings bis Mitte der 1920er Jahre nicht mehr als 200 Mitglieder. Die Staatsverwaltung hatte kein gutes Verhältnis zur *Prosvita,* die Ämter sagten, dass diese die Schulpflicht missachteten.

Die *Prosvita* war offiziell, aber nur formal von der gleichnamigen traditionellen und größeren Organisation in Lemberg unabhängig und richtete sich an die „ukrainische Bevölkerung Polesiens"[362] mit Bibliotheken, Theatergruppen und anderen kulturellen Aktivitäten. Die Wojewodschaftsverwaltung und der IX. Militärbezirk beobachteten die Organisation genau, man hielt die *Prosvita* sogar für „gefährlicher als den Bolschewismus, weil ihre Führer intelligente Menschen sind, überwiegend mit höherer Bildung." „Je weiter südlich, desto stärker die Tätigkeit der »Prosvita«."[363] Im Jahr 1929 unterhielt die *Prosvita* Polesiens 127 Zirkel, in die 1754 Menschen eingeschrieben waren.[364]

Das Ukrainische, welches im Habsburgerreich gepflegt wurde, hatte in den früher zum Russländischen Reich gehörenden Gebieten Wolhynien und Polesien weniger Entwicklungsmöglichkeiten, weil es hier zwar gesprochen wurde, aber die teils analphabetischen Sprecherinnen und Sprecher hielten es hier nicht für eine Hochsprache. Dies bedeutete für die Verbreitung in Polesien, dass das offizielle Ukrainisch eine Sprache „von außen" darstellte, auch, wenn man es quasi selbst sprach. So, wie die Hochsprachen zudem allgemein mit „äußerlichen" Konfessionen verbunden waren, war es auch speziell das Ukrainische mit der Unierten Kirche, die in Polesien fremd war und keine Chance auf Wiedergeburt hatte (siehe unten).

Doch wer in Polesien davon ausging, dass ein ukrainischer Staat auch nicht besser sei als ein polnischer, oder wer vielleicht sogar einen ukrainischen bevorzugen würde, aber zum legalen und illegalen Kämpfen sich aus welchen Gründen auch immer nicht aufraffen konnte oder wollte, für den hatte die polnische Schule die unten noch zu beschreibenden funktionellen Vorteile.

Belaruthenische oder ukrainische Schulen? Die Schwierigkeit, belaruthenische und ukrainische Schulen zu errichten, hatte zwar auch damit zu tun, dass Polesien eben im belaruthenisch-ukrainischen sprachlichen Überganggebiet lag. Weder das Belaruthenische noch das Ukrainische war hier die eine zweifelsfrei naheliegende Alternative zum polnischsprachigen Unterricht. Es gab vielleicht eine historische Phantomgrenze zwischen der alten litauischen Rus' und der Kleinen Rus' (Ukraine), da aber weder die belaruthenische noch die ukrainische Sprache unter dem Zaren „erlaubt" waren, konnte nun niemand die in Polesien gesprochene Übergangssprache ganz für sich mit vollem Recht beanspruchen. Als der polnische Diskurs die Polesier als „Hiesige" oder „Poleschuken" beschrieb, konnte dieser die

361 Cichoracki 2014, S. 174.

362 Statut Ukraïns'koho tovaristva „Prosvita na Polissi", Brześć nad Bugiem 1923, S. 3, zitiert in: Vabiščėvič 2013, S. 88.

363 Vabiščėvič 2013, S. 89.

364 Ebenda.

Sprache als Mundart (*gwara)* bezeichnen, und sich auch angesichts seiner staatlichen Stützung leicht durchsetzen. Denn eine *gwara* würde sich ja nicht für den Unterricht eignen. Der Wojewode Kostek-Biernacki nahm dies sehr ernst und beachtete Schwierigkeiten und Erfolge bei der Etablierung der polnischen Sprache.[365]

Zweitens: Hebung der Kenntnisse

Unabhängig von der nationalen und Sprachfrage sollte die Schulbildung ganz allgemein das Bewusstsein und die Kenntnisse der Jungen und Mädchen heben, und so aus der Unkenntnis und Vorurteilshaftigkeit der polesischen Dörfer herausholen. Es handelt sich hier also um jene allgemeine Schulintervention,[366] die noch jeden Staat im 20. Jahrhundert dahin führte, einen beträchtlichen Anteil seines Budgets für das Schulwesen auszugeben.[367]

Diese Intervention des Staates, und das war nichts spezifisch Polesisches oder auch nur Polnisches, stellte für viele Kinder den ersten Kontakt mit einer staatlichen Einrichtung dar, überhaupt einer außerhäuslichen Einrichtung, auch wenn dies den Kindern vielleicht nicht bewusst war. Die polnische Politik verstand sich als profamiliäre Politik, stellte aber den Familien eine weitere Erziehungsinstitution an die Seite, die nicht selten mit der der Eltern konkurrierte.

Die moderne Vorstellung, Analphabet*innen aus ihrer Dunkelheit herausholen zu wollen, brauche ich hier nicht zu erörtern, weil sie allgemein verbreitet war. Andererseits sollte man diesen Aspekt angesichts der Besonderheiten Polesiens (Sprachenfrage, Erziehung zu Patrioten) nicht übersehen; hierzu wird man nämlich verleitet, weil man gerne das Besondere und nicht das Allgemeine betrachtet. In dem polnischen Diskurs wurde die Abschaffung des angenommenen Hinterwäldlertums von der sprachlichen, staatlichen und nationalen Assimilation nicht getrennt betrachtet, zumal ja die Polesier*innen über keinen Staat, keine Nation und in den Augen der Diskursbeteiligten keine Sprache verfügten.

Drittens: Erziehung zu Staatsbürgern. Die Schule als Schule der Nation.

Erst, als der polnische Staat gegen Ende der 1930er Jahre gefestigt schien, wurde die Kritik laut, dass die Nichtbeachtung und Glättung der nationalen Aspekte in der Schule nicht zu Konfliktlösungen, sondern geradezu zu ihrem Anwachsen führte.[368] Man kritisierte einen Mangel an pädagogischer Kompetenz. Die Belaruthenen wollten sich (übrigens anders als vorher und später beim Deutschen Reich und in der UdSSR) nicht in den Staat eingliedern.[369]

Die Schule als Interventionsinstrument sollten wir nicht nur unter dem Aspekt der Polonisierung betrachten, sondern auch unter dem Aspekt, dass durch diese Schulintervention, in welcher Sprache auch immer, Bauernkinder zu Staatsbürgern erzogen wurden. Analphabetismus gibt es auch heute noch, Millionen Erwachsene in Deutschland können nicht

365 Cichoracki 2009, S. 267.
366 Art. 118. „Im Rahmen der allgemeinen Schule (Volksschule) ist der Unterricht obligatorisch für alle Staatsbürger." In: Verfassung vom 17. März 1921 zitiert in: http://www.verfassungen.eu/pl/verf21-i.htm (13.03.2019).
367 Art. 119. „Der Unterricht in den Staats- und Kommunalschulen ist unentgeltlich.", In: Verfassung vom 17. März 1921, zitiert in: http://www.verfassungen.eu/pl/verf21-i.htm (13.03.2019).
368 Śleszyński 2007, S. 90-91.
369 Ebenda, S. 191.

schreiben und kaum lesen. Wir können uns heutzutage aber nicht nur wenig vorstellen, wie Analphabeten im heutigen urbanisierten Deutschland leben – erst Recht fällt es uns schwer, in die Lebenswelt von bäuerlichen Familien zu versetzen, in denen keiner oder nur einer lesen konnte. Doch dadurch, dass die „Erziehung zum Staatsbürger" nicht mehr als ausdrückliches Ziel der Alphabetisierung angesehen wird, sondern die Befähigung zur Teilhabe an der *Gesellschaft* als Ziel formuliert wird, fällt der Analphabetismus weniger auf.

Die Einführung der allgemeinen Grundschule und die Schulpflicht hatten eine disziplinierende Funktion. Gerade in den Ostgebieten, in denen noch in den 1920er Jahren die meisten Menschen nie eine Schule besucht hatten, stellte der Schulbesuch nicht eine Ergänzung, sondern eine Alternative zu den konfessionell ausgerichteten Lehranstalten dar. Doch eine Erziehung zu Staatsbürgern bedeutete im Polen der Zwischenkriegszeit eine Erziehung zum *polnischen* Staat.

Mehr staatliche bedeutete auch ganz konkret weniger religiöse Schulbildung.[370] In den Ostgebieten bedeutete die Zurückdrängung der religiösen Schulen auch eine Zurückdrängung des Einflusses von Polens Minderheiten. Ein wichtiger Faktor bei der Etablierung der staatlichen Schulen war hierbei, dass der Schulbesuch gratis war, hebräische und jiddische Privatschulen hingegen Schulgeld verlangten, wenn die Finanzierung nicht durch wohltätige Spenden gesichert war.[371]

Die staatliche polnische Schule kam damals nicht nur im Gewand der Objektivität und der Modernismus, sondern als Schule der Nation daher, die ohne zu zögern aus den Kindern Polen machen wollte. Auch deshalb beschäftigte der polnische Staat konsequent „nur sehr wenige Lehrerinnen und Lehrer jüdischer Herkunft", denen „der öffentliche Dienst versperrt blieb".[372] Dies galt auch für die staatlichen Schulen Polesiens. Dort gab es zu Ende der 1930er Jahre 2.766 Lehrerinnen und Lehrer, die „polnisch" als ihre Nationalität angaben, 11 belaruthenisch, 8 jüdisch und 2 ukrainisch.[373]

Geographischer Aspekt der Schul-Intervention. Da polnische Lehrer in Polesien fehlten, holte man sie aus Großpolen. Nicht nur wegen der genannten Sprachschwierigkeiten beklagte sich Leon Wasilewski über die Polonisierungsmethoden. Er hielt es für ärgerlich, „dass 70 Lehrer aus der Gegend um Posen/Poznań in die *kresy* geschickt wurden, „aus den Palästen in die Hütten", das führe nur zu Missverständnissen.[374] Doch brach manch einer eine Lanze für die polnischen Lehrer, die auch außerhalb des eigentlichen Unterrichts viel taten, zum Beispiel eine Bibliothek unterhielten und Musikkurse durchführten.

Methoden. „Es wurde gefragt, wie man das machen soll, dass zu Hause polnisch gesprochen wird. In der Assimilationsarbeit Polesiens spielt das Schulwesen eine kapitale Rolle."[375] Die Lernmethode der staatsbürgerlichen Erziehung bestand wie wahrscheinlich

---

370 Pickhan 2001, S. 116.
371 Pickhan 2001, S. 234 für Zentralpolen.
372 Tomaszewski: Rzeczpospolita, S. 154-155; Tomaszewski: Niepodległa Rzeczpospolita, S. 170; Zalewska, Gabriela: Ludność żydowska w Warszawie w okresie międzywojennym, Warszawa 1996, S. 318.
373 DABV 59-3-657-4v, zitiert in: Śleszyński 2014, S. 198.
374 Obrębski, Józef: Polesie, Warszawa 2007, S. 324.
375 Obrębski 2007, S. 324.

damals überall darin, die Inhalte einfach einzupauken. Noch im Jahr 2016 konnte eine 93-jährige Oma in Pinsk polnische Gedichte aufsagen.

Kein Argument: Bildung als Ressource. Nicht gefunden habe ich hingegen ein Argument, dass mit der Hebung der Bildung durch die Grundschule, selbst in der Form der Reduzierung der abfragbaren Kenntnisse das Potenzial Polesiens wachsen würde, dies daher der Staatskasse zugute käme und auch den Druck zur Auswanderung oder Binnenwanderung innerhalb Polens abfedern könne. Lediglich bei Qualifizierungskursen durch die Handwerkskammern oder (besonders für Frauen:) beim Volkshandwerk und der Hauswirtschaft schienen solche Argumente durch oder wurden explizit aufgeführt.

Ergebnisse der Schulintervention

Alphabetisierung und nachschulischer Analphabetismus: Vernünftig polnisch lernen. Vorbei war also die Zeit des Ersten Weltkriegs, in der ein Deutscher der belaruthenischen Landbevölkerung eine Mehrsprachigkeit bescheinigt und diese gelobt hatte, weil „der Weißruthene" es schaffe, sich „in der Regel in drei Sprachen befriedigend auszudrücken: in weißruthenisch, seiner Muttersprache, russisch, der Sprache von Schule und Heer, polnisch, das die Gutsherrschaft und der katholische Pfarrer spricht; und in welcher Sprache man ihn anredet, in der antwortet er."[376] Doch die Macht verstand die Sprache der Polesier nicht, das wollte sie ändern.

Der Analphabetismus ging im Laufe der 18 Jahre von 1921 bis 1939 deutlich auch in Polesien zurück.[377] Dabei blieb der Unterschied zwischen Männern und Frauen in Polesien besonders groß: doppelt so viel Frauen wie Männer blieben Analphabetinnen. Die Differenzierung begann bereits in der Schule: bei den Jungen machte die Alphabetisierung größere Fortschritte als bei den Mädchen,[378] und mehr im nordwestlichen „Trockenpolesien" als in „Feuchtpolesien".[379]

Denn jenseits des statistischen Jubels konstatierte Józef Obrębski, dass mit dem Ende des Schulbesuchs auch Buch und Bleistift keine Themen mehr waren. Schreiben konnten viele Polesier dann nur mehr ihren eigenen Namen, wie sie selbst sagten. Testergebnisse zeigten, dass 14-jährige fehlerfreier schreiben konnten als 19-jährige. Man nannte dies Rückanalphabetismus *(analfabetizm powrotny)*.[380]

Da die Eltern weiterhin eher Arbeitgeber als Lehrer für nützlich hielten, stand schon in der Periode des Schulbesuchs das tägliche Verhältnis von Schulzeit zu Freizeit, von der Zeit der Schriftlichkeit gegenüber zur Zeit der Schriftlosigkeit, von der Zeit der polnischen gegenüber der Zeit der belaruthenisch-ukrainischen Sprache im Verhältnis von 4 zu 20 Stunden. Zwar waren für die Lehrer und die Behörden nur die besagten vier Stunden interessant,[381] aber nach Ende der „Schulkarriere" fielen auch diese weg.

376 Curschmann 1918, S. 273-296, hier S. 275.
377 Mały Rocznik Statystyczny 1939: http://www.herder-institut.de/fileadmin/user_upload/quellen/2_pol_Republik/003_2_012_Analphabetismus.pdf.
378 Obrębski 2007, S. 380 mit Statistik.
379 Obrębski 2007, S. 382 mit Statistik.
380 Wychować lojalnych 2016, S. 146; 21-25 % der Kinder gingen gar nicht zur Schule, Cichoracki 2007, S. 14. Bei Obrębski 2007, S. 380-385 „poszkolny analfabetizm".
381 Obrębski 2007, S. 393.

Offensichtlich konnte ein höherer Erziehungserfolg beim Eintrichtern von Sekundärtugenden wie körperliche Reinlichkeit, ordentliche Kleidung und Pünktlichkeit erzielt werden als beim Lehren von Lesen, Rechnen und Schreiben.[382]

Armee. Der nachschulische Analphabetismus machte sich in der Armee bemerkbar. In der modernen Armee waren allerdings Kenntnisse der Rekruten im Lesen und Schreiben mehr denn je nötig. Man behalf sich in der Anfangszeit des Bestehens der Polnischen Republik mit eigenen Kursen in der Armee. Damit die Streitkräfte einen positiven Bezug zum Staat haben konnten, wollte man den Analphabetismus „unter Rekruten liquidieren".[383] Schon 1919 gab es verbindliche Polnischsprachkurse, an denen jeder teilnehmen musste, der keine Grundschule besucht hatte.[384] Einen entsprechenden Apparat aufzubauen war nötig, da 1924 unter den Rekruten 100.000 Analphabeten waren,[385] darunter viele aus den Ostgebieten, darunter wiederum viele Belaruthenen. Sie mussten in diesen Kursen auch Geschichte und Geographie Polens erlernen. Schon 1922 glaubte man dabei, dass Belaruthenen relativ leicht ein „Bindungsgefühl zur polnischen Staatlichkeit" bekämen, gerade deshalb, weil sie ja ein schwaches Nationalbewusstsein und einen hohen Grad an Analphabetismus aufwiesen.[386]

Intelligenz. Die auch nach dem Schulbesuch alphabetisiert Gebliebenen, nach mehr Strebenden waren eine dünne, aber im Verlauf der Zeit zahlreicher werdende Schicht, die es in Polesien noch weniger als in anderen belaruthenischen Gebieten gab. Aber es gab sie. Und die wurden nicht mitgenommen. Es gab nur wenige, die dies kritisierten. T. Wid war einer von ihnen, sorgenvoll und instruktiv zugleich kritisierte er: „Die Doktrin des chauvinistischen Nationalismus, der die kulturellen Unterschiede der Ostgebiete gegenüber den polnischen Kernländern nicht anerkennt", feierte zwar

> „lange Zeit Triumphe auf dem Gebiet der Kultur und Bildung. Das Programm des Chauvinismus zielt auf die Denationalisierung der andersstämmigen Bevölkerung mittels des Ausbremsens der Äußerungen des selbsttätigen nationalen Lebens, musste sich [aber] mit der lebendigen Gegenaktivität der örtlichen Bevölkerung bekannt machen,"

die bis hin zu „physischer Reaktion" reichte: „Es wurden hier lange Jahre die geistigen und kulturellen Bedürfnisse der Handvoll der belaruthenischen Intelligenz wie auch der Masse geringgeschätzt." Es habe sich in kurzer Zeit ergeben, dass dies das Ausdehnen der Reichweite der ukrainischen und belaruthenischen Intelligenz bremsen sollte, dabei aber das Gegenteil der beabsichtigten Wirkung erzielt habe: „Die Jugend, die keinen Zugang zur den höheren polnischen Lehranstalten hatte, reiste nach Prag, Lettland und schließlich nach Minsk aus", wo sie bolschewistisch beeinflusst wurde, „und kehrte ins Land zurück, eher zu etwas Anderem geneigt als zur Zusammenarbeit mit der polnischen Bevölkerung und zur staatlich polnischen *raison d'ętre (racju stanu)* in den Ostgebieten." Dieses Antagonisieren

382 Obrębski 2007, S. 394.

383 Wierzbicki, Marek: Białorusini w wojsku Polskim (1921–1939), In: Zbigniew Karpus i Waldemar Rezmer (Hg.): Mniejszości narodowe i wyznaniowe w siłach zbrojnych Drugiej Rzeczypospolitej 1918–1939: zbiór studiów, Toruń 2001, S. 153-176.

384 Dz.U. RP nr. 63 poz. 373, 1919-07-21, zitiert in: Wyszczelski, L.: Działalność oświatwo-wychowawcza w Wojsku Polskim w latach 1918–1939, Warszawa 1995, Aneks 1.

385 Stawecki, P.: Polityka wojskowa Polski 1921–1926, Warszawa 1981, S. 117.

386 Stawecki 1981, S. 195.

nannte Wid eine Ausrottungspolitik (*polityka eksterminacyjna*). Erstrangig sei nun, Kultur und Schulwesen der Minderheiten schützend zu begleiten. Die Errungenschaften der örtlichen „andersstämmigen" Kulturen würden „eine natürliche Unterstützung und Vervollständigung in der polnischen Kultur finden", welche aber ein Faktor der Hilfe und nicht der Konkurrenz" sein solle.[387] Man müsse dem Schulwesen Schutz und breite Hilfe geben, ohne versteckte Ziele, ohne den Stempel von Philantrophie oder Belohnungen für Loyalität.

Ursachen und Fehlinterpretationen des Erfolgs polnischer Schulen und der Funktion polnischer Lehrerinnen und Lehrer. Es gab den Effekt, dass Schulabsolventen aus dem bäuerlichen Milieu begannen, „sogar mit ihren jüngeren Verwandten polnisch zu reden. An diejenigen, die (auf) polnisch reden, wenden sie sich ausschließlich in dieser Sprache."[388] Doch die Erfolge gerade bei den jungen Generationen[389] wurden fehlinterpretiert. Denn es wurde in den maßgeblichen polnischen Kreisen nicht einmal die laut Obrębski korrekte Frage gestellt, was die polnische Schule eigentlich für Polesien selbst bedeute.[390]

Richtig mag gewesen sein, dass „in den Dorfschulen oft gebürtige Weißrussen (unterrichten), die aber auch im Verkehr mit den Kindern ihre Muttersprache nie gebrauchen – und zwar, wie man sagt, aus Furcht, ihre Stelle zu verlieren. So wissen die Kinder nie, ober der Unterrichtende ein „hiesiger" ist, oder nicht."[391] Aber es ging um Mehr als nur die durchaus berechtigte Angst, die Stelle zu verlieren, mehr auch als um Assimilation.

Auch dann, wenn wir die Frage unbeachtet lassen, ob die von den Polesiern gesprochene Sprache eher belaruthenisch oder eher ukrainisch war, so ist der Hauptgrund dafür, dass sich belaruthenische Schulen nicht durchsetzen konnten, nicht nur der Nichtförderung und der offenen Repression, auch nicht nur dem mangelnden Finanzierungsvermögen in Selbstverwaltung geschuldet. Sicher war die Beobachtung nicht aus der Luft gegriffen, dass

> „das Verhältnis der Bauern zur Schule sehr schlecht (ist). Meistens halten sie sie für das fundamental Böse. […] Der Mangel an notwendigen kulturellen Bedürfnissen, primitive Vorstellungen von dem Aufbau eines Staates, von den politischen und wirtschaftlichen Ereignissen, von Rechten und Pflichten der Staatsbürger der Republik Polen sind die Merkmale der Poleschuken."[392]

Doch dies erklärt nicht, warum die Eltern ihre Kinder auf *polnische* Schulen senden wollten.

Ebenfalls richtig war, dass die Kinder gerne zur Schule gingen, der Unterricht für sie aber Nebensache war. Und die Eltern wollten wie gesagt, weiterhin, dass sechs Jahre alte Jungs das Vieh hüteten.[393]

---

387 Wid, T. 1928, S. 13-14.

388 Tomaszewski 1963, S. 30, nach Rolecki, Rudolf: Czudzin – wieś powiatu łuninickiego. Stosunki społeczno-gospodarcze, In: Białoruskie Zeszyty Historyczne, 2006, Nr. 26, S. 146-217.

389 AAN Bestand 2478, Sign. 9, KOP -, Polacy na ZW RP i na terenach ZSRR w latach 1918–1939. Zbiór kserokopii materiałów z archiwów zagranicznych 1918–1944, 1935, Blatt 105.

390 Obrębski 2007, S. 336.

391 Hepke 1934, S. 16.

392 AAN Bestand 2478, Polacy na ZW RP i na terenach ZSRR w latach 1918–1939. Zbiór kserokopii materiałów z archiwów zagranicznych 1918–1944, Sign. 9, KOP 1935 Lettland, Litauen, UdSSR, Blatt 106.

393 Stępowski 1933, S. 13.

Zweck des Schulbesuchs aus Sicht der Eltern: Fremdsprache *sur place.* Dass die Behörden in Polesien bei einer Zurückweisung der Anträge auf belaruthenische Schulen leichtes Spiel hatten, konnte also auch an dem geringen Interesse der Bevölkerung liegen. Gewiss: Die polesische Landbevölkerung wollte zwar nicht die Sprache der Herren lernen; allerdings war ihnen die polnische Sprache als diejenige wichtig, in der sie mit dem Staat zu verkehren hatten. Polnisch wurde von einer Grundherren- zu einer Staatssprache, und dies begriff man schnell. Nun wollten viele Polesier polnisch lernen, weil man in Polen polnisch sprach. Für die Polesier war polnisch die Sprache, die in der Verwaltung, eben in der Schule, und, behüte, vor Gericht gesprochen wurde, in allen öffentlichen Dienststellen, beim Militär, bei der Polizei. Das Polnische wurde für die PolesierInnen eine Art Fachsprache, mit einem Fachvokabular. Jerzy Kosiński lässt aus der umgekehrten „polnischen" Perspektive den Romanhelden in seinem „bemalten Vogel" in die Situation bringen, dass er wie eine Zirkusattraktion ausgestellt wird und dann hochpolnisch reden muss.

Denn selbst die alte Generation war gegenüber dem Schulbesuch von Nützlichkeitsdenken bewegt: man wollte eine Schule zwar ohne Schulpflicht, aber mit eiserner Disziplin, was Körperstrafen betraf, die Freistellung der Schulkinder in der Wirtschaftszeit – und Schreiben lernen konnte brauchbar sein, z.B. um Eingaben an die Macht schreiben und überhaupt mit ihr verkehren zu können.

Die Schule hatte in den Augen der Dorffamilien gar nicht die Funktion, ihre derzeitigen Fähigkeiten, zum Beispiel ihre eigene Sprache zu verbessern, sondern mit der Obrigkeit klarzukommen. Die Schule behielt also ihre Funktion aus der Zeit des Russischen Reichs als staatliche Institution der Außenwelt bei. Die Schule war gut für die Dörfler, weil sie die außerdörfliche Welt verstehen und sich dort, in der Armee, auf den Straßen, (Straßenschilder, Ladenschilder) zurecht finden konnten, aber nicht, weil sie es innerdörflich zu benötigen meinten. Rechnen, Schreiben, Lesen war aus dieser Sicht allein für die außerdörfliche Welt nützlich. Die polnische Sprache und Schule blieb für Polesier das Andere, das Fremde, eigentlich Außerdörfliche. Man lernte polnisch aus den denselben Nützlichkeitserwägungen heraus, aus denen heraus man aus beruflichen Gründen eine *lingua franca,* eine Fremdsprache oder Fachsprache lernt. Aus diesem Grund machte es auch den Eltern in den Dörfern nichts aus, nun polnisch statt russisch zu lernen und Geographie, Gründungstag und Staatsaufbau Polens statt des Russischen Reichs zu pauken. Das war viel leichter, als die Konfession zu wechseln, und selbst dies soll den Polesiern nicht so schwer gefallen sein wie anderen.

Die Offiziellen bewerteten diese Bereitwilligkeit polnisch zu lernen, fälschlicherweise als Assimilationserfolge.[394] Doch nicht das Polentum der Schule und dessen „überlegene", „historische", schon kodifizierte Sprache und Kultur begeisterte oder beeindruckte die Schulkinder und ihre Eltern, sondern die Tatsache, dass das Polnische funktional als Sprache der sozialen Herrschaft betrachtet wurde.

Unter diesem Aspekt hätte es den Polesiern auch nichts gebracht, belaruthenische oder ukrainische Schulen zu besuchen. Einige Jahre nach der Stabilisierung der Zweiten Republik hätte für den Besuch einer belaruthenischen Schule eine bewusste nationalpolitische

394 Obrębski 2007, S. 355-356.

oder zumindest antipolnische Entscheidung den Ausschlag gegeben, nicht aber, dass man es damit weit bringen könne. Und die Unierte Kirche mit ihren schriftkundigen Vertretern, die in den heute westukrainischen Gebieten so rührig war, war in Polesien und den heute westbelaruthenischen Gebieten nicht wiedererstanden (siehe unten). Es war aus Sicht der polesischen Bauernfamilien nach 1930 sogar unklar, ob es sich überhaupt lohnte, Belaruthenen in den Sejm zu wählen. Nicht Unrecht hatte daher im Rückblick Studnicki:

> „Nach der Sejmverordnung des Jahres 1923 hatten die Gemeinden darüber zu entscheiden, welche Sprache in den Grundschulen als Unterrichtssprache zu dienen hatte. Weissruthenische Gemeinden wünschten oft die Einführung der polnischen Unterrichtssprache anstatt der weissruthenischen. Die weissruthenischen Bauern sagten: »Sollen denn unsere Kinder immer Bauern bleiben«?".[395]

Anfang der 1920er Jahre gab es viele Klagen, dass der Unterricht in polnischer Sprache erfolgte, zu Ende des Jahrzehnts schon nicht mehr. Aus dem Jahr 1935 ist eine Aussage bekannt, dass die Polesierinnen und Polesier polnische Zeitungen lasen, Lieder sangen und Theaterdarbietungen anschauten, daher sei „es kein Wunder, dass sie polnisch in der Schule wollen".[396] War dies nur offizieller Optimismus, oder spielte auch eine Rolle, dass gerade die polnische Schule eine Gelegenheit zum Ausbrechen aus dem täglichen Landleben bot? Die Eltern sollen geradezu darauf bestanden haben, den Kindern „die Sprache, die sie nicht kennen, die [aber] nützlich für ihr Leben sein kann" zu unterrichten.[397] Für Obrębski waren Erfolge aber zweifelhaft, weil sie funktionellen und nachschulischen Analphabetismus noch förderten.[398]

Beäugte Lehrer. Doch die Tatsache, dass die polnischen Lehrer und Schulen in Polesien von den Eltern als Vermittler einer nur funktionell wichtigen Sprache angesehen wurden, machte die staatsmissionarische Aufgabe des Lehrers noch komplizierter, da die Eltern dadurch noch misstrauischer wurden. Je perfekter der Lehrer seine vorgesehene Rolle und Funktion ausführte, desto schwieriger wurde es für ihn. Der Lehrer wurde nicht als Nachbar, sondern eben als Vertreter „der außerdörflichen Herren-Welt" angesehen. Die Schulpflicht sahen die Eltern dadurch erst Recht als einen Zwang an. Zwar bestand eine Anwesenheitsquote von 90 %. Aber der Schulzwang führte nicht zu besserem Lernen, das Niveau blieb niedrig. Je mehr zudem die Lehrerin und der Lehrer im örtlichen polnischen Milieu verkehrten, desto mehr waren sie einer „moralischen Repression" unterlegen. Distanz und Antagonismus zum polesischen Dorf verstärkten sich, Lehrer gingen überheblich durch die Dorfstraßen. Auf dem Weg wich man ihnen in solchen Fällen zwar standesgemäß aus, aber begann ihnen gegenüber Hass zu verspüren.[399]

Viele Lehrerinnen und Lehrer begriffen, dass das in den polnischen Schulen so übliche Abfeiern irgendwelcher Feiertage und das Auswendiglernen polnischer Gedichte die Schulkinder nicht zu guten Staatsbürgern machen würde. Es gab Lehrer, wohl vorwiegend Lehre-

395 Studnicki 1953, S. 155.
396 Cichoracki, a.a.O. In: Acta Poloniae Historica 109, 2014, S. 72-74.
397 Tołpa 1936, S. 122–123.
398 Obrębski 2007, S. 380-392.
399 Ebenda, S. 357-359.

rinnen, die sich umgekehrt eher ans Dorf assimilierten,[400] als dass sie selbst die Kinder integrierten. Es gab Lehrer, die mittranken, mit Dorfmädchen verkehrten, und tendenziell zynisch die alte Rolle des Gutsherren spielten.[401] Grundsätzlich aber blieb der Lehrer ein Vertreter der Staatsmacht, der die polnische Sprache, die polnische Staatsherrschaft und die polnische Kultur einzudrillen vorhatte, und das entsprach seiner offiziell vorgesehenen Aufgabe. Die meisten Schulleiter sahen ihre Stellung nicht als Aufgabe, sondern als Privileg an.

Die Schule und der Kult um sie lehrten: Es gab die außerdörfliche Welt

Die Schule lehrte also täglich: Es gab die außerdörfliche Welt. Schon der Krieg hatte ja viel geändert: Zuvor war der eigene Boden der wichtigste Wert gewesen, nun zunehmend die Möglichkeit, aus dem Dorf herauszukommen. Bisher konnte man sich ausschließlich mit einem Grundherren (oder einem reichen Landwirt) messen oder vergleichen. Für die traditionelle Landbevölkerung, „die in ihrer engen dörflichen Welt lebte“, waren alle anderen „privaten und öffentlichen“ Tätigkeiten lediglich Berufe von landlosen Menschen „ohne väterliches Erbe“. Nach dem Krieg hingegen „begann sich der Poleschuk mit fremden Augen zu sehen: mit nichtpolesischen, nichtbäuerlichen und nichtdörflichen; mit den Augen von Polanen und Wolhyniern, Russen und Polen, (Klein-)Bürgern und Intelligenzlern, von Gebildeten und Herren“.[402]

Es wurde nun gerade die Schule (neben dem Ersten Weltkrieg), die ein Interesse an der Außenwelt, eine bewusste Reflexion oder doch Wissen und wenigstens Ahnung darüber herstellte, dass die eigene Dorfwelt noch nicht alles war. Waren die polesischen Schtetl früher das einzige Andere im Horizont (der konnte weitreichend sein, aber Polesien war auch weitreichend!), so erzählten Lehrer und Lehrerin nun in der polesischen Dorfschule von Polen, seinen Helden, Staatsmännern und großen Dichtern[403] von heroischen Episoden der polnischen Geschichte und stellten diese in Theaterstücken dar. Es gab diese Welt, in der Panzer, Geld, Staat und Literatur zählten, und jedes Kind wurde mit den säkularen Feiertagen 11. November und 3. Mai genauso bekannt gemacht wie mit dem 19. März (dem halbsäkularen Namenstag von Marschall Piłsudski).[404]

Im Schuljahr 1937/38 sollen 100 „Schuldenkmäler, zum Gedenken an den Ersten Marschall von Polen, Józef Piłsudski“, aufgestellt worden sein.[405] Schulen wiesen quasi-religiöse Elemente auf. Und während man erkannte, dass man in der Sowjetunion während ihres Kampfes gegen die Religion(en) eine Art eigene Religion aufbaute („So wollen sie also nicht weniger und nicht mehr als ein neue Religion einführen“, „es gibt schon bolschewistische „Feiertage“[406]), blieben sie gleichwohl blind für die Konkurrenz religiöser und nichtreligiöser nationalstaatlicher Feiertage in Polen selbst.

Man sah also wie gehabt die Schule in der Funktion einer Kontaktzone der dörflichen mit der außerdörflichen Welt an.[407]

---

400 Obrębski 2007, S. 356-360, 367; vgl. Śleszyński 2014, S. 198.
401 Obrębski 2007, S. 362.
402 Ebenda, S. 243.
403 Vgl. Cichoracki, a.a.O. In: Acta Poloniae Historica 109, 2014, S. 69.
404 Obrębski 2007, S. 366.
405 Polesie. Tygodniowe Pismo społeczne, Nr. 11, 13.11.1938, S. 7.
406 Gazeta Poleska, Jahrgang 2 (1934), Nr 2, Seite 10, zitiert in: AAN, Bestand 323/0, Akta Kazimierza Lewińskiego, Sign. 64.

Die außerdörfliche Welt existierte, aber als Wunderland. Schule lehrte Lordlore, Eltern lehrten Folklore

Zwar blieb die außerdörfliche Welt für diejenigen, die das Dorf nicht verlassen hatten, fremd, und der Antagonismus zwischen Herren und Bauern, zwischen Polen und Poleschuken, zwischen Eingereisten und Einheimischen konnte sogar verstärkt werden – doch übte diese zugleich auch einen Einfluss eigener Art aus.

Die „polnische Schule" fand auch gerade deshalb Anerkennung bei Schülern, weil sie gerade *nicht* die dörfliche Welt bestätigte, sondern von etwas Fremden, Außergewöhnlichem erzählen konnte. Viele Jugendliche begannen, die Schule „nicht als Fenster, sondern als Tür in die Welt" anzusehen. Hatte nicht bereits das Motto der belaruthenischen Bewegung „Lass die Sonne auch in unsere Fenster scheinen!" gelautet? Für diese Menschen erweckte die Schule „Keine Xenophobie, [sondern] fast ein Kult des Fremden". Verstärkt durch die Wirtschaftskrise, beobachtete man fast eine „Flucht aus dem Boden".[408]

Pole als ob: *Polski Czar.* Dieser Effekt wurde durch die Schule im Dorf nicht etwa erklärt, überbrückt oder überwunden. Vielmehr blieben Schule und Dorf miteinander weitgehend unverbunden. Da die polnische Schule neben die dörfliche Lebenswelt gestellt wurde, verlor die Schulwelt sogar „in den Augen des polesischen Schulkinds jedwede Logik und jeglichen Sinn. Das ist eine Welt voller Überraschungen, amüsant und interessant aufgrund seines Unlogischseins, wie es auch ein Zirkus oder magische Kunst ist, aber keine Welt, die lehrt, Fragen zu stellen und zu denken", so dass die Schule „jedweder Bedeutung" entkleidet blieb.[409] Die polesischen Schulkinder spürten angesichts der Heldenerzählungen von dem Herrn Marschall und dem Herrn Prof. Dr. Präsidenten, anhand von Mickiewicz und Kościuszko nicht nur ihre eigene Minderwertigkeit, da ihnen ja signalisiert wurde, dass sie selbst kein Piłsudski, Mościcki, Mickiewicz oder Kościuszko werden könnten. Mehr noch, der „Kult des Polnischen", die polnischen Provinzen, Helden und Könige gingen für die polesischen Schulkinder als Heldensage ein wie für „Städter das Märchen Ali Baba und die 40 Räuber", und statt über Piłsudski und Dąbrowski hätte man ihnen auch mit dem gleichen Effekt etwas von „Hitler, Chmelnic'kyj oder Julius Caesar"[410] erzählen können. Und was dem Polen der polesische Zauber war – es gab einen bekannten Tango unter dem Titel *„Polesia Czar"*[411] –, war für das polesische Schulkind der Zauber der polnischen Schule.[412] Nach Obrębski lehrte die polnische Schule das Schulkind, einen Polen zu *spielen*, also „ein Pole „als ob" zu sein, so wie andere Kinder Fahrende, Piraten und Banditen spielen".[413] Po-

407 Obrębski 2007, S. 353. Dies konnte aber auch bedeuten, dass die Schülerinnen und Schüler der Welt des Elternhauses entfliehen wollten. vgl. die Autobiographie eines polesischen Bauern bei Obrebski 1977, S. 78-91.

408 Beide Zitate Obrębski 2007, S. 349.

409 Obrębski 2007, S. 397.

410 Obrębski 2007, S. 402.

411 Text und Noten des Lieds sind abgedruckt in „Polesia Czar", Koło Krajoznawcze Uczniów Gimnazjum im. J. Piłsudskiego, Pińsk 1936, am Beginn der Broschüre; war ein Tango aus der Zwischenkriegszeit, vgl. https://www.youtube.com/watch?v=AEA4jGx3UVk; auch Siedlar-Kołyszko, Teresa: Między Dźwiną a Czeremoszem. Reportaże z ziem I u II Rzeczpospolitej, Łomianki 2015, S. 196-202 knüpft daran an.

412 Obrębski 2007, S. 402.

413 Obrębski 2007, S. 402.

len, das blieb auch für den Ex-Schüler ein Land der Helden, nicht der Äcker in seiner Gegend.[414]

Selbst dann, wenn wir bei dieser Analyse Obrębskis die Hälfte abziehen, weil wir hier Anzeichen des Exotismus und Kulturalismus, dieser Berufskrankheiten der Ethnologen, unterstellen dürfen, so bleibt doch die nackte Tatsache, dass auch durch die Schule Polesier nicht zu Polen gemacht wurden, dass zumindest die polnische Schule weder die Alphabetisierung, noch den heimlichen Lehrplan Staatsbürgerkunde mit Bravour bewältigt hat.

Folklore? Lordlore! Die polnische Kultur wurde also als eine Art Kunst angesehen, die man bestaunen, aber an der man nichts ändern kann. Während in den Schulbüchern Heldentaten des Adels zelebriert wurden, wurde die tatsächliche Welt der Schüler mit „Anarchie, Faulheit, Unordnung, Schmutz und Dunkelheit" beschrieben. Die polnische Geschichte wurde einzig als Taten der Eliten beschrieben. Obrębski prägte für dieses Wunderland den Begriff „Lordlore".[415] Doch für die polesischen Kinder bedeutete diese Lordlore nur Pflichten, keine Rechte.[416]

Für einige bedeutete diese Schulwelt, dass man nicht mehr vernünftig schuften wollte, behauptete die alte Generation

Darüber, wie die beabsichtigte Schulerziehung zu Lesenden, Schreibenden, Rechnenden, zu Polnisch Sprechenden und zu guten Staatsbürgern von der Generation der Eltern und Großeltern aufgenommen wurden, lesen wir ebenfalls bei Obrębski. Für diese bedeutete die polnische Schule im polesischen Dorf: "Die Polen lehren Pferde zu stehlen", denn die Jugend wolle ja nicht mehr vernünftig arbeiten. Und weil man nicht schuften wolle, aber im Staate Polen nicht aufsteigen könne, würden die Schulkinder zu dörflichen Hooligans werden, die die Landarbeit ablehnen. Das Dorf sei dadurch ganz praktisch, aber auch moralisch desorganisiert, die traditionelle Moral gebrochen, und dies wurde ganz wesentlich dem „Einfluss der Schule" zugeschrieben. Auch deshalb sei alte Generation gegen Schule gewesen. „Die Hauptmotive des Widerstands des polesischen Dorfes gegen ein Übermaß schulischen Wissens waren eher gesellschaftlich-moralische", und nicht einmal der Nützlichkeitsgedanke, wie z.B. das bekannte Motiv des viehhütenden Jungen, den die Eltern auf der Weide brauchten.[417] Es wurden sogar Stimmen laut, dass es „beim Zaren besser" gewesen sei.

Für die polesischen Kinder wie für die Lehrerinnen und Lehrer bedeutete der Unterschied zwischen Schule und Dorf viel mehr als nur die Sprachdifferenz. Es ging also nicht um dasselbe „wie bei den Kaschuben oder Schlesiern", für die es sich nur um eine Sprachfrage,[418] oder, aus Sicht des Staates, eine Frage des Dialekts handelte.

Zusammenfassung. Polnische Sprache unterrichten, Hebung der Kenntnisse, Erziehung zu Staatsbürgern – Modernisierungs- und Polonisierungsabsichten verschränkten sich zu einer Politik der Durchsetzung der Schulpflicht. Doch deren Durchsetzung nahm nicht nur mit der Entfernung zwischen Wohnort und Schulort ab, sondern auch mit dem Grad des Veranderns durch eben diese Schule und nicht nur durch diese. Doch konnten die Kinder durch die Alphabetisierung schon anders sein als ihre Eltern. Es hatte sich bald herumge-

414 Obrębski 2007, S. 404.
415 Obrębski 2007, S. 408.
416 Obrębski 2007, S. 407-408.
417 Siehe oben; vgl. Obrębski 2007, S. 351.
418 Obrębski 2007, S. 405.

sprochen, dass es von Vorteil war, mit einem polnischen Staat schriftlich, und zwar auf polnisch verkehren zu können. Doch der nachschulische Analphabetismus blieb so stark, dass Zweifel angebracht sind, ob viele diese Möglichkeit beherrschten und auch nutzten, – oder ob sie mangels Praxis alles vergaßen. Durch diese Nichtintegration von Polesierinnen und Polesiern in den polnischen Staat konnte die Schule dann aber eine andere Funktion erfüllen. Die Grundschule war auch ein „seltsames, exotisches Land", und zwar für die Einheimischen.

4.16 *Social engineering* 5: Kirchen, Religionen, Standesämter

Religionspolitik im modernen Staat

Interventionen auf dem Gebiet der Religionspolitik kannten drei aktuelle und potenzielle Träger: die Bevölkerung in Polesien, die Religionsgemeinschaften selbst und den polnischen Staat.

Eine „moderne" Religionspolitik des Staates und auch der Religionsgemeinschaften versuchte erstens auch in Polen, die „dunklen", von Glauben an Magie durchsetzten, als qualitativ defizitär und quantitativ geringfügig empfundenen religiösen Vorstellungen der polesischen Bevölkerung auf ein höheres Niveau zu heben. Zweitens bezogen sich Strategien staatlicher Akteure auf Institutionen der Religionsgemeinschaften.

Das als mangelhaft empfundene Christentum des einfachen Volkes. Befassen wir uns zunächst kurz mit Erstem: Gab es ein Verständnis, dass Religionspolitik vor allem im Schulwesen wichtig war? Oder herrschte das traditionelle Verständnis vor, dass Religionsausübung selbst schon Bildung und Erziehung bedeutete und daher auch von den Religionsgemeinschaften weiter zu betreiben war? Begriffen die Modernisierer die religiösen Äußerungen und Verhaltensweisen wenn nicht der religiösen Institutionen, so doch der Polesier*innen als Ausdruck abergläubischer Dunkelheit, als ein rückständiges Opium des Volkes? Wurde die Institution Schule in den Augen der Modernisierer wie der Betroffenen dadurch aufgewertet, dass in der Schule Religionsunterricht stattfand? Oder beließ man in der Regel unhinterfragt kirchenrechtliche Traditionen aus den drei Teilungsstaaten, in unserem Falle also des Russländischen Reichs?

Heute gibt es Untersuchungen, dass in Deutschland nur wenige Menschen aus christlichen Kulturkreisen die Bedeutung von Pfingsten oder gar Fronleichnam kennen. Solche Feststellungen haben Tradition. Von Litauen bis zum Epirus-Gebirge,[419] überall waren sich die Wissenschaftler und Geistlichen, die in die Dörfer eintauchten, in einem Punkt wenigstens einig: die Bewohner des einfachen Dorfes hätten den Sinn der großen christlichen Feiern und somit der Kirchen nicht richtig verstanden.

Noch Obrębski beschrieb, dass die offizielle (christlich-orthodoxe) religiöse Praxis traditionell als eine zusätzliche Pflicht und Schuldigkeit angesehen wurde, ähnlich wie etwa das Zahlen von Steuern. Es war den Individuen und Familien wichtig, zur Dorfgemeinschaft dazuzugehören. Aber eine Art „Gleichgültigkeit im Bereich der Religion" führte zu

419 Mazower, Mark: Der Balkan, Berlin ²2003.

einer erstarrten Befolgung von Regeln. Das von der Russisch-Orthodoxen Kirche betriebene Schulwesen hatte ja in der Zarenzeit nicht nur die Funktion der Allgemeinbildung gehabt, sondern sollte auch eine Stütze der russischen Orthodoxie werden. Die Behördenvertreter hatten zufrieden sein können, als einer 1864 auf die Frage, welchen Glauben er habe, mit „den staatlichen, mein Herr“ antwortete[420] und damit den russisch-orthodoxen meinte.

Und der Beruf des Popen war bei der damaligen Elterngeneration auch nicht hoch angesehen: Ein Bauer berichtete, dass die Söhne von einem Mitdörfler wegen ihrer Schulbildung außerbäuerliche Berufe ergreifen konnten, der eine „Doktor“, der andere Pope, „und deshalb hat er nun kein Brot“.[421] Schule und Lehre (*„Nauka“)* habe also das familiäre Zusammenleben gefährdet. Eigentlich hätten nur die Reicheren mit viel Viehbesitz ihre Kinder zur von der Orthodoxie betriebenen Schule schicken können.

Ein neuer Staat: Cuius regio, eius religio? Nun zum zweiten Aspekt. Auf diese Gemengelage des Volksglaubens stieß der neuerstandene polnische Staat, der sich als modern und grundsätzlich auch säkular verstand. Alle drei Teilungsmächte oder deren Nachfolgestaaten hatten sich nach dem Ersten Weltkrieg religionsverfassungsrechtlich erneuert: Sowjetrussland radikal, das Deutsche Reich nicht wenig, zumal mit Kaiser Wilhelm nicht nur die Monarchie, sondern auch das „Oberhaupt der evangelischen Landeskirche“[422] in die Niederlande geflohen war – vor allem aber enthielt die Weimarer Verfassung nicht unbedeutende Neuerungen.

Auch in Polen entstand keine Staatskirche. Es kam zu der bekannten nicht näher ausdefinierten Bevorzugung des Katholizismus in der Verfassung, allerdings sah diese schon ein Konkordat mit mit der katholischen Kirche vor, das 1925 tatsächlich abgeschlossen wurde. In §114 hieß es: „Das römisch-katholische Bekenntnis als die Religion der überwiegenden Mehrheit des Volkes nimmt im Staat die Hauptstellung unter den gleichberechtigten Bekenntnissen ein. Die römisch-katholische Kirche regiert sich nach eigenen Gesetzen. Das Verhältnis des Staates zur Kirche wird auf der Grundlage eines Abkommens mit dem apostolischen Stuhl festgestellt, das der Ratifikation durch den Sejm unterliegt.“[423] Was konnte dies für die Religionspolitik in Polesien bedeuten?

Rewindykacja

Unmittelbar nach der Etablierung der Polnischen Republik begannen heftige Auseinandersetzungen weniger um die Gläubigen, als um den Boden (wer es metaphorisch mag: nicht um den Wein, sondern das Brot; nicht um den Geist, sondern das Fleisch; nicht um das Blut, sondern den Boden). *Rewindykacja* hieß das Schlagwort, unter dem der polnische Staat und die katholische Kirche, gerade auch zu Beginn der 1920er Jahre Grundstücke und Gebäude der Russisch-Orthodoxen Kirche mit dem Argument verstaatlichten bzw. katholi-

420 Materialy dlja geografii i statistiki Rossii: sobrannye oficerami General'nago štaba. Bd. 15. Minskaja gubernija. Buch 2, SPb. 1864, S. 443-444, laut Obrębski 2007, S. 339-340.

421 Obrębski 2007, S. 347.

422 https://www.domradio.de/nachrichten/2014-03-16/die-evangelische-kirche-hat-1914-die-euphorisierung-der-massen-mit-befoerdert.

423 Konkordat 10.02.1925. (Dz. U. R.P. 1925 Nr.72 poz. 501) https://pl.wikisource.org/wiki/Konkordat_Polski_ze_Stolic%C4%85_Apostolsk%C4%85_1925.

sierten, dass sie noch vor wenigen Generationen einmal katholisch oder uniert gewesen waren.

Schon in der Zeit der *Zivilverwaltung der Ostgebiete* (des ZCZW) gab es Unternehmungen einer wilden *Rewindykacja*, und nach dem Abschluss des Friedensvertrags von Riga im März 1921 berief man sich auf Artikel 12, in welchem festgelegt war, dass zarisches und staatliches russländisches Eigentum an Grund und Boden in staatlich polnisches übergehen würde.[424] Nach der in Polen vorherrschenden Rechtsauffassung war nämlich die Russisch-Orthodoxe Kirche, die eine solch unlösliche Verbindung mit dem Zarentum eingegangen war, keine eigene Rechtskörperschaft,[425] so dass das Eigentum der Russisch-Orthodoxen Kirche wie staatliches des Russländischen Reichs zu behandeln wäre – eine Auffassung, die auch den Regierungen der Sowjetischen Republiken, ab 1922 der Sowjetunion nicht gerade fremd gewesen ist.

Ob dies auch das Eigentum der Staatskirche des Russländischen Reiches, also der Russlisch-Orthodoxen Kirche betraf, darüber konnte man sich streiten. Da die Orthodoxe Kirche dies anders sah als die Vertreter des polnischen Staates, kam es zu einer am 2. Juni 1931 bis an den obersten Gerichtshof gehenden juristischen Auseinandersetzung. Doch in der Praxis hatte der Staat es schon vorher aufgegeben, den Boden der Orthodoxen Kirche grundsätzlich zu katholisieren oder zu verstaatlichen.[426]

Zunächst behalf sich der polnische Staat damit, die nicht in Gebrauch befindlichen orthodoxen Gotteshäuser abzuschließen und die Schlüssel bei der Polizei aufbewahren zu lassen.[427] Da sowohl der Staat als auch Katholische Kirche wie auch die Bevölkerung den so gewonnenen Boden beanspruchten (und gebrauchen konnten), verfügte der ZCZW am 22. Oktober 1919, dass jedwede „Rückgabe" über den Tisch des betreffenden Bezirksvorsitzenden des ZCZW zu gehen hatte,[428] andernfalls waren bis zu 3.000 Rubel Strafe zu zahlen oder ein Monat Arrest abzusitzen. Der Wojewode sah sich genötigt, dies an die Landräte *(Starosten)* zu schreiben.[429]

Nach der Eingliederung der *kresy* in den polnischen Staat ging Ministerpräsident Sikorski im März 1923 noch einen Schritt weiter – nun mussten sich die Wojewoden in *Rewindykacja*-Fragen an den Minister für Religiöse Bekenntnisse und Öffentliche Bildung (MWRiOP) wenden, welcher die Meinung des Politischen Komitees des Ministerrats einzuholen hatte.[430] Damit hatte der Polnische Staat noch einmal hervorgehoben, dass er das Heft in der Hand und die Oberhoheit auch über die Katholische Kirche zu halten beabsichtigte – zumindest auf *seinem*, dem *„weltlichen"* Gebiet. Eine weitere Minister-Verfügung,

424 http://www.irekw.internetdsl.pl/traktatryski.html.
425 Śleszyński 2014, S. 103.
426 Śleszyński 2014, S. 103.
427 Mironowicz, Antoni: Rewindykacja prawosławnych obiektów sakralnych w II Rzeczypospolitej, In: Białoruskie Zeszyty Historyczne 21(2004), S. 83-103, hier S. 84.
428 AAN Bestand 14 Ministerium für Religiöse Bekenntnisse und Öffentliche Bildung (MWRiOP), Sign. 801, Blatt 1.
429 Śleszyński 2014, S. 102.
430 Śleszyński 2014, S. 104.

unerlaubte *Rewindyckacja* zu stoppen, erging am 2. April 1926 an den Wojewoden in Polesien. Doch Fälle wilder *Rewindykacja* gab es selbst noch in den 1930er Jahren.[431]

Zwischen 1918 und 1930 wurden 278 orthodoxe Klöster, Kirchen und Kapellen in katholische umgewandelt.[432]

Kirchenverfassung: Drei Interventionsbestrebungen gegenüber der Orthodoxie

Staat und orthodoxe Kirche. Spätestens, nachdem die Idee eines föderativen Aufbaus des polnischen Staats nicht umgesetzt werden konnte, mussten nicht nur die Inkorporationisten, sondern auch die Föderalisten eine Antwort darauf geben, wie Polen religionsverfassungsrechtlich aufgestellt sein sollte. Die verfassungsmäßig verankerte Bevorzugung der katholischen Kirche lieferte hierbei deutliche Anhaltspunkte, allein, genaue Vorschriften ließen sich daraus nicht unmittelbar ableiten. Und schließlich stellten ja in der Wojewodschaft Polesien die orthodox Getauften mit (Zahlen für 1921:) 79 % aller Einwohner[433] und (Zahlen für 1931:) 875.803 von 1.131.939 Einwohnern (oder 77 %)[434] die große Mehrheit der Bevölkerung. 1936 standen zu ihrer Versorgung 357 Geistliche, 31 Diakone und 315 Kantore in (Zahlen für 1938:) 199 Gemeinden mit 82 Tochtergemeinden zur Verfügung.[435] Wie sollte der Staat damit umgehen? Sollte die russisch-orthodoxe Kirche finanziell unterstützt werden? Hatte der Staat die Aufgabe, kleine religiöse Gemeinschaften zu bekämpfen? Sollte man es sich zur Aufgabe machen, die orthodoxen Untertanen in Polesien an die Polnische Republik heranzuführen, und, wenn ja, wie?

Die russisch-orthodoxe Kirche hatte in sehr kurzer Zeit einen doppelten Rollenwandel erlebt. Sie repräsentierte erstens in Polen (wie auch in Finnland und den baltischen Staaten) nicht mehr die Religion der Mehrheit der Bevölkerung, und ihr war zweitens die institutionelle Rückendeckung als Staatskirche weg gebrochen.

Diese Situation war also anders als die der jüdischen Religion, die von je her kein monolithisches spirituelles, kulturelles und institutionelles Zentrum gekannt hatte. Anders auch als andererseits der Katholizismus, der in Rom seine einflussreiche Zentrale „im Ausland" hatte, war die Orthodoxie, die in allen Ländern traditionell eng mit dem jeweiligen Staat verknüpft gewesen war, in dem sie wirkte, nun in der Sowjetunion nicht nur ohne jedwede Unterstützung geblieben, sondern sogar militant bekämpft worden. Es war ja eine Ironie des Schicksals, dass die russisch-orthodoxe Kirche mit dem Ende der Autokratie 1917 überhaupt wieder einen eigenen Patriarchen bekommen hatte.

Und dieser traditionell nur als Staatskirche institutionalisierten Konfession gehörte die große Mehrheit der Polesierinnen und Polesier an. Gegenüber solch einer quasi über Nacht

---

431 Rižskij mir, kniga 1, 2014, S. 570, #10; ein konkreter Fall ebenda, S. 578: #14 (10. November 1929); Anmerkung: Rewindykacja wurde auch als ausgedehnteres Schlagwort für die Grundsätzliche Wiedererlangung der polnischen Staatlichkeit und seiner Territorien angewendet: Komarnicki, Wacław: Odbudowa państwowości polskiej na ziemiach wschodnich, Wilno 1929, S. 6; vgl. Schenke 2013, S. 273-291, hier S. 273.

432 Razuvanava 2013, S. 52.

433 Skorowidz, T. VIII Województwo poleskie, Warszawa 1924, S. VIIIff.

434 Drugi powszechny spis ludności z dn. 9. XII. 1931 r.: mieszkania i gospodarstwa domowe, ludność, stosunki zawodowe; województwo poleskie, Warszawa 1938, Warszawa 1938.

435 Śleszyński 2014, S. 112.

kompasslos gewordenen Konfession hatte die polnische Politik und der polnische Staat eine Interventionsstrategie zu entwickeln.

Was bedeutete dies für die Polesierinnen und Polesier? Man sagte ihnen einen zwar, wie erwähnt, oberflächlichen Glauben nach.[436] Mehr noch: die Behauptung stand, dass gerade in Polesien die Orthodoxie eine allgemeine nichtchristliche Volksfrömmigkeit nur überformt habe, oder auch, dass diese in einer Art Parataxe jener einfach beigestellt worden sei (wenn auch weniger grell als zum Beispiel im heutigen Mexiko); daher seien die orthodoxen Praktiken wie Kirchgang, Beichte und andere ja auch gegenüber der Kirche teilweise eher aus einem ähnlichen Pflichtgefühl heraus erfolgt, wie es gegenüber einem Staat „praktiziert" würde. Mit anderen Worten: egal, ob der Glauben spirituell und theologisch tiefschürfend war, es galt ihnen in erster Linie, religiöse Regeln („Gesetze") zu befolgen.[437]

Begriffen dies die Träger des jungen polnischen Staates? Im Gegensatz zu einer sprachlichen Polonisierung innerhalb und außerhalb der Schule gab es keine plumpen Versuche, die polesischen Familien zu missionieren. Doch genauso, wie der orthodoxe Klerus selbst erst einmal seine Rolle finden musste, in einem „fremden", als katholisch betrachteten Land immerhin noch bessere Bedingungen vorzufinden als in seinem russländischen Zentrum, so musste sich auch die polnische Debatte erst einmal zurechtfinden. T. Wid schrieb 1928, man solle die Orthodoxie „historisch-politisch" nicht als ewigen „Fcind" betrachten: „Erst in letzter Zeit verstand man und unternahm Schritte dahingehend, dass die orthodoxe Kirche ein Bollwerk unserer Regierungen in den *kresy* werden könne." Die Grundsätze der Beziehungen der orthodoxen Kirche zum Staate festzulegen, da sei daher noch viel zu tun. Voraussetzung dafür sei „das Aufgeben der Grundansicht, dass die orthodoxe Kirche stets eine national-russische" sein müsse; vielmehr solle man erkennen, dass die orthodoxe Kirche in Polen fast nur aus Belaruthenen und Ukrainern bestehe.[438] Mochten damalige polnische Leser Wid bis hierhin noch folgen, so musste die Schlussfolgerung für eine Mischung aus Kopfzerbrechen und Kopfschmerzen gerade hinsichtlich Polesien bereitet haben, nämlich „dass die orthodoxe Kirche nur einen belaruthenischen bzw. ukrainischen Charakter tragen kann" – also keinen „hiesigen", möchte man den Gedanken zu Ende formulieren. Aus dem orthodoxen Klerus dem polnischen Staat gegenüber loyale Menschen nicht nur durch eine Belaruthenisierung und Ukrainisierung zu machen, sondern diesen Prozess noch durch eine Erhöhung von dessen Autorität und durch ihre materielle Absicherung zu beschleunigen,[439] – dies musste selbst der Mehrheit der Befürworter einer nur „staatlichen Assimilation" als schwer durchführbar und nicht wünschenswert erscheinen. Angesichts der institutionellen Beschaffenheit und des aktuellen Zustands der Russisch-

---

436 Wysłouch, Franciszek: Na ścieżkach Polesia, o.O. 1976 [nach der Neuausgabe o.J.], S. 58-60, 66, 142-144; Ruszczyk, Grażyna: Polesie. Fotografie z lat dwudziestych i trzydziestych, Warszawa 1996, S. 163-164. Grzywaczewska, A.: Kultura wsi poleskiej na przełomie XIX i XXX wieku, część 1 – kultura materialna, In: Echa Polesia 2012, Nr. 3, S. 25; Obrębski 2007, S. 150; zuletzt Śleszyński 2014, S. 112-113.

437 Sergey Lagodinsky stellte dies aus Anlass der Debatte über die Jungenbeschneidung auch für das Judentum heraus. vgl. Sergey Lagodinsky, In: Green Values, Religion & Secularism. Conservations with European politicians and activists, ed. Nuala Ahern and Erica Meijers, S. 148-154, hier Seite 153.

438 Wid 1928, S. 15.

439 Wid 1928, S. 16.

Orthodoxen Kirche wäre solch ein Projekt möglich gewesen, aber angesichts der in Artikel 114 festgeschriebenen Staatsraison und auch, weil der Katholizismus an der Spitze eine institutionelle Verkörperung eben im Vatikan und nicht im eigenen Staate kannte und kennt, war 1928 eine Einbettung der Orthodoxie in den polnischen Staat noch nicht machbar.

In Polesien gab es vielmehr zumindest drei andere unterschiedliche Versuche einer Neugestaltung: die Polonisierung der Orthodoxie, das Wiederauflebenlassen der Unierten Kirche und die Konstruktion einer „Neuen" Union.

Erstens: Die Orthodoxie polnisch und staatstreu machen. Da man von einer starken (nicht unbedingt „religiösen", aber doch starken) Bindung der orthodox getauften Polesierinnen und Polesier an die Orthodoxie ausging, und davon, dass diese ein vormodernes Menschen-, Gesellschafts- und Institutionenbild hätten, lag der Gedanke nahe, die Angehörigen dieser Religion *als* Untertanen ihrer religiösen Institution zu polonisieren, sie zumindest in den polnischen Staat zu integrieren. Hätte man die Orthodoxe Kirche im katholisch geprägten Polen auf seiner Seite, so würde dies auch für die Mitglieder dieser Religionsgemeinschaft gelten. Die Staatsassimilierer, in religiösen Fragen eigentlich moderner oder liberaler, hatten so wenig ideologische Schwierigkeiten mit der klassischen vormodernen Einbindung verschiedener Religionen in einen Staat.

Fünf Maßnahmen. Fünf miteinander verschränkte Maßnahmen sind hier nachzuzeichnen.

1/ Autokephalie. Ein naheliegendes Vorgehen war daher zunächst das Bemühen, die Orthodoxe Kirche von Moskau unabhängiger zu machen. Der institutionelle Schritt war die Herstellung der Autokephalie der „Orthodoxen Kirche in Polen".

Da der Vertrag von Riga eine gegenseitige Nichteinmischung im Gebiet des jeweils anderen Staats in religiösen und konfessionellen Angelegenheiten vorsah,[440] konnte man gut argumentieren, dass ein Einverständnis des im November 1917 wiedererrichteten Patriarchats in Moskau nicht nötig sei, ein Widerspruch keine bindende Wirkung habe. Der Patriarch hatte allerdings allenfalls einem Exarchat, nicht aber einer Autokephalie in Polen zustimmen wollen.[441]

Die Orthodoxe Kirche sollte ihren Integrationspart spielen, zunächst nicht durch Polonisierung, sondern durch Entrussifizierung, zuerst durch Entfernung vom Moskauer Patriarchat. Solche Klereiker, die die autokephale orthodoxe Kirche nicht akzeptierten, sollten nichts mehr zu sagen haben.[442]

Die Orthodoxe Kirche in Polen selbst spaltete sich über diese institutionelle Frage. Und die Kommunistische Partei Russlands wiederum war ja noch nicht soweit, die ihr verhasste Kirche für Aktivitäten in Polen nutzen zu wollen. Schon seit 1922 wurde eine „Polnische Autokephale Heilige Orthodoxe Kirche" gegründet,[443] gegen die es im selben Jahr Proteste

440 Art. 7, Punkt 3 des Traktat Pokoju między Polską a Rosją i Ukrainą podpisany w Rydze dnia 18 marca 1921r. In: Traktat Pokoju między Polską a Rosją i Ukrainą, Ryga 18 marca 1921. 85 lat później, Warszawa 2006, S. 43-79, hier S. 57, http://www.irekw.internetdsl.pl/traktatryski.html (14.11.2018).

441 Śleszyński 2014, S. 105.

442 Cichoracki, a.a.O., In: Acta Poloniae Historica 109, 2014, S. 69.

443 Vgl. Benecke 1999, S. 201.

gab; 1923 wurde der Metropolit ermordet.[444] Der Patriarch von Konstantinopel verkündete am 13. November 1924 die autokephale Orthodoxe Kirche.

Als am 17. September 1925 die Autokephalie ohne Moskaus Segen, aber mit demjenigen der Oberhäupter anderer Christlich-Orthodoxer Kirchen eingerichtet wurde,[445] da war die polnische Regierung ihren Zielen beträchtlich näher gekommen.

Doch so erfolgreich auch die graduelle institutionelle Lösung von Moskau für den polnischen Staat war – es gab Viele, für die die Orthodoxe Kirche eben mit Autokratie und mit Russland verbunden war, und dies konnte durch institutionelle Reformen im Hauruckverfahren nicht geändert werden.

2/ Staat als Kontrollinstanz. Die Zweite Maßnahme betraf das Primat der Entscheidungen der polnischen Staatsverwaltung gegenüber der Orthodoxen Kirche: Die Behörden mussten in Personalfragen die „Meinung“ des Wojewoden einholen. (Vergleichbares findet sich heute in den weiterhin gültigen preußischen Staatskirchenverträgen.) „Örtliche Machtstrukturen“ versuchten antipolnisches bei Orthodoxen zu verhindern. Das „Dekret des polnischen Präsidenten über die Beziehungen zur autokephalen orthodoxen Kirche“ vom 18. November 1938 brachte schließlich vollständige Staatsabhängigkeit und Sprach-Polonisierung des Gottesdienstes.[446]

3/ Sprache. Drittens wurde eine Sprachpolitik gegenüber dieser Religionsgemeinschaft betrieben. Tatsächlich wollte Warschau weder den Zaren, noch die russische Sprache. „Die Orthodoxie polnisch machen“, das hieß zumindest langfristig auch: die polnische Sprache in der russisch-orthodoxen Kirche einzuführen.

Wie schon im Schulwesen wollten auch hier viele Einheimische die russische Sprache als Kirchensprache beibehalten, schienen nicht jeden politisch motivierten Schwenk mitmachen zu wollen.

Unter Wacław Kostek-Biernacki wurde Polnisch als Amtssprache und eine polnische Aussprache der Namen (wegen „Harmonisierung“) eingeführt, die Liturgie allerdings kirchenslawisch belassen.[447] Wahrscheinlich wurde hier eine Parallele zum katholischen Brauch gezogen, Teile der Liturgie in lateinischer Sprache auszuüben.

Die sprachliche Polonisierung fand auf verschiedenen Ebenen statt. Die Frage der Registrierung von Personenstandänderungen in Kirchenbüchern ist unten beschrieben. In diesem Abschnitt interessiert, dass in Kirchenbüchern die Beglaubigung von Geburten, Todesfällen und Eheschließungen offiziell schon ab 1922 in polnischer Sprache zu erfolgen hatte; aber noch in den 1930er Jahren waren aus staatlicher Sicht Maßnahmen nötig. Nun musste man polnische Namen eintragen, andernfalls wurden die Einträge für ungültig erklärt. Die Polonisierung der Namen in Armee und Schule war hingegen ohne größere Schwierigkeiten zu bewerkstelligen.[448]

---

444 Vabiščėvič, A.M.: Nacyjanal'ny-kul'turnae žycce Zachodnjaj Belarusi (1921–1939 hh.), Brėst 2008, In: Rižskij mir, kniga 1, 2014, 477-554, hier S. 523.

445 Śleszyński 2014, S. 106.

446 Vabiščėvič, A.M.: Nacyjanal'ny-kul'turnae žycce Zachodnjaj Belarusi (1921–1939 hh.), Brėst 2008, S. 94; Zahidulin, A.M.: Ėtnakanfesijanal'naja palityka pol'skich ulad u Zachodnjaj Belarusi (1921-1939), Hrodna 2007.

447 Cichoracki, a.a.O., In: Acta Poloniae Historica 109, 2014, S. 69.

448 Śleszyński 2014, S. 110.

Eine weitere Intervention bestand darin, dem Klerus einen Eid auf den polnischen Staat abzuverlangen, in welchem gelobigt wurde, ein treuer Staatsbürger zu sein, und das Wohl des polnischen Staates stets im Auge zu behalten.[449]

4/ Kalender. Die vierte Maßnahme stellte der Versuch dar, den Gregorianischen Kalender einzuführen und so zu zeigen, wer die Termine macht, wer Herr im Bauernhaus und im Staat ist. Zwar war dies staatlicherseits schon 1922 und 1925 für gescheitert erklärt worden, aber 1939 unternahm man eine erneute Anstrengung. Dabei hatte man zunächst einzig die im Kalender feststehenden Feiertage im Blick gehabt, wollte die beweglichen nicht antasten. Die Orthodoxe Bischofsversammlung verabschiedete am 12. April 1924 unter heftigem Druck des polnischen Staates, dass ab Jahresmitte der Gregorianische Kalender für die unbeweglichen Feiertage eingeführt werde. In den staatlichen Einrichtungen wie Armee, Schule und Behörden wurde dies auch durchgesetzt, in den Dörfern hingegen behielt man den alten Kalender einfach bei.[450]

Im Ostgebietskalender (*Kalendarz Ziem Wschodnich)* für 1935 wurden römisch-katholische genauso wie (für orthodoxe ebenfalls brauchbar) griechisch-katholische Namens- und Feiertage, die Zeiten von Sonnen- und Mond-aufgang und -untergang sowie jeweils historische runde Daten abgedruckt.[451] Das bedeutete, dass man die Unierten und Orthodoxen nicht durch Verschweigen ausgrenzen wollte. Doch drei Jahre später waren in diesem Jahreskalender nur noch katholische, keine unierten Namenstage mehr aufgeführt.[452]

Die Herrschaft über den Kalender hatte eine weit über praktische Erwägungen wie Feiertagsruhe, Ladenöffnungszeiten oder die Synchronisierung in der Arbeitswelt hinausgehende Bedeutung: die Herrschaft über den Kalender war und ist ein bedeutendes disziplinierendes Werkzeug, eine Intervention in das Denken und eben die Religion der Betroffenen. Wenn wir bedenken, dass für viele Angehörige verschiedener Religionsgemeinschaften nicht nur die religiösen und spirituellen Fragen im Mittelpunkt standen, sondern, dass der Kirchenkalender darüber hinaus überhaupt erst eine Ordnung in den Jahresablauf brachte (z.B. die Butterwoche/Karneval und die anschließenden Fastenzeiten), dass Riten und Bräuche zu befolgen waren, und zwar eben nach diesem Kalender, so können wir die hohe Bedeutung moderner Versuche, einen einheitlichen Kalender für alle Einwohner*innen als Grundlage für das Leben zu schaffen, in welchem die einzelnen religiösen Feiertage je nach Religion einen Stammplatz bekamen (hier beim Katholizismus) oder eben nicht (Orthodoxie, Judentum), gar nicht unterschätzen.

Welche beharrenden Kräfte sich gerade in der Feindlichkeit gegenüber Kalenderreformen zeigten, können wir anhand der Französischen Revolution sehen, deren Vertreter zwar die Grunddezimalmaße Meter und Kilogramm,[453] nicht aber den dezimalen Kalender auf Dauer durchsetzen konnten.

Die Kalenderfrage war und ist nichts Geringeres als die Frage, in welchem Maße Staaten, ihre Parlamente und Behörden, und in welchem Maße die Religionsgemeinschaften

449 Eidesformel abgedruckt in russischer Übersetzung in: Rižskij mir, Band 1, 2014, S. 562-563, #5.
450 Śleszyński 2014, S. 109.
451 Kalendarz Ziem Wschodnich na rok 1935, S. 12-35.
452 Rocznik Ziem Wschodnich 1938, S. 263-266.
453 https://de.wikipedia.org/wiki/Kilogramm#Ursprung_und_Geschichte

Kirche festlegen, wann gefeiert oder getrauert wird, und zwar nicht nur allgemein, sondern auch – angesichts der Namenstage! – in den Familien je einzeln, welches geeignete Termine für eine Taufe sind, ob man dazu das Anrecht auf einen (bezahlten oder unbezahlten) „Feiertag“ bekommt usw. Und da es in Polen die Staatsverwaltungen und immer weniger die Parteien waren, die die Politik bestimmten, wirkten die hochgradig politisierten (und/oder: nationalisierten) Feiertage wie der 3. Mai und der 11. November, oder Piłsudskis Namenstag auf die Bauernfamilien zumindest in Polesien wie eine behördliche, weder aus Tradition noch von innen kommende Kultur, die nicht in die Tiefe drang.

5/ Bewegung polnischer Christlich-Orthodoxer. Eine fünfte Maßnahme war die Ausrufung einer Bewegung polnischer Christlich-Orthodoxer ab 1935 mit dem erklärten Ziel, dass die orthodoxe Kirche das Polentum in die westbelaruthenischen Gebiete bringen sollte. Am 11. November 1935 fand der erste Gottesdienst dieser Regierungsinitiative statt,[454] in welchem auch liturgische Texte auf polnisch gesprochen oder gesungen wurden. Diese Initiative fand in Polesien keinen Widerhall.[455]

Ausblick. Gegen Ende der polnischen Staatlichkeit in Polesien bestand in Verwaltungskreisen doch mehrheitlich die Vorstellung, dass allzu große Eingriffe in die christliche Orthodoxie in Polesien nur den Kommunisten nützen würden, man daher zumindest aus taktischen Gründen nicht an den religiösen Praktiken rühren sollte. Zudem sollten „Umstrukturierungsmaßnahmen die Gewährleistung einer Art geistlichen Mindestversorgung“, nicht aber „eine schiere Beschneidung der materiellen und personellen Position der russisch-orthodoxen Kirche“[456] bewirken.

Auch wollte man erreichen, dass die bevorzugte Stellung des Katholizismus sich nicht in antipolnischen Stimmungen der orthodoxen Bauernschaft niederschlage.[457] Aktuelles Ziel blieb die Polonisierung der tatsächlich bestehenden orthodoxen Kirche. Am 18. November 1938 wurde durch ein Dekret von Staatspräsident Mościcki das Rechtsverhältnis christlicher Orthodoxie und Staat in verbindliche Formen gegossen.

Unierte Kirche und *„Neounia“*

Die Alte Union. Parallel zu diesen fünf Aktivitäten einer Polonisierung der Russisch-Orthodoxen Kirche war der Gedanke einer Stärkung der auf der Union von Brest 1596 fußenden Griechisch-Katholischen (Unierten) Kirche, im Konkordat „griechisch-ruthenischer Ritus“ *(„obrządek grecko-rusiński“)*[458] genannt, zunächst naheliegend. Denn diese hatte sich ja dem Papst unterstellt, aber den orthodoxen Ritus, mithin den orthodoxen Kalender beibehalten. Sie war im Europäischen Teil des Russischen Reiches (nicht aber im Königreich Polen), also auch in Polesien seit 1839 verboten und skrupellos orthodoxisiert worden. Im Habsburgerreich hingegen hatte sich die unierte Kirche bald an der nationalen ukrainischen

454 Razuvanava 2013, S. 52-53.
455 Śleszyński 2014, S. 111.
456 Benecke 1999, S. 209.
457 Śleszyński 2014, S. 114.
458 Konkordat 10.02.1925. DZ. U. R.P. 1925 Nr.72 poz. 501 https://pl.wikisource.org/wiki/Konkordat_Polski_ze_Stolic%C4%85_Apostolsk%C4%85_1925, Artikel IX.

Idee getränkt. Dem Vatikan konnte es recht sein, aber Warschau sah nach der Wiedererlangung eigener Staatlichkeit darin eine Gefahr für die Integrität des Landes.

Die griechisch-katholische Konfession hatte in der Zweiten Republik eine zunächst für sie zufriedenstellende Stellung. Beispielsweise hatten die Gläubigen Zugang zu eigener Militärseelsorge. „Der Berater des Feldbischofs auf dem Gebiet der liturgischen Angelegenheiten für den griechisch-katholischen Ritus ist der griechisch-katholische Dekan der Feldbischöflichen Kurie.“ „Militärpersonen des griechisch-katholischen Ritus und ihre Familien unterliegen der Seelsorge des zuständigen griechisch-katholischen Priesters, der die vom [katholischen] Feldbischof eingerichtete griechisch-katholische katholische Pfarrei leitet.“[459]

Doch je stärker und militanter die ukrainische Nationalbewegung auftrat, desto unbeliebter wurde in den Augen Warschaus die Vorstellung, die Unierte Kirche als potenzielle Kraft einer Entorthodoxisierung oder zumindest einer Entrussifizierung der Orthodoxen Kirche zu erachten. Es häuften sich Klagen, dass die Unierten (lies: Ukrainer) gut organisiert seien, dass die Unierte Kirche gar Seelendiebstahl begehe.[460] Aktuell betrafen diese Sorgen zwar die starke Stellung der griechisch-katholischen Kirche in den ehemaligen Habsburger Gebieten Ostgalizien und Westpodolien. Aber viele polnische Entscheider befürchteten, dass die Unierte Kirche auch in Westwolhynien und Westpolesien proselytisch vorgehe, und so die ukrainische und belaruthenische Bewegung stärken würde.[461]

In dieser Konstellation wurde schon 1923 daher die (oben dargestellte) Autokephalie der Orthodoxen Kirche gegenüber der Förderung der Unierten Kirche bevorzugt.[462] Die allermeisten Kreise sprachen sich dagegen aus, unter den christlich Orthodoxen für einen Übertritt zur unierten Kirche zu werben. Ganz im Gegenteil befürchtete man, bei solchem Vorgehen nur den Antagonismus zwischen lateinischem und russisch-ukrainischem („griechischen“) Ritus zu vertiefen. Nach meiner Einschätzung erkannte man also sehr richtig, dass ein religiöses Verandern *(Othering)* zur Dissimilation führen würde: die Unterordnung beider Konfessionen unter die Hierarchie des Vatikans konnte keine bindende Wirkung mehr entfalten, und eine solche war von einem beträchtlichen Teil des Piłsudskilagers auch gar nicht erwünscht.

Die Neounion. Die Stärkung der etablierten unierten Kirche passte nicht in die Strategie Warschaus. Daher ging die katholische Kirche dazu über, ganz einfach dasselbe noch einmal unter neuem Vorzeichen auszuprobieren. Papst Pius XI. stellte am 10. Dezember 1923 offiziell den „byzantinisch-slawischen Ritus” vor. Der Begriff war zwar bewusst gewählt,

459 AAN Bestand 14, Sign. 923 Służba wojskowa, Blatt 25-33: Statut duszpasterstwa wojskowego w wojsku polskim, Blatt 30: §17 [über Unierte] und §18.

460 AAN Bestand 2678, Sign. 1, Blatt 23.

461 Cichoracki 2014, S. 69-70; vgl. AAN Bestand 2678 TRZW, Sign. 1, Einheit 25.

462 AAN Bestand 1183, Sign. 1, Poleski Urząd Wojewódzki. Oddział Informacyjny. L.dz.I.TB.4549/Pr./J. Brześć n/B dn.19/XII 1923. Sprawozdanie miesięczne z ruchu zawodowego i społeczno-politycznycznego na terenie Województwa Poleskiego na miesiąc listopad 1923, Blatt 42.

damit diese neue Kirche nicht mit der altetablierten unierten verwechselt würde, doch man sprach bald von der *„Neounia"*,[463] der „Neounierten Kirche".[464]

Um es vorweg zu nehmen: Die Neounia blieb erfolglos. Im Jahr 1938 umfasste sie gerade 48 Gemeinden mit 17.000 Gläubigen in ganz Polen.[465] Auf ähnliche Zahlen kommt ein anderer Autor: Bis zum 21. Dezember 1938 gab es 41 Pfarrgemeinden, 51 Geistliche und über 16.000 Gläubige.[466] Zu diesem Zeitpunkt hatte die Neounia ihren Höhepunkt schon hinter sich, denn diese Konfession umfasste 1929 nach eigenen Angaben 14 Gemeinden mit 16.504 Gläubigen, im Januar 1932 36 Gemeinden mit rund 20.000 Gläubigen, im September 1932 etwa 23.800 Gläubige.[467]

Am ehesten hatte sich dieser Ritus in Podlachien und Polesien durchgesetzt. In Polesien existierten 1938 sieben Pfarrgemeinden und zwei Tochterfilialen, zusammen 3.000 Gläubige.[468] Die Behörden waren für eine Erhöhung des katholischen „Gewichts" durchaus zu haben, aber gegen die Methoden. In der Diözese Pinsk gab es von 1919 bis 1933 etwa 8.318 Übertritte, darunter 6.442 in die „lateinische" Römisch-Katholische Kirche, 1.876 in die *Neounia*-Kirche.[469]

Angesichts der Erfolglosigkeit dieser wie aus der Retorte elaborierten Intervention vom Grünen Tisch aus könnte ich zum nächsten Kapitel übergehen, aber interessant ist, warum sie scheiterte. Gab es vielleicht gar keine ernsthaften Bemühungen zur Durchsetzung des byzantinisch-slawischen Ritus? Das Polnische Episkopat unterstützte das Vorhaben, gerade auch, um Ausbreitung der Unierten in Kleinpolen zu behindern, wie Kardinal August Hlond sagte, der indes am liebsten den Ritus direkt auch latinisiert hätte. Die 1. Konferenz des Klerus der Neounierten fand vom 23. bis 24. April 1930 in Pinsk statt.[470] Doch „polnische Kreise" meinten, die Neounion-Aktion habe die Orthodoxie nicht geschwächt, sondern gestärkt, denn diese sei nun die „Verteidigerin des Glaubens der Väter".[471] Schließlich wurden Jesuiten der Mission angeklagt. Sie würden die Einheit der Orthodoxie zerstören.[472]

Das Grunddilemma der Neounia-Idee und -Praxis war, dass man mit ihr die orthodoxen Polesierinnen und Polesier aus der russisch-orthodoxen Kirche herauslösen wollte, ohne dass sie es recht merken sollten: Es gab da ein krampfhaftes Bemühen, russisch, belaruthenisch oder ukrainisch als Sprache beizubehalten, das innere und äußere Aussehen des Kirchengebäudes nicht anzutasten, möglichst regional verwurzelte, verheiratete Priester in die Gemeinden zu entsenden und den Gottesdienst selbst unangetastet zu lassen. Die Formel

---

463 Śleszyński 2007, S. 207; Śleszyński 2014, S. 119; https://pl.wikipedia.org/wiki/Ko%C5%9Bci%C3%B3%C5%82_katolicki_obrz%C4%85dku_bizantyjsko-s%C5%82owia%C5%84skiego_w_Polsce.

464 Vgl. AAN Bestand 14/0, Sign. 416, Blatt 314 – 318; zur Neounia auch Caumanns, Ute: Die polnischen Jesuiten, der Przegląd Powszechny und der politische Katholizismus in der Zweiten Republik: ein Beitrag zur Geschichte der katholischen Presse Polens zwischen den Weltkriegen (1918–1939), Dortmund 1996, S. 95-137.

465 Stegner, Tadeusz: Wyznania, In: Metamorfozy 10, Warszawa 2015, S. 189-223, hier S. 193.

466 Śleszyński 2014, S. 212-213; AAN MWRiOP, Sign. 416, Blatt 314-318.

467 AAN Bestand 9/0/2.2i, Sign. 941, Einheit 6.

468 Śleszyński 2007, S. 124.

469 Tomaszewski 1963, S. 153.

470 Śleszyński 2014, S. 119, S. 207-209.

471 Śleszyński 2007, S. 210.

472 AAN Bestand 9/0/2.2i, Sign. 941, Blatt 1-14.

lautete: je „orthodoxer“ der Ritus eingeführt wird, desto leichter bekomme man die Hinwendung der Leute zur *Unia*. Und da ja der lateinische Katholizismus mit dem Polentum identifiziert werde, solle man, so Bischof Łoziński auf der zweiten *Neounia*-Konferenz in Pinsk, „die Leute nicht mit den Worten Katholik und Katholizismus erschrecken”.[473] „Die Bevölkerung wird katholisch, obwohl sie sich nicht katholisch nennt“.[474]

Doch was hatte man davon, wenn man nichts änderte? Konnte die reine Unterordnung unter einen neuen kirchenhierarchischen Apparat ohne sonstige Änderungen in den Augen ihrer Erfinder sinnvoll sein?

In die Neounion sollen vor allem orthodoxe Geistliche gewechselt sein, die Schwierigkeiten mit Vorgesetzten hatten und Karrierechancen ergreifen wollten. Das Ganze funktionierte nicht, ein Geistlicher ging 1927 in den Schoß der Orthodoxie zurück; und die „Gesellschaft zum Schutz der *kresy“ (TONK, Towarzystwo Opieki nad Kresami)* schrieb in einem Brief an das Episkopat: „Die Erweiterung des östlichen Ritus in unseren Ostgebieten *(Kresy Wschodnie)* ruft allgemeinen Unwillen und Unzufriedenheit hervor.“[475]

Andere Überlegungen traten hinzu: Würde die Neounia nicht die oben beschriebenen Bestrebungen behindern, die Orthodoxie zu polonisieren? Dieses ab 1924 insbesondere von polnischen Behörden vorgebrachte[476] Argument war davon geleitet, dass andernfalls eine Stärkung der russischen Sprache in Polen zu befürchten sei. Ja, man wollte die russisch-orthodoxen Menschen ohne harten Zwang und vorsichtig heranführen. Doch war es nicht eine Verrenkung, „das einfache Volk *(lud)* katholisch machen zu wollen“, ohne dass es sich als katholisch bezeichnen sollte? Kirchenhierarchie und einzelne Feinheiten im Ritus waren für viele Bauernfamilien ohnehin weniger wichtig. Interessanter war offensichtlich, dass die Priester Hochzeiten und Beerdigungen gratis vornahmen, während die Orthodoxen es sich bezahlen ließen, bezahlen lassen mussten,[477] laut einem Bericht des *KOP* nicht einmal wenig.[478]

Die Reaktion der belaruthenischen Nationalbewegung

Die belaruthenische Nationalbewegung als bikonfessionelle. Belaruthenen zur Neounia. Und auch die belaruthenischen Katholiken wollten ein Wörtchen mitreden. Um die Reaktion der belaruthenischen Katholiken zu verstehen, sei auf den Hintergrund eingegangen. Denn das in dem Kontext benachbarter Nationalbewegungen Besondere der belaruthenischen Nationalbewegung wird immer noch grundsätzlich übersehen und wenig reflektiert: diese Bewegung war schon von Beginn an eine sprachlich-kulturelle; sie konnte sich hingegen, wie im Kapitel über den Ersten Weltkrieg gesehen, nach außen hin nicht als religiöse

473 AAN Bestand 9/0/2.2i, Sign. 941, darin: Odczyt p. Henryka Łubieńskiego na temat: „Skutki polityczne Unji w chwili bieżącej” [...] gehalten 17.11.1932 im IBSN, Blatt 3-15, hier Blatt 7-9.

474 DABV1-8-233-116, zitiert in: Śleszyński 2007, S. 209. Alternative Übersetzung: „nicht katholisch genannt wird“.

475 Śleszyński 2007, S. 217.

476 Śleszyński 2014, S. 120-121.

477 Śleszyński 2014, S. 122.

478 „Unter religiösem Gesichtspunkt sind sie beinah gleichgültig (der *Batiuszka* nimmt viel für allerlei kirchliche *(cerkiewni)* Zeremonien (Es gibt in D. zwei gemauerte orthodoxe Kirchen)“ – AAN Bestand 2478, Sign. 9, Blatt 100-108, hier Blatt 104verso.

präsentieren. Hierin ist auch ein Grund für den starken Bezug der Bewegung auf sprachliche Dinge, gerade auch auf das Schulwesen zu sehen.

Vertrackt war, dass mehrere der belaruthenischen Aktivisten, z.B. Roman Skirmunt, Radaslaŭ Astroŭski und Pavel Aljaksjuk[479] Katholiken waren.[480] Dies hat nicht nur von Anfang an die belaruthenische Bewegung belastet, sondern es wurde auch ihr Verhältnis zum Staate Polen dadurch kompliziert.

Gerade Geistliche stellten eine starke Autorität dar, mit dem die weltliche Verwaltung rechnen musste. Selbst wenn sie polnisch sprachen: sie konnten wegen oder trotz ihrer Religion eine andere nationale Identität haben.

Die kleine Partei der Belaruthenischen Christdemokraten *(BChD)* war gegen die *Neounia*, da sie sich als politische Vertretung „vollwertiger" Katholiken in Polen verstand.[481] Das galt selbst dann noch, als sich nach den Pinsker Konferenzen 1930 und 1931 keine Missionserfolge für die Neounia haben einstellen wollen,[482] Bischof Czarniecki nach seiner Rückkehr von einer Vatikan-Visite Bestrebungen unterstützte, dass in den Kirchen der *Neounia* ukrainisch und belaruthenisch statt russisch gesprochen werden solle,[483] und die Jesuiten nun Schriften auf Belaruthenisch herausgaben. Anders als die belaruthenische BchD nutzte die ukrainische UNDO das Ganze für ihre antipolnische Propaganda als Negativbeispiel.[484]

Neounia, Staat und katholische Kirche. Für die katholische Kirche war diese Wende der – im wahrsten Sinne des Wortes – Sprachregelung eine gute Idee, doch für die Behörden war es nicht annehmbar. Die Neounia war spätestens jetzt für das Sanacjalager diskreditiert. Die Erfahrungen mit der Westukrainischen Volksrepublik von 1918/1919 hatten die Entscheider in Polen tief geprägt, und die aktuelle Lage ließ die Vertreter der polnischen Behörden in der ukrainischen Bewegung eine größere Gefahr sehen, als in der – wie oben beschrieben – orientierungslos gewordenen russisch-orthodoxen Kirche. Man stellte sich die Frage, ob eine Belaruthenisierung der Neu-Union zu demselben Emanzipationsbestreben führen könnte wie die alte Unierte bei den Ukrainern.[485] Der polesische Wojewode Kostek-Biernacki begründete seine Ablehnung der Neounia korrekt-bürokratisch damit, dass dergleichen im Konkordat Polens mit dem Vatikan nicht vorgesehen sei. Am 12. Dezember 1938 schließlich wies das Ministerium für Religionsangelegenheiten und öffentliche Bildung die Wojewoden an, dass sie die Entwicklung der Neounion blockieren sollten.[486]

Denn „aus Sicht der Interessen der Staatsmacht rief die [Neo-]Union eine zusätzliche Verwicklung der schon ohnehin komplizierten nationalen-religiösen Beziehungen in den

479 https://be.wikipedia.org/wiki/Павел_Пайлавіч_Аляксюк.
480 Michaljuk [Michaluk], Dorota: Belaruskaja Narodnaja Rèspublika ŭ 1918–1920 hh. Lja vytokaŭ belaruskaj dzjaržaŭnasci, Smalensk 2015, S. 277.
481 Śleszyński 2007, S. 211.
482 AAN Bestand 9/0/2.2i, Sign. 941, darin: Odczyt p. Henryka Łubieńskiego na temat: „Skutki polityczne Unji w chwili bieżącej" [...] gehalten 17.11.1932, Blatt 3-15, hier Blatt 10.
483 Śleszyński 2007, S. 212; vgl. Benecke 1999, S. 235 darüber, warum zunächst russisch als Sprache gewählt worden war.
484 AAN Bestand 9/0/2.2i, Sign. 941, Blatt 3-15, hier Blatt 10-11.
485 Śleszyński 2007, S. 212.
486 Śleszyński 2014, S. 123.

kresy hervor“.[487] Befürworter wie P. Tabiński hatten vergeblich auf den antikommunistischen Charakter der Neounierten hingewiesen.[488] Der Staat sah schließlich den lateinischen Ritus als geeigneter an.[489]

Zusammenfassung. Die Versuche, Orthodoxe durch eine neue Kirchenunion einzugemeinden, gingen fehl, weil sie eine Ausgrenzung in sich trugen. Es handelte sich bei diesem netten Versuch um ein typisches Konstrukt „von oben“, das niemandem diente: Die sich nach altväterlicher Sitte richtenden frommen Gläubigen wollten nicht, die Intellektuellen wollten nicht, den Vertretern der Staatsgewalt war es bestenfalls egal, sonst aber waren sie von einer zusätzlichen Akte genervt. Im Zentrum der Staatsmacht hingegen setzte sich die Erkenntnis durch, dass bei Sprache, Volk, Nation oder Feuerwehrwesen eine Assimilation leichter gelingen könne als bei den Religionsgemeinschaften. Denn die Religion berührte den tiefverwurzelten, archaischen Teil der Identität einer Familie auch im 20. Jahrhundert.

Die Einrichtung und das Scheitern einer neuen Kirchenunion zeigte deutlich die gegensätzlichen Interessen von polnischem Staat und Vatikan auf. Aus diesem Grund verdiente dieser Versuch des Vatikans eine genauere Betrachtung.

Unterschiedliche Interessen von katholischer Kirche und polnischem Staat

Die Katholische Kirche hatte, so wurde allgemein angenommen, gegen das „evangelische“ Preußen (später: Deutsches Reich) und das „orthodoxe“ Russländische Reich die polnische Nation durch 123 Jahre Staatenlosigkeit geführt. Dies hieß aber nicht, dass sich dadurch die Zusammenarbeit zwischen polnischer Republik und katholischer Kirche nach 1918 einfach gestaltete. Claudia Kraft hat dies anhand der Frage der Zivilehe aufgezeigt.[490] Denn die Katholische Kirche hatte andere, „internationalistischere“ Interessen als der polnische Staat. Die vorherrschende Rolle, wie sie in der Verfassung[491] explizit beschrieben war, konnte sogar für beide Seiten auch zur Last werden, zumal man erst 1925 die Beziehungen durch das Konkordat mit dem Vatikan auf eine rechtliche Grundlage stellte.[492]

Besonderheiten des Katholizismus in den Ostgebieten. Der Katholizismus war ja in Polesien eine Minderheitskonfession. Dass nicht nur die übergroße Mehrheit der Bauernfamilien, sondern selbst der kleine Landadel, die *szlachta zagrodowa* orthodox war, wurde gewöhnlich mit „langer Unfreiheit“ erklärt, so auch von einem Berichterstatter des Grenzschutzkorps *KOP* in Davyd-Haradok.[493] In den *kresy* kamen auf eine Kirche 3000 Angehörige der katholischen Konfession, in Zentralpolen 1000-1500 Personen.

Katholiken: Geld war Macht. Die römisch-katholische Kirche bekam 1926 16 Millionen zł. Staatsleistungen („Dotationen“), 1938 dann 20 Millionen (zum Vergleich: die nur in

487 Śleszyński 2007, S. 213.
488 Tabiński, P.: Akcja unijna a krytyka polska, Warszawa 1932, S. 45-46.
489 AAN Bestand 9/0/2.2i, Sign. 941, Blatt 1-14.
490 Kraft 2002, insbesondere S. 255-238.
491 Dz.U. RP 1921, poz. 267, Art. 114.
492 Das Konkordat 10.02.1925. (Dz. U. R.P. 1925 Nr.72 poz. 501); Artikel 2 von ebenfalls Apostolischer Stuhl (Dz. U. R.P. 1925, Nr. 47, poz. 324); im Internet: https://pl.wikisource.org/wiki/Konkordat_Polski_ze_Stolic%C4%85_Apostolsk%C4%85_1925.
493 Woszczyński, Władysław. Instruktor oświaty Bataljonu K.O.P. „Dawidgródek“; AAN Bestand 2478 Polacy na ZW RP i na terenach ZSRR w latach 1918–1939. Zbiór kserokopii materiałów z archiwów zagranicznych 1918–1944, Sign. 9, KOP 1935,Text: Gminy Horsk i Dawidgródek, powiat stolińskiego, Blatt 100-108, hier Blatt 102verso.

den Ostgebieten verbreitete Orthodoxe Kirche erhielt 642.500 zł.) Sie besaß 14.565ha Boden (ohne den Bischofssitz in Wilna).[494] Es erschienen 300 verschiedene Zeitungen, fast alle in polnischer Sprache, in einer Auflage von zusammen 1.000.000 Exemplaren.[495] Sie konnte Kirchen und Kapellen bauen, neue kleinere Pfarrbezirke einrichten und der Geistlichkeit vor Ort mit „Propagandamaterial" („Bildchen, Büchlein, religiöse Schriften") ausstatten.[496]

Sprachenfrage bei den Katholiken. Das katholische Episkopat Polens mischte sich zu Beginn der Existenz der Polnischen Republik nicht gerne in die Fragen von Föderalismus oder Nationalstaat ein.[497] Der Minsker Bischof Łoziński legte im September 1919 in Litauen, als Piłsudski dort war, einen Text vor, in welchem die Sprachenfrage erörtert wurde. Die polnische Seite sah alle litauischen Bestrebungen, das Litauische in der Kirche zu gebrauchen, als antipolnische Agitation, letztlich als Attacke auf den polnischen Staat an.[498] Auch die katholischen Belaruthenen wollten ihre Sprache in ihrer Kirche etablieren. Zahlenmäßig waren sie viel mehr als die Litauer, brachten aber viel weniger deutlich ihre Anliegen vor.

Belaruthenische Christdemokraten stellten zudem die Forderung nach einer eigenen Kirche in Vilnius/Wilna. Vom 12. bis 13. Juli 1921 fand dort eine Konferenz der belaruthenischen Geistlichkeit statt, die die Etablierung der belaruthenischen Sprache einforderte. Der katholische Priester Wincenty Godlewski (Vyncenty Hadleŭski) versuchte auf belaruthenisch zu predigen und wurde verhaftet. Sein Kollege V. Šutovič wurde aus Braslaŭ in den Westen versetzt. Zwei weitere Priester wurden sogar ins Ausland versetzt. Dem Vilniuser Bischof wurde verboten, der sozialorientierten Partei Belaruthenische Christliche Demokratie *(BchD, Belaruskaja chryscijanskaja dėmakratyja)* anzugehören und in der Zeitschrift „Belaruthenische Quelle" *(Belaruskaja Krynica)* Texte zu veröffentlichen.[499] In Polesien, wo es weniger Katholiken und kaum eine belaruthenische Nationalbewegung gab und die Belaruthenen hier allgemein orthodoxer Konfession waren, ging Bischof Łoziński bei der Umsetzung des Konkordats energisch vor, "teilweise mit den Konflikten im Nordosten verbunden". Der Vatikan erklärte sich zur von Warschau geforderten Ablösung des litauischen katholischen Bischofs von Vilnius/Wilna Matulewicz bereit, allerdings erst nach Abschluss des Konkordats. Matulewicz trat am 27. April 1925 zurück, der Papst nahm dies an und informierte darüber am 3. August 1925. Nach Abschluss des Konkordatsvertrags hatte der Staat freie Hand für eine Latinisierung und Polonisierung.[500]

In den 1930er Jahren beäugten die Vertreter der *Sanacja*-Staatsmacht grundsätzlich die katholischen Aktivitäten mit einem gewissen Misstrauen. Die Katholiken wiederum hatten zwar nichts gegen Nationalfeiertage wie den 3. Mai und den 11. November einzuwenden, sehr wohl aber gegen das Abfeiern von deutlich mit der *Sanacja* konnotierten Feiertagen

494 Vabiščėvič, A.M.: Nacyjanal'na-kul'turnae žycce Zachodnjaj Belarusi (1921–1939 hh.), Brėst 2008, S. 104.
495 Razuvanava 2013, S. 53.
496 AAN Bestand 71/0, Sign. 1, 1937, Blatt 27.
497 Śleszyński 2007, S. 196.
498 Śleszyński 2007, S. 197-199.
499 Razuvanava 2013, S. 53; Śleszyński 2007, S. 199-200.
500 Zitat und Text nach Śleszyński, Wojciech: Bezpieczeństwo wewnętrzne w polityce państwa polskiego na ziemiach północno-wschodnich II Rzeczypospolitej, Warszawa 2007, S. 201-203.

wie beispielsweise des Namenstags Piłsudskis.[501] Allerdings wollte die Staatsmacht keine Konflikte mit der Kirche, die ja doch als Pfeiler der polnischen Ordnung galt. Wenn Katholik sein bedeutete Pole zu sein, dann gingen die Organe der Macht nur ausnahmsweise gegen Katholiken vor. „Selbst der am wenigsten demütige Priester war besser als der kommunistische Agitator, daher entschied man sich für Repressionen einzig im Extremfall."[502]

Intervention in jüdische Gemeinden?

Wie in ganz Polen, so waren auch in Polesien viele Juden säkular eingestellt. Besonders über ihre Oberschicht wurde berichtet, wie wenig religiös sie schon in der Zeit des Ersten Weltkriegs gewesen war.

> „In religiöser Beziehung sind diese Leute völlig indifferent. Nicht etwa, weil sie die Religion im Namen einer höheren Philosophie und Kultur überwunden haben, sondern weil es ihnen viel zu herabgesetzt dünkt, sich zur jüdischen Religion zu bekennen".[503]

Doch die rechtlichen Vorschriften *(„przepisy prawne")* bevorzugten die orthodoxen Juden[504] gegenüber den säkular orientierten. Die polnische Staatsmacht konnte zwar nicht die Bedürfnisse der Juden befriedigen, aber es kam ihr zu Pass, dass die jüdische Orthodoxie verbot, sich all zu sehr in Politik einzulassen.[505]

Seit dem 24. Oktober 1930 mischte sich der Staat mit einer Regelung ein, wie Wahlen in jüdischen Gemeinden abzulaufen haben. Eine weitere Verordnung vom 9. September 1931 enthielt finanzielle Vorschriften. Die Gemeindebudgets mussten vom Landrat (*Starosta)* bestätigt werden, und die Rabbiner, die ihre Posten einnehmen wollten, mussten ein Examen in polnischer Sprache ablegen.[506]

Sonntagsarbeit. Eine traditionelle Frage staatlicher Religionspoltik war (und ist bis heute) die Frage der Regelung von Sonntagsarbeit. Während es bezüglich der Feiertage, wie gesehen, Unterschiede selbst zwischen den christlichen Konfessionen gab, war die jüdische Religion mit dem Sabbat als wöchentlichem religiösem Feiertag Quelle für Auseinandersetzungen über Arbeits- und Ladenöffnungszeiten, aber auch allgemein der öffentlichen Ordnung. Der Pinsker Fabrikbesitzer Eliasberg nutzte dies, indem er samstags eine christliche Arbeitsschicht, sonntags eine jüdische in die Werkstätten holte.[507]

Das Othering gegenüber den Juden schloss deren Religion mit ein, und die jüdische Religion war eine werk- und sonntäglich erfahrbare Quelle der Differenz. Es gab keine Ansatzpunkte für eine Zwangs-Reform der jüdischen Religion als solcher.

501 Śleszyński 2007, S. 206.
502 Śleszyński 2007, S. 206-207.
503 AAN Bestand 473-12 Przedstawicielstwo Rady reg. Król. Polskiego w Berlinie, hier Blatt 10, Binjamin Segel am 20. 11.1916.
504 Śleszyński 2007, S. 229-233.
505 Żydzi w Polsce odrodzonej. Działalność społeczna, gospodarcza, koświatowa i kulturalna red. I.Schiper, A. Tartakower, A. Hafftki, t.II, Warszawa 1933, S. 248.
506 Śleszyński 2007, S. 229.
507 Szejnert 2015.

Kleine Religionsgemeinschaften

Während der anerkannte Protestantismus in *Polska B*, außer in Białystok, nicht sehr verbreitet war,[508] warfen die polnischen Sicherheitsstrukturen ein scharfes Auge auf das sogenannte Sektenwesen. Sogar die Orthodoxie wurde gegen die mitunter erfolgreichen kleinen christlichen Religionsgemeinschaften in Stellung gebracht. Deren Aktivitäten hatten eine regelmäßige Spalte in den vierzehntägigen Berichten der Sicherheitsorgane der Wojewodschaft. Sie berichteten beispielsweise über Baptisten, die in Kobryn 150 Personen im Fluss Muchavec getauft hatten. Die „Sektenbewegung" (Baptisten und Stundisten) nehme beständig zu. Die Bewegung, die ihre Zentrale außerhalb des Staates habe, könne noch gefährlich werden – auch für die Orthodoxe Kirche, was deren Kompromissbereitschaft in den Beziehungen zu Polen erhöhe.[509]

In einem anderen von mir beispielhaft ausgewählten Bericht vom April 1925 wurde erneut über die katholische, orthodoxe oder jüdische Religionsgemeinschaft nichts Besonderes berichtet, hingegen füllten die Aktivitäten des Bundes Evangelischer Christen (*Związek Ewangelickich Chrześcjan)* über eine Seite im Bericht: erneut seien 13 Neophyten (darunter 3 Frauen) getauft und eine Broschüre aus Amerika verteilt worden. Im Landkreis Sarny hatte dieser Bund schon 569 Mitglieder und 54 Sympathisanten. Man registrierte nun auch eine Mission der „Bibelforscher".[510]

Warum gab und gibt es in Polesien ein solch blühendes Wesen von kleinen Religionsgemeinschaften?[511] War Polesien besonders für diese Mission (Intervention) geeignet, weil es als Landschaft für das altchristliche Motiv der Läuterung in der Wildnis[512] dienen konnte?

Korrespondierte die Organisation des Gemeindelebens der christlichen (und nichtchristlichen) kleinen Religionsgemeinschaften mit der polesischen Lebenskunst der Partisanen? Es ist auffällig, wie unbemerkt und (nicht nur deshalb) wenig aggressiv die kleinen Religionsgemeinschaften vorgehen wollten. Sie ermöglichten den Gemeindemitgliedern ein Leben in einer Art religiöser Unsichtbarkeit, und zwar gerade deshalb, weil diese Gemeinschaften durch ihre auf das Notwendigste an irdischen, klerikalen Vermittlungsinstanzen beschränkte Organisationsstruktur die Möglichkeit einer aktiven, ja fast individuellen Beziehung der Gläubigen zu ihrem Gott ermöglichte. Diese Unsichtbarkeit machte die Staatsmacht nervös, und genau diese Unsichtbarkeit ist eine Eigenschaft, die in der modernen „kulturellen" Partisanentheorie (siehe Kapitel 11) im Mittelpunkt der Analyse steht.

Religionspolitische Interventionen des polnischen Staates gegenüber der polesischen Landbevölkerung.

Kirche als vom Staat vorgesehene Vermittlungs- und Beruhigungsinstanz. Diese in ihrem Ausmaß schwer fassbare Verbreitung der kleiner missionierender Religionsgemein-

508 Śleszyński 2007, S. 230.
509 AAN Bestand 1183, Sign. 4, Blatt 33-38; vgl. allgemein Ėtkind, Aleksandr: Chlyst: sekty, literatura i revoljucija, Moskva 1998
510 AAN Bestand 1183, Sign. 4, 154verso.
511 Vgl. Einax, Rayk: Entstalinisierung auf Weißrussisch. Krisenbewältigung, sozioökonomische Dynamik und öffentliche Mobilisierung in der Belorussischen Sowjetrepublik 1953–1965, Wiesbaden 2014, S. 282-392.
512 Vgl. Mak 2014, S. 107.

schaften zeigte, dass die großen bei einem Teil der Bevölkerung nicht (mehr) alle religiösen und selbst geselligen Bedürfnisse befriedigten. Die Anhänger wollten nicht mehr nur Regeln („Gesetze“) befolgen, sondern waren gegenüber von außen kommenden Religionsgemeinschaften zugänglich.

Der polnische Staat förderte, wie es Józef Obrębski von der Grundschule, aber offensichtlich nicht von den Religionsgemeinschaften erwartete, keine Individualität. Untertanen, Schutzbefohlenen oder gläubigen Schäfchen über ihre jeweils religiösen (oder sogar weltlichen) Autoritäten oder wenigstens mittelrangige Entscheidungsträger wie den Klerus sozusagen als Fußvolk einzubinden, dies war eine eigentlich vormoderne Herrschaftsmethode, eine, mit der Großbritannien, das Russische, das Habsburger und das Osmanische Reich mit seinem Millet-System viel Erfahrung gesammelt hatten, nicht jedoch das 1918 als moderner Staat wieder erstandene Polen, in dem die Herrschaftstechniken der vorteilungszeitlichen Adelsrepublik nicht mehr angewandt werden konnten.

Dabei war den Behörden nicht entgangen, dass die orthodoxe Bevölkerung „desorientiert“ war, weil ihre Hierarchie durch die staatliche „Politik der polnischen Macht [...und] die politische der Bolschewiken“ sich selbst sehr irritiert zeigte.[513]

„Der Polesische Menschenschlag“. Man ging davon aus, dass der „polesische Bauer wenig religiös“ sei, „und wenn er die religiösen Vorschriften befolgt, so nur aus Tradition“. Überdies sei der orthodoxe Klerus in zwei Fraktionen aufgeteilt, die sich gegenseitig bekämpften: die konservative und die radikale, so dass es für den Gläubigen gar nicht so einfach sei sich zu orientieren.[514]

Die Modernisierer hatten die übliche Idee: Die Eingeborenen sollen aus der ihrem Hinterwäldlertum herausgeholt werden: „Nur der Aberglaube und die Dunkelheit ist daran Schuld, dass der Poleschuk Kurpfuscher aufsucht, damit sie dem kranken Kind den Zauberbann austreiben“.[515] Wenn es doch so einfach gewesen wäre, den teuflischen Aberglauben auszutreiben! Eine kostenlose Gesundheitsvorsorge hätte wahrscheinlich auch gutgetan.

Schule und Feiertage als religiöse Erziehung – das tatsächliche Vorgehen. Die drei säkular-nationalen Feiertage (11. November, 19. März und 3. Mai)[516] und der Kult um den polnischen Staat und seinen Chef Piłsudski[517] konnte die Religion nicht ersetzen, allenfalls ergänzen.

Wenn wir davon ausgehen, dass die Polesierinnen und Polesier als Angehörige eines primitiven Völkchens angesehen wurden, die keine monotheistische Religion, sondern einen Aberglauben[518] als Ausdruck ihrer Religiosität pflegten, dann wäre der Gedanke einer religiösen Kolonisierung nahe liegend gewesen.

Man brachte den polesischen Bauernfamilien wenig Respekt entgegen, nahm teilweise nicht ernst, dass sie der christlich-orthodoxen Konfession angehörten. Deshalb war es für

513 Der Wojewode am 1. August 1923, In: AAN Bestand 1183, Sign. 1, S. 3: Sprawa autokefalji kościoła prawosławnego w Polsce.
514 AAN Bestand 2478, Sign. 9, Blatt 100-108, hier Blatt 102.
515 Polesie. Organ wsi poleskiej, Rok 3, Nr. 17, 27.04.1930, S. 7, zitiert in: AAN Bestand 63, Związek powiatów RP, Sign. 551, ZPRP 1930.
516 Obrębski 2007, S. 366.
517 Hein, Heidi: Der Piłsudski-Kult und seine Bedeutung für den polnischen Staat 1926–1939, Marburg 2002.
518 Vgl. z.B. Seržputoŭski, A.K.: Prymchi i zababony belarusaŭ-palešukoŭ, Neuauflage Minsk 1998.

die Strategen fast egal, ob deren Glaube als unkatholisch oder als unpolnisch ausgegrenzt wurde, ob sie marginalisiert wurden, auch wenn sie eigentlich das Gegenteil wollten.

Religionsunterricht staatlichen Schulen. Neben der Sprach- und Feiertagsfrage war die des Religionsunterrichts in der Schule wichtig. Wollte man die orthodoxen Poleschuken und die Juden zu Polen erziehen, so war die Frage bedeutend, ob es konfessionell gemischte Klassen oder eben nicht geben solle. Die Frage ist aus der heutigen Diskussion in Deutschland über den Ethik-/Religionsunterricht bekannt. Art. 120 der Verfassung ging davon aus, dass es je Schule (mindestens) einen „betreffenden" Religionsverband gebe:

> „In jeder Lehranstalt, deren Lehrplan die Ausbildung der Jugend unter 18 Jahren umfasst, und die ganz oder teilweise durch den Staat oder Selbstverwaltungskörper unterhalten wird, ist der Religionsunterricht für alle Schüler obligatorisch. Die Leitung oder Aufsicht über den Religionsunterricht in den Schulen steht dem betreffenden Religionsverband zu, vorbehaltlich des Oberaufsichtsrechts der staatlichen Schulbehörden."[519]

Dort, wo eine ausreichende Anzahl von Schulkindern die Schulen besuchte, gab es in unterschiedlichen Klassenzimmern getrennten Religionsunterricht, zumindest für Katholiken und Orthodoxe. Die Lehrer wurden vom Staat bezahlt. Zunächst führten die Geistlichen der orthodoxen Kirche den Unterricht auch auf Belaruthenisch durch, denn sie konnten einem Gesetz vom 18. Februar 1927 zufolge selbst entscheiden, in welcher Sprache sie den Bekenntnisunterricht ausübten.[520] Durchaus auch mit dem Ziel umstürzlerische Aktivitäten zu bekämpfen, versuchte der Wojewode Waclaw Kostek-Biernacki in einer Verwaltungsversammlung 1933 seinen Zuhörern klarzumachen, dass man die landläufige Vorstellung zu bekämpfen habe, dass ein Orthodoxer immer ein Russe sein müsse, und keinesfalls ein Pole [sein könne]. Auf dem Territorium mehrerer Kreise der Wojewodschaft Polesie in den allgemeinen Schulen finde in diesem Sinne der Unterricht der orthodoxen Religion auf Polnisch statt, in den anderen Landkreisen komme das noch.[521]

Aufgrund des Fehlens einer Zivilehe konstituierte die Eheschließung keine Zugehörigkeit zum Staate Polen.

Welche große Bedeutung die Religionsgemeinschaften in heute als weitgehend weltlich angesehenen Fragen hatten, kann man sehr deutlich daran sehen, dass es im Zwischenkriegspolen keine Zivilehe[522] und auch keine Standesämter gab. Zwar hatten sich die ländlichen und städtischen Gemeinden („*gmina*") ausdrücklich um die Evidenz und Kontrolle der Daten der Geboreren, Gestorbenen, Zu- und Abgewanderten in ihrem Beritt zu befassen.[523] Doch wurden diese als nicht profan, sondern sakral angesehenen Angelegenheiten den Religionsgemeinschaften überlassen. Ein Gesetz von 1928 verpflichtete die Verwaltungsstellen der Religionsgemeinschaften, welche die Geburts-, Heirats- und Sterberegister führten, allerdings, „alle drei Monate" der Gemeinde „genaue Daten" zu übersenden. Die Wojewoden

519 Verfassung vom 17. März 1921. Dz.U. RP 1921, poz. 267.
520 Razuvanava 2013, S. 52.
521 AAN Bestand 1183, Sign. 55, Blatt 2-3.
522 Kraft 2002, S. 216-241.
523 Dz.U. RP 1928 nr 32 poz. 309, http://isap.sejm.gov.pl/DetailsServlet?id=WDU19280320309, §1.

konnten auch festlegen, dass Hausbücher zu führen waren, auch Hotels und Jugendherbergen mussten nun Buch führen. Man schrieb gesetzlich vor, dass jede Person, die sich länger als 24 Stunden an einem Ort aufhielt, vor Ablauf dieser 24 Stunden in der Gemeindebehörde zu melden hatte. Lokatoren, Familienvorstände und Arbeitgeber wurden für ihre Subalternen verantwortlich gemacht. Auf Verlangen mussten die Behörden eine Meldebescheinigung ausfertigen, die ebenso gebührenfrei abzugeben war, wie die An- oder Abmeldungen selbst.[524]

Dadurch, dass der Staat keine Eheschließungen vornahm, wurden die Institutionen der Religionsgemeinschaften gestärkt. Die Chance, über vor Standesämtern geschlossene Zivilehen als Interventionsmöglichkeit des Staates in die Familien hinein zu intervenieren, wurde von diesem nicht erkannt, jedenfalls nicht genutzt. Zu „heilig" – die Ehe war und ist eine von sieben katholischen Sakramenten[525] – war dem polnischen Staat die Familie.[526] Schon im 19. Jahrhundert nutzten hingegen Frankreich und Deutschland und schon ab 1917 als eine der ersten Maßnahmen der Sowjetstaat die Möglichkeiten staatlicher Registrierung extensiv. Gerade über die Standesämter ging die Sowjetunion sehr nah an die Bauernfamilien heran, auch topographisch.[527]

Zwar stand es deutlich in der Verfassung vom 17. März 1921 geschrieben: „Erste Bürgerpflicht ist Treue gegenüber der polnischen Republik."[528] Aber die Religionsgemeinschaften einschließlich der jüdischen und christlich-orthodoxen behielten weiterhin ein für sie selbstverständliches Recht, die familiären Verhältnisse ihrer Glaubensangehörigen zu registrieren. Die Eheschließung besiegelte daher auch keine Zugehörigkeit zu „Polen", sondern zur Kirche oder Synagogengemeinde, wobei in Polesien die katholische Kirche, und nur diese, als „polnisch" begriffen wurde. So konnte vom „Übertritt zur polnischen Religion" die Rede sein.[529] Mehr noch: das Katholische selbst- und fremd-identifizierte man in Polesien mit dem Polentum. Dies war insofern auch staatlich gewollt, als das Konkordat von

524 Ebenda, § 3-5, 7, 10, 12, 13.-. Zu Passwesen und Personalausweis: Ein Gesetz aus dem Jahre 1928 legte fest, dass auf Verlangen der Einzelpersonen die Gemeinden „zur Erleichterung der Legitimierung" den dort Wohnenden Personalausweise auszustellen hatten, nachdem sie sich von der Identität überzeugt hatten. Insbesondere war zu prüfen, ob die Betreffenden polnische Staatsbürger sind. (Dz.U. RP 1928 nr 32 poz. 309, http://isap.sejm.gov.pl/DetailsServlet?id=WDU19280320309, §18-19). §23 regelte, wie mit Ausländern zu verfahren sei. (vgl. auch Dz.U. RP 13.08.1926 Nr. 83, poz 465.) Ein gutes halbes Jahr später legte man fest, wie dieser Personalausweis auszusehen habe. Dz.U. RP 1928, nr 100 poz. 898, Rozporządzenie Ministra Spraw Wewnętrznych z dnia 29 listopada 1928 r. o dowodach osobistych. http://isap.sejm.gov.pl/DetailsServlet?id=WDU19281000898. Neben den körperlichen Merkmalen Augenfarbe, Haarfarbe, Größe wurde nach nach Name des Vaters und der Mutter und sogar Beruf, nicht aber nach Geschlecht, Konfession, Nationalität, Sprache gefragt. In dem Muster war auch keine ausdrückliche Zeile für den Eintrag von Familienangehörigen vorgesehen. Die Geschichte des Personalausweiswesens verdient bessere Beachtung. Vgl. fürs Erste: Kochanowski, Jerzy: Dowód istnienia. Jak zmieniały się w Polsce dokumenty tożsamości, In: Polityka Nr. 44(2322), 03.11.2001, S. 70-72.

525 https://de.wikipedia.org/wiki/Sakrament#R.C3.B6misch-katholische_Kirche.

526 Die polnische Gesellschaft stellte sich zwar in der idealtypischen Dichotomie von Staat (Państwo) und Gesellschaft (Społeczeństwo) gewöhnlich auf die Seite der letzteren, aber Państwo kam von Pan, ist also auch etymologisch vom „Gesellschaftlichen" „Herr-Schaftlichen" herkommend.

527 (Siebert, Diana) Zibert, Dyjana: Ustanova addzelaŭ ZAHS u SSRB: hramadzjanizacyja i indyvidualizacyja praz ustanaŭlenne paradku, In: Belaruski Histaryčny Ahljad, 2017, T.24, S. 71-88, hier S. 73.

528 Auf Deutsch: http://www.verfassungen.eu/pl/verf21-i.htm Art. 89.

1925, Artikel VIII, vorsah, dass „am Sonntag und am Tag des Nationalfeiertages des 3. Mai die Priester, die die Gottesdienste feiern, das liturgische Gebet für den Wohlstand der Republik Polen und ihres Präsidenten beten."[530]

In der Republik Polen galt die Eheschließung und mithin die Familie, ganz im Gegensatz zur deutschen Präskription,[531] *nicht* als Keimzelle des Staates. Gleichwohl musste sich der polnische Staat zurecht finden, z.B. darin, ob jüdische Ehen nach jüdischem Recht legal geschlossen worden sind.[532] Zu regeln war daher zunächst einmal, welche Religionsgemeinschaften überhaupt Trauungen, Geburten und Todesfälle zu registrieren berechtigt waren. Hierzu teilte man die Religionsgemeinschaften in 4 Gruppen ein: 1. Anerkannt und geregelt, 2. Anerkannt, aber noch nicht geregelt, 3. Toleriert, aber existieren legal, 4. Toleriert nach Art. 111 und 112 der Verfassung.[533] Die nicht als Religionsgemeinschaft anerkannten Baptisten durften keine Personenstandbücher führen.[534] Besonders zu Anfang der 1920er Jahre lebten viele Einwohner ohne „Staatsangehörigkeit" in Polesien. Sie hatten daher auch keine Personalausweise.[535] Der polnische Staat beeilte sich bis Mitte der 1920er Jahre nicht mit der Erteilung der Staatsbürgerschaft für die polesische Landbevölkerung.

In unserem Zusammenhang interessiert, dass der Staat zwar von den Religionsgemeinschaften die Informationen nicht nur über die konfessionelle Identität erhielt, in seinen eigenen Ausweisen diese aber nicht aufführte. Der Staat wagte sich nicht auf das Gebiet der Beschließung der als Sakrament angesehenen Ehe vor, regelte aber die Gesetzlichkeit glaubensverschiedener Ehen oder von Ehepartnern, die keiner der verwurzelten Religionsgemeinschaften angehörten. Das heißt, der Staat tastete die Rechte der einheimischen, traditionellen Religionsgemeinschaften nicht an, wollte aber die staatsbürgerliche Identität nicht im Ausweis sichtbar über die Religionszugehörigkeit definieren.

Zusammenfassung

Die religiöse Gedankenwelt und die religiösen Praktiken der polesischen Bevölkerung hielt man im modernen Polen als – zumindest im Vergleich zu Ethnizität und Sprache – für relativ stabil und schwerer aufzubrechen und zu modernisieren. Sowohl der Staat als auch die katholische und die orthodoxe Kirche gingen davon aus, dass man hier nicht im Handumdrehen missionieren könne. Daher versuchte sich der Staat (behutsam, und letztlich erfolg-

529 Shohet, Azriel: The Jews of Pinsk, 1881 to 1941, Palo Alto 2012, S. 380; vgl. Brown, Kate: A Biography of no Place. From Ethnic Borderland to Soviet Heartland. Cambridge 2004, S. 229 mit dem Komplementärbegriff „katholische Sprache".

530 https://pl.wikisource.org/wiki/Konkordat_Polski_ze_Stolic%C4%85_Apostolsk%C4%85_1925.

531 Art. 119 Abs. 1 der Weimarer Reichsverfassung: „Die Ehe steht als Grundlage des Familienlebens und der Erhaltung und Vermehrung der Nation unter dem besonderen Schutz der Verfassung. Sie beruht auf der Gleichberechtigung der beiden Geschlechter. Die Reinerhaltung, Gesundung und soziale Förderung der Familie ist Aufgabe des Staats und der Gemeinden. Kinderreiche Familien haben Anspruch auf ausgleichende Fürsorge. Die Mutterschaft hat Anspruch auf den Schutz und die Fürsorge des Staats."
https://de.wikisource.org/wiki/Verfassung_des_Deutschen_Reichs_(1919)#Artikel_119.

532 AAN Bestand 9, Sign. 1314, Blatt 11 Wojewode an Starosten, 4. Mai 1932.

533 AAN Bestand 9/0/4.1/II Departament, Sign. 1554, Andere Religionsgemeinschaften [Loseblattsammlung]; AAN Bestand 9, Sign. 1314-11, Wojewode an Starosten, 4. Mai 1932, [Loseblattsammlung]; Unterakte 37.

534 AAN Bestand 9/0, Sign. 1554, Loseblattsammlung.

535 Ales' Smaljančuk mündlich 29.01.2017.

reich) an einer Polonisierung der Orthodoxie, – die römisch-katholische Kirche hingegen an einer fast kryptischen Katholisierung der orthodoxen Riten (fast ohne sichtbares Ergebnis), ein Unterfangen, bei dem auch noch so kluge Jesuiten scheitern mussten, – auch, weil Staat und Kirche hier unterschiedliche Interessen hatten.

Doch zeigte der Erfolg kleiner Religionsgemeinschaften, dass Religiösität und sogar Individualität der Bevölkerung unterschätzt wurden. Der polnische Staat konnte nicht dieselbe quasireligiöse Autorität wie der alte russländische, und schon gar nicht Piłsudski oder Mościcki diejenige des Zaren einnehmen; denn erstens hatten diese polnischen Führer ganz einfach die falsche Religion und zweitens war die Autorität der Orthodoxie als eine Instanz, deren göttliche Gesetze man befolgen *musste*, durch die Revolutionen im Jahr 1917 unterminiert worden. Viele Akteure aus Staat und katholischer Kirche wussten, dass sie keinen religiös designten Kulturkampf gegen die große Mehrheit der einheimischen Bevölkerung gewinnen würden, aber sie entwickelten unterschiedliche Interventionsstrategien, die sich teilweise sogar widersprachen.

Die belaruthenische Bewegung konnte, weil sie bikonfessionell ausgerichtet war, von einem identitären Standpunkt aus gesehen keinen solchen Gegenpol bilden, wie es die Unierte Kirche in den ukrainischen Gebieten der Polnischen Republik vermochte. Ebenso wenig konnten kommunistische und prokommunistische Bewegungen hier einhaken, da sie atheistisch waren. Und die jüdische Religion blieb außerhalb des Kampffeldes: während kaum einer reisewillige Zionisten aufhalten und daher die jüdische Religion bekämpfen wollte, konnte man in den säkularisierten Teil der jüdischen Bevölkerung nicht mit religionspolitischen Maßnahmen intervenieren.

Staat schlug katholische Kirche. Der Staat war mit der Polonisierung der Orthodoxie erfolgreicher als die katholische Kirche mit der Katholisierung der Polesierinnen und Polesier mit ihren „östlichen Riten". Das lag zunächst einmal daran, (wie ich allerdings im Rückschluss folgere!), dass Religion, also die Befolgung von „religiösen Gesetzen" genannten Praktiken wichtiger und tiefer verwurzelt war, als die russische Sprache. In „normalen" Gottesdiensten war der Teil der Predigt gegenüber dem der Liturgie ohnehin geringer als im Katholizismus und Protestantismus. Dass auf Taufscheinen und Hochzeitsurkunden polnisch geschrieben werden und dort polnische Vornamen einzutragen waren, störte diejenigen nicht, die wenig alphabetisiert waren und sich gegenseitig mit Rufnamen ansprachen, die weder in der russischen noch der polnischen Schriftsprache vorgesehen waren. Man nannte sich im Alltag weder Ekaterina noch Katarzyna, weder Fjodor noch Teodor. Religion war für die Polesier vielleicht wichtiger als Staat, aber die Popen weniger wichtig als die Amtsmänner. War es also der Staat, der Seelendiebstahl beging?

4.17 *Social engineering* 6: Armee als Schule der Nation: Versicherheitlichung bringt Polesier nach Polen und Polen nach Polesien

Jeder Junge, eigentlich jeder „Bürger“[536] hatte Militärdienst abzuleisten, in einem die Persönlichkeit prägenden Alter. Es ist anzunehmen, dass für den männlichen Teil der Bevölkerung der Armeedienst eine Schule der Nation darstellte. Christhardt Henschel befasst sich in seiner Dissertation mit dieser Frage. Mit einem Verweis auf diese in Kürze erscheinende Arbeit möchte ich es bewenden lassen. Ich werde diese Lücke in vorliegender Monographie nicht schließen.[537]

Der Grenzschutzkorps KOP als Sonderintervention. Hier nur einige Worte zum schon mehrmals erwähnten Grenzschutzkorps *(Korpus Ochrany Pograniczej)*. Ebenso wie in die polesischen Truppenteile der Armee kamen auch die beim KOP Dienenden fast nie aus Polesien selbst. Werner Benecke beschrieb schon, dass, ganz im Gegenteil, der Grenzschutzkorps KOP als eine Eliteeinheit entworfen war: die dort stationierten durchschnittlich 26.000 bis 27.000 Männer bekamen 25 % mehr Sold[538], sollten lesen und schreiben können. Die Grenzschützer gehörten häufiger als zu erwarten war der deutschen Minderheit an.[539]

Die KOP-Grenzschützer sollten andererseits von der einheimischen Bevölkerung nicht abgeschirmt werden, zumindest in den 1930er Jahren nicht. Berichte über die Lage vor Ort, die aus den einzelnen Stationen eingefordert waren und im Staatsarchiv Polens heute einsehbar sind, sollten nicht zuletzt die Möglichkeiten ausloten, die gegenseitigen Kontakte zu verbessern.[540]

Doch zunächst wollte Warschau dafür Sorge zu tragen, dass das KOP logistisch nicht von den Einheimischen abhängig blieb. Statt gemieteter Hütten (Behausungen, Jagdhäuser, *„chaty“)* und anderer Gebäude wurde ein Bauprogramm aufgelegt; in den Dienstgebäuden sollten Strom und moderne Kommunikationskanäle wie Telefon und Morsen Einzug erhalten, aber es wurde „jahrelang die interne Kommunikation des KOP noch immer von Meldehunden, Brieftauben und Kurierdiensten bewerkstelligt“.[541] Die im wahrsten Sinne des Wortes Kanalisierung der Kommunikation ging den Behörden zu langsam voran, es war ein weiter Weg zur langen Leitung. 1938 noch blieben von den 418 Gebäuden 189 in fremdem

536 Verfassung vom 17. März 1921: „ Art. 91. Alle Bürger sind zum Heeresdienst verpflichtet. Die Art und Weise, die Einrichtung und Dauer des Dienstes, die Befreiung von dieser Pflicht und sämtliche Leistungen für Heereszwecke werden im Wege der Gesetzgebung bestimmt.“, In: http://www.verfassungen.eu/pl/verf21-i.htm.

537 Angekündigt als: Henschel, Christhardt: Jeder Bürger Soldat Juden und das polnische Militär (1918–1939) Schriften des Simon-Dubnow-Instituts, Band 29; vgl. auch derselbe: Brüchige Einheit. Die polnischen Streitkräfte 1918–1921, In: Fragmentierte Republik. Das politische Erbe der Teilungszeit in Polen 1918–1939“, hrsg. v. Kai Struve u. Michael G. Müller, S. 39-67; derselbe: „Gute Soldaten werden sie nie sein“: Diensttauglichkeit und Ethnizität im militärischen Diskurs der Zweiten Polnischen Republik. In: Barelkowski/Kraft/Röskau-Rydel (Hg.): Zwischen Geschlecht und Nation. Osnabrück 2016, S. 197ff.

538 Benecke 1999, S. 77.

539 Dominiczak, zitiert in: Benecke 1999, S. 77.

540 AAN Bestand 2478, Sign. 9, KOP (1935).

541 Benecke 1999, S. 79.

Besitz.[542] Auch beim KOP wirkten sich die Strategien widersprüchlich aus: auf der einen Seite sollten die KOP-ler durchaus mithelfen, den Lebensstandard der Einheimischen zu verbessern, und man wollte diese ja auch nicht gegen sich aufbringen. Auf der anderen Seite sollte eine Eliteeinheit über eigene Kommunikations- und Verpflegungskanäle verfügen, also von der Infrastruktur der Einheimischen möglichst unabhängig bleiben.

4.18 Zweites Fazit: Zwischen *Social engineering* und *Othering*

Aufeinanderprallen und Offensivstrategie von Verwaltung und Bauern. Schon am 1. August 1923 stieg der Wojewode Polesiens in der Beschreibung der Bewohnerinnen und Bewohner „seines" Terrains so ein:

> „Die Bevölkerung von Polesie, die sich noch nicht vollständig von dem Provisorium ihres Lebens losgelöst hat – sie hat trotz vorangegangener Feuerproben noch nicht ihr politisches Verständnis und selbst ihre Nationalität herauskristallisiert; sie muss sich noch der Macht des Staates, in dem sie lebt, bewusst werden. Das gesellschaftliche Leben nur kann sie davon überzeugen, dass die Bemühungen der anti-staatlichen Aktivisten fruchtlos sein werden. [...] Selbst die landarme Bauernschaft und die sogenannte Dorfarmut sind nicht geneigt zu glauben, dass die Beteiligung an der einen oder anderen Partei die Konsolidierung ihrer Existenz veranlassen wird."[543]

Was hier Ausgangspunkt des Begreifens polesischer Verhältnisse in der Amtstube war, hatte sich bis 1939 nicht sehr verändert. Ausdrücklich „polnische", die jeweils Anderen definierende, durchaus diskriminierende und gegenüber Anderen dichotomisierbare Menschengruppen waren die neusiedelnden Ex-Militärs (*osadnicy,* 1920er Jahre) und der Kleinadel (die *szlachta zagrodowa,* 1930er Jahre), die aufgrund von politischen Strategien des *social engineering* bewusst oder unbewusst zu einer Ethnisierung polnischer, *ex positivo* also auch unpolnischer Identität beitragen, sie dokumentieren und beschleunigen sollten.

Der wohl schon bald recht dominante, in erster Linie aber nicht ethnisch, sondern wirtschaftlich und sozial markierte Diskurs über das westliche *Polska A* und das östliche *Polska B* schuf eine andere, nicht ausdrücklich auf Polesien und „die Poleschuken" bezogene Dichotomie. Doch konnte dieser den eingeübten Diskurs über die Poleschuken nicht überblenden, eben weil er wirtschaftspolitisch dominiert war. Es ging ja nicht soweit, dass man von *polacy A* und *polacy B* sprach.

Zwar wurden im Rahmen eines Programms „staatlicher Assimilation" in gewissem Maße auch Juden und Ukrainer in Herrschaftsstrukturen wie den BBWR kooptiert. Doch die Interventionen aus der Warschauer Politik hatten von 1918 bis 1939 *einen* Maßstab: man glaubte, den Staat in dessen Kern nur durch eine wie auch immer verstandene Polnischkeit (Polonizität, *polskość*) aufbauen, ausbauen und erhalten zu können. Für viele Ak-

542 Dominiczak, S. 131, zitiert in: Benecke 1999, S. 79.

543 AAN Bestand 1183, Sign. 1/S. 3 [früher Nr. 976] Prezydium Województwa Poleskiego, Brześć n/B dn.1/VIII 1923, Oddział Informacyjny, L.dz.3056/R.I. /Pr./J., Sprawozdanie miesięczne z ruchu zawodowego i społeczno-politycznego na terenie Województwa Poleskiego na miesiąc lipiec 1923 (Seite 2 des Dokuments).

teure mag die *polskość* der Polnischen Republik nicht das Ziel gewesen sein. Aber für alle Regierungen war es zumindest das Mittel zum Zwecke der Stabilisierung der Staatlichkeit.

All die Interventionen waren auf Aktivitäten ethnischer Polen gegründet. Warschau hat sich eben auf die ethnischen Polen mehr verlassen, und je stärker die politische Agitation von den in Polesien die große Mehrheit stellenden Vertretern „ethnischer Minderheiten" gegen die Zustände in der Republik Polen Gestalt annahm, desto mehr misstrauten die Entscheider auf verschiedenen staatlichen Ebenen allen Angehörigen der betreffenden ethnischen Minderheit. Es war den Spitzenvertretern in Politik und Verwaltung vielleicht egal, ob die Bewohner Polesiens Belaruthenen, Ukrainer, Poleschuken, Juden, Orthodoxe, *Tutejsie* oder andere ethnische, nationale, religiöse oder soziale Gruppen darstellten: wichtig war ihnen, dass diejenigen Kanäle (sic!), über die Warschau intervenierte, in der Hand ethnischer Polen waren. Die alteingesessenen, ostslawische Arbeitskräfte einsetzenden Großgrundbesitzer, Gutsherren und Magnaten, waren noch ohne dieses moderne *nationalizing*[544] ausgekommen, haben das Spiel seit langen Zeiten gekannt, waren nun das einheimische konservative, nicht aber das intervenierende polnische Element in Polesien. Wir haben gesehen: Es kam „der polnische *Starost*, der polnische Beamte, der polnische Lehrer, der polnische Polizist."[545]

Doch die modernen Herrschaftstechniken des *social engineering* (des Sozialingenieurtums) konnten gerade deshalb keine solide Durchdringung erzielen, weil deren moderne Einrichtungen, die Schulen, die Eisenbahn, der Grenzschutzkorps KOP und die zivile Staatsverwaltung mit Polen besetzt wurden. Und ob den Polesiern das gefallen hat, ob ihnen dadurch Aufstiegs- oder überhaupt Beteiligungsmöglichkeiten versperrt wurden, dies war für Warschau zweitrangig oder sogar egal.

Dieser Vorrang für ethnische Polen in Militär, Verwaltung, Gesellschaft und Wirtschaft ließ sich nach den Erfahrungen in den Bürgerkriegen und dem polnisch-sowjetischen Krieg 1919 bis 1920 nach der Logik der Akteure rational begründen: Gerade in der Anfangszeit der Polnischen Republik war der Antagonismus zwischen den polnischen Truppen und den Menschen in den von diesen eroberten (so bewerteten es zumindest die meisten nichtpolnischen Bewohner Polesiens) Flächen verstärkt worden. Der antisemitische Autor Stanisław Trzeciak lieferte offen seine Begründung dafür, dass Juden nicht in den Staatsdienst übernommen wurden und werden sollten, und warum sie aus der Armee entlassen werden sollten: selbst in Warschau hätten diese 1920 den Sowjets geholfen oder sich neutral verhalten. Der vielleicht selbst nicht antisemitische Akt, die jüdischen Armeeangehörigen gerade in der Gefahr der sowjetischen Besetzung Warschaus im August 1920 auszumustern, zeigte laut Trzeciak ja deutlich, dass die Juden in der Armee nicht brauchbar oder sogar eine Gefahr gewesen seien.[546]

In Friedenszeiten übertrug man diese Haltung auch auf den militärisch wichtigen Eisenbahn- und Grenz- wie auch den zivilen Staatsbetrieb.

544 Zeitschrift für Ostmitteleuropaforschung 62(2013), Heft 2: Nationalisierung und Pragmatismus. Staatliche Institutionen und Minderheiten in Polen 1918–1939, hg. v. Stephan Stach u. Christhardt Henschel, S. 164-186, hier S. 165.

545 Obrębski 2007, S. 349.

546 Trzeciak, ks. Dr Stanisław: Talmud o gojach a kwestia żydowska w Polsce, [ca. 1939], Neuausgabe 2010, S. 317.

Hinzu kommt, dass die wie auch immer legitimierten Innehaber von Macht in einem Staat, der durch bewaffneten Aufstand (wieder neu) entstanden war, stark dazu neigten, Schlüsselpositionen mit für zuverlässig gehaltenen Personen zu besetzen, und dies waren in dieser Situation vor allem alte Kampfgefährten. Bis 1939 ist zu beobachten, dass insbesondere militärische, aber auch politische und staatliche Positionen von alten Legionären übernommen oder diese ihnen anvertraut wurden. Man verließ sich all die 18 Jahre bis 1939 lieber auf fachfremde alte Kampfgefährten als auf Leute, die aufgrund der Ereignisse im Bürgerkrieg einen Groll auf polnische Militärs hegten oder sogar offen auf der gegnerischen, auf der aufständischen Seite gekämpft hatten. Dies war auch im Jugoslawien Titos so.[547] Der Bürgerkrieg 1919-1920 mit seinen Pogromen, mit Mord, Vergewaltigung und anderen Gewalttätigkeiten, mit Raub und Brandlegung, all dies warf seinen Schatten bis 1939.

Es bleibt also schwer zu unterscheiden, ob die Besetzung der Schlüsselämter mit (ethnischen) Polen einer völkischen Gesinnung oder zumindest irgendwelchen unreflektierten Emotionen folgte, oder ob nach einer ausdrücklichen Devise „Sicher ist sicher!" die Nichtinklusion von nichtpolnischen Polesiern den rationalisierten Erfahrungen aus dem Bürgerkrieg folgte.

Zwar müssen wir bei den gewalttätigen Akten der Jahre 1921 bis 1924 zwischen den spontanen, „echten" Erhebungen der Bauern selbst und einer als bauernaufständische Aktion getarnten bewusst aus Moskau und Minsk gesteuerten Aktivität[548] unterscheiden, aber für die Vertreter in den Sicherheitsstrukturen spielte dies angesichts des genannten Sicherheitsprimats keine Rolle.

Interessant ist in diesem Zusammenhang, dass erst in der zweiten Hälfte der 1930er Jahre eine ernsthafte staatsgestützte Kampagne für die Dichotomisierung zwischen dem sich als polnisch definierenden Kleinadel, also der *szlachta zagrodowa* und den ostslawischen Bauernfamilien erfolgte. Es spricht vieles dafür, dass das Polentum der polesischen *szlachta zagrodowa* für die Interventen gar keinen Wert darstellte, und dass man Posten lieber an verlässliche (verlässlich sah man jemanden auch an, gerade *weil* er ortsfremd war – das wird in der Verwaltung ja bis heute praktiziert), im besten Fall auch gut ausgebildete Menschen aus West- und Mittelpolen vergab.

Der Nationalstaat, den Warschau nun aufbauen wollte, leistete sich aus den eben genannten Gründen den Luxus, nur wenige, heute würden wir sagen, Integrationsangebote zu machen.

Reaktionen. Haben sich die polesischen Landbewohner nun gegen die polnischen Strukturen gewandt, oder gegen die habituell wie strukturell polnischen Staatsvertreter? Die belaruthenisch-nationalen und die kommunistischen Agitatoren haben versucht, die dahinter liegenden Strukturen verantwortlich zu machen, den polnischen Staat, den bourgeoisen Staat, den „faschistischen" Staat, aber auch sie haben, wenn ihre Aktionen überzeugen sollten, sich an den konkreten Vertretern abgearbeitet. Sie fügten zum Starost, zum Beamten,

547 Die griechische Staatsbildung hingegen blieb nach dem Aufstand 1821 auch deshalb fragil, weil deren Vertreter oft all zu sehr mit ausländischen Mächten wie Russland, Großbritannien und Frankreich verbandelt waren. vgl. Clogg, Richard: Geschichte Griechenlands im 19. und 20. Jahrhundert. Ein Abriß, Köln 1997; Zelepos, Ioannis: Kleine Geschichte Griechenlands. Von der Staatsgründung bis heute, München 2014.

548 Mel'nikaŭ, Ihar: Zachodnebelaruskaja atlantyda 1921–1941, Minsk 2015; vgl. Siebert 1998a.

zum Lehrer und zum Polizisten noch den – auch in der polesischen einheimischen Bauernschaft – unbeliebten *osadnik* als Feindbild hinzu.

Doch dürfen wir uns weder von der Pro- noch von der Anti-*osadnik*-Agitation dazu verleiten lassen zu glauben, dass diese für die konkret spürbare Intervention viel bedeutender waren als die vier anderen genannten polnischen Vertreter Polens, denn es gab ihrer in Polesien zu wenige. Anders kann dies in den Wojewodschaften nördlich und südlich von Polesien gewesen sein.

Re-Reaktionen. Aber nicht, weil man in Warschau etwas gegen Poleschuken gehabt hätte – und in den 1930er Jahren hat man keine ernsthafte Angst vor der Sowjetunion gehabt (übrigens zu Unrecht), sondern die geografische Lage Westpolesiens in der Polnischen Republik führte zu Minderinvestitionen, zum Vernachlässigen.

Der Hochadel protestierte dagegen nicht, teils, weil er mit einem nur oberflächlich modernisierten Leben in idealisierten vormodernen Strukturen einverstanden war, teils, weil er seine Kinder schon immer zur Fortbildung nach Vilnius, Warschau, Lemberg oder Krakau geschickt hatte – halb abgekoppelt von der Moderne und Modernität, halb an sie angedockt.[549]

Wären also die Einheimischen in Polesien auch dann abgekoppelt gewesen, wenn es sich um ethnische Polen gehandelt hätte? Hätte das *social engineering* der Staatsmacht in Schule und Kirche, in Dorf und Stadt dann anders ausgesehen? Schließlich haben die Bauernfamilien auch in anderen Regionen der Polnischen Republik zeitweise sogar organisiert protestiert, mit Hilfe der Bauernparteien. Auch in den polnischen Kernländern schaffte es der Staat nicht, aus den Dorfbewohnern überall stolze Polen zu machen. Aber er fremdelte nicht von vorneherein mit seinen Bürgern, und den Führern der Bauernparteien hat trotz rüder Behandlung und Marginalisierung weder die eNDecja noch das Sanacja-Lager die politische Mitwirkung (egal, ob in Regierung oder Opposition) als Vertretung der Landbevölkerung streitig machen können. Anders war dies in Polesien, wo sich die sozialen, zur Abkopplung führenden Probleme mit den nationalen bzw. ethnischen vermischten.

Ergebnisse. Die Ergebnisse der nur teilweise mit Hilfe des *social engineering* durchgeführten Modernisierungsbestrebungen fallen gemischt aus. Dass sich die Republik Polen trotz mehrerer Anläufe bis 1939 nicht zu der Einführung von Zivilehen durchringen konnte, die dann auch bei staatlichen Standesämtern registriert würden, war ein Anachronismus, der in anderen Ländern wie Frankreich, Großbritannien, Deutschland schon seit Längerem und nun auch in der Sowjetunion überwunden war. Dass die Religionsgemeinschaften zuständig blieben, bezeugte, dass eine Reputation der Religionsgemeinschaften erwünscht war und weiterhin als selbstverständlich angesehen wurde, und führte dazu, dass vormodernes innerkonfessionelles Heiratsverhalten und überhaupt gesellschaftliche Strukturen bestehen blieben, und dazu, dass die Mitglieder und Anhänger „nicht anerkannter" Religionsgemeinschaften sich als Menschen zweiter Klasse vorkamen. Die Religionspolitik war aber insofern modern, als dass Religion, und dies wurde besonders in der Schule konkret spürbar, nur mehr eine der Sphären des Lebens aller Menschen in Polesien sein sollte. Schließlich stellte das Konkordat zwischen der Republik und dem Vatikan ja einen freiwilligen Vertrag

549 Vielleicht ist ein Vergleich mit den heutigen reichen Eliten in arabischen Ländern erlaubt, die laut Bassam Tibi immer nur die halbe Moderne aufnahmen.

zwischen zwei souveränen Rechtskörpern dar. Der Kult um Staatschef Józef Piłsudski[550] insbesondere nach dessen Tod war, ähnlich wie in Italien, der Sowjetunion und dem Deutschen Reich – und in seinen seelenklempnerischen Ausbuchstabierungen vielleicht von dort abgeguckt – ein deutlicher Beweis dafür, dass auch die Entscheider in der Republik Polen zu staatlichen Interventionen „in die Fläche" bereit waren.

Doch die am deutlichsten spürbare Modernisierung des polesischen Landlebens war die Schulpflicht. Wenn es auch leicht fällt, die Ergebnisse der Alphabetisierung als hinter den Erwartungen zurückbleibend zu kennzeichnen, so sind doch ebenso die Fortschritte unbestreitbar. Neben der Fähigkeit des Lesens und Schreibens war es vor allem die des Rechnens, die ausdrücklich gewollt war. Mit teilweise offen antisemitischer, teilweise ökonomistischer Stoßrichtung wollten Zeitungsartikelschreiber die als verblendet, vormodern und abergläubisch beschriebene Zielgruppe der „Poleschuken" dahin bringen, sich von Händlern nicht übers Ohr hauen zu lassen, und propagierten stattdessen Absatzgenossenschaften.[551]

Dieser Aspekt staatlicher Intervention vertrug sich allerdings überhaupt nicht mit dem offensichtlich vom Zentrum aus erfolgten Versuch, den Kleinadel in parastaatliche Strukturen einzufassen und so zu verseinen. Sicher ist sicher? Man war sich des Kleinadels nicht sicher, und wie stark eine offizielle Unterscheidung und Hervorhebung dieser von eigener Arbeit lebenden, teilweise orthodoxisierten und belaruthenisierten Schicht von Landbewohnern, zum Beispiel – verfassungswidrig – in Volkszählungen geworden wäre, muss unklar bleiben, weil er erst in der zweiten Hälfte der 1930er Jahre Fahrt aufnahm. Die Angehörigen dieser sozialen Gruppe wollten in ihrem noch nicht ethnisierten Nationsverständnis meines Erachtens in den meisten Fällen in Ruhe gelassen werden, wollten weder assimiliert noch folklorisiert werden, dafür nahmen sie sich viel zu ernst.

Eine solche Folklorisierung begann aber bezüglich der polesischen Landbewohner. Man machte sie zur Staffage einer Landschaft. Es war ja auch kein Wunder, dass sich Geografinnen und Ethnologen für Menschen interessierten, die wie unter idealen Laborbedingungen lebten. Die behutsam und menschlich agierenden Józef Obrębski und Louise Arner Boyd wie auch die fotografierende Zofia Chomętowska konnten indes nicht vermeiden, dass spätestens bei ihrer teilnehmenden Begegnung Wechselwirkungen zwischen bezeichnenden und bezeichneten Menschen eintraten. Die Beschreibung von Polesien als eines der „Wunder Polens" *(Cuda Polski)* durch F. Antoni Ossendowski[552] blieb hingegen zu den Einwohnern auf Distanz, denn sie bettete wie Wiktor Mondalski beim „regionalistischen" (Mondalski über Mondalski) Ansatz die Menschen in ihre Landschaft ein.[553] Davon frei machte sich Michał Marczak, der in einer Art Reiseführer, wie wir sie auch heute kennen, Sehenswürdigkeiten beschreibt, die aus dem Gegebenen einer Landschaft herausragen.[554]

Ich hatte geschrieben, die Bilanz sei gemischt, und dies bezieht sich eben auch auf die Frage, ob die polesische Landbevölkerung 1939 gegenüber 1921 stärker verandert oder stärker verseint worden ist. Die Vektoren, die in Sprach-, Schul- und Religionspolitik, in der

---

550 Hein 2002.
551 Tagungsbericht: Die Entstehung und Entwicklung des Antisemitismus, a.a.O., <www.hsozkult.de/conferencereport/id/tagungsberichte-3073> abg. 02.11.2018.
552 Ossendowski 1934.
553 Mondalski 1927, S. VI.
554 Marczak 1935.

unterschiedlichen „ständischen“ Behandlung von Bauern-, verarmten Adels- und Kolonistenfamilien, in der Rekrutierung für die polnische Armee, im *osadnictwo,* selbst in der beschriebenen Folklorisierung und einer (ungewollten) Förderung der Subsistenzwirtschaft in der Inflations- wie der Rezessionszeit in solch unterschiedliche und gegensätzliche Richtungen zeigten, führten zu einer Art Patt zwischen Verseinung und Veranderung. Speziell auf die von den Zeitgenossen wie auch in den 1990er Jahren viel erörterten Fragen der Nationsbildung bedeutete dies, dass die meisten Polesierinnen und Polesier sich weiterhin weder als Polen, noch als Belaruthenen noch als Ukrainer fühlten und bezeichneten. Und dies wurmte die Modernisten, denn niemand wollte aus den Polesiern ausdrücklich rechtlose Bürger zweiter Klasse oder gar wie später die Nazis eine Helotenmasse machen. Vielmehr stand man vor dem (auch für Überseekolonien beobachteten) Widerspruch, einerseits willkürlich oder unwillkürlich die Einheimischen als die Anderen nicht nur zu kennzeichnen, sondern im Ergebnis auch diskriminierende Maßnahmen durchzuführen, andererseits aber – mit oder ohne *social engineering* – keine Antagonisierung zwischen Zentrum und Peripherie zu wollen.

Der Opitz-Trick: Unmöglichkeit des Verseinens, Gefahren des Veranderns. Im Hauptartikel der ersten Nummer der seit 1938 herausgebrachten Wochenzeitung *„Polesie“* schrieb der Chefredakteur Hieronim Opitz das antagonisierende Othern einfach weg. Er rief eine Art Dekolonisierung Westpolesiens unter Zuhilfenahme eines rhetorischen Kniffs aus. 18 Jahre mehr oder weniger gescheiterte komplizierte Bestrebungen, die polesische Landbevölkerung zu Polen zu machen (Seinungsversuche), eine „Melioration der Seelen“[555] durchzuführen, versuchte er zugunsten einer vermeintlichen Klarheit schlicht wegzuwischen:

> „Die polnische Daseinsgrundlage *(raison d'ętre)* in Polesien ist nur eine: Polesien muss polnisch sein. Nicht dem Polnischen Staat zugehörig, nicht allerengst mit der polnischen Mutter Erde *(Macierz)* verbunden, nicht kulturell oder staatlich assimiliert, sondern klar und einfach: polnisch“.[556]

Doch auf diese Weise ließ sich die Frage nicht einmal in der Sphäre des Bewusstseins lösen. Zu mächtig blieben die ungelösten sozialen und nationalen Probleme und – zumindest außerhalb Polesiens – die Erzählungen über dieses „seltsame, exotische Land“[557] am Vorabend der sowjetischen Besatzung vom September 1939.

Schon 1923 war sich der Leiter einer staatlichen Behörde, nämlich der Informationsabteilung der polesischen Wojewodschaftsverwaltung *(Urząd Wojewódzki w Brześciu nad Bugiem)* der möglichen unerwünschten Konsequenzen der mangelnden Inklusion, also des Gefühls der Einheimischen, nicht dazu zu gehören, bewusst:

> „Dies sind direkte Auswirkungen, vielleicht weniger bedrohlich in ihren Symptomen, weil sie innerhalb kurzer Zeit liquidiert werden können; aber hinter ihnen, außerhalb und indirekt produzieren sie Bakterien, die in der allgemeinen nationalbezogenen Ein-

555 Ziemia pińska, 24.03.1929, Nr. 2, S. 2.
556 im Original teilweise fett. In: Polesie. Tygodniowe Pismo społeczne, gospodarcze i kulturalne. Wydaje i odpowiada H[ieronim] Opitz, Rok 1 Nr.1, Nieziela, 4 września 1938 r., S. 1.
557 Ossendowski, Antoni Ferdynand: Polesie, Łomianki [1934] 2015, S. 1.

> stellung in Polesie zu einer Gärung führen, die die Konsolidierung einzelner Nationalitäten beschleunigt und bei der Dorfbevölkerung ein Gefühl von der Notwendigkeit eines Kampfes gegen die »ungerechte Macht« führt."[558]

Dadurch würde „Unglauben und Misstrauen gegenüber den polnischen Behörden" genährt, und schließlich „entschiedene Gegner der polnischen Staatlichkeit" herausgebildet.[559]

Doch wie wollte man angesichts dessen noch die Aufgaben beschreiben, die Polesierinnen und Polesier an das Polentum in Schule, Kirche, Armee und ganz allgemein an die polnische Gesellschaft heranzuführen? Wie sollte man die „Poleschuken" bezeichnen, wenn sie doch ganz normale Polen werden sollten, oder: sein sollten, oder: „waren"? Auch der langjährige Wojewode Wacław Kostek-Biernacki warnte vor einer Unterscheidung zwischen „Polen" und „Poleschuken", führt dazu aber etwas unbeholfen die Begrifflichkeit des „angestammten" *(rdzenny)* Polen ein. Man brauche ein:

> „Entgegenwirken gegen [!] die chauvinistischen polnischen Aktivitäten, die für die Interessen des Staates und der polnischen Kultur auf dem Dorfe genauso schädlich sind wie die umstürzlerischen Aktivitäten fremder Separatisten, weil sie [nämlich] einen Unterschied zwischen dem Poleschuken und dem Polen herzustellen."[560]

Kostek-Biernacki war sich klar, dass eine „staatliche Assimilierung" keine ethnische Diskriminierung vertrug. Doch „hätte es sich bei der Gleichbehandlung aller Bürger um den Normalfall gehandelt, hätten sich [...] deutlich mehr Minderheitenangehörige in den staatlichen Institutionen finden müssen – schließlich hätten sie dann auch bei der Vergabe von Stellen im öffentlichen Dienst gleichbehandelt werden müssen."[561] Allerdings warf eine formal ja existierende und verfassungsmäßig garantierte Gleich*berechtigung* ohne Kulturautonomie, nationale Quoten, ohne Maßnahmen positiver Diskriminierung[562], allesamt Dinge, die zusammen mit dem Föderalismusbestrebungen eines Leon Wasilewski von der Warschauer Bildfläche verschwanden, die Frage auf, was denn eine Gleich*behandlung* strikt nach fachlicher Eignung bedeutet hätte, beispielsweise für Jobs im staatlichen, aber auch im privatwirtschaftlichen Bereich. Wahrscheinlich hätte eine solche tatsächliche Gleich*behandlung* zwar den Minderheiten der Juden (bis zu 3 Millionen Einwohner) und der Deutschen (über 1 Millionen Einwohner) viel gebracht, weniger hingegen den Ukrainern (über 4 Millionen Einwohner), den Belaruthenen (bis zu 2 Millionen Einwohner), Litauern und anderen Minderheiten. Nur dann hätte es nämlich Chancen auf Zugangs- und Verteilungsgerechtigkeit gegeben, wenn ein durchschnittlicher Anteil von Polesierinnen und Polesiern nach durchschnittlichen Leistungen auf eine Berufsschule oder Mittelschule gegangen wären, nur dann hätten diese Tätigkeiten bei der Post, der Bahn oder der Staatsverwaltung erreichen können, wo man lesen und schreiben können musste. Anders gesagt: Da weder eine territoriale noch eine individuelle Autonomie, sondern nur der „Versailler" Minderheitenschutz Gesetz war (und zwar bis zur Aufkündigung am 13. September 1934), wären selbst

558 AAN Bestand 1183, Sign. 1, Blatt 38, 1. August 1923.
559 Ebenda.
560 AAN Bestand 1183-55-3verso; eine ähnliche Unbeholfenheit ist heute bei der Benutzung des Begriffs „Bio-Deutsche" zu erkennen.
561 Henschel/Stach, In: Zeitschrift für Ostmitteleuropaforschung 2013, S. 186-187.
562 https://de.wikipedia.org/wiki/Affirmative_Action.

bei der Gültigkeit des Prinzips „*Ein* Recht für alle" die Chancen für wenig alphabetisierte Menschen aus der armen Bauernschaft, obendrein aus einer „Minderheitenregion" und einem Randgebiet in Polen gering geblieben.

War es Polonisierung? Hier zeigt sich aber auch wieder das Dilemma dessen, dass Polen kein Nationalstaat war und auch nicht sein konnte. Doch die europäischen und eurasischen Vielvölkerstaaten, das Habsburger, das Russländische und das Osmanische Reich waren nicht ohne Grund zerfallen; und die Gründe für diese Zerfallsprozesse waren dieselben, die dann auch in Polen im September 1939 die Verteidigungsstärke gegen die deutschen und sowjetischen Aggressoren schwächten. Denn weil die Polnische Republik zwar kein Nationalstaat war, aber die politischen Entscheider ihn als solchen ausgaben, ist man leicht der Idee zugänglich, die „Herrschaftstechniken im Sumpf" ausschließlich als Polonisierungsmaßnahmen anzusehen, die Soll und Ist mit mal brachialen, mal smarten Methoden in Deckung bringen wollten und sollten.

Aber war hier die Polonisierung der Zweck oder das Mittel zum Zweck? Ging es darum, Leute zur Landesverteidigung, zum Feuerlöschen usw. heran zu ziehen oder ging es um Polonisierung? Es gab sicherlich Maßnahmen, die als Polonisierung anzusehen sind, wie zum Beispiel der Gebrauch der polnischen Sprache und die Polonisierung der Russisch-Orthodoxen Kirche, die Etablierung bestimmter staatsnaher polnischer Vereine als Vorfeldorganisationen des Polentums, also Organisationen wie Schützenverband *(Związek Strzelecki),* Reservistenverband, Feuerwehr, der Luft- und Gasverteidigungsliga *(Liga Obrony Powietrznej i Przeciwgazowej, LOPP)* und ähnliche Organisationen – von der allseits als selbstverständlich angesehenen Polonisierung der Staatsverwaltung nicht zu reden.

Passivität der Gesellschaft!... und der Behörden? Doch spätestens seit die Entscheider im polnischen Staat mit drakonischen Maßnahmen gegen jedwede politische Opposition jeglichen Aufruhr zumindest in Polesien erstickt hatten, wurde eine passive Haltung allgegenwärtig. Kostek-Biernacki erkannte dies spätestens 1933 und warnte vor der gesellschaftlichen Passivität und deren Auswirkungen.

Vormoderne bäuerliche Alltagsstrategien des Ausweichens, des Verschwindens, des Sich-Duckens und der Kleinkriminalität lebten wieder auf. Der moderne Staat scheute sich nicht vor der Befassung mit rechtlichen Auseinandersetzungen, die früher von „Friedensrichtern" behandelt worden waren. Der Wojewode pochte auf Durchsetzung des geltenden Rechts:

> „Häufig wurde das Fehlen eines entsprechenden Bewusstseins der Klienten nicht nur durch die angeblichen „Verteidiger" und Rechtsanwälte materiell ausgebeutet, sondern führte auch durch die Verwirrung, zu einem Ignorieren der Justizbehörden und des geltenden Rechtes, zum Nichterscheinen zu Gerichtsverhandlungen, dem Nichtbezahlen von Steuern und [der Bedienung von] Schulden und manchmal sogar zu Kriminalität."[563]

Selbst die Rechtsanwälte sollen vormoderne illegale Aktivitäten gedeckt haben. „Als Beispiel der Lockerung der sozialen Disziplin führt der Gouverneur eine Reihe von Zivilverfahren an, die das geradezu kriminelle Vorgehen von Anwälten in den Fragen des ungere-

563 Ebenda AAN Bestand 1183, Sign. 55/4 (1933).

gelten Eigentums und anderer Rechte und der Passivität der Gesellschaft angesichts solcher Fälle offenbaren."[564]

Passivität und Defätismus hätten die Gesellschaft ergriffen: „Als Folge der unzulänglicher Kontrolle und des Interesses [sic!: in dieser Reihenfolge] der Autoritäten, als Folge der Leichtgläubigkeit umfasst diese Demoralisierung häufig ganze soziale Gruppen." [...] Anschließend wies der Wojewode „auf den »Defätismus« hin, mit dem ein hoher Prozentsatz von Bürgern infiziert ist. Dieser Defätismus manifestiert sich aktiv in der Form der Verbreitung von Unzufriedenheit und passiv in Form von Gleichgültigkeit." Mit Defätismus meinte der Wojewode ausdrücklich auch die staatliche Verwaltung, also sein eigenes Haus, und die Gerichte.[565]

Kostek-Biernacki war nicht alleine mit seiner Diagnose. Die belaruthenisch-nationalistische Zeitschrift *Belaruski Front,* die neben den drei politischen Strömungen der „Russophilen", der „Opportunisten" und der „Nationalisten" eine vierte, unpolitische kannte, charakterisierte die Haltung der Bauernschaft in Westpolesien im Februar 1939:

> „Die vierte Gruppe ist die passive Volksmasse, die nach der Regel »Das geht mich ja nichts an.« lebt. Diese Gruppe ist zwar die größte, aber man kann sie in jedwede Richtung führen. Sie gehen mit dem, der in einem bestimmten Moment physisch seine Wahrheit beweisen kann. Unter diesen sind die meisten hungrig, barfuß und analphabetisch. Sie lesen nichts, interessieren sich nicht für das politische und gesellschaftliche Leben; sie sind es gewohnt, den kirchlichen und weltlichen Autoritäten zu gehorchen, aber sie würden begeistert jedem folgen, der ihnen Brot und mehr Land verspricht."[566]

Friedhofsruhe. Tatsächlich hatte der Staat es erreicht, dass die Hefe widerständigen Handelns nicht aufging. Es herrschte Politik- und Parteienverdrossenheit. Die Sozialingenieure dachten, die polesischen Bauernfamilien seien apathisch und könnten nicht nur von Dritten, sondern auch von ihnen selbst manipuliert werden. Hätten die Vertreter der Staatsverwaltung 1933 wissen können, was sich 1939 dann entlud? Dass die einmarschierende Sowjetarmee viele Bauern mit Leichtigkeit zu Mord und Totschlag, zu Brand und Raub anstacheln konnte? Mir scheint, dass die Machthaber wohl dem Irrtum unterlagen, „Kriminalität", die sich unpolitisch oder zunehmend unpolitisch verstand, nicht als politisch wirkende Kraft wahrzunehmen, ja, überhaupt wahrnehmen zu können. Und diese Vorstellung hat wahrscheinlich dazu geführt, dass die Vertreter der polnischen Staatsverwaltung nicht mehr gemerkt haben, welches eingefrorenes Potential an Agressionen die Politoffiziere der Sowjetarmee nur noch unter den Einheimischen zu wecken brauchten, als sie 1939 einmarschierten. Denn solch ein Zustand war ganz nach dem Geschmack Moskaus. Mit der Okkupation kam der große nominelle und reelle Erfolg: die wenigen übrig gebliebenen bewussten Belaruthenen wurden deportiert oder ermordet. Die Sowjetführung machte während und nach dem Angriffskrieg auf die Republik Polen mit sozialen und nationalterritorialen Fragen erfolgreich Politik.

564 AAN Bestand 1183, Sign. 55, Blatt 3verso.
565 Ebenda.
566 Z žyccja našej vëski, In: Belaruski front, Nr. 37(01.02.1939), 4. Jg., S. 3-4, hier S. 3. übrigens ins Englische eigenwillig übersetzt in Vakar, Nicholas P.: Belorussia – the Making of a Nation – A Case Study, Cambridge, Massachusetts 1956, S. 136.

5. 1939-1941: Sowjetherrschaft in Polesien als BSSR

5.1 Geschichtsschreibung

Über die deutsche Besetzung in Polen und das Besatzungsregime gibt es zahlreiche Publikationen, hingegen über die sowjetische Besatzungszeit von 1939 bis 1941 nur wenige Titel in deutscher Sprache. Dies ist nicht nur der Quellenlage geschuldet. Es gibt ja zudem den nicht von der Hand zu weisenden Gedanken, dass sich Deutsche um die deutsche Besatzung kümmern sollten. Eine Befassung mit der sowjetischen Besatzung des Ostens der Republik Polen oder gar ein Vergleich der Opferzahlen gilt hingegen als unangebracht.

In der Belarus' ist die Bewertung des 17. September 1939 bis heute zwischen der staatlichen und der demokratisch-oppositionellen Geschichtsschreibung umstritten. Es gibt „Straßen des 17. September", und im Museum des Großen Vaterländischen Kriegs wird die alte sowjetische These fortgeschrieben, dass der an diesem Datum begonnene Angriff auf die Republik Polen und die daraus resultierende deutsch-sowjetische Teilung des polnischen Staatsgebietes den Angriff der nationalsozialistischen Armee auf die Sowjetunion habe verzögern können,[1] sowie, dass man die Bevölkerung der westlichen Ukraine und westlichen Belarus' vor den Schrecken des Hitlerregimes habe schützen können. Dies sind die Argumente für Kinder und Erwachsene, die in das auch wegen seiner Waffenpräsentation beliebte Museum gehen. Wissenschaftlich ergänzt werden diese Argumente noch durch die, dass die Deutschen dort andernfalls selbst staatliche oder halbstaatliche Entitäten geschaffen hätten, dass Polen ein Völkergefängnis, ein bourgeoiser Staat gewesen sei[2], der sich 1938 gegenüber der ČSR ebenfalls aggressiv benommen hätte, dass die Deutschen die Sowjets gedrängt hätten, die Sowjetarmee nach Polen zu schicken, dass die Nazis noch viel schlimmer seien als die Kommunisten, dass man nicht nur die schlechten, sondern auch die guten Seiten sehen solle und schließlich sogar, dass Polen so schwach gewesen sei.[3]

Doch diese traditionellen Argumente dagegen, dass man die Polnische Republik in ihrem Kampf nicht stützte, sondern stürzte, bleiben heute ganz hinter dem Argument zurück, dass die Sowjetarmee die Belaruthenen und Ukrainer in einer Republik habe vereinigen können, ganz entsprechend dem Willen der Belaruthenen, Ukrainer und – von den Polen einmal abgesehen – anderen in diesen Gebieten lebenden Völkern.[4] Man spricht in diesem Zusammenhang gerne von einem „Akt historischer Gerechtigkeit", durch den das geteilte Land wiedervereinigt worden sei. Anatol' Trafimčyk hat darauf hingewiesen, dass „historische Gerechtigkeit" keine analytische Kategorie ist, und noch nicht einmal eine moralische,

1 Museum des großen Vaterländischen Kriegs, zweites Schaufenster nach dem Eingang (Das Muster der Rede von der Atempause, das schon 1918 in Brest-Litovsk angewandt wurde, schimmert durch).
2 Über diese Argumente Trafimčyk 2013, S. 64.
3 Alles hierzu Rižskij mir, kniga 2, 2014, S. 5-9.
4 Ebenda und viele andere mehr.

denn mit historischer Gerechtigkeit ließe sich die ja auch die Wiedereinführung der Sklaverei begründen.[5] Im Fall der Belarus' füge ich noch hinzu, dass das Land in dieser territorialisierten und ethnisierten Form durch den Einmarsch der Sowjetarmee *erstmals* geschaffen wurde, während historisch nur die nicht eingehaltenen Versprechen Lenins/Stalins und Wilsons waren, dass jedes Volk selbstbestimmt in einem Nationalstaat leben dürfe. Die Berufung auf historische Gerechtigkeit und historische Rechte ist auch deshalb absurd, weil in den modernen Rechtssystemen nicht mehr das alte oder älteste Recht, sondern das aktuelle das gültige ist – doch konnten Akteure der UdSSR und der BSSR mit dem jüngsten Recht, nämlich dem Vertrag von Riga, auch nicht argumentieren, so dass lieber das „alte", zumindest das vorhergehende aus dem 19. Jahrhundert, als argumentative Stütze genutzt wurde.

So weit verbreitet ist dieser fast triumphialistische, für die argumentative Unterfütterung der Rechtmäßigkeit der Entstehung der belaruthenischen Staatlichkeit bedeutende Strang der Geschichtsschreibung, dass unabhängige oder in Warschau oder Vilnius lehrende Historiker*innen zunächst mit der Sammlung von Fakten in der Form von Aufzeichnung mündlicher Erinnerungen begannen.[6] Noch immer ist es auch beispielsweise nötig zu belegen, dass unter den Menschen, die 1939 in den Ostgebieten Polens gelebt hatten, 1.250.000 im Juni 1941 nicht mehr in ihrer Heimat waren, darunter 900.000 „Sonderumsiedler" *(SpecPereselency)*.[7]

Auch in Russland sind es Wenige, insbesondere Sergej Sluč von Memorial, die es wagen, den 17. September als heroisches Befreiungsdatum anzuzweifeln.[8]

In Polen konzentrierten sich die Historikerinnen und Historiker auf die Aktivitäten der Polen und der letzten Aktivitäten des polnischen Staates selbst. Im Zentrum steht die Niederlage der wenigen heroisch kämpfenden Truppenteile, das Leid der Polen, die in wenigen Tagen vom Staatsvolk zu einer Minderheit geworden waren, einer Minderheit, so dann meist die Eingangsthese, die nicht wegen ihrer sozialen Lage, sondern wegen ihrer Loyalität zu dem nicht mehr existierenden polnischen Staat repressiert wurden, oder abgekürzter ausgedrückt, weil sie der polnischen Nation angehörten. Ein besonderes historiographisches Augenmerk wurde auf die Repression der Polen aus *Polska A* gelegt, die nun vor den Deutschen in die Ostgebiete der Republik geflüchtet waren.

Im Jahr 2009 brachte Krzysztof Jasiewicz in dem Bewusstsein, dass „beide Seiten", in diesem Fall sowohl die polnische als auch die jüdisch-israelische, „die selben Erscheinungen sehr unterschiedlich wahrnehmen und ihnen diametral unterschiedliche Bedeutungen und Bewertungen geben", einen Band mit Texten jüdischer Zeitzeugen heraus – ebenfalls in der Regel von Juden aus *Polska A*, für die die Ostgebiete Neuland, also keine Heimat waren.[9]

---

5 Trafimčyk 2013, S. 64-69.

6 Smaljančuk, Ales': Belaruskaja historyja: znajsci čalaveka, Minsk 2013.; Vosen' 1939 goda ŭ histaryčnaj tradycyi i vusnaj historyi, Minsk 2015.

7 Gross, Jan T.: Und wehe, du hoffst… Die Sowjetisierung Ostpolens nach dem Hitler-Stalin-Pakt 1939–1941, Freiburg 1988, S. 177 u.a., Einzelheiten weiter unten.

8 Sluč, Sergej (Hg.): UdSSR, Vostočnaja Evropa i Vtoraja mirovaja vojna 1939 - 1941: diskussii, kommentarii, razmyšlenija, hg. Von Rossijskaja Akademija Nauk, Institut Slavjanovedenija, Moskva 2007.

9 Jasiewicz, Krzysztof: Rzeczywistość sowiecka 1939–1941 w świadectwach polskich Żydów. Warszawa 2009, S. 9.

Weniger gehen die polnischen AutorInnen darauf ein, ob und wie der „Aufbau des Sozialismus“ nach den ersten drei Vertreibungswellen und nach mehreren Wahlen, also in der Zeit zwischen Juli 1940 und 22. Juni 1941 durchgesetzt wurde, in der die normal-sowjetische Verwaltung und Wirtschaft eingeführt wurde. Das ist bei mehreren Autoren[10] vielleicht deren Quellen geschuldet, weil sie Berichte von Deportierten derer gelesen, verarbeitet und veröffentlicht haben, die die Zeit von Ende 1940 und dem ersten Halbjahr 1941 eben deshalb nicht mehr mitbekommen haben, weil sie da schon nach Sibirien verschleppt worden waren. Es fällt dann unter den Tisch, dass es neben der Gewalt-Intervention auch hier die „sowjetische Modernisierung“ gab – diese jedenfalls beabsichtigt war. Wie wir sehen werden, war die sowjetische Staatsmacht nicht nur mit der militärischen Eroberung, der Füllung von Gefängnissen und Deportations-Eisenbahnzügen, mit Wahlen und Propaganda befasst, sondern auch mit den Klassikern der „zivilen“ Landschaftsintervention in Polesien: Der Erneuerung der Verkehrsinfrastruktur und der Melioration. Hiermit beschäftigt sich wiederum die belaruthenische Geschichtswissenschaft, wenn auch noch nicht sehr ausführlich. In ihrer Propaganda wurden die damaligen neuen Machthaber auch nicht müde zu betonen, dass man soziale und Versorgungs-Errungenschaften der UdSSR nun auch hier eingeführt habe. In wieweit diese nur aus dem einmaligen Wegnehmen (Enteignen) und Zerstören oder auch einem gewissen Aufbau bestand, werden wir sehen müssen.

Möge dieses Kapitel ein kleiner Baustein dazu sein, die Heteronarrativität über Polesien von 1939 bis 1941 zu überwinden.

5.2 Die schnelle Sowjetisierung nach dem Sieg der Roten Armee

Ereignisse: Der Hitler-Stalin-Pakt

Wann Moskau mit Überlegungen zu einem militärischen Angriff auf die Republik Polen begann, das wissen wir nicht. Zwar verfolgte man sorgfältig die verschiedenen Verteidigungs- und Kriegs-Vorbereitungen der europäischen Länder und hier insbesondere Polens und Deutschlands, doch wird man bis zum Frühjahr 1938 solch ein Vorgehen wohl weder hier noch gegenüber Finnland erwogen haben. Die letzte Repressionswelle in der UdSSR im Jahr 1938 hatte gerade erst diejenigen entmachtet, die selbst die Täter von 1937 waren, welche wiederum die Massenrepressionen, darunter auch gegen die Bolschewiki der ersten Stunde und das Oberkommando des Militärs durchgeführt hatten. Die mir bekannten Dokumente der Jahre 1938 und 1939 lassen nur auf Verteidigungs-, nicht auf Angriffsmaßnahmen schließen.[11]

Während Polen sich zwar an der Beute der zerschlagenen ČSR am 2. Oktober 1938[12] beteiligte, für einen gemeinsamen Angriff mit der Wehrmacht gegen die UdSSR aber nicht zur Verfügung gestellt[13] hatte, war die deutsche Regierung unter Hitler auf einen offen antipolnischen Kurs umgeschwenkt. Bis zum Sommer 1939 stand das deutschländisch-sowjetische Bündnis. Heute sind Äußerungen Stalins aus dem Mai 1939 und Molotovs über die Vorbereitung Hitler-Stalin-Pakt bekannt. Der Pakt selbst enthielt zwar eine klare Aufteilung

10 Gross 1988; Jasiewicz 2009.

in Einflusszonen, doch eine Verpflichtung [!] zum Kriegführen, zur Besetzung enthielt der Vertrag nicht. Die Naziführer übten daher drei Tage nach dem Überfall auf Polen am 1. September dahingehend Druck aus, dass die UdSSR ebenfalls in Polen einmarschieren solle; damit wollte man sich nicht nur der Vertragstreue der UdSSR versichern, sondern vor allem auch eine Sammlung der Armee Polens in den der Sowjetunion zugestandenen Gebieten nicht nur Ostpolens (*kresy*), sondern aller Gebiete östlich der Weichsel verhindern. UdSSR-Außenminister Molotov antwortete: „Noch nicht," man begann aber mit der Mobilisierung der Sowjetarmee am 7. September 1939.[14] Zwei Tage später sah man einen Angriff schon für die Nacht vom 12. auf den 13. September vor,[15] schlug aber erst am 17. September in Abstimmung mit den Deutschen[16] los. Jeder Tag, den die Sowjetarmee ihren Angriff hinauszögerte, verbesserte ihren Ruf und verwirrte die Bevölkerung Polens, aber auch der ganzen Welt über die Ziele des Einmarschs. Nach dem in der Nacht zuvor ausgegebenen[17] Befehl brauchte die Rote Armee nun, um Verwirrung über ihr Vorhaben zu erzeugen, eigentlich nicht obendrein noch – wie am Südrand Polesiens, in der Nähe von Zdolbuniv geschehen – beim Grenzübertritt am 17. September den „Marsch der 1. Brigade", eine Art inoffizieller polnischer Nationalhymne zu spielen.[18] Es gab keine Kriegserklärung. Verwirrt waren die einheimische Bevölkerung, die dort stationierten und die von Deutschland hierhin verdrängten polnischen Truppen.

Vermeidung von Kämpfen

Die Truppen der Sowjetarmee versuchten, Kämpfe gegen die letzten Teile der polnischen Armee zu vermeiden. Wacław Stachewicz, der Generalstabschef der Armee Polens schrieb, dass die polnischen Einheiten „durch das Verhalten der Bolschewiki" [sic!] daher „irritiert" waren, und dass deren Führer behauptet hätten, Polen gegen die Deutschen zu Hilfe zu

11 Nicht zuletzt aus militärgeographischen Gründen wollte man die Hauptstadt der BSSR nach Mahilёŭ verlegen (siehe unten). Auch nicht auf Angriffslust ließ schließen, dass sich der KP(b)B-Vorsitzende Ponomarenko Sorgen über das Wissen der einfachen Soldaten über die neuen Schutzbunker machte; und aus Smolensk geschickte Vertreter des Amtes für staatliche Reserven beim Allunions-Rat der Volkskommissare *(Upravlenie gosudarstvennych rezervov pri SNK SSSR)*, eine Art Kontrollkommission, stellten betrübt fest, dass im Rahmen einer Mobilisierungstätigkeit in dem Reserve-Lagergebäude in der Nähe der polesischen Stadt Rėčyca keine Renovierung durchgeführt worden war und durch die eingeschlagenen Fenster feuchte Luft und Schnee drang. 17 Tonnen Zucker sollen hierdurch in Mitleidenschaft geraten sein; Auch sei kein Wasserbassin geschaffen worden, im Falle eines Feuers könne man nicht löschen. Das Salz hingegen werde innerhalb der Stadt gelagert und sei seit 1935 nicht „erfrischt" worden (NARB Bestand4p-- 1-d.14722-15); Auch die Miliz in der BSSR beschäftigte sich unpolitischen Dingen wie Feuer, Hooligans, Selbstmord, Raub, Mord, Schlägereien usw. und berichtete dies an KP(b)B-Chef Ponomarenko (siehe NARB Bestand4p-1-14613, Milicija NKVD BSSR 1939), während die Rote Armee in Polen einmarschierte.

12 https://de.wikipedia.org/wiki/Cieszyn#Wirren_des_Zweiten_Weltkriegs.

13 Zuletzt Snyder 2015.

14 Vosen' 1939, 2015, S. 29-30; Historyja belaruskaj dzjaržaŭnasci 2012, tom 2, S. 41.

15 Ebenda, S. 30.

16 Über die amtlichen Verlautbarungen hierzu Gross 1988, S. 25.

17 Rižskij mir, kniga 2, 2014, S. 49, #2, vom 16.09.1939.

18 Gross 1988, S. 33. Die Truppen gingen in den ersten Tagen nicht durch die Sümpfe, sondern: Um Polesien drum rum Sowjets 1939.
https://ru.wikipedia.org/wiki/Польский_поход_Красной_армии_(1939)#/media/File:Poland1939_after_14_Sep.jpg

kommen. Die Sowjetsoldaten hätten demonstrativ Sympathie für die Polen zur Schau gestellt, Zigaretten geteilt.[19]

Der Oberbefehlshaber der Polnischen Republik, Edward Rydz-Śmigły[20] gab den Befehl aus, gegen die Sowjettruppen nicht zu kämpfen,[21] doch in der Befehlskette konnte weder diese noch die gegenteilige Linie als eine verbindliche erkannt werden, weil die Kommunikations-Verbindungen teilweise schon gekappt waren. Dadurch wurde die Verwirrung noch größer. Einzig der Grenzschutzkorps *(Korpus Ochrony Pogranicza, KOP*[22]*)*, für solche Zwecke weder trainiert noch ausgerüstet, wehrte sich gegen den Angriff. Wäre dieser von langer Hand vorbereitet und dann gar öffentlich worden, dann wäre der Widerstand sicherlich heftig gewesen. Gerade die kurze Vorbereitungszeit von nur Monaten für das Ziel, nur Wochen für die Strategie und nur Tagen für die militärische Aktion trug hier zum schnellen Sieg bei, und entscheidend war eher das genaue Wissen um das Kriegsziel als eine lange Vorbereitung mit Diskussion darum. Die Sowjetarmee stand nun in der ganzen (westpolesischen) ehemali Wojewodschaft Polesien. Ganz Polesien wurde sowjetisch.

Heute, im Jahr 2018, erinnern wir uns unwillkürlich an die Annexion der Krim, die ebenfalls als Befreiung und dem Willen der Bevölkerungsmehrheit verwirklichend ausgegeben wurde. Damals, und ich weiß nicht, ob das in der Geschichtsschreibung schon gewürdigt wurde, wurde der militärische Erfolg gegen Polen zu einem Vorbild für den Angriff auf Finnland. Zu schnell und einfach war der Sieg am Bug gewesen, als dass man auf einen Angriff auf Finnland hätte verzichten wollen.

Moskau konnte aber die „Karelier" nicht nach dem belaruthenisch-ukrainischen Muster gegen „Finnen" in Stellung bringen, und die Sowjetunion hatte nicht nur das Völkerrecht, sondern auch das Volk gegen sich – wahrscheinlich war das Ziel einer Verschiebung der sowjetischen Außengrenze von mehr als nur den bisherigen wenigen Dutzend Kilometern vor Leningrad zu wichtig, als dass man sich des Vorhabens eines weiteren vermeintlichen „Spaziergangs" hätte entziehen können.[23]

Der Vormarsch der Sowjetarmee war an der belaruthenischen Front tatsächlich fast ein Spaziergang, auch wenn gemäß einer Liste nach dem Gestellungsbefehl 590 Dienstpflichtige nicht erschienen waren.[24] Es muss sich hier nicht einmal um Drückebergerei oder sogar bewusstes Desertieren, sondern kann sich tatsächlich um Missverständnisse gehandelt haben. Über Rotarmisten, die die Kampagne nicht mitmachen wollten – wie beispielsweise der bei einer Leiche eines Rotarmisten gefundene Zettel „Ich will nicht Leben … Vasja, gib

19 Pavlov, Ja.: „Bolevye točki" istorii Belarusi, S. 73-74; Rozanov, G.: Stalin–Gitler. Dokumental'nyj očerk, S. 118. Quelle: https://ru.wikipedia.org/wiki/Польский_поход_Красной_армии_(1939).

20 https://de.wikipedia.org/wiki/Edward_Rydz-%C5%9Amig%C5%82y#Letzte_Jahre.

21 „Ich befehle aufgrund der durch den Vormarsch der bolschewistischen Armee auf dem Gebiet Polens geschaffenen den Rückzug der Truppenteile und ihrer Ausrüstung nach Rumänien oder Ungarn. Kämpft nicht gegen die Bolschewiki, es sei denn im Falle eines Angriffs von ihnen der versuche, [unsere] Truppen zu entwaffnen. Die Aufgabe, Warschau und die Städte gegen die Deutschen zu verteidigen, bleibt unverändert. Städte, an die sich die Bolschewiki wenden, sollten mit ihnen über den Zugang der Garnison nach Ungarn oder Rumänien verhandeln". Übersetzt nach Łojek, Jerzy: Agresja 17 września 1939, Warszawa 1990, S. 104.

22 https://pl.wikipedia.org/wiki/Korpus_Ochrony_Pogranicza.

23 Meines Wissens stellt einzig Trafimčyk stellt die Verbindung überhaupt her. Trafimčyk 2013, S. 58. https://de.wikipedia.org/wiki/Karelo-Finnische_Sozialistische_Sowjetrepublik.

24 NARB Bestand4p-1, Sign. 14613-69, Brief an Ponomarenko.

Bescheid, dass ich einfach nicht leben will"[25] suggeriert – ist genauso wenig überliefert wie andererseits über irgendwelche Freiwilligenmeldungen in die Armee. Festgehalten ist: Die Stimmung in der Sowjetarmee war anfangs nicht gut.[26] Doch der Vormarsch wurde auch dadurch nicht behindert, dass an 162 Objekten in der BSSR das Licht in der Nacht vom 17 auf den 18. September nicht maskiert oder ausgeschaltet wurde, darunter auch von 11 Chauffeuren;[27] sogar 10 Militäreinrichtungen hatten nicht ausgeschaltet.[28]

Während des ungleichen Kampfes der nazideutschen Armee gegen die polnische war erstere auch über die im Hitler-Stalin-Pakt vereinbarte Linie in Richtung Osten hinausgegangen. Nach Polesien, paktgemäß sowjetischer Einflussbereich, gingen Truppen des Deutschen Reichs bis in die Nähe von Kobryn. Die gleichnamige Division der polnischen Streitkräfte war den zahlenmäßig selbst hier deutlich überlegenen deutschländischen Truppen nicht gewachsen.[29] Auch die deutschländische Armee hatte zu wenig Treibstoff,[30] besaß aber die Luftherrschaft und bombardierte den Königskanal (Dnepr-Bug-Kanal) heftig.[31] Die deutschländischen Bodentruppen wagten es am 17. September nicht, auf einem unbewachsenen Feld die polnischen Einheiten anzugreifen, und die es dennoch taten, wurden schnell aufgerieben.[32] Die polnische Division Kobryn versteckte sich in der Nacht vom 17. auf den 18. September im Wald, konnte aber nicht mehr auf Hilfe von anderen Verbänden hoffen, war nun auf sich allein gestellt.[33] Das Ziel der Deutschen, Kobryn am 18. September einzunehmen, scheiterte an dem Widerstand dieser polnischen Truppenteile. Letztere gingen aber in einem langen nächtlichen Marsch bis in die Mittagsstunden des 19. September in die Wälder zwischen dem Orzechowski-Kanal und der Eisenbahnlinie zwischen Brest und Kovel nach Süden, während die deutschen Einheiten inzwischen die Aufgabe hatten, in erster Linie die Gebiete von Volodymyr-Volyns'kyj über Brest nach Białystok zu sichern. Am nächsten Tag nahmen sie das inzwischen von niemandem mehr verteidigte Kobryn ein.[34]

100 km weiter östlich, in Pinsk, fand vom 15. August bis offiziell 3. September 1939 der vierte Polesische Jahrmarkt statt. Viele polnische Patrioten hatten andere Prioritäten. Man gründete erste Partisanenformationen, kontrollierte Brücken bei Pinsk und über die Jaselda, nahm kleinere Eisenbahnstationen ein. Die Bevölkerung litt unter den Angriffen zunächst deutschländischer Flugzeuge, die ab dem 9. September Stadt und Hafen bombardierten. Wie im Ersten Weltkrieg trafen hier Flüchtlinge vom Westen her ein, ein Teil zog weiter. Für Polen kämpften viele Pinsker, wie beispielsweise der Sohn des Inhabers des Pinsker Theaters, Hirsh Holcman; als die Überlebenden unter ihnen 1991 vom polnischen Staat

25 NARB Bestand4p-1, Sign. 14613-75.
26 ausführlicher: NARB Bestand4p-1, Sign. 14616-49/50.
27 NARB Bestand4p-1, Sign. 14613, Blätter 27/35 und 39/49 sowie Blatt 51-56 für die Nacht vom 19. auf den 20. September.
28 NARB Bestand4p-1, Sign. 14613, Blätter 27/37.
29 Włodarkiewicz, Wojciech: Polesie 1939, Warszawa 2011 (=Historyczne bitwy), S. 164.
30 Włodarkiewicz 2011, S. 165, Originalfaksimile S. 276.
31 Włodarkiewicz 2011, S. 167.
32 Włodarkiewicz 2011, S. 169.
33 Włodarkiewicz 2011, S. 170-171, 308.
34 Włodarkiewicz 2011, S. 171-176.

erstmals dafür eine Medaille erhielten, prangten an mehreren unter ihnen die Orden des Großen Vaterländischen Kriegs an deren Jacken.[35]

Schnell hatten sich die Gerüchte über die Sowjetarmee bestätigt. Jetzt, am 17. September um 4 Uhr morgens, als die sowjetischen Truppen ihre Aggression gegen Polen begannen, gab es nur noch wenige kampffähige Teile der von den deutschen Streitkräften geschlagenen Armee Polens. Die politische wie militärische Führung Polens war überrumpelt.[36] Man hatte den Beobachtungen des KOP „Polesie" vom 10. September über sowjetische Truppenkonzentrationen keine größere Beachtung geschenkt, zumal man wegen des Kampfes gegen die deutschländischen Angreifer und der Evakuierung Warschaus auch nicht ausreichend Kräfte hatte, um dem nachzugehen.[37]

Der linke Flügel der 4. Armee der Sowjetunion hatte die Aufgabe, am 17. September bis zum Ufer Snów-Żylicze vorzudringen. Die Flottille sollte die Gewässer bis Lachva und Davyd-Haradok und am nächsten Tag bis Luninec einnehmen. Am 20. September hatte die Sowjetarmee auch Pinsk eingenommen.[38] Der Beschuss der Verteidiger aus dem – heute nicht mehr existierenden – Kirchengebäude der Jesuiten konnte daran nichts mehr ändern. Auch hier begrüßte die Bevölkerungsmehrheit die Sowjetarmee.[39]

Die Begrüßungszeremonie umfasste in Kosava[40] auf Empfehlung eines Nachbarorts einen Empfang mit roten Schleifen um den Hals.[41] Tatsächlich wurde die Sowjetarmee vielerorts freundlich, teilweise jubelnd und euphorisch begrüßt.[42] So jedenfalls berichteten es durchweg die sowjetischen Ankömmlinge wie Vasilij I. Čujkov. Besonders Juden und Belaruthenen, kaum Polen bereiteten den Rotarmisten einen frohen Empfang, in Luck mit Blumensträußen.[43] In Kobryn, wo die polnischen Truppen gegen die Deutschen einen Tag über den 17. September hinaus Widerstand geleistet hatten, erwartete die jüdischen Gemeinde sogar sehnsüchtig auf die Bestätigung der Gerüchte, dass die nazideutschen Truppen abziehen müssten, um den Sowjets Platz zu schaffen.[44]

Schon am 19. September, als der Krieg für die Sowjetarmee noch nicht gewonnen war, hatte der Oberkommandierende der belaruthenischen Front, Michael Prokofevič Kovalëv, einen Befehl veröffentlicht, der die „Bevölkerung der befreiten Gebiete zur Zusammenarbeit und der Bildung von Organen der neuen Macht" aufrief.[45] „Die örtliche Bevölkerung, hauptsächlich die mittleren und ärmeren Schichten, brachten sich mit Enthusiasmus in die Arbeit für die Einrichtung des neuen Lebens ein", schreibt eine belaruthenische Edition[46] über diese Zeit, in der Mord, Verhaftung, Raub, das übliche Besatzungsverhalten an der Tagesordnung waren.

35 Dieser Absatz folgt Historyja Pinska 2012, S. 450, 458, 459.
36 Włodarkiewicz 2011, S. 178, 228-252.
37 Włodarkiewicz 2011, S. 178-180.
38 Włodarkiewicz 2011, S. 85-86.
39 Historyja Pinska 2012, S. 460.
40 https://be.wikipedia.org/wiki/Косава_(горад).
41 Gross 1988, S. 39.
42 Čujkov, Vasilij I.: Missija v Kitae: zapiski voennogo sovetnika, Moskva 1981, Seite 48-50, hier S. 49.
43 Jasiewicz 2009, S. 149.
44 Bluman, In: Jasiewicz 2009, S. 147.
45 Rižskij mir, kniga 2, 2014, S. 17.
46 Rižskij mir, kniga 2, 2014, S. 17 wie Historyja Belaruskaj Dzjaržaŭnasci 2012..

Aktivitäten der Besatzer und der Bevölkerung

Deutsch-sowjetische Freundschaftsparade in Brest. Bereits fünf Tage nach dem Grenzübertritt stand die Sowjetarmee – wie befohlen[47] – in Brest, dessen Festung die Deutschen am 17. September eingenommen hatten. Schon am selben 22. September 1939 defilierten auf Initiative der Deutschen[48] ausgeruhte deutschländische und von einem langen Nachtmarsch müde[49], am diesem Tag ja erst eingetroffene sowjetische Truppen gemeinsam durch Brest-Litovsk,[50] die Fotos zeigen gemeinsam lachende Gesichter für das Foto.[51] Die gemeinsame Parade war nicht vorher auf Plakaten angekündigt worden, konnte auch gar nicht. Die Stadtbevölkerung wäre vermutlich auch nicht gerne hingegangen – die Juden wegen der Nazis, die Polen wegen der Sowjets, und überhaupt hatten alle nun Wichtigeres zu tun.

Alleine die Tatsache dieser Parade mit diesen Fotos widerlegt schon die These, die Sowjettruppen hätten die Bewohner der westlichen Belarus' und Ukraine vor den Nazis schützen wollen. Heutige offizielle belaruthenische Werke informieren über die Parade, zeigen jedoch keine Fotos.[52] Michail Semirjaga geht davon aus, dass es auch in Pinsk und in Hrodna (Grodno) eine gemeinsame deutschländisch-sowjetische Parade gegeben habe.[53]

Wir haben oben gesehen, dass Polesien in der Republik Polen ideologisch, politisch, wirtschaftlich und sozial außen vor gelassen, zuweilen bewusst marginalisiert worden war. Es fiel der Führung der Sowjetunion nach der ersten Verwirrung daher leicht, die Aggression gegen Polen als Befreiungskrieg zu deklarieren. Obwohl sie Polesien und die belaruthenisch-ukrainischen Gebiete nicht grundsätzlich als Kolonie bezeichneten, wurde die Rede von der „Knute der polnischen Pans“[54], unter denen das belaruthenische (übrigens nicht das jüdische) Volk leide, mit antikolonialistischer Propaganda gespickt; entsprechend wurde der Überfall auf Polen als Befreiungsprojekt ausgegeben. Die sowjetischen Behörden, Militärs und Medien sprachen nur in den ersten Tagen und nur intern von „Okkupation“, wie z.B. *Vilenskie informacii po radio No 3* vom 30. September 1939.[55]

---

47 Włodarkiewicz 2011, S. 209.

48 Krivošein, S.M.: Meždubur'e. Vospominanija, Belgorod, Voronež 1964, S. 251.

49 Włodarkiewicz 2011, S. 214.

50 Włodarkiewicz 2011, S. 208-218.

51 Włodarkiewicz 2011, zwischen S. 160, 161, 184; gemeinsames Foto unter Stalinplakat: Vosen' 1939, 2015, zwischen 232 und 233, letzte Fotoseite; Erinnerungen eines Soldaten. Autobiografie. Original 1951 im K. Vowinckel Verlag, Nachdruck 18. Auflage: Motorbuch, Stuttgart 2003, zitiert in: https://de.wikipedia.org/wiki/Heinz_Guderian#Zweiter_Weltkrieg; Der Sieg in Polen, (Hg. Oberkommnado der Wehrmacht), 1940, letztes Foto „Besuch bei einem Panzerregiment der Roten Armee“); https://www.youtube.com/watch?v=S6gg1z5DovI, https://www.youtube.com/watch?v=tfzJEXZWPfE https://www.youtube.com/watch?v=S6gg1z5DovI; https://www.youtube.com/watch?v=IvlnT8dwEeo mit zeitgenössischem deutschem Ton.

52 Rižskij mir, kniga 2, 2014, S. 15-16; Historyja Belaruskaj Dzjaržaŭnasci 2012, S. 44. Ebenda S. 46 mit einer Parade nur der Sowjetarmee unter einem Stalinbild.

53 Semirjaga, Michail Ivanovič: Tajny stalinskoj diplomatii 1939–1941. Moskva 1992, Kapitel III „Sud'ba Pol'ši“, Unterkapitel 2 „Novyj Razdel“, http://militera.lib.ru/research/semiryaga1/03.html (14.11.2018).

54 Immer seltener: „Weißpolnische Pans“, wie noch Jakub Kolas sie beschrieben hatte. Kolas, Jakub: Ded Talaš, In: Kolas, Jakub: Izbrannye proizvedeniaj v dvuch tomach. Tom 2: Povesti i rasskazy [russisch], Moskva 1956, S. 325-531, z.B. S. 329.

55 NARB Bestand4p-1, Sign. 14616-42.

Staatliche Konfiskation oder Marodieren? Ein größeres Problem als der Widerstand, (den es auch gab, siehe unten) gerade in dieser ersten Zeit stellten für die Besatzer, so scheint mir, Fälle von Marodieren dar.[56] Im September oder Oktober stahlen welche aus der 4. Armee 120 Kilogramm Käse aus dem Gebäude der „städtischen Selbstverwaltung von Brest-Litovsk".[57] Die Grenze zwischen Plünderung und Beschlagnahme war oft nicht deutlich zu ziehen.

Flucht. Nicht alle waren verwirrt, nicht alle begrüßten. Der polnische Grundbesitzer Orwid-Bulicz[58] flüchtete auf dramatische Weise von seinem polesischen Sitz, sobald sich die Informationen über den sowjetischen Einmarsch bestätigt hatten.

Andere flüchteten von West nach Ost, wie zum Beispiel der Künstler und Schriftsteller Ignacy Witkiewicz (Witkacy), der sogleich am 18. September 1939 in Jeziory, Polen, heute Welyki Ozera[59] oder in Ozersk (im selben Rajon)[60] Selbstmord mit Schlaftabletten beging. Die meisten Juden sahen in der sowjetischen Besetzung zwar das geringere Übel. Nicht Wenige versuchten allerdings von Ost nach West ins deutschländische besetzte Polen zu gelangen. Wahrscheinlich hatten sich positive Erinnerungen und Erzählungen über das Verhalten der „Deutschen" zumindest im ersten Besatzungsjahr des Ersten Weltkriegs auf solche Entscheidungen ausgewirkt. Doch die neue deutsch-sowjetische Grenze wurde bald geschlossen. Der NKVD-Chef der BSSR, Canava, schrieb noch am 18. November 1939 an seinen Chef in Moskau, Berija, dass sich 22.000 Menschen an der Grenze befänden, die in das vom Deutschen Reich besetzte Gebiet fliehen wollten und fragte, was nun zu tun sei.[61]

Die örtlichen Befehlshaber sicherten sich ab. Überhaupt strebten die Besatzer nach ihrem schnellen Sieg danach, die Kommunikation zu intensivieren, da ja alle Aktivitäten von Moskau abgesegnet werden mussten. Und solche Fragen gab es viele. Sollte man den Kleinsparern ihre Einlagen bei den Banken zurückgeben? Was soll mit dem vorhandenen Getreide der geflohenen Gutsbesitzer, aber auch den Kostbarkeiten aus dem Radziwiłł-Schloss in Nesviž geschehen?[62] Besonders um Energiefragen war KP-Chef Ponomarenko besorgt.[63]

Bürgerkrieg? An vielen Orten beglich man alte Rechnungen. Man nutzte, wie schon im Bürgerkrieg eingeübt, die Gesetzlosigkeit und überhaupt das Chaos. Es gab dabei eine, wenn auch nicht immer eindeutige Korrelation zwischen Täter = untere Schichten, Opfer = höhere Schichten. In Parėččе (Kreis Pinsk) ermordeten Bauern den Gutsbesitzer Roman Skirmunt, worüber 70 Jahre später damalige Kinder sprachen.[64]

---

56 NARB Bestand4p-1, Sign. 14616-44.
57 Vgl. Gross 1988, S. 64-65.
58 Orwid-Bulicz, Roman: Der Preis des Sieges, Bonn 1967.
59 https://www.openstreetmap.org/search?query=Velikie ozera#map=10/51.5651/26.9055)
60 https://uk.wikipedia.org/wiki/Озерськ im Rajon Dubrovycja, https://uk.wikipedia.org/wiki/Дубровицький район, Norden von Oblast Rivne – ukrainisches Polesien.
61 NARB Bestand4p-1, Sign. 14697-214.
62 NARB Bestand4p-1, Sign. 14623-206-211; vgl. Rižskij mir 2014, kniga 2, S. 50-52, # 3.
63 Ebenda, sowie Blatt 11-13, Ponomarenko an Stalin.
64 Smaljančuk 2013, S. 138-154; Smaljančuk http://media-polesye.by/news/roman-skirmunt-zhizn-posle-smerti-22799.;Il'jankoŭ, Vjačaslaŭ: Les vjadomy: Da abstavin smerci R.A.Skirmunta, In: Zaharoddze 3, Minsk 2001, S. 286ff.

Auf äußerst brutale Art und Weise tobte man sich aus, „übte Rache“ für die tatsächliche und vermeintliche Unterdrückung.[65] Inwieweit die Sowjetarmee und andere offizielle Organe beteiligt waren, darüber gibt es unterschiedliche Erinnerungen und es dürfte auch unterschiedlich gewesen sein. In einem polesischen Nest wurde der Ex-Verehrer von Gryzelda Niziol Lachocki, Tochter eines *osadnik*s, nun zum Sprachrohr der Kommunisten am Ort. Ihre Mutter schlachtete 20 Hühner. Alle waren in Angst vor Mord und Gewalt. Ein Blinder musste Geige spielen, während draußen Leute erschossen wurden. Und eine Nachbarin gab den „Kommunisten“ Geld, aber ihr Mann wurde trotzdem erschossen.[66]

Weder den Begriff Bürgerkrieg noch den des Klassenkampfs würde ich dafür verwenden wollen. Wichtig ist zu wissen, dass die Sowjetarmee sich in den zwei Septemberwochen auf ihren eigenen Sieg konzentrierte und die örtliche bäuerliche Gewalt zumindest gewähren ließ. Gross geht davon aus, dass sie die Bauern dazu geradezu ermunterte und anstachelte.[67] Dies kann allerdings nur für die Zeit gelten, als sie selbst schon zumindest in den Hauptstützpunkten herrschte, nicht für die ersten Tage. Doch bevor wir uns der schon jetzt einsetzenden Flucht, Evakuierung und Vertreibung näher widmen, möchte ich die Entwicklung der belaruthenischen Staatlichkeit unter diesen Bedingungen nachzeichnen.

5.3 Juristische Legitimation durch Wahlen zu einer „Narodnoe Sobranie“

Moskau war es wichtig, die Ausdehnung der BSSR und der Ukrainischen SSR juristisch zu legitimieren. Man gründete hierzu nicht mehr wie vor der Gründung der UdSSR (also vor 1922) irgendwelche neuen Republiken, gründete auch keinen Puffer- oder Satellitenstaat wie die Mongolische Volksrepublik. Man hatte schon einige völkerrechtliche Erfahrungen gesammelt (und das Völkerrecht hatte sich ebenfalls weiter entwickelt). Zuerst hielt man Volksabstimmungen ab, und (erst) als diese, wie vorgesehen, den Wunsch nach Anschluss respektive die Vereinigung mit der BSSR und Ukrainischen SSR erbrachten, wurde die Vereinigung formell vollzogen und Wahlen zu den Republiksorganen, 1940 dann auch zu örtlichen und regionalen Sowjetorganen abgehalten. Was heute wie eine Farce anmutet, war damals noch nicht eingeübt. Die Ausdehnung auf fremdes Gebiet hatte das Sowjetische Moskau nicht gekannt, betrat nun „Neuland“.

Es lief erstaunlich einfach. Eine wichtige Voraussetzung hierfür war, dass die obersten Kader Pantelejmon Ponomarenko, Lavrentij Canava und Nadežda Grekova[68] schon ein eingespieltes Team waren. Ponomarenko hatte es als Parteimann sogar geschafft, den Geheimdienstchef Nasedkin am 16. Dezember 1938 abzusägen.[69] Dies konnte nur gelingen, weil Ponomarenko ein typischer, ja idealtypischer Mann von „Stalins Team“ war, um einen neuen denglischen Ausdruck zu benutzen.[70] Länger als er war nie zuvor einer Chef der KP Be-

65 Gross 1998, S. 43.
66 Lachocki, Gryzelda Niziol: Goodbye tomorrow, Lawrenceville, Va. 1999, S. 16.
67 Gross 1988.
68 https://pl.wikipedia.org/wiki/Nadzieja_Hrekawa.
69 Ioffe, Émanuil: Pantelejmon Ponomarenko: „železnyj“ stalinist, Minsk 2015, S. 76-81.
70 Fitzpatrick, Sheila: On Stalin's Team. The Years of Living Dangerously in Soviet Politics. Princeton 2015.

larus' gewesen. Der 1938 in die BSSR geschickte Ponomarenko[71] kannte einerseits keine Hemmungen, neben Stalin auch andere Führer in Moskau anzuschreiben, unterschrieb aber nur mit „Sekretär“, so wie es auch Grekova machte,[72] obwohl er ja höherrangiger, nämlich der Republiksparteichef war. Nun, nach dem Einmarsch in die westliche Belarus' und das Gebiet Białystok, fuhren Canava, und zeitweise auch Ponomarenko nach Białystok.

Vorbereitung. Die beschriebene aus Moskau vorgegebene Richtung schlug sich in Dokumenten ab dem 1. Oktober 1939 nieder.[73] Am Tag darauf nahm die KP(b)B den Beschluss der VKP(b) zur „unerschütterlichen Ausführung“ an, dass die besetzten Gebiete „in den Bestand der BSSR und UdSSR eingehen“ sollten.[74] Am 4. Oktober verkündeten „die Militärräte der ukrainischen und weißrussischen Front“ einen entsprechenden „Aufruf“.[75]

Zunächst waren die Wahlen zur „Volksversammlung“ *(Narodnoe Sobranie)* zu organisieren. Jeder Vorgang vom Moskauer Beschluss am 1. Oktober bis zu der Auszählung der Stimmzettel am Wahltag war gut geplant, und die neuen Machthaber wandten eine immense Energie auf eine präzise Durchführung auf. Dennoch verlief die Eingliederung in die Sowjetunion, um es vorweg zu nehmen, oft chaotisch, und man hielt es auch in jeder Phase für nötig zu manipulieren und zurecht zu biegen.

Pro 5000 Einwohner war ein Abgeordneter zu wählen.[76] Die Kandidatensuche konnte dabei so erfolgen, dass die „Betroffenen“ beim ersten Besuch der „Sowjetoffiziere“[77] überrascht waren, nicht verhaftet, sondern vielmehr als Kandidat auserkoren zu sein.

In Pinsk soll die örtliche Volksversammlung *(narodnoe sobranie)* von verschiedenen Bevölkerungsschichten [!] vorbereitet worden sein. Auf einem Meeting mit – laut Quellen – 10.000 Arbeitern, Bauern und Intelligenten hieß man die „Kraft und Stärke der Sowjetmacht und den Heroismus der Roten Armee bei der Errichtung der Sowjetmacht in der westlichen Belarus“ und den Anschluss an die UdSSR gut.[78]

Doch weder die gute Vorbereitung in Moskau, noch die gute Zusammenarbeit von Partei/Sowjet und Geheimdienst der BSSR, kann ausreichend erklären, warum es in diesem Durcheinander eines frisch besetzten Landes gelingen konnte, schon am 22. Oktober 1939[79] die Wahlen durchzuführen und ein für sie selbst sehr gutes Ergebnis zu verkünden. Denn nicht zuletzt hatte es seit dem 17. September noch zwei Wochen gedauert, bis sich die letzten polnischen KOP- und Armee-Kräfte geschlagen geben mussten.

Flächendeckende Registrierung. Ein Grund für das gute Gelingen der Wahl zu diesem frühen Zeitpunkt war die Registrierung der Bevölkerung, bei der, was ja vom Namen der Einrichtung („Volkskommissariat für Innere Angelegenheiten“ – NKVD) her sogar einigermaßen normal wäre, der damals wichtigste Sicherheitsdienst der UdSSR die zentrale Rolle

71 zu den Positionen in der Nomenklatur 1917–1939/1941 siehe Siebert 1998a, S. 378-380.
72 Z.B. NARB Bestand4p-1, Sign. 14663-1.
73 Beschluss „Voprosy zapadnoj Ukrainy i zapadnoj Belorussii“ des CK der VKP(b), zitiert in: http://elib.bsu.by/bitstream/123456789/97677/1/Snapkovsky-Tihomirov-Sharapo%20tom_2.pdf, S. 6.
74 NARB Bestand4p-1, Sign. 13541, Blätter 1-6, „Voprosy Zapadnoj Belorusssii“, hier Blatt 1.
75 Gross 1988, S. 71-72.
76 Gross 1988, S. 72.
77 Gross 1988, S. 72.
78 NARB Bestand4p-1, Sign. 14616-35.
79 https://ru.wikipedia.org/wiki/Народное_Собрание_Западной_Белоруссии.

spielte. Der NKVD nutzte nicht nur Meldeverzeichnisse und Steuerlisten,[80] sondern auch verschiedene andere Gelegenheiten, um an die Daten der Einwohner zu kommen, verknüpfte die Datenerfassung mit der Brennholzzuteilung.[81] Außerdem zogen die Staatsangestellten zur Erfassung von Haus zu Haus,[82] oder beauftragten „Hauskomitees" mit der Hilfe bei der Registrierung.[83]

Um die Wahlberechtigten flächendeckend zu erfassen, zog man gerne Menschen aus dem selben Dorf oder Stadtteil heran. Gerade die ethnischen Polen, aber auch Belaruthenen beklagten, dass Menschen diese Aufgaben übernahmen, die im Gefängnis gesessen hatten oder doch in Polen als besonders unzuverlässig bekannt waren.[84] In einem Dorf im Kreis Luninec sollen besonders diejenigen ausgesucht worden sein, die früher „nicht arbeiten wollten". Bei den gegenüber Fremden oft abweisenden „Poleschuken" in dem dünner besiedelten Polesien war es schon eine Leistung, Kandidaten zu finden und später die Menschen zur Wahlurne zu bringen.[85] Nach Auftaktveranstaltungen am 4. Oktober hängte man überall Plakate und Losungen auf,[86] brachte Sketche auf Bühnen, gerade auch in den wenigen existierenden Fabriken.[87]

Fortwährend gab es Treffen und Versammlungen zur Vorbereitung der Wahlen, bei denen die Anwesenheit verpflichtet war; man drohte andernfalls Repressionen an.[88]

Wie es ablief, können wir typischerweise an dem Landkreis Hancėvičy zeigen. Vorsicht ist geboten, weil das Folgende auf bei der Organisation Karta aufbewahrten Erinnerungen von später deportierten Polen beruht, doch ein Gegencheck durch offizielle Dokumente war mir bisher nicht möglich. Der erste Schritt war, dass aus der UdSSR, möglichst der alten BSSR, Entsandte ein Wahl-Komitee bildeten.[89] Auch als Kandidaten wurden oft keine Einheimischen, sondern Zugereiste aus dem Osten der BSSR aufgestellt.[90] Es wurden Lehrer zur Vervollständigung von Wählerverzeichnissen in die Häuser geschickt. Man wollte Leute dazu gewinnen, Reden in russischer Sprache für die Versammlung zu halten, die gar kein Russisch konnten, aber nun einen vorgefertigten Text ablesen sollten.[91]

Es wurde zuweilen im Zusammenhang mit Wahlkampfveranstaltungen Vieh zugeteilt, oder wenigstens Bonbons zum Kauf angeboten. Es sollen auch „Fänger" ausgesandt worden sein, die je zehn Wahlberechtigte zu einer Versammlung schleppen sollten.[92] Weil diese gewöhnlichen Maßnahmen nicht ausreichend halfen (oder aus Zeitgründen nicht so schnell durchgeführt werden konnten?), zündete man das Dorf Šerešovo/Šerešaŭ (Landkreis Pruža-

80 Gross 1988, S. 78.
81 Gross 1988, S. 79.
82 Gross 1988, S. 79.
83 Gross 1988, S. 79.
84 Trafimčyk, Anatol': Uspaminy „zachodnikaŭ" pra peršyja saveckija vybary °u Hancavickim raëne Brėsckaj voblasi:, In: Vosen' 1939 hoda ŭ histaryčnyj tradycyi i vusnaj historyi, Minsk 2015, S. 95-105, hier S. 97-98.
85 Vgl. Gross 1988, S. 73.
86 Gross 1988, S. 74-75.
87 Gross 1988, S.75.
88 Trafimčyk 2015, S. 95-105, hier S. 100.
89 Trafimčyk 2015, S. 97-98.
90 Ebenda, S. 98.
91 Gross 1988, S. 76-77.
92 Gross 1988, S. 80.

ny) einfach an, weil sich die Einwohner „besonders hartnäckig geweigert haben“ sollen, solche Versammlungen zu besuchen.[93]

Die Versammlungen enthielten Rituale, die vielleicht mit denen der Kirche verwandt waren, und öfter als ein Mal je Woche abgehalten wurden. Nicht zu wundern brauchte man sich da, dass auch dort Menschen währenddessen einschliefen, obwohl in ihnen vielseitige Errungenschaften wie Schulbesuch, Zucker, Salz, Rente mit 65 und die Panzerproduktion gelobt wurden.[94] Auch die Abläufe beim Gang zum Wahllokal und dem Verhalten in selbigem erinnerten an „religiöse Prozeduren“.[95]

Kandidaten. Verwundert waren die Polesier auch darüber, dass man nur einen – von Agitatoren vorgestellten – Kandidaten zur Auswahl hatte, es gab auch Ausnahmen. Auch hier konnte es sich wieder um Steuersünder und Ex-Gefängnisinsassen handeln, vorzugsweise natürlich um „Bolschewisten“.[96] Selbst diese konnten zuweilen nur mit Müh' und Not gefunden werden, und sie machten sich dann auf Versammlungen lächerlich[97] oder waren der Aufgabe nicht gewachsen.[98] Obwohl die Kandidaten theoretisch „beliebig austauschbar“[99] waren, war deren verfügbare Zahl deshalb tatsächlich doch begrenzt.

In einem wolhynischen Dorf bestanden die Wähler darauf, jemanden aus ihren Reihen aufzustellen, weshalb die Wähler und der Aufgestellte verhaftet wurden.[100]

Der NKVD mischte bei den Vorbereitungen nicht nur mit, sondern war ständig zugegen. Es soll alleine in dem Kreis Hancėvičy 300 Agitatoren gegeben haben, was für zwei Personen je Dorf ausgereicht haben soll.

Man scheute sich nicht darzustellen, worauf das Ganze hinaus lief, sondern machte der Bevölkerung klar, dass die *Narodnoe Sobranie* nur das absegnen sollte, was schon vorher beschlossen war.

Die Verwirrung war so groß, dass die Wählerinnen laut Jan T. Gross[101] gar nicht wussten, ob sie einen bestimmten Kandidaten wählten oder auch gleich schon „mit ihrer Stimmabgabe über die Einverleibung der Westukraine und Westweißrussland in die UdSSR“ abgestimmt hätten. Solche Spekulationen sind schwer überprüfbar, weil es wahrscheinlich keine Stimmzettel gegeben hatte, jedenfalls keine überliefert sind.

Wahlberechtigte. Im Unterschied zu den anfänglichen Praktiken in der Sowjetunion durfte hier nun offiziell jeder „ungeachtet seiner Schicht“ mitwählen. Es sollte hier weniger die Diktatur des Proletariats über die Bourgeoisie demonstriert werden, sondern die Fähigkeit, alle zur Wahl zu bringen. Das – zumindest in der Sowjetverfassung – verbriefte Recht, an Wahlen nicht teilzunehmen, wurde in der Praxis nicht gewährt, denn auch für diesen Fall drohte man mit Repressionen.[102] Der Erfolg, dass fast alle an den Wahlen teilnahmen, war auf das Gelingen der Verknüpfung zweier Faktoren zurückzuführen: erstens, dass alle er-

93 Gross 1988, S. 82.
94 Gross 1988, S. 81-83.
95 Gross 1988, S. 91.
96 Trafimčyk 2015, S. 95-105, hier S. 98-99, 102.
97 Gross 1988, S. 85.
98 Gross 1988, S. 86.
99 Gross 1988, S. 87.
100 Gross 1988, S. 85.
101 Gross 1988, S. 83-84.
102 Trafimčyk 2015, S. 95-105, hier S. 100.

fasst werden konnten – besonders diejenigen, die nicht erschienen waren –, und zweitens, dass alle zur Wahl gebracht wurden.

Wahltag. Denn darauf legte man allergrößten Wert. Meistens brauchte man nun wirklich nicht so weit zu gehen wie in Skalat (bei Ternopil') und die Verwandten zu verhaften, um sicherzustellen, dass die anderen Familienmitglieder ins ab 4 Uhr geöffnete Wahllokal zu gehen und „richtig" abstimmen.[103] Hier und da ging man dazu über, die gesamte Einwohnerschaft mit Hilfe der Miliz zum geweihten Ort zu führen.

In dem Wahllokal hingen schon Stalinportraits[104] – vielleicht bemerkten weder die Zeitgenossen noch die Historiker, die dies heutzutage veröffentlichen, dass allein durch diese Tatsache schon im wahrsten Sinne des Wortes sichtbar wurde, dass die Wahlen nicht ergebnisoffen waren.

Wer nicht im Wahllokal erschien, wurde zu Hause aufgesucht[105] und zum Wählen geschickt, notfalls von zu Hause abgeholt und zum Wahllokal „begleitet". Bettlägerige und andere Kranke wurden sogar mit dem Auto abgeholt.[106] Man brachte die Wahlberechtigten möglichst in Gruppen zum Wahlgebäude, in das Wahllokal selbst hingegen sollten sie möglichst einzeln eintreten.[107] Wo es organisiert werden konnte, dort wurde im Wahlgebäude Akkordeon- oder sogar Kapellenmusik gespielt.[108] In dem Wahllokal selbst verschenkte man in einem Gutshof besorgte Äpfel, und die Stimmabgabe erfolgte unter Aufsicht von „bewaffneten NKVD-lern".[109] In Rivne verteilte man Brot.[110]

Der Wahlvorgang selbst war nicht nur deshalb eine Farce, weil es keine Auswahl gab. „Im Wahlkreis Nr. 7 in Pinsk diente ein Kino als Wahllokal. Hier gab es insgesamt acht Abtrennungen. Hinter jeder hatten es sich ein oder zwei Zivilisten bequem gemacht, um das Geschehen durch schmale Schlitze zu beobachten". Auch im Wahllokal waren wieder „in der polnischen Zeit Verurteilte" als Mitglieder des Wahlkomitees anzutreffen.[111] An nicht wenigen Orten, vielleicht an den meisten, waren Stimmzettel markiert. In einigen Fällen konnten die Menschen tatsächlich ungehindert geheim wählen.[112]

Manche waren gruppen- oder sogar ortschaftsweise in die Wälder geflohen,[113] wahrscheinlich nicht, um sich der Wahl entziehen zu können, sondern, weil sie viel Schlimmeres befürchteten.

Wahlergebnis. Zu allem Überfluss schummelte man noch bei der Stimmauszählung.[114] Das höchste Zustimmungsergebnis erzielte man in Polesien, mit 99 % Wahlbeteiligung und 99 %[115] Zustimmung zu den aufgestellten Kandidaten. Das war damals keine Selbstver-

103 Gross 1988, S. 87-88.
104 Rižskij mir, kniga 2, 2014, S. 26.
105 Jasiewicz 2009, S. 376.
106 Trafimčyk 2015, S. 95-105, hier S. 101.
107 Gross 1988, S. 90.
108 Gross 1988, S. 88-89.
109 Trafimčyk 2015, S. 95-105, hier S. 101.
110 Gross 1988, S. 89.
111 Trafimčyk 2015, S. 95-105, hier S. 102.
112 Gross 1988, S. 93.
113 Gross 1988, S. 93.
114 Gross 1988, S. 95-97.
115 Pravda 25.10.1939, zitiert in: Gross 1988, S. 97.

ständlichkeit. Während auch in der Stadt Pinsk 99 % der Wahlberechtigten teilgenommen und unter diesen 99 % für die Kandidaten gestimmt haben sollen, sah das Bild im benachbarten Navahrudak (98 %/92 %) schon anders aus. Im Regierungsbezirk *(oblast')* Białystok (94 %/85 %) war die Zustimmung am geringsten.[116]

Sowjetische Wahlen als Intervention. Die Wahlen waren nicht demokratisch.[117] Wozu eigentlich diese Intervention? Bis heute halten sich mehrere Interpretationen und Analysen. Die einen betonen das Ritualhafte, die Parallelität zu sonntäglichen Riten, die früher den Kirchen vorbehalten waren. Jan T. Gross meint, die Unterwerfung unter die neuen Verhältnisse sei die Übung bei zumindest diesen Wahlen gewesen, gar nicht mal unbedingt der Wahlsieg.[118]

Wie Trafimčyk und Gross bemerken, war für die Wählerinnen und Wähler das Wahlergebnis uninteressant.[119] Den später deportierten polnischen Wahlberechtigten war es kaum hängen geblieben, wen sie gewählt haben, um so mehr aber die Prozedur. Die beiden Autoren zweifeln direkt oder indirekt auch an, dass die WählerInnen überhaupt wussten, was die *Narodnoe Sobranie* überhaupt tun sollte. Wie auch immer, dass die westliche Belarus' und das Gebiet Białystok irgendwie zur UdSSR kommen sollten, wird ihnen schon klar gewesen sein. Daher werden sich viele nicht freiwillig dem Wahlzwang unterworfen haben. Insofern ist die Verkündung der sich aus den Wahlergebnissen ergebenden Macht in den sowjetischen Medien zwar hohl, aber zumindest der in der Geschichte Polens so wichtigen und wirksam gewesen nominellen Ebene[120] erfolgreich gewesen.

An den Wahlen nahmen viele Analphabeten teil. Trafimčyk macht sich über den Widerspruch in der sowjetischen und nachsowjetischen Geschichtsschreibung lustig, dass der Analphabetismus „von bis zu 70 % in Polesien“ nur beklagt wird, solange er bei Wahlen in einem polnischen Staat stattfand.[121]

Doch wissen wir eigentlich gar nicht, wie die Stimmzettel aussahen.[122] Ein Kreuz bei einem einzigen Kandidaten zu machen, das sollte man auch des Schreibens nicht Mächtigen zutrauen. Ich frage mich auch, ob Lenin überhaupt Recht gehabt hat, als er davon sprach, dass die Bolschewiki ihren Einfluss besser bei alphabetisierten Massen geltend machen könnten. Dies mag mag vor, während und kurz nach der Revolution seine Gültigkeit gehabt haben, nicht aber in einer Zeit, in der Repressionen zum Alltag des leninistischen Staates gehörten.[123]

116 Zvjazda [Zeitung] vom 26. Oktober 1939, zitiert in: Rižskij mir, kniga 2, 2014, S.61-63. Sehr viel günstigere Werte gab später bei den Wahlen am 24. März 1940, als 99,27 % der 2.930.628 Wahlberechtigten abstimmten und 97,97 % für die Einheitslisten stimmten (NARB Bestand 4p-1, Sign. 15326, Blatt 1-2.

117 Chomič, S.: Belaruskija skarby Guvera, In: Spadčyna 2003, 4-5, S. 69, zitiert in: Trafimčyk 2015.

118 Gross 1988, S. 102-103.

119 Trafimčyk 2015, S. 95-105; Gross 1988.

120 Wirpsza 1971, S. 20-21.

121 Trafimčyk 2015, S. 95-105, hier S. 96.

122 Sie sind im Internet nicht zu finden und wurden bisher auch in Archiven nicht gefunden, vielleicht auch allerdings nicht gesucht.

123 Trafimčyk 2015, S. 95-105, hier S. 96-97.

Ein Autor im Band *Historyja Belaruskaj Dzjaržaŭnasci* hält die Wahlen für gerechter als die vorhergehenden in der Republik Polen 1935.[124] Tatsächlich lohnt sich ein Vergleich. Immerhin gab es Gegenstimmen, allerdings trat hier Polesien nicht hervor. Die katholische Kirche in Pinsk agitierte gegen die Wahlen, jedenfalls ist ein Fall bekannt, während andere versuchten, die von der Parteiführung auserwählten Kandidaten, darunter viele parteilos, durch das Einbringen von eigenen Kandidaturen zu verhindern. Beides gelang nicht.[125]

Wahrscheinlich hätte die Minsker Macht auch ohne jegliche Manipulationen die Wahlen gewonnen. Doch ganz ohne Widerstand gingen die Wahlen 1939 nicht vonstatten (siehe unten).

Belorusskoe Narodnoe Sobranie. Schon eine Woche nach der Wahl eröffnete der älteste Abgeordnete in Białystok am 28. oder 29. Oktober 1939 die *„Narodnoe (Nacional'noe) Sobranie“*. Der russischsprachige Lesezettel für seine kurze Rede ist erhalten.[126]

Was eine *Belorusskoe Narodnoe Sobranie* genau sei, darüber gab es offenbar Missverständnisse: Ging es um das Volk *(narod)* der Belaruthenen oder um die in der Belarus' lebende Völker *(narody)* – um das Territorialitäts- oder das ethnische Prinzip? Dass es solche Missverständnisse gab, nimmt nicht Wunder, wenn man bedenkt, dass *„narodowy“* im Polnischen „National“, *„narodnyj“* im Russischen „Volks-“ bedeutet. Die Semantik selbst der offiziellen belaruthenischen Sprache ist hier jedoch nicht festgelegt. Zur Präzisierung wurde ein Ausweg gefunden: In den Kongressmaterialien sprach man von *Belorusskoe Narodnoe (nacional'noe) Sobranie,* etwa: „Belaruthenische Volks-Nationale Versammlung“.[127] Es wurde großen Wert darauf gelegt, dass nun alles „belaruthenisch“ (bzw. „ukrainisch“) war. Auch wenn die polnischen Quellen noch lange von „Russland“ sprachen, so hat die sowjetische Öffentlichkeitsarbeit doch sehr erfolgreich das „Belaruthenische“ und „Ukrainische“ auch in Polesien verbreitet, und so die schon vorhandene Stimmung zementieren können, dass alles „Polnische“ mit irgendwelchen „unterdrückenden Pans“, und alle Erfolge von „Belaruthenen“ oder „Ukrainern“ als sowjetische Befreiung dargestellt werden konnten.

Delegierte. Aus der *„oblast'* Polesien“ (zu diesem Zeitpunkt war damit wahrscheinlich die alte Wojewodschaft gemeint) waren 238 Delegierte vertreten.[128] – „Fleisch vom Fleische des Volkes“.[129] Auch im Ältestenrat *(Sovet starejšin)* war der Bezirk Polesien *(Polesskaja Oblast')* mit 20 Personen vertreten, die von der „Nationalität“ her 12 Belaruthenen, 5 Ukrainer, 1 Jude, 1 Pole und 1 Russin waren[130] – man beachte die nicht geringe Zahl der Ukrainer. Die berufliche Zusammensetzung kennen wir bei den Vertretern der *Oblast'* Polesien im Ausschuss der Bevollmächtigten: Unter den 8 Frauen und 8 Männern gab es 11 Bauern, 1 Lehrerin, 1 landlosen Dörfler (*Batraken)* und 1 Hilfsarbeiter.[131]

Vier Beschlüsse der Belaruthenischen Nationalversammlung. Die *Narodnoe Sobranie* verabschiedete am 29. Oktober 1939 vier vorbereitete Beschlüsse.

124 Historyja Belaruskaj Dzjaržaŭnasci, kniha 2, 2012, S. 49, vgl. Originalaussage eines Rechtsanwalts in NARB Bestand4p-1, Sign. 14616-131.
125 NARB Bestand4p-1, Sign. 14616, Blatt 127-139 über polnische und jüdische Agigation.
126 NARB Bestand4p-1, Sign. 14730-220-221.
127 NARB Bestand4p-1, Sign. 14730-4, 7, 9.
128 NARB Bestand4p-1, Sign. 14730-15.
129 NARB Bestand4p-1, Sign. 14730-18.
130 NARB Bestand4p-1, Sign. 14730-388.
131 Ebenda, Blatt 435.

Staatsrechtlich war derjenige „über die Frage des Beitritts *(O Vchoždenii)* der Westlichen Belarus' in den Bestand der BSSR“ am Bedeutsamsten. Die zentrale Aussage, „die Westliche Belarus' in den Bestand der Sowjetunion und der Belaruthenischen Sozialistischen Sowjetrepublik aufnehmen und das belaruthenische Volk in einem einzigen Staat zu vereinen und somit der Getrenntheit des belaruthenischen Volkes ein Ende zu bereiten“, war weit vom postulierten Internationalismus der sowjetischen Gründerjahre entfernt, und hob deutlich auf das belaruthenische Nationalbewusstsein ab.[132] Nicht hingegen sprach man in dieser Phase von einer „sozialistischen“ oder „sowjetischen“ Volksversammlung.

Damit war sechs Wochen nach dem Einmarsch der Sowjetarmee eine völkerrechtliche Grundlage geschaffen worden, im Eiltempo und nicht demokratisch, aber mit einem demokratischen Anstrich, so wie es seit der Oktoberrevolution eingeübt war. „Die Fremden haben uns [die Belaruthenen] geteilt (Jakub Kolas) – nun hatten sie uns vereinigt“, kommentiert der Historiker Ryhor Laz'ko diesen Vorgang.[133]

Anspruch auf staatsrechtliche Bedeutung hatte zudem die Erklärung „der belaruthenischen Volks-/National-Versammlung über die Staatsmacht“. Achten wir noch einmal auf die Wortwahl bezüglich der Nationalitäten: „Im Verlauf vieler Jahre wurden die Völker der Westlichen Belarus' von polnischen Gutsherren und Kapitalisten beherrscht. Die nationale [!] Unterjochung ging bis an die äußerste Grenze“; „der polnische Staat war ein Völkergefängnis. Die Regierung führte eine schändliche Politik der gewaltsamen Polonisierung *(opoljačivanija)* durch. Die Belorussen, Ukrainer und andere Völker nichtpolnischer Nationalität waren des Rechts auf die Entwicklung ihrer Kultur und sogar ihrer Muttersprache beraubt“.[134] Deutlicher konnte man die nationale Karte nicht ausspielen, und es stellt sich die Frage, ob damit die Stimmung der Kader oder der Bevölkerung eingefangen werden sollte, oder ob einfach nur der Angriff eines Imperiums auf einen Nachbarstaate als antikoloniale Aktion ausgegeben werden sollte.

Die Erklärung entwarf dann ein Leben in der Sowjetunion, in der jeder „unabhängig von rassischer und nationaler Zugehörigkeit, Glauben, Bildung, Wohnort, sozialer und Vermögenslage“ das Recht zu wählen und gewählt zu werden habe – Frauen wie Männer. (In Polen hatte es ebenfalls das Frauenwahlrecht gegeben.) Die Sowjetunion „kennt nicht länger zurückgebliebene Nationalitäten“,[135] wurde die bittere und grausame, nach Nationalitä-

132 Original: „Prinjat' Zapadnuju Belorussiju v sostav sovetskogo Sojuza i Belorusskoj Sovetskoj Socialističeskoj Respubliki, vossoedinit' belorusskij narod v edinom gosudarstve i položit' tem samym konec razobščeniju belorusskogo naroda“ „ Białystok 29. Oktober 1939, unterschrieben von 26 Personen der Präsidiums der *Belorusskoe Narodnoe Sobranie*; NARB Bestand4p, Sign. 14563, Blatt 1bis2; abgedruckt auch in Rižskij mir, kniga 2, 2014, S.63-64; vgl. http://narb.by/img/965/deklaratsija-narb_la_4p_1_145_0x0_tc.jpg; ebenfalls: 28–30 oktjabrja 1939 g. Stenogr. otčet. Minsk, 1946. S. 128–129. http://elib.bsu.by/bitstream/123456789/97677/1/Snapkovsky-Tihomirov-Sharapo%20tom_2.pdf, S. 79-80 #49.

133 Laz'ko, Ryhor: Nas ab'jadnali – chto? – Čužanicy, In: Vosen' 1939 goda ŭ historyčnaj tradycyi i vusnaj historyi, Minsk 2015, S. 22-36, hier S. 31.

134 NARB Bestand 4p-1, Sign. 14730-116.

135 NARB Bestand 4p-1, Sign. 14730, Blatt 116-118, „Deklaracija belorusskogo narodnogo sobranija o gosudarstvennoj vlasti“ hier Blatt 117.

ten segregierende Aktivität[136] der sowjetischen Behörden und kommunistische Parteikomitees verklärt.

In einer dritten Erklärung der belaruthenischen Volks-/Nationalversammlung wurde – ganz nach dem Vorbild des Dekrets über den Boden von 1917[137] – der Boden der Grundherren konfisziert und „zur Nutzung durch die arbeitenden Bauern" übergeben. Offensichtlich gab es auch Veranlassung, „das arbeitende Bauerntum (dazu) aufzurufen, die ehemaligen Böden der Gutsherrn, die nun das Eigentum des Volkes sind, sehr streng vor Beschädigung und Plünderung zu schützen". Sehr wichtig dürfte der Versammlungsregie der Satz im Beschlusstext gewesen sein, dass „das Gutsherrenvermögen und die Böden einzig von den Bauernkomitees verteilt werden dürfen". Die hier zum Ausdruck kommende Ablehnung von spontanen Ent- und Aneignungsmaßnahmen begründete man damit, dass „nur, wer die Böden selbst bearbeitet", diese nutzen dürfe. Übrigens fehlt hier die sonst übliche Identifizierung des Grund- und Gutsbesitzes als „polnisch".[138]

Anders war dies nämlich in der Erklärung über die „Nationalisierung der Banken und der Großindustrie": Das „Volk der Westlichen Belarus" habe „in seinen Versammlungen" bekundet, dass „die Banken in den Händen der polnischen Magnaten, Gutsherrn und Kapitalisten" der „Ausbeutung des Menschen durch den Menschen" gedient hätten. Die Unternehmen der „Parasiten – Fabrikanten, Betriebsbesitzer und Bankiers" wurden zu „allgemeinem Volkseigentum, das heißt zu staatlichem Eigentum" erklärt.[139] Vielleicht wurde der „polnische" Charakter hier betont, um nicht den überlieferten Antisemitismus der Bevölkerung anzufachen. Was dabei gar nicht auffällt: Die *Belorusskoe Narodnoe Sobranie* hat keine zwei Monate nach der Niederlage Polens dadurch, dass man den Beitritt zur UdSSR und volkswirtschaftspolitische Maßnahmen beschlossen hatte, deutlich gemacht, dass die Besetzung Polens keineswegs nur eine vorübergehende Maßnahme zur Bekämpfung des nationalsozialistischen Regimes darstellte. In der *Narodnoe Sobranie* wurde die Sowjetarmee, die Sowjetregierung und Stalin nicht dafür gelobt, dass sie im Kampf gegen den Faschismus eine Atempause und Stärkung ermöglicht hätten. Es wäre dies vielleicht keiner Erwähnung wert, wenn nicht gerade diese Argumente zur Rechtfertigung des Einmarsches immer noch vorgebracht würden. Mehr noch: die Lostrennung der westlichen Ukraine und westlichen Belarus' verschlang Ressourcen und Aktivitäten. Man wollte sogar Białystok und Finnland eingliedern. Eine bloße Atempause hingegen hätte man selbst nach einem Einmarsch in fremde Staatsgebiete auch ohne staatsrechtliche Veränderungen der Außengrenzen der UdSSR haben können.

---

136 Vgl. https://de.wikipedia.org/wiki/Polnische_Operation_des_NKWD; https://ru.wikipedia.org/wiki/Репрессии_в_РККА_1937 – 1938.

137 Deutsch: „Gesetz über Grund und Boden des Sowjetkongresses der Arbeiter- und Bauerndeputierten." (https://www.1000dokumente.de/index.html?c=dokument_ru&dokument=0006_bod&object=pdf&st=komitet&l=de) „§2. Die Güter der Gutsbesitzer sowie alle Domänen-, Kloster- und Kirchenländereien mit ihrem gesamten lebenden und toten Inventar, ihren Wirtschaftsgebäuden und allem Zubehör gehen bis zur Konstituierenden Versammlung in die Zuständigkeit der *Volost'*-Bodenkomitees sowie der *Uezd*-Sowjets der Bauerndeputierten über."

138 NARB Bestand4p-1, Sign. 14730-112-112verso.

139 NARB Bestand4p-1, Sign. 14730, Blatt 112-114.

5.4 Die Grenzziehung zwischen der BSSR und der Ukrainischen SSR im Jahr 1939

KP(b)B-Chef Ponomarenko, der noch 1938 aus territorialstategischen Gründen den Sitz der Hauptstadt der BSSR von Minsk nach Mahilëŭ hatte verlegen wollen, brauchte sich um die Frontstadtlage von Minsk nach der Eingliederung der Ostgebiete der Republik Polen (hier konkret der der westlichen Belarus) in die BSSR nun keine Sorgen mehr zu machen. Doch jetzt kam eine andere Grenze in seinen Blick: die Südgrenze, die schon 1918 umstritten war. Westpolesien war diesmal von der belaruthenischen wie ukrainischen Seite heiß begehrt. Der Oberste Sowjet der UdSSR hatte am 2. November die – um Vertreterinnen und Vertreter der Westgebiete erweiterten – Obersten Sowjets der Ukrainischen SSR und der BSSR beauftragt, die Grenzziehung zu projektieren. Diese hatten also zwar bestätigt bekommen, dass die neu eroberten Gebiete ihren Republiken zugeschlagen würden, aber bis dato war die Grenzlinie nicht festgelegt worden.[140]

Sowohl der Chef der Ukrainischen Kommunistischen Partei, Nikita Chruščev, als auch Ponomarenko waren in der Zeit des Großen Terrors in die Parteiführung aufgerückt. *Ex post* erkennen wir in Chruščev einen beherzten, vielleicht sogar mutigen Menschen, der in seiner späteren Zeit als Chef der KPdSU sich in die USA zu reisen traute, der vor allem aber Berija und Malenkov innerparteilich besiegte, wozu ja doch starke Nerven gehörten. Doch im Jahr 1939 konnte er sich nicht gegen Ponomarenko durchsetzen. Beide Republiks-Parteichefs wollten Polesien in ihr Territorium eingliedern, Chruščev in die Ukrainische SSR, Ponomarenko in die Belaruthenische SSR. Beide hatten sprachliche und ethnographische Argumente auf ihrer Seite. Für die Eingliederung in die Ukraine beispielsweise sprach, dass in der Volkszählung 1897 in den Landkreisen (*Uezd*en) Brest 62 % der Männer und 67 % der Frauen und Kobryn 79 % der Männer und 80 % der Frauen angegeben hatten, „kleinrussisch" zu sprechen.[141] Der Ethnograph Efim Karskij hatte eine mehrmals aufgelegte Karte der Belaruthenen erstellt, die die polesischen Territorien von Brest bis Pinsk und Davyd-Haradok als südlich des „belaruthenischen Gebiets" *(belorusskaja oblast')* gelegen darstellte, wiederum aber heute anerkanntermaßen russische und ukrainische Gebiete (von Nord nach Süd) von Nevel, Sebež und Smolensk bis nach Novozybkov als belaruthenisch bezeichnete.[142]

Chruščev „war erster" und fragte, so Ponomarenko in seinen Memoiren,[143] schon nach, warum nur die Ukrainer, nicht aber die Genossen Belaruthenen Vorschläge zum Verlauf der

---

140 Kumanev, G.A.: Rjadom so Stalinym: otkrovennye svidetel'stva. Vstreči, besedy, interv'ju, dokumenty. Moskva 1999, S. 298–300, In: http://elib.bsu.by/bitstream/123456789/97677/1/Snapkovsky-Tihomirov-Sharapo%20tom_2.pdf, #55, S. 91.

141 Errechnet nach: Pervaja vseobščaja perepis' naselenija Rosskijskoj Imperii, XI. Grodnenskaja gubernija 1897, SPb. 1903, S. 102-105 (Tabelle X). Über westpolesische Zählungen in der Mitte des 19. Jahrhunderts vgl. Tereškovič, Pavel V.: Ėtničeskaja istorija Belarusi XIX-načala XX v. V kontekste centraL'no-vostočnoj Evropy, Minsk 2004, S. 88.

142 https://be.wikipedia.org/wiki/Яўхім_Фёдаравіч_Карскі#/media/File:Belarusians_1903.jpg. Karskijs Grenzlinien wurden übrigens in eine Topografische Karte der Sowjetarmee eingetragen: NARB Bestand4p-1, Sign. 14635-13.

143 Kumanev, 1999, a.a.O.,ebenda.

Grenze gemacht hätten. Chruščev wollte eigentlich die selben polesischen Gebiete der Ukrainischen SSR zuschlagen, die die Mittelmächte mit der UNR auf Kosten Dritter schon im Februar 1918 „ukrainisiert“ hatten. Für seinen Gegenvorschlag holte sich Ponomarenko bei dem Akademiker Uladzimir Pičėta[144] Rat, dem ersten Rektor der belaruthenischen Staatsuniversität, 1930 verhaftet, 1931 verbannt, 1934 freigelassen. Pičeta argumentierte wissenschaftlich, und das hieß auch: mit den üblichen Verfahren, wenn Wissenschaftler die Erkenntnisse etwas zurecht biegen wollen.[145] Ponomarenko übersetzte dann die ganze wissenschaftliche Argumentation in eine Sprache, mit der er Stalin würde überzeugen können. Durch Phrasen wie „Es ist ja wohl völlig klar, dass“, „Es ist völlig unverzeihlich, nur dialektologische Kriterien zu verwenden“ und ähnliche Wendungen ließ er einige Argumente von Pičeta weg, fügte sogar ein wenig hinzu – und hatte, warum auch immer, Erfolg. Die Grenze wurde fast genau entlang der alten Südgrenzen der Gouvernements Białystok, Hrodna und Minsk gezogen, mit Ausnahme von Kamen'-Kašyrsk,[146] das der Ukrainischen SSR übertragen wurde.

Es lohnt sich, die Argumentationen, auf Grund derer diese folgenreiche, da bis heute gültige Grenzfestlegung zustande kam, näher zu betrachten, und im allgemeinen Teil dieses Buches werde ich darauf zurück kommen.

Das harte R machte nicht den entscheidenden Unterschied. Ponomarenko legte vier Kriterien zugrunde: „1. Wissenschaftliche Werke von Ethnographen und Historikern, 2. russländische statistische Daten über die nationale Zusammensetzung, 3. polnische statistische Daten über die nationale Zusammensetzung 4. unmittelbare Bekanntmachung mit der Lage vor Ort.“ Ponomarenko ließ zu seinem Schutz nicht unerwähnt, dass es „keine ernsthaften sowjetischen Arbeiten hierzu“ gebe.[147]

Man hatte ja in der Sowjetunion das „nationale“ Kriterium (damit war zumeist ethnographische gemeint) für die territoriale Gliederung als Hauptkriterium auserkoren. Daher bemühten sich Pičeta und mit ihm Ponomarenko nachzuweisen, dass die polesischen Gebiete um Brest, Kobryn und Pinsk „national“ belaruthenisch und nicht ukrainisch waren. Da Karskij in seiner „Karte des belaruthenischen Stammes“ von 1903[148] diese Gebiete den ukrainischen zugeschlagen hatte und dies sprachlich, genauer: dialektologisch begründet hatte, wandten Pičeta und Ponomarenko nun die Taktik an, die Sprache als nur ein und zudem nicht das wichtigste Kriterium für eine Bestimmung einer Nation und selbst Ethnie anzusehen. Gleichzeitig wiesen Pičeta und Ponomarenko aber nach, dass Karskij[149] bei der Bestimmung der in Westpolesien gesprochenen Sprache einzig den „E“-“I“-Lautunterschied, mithin „eine einzelne dialektologische Besonderheit“ zugrunde gelegt habe, nicht aber „Dzekanne, Cekanne und das ebenfalls typisch belaruthenische harte R. Dennoch be-

144 https://be.wikipedia.org/wiki/Уладзімір_Іванавіч_Пічэта
145 NARB Bestand4p-1, Sign. 14635, abgedruckt auch in http://elib.bsu.by/bitstream/123456789/97677/1/Snapkovsky-Tihomirov-Sharapo%20tom_2.pdf Nr. 54, S. 83-90 vom 20. November 1939.
146 Ioffe 2015.
147 NARB Bestand4p-1, Sign. 14624, Blatt 114-123.
148 Hyperlink siehe oben.
149 Karskij, Efim: Materialy dlja izučenija sěverno-malorusskich govorov, a takže perechodnych ot bělorusskich k malorusskim: (polěse), SPb. 1902, S. 7.

fanden sich Pičeta und Ponomarenko hier auf dünnem Eis, weil, wie gesehen, die Volkszählung von 1897 und das allgemeine Empfinden die dort gesprochene Sprache als ukrainisch darlegte. Wohl wissend, dass die Dialekte nicht „belaruthenisch" waren, argumentierte man, dass „die lokalen Dialekte" *(govory)* der ehemaligen *Uezd*e Brest, Bel'sk, Kobryn und Pinsk „eine [gemeinsame] dialektologische Gruppe mit denen des Regierungsbezirks Polesien"[150] bildeten. Da diese Region schon zur „alten" BSSR gehörte (und man diese bestimmt nicht der Ukraine zuschlagen würde), konnte dies ein Argument sein, das den später auch als Sprachwissenschaftler legendären[151] Stalin überzeugen konnte.

Aber das Berufen auf die Sprache, so Ponomarenko weiter, sei eben ohnehin „unmarxistisch": man müsse neben „linguistischen" auch „alltagshistorische" und wirtschaftliche Merkmale berücksichtigen. Doch konnte Ponomarenko davon ausgehen, dass all diese Argumente Stalin nicht gegen den 1931 verstorbenen[152] Karskij hätte einnehmen lassen. Dies dürfte Ponomarenko eher dadurch gelungen sein, dass er ausführte, dass Karskij „die westlichen Teile der Gouvernements Černihiv, Orlov, Kaluga, Tver' und Pskov als „belaruthenisch" bestimmt hatte. Diese „unrussische" wissenschaftliche Position Karskijs war in Ponomarenkos Augen auch geeignet, „alle, die sich auf Karskijs Karte stützen, (Florinskij, Dovnar-Zapol'skij, Zelenin, Durnovo und andere)" außer acht zu lassen. Für Pičeta und Ponomarenko war vielmehr die „Einheit des Territoriums, dass sich historisch gefügt hat", maßgebend.[153] Man beachte, dass der Wissenschaftler und der Parteichef hier „Land" über „Leute" stellten. Wo irgendwelche „Stämme" *(plemena)* lebten, das sahen sie als zweitrangig an. Tatsächlich ist die Argumentation mit „Stämmen" und „Völkern" immer dann schwierig, wenn diese, und das war fast immer so, und erst Recht in Polesien, kein festumrissenes eigenes Territorium besiedelten.[154] Ponomarenko fügte zu Pičetas Argumentation hinzu, dass „schon seit den Zeiten des sog. [sic!] Großfürstentums Litauen" die Belarus' Westpolesien umfasst habe. Im Russländischen Reich, so Ponomarenko weiter, seien die südlichen Teile des ehemaligen Gouvernements Grodno/Hrodna und Minsk „seit Jahrhunderten" wirtschaftlich, kulturell und verwaltungsmäßig mit den belaruthenischen Zentren Minsk, Hrodna und Białystok verbunden. „Und auch im ehemaligen polnischen Staat fielen die Südgrenzen der Wojewodschaften Białystok und Polesie fast vollständig mit denen der früheren Gouv. Grodno und Minsk zusammen." Letzteres müsste Ponomarenko besser gewusst haben: Die Wojewodschaft Polesie umfasste zunächst südlichere Gebiete wie z.B. Sarny.[155] Aber Ponomarenko befand sich im Abwehrzustand, und in seiner Situation war Angriff keine gute Verteidigung.

Und doch setzten sie noch einen drauf: „Weder Relief noch Böden des westlichen Polesien unterscheiden sich von denen des [alten] Regierungsbezirks Polesien" [um Mazyr].

150 Mit Letzterem war die neugebildete, aber schon seit den 1920ern zur BSSR gehörende Oblast' um Mazyr gemeint.
151 Deutsch: Stalin, Iosif V.: Der Marxismus und die Fragen der Sprachwissenschaft, Berlin 1953, 4. Auflage.
152 https://ru.wikipedia.org/wiki/Карский,_Евфимий_Фёдорович.
153 NARB Bestand4p, 1, 14624, Blatt 114-123, hier 115-118.
154 Es wirkt auf Außenstehende wie mich geradezu grotesk, wenn selbst heutzutage welche sich und sogar ihr Land über „Litviny" und „Kriviču" definieren, und mit derartigen Begriffen argumentieren.
155 https://pl.wikipedia.org/wiki/Wojew%C3%B3dztwo_poleskie.

„Wohnung, Bräuche, Sitten, Kleidung, Volkskultur und die ganze Lebensweise sind vollständig analog zu den Bedingungen der vorrevolutionären Belarus'.“ Außerdem seien „die wirtschaftlichen Aktivitäten alle auf belaruthenische Städte ausgerichtet.“ Schließlich bemühte man noch die Literatur: „Außerdem ist das belaruthenische Selbstbewusstsein hier deutlich: es bezieht das genannte Territorium in seine Literatur, Volksschaffen usw. ein.“ Dies stimmte, wie wir gesehen haben, eher theoretisch als praktisch. Und zuletzt streute Ponomarenko eine als Tatsache dargestellte Behauptung ein, obwohl diese Behauptung ja in dem ganzen Text erst umständlich bewiesen werden sollte: „Die Bevölkerung der südlichen Rajone der ehemaligen Gouvernements Grodno und Mogilev sind von der Nationalität her überwiegend Belaruthenen.“

Ponomarenko, dessen zusammenfassende Berichte, Erörterungen oder Problemskizzen an Stalin und andere Führer der VKP(b) zumeist nicht die Länge von ein paar A4-Seiten überschritten, legte sich hier ins Zeug, um „sein“ Territorium zu vergrößern, und schloss mit einem verhandlungstaktischen Kniff ab: All das Gesagte gelte für Westpolesien, mit Ausnahme des Kreises Kamen'-Kaszyrsk.[156] Diesen kleinen Kreis gebe man folgerichtigerweise gerne an die Ukrainische SSR.

Keine internationale Friedenskonferenz, keine militärische Besetzung, keine Volksabstimmung, sondern die genannten Argumente spielten die wesentliche Rolle dafür, in welcher Republik die Westpolesier leben würden. Weniger interessiert hat sie dabei vielleicht, unter welche Partei- und Sowjet-Vertreter sie gerieten, mehr wahrscheinlich, welche Sprache ihre Kinder nun in der Grundschule lernen würden.

Zudem hatten die Belaruthenen die normative Kraft des Faktischen auf ihrer Seite, da im Oktober die WählerInnen der betroffenen Gebiete VertreterInnen in die belaruthenische (eben nicht in die ukrainische) *Narodnoe Sobranie* entsandt hatten:

> „Gemäß dem Beschluss des Politbüros des Zentralkomitees der KPdSU(B) wurde die polnische Verwaltung zur Durchführung der Wahlen genutzt: „1. Die Einberufung der Ukrainischen Volksversammlung aus den Wahlbezirken der Westukraine (Gebiet der ehemaligen Wojewodschaften Stanislawów, Lemberg, Tarnopol und Luck) und der Belaruthenischen Volksversammlung auf den Gebieten von West-Weißrussland (das Gebiet der ehemaligen Wojewodschaften Navahrudak, Vilnius, Białystok und Polesien)“.[157]

Das heißt, die Gebiete Brest, Kobryn und Pinsk hatten während der Entscheidungsfindung zwischen der KPdSU, der KP(b)B und der Ukrainischen KP bereits Vertreterinnen und Vertreter in die belaruthenische, nicht die ukrainische *Narodnoe Sobranie* gewählt.

Genaueren Aufschluss könnten die damals benutzten Wahlzettel zur Wahl vom 22. Oktober geben, die aber nicht erhalten sind, oder, allerdings sehr unwahrscheinlich, noch immer streng geheim aufbewahrt werden. S.G. Filippov schreibt:

„In den Dokumenten des Politbüros des Zentralkomitees der Kommunistischen Partei (Bolschewiki) der Ukraine gibt es keine Informationen über die Vorbereitungen für die Wahlen zur Volksversammlung *(Narodnoe Sobranie).* Vielleicht weil diese Materialien in

156 NARB Bestand4p-1, Sign. 14624, Blatt 114-123, hier 123.
157 http://www.runivers.ru/doc/d2.php?SECTION_ID=6382&CENTER_ELEMENT_ID=146987&PORTAL_ID=6379

„speziellen Ordnern" aufbewahrt werden. In den Dokumenten der Bezirkskomitees gibt es diese überhaupt nicht, da sie alle erst ab November 1939 datiert sind."[158]

Daher können wir nicht belegen, ob auf den Wahlzetteln in den belaruthenisch-ukrainischen Grenzgebieten überhaupt stand, in welche der beiden „Volksversammlungen" die Gewählten geschickt werden sollten.

Am 29. November beschloss das Präsidium des Obersten Sowjets der BSSR, an welcher Linie von West nach Ost die Grenze verlaufen solle: Die Kreise *(uezda)* Brest, Kobryn (mit dem Grenzort Lelikovo, nicht hingegen die Uezde Luboml, Kamen'-Kašyrsk (mit Mukošin und Broki), dem See Skoren' und dem Ort Goryniči, den Fluss Strumen' entlang, wobei die Orte Para, Truševo und weiter südöstlich der Ort Derevnaja, sollten zur Oblast' Pinsk der BSSR gehören. Von dort aus ostwärts nach Gorodišče und Smorock, zum Fluss Stviga, wobei die Orte Žaden, Perebrod'e, Drozdino, Poznan', Budki zur Ukainischen SSR gelangen sollten.[159] Am 4. Dezember entschied der Oberste Sowjet der UdSSR, die Grenze dort zu ziehen, wo sie bis heute Bestand hat.[160]

Die alte sowjetisch-polnische Grenze. Nicht nur an der Verwaltungsgliederung der auf etwa die doppelte Größe angewachsenen BSSR war ablesbar, dass bis zum Juni 1941 die Westliche Belarus' eine Region besonderer Verwaltung blieb, sondern es waren sogar alte sowjetisch-polnische Grenzanlagen mit ihren Grenzposten nicht entfernt worden.[161] Die sowjetische Herrschaftstechnik bis 1941 erbrachte also weniger eine Raumverdichtung als eine Grenzverdichtung.

5.5 Wahlen zu den Sowjets 1940

Die Wahlen zum Obersten Sowjet der BSSR und der UdSSR fanden am 24. März 1940 statt.[162] Man legte auf eine peinlich genaue Vorbereitung Wert – wahrscheinlich gehe ich nicht falsch, wenn ich in den Anweisungen indirekte Hinweise darüber sehe, was bei den Wahlen im Oktober 1939 aus der Sicht der UdSSR noch schlecht gelaufen war.

Man stimmte die unteren Parteiorgane darauf ein, dass diese bevorstehenden Wahlen „bedeutend komplizierter" als diejenigen zur „*Narodnoe Sobranie*" seien: es sei zu befürchten, dass die Vertreter von PPS, Bund, Zionisten und andere bourgeois-nationalistische Agenten die Wahlen stören würden, und appellierte an die „Verantwortung" der einfachen Parteimitglieder. Unbedingt müssten die Stadt- und Kreiskomitees der Partei die Listen der Wahllokale bestätigen, und in den Wahlkommissionen „nicht weniger als 25 bis 30 Prozent

158 S.G. Filippov http://www.memo.ru/history/POLAcy/filipp1.htm.
159 NARB Bestand4p-1, Sign. 14623, Blatt 278-279 vom 29.11.1939.
160 O razgraničenii oblastej meždu Ukrainskoj Sovetskoj Socialističeskoj Respublikoj i Belorusskoj Sovetskoj Socialističeskoj Respublikoj. UKAZ ot 4 dekabrja 1939 goda, In: Vedomosti Verchovnogo Soveta SSSR 1939 g. № 38, zitiert in: http://www.brestobl.com/nasel/naselen/dok/1939-1941/1939/04_12razg.html.
161 Šybeka 2003, S. 306.
162 NARB Bestand4p-1, Sign. 14663, Blatt 234-251.

Frauen“ tätig sein.[163] Bis hin zur Aufforderung, die Wahldokumente und Stempel zur Stelle zu haben, ging die Instruktion von oben.[164]

Man solle das Ohr am Wähler haben und die Auswahl *(podbor)* der richtigen Kandidaten genauestens sicherstellen, dabei aber nicht die Parteilosen vor den Kopf stoßen. Man solle niemals oberflächlich bleiben und nicht vergessen, dass der Erfolg, dass Zehntausende Menschen „Arbeit, Brot, Boden und das Recht auf Bildung und Urlaub bekommen haben [...] auf der Grundlage der Arbeit“ beruhe.[165]

Jedenfalls hatte in Pinsk oder Kobryn eine 95-Jährige laut Pressebericht stolz verkündet, dass sie bei den Zaren und Pans keine (echte) Wahl gehabt, erst jetzt Männer und Frauen gleiche Rechte erhielten und nun glücklich sei, zum ersten Mal wählen zu gehen, und dass sie natürlich für diejenigen stimmen werde, die diese Wahlen ermöglicht hatten: „Dieses Glück gab uns unser lieber (wörtlich: heimatlicher *(rodnoj)*) Stalin und die Sowjetmacht“.[166]

Wieder schienen es besonders die ethnischen Polen und die Katholiken zu sein, die es noch wagten, gegen die Wahlen zu agitieren: „von den Wahlen können wir Polen nichts Gutes erwarten, Polen verlor seine Unabhängigkeit, und kaum ein Pole wird in diese Sowjets (Räte) gewählt werden“, notierten untere KP-Organe deren Stimmen. „Klerikale Elemente“ würden gegen eine Teilnahme an den Wahlen reden, weil sie auf das katholische Osterfest fielen. Ein Kulak soll sich an die Bauern mit der altbekannten Identifizierung von Judentum und Bolschewismus gewandt haben: „In die obersten Sowjets schleichen sich die Juden ein, man muss Pogrome an den Juden organisieren“.[167] Der Pope in einer Kirche in Kobryn sagte, dass „die Wahlen ein weiteres Manöver der Sowjetmacht seien; in Wirklichkeit sind die Abgeordneten schon lange vorher benannt und freie Wahlen wird es nicht geben“, womit er Recht hatte, wie schon aus dem gleichen Bericht hervorgeht, in welchem der Berichterstatter offen undemokratisch davon ausgeht, dass „die bourgeois-nationalistischen Elemente der PPS versuchen, ihre Kandidaten in den Bestand der Abgeordneten des Obersten Sowjets einzuschmuggeln.“[168] Einer der größten Fehler überhaupt sei es, „nicht ausreichend überprüfte“ Personen als Kandidaten aufzustellen.[169]

Auch „in einer Reihe von Kreisen der Oblast' Pinsk“ würden „die Klerikalen konterrevolutionäre Gebete verbreiten“ und an die Wände Texte mit der Aufforderung zu kleben organisieren, „die Kinder nicht in sowjetische Schulen zu schicken und an den Wahlen nicht teilzunehmen.“ Bei Kosava führten sie sogar eigene Versammlungen mit angeblich 150, aber in Wirklichkeit 67 Menschen durch, wussten die gut informierten Kreise nach oben zu berichten.[170] Auch versuchte man in dem Dorf Babča (Kreis Kobryn) den sowjetischen Kandidaten mit seiner antisowjetischen Herkunft als Gendarmensohn in Misskredit zu bringen, was offenbar vereitelt wurde. In der Regel, so schließt der Bericht ab, halfen die Bau-

163 Ebenda, Blatt 236-238.
164 Ebenda, Blatt 250.
165 Ebenda, Blatt 239.
166 NARB Bestand4p-1, Sign. 16867, Blatt 179.
167 NARB Bestand4p-1, Sign. 16867, Blätter 106-107, Ėjdinov (Minsk) am 29. Februar 1940 an Michail Abramovič Šamberg, (ZK, s. http://cyclowiki.org/wiki/Michail Abramovič Šamberg).
168 Ebenda, Blatt 107-108.
169 Blatt 111.
170 Ebenda, Blatt 109.

ern den Sowjets, weshalb die gegen die Wahlen gerichteten Aktivitäten sofort bekannt würden. Doch auch „die Sowjetarmee“ und die „große Anzahl von Agitatoren zur Hilfestellung für die Parteiorganisationen“ leisteten große Hilfe.[171] Den deutlichsten Widerstand gab es, wie schon bei den Wahlen zur *Narodnoe Sobranie* 1939, in Białystok.[172]

Wahltag. „In einem Wahllokal im Kreis Drahičyn [Polesien] brach am Wahltag, dem 24. März, ein Feuer aus“.[173] In dem Wahllokal Nr.4 im Kreis Lahišyn schickte man ein 13-jähriges Kind mit der Aufgabe los, das Wahllokal anzuzünden. Und viele „Volksfeinde taten so, als seien sie für die Sowjetmacht“.[174] Doch dies konnte den „blendenden Sieg des Stalinschen Blocks der Kommunisten und Parteilosen“[175] nicht verhindern.

Wahlergebnis. Der so „gewählte“ Oberste Sowjet der BSSR setzte sich zu 28 % aus Arbeitern, 36 % Bauern, 35 % Intelligenz zusammen. Die nationale Zusammensetzung entsprach der Verteilung in der Bevölkerung (im Elektorat). 19 % waren Frauen, 42 % VKP-Mitglieder. 70 % waren bis 40 Jahre alt.[176] Ähnlich wie in der Sowjetunion der frühen 1920er Jahre[177] fällt auf, dass die Gewählten in der Regel noch jung waren.

Wahlen mit gewünschtem Ergebnis. Doch blieb die Fähigkeit der unteren Verwaltungsebenen, Wahlen mit gewünschtem Ergebnis durchzuführen, wichtig. Am 26. Mai 1940 berichtete ein Sekretär der KP(b)B, Malin, „über die Massenagitationsarbeit während der Wahlkampagne zu den Wahlen der Obersten Sowjets der UdSSR und der BSSR in den westlichen Gebieten der Belarus“.[178] Im Kreis Stolin habe sich eine Brigade von Amateurkünstlern *(chudožestvennaja samodejatel'nost')* an der Kampagne beteiligt.[179] In Pinsk habe die Parteiorganisation der „Westlichen Dampfschifffahrt“ mit Sitz in Pinsk 197 Gespräche mit 2.490 Wählern durchgeführt, berichtete man minutiös.[180] Doch dass hier Quantität in Qualität umschlug, dafür haben nicht nur diese ja dennoch wenigen Gespräche gesorgt. Und auch die sicherlich beeindruckenden, weil die Erwartungen der Innehaber der Macht gut anzeigenden 96.000 aus dem Osten gesandten „Portraits der Führer von Partei und Regierung“ und der 46.000 Portraits der Kandidaten zum Obersten Sowjet der UdSSR und BSSR sowie die 6 Millionen Flugblätter der belaruthenischen Kommunistischen Partei und 2 Millionen Wahlbekanntmachungen[181] allein dürften noch nicht alle überzeugt haben, an den Wahlen teilzunehmen.

Vergleich mit den Wahlen von 1935 in Polen. Die Wahlen zum Obersten Sowjet der BSSR 1939 waren nicht demokratischer als die zum Sejm 1935. Zwar hatte es auch in der Polnischen Republik beträchtliche Einschüchterungen der Opposition bis hin zu Verhaftungen gegeben. Insbesondere die nationalen Minderheiten waren betroffen gewesen. Zudem

171 Ebenda, Blatt 110.
172 Zum Beispiel Ebenda, Blatt 185.
173 NARB Bestand4p-1, Sign. 16867-189.
174 NARB Bestand4p-1, Sign. 16867-189.
175 NARB Bestand4p-1, Sign. 16867-190.
176 Über die Wahlen zum Obersten Sowjet der BSSR und der UdSSR, Bericht vom 09. Juni 1940; vgl. NARB Bestand4p-1, Sign. 15326, Blatt 1-3, 18-21; vgl. Rižskij mir, kniga 2, 2014, S.85-87, #24.
177 Siebert 1998a, Tabelle 3: Die Zusammensetzung der Führungskräfte in Volkskommissariaten und Rajon-Verwaltungen der BSSR zum 15.11.1932.
178 NARB Bestand4p-1, Sign. 16867, Blatt 165-190.
179 Ebenda, Blatt 177.
180 Ebenda, Blatt 168.
181 Ebenda, Blatt 179.

hatte es in Polen nach der letzten Verfassung und Wahlgesetz Zwei-Stufen-Wahlen gegeben. Dennoch waren die Wahlen 1935 keine reine Farce wie die von 1939 und 1940.

Völkerrecht als einer der Gründe für Moskaus Vorgehen des Abhaltens von Wahlen? War das Völkerbundmitglied Sowjetunion[182] auch aus völkerrechtlichen Gründen bestrebt, sich die Vereinigung (den Anschluss) durch die Volksversammlungen legitimieren zu lassen? Die Politik Großbritanniens und Frankreichs sowie der damals neutralen und dem Völkerbund nicht angehörenden USA, die zumindest aus taktischen Gründen zwar gegen Nazideutschland, nicht aber gegen die Sowjetunion Krieg führten oder auch nur polemisierten, muss dazu gründlich unter die Lupe genommen werden. Großbritannien und Frankreich behandelten also die beiden besetzten Teile der Republik Polen unterschiedlich, weil sie nichts gegen die sowjetische Annexion unternahmen, und dies, obwohl Großbritannien und die Republik Polen vertraglich verbunden waren. Eine Bewertung dieses Vorgangs kann unterschiedlich ausfallen. Aber analysieren sollten wir ihn auf jeden Fall (siehe unten).

5.6 Flucht, Flüchtlinge, Gefängnis, Deportationen, Vertreibung

Das Wahlergebnis wäre nicht so gut für die Sowjets ausgegangen, wenn nicht viele Menschen gerade in dieser Zeit geflüchtet, oder auch schon ins Gefängnis gesteckt oder repressiert worden wären.

Ich habe mein Material so gegliedert, dass ich zuerst hier über die Deportationen/Vertreibungen berichte, und dann über Datensammlung und Widerstand, aber ich bitte, hieraus keinerlei Schlussfolgerung über zeitliche Abfolgen oder gar Ursache und Wirkung zu ziehen. Wir können aber vermuten, dass die Behörden zunächst die Daten sammeln und die Staatsangehörigkeitsfragen klären, also die Legitimation zur Ausdehnung des sowjetischen Staatsgebiets unter Dach und Fach bringen wollten. Diese Datensammlung und Deportationen gab es zwar zwar nicht unabhängig davon, ob jemand passiven oder sogar aktiven Widerstand geleistet hat, aber es gab sie auch ohne jenen.

Deportationen genannte Vertreibungen[183] begannen in vier großen Wellen „erst" 1940. Da sich für diese Zwangsumsiedlungen in unwirtliche sowjetische Gebiete der Begriff Deportation aber eingebürgert hat, werde ich ihn dennoch benutzen. Die am 10. Februar 1940,[184] 13. April 1940, Ende Juni 1940[185] und um den 20. Juni 1941 erfolgten Deporta-

182 Die UdSSR war aus dem Völkerbund erst wegen ihres im selben Jahr später erfolgten Angriffs auf Finnland ausgeschlossen worden.

183 Da das Territorium völkerrechtlich zur Republik Polen gehörte, handelte es sich nicht nur um eine – per Definition innerstaatliche – Deportation. https://de.wikipedia.org/wiki/Vertreibung#Definitionen_und_Abgrenzungen.

184 Gegen Osadnicy und Förster, NARB Bestand4p-1, Sign. 14640, Blatt 308-310, Canava an Ponomarenko am 10.02.1940 mit Stand 11:00 Uhr.

185 so auch Historyja Pinska 2012, S. 465.

tioen[186] sollten die Belaruthenen und Ukrainer nach dem Willen der sowjetischen Führung am Besten selbst beschließen.[187]

Begonnen hatte alles damit, dass Orte, die weniger als 1 km von der deutsch-sowjetischen Grenzlinie entfernt lagen, vollständig entvölkert wurden, gerade an den Flüssen betraf das viele.[188] Sofort deportiert wurden Flüchtlinge aus den deutschländisch besetzten Gebieten Polens, die keine sowjetische Staatsbürgerschaft annehmen wollten.[189] Und die Verschleppungen endeten am 19. und 20. Juni 1941 erst zwei Tage vor dem Beginn des deutschen Überfalls gegen die Sowjetunion.

Bei der ersten Deportationswelle[190] konnte noch „ohne Zustimmung des Dorfkomitees [...] niemand deportiert werden".[191] Die Deportation begann zumeist mit einer Hausdurchsuchung,[192] die Betroffenen wussten zuerst nicht, dass sie deportiert werden sollten, und wenn ja, wohin.[193] Aus ländlichen Orten wie Pohost-Zahorodzki deportierte man in einem LKW[194] zunächst zum regionalen Bahnhof. Dort konnte es noch Tage dauern, bis die Abfahrt vom Bahnhof per Eisenbahnwaggon los ging, und in dieser Zeit, in der vielleicht schon Kinderleichen im Schnee lagen,[195] konnten sogar Angehörige die zu Deportierenden noch einmal „besuchen", durften ihnen aber keine warme Kleidung bringen.[196] Die Deportierer kümmerten sich nicht um die eng zusammen gepferchten zu Deportierenden in den hygienisch jeder Beschreibung spottenden Waggons. Selbst Wasser war zu wenig da, und man konnte froh sein, wenn man es schaffte, „Eimer" aus dem Waggon nach draußen herabzulassen, um Schnee einzusammeln und zu Trinkwasser zu machen.[197] Traf man unterwegs auf Einheimische, dann konnte es vorkommen, dass diese sogar etwas von den Deportierten erbetteln wollten![198]

Vertreibung als landwirtschafts-, bevölkerungs- oder nationalitätenpolitische Intervention? War diese Vertreibung eine „Bevölkerungspolitik",[199] die nicht bei Kleinkindern, sondern den Alten ansetzte? Ging es hier darum, Land, Bauten und sonstige Vermögenswerte einfach auf weniger Familien zu verteilen, indem man als Umverteilung einen kleinen Teil der Bevölkerung etwas wegnahm, bei denen am Meisten und am Schnellsten

186 Gross 1988, S. 178-179. Die Exil-Belaruthenen hatten 1956 von drei Wellen gesprochen: 9.-10. Februar 1940, Mai 1940 und Juni 1941 Belaruski Zbornik 1956, Heft 3, S. 15, zitiert in: Genocide in the USSR 1958, S. 85.
187 Gross 1988, S. 181.
188 Gross 1988, S. 170.
189 Rozenblat, Evgenij: Meždu mifom i real'nost'ju: evrejskie bežency v zapanoj Belarusi 1939–1941 gg. In: Repatriacje i migracje ludności pogranicza w XX wieku: stan badań oraz źródła do dziejów pogranicza polsko-litewsko-białoruskiego, Białystok 2004, S. 48-57, hier S. 49.
190 Chackevič, A.: Aryšty i dėpartacyi ŭ zachodnich ablascjach Belarusi (1939–1941 hh.), In: Belaruski Histaryčny Časopis' 1994, Heft 1, S. 89-94.
191 Gross 1988, S. 182.
192 Gross 1988, S. 190.
193 Gross 1988, S. 192.
194 Sukiennicki Archiv, Pinsk, 78, zitiert in: Gross 1988, S. 195.
195 Gross 1988, S. 197.
196 Gross 1988, S. 195.
197 Gross 1988, S. 196-199.
198 Gross 1988, S. 199.
199 Gross 1988, S. 201.

etwas zu holen war? Ging es um eine strukturelle Unterwerfung unter eine nicht zimperliche, brutale Macht? Oder um all das in gleichem Maße?

Um diese Fragen zu beantworten, lohnt es sich herauszubekommen, ob die Aussiedlung der *osadnicy* während der ersten Deportationswelle eher als Landwirtschafts-, als Nationalitäten- oder als Bevölkerungspolitik betrieben wurde.

In einem Schreiben von KP(b)B-Chef Ponomareko an Stalin vom 22. Dezember 1939 ging es um die Fragen, wie mit Immobilien, Vieh und Inventar der Militär-Siedler *(Osadnicy)* umzugehen ist. Auf etwa 200.000 Hektar seien „in den Gebieten, die an unserer früheren Grenze mit Polen liegen, die Böden der Grundherren an *Osadnicy* abgeteilt“ worden.[200] Hingegen sollte die Aufteilung der Gutsherren- und Klösterböden in vielen Orten die Bauern nicht befriedigt haben. Die Bauern seien gegen die *Osadnicy* eingestellt und fordern die Aufteilung von deren Böden; in einer Reihe von Fällen tun sie dies selbst ohne irgendjemanden zu fragen“. Die Osadnikhöfe haben „als Minimum 35-40 Hektar“.[201] Entsprechend zu dem, was wir im Zwischenkriegskapitel gesehen haben, waren die Bauernfamilien immer noch eher gegen die neugeschaffene Militärbesiedlung als gegen die alteingesessenen Grundherren eingestellt.

Die Aufteilung insbesondere von Ackerland erfolgte eher schnell als gründlich, zumal die Sowjets ja befürchtet hatten, dass die Bauern ohne die sowjetisch inspirierten „Komitees“ dies selbst tun würden. Doch immer wieder wurden von Einheimischen die Grenzpfähle versetzt.[202] Der Arm der Sowjetverwaltung reichte (noch) nicht in jedes Dorf. Die Unklarheiten über Grenzen konnten einfach dadurch verursacht sein, dass Bauern dieses Holz zum Heizen benutzten, teilweise aber sogar dadurch, dass den Bauern ihr neues Land wieder weggenommen wurde.[203] Auch deshalb schlachteten Bauern ihr Vieh. Noch weitere Gründe sind denkbar: ab 1940 wurden insbesondere polnische Einwohner und Neusiedler ausgesiedelt.

Die Vertreibung der polnischen Militärsiedler. Am 21. Februar 1940 konnte KPB-Parteichef Ponomarenko an Stalin sowie die ZK-Mitglieder Malenkov und Andrej Andreevič Andreev die Aussiedlung von 9.755 *osadnicy*-Familien (Ex-Militär-Siedler, siehe oben, Kapitel 4) mit 50.732 Menschen „nach außerhalb des Gebietes der BSSR“ vermelden. Die Bevölkerung habe dies sehr begrüßt und den „operativen Gruppen jegliche Hilfe“ erwiesen. „Mit wenigen Ausnahmen leisteten die *osadnicy* keinen Widerstand und versuchten nicht zu flüchten.“ Die Siedler sollen sich sogar vor wütenden Bauern in Lebensgefahr gewähnt haben und daher sogar froh gewesen sein, dass man sie wegführte und sie ein paar Habseligkeiten mitnehmen durften. Dies betraf allerdings nicht die konfiszierten „8.000 Pferde, 20.000 Kühe, 18.000 Stück Kleinvieh und 4.500 Einheiten größeres landwirtschaftliches Inventar, die 8.000 Fuhrwerke, 20.000 Wohn- und Wirtschaftsgebäude“ auf 103.000 Hektar ebenfalls beschlagnahmtem Boden.[204]

200 NARB Bestand4p-1, Sign. 14623, Blatt 286-289, Ponomarenko 22.12.1939 an Stalin.-. Mehr über die Militärsiedler siehe Kapitel 4.
201 Ebenda, Blatt 291-293, Ponomarenko an Stalin.
202 Gross 1988, S. 67.
203 Gross 1988, S. 68.

Ponomarenko war schnell, denn vom gleichen Tag datiert ein hinsichtlich seiner Zahlen detaillierter Bericht von NKVD-Chef Canava an Ponomarenko. 16.279 Menschen waren bei der Durchführung der Vertreibung von der diesmal mit der Anzahl von 52.892 bezifferten Individuen aus *Osadnik-* und Försterfamilien beteiligt, darunter 11.647 aus der alten BSSR und 4.632 aus den westlichen Gebieten. Die Aussiedlung erfolgte zum Teil bei äußerst niedrigen Temperaturen, nämlich bei Frost von 37 bis 42 Grad minus, erstreckte sich daher über vier Tage.[205] 1.581 Menschen waren während der Operationen nicht zu Hause, 547 waren krank, nur 32 flüchteten (offenbar erfolgreich). Im polesischen Regierungsbezirk *(oblast')* Brest ging es um 662 Haushalte mit 3.958 Menschen: 3.802 wurden ausgesiedelt, 21 verhaftet, 5 isoliert, 130 „nicht repressiert". Im Regierungsbezirk Pinsk sollten 1.749 Haushalte mit 9.584 Menschen ausgesiedelt werden, was man bei 9.116 auch tat; 67 wurden verhaftet, 23 „isoliert". 378 konnten noch nicht repressiert werden. Widerstand gab es nur in zwei Fällen in der Gegend um Białystok, nicht aber in Polesien. Bis zum Tag vor der Berichterstattung konnten alle 32 Züge mit den Vertriebenen an ihren (nicht genannten) Bestimmungsort gebracht werden.[206]

Es fällt hierbei vor allem vor dem Hintergrund der langjährigen Agitation durch die westbelaruthenische Bewegung in den 20er Jahren und durch die Kommunistische Partei in der UdSSR, speziell der BSSR auf, wie gering die „Ausbeute" war. Canava kündigte weitere „Aussiedlungen" an.[207] Nicht nur konnten wenige *osadnicy* ausgesiedelt werden, entweder weil es so wenige gab oder, weil sie schon nach Deutschland oder in den Westen geflüchtet waren oder weil, was ich auch nicht ausschließen möchte, es *osadnicy* gab, die von der örtlichen Bevölkerung gedeckt wurden. Auch war, setzt man eine Familie mit einem Hof gleich, mit 103.000 ha Boden bei 9.755 Familien „nur" 11 Hektar je Hof, darunter nur zum Teil Ackerbaufläche, in die Hände der offiziellen Vertreiber übergegangen. Sicherlich hatten sich die Enteignenden vorgestellt, dass, wie über lange Zeit in einem stereotypen Bild agitativ verbreitet worden war, bei solch einem verhassten *osadnik*-Hof ein größeres Grundstück zu enteignen gewesen wäre. Zudem betraf dies, und dies war ebenfalls in dramatischeren Bildern übertrieben worden, nur ein Prozent der Bevölkerung.[208] Für eventuelle EmpfängerInnen des Bodens erhöhten sich Anbaufläche, Inventar und Häuser also nur unwesentlich. Höchstens ein Viertel der genannten beschlagnahmten Flächen und Güter entfiel auf Westpolesien.

Kein Wunder, dass noch im Mai 1940 Gerüchte in den Kreisen Pinsk und Žabčycy umgingen, dass demnächst die Bauern massenweise ausgesiedelt würden.[209]

---

204 NARB Bestand4p-1, Sign. 16867, Blatt 76-77; zusammengefasst ähnlicher Inhalt bei NARB Bestand4p-1, Sign. 16867-100 Ėjdinov (Minsk) am 29. Februar 1940 an Michail Abramovič Šamberg.

205 NARB Bestand4p-1, Sign. 16927, Blatt1-12, hier Blatt 1.

206 NARB Bestand4p-1, Sign. 16927, Blatt 1-12, Bericht vom 21.Februar 1940; Rižskij mir, kniga 2, 2014, S.78-81, #21 osadnicy und Förster, 21.02.1940; vgl. Tabelle in NARB-4p-1, Sign. 16927-13-41.

207 NARB Bestand4p-1, Sign. 16927, Blatt 1-2; vgl. Rižskij mir, kniga 2, 2014, S.78-81, #21 über osadnicy und Förster, 21.02.1940.

208 Siehe oben im Unterkapitel über das *osadnictwo*.

209 NARB Bestand4p-1, Sign. 16867-188.

… als Nationalitätenpolitik? All dies war keine Besonderheit in Westpolesien, sondern erfolgte im ganzen sowjetisch besetzten Gebiet. Unter den, siehe oben, 1.250.000 nicht mehr am Heimatort Ort seienden waren 100.000 Belaruthenen ebenfalls deportiert worden,[210] darunter auch die verbliebenen linken Sozialisten, die nicht in den 1930er Jahren wie Taraškevič, Rak-Michajloŭski und andere in die sowjetische Falle getappt, sondern unter der Herrschaft der „polnischen Pans" geblieben waren und so im Unglück überlebt hatten – unter ihnen Vjačeslaŭ Bahdanovič[211] und Sjarhej Busel.[212] Es hatte sich nichts daran geändert, dass diese belaruthenisch-bewusste Intelligenz vorwiegend in Vilnius, nicht aber in Westpolesien anzutreffen war.

Da der polnische Staat in Westpolesien die „Tutejsisierung" und „Poleschukisierung" der Bewohner des belaruthenisch-ukrainischen Grenzgebiets gefördert hatte, konnten zwar nicht die Appelle an das Belaruthenische oder Ukrainische, wohl aber an das Antipolnische, Antiadelige und Antikatholische der westpolesischen Bauern fruchten.

Gefängnisse. Die neue Sowjetmacht versuchte, sich des unliebsamen Teils der Bevölkerung nicht nur durch Deportationen zu entledigen, sondern sperrte auch viele in Gefängnisse. Die Zustände in den Gefängnissen waren äußerst miserabel: zu voll, zu heiß, zu kalt, hygienisch völlig unzureichende Zustände.

Auf der einen Seite exportierte die UdSSR hierher nun die Gepflogenheit, dass eine Anklage und ein Urteil, und sei das noch so unbegründet und an den Haaren herbeigezogen, immer zu erfolgen hatte. Auf der anderen Seite hatte man, da die sowjetische Entwicklung im Zeitraffer erfolgen sollte und auch erfolgte, wenig Zeit für solche „juristischen" Untermauerungen des Terrors, bei der man nach der – das Nationalitäten-Moment verdeckenden – Faustregel verfuhr, dass Polen als „Konterrevolutionäre", Ukrainer als „Nationalisten" und Juden als „Spekulanten" verurteilt wurden.[213]

Letzte Vertreibungen im Juni 1941. Die Sowjetmacht führte die letzten Verschleppungen im Großmaßstab erst zwei Tage vor dem Beginn des deutschen Überfalls gegen die Sowjetunion durch, als man am 19. und 20. Juni 1941 2.059 „Führer und Mitglieder diverser polnischer, belaruthenischer, ukrainischer, russischer und jüdischer konterrevolutionärer Organisationen und Formationen, Berater des ehem. polnischen Staates, weißgardistische Offiziere, Flüchtlinge aus der Sowjetunion und andere konterrevolutionäre Elemente" verhaftete und 22.353 Menschen aussiedelte.[214] Man warf im Regierungsbezirk (*oblast'*) Pinsk (grob gesagt, halb Westpolesien) an diesen zwei Tagen nach offiziellen Angaben 363 Menschen ins Gefängnis und siedelte 2299 Menschen aus.

Ob die Deutschen ihren Angriff am 22. Juni 1941 im Wissen darum datierten, dass sich zuvor die vierte Repressionswelle über das sowjetisch besetzten Gebiete ergoss? Das kann

210 Belaruski Zbornik 1956, Heft 4, S. 16, zitiert in: Genocide in the USSR 1958, S. 85.

211 https://pl.wikipedia.org/wiki/Wiaczes%C5%82aw_Bogdanowicz.

212 https://be.wikipedia.org/wiki/Сяргей_Нічыпаравіч_Бусел, vgl. Marakoŭ, L.U.: Rėprėsavanyja litaratary, navukoŭcy, rabotniki asvety, hramadskija i kul'turnyja dzejačy Belarusi: 1794–1991, ėncyklapedyčny davednik u troch tamach. Tom 3. Kn.1., Minsk 2003.

213 Gross 1988, S. 150.

214 NARB Bestand4-1-18372, Blatt 192-199, hier 192; Canava an Ponomarenko am 21. Juni 1941; vgl. Rižskij mir 2014, tom 2, S. 125, #37; Rozenblat, 2004, S. 48-57, hier S. 57.

ich nicht beantworten. Hingegen wird deutlich, dass die Sowjets auf den deutschländischen Angriff völlig unvorbereitet waren.

Zusammenfassung. Insgesamt spricht Gross von 150.000 erschossenen Menschen oder ins Innere der UdSSR verbrachten Gefangenen für das gesamte Besatzungsgebiet,[215] darunter laut einem belaruthenischen Text 120.000 allein im Gebiet der westlichen Belarus.[216]

Insgesamt befanden sich in den gesamten sowjetisch besetzten Gebieten von Stanislaviv bis Białystok im Juni 1941 etwa 1.250.000 Leute nicht mehr zu Hause, darunter 900.000 als Sonderumsiedler *(specpereselency)*[217] in Arbeitslagern, Gefängnissen, Zwangsansiedlungen, 50.000 als mehr oder weniger Freiwillige vorwiegend im DonBass (dazu unten unter Wirtschaft) oder waren an unbekanntem Ort, und dies bei einer Gesamtbevölkerung der sowjetischen besetzten Gebiete Polens von 13.500.000 Personen.[218] Eine Deportation nach Sibirien konnte sich über zwei Monate erstrecken.[219] Die Verhaftungen erfolgten auch nach Denunziationen, durch eine „veranlasste Spontaneität".[220] Die neuen Machthaber arbeiteten – zumindest in den Augen der Betroffenen – willkürlich, dabei aber, was kein Widerspruch sein muss, präzise.[221] Verhaftet wurden „Kulaken" und „Wohlhabende", wobei diese Merkmale einfach dadurch identifiziert werden konnten, dass jemand zu gut angezogen war.[222]

Schon in der ersten der vier sowjetischen Repressionswellen der Zeit von 1939 bis 1941 wurde deutlich, dass die Sowjetmacht gegen jedweden Widerstand hart vorzugehen bereit war und dabei nicht nur auf die soziale, sondern auch die nationale Karte setzte. Dabei scheint die Brechung von ukrainischem, polnischem und belaruthenischem Widerstand einfacher bewerkstelligen gewesen zu sein als der Aufbau einer eigenen Verwaltungsstruktur vor Ort. Diesem Interventionsfeld will ich mich nun widmen.

5.7 Datensammlung für eine Politik der körperlichen und strukturellen Gewalt

Her mit den Daten! Ober Ost hatte die Kontrolle mit Hilfe von Personalausweisen und Passierscheinen auf die Spitze getrieben.[223] Der Begriff der Datensammlung gab es noch nicht. Viele (aber nicht alle?) der Kontrollmechanismen von Ober Ost wandten die sowjetischen Sicherheitsstrukturen und andere Behörden auch in Polesien seit 1939 an. Man führte schon jetzt kurz nach der Besetzung von *Polska B* Inlandspässe ein.[224]

Sehr effizient nutzte der NKVD Personalakten; beim Datensammeln wandte diese etwas andere Behörde auch listige Methoden an, tat beispielsweise so, als seien ihre Mitarbeiter

215 Gross 1988, S. 157.
216 Rižskij mir, kniga 2, 2014, S. 38.
217 Gross 1988, S. 178; siehe oben.
218 Gross 1988, S. 127.
219 Gross 1988, S. 130.
220 Gross 1988, S. 129, 131.
221 Gross 1988, S. 132.
222 Gross 1988, S. 132.
223 Liulevicius 2002.
224 Gross 1988, passim, S. 188. Zu den Begriffen Polska A und Polska B siehe oben.

Angehörige des polnischen Untergrunds, welcher Freiwillige für die Fortführung des Kampfes von Rumänien aus anwerbe.[225]

Laut den bei Krzysztof Jasiewicz abgedruckten Fragebogenantworten geretteter Juden waren die meisten Juden, die aus den deutschländisch besetzten polnischen Gebieten in die sowjetisch besetzten polnischen Ostgebiete, insbesondere nach Lemberg und Białystok geflüchtet waren, von den dortigen Verhältnissen derart frustriert, dass sie in ihre engere Heimat in *Polska A* zurückkehren wollten.[226] Auch diese rückwanderungswilligen Menschen mussten ihre Daten nach Brest und andere Orte (vorwiegend Lemberg) den zur Regelung hinzugezogenen deutschen, aber auch sowjetischen Behörden geben.[227] Selbst viele Juden hatten sich also tagelang in Warteschlangen gestellt, für die sich schnell ein Zulassungsschwarzmarkt mit organisierten Hundertschaften, sogar Tausendschaften[228] mit „Anführern" bildeten: Diese Listen konnte gerade auch der NKVD nutzen,[229] was besonders für diejenigen, die östlich der deutschländisch-sowjetischen Teilungsgrenze verbleiben mussten, unangenehm war. Man hielt die Registrierung für „eine reine Provokation".[230]

Diese Politik mit Hilfe von gesammelten Daten schien für die Bewohner der Ostgebiete, insbesondere Polesiens, aber auch für die aus *Polska A* Geflüchteten überraschend zu sein. Brutale und willkürliche Repressionen schienen bislang immer ohne solche Daten auskommen zu können, doch nun wollten die neuen Herrscher alles wissen. Schon bevor man sich dessen gewahr wurde, mussten sich die Familien und Einzelpersonen entscheiden, wo sie ihren Platz, und das ist spatial und topographisch gemeint, suchen sollten. Wo könnten sie sich dem Zugriff des Militärs und des NKVD am Besten entziehen? In den Großstädten wie Lemberg und Białystok, vielleicht auch Brest? Oder gerade auf irgendwelchen abgelegenen Einzelhöfen? Für die Juden aus *Polska A* war die Wahl klar: Städte wie Lemberg oder Białystok hatten eine gewisse Infrastruktur für Zionisten wie für Hierbleiber, für religiöse wie nichtreligiöse Juden geboten, hier konnte man auf weiterhin funktionierende Netze hoffen. Juden flohen nicht nach Pinsk oder Kobryn, allenfalls nach Brest. Lemberg, Białystok und Brest waren Orte nahe der neuen deutschländisch-sowjetischen Grenze, von hier aus konnte man vielleicht auch schnell zurück. Selbst Kovel und Luck waren für die meisten nur Durchgangsstation,[231] erst Recht kleinere Orte wie Olyka.[232] Spezialisten, beispielsweise Augenärzte, konnten es schaffen, bis zur Deportation im Juni 1940 in Lemberg angestellt zu werden und verließen dazu Luck.[233] Wer schnell schaltete, versuchte sich nach Rumänien oder Litauen durchzuschlagen.[234] Doch auch hier gab es niemanden mehr, auf den man sich verlassen konnte: funktionierten die Netze von Schmugglern noch, oder waren selbst diese

225 Gross 1988, S. 135.
226 Jasiewicz, Krzysztof: Rzeczywistość sowiecka 1939 — 1941 w świadectwach polskich Żydów, Warszawa 2009
227 Gross 1988, S. 189.
228 Jasiewicz 2009, S. 348 für Lemberg.
229 Gross 1988, S. 135, 189.
230 Perec Rachman über Lemberg, In: Jasiewicz 2009, S. 324.
231 Mehrere Beispiele in Jasiewicz 2009, zum Beispiel S. 370.
232 Herman Kempler, In: Jasiewicz 2009, S. 259.
233 Dawid Klajman, In: Jasiewicz 2009, S. 266.
234 Beispiele in Jasiewisz 2009.

schon sowjetisch, so dass „Kreuzlagen“[235] und sogar Pseudo-Kreuzlagen vorprogrammiert waren?

Registrierung und Passportisierung. Eine Funktion und dann wieder Quelle der Datensammlungen war die Ausgabe von Inlandspässen (Personalausweisen). Damit sich die neuen Machthaber orientieren konnten, sollten die Pässe möglichst flächendeckend ausgeteilt werden. In Kovel war die Registrierung ungefähr bis März 1940 abgeschlossen.[236] Man legte Wert darauf, dass möglichst viele die sowjetischen Pässe annahmen. Der Inlandspass war hier also gar nicht mehr ein Privileg wie noch 1932, als die Inhaber im sowjetischen Inland mit diesem frei reisen durften und das Recht auf Wohnung in dem Ort hatte, in dem sie eingeschrieben waren. Vielmehr mieden die meisten der Flüchtlinge die Annahme des sowjetischen Passes.[237] Ein Grund dafür war ganz einfach und normal (und daher unausgesprochen), dass man eben Pole (polnischer Staatsangehöriger) war. Auch noch hiermit zu tun hatte es, wenn man hoffte, durch die Nichtannahme eben für den Sowjetstaat nicht einfach frei verfügbar zu sein, also nicht einfach nach Sibirien geschickt werden zu können; vielleicht auch hoffte man ausgetauscht zu werden, in dritte Länder wie die USA oder einfach „zurück nach Warschau“[238] gelangen zu können. Teilweise wurde man ganz einfach vor die Alternative gestellt, den sowjetischen Pass anzunehmen oder seinen Rückkehrwillen kundzutun.[239] Einer meinte, dass die „Ablehnung der Annahme“ des sowjetischen Inlandspasses einer Inhaftierung gleichkam.[240] Wer solch einen Pass annahm, durfte nicht in der Grenzregion leben, also nicht in Lemberg oder Brest.

Während also in den sowjetische besetzten Gebieten ab 1939 z.B. auf dem Gebiet der Agrarverfassung der Weg der Sowjetunion in seiner zeitlichen Abfolge kopiert wurde (erst Aufteilung der Grundherrengrundstücke, dann vorsichtige, schließlich Zwangs-Kollektivierung), stieg man auf dem Gebiet der Datensammlung und Passportisierung sofort auf dem Niveau der 1930er Jahre ein.

5.8 Widerstand

In Ostpolesien. Wenden wir unseren Blick zunächst auf Reaktionen der Bevölkerung in Ostpolesien in der „alten“ BSSR. Wenn die neuen wie alten staatlichen Behörden oder die Parteiorgane über Antisowjetisches berichteten, dann fällt es fast schwer, dies als „Widerstand“ anzusehen. Einer erzählte schon am 9. September 1939 im ostpolesischen Mazyr, dass „in den nächsten Tag gegen die UdSSR ein Krieg geführt wird und alle hungern werden“[241] – zu welcher „strafrechtlichen Verantwortung“ der daraufhin Verhaftete herangezo-

235 Der Begriff stammt aus der deutschen Übersetzung von Piaseckis Roman: Piasecki, Sergiusz: Der Geliebte der großen Bärin. Roman, Köln [u.a.] 1962.
236 Salomon Katz, In: Jasiewicz 2009, S. 256.
237 Lejb Grynbaum, In: Jasiewicz 2009, S. 220: Salomon Katz, In: Jasiewicz 2009, S. 256.
238 Jasiewicz 2009, S. 286.
239 Lejb Grynbaum, In: Jasiewicz 2009, S. 220. Die Registrierung war das Thema der Fragen 12-13 im an Juden ausgeteilten Fragebogen von Jasiewicz, vgl. ebenda S. 46-48, hier S. 47.
240 Witold Lewin, In: Jasiewicz 2009, S. 280.
241 NARB Bestand4p-1, Sign. 14613-81.

gen wurde, bleibt unbekannt, aber mit der präventiven Aufregung des Hochstalinismus lässt sich der Verhaftungsvorgang sicherlich eher erklären als mit einer ernsten Gefahr, die von solch einem Gerüchtestreuer ausgehen konnte. Zumal er nicht der einzige war: auch eine Verkäuferin prophezeite einen Tag zuvor an der Ladentheke, dass der Krieg kommen werde.[242]

Zumindest die Tatsache, dass am 10. September in Homel' die in der Geschichte Polesiens immer wieder genannten Defizitgüter Salz und Streichhölzer aufgebraucht waren, konnte mit dem deutschländisch-sowjetischen Krieg gegen Polen bereits zusammengehangen haben.[243] In dieser Großstadt verkaufte der Leiter des Ladens Nr. 134 am 14. September 360 Kilogramm Kartoffeln[244], und auch in Mazyr kaufte einer „in großer Menge Mehl, Graupen und andere Produkte“ mit der Aussage, dass „angesichts des näher kommenden Krieges bald zu wenig Lebensmittel da sein werden“.[245] Indes sind Hamsterkäufe in solchen Situationen kein ungewöhnliches Vorkommnis, und die letzte Hungersnot in der Ukraine mit Auswirkungen auch auf Homel' lag erst einige Jahre zurück.

Im Rajon Turaŭ und im Gebiet des Korčevicsker Dorfsowjets in Polesien gab es Feuersbrünste im Umfang von 200 bzw. 70 ha in einem eigentlich sumpfigen Gebiet.[246] Doch könnten nicht all solche Meldungen auch in Friedenszeiten getätigt worden sein?

In Westpolesien. Während der Wahlkampagne im Oktober 1939, also fast von Beginn der sowjetischen Okkupation an, berichtete NKVD-Chef Canava dem Parteichef der KP(b)B, Ponomarenko, regelmäßig nach Minsk über politische „antisowjetische Tätigkeiten“.[247] Canava hielt sich in dieser Zeit – östlich der Hitler-Stalin-Linie – in der Regierungsbezirks-Hauptstadt Białystok auf. Er vermeldete aus den Bezirken Białystok und Navahrudak zumeist Aktivitäten politischen Charakters, während er bezüglich Polesien zumeist das „Banditentum“ als Problem der Sowjetmacht beschrieb, nur in der Regierungsbezirkshauptstadt Brest auch mal „politische“ Aktivitäten.[248]

Militanz wurde als „konterrevolutionäre Tätigkeit“ und, etwas tautologisch, „Bandengruppierungen“ *(bandgruppirovki, bandgruppy)* tituliert, aber oft gab es Meldungen über „unbekannte Banditen“ als „Täter“, meist in Gegend Białystok, aber auch Brjansk-Podlaski und Baranavičy.[249] Die Unterscheidung zwischen politischer und unpolitischer Militanz war und ist ja wirklich nicht ganz einfach, und je nachdem, ob die jeweiligen Berichterstatter ein Interesse an Politisierung oder gerade Entpolitisierung hatten, wiesen deren Berichte eine unterschiedliche Färbung auf.

Ukrainischer Widerstand. Nach dem endgültigen Sieg über die Armee Polens verzeichneten und bekämpften die politisch-administrativen Stellen der Sowjetunion ausdrücklichen, organisierten Widerstand. Man registrierte besorgt, dass die damals UNO[250] genann-

242 Ebenda.
243 Ebenda.
244 NARB Bestand4p-1, Sign. 14613-82.
245 NARB Bestand4p-1, Sign. 14613-83.
246 NARB Bestand4p-1, Sign. 14613-89.
247 NARB Bestand4p-1, passim.
248 NARB Bestand4p-1, Sign. 14616-131.
249 NARB Bestand4p-1, Sign. 16931, Blatt 295-299, hier 295 und 299, Canava an Ponomarenko 21.06.1940; vgl. Rižskij mir 2014, kniga 2, S. 88-90, #25.
250 NARB Bestand4p-1, Sign. 16932, Blatt 137, 150-152.

te OUN (später OUN-UPA) sogar in Lahišyn, nördlich von Pinsk[251] aktiv war. Am 7. Januar 1941 wurde Agitation von Ukrainischen Nationalisten im Bolotinskoe Sel'Po[252] (Kreis Kobryn) registriert: die Kollektivierung sei zwangsweise erfolgt; man habe behauptet, es stünde ein Krieg bevor. Dreieinhalb Monate später, am 29. April 1941, berichtete Canava, dass sogar noch weiter nördlich, in Baranavičy, ukrainische und polnische Kräfte ein gemeinsames Vorgehen gegen die UdSSR vorbereiten würden.

Mögliche Rolle Deutschlands. Das geheime Zusatzprotokoll zum Deutsch-Sowjetischen Grenz- und Freundschaftsvertrag vom 28. September 1939 sah zwar vor, dass die beiden totalitären Regime im zerschlagenen Polen „auf ihren Gebieten keine polnische Agitation dulden, die auf die Gebiete des anderen Teiles hinüberwirkt. Sie werden alle Ansätze zu einer solchen Agitation auf ihren Gebieten unterbinden und sich gegenseitig über die hierfür zweckmässigen Massnahmen unterrichten“.[253] Aber von ukrainischer oder belaruthenischer Agitation war in diesem Dokument keine Rede. Tatsächlich musste die Sowjetführung befürchten, dass sich das Naziregime zum Fürsprecher der ukrainischen und belaruthenischen Nationalbewegungen machen und insofern dem ukrainischen Widerstand eine größere Bedeutung als dem polnischen beimessen würde.

Die BSSR-Oberen beobachteten genau, ob und wie in dem Einflussbereich des Deutschen Reichs die ukrainischen Nationalisten von den Deutschen unterstützt wurden, oder man sie zumindest gewähren ließ. Man führte Orte auf, Namen ukrainischer Zeitungen, registrierte, dass sich die Ukrainer in den gleichen Läden wie die Deutschen verpflegen lassen konnten. Im neuen Grenzort Włodawa am Bug bilde man Spione aus, die später in die Ukrainische SSR geschickt würden.[254] Ein anderer, nun festgenommener ukrainischer Spion habe den Deutschen gegen Geld Informationen über die sowjetischen Verhältnisse in Brest und Šack geliefert.[255] Im sowjetisch besetzten Białystok gab es Propaganda für einen „eigenständigen ukrainischen Staat“, berichtete Sicherheitschef Canava an Ponomarenko.[256] Doch ebenso wie die Agitation der linken Poalej-Zion-Partei für Palästina in Łomża[257] lag allenfalls das Einsatzgebiet, nicht aber das Agitationszentrum in Polesien.

Dass der deutsche Geheimdienst auf BSSR-Boden aktiv wurde,[258] dass er Spione, die teilweise rübergemacht hatten, nun im „Generalgouvernement für die besetzten polnischen Gebiete“ ausbilden und in die BSSR zurückschicken würde, beunruhigte, betraf aber, soweit ich es überblicken kann, kaum Regionen der polesischen Sümpfe.

Polnischer Widerstand. Der von Großbritannien unterstützte[259] polnische Widerstand hielt sich bis 1941. Mehrere polnische Organisationen versuchten, im Untergrund ein stabiles Netz aufzubauen. Doch bis zum Juli 1940 enttarnte der NKVD „109 polnische Organisationen mit 3231 Teilnehmern“, darunter im Regierungsbezirk Brest 42 Organisationen

251 OUN-UPA v Belarusi 1939–1953 gg. Dokumenty i materialy, 2. izd., Minsk 2012, #7, S. 22-23.
252 Sel'Po = Sel'skoe potrebitel'skoe obščestvo, etwa: Land-Konsum-Genossenschaft.
253 Politisches Archiv des Auswärtigen Amtes, RAM-Film 2, 313, 330, 314, 319, 310, 329, 309, 326, 325, 316, 315, 322, 331, zitiert in: http://www.1000dokumente.de/pdf/dok_0027_gre_de.pdf.
254 OUN-UPA v Belarusi 1939–1945, Minsk 2012 #7, S. 25-27.
255 OUN-UPA 2012, #12, S. 29-31.
256 NARB Bestand4p-1, Sign. 14616-21.
257 NARB Bestand4p-1, Sign. 14616-25.
258 Rižskij 2014, kniga 2, S. 37.
259 Rižskij 2014, kniga 2, S. 36-37.

mit 307 Teilnehmern und 29 Teilnehmerinnen, im Regierungsbezirk Pinsk 17 Gruppen mit 448 Teilnehmern und 40 Teilnehmerinnen. Teilweise handelte es sich um organisierte Aktionen, teilweise um viele kleine Zirkel; die Gruppen hatten zuweilen gar keinen Namen, jedenfalls sind keine angegeben.[260] Der bekanntere Bund des Bewaffneten Kampfes *(Związek Walki Zbrojniej, ZWZ)*[261] wurde von Aleksander Habiniak[262] geleitet; dieser kam im August in Brest bei einer Schießerei mit dem NKVD um. Bis November 1940 existierte auch der *„Dienst für den Sieg Polens"* (die *Służba Zwycześtwu Polski, SZP*)[263], dessen Reste dann in den ZWZ eingegliedert wurden. In der Stadt Pinsk gab es die Gruppen *Związek Walki o Niepodległość Polski*, *Związek polskich patryotów,* die „Schützen" *(Strzelcy)* und die „Falken" *(Sokoły)*[264], die Waffen sammelten und auch über Radioempfänger verfügten.

Man beschlagnahmte auch in Polesien verschiedenste Arten von Bomben, Antipanzerwaffen, stehenden und mobilen Maschinengewehren, Revolvern und anderen Waffen sowie Munition bei Aktionen „gegen aufständische und terroristische Spionage betreibende Organisationen" noch am 15. Mai 1941. BSSR-NKVD-Chef Canava machte vor allem den genannten *Związek Walki Zbrojnej* für deren Existenz verantwortlich und schlug Maßnahmen auch gegen die Familienangehörigen der Kämpfer vor, weil diese Wohnungen und Informationen zur Verfügung stellten und andere Hilfe leisteten.[265]

Wie schon alleine aufgrund der Bevölkerungsdichte und der ethnischen Zusammensetzung zu erwarten, war der polnische Widerstand in Białystok, zum Beispiel durch die Nationale Partei (das *Stronnictwo Narodowe)*[266] und Łomża (Gesellschaft der Katholischen Jugend, *Stowarzyszenie młodzieży katolickiej)* viel stärker als in Polesien.[267]

Religiöser Widerstand. Nichtmilitanten Widerstand gab es vor allem aus den Kirchen und Synagogen. Diese hatten zu solchen Aktivitäten auch allen Grund, weil ihr Vermögen konfisziert und ihre Arbeit von Anfang an behindert wurde. Sowohl unter den 30.000 Protestanten, als auch unter den viel größeren jüdischen,[268] orthodoxen[269] und katholischen[270] Gemeinden wollte man insbesondere auf die Durchführung der wichtigsten Zeremonien des Kirchenjahrs nicht verzichten, wozu in Białystok auch das Begehen des Ahnengedenktags *Dziady* gehörte.[271]

Einem eventuellen Widerstand wurde seit Beginn der Besatzung der Kopf genommen, weil der Klerus teilweise verhaftet wurde, der Brester Rabbi Mojżesz Stupiczewski z.B. am

260 Dokladnye zapiski i specsoobščenija NKVD BSSR NARB Bestand4p-1, Sign. 16932, Blatt 137-152, Spravka: o likvidirovannych kontr-revoljucionnych [nac]ionalističeskich povstančeskich organizacinach na territorii [do]datnych oblastej B.S.S.R. (Stand 27. Juli 1940).

261 https://pl.wikipedia.org/wiki/Zwi%C4%85zek_Walki_Zbrojnej

262 https://pl.wikipedia.org/wiki/Aleksander_Habiniak

263 https://pl.wikipedia.org/wiki/S%C5%82u%C5%BCba_Zwyci%C4%99stwu_Polski.

264 Historyja Pinska 2012, S. 465.

265 NARB Bestand4p-1, Sign. 18373, Blatt 88-99, besonders Blatt 91-93 in diesem Dokument auch Informationen über deutsche Spionage; vgl. Rižskij 2014, kniga 2, S. 121-125, #36.

266 NARB Bestand4p-1, Sign. 16932 Dokladnye zapiski i specsoobščenija NKVD BSSR.

267 NARB Bestand4p-1, Sign. 18373-88bis99, besonders Blatt 89-90.

268 Rižskij mir, kniga 2, 2014, S.45-46.

269 Rižskij mir, kniga 2, 2014, S.41, 44-45.

270 Rižskij mir, kniga 2, 2014, S.41, 43.

271 NARB Bestand4p-1, Sign. 14617, Blatt 66-67, zitiert in: Rižskij mir, kniga 2, 2014, S. 65-66 #12.

3. November 1939.[272] Schon zu Beginn der Besatzungszeit wurden in Brest Synagogen (*bożnica*) in Gebäude für Kooperativen umgewandelt, während andere noch in ihrer Zweckbestimung belassen blieben.[273]

In der *oblast'* Pinsk gab es am 31. Januar 1941 noch 126 orthodoxe Kirchen (mit 109 Popen), 75 Synagogen (mit 32 Rabbinern) und 26 katholische Kirchen (mit 26 Priestern). Außerdem existierten in den Landkreisen Stolin und Lenin noch 6 baptistische Gebetshäuser.[274]

Diese repressionsbedingten Erfolge gegen die Kirchen und Synagogen wurden gleichwohl ohne besondere Emotionen dem ZK der KP(b)B als Ergebnis bloß der antireligiösen Propaganda und nicht etwa schärferer Repressionen dargestellt. Ähnlich wie auf vielen anderen Gebieten hatte man auch auf dem der Bekämpfung der Religionsgemeinschaften die geeignet erscheinenden Maßnahmen in der UdSSR längst durchgespielt, und es schien, als brauche man gar nicht viele neue Erfahrungen und Anstrengungen, um diese Maßnahmen im westlichen Polesien durchzuführen. Auch wenn die Berichterstatter zum Erfolg verpflichtet, ja verdammt waren, so wirken die Berichte zumindest bezüglich der Orthodoxen und der Juden nicht so, als würden sie den Erfolg besonders zurecht biegen. Der Druck der sowjetischen Behörden und die wirtschaftspolitischen Schikanen waren groß genug, so dass ein Pope im Kreis Luninec und ein Rabbi, ein Pope und ein Psalmist auf ihrer Ämter verzichteten.[275] Und ein Pope in Lachva, der ursprünglich einen weiteren zur Seite gestellt bekommen sollte, schrieb, dass das nicht nötig sei, denn die Dienste würden immer weniger in Anspruch genommen.[276]

Ohne wirtschaftliche Schikanen und politische Repressionen wäre der für Agitation zuständige Gottlosenverband nicht besonders erfolgreich gewesen. Denn „171 Vorträge" mit „27.416 Zuhörern" konnten nicht verhindern, dass die Angestellten der Religionsgemeinschaften die Kollekte sammelten, Predigten hielten. In einem Dorf des Kreises Luninec wurden die Gläubigen aufgefordert, der Kirche zu helfen, um deren Steuern zahlen zu können. Vielleicht auch, um seinen Lebensunterhalt zu finanzieren, sammelte ein Pope bei Luninec 10 bis 15 Rubel je Bauernhaushalt.[277] Im Kreis Lahišyn begründeten Kirchenkreise die Vereinbarkeit von Sowjetsystem und Kirche damit, dass die Formel der Sowjetverfassung „Wer nicht arbeitet, soll auch nicht essen" aus dem Evangelium entliehen sei.[278] Den wohl größten Erfolg meldete der Bericht aus der Stadt Pinsk: „Die jüdische Bevölkerung" wandte sich an die Stadtverwaltung mit der, so wörtlich, Bitte, ihnen einige Synagogen abzunehmen, da sie die Steuern zu bezahlen nicht im Stande seien: „Als Ergebnis der antireligiösen Arbeit wurden über 2000 Unterschriften gesammelt, die Arbeit geht weiter".[279]

---

272 Schreibweise gemäß Original, Jasiewicz 2009, S. 355.

273 Jasiewicz 2009, S. 220; allgemein über Schließung von Synagogen und Repression gegen die Rabbis und Gläubigen die Antworten auf Fragebogenfragen #6 - #9, In: Jasiewicz 2009.

274 NARB Bestand4-1-16737-58; der Ort Lenin ist keine Umbenennung, sondern hieß schon immer so. Der Regierungsbezirk Pinsk hatte etwa 500.000 Einwohner.

275 NARB Bestand4-1-16737-56.

276 NARB Bestand4-1-16737-59. Vgl. für die Nachkiegszeit: Einax 2014.

277 Rižskij mir, kniga 2, 2014, S. 114.

278 NARB Bestand4-1, Sign. 16737-58; vgl. 2. Brief des Paulus an die Thessalonicher 3, 10-11.

279 NARB Bestand4-1, Sign. 16737-56.

Die Dorfsowjets waren inzwischen eingerichtet und registrierten Hochzeiten und Todesfälle. Mit Genugtuung stellte ein Bericht fest, dass inzwischen vielfach nur hier und nicht mehr in der Kirche diese Ereignisse verzeichnet würden.[280]

Viel schwieriger in den Griff und Griffel zu bekommen waren Vertreterinnen und Vertreter kleinerer, oft informeller religiöser Gemeinschaften, die in der Endphase des Russländischen Reichs auch deshalb so weit verbreitet waren, weil die mit dem Staat verklüngelte Russisch-Orthodoxe Kirche keine Angebote für das Ausleben unmittelbarer Gotteserfahrung und einer entsprechend ungebundene(re)n Spiritualität machen konnte.[281] Religiöse „Sekten",[282] die wenigstens einen auch dem Geheimdienst bekannten Namen hatten, waren – außerhalb Polesiens – die Bratišečki (Białystok), die Il'incy (Sokolki, Baranavičy), die Partija [!] sv. Kazimira (Prolitovskie), die Bodači (in Hajnówka, Svislač', Krynkau).[283] Einige dieser Religionsgemeinschaften konnten sich zunächst mit dem für sie neuen Sowjetsystem anfreunden, weil sie über die nun abgeschafften Privilegien der Katholischen Kirche, aber auch der anderen „anerkannten" Religionsgemeinschaften, ohnehin nicht verfügt hatten, und weil die Trennung von Staat und Kirche ihrem dem Irdischen und Materiellen abgewandten Verständnis nicht nur nicht schadete, sondern teilweise sogar entgegen kam.

In Vilejka sagten evangelische Kleingruppen, dass alles, was sie praktizierten, der Stalinschen Verfassung entspräche, – womit sie recht hatten, und dass sie die Verteidiger der Armen und Obdachlosen seien, womit sie ebenfalls recht hatten.[284] In Hajnówka wählten die Baptisten in der Glasfabrik sogar den Gewerkschaftsobmann.[285] In diesem Ort am westlichen Rand Polesiens argumentierte man, dass die Stalinverfassung die freie Religionsausübung garantiere. In Brest gingen Landarbeiter so weit, die SovChoz-Verwaltung abwählen zu wollen, weil diese antireligiöse Propaganda machte.[286]

Auf der einen Seite waren die sowjetischen Entscheider zunächst froh, wenn etwa ein Priester alle ins Wahllokal gehende Dörfler freudig begrüßte und geleitete.[287] Doch war man von einer Synthese von Sowjetsystem und Religion nicht gerade begeistert und wusste zuerst nicht, wie man reagieren sollte, als etwa in einem Dorf des Landkreises Žabčicy bei Pinsk „die Jugend" erzählte, dass sie das Lied *Katjuša*[288] in einer Kirche zusammen mit dem Popen singen wollte;[289] ein Anti-Religions-Propagandist hielt daraufhin vor etwa 200 Zuhörern einen Vortrag zum Thema „Die Herkunft der Religion": „Der Vortrag wurde mit großer Aufmerksamkeit gehört".[290] Auch in anderen polesischen Provinzstädtchen wie Stolin und Lenin hielt man derartige Vorträge und betonte, dass man dazu „Kader des örtlichen Aktivs" heranziehen konnte.

Denn auch russisch-orthodoxe Priester verrichteten weiter ihren Dienst, predigten gegen den nun propagierten Atheismus mit Aussagen wie diesen: „Die Natur soll [nur] Materie

280 NARB Bestand4-1, Sign. 16737-59.
281 Rustemeyer/Siebert 1997, S. 37.
282 Rižskij mir, kniga 2, 2014, S. 113-120 #35.
283 Ebenda, S. 114.
284 NARB Bestand4p-1, Sign. 16737, Blatt 298-316.
285 Rižskij mir, kniga 2, 2014, S. 116.
286 Rižskij mir, kniga 2, 2014, S. 116.
287 Gross 1988, S. 89.
288 https://de.wikipedia.org/wiki/Katjuscha_(Lied).
289 Rižskij mir, 2014, tom 2, S. 117.
290 NARB Bestand4-1, Sign. 16737, Blatt 56-57.

sein, aber woher kommen dann Schmerz und Tränen?“[291] Im Mai 1940 soll ein katholischer Priester den Gläubigen vorgebetet haben, dass „die Organisation der Gottlosen, die ihre Arbeit schon während der französischen Revolution begonnen hatte, zusammengebrochen“ ist, und deshalb würden auch all solche Organisationen in die Hölle fahren.[292]

Für insbesondere junge Agitatoren, die aus der alten Sowjetunion in die besetzten Gebiete geschickt worden sind, war das religiöse Leben im öffentlichen Raum schon etwas Unbekanntes, etwas, das nur noch von älteren Familienangehörigen privat gelebt wurde, und dies noch obendrein halb versteckt. Als „religiös fanatisch“ konnten in den Berichten nach oben daher inzwischen schon Leute bezeichnet werden, die vor Ikonen auf die Knie fielen, oder die, wie in Celjachany/Telechany geschehen, sagten, dass sie „nicht in die Rote Armee [gehen werden], wir werden ja ohnehin nicht zur Waffe greifen“.[293] Die Besatzer reagierten mit noch stärkerer ideologischer Intervention, berichteten über erfolgreiche Aktionen zur Abkehr von der Religion – auch in Pinsk und Luninec.[294]

Die bisherigen Autoritätspersonen wie Geistliche, Polizisten und Lehrer als verachtenswerte Geschöpfe des Kapitalismus der „polnischen Pans“ hinzustellen, rief besonders bei Jugendlichen eine brutal-bacchantische Aktivität hervor. Nachdem der Priester „Vater Aleksandr“ aus dem Ort Krasnaja Volja „abgereist“, besser: verjagt worden war, drangen Jugendliche am nächsten Tag in die Kirche ein, warfen das Kreuz auf den Boden und tanzten dazu, wusste der Priester Šaško am 13. September 1940 aus Lachva zu berichten.[295]

Man entschloss sich, zuweilen auch „Fälle von Beleidigung der religiösen Gefühle der Gläubigen“ anzuprangern, denn es war schon mal hier ein Kreuz verbrannt, und dort, in Białystok, ein Bilderstock mit einem Traktor umgenietet worden – die Gläubigen hatten ihn abends feierlich wieder aufstellt. Ein anderer Fall von Übereifer selbst aus sowjetischer Sicht fand in Białystok statt, als ein Milizionär beobachtete, dass ein katholischer Priester ein Kind mit Wassertropfen taufte. Dies soll unhygienisch gewesen sein, deshalb war der Priester zunächst repressiert worden.[296] Im Krankenhaus waren Schwestern unter Druck gesetzt worden, Kreuze abzulegen.[297] Man wird das Gefühl nicht los, dass dasselbe, was in einem Ort als zu bekämpfende antisowjetische religiöse Erscheinung galt, woanders als Fall von „Beleidigung der religiösen Gefühle der Gläubigen“ sogar missbilligt wurde.[298]

Darf man das Widerstand nennen? Es gab kaum öffentliche antisowjetische Proklamationen und Aufrufe der Kirchenhierarchien. Doch die durchschnittliche Polesierin wird viel eher aus religiösen Gründen als aus national(istisch)en etwas an der Sowjetmacht auszusetzen gehabt haben, weil hier eine familiär überlieferte, vielleicht zwar nicht einmal seit Generationen verwurzelte, aber zumindest persönliche Betroffenheit herrschte – was bei „Polen“, „Ukraine“ oder „Belarus“ nicht der Fall war.

---

291 Rižskij mir, kniga 2, 2014, S. 117.
292 NARB Bestand4p-1, Sign. 16867-188.
293 Rižskij mir, kniga 2, 2014, S. 118.
294 Rižskij mir, kniga 2, 2014, S. 118.
295 NARB Bestand4-1, Sign. 16737, Blatt 60.
296 Dieser Absatz nach Rižskij mir, kniga 2, 2014, S. 119.
297 Andere Zwischenfälle in Luninec. Novoselki bei Davyd-Haradok siehe Rižskij mir, kniga 2, 2014, S. 120.
298 NARB Bestand 4-1, Sign. 18365, Blatt 24-36, zitiert in: Rižskij mir tom 2, 2014, tom 2, S. 113-120, #35.

5.9 Errichtung des Verwaltungsstaats: Innere Sicherheit, Verwaltungsgliederung, Wohnungswesen, Schulen

Versicherheitlichung. Die als vordringlich angesehene Verwaltungsstruktur, die die sowjetischen Eroberer daher als erste geschaffen hatten, war die der Staatssicherheit.[299] Es gibt unterschiedliche Angaben darüber, auf welchen Infrastrukturen das Volkskommissariat für Innere Angelegenheiten, also der berüchtigte NVKD und vergleichbare Einrichtungen aufbauen konnten. Knapp einen Monat nach der gemeinsamen deutsch-sowjetischen Parade bedauerte der Chef des belaruthenischen NKVD in einem Brief aus Białystok nach Minsk, dass die Deutschen das Gefängnis von Brest-Litovsk zerstört hätten, und dass der in polnischer Zeit begonnene Bau des dortigen Verwaltungstraktes noch nicht beendet worden sei. Nun fragte er Mittel in Höhe von 1.200.000 Rubel für die Baumaßnahmen an.[300]

Verwaltung und Leben. Welche gewaltigen Aufgaben, insbesondere an Repressionen, die Staatssicherheitsstrukturen zu bewältigen hatten, ist beschrieben worden. Angesichts dieser breiten Aufgabe wird die „normale" Tätigkeit der Staatsverwaltung in der Regel von prosowjetischen AutorInnen beschrieben. Es ist heute nicht mehr leicht zu erkennen, inwiefern die westpolesische Bevölkerung die 21 Monate sowjetischer Herrschaft von 1939 bis 1941 mit ihren doch grundlegenden Umgestaltungen des Lebens und den Repressionen als einen permanenten Ausnahmezustand empfunden hat: sie wusste auf der einen Seite nicht, dass die deutschen Truppen das Gebiet im Juni 1941 überfallen würden, auf der anderen Seite wird man sich nicht sehr schnell an das neue Leben gewöhnt haben, eine Routine wird dort nicht eingetreten sein.

Nicht nur die Installierung der Sowjetmacht im westlichen Polesien, auch die Bekämpfung des Mehrparteiensystems, die Neuetablierung der – 1938 erst auf Geheiß Stalins aufgelösten – Kommunistischen Partei und der sowjetischen Gremien und gerade auch der Aufbau einer zivilen Verwaltung vor Ort fußte auf einem, wenn auch nicht „reichen", doch 20-jährigen Erfahrungsschatz der Sowjetbelaruthenen und überhaupt der UdSSR. Der „Umkrempelungsprozess" in der westlichen Belarus' und westlichen Ukraine konnte daher geschwind erfolgen.[301] Institutionen und Verwaltungsabteilungen, die in der frühen Sowjetunion bei Null anfangend, noch schnell gewechselt hatten, errichtete man hier im Zeitraffer, indem man die Institutionen und Verwaltungsgliederungen auf die neu eroberten Gebiete übertrug.[302] Welche kinderreiche Mutter eine Starthilfe von 2000 Rubel bekam,[303] wie das Schul- und Volksbildungswesen zu betreiben war,[304] wie Gehälter ausgezahlt wurden,[305] auf welchen gedruckten Vordrucken darüber Buch geführt wurde, dies alles war in der alten BSSR eingeübt, aber für die neuen Untertanen sehr viel gewöhnungsbedürftiger als für die

299 Rižskij mir, kniga 2, 2014, S. 18, S. 53 vom 28. September 1939; Vosen' 1939 goda, Minsk 2015, S. 50-62.
300 NARB Bestand4p-1, Sign. 14697-420 vom 20.10.1939.
301 Gross 1988, S. 203.
302 ZGA Pinsk, Bestand 200-1-3, Protokolle des städtischen Vollzugskomitees. (Ein Vergleich sei hier mit der BRD und DDR ab 1990 erlaubt)
303 ZGA Pinsk, Bestand 221-1, Sign. 2, Blatt 5
304 ZGA Pinsk, Bestand 350-1, Sign. 4, Blatt 18.
305 ZGA Pinsk, Bestand 350-1, Sign. 8, Blatt 14.

– zumeist slawische Namen tragenden – neuen Staats- und örtlichen Verwaltungsangestellten, auch wenn sie noch zuweilen die polnischen Stempel weiterverwendeten.[306] Nahezu alle Pinsker Verwaltungsakten (außer einigen das Belaruthenische neben dem Russischen enthaltende Vordrucke von Behörden) wurden dabei auf Russisch geführt – auch dies machte es der Verwaltung einfacher als den einheimischen BürgerInnen Westpolesiens. Es hatte also gegenüber der polnischen Zeit nur das „Vorzeichen" gewechselt, die eine fremde Sprache wurde gegen eine andere ausgetauscht.

Weil die „alte" BSSR viel kleiner war als die Ukrainische SSR, stellte die „Eingemeindung" der westlichen Belarus' bis hin nach Białystok für die Akteure der BSSR ein viel größeren Brocken dar als für diejenigen der Ukrainischen SSR, auch wenn letztere mit Lemberg natürlich eine sehr große Stadt einzugliedern hatten und die OUN-UPA ihre antipolnischen Aktivitäten nun ausschließlich gegen die Sowjetunion insbesondere auf den „neusowjetischen" westukrainischen Gebieten ausrichtete.

In den ersten Tagen und Wochen nahmen Vorläufige Komitees die Aufgaben der staatlichen Verwaltung wahr.[307] Man behielt zunächst die Verwaltungsgliederung Polens bei.[308]

Das Gewaltmonopol des Staates bedeutete in der Sowjetunion eine extreme Ausweitung auf ein Monopol *jedweden* politischen Handelns. Sich bis in das Familienleben einzumischen nahmen sich staatliche Behörden das Recht heraus. Dies ist häufig beschrieben worden und wurde nun in der westlichen Belarus' eingeführt. Man stellte ein „direktes Verhältnis" der Bürger zum Staat her,[309] unter Einschluss der Frauen und Kinder. Das Besondere war nun, dass der Staat nicht nur theoretisch, sondern tatsächlich jederzeit und überall den Bürgern gegenübertreten konnte, dass es eine Denunziations-Hotline gab. Der §58 des Strafgesetzbuches[310] war gummiartig gehalten, beschrieb sogar einen Gesetzesbruch durch „Nichtdenunzieren".[311] Die Verwaltungstätigkeit lebte vom freiwilligen und unfreiwilligen Mitwirken der Untertanen.

Verwaltungsgliederung als Territorialisierung. Eifrig wie zuvor beschäftigten sich die Minsker Sowjets mit der Verwaltungsgliederung. Nach einem ersten allgemeinen Gesetz vom 14. November[312] fiel am 19. November eine erste Entscheidung über die territoriale Gliederung in fünf Regierungsbezirke *(oblasti).*[313] Die Teilung der polnischen Wojewodschaft Polesie in zwei Teile – einen westlichen, umfassend die Kreise Brest, Pružana, Kobryn und die westlichen Teile der Landkreise Kosava und Drahičyn) einerseits und in einen östlichen Teil mit den Kreisen Pinsk, Stolin, Luninec, sowie den östlichen Teilen der Kreise Drahičyn und Kosava begründete man mit der besonderen wirtschaftlichen Rückständigkeit

306 ZGA Pinsk, Bestand 361-1, Sign. 7, Blatt 3, 4verso.
307 Befehl des Kommandeurs der Streitkräfte der belaruthenischen Front M. Kovalev vom 19. September 1939, In: NARB Bestand4p-1, Sign. 14722-55.-. Rižskij mir, kniga 2, 2014, S. 18.
308 NARB Bestand4p-1, Sign. 13541-7-bis8. Vorsitzender der Provisorischen Verwaltung der *oblast'* Polesien wurde Genosse P.Z. Kalinin.
309 Gross 1988, S. 211.
310 https://uk.wikipedia.org/wiki/Стаття_58_Кримінального_кодексу_РРФСР_(1926). In der Ukrainischen SSR §54.
311 Gross 1988, S. 212.
312 Zvjazda 16.11.1939, zitiert in: Rižskij mir, kniga 2, 2014, S. 66.
313 NARB Bestand4p-1, Sign. 13584, Blatt 3-3rück, Vilejka, Baranavičy, Białystok, Pinsk und Brest.

der letztgenannten Kreise.[314] Bereits zehn Tage später revidierte das ZK der KP(b)B diese Entscheidung bezüglich der kleineren Landkreisebene durch eine zweite.[315] Diese Maßnahmen wurden in einer Zeit vorgenommen, als die Zugehörigkeit der südpolesischen Gebiete zur Ukrainischen SSR oder eben BSSR noch gar nicht entschieden war.

Doch die Ebene unterhalb der *oblasti*, die am 15. Januar 1941 gebildeten[316] Gemeinden *(rajony)* schien schlecht arbeiten zu können. Wie Ponomarenko an Stalin und Molotov schrieb, würden „in einer Reihe“ von Rajon-Zentren, zum Beispiel in Žabčicy bei Pinsk, nur 200 bis 800 Menschen in 70 bis 200 Gebäuden leben. Der Verwaltungsapparat würde zwar durch aus der östlichen Belarus' Entsandte ergänzt, doch diese zu versorgen sei schwierig.[317] Für den Hochbau in den Gemeinden der westlichen Belarus' benötige man zusätzliche 10 Millionen Rubel.[318] Tatsächlich wurden später Gelder bewilligt, für Žabčycy am meisten: 225.000 Rubel.[319] Und dies, obwohl laut Finanzkommissariat die „finanzielle Lage äußerst angespannt“ sei.[320]

Verwaltungshandeln auf unteren Ebenen zu ermöglichen hieß immer auch, diese kontrollieren zu müssen. Doch es blieb in diesem System staatlicher Verwaltungswirtschaft, in einem System von Gesellschaft als verstaatlichter Veranstaltung keine Alternative zur Finanzierung vieler Verwaltungsangestellter, zur Durchterritorialisierung.

Wohnungswirtschaft. Trotz aller anfänglichen Unterstützung für den Einmarsch der Sowjetarmee, war die schnelle Erfolgsmeldung auf der *Belaruthenischen Volks-Nationalen Versammlung* sehr dick aufgetragen, dass schon im Oktober 1939 „Glück und Licht in die Wohngebäude Einzug erhalten haben“ sollen, nachdem zuvor „unsere Bauern in schwarzen Zimmern (gelebt haben), ohne Licht, ohne Kerosin. Sie konnten keinen Zucker kaufen, sie vergaßen seinen Geschmack“.[321]

Die Tätigkeit der Wohnungsverwaltung in Pinsk begann mit der Enteignung von nach sowjetischen Maßstäben zu großen Wohnraum besitzenden Menschen. In durchschnittlich dreimonatigem Abstand fertigte der Pinsker Stadtsowjet oder eine Kommission desselben Listen von Personen an, mal 20, mal fast 100 Haushalte betreffend, insgesamt sicherlich etwa 1000 Haushalte, deren Häuser und sonstiges Vermögen entschädigungslos enteignet wurden. Es betraf dies einen ganz bestimmt nicht geringen Prozentsatz der Gesamtbevölkerung. Ein Teil der Häuser und Wohnungen wurden schon leer vorgefunden oder als leer bezeichnet. Zuerst ging es um die Ausquartierung von Familien, deren Vorstand hohe Posten bekleidet hatte, Gutsbesitzer, Großunternehmer, Richter, ehemalige polnische Richter, Offiziere und höherrangige Polizeibeamte. Zuletzt reichte es schon aus, eine Wohnungsfläche von zusammengenommen über 100 m^2 sein eigen zu nennen, um sein Hab und Gut zu verlieren. Ein Dreher mit eigener Handwerksstätte versuchte über alle möglichen Stellen, näm-

314 Ebenda, Blatt 3verso.

315 NARB Bestand4p-1, Sign. 13591, Blatt 1-2; vgl. NARB Bestand4p-1-13587, Blatt 1; vgl. http://elib.bsu.by/bitstream/123456789/97677/1/Snapkovsky-Tihomirov-Sharapo%20tom_2.pdf, No 53, S. 83 und Historyja Pinska 2012, S. 461 u.v.a.m.

316 Historyja Pinska 2012, S. 461.

317 NARB Bestand4p-1, Sign. 14663, Blatt 163.

318 NARB Bestand4p-1, Sign. 14663, Blatt 165.

319 NARB Bestand4p-1, Sign. 14663, Blatt 193.

320 NARB Bestand4p-1, Sign. 14663, Blatt 219.

321 NARB Bestand4p-1, Sign. 14730, Blatt 26.

lich die Staatsanwaltschaft, den NKVD und den Obersten Sowjet, seine Werkstatt zurückzuerhalten: er sei taub, habe zwei Finger an der Werkbank verloren, habe sein ganzes Leben selbst gearbeitet, erst kürzlich eine Motorsäge beschafft und nur einen einzigen Angestellten gehabt, sei daher kein Kapitalist und wolle die Enteignung rückgängig machen. Seine und viele ähnliche und andere Beschwerden nahm man an und bearbeitete sie, gab sie gleichwohl dem Bittsteller nicht zurück und fand auch keinen anderen Ausweg – sondern antwortete lapidar, die Enteignung sei rechtens gewesen.[322]

Was aus Briefen an Stalin wurde. Angesichts dieser „Zentralverwaltungswirtschaft sowjetischen Typs" erhielten auch sehr bald deren typische „Mängel" Einzug. Beispielsweise beschwerte sich eine Frau bei Stalin, dass sie noch immer keine Wohnung habe, während der einen wichtigen Posten bekleidende Zalivako (Zaliwako) von einem Eisenbahner mehrmals eingeladen worden sei und dafür eine Wohnung in guter Lage (ul. Pervomajskaja) bekommen habe.[323] In den Akten des Pinsker Archivs lässt sich gut verfolgen, was mit diesem Brief an Stalin geschah. Er landete zunächst in den Parteistrukturen. Die VKP(b) in Moskau leitete es an das Präsidium des Obersten Sowjets der BSSR weiter,[324] dieses dann an den Stadtsowjet,[325] eben jene Institution, in der der Denunzierte sein Amt bekleidet hatte. Der Stadtsowjet holte Erkundigungen ein, ermittelte, dass das Gerücht über die vetternwirtschaftliche Begünstigung der Wohnung auf eine Verkäuferin in einem Ladengeschäft zurückging, die wiederum nicht sagen wollte, von wem sie dies erfahren habe. Zudem war der Beschwerdeführerin schon vor zwei Monaten eine 40-m^2-Wohnung für sich, ihren Sohn und ihre Tochter angeboten worden, die zu beziehen sie sich kategorisch verweigert habe, weshalb sie nun weiterhin, so die von oben abgesegnete Entscheidung des Stadtsowjets, in dem kleinen Zimmer wohnen bleiben mussten.[326]

Nicht viele der Dokumente aus Pinsk sind erhalten. Doch in den verschiedensten Behörden, von dem Hafenamt bis eben zur Wohnungswirtschaft wies eine Kontrollkommission nach, welche Werte in sechs Fällen veruntreut worden waren; insbesondere der Lohnfonds wurde aufgefüllt oder geleert, der schon erwähnte Zalivako war verstrickt und war dann bald nicht mehr auf diesem Posten.[327]

Schulen, Bildung. Dass die Sowjetmacht in Polesien unter ihrem Vorzeichen die Alphabetisierung fortzuführen beabsichtigte, war zu erwarten. Es gab 1939 im neu sowjetischen Pinsk nicht wenige Bewerbungen für Lehrerstellen, insbesondere von Frauen. Die meisten Bewerbungen waren normal abgefasst, ohne besondere prosowjetische Lobhudeleien oder gar Speichellecken.[328]

Ende 1940 existierten in Pinsk 19 Schulen (5 Mittel-, 11 unvollständige Mittel- 3 Grund-), das waren 8 „jüdische", 5 russische, 4 belaruthenische und 2 polnische, mit 7200

322 ZGA Pinsk, Bestand 200-1, Sign. 8, Blatt 2.
323 ZGA Pinsk-200-1, Sign. 26, 10, Blatt 1, vom 22. Dezember 1940.
324 Ebenda, Blatt 2.
325 Ebenda, Blatt 3.
326 Ebenda, Blatt 6, 10. Januar 1941.
327 ZGA Pinsk-200-1, Sign. 28, Blatt 2- 3.
328 ZGA Pinsk-350-1-11-73, avtobiografii i dokumenty, 1939.

Schülern.[329] Die Erwachsenenbildung erfolgte auf einer „Väteruniversität“, es wurde ein „Lehrerinstitut“ aufgebaut.[330]

Doch war am 23. Mai 1941 das *oblast'*-Komitee der KP(b)B unzufrieden, dass die Lehrer in Polesien selbst oft keine höhere Bildung genossen hätten. In Kalinkavičy habe von 7 Mittelschuldirektoren nicht einer eine höhere Bildung aufzuweisen. Andere Lehrkörper ließen „ideenpolitisch“ *(„idejno-političeski“)* die richtige Einstellung vermissen. Das Gebietskomitee *(ObKom)* der Partei erhoffte sich zur Behebung der Missstände Hilfe von außen und ordnete an, alles richtig zu machen.[331]

In den neuen Gebieten waren mehr Männer als Frauen alphabetisiert. Die Eltern haben dies so gewollt, unter Anderem, weil sie die Mädchen lieber arbeiten ließen. Doch auch der Staat benötigte aktuell alphabetisierte Jungs, damit sie in der Armee die Kampfkraft stärkten.[332]

Die Provinzverwaltung braucht Kader und Gefangene. Niemand wollte einem Menschen in den Schulen[333], in der Wohnungs- oder Forstwirtschaft[334] eine Arbeit verschaffen, der als „Konterrevolutionär“ oder durch andere – verschwiegene – Vorbelastungen nicht nur selbst bald repressiert werden müsste, sondern zudem den für die Einstellung verantwortlichen Verwaltungsangestellten in Mitleidenschaft bringen würde. Deshalb oder auch aus anderen Gründen, zum Beispiel, weil man wissen wollte, ob man jemanden verhaften solle – fragte der Instrukteur der Abteilung bei dem NKVD des Regierungsbezirks Polesien an, ob gegen die Leute, die man dazu ausgesucht hatte, etwas vorliege.[335]

Aber auch auf höchster Republiksebene musste Auskunft gegeben werden. Über einen 37-Jährigen, der im Verbindungs-Kontor im ostpolesischen Chojniki arbeitete, antwortete der NKVD dem ZK der KP(b)B, dass er sich 1929 wegen des Zurückhaltens von 15.000 Rubeln gerichtlich hat verantworten müssen.[336] Egal, ob es um Trunksucht, Unterschlagung oder andere Angelegenheiten geht, oft, aber längst nicht immer hatte der NKVD etwas in der Kaderakte stehen, über das Partei und Sowjets nichts wussten. Sehr häufig erhielten Partei oder Sowjets die Antwort: „es gibt kein kompromittierendes Material“.

Wohl noch gefördert durch das schon in der Anfangsphase der Sowjetunion gewährte Recht auf Namensänderung,[337] scheint es vielen möglich gewesen zu sein, ihre Lebensläufe zu frisieren. Ein Beispiel: Ein 1900 Geborener hatte lauter falsche Dinge in seinem Lebenslauf untergebracht, jedoch in Wirklichkeit weder in Deutschland gelernt, noch war er aus dem polnischen Gefängnis geflohen und ebensowenig 1920 an der Wrangelfront gewesen und dort verwundet worden; vielmehr lebte er weiter in seinem Geburtsort Pinsk, war zu Zwangsarbeit im Warschauer Gefängnis verdonnert worden, hatte dort durch eine Ärztekommission Haftverschonung bekommen. Von 1931 bis 1935, so jedenfalls wieder der

329 Palesskaja praŭda, 3. Dezember 1940-12-03, zitiert in: Historyja Pinska 2012, S. 464.
330 Historyja Pinska 2012, S. 464.
331 Postanovlenie Polesskogo Obkoma KP(b)B 23.05.1941, In: NARB Bestand4p-1, Sign. 16737-242.
332 Anhand von NARB Bestand4p-1, Sign. 16737-185.
333 Bewerbungen für das Lehramt siehe ZGA Pinsk-350-1, 11-73.
334 ZGA Pinsk-210-1, Sign. 6-7.
335 NARB Bestand4p-1, Sign. 14697, Blatt 149 und 226.
336 NARB Bestand4p-1, Sign. 14697-410.
337 Siebert 2017.

NKVD, arbeitete er bei einer antisowjetischen Organisation, betrieb Schmuggel nach Moskau und Leningrad und war am 11. Mai 1938 schließlich verurteilt worden.[338]

5.10 Wirtschaft und Handel

Etwas schematisch hatte, wie erwähnt, das ZK der KP(b)B am 2. Oktober 1939 „den Beschluss der VKP(b)B" vom Tage zuvor „angenommen", die Großindustrie zu nationalisieren.[339] Doch diese gab es in Polesien ja kaum. Vielmehr wurden in der westlichen Belarus' nicht nur große und mittlere, sondern auch kleine Firmen enteignet, was der Entscheidung der *Narodnoe sobranie* widersprach.[340]

Zunächst war nicht nur das Benehmen der Besatzer gegenüber den Einheimischen relativ korrekt, auch handelspolitisch griff man nicht sofort zu den härtesten Maßnahmen. Während die Deutschen in Brest noch die Öffnung der Läden an Rosch ha-Schana verlangt hatten, stellten die Sowjets die Schließung während des Laubhüttenfestes (Sukkot) frei.[341] Doch gerade jüdische Kleingewerbetreibende hatten Enteignungen zu beklagen.[342] Mangels Industrieunternehmen litten unter der Verstaatlichung von Wirtschaft und Handel insbesondere die Händler, und dies waren ja größtenteils Juden.[343] Nach der Nationalisierung des Handels „setzte man in die Fabrik oder den Laden seine Leute aus Sowjetrussland", zuweilen beschäftigte man die ehemaligen Besitzer oder deren Familienangehörige als Angestellte desselben Unternehmens.[344] Die härtere Gangart der Sowjets erfolgte auch wirtschaftspolitisch nach den Wahlen und der *Narodnoe Sobranie* vom Oktober 1939, zumindest bringen viele Zeitzeugen dies miteinander in Verbindung.[345]

Die Grenze zwischen sowjetischer Wirtschaftspolitik, nämlich der Verstaatlichung, und bloßem Raub war nicht immer einfach zu ziehen. Auf der einen Seite gibt es viele Berichte darüber, dass – begünstigt durch den staatlich festgelegten Umtauschkurs von 1 złoty = 1 Rubel – die Ankömmlinge aus dem Osten sich vieles in den Läden kauften.[346] Doch das Geld dafür dürften sie aus „Konfiszierungen von Wohnungen, Wertgegenständen, Geld, Grundnahrungsmitteln usw. usf." gehabt haben.[347] „Normaler Raub wurde zu den Höhen »des Ideals« emporgehoben." „Selbst private Arztpraxen, Röntgenapparate usw." wurden in Kovel „nationalisiert", beantwortete einer die entsprechende Fragebogenfrage. Bis zum 1. November hatte man laut einer Auflistung des Chefs der Abteilung V des Stabs der ukrainischen Front, Major Gavrilov, neben fünf Röntgenapparaten auch 7 Mikroskope und 5 Ther-

338 NARB Bestand4p-1, Sign. 14697-225.
339 NARB Bestand4p-1, Sign. 13541, Blatt 1-3, hier Blatt 1.
340 Narysy historyi Belarusi, častka 2, Minsk 1995, S. 261.
341 Jasiewicz 2009, S. 324.
342 Witold Lewin in Kowel, In: Jasiewicz 2009, S. 279.
343 Jasiewicz 2009, S. 306.
344 Salomon Katz in Kowel, In: Jasiewicz 2009, S. 255.
345 Jasiewicz 2009, passim, u.a. S. 340.
346 Gross 1988.
347 Witold Lewin in Kowel, In: Jasiewicz 2009, S. 279-280.

mostate beschlagnahmt, ebenso 1.571.000 Stück Verbandsmaterial und 217.071 Karabinerhaken.[348]

Schon alleine wegen der genannten nicht „marktgerechten" Festlegung der Währungsparität 1 złoty = 1 Rubel, aber auch, weil die Verbraucherpreise staatlich festgelegt worden sind, bildete sich ein Schwarzmarkt. Am 18. November 1939 schrieb Canava an Ponomarenko über eine heftige Erhöhung der Preise. Hinzu kam, dass sich an der neuen sowjetisch-deutschen Grenze ein Schmuggel mit Grundversorgungs-Gütern herausbildete, der die unterschiedlichen *terms of trade* zwischen Hüben und Drüben auszunutzen oder schlicht auf dem Markt nicht befindliche Waren bereitzustellen beabsichtigte. Viele Menschen, so Canava, sagten, dass sie sich in den deutschländischen Machtbereich begeben wollten, um Salz, Kerosin und Zucker zu kaufen. Die Schmuggler konnten teilweise festgenommen werden.[349]

Man legte ein Programm auf, Freiwillige als Arbeiter in den DonBass zu schicken. Für neu angekommene Flüchtlinge wurden hierfür „Arbeitsbörsen" eröffnet. Hier und da machte auch tatsächlich jemand davon Gebrauch, doch die meisten bereuten es bald, sich als Hilfsarbeiter in Bergwerken verschleißen zu lassen.[350]

Infrastruktur, Industrialisierung. Der zweifelhafte Ruf der Sowjetunion als Beschützer der armen Familien, als schroffe Modernisiererin von Land und Leuten lebte lange Zeit von der Industrialisierung der 1930er Jahre als etwas im wörtlichen Sinne Greifbaren, dabei speziell auch bezüglich des Aufbaus von Verkehrs- und Energieinfrastruktur. Dieser Ruf hielt nach dem sowjetischen Sieg im Zweiten Weltkrieg und der Führerschaft in der unbemannten, dann auch bemannten Raumfahrt noch an. Erst mit der Inkorporation der Hungersnot in der Ukraine, Südrussland und Kasachstan der 1930er Jahre in die geschichtliche Erzählung seit den 1980er Jahren ist diese Periode der Sowjetunion nicht als Gegengewicht zu Hunger und Terror in die Waagschale der Beurteilung gelegt, sondern auch selbst in Frge gestellt worden.

Industrialisierung in der neuen BSSR? Die UdSSR konnte es sich nicht leisten, mit dem eroberten Gebiet zynisch umzugehen, auch wenn es hier keine Großindustrie gab. „Man begann mit dem Bau neuer Fabriken und Unternehmen." Zu Ende des Jahres 1940 arbeiteten in den „neuen Ländern" der BSSR 40.000 Menschen in 392 Industrieunternehmen, also 1-2 % der Bevölkerung. Es gab bald keine Arbeitslosigkeit mehr,[351] denn man hatte das Problem in der bekannten Weise dadurch gelöst, dass man die Arbeitslosen einfach in den Unternehmen einstellte. Auch Wirtschaftsunternehmen wurden nun behördlich geleitet. Die „Planwirtschaft" erhielt Einzug: Die Furnierfabrik Nr. 13 in Rėčyca schrieb in einem Brief vom 28. Januar 1940 etwas willkürlich, dass man 1940 35.500 Kubikmeter Furnier herstellen und erarbeiten wolle, was 28 % des Gesamtprogramms der Behörde BelFanProm entspreche.[352]

---

348 Grzelak, Czesław: Kresy w ogniu. Wojna na ziemiach wschodnich Rzeczypospolitej we wrześniu 1939 roku, Warszawa 2014, S. 284-298.

349 Fakten aus diesem Absatz nach NARB Bestand4p-1, Sign. 14687, Blatt 221-223.

350 Beispiel in Jasiewicz 2009, S. 314, Bericht über negative Erfahrungen Anderer, ebenda, S. 280.

351 Rižskij mir 2014, kniga 2, S. 32.

352 NARB Bestand4p-1, Sign. 14663-42.

Dass man auch auf Mittel des Sozialistischen Wettbewerbs zurückgriff, zeigt das Beispiel einer anderen Furnierfabrik. Als einziger Nachteil dieses vorbildlichen Betriebes in Mikaševičy (Kreis Pinsk) wird genannt, dass sich die produzierte Ware in einer Weise gestapelt hatte, dass man dort nicht mehr „normal arbeiten" konnte.[353] Es war das „normale" sowjetische Arbeitsleben, er war die sowjetische Wirtschaft mit ihrer willkürlichen (Fehl-)Allokation der Ressourcen, die nun in Pinsk und Umgebung Einzug erhielt und auch vor der Streichholzfabrik nicht halt machte: Höchstleistungen wurden vermerkt, denn hier arbeiteten die jungen Arbeiterinnen, die Genossinnen S. Rosenberg und Ch. Kravec, an mehreren Werkbänken und erarbeiteten so in der Schicht 114.000 bis 116.000 Päckchen, statt wie früher 40.000.[354]

Keine Großbauten in Grenznähe. Die bestehenden, nun enteigneten und nationalisierten Industrieunternehmen konnten keine ausreichende Basis für eine Industrialisierung sein. Ob die Grenzregionen zum einstweiligen Verbündeten Deutschland einen industriepolitischen Vorrang erhielten, dürfen wir ohnehin bezweifeln. Die Rüstungsindustrie wurde beispielsweise östlich von Moskau aufgebaut; ähnlich wie in der Türkei in Ankara und im Zentralen Industrierevier (COP) in Polen errichtete man Unternehmen von großem Maßstab ungerne in Grenznähe (eine Ausnahme waren später aus bestimmten Gründen die Atomkraftwerke).

Und schließlich gab es für die Sowjetunion einen gültigen, nicht mehr mit völlig übertriebenen Kennziffern getränkten, wenn auch immer noch zu optimistisch angesetzten Fünfjahresplan.

5.11 Verkehrsinfrastruktur und Energiefrage im Randgebiet

Doch auch in Westpolesien hielten sich die neuen sowjetischen Entscheider nicht lange mit der Verwaltung des Status Quo auf. Man plante ein Wasserkraftwerk. Eine Brücke über den Dnepr-Bug-Kanal sollte hölzern sein, um schneller gebaut werden zu können.[355]

Propagandistisch gut verwertbar waren solche Projekte, die die innerbelaruthenische Ost-West-Teilung infrastrukturell überwinden würden. Sinnfälligstes und mit hoher Priorität betriebenes Beispiel war das Projekt der Wiederherstellung der Dnepr-Bug-Wasserstraße, die wegen des sehr geringen polnisch-sowjetischen Handels in der Zwischenkriegszeit keine Funktion gehabt hatte.

Wasserverkehr. Die Dnepr-Bug-Wasserstraße. Es arbeiteten mehr als 3.000 Bauern an dem Kanalbau ausnahmslos zur Zufriedenheit der Berichterstatter, obwohl die alltäglichen Umstände noch zu wünschen übrig ließen. Eine Frau im Dorf Vyčulki (Landkreis Brest) konnte das ganze Dorf dafür gewinnen, sich an dem Projekt zu beteiligen. Es mag geholfen haben, dass im Winter in den Dörfern gewöhnlich wenig zu tun war. Es gab auch Subbotniks: die Bauern des Dorfes Ozjaty (Landkreis Žabincy) organisierten einen solchen

353 NARB Bestand4p-1, Sign. 14663-128. Es könnte sich um Samuel Gombergs Fabrik gehandelt haben.
354 NARB Bestand4p-1, Sign. 16867-178.
355 NARB Bestand4p-1, Sign. 14663-89.

kollektiv mit bis zu 500 TeilnehmerInnen, wobei sie 1.500 Kubikmeter Boden fortschafften.[356]

Man verpflichtete das Volkskommissariat für Gewässer und Flotten *(NarKomRečFlot)* in einem Beschluss über die „Entwicklung des Wassertransports in der Belarus“, „Bodenvertiefungs- und Flussbett-Reinigungs-Arbeiten“ von Turaŭ bis Brest-Litovsk [sic!] unter Gewährleistung einer Wassertiefe von 1,2 Metern“ herzustellen.[357] Hierzu schaffte man sieben Schwimmbagger vom Dnepr aus herbei, und man sollte auch fünf dieser Geräte benutzen, die schon vor Ort waren. In dem Abschnitt von Pinsk bis Brest-Litovsk sollten auch sieben Holzschleusen mit einer Breite von 11,2 Metern und einer Länge von 80 Metern gebaut werden, die Tiefe wieder 1,2 Meter betragen.[358]

Der Ausbau des größten polesischen Wasserwegs vom Bug bis an den Dnepr stellte also ein wichtiges Infrastrukturvorhaben dar, ein Projekt zur Herstellung der belaruthenischen Einheit, auch wenn die technische Sprache solch eine Überhöhung im Text nicht anklingen lässt. Doch die Tatsache, dass man viele verfügbare Ressourcen, von einfachen Einwohnern bis zur Ingenieurabteilung der Vierten Armee im Besonderen Militärbezirk[359] einsetzte, belegt dies. Mitte September 1940 wurde dieser Kanal, über den Schiffe nach Homel', Brest und Kiew fuhren, in Betrieb genommen.[360] Schon zuvor, Ende April 1940, wurde eine Wasserschifffahrtslinie von Pinsk nach Kiew, also von der neuen Belaruthenischen in die alte Ukrainische SSR eröffnet, auf der 30 Waren- und Personen-Schiffe fuhren, u.a. mit einem Mutter-Kind-Abteil.[361] Man richtete Reparaturwerkstätten ein.

Der Oginskikanal und andere Wasserwege. Das Gewässernetz wurde durch die Eröffnung der Wasserstrecke Pinsk-Davyd-Haradok auf den Flüssen Prypjat' und Haryn'/Horyn' erweitert.[362] Das Netz sollte zudem in geradezu idealer Weise durch die Verbesserung des von Süd (Prypjac'-Mündung der Jaselda) nach Nord zum Oginski-Kanal und dem Fluss Ščara zum Neman (Memel) verlaufenden Systems ergänzt werden. In den Flüssen Jaselda und Nëman sollte bis zum 1. August 1940 durch Vertiefungsarbeiten ebenfalls eine Tiefe von 1,20 Meter erreicht werden. An allen Abschnitten zwischen den Schleusen waren Stützpfeiler zu errichten. Bis zum 1. Mai 1941 war von der Jaseldamündung bis zur Stelle, an der die Ščara in den Nëman (die Memel) mündet, die Errichtung von 28 Holzschleusen vorgesehen, ebenfalls mit der Breite von 11,2 Metern und einer Länge von 80 Metern, Tiefe 1,2 Meter, mit 10 Wehren und Dienstgebäuden, um das System bedienen zu können.[363]

In einem Zwischenbericht vom März 1940 legte der „Vorsitzende und oberste Ingenieur des Dnepro-Neman-Stroj“ dar, dass sich die vorbereitenden Arbeiten durch das Wegkommandieren von fünf Ingenieuren und einem Techniker „äußerst negativ“ entwickelt hätten. Baumaterial sei bereitzustellen und zu transportieren, aber es sei keine Materialbeschaffung beauftragt worden; es fehle bei Weitem nicht nur an Holz. Das Büro des ZK der KP(b)B

356 NARB Bestand4p-1, Sign. 16867-100 Ėjdinov (Minsk) am 29. Februar 1940.
357 NARB Bestand4p-1, Sign. 14663, Blatt 186-188, O razvitii rečnogo transporta v Belorussii, hier 186.
358 NARB Bestand4p-1, Sign. 14663, Blatt 186-188; hier 186; 19. Dezember 1939.
359 Historyja Pinska 2012, S. 462.
360 Zvjazda, 11. September 1940, zitiert in: Historyja Pinska 2012, S. 462; Palesskaja praŭda 6. August 1940, zitiert in: Ebenda, S. 463.
361 Historyja Pinska 2012, S. 462.
362 Historyja Pinska 2012, S. 463.
363 NARB Bestand4p-1, Sign. 14663, Blatt 186-188; hier Blatt 186, 19. Dezember 1939.

hob noch einmal die politische und wirtschaftliche Bedeutung dieses Projekts hervor, und beschloss, dass die nachgeordneten *oblast'*-Parteiorgane aus Baranavičy, Pinsk und Białystok Hilfe leisten und das Waldwirtschafts-Volkskommissariat unbedingt die 120.000 Kubikmeter Holz bereitstellen sollten. Überhaupt sei dieses Projekt bislang zu wenig mit anderen Zweigen der Volkswirtschaft, wie der Melioration und der Hydroenergie verbunden, was man nun verbessern wolle. Es solle nun eine intensive Melioration und Hydroenergie entwickelt werden. Auch über die Bedingungen der Schifffahrt auf dem Nëman (Memel) jenseits der Staatsgrenze der UdSSR wisse man wenig. Mitarbeiter wurden vor allem aus Rostov am Don, auch aus Novočerkassk, Taganrog und Moskau entsandt.[364]

Man legte auch fest, was für Schiffe mit welcher Länge, Breite, Tiefe, Antrieben, und Tonnenlast für den Verkehr auf dem so bis 1941 entstandenen, Bug, Neman und Dnepr verbindenden Wasserstraßendreieck gebaut werden sollten.[365] Ölschlepper mit 250 Tonnen Kapazität sollten dafür sorgen, dass immer genug Treibstoffkapazitäten vorhanden sein würden.

Energiefragen und Zonenrandgebiet. Als Treibstoffzentren zwischen Dnepropetrovsk und Hrodna und Brest wurden Turaŭ, Pinsk und Slonim („Oginski-System“) aufgeführt.[366] Hieran kann man erkennen, dass man viel Wert auf die Energiefrage legte, einer der durchaus kontinuierlich vom Ersten Vorsitzenden der KP(b)B, Ponomarenko, beachteten Themen. Der in Kriegs- wie Friedenszeiten immer bedeutender werdende Einsatz von fossiler Energie ist auch in der Sowjetunion bekannt gewesen, auch wenn man nicht den Prognosen einer weltweiten Energiekrise, die ohnehin nur von Außenseitern wie Max Nettlau gestellt worden waren, gar nicht wahrnahm, sondern sich in produktivistischem Optimismus übte. Ob man sich in der Belarus' grundsätzlich eher auf einen längeren Frieden oder neue Kriegszeiten einstellte, kann ich nicht erkennen.

Bei solchen Vorhaben, die sowohl die BSSR und als auch die Ukrainische SSR betrafen, sollten die Behörden zusammenarbeiten,[367] was angesichts der beschriebenen Auseinandersetzungen zwischen Chruščev und Ponomarenko den Erfolg des Projektes nicht gerade beflügelt haben dürfte. Tatsächlich wäre es eine Untersuchung Wert, ob in der Sowjetunion die Gebiete in der Nähe von Republiksgrenzen deshalb zu „Zonenrandgebieten“ wurden, weil man bei Infrastrukturprojekten mit den Nachbarrepubliken hätte zusammen arbeiten müssen. Das wäre – neben der fehlenden Eisenbahnverbindung – ein zusätzlicher Grund dafür, dass Südpolesien (südlich der Prypjac') lange selbst gegenüber dem an der Eisenbahnlinie näher gelegenen Nordpolesien unterentwickelt blieb.

(K)Eine Brücke für Kobryn. Schon seit den 1930er Jahren gab es eine „Verwaltungsvereinfachung“, eine Rationalisierung der Ressourcen, wenn man so will: Damals fassten Partei- und Staatsgremien einer administrativen Ebene ihre Beschlüsse häufig gemeinsam,[368] was dadurch noch vereinfacht wurde, dass beispielsweise für die neugegründete *oblast'* Pinsk die Angehörigen der beiden Gremien in mehr als 50 % dieselben waren. Also: Das ZK der KP(b)B und der Rat der Volkskommissare *(SovNarKom)* der BSSR beschlossen am

364 NARB Bestand4p-1, Sign. 16727, Blatt 1-3, 6, 16, 23, 25.
365 NARB Bestand4p-1, Sign. 14663, S. 186-188; hier Blatt 186.
366 NARB Bestand4p-1, Sign. 14663, Blatt 186-188; hier Blatt 187.
367 NARB Bestand4p-1, Sign. 14663, Blatt 186-188, hier Blatt 187.
368 Siebert 1998a.

26. Dezember 1939, dass eine Brücke über den Dnepr-Bug-Kanal in Kobryn gebaut werden sollte. Zwei Tage später entsandte man zwei Ingenieure, die sich ein Bild vor Ort machten. Es wurde eine 44 Meter lange und 9 Meter über dem Wasserspiegel erreichende Brücke zu bauen vorgeschlagen, nebst einer Überführung über die hier zweigleisige Eisenbahnstrecke. Die Berichterstatter aber hielten die Frist, bis zum 15. April 1940 den Bau beendet zu haben, „einzuhalten für praktisch unmöglich" und schlugen vor, eine Holzbrücke und über die Eisenbahnlinien einen ebenerdigen Überweg bis Ende 1940 zu errichten. Die Straßenabteilung des Innenministeriums (NKVD) vergaß aber nicht anzugeben, dass sie die LKWs und Autos nicht zur Verfügung stellen könne, weil diese von der Armee „genommen" worden seien. Die Partei (das ZK der KP(b)B) „beauftragte" daraufhin den Staat (das *SovNarKom* der BSSR) damit, fünf LKWs und ein Auto zum Brückenbau bereitzustellen.[369]

Doch dann begründete man, warum die Brücke *nicht* gebaut werden sollte. Ein Instrukteur der Transportabteilung der KP(b)B (ja, so etwas gab es! Eine regelrechte Schattenverwaltung in den Parteistrukturen) wusste zu berichten, dass die Straßenabteilung des NKVD der BSSR am 28. Februar 1940 den Bau einer Brücke über den Dnepr-Bug-Kanal „nicht für zweckmäßig" hielt, weil 3 Millionen Rubel unökonomisch eingesetzt seien, zumal eine Holzbrücke existieren würde, noch eine zusätzliche Brücke über die Eisenbahnlinie gebaut werden müsste und die Straße Brest-Pinsk nur in der „dritten Klasse" eingestuft sei, auf der viele Stellen, „vielleicht auch die ganze Straße" „eines Umbaus und einer Rekonstruktion" bedürfen.[370]

5.12 Melioration

Man ging auch einen zweiten Klassiker der Landschaftsintervention in Friedenszeiten an, die Trockenlegung von Sümpfen, allerdings vorwiegend in der „alten" BSSR, in Ostpolesien, das nun nicht mehr in Grenznähe zum Feindesgebiet lag (und selbst hinter der Grenze herrschte ja nun ein offiziell Verbündeter). Man nahm sich zunächst am 12. März 1940 der Melioration des Flusses Ipa (Ippa) an.[371] Das SovNarKom der UdSSR und das CK der VKP(b) beschlossen am 6. März 1941 generelle Maßnahmen zur die Trockenlegung von Sümpfen in der Belaruthenischen SSR.[372]

Die Urbarmachung von zusätzlichem Land wurde grundsätzlich nicht als direkt staatliche Aufgabe organisiert, sondern als eine von einzelnen Kolchosen zu bewerkstelligende angesehen. Aus diesem Grund erörterten Partei und Staatsbehörden die Höhe der Bezahlung und überhaupt die „Arbeitsnormen bei Meliorationsarbeiten in den Kolchosen der BSSR".[373] Bei der Mehrheit der Kolchosen sah der „Plan zur Trockenlegung und Aneig-

369 (Vielleicht auch nicht, weil keine Unterschriften unter dem Dokument stehen); NARB Bestand4p-1, Sign. 14663-72-73.
370 NARB Bestand4p-1, Sign. 14663-71; Historyja Pinska 2012, S. 438 mit Stellen anlässlich der Fertigstellung der Straße in Pinsk 1938/1939.
371 NARB Bestand4p-1, Sign. 16867, Blatt 126-126verso.
372 Titov 2008, S. 13-15, 17.
373 NARB Bestand4p-1, Sign. 18360-62bis66; Zu dem Phänomen Arbeitsnormen in der Landwirtschaft siehe die einschlägigen Werke von Stephan Merl sowie Siebert 1998a.

nung der Sümpfe je eine Fläche von je 50 Hektar“ vor.[374] Es gab eine progressiv steigende Bezahlung für die Übererfüllung der Normen. Bei 20 Tagen Arbeit im Jahr schrieben die Vorgesetzten 35 „Arbeitstage“ ins Arbeitsbuch, bei der Erfüllung der zweifachen Norm 87,6 und der dreifachen Norm 157,6 Arbeitstage.[375] Die Sorge, dass dies zu einem Handel mit Arbeitstagen, ihrer „Basarisierung“ führe, brauche man nicht zu haben. Wenn die 50-Hektar Norm zu 100 % übererfüllt würde, so sollten dem Kolchosvorsitzenden 45 Tage je Jahr gutgeschrieben werden.[376] Wichtiger sei, dass die Kolchosen einen „Agromeliorator“ anstellten, „der die Vorbereitung zu den Meliorationsarbeiten und die organisatorisch-technische Führung bei ihrer Durchführung sicherstellt“.[377] Diese Intervention von außen hielt man auch als ein Moment von Kontrolle für nötig. Die „Kolchos-Agromelioratoren“ sollten dann „im Wesentlichen durch die besten Kolchosbrigadiere der bodenkundlichen Brigaden“ ergänzt werden. Da aber die Arbeit der Agromelioratoren ein komplizierte sei, und die Urbarmachung von Sumpfboden einen direkten Zusammenhang mit den Ernteerträgen der Kolchosen habe, sollten sie zusätzliche „Arbeitstage“ bezahlt bekommen. All dies bat die „Landwirtschaftsabteilung der KP(b)B“ (ja, auch dies gab es) am 15. Mai 1941 die entsprechende Abteilung der Allsowjetischen KP beschleunigt zu prüfen.

Die Melioration war also als ein Belohnungsprojekt für die Einheimischen angelegt, es wurden nicht, wie in anderen Ländern und auch in anderen Regionen der Sowjetunion, Neusiedler hingeschickt, die dann wahrscheinlich, ähnlich, wie für die Niederlande beschrieben, nach bestimmten Kriterien ausgewählt würden.[378]

Es gab in der Zeit bis Juni 1941 keine greifbaren, jedenfalls keine veröffentlichten Ergebnisse erfolgreicher Melioration. Allerdings benannte man die Achoŭskaja-Straße in Pinsk in Melijaracyjnaja um.[379] Ab den 1950er Jahren verfolgte die Sowjetführung, wenn auch mit Brüchen, beharrlich die Sumpftrockenlegung, bald auch als Allunionsprojekt.[380]

5.13 Kritik an Übertreibungen und schematischem Vorgehen

Die neuen Herrscher entsandten ihr eigenes Personal aus der östlichen Belarus' und aus Russland in die neu eroberten Gebiete. Wir haben auch gesehen, dass sie dabei insofern äußerst schematisch vorgingen, als sie all die Phasen der Entwicklung der Sowjetunion im Eiltempo wiederholten. Vielleicht gehört zu diesem Schema auch das spätestens ab dem 21. Oktober 1940 kritisierte „rein administrative“ Vorgehen der neuen Behörden. Laut Schema kritisierte man eine „Schematik“, das heißt, eigentlich galten viele Maßnahmen ja als richtig, aber angesichts dessen, dass man es „mit engstirnigen Berufsinteressen rückständiger

374 NARB Bestand4p-1-18360, Blatt 62-66, hier Blatt 62.
375 Ebenda.
376 Ebenda, hier Blatt 63-64.
377 Ebenda, hier Blatt 64.
378 In den Niederlanden übrigens nach religiösen. Van de Grift, Liesbeth: On New Land a New Society: Internal Colonisation in the Netherlands, 1918–1940, zitiert in: Contemporary European History 22, 4 (November 2013), S. 609-626; DOI: 10.1017/S0960777313000386.
379 Pamjac'. Pinsk, Minsk 1998, S. 538.
380 Vgl. Kouida 2019. Zum Gesamtprojekt: https://www.herder-institut.de/go/BG-349abc

Arbeiter, mit der allgemeinen kulturellen Rückständigkeit des Dorfes, mit dem Einfluss der Religion und mit Resten des Nationalismus“ zu tun hatte, solle man die Polen nicht zwangsweise in belaruthenische oder russische Schulklassen senden, die polnische Sprache nicht verbieten, nicht Bücher von Mickiewicz und Orzeszko aus den Bibliotheken entfernen, nicht jeden stellvertretenden Kantinenleiterposten mit einem Ossi besetzen und Fehler in der Besteuerung des Bodens zugeben, denn in den Bodenregistern seien ja nicht alle Besitzverhältnisse gut festgehalten. „Zu oft“ mit Repressionen zu drohen, das hielt man inzwischen für falsch, und man machte Unzulänglichkeiten bei der Führung der Kolchosen aus.[381]

Die Geschichtsschreibung hat die Mechanismen schon gut analysiert, dass strukturell angelegte „Nachteile“ der kommunistischen Verwaltung und Wirtschaft immer wieder einzelnen austauschbaren Vertretern niederer Ränge, die man ja von oben mit diesen bald mehr, bald weniger attraktiven Posten betraut hatte, als „Fehler“ anzulasten. Die neuen Herren konnten bei solchen Gelegenheiten, quasi nebenbei, endlich einmal detailliert, allerdings unsystematisch, all die „Missstände“ beschreiben. Die „Nichtbeachtung revolutionärer Gesetzlichkeit“ erkannte man auch in der Finanzverwaltung bei der Inwertstellung von Gebäuden, bei der Besteuerung von Einzelhöflern (die Mehrheit der westpolesischen Bauernfamilien war ja noch nicht einer Kolchose beigetreten) und der „Kulturabgaben“.[382]

5.14 Zusammenfassung

War die Intervention des sowjetischen Militärstiefels in Polen ein Clash of Cultures, wie es der polnische Autor Artur Wysocki[383] darstellt, gar eine „von außen inszenierte Selbstzerstörung der Gesellschaft“?[384]

Die Frage wage ich nicht endgültig zu beantworten.

Zunächst einmal müssen wir uns vergegenwärtigen, dass die Sowjetunion relativ erfolgreich den Eindruck vermittelt hat, dass sie am Zweiten Weltkrieg bis 1941 nicht beteiligt war. Verschiedene Maßnahmen lassen sich als solche darstellen, die zumindest nebenbei diesen Eindruck verstärken sollten: da war erstens die Tatsache, dass die Sowjetunion die eroberten Gebiete nicht als (vorübergehende oder dauerhafte) Besatzungsgebiete darstellte, sondern als eine Art Initiative, die unter Herstellung von „historischer Gerechtigkeit“ eine „Vereinigung“ des belaruthenischen wie auch ukrainischen Volkes darstellte. Daher haben sie zweitens soviel Wert darauf gelegt, in den besetzten Gebieten keine besonderen geografischen Entitäten zu schaffen, (wie beispielsweise Deutschland mit seinem Generalgouvernement Polen“ oder selbst Italien mit seinen *Affari Civili delle Isole Ionio,*[385] sondern, ganz im Gegenteil darauf, diese möglichst schnell „verschwinden“ zu lassen und also in

381 Rižskij mir 2014, tom 2, 2014, S. 96-106 #29.
382 NARB Bestand4p-1-14697-199.
383 Wysocki, Artur: Zderzenie kultur. Polskość i sowieckość na ziemiach wschodnich Rzeczypospolitej Polskiej w latach 1939-1941 we wspomnieniach Polaków, Lublin 2014.
384 Gross 1988, S. 70.
385 Siebert 2016, S. 188-189.

Windeseile erfolgreiche Volksabstimmungen über den Beitritt zu lancieren. Drittens war die sowjetische Führung daher sehr darauf erpicht, den Bürgern in dem Beitrittsgebiet sowjetische Pässe auszufertigen, sogar aufzunötigen.

Die Interventionen der Sowjetunion zielten auf eine langfristige Eingemeindung der angegriffenen Gebiete. Die Sowjetunion hatte nicht nur selbst keine Kriegserklärung gegen Polen abgegeben, sondern auch, wie kurz angerissen, (im Gegensatz zu Deutschland) wegen ihres Einmarschs in Gebiete Polens, in ihrem Fall in die westliche Ukraine und die westliche Belarus' keine Kriegserklärungen durch die Westalliierten zu gewärtigen gehabt.[386] Man sollte diese wenig beachtete Tatsache stark herausstellen. Denn bis heute gilt die Sowjetunion für die Zeit von 1939 bis (Juni) 1941 als „neutrales Land“ im Zweiten Weltkrieg zwischen den Achsenmächten und ihren von Großbritannien und Frankreich angeführten Gegnern. Mit der Ausnahme des Winterkriegs in Finnland fühlte sich die Sowjetunion tatsächlich nicht im Krieg, und darin wurde sie nicht nur durch ihren offiziellen Verbündeten Deutschland bestärkt. Es ist heute gar nicht so einfach, von der ex-post-Perspektive zu abstrahieren, also davon, dass nach der Invasion Deutschlands 1941 und der Shoah über 20 Millionen Sowjetbürger im Krieg ihr leben lassen mussten.

Die Sowjetunion hatte vor ihren Aggressionen in die Ostgebiete der Republik Polen, nach Finnland und nach Bessarabien keine Erfahrungen mit militärischen Interventionen ins Ausland. Zwar haben die Bolschewiki und die Rote Armee schon von Anfang an so manche Gebiete in der Ukraine, und auch in Polesien eher militärisch als politisch erobert, aber nun, 1939, war die Sowjetunion ein vollwertiger Staat, obendrein Mitglied des Völkerbunds.

Aus zumindest drei Gründen spielte Moskau bei seinem Angriff auf die Republik Polen die nationale Karte. Erstens war das damals üblich, es war eine Sprache, die man in Europa verstand. Zweitens hat man den sozialen Beteuerungen der Sowjetführung nicht geglaubt; diese Zeiten waren spätestens mit der Zwangskollektivierung vorbei. Zwar beruhten viele Annahmen über das Ausmaß des Schicksals der Arbeiter und Bauern in der Sowjetunion auf Gerüchten. Man konnte sich nicht sicher sein, ob ab 1933 tatsächlich Millionen von Menschen in der Ukraine und anderen Teilen der südlichen Sowjetunion dem Hungertod zum Opfer gefallen war. Aber dass die UdSSR kein sozialistisches Paradies war, hatte sich herumgesprochen.

Drittens aber passte es ganz gut, dass der belaruthenische Nationalismus zumindest nicht so gefährlich werden würde wie der ukrainische. Der belaruthenische Nationalismus war eher geografisch als völkisch, da er sich nicht gut über Konfession oder Sprache definieren konnte (dazu unten im allgemeinen Kapitel mehr); er konnte auch gut instrumentalisiert werden, weil der belaruthenische nationale Diskurs – im Gegensatz zum ukrainischen Hetman- und Kosakendiskurs – seit Beginn der eines Unterschichts- und Opferdiskurses war.

Dies ging nicht ohne die hemmungslos betriebenen, brutalen Deportationen in den sowjetischen Norden und nach Sibirien ab (*Sever'* und *Sibir'*). Doch das Interventionsziel

386 https://en.wikipedia.org/wiki/Russia%E2%80%93United_Kingdom_relations#Molotov%E2%80%93Ribbentrop_Pact,_1939. (04.03.2019)

war nicht Zerstörung, sondern Aufbau. Dies war das zunächst kaum glaubwürdige Versprechen der Sowjetmacht.

Und dieser Aufbau konnte allein unter Heranziehung sozialer Linien nicht gelingen, es mussten auch nationale sein. Denn die Belaruthenisierung der seit spätestens 1923 so benannten „Westlichen Belarus" gelang nur mit antipolnischen Maßnahmen. Nur so konnte der Angriffskrieg als Befreiung ausgegeben werden. Parolen von internationalistischer szialer Revolution hätten nicht nur nicht beeindruckt, sondern waren der Führungsriege um Stalin und ihm selbst wahrscheinlich inzwischen zuwider. Ordnen, Datensammeln, Säubern, Verkehrswege bauen, Meliorieren – so wollte sich die Besatzungsmacht präsentieren. Viele Sowjetmenschen – Militärs, Instrukteure, Meliorisierer, die es aus welchen Gründen auch immer in die polesischen Sümpfe verschlagen hatte, vermittelten den Eindruck, nicht nur sowjetische, sondern überhaupt Kultur in die Gegend gebracht zu haben.

Projekte wie die Erweiterung und Vertiefung des Wasserwegenetzes ließen (allerdings) offen, zu welchem Zweck welche Waren woher wohin transportiert werden sollten. Dadurch, dass weder Absichten der Schaffung von postkolonialen Strukturen noch andererseits von *affirmative-action*-Maßnahmen durchschienen, erschien die Wiedervereinigung des belaruthenischen Volkes als normaler Vorgang.

Dass die Entscheider von 1939 bis 1941 sogar in Polesien Pläne für Verkehrswege und Melioration ausarbeiten ließen, lässt ebenfalls darauf schließen, dass man sich nicht im Krieg wähnte und die eroberten Gebiete in die sowjetische Heimat eingemeinden wollte. Für die polesische Landbevölkerung war dies kein *clash of cultures*, für die Stadtbevölkerung sehr wohl.[387] Für die ethnischen Polen war es nicht nur ein kultureller, sondern vor allem auch auch ein militanter, machtpolitischer Clash, der sie nach Sibirien oder in den Tod bringen konnte.

387 Vgl. die Darstellungen von Łuszczyk-Ilienkowa, Nina: Pińsk, Elektrownia. Mam dziesięć lat, opracowała Anna Engelking, Warszawa 2004.

6. Zeitgenössische Raumwahrnehmungen und Raumkonzepte

Einleitung. Raumkonzepte, Raumtheorien, Ideen von dem historischen Wechselverhältnis zwischen Mensch und Natur, zwischen Einheimischen und Nichteinheimischen, die Kritik des Natur- und des Kulturbegriffs, Analyse der Auswirkungen des technischen Fortschritts in Kriegs- und Friedenszeiten – all das gibt es ja nicht erst, seit die historische Wissenschaft an der Theoretisierung, Systematisierung und Historisierung dieser Phänomene arbeitet. Ich habe viele recherchierte Fakten wiedergegeben, weil es mir ein Anliegen war, zu beweisen, dass Polesien nicht nur eine Atopie war, sondern dass es dort mehr als Land und Leute, mehr als Blut- und Sumpfländer gab.

Ich will damit auch erschweren, beim *spatial*, *imperial* und anderen *turns* nur ideengeschichtlich zu arbeiten, und den damaligen Zeitgenossen nur dasjenige „zuzubilligen", was man heute selbst tut. Gerade Polesien bietet sich hier an, weil es auf viele wie ein unbeschriebenes Blatt wirkt und wirkte, wie etwas Unhistorisches, nur Räumliches.

Eine zweite Gefahr besteht darin, auf der ideengeschichtlichen Ebene eine Bruchstelle zwischen „Damals" und „Heute" herzustellen. Ein grammatisches Kennzeichen davon, ob eine Historikerin oder ein Historiker heute jemanden in den eigenen Diskurs eingemeindet und sich kollegial darauf bezieht, oder ob er oder sie da jemanden historisiert und zum „Damals" gehörig betrachtet, ist der Gebrauch des Präsens beziehungsweise Präteritums. Früher, sagen wir in den 1980er Jahren, gab es dadurch, dass in den 1930er Jahren in Deutschland und der Sowjetunion die Intelligenz vernichtet oder doch mundtot gemacht wurde, tatsächlich diesen Bruch gerade auch bezüglich historisch-geografischer Arbeiten, allerdings ja nicht für Wissenschaftler in Ländern, deren Territorium nicht vom zweiten Weltkrieg betroffen waren.

Ich habe oben sehr ausführlich die Ereignisse in Polesien in der Zeit von 1914 bis 1941 beschrieben, auch dargestellt, dass Interventionen häufig gar nicht von langer Hand geplant waren. Doch gab es auch in jener Zeitperiode umgekehrt Planungen und Ideen, die nicht verwirklicht wurden.

Polesien war keine Grenzregion, sondern eine Übergangsregion. Bevor wir uns den Raumwahrnehmungen und den Raumordnungsvorstellungen zuwenden, sollten wir feststellen, dass aufgrund der fließenden Situation zwischen Russland, Polen, der Belarus' und der Ukraine in den polesischen Gebieten die nationale und selbst regionale Identität nicht gefestigt war, und dies galt nicht nur für die Bauern/Fischer und die Juden als Bewohner der Schtetl (siehe oben), sondern selbst für den Adel. Man kann noch weiter gehen und sagen, dass selbst die Behauptung, dass es sich bei den katholisch-orthodoxen Mischgebieten um eine Grenzregion gehandelt habe, eine anachronistische Begriffswahl ist: es handelte sich nämlich nicht um ein Grenz-, sondern ein Übergangsgebiet (für das als Metapher, wenn man mag, ein weiteres Mal die von den uferlosen Ufern in Polesien dienen könnte).

Was die Angehörigen des Adels betrifft, so gab es mehrere Beispiele dafür, dass Brüder aus Adelshäusern völlig unterschiedliche Wege gingen, dass sie ihre nationale Identität quasi wählen konnten: Ivanoŭski, Ivanauskas und Iwanowski waren drei Brüder, die sich – zufällig? – der litauischen, belaruthenischen und polnischen Nationalbewegung angeschlossen hatten.[1] Graf Stanisław Szepticki war Chef des Generalstabs des Heeres der jungen Polnischen Republik nach 1918, während sein Bruder Roman Šeptyc'kyj seit 1900 Metropolit der Unierten griechisch-katholischen Kirche in Lemberg war.[2] Und in Polesien hielt sich diese Uneindeutigkeit noch länger: Noch 1918 trat Roman Skirmunt als tatkräftiger „produktivistischer" Edelmann mit eigenen Manufakturen in Parėčče bei Pinsk an die Spitze der BNR, während sein Bruder in acht Kilometer Entfernung in der Tradition der Vorbesitzer, der Grafen Ogiński, sich der Musik und der Kunst widmete und auf belaruthenische Bauern, die vor seinem Anwesen *Kaljada*-Lieder sagen, den Hund hetzte.[3]

Haben diese Leute ihre Heimat überhaupt als Grenzregion wahrgenommen? Sie definierten sich zwar vielleicht angesichts der neuen Zeit polnisch, belaruthenisch, ukrainisch oder litauisch – aber sie waren *zu Hause*. Diese Region als Grenzregion zu bezeichnen ist (vielleicht doch) eine Übertragung aus späterer Zeit. Noch der Bildband des ortsfremden 47. Reservekorps kannte 1918 nur die Einteilung in „Galizien" und „Rußland", obwohl er Fotografien konkreter Städte enthält.[4] Verschiedene verwirklichte (Riga 1921, Hitler-Stalin 1939, belaruthenisch-ukrainische Grenze 1939), nur beschlossene (zwei Mal Brest 1918) oder nur entworfene (BNR 1918, Curzon-Linie und Dmowski-Linie 1919) Grenzen einer zumindest territorial ethnisierten Großregion beeinflussten die Realitäten und bevölkerten die Köpfe der Zeitgenossen und Nachgeborenen. Die genannten Territorialisierungen, seien sie nun konkret auf eine Landschaft wie Polesien bezogen oder abstraktere Raumkonzepte, sollten wir daher als etwas Neues begreifen.

Zeitgenössische Raumwahrnehmungen und Raumkonzepte von innen

Gab es einen Blick auf Polesien von innen? Laut Svetlana Boltovskaja gibt es im 21. Jahrhundert Menschen, die sagen: „Polesien – das ist meine Heimat *(rodina)*". Nach allem, was ich weiß, gab es solch eine Betrachtungsweise vor hundert Jahren nicht. Nicht nur, dass die polesischen Landbewohner Polesien nicht als eine Landschaft wahrnahmen, in der das eigene Dorf lag, vielmehr sahen sie Polesien überhaupt nicht als eine Landschaft an. Eine Ursache dafür ist alleine schon darin zu sehen, dass die polesischen Männer, und das gilt noch stärker für die Frauen, das 36.000 bis 270.000 km² große (siehe Einleitung) Polesien in seinen Ausdehnungen gar nicht gekannt, gar nicht gesehen haben. Es erschloss sich ihnen weder als Vaterland, noch als Mutterland, noch als Heimat. Die Polesierinnen und Polesier erkannten als ihre eigene Gegend einen Radius von vielleicht bis zu 50 km, (was eher dem deutschen Begriff von Heimat entspricht)[5], zu dem zwei oder drei Schtetl in der Nähe gehörten, und wenn es etwas Bekanntes gab, das weiter entfernt lag, so waren es die Indus-

1 Foto mit Tadeusz, Jurij und Vaclaŭ https://be.wikipedia.org/wiki/Вацлаў_Леанардавіч_Іваноўскі. Vgl. Zeraschkowitsch 2001.
2 Rhode, Gotthold: Kleine Geschichte Polens, Darmstadt 1965, S. 466.
3 Smaljančuk 2013, S. 138-154, geschrieben 2011.
4 Das 41. Reserve-Korps von der Somme zum Pripjat: mit 438 Bildern, München 1918.
5 Hierzu auch Mak 2014, S. 149-152.

trie-, aber auch Agrargebiete, in die man saisonal oder auch für längere Zeit wanderte. Polesien war eben größer als ein *Aršin*.

Raumkonzepte von 1915 bis 1917/1920

Vernachlässigtes Polesien. Die „Konferenz des Großfürstentum Litauen“ interessierte sich in seinem am 19. Dezember 1915 verkündeten „Universal“ nur für den von den Mittelmächten besetzten Teil der Belarus,[6] aber dabei offensichtlich auch nicht für Polesien, – obwohl es auch zum Großfürstentum Litauen gehört hatte. Das kann daran gelegen haben, dass die Konferenzteilnehmer niemanden aus den polesischen Territorien in ihren Reihen hatten, oder aber auch daran, dass sie, wie schon die Erste Allgemeine Volkszählung 1897,[7] Westpolesien gar nicht als belaruthenisch, sondern als ukrainisch bevölkert angesehen haben.

Keine polesische Republik. Im Gegensatz zu etwa 40 bis 60 anderen seit 1918 ausgerufenen Republiken hat es keine Ausrufung mit dem Namen Polesien gegeben. Gewiss – es ist immer markanter, wenn etwas geschieht, als wenn etwas nicht geschieht; doch vermerke ich dies hier auch deshalb, weil das „Belaruthenische Politische Komitee“ von Bulak-Balachovič in seinem kurzzeitigen „Stammsitz“ in Mazyr im November 1920 eine Belaruthenische Republik ausrief – und keine „polesische“ Entität. Auch 1918 hatte es „nur“ einen „polesischen Aufstand“ gegeben. Raman Skirmunt gehörte zu den Wenigen aus Polesien, die den Diskurs über die räumliche Zugehörigkeit Polesiens zur Belarus' betrieben.[8]

Meereszugang. Später wollte der belaruthenische Aktivist Anton Luckevič einen zumindest unter Anderem die Belarus' umfassenden Staat mit einem Meereszugang.[9] Dieses Bestreben war so wirtschaftspolitisch folgerichtig wie realpolitisch absurd. Doch war der Diskurs über die Wichtigkeit eines Meereszugangs für die „Lebensfähigkeit“ eines Staates, von Klaus Richter etwas weniger biologistisch mit *viability* übersetzt, weit verbreitet.

Raumwahrnehmungen und Raumkonzepte in Polen in der Zwischenkriegszeit

Die polnischen Markierer des Polesischen sprachen, von Ausnahmen abgesehen, nicht in den klassischen Begriffen von innerer Kolonisierung. Sie idyllisierten die Poleschuken und Polesien oder werteten Menschen und Landschaft ab. Die Kategorie der Hiesigen *(tutejsi)*, die es insbesondere in der Wojewodschaft Polesie bis in die Volkszählungen von 1921 und 1931 geschafft hat, sorgte dabei mit dafür, dass die slawischen (!) Einheimischen Polesiens nicht als das ewig Andere markiert wurden, sondern für eine allmähliche Integration und Assimilation (laut Obrębski insbesondere durch Armee und Lohnarbeit) zugänglich erschienen, doch damit wurde tatsächlich eine neue Kategorie des Anderen (oder Noch-Nicht-einmal-Anderen) geschaffen. Doch stand der *tutejsi*-Begriff deutlich für das Mehrwertigkeitsgefühl der Polen.

6 Chomič, S.M.: Belaruski nacyjanal'ny ruch va ŭmovach peršaj susvetenaj vajny (žniven' 1914 – ljuty 1917 hh.), In: Oktjabr' 1917 goda v sud'be mirovoj civilizacii. K 90-letiju Oktjabr'skoj revoljucii, Minsk 2008, S. 368-391, hier S. 382-383.

7 Pervaja vseobščaja perepis' naselenija Rosskijskoj Imperii, XI. Grodnenskaja gubernija 1897, SPb. 1903, S. 102-105 (Tabelle X) und Efim Karskij (Karskij 1903).

8 Belaruski Šljach 53 (29.05.1918), zitiert in: Smaljančuk 2018, S. 433-434, hier S. 434.

9 Chomič 2008, S. 368-391.

Soweit ich es heute Anfang 2019 schon überblicken kann, verband der Gesetzgeber mit den Landreformen in Polen 1920[10] und 1925[11] keine Raumordnungspläne. Jedenfalls teilte man den *osadnicy* nicht ausgerechnet in Polesien, also dort Boden zu, wo die Bevölkerungsdichte am geringsten war. Gerade die bekannteren *osadnicy* hatten nicht in Polesien ihren Flur bekommen.[12]

Hingegen begriffen fast alle, die darüber geschrieben haben, speziell die geplante und vorbereitete Melioration Polesiens als koloniale Aktivität und Polesien dementsprechend als konzipierten Raum. Das Schillernde des Begriffs Kolonie, zwischen „harmloser" Schrebergartenkolonie einerseits und Melioration als gezielter Grundlage für nationalpolitischer Siedlungspolitik tritt hierbei deutlich zutage (siehe unten im Kapitel über Kolonialismus).

Die Orte der Juden als entimaginierte

Die Belarus' wird bis heute außerordentlich stark über ihren ländlichen Raum definiert. Das Wappen der Republik zeigt Ähren, Blüten und Beeren. Nicht nur Polen und Russen, auch Belaruthenen haben dieses Land und hierbei besonders Polesien ohne ihre Schtetl und selbst Städte (Shtot) vor- und dargestellt. Vilnius/Wilna war die Hauptstadt von Belaruthenen und Litauern, Oberzentrum von Juden und Polen. Mit der Entfernung von Vilnius in Richtung Süden und Osten nahm in den Augen der Vertreter der belaruthenischen Nationalbewegung die Belaruthenizität der Belarus' ab. Sie definierten ihr eigenes Land ohne die Schtetl. Diese erschienen aber nicht als Löcher in der Landkarte, sondern schienen in dem „Sumpfgebiet" nicht weiter zu stören. Natürlich kamen die vor. Bei dem die Perspektive der Dörfler einnehmenden Schriftsteller Ivan Meležˇ[13] kann man nachlesen, wie sich diese bei Eintritt in die Stadt/das Schtetl und der Begegnung mit den Juden wie in einer anderen, fast unwirklichen Welt fühlten.

Zeitgenössische Raumkonzepte in der BSSR und UdSSR. Der Draufblick der RSDRP, Sowjetrusslands und der UdSSR: Das Polesien der RSDRP und das Gouvernement Homel'. Sechs Jahre nach ihrer Gründung in Minsk etablierte die RSDRP im Jahre 1904 eine Gebietsorganisation namens Polesisches Komitee *(„Polesskij Komitet")*. Die polesische RSDRP orientierte sich in ihrem Wirkungskreis aber nicht an der Landschaft Polesien.[14] Warum das *„Polesskij Komitet" Polesskij komitet* genannt wurde, kann ich bisher nur vermuten: Wahrscheinlich hatten die russländischen Sozialdemokraten einen Schwerpunkt in Homel, was wiederum mit dem Aufstieg dieser Stadt als Kreuzungspunkt zweier wichtiger Eisenbahnlinien zu tun hatte. Das *Polesskij Komitet* wurde jedenfalls in Städten wie Orša, Mahilëŭ und Babrujsk[15] aktiv, nicht aber in Luninec, Pinsk oder Brest. (siehe Abbildung 17, Seite 455)

Nach dem Ersten Weltkrieg jedenfalls waren die RKP(b) und andere prosowjetische Strömungen in Homel' sehr stark – so stark, dass innerhalb der RKP(b) und der Sowjets ein

---

10 http://isap.sejm.gov.pl/DetailsServlet?id=WDU19200700462.
11 http://isap.sejm.gov.pl/DetailsServlet?id=WDU19260010001.
12 Meine Ermittlungen auf der Grundlage von https://pl.wikipedia.org/wiki/Kategoria:osadnicy_wojskowi_II_Rzeczypospolitej.
13 Melesh, Iwan: Menschen im Sumpf. Roman, Berlin 1974, z.B. S. 341-377.
14 Vgl. Einleitung.
15 ĖHB, tom 5, Minsk 1999, S. 385.

heftiger Streit darüber ausbrach, ob das alte „Gouvernement Mogilëv" ebenfalls seine Hauptstadt verlegen sollte: in Homel' hatten stärkere, einflussreichere Kräfte die Oberhand, so dass im Jahr 1919 das sowjetische „Gouvernement Gomel'" aus der Taufe gehoben wurde, welches mit dem vormaligen „Gouvernement Mogilëv" insbesondere im Osten nicht völlig deckungsgleich war.

Das *Polesskij komitet* existierte formal nicht mehr, als die Gliederung der RKP(b) den aus den Zeiten des Zarenreiches überkommenen Gouvernementsgrenzen angepasst wurde: Die Partei organisierte sich im *GubKom*, der Sowjet hatte sein *GubIspolKom*. Doch das quer zu den Verwaltungsstrukturen etablierte *Polesskij komitet* blieb stark. Die Protagonisten verwendeten den Begriff einfach weiterhin.

Damit wollten sie allerdings wohl auch zum Ausdruck bringen, dass sie für die oben beschriebene, 1919 Wirklichkeit gewordene Verlegung der Gouvernementshauptstadt nach Homel' eintraten.[16]

Aus der Tradition des *„Polesskij komitet"* heraus, und weil in Homel' während der Revolution und dem Bürgerkrieg der Einfluss von Anarchisten, Bund und anderen sozialistischen Organisationen auf Seiten der Bolschewiki nicht unerheblich war, wurde die gouvernmentale Partei-Zeitschrift noch 1926 *„Polesskij kommunar"*[17] genannt.

Das Gouvernement Homel' und andere Verwaltungs-Einheiten.
Eine weitere Raumordnungs*tätigkeit* war die soeben angesprochene Bildung des Gouvernements Homel'. Takoeva zeichnet detailliert nach, wie es dazu kam, dass das Gouvernement Mahilëŭ mit der gleichnamigen Hauptstadt, die von 1915 bis 1917 Sitz des Oberkommandos der Russländischen Streitkräfte war, am 26. April 1919 in Gouvernement Homel' umbenannt wurde; neue Hauptstadt wurde Homel'.[18] Die Homeler Kommunisten mögen „historisch" (selbst die Bolschewiki in ihrer kurzen Geschichte) oder auch mit der Verkehrslage argumentiert haben – auch hier möchte ich aber beim besten Willen kein Raumordnungs*konzept* konstruieren. Vielmehr nehme ich an, dass die beiden Seilschaften der Kommunisten von Homel' und Mahilëŭ um die Macht eiferten, und raumkonzeptionell interessant ist hier allenfalls, dass auch diese mittlere Machtebene mit vorgeschobenen, darunter auch räumlichen Argumenten schon in dieser frühen Phase noch ungesicherter bolschewistischer Herrschaft argumentierte und operierte.

Polesien als Verwaltungseinheit. Auch bei den häufigen späteren Reformen von Verwaltungseinheiten in der BSSR, minutiös aufgeführt vom Nationalarchiv in Minsk,[19] erscheint (Ost-)Polesien als keine Kategorie, erst 1938/1939 war diese Landschaft überhaupt wieder namensgebend. Dass Pičeta und Ponomarenko den Begriff Polesien in ihre umständliche Argumentation nicht (wieder-)einführen, sollten wir hingegen als einen bewussten Akt ansehen. Zu sehr hatten alle Theoretiker wie Praktiker in Moskau (die bis dahin überlebt hatten), insbesondere aber in Kiew und Minsk Polesien ausblenden und in den diskursiven Schatten der Ukraine bzw. der Belarus' stellen wollen oder müssen.

16 Takoeva 2014.
17 Polesskij kommunar: dvuchnedel'nyj žurnal: organ Gomel'skogo gubernskogo komiteta Rossijskoj kommunističeskoj partii (1925-1926); vgl. Siebert 1993, S. 175.
18 Takoeva 2014.
19 https://archives.gov.by/index.php?id=989746, abg 12.10.2018.

UdSSR und BSSR. Erstaunlich aus heutiger Sicht ist nicht ein zunehmendes geostrategisches Denken der Regierungen in Moskau, welches die BSSR immer als Spielball ansah, sondern umgekehrt, wie wenig räumlich man in den ersten Monaten nach dem bolschewistischen Umsturz und auch in der Bürgerkriegszeit noch dachte: Wichtig waren die Ressourcen, die man sich nicht räumlich vorstellte, und die Weltrevolution. Eine belaruthenische Staatlichkeit entstand nicht wegen, sondern trotz der Kommunisten. Diese hatten andere Ziele und pflegten einen „eigenartigen nationalen Paternalismus".[20] Die Bolschewiki mussten die belaruthenische Staatlichkeit einzig wegen der internationalen Umstände errichten. Erst musste ein Pufferstaat her, dann ein Vorposten gegen Westen, präziser: gegen Polen. Anatol' Trafimčyk steigert sich zu der Behauptung, die Belarus' als Entität sei für den Kreml immer Pfand, aber nie eigenes Interesse gewesen.[21] Der Kreml habe nichts dagegen gehabt, dass nach dem Rigaer Frieden von 1921 die BSSR in den sowjetischen Machtbereich kam, habe Polen und seine Gebiete aber nie aus den Augen gelassen. Hierzu sei die Propaganda der Wiedervereinigung geeignet gewesen. 1939 sei der Grundstein für stabilere Staatlichkeit der BSSR gelegt worden, aber zu einem hohen Preis für die Belaruthenen selbst.[22] Und auch für Moskau bestand die zumindest vorstellbare Gefahr, dass die Belaruthenen Ernst machen würden mit ihrer Staatlichkeit, und so stellte man sich an die Spitze der Bewegung.[23]

Warum BSSR? War die belaruthenische Identität, die *belaruskasc'*, „national"? War sie „ethnisch"? Konnte sie etwas anderes sein? Auch wenn Pičeta und Ponomarenko 1939 in ihrer Argumentation zur Südgrenze der BSSR theoretisch Recht hatten, dass eine Ethnie oder gar Nationalität sich nicht alleine auf sprachliche Merkmale stützt und ihr Territorium nicht nur auf die geografische Verbreitung derselben,[24] so müssen wir doch festhalten, dass die belaruthenische Nation – und der Begriff Nation enthält im Deutschen immer auch die Selbstverortung der ihr Angehörenden – sich, wie wir gesehen haben, eben im sprachlichen Sinne auf Westpolesien nicht erstreckt hatte. Im Gegenteil, es war die belaruthenische Staatlichkeit, die die belaruthenische Nation erst hergestellt hat, und dieser Prozess kann als abgeschlossen erst in der Ära Lukašėnka angesehen werden – paradoxerweise, denn Lukašėnka ist ja nicht gerade ein belaruthenischer Nationalbewegter gewesen.

Es verwundert daher nicht, dass es zehn verschiedene geografische Modelle der Belarus' gab,[25] oder anders gesagt, es verwundert uns heute wahrscheinlich mehr als die Zeitgenossen. Die zunächst herrschenden Kreise im kommunistischen Moskau 1918 hätten am liebsten die vielen nationalen Fragen ignoriert und die 1918 gebildete „Westliche Kommune" als sehr große Verwaltungseinheit geführt. Die Irrnis und Wirrnis der territorialen Frage bis zur zweiten Gründung der SSRB (bzw. der sechsten Ausrufung der belaruthenischen Staatlichkeit in der Zählweise von Rudling[26]) war noch komplizierter als bei der Ukrainischen SSR.

20 Trafimčyk 2013, S. 38.
21 Trafimčyk 2013. S. 100-101.
22 Trafimčyk 2013, S. 101.
23 Auch die Kommunistische Partei Griechenlands war immer dann erfolgreich, wenn sie die nationale Karte zu spielen verstand, statt eine makedonische Entität zu propagieren.
24 Pičeta 1939, zitiert in: NARB; Ponomarenko, zitiert in: NARB Bestand1939 (siehe oben).
25 Trafimčyk 2013, S. 38.
26 Rudling 2015.

Selbst innerhalb des sowjetisch-kommunistischen Spektrums wurde in der Belarus' einerseits am 27. Februar 1919 die LitBelSSR ausgerufen, nachdem gerade einmal dreieinhalb Wochen vorher der „Erste Allbelaruthenische Kongress der Sowjets" am 3. Februar 1919 die Verfassung der am 1. Januar ausgerufenen SSRB beschlossen hatte.[27] Zudem verschob Moskau die Ostgrenze der Belarus' immer wieder aus taktischen Gründen. Dadurch war Smolensk mal belaruthenisch, mal russisch (siehe unten über Smolensk und Char'kiv). Mit der LitBelSSR wollte Moskau, so ist zu vermuten, dann wenigstens, wenn schon keine Riesenverwaltungseinheit, so doch einen größeren Pufferstaat schaffen, der bis zu Ostsee ging und in dem zudem die Wilna- und die jüdische Frage geklärt gewesen wäre. Nationalitäten-Volkskommissar Stalin hatte jede Menge zu tun, um die widerstrebenden Kräfte zu bündeln, und fuhr 1919 nach Minsk.[28] Die Chefs verschiedener, oft kurzlebiger kommunistischer Institutionen machten weiterhin Politik. Einerseits stellte die KP(b)B im November 1920 fest, dass die BSSR zu RSFSR gehört, andererseits schlossen die BSSR und RSFSR im Januar 1921 einen förmlichen Vertrag.[29] Die belaruthenischen Kommunisten wollten mit diesen spatialen Beschlüssen Nationalitätenpolitik betreiben, die Moskauer Machtpolitik: Die Gründe für die Raumkonzepte der Moskauer Kommunisten waren weder ethnographische noch wirtschaftliche, sondern außenpolitische.[30] Es gab hier keine nachweisbaren vollständigen Raumordnungspläne geografistischer Natur, wie z.B. „Der Oberlauf des Dnepr muss zur RSFSR gehören" oder die Zugrundelegung bestimmter Eisenbahnstrecken. Es ist auch umgekehrt für diese Zeit noch keine Vorstellung nachweisbar, dass man Völker aufeinander hetzen müsse, wie man es für die Entitäten mit zwei Titularnationen (Karbardino-Balkarien, und selbst Inguscho-Tschtschenien) vermutet hatte.

Bevor die UdSSR am 30. Dezember 1922 gegründet wurde, musste das Zentrum Angst haben, dass alle Arten von Sowjetrepubliken den Anspruch erhoben, alles alleine zu tun. Auf dem Territorium der SSRB waren vor allem die belaruthenischen Sozialrevolutionäre stark.[31]

Die Bildung der BSSR wurde ein „postkolonialer Kompromiss".[32] Egal, ob man mit dieser Formulierung einverstanden ist oder nicht: Die direkte Herrschaft über die belaruthenischen Familien, die das Russische Reich über die Gouvernements und die Republik Polen über die Wojewodschaften noch innehatten, waren in der Sowjetunion durch formal gleichberechtigte Republiken nun formal Geschichte. Vielleicht muss man hier tatsächlich von einem vorbildlosen Konstrukt sprechen: die ursprünglich direkt inkorporierten Territorien der SSRB (später BSSR) und der Ukrainischen SSR wurden (und zwar erst jetzt!) zu einer „inneren" Kolonie, zu einem postkolonialen Gebilde. Man musste die Postkolonie BSSR also in den zwanziger Jahren mal mehr, mal weniger Autonomie zugestehen, mal mehr, mal weniger die Souveränität der BSSR unterstreichen, um das eigentliche Ziel zu erreichen, nämlich die politischen Gegner im Inland und die militärischen im Ausland zu schwächen.

27 ĖHB, tom 5, Minsk 1999, S. 483-484; vgl. https://pravo.studio/belarus-gosudarstva-prava-istoriya/pershaya-kanstyitutsyiya-bssr-80333.html; Trafimčyk 2013, S. 30.
28 Ioffe 2015, S. 54-56.
29 Trafimčyk 2013, S. 37.
30 Trafimčyk 2013, S. 28.
31 Siebert 1998a, S. 50-51.
32 Trafimčyk 2013, S. 45.

Natürlich können wir prüfen, ob diese von mir salopp post- oder neokolonial bezeichnete Beziehung zwischen der UdSSR und der BSSR vorbildlos war, oder ob im *Commonwealth of Nations* oder ähnlichen Gebilden etwas Vergleichbares schon vorher existiert hatte. Doch dürften sich Partei und Staat in Sowjetrussland keiner solchen Konstruktionen gewahr gewesen sein, als man auf einem gegenüber dem Russischen Reich doch verkleinerten Territorium im Dezember 1922 die UdSSR gegründet hatte.

Sowohl die Fragen der territorial-administrativen Gliederung (Land) als auch der Nationalitäten (Leute) waren für die Kommunisten instrumentelle Machtfragen. Dementsprechend sprunghaft konnte man in Moskau auch damit umgehen. Doch vor Ort waren diese Fragen auch für viele Kommunisten durchaus prinzipielle, die mit darüber entscheiden konnten, ob man sich den kommunistischen Parteilinien generell zu- oder von ihnen abwandte. In diesem Zusammenhang ist die Frage gerade auch für Polesien interessant, welche Kräfte und Ideen welchen Anteil im Ringen um die Gründung des Gouvernements Homel', der Gründung der SSRB, der LitBel SSR und der späteren Umbenennung der SSRB in die BSSR hatten. Doch dies kläre ich hier nicht, es bleibt in einer weiteren Forschungsarbeit zu beantworten.

In jedem Fall zählte man in der Kommunistischen Partei das polesische Territorium zum „Eigenen".

Die Rajonierung der BSSR. Die Rajonierung der BSSR erfolgte denn auch wirtschaftspolitisch entlang der jeweiligen Verwaltungsgrenzen. Es ist jedenfalls nicht ohne Weiteres erkennbar, dass Wirtschaftspolitiker die Verwaltungsgliederung nutzen wollten, um bestimmte landwirtschaftspolitische Inhalte durchzusetzen.

Arkadz' Smolič

Ganz anders ist dies bei Arkadz' Smolič zu sehen. Dieser in Wissenschaft und Politik tätige Intellektuelle begriff Geographie als eine Wissenschaft der gegenseitigen Beeinflussung von Landschaften und Menschen. Ein Autor hält noch 2015 ein von Smolič 1919 herausgegebenes Buch über die Geographie der Belarus' für das beste, „was wir haben".[33] Ein späteres Buch von Smolič[34] kannte vier „Landschaften" *(landšafty)*, darunter eine „Polesische Landschaft" *(paleski landšaft)*.[35] Arkadz' Smolič rayonierte entlang der natürlichen und mithin landwirtschaftlichen Regionen und wollte in diesen, darunter eben auch Polesien, bestimmte auf die Natur abgestimmte und/oder diese ausbeutende landwirtschaftliche Produktionen entwickeln. Er war sensibel für die Landschaft, doch ging es ihm in klassischer Weise um die Ausbeutung derselben. Er wies Polesien als Torf- und Milchproduktionsgebiet aus.

Smolič ist in Deutschland nicht bekannt, er hat einen taraškevičianisch-belaruthenischen Wikipediaeintrag seit 2007, einen belaruthenischen und polnischen seit 2008, einen ukrainischen seit 2012, einen russischen seit 2013. Für die nationalzentrierte belaruthenische Geschichte ist er hingegen überaus wichtig, er war in der BSH, der BNR und deren Rada vertreten, war stellvertretender Chef in der eher propolnischen Luckevič-Rada und ging schon

33 Pinčuk, Michail: Arkadz' Smolič. Najlepšy znaŭca belaruskaj zemli, Minsk 2015, S. 61.
34 Smolič, Arkadz': Tipy heahrafičnych krajavidaŭ Belarusi, 1925.
35 Pinčuk 2015, S. 54.

1922 in die BSSR,[36] wo er im Landwirtschaftsministerium und als Universitätsprofessor, später im Institut Belaruthenischer Kultur (*Instytut Belaruskaj kul'tury, InBelKul't*) arbeitete, die in der Akademie der BSSR aufging. Die Staatsmacht belegte Smolič mit Repressionen verhaftete ihn 1930, erschoss ihn nach einer zwischenzeitlichen Freilassung 1938.[37]

Exkurs: Nach der Territorialisierung die Reterritorialisierung? Minsk, Smolensk, Charkiv und Mahilëŭ – Hauptstadtstrategie als Flächenstrategie

Es fällt auf, dass sowohl in Russland, als auch in der Ukraine, als auch der Belarus' (nach 1917) der Festlegung der Hauptstadt besondere Aufmerksamkeit gezollt wurde. Für den Regierungssitz der RSFSR (Moskau war seit 12. März 1918[38] Hauptstadt), der Ukraine (Char'kiv) als auch für die SSRB gab es schnell getroffene Regelungen. Doch ging es bei der Festlegung der Hauptstädte nicht einfach um prolongierte ad-hoc-Zustände. Dass Bolschewiki sich untereinander um den Sitz der Hauptstadt des Gouvernements Mahilëŭ stritten, ist oben dargelegt und ein Beleg dafür.

Grundsätzlich waren die Ukrainische SSR und die Belaruthenische SSR aus der gleichen Serie: die Nationalbewegungen traten in ähnlicher Gestalt auf, nur dass die belaruthenische in ihren ähnlichen, fast gleichen Institutionen („Rada/Sojm", „Universal", Regierungen unter der militärischer Ägide Kaiserdeutschlands, Versuche selbstständig zu sein) immer hinter der ukrainischen hinterherhinkte.[39]

Auch die Bolschewiki gründeten bald sowohl die Ukrainische SSR[40] als auch die Belaruthenische (bzw. vorübergehend: Litauisch-Belaruthenische) SSR. Vom Waffenstillstand im Oktober 1920 und spätestens dem Frieden von Riga vom März 1921 bis zur Gründung der UdSSR im Dezember 1922 waren die Ukrainische SSR und die SSRB von Moskau aus gelenkte Satellitenstaaten, so wie es die (äußere) Mongolei ab 1924[41] bleiben sollte. Dies waren de facto unselbstständige Staaten, die auch de jure nicht über die typischen staatlichen Merkmale wie eigene Armee, eigenes Steuersystem oder eigene Währung verfügten. Die Wahl der Hauptstadt dieser Republiken traf ebenfalls die RKP(b) in Moskau.

Doch rangierten diese Republiken höher als die Krivoj-Rog-Republik und andere kleinere Entitäten.

Die erste, selbst nominell nicht einmal zwei Monate existierende SSRB von 1919 wurde in Smolensk gegründet. So wie Char'kiv, obgleich kleiner als Kiew, die Hauptstadt, der

36 Einer Gewohnheit zufolge schreibt man „ging in die BSSR zurück", obwohl er ja nicht dort gewesen war.

37 https://be-tarask.wikipedia.org/wiki/Аркадзь_Смоліч.

38 https://de.wikipedia.org/wiki/Moskau#Moskau_als_Hauptstadt_der_Sowjetunion.

39 Eine gewaltige Ausnahme stellt natürlich die außerhalb unserer Epoche liegende Bibelübersetzung von Skaryna dar, die der ukrainischen Bibelübersetzung um Jahrhunderte vorausging. Vgl. aber Rudling 2015, dass die Bibel erst 1974 ins moderne Belaruthenisch übersetzt wurde.

40 https://ru.wikipedia.org/wiki/Украинская_советская_республика als Vorläufer bereits am 11–12 (24–25) dekabrja 1917, „provozglašena kak nezavisimaja respublika 10 marta 1919 na III Vseukrainskom s"ezde sovetov, prošedšem 6–10 marta 1919 goda v Char'kove, stavšem stolicej USSR; togda že byla prinjata pervaja Konstitucija USSR" https://ru.wikipedia.org/wiki/Украинская_Советская_Социалистическая_Республика#История.

41 https://de.wikipedia.org/wiki/Mongolei#Unabh.C3.A4ngigkeit_und_Kommunistische_Herrschaft.

Ukrainischen SSR wurde, so hätte sich Smolensk als das „Char'kiv der Belarus“ etablieren können – eine nahe an Russland (an der RSFSR) gelegene, der Raumstrategie Moskaus, nämlich der der kurzen Wege, entsprechende Hauptstadt, die freilich kleiner gewesen wäre als die größte Stadt der Belarus, Minsk. Selbst der Umzug der Sowjetregierung von Petrograd nach Moskau kann hier eingereiht werden – der Grund ist simpel: je östlicher die Hauptstädte, desto schwieriger für die Feinde, die Hauptstädte einzunehmen – und solche militärischen Feinde gab es bis in das Jahr 1921 hinein ja viele.

Warum kam es anders, warum blieb Char'kiv ukrainische Hauptstadt bis 1934, aber die größte Stadt der Belarus, Minsk, eine grenznahe Stadt (nur 40 km bis zu polnischen Grenze) Hauptstadt? Die Ursache lag einfach darin, dass die BSSR bis 1924 sehr klein war. Smolensk, ohnehin eher eine russische als eine belaruthenische Stadt, Homel', Mahilëŭ und Vicebsk gehörten zunächst zur RSFSR, Brest und Hrodna hingegen zu Polen. Es blieb also, wenn wir uns in die Lage der Moskauer Regierung von 1921 versetzen, gar nichts anderes übrig, als Minsk zur Hauptstadt zu machen. Zu fragen wäre eher, warum Moskau der Ukrainischen SSR auch die Ostgebiete bis hin nach Luhansk zuschlug, während die – ethnisch gesehen – belaruthenischen (und jüdischen) Gebiete von Vicebsk bis Homel' von 1921 bis 1924/1926 in der RSFSR verblieben.

Vier Gründe lassen sich denken: Erstens war die belaruthenische Nationalbewegung viel schwächer als die ukrainische, weshalb die Raumstrategen in Moskau es sich meinten leisten zu können, das Nationalstaatsprinzip schon von Beginn an ignorieren zu können. Schließlich waren ja die belaruthenischen Vertreter weder in Brest-Litovsk 1917/1918 noch in Riga 1920/1921 zugegen gewesen. Zweitens war die BSSR noch viel stärker als die Ukrainische SSR als Pufferstaat konzipiert. Drittens war Smolensk eben keine belaruthenische Stadt. Viertens, und dies ist sicher die überraschendste Erklärung, sind hier Ursachen in der Parteiorganisation der RSDRP zu suchen (das „Polesische Komitee“), die sich dann auch in der administrativen Gliederung des Staates niederschlugen.

1938, als Mahilëŭ und Homel' schon zur BSSR gehörten, wollte man eben deshalb, weil Minsk zu nah an der polnischen Grenze lag, die Hauptstadt der BSSR aus Minsk nach Mahilëŭ verlegen. Es war sogar schon das Gebäude des geplanten Regierungssitzes gebaut worden.[42] Doch nach dem Überfall auf Polen und der Westerweiterung der BSSR Ende 1939 bis nach Łomża und Białystok blieb es dann bei Minsk.

Doch vergessen wir nicht, dass die Ukrainische SSR mit Kiew ein Gravitationszentrum und seit dem Umzug der Republiksregierung von Char'kiv nach Kiew im Jahre 1934 auch unbestrittene Hauptstadt war. Die ursprüngliche belaruthenische Hauptstadt, Vilnius, war hingegen gleichzeitig auch die litauische,[43] und die belaruthenische Bewegung war „zwischen Mekka (Vilnius) und Medina (Minsk)“[44] hin- und hergerissen.

Auch in der neuen Verwaltungsgliederung in den Jahren 1939/1940 nehme ich einen gewissen sicherheitspolitischen Zug in der Konstruktion der Regierungsbezirks-*(Oblast')*-Hauptstädte wahr. Das in polnischen Zeiten Wojewodschaftshauptstadt gewesene Navahru-

42 Ioffe 2015, S. 45-46; NARB Bestand4p-1-14623, Blatt 14-16 vom 5.2.1939 und Blatt 17-21 von Kiselev und Ponomarenko an Stalin und Molotov.
43 Vgl. Trafimčyk 2013, S. 58.
44 Trafimčyk 2013, S. 58.

dak (Nowogródek) wurde zum Rajonzentrum degradiert, *Oblast'*-Zentrum wurde das weiter östlich liegende Baranavičy.[45] Die Wojewodschaft Polesien wurde geteilt, Brest wurde dadurch „entlastet“, dass, wie gesehen, östlich davon der Regierungsbezirk Pinsk mit der gleichnamigen Hauptstadt entstand.

Die Bolschewiki wählten in Europa als Hauptstädte von Republiken und selbst kleineren Verwaltungseinheiten solche Städte aus, die östlicher lagen und/oder wo sie über eine stärkere Machtbasis verfügten.

Zusammenfassung

Ebenso wie in der Republik Polen waren auch in der Sowjetunion nach dem Vorfrieden und dem Frieden von Riga die polesischen und die belaruthenischen Gebiete zu reinem Zonenrandgebiet geworden, mit ähnlichen Konsequenzen. Keine der „Großbaustellen des Sozialismus“[46] lagen in Polesien oder in der BSSR: Dies war nicht nur durch die (fehlenden) Rohstoffvorkommen bedingt, sondern auch durch die Grenzlage dieser Regionen. Man wollte sogar die Hauptstadt von Minsk nach Mahilëŭ verlegen.

Die national-belaruthenische Strömung, die in der Zeit von 1922/1925 bis 1929/1930 Posten im Staat, dem *InBel'Kult* (später: der Akademie der Wissenschaften) und der Universität bekleidete, stellte die geografische Einheitlichkeit der Belarus' heraus:[47] Sie war sich in dem Konzept „westliche Belarus“, am plastischsten nachweisbar in der Gründung der KPZB 1923, mit der Führung der BSSR und der Sowjetunion einig. Mehr noch: immer mehr von deren Aktivisten gingen aus Polen, Litauen und Lettland wegen des „B“ und der „R“ in die BSSR, weniger wegen dem ein- oder anderen „S“. Polesien war dabei nicht als Fläche sinnvoll abzugrenzen. Eine Ausnahme bildete Arkadz' Smolič, der „Polesien“ im Zuge einer Rayonierung der BSSR mit dem Ziel einer Rationalisierung landwirtschaftlicher Produktion einführte.

Raumkonzepte waren also von sicherheits-, nicht von wirtschaftspolitischen Gesichtspunkten geleitet. Nationalpolitische Gesichtspunkte spielten ebenfalls eine Rolle: Polesien verschwand, um die nationalen und national-bolschewistischen Strömungen in der Ukrainischen und der Belaruthenischen SSR zu integrieren. In Moskau konnte man es sich erlauben, die „slawischen“ Sowjetrepubliken auf diese Weise zu stärken.

---

45 Anhand von NARB Bestand 4p-1, Sign. 16737, Blatt 63-76 „Flüchtlinge in der *oblast'* Baranavičy“ entdeckt.

46 Gestwa, Klaus: Die Stalinschen Großbauten des Kommunismus: sowjetische Technik- und Umweltgeschichte, 1948–1967, München 2010.

47 Vgl. Raspe 2018, S. 218-244.

III. Allgemeine Überlegungen

Bisher stellte ich Landschaftsinterventionen und *social engineering* in vier chronologischen Kapiteln dar: dem Ersten Weltkrieg (1914–1918), der Bürgerkriegszeit (1917–1921, vor allem 1919–1920), der (westpolesischen) Wojewodschaft *Polesie* der Republik Polen (1921–1939) und der Zeit der Etablierung und des Ausbaus der sowjetischen Herrschaft in Westpolesien (1939–1941). Nun werde ich allgemeine Überlegungen zu verschiedenen Facetten des Themas Interventionslandschaft anstellen.

7. Raum, Fläche und Intervention: Territorialisierung

7.1 Flächen, nicht Raum

Die Fläche ordnet den Raum. Die Fläche erdet den Raum. Raum klingt philosophisch, Fläche militärgeografisch. Zwar ist die Fläche natürlich genauso etwas Konstruiertes wie der Raum. Man kann sogar noch weiter gehen und sagen, dass die Fläche noch abstrakter ist als der immerhin tatsächlich begehbare Raum der Einen Welt, dass die Fläche eine Abstraktion des Raums ist, nämlich ein zur Veranschaulichung geeigneter Querschnitt des Raums. Doch die Fläche hat den Vorzug gegenüber dem Raum, bescheidener zu sein. Und die verschiedenen Layer der (geografischen, kartographischen) Fläche sind veranschaulichend und erkenntnisfördernd, während die Betrachtung von Räumen sogleich etwas philosophisches, ja (oft gegen den eigenen Anspruch) eine „Tendenz zur Metaphorisierung" aufweist.[1] Wir können diesen Hang zum Sphärischen daran erkennen, dass man gerne von „dem Räumlichen" spricht, aber nicht von „dem Flächigen". Fläche wabert weniger als Raum. Eine „Raumkonstruktion" kann ihren Gegenstand leichter geringschätzen als eine Flächenkonstruktion.

Es hätte überdies einem schon länger verdächtig sein sollen, dass oft von Raum anstatt von Räumen, von Raumtheorie statt Theorie der Räume, von Raumerfahrung statt von Erfahrung von Räumen usw. gesprochen wurde. Eine klassische euklidische Beschreibung von Räumen ist erkenntnisfördernder als eine nebulöse „des Raums".

Allerdings spricht für den Raumbegriff gerade im Sumpf, dass der Aggregatzustand „gasförmig" ein wesentlicher Bestandteil desselben ist: Ein Sumpf stellt eine CO_2-Senke dar, produziert auf der anderen Seite Methan.[2] Auch der Luftkrieg eröffnete zwar die dritte

1 Haslinger/Oswalt 2012, S. 3.
2 Traditionell Sumpfgas genannt, vgl. Wysłouch: Echa, S. 197: Dies ist für Brände mitverantwortlich. Vgl. auch https://de.wikipedia.org/wiki/Faulgas (30.01.2019).

Dimension, versuchte aber, alles flach zu machen. Deshalb war aber in Polesien die dritte Dimension noch lange keine die Landschaft konstituierende. Nach dem *spatial turn* brauchen wir einen *placial turn*. Entscheidend ist auf'm Platz.[3]

Fläche im Sumpf: Infrastruktur und Interstruktur. Ein großes Sumpfgebiet erweckte in der Moderne das Verlangen nach einer großflächigen Melioration, langen Eisenbahnstrecken und festen Straßen als Verbesserung der Infrastruktur. Wo diese fehlte, wird die Rolle der Autarkie einerseits und der Interstrukturen besonders gut sichtbar. Heute kennen wir extreme Interstrukturen: Ein riesiges Hinterland und seit einigen Jahrzehnten eine internationale Arbeitsteilung mit „Hinterkontinenten" versorgen große Städte mit Produkten, am Auffälligsten in Orten wie Venedig, wo es nicht nur keine Landwirtschaft gibt (solche Städte gab es schon immer), sondern auch kaum noch Handwerk, nur Endhandel und Verkehr. Anderes Beispiel: Ein an vorderer Front kämpfender Soldat ist mit einem Leitstand in einer staatlichen Militärzentrale ständig verbunden, welches mit durch den Gewehrlauf schauen kann.

Im ländlichen Polesien waren die wenigen Produkte, die von außen kamen, Salz, Feuerzeuge, Petroleum und dergleichen, in ihrer Menge damals so unbedeutend, dass man von einer Interstruktur kaum sprechen kann. Der Gegensatz zwischen Außen und Innen, zwischen Zentrum und Peripherie (den man für eine Fläche genauso wie für einen Raum konstruieren kann) blieb bestehen. Die häufiger werdenden, aber immer noch wenigen Produkte und Menschen (in den Kriegen Militärs und Räuber, in Friedenszeiten Warenhändler, Post-, Verwaltungs- und andere Staatsbeamte), die in die Dörfer kamen, fielen daher desto mehr auf.

Für uns heute scheint ein Territorium etwas Klares zu sein: ein Territorium gibt es ja. Ausgerechnet das angeblich ortlose Internet bringt uns in Openstreetmap und anderen Geo-Programmen das euklidische mathematische Verständnis von Territorium in Form von Längen- und Breitengraden zurück, wir versuchen, alles an seinen Messpunkten zu verankern, alles zu vermessen.

Ist eine Landschaftsintervention also stets mit Territorialisierung verbunden? Oder gibt es Interventionen gerade auch dann, wenn *keine* Territorialisierung angestrebt wird?

7.2 Von einer Antiinterventionslandschaft *(terra non grata)* zur Interventionslandschaft (1860er bis 1941)

Interventionsgeschichte Polesiens. Wie ich eingangs schon als Selbstverständlichkeit beschrieb: Polesien hat schon immer Geschichte gehabt. Polesien war nie nur räumlich. Entschuldigen Sie, dass sich Ihnen diese Selbstverständlichkeit auftische. Es gab Zeiten der Befindlichkeit und Zeiten der Mobilmachung, Zeiten der Plaziertheit und der Platziertheit, des Weggehens und auch des Wiederkommens. Polesien ist keine Ethnogeographie. Die Geschichte Polesiens ist keine Umweltgeschichte, keine Naturgeschichte; oder anders ge-

3 http://www.faz.net/aktuell/sport/adi-preissler-verstorben-entscheidend-ist-auf-dem-platz-11329984.html (12.03.2019)

sagt: eine Umweltgeschichte oder Naturgeschichte Polesiens können wir erst schreiben, wenn wir wissen, dass es nicht nur eine Umweltgeschichte oder Naturgeschichte ist. Polesien war weder ein Raumkontinuum, noch ein Zeitkontinuum.

Polesien als Verwaltungsfläche. Weil die Nationalbewegungen (außer der jüdischen, nach Palästina gerichteten) in Polesien schwach geblieben waren, wurde Polesien allenfalls zu einer Verwaltungseinheit. Die Politiker und Militärs dachten grundsätzlich in politischen Nützlichkeitserwägungen und richteten entsprechend die Verwaltungsgrenzen aus: Für die militärischen und politischen Repräsentanten des Deutschen Reichs blieb Polesien (die „Rokitno-Sümpfe") im Ersten Weltkrieg das Gebiet, welches hinter der Belavežskaja Pušča nicht mehr so sehr interessierte, da es zu sumpfig war. Polesien im Februarvertrag von Brest-Litovsk 1918 an die UNR zu übertragen machte ihnen nichts aus. Vertreter der UNR und der BNR dachten ethnisch, dachten „national", wollten gemäß einem klassischen Irredentismus die Ukraine überall dort haben, wo Ukrainer lebten, bzw. die Belarus' dort, wo Belaruthenen lebten. Die polnische Republik wollte, ganz im Gegenteil, die Ostgebiete, die *Kresy Wschodnie, Ziemie Wschodnie* und auch Polesien gerade *nicht* ethnisch konzipieren, um so einen Zentralstaat mit rein administrativer zweiter (Wojewodschaften) und dritter (Landkreise, *powiat*) territorialer Ebene selbst dann durchsetzen zu können, als diese kein Nationalstaat war. Die Wojewodschaft Polesien als Verwaltungseinheit schien dabei besonders geeignet, ostslawisch-orthodoxe Einheimische zu Polen zu machen. Die Westerweiterung der UdSSR nach der Besetzung der Ostgebiete Polens im September 1939 bestätigte dies, aber mit gegensätzlichem Vorzeichen: aus den Bauernfamilien sollten Sowjetbürger gemacht werden. In einem mehr antipolnischen als revolutionären Sound vermied man, die eroberten Territorien wie z.B. Westpolesien irgendwie russisch zu nennen. Vielmehr war die Territorialimagination als „Westliche Belarus" und „Westliche Ukraine" lange vorbereitet und wurde nach dem September 1939 gezielt in eine Verwaltungsgliederung überführt, die eine Erweiterung der Flächen BSSR und der Ukrainischen SSR darstellte. Grimmiger innersowjetischer Streit entbrannte daher eher um die Grenzziehung *zwischen* der Westlichen Belarus' und der Westlichen Ukraine.

Bis 1914: *Prosto Poles'e.* Polesien kam, da nur als Landschaft angesehen, so ist es zu erwarten, in administrativ-politischen Dokumenten bis 1921 kaum vor. Es bietet sich daher an, sich in Lexika des 19. Jahrhunderts umzuschauen, wie man sich damals „Polesien" vorgestellt, imaginiert hat. Brokgauz-Efron grenzen erst einmal ein Polesien um Orlov und Kaluga von dem einfachen *(prosto)* Polesien ab,[4] wobei auffällt, dass diese beiden Polesiens auch über Homel' und Brjansk durchaus miteinander verbunden sein können. In der Vorstellung der meisten Leser, so Brokgauz/Efron, sei aber Polesien mit dem, wie wir es heute kennen und benennen, mit dem belaruthenisch-ukrainischen Polesien verknüpft, so dass dieses Polesien einfach Polesien genannt werden könne. Spätestens bei Brokgauz/Efron wird dieses Polesien als eine dreieckige Fläche zwischen Brest, Mahilëŭ und Kiew eingeführt (siehe Einleitung).

4 Ėnciklopedičeskij Slovar' F.A.Brokgauza i I.A.Efrona (V 86 tomach s illjustracijami i dopolnitel'nymi materialami), 1890-1907, t. XXIV (1898): Povelitel'noe naklonenie – Poljarnye koordinaty, S. 456 – 458; = http://www.vehi.net/brokgauz/ (13.01.2016, 03.01.2019).

Polesien lag im geografischen Zentrum des jüdischen Ansiedlungsrayons und die Schtetel entlang der Ost-West-Eisenbahnlinie hatten einen hohen Anteil jüdischer Bevölkerung (siehe Abbildung 4, Seite 33).

Bis etwa 1870 war Polesien eine sumpfige *terra non grata*. Wenn auch der jährliche Holznachwuchs je Flächeneinheit in Polesien weitaus geringer war als in weniger sumpfigen Gebieten:[5] Es war die Nachfrage nach Holz, die die beiden wesentlichen Interventionen in den 1870er bis 1890er Jahren mitinduzierte: Der unter widrigen Umständen durchgeführte Eisenbahnbau und (vor allem in Ostpolesien) die Anlage von Entwässerungsgräben. Die Eisenbahnlinien schlugen eine Schneise der außerpolesischen Zivilisation durch Polesien.

Erster Weltkrieg. Im Ersten Weltkrieg hingegen galten ganz offensichtlich die militärischen und zivilen Interventionen nicht speziell Polesien. Ganz im Gegenteil sogar! Gerade nach Polesien intervenierte man am Allerwenigsten. Der „Große Rückzug" der Truppen des Russländischen Reichs auf eine Linie inmitten Polesiens stellte eine Antiintervention *par excellence* dar. Allerdings war der „große Rückzug" keine implodierende, sondern eine interventionistische Antiintervention: Man vernichtete gemäß der Politik der verbrannten Erde (insbesondere infrastrukturell wichtige) Bauwerke, ganze Dörfer.

Die Mittelmächte schlossen Polesien nicht Ober Ost an. Hierfür gab es zwei Gründe: Erstens war Polesien noch sumpfiger als die zuvor besetzten Gebiete und hatte eine geringere Walddichte, zweitens war es aus geostrategischen Gründen nicht nötig, Polesien in „Das Land Ober Ost" einzugliedern, man wollte sich bis Februar 1918 nicht überdehnen.

Polesien blieb im Ersten Weltkrieg eine „Nichtinterventionslandschaft". Gewiss schoss man viel mehr als in Friedenszeiten. Gewiss zog man in den letzten beiden Kriegsjahren Einheimische zur Zwangsarbeit heran. Gewiss holzte man nicht nur in der polnischen-belaruthenischen Grenzregion *Belavežskaja Pušča* ab. Man baute zum Holzgewinn in Polesien sogar pferdegezogene ad-hoc-Klein-Förderbahnen,[6] stellte Holzkohle am Fluss Stochod her (oder bildete man dasjenige ab, was die Einheimischen sowieso machten?[7]), doch handelte es sich hierbei nicht um Besiedlungs- oder überhaupt für auf die Dauer angelegte Aktivitäten und Vorhaben, sondern um die Sicherstellung der eigenen Infrastruktur im Frontgebiet. Die Befehlshaber der Mittelmächte sicherten die eroberten Gebiete durch einen möglichst breiten Grenzstreifen mit einem in die Fläche reichenden Stacheldrahtgelände.[8]

Die 1916 als eine der wenigen solcher Aktionen begonnene militärische Offensive unter General Brusilov fand wahrscheinlich nicht zufällig im unwegsamen Gelände Polesiens von Luck nach Kowel statt. Auch die (von einer zarischen Armee!) durchgeführten Partisanenaktionen in der Nähe der heutigen belaruthenisch-ukrainischen Grenze[9] waren am leichtesten im dünnbesiedelten Polesien durchzuführen; hier zeigte sich in Ansätzen bereits das Spezifische der *polesischen* Landschaftsinterventionen.

5 Siehe oben, vgl. Nelard, Oktawiusz (Hg.): Polesie ilustrowane, Brześć n/B, 1923, S. 111.
6 Das 41. Reserve-Korps von der Somme zum Pripjat: mit 438 Bildern, München 1918, S. 220.
7 Ebenda, S. 221.
8 In den Rokitno-Sümpfen pp. I. Bat. Ldst.-Inf.-Reg. 13 1915/16 = https://www.europeana.eu/portal/en/record/0940432/_nnf791S.html?q=rokitno#dcId=1546441908766&p=1; (13.03.2019); privates Fotoalbum Willi Seifert (1895-1971); Lichodedov, Vladimir: Belarus' čerez fotoob"ektiv nemeckogo soldata 1915-1918 = Belarus' durch das Fotoobjektiv des deutschen Soldaten 1915-1918 = Belarus' praz fotaab'ektyŭ njameckaga saldata 1915-1918, Minsk 2008.
9 Bondarenko, Vjaceslav: Uterjannye pobedy Rossijskoj imperii, Minsk 2010, S. 113.

Krieg nach dem Krieg. Rigaer Friedensvertrag 1921. In Bürgerkrieg und polnisch-sowjetischem Krieg war erkennbar, dass größere Schlachten nicht in Polesien stattfanden, wohl aber Partisanenaktionen wie solche unter Talaša und politisch verbrämte Pogrome unter Bulak-Balachovič; ausrauben konnte man nur die Juden in den Schteteln, die sich letztlich nicht verstecken konnten.[10] Auch der Strekopytov-Aufstand der Rotarmisten in Homel' endete mit einem Rückzug in die polesischen Sümpfe.

Ein letztes Mal als Nichtinterventionslandschaft kann man Polesien bei den Verhandlungen um die polnisch-sowjetische Grenze in Riga 1920/1921 wahrnehmen und darstellen. Dass im Ergebnis Westpolesien zu Polen kam, lag für das politische Warschau zwar auch in der Situation in Westpolesien selbst begründet, weil hier die aktuelle Frontlinie verlief; wichtiger war, dass Vilnius und Lemberg zur Republik Polen gehören sollten, und die vertraglich vereinbarte Grenzlinie stellte eher eine Grenzbegradigung dar. Der polnische Großgrundbesitz in Westpolesien hingegen hatte ein sehr starkes Interesse an der Zugehörigkeit seines Grund und Bodens zu Polen.

Województwo Poleskie. Seinen Höhepunkt als politisch-administrativ imaginierten Raum erlebte Polesien in der Zeit von 1921 bis 1939, als man im Polen der Zwischenkriegszeit Westpolesien als eine administrative Einheit – *Województwo Poleskie* – verwirklichte (siehe unten: Polesien als gestalteter Raum). Danach wurde Polesien als *Verwaltungs*-Territorialisierung verkleinert, denn die spätere „*oblast'* Polesien" der Belarus' (1939–1941) oder Rayon in der Ukraine (ab 1957[11]) umfassten viel kleinere Gebiete.

Doch im politisch-öffentlichen Imaginationsraum ging „Polesie" in den viel häufiger gebrauchten Begriffen „*Ziemie Wschodnie*", „*Kresy Wschodnie*" und seit den 1930er Jahren „*Polska B*" (war größer als „*Ziemie Wschodnie*") ein. *Polesie* stellte man sich hingegen (weiterhin) eher als Naturraum, als Raum von Land und Leuten vor. Die politischen Entscheidungsstrukturen im Ersten Weltkrieg und im Bürgerkrieg (die Periode von 1914 bis 1920) konnten oder wollten Polesien und die Poleschuken nicht als gesellschaftlich-politische Faktoren etablieren, was es den Landes- und Volkskundlern ermöglichte, gerade auch unter Ausblendung des jüdischen Lebens in den Schteteln, Polesien sogar in die *„Cuda Polski"*[12] einzureihen, und Polesien als „Zauber Polesiens" (*Polesia Czar)* und Idylle[13] zu imaginieren.

Verschiedene nichtmilitärische Interventionen nach Polesien sowie die Grenzsicherung durch das Grenzschutzkorps *(KOP)* ab 1924 bereitete der polnische Staat bis 1939 vor, führte sie auch größtenteils durch, mit unterschiedlichem Erfolg: Diese gruppierte ich zu Landschaftsinterventionen (polnische Ex-Militär-Siedler, Auflösung der Servitute, Parzellierung, Flurbereinigung, Melioration, Verkehrsinfrastruktur) sowie Interventionen in die Bevölkerung (staatliches *social engineering*), – im Schulwesen, in der Religionspolitik, der Kleinhandelspolitik, der Datenpolitik, mit einer halbstaatlichen Förderung von Kunsthandwerk und Folklore und beim Versuch, den eingesessenen Kleinadel zu verseinen, welcher mit den Pfeilen auf dem Umschlagtitel des *Kalendarz Ziem Wschodnich* (siehe Abbildung Auf dem Umschlag) nichts anfangen konnte.

---

10 Biegun 1982.
11 https://uk.wikipedia.org/wiki/Поліський_район heute 1288 km².
12 Ossendowski 1934.
13 Daher auch der kontrapunktische Titel *„Polesie nieidylliczne"* von Piotr Cichoracki 2007.

Diese Landschafts- und Bevölkerungsinterventionen gelangen dort, wo die Einheimischen etwas davon hatten: bei der Flurbereinigung, oder in der polnischen Schule, auf die die Eltern ihre Kinder schickten, weil die Staatsverwaltung nun einmal polnisch sprach. Doch insgesamt war hier keine „Romantik des Reißbretts“[14] am Werk.

Mittel- und spätsowjetisches Polesien: Territorialismus nach Gutsherrenart? Dass die sowjetische Armee (RKKA) bei ihrer militärischen Intervention der Eroberung Westpolesiens im September 1939 auf wenig Widerstand der Bevölkerung und der Militärs der Republik Polen stieß, hatte hingegen, zumindest auf der Ebene der Ereignisgeschichte, nichts damit zu tun, dass Westpolesien ein weiterhin wenig interessierendes Gebiet gewesen wäre. Die Armee Polens war vielmehr schon fast geschlagen, als die Sowjets einmarschierten, die unbedingt erst als zeitlich zweite Armee das von ihr im Hitler-Stalin-Pakt beanspruchte Gebiet erobern wollte. Nicht nur hierdurch blieb in der Situation am und nach dem 17. September selbst vielen Einheimischen zunächst unklar, ob die Sowjetarmee nicht zum Schutz vor den Deutschen oder sogar gegen die Deutschen einmarschiert war.

Dass die Sowjetmacht sich auf einen Daueraufenthalt eingerichtet hatte, geht daraus hervor, dass man sich bald nicht nur an die Deportation von missliebigen Personen und ganzen Volksgruppen (Polen) machte, (dies wäre noch kriegsstrategisch erklärbar gewesen); sondern man machte sich auch an die Umgestaltung des Schulwesens, die Verfolgung der Funktionsträger der Religionsgemeinschaften und an Verkehrsinfrastrukturprojekte wie den Ausbau des Dnepr-Bug-Kanals, vor allem aber an das Großprojekt der Eingliederung der Westlichen Belarus' in die BSSR. Westpolesien war jetzt eine Interventionslandschaft.

Denn damals, 1939, stritten sich die KP-Republikschefs Ponomarenko und Chruščev darum, in welche SSR Polesien kommen sollte.[15] Das Territorium Polesiens war nun eindeutig zu einem positiven Wert geworden. War dies Territorialismus nach Gutsherrenart, ideologisch positiver Bezug auf die belaruthenische bzw. ukrainische Idee oder lag eine kühle Kalkulation über die wirtschaftlichen Möglichkeiten einer Ausbeutung der Ressourcen Polesiens zugrunde? Das ist schwer zu sagen.

Dass auch die deutschländischen Interventen Polesien ab den 1930er Jahren konzipierten, hat meines Wissens erst David Blackbourn wieder aus der Versenkung des Nichtwissens geholt.[16] Bis in die heutigen Generationen ist dieses Gebiet besser als Pripjetsümpfe bekannt, wenn auch nicht gerade stark.[17] Polesien war auch im Deutschen Reich nicht unbekannt, und Polesien hätte zu einer “bewusst konstruierte(n) Landschaft”, zu einem Riesengarten werden können, „»einfacher in seinen Linien, Farbenwerten und Formen«“, in großem Ausmaß, »und somit ein Kunstwerk«“.[18] Die NS-Deutschen schlugen nach 1941 ganz Polesien der Ukraine zu, auch dies aus Gründen, die weniger mit Polesien selbst zusammen hingen, als damit, dass, in alter Hilfsvölker-Belohnungs-Manier, der Ukraine der

14 Etzemüller, Thomas: Die Romantik des Reißbretts: social engineering und demokratische Volksgemeinschaft in Schweden; das Beispiel Iva und Gunnar Myrdal (1930–1960), Göttingen 2006.

15 http://media-polesye.by/news/hruschhyov-polese-ukraine-ponomarenko-polese-belarusi-tochku-v-spore-postavil-stalin-19562.

16 Blackbourn 2008.

17 Andreas Hollender im November 2015.

18 Blackbourn, David: The Conquest of Nature and the Mystique of the Eastern Frontier in Nazi Germany, In: Nelson, Robert L. (Hrsg.): Germans, Poland, and Colonial Expansion to the East 1850, New York, New York 2009, S. 147-148.

irredentistische ukrainische Raum zugeschlagen wurde. Dies hatte eine Tradition, die aktuell 1938/1939 mit einer territorialen Belohnung für Ungarn und Polen bei der Zerschlagung der Tschechoslowakei wieder eingesetzt hatte.

Ausblick: Nach 1944. Nach 1944 bekamen die sowjetischen und prosowjetischen polesischen Einheiten ihren Platz auf dem zunächst imaginierten, viel später sogar als Mahnmal materialisierten realen Götterhügel. Die (abnehmende) Tätigkeit der OUN-UPA in Polesien bis 1953 wurde in der Öffentlichkeit über Jahrzehnte verschwiegen.[19]

Polesien wurde nun abgeraumt, somit wieder entpolitisiert und damit entimaginiert. Obschon Moskau langfristig die gleichen Interessen wie zuvor Warschau an einer politisch-administrativen Aufwertung Polesiens hatte, um sowohl den ukrainischen als auch den belaruthenischen Nationalgedanken „räumlich" in Schach zu halten, waren kurz- und mittelfristig die belaruthenischen und ukrainischen Republiken wichtiger: auf diese Weise wollte man den belaruthenischen und ukrainischen Bauern und nicht nur Bauern ein Gefühl von „eigener" Herrschaft geben. Denn zu lange hatte man die Rede von dem durch Polen unterdrückten litauischen, vor allem aber ukrainischen und belaruthenischen Volke gehalten, als dass jetzt, 1939, für Polesien noch ein administrativer Platz gewesen wäre. Und als die Sowjetunion 1991 zerfiel, war es für Moskau zu spät, jenen Regionalismus und Nationalismus, der im Kampf gegen das sowjetische Moskau eine so große Rolle gespielt hatte, nun wiederum gegen die unabhängig gewordenen Staaten zu unterstützen oder sogar mit anzufachen, die neuen unabhängigen Staaten zu russifizieren oder zumindest als Schutzmacht der dortigen russischen Bevölkerung dazustehen. Was Moskau in den 1990er Jahren in Abchasien und Transnistrien erfolgreich gelang, auf der Krim und den baltischen Staaten hingegen erfolglos blieb, hätte in Polesien auf eine nur all zu kleine Bewegung aufbauen können. Bis 2013 war Jelzins Nachfolger daher bestrebt, die Ukraine und die Belarus' als Gesamtentitäten auf seiner Seite zu halten.

7.3 Wo lag Polesien?

Nicht mit einem Aršin. Wir haben uns Polesien von verschiedener Seite angenähert und nun näher kennen gelernt. Wir können uns nun an eine Dekonstruktion und historische Neukonstruktion machen. Polesien hatte eine in Europa einmalige Lage, war zugleich eine einmalige Landschaft. Polesien war, egal ob von außen oder von innen betrachtet, ein großes Gebiet. Polesien erwies sich in der hier betrachteten Epoche als zu groß, um es zu meliorieren. Denn ein großes Sumpfgebiet erfordert eine flächige, koordinierte Melioration, lies: Landschaftsintervention (s.o.). Allein die westpolesische Wojewodschaft Polesien war 36 mal, nach ihrer Verkleinerung 1930 noch 30 mal größer als die pontinischen Sümpfe[20] oder 7, später 6 mal größer als das Ijsselmeer (der Zuiderzee) vor der Landgewinnung.[21]

Polesien von außen – der Standort Randgebiet. Ein Mehrwertigkeitsgefühl konnte Politiker, Verwaltungsbedienstete, Ökonomen und Hydrologen der Polnischen Republik da-

19 In den wissenschaftlichen Diskurs wieder eingebracht durch: OUN-UPA v Belarusi. 1939-1953 gg. dokumenty i materialy, sost. V.I.Adamuško [i dr.] 2-e izd., Minsk 2012.
20 Pontinische Ebene etwa 1.180 km². https://it.wikipedia.org/wiki/Agro_Pontino. (12.03.2019)
21 Zuiderzee ca. 5.900 km². https://nl.wikipedia.org/wiki/Zuiderzee (12.03.2019).

hin führen, Modernisierungsvorhaben nicht in Polesien umsetzen zu wollen, da man den Einheimischen die Neuerungen nicht antragen oder sogar aus einer gesteigerten paternalistischen Überheblichkeit heraus nicht einmal zumuten wollte.

Auch fürchtete man in Polen in den 1930er Jahren nicht mehr eine sowjetische Invasion (zu Unrecht, wie sich herausstellen sollte), da sich die Sowjetunion durch die Zwangskollektivierung auch in den ukrainisch-belaruthenischen Dörfern der Republik Polen unbeliebt gemacht hatte.

Die Vernachlässigung hatte, wie beschrieben, vor allem aber deutlich geografische Gründe: Vorrangig auszubauen waren der Hafen und der Ort Gdynia, die ehemaligen Teilungsgebiete verbindenden Eisenbahnlinien und ab 1936 das Zentrale Industrierevier *(Centralny Okręg Przemysłowy)* COP.

Durch all diese Faktoren entstand eine durch keinerlei „Zonenrandprogramm" abgeminderte Wechselwirkung hin zur wirtschaftlichen Nichtentwicklung Polesiens.

Kann man beweisen, dass nicht ethnographisches oder religiöses Fremdeln oder mentale Überheblichkeit, sondern die (wirtschafts-)geografische Lage die Ursache für eine sich noch verstärkende Abkopplung Polesiens von der allgemeinen Entwicklung war? Schließlich haben sich wirtschaftliche und soziale mit ethnischen und religiösen Betrachtungen Polesiens ja all zu oft vermischt, und zwar auf allen Seiten: sowohl auf „polnischer", als auch sowjetischer, als auch auf Seite der Einheimischen.

Zur Beantwortung ist zu prüfen, welchen Faktor der Standort Randgebiet in der Polnischen Republik innehatte. Die größte Flächenintervention der Republik Polen überhaupt wäre die Melioration Polesiens gewesen. Ich habe oben in der Zusammenfassung zum Kapitel 4 die Frage gestellt, ob die Abkopplung der Landbevölkerung auch erfolgt wäre, wenn in Polesien ethnische Polen und Katholiken die große Mehrheit der Bevölkerung gestellt hätten. Aber eine so gestellte Frage bleibt ebenfalls schwer zu beantworten; zwar nicht deshalb, weil in Polesien nun mal orthodoxe Ostslawen lebten, sondern weil in anderen Regionen Polens die wirtschaftliche Rezession ebenfalls zu Armut im Dorf, und laut Landau und Tomaszewski[22] eine Zunahme der Subsistenzwirtschaft bewirkt hatte.

Polesien lag, von außen betrachtet, grundsätzlich am Rand. Das Russische Reich hatte (im Gegensatz zur heutigen Belarus' mit Minsk,[23] der Russländischen Föderation mit Moskau und der Türkei mit Ankara) kein Kernland und keine zentral liegende Hauptstadt, da sich mit Moskau und Petersburg zwei Zentren entwickelt hatten. Kiew kam als imaginierte Hauptstadt für das Russische Reich nicht in Frage. Der geografische Mittelpunkt (der Flächenschwerpunkt im mathematischen Sinne[24]) lag im asiatischen Teil des Russischen Reichs, der Bevölkerungsmittelpunkt im Regierungsbezirk Tambov.[25]

In der Republik Polen wurde Polesien zum Randgebiet schlechthin. Polesien rückte in der Zwischenkriegszeit an den geografischen, wirtschaftlichen, sozialen und politischen Rand, als es, wie die Ukraine und die Belarus' überhaupt, in einen westlichen und einen östlichen Teil getrennt wurde. Ganz konkret wurden Warenexportgebiete, Zielgebiete saisonaler Arbeitsmigration, Wasserstraßen- und Eisenbahnverbindungen gekappt. Polesien wurde

22 Landau/Tomaszewski 1986, S. 121, 131.
23 Akudowitsch 2013, S. 72-74.
24 https://de.wikipedia.org/wiki/Geometrischer_Schwerpunkt. (12.03.2019)
25 https://ru.wikipedia.org/wiki/Центр_населённости#Россия. (12.03.2019)

in Polen zum „rückständigen Gebiet“. Speziell in der Zeit der polnisch-sowjetischen Verhandlungen 1919 bis 1921 korrespondierten sowohl der Föderalismus eines Leon Wasilewski wie auch die weit nach Osten gezogene Dmowski-Linie mit flächenstrategischen Vorstellungen gerade auch des Militärs von einem Zwischengebiet. Die je nach politischer Sicht Rand- oder Frontlage trug zu einer Vernachlässigung Polesiens bei. Nur ein, sagen wir, höchstens 50 Kilometer breiter Grenzstreifen, im polesischen Norden die Gegend um Čučevicy, im Süden um Davyd-Haradok wurde einer stärkeren Aufmerksamkeit zuteil; hier wirkte das Grenzschutzkorps KOP, und man machte sich auch besondere Gedanken um die Zivilbevölkerung. Ansonsten bewirkten die wirtschaftlichen, sozialen und Bevölkerungsindikatoren eine sich gegenseitig verstärkende Wechselwirkung: Wenig Bevölkerung hieß wenig Modernisierung von Schule, Verkehr, Infrastruktur, Wirtschaft und Arbeitsplätzen. Und die Wojewodschaftshauptstadt Brest lag am westlichen Rand Polesiens.

Die Sowjetunion, ohnehin ein Staat im bewusst deklarierten und sich schon allein deshalb tatsächlich in ihm befindlichen permanenten Ausnahmezustand („Utopie an der Macht“,[26] Trockij sogar: „Permanente Revolution“) hatte kein Interesse oder riskierte es nicht, so nah an der Grenze zu Polen Infrastrukturen oder sogar eine neue Industrie aufzubauen. Für die deutschen Besetzer war Polesien ein einfaches sumpfiges Territorium, welches die Entscheider ukrainischen Entitäten zuschlugen.

Nach 1945 wurde die nun sowjetische Belarus' und ihre Hauptstadt Minsk von einem Frontland und einer Frontstadt zu einer Republik der Union, der die Satellitenstaaten PRL und DDR vorgelagert waren. Minsk war nun nicht nur wie zuvor Verwaltungs-, sondern auch geografisches Zentrum der Republik. Nun siedelten die sowjetischen Raumstrategen auch hier die Industrie an, in starkem Maße auch die in den 1960er und 1970er Jahren moderne Industrie. Auch Polesien wurde ab der 1960er Jahre zum Objekt von Landschaftsinterventionen: Melioration und Atomenergiewirtschaft erhielten Einzug.

Polesien als Zentralfläche. Es gab aber auch von außen gesehen mindestens drei Sichtweisen von Polesien als Zentrum – jenem Polesien, das in der Zarenzeit im geografischen Zentrum des jüdischen Ansiedlungsrayons gelegen hatte, ohne dass es auffiel. Erstens teilte Max Vasmer mit, dass die Urlandschaft („Urheimat“) der Slawen auch Polesien zentral umfasste,[27] ohne dass er ausdrücklich Polesien *verortete*. Zweitens zeichnete Timothy Snyder Polesien als Prypjat'-Sümpfe auf seinen Kartenskizzen ins Zentrum seiner *Bloodlands* ein. Drittens erläuterte Iryna Čarnjakevič, warum die Belarus' im Schatten Polesiens lag.

Polesien von innen. Selbst von innen her gab es lange Zeit kein Polesien, war Polesien keine Einheit. Das Bewusstsein, in Polesien zu leben, kam bei den Einheimischen im 20. Jahrhundert erst auf. Denn Polesien war nicht hier. Maksymilian Emmer bekam es noch in den 1930er Jahren zu hören: Polesien lag immer woanders.[28] Dies war keine geografische (oder gar geografistische) Umschreibung des literarischen „Topos“ „Das Leben ist an-

26 Nicht der erste war Luks, Leonid: Die Utopie an der Macht. Zum bolschewistischen Terror unter Lenin und Stalin. In: Historisches Jahrbuch 119(1999), S. 232–264.
27 Vasmer 1926.
28 Emmer, Maksymilian: Jak filmowalismy Polesie, In: Ziem Wschodnich i Kalendarz na rok 1937, 1937, S. 273-279. Mehr unten.

derswo“ (siehe oben). Vielmehr war Polesien noch lange keine geografische oder sonstige Kategorie für den Großteil der Bevölkerung Polesiens.[29]

Polesien als unterschiedliche Flächen: Polesien A und Polesien B. Territorium und Nation(albewegung). Zudem gab es viele Polesien(s), es gab unterschiedliche Wirtschaftsstile selbst innerhalb der polesischen Wojewodschaft. Vor allem die Unterteilung in ein nordwestpolesisches Trockenpolesien und ein Feuchtpolesien war in den 1920er Jahren der Republik Polen sinnvoll. Sie deckte sich in etwa mit den Bodenpreisunterschieden in der zweiten Hälfte der 1920er Jahre. Auffällig ist zudem, dass die belaruthenische Nationalbewegung sich im Wesentlichen in Trockenpolesien ausbreiten konnte.

Warum war dies so? Gab es eine nachweisbare Verbindung zwischen einem bestimmten Typus ländlicher Tätigkeit und der Ansprechbarkeit für eine Nationalbewegu-ng? Zwar lassen sich historische Unterschiede zwischen der südlichen und nördlichen/mittleren Belarus' deutlich herausarbeiten, wobei der Wichtigste die Dorfgröße war: Im Südosten Polesiens lagen große Dörfer, im Nordwesten schon viel kleinere. Doch sollte aus einer Korrelation nicht auf einen ursächlichen Zusammenhang geschlossen werden.

Pinsk. Polesien hatte mit Pinsk auch eine Hauptstadt. Doch dachte man so von innen? Neben den Juden waren hier die Jesuiten und die Franziskaner prominent vertreten, mit je eigenen Großbauten. Im 19. Jahrhundert wurden die beiden Endstädte Polesiens, das sich „vom polnisch-belarussisch-ukrainischen zum russisch-belarussisch-ukrainischen Grenzgebiet erstreckt“,[30] also Brest und Homel, zu Großstädten, wenn man so will, zum westlichen bzw. östlichen Tor nach Polesien. Pinsk konnte eine Rolle als Hauptstadt Polesiens aber nicht spielen; erstens lag Pinsk in gar keiner bestimmten Entität, sondern im Frontgebiet (1915–1919), und es war keine Gouvernements- (vor 1914), keine Wojewodschafts- (1921–1939) Hauptstadt; zweitens betrachtete die polesische Bevölkerung Polesien eben nicht als Polesien, nicht als Einheit, und daher konnte Polesien auch keine Hauptstadt haben.

Polesien als kommunikative Fläche. Die Schwierigkeiten „trockener Communication“[31] blieben im Sumpf, im unwirtlichen Gelände besonders während des jährlichen Hochwassers bestehen. Verkehrs-Infrastrukturvorhaben blieben bescheiden: Die enge Wechselwirkung von unwirtlichem Gelände, geringer Bevölkerungsdichte (so auch noch heute im Emsland und in Westfriesland in Relation zu den geografischen Zentren Deutschlands bzw. der Niederlande[32]) und den großen geografischen Entfernungen führten zu geringer Schulbildung, geringerem, weil teurerem Handel und wenig ausgebauter Infrastruktur. Noch in den 1930er Jahren kam es vor, dass „Poleschuken“ zu Fuß nach Warschau und zurück gingen. Während Polesien unter deutschländisch-österreichischer Besatzung eine allenfalls militärstrategische Bedeutung hatte, aber im Gegensatz zum ebenfalls als matschig empfundenen Ober Ost nicht als Entwicklungsgebiet deklariert wurde, und in der Republik Polen als Randgebiet de facto ebenfalls vernachlässigt wurde, unternahmen die Sowjets von 1939 bis 1941 hektische Versuche der Infrastrukturverbesserung besonders im Verkehrswesen.

29 Engelking, Anna. In: Zaharoddze lernte in den 1980er Jahren sowohl solche Dorfbewohner kennen, die Polesien als „woanders“, als auch solche, die Polesien als „hier“ ansahen.
30 Bohn/Dalhouski in Zeitschrift für Ostmitteleuropaforschung, erscheint 2019.
31 Popowski 1884, S. 6.
32 Die pontinischen Sümpfe hingegen, die sich nicht in einer Randlage Italiens, sondern unweit Roms befanden, sind heute dicht besiedelt.

Polesien als geografische Fläche kam hingegen nur bei konkreten mit der geologischen, hydrologischen und botanischen Beschaffenheit befassten Interventionen ins Spiel, also bei Landschaftsinterventionen. Hierzu gehörten durchgehend sowohl die Melioration als auch die Holzausbeute. Einzig die Besatzer aus dem Deutschen und dem Habsburgerreich beschränkten sich auf letzteres, von ihnen sind keine Meliorationspläne überliefert.

7.4 Das Eigentliche als Landschaft, das Besondere als Intervention und Migration

Durch die Folklorisierung und aufgrund der geringen Bevölkerungsdichte wurde ja Polesien all zu oft als eine Landschaft angesehen. Eine Landschaft, die mit Leuten bestückt, quasi ausstaffiert zu sein schien, und zwar gerade deshalb, weil viele Bewohnerinnen und Bewohner sich an die Gegebenheiten von Gewässern und Sümpfen mit entsprechender Flora und Fauna angepasst hatten, in starkem Ausmaß von Fisch und Waldprodukten, aber in geringem Grad von Ackerbau lebten, weil sie sich an jahreszeitliche Unterschiede anpassen mussten.

Wenn zu einer Landschaft auch Leute „gehören“, dann wird der Fremde zum Fremden. Doch wer war es, der dazugehörte? Polesien wurde in der Shoah und überhaupt im Zweiten Weltkrieg zu einer Region der Massenvernichtung von Menschen durch Deutsche. Auswanderungen, Evakuierungen, Deportationen, Enteignungen, Besiedlungen verdrängten Einheimische in Stadt und Land, und nur ein Teil konnte zurückkehren. Migrationsbewegungen, selbst solche, die eher erlitten als selbst gestaltet waren, wirken als Intervention.

Der Begriff Interventionslandschaft geht „ein letztes Mal“ davon aus, dass es etwas Eigentliches gibt, etwas gutes oder schlechtes, aber funktionierendes Eigentliches, welches dann durch die Intervention, z.B. die Eroberung oder Migration geändert, ergänzt, gestört, vernichtet wird, und welches dann allenfalls als etwas zu Bewahrendes gilt. Und das ist der Fluch dieses Begriffs. Das Eigentliche und Normale erscheint als Landschaft, das Besondere als Intervention. Das Eigentliche erscheint als gesunder Körper, das Besondere als „Virus“, das diesen willentlich oder unwillentlich zerstört. Und dieses Eigentliche war, so sah man es von außen, in Polesien per Definition, also eigentlich in einem Zirkelschluss, die Landschaft. Weil Polesien Landschaft war, gab es nach Polesien Landschaftsinterventionen.

Das „Eigentliche“ Polesiens lässt sich aber als (nach Norden, Osten und Süden hin ausfransende) Bevölkerungs- und Siedlungsregion beschreiben. Die multiethnische Verbindung von ostslawischen und christlich-orthodoxen bäuerlichen „Poleschuken“, von meist mehrheitlich jüdischen Schtetlbewohnern und wenigen polnischen Großgrundbesitzern und russischen (bis 1918) bzw. polnischen (in Westpolesien ab 1919) Staatsangestellten galt auch für die nördlichen und südlichen Nachbarregionen. Polesien unterschied sich z.B. von der nördlichen Belarus' durch eine höhere Anzahl von Durchschnittsbewohnern in den Dörfern und anderen Siedlungspunkten.[33]

33 Durchschnittliche Siedlungspunktgröße im Bezirk *(voblasc')* Homel' 204 Einwohner, Mazyr 122; hingegen Polack 53, Vicebsk 67. Errechnet nach Belorusskaja SSR v cifrach, Minsk 1929, zitiert in: Siebert 1998a, S. 86.

Spurlose Ostfront – Ignoranz? Migrationsbewegungen waren durch den „Großen Rückzug" von 1915 und die Besetzung Polesiens durch die Mittelmächte im selben Jahr hervorgerufen worden. Am 1. Februar 1917 registrierten die zarischen Behörden in Zentralrussland 1.130.042 Flüchtlinge aus den „fünf westlichen Gouvernements".[34] Allein diese überwältigende Zahl macht deutlich, dass die Erfahrung von Migration für Polesien genauso wichtig war wie die der Besatzungsintervention durch das Deutsche Reich in Westpolesien 1915 bis 1918/1919. In den ohnehin wenigen deutschsprachigen Darstellungen über diese Zeit an der Ostfront wurde diese gewaltige Migrationsbewegung zumeist ignoriert. Die Gebiete zumindest östlich des Bugs und östlich Ostpreußens waren ohnehin als sumpfig und als Vielvölkergemisch dargestellt worden. Sie waren auch von den Verhandlern der Mittelmächte auch politisch nicht territorialisiert worden, sie kannten keine Belarus' und kein Polesien.[35] Mehr als drei Jahre Herrschaft in Pinsk haben keine Spuren im deutschsprachigen Gedächtnis und im deutschsprachigen Erinnern hinterlassen. Es scheint nicht einmal „vergessen" oder „verdrängt" worden zu sein, es ist, als habe es dies nie gegeben. Wollten also nennenswerte Vertreter des Deutschen Reichs also nicht gerne als Besatzer, genauer: als Interventen in ein Besatzungs*gebiet* gelten? Einige Anhaltspunkte gibt es dafür. Die Versuche, Flucht, Selbstevakuierung und Zwangsarbeit der Einheimischen als freiwillige Tätigkeit darzustellen, wären dann nicht nur in der damaligen Völkerrechtsprechung zu suchen, sondern, spätestens nach der Friedensresolution des Reichstags von 1917, auch in dem Unwillen, als Herrscher über die Sümpfe zu gelten, diese überhaupt zu territorialisieren.

Polen schickt Polen nach Polesien. Hingegen konnte das zivilisatorisch und modern gemeinte Einrücken von Polen nach Westpolesien in der Zeit von 1920 bis 1939 immer wieder als Intervention von außen dargestellt werden. Denn so haben es ja die meisten Akteure aus Zentralpolen, Galizien, und sogar dem Posener Gebiet (siehe oben, Meliorationsvorhaben aus Großpolen) auch selbst gesehen. Die Pfeile auf dem vorderen Umschlag des *Kalendarz Ziem Wschodnich*[36] 1935 symbolisierten eine geografische Denk-Richtung. Diese materialisierte sich darin, dass die Eisenbahn in Polesien zu einer „polnischen" Verkehrsader wurde, dass der Verwaltungssitz Brest, aber auch Landratsämter, Schulen, Post, Grenzschutzkorps und selbst die Russisch-Orthodoxe Kirche polonisiert wurden. Auch wenn die Fläche nicht durchdrungen werden konnte, so gab es doch ausreichend polnische „Stützpunkte". Auch dies mag ein Grund dafür gewesen sein, warum die sowjetische Agitation vor, während und nach der Okkupation der Ostgebiete des Staates Polen im September 1939 eher mit antipolnischen als mit revolutionären Sprüchen ideologischen Erfolg hatte.

Möglich wurde die Polonisierung aber auch deshalb, weil die Bauernfamilien, die zumeist jüdischen Bewohner der Schtetl, der einheimische polnische Klein- und Großadel ihre Interessen gegen die von außen kommenden Polen weder bündeln wollten noch konnten, da sie zu gegensätzlich waren.

34 Babkov, A.M.: Bežency v Belorussii v gody Pervoj mioroj vožny (1915–1916), In: Histaryčnaja navuka i histaryčnaja adukacyja ŭ Rèspublicy Belarus', Častka 1: Historyja Belarusi, Minsk 1994, S. 131-138, hier S. 136.

35 Siebert 2018a; Siebert 2018b.

36 Wiedergabe der Abbildung siehe oben, Abbildung Nr. 15.

Der Begriff Intervention verlangt also eine zuweilen kaum mögliche Trennung des Außen vom Innen, des Hier vom Dort, und dies schränkt dessen Geeignetsein ein. Insbesondere bei Landschaftsinterventionen, (oder allgemeiner: Flächeninterventionen) müssen wir uns dessen gewahr sein, dass dann durch diese Trennung schnell „Berechtigte“ von „Unbefugten“ getrennt, Einheimische den Migrantinnen und Migranten gegenübergestellt werden.[37]

„Antikoloniales“ Deutschland, „antikoloniale“ Sowjetunion: Manipulation als Nichtintervention. Und die Agitationen und Interventionen Deutschlands stellten eben dies in Rechnung. Sie wollten bei ihren militärischen Interventionen angeblich nur das Normale, das Eigentliche wiederherstellen, und daher auch angebliche „Saisonstaaten“ wie Polen wieder von der Landkarte tilgen. Deutschland war nach 1918 nicht mehr dem Vorwurf ausgesetzt, selbst in andere Gebiete zu intervenieren und sie zu besiedeln – die Kolonien waren dem Deutschen Reich ja abgenommen worden. Und Deutschland war nach 1923 von einem Land freiwilliger Auswanderung allmählich zum Einwanderungsland geworden.[38] Zudem hatten die USA die Einwanderung 1921 und noch mehr im Mai 1924 mit allerdings durch Deutsche nicht ausgefüllte Quoten stark begrenzt. Die Idee, dass jemandem eine Landschaft oder eine Großregion „gehört“, war zudem verbreitet. Die „Volk ohne Raum“-Ideologie konnte zu einer Verdrehung benutzt werden: die Nazis und andere Vertreter konnten mit einer antikolonialistischen Rhetorik ihre imperialistisch-interventionistisch-annexionistische Ideologie verkaufen. Gerade die Nazis haben sich ja als antikolonial ausgegeben. Snyder stellte heraus, dass die nationalsozialistische Ideologie einerseits die Eroberung fremder Gebiete propagierte, die Nazis sich andererseits gleichzeitig als Befreier von Fremdherrschaft (des sogenannten Weltjudentums) ausgaben.

Auch die Sowjetunion 1939 stellte ihre Okkupation erst von Territorien der Polnischen Republik (erfolgreich), dann Finnlands (erfolglos) als Befreiung dar. (s.o., Kapitel 5). Die Okkupanten stellten die Zugehörigkeit der *kresy* zur Polnischen Republik als etwas Unnormales dar, was vom Standpunkt des „Selbstbestimmungsrechts der Völker“[39] auch vollkommen folgerichtig war, obendrein sogar als „Wiederherstellung historischer Gerechtigkeit“ verkauft werden konnte. Die migrierenden Militärsiedler *(osadnicy)* waren Neusiedler und eigneten sich als Feindbild dementsprechend viel besser als der alteingesessene polnische Kleinadel.

Die Schwäche des Interventionsbegriffs bei „inneren“ Auseinandersetzungen. Was war aber Intervention und was das Eigentliche bei inneren Auseinandersetzungen? Betrachten wir zur Veranschaulichung die Zeit von 1919 bis 1920. Bei Bulak-Balachovičs militärischem Vorgehen ist der Fall noch klar. Er rief zwar einen belaruthenischen Staat aus, tat also so, als sei er ein „Innerer“. Aber das „Belaruthenische“ seines Pseudostaats war nicht viel mehr als ein Slot, der im Oktober 1920 gerade frei geworden war, als Polen und Sowjetrussland/Sowjetukraine die Verhandlungen in Riga unter Ignorierung der belaruthenischen Nationalbewegung führten und den Waffenstillstand im selben Monat nur zwischen

37 Sogar „hiesige“ Pflanzen werden heutzutage in Deutschland mit Neophyten konfrontiert, moralische Bewertung inklusive.

38 http://www.bpb.de/gesellschaft/migration/dossier-migration/247684/auswanderung.

39 Hierzu kritisch Fisch 2010.

polnischen, ukrainischen und russischen Entitäten abgeschlossen hatten. Bulak-Balachovič blieb ein Äußerer.

Schwieriger wird es z.B. bei der Kategorisierung des von Dov Biegun[40] beschriebenen Bandenkampfes in der Zeit von 1919 bis 1920. Zuerst stellten die Christenjungs des Schtetls Davyd-Haradok den jüdischen auf dem Schulweg nach, dann gingen die Judenjungs nur noch zusammen zur Schule, dann bewarfen die Christenjungs sie mit Steinen; zwei jüdische Schüler dachten sich eine Steinschleudermaschine aus, mit der sie die Christenjungs auf Distanz halten wollten. Beim ersten Einsatz jedoch lief eine Kuh auf die an der Grenze von jüdischem und christlichen Viertel postierte Maschine zu, schmiss sie um. Diese Geschichte, die in der Folge nach einer Messerstecherei für einen Christen tödlich endete, während der mutmaßliche jüdische Mörder das Weite suchte und sich im 50 km entfernten Stolin wiederfand, ist eigentlich die einer inneren Auseinandersetzung. Es war kein außenstehender Intervent weit und breit in Sicht, und doch – ohne die diversen „Interventionen" im „Bürgerkrieg" wäre es zu den Pogromen an der jüdischen Bevölkerung, zu dieser Steineschlacht und diesem Mord in Davyd-Haradok wohl nicht gekommen.

7.5 Bezeichne und herrsche. Polesien als Begriff und Name. Das Polesien der Mittelmächte: eine Art Landschaft der Rokitno-Sümpfe

Ein Indiz für das Verständnis der jeweiligen Zeitgenossen von Polesien als Interventionslandschaft war, ob ausgerechnet Polesien als Interventionslandschaft angesehen wurde. Dazu müssen wir klären, ob Polesien überhaupt als Landschaft gesehen wurde, ob Polesien als Polesien angesehen wurde. Ich habe dies schon mit den verschiedenen Blicken von außen angerissen, hier tue ich es begriffsorientiert.

Polesien, Pripjet-Sümpfe, Rokitno-Sümpfe. Der Name „Polesien" bekam spätestens mit der polesischen Wasserbau-Expedition im 19. Jahrhundert wieder stärkere Verbreitung. Auch die beiden in den 1880er gebauten, sich kreuzenden Eisenbahnlinien hießen seit 1886 „polesisch".[41]

Wie amorph und undefiniert Polesien als (geografischer) Begriff blieb, zeigte sich daran, dass die Vertreter der Mittelmächte 1915 Polesien damals (auch) nicht als Region wahrnahmen. Das belegt zunächst die Rede von den „Rokitno-Sümpfen", von einer Region also, der eine viel größere Reichweite zugeschrieben wurde als nur Rokitno und seine Umgebung – wenn auch nicht das ganze Polesien. Zweitens war Polesien eine Art militärgeografische Nichtregion zwischen Österreich-Ungarn und dem Deutschen Reich, deren Truppen im September 1915 das von den zarischen Truppen zuvor verlassene Brest eingenommen hatten. Die ersten deutschsprachigen Texte redeten auch kaum von Polesien, sondern von „West-Rußland", dem „Pripet-Becken", „Weißrußland" oder dem „polnisch-weißrussischen Grenzgebiet" (alles Brandt (1918)) oder von Weißruthenien (Wasilewski 1916, Curschmann 1918, Jäger 1919). Das lag noch daran, dass man sich nicht auskannte, und Ro-

40 Biegun 1982, S. 107-128.
41 https://ru.wikipedia.org/wiki/Полесские_железные_дороги

kitno-Sümpfe und Pripjet-Sümpfe als geografische Behelfsbegriffe offensichtlich ziemlich spontan wählte.

Hingegen stand bei polnischen, ukrainischen, belaruthenischen oder russischen Autoren der Gebrauch des Begriffs Polesien für politische Strategien. Die RSDRP(b) oder die Vertreter der Republik Polen benutzten den Begriff gerne. Letztere schufen sogar eine Wojewodschaft Polesien, während die ukrainischen und vor allem belaruthenischen Kräfte den Namen Polesien zunächst einmal nicht einmal als Kreis, Bezirk oder Regierungsbezirk wählten: Erst ab 1938 gab es eine *Polesskaja oblast'*, und dass dies so war, zeigt den Aufstieg der ukraine- und belaruszentrierten Verwaltungsgliederung in den sowjetischen Republiken und ab Ende 1922 der Sowjetunion. Insbesondere die (steile) Karriere der Belarus' war, im Nachhinein betrachtet, alles andere als eine Selbstverständlichkeit: Die Belaruthenen haben im politischen Diskurs (nicht im ethnografischen!) einen schnellen Weg von der Nichtexistenz (noch 1905/1917) über eines von vier Sprachvölkern der flächenmäßig sehr kleinen SSRB 1920 (die anderen drei waren russisch, polnisch und jiddisch/jüdisch), dann der einzigen Titularnation der BSSR 1922 diejenige zum UNO-Gründungsmitglied durchgemacht. Im Dezember 1991 lösten die drei ostslawischen „Brüder“ (El'cin, Kravčuk und Šuškevič)[42] sogar formal gleichberechtigt die Sowjetunion auf. Während dieser Auflösung der Sowjetunion war die Belarus' also eine Republik erster Klasse und bestimmte über die anderen zwölf Sowjetrepubliken mit.

Podlachien und Podlesien. Dass die Begriffe *Kresy Wschodnie, Ziemie Wschodnie, Zapadnjaja* Belarus', *Zachodnjaja* Belarus' im politischen Handgemenge benutzt wurden, muss hier nicht wiederholt werdenen (siehe Einleitung und Hauptteil).

Die polesische Landschaft hingegen führte bald ein Schattendasein. Das zeigt ein Rückblick. Polesien konnte sich zwar im 19. Jahrhundert als geografischer Begriff behaupten. Das war aber nicht selbstverständlich. Nicht ohne Grund gab es mehrere Begriffe für das heute Polesien genannte Gebiet oder Teile desselben. Es existierte eine nur unklare Abgrenzung zu Podlachien/Podlasie,[43] heute (seit spätestens 1945) durch die polnische und EU-Ostgrenze und überhaupt den Fluss Bug von Polesien getrennt. Noch auf einer deutschspra-

42 Über drei Brüder vgl. Kolas, Jakub: Der Schalmeibläser [1906], In: Die junge Eiche. Klassische belorussische Erzählungen, hg. von Norbert Randow, Leipzig 1987, S. 9-11; hingegen werden die Völker fast nie als Frauen und ihre Beziehungen nie als drei Schwestern dargestellt, obwohl *Rossija, Ukraina, Belarus'* grammatisch weiblich sind.

43 Jedenfalls im deutschen Sprachraum. Brockhaus' Konversationslexikon F. A. Brockhaus in Leipzig, Berlin und Wien, 14. Auflage, 1894-1896, 13. Band: Perugia – Rudersport, Seite 325 verweist z.B. „Polesien, soviel wie Podlachien (s. d.).“ = http://www.retrobibliothek.de/retrobib/seite.html?id=132872; Meyers Konversationslexikon, 3. Auflage, 1880, S. 16 kennt sowohl die Begriffe „Polesien“ wie „Podlachien“ als solche der „Territorialgeschichte“ bei der Rubrik „Geschichte: Rußland.Polen“. http://www.retrobibliothek.de/retrobib/seite.html?id=137975&imageview=true; in der 4. Auflage, 1885-1892, 10. Band: „Königshofen – Luzon“, dann kommt Polesien nicht als eigenständiger Begriff vor, sondern unter „Litauen“, nämlich in dem Satz „bestand vor der Teilung Polens aus dem eigentlichen L., […] und aus dem litauischen Rußland, d. h. den Wojewodschaften, welche von den Litauern früher den Russen abgenommen worden waren, nämlich dem alten Polesien, Schwarzrußland oder Nowogrodek und Weißrußland oder Minsk, Mcisclaw, Witebsk, Smolensk, Plozk und Polnisch-Livland.“

chigen Karte aus dem 19. Jahrhundert[44] und selbst in Velhagen & Klasings Atlas von 1936[45] wurde Polesien noch als Podlesien markiert.

Rus', Schwarze Rus' und Rote Rus'. Außerdem gab es die traditionsreichen Landschaftsbegriffe „Schwarze Rus'" und „Rote Rus'", die jeweils auch ein Teil Polesiens umfassten.[46] Sowohl Schwarze Rus' als auch Rote Rus' überlebten im 19. Jahrhundert nicht – im Gegensatz zur Weißen Rus' (Belarus', Belorussija) und zu Polesien. Zu Ende des 19. Jahrhunderts, sichtbar in dem Fragebogen der Volkszählung von 1897, war die Dreiteilung der ostslawischen in „groß-, klein- und weiß-russische" Stämme und Gebiete bereits nicht mehr hinterfragt. Doch selbst 1919 brachte Kazimierz Kulwieć noch eine Karte, in der nördlich Polesiens die Schwarze Rus' und nur nordöstlich die Weiße Rus' eingezeichnet war.[47]

Wichtig war der imperialen russländischen Ideologie, dass alle drei „Rus'"-Territoriums-Begriffe von einer politischen oder auch nur administrativen Entität auf eine allenfalls landschaftliche herabgedrückt wurden, wie es Polesien schon war.

„Litauen" und die „Weichselgouvernements". Der auch die polesischen Gegenden um Brest und Kobryn umfassende Regierungsbezirk Hrodna sowie die Regierungsbezirke Kowno und Wilna wurden bis August 1840 offiziell „litauische Gouvernements" genannt,[48] doch alles, was an das Großfürstentum Litauen erinnerte, wurde nach und nach aus dem präskribierten und präskriptiven Raum gedrängt, bis diesen nur noch anti-zarische Gruppen imaginierten. Spätestens nach dem 1863er-Aufstand durfte Russländisch-Polen nur noch Weichselgouvernements heißen, wobei diese allerdings nach wie vor als gewisses Gesamtgebiet aufgefasst wurden: Es gab Karten mit dem Begriff „Weichselgouvernement";[49] die „50 europäischen Gouvernements des Russischen Reiches" umfassten hingegen weder Finnland noch die „Weichselgouvernements". Dies machte klar, dass die Bezeichnung „Westgouvernements" oder „Nord-West-Gouvernements" für die belaruthenischen (und litauischen) Gebiete des Russländischen Reiches einer Ideologie entsprangen: dem „Westrussismus" (*Zapadno-Russizm)*, der die Begriffe Belarus', Ukraina und selbst Litva genauso unterdrückte wie die dort gesprochenen Sprachen. (Allerdings blieben die russischen Ortsnamen Brest-Litovsk, Vysoko-Litovsk und Kamenec-Litovsk erhalten.) „Polesien" und die „Poleschuken" passten da schon besser in den Sankt-Petersburger Kram, und dies mag mit dazu beigetragen haben, dass die Begriffe für diese Menschen und diese Gegend bis heute überlebt haben.

---

44 Meyers Konversationslexikon, 4. Auflage, Karte „Polen vor den Friedensschlüssen von Oliva (1660) und Andrussow (1667), zitiert in: http://www.retrobibliothek.de/retrobib/hiresfaksimile_504475.jpeg; vgl. https://de.wikipedia.org/wiki/Polesien#/media/File:Polen_in_den_Grenzen_vor_1660.jpg.

45 Velhagen & Klasings Grosser Volks-Atlas: das Jubiläumswerk des Verlages zu seinem hundertjährigen Bestehen, hrsg. von Konrad Frenzel, Bielefeld 1936, S. 50-53.

46 Zur Verortung von Weißer, Roter und Schwarzer Rus' im 17. und 18. Jahrhundert siehe auch https://de.wikipedia.org/wiki/Schwarzruthenien. https://be-tarask.wikipedia.org/wiki/Чорная_Русь, abg. 13.01.2016.

47 Kulwieć, Kazimierz: Polska w granicach naturalnych i historycznych, Warszawa 1919, S. 178.

48 Strazhas, Abba: Deutsche Ostpolitik im Ersten Weltkrieg: Der Fall Ober Ost, 1915–1917, Wiesbaden 1993, S. 113.

49 https://commons.wikimedia.org/wiki/File:Congress_Poland_map_19th_century.jpg (13.01.2016).

7.6 Flächendeckungsbestrebungen

Wenn auch eine Bezeichnung nötig ist, um aus etwas einen Begriff zu machen, so geht es ja aber bei einer Territorialisierung nicht nur um Bezeichnungen.

Damit, dass man Polesien als Polesien, Pripjat-Sümpfe, Rokitno-Sümpfe oder sonstwie bezeichnete, war der erste Schritt zur Territorialisierung getan. Das „polesische Komitee" der RSDRP war zeitlich die letzte Organisation, die den Erstreckungsbereich Polesiens relativ willkürlich wählte und einseitig (in Richtung Norden und Nordosten) ausweitete – den Endpunkt dieses Phänomens bildet das Eingehen der 1926 erschienenen Zeitschrift „Polesskij kommunar" als einer Zeitschrift im Gouvernement Homel' der RSFSR.[50]

Dass Polesien als Begriff für die ukrainischen und belaruthenischen Aktivisten unschön war, den polnischen Zivilstrategen aber hervorragend in den Kram passte, weil sie nun die Poleschuken und sogar *tutejsi* aufs Schild heben konnten, das habe ich oben beschrieben. Organisationen wie die BNR befanden sich in einem Dilemma: Sie wollten Entitäten „in ethnischen Grenzen", aber das konnte allein „noch nichts über Souveränität, Territorium und Beziehungen zu den Nachbarrepubliken" aussagen.[51]

Territorialisierung, Ethnisierung, Kulturalisierung. Die Territorialisierung war gegenüber der Ethnisierung und Kulturalisierung „modern", und zwar gar nicht einmal unbedingt deshalb, weil sie etliche Landvermesser und Kartographen in Marsch setzte (wie es die Deutsche Reichswehr 1915–1917 in Polesien tat[52]), sondern, weil man wusste, dass man dies tun müsse, weil man sich für ein Territorium (!) verantwortlich fühlte. Die Territorialisierung konnte internationalistisch oder nationalistisch unterlegt sein. Die Ideologie der Territorialisierung entspringt einem Geografismus, der heute als Komplementärideologie zu Biologismus und Kulturalismus darzustellen ist, und hat einen wissenschaftlichen Anstrich, weil das Territorium als etwas Festes, die Biomasse Mensch oder gar dessen Kultur hingegen als etwas Flüssiges, Flüchtiges erscheint. Die Territorialisierung war Ausdruck davon und Ursache dafür, dass Interventen von außen Polesien nicht mehr einfach in Ruhe ließen, aus ihrer Sicht nicht einmal mehr in Ruhe lassen *konnten*.

Aspekte der Territorialisierung: Siedlungszählung, Vermessung. Territorialisierung hatte mehrere Aspekte. Aus unserer Sicht von Außen bedeutete dies zunächst eine flächendeckende Herrschaft, eben Territorialherrschaft zu etablieren, das „Vordringen des Staates in die Fläche".[53]

Verzeichnis von Siedlungen. Ein erstes Mittel hierzu war die Durchführung von Volkszählungen, denn es geht bei diesem Vorgang nicht nur um die datenmäßige Erfassung von Menschen (dazu siehe unten), sondern auch von Siedlungspunkten, und Siedlungspunkte konstruieren ja die menschenbevölkerte, topographische und geografische Fläche. Nach Kriegen und Bürgerkriegen war es in Polesien oft unklar, ob ein angenommener Siedlungspunkt (noch) existierte oder nicht.[54] Da viele rückkehrende Männer und Familien nach dem

50 Polesskij kommunar: dvuchnedel'nyj žurnal: organ Gomel'skogo gubernskogo komiteta Rossijskoj kommunističeskoj partii (1925-1926). (Gomel').
51 Mazec 2008, S. 302-311, hier S. 310.
52 Das 41. Reserve-Korps 1918, S. 110.
53 Ganzenmüller/Tönsmeyer 2016.
54 Ähnlich gab es nach der Deutschen Besatzung im 2. Weltkrieg eine Reihe von Dörfern, die nicht mehr existierten, da sie niedergebrannt wurden.

Ersten Weltkrieg in Polesien zunächst in Erdhütten lebten, da es Waldbewohner gab, und da es aufgrund der großen Entfernungen in der extensiven ländlichen polesischen Wirtschaft kleinste Übernachtungs-Hüttchen und Ad-hoc-Unterkünfte gab, die ich als „kleinbäuerliche Vorwerke" bezeichnen möchte, war die Unterscheidung zwischen Siedlungspunkt und Nichtsiedlungspunkt zusätzlich erschwert. Während der Volkszählung von 1921 konnte die polnische Staatsverwaltung an mehreren angenommenen Siedlungspunkten keine Bewohner verzeichnen. Ansonsten aber schrieben sie die Existenz von Einzelhöfen *(futora, chutora)* und andere kleine Siedlungspunkte auf.[55]

Vermessen und Kartenzeichnen als Territorialisierung. Auch die Tätigkeit des Landvermessens und Kartenerstellens war eine territorialisierende. Die Festlegung von Grundeigentum setzt diese Territorialisierung voraus und fördert diese gleichzeitig. Erst durch das Zeichnen topographischer Karten wurde Westpolesien zur Fläche im trigonometrischen Sinn. Auch die Landvermessung war im Feuchtgebiet schwieriger zu bewältigen als auf trockenem Boden, zumal es ja auch jahreszeitliche Unterschiede der Landschaft gab. Die vom Büro zur Melioration Polesiens angewandte „aerophotogrammetrische Methode"[56] bedeutete hier den Quantensprung einer Territorialisierung im wahrsten Sinne des Wortes „von oben". Parzellierung und Flurbereinigung machten eine Kartografierung, also eine Territorialisierung notwendig.

7.7 Fazit: Der Staat im Sumpf – als Flächendeckung

Herrschaftstechniken im Sumpf sind das Hauptthema dieser Arbeit. In diesem Abschnitt stelle ich den Territorialisierungsaspekt dieser Aktivitäten und Techniken dar. Die deutschländische (und österreich-ungarische) Herrschaft ging wenig in die Fläche hinein, territorialisierte vor allem den Frontstreifen.

Egal, ob es um Landschafts- oder Bevölkerungsinterventionen ging, die Territorialisierung erfolgte auch in der polnischen Zeit in der Regel über die Siedlungspunkte. Dies ist bei der Errichtung von Schulen, Polizeistationen, Poststationen, der Rückerlangung *(rewindykacja)* von Kirchen (besonders deutlich mit ihren als trigonometrische Punkte geeigneten Kirchturmspitzen) offensichtlich. Eine harte Territorialherrschaft abseits von Siedlungspunkten stellten der – (aus benannten Gründen) mehr konzipierte als verwirklichte – Ausbau der Wasser- und Landstraßen und die Melioration dar. Auch wenn keine große Fläche melioriert wurde, so hat doch allein schon die Planung und Vorbereitung der Melioration im gut ausgestatteten *Büro zur Melioration Polesiens* mit all ihren hydro-, geo- und biologischen Untersuchungen das Wissen der Staatsverwaltung über die polesische Fläche erheblich erweitert. Der Staat rückte in die Fläche vor, wenn auch in diesem Fall vorwiegend auf dem Konzeptpapier. Doch die Herrschaft war noch 1939 keine vollständig territoriale, denn es war das unwegsame Territorium, das die Durchsetzung der Schulpflicht und die Eintreibung von Steuern zu einem schwierigen Unterfangen machte.

---

55 Vgl. Skorowidz 1924.

56 Gryglaszewski, Roman: Zdjęcia sytuacyjne rzek Polesia metodą aerofotogrametryczną, Brześć nad Bugiem 1931; Pruchnik 1932, S. 10.

Die eindreiviertel Jahre andauernde sowjetische Herrschaftstechnik ab 1939 bestand in Polesien ebenfalls nicht in einer Territorialisierung, auch wenn sofort Infrastruktur-Projekte zur Überwindung der Teilung Polesiens (in sowjetischer Sprache: der Überwindung der Teilung der Ukraine bzw. der Belarus) in Angriff genommen wurden. Vielmehr war die Deportation einer großen Anzahl polnischer, jüdischer, religiöser oder sonstwie widerständiger Menschen diejenige Aktivität, die in dieser kurzen Zeit auch am ehesten in die Landschaft eingriff. Es mag an einseitigen Quellen oder an einer mangelnden Quellenkritik liegen, aber die von Jan T. Gross und in der Folge von mehreren anderen polnischen Autoren herangezogenen und zitierten Materialien unterstellen den sowjetischen Eroberern von 1939 kein Mehrwertigkeitsgefühl und keine Anliegen, eine besonders zurückgebliebene Gegend zu kultivieren und territorialisieren, sondern weit eher ein Geblendetsein durch in ihrer sowjetischen Heimat nicht bekannte Güter und Luxusgüter in den polesischen Schteteln und Städten. Artur Wysocki spricht sogar von *zderzienie kultur,*[57] also einem (schwer übersetzbaren) *clash of cultures.*

Inseln gesteigerter Territorialität bildete auch das *osadnictwo*. Dies war Grund und Boden, in den der Staat den größten Einblick hatte, da es sich eher um Ackergrundstücke als um Sumpfgebiete gehandelt hat, vor allem aber, weil es der Staat war, der die Grundstücke vergeben oder verkauft, zumindest eingerichtet hatte. Die meisten politischen staatlichen Akteure begriffen das *osadnictwo* als Einpflanzung polnischer moderner Kultur und Gesellschaft und nur teilweise als Peuplierung einer mit Menschen unterversorgten Gegend.

Außer in den Werken von T. Wid und Leon Wasilewski stand auch nicht die Territorialisierung, sondern die Kolonialisierung im Sinne von kolonialer Besiedlung im Vordergrund, die Territorialisierung also nur indirekt. Mehr dazu unten im Kapitel über Kolonialisierung.

Territorialisierten eigentlich die Einheimischen ebenfalls? Da ich keine bäuerlichen Quellen auffand, kann ich nicht sagen, welches Gebiet in welcher Reichweite die Bauernfamilien als heimatliches Territorium, als *Moj rodny kut* ansahen, wie territorial sie ihr Eigentum definierten (siehe Seite 506: *Moj rodny kut*).

Zumindest gab es „Polesien" aus Sicht der Polesier nicht, genauso wenig, wie es Australien aus der Sicht der Einheimischen in Australien gab, bevor die „Weißen" kamen.[58] Falls sie territorialisierten, dann scheint dies nicht Polesien gewesen zu sein, denn Polesien war für sie in der Regel nebenan, allgemeiner: woanders. Der Filmemacher Maksymilian Emmer notierte Mitte der 1930er Jahre während der Dreharbeiten:

> „Von der Gegend um Brest bis zur bolschewistischen Grenze, in jedem Dorf, auf jedem Chutor versicherte man uns, dass genau hier sich diese oder jene Ortschaft befinde, Polesien aber weiter dort drüben .... Aufgrund dieser Informationen kamen wir zu der Überzeugung, dass es Polesien gar nicht gibt. Wenn es das [Polesien] aber nicht gibt, wo und wofür verschwenden wir dann hier so viel Zeit".[59]

57 Wysocki 2014.

58 Morphy, Howard: Colonialism, History and Construction of Place: The Politics of Landscape in Northern Australia, In: Bender, Barbara (Hrsg.): Landscape: politics and perspectives, Providence: Berg 1993, S. 205-244.

59 Emmer, Maksymiljan: Jak filmowaliśmy Polesie, In: AAN Bestand 2678 TRZW, Sign. 2, Blatt 301-318, hier Blatt 318.

Jahrzehnte später prüfte die Ethnologin Anna Engelking, was die Menschen in Polesien von Polesien hielten. Ein Teil bezog sich nun auf Polesien als Eigenes, ein anderer wiederholte die Rede vom Polesien-ist-anderswo, die Emmer aufgezeichnet hatte.[60]

Die polnische Staatlichkeit wollte aus einer bäuerlichen Schicht eine bäuerliche Masse machen, (die desto leichter durch polnische GONGOs zu organisieren wäre); die kommunistische ab 1939 aus einer bäuerlichen Masse eine bäuerliche Klasse. Die Einheimischen hatten aber nach der Zerstörung der belaruthenischen *BSRH (Hramada)* im Januar 1927 keine „eigene“ Bauernpartei mehr. Die *Hramada* hatte Nordwestpolesien (Trockenpolesien) als Westbelarus territorialisiert, weil sie dort Zirkel unterhielt; falls die Behauptung der Existenz vieler *Hramada*-Mitglieder keine allzu große kommunistische Übertreibung war,[61] dann haben dies auch die nordpolesischen Familienvorstände so begriffen. Im Gegensatz zur *Hramada* konnte die KPZB sich nicht als „unsere“ Partei der nordwestpolesischen Einheimischen (und die „westliche Belarus“ nicht als „unser Territorium“) festsetzen. Die polnische Macht, die ganz im Gegenteil bestrebt war, ein polesisches Territorialbewusstsein zu fördern, hatte aber ebenso wenig Erfolg. Das von Polesiern gehaltene Transparent auf einer Demo mit der Aufschrift „Achtung Deutschland! Eine Million Poleschuken werden das Meer verteidigen.“ wirkt reichlich bestellt und unspontan.[62]

Gehörte Polesien zur Belarus' oder zur Ukraine (1897–1944)? Als man die Ukrainer noch Kleinrussen und die ukrainische Sprache noch kleinrussische Sprache nannte, da war man wegen des Separatismus der Ukrainer besorgt. Die Belaruthenen hingegen nahm man nicht ernst, so konnte man sie getrost „Belorussen“ und die Sprache „belorussisch“ nennen. Dass es so z.B. in der Volkszählung von 1897 war (siehe oben), lag sicher nicht an den Erfolgen der belaruthenischen Nationalbewegung, denn diese gab es ja kaum. Schließlich waren im Wort „*Belorusskie*“ ja wie schon bei „*Malorusskie*“ das Wort „*Russkie*“ enthalten. In dieser Volkszählung war ja tatsächlich ein Teil der Gebiete um Brest, Kobryn und Pinsk, welche Chruščev Ende 1939 der Ukrainischen SSR einverleiben wollte, und welche die Nazideutschen dann tatsächlich dem Reichskommissariat Ukraine[63] zuschlugen, als ukrainischsprachlich angesehen.[64]

Polesische Fläche in der Ukraine. Die mehr oder weniger erfolgreiche Aneignung ganz Polesiens von Seiten der Ukraine erfolgte stets unter dem Schutz der deutschländischen Besatzungsmacht, im Ersten wie Zweiten Weltkrieg. Die Ukraine hatte nie ein Problem damit, Polesien zu „nehmen“, hingegen ein großes, es zu durchwirken.

Polesische Fläche in der Belarus. Etwas anders war es auf Seiten der belaruthenischen Politiker. Das lag daran, dass die belaruthenische Staatlichkeit selbst immer wieder (und bis heute) in Frage gestellt wurde, sich schwer behaupten konnte. Von 1917 bis 1921 konnte sich die BNR nicht durchsetzen, musste zusehen, wie ganz Polesien der UNR zugeschlagen wurde, ja, der unerfahrene BNR-Diplomat Aljaksandr Cvikevič war eingangs sogar selbst

60 Engelking, Anna: Śladami Józefa Obrębskiego po 60 lat. Raport z rekonansu terenowego na Polesiu, In: Zaharoddze-1, Minsk 1999, S. 44-51, hier S. 44-45.
61 Davon geht Benecke 1999 allerdings aus.
62 Cichoracki 2014, Umschlagseite 1.
63 https://de.wikipedia.org/wiki/Reichskommissariat_Ukraine.
64 Quelle: Pervaja vseobščaja perepis' naselenija Rosskijskoj Imperii, XI. Grodnenskaja gubernija 1897, SPb. 1903, S. 102-105 (Tabelle X); Quelle: Pervaja vseobščaja perepis' naselenija Rosskijskoj Imperii, XXII. Minskaja gubernija, 1897, SPb. 1904, S. 80-83 (Tabelle XIII).

auf Westpolesien nicht erpicht, oder hatte seine Kompromisslinie preisgegeben, sich also verplappert. Die beträchtlichen Vergrößerungen des Territoriums der BSSR 1924, 1926 und 1939 erfolgten wie schon die Gründungen 1919 und 1920 stets als Nebeneffekt anderer Ziele. Denn 1919 und 1920 sollten die kommunistischen Staatsausrufungen der BNR das Wasser abgraben – dies ist schon oft beschrieben worden: der Kreml war eigentlich kein Fan der Gründung der BSSR.[65] Zunächst umfasste diese nur sechs Kreise. Und 1924 und 1926 ging es um die Sowjetisierung: der Puffer zwischen Polen und der RSFSR wäre auf Dauer zu klein gewesen (in Polesien ein kleiner Streifen zwischen Mikaševičy und Mazyr), um die Funktion eines Puffers erfüllen zu können. Die Kleinheit des Puffers hätte auch zur Entsowjetisierung oder gar Piemontisierung führen können. (Auch aus diesem Grunde mag man Mahilëŭ in der Zweiten Hälfte der 1930er Jahre zur Hauptstadt der BSSR gemacht haben wollen). 1939 wiederum war der Angriff auf die Republik Polen nur als Vergrößerung des Territoriums der Ukrainischen und Belaruthenischen SSR verkaufbar, eine eigene Entität wie der Regierungsbezirk Kaliningrad, oder wie sie der heutigen Novorossija-Konzeption Moskaus entspräche, wäre damals nicht erfolgreich gewesen: zu sehr hatte man den westlichen Belaruthenen und Ukrainern auch von Moskau aus beigebracht, dass sie Belaruthenen und Ukrainer seien – was gerade in Polesien besonders pikant war, weil sie der offiziellen, inkludent entethnisierten Bündelung seiner Bürger zu Sowjetmenschen entgegenwirkte.

Melioration im Randgebiet eines Staates ohne Territorialrevisionismusabsichten, aber mit vielen potenziellen Reserven: Italien, Niederlande. Die pontinischen Sümpfe lagen zwar direkt bei Rom. Aber grundsätzlich wurde eine Melioration auch in anderen Ländern durchaus in einem Randgebiet durchgeführt. Während Friesland in den Niederlanden das am dünnsten besiedelte Gebiet eines dichtbesiedelten Landes, auf der anderen Seite aber die Niederlande vielleicht zu klein waren, um überhaupt irgendwo in diesem durchschnittlich dicht besiedelten Land von einem Randgebiet sprechen zu können, war das Gebiet zwischen Weser- und Emsmündung ein Randgebiet Preußens und Deutschlands.

Melioration war in der Polnischen Republik nicht als Eroberung der Natur dargestellt. Doch gab es in den Niederlanden, in Italien und Deutschland wohl größeren Druck zu einer Melioration. Polesien hingegen war nicht die „letzte Reserve"[66] landschaftlich verbesserbarer Flächen. In den 1920er und 1930er Jahren schließlich kam in Italien und in Deutschland hinzu, dass beide Länder in einem als „Drang nach Osten" bezeichneten Streben offene Eroberungsgelüste zeigten, also offen ihr Territorium vergrößern wollten.[67] Die Republik Polen wollte hingegen nicht ernsthaft weitere Gebiete aufnehmen, auch wenn sie sich an der Zerschlagung der ČSR beteiligte; vielmehr war sie revisionistischen Gebietsforderungen mehrerer Nachbarländer ausgesetzt.

Hinzu kam, dass bei der potenziellen Melioration Polesiens nicht zu einer Kampagne mobilisiert werden konnte, wie dies für Italien[68] und die Niederlande[69] analysiert worden ist. Da es sich in Polen um die Melioration nicht eines inneren, sondern eines „angrenzen-

65 Trafimčyk 2013.
66 Radkau 2002, S. 228.
67 Zu Italien: Siebert, Diana: Aller Herren Außenposten. Korfu von 1797 bis 1944, Köln 2016.
68 Caprotti 2007.
69 van de Grift 2013.

den“ Gebietes handelte, hätten Meliorationsarbeiten entweder nur als Zwangsarbeiten (Einheimischer wie Nichteinheimischer) oder – und so war es nach Angaben des langjährigen Wojewoden Wacław Kostek-Biernacki zu dessen Verdruss zum Teil auch vorgesehen, durch das Entsenden Nichteinheimischer konzipiert und durchgeführt werden. Doch fehlten offenbar nicht nur die Menschen, die gerne nach Polesien gehen würden, sondern es ging tiefer: Im Gegensatz zum italienischen Faschismus gab es gar kein „Rural revival in the building of a nation“[70] als ideologische Grundlage für eine eventuelle Kampagne.

Der Standortnachteil als Nichtinterventionslandschaft. Ja, es gab und gibt es jede Menge Landschaften, die bestimmte Interventionen geradezu an sich zogen. „Ländliche“, „von der Zivilisation ferne“ Landschaften dienten dabei als Militärbasis, militärisches Übungsgelände, als Formel-1-Strecke, als Teststrecke für Magnetschwebebahnen oder Betriebsstandort von AKWs, und auch jene in dünn besiedelten Gebieten vorzugsweise betriebene Errichtung von Naturschutzgebieten oder eines Nationalparks war eine Intervention, nämlich eine Intervention zur Verhinderung von Interventionen.

Unwegsame Sumpflandschaften werden heute als ein Lockruf für Investitionen und Interventionen deshalb auffällig, weil sie neben unwegsamen Bergregionen die letzten von Intervenierenden links liegen gelassenen Landschaften waren, geeignet wegen ihres Mangels an „trockener Communication“[71] nicht einmal für den seichten, mückenscheuen Tourismus: es macht nun einmal weniger her, ein Foto in einem Sumpf zu zeigen als eins auf einem erklommenen Berg, denn der mit dem Foto beschenkte Adressat kann in einer zwar wilden, aber schwer verortbaren Landschaft schlecht abschätzen, welche Leistung darin steckt, an diesen Ort gelangt zu sein. Und auch die Politiker und (andere) Vertreter der öffentlichen Hand eröffneten nicht zuletzt aus diesem Grund lieber Talsperren und Autobahnabschnitte als trocken gelegte Sümpfe.[72] Spektakulär im Vergleich zu den bescheidenen Erfolgen in Polesien war nicht nur die hohe Geschwindigkeit, mit der die pontinischen Sümpfe in der selben Zeitepoche (der Zwischenkriegszeit) trockengelegt wurden, sondern auch, dass sie mit in Wochenschauen sehr gut darstellbaren Städtebauprojekten einhergingen.[73]

Man kann sogar soweit gehen zu sagen, dass die Sumpflandschaften eigentlich die letzten Landschaften sind, die diesen Namen verdienen. Sumpfgebiete lagen aufgrund ihrer Unwirtlichkeit oft noch lange jenseits einer Art innerer, alter Zollgrenze, sie waren Gebiete, in denen sich die Herrschaft des Staates über die Menschen nicht lohnte, weil aus ihnen zu wenig herauszuholen war.[74]

Die militärische Besatzungs-Herrschaft in Polesien glich eher einer Raubwirtschaft. Lohnen konnte sich also die kurzfristige Ausbeutung dessen, was wir heute natürliche Ressourcen nennen.

Die extensive Wirtschaftsweise in Polesien hat eine Eigentumsstruktur sehr großer, weniger adeliger Grundbesitzer und des Staates in Polesien gestützt. Noch bis in das 20. Jahrhundert hinein konnte dieses Eigentum an Wald, Sumpf und Gewässern nicht gesichert werden, so dass die „innere Frontier“, kartographisch gesprochen, schlecht kartografiert

70 Longobardi, C.: Land-reclamation in fascist Italy: Rural revival in the building of a nation, London 1936, zitiert in: Caprotti 2007, S. 46.
71 Popowski 1884, S. 4-6.
72 Radkau 2000, S. 111
73 Caprotti 2007.
74 Vgl. China in Tibet bei Bataille 1975, S. 125-145, insbesondere S. 143.

werden konnte. Teilweise erst nach der hier dargestellten Zeit bis 1941 trat dann das Phänomen auf, dass für bestimmte Interventionen eine dünn besiedelte, unwegsame, keine hohen Ernteerträge liefernde, nicht einmal zur Gewinnung von Energie aus Wasserkraft nutzbare Landschaft geradezu als Standortvorteil angesehen wurde: Militärische Objekte konnten schlechter geortet oder eingenommen werden. Für Atomkraftwerke war reichlich Kühlwasser vorhanden, und sicherlich wird auch eine Rolle gespielt haben, dass bei einem etwaigen Super-GAU weniger Menschen betroffen wären als anderswo.

Die interventionistischste Antiintervention: Naturschutz in einem Randgebiet. Einen Standortvorteil bot und bietet Polesien auch für den Naturschutz. Diese Feststellung ist insofern nicht tautologisch, als dass Naturschutz zwar etwas Rückwärtsgewandtes insofern an sich hat, als er einen früheren Zustand von Landschaft bewahren, oder, nach einer anderen Schule, sogar wiederherstellen möchte – letzteres am Deutlichsten erkennbar an der Auswilderung einst heimischer Tierarten.[75] Naturschutz ist ebenfalls eine Landschaftsintervention, vielleicht sogar eine Landschaftsintervention schlechthin: ein Produkt der Moderne, das in Flora und Fauna eingreift, um einen „naturnahen Zustand" herzustellen.

Grundsätzlich „eignet" sich ein Randgebiet nicht mehr oder weniger als Interventionslandschaft als andere Gebiete. Aber es gibt die besagten, randgebietstypischen Interventionen wie Militärpräsenz, Melioration, Naturschutz und Atomkraftwerke, und das fällt gerade auch deshalb ins Auge, weil da ansonsten „so wenig los ist".

Es gibt also auch gerade in Randgebieten „Nichtinterventionslandschaften". Und gerade deshalb, weil Polesien eine solche lange Zeit war, ja sogar eine Anti-Interventionslandschaft, fiel Polesien in den 1960er und 1970er Jahren mit seiner Melioration und seinen Atomkraftwerken später als Interventionslandschaft umso mehr auf. Allerdings längst nicht jedem.

75 Bohn/Dalhouski/Krzoska: Wisent-Wildnis und Welterbe: Geschichte des polnisch-weißrussischen Nationalparks von Białowieża, Köln 2017

8. Polesien im erweiterten Lefebvre-Raster

Weil Polesien, wie oben beschrieben, eine sehr charakteristische Fläche darstellte, lassen sich auch die „Lefebvreschen Räume" beschreiben.[1] Im Zuge des *spatial turns* trat Begeisterung darüber auf, dass Lefebvre schon 1974 erkannt hatte, dass ein Raum (oder Räume) als ein sozialer Raum zu verstehen sei, und dieser wiederum ein soziales Produkt.[2] Er führte eine zwar nicht näher begründete, aber von ihm selbst gefeierte, ja fast überhöhte Dreiheit des sozialen Raums[3] als räumliche Praxis, Raumrepräsentation sowie Repräsentationsräumen ein und belegte und verknüpfte sie mit griffigen „Partizip"-Räumen, nämlich a) „die räumliche Praxis *(practique spatial)* als den „wahrgenommenen Raum" *(espace perçu)*, b) die Raumrepräsentationen, als „konzipierten Raum" *(espace conçu),* schließlich c) die Repräsentationsräume, als „gelebten Raum"*(espace vécu).*[4] Diese Zuordnung von Lefebvre ist schon sehr verwirrend, weil er ausgerechnet die „räumliche Praxis" als *perçu*, als Wahrnehmung eines Raums darbietet. Auch seine Anwendung der Räume speziell auf den menschlichen „Körper" erbringt keine Aufklärung.[5]

Dementsprechend kompliziert sind die englischen und deutschen Übersetzungen der besagten Räume, worauf der Originaltextübersetzer Jörg Dünne ausdrücklich hinweist.[6] Weil die Übersetzungen unbefriedigend sind, wird denn auch in dem Sammelband „Phantomgrenzen" der wahrgenommene, der konzipierte und der gelebte Raum in einen „imaginierten", einen „erfahrenen" und einen „gestalteten" Raum überführt[7] und diese Begrifflichkeiten sind es, die dann als Raumimagination, -erfahrung bzw. -gestaltung näher ausgeführt werden.[8]

Um zu retten, was zu retten ist, habe ich die von Lefebvre ausdrücklich abgelehnte binäre Opposition von Begriffen wieder eingeführt (siehe Einleitung) und neben dem (geistig) imaginierten, dem (geistig) erfahrenen und dem (materiell) gestalteten auch als vierte Art um den materiell erlebten (oft erlittenen) Raum erweitert und erörtere dieses Konzept nun anhand der in diesem Buch gewonnenen Erkenntnisse.

Im langen Kapitel über die Polnische Republik habe ich sechs landschaftliche und sechs nichtlandschaftliche Interventionen ausgemacht. Die landschaftlichen waren: Auflösung der

---

1 Ich schreibe in diesem Unterkapitel in der Folge von Lefebvre und seinen Ausbuchstabierer*innen weiterhin von „Räumen", statt wie von mir vorgeschlagen von „Flächen", denn es geht hier um eine Raumkonzeptkritik.

2 Lefebvre, Henri: Die Produktion des Raums. In: Dünne/Günzel [u.a.] (hrsg.): Raumtheorie. Grundlagen aus Philosophie und Kulturwissenschaften Frankfurt/Main 8. Auflage 2015, S. 330-340, hier S. 330.

3 Ebenda, S. 333.

4 Ebenda, S. 333-336.

5 Ebenda, S. 337-338.

6 Ebenda, S. 336.

7 Von Hirschhausen, Béatrice, Hannes Grandits, Claudia Kraft, Dietmar Müller, Thomas Serrier (Hg.): Phantomgrenzen. Räume und Akteure in der Zeit neu denken, Göttingen 2015, S. 39.

8 Ebenda, S. 40-51.

Servitute, Parzellierung, Flurbereinigung, Militärbesiedlung (*osadnictwo),* Entwässerungs-Melioration und Ausbau der Verkehrsinfrastruktur. Die sechs nichtlandschaftlichen, als *social engineering* im engeren Sinne fassbaren „Bevölkerungsinterventionen" waren: Distinguierung des Kleinadels, Geld, Folklorisierung, Schule (Schulpflicht, Funktion im Dorf, Lehrinhalte), Religionspolitik, das Meldewesen (zusammen mit der eigentlich beabsichtigten Einrichtung der Zivilehe), hinzu kämen Polizei- und Grenzschutzetablierung und der Armeedienst. Hierhin gehört auch die Handelspolitik, deren Ziel nicht die Monetarisierung (oder besser Chrimatisierung) war, sondern den Zwischenhandel bekämpfen wollte, und nur insoweit ein interventionistisches Projekt polnischer parastaatlicher Strukturen war.

8.1 Polesien als imaginierter Raum (Nr. 1)

Welche dieser zumindest beabsichtigten und vorbereiteten Interventionen wurden von ihren Betreibern als eine Konzeption des Raumes gesehen, oder trugen zu einer solchen bei?

Fremdimagination. Als erster der vier Räume steht hier der imaginierte, konzipierte Raum, obwohl es scheint, dass Polesien wie jeder Raum zuerst wahrgenommen werden muss, um dann konzipiert zu werden.[9] Denn Polesien war (und ist) für alle, die noch nicht da waren (und das sind viele, unter Anderem auch die allermeisten Wissenschaftler*innen), zunächst eine Erzählung und erst daraufhin eine echte, begangene und begehbare Region. Während vor 100 Jahren der Weg über Karl May der normale „deutsche" „durchs wilde Kurdistan" war, ist heute durch die hohe Bild-Ton-Schlagzahl fast jede Region der Welt gleichzeitig Erfahrung und Imagination. Ja, man kann die Räume der von Monstern und Aliens bevölkerten Filme als zwar schauderhafte, aber beruhigende Imaginationsräume auffassen, weil man ab einem bestimmten Alter in der Regel weiß, dass die nicht unsere begehbaren Flächen bevölkern werden. Selbst „das Land des schadhaften Lächelns"[10] zeugt noch von diesem Drang nach A-Topie. Dabei hätte man gut und gerne auch Polesien nehmen können, denn im Gegensatz zu Moldawien, Bukowina, Podolien, Galizien und Wolhynien war Polesien immer noch ein Quäntchen unbekannter – vor allem aber historisch überhaupt so wenig (als Raum) bevölkert, dass die Phantasie nicht unnötig durch reale Gegebenheiten behindert wurde. Gewiss: je näher jemand geografisch an Polesien dran ist, desto weniger stimmt dies. Aber es ist schon erstaunlich: da konnte ein Atomkraftwerk hochgehen, da kann eine Nobelpreisträgerin die trotzdem in dessen verstrahlter Nähe Lebenden im wahrsten Sinne des Wortes sprechen lassen, und doch blieb Polesien – wie auch in dessen Schatten die ganze Belarus' – ein Niemandsland, obwohl oder gerade weil Polesien durch die belaruthenisch-ukrainische Staatsgrenze zweigeteilt ist – eine Grenze, die auch deshalb so wenig auffällt, weil sie bis 1939 nicht existierte und bis 1991 keine Bedeutung hatte. Nähern wir uns also kolonialistisch von außen, von Deutschland aus.

Im 19. Jahrhundert war die großrussische-imperiale Sicht auf Polesien die herrschende, die polnische die „romantische". Die im Jahr 1815 zementierte, ein Jahrhundert andauernde europäische Macht- und Raumordnung kannte nur in einigen europäischen Regionen wie

9 Ebenda, S. 39.

10 Cilauro, Santo; Gleisner, Tom; Sitch, Rob: Molwanien: Land des schadhaften Lächelns, München 2005.

Belgien, Italien, die Balkanhalbinsel mit Serbien, Bosnien, Rumänien, Bulgarien und Griechenland[11] territoriale Veränderungen. Insbesondere die Grenzen zwischen den großen europäischen Territorialreichen Preußen/Deutschland, dem Habsburgerreich und dem Russischen Reich blieben nahezu unverändert. Daher war also das Russische Reich für Polesien prägend. Daneben interessierte sich auch die polnische Nation, wie man sie auch für die Zeit der Nichtexistenz des polnischen Staates (1795-1918) zu Recht nennen kann und sollte, für Polesien. Im altehrwürdigen *Słownik geograficzny Królestwa Polskiego i innych krajów słowiańskich*[12] wurden dem Lexem *„Polesie"* sieben Seiten gewidmet.

Wie wurde Polesien imaginiert und konzipiert? Zwar schienen sich alle Außenstehenden, jedenfalls aus polnischer und überhaupt mitteleuropäischer Sicht spätestens seit dem Ende des 19. Jahrhunderts einig zu sein, dass Polesien das „Land der Sümpfe"[13] war, doch gab und gibt es Unterschiede: Die einen exotisierten Polesien, machten es zu einer Sehnsuchtslandschaft, sogar zu einem europäischen Atlantis, während andere eine reale Ödlandschaft beschrieben, kombiniert mit Einzelheiten insbesondere über Klein- und Großstädte.[14]

Landschaft ist ja *immer* konstruiert. Deshalb gibt es eigentlich keinen Unterschied zwischen Landschaft und Landschaftsbild. Dennoch will ich von Landschaftsbild reden. Welches Polesienbild seit dem 19. Jahrhundert herrschte, habe ich oben an mehreren Stellen geschrieben. Polesien wurde zunächst nicht als „einzigartige" Landschaft beschrieben, sondern als rückständige, naturbeherrschte. Insofern war es egal, ob der Maler Ivan Šiškin tatsächlich in Polesien war, als er Polesien gemalt hat. Auf das Ausfransen dieser Landschaft insbesondere nach Osten hin, und zwar nicht nur als Naturlandschaft, habe ich schon hingewiesen. Wenn wir die „Realien" der *Menschen* in dieser Landschaft von 1897 betrachten, so unterscheidet sich Polesien gegenüber den westlich, südlich und nördlich davon gelegenen Regionen hingegen dadurch, dass die Bevölkerungsdichte geringer ist, von der östlich davon gelegenen dadurch, dass es dort keine Juden und kaum Katholiken gab. Das, was Polesien *geografisch* ausmachte, waren „natur"-räumliche Gegebenheiten, die in den Kapiteln 2 bis 5 immer wieder explizit und implizit eine Rolle spielten: Eine sehr große Ebene, die Flüsse mäandrieren ließ, die bei schon geringer Erhöhung der Flusspegel (insbesondere nach der Schneeschmelze) von sehr breiten Flüssen und Ad-hoc-Seen durchsetzt ist. Infolgedessen blieb Ackerbau nur eine von vielen Landbautätigkeiten; Weidewirtschaft, Fischfang, Waldtierfang, gesammelte Lebensmittel blieben wichtiger als in anderen Regionen Polens.

Entstehung einer Landschaft durch ästhetische Vermittlung. Belletristik. Es gab in der Belletristik beides: Melež und Maŭr[15] siedelten ihre Prosa ausdrücklich in Polesien an und zementierten mit ihren Konstruktionen „Menschen im Sumpf" und „die polesischen

11 Siebert, Diana: Aller Herren Außenposten. Korfu von 1797 bis 1944, S. 87-88. Das angeblich „lange 19. Jahrhundert" dauerte fast genau 100 Jahre an: von 1815 bis 1914.

12 Słownik geograficzny Królestwa Polskiego i innych krajów słowiańskich, Warszawa 1880-1902, hier Tom VIII, Per-Pozaj, Warszawa 1887, S. 586r-587 = http://dir.icm.edu.pl/pl/Slownik_geograficzny/Tom_VIII/586

13 Čarnjakevič, Iryna, In: Arche. Pačatak 2011,3 (102), S. 7-12, hier S. 8.

14 Siehe oben im Tourismuskapitel.

15 Melež, Ivan: Ljudzi na baloce; Maŭr, Janka: Zbor tvoraŭ u čatyroch tamac, Tom 4: Paleskija rabizony. Apovesc', Minsk 1976.

Robinsons“ das Land- und Leuteschaftsbild. Bei beiden ist Polesien nicht als Ort des Widerstands[16] konnotiert, sondern als einer der Rückständigkeit. Doch vertieft sich Melež nicht ausschließlich in die Gedanken- und Lebenswelt der Fortschrittlichen, von außen Kommenden, sondern der Wert von Teil 1 seiner Romantrilogie beruht gerade darauf, die Dörfler, und zwar nicht nur den Hauptheldеn, selbst sprechen und sinnen zu lassen. Jakub Kolas[17] machte es sich da wesentlich einfacher. Es entstand so Polesien als potenzielle Interventionslandschaft, in der die Sowjetunion denselben Fortschritt nach Polesien bringen könne wie auch sonst überall hin.

Doch gab es auch Autorinnen und Autoren,[18] die *keinen* ausdrücklichen Bezug auf Polesien nahmen, ja, wir wissen nicht einmal, ob die „prosaischen“ Handlungen in Polesien spielen, ob den AutorInnen Polesien als Landschaft Vorbild war. Dies galt für Kosinski und Wasilewska, während der Bezug auf den regionalen Raum in Lenz' Roman „Der Überläufer“[19] nachweisbar ist (insbesondere im Zeitalter des World Wide Webs, von dem Lenz bei Abfassung des Romans nichts wusste)

Fotografie. Wenn auch Fotos nur in Fachkreisen mit künstlerischem Anspruch betrachtet wurden, so ist deren Wirkung doch nicht hoch genug einzuschätzen. Für ein solches Foto galt damals dasselbe wie für Karten: der Eindruck einer Objektivität der Darstellung wird durch größtmögliche Präzision erzeugt, und dies, obwohl ganz offensichtlich drei Dimensionen auf zwei abgebildet werden (ein Text hingegen ist in der Regel linear, eindimensional, insofern ist „Garten als Text“[20] keine vollständig geglückte Ausdrucksweise). Handelt es sich um einen auf Fotos „vollzogenen Akt der Inbesitznahme“[21]? Die deutschen Geographen betrachteten Fotografie als Abbild, oder als politischen, weniger als künstlerischen Akt.[22] Die Fotografie bis 1939 bezog sich in der Regel ausdrücklich auf Polesien, oder wie immer sie das nannten. Aber auch sie produzierten natürlich das polesische Landschaftsbild. Die bei Boyd, Marczak und Ossendowski veröffentlichten Fotos (und Zeichnungen) wurden im Gegensatz zu denen von Obrębski und Chomętowska zu deren Lebzeiten veröffentlicht.

Ossendowski versuchte, eine Stimmung von Wildnis zu erzeugen, und sein Text beschreibt Polesien als eines der Wunder Polens nicht als Belletristik, sondern als, heute würden wir sagen „literarisches Sachbuch“ – auch wenn er Polesien als schöne und triste Landschaft vorstellt. Der deutsche Martin Bürgener hingegen versuchte über seine Fotos, die Region als menschenleer darzustellen, als eine sogar von Flora und Fauna entvölkerte, wüste Natur, die auf Kultivierung wartet.

16 vgl. O'Sullivan, Aidan: Crannógs. Places of Resistance in the Contested Landscapes of Early Modern Ireland, In: Bender, Barbara und Margot Winer (Hg.): Contested landscapes. Movement, exile and place, Oxford 2001, S. 87-101.

17 Kolas: Dryhva.

18 Z.B. Jerzy Kosinski, Wanda Wasilewska.

19 Lenz, Siegfried: Der Überläufer. Roman, Hamburg 2016.

20 Lichačev, D.S.: Poėzija sadov: k semantike sadovo-parkovych stilej. Sad kak tekst, Moskva 1998

21 Jureit 2012, S. 23 in Bezug auf Karten.

22 Brandt, Bernhard: Geographischer Bilderatlas des polnisch-weißrussischen Grenzgebietes. Mit 100 photographischen Aufnahmen und 1 Übersichtskärtchen, Berlin 1918.

Obwohl Chomętowska aus dem Hochadel kommt, fotografiert sie die Poleschuken genau so wie sich selbst: als glückliche Menschen, die in Stadt (Pinsk) und Land gerne leben, weil sie sich in der Natur, der sie was abtrotzen, wohlfühlen.[23]

Die Räumlichkeit der Landschaft. Ob eine geografische Region oder eine Gegend als Landschaft konzipiert war oder nicht, und wenn ja, als was für eine, das hat(te) beträchtliche Auswirkungen auf die Gestaltung „des Raumes" (Lefebvre Nr. 3). Ich habe oben diesen Effekt für die Verwaltungsgliederungen Polesiens dargelegt. Und ob eine sumpfige, aber üppige Natur, die den „wenigen" Menschen, die dort lebten, ausreichend oder gar im Überschuss Nahrung lieferte, dies sollte auch eigentlich am Landschaftsbild[24] Interessierte nicht unberührt lassen. Bis 1941 interessierte jenseits von Białowieża/Belaveža „das Landschaftsbild als Schutzgut"[25] in Polesien nur die Naturschützer, die sich nicht durchsetzen konnten. Allerdings gingen wahrscheinlich landschaftssensible Menschen in den 1930er Jahren wie Boyd und Chomętowska ohnehin nicht davon aus, dass „ihr" Polesien, das sie gesehen, gehört, gerochen, geschmeckt und ertastet haben, wesentlich umgestaltet würde. Was Geographen, Fotografen, Bergsteiger, „Touristen" im russischen Sinne des Wortes, Wanderer und auch klassische Ethnographen interessiert hat, was sie bewunderten, war ja gerade das Ewigkeitsgefühl, daraus resultierend das Gefühl von einer Erhabenheit der Natur (oder, je nach Religiosität, des Schöpfers oder der Schöpfer derselben). Ewig hieß zeitlos, zeitlos hieß geschichtslos, hieß: nur räumlich.

„Arm" ist nicht dasselbe wie „Natur". Imagination als sagenhaftes, wildes und unpassierbares Sumpfgebiet: Lust und Last des aufgebundenen Bären. Und gerade deshalb, weil Polesien hinterwälderisch, daher schwer zugänglich war, konnte man Bären aufbinden: Rawicz, Kapuścinski als Autobiographen, Kosinski als Romanschreiber, der nur brutale Bauernlümmel kennt, und die braven Sowjetmenschen gab es ja sowieso überall, also auch in Polesien. Das waren sicherlich nicht die Einzigen, die versucht waren, den Glanz, Zauber, Zunder und Ekel, der in Polesien und seinen Geschichten steckte, bearbeitet weiter zu geben: Polesien als Idylle, als Märchenland, als sagenhaftes Sumpfgebiet.[26] Und so kannte es auch der deutschländische Soldat.

Louise Boyd beschrieb Polesien ebenfalls als eine Landschaft voller Wasser, Erde, Luft, Pflanzen, Tiere und auch ein paar Menschen.[27] Sie bewunderte die vielfältigen Fähigkeiten der Poleschuken wie ihr Zeitgenosse Ossendowski.[28]

Intervention in die Urheimat? Bürgener führte Polesien in Deutschland als „Pripet-Polessie" ein, eben als das Gebiet der Prypjat-Sümpfe.[29] Beschreiben Boyd und Bürgener dasselbe, mit dem einzigen Unterschied, dass Boyd Polesien bunt und positiv, Bürgener trist und negativ konnotiert? Egal, die „konzeptualistische", ja „kolonialistische" Frage muss beantwortet werden, ob es eine Landschaftsintervention in die eigene Urheimat denn

23 Puchała-Roje, Karolina: Poleskie pudełka. Wstęp, In: Dieselbe: Chomętowska 2011.
24 https://de.wikipedia.org/wiki/Landschaftsbild. (12.03.2019)
25 https://de.wikipedia.org/wiki/Landschaftsbild#Das_Landschaftsbild_als_Schutzgut. (12.03.2019)
26 Popowski, Josef: Entsumpfungs-Arbeiten in dem Polesie. Vortrag vom Ober-Lieutenant Josef Popowski, Wien 1884.
27 Boyd 1936.
28 Blackbourn 2008, S. 308.
29 Bürgener 1939, und nach ihm dann Blackbourn 2008, S. 308, der deutsch, aber keine ostslawischen Sprachen liest.

überhaupt geben kann. Denn neben denen, die wie Boyd und Bürgener von außen betrachteten, gab es auch die Herrschaften, die sowieso schon da waren, dort eben herrschten. Selbst die These von Max Vasmer in dem unvermeidlichen Band „Der ostdeutsche Volksboden" (1926),[30] Polesien sei die „Urheimat der Slaven" gewesen, konnte so auf den antislawischen Diskurs in Deutschland eher als eine Art Beweis treten, denn als etwas, was aufhorchen ließ.

Ich nehme nicht an, dass die Eisenbahnbauer und Żyliński/Žylinskij bei ihren Landschaftsinterventionen interessierte, ob Polesien die „Urheimat der Slawen" war oder nicht. Wahrscheinlich gingen sie nicht einmal davon aus, dass dort überhaupt die Urheimat der Slawen war, jedenfalls betrachteten sie es nicht bewusst als Interention in die Urheimat.

Zwei unterschiedliche Arten von Exotisierung. Dementsprechend wurde die Landschaft von den einen als Wildnis, ein Ort voller Fülle, wo Wild wohnt *(wild LIFE)*, als ein sakraler Ort, besser, als sakrale Orte wahrgenommen, während andere nur das Ödland oder sogar die Leere wahrnahmen. Es lässt sich dies auch an der Fotoauswahl Bürgeners mit seinen Fotos von menschen-, tier- und fast sogar pflanzenleerer Landschaften, bloßer Sanddünen, festmachen. Insbesondere in den ersten Bildern versuchte er, alles als langweilig, als für den (deutschen) Schaffensdrang wie geschaffen darzustellen – wahrscheinlich bewusst, vielleicht unbewusst. Boyd und Chomętowska hingegen zeigten fast immer Menschen oder wenigstens Tiere. Auch das 41. Reserve-Korps veröffentlichte 1918 in der Regel keine Fotos der *unberührten* Natur. Vielmehr bekommt man in diesem Bildband einen Eindruck von der Landschaft nebenbei, wenn Gefechtsstände, Ad-hoc-Brücken, jüdische Zwangsarbeiterinnen im Wald, ausgebrannte Mühlen, „für Kraftwagen unpassierbare" Sandwege, Kriegsgefangene, der Oginski-Kanal, „Granateinschläger", „Fliegerabwehrgeschütze" und dergleichen abgebildet wurden.[31]

Die Aneignung des Raums als Wille und Vorstellung. Die Aneignung des Raumes war ein wirklicher Vorgang des 20. Jahrhunderts, ist in unserem Zusammenhang aber zunächst als Losung, der „Raum" als konzipierter Raum interessant.

Weil ja *osvoenie prostranstva* („Aneignung des Raums") „für das grenzen- und skrupellose Zutrauen in die Gestaltbarkeit der menschlichen Umwelt" stand,[32] konnte die Urbarmachung eines Sumpfgebietes gar nicht irgend ein beliebiges Beispiel für *osvoenie prostranstva* sein, sondern war Raumaneignung *par excellence*.

Die beiden Aktivitäten in den 1870er und 1880er Jahren, die Sumpfentwässerung und der Eisenbahnbau passten geradezu idealtypisch zu einer Aneignung des Raumes. Sowohl für das Russische Reich, als auch für die Republik Polen war die Melioration ein gewaltiges Projekt. Dennoch fällt auf, wie wenig spektakulär und ohne großes Getöse die Projekte zur Aneignung des Raumes auch später noch in der Republik Polen betrieben wurden. Es handelte sich vielleicht um ein gesamtstaatliches, nicht aber „nationales" Projekt. Seit den 1960er Jahren machte die UdSSR die Melioration Polesiens hingegen zu einem Allunionsprojekt.

30 Vasmer, Max: Die Urheimat der Slawen. In: Volz, Wilhelm (Hrsg.): Der ostdeutsche Volksboden. Aufsätze zu den Fragen des Ostens. Breslau 1926, S. 118-143, hier S. 140.

31 Das 41. Reserve-Korps, München 1918.

32 Gestwa, Klaus: Social und Soul Engineering unter Stalin und Chrustschow, 1928-1964,. In: Etzemüller, Thomas (Hg.): Die Ordnung der Moderne. Social Engineering im 20. Jahrhundert, Bielefeld 2009, S. 241-278, hier S. 244.

8.2 Polesien als erfahrener, erlebter Raum (Nr. 2)

In unserer historischen Perspektive kommen wir an die „erfahrenen, erlebten“ Räume nur über die konzipierten, imaginisierten heran – ganz im Gegensatz zu den Soldaten der Mittelmächte im Ersten Weltkrieg, die Polesien besetzten, ohne sich diese Gegend vorher irgendwie vorgestellt zu haben: denn in dem Moment, wo wir einen historischen Text oder ein historisches Bild (oder eine Karte) ansehen, wird nicht nur der Raum zur Fläche (Bild) oder Linie (Text), sondern vor allem kann man sich ja einer Imagination nicht enthalten. Allenfalls kann sich diese Imagination nicht zu einer Konstruktion oder Konzeption verdichten.

Als erfahrener Raum ist Polesien zuvörderst ein Sumpfland. Das „normale“ Polesien (im Gegensatz zum Kaluga-Orël-Polesien) wurde im Lexikon von Brokgaus-Efron mit dem Pripet-Einzugsgebiet[33] identifiziert, weshalb man die Polesien-Erfahrungen als Sumpferfahrungen beschrieb. In diesem Lexikoneintrag wurde auf das Wissen Wert gelegt, dass Polesien sehr sumpfig und daher sehr dünn besiedelt war, dass es sogar Siedlungen gab, die der Außenwelt noch unlängst gar nicht bekannt gewesen waren. Einen erfahrenen und erlebten Raum hatten die örtlichen/regionalen Bewohner den forschenden, verwaltenden und intervenierenden Menschen von Außen voraus. Wer dies beneidet, kann sich mit Lebensweltkonstruktionen trösten: „Der Begriff der Lebenswelt bezeichnet die menschliche Welt in ihrer vorwissenschaftlichen Selbstverständlichkeit und Erfahrbarkeit in Abgrenzung zur theoretisch bestimmten wissenschaftlichen Weltsicht.“[34]

Allerdings hat, wie gezeigt, die „Innensicht“ des überwiegenden Teils der Bevölkerung Polesiens, nämlich der Land- und Sumpfbevölkerung, Polesien als Fläche/Raum nicht erfahren, geschweige denn als (egal ob dreieckigen, rechteckigen oder elliptischen) Großraum von einer Größe wie der der Niederlande. Die Frauen kannten in Friedenszeiten nichts anderes als ihren näheren Raum von etwa 50 km Umkreis (oder weniger). Dieser „eigene Raum“ wurde neu erfahren, als die Männer in der Armeezeit und beide Geschlechter in der auswärtigen Arbeit (z.B. als Dienstmädchen) von außen auf ihr Heimatdorf blickten. Der geografische Raum ihrer Erfahrung ging bis zum Jahr 1914/1915 ansonsten nur bis zu den naheliegenden Gebieten, einige Schtetler und seit den 1880er Jahren eine Eisenbahnstation eingeschlossen.

Doch auch bei den Interventen konnte die Erfahrung „Polesien“ der Imagination „Polesien“ vorangehen. In der berühmten „Kriegszieldiskussion“[35] des Ersten Weltkriegs kam Polesien nicht vor, wurde also nicht imaginiert. Überhaupt war ja im Ersten Weltkrieg das Ziel der Militärs des Deutschen Reichs im Osten viel bescheidener als im Zweiten, aber unklar. Sowohl in Ober Ost, als auch in Westpolesien war der Raum, der „unendlich weite“ Raum, für viele Soldaten zuerst ein erfahrener, und erst dann ein imaginierter. Das galt auch für die meisten Westjuden in den Reihen des Heeres des Deutschen und Habsburger-Reichs.

33 Ėnciklopedičeskij slovar' Brokgauza i Efrona, tom XXIV (1898).
34 https://de.wikipedia.org/wiki/Lebenswelt (27.12.2018).
35 https://de.wikipedia.org/wiki/Kriegsziele_im_Ersten_Weltkrieg#Deutsches_Reich (12.03.2019).

8.3 Polesien als gestalteter Raum und als Interventionsraum (Nr. 3)

Polesien als gestalteter Raum umfasst sowohl die normale Gestaltung sowie die Umgestaltung(en), die ich anhand der nichtmilitärischen und militärischen Interventionen beschrieben habe. Eine Grenze zwischen Gestaltung und Intervention ist nicht leicht zu ziehen. Welche dieser Vorhaben wurden umgesetzt, und funktionierten diese als Interventionen? Hatte also Polesien die Funktion eines Real-Atlantis, also einer Fläche nicht nur für Projektion und Umgestaltungsphantasien, sondern darüber hinaus sogar für eine wirkliche (Um-)Gestaltung? Zog Polesien als Landschaft Interventionen geradezu an?

Die traditionelle gesellschaftliche Gestaltung Polesiens, sowohl der wirtschaftliche und soziale Aufbau, wie auch die traditionelle Landökologie sind oben ausgeführt. Die beiden wichtigsten nicht nur Interventionsvorhaben, sondern auch Interventionen vor dem Ersten Weltkrieg waren die Errichtung eines Kanalnetzes und der Eisenbahnbau.

Polesien in Polen 1921 bis 1939. Die Städte Brest und Pinsk wuchsen nach dem Ersten Weltkrieg und den nachfolgenden Pogromen und militanten Auseinandersetzungen von einem niedrigen Niveaus aus. Ich hatte das Material im Haupttcil dieses Textes schon nach Landschaftsinterventionen und *social engineering* sortiert. Aber selbst die Flächeninterventionen der Polnischen Republik hatten immer auch einen starken, wenn nicht überwiegenden „menschlichen" Aspekt: Es ging um Polentum, soziale Gerechtigkeit, Aufstandsbekämpfung, ethnische Segregation, wirtschaftliches Vorankommen und Verteidigungsfähigkeit. Polesien wurde durch Holzabbau und Flurbereinigung umgestaltet, aber es existierte, von der Sicherung im grenznahen Bezirk abgesehen, in der Regel kein „spatiales" Denken *an sich* dahinter; letzteres fand sich am ehesten in der im Meliorationskapitel betrachteten polnischen Landgewinnungs-Broschüre aus dem Posener Gebiet.[36]

1939–1941. Dass die Besetzung Westpolesiens 1939 durch die Sowjetarmee sehr vorsichtig und umsichtig erfolgte, aber vergleichsweise wie ein Spaziergang wirkte – lag dies daran, dass Polesien die *Landschaft* Polesien war? Sie war zwar dünnbesiedelt, aber den Hauptfaktor bildete, siehe oben, dass es keine große Verteidigungsbereitschaft gab, weder bei den Generälen Polens (hatten Befehl, nach Rumänien oder Lettland zu gehen und keine Kapitulation zu unterschreiben), noch bei den Bauern (fühlten sich im polnischen Staat immer noch fremd), noch bei den Juden (hatten keine Waffen).

Nach 1944. Wichtiger blieb die Konzeption der drei Brudervölker mit je einem UNO-Sitz, über die sich auch nationalbewusste Ukrainer und Belaruthenen zunächst schlechterdings nicht beschweren wollten, waren doch in der Ukrainischen SSR und der Belaruthenischen SSR nicht nur die Konstruktionen dieser Völker verewigt, sondern es lebten nun nach 1944 diese Völker auch in Territorien, die nahezu alle Ukrainer und alle Belaruthenen umfassten. Mehr Befriedigung des ukrainischen und belaruthenischen Territorial-Irredentismus konnte nicht sein.

Innere und äußere Grenzen als gestalteter Raum. Ein besonderer Aspekt der Gestaltung der Flächen waren die Grenzziehungen. Immer, wenn zwei Wojewodschaften, Sowjetrepubliken, oder vor allem, als augenfälligstes Beispiel, Staaten an der Materialisierung von

36 Połowicz 1931.

Konzepten beteiligt waren, war die Planung und vor allem Durchführung von Maßnahmen zusätzlich verkompliziert. Als Beispiele führe ich die Prypjat'-Schifffahrt (siehe oben) auf: Wenn 1939/1940 sich eine hohe (vielleicht die höchste) belaruthenische Behörde[37] konkrete Vorstellungen über den Ausbau der Schifffahrt auf der Prypjac' machte, dann wussten sie schon, wie schwierig das sein wird. In Pinsk, der Frontstadt im Ersten Weltkrieg, begründeten die Besatzer die Vertreibungen der orthodoxen Bevölkerung ebenfalls mit der geografischen Lage.

Die Verwaltungsgrenzen von den Regierungsbezirken, Bezirken oder Kreisen mit dem Namen Polesien haben in der Sowjetunion hingegen kaum eine Rolle gespielt. Es gibt auch keinen Nachweis, dass hier etwas, was Polesien genannt wurde, anders behandelt wurde (und wird), als etwas, das nicht so genannt wurde und wird.

Eine raumproduktionelles Konzept, das explizit auf die Situation nach offiziell weggefallenen Grenzen in Osteuropa, Südosteuropa und Mitteleuropa Bezug nahm, ist das der Phantomgrenzen. Vorzüge des Phantomgrenzenprojekts sind, dass langanhaltende Grenz- und damit Raumkonstruktionen als solche aufgespürt und genannt, aber nicht essenzialisiert, sondern historisiert werden. Als Beispiele haben die Autorinnen und Autoren die alten deutschländischen Ostgebiete (Schlesien, Pommern, Ostpreußen) in Polen, Stryj und eine „Wasserhahn"-Grenze in Rumänien (Gebiete mit und ohne Wasserleitungen in Dörfern) herausgestellt. Weil auch Phantomgrenzen Flächen definieren, stellen wir uns die Frage, welche Grenzen und Phantomgrenzen es in und um Polesien gab. Zunächst gab es allein schon deshalb nicht viele Phantomgrenzen in Polesien, weil Polesien selbst als räumliche Kategorie wenig wahrgenommen wurde und wird. Aber es gab sie auch in Polesien. Zwei geografische Arten von Grenzen zogen im 20. Jahrhundert durch Polesien:

A) Eine West-Ost-Teilung ging de facto von 1915 bis 1917 und dann von 1920 bis 1939 (sowie de jure von 1921 bis 1945) von Nord nach Süd und teilte Polesien in einen westlichen und einen östlichen Teil. Diese Grenzen waren naturräumlich nicht begründbar. In dieser Arbeit zeigte ich, dass diese sich militärisch ergeben habenden bzw. am Reißbrett in Riga 1920/1921 festgelegten nicht zufällig entstanden waren, aber auch nicht ohne größere Anstrengungen plausibilisiert werden können. Eine solche Analyse muss zukünftigen Arbeiten vorbehalten bleiben. Zu fragen sein wird dabei auch, ob diese Grenze (es gab im 20. Jahrhundert kürzer und länger „Gültigkeit" besitzende) heute noch in Polesien (oder überhaupt in der Belarus' und im ukrainischen Polesien und Wolhynien) als Phantomgrenze wahrgenommen wird, oder ob es keine Spuren mehr in der Landschaft und im Bewusstsein der Belaruthen*innen und Ukrainer*innen mehr gibt.

B) Die Nord-Süd-Teilung Polesiens war 1918 konzipiert worden, als in den Verträgen von Brest-Litovsk das Gebiet der UNR von dem „Russlands" abzutrennen gewesen war. Doch selbst nach 1991 war die ukrainisch-belaruthenische Grenze zunächst nicht so bedeutend, wie es die Landkarten suggerieren. Seit 2014 trennt sie den nun deutlich unterschiedlichen nördlichen, der Belarus' zugehörigen Teil Polesiens von dem südlichen ukrainischen.

37 NARB Bestand 4p-1, Sign. 14663, Blatt 186-188.

8.4 Lefebvre-Raum Nr. 4: Polesien als materiell erlebter (erlittener) Raum

Warum ich die drei Lefebvreschen Räume um einen vierten, besser um eine vierte Art Fläche erweitert habe, habe ich in der Einleitung begründet. Diese vierten Räume wurden recht eigentlich von Timothy Snyder in seinem *Bloodlands* beschrieben.

Begriffliche Interventionen von Timothy Snyder in „*Bloodlands*". Snyders Buch ist hinsichtlich der Raumproduktion weniger deshalb interessant, weil er den Raum, die Räume, die Flächen, die Orte als Blutländer imaginiert hat (ja, das hat er), sondern, weil er einen Beitrag zu einer erweiterten, nämlich vierten Art von Räumen des Räumerasters von Henri Lefebvre geleistet hat, ohne selbst dieses Schema vor Augen zu haben. Denn der „wahrgenommene Raum" (siehe oben) Lefebvres war „blutleer", ein gedanklich, vielleicht auch sinnlich, aber eben wahrgenommener Raum. Neben der Wahrnehmung gibt es aber recht materiell, körperlich, leiblich erlittene Räume (nicht nur materiell *gestaltete)*. Bei dieser vierten Kategorie handelt es sich also um das Passiv, das passive Pendant des gestalteten Raumes, so wie der wahrgenommene (1. Kategorie) das Passiv des konzipierten (2. Kategorie) auf der gedanklichen Ebene ist.

Und was ist denn materiell (biologisch) erlittener als das geflossene Blut? Die Silbe „–länder" in Blutländer *(Bloodlands)* in Timothy Snyders gleichnamigem Werk verweist auf eine räumliche Konzeption (und „Blut" auf eine biologische, was intellektuell natürlich unangenehm ist, aber ich will das mal ausgesprochen haben: Das Blut konnte sich im Boden materialisieren).

Tatsächlich schreibt Snyder, wenn auch im Nachhinein,[38] er habe den „Raum als methodisches Prinzip" bei der Blutländer-Konzeption verwandt. Hierbei gilt festzuhalten: Snyder behauptet (natürlich) nicht, dass der Raum zwischen bestimmten Breitengraden oder mit einer bestimmten „natur"-räumlichen, geologischen, vegetations- oder geografischen Ausrichtung *an sich* (geschweige denn *für sich)* die Bloodlands bewirke. Er grenzt sich (natürlich) somit vom Geografismus ab. Snyder spricht vielmehr „nur" von einem „methodischen Prinzip". Ich erkenne dann allerdings zwar ein Raumprinzip, aber keine „Methode". Wenn mit Methode allein die Tatsache gemeint ist, dass man sich Pläne für einen bestimmten Raum vornimmt, dann o.k., dann nennen wir es eben Methode. Allerdings wäre es besser, wenn mit „Methode" eine zwar nicht essenzialistische oder gar deterministische Verabsolutierung des Raums und dessen Auf-den-Begriff-Bringen („Bloodlands", „Belarus", „Polesien"), aber doch eine bestimmte Herangehensweise, und zwar eine einen Zusammenhang zwischen Raum und historischem Ereignis nicht leugnende – eben Methode – verbunden wäre. Hat der *spatial turn* hier genug bereit gestellt?

Es sollte von niemandem verneint werden, dass ein Sumpfgebiet wie Polesien zu bestimmten Handlungen und Nichthandlungen, mit bestimmten historischen Grundphänomenen, Ereignissen usw. in bedeutendem Zusammenhang steht, mindestens so sehr, wie das „Braudelsche" Mittelmeer solch eine Fläche ist.

Aber gilt dies auch für die Blutländer? Bei meinen rheinländischen Gesprächspartnerinnen aus der Ukraine gab es zwei Meinungen zu *Bloodlands*: die einen sahen *Bloodlands* po-

38 Snyder, T.: Das Bild ist größer, als man denkt. Eine Antwort auf manche Kritiken an *Bloodlands*, In: Journal of Modern European History 2013, S. 6-8.

sitiv, weil endlich diese Region, in der die meisten Kriegs- und Staatsgewalts-Opfer Europas von 1930 bis 1950 zu beklagen waren (14 von 21 Millionen), in das Bewusstsein breiterer Kreise gelangte; die anderen, u.a. ich, warnten davor, dass die Blutländer nun zwar zu einer Großregion geworden seien, aber zu einer, in die keiner von außerhalb hin will und hinfahren wird, weil dort so viel Blut fließen würde; dies werde im deutschsprachigen Raum besonders dann deutlich, wenn man nicht nur den Text, sondern auch den zentralen Begriff Bloodlands ins Deutsche übersetzt hätte: „Blutländer". (Die Nichtübersetzung des Begriffes alleine macht die Region zu jenem exotischen Atlantis, als das es Snyder eigentlich ja eben *nicht* nahebringen will.) Übrigens zogen die sich in Polesien überschneidenden drei Blutlands-Kernländer Belarus, Ukraine und Polen aus der „Tatsache Blutländer" ganz unterschiedliche Konsequenzen, obwohl die Blutländer ein einziger Raum gewesen sind.

Der Vorwurf an Snyder, zum Beispiel von Manfred Hildermeier, besagt, dass er einfach Dinge zusammenstellt, – zusammenschraubt –, die zwar in der gleichen Region, eben den Blutgebieten, stattgefunden haben, aber keinen inneren, ursächlichen, kohärenten Zusammenhang hätten und daher wenig erklären könnten.[39] Snyder verteidigt sich damit, dass er den Raum als methodisches Prinzip verwandt habe. Das ist schön und gut, aber wie Snyder selbst sagt, hat er dieses Prinzip in dem Buch selbst noch nicht herausgestellt. Der Verdienst Snyders ist, dass er Länder wie Estland, Lettland, Litauen, die Belarus' und die Ukraine und selbst Polen der Weltgemeinschaft in Erinnerung gerufen hat – wenn auch auf eine schaudernde Weise, die alleine schon durch den Begriff Bloodlands erzeugt wird. Was Snyder aber eben viel zu wenig herausgearbeitet hat, jedenfalls bis zur dritten deutschen Auflage, ist, welcher innere Zusammenhang denn nun besteht. Er macht es seinen Kritikern damit einfach. Diesen inneren Zusammenhang herzustellen, wenigstens für Polesien, ist Aufgabe vorliegenden Textes.

Die ersten Thesen dazu, was der Ort und die Fläche bei den Blut*ländern* bedeutet, sind schnell erzählt:

a) Ganz offenkundig war es der Erste Weltkrieg, der die alte Ordnung in Polesien aufgewühlt und durcheinander gebracht hat. Da es sich um ein multikulturelles Gebiet handelte, ist es gerade hier zu blutigen Kämpfen zwischen den immer mehr (selbst-)ethnisierten und (selbst-)territorialisierten Nationen, Ethnien, Völkern, Volksgruppen, Kulturen, völkisch aufgeladenen Klassen gekommen – was auch für die altehrwürdige polnische Nation galt, die, auf Landkarten zunächst unsichtbar wie die anderen, sich weiterhin als mehr als nur ein Ethnos verstand; dieses Gebiet wurde von den drei Teilungsmächten Polen-Litauens beansprucht und war nach einer langen Periode des Friedhofs-Friedens noch im 19. Jahrhundert nun seit 1914 heftigen militärischen Kämpfen ausgesetzt; die großen Mächte nutzten, mal erfolgreich, mal erfolglos, hierzu Vertreter besagter Nationen und Ethnien, um ihre Ziele durchzusetzen; daher gab es sowohl im ersten, als auch im Zweiten Weltkrieg oft noch Kriege im Krieg, Kleinkriege; und da diese Blutländer nun heftige, fast durchgängige große und kleine Kriege kannten, so gab es gerade hier

b) eine fast durchgängige Kriegsökonomie schon vor dem Geschichtszeitraum, in welchem Snyder einsetzt, und militarisierte Staaten und Gesellschaften, u.a. im Krieg um das Getreide; diese Gesellschaften dachten und handelten trotz ihrer Sehnsucht nach Frieden,

39 Hildermeier, Manfred: Montagen statt Mehrwert, In: Journal of Modern European History 2012, S. 290-298.

Ruhe und privatem Leben (welches in der Sowjetunion erst in der *chruščeba* verwirklicht werden konnte) kriegsökonomisch, zumindest misstrauisch. Man war in den Blutgebieten im öffentlichen und selbst privaten Raum ständig auf der Hut, hielt sich Waffen; dies förderte Phänomene wie die *atamanščina*; hatten die Menschen in diesem Raum erst einmal Tote, Schwerverwundete, Verbannte, Eingebuchtete zu beklagen, dann war der Wille zum Schutz vor „noch mal so etwas", aber auch zur Rache hervorgerufen. Diese allgemeine Verrohung konnten die beiden großen Mächte Deutsches Reich und UdSSR ausnutzen; sie konnten nicht nur 1939 Polen (und Litauen) teilen, sondern es konnte auch höchstens einer von beiden siegen, und das konnte allein schon wegen der geografischen Maßlosigkeit der Nazis („und morgen die ganze Welt") nur die UdSSR sein: „man konnte so tun, als sühnte man Verbrechen, obwohl man selbst Verbrechen beging".[40]

c) Die Juden hatten, wenn überhaupt, keine einheitlichen territorialisierten Vorstellungen für ihr Ethnos, für ihre Nation, was sowohl durch die traditionelle Territorialidee in „Palästina" als auch durch eine Art Aushilfsterritorialisierung in „Birobidžan" nur noch unterstrichen wurde, weil sie bis 1948 keine alle überzeugenden Lösungen darstellten; sie hatten nicht nur kein ruhiges Hinterland, (im Gegenteil, der zarische Ansielungsrayon wurde durch die Sowjetmacht aufgehoben), sondern waren auch von allen Völkern in den Blutländern am schlechtesten bewaffnet; wenn es auch vielleicht keine nachweisbaren Pläne für die physische Vernichtung aller Juden bis Sommer 1941 gab, so hat doch gerade die Logik der Blutländer dazu geführt, dass die Deutschen (SS, Wehrmacht und ihre Kollaborateure) ihr Todeswerk hier verrichteten – in der Heimat der (Ost-)Juden, hier, wo die diversen „Jerusalems des Nordens", Wilna, die belaruthenisch-polesisch-wolhynisch-galizisch-podolischen Schtetl, Lemberg, Czernowitz,[41] lagen und zu den Hauptstädten der Blutländer wurden; die Blutländer sind somit die – nicht Topographie, sondern – Geographie des antisemitischen Terrors.

d) Die Blutländer waren das Territorium des Ersten Weltkriegs, insbesondere 1914 bis 1915 und während des Sowjetisch-Polnischen Kriegs 1919 bis 1920, während der Bürgerkrieg auch woanders tobte. Eine Europakarte würde schnell verdeutlichen, dass im Ersten Weltkrieg nicht London, Berlin, Paris, Wien, Madrid, Lissabon, Rom, Moskau oder St. Petersburg von den Kriegshandlungen betroffen waren, sondern sich die am allermeisten betroffenen Territorien eben stark mit Snyders Blutländern deckten.

Schließlich endete 1953[42] auch in Polesien für Jahrzehnte die Blutgebietsperiode, und wir wünschen uns, dass Blutländer nun wenigstens zu einem nur historisch anzuwendenden Begriff werden können. Lasst uns also die Blutländer entgeografisieren und historisieren.

All die mühsam und brillant von Snyder zusammengestellten Röhm- und Kirow-Affären, der Antisemitismus nicht nur der deutschländischen, sondern auch der russischen und polnischen Gesellschaft, die Semantisierung von Rasse und Klasse in der gleichen Struktur, nämlich der des Klassenterrors und Rassenterrors, all das hat Snyder, so scheint mir, eigentlich nicht deshalb analysiert, weil er den *Ort*, die *Fläche*, den *Raum* als in der Geschichte wirksamen Faktor herausarbeiten wollte, sondern, weil er sowohl denjenigen etwas entge-

40 Snyder, Timothy: Bloodlands, München 2011, 4. durchges. Auflage 2012, S. 208.

41 Saloniki in Griechenland, ebenfalls ein solches Jerusalem, wird als den Blutländern nicht zugehörig betrachtet.

42 Vgl. OUN-UPA v Belarusi 1939-1953 gg., Minsk 2012.

genstellen wollte, die allzu primitive („System"-)Vergleiche anstellten, als auch (vielleicht noch mehr) denjenigen, die solche Vergleiche scheuen und ihre Ablehnung mit allerlei Dingen rechtfertigen; dies hat Snyder auch geschrieben.[43] Vor allem aber wollte Snyder die Blutgebiete ins öffentliche Bewusstsein heben, und das hat er geschafft – eben um den Preis, dass man nun „Blutgebiete" denkt, nicht nur bei „Donezk", sondern auch bei „Minsk", wenn man dort sonst nichts kennt. Das mit solch einer Charakterisierung einhergehende Unbehagen ist auch ein Ausgangspunkt des Forschungsprojekts „Polesien als Interventionslandschaft" gewesen.

Auch wenn ich gelten lasse, dass Snyder den „Raum als methodisches Prinzip" gewählt hat: was er aber nicht tat, ist, den „Raum als heuristische Methode" zu wählen. Das bliebe bezüglich der Blutländer noch zu tun.

Denn Snyder hat laut seinem Rezensenten Stola einen *spatial turn* des Terrors bewirkt.[44] Doch ist erkennbar, dass Snyder selbst sich dessen nicht bewusst, zumindest dies nicht seine Absicht war. Am Auffälligsten ist in dieser Hinsicht zunächst, dass er in einem Buch über die europäischen Bloodlands immer wieder auf den asiatischen Kriegsschauplatz zurückkommt: Korea, China, Japan (dabei dann allerdings in einem Buch namens Bloodlands kein einziges Mal Hiroshima erwähnt), ganz so, als wolle er selbst der Erste sein, der seine eigene bloodlandzentrierte Sicht kritisiert. Doch noch viel absurder, wenn auch nicht so offensichtlich ist, dass Snyder ständig text- und kartengestützt von einem Territorium, eben den Blutländern, spricht, ohne sich den Vorbedingungen und den inneren Zusammenhängen dieser Region zu widmen. Selbst wenn er, was er ebenfalls nicht explizit tut, richtigerweise Geografismus und Biologismus ablehnt und damit gleich das Instrumentarium der doppelten Teilwissenschaft „historische Geographie", so hätte er sich wenigstens in der Einleitung (die er konsequenterweise „Hitler und Stalin" betitelt) schon auf die *Geschichte* der Bloodlands beziehen können. Und dies war, wie gesagt, relativ einfach, fast tautologisch: die Blutländer waren Gebiete, in denen viele Juden siedelten und zweitens die Hauptkampfgebiete des Ersten Weltkriegs.

Interessant ist übrigens, dass Snyder in vielen Karten, die er in (zumindest der deutschen Ausgabe der) *„Bloodlands"* bringt, als geografische Grundangaben nur Städte und Flüsse kennt, nicht aber Regionen – mit einer Ausnahme: die „Polesischen (Prypjat'-)Sümpfe". Dies ist wahrscheinlich kein bewusster Akt, denn nur an wenigen Text(!)-Stellen im Buch nimmt er auf die Prypjat'sümpfe Bezug. Vielmehr dürfte er das halbbewusst gemacht haben, weil es erstens so wenige nationalistisch belastete (scheinbare) Naturregionen wie die Pryp'jat'sümpfe selbst in Ostmitteleuropa gibt und zweitens Polesien im geografischen Zentrum der Blutländer liegt: Die Blutländer liegen im Schatten Polesiens.

Fazit: Es gibt wohl wenige Regionen auf der Welt, zumindest in Europa, in der das Sinnvolle meiner Erweiterung des Schemas von Henri Lefebvre so plausibel ist, wie die Blutländer und speziell Polesien: ein kosinskischer „Raum" musste hier ganz materiell, ganz körperlich, ganz leiblich „erlebt" werden.

43 Snyder 2013, S. 6-18.

44 Stola, Dariusz: A Spatial Turn in Explaining Mass Murder, in: Journal of Modern European History 2012, S. 299–305.

9. Interventionen und Leute

9.1 Leute: „Die Poleschuken“ zwischen Verseinungs- und Veranderungsversuchen

Eine Entschuldigung vorab. Das Lefebvre-Raster, auch das erweiterte, ist eines, das den „Raum“ in drei, jetzt vier Kategorien zerlegt. Es hat den Vorteil, dass es Raum/Räume (oder: Flächen, Plätze, Orte) in die Gesellschaft bringt (oder: zurück bringt). Es handelt sich bei Lefebvre nie um einen „reinen“, containerartigen, euklidischen Raum, sondern um einen gesellschaftlichen. Dieses „Menschliche“ wird schon an Begriffen wie „erlebt“, „konzipiert“ und „gestaltet“ deutlich. Doch verschwinden die Menschen bei ihm auf eigenartige Weise! Dies könnte daran liegen, dass die 1968ff.-Theoretiker im Wesentlichen zwei Arten von Menschen kannten: revolutionäre Subjekte einerseits und durch die Gesellschaft des Spektakels verdummte und manipulierte Massen andererseits (Lefebvre legte dar, dass er enge Verbindungen zur Situationistischen Internationale hatte.[1]). Ich will es bei dieser Kurzspekulation bewenden lassen. Denn mein eigentliches Anliegen ist es zu entschuldigen (zu begründen), warum ich ein von den bisherigen „Intervention und Land“ komplett getrenntes Unterkapitel „Interventionen und Leute“ bringe. In diesem Buch werde ich also leider nicht die wirkungsmächtige Trennung von Land und Leuten, von Geo und Bio, von Natur und Kultur, von Boden und Blut, von Landschaft und Intervention in sie[2] überwinden; daher trenne ich auch hier zwischen Landschaftsintervention und *social engineering* (Bevölkerungsintervention).

Social Engineering... Karl Popper hat, kaum dass er den Begriff de*s social engineering* verbreitet hat, in seinem „Elend des Historismus“ sehr künstlich zwischen *piecemeal social engineering* und *utopian social engineering* unterschieden. Dass letzterer Begriff auf die UdSSR mit ihrem Versuch einen „Neuen Menschen“ herzustellen zutraf, ist ja klar. Wie aber wären die oben skizzierten polnischen (halb-)staatlichen Aktivitäten zu bewerten?

Der Zarismus hatte kein modernes *social engineering* gekannt. Die Aktivitäten der Militärs des Deutschen Reiches, insbesondere im „Kulturprogramm“, kann man aber als solches bezeichnen. Doch galt dies nicht für Polesien, da die deutschen Entscheider bis 1918 dieses Gebiet nicht territorialisierten, sondern als Verhandlungsmasse für Gebietstausch ansahen.

... und die nationalen Fragen. Die belaruthenische, die ukrainische Sprache und die Volkszählung von 1897. Um die ukrainische und die belaruthenische Sprache zu erheben, aber gleichzeitig zu verhindern, dass diese in den Rang von offiziellen (auch Unterrichts-) Sprachen erhoben wurden, haben die Gestalter der Spracherhebung in der Volkszählung von 1897 den Oberbegriff „Russkij“ für die drei ostslawischen Sprachen benutzt, und als Untergliederung (ohne zu sagen, ob damit jeweils ein Dialekt oder eine Sprache gemeint

1 Interview 1979: http://www.notbored.org/lefebvre-interview.html. (12.03.2019)
2 Man kann ergänzen: von *pomest'e* und *polud'e*, von russländisch und russisch.

ist) die drei Russkij-Sprach-Unter-Spalten *Veliko-, Malo-*, und *Belo-Russkij* eingefügt, deren unbestreitbare linguistische (ostslawische) Verwandschaft durch die drei *„Russkie"* betont wurde. Die tatsächlich im ländlichen Polesien gesprochene(n) Sprache(n) war(en) nicht einheitlich, und sie stellten einen fließenden Übergang zwischen belaruthenischer, ukrainischer, polnischer und russischer Lexik und Syntax dar, die weder durch historische, noch Gouvernements-, noch Flussgrenzen näher bestimmt werden konnten. Das Belaruthenische hatte ohnehin erst Branislaŭ Taraškevič 1918 in Lexik, Orthographie und Grammatik kodifiziert. Dass er z.B. ohne Ausnahme kein palatales, sondern nur ein hartes „R" zuließ („Rėspublika", „historyčny"), war sicherlich deskriptiv korrekt, aber zugleich präskriptiv normierend und wurde den Übergangssprachen nicht nur in Polesien nicht völlig gerecht.

Polesien wurde also weder als politischer, noch als Sprach-Raum imaginiert, sondern eben als Naturraum, als Raum von Land und Leuten.

Der Tutejšyja-Komplex. Die Rubrizierung eines Menschen oder einer „einzelnen Familie"[3] als Tutejszy zeigt, dass man bei der „Unterscheidung von Hier und Dort"[4] sich selbst unfreiwillig als die „Dortigen der Hiesigen" vorortet. Die Tutėjšyja hingegen waren die zu Hause seienden, wie konnten sie dann nicht die Platzhirsche sein?

Der Tutejszy und der Poleschuk. Ein ethnischer Pole konnte sich, teils humorvoll, einen „Poleschuken" nennen, wenn er aus Polesien kam,[5] nicht aber einen *„Tutejszy"*, und dies, obwohl der Begriff „Poleschuk" abwertender war als „Hiesiger". Spätestens mit der Volkszählung 1931 gab es dann eine semantische Verschiebung: *Tutejszy* wurde in dieser zu einer Sprache. Der Begriff *Poleszuk* blieb ebenfalls produktiv. Eine Frau in oder aus Polesien wurde im Polnischen mal *Poleszanka*,[6] mal *Poleszuczka*[7] genannt.

Mit *Tutejszy* und *Poleszuk/Poleszanka* machte man das Amorphe, das man ja gerade ausdrücken wollte, zu etwas Umrissenen – nicht zu etwas Festumrissenen, aber Umrissenen. Ordnung, Raumordnung sollte über A-Topie siegen, auch wenn die Ränder ausfransten. Und aus der Masse der Bewohner wurde zwar keine Klasse, aber ein Menschenschlag gemacht. (Menschenschlag ist ein typisches Beispiel für ein Wort, das bei Wikipedia nicht als Lexem vorkommt, aber in vielen Artikeln als Wort.)

Die *tutėjšyja/tutejsi*-Frage ist in der Wissenschaft schon behandelt worden, zumal die *„Tutejsi"* geradezu idealtypisch einen Begriff für das liefern, was die Forschung an Vormodernem in der bäuerlichen Welt sucht. Wir kommen also um eine Analyse der Begrifflichkeiten von *Tutėjšyja* und Poleschuken nicht drum herum, ja müssen bei der Analyse von *social engineering* (Leuteschaftsinterventionen) sogar mit *Tutėjšyja* und Poleschuken beginnen.

Wie häufig sich vor und seit dem 19. Jahrhundert Menschen dort wirklich „Tutėjšyja" oder „Poleschuk" nannten, ist schwer zu sagen.

---

3 Im Sinne von Johann Heinrich Gottlob von Justi: „Policey", In: Oekonomische Encyklopädie 114 (1774), S. 174-278, hier S. 221, zitiert in: Jureit 2012, S. 39.

4 Jureit 2012, S. 41, passim.

5 Z.B. „Nam Poleszukom – wody wbród a chleba mało", Bezpartyjny Blok Współpracy z Rządem (Hg.): Polesie 1926-1930, [Warszawa] 1930, S. 3; Wysłouch, Franciszek, passim.

6 Mondalski 1927, S. 223.

7 Kobieta na Polesiu, Pińsk 1939, S. 14.

Panje. Die Soldaten des 41. Reserve-Korps im Ersten Weltkrieg nannten die Westpolesier „Panjes“, abgeleitet offenbar aus dem Vokativ oder der Verkleinerungsform von *Pan*,[8] nur dass den deutschländischen Interventen dies wahrscheinlich nicht bewusst war. Wahrscheinlich war es mit den „Panjes“ wie mit den „Rokitno-Sümpfen“: In der dichten Kommunikation von Menschen aus den unterschiedlichsten Regionen Deutschlands (und Österreich-Ungarns) traf man ad hoc Begriffe, die eine schnelle Karriere entfalten konnten. Mir wiederum ist nicht klar, ob der Begriff „Panje“ von dem heute noch bekannten „Panjepferd“[9] kommt oder umgekehrt. Die Deutschländischen machten in Polesien Tierversuche im Feld, testeten Ballons und Fallschirme mit dem „Panjepferd“.[10] Doch im Gegensatz zum „Panjepferd“ ist der Begriff „Panje“ (plural: „Panjes“) heute ausgestorben. Im Zweiten Weltkrieg noch sichteten deutschländische Besatzer „Panjewagen“ mit Pferden.[11]

Die *Tutėjšyja*. „Poleschuken“ war in der Regel keine Selbstbezeichnung der polesischen Landbevölkerung, weil sie Polesien als nicht hier, sondern nebenan liegend ansahen (siehe oben). *Tutėjšy* („Hiesiger“) war vielleicht eine Selbstbezeichnung, aber kein Toponym, oder, wenn man so will, ein pleonastisches Toponym, weil wir von Einheimischen ohnehin erwarten können, dass sie sich als Einheimische ansehen. Insofern kann *tutejšy* nicht *poleszuk* ersetzen.[12] Dass die ländlichen Bewohner Polesiens kein nationales oder ethnisches Bewusstsein hätten, ist eine schon im 19. Jahrhundert bezeugte Aussage. In der Belarus' wurden die *„Tutėjšyja“* durch Janka Kupalas 1922 verfasstes, 1924 in Textform veröffentlichtes gleichnamiges Drama in breiten Kreisen bekannt.

In polnischer Sprache und über polnische Vermittlung in Deutschland sprach man von den „Hiesigen“, den *„tutejsi“*. Die polnische Volkszählungen 1921 und 1931 führten diese Kategorie als ethnische bzw. sogar als sprachliche ein. Dass Ende der 1980er Jahre sich eine politisch-kulturelle oppositionelle Gruppe in der BSSR *„Tutėjšyja“* nannte,[13] ist als früher Beleg dafür anzusehen, dass die alternativ Kulturellen in diesem Land gerne in Partisanenmanier verschwinden statt groß herauskommen wollten.

Gewiss hatten viele der Polesier in der Zeit von 1914 bis 1941 weder ein belaruthenisches noch ein ukrainisches Nationalbewusstsein. Aber es muss auch berücksichtigt werden, dass es in der Republik Polen und, seit dem Kampf gegen den „Nationaldemokratismus“ 1929–1930 auch in der UdSSR nicht gut angesehen war, wenn man sich „Belaruthene“ oder „Ukrainerin“ nannte.[14] Den *„Tutejszy“* raushängen zu lassen, das war spätestens bei der Volkszählung in der Republik Polen 1931 opportun.

8 Ähnlich wie bei dem berühmten, in letzter Zeit etwas aus der Mode gekommenen russischen Mužik (grammatisch eine Verkleinerung von *muž* = Mann, Ehemann).

9 http://www.pferde-rassen.de/rassen/p/PanjePferd.htm; https://de.wikipedia.org/wiki/Panjepferd (12.03.2019); https://commons.wikimedia.org/wiki/File:Bundesarchiv_Bild_101I-215-0366-03A,_Russland,_Soldat,_Pferd_im_Winter.jpg (12.03.2019).

10 Von der Somme, München 1918, S. 214.

11 In Sluck am 30.10.1941, siehe: Kohl, Paul: „Ich wundere mich, dass ich noch lebe“, Sowjetische Augenzeugen berichten, Gütersloh 1990, S. 208.

12 So aber Majecki, Henryk: Problem samookreślenia narodowego Poleszuków w Polsce okresu międzywojennego, In: Zaharodz'dze-3: a.a.O., Ukl. i ah. rėd. F. Klimuka, A. Ėnhel'kinh, V. Labačėŭskaja. Minsk 2001, Nr. 3. „Nie było więc żadnej granicy językowej na Polesiu.“ https://archive.is/20120715155200/http://languages.miensk.com/Lang_Eu_As_Af/Indoeuropean/West palesian/majecki.htm

13 ĖHB, tom 6, častka 1, Minsk 2001, S. 545.

14 Laz'ko 2015, S. 31-32.

Doch zog sich die seit spätestens 1923 gepflegte Rede von der „Westlichen Belarus“ und der „Westlichen Ukraine“ durch die Zwischenkriegszeit. Für die sowjetischen Eroberer 1939 war es ein Leichtes, die Rede von der geteilten Belarus' zu aktivieren. Die nun „wiedervereinigte“ Belarus' passte gut zu der territorial-ethnographischen Konstruktion der UdSSR. Doch sollte man nicht verkennen, dass nach dem Einmarsch 1939 die kommunistischen Parolen in mehreren Sprachen angebracht wurden,[15] und dass man keinen Nationalismus verbreitete.

Es waren keinesfalls nur Arbeiter und Bauern, die keine selbstverständliche nationale Identität aufwiesen. Selbst die VKP(b) vergab die Nationalität ihrer – beispielsweise – Chefs der KP(b)B[16] relativ freihändig. Sie verlieh dabei nicht etwa aus Opportunismus, sondern durchaus strategisch diesen Provinzführern das Etikett „Belaruthene“, obwohl sie es nicht waren. Wie schon häufig in der Geschichtsschreibung angemerkt, waren unter den 17 Parteiführern der KP(b)B in der Zeit von 1917 bis 1956 zwei Belaruthenen darunter, ansonsten Armenier, Juden, Letten, Litauer und Ukrainer. Doch der unter ihnen am Längsten auf diesem Posten verweilende, Pantelejmon Ponomarenko, wurde zu einem Ukrainer[17] aus völlig willkürlichen Gründen gemacht, vielleicht wegen seines Nachnamens; er ist jedenfalls nicht in der Ukraine geboren und hat sich dort auch fast nie dienstlich aufgehalten. Šarangovič, der einzige Belaruthene unter den Chefs der KP(b)B bis 1941, ist tatsächlich in der Belarus' geboren.[18] Doch greift es zu kurz, hier die auch auf anderen Gebieten waltende Willkür oder gar eine Art Desinformationspolitik als Grund für diese freihändige Vergabe der Nationalität zu suchen, die sogar die faktographischen Historiker verwirrt hat.[19] Vielmehr herrschte eine – zuweilen sogar demonstrative – Gleichgültigkeit vor, zumindest, was die Festlegung zwischen den drei ostslawischen Völkern betraf. Die Kommunistische Partei im Schatten Polesiens!

Im Schatten Polesiens: Jakub Kolas beschrieb in seinem *Dudar'* (Schalmeibläser) die Belaruthenen (den „dritten Bruder“ der ostslawischen Familie) eigentlich als Polesier, zumindest als das, was man sich im 20. Jahrhundert als Polesier vorstellte.[20] Was von außen (manchmal) als freiwillige Selbstverzwergung zum kleinen belaruthenischen Bruder erscheinen konnte, war oft genug der fast zur zweiten Natur gewordene Partisanenmentalität des Ausweichens, des Sich-Duckens, des Verschwindens, des keine Angriffsfläche Bietens entsprungen. Und in dieser Hinsicht war der „Tutėjszy“ noch ortloser als der „Poleschuk“, welcher ja wenigstens in einem wie auch immer definierten Polesien lebte, – ortloser in einer wohlgemerkt von außen nur örtlich und kaum historisch definierten Region. Wenn die Region Polesien von Warschau doch einmal historisch mit Traugutt und Kościuszko konnotiert wurde, wie zum Beispiel in dem Film *„Polesie – reportaż z krainy tęsknych pieśni“* („Polesien. Reportage aus dem Land wehmütiger Lieder“) von Maksymilian Emmer, dann wirkt das zumindest heute doch unbeholfen angesichts dessen, dass in dem Film nur „einfache Poleschuken“ gezeigt werden.

---

15 Vgl. beispielsweise die Fotos in Vosen' 1939, Minsk 2015, S. 331/332.
16 Listen siehe Siebert 1998a, S. 378-380; Ioffe 2015, S. 27.
17 Ioffe 2015, S. 8-10.
18 Ioffe 2015, S. 31.
19 Ioffe 2015, S. 10.
20 Vgl. Bon, Tomas: Dudar' i raskrašennye pticy. Istorija ljudej na bolote, In: CrossRoad 3-4, S. 184-190, hier S. 185-186.

Während die belaruthenische Nationalbewegung sowohl Polacak/Polock im Norden, als auch Pinsk und Turaŭ im Süden für ihre geografische Selbstbehauptung benötigte, und die Belaruthenen nach 1991 aus dem Schatten[21] des sich immer unten befindenden, immer ungreifbaren Polesiens heraustraten, blieb für Polesien selbst die nun verengte *tutėjšyja*-Nische erhalten.

Was war das *Tut* des Tutėjšy? Vielleicht die Heimat? Der „*Tutėjšy*" lebte, wie der Name sagt, „hier". Sowohl die Zeitgenossen aller Provenienz als auch die Geschichtsschreibung haben in der Vergangenheit dies als „fehlendes Nationalbewusstsein", als Besonderheit einer Grenzregion dargestellt. Es erschien offensichtlich, dass in einer Grenzregion die nationale Identität eine ebenso besondere sei. Man kann deutlich allein schon dies anzweifeln, denn gerade in Grenz- und Übergangsgebieten konnte und kann die Frage der ethnischen und nationalen Identität sogar besonders zugespitzt von den Einheimischen beantwortet werden (z.B. in Südtirol). Polesien war, wie oben beschrieben, auch keine Grenzregion, sondern eine Übergangsregion, denn sprachliche, ethnische, nationale und religiöse scharfe Grenzen gab es hier traditionell nicht. Am deutlichsten könnte man hier eigentlich Polesien sogar an seiner Ostgrenze definieren, als Grenze zwischen Regionen jüdisch und nichtjüdisch geprägter Kleinstädte.

Vor allem aber wurde zumeist die dahinterliegende grundsätzlichere Frage verdeckt, was denn überhaupt das *tut* (das Hier) des *tutėjšy* war.

Bei der Frage nach der Heimat können sprachliche Missverständnisse entstehen. Im Russischen und Polnischen gibt es kein dem deutschen „Heimat" entsprechenden Begriff. Im Englischen gibt es „*home*", das im engeren Sinne „zu Hause", „nach Hause" bedeutet. Geert Mak geht davon aus, dass der Begriff „Home" in den USA enger gefasst ist als in Europa, wo er eine ganze Nation umfassen könne.[22] Dem möchte ich insbesondere für die oft gebrauchte Formel „bringt die Soldaten nach Hause" aus den USA widersprechen. „Nach Hause" (*domoj!*), das war der Ruf der kriegsmüden Soldaten und Zivilist*innen, zuweilen auch eher ein Gemurmel. Jedenfalls zeigt schon diese stichprobenartige Erörterung, dass die Frage des *tut* des *tutėjšy* keine speziell polesische war und ist.

Insofern war die alte Rede seit dem Ende des 19. Jahrhunderts, dass die Menschen im ländlichen Polesien nicht einmal sagen könnten, welcher Nation sie angehörten, doppelt hochnäsig. Denn nicht nur stellte man sich selbst nicht die Frage, was dieses „Hier" bedeutete, man hinterfragte auch nicht, was „ein Deutscher", „ein Pole" oder „ein Russe" eigentlich sei, sondern man provinzialisierte (und otherte/anderte damit) den „Poleschuken" zu jemandem, der nur in einer Art Tautologie davon rede, er komme „von hier". Dabei hätten die Polen und Russen und so weiter, eigentlich alle, ebenfalls ihre Schwierigkeiten gehabt, dasjenige auszudrücken, was mit Heimat gemeint ist. Typisch für die Wirrnis ist es, wenn Jakob Kolas' *Moj rodny kut* (1923)[23] auf russisch mit *Moj rodnyj kraj,* das früher (1906) entstandene „*Kraj rodimyj*" wiederum auf deutsch mit „Unser Vaterland"[24] wiedergegeben wird. Der deutsche Begriff „Heimat" korreliert bei Wikipedia unschön mit *Ojczyzna pra-*

21 Čarnjakevič, Iryna: Belarus' u scjani Palessja, In: ARCHE. Pačatak 2013, Heft 4, S. 7-9.
22 Mak 2014, S. 149-152.
23 http://yakubkolas.ru/moi-rodny-kut-yak-ty-mne-mily. (12.03.2019).
24 https://de.wikipedia.org/wiki/Jakub_Kolas#1902%E2%80%941921 (12.03.2019).

watna[25], übersetzbar mit „Privates Vaterland“, im Englischen, Französischen und Niederländischen bleibt es unübersetzt bei „Heimat“. In der russischen Wikipedia finden wir: „*Otečestvo – perenapravleno s «Rodina»*“. Der belaruthenische Begriff *Radzima* trifft es besser: Ich würde ihn eher mit Heimat als mit Vaterland übersetzen.[26]

Aber ist die Aussage, „ich komme von hier“, „ich bin ein Hiesiger“ solch eine Tautologie gewesen, als die sie von Dritten mit Überheblichkeit aufgenommen wurde? Ich meine nein. Denn erstens blieb es offenbar unbeachtet, dass die *tutėjšyja*, wenn sie denn überhaupt wirklich und frei gesagt haben, dass sie *tutėjšyja* seien, *Leute* sind, die sich über die Topographie, über das *Land* definierten. Und zweitens konnte im „*tutėjšy*“ die Aussage stecken, dass jemand dieser Landschaft „zugehörig“ ist, dass er oder sie ein Einheimischer oder eine Einheimische (russisch: *tuzemec, tuzemka, mestnyj žitel'*) war. In Maine unterschied man sich noch im Jahr 2010 als „*native's*“, und nannte die Anderen „*from aways*“.[27] Und selbst in den Fällen, in denen die polesischen Bauernfamilien „die Deutschen“, „die Polen“, „die Russen“, „die Sowjets“ nicht als Interventen ansahen, so doch sicher als „*from aways*“, als „Nichthiesige“. Und damit haben sie also dadurch, dass sie sich *tutėjšyja* genannt haben (ich wiederhole: falls dies stimmte), ein Unterscheidungsmerkmal getroffen, dass den Deutschen, Polen und Russen bestimmt nicht zu Pass kam.

9.2 Einigeln gegen *social engineering* und Landschaftsinterventionen

Welche Formen des Sich-Einigelns gegen speziell die kommunistische Intervention der Kollektivierung der Landwirtschaft die Bauernfamilien in der östlichen Belarus' annahmen, habe ich beschrieben.[28] Dort diskutierte ich dieses Phänomen auch auf einer allgemeineren Ebene, hütete mich jedoch vor Essenzialisierungen. Weder ein „Konservativismus“ noch die Akzeptanz einer Eingliederung in die moderne Volkswirtschaft waren „normal“.

Für die Polnische Republik 1919 bis 1939 gilt dasselbe. Die Abkopplung der Bauernfamilien von der polnischen Volkswirtschaft, von der Geldwirtschaft und dem Arbeitsmarkt bedeutete gerade in Krisenzeiten nicht nur Nachteile. Während die Arbeiterschaft in den Schteteln *(sztetle, miasteczka)* in der Zeit der Inflation der Polnischen Mark bis 1924 sehr schnell ihren bescheidenen Lohn in Sachwerte, hauptsächlich Nahrungsmittel, ummünzen musste, weil seit ihrer „staatsgedeckten“ Etablierung 1919 eine Inflation herrschte, die darin gipfelte, dass sie von Mai 1923 bis Januar 1924 durchschnittlich (!) jeden Monat die Hälfte ihres Wertes gegenüber dem US-Dollar verlor, hatten die Bauernfamilien diese Sachwerte selbst produziert. Während in der Depressionszeit in den 30er Jahren die Arbeitslosigkeit in den Städten immer größer und die Lohntüten immer kleiner wurden, passte die Bauernschaft wie seit eh und je im „Čajanovschen“ Sinn den Umfang ihrer Arbeit an die Erfordernisse an.

Richtete sich diese Fast-Autarkie gegen Landschaftsinterventionen? Auf einer allgemeinen Ebene kann zunächst die Frage gestellt werden, ob diese einen Schutz vor *social engi-*

25 https://pl.wikipedia.org/wiki/Ojczyzna_prywatna.
26 https://be-tarask.wikipedia.org/wiki/Радзіма.
27 Mak, 2014, S. 129.
28 Siebert 1998a.

neering und Landschaftsinterventionen bot. Einiges spricht dafür, denn wenn ein Dorf sozial und sogar geografisch unzugänglich war, so waren auch Interventionen schwierig. Doch ließen sich *pacyfikacja* genannte Zerstörungen von Kirchen (nicht in Polesien, aber in Podlachien und Wolhynien) 1937 und dann besonders 1938 als Gegenbeispiel anführen. Sollte eine nahezu autarke Produktionsweise jedoch tatsächlich vor ungewollten Interventionen schützen, dann müsste, entgegen den damals herrschenden Diskursen, ja gerade der Meereszugang die Nichtlebensfähigkeit eines Staates oder einer politischen Entität beweisen, weil er durch „ausländischen Einfluss" leichter korrumpierbar wäre!

Doch nützte die geringere Krisenanfälligkeit den polesischen Bauernfamilien wenig, solange sie arm in ihren kleinen Behausungen saßen. Dass diese sich nicht einmal Salz und Streichhölzer zu kaufen leisten konnten, musste dabei in Kauf genommen werden.

9.3 Neues zur Ökonomie der polesischen Bauernfamilien

Da die Bauernfamilien als vielseitig galten, fiel es nicht einmal auf: Es gab keinen Unterschied zwischen Ackerbauern und Viehhaltern. Auch wenn sich die einen mehr mit diesem, die anderen mit jenem, die dritten mehr mit Fischfang, die vierten mit der Nutzung von Waldprodukten befassten: letztlich haben sich im „ersten volkswirtschaftlichen Sektor" keine spezialisierten ländlichen Berufe herausgebildet. Ein Familienvorstand würde sich damals nicht als Fischer, sondern als Bauern bezeichnet haben; wahrscheinlich schon allein deshalb, weil im Selbstbewusstsein die Eigentumsrechte wichtiger waren als der Schwerpunkt der tatsächlichen Nahrungsquelle.

Für die Zeit bis 1941 ist keine grundlegende Änderung der bäuerlichen Wirtschaftsweise überliefert. Die Statistiken zur landwirtschaftlichen Produktion geben es nicht her, eben weil, insbesondere beim Fischfang und der Waldwirtschaft, eine Warenwirtschaft noch in den Kinderschuhen steckte (siehe oben, Kapitel „Fisch"). Weiterhin ließ man fremdes Vieh ohne Gegenleistung an den Weiden fressen, weil der Dung wertvoller als die Viehnahrung war.[29] Allerdings sollten wir berücksichtigen, dass solche allmählichen Änderungen oft schwer fassbar waren.

Salz und Streichhölzer gehörten zum „Ganzen Haus". Wir haben an verschiedenen Stellen gesehen, dass den Poleschuken und den Belaruthenen ein von außen als bescheiden angesehenes Leben in Frieden, bei dem „nur" die Grundbedürfnisse befriedigt wurden, auszureichen schien. Aber warum?

Auch wenn wir nicht davon ausgehen, dass „der Poleschuk" alles selbst herstellen *wollte*, was er zum Leben, – und das heißt natürlich auch zum Ackern, Beweiden, Fischen, Tier-Erlegen (Fallenstellen, Jagen), Sammeln benötigte, so stellen wir doch fest, dass er und sie es *taten*.

Am Besten können wir dieses Phänomen anhand der beiden immer wieder genannten Defizitprodukte erkennen, dem Salz und den Streichhölzern. Oben haben wir gesehen, dass die sowjetische Propaganda beharrlich auf dieses Thema zurückkam. Schon bald nach dem

29 In Westberlin waren während des Zweiten Weltkriegs und danach Pferdeäppel ein so begehrtes Heizmittel, dass es eine Konkurrenz auf der Straße gab, wer sie zuerst aufsammelte (Mitteilung von Ruth Raut im Januar 2018).

Einmarsch der Sowjetarmee legte die sowjetische Kommandowirtschaft 1939 Festpreise für diese Produkte wie auch Gas und Machorka fest.[30] Doch war bei Streichhölzern und bei Salz die Lage etwas unterschiedlich.

Salz. Salz ist nötig für Brot und viele Speisen, ungesalzen sind sie gerade noch genießbar, aber fad. Zudem war Salz ja ein Konservierungsmittel. Sobald es ein Oligopol, ein Gebiets-Kartell[31] gab, konnte der Preis in eine solche Höhe geschraubt werden, dass dieser nur noch dadurch begrenzt wurde, dass es sich nicht jeder leisten konnte, es zu erwerben. Es konnte aber in einigen Bereichen des Nahrungswesens ersetzt werden. Um Nahrungsmittel haltbar zu machen, konnte auch Honig, Essig oder Öl verwendet werden. Tatsächlich kamen einige Lebensmittel ohne Salz aus, z.B. Kvas, Honigmet und andere mit Honig versetzte Produkte.

Streichhölzer. Streichhölzer waren zwar ungemein praktisch, weil in jedem beliebigen Moment Feuer gemacht werden konnte. Streichhölzer gab es erst seit 1800. Doch zuvor haben die Leute ja auch Feuer gehabt. Denn Feuer konnte, wenn auch sehr umständlich, auf andere Art erzeugt werden. Ein aufmerksamer Mensch hatte im Haushalt immer Feuer in Reichweite. Zu Bekanntheit gebracht hat es der „Komet" bei Kosiński,[32] den der Hauptheld immer mit sich führt. Zunder[33] muss selbst erst entzündet werden; Zunder aus dem Zunderpilz herzustellen ist also umständlich,[34] aber machbar. Das Entfachen eines Feuers[35] erfordert zuerst einen Funken. Dieser ist mit zwei Pyritsteinen oder Markasit (Hauptsache, dass FeS_2 enthalten ist) plus einem Feuerstein herzustellen. (Der Feuerstein *(kremen')* hat es auf eine Briefmarke der Republik Belarus' gebracht.[36]) Der Funken muss auf etwas geraten (fallen), das sich sofort entzündet.

Wie gesagt, Streichhölzer waren praktisch, besonders für unterwegs, Franciszek Wysłouch sprach sogar von dem Feuer als „Bündnispartner des Menschen",[37] aber dadurch, dass man zu Haus und selbst unterwegs auch anderswie Feuer nicht nur entfachen, sondern auch dauerhaft als Glut erhalten konnte, blieb die polesische Landbevölkerung von dieser der Errungenschaft der Technik unabhängig.

Sammler, aber Jäger? In der Beschreibung der Ökonomie der polesischen Bauernfamilien fand sich oft die Bemerkung, dass urgeschichtliche Wirtschaftsstile der „Jäger und Sammler" noch zu beobachten seien. Dass die Polesierinnen und Polesier sammelten, das steht fest. Doch was die Tiere betrifft, sollten wir nicht einfach von Jagd sprechen, sondern auch oder eher von Wildtierfang. Das Bienenhonigeinsammeln und Fallenstellen stellte eine Art „unsichtbare Jagd" dar.

30 Historyja Belaruskaj Dzjaržaŭnasci, Tom 2, Minsk 2012, S. 49.
31 Chvahina, Taccjana Arkad'eŭna: Pinsk. Sėrca Paleskaha kraju, Minsk 2014, S. 100, 103; Böhm, André und Maryna Rakhlei: Weissrussland. Mit Minsk, Brest, Hrodna, Homel, Mahiljoŭ [!] und Vicebsk, Berlin 2016.
32 Kosinski, Jerzy: Der bemalte Vogel, Frankfurt/Main 1968 [Malowany ptak].
33 https://de.wikipedia.org/wiki/Zunder (12.03.2019).
34 https://www.youtube.com/watch?v=G14OZQ28YlM „trut iz trutovika" (12.03.2019). vgl. błyskoporek promienisty und den Absatz Izgotovlenie in https://ru.wikipedia.org/wiki/Трут. (12.03.2019).
35 https://de.wikipedia.org/wiki/Feuer#Entfachen_eines_Feuers (12.03.2019).
36 https://pl.wikipedia.org/wiki/Krzemień, https://be.wikipedia.org/wiki/Крэмень. (12.03.2019).
37 Wysłouch, Franciszek: Echa Polesia, [1979], nach der Ausgabe Łomianki o.J., Kapitel über „Das Feuer – Bündnispartner des Menschen". Vgl. Radkau [2000] 2002, S. 59.

9.4 Von der Herrschaft über den Leib zur Herrschaft durch Ordnung des Leibes: Volkszählung, Passportisierung und Standesämter

Die Bauernfamilien definierten sich traditionell über das Land, das ihnen gehörte, ihre Religion und den jeweiligen Gutsherren, dem die Vorfahren zugehörig waren, und mit denen sie in der Zwischenkriegszeit durch Pachtzahlungen und immer noch durch Servitute verbunden waren.

Volkszählung. Die Leibeigenen unterlagen noch der direkten Herrschaft, aber, sofern der Staat nicht selbst Grundbesitzer war, nicht derjenigen des Staates, sondern des Gutsherrn und/oder seiner Verwalter.

1897 gab es im Russischen Reich, also auch in Polesien die schon öfters zitierte eine „Erste"! „Allgemeine"! Volks!zählung! In einer allgemeinen Volkszählung erscheint aus heutiger Sicht zunächst eine Reduzierung auf ein menschliches Atom („eine bloße Nummer") mit bestimmten Merkmalen vorzuliegen, (die dann in Statistiken zusammen geführt werden). Tatsächlich hatten Volkszählungen allerdings einen Doppelcharakter: auf der einen Seite wurde das Individuum tatsächlich durch ein Raster von Geschlecht, Sprache, Nationalität, Stand (im Russischen Reich bis 1917), Alter und anderen Merkmalen klassifiziert; auf der anderen Seite war hier das Prinzip „ein Körper – ein (nicht leibeigenes) Individuum" vollendet. Wenn auch die Individuen nichts Gutes bei solchen Zählungen ahnten, und das häufig zu Recht (Kopfsteuer),[38] so waren die Subalternen durch Volkszählungen doch auch zum *atoma*, zum Individuum „geadelt". Aus der Sicht der Adeligen stellte sich dies ganz anders dar: für sie war eine Volkszählung ein Schritt zur schnöden Gleichheit. Dieser Aspekt war für die datenmäßig Erfassten allerdings kaum von Bedeutung. Stolz war man allenfalls auf einen Vereins- oder militärischen Pass oder Parteibuch – siehe unten zum Inlandspass.

So, wie sich in der Sowjetunion wohl niemand gerne als Kulak oder wohlhabender Bauer bezeichnet hätte, so haben sich aus mehreren Gründen die polesischen Bauernfamilien ungerne als Belaruthenen oder Ukrainer ausgegeben. Selbst die Juden gaben sich ungerne als Juden aus: Es gab in der Wojewodschaft Polesien 1921 mehr Menschen „mosaischen Glaubens" als Juden (als Nationalität *(narodowość)*).[39]

Körperliche und außerkörperliche Eigenschaften. In unserem Zusammenhang der Untersuchung des *social engineering* interessiert, dass die Herrschaft nicht mehr wie noch während der Leibeigenschaft und ihren Nachwehen, im Krieg oder im Bürgerkrieg direkt über Körper und Leib ausgeübt wurde, sondern, dass den Individuen bestimmte Eigenschaften körperlicher (als solche wurden die Kategorien Geschlecht und Alter verstanden) und außerkörperlicher (z.B. Sprache, Nationalität, Religion, Staatsangehörigkeit) Art zugeschrieben wurden. Doch von den außerkörperlichen Eigenschaften konnte man sich trennen. Diese zählten wenig für die polesischen Bauernfamilien, wenn es ein (in Lettland beobachtetes)[40] Versprechen auf Land in angeblicher Abhängigkeit von der „richtigen" Natio-

38 Der Komponist Béla Bartók stieß auf großen Widerwillen in ungarischen Dörfern, als er Volkslieder der dortigen Bewohner mit einem Magnetophon aufzeichnen wollte, weil diese befürchteten, dass auf Volkslieder neue Steuern erhoben werden sollten; Bartók, Béla: A népzenéröl, Budapest 1981, S. 12.

39 Cichoracki 2014, S. 21-22.

40 NARB Bestand 567-1, Sign. 26, Blatt 15, Sammlung von Tamaš Hryb, 1930.

nalität gab, oder auch nur das ausgesprochene oder unausgesprochene Versprechen oder auch nur der Eindruck, dass man weniger Scherereien habe, wenn man nur die „günstigen" biographischen Angaben machte.

Es gab zum Beispiel genügend Gründe, das Alter zu den eigenen Gunsten zu ändern, von denen das Wahlrecht wahrscheinlich der unwichtigste und das Schulbesuchs- und Einberufungsalter die wichtigsten waren. Die Einberufung zum Militär- oder gar Kriegsdienst war am anderen Ende der Skala der Wichtigkeit, die jungen Männer wollten da ja nicht unbedingt hin.

Religion. Die belaruthenischen Nationalbewegten hatten hier nicht nur wegen der von Rudling[41] analysierten Punkte einen schweren Stand. Sie hatten auch deshalb einen schweren Stand, weil sie einen schweren Stand hatten. Sie konnten keine Versprechungen machen, dass man als Belaruthene oder Belaruthenin eine gute Schnitte machen konnte. Daher gaben sich weniger Menschen als Belaruthenen aus als es Menschen gab, die diese Sprache sprachen, und den Behörden der Zweiten Republik, die ja vornehmlich aus Polen bestanden, war es dadurch einfacher, die Kategorie *tutejsi* einzuführen.

Passportisierung. Eine Volkszählung war ein nicht allzu häufig auftretender Akt, und gerade in den Blutländern waren die Herrschaftswechsel so häufig, dass die Behörden (und selbst die Historikerinnen) kaum unmittelbare Schlüsse auf die Entwicklung von Regionen und Dörfern ziehen konnten, ganz einfach schon deshalb, weil den Behörden die Vergleichszahlen nicht zugänglich waren oder weil die administrativen territorialen Einheiten sich geändert hatten.

Durch Pässe wurden Menschen nummeriert, quantifiziert und „gescannt", und dies ist ein Paradox: Bei den Pässen stand der Mensch im Mittelpunkt, das Individuum. Körperliche Merkmale standen bei den Einträgen in den Pässen im Vordergrund. Aber auch außerkörperliche Merkmale fanden Einträge in Pässe. Die Pässe wurden mehr und mehr selbst zu einem außerkörperlichen Merkmal der Individuen. Kinder wurden miteingetragen.[42]

Personenstand und Standesämter. Doch neben Volkszählungen und der Passportisierung fehlte in der Republik Polen ein wichtiger Aspekt der Staatsbürgerlichkeit *(obywatelstwo)*: die Geburten, Hochzeiten und Todesfälle zu verzeichnen blieb weiterhin den (in Polesien mehreren) Religionsgemeinschaften überlassen.

9.5 Fazit: Modernisierung, social Engineering und Intervention

Mittel und Ziel. In Kriegen dienten Modernisierungen, insbesondere (nicht nur militär-) technische Neuerungen dem konkreten Ziel der militärischen Intervention; in Zeiten zumindest relativen Friedens, in denen die Gewalt in der Regel durch Staaten monopolisiert war, war es umgekehrt: im 20. Jahrhundert war die Modernisierung das Ziel und die nichtmilitärischen Interventionen und permanenten Reformen das Mittel.

Ich habe die nichtmilitärischen Interventionen als Modernisierungsinterventionen oder doch -maßnahmen dargestellt. All die Maßnahmen können wir heute als Versuche einer Ge-

41 Rudling 2015. Siehe auch oben, Kapitel 2 und 3.

42 Vgl. auch Kochanowski, Jerzy: Dowód istnienia. Jak zmieniały się w Polsce dokumenty tożsamości, In: Polityka Nr. 44(2322), 03.11.2001, S. 70-72.

samt-, zumindest gebündelten Gestaltung der Landschaft Polesien aufzufassen versuchen, aber hinter den polnischen Maßnahmen steckte in Friedenszeiten keine Gesamtstrategie oder auch nur ein abgestimmtes Vorgehen zwischen den Einzelmaßnahmen (was niemand unsympathisch finden muss). Dies galt nicht einmal für die Landschaftsinterventionen, die,wie gesehen, wenig abgestimmt waren, und in zeitlichen verschiedenen Phasen der Existenz der Polnischen Republik unternommen wurden *(siehe Kapitel 4, Absatz „eigentlich alles gleichzeitig")*, obwohl hier die Effizienz der Maßnahmen hätte gesteigert werden können. Zudem bezogen sich Maßnahmen außer bei der vorbereiteten Melioration und des von Naturschützern geplanten Naturschutzgebietes selten ausdrücklich auf die *gesamte* Landschaft Polesien.

Normalerweise geht die Modernisierung von den Städten aus, in unserem Falle vor allem von Brest. Doch hatte das politisch-administrative Warschau, wie im *Kalendarz Ziem Wschodnich* für 1935[43] drastisch ersichtlich, ein noch viel zentralistischeres Vorgehen vor Augen, bei dem Brest allenfalls als eine Zwischenstufe, eher als untere Zentralbehörde vorgesehen war. Neben den in diesem Buch systematisch untersuchten Landschaftsinterventionen schlugen sich auch Maßnahmen wie die Errichtung einer land- und moorkundlichen Musterstation bei Sarny und der seit 1936 stattfindenden „Polesischen Jahrmarkt" in Pinsk[44] in der Fläche nieder.

Träger der Aktivitäten, die zu Landschaftsinterventionen wurden, waren neben der staatlichen Verwaltung die GONGOs; vielleicht ist über deren Aktivitäten mehr überliefert als über informelle, denn Vereine und Verbände haben Akten überliefert und auf Veröffentlichung in Zeitschriften Wert gelegt. Diese Organisationen, z.B. Ortsgruppen der *Towarzystwo Rozwoju Ziem Wschodnich* (TRZW) waren es, die sich Gedanken um konkrete Schul-, Verkehrs-, und andere Infrastrukturmaßnahmen machten.

Modernisierte nur die staatliche Verwaltung und die GONGOs wie das TRZW, oder gingen Impulse auch von unten aus? Diese Frage ist berechtigt, denn das „westliche" Muster kennt ja die Innovation aus der kapitalistischen Wirtschaft heraus, während in dieser Vorstellung die Verwaltung nur die Aufgabe habe zu verwalten. Im Polesien besonders der 1930er Jahre fiel die kapitalistische Privatwirtschaft als Motor der Modernisierung aus. Die in Polesien bodenstoffnahe Lebensmittel-, Holz- und Textilindustrie blieb mit wenigen Ausnahmen in „dorfindustriellen" Händen.

43 Kalendarz Ziem Wschodnich 1935, Umschlagseite 1, siehe Abbildung Nr. 15

44 Kozłowski, Jan Zygmunt: Pierwszy „Jarmark Poleski" w Polsce Odrodzonej, Brześć n/B. [s.n.], 1937; Śleszyński, Wojciech: Jarmarki Poleskie – próby aktywizacji życia gospodarczego, Kraków 2013.

10. Kolonisation, Kolonialismus

Fand die Modernisierung wegen oder trotz der Kolonisierungen und Kolonisierungsversuche statt? Die postkolonialen Strömungen weisen darauf hin, dass die Kolonialisierung Änderungen in die Kolonien gebracht hat, die von der einheimischen Bevölkerung, also von den Kolonisierten nicht grundsätzlich nur deshalb als schlecht angesehen wurden, weil sie kolonial oder überhaupt von außen kommend stattfanden. Im Idealfall hatten die Kolonisierten die Möglichkeit, sich dasjenige und nur dasjenige der kolonial herrschenden Gesellschaft anzueignen, was ihnen zusagte.

Wer in der Polnischen Republik das Wort der Kolonisierung Polesiens positiv konnotierte, – egal ob er oder sie dieses Schlagwort überhaupt benutzte –, meinte damit die Umgestaltung zu einer blühenden Landschaft durch fleißige Siedler. Wer hingegen das Negative einer Kolonisierung herausstrich, meinte das Leid der kolonisierten Menschen, nicht der Landschaft. Für Akteure, die allen Ernstes glaubten, Polen sei ein Nationalstaat, stellte die Polesienverbesserung eine innere Kolonisation dar. Für die ukrainische und die belaruthenische Bewegung, vor allem für die Kommunisten handelte es sich bei der Kolonisierung hingegen um diejenige eines angrenzenden Gebietes. Ich widme der Kolonisationsfrage ein eigenes Kapitel, weil die Zeitgenossen diese Begriffe zuweilen benutzten und weil ich Material zur allgemeinen Kolonisationsgeschichte beitragen möchte.

10.1 Landschaftsintervention in die eigene Urheimat? „Innere“ oder „angrenzende“ Kolonisierung?

Warum nicht mal die Lefebvreschen „Räume“ auf Vorgänge der Koloniebildung anwenden? Die ja asymmetrische Vorgänge bezeichnenden Kolonisationen gehören im Lefebvreschen Sinn zunächst zu den „gestalteten“ Räumen (*conçu,* Lefebvre-Raum Nr. 3). Doch in der wissenschaftlichen Erörterung des Themas Kolonisierung können auch die anderen Lefebvreschen Räume behandelt werden. Denn, übrigens gerade durch die *postcolonial studies,* werden auch die wahrgenommenen Räume (Lefebvre-Raum Nr. 2) einer Kritik unterzogen, ohne dass gewöhnlich die einzelnen Ebenen (oder eben auch hier: „Räume“) explizit gemacht werden – hierzu gehörten z.B. aus Kolonisatorensicht, man stoße in menschenleere Räume vor, obwohl dies gar nicht stimmte. Und dies galt auch für konzipierte (Lefebvre-Raum Nr. 1), und selbstverständlich auch die materiell erlittene (Nr. 4) Räume.

Kolonisation, Kolonisierung, Koloniebildung sind nicht nur deshalb schillernde Begriffe. Politische Koloniebildung ist zunächst abzugrenzen von der Annexion auf der einen Seite, wie auch von einer Belassung oder postkolonialen Wiederherstellung als staatlich nichtkolonisierte oder unabhängig belassene *staatliche* Entitäten auf der anderen Seite – welche nur wirtschaftlich, militärisch oder sogar politisch (durch formellen und informellen Druck, durch Wirtschafts- und Handels*politik*, oder auch durch faktisch ungleiche Verträge) ein Abhängigkeitsverhältnis der schwächeren von der stärkeren Entität herstellen und ausweiten. Die Kolonisierung sowohl von Übersee-, wie angrenzenden wie auch inneren Territorien (Flächen)[1] konnten auf sehr unterschiedliche Art und Weise gestaltet sein. Sie konnte geplant oder ungeplant erfolgen. Sie konnte von Vertreibungen der Einheimischen, also der Kolonisierten begleitet sein; oder auch nicht. Sie konnte von einem „Kulturprogramm" (Ludendorff), einem *social engineering* gestützt sein oder auch nicht. Sie konnte von einer stärkeren oder schwächeren, geplanten oder ungeplanten Besiedlung und sie konnte von einer Ausbeutung der zu Rohstoffen werdenden Tiere, Pflanzen und Bodenschätzen sowie von auf Humanressourcen reduzierten Menschen unter „Sicherung" einzelner topographischer Punkte begleitet sein oder, im Gegenteil, von einer intensiven politischen Durchdringung der kolonisierten Flächen durch die Kolonisateure (Territorialisierung) begleitet sein; sie konnte unter Einbeziehung oder, weiter gehend, der Kooptierung eines Teils der Einheimischen erfolgen oder auch nicht. Und obendrein werden selbst kleinmaßstäbige Vorgänge (Straf-, Schrebergarten-, Ameisenkolonie) ja als Koloniebildung bezeichnet. Die Frage, ob man seine eigene „Urheimat" überhaupt kolonisieren kann, verweist auf die oben dargestellte unbegründete, aber wirkungsmächtige Konnotation, dass in Europa die Befindlichkeit als Normalfall, hingegen die Migration als das Besondere gesehen wurde.

Es ist dieses Schillernde des Begriffs Kolonialisierung, das zu Verwirrung und Auseinandersetzungen geführt hat. Ich will nun die anhand der Analyse Polesiens gewonnenen Erkenntnisse wenigstens dazu nutzen, den *geografischen* Aspekt von Kolonisierung (oder allgemein: Landschaftsintervention) besser zu sortieren, als es in der Geschichtsschreibung bisher geschah.

10.2 Die Geographie der vier Arten der Kolonisierung

Die Begriffe Innere Kolonisierung und Selbstkolonisierung sind in der Kolonisierungstheorie zu unscharf bestimmt worden. In der Einleitung hatte ich schon vier „geografische" Arten der Kolonisierung auseinandergehalten. Wir sollten die

A) … heute im deutschen Sprachraum als klassisch betrachtete Kolonisierung fern entlegener Gebiete und Menschen zumeist in Übersee („Salzwasserkriterium") durch west- und mitteleuropäische Staaten unterscheiden von der…

B) Kolonisierung angrenzender (englisch: *adjacent*),[2] neu eroberter Gebiete (dies betraf das Russische, Habsburger und Osmanische Reich, auch die preußische Provinz Posen nach 1795, oder auch Großbritanniens Irland, obwohl durch Salzwasser getrennt) und die dort lebenden Menschen, also die Grenzgebietkolonisierung.

Zu dieser Art Kolonialisierung gehörte auch die russländische mit den Interessensphären vor der eigenen Haustür, die gleichwohl wie Kolonien von „Fremdvölkern" (russisch: *inorodcy*) bewohnt wurden, die wie Kolonien ausgebeutet wurden und in die Ethnologen oder Ethnographen wie in Kolonien reisten, um die Eingeborenen zu studieren. Das betraf

1 Zur Unterscheidung siehe Einleitung.
2 Nelson 2009, S. 2.

im Russländischen Reich sowohl den Norden mit seinen finnischen und türkischen Völkern als auch den Kaukasus und Zentralasien und die Äußere Mongolei. Hierzu gehörte auch das zum Inland werdende „nahe Ausland", um einen postsowjetisch-russischen Begriff zu benutzen.

C) Drittens unterscheiden wir die von den Herrschenden geplant durchgeführte im wahrsten Sinne des Wortes innere Kolonisierung schon länger zum Herrschaftsgebiet gehörender Gebiete und Menschen, z.B. die Urbarmachung, speziell die Trockenlegung von Sümpfen, die Wieder-"Inbetriebnahme" von Wüstungen und die Peuplierung und Besiedlung durch ökonomische Anreize oder Zwang; eine Intervention unter Anderem auch in die Urheimat der Slaven, nach Polesien.

D) Die Selbstkolonisierung von Menschengruppen oder Individuen, die sich selbst nicht nur als das Andere im wahrsten Sinne des Wortes verorten, sondern sich dabei auch als Bewohner eines kolonisierten Territoriums beschreiben, analysieren und entsprechend aktiv werden. Es handelte sich also wie bei A, B und C nicht nur um eine Diskursstrategie, sondern auch um eine des Lebens.

Robert Nelson, der m.W. den Begriff angrenzende Kolonisierung eingeführt hat, unterscheidet nicht zwischen B) angrenzender und C) der in Deutschland bekannten inneren Kolonisierung, nennt sie, wie in der Einleitung schon dargestellt, als Synonyme in einem Atemzug[3] und beraubt seinen eigenen Begriff des semantischen Potenzials. Alexander Etkind wiederum, der den Begriff Selbstkolonisierung eingeführt hat, unterscheidet nicht zwischen C) und D); dabei kommt ihm grammatisch die Nichtunterscheidung von Passiv und Reflexiv in der russischen Sprache zupass.

Παροικία und αποικία. Zudem habe ich in der Einleitung vorgeschlagen, unter Verwendung zweier griechischer Begriffe für Kolonien die Unterscheidung zwischen *Parikía (παροικία*, wörtlich: das Neben-Haus) und Apikía *(αποικία*, wörtlich: vom-Haus-weg) in den wissenschaftlichen Umlauf einzubringen. Parikía kann die Vorstellung von griechischen Diaspora-Communities, von „einfacher" Besiedlung beinhalten. „Die griechische Parikía" von Hamburg[4] oder Odessa würde man mit „griechische Community" übersetzen. Die Parikía ist dann die „gute" Kolonie. Apikía (die „schlechte" Kolonie) ist hingegen eher mit dem imperial(istisch)en Überseekolonialismus west- und mitteleuropäischer Großmächte konnotiert.

Die Gründung von Kleinkolonien aus religiösen oder sonstigen Gründen entspricht z.B. *„Parikia"*. Ohne die griechischen Begriffe zu kennen, weist Kopp[5] auf den Doppelcharakter des Wortes Kolonie im Deutschen hin: einerseits „einfach" Besiedlung – siehe „Ferienkolonien, Schrebergartenkolonien, Verbrecherkolonien", auch: Militärkolonien;[6] auf der anderen Seite „fremde Neue kolonisieren Gebiete lokaler Alteingesessener". Die rassistischen und expansionistischen deutschen Texter brachten das teilweise bewusst und systematisch durcheinander, und wir sollten zumindest erkennen, dass hier Idealtypen konstruiert und

3 Ebenda.
4 Manos, Helene: Zu Hamburg in der „Fremde"? Eine Kritik der griechischen Emigrationsideologie, Hamburg 2001.
5 Kopp 2012.
6 Alexander I. „legte zur Verminderung der Heereskosten Militärkolonien an." https://de.wikipedia.org/wiki/Geschichte_Russlands. (12.03.2019)

sprachlich gefestigt werden, die schlicht das Gute vom Bösen trennen.[7] Auch das heutige Konzept der *„Russkij mir“* entspricht dem von *Parikia*-Kolonien: Teile einer community sind migriert, haben aber nicht das Bewusstsein, nach staatlicher Hegemonie zu streben.

Erst, wenn wir diese vier geografischen Begriffe Überseekolonialisierung, angrenzende Kolonialisierung, innere Kolonialisierung und Selbstkolonialisierung trennen, können wir Übertragungen aus der Analyse der klassischen Übersee-Kolonie und auch der postkolonialen Forschung auf die drei anderen Arten von Kolonisierung sauber und brauchbar durchführen und auf Polesien anwenden.[8] Ich werde dies im Folgenden grob der Chronologie entlang für das Deutsche Reich, das Russländische Reich, die Polnische Republik (1918–1939) und die Sowjetunion (bis 1941) durchgehen.

10.3 Das preußische Kolonial-Paradox

Im Jahr 2004 wies Jürgen Zimmerer[9] nachdrücklich darauf hin, dass Entscheider der Nazizeit in Osteuropa viele ideologische Vorstellungen und Praktiken von den Praktiken, Techniken und Ideologien des Deutschen Reichs in dessen Übersee-Kolonien abgeguckt hatten, dass es Kontinuitäten gab. Dies war zuvor zu wenig beachtet worden, von Einzelnen wie Liulevicius abgesehen. Zimmerers Ausgangsfrage war, warum zwar immer wieder festgestellt wird, dass „ganz normale Menschen“ nicht nur zu brutalem Foltern und Morden, sondern auch zur Shoah und überhaupt zum Völkermorden fähig waren, dass aber Fragen nach dem Warum all zu gerne und all zu schnell in den Bereich des „Unfassbaren“ geschoben werden. Würde man sich, so Zimmerer, mit dem schon lange vorher vorhandenen Rassismus und mit den Völkermorden an afrikanischen Völkern zu Beginn des 20. Jahrhunderts befasst haben, so wären viele ideologische, institutionelle und durchaus auch personelle Parallelen und Kontinuitäten erkennbar. Denn Entscheider in Politik und (Pseudo-)Wissenschaft hielten die Afrikaner bzw. die Juden für nicht lebenswerte minderwertige „Rassen“.

In der Folge hat man Vieles an diesen bewusst skizzenhaft gehaltenen Thesen verifiziert und falsifiziert.[10] Schon Zimmerer selbst wies darauf hin, dass er zwar Parallelen und historische Stränge aufzeigen, aber nicht eine Eins-zu-Eins-Übertragung der Analyse von der Kolonialherrschaft auf die Herrschaft in Osteuropa beabsichtigte.

---

7 Auch „Großes Fremdwörterbuch“, Leipzig 1986, S. 391, unterscheidet: „1. von kapitalist. od. imperialist. Staaten meist durch gewaltsame Unterwerfung angeeignetes u. ausgebeutetes Gebiet, das politisch u. wirtschaftlich abhängig ist – 2. Ansiedlung; Ausländergruppe oder -siedlung in einer fremden Stadt od. in einem fremden Land; Ansiedlung altrömischer Bürger in eroberten Gebieten 3. Vergesellschaftung von Einzelorganismen der gleichen Art (z.B. Brutkolonie der Möwen [...])“

8 Vorbilder gibt es bei Kraft, Claudia und Alf Lüdtke (Hrsg.): Kolonialgeschichten. Regionale Perspektiven auf ein globales Phänomen. Frankfurt/Main 2010.

9 Zimmerer 2004.

10 Kritisch zu Zimmerer: Kundrus, Birthe: Colonialism, Imperialism, National Socialism. How Imperial was the Third Reich? In: Bradley Naranch/Geoff Eley (Hg.), German Colonialism in a Global Age, Durham/London 2014, S. 330-346; Kundrus, Birthe: Kolonialismus. Imperialismus, Nationalsozialismus? Chancen und Grenzen eines neuen Paradigmas, In: Claudia Kraft/Alf Lüdtke/Jürgen Martschukat (Hg.), Kolonialgeschichten. Regionale Perspektiven auf ein globales Phänomen, Frankfurt/Main 2010, S. 187-210.

Was in diesen Diskurs nicht von Anfang an eingeflossen ist, ist der Aspekt, dass es in Osteuropa nicht nur um die Herrschaft des deutschen Bluts, sondern auch um Boden ging. Ich stelle nicht nur in der Tradition von Strazhas[11] und Liulevicius[12] fest, dass schon im Ersten Weltkrieg geografistische und biologistische Vorstellungen heranreiften, die durch Kontinuität oder Reform/Negation von den Nazis dann im Zweiten Weltkrieg am gleichen Kriegsschauplatz erweitert und/oder umgesetzt wurden.

Steffen Lehnstaedt hat herausgestellt, dass es im Ersten Weltkrieg in der Herrschaft über die zuvor russländischen polnischen Gebiete in den beiden polnischen Besatzungsgebieten des Deutschen (Generalgouvernement Warschau) und des Habsburgerreichs (Generalgouvernement Lublin) keinen Rassismus, keine eliminatorische oder Völkermord vorbereitende soziale Praxis gab, noch nicht einmal eine entsprechende Ideologie.[13] Dies war auch in Ober Ost so, daher nimmt Zimmerer zu Unrecht Liulevicius als Zeugen für seine These.[14] Wenn es einen „Antislawismus" der deutschländischen Besatzer gab, dann bezog er sich jedenfalls nicht auf die katholischen Polen, sondern, wie gesehen, wenn überhaupt, auf die russisch-orthodoxe slawische Bevölkerung; aber dieser in den mir bekannten Quellen nicht untergekommene Antislawismus, wenn es ihn gegeben haben sollte, unterschied sich mit seinem „Kulturprogramm", das Alphabetisierung in Muttersprachen und in deutsch vorsah, deutlich von dem vielzitierten „Lesen halte ich nicht für erforderlich" von Himmler.[15]

Zimmerer betont, dass man bei dem Vergleich zwischen einerseits Überseekolonialismus und andererseits Nazis, Holocaust und Drittem Reich, übrigens drei Begriffe, die auch Unterschiedliches markieren, sich mit den Kolonien beschäftigen muss. Dasselbe sage ich nun zu Polen, Ober Ost und dem Frontgebiet, das über drei Jahre lang deutschländisch besetzt gewesen ist. Ich hoffe, mit meinem faktenorientierten obigen Text meinen Beitrag zur Debatte leisten zu können.

Wo wir gerade bei dem Thema sind: Der wesentliche Unterschied zwischen Windhuk und Auschwitz war die Judenvernichtung, die *shoah*. Zimmerer selbst stellt heraus, dass sie sich von der kolonialen (Praxis, vor allem aber:) Ideologie dadurch unterschied, dass die Deutschen (oder wer?) die afrikanischen Völker von vorneherein als minderwertige Menschen ansahen, während man gegenüber den Juden als angebliche Weltverschwörer eine Art antikolonialen Kampf ausrief.[16] Tatsächlich unterscheidet sich Auschwitz von Windhuk vielleicht nicht durch den Rassismus, nicht durch Vorsätzlichkeit und Planmäßigkeit, meinetwegen auch nicht durch das Ausmaß (was allerdings wichtig ist), nicht durch die Genozidalität. Es müsste noch erforscht werden, ob es allgemein am Antisemitismus oder spezi-

11 Strazhas, Abba: Deutsche Ostpolitik im Ersten Weltkrieg: Der Fall Ober Ost 1915-1917, Wiesbaden 1993

12 Liulevicius, Vejas G.: Kriegsland im Osten. Eroberung, Kolonisierung und Militärherrschaft im Ersten Weltkrieg 1914–1918, Hamburg 2002 [Original 2000].

13 Lehnstaedt, Stephan: Imperiale Polenpolitik in den Weltkriegen. Eine vergleichende Studie zu den Mittelmächten und zu NS-Deutschland (= Einzelveröffentlichungen des Deutschen Historischen Instituts Warschau, Osnabrück 2017, S. 256, 466; derselbe: Imperiale Ordnungen statt Germanisierung, In: Baberowski, Jörg; Sapper, Manfred: Totentanz. Der Erste Weltkrieg im Osten Europas. Berlin 2014 (=Osteuropa, 64,2/4), S. 221-232.

14 Zimmerer, Jürgen: Von Windhuk nach Auschwitz? Beiträge zum Verhältnis von Kolonialismus und Holocaust, Münster 2011, S. 27. Der Text ist von 2009.

15 Heinrich Himmler über die Behandlung der Fremdvölkischen im Osten, 15.05.1940 https://www.ns-archiv.de/krieg/untermenschen/himmler-fremdvolk.php. (12.03.2019).

16 Zimmerer 2011, S. 27 [Text von 2009].

ell an der mit antikolonialem Sound angereicherten antisemitischen Ideologie lag – jedenfalls gab es einen ganz entscheidenden Unterschied: den deutschen Besatzern, egal ob im für rau und brutal gehaltenen Osten oder im für zivilisiert gehaltenen Griechenland, war es wichtiger, die Juden zu vernichten als den Krieg zu gewinnen.[17] Zimmerer macht es sich sehr leicht, wenn er die Vernichtung der Herero und Nami mal mit der der Polen und Russen, dann wieder mit der der Juden vergleicht. Man sollte schon gar nicht eine Überschrift „Holocaust und Kolonialismus"[18] verwenden, wenn es allgemein um Raumvorstellungen und Besatzungspraxis in Osteuropa geht. Denn die in der europäischen, vielleicht sogar weltweiten Erfahrungswelt der Menschen von 1939 unbekannte Praxis der Vernichtung um jeden Preis, selbst dem der militärischen Niederlage, galt den deutschen Nazis nicht für die „Slawen", sondern nur für die Juden.

Unmittelbare Untertanen. Zurück zum Ersten Weltkrieg: Meine Kernthese ist, dass die deutsche Herrschaft in der institutionsideologischen Tradition des preußischen Staates im Idealfall eine solche über unmittelbare Untertanen sein wollte. Man hasste in Berlin die Kleinstaaterei der Fürstentümer.[19] Das in der französischen Revolution postulierte gleiche Recht aller Bürger[20] wurde in Preußen (mit vielen Übergängen, z.B. des Dreiklassenwahlrechts) zum gleichen Recht aller staatlichen Untertanen pervertiert (und deshalb fällt es einem übrigens schwer, das nach Freiheit schmeckende *obywatelstwo* mit dem „preußischen" Begriff Staatsbürgerschaft zu übersetzen). Rechtsstaat ohne Demokratie, das war Ideal und Praxis Preußens seit Friedrich II., wie in dessen Selbstbezeichnung als „erster Diener des Staates",[21] man könnte auch sagen: „Oberster Untertan" zum Ausdruck kommt – vergleiche später Ludendorff als „erster Generalquartiermeister" oder Ulbricht als „Erster Sekretär".

Kulturkampf. Auch den Kulturkampf kann man in diesem Lichte sehen: Preußen-Deutschland wollte selbst im „kulturellen" und religiösen Bereich unmittelbare Untertanen produzieren.[22] Intermediäre Herrschaft hingegen und mithin auch die (Mit-)Herrschaft der katholischen, als Institution einer universalistischen Religion „internationalistischen" Kirche, war Berlin ein Graus und wurde bekämpft.[23]

Überseekolonien. Für die Überseekolonien Deutschlands bedeutete dies, dass die traditionellen Kolonial-Herrschaftsmethoden, die neben (rassistischer) Gewalt und Unterdrückung oft auch das Kooptieren örtlicher Oberschichten und das Ausspielen von einer Bevölkerungsgruppe gegen eine Andere beinhalteten, für Berlin nicht attraktiv waren.[24] Man konnte zwar, wie gewollt, möglichst rein vertikal durchregieren und durchverwalten,

---

17 These von Sebastian Haffner: Anmerkungen zu Hitler, 22. Auflage, März 2001, S. 141; vgl. Siebert, Diana: Aller Herren Außenposten. Korfu von 1797 bis 1944, Köln 2016, S. 215.

18 Zimmerer 2011, S. 140-171.

19 Liulevicius 2002, S. 210 ist sich dessen ebenfalls gewahr. Bei ihm erscheint aber der Krieg nach außen vornehmlich als Mittel, um durch gemeinsames Kriegs-, insbesondere Fronterlebnis usw. die alldeutsche Identität zu stärken. Mit ist es wichtig zu zeigen, dass es eine Herrschaftstechnik (im Sumpf der Kleinfürstentümer) ist.

20 Das hinderte das revolutionäre Frankreich allerdings nicht daran, andere Länder mit Waffengewalt zu erobern.

21 Zitiert in https://de.wikipedia.org/wiki/Friedrich_II._%28Preu%C3%9Fen%29#cite_ref-1. (12.03.19).

22 Kopp 2012, S. 22.

23 Vgl. zu Folgen von neuzeitlichen Territorialisierungsprozessen z.B. Charles A Maier: Assigning the 20th century to history. https://dash.harvard.edu/bitstream/handle/1/3206819/Maier_Consigning20th.pdf?sequence=2).

und an der untersten Stufe standen die völlig rechtlosen, offiziell Eingeborene genannten[25] Einheimischen. Die späte Nation Deutschland wandte auch in ihren späten Kolonien solche Herrschaftstechniken an, die Preußen groß gemacht hatten: eine extreme Trennung des Anderen oder Fremden vom Eigenen, wobei die Eigenen zu unmittelbaren Untertanen gemachtg wurden. Es gab aufgrund des nicht nur extremen (das war er in anderen Kolonialherrschaften auch), sondern auch konsequenten Rassismus keinen Platz für Perfektionierung der Herrschaftstechniken durch Kooptierung und Gegeneinander-Ausspielen.

Noch etwas anderes ist wichtig, fällt aber vielleicht in der deutschen Diskussion über den Kolonialismus des Deutschen Reichs nicht auf, eben weil wir Deutsche sind: in den deutschländischen Kolonisatoren steckte, wahrscheinlich mehr als anderswo, ein scheinwissenschaftlich verbrämter Geografismus. Bei „Land" ging es Berlin nie nur um Ausbeutung von Stoffen, Pflanzen, Tieren und Menschen als Ressourcen oder Humanressourcen, sondern auch um den schönen Blick auf die Landkarten oder Globen: man wollte Gebiete sein eigen nennen können.[26]

Aber letztlich konnte Deutschland weder prahlen – dafür hatte es dann doch zu spät seine Kolonien erobert, noch spielten diese wirtschaftlich eine ausreichende Rolle: nie haben

---

24 „Bereits 1868 hatte Bismarck in einem Brief an den preußischen Kriegs- und Marineminister Albrecht von Roon seine Ablehnung jeglichen Kolonialerwerbs deutlich gemacht" (https://de.wikipedia.org/wiki/Deutsche_Kolonien#Bismarcks_Ablehnung_kolonialen_Erwerbs_(1862%E2%80%931879) Die Deutsche Kolonialgesellschaft ab 1887 war ein privatrechtlicher Verein. https://de.wikipedia.org/wiki/Deutsche_Kolonialgesellschaft, ebenso das Kolonialwirtschaftliche Komitee von 1896 https://de.wikipedia.org/wiki/Kolonialwirtschaftliches_Komitee.-. „Das Jahr 1884 markiert den eigentlichen Beginn der deutschen Kolonialpolitik." „Bismarck übertrug durch staatliche Schutzbriefe den privaten Organisationen den Handel und die Verwaltung der jeweiligen Deutschen Schutzgebiete." „Diese Verträge wurden nun vom Deutschen Reich bestätigt; den Organisationen wurden umfassende Hoheitsrechte ohne Gewaltenteilung zugesprochen. Das Reich behielt sich allein im Schutzgebietsgesetz von 1886 die Oberhoheit und gewisse Eingriffsrechte vor, ohne dass dies spezifiziert oder konkretisiert worden wäre. Damit war das staatliche Engagement finanziell und organisatorisch auf ein Mindestmaß reduziert". Erst ab 1888 „waren Bismarck und seine Nachfolger gezwungen, alle Kolonien direkt und formell der staatlichen Verwaltung des Deutschen Reiches zu unterstellen." Aber Bismarck 1888 zu Eugen Wolf: „Ihre Karte von Afrika ist ja sehr schön, aber meine Karte von Afrika liegt in Europa. Hier liegt Rußland, und hier […] liegt Frankreich, und wir sind in der Mitte, das ist meine Karte von Afrika." Bismarck wollte die Kolonien „der Admiralität übergeben". Wilhelm II. „hingegen verfolgte eine schwärmerisch-expansionistische Politik", von von Bülow mit dem Begriff „Platz an der Sonne" popularisiert. Erst ab 1907 gab es ein eigenes Ministerium, das Reichskolonialamt. Jetzt erst wurden „Straßen, Eisenbahnen und Häfen […] im erweiterten Maße angelegt für die wirtschaftliche Erschließung der Kolonien. Als Ergebnis dieser neuen Politik gab es nach 1907 keine großen Aufstände in den deutschen Kolonien mehr und die wirtschaftliche Leistungsfähigkeit der Überseebesitzungen Deutschlands steigerte sich schnell. Dernburg im Januar 1909: „Das Ziel müssen mit dem Vaterland eng verbundene, administrativ unabhängige, wirtschaftlich selbstständige, gesunde Kolonien sein." https://de.wikipedia.org/wiki/Deutsche_Kolonien#Neue_Kolonialpolitik_seit_1905 (25.01.2019). Im Ersten Weltkrieg wurden die Kolonien nicht besonders stark verteidigt. Bis Februar 1916 erfolgten Kapitulationen in allen Kolonien (außer Deutsch-Ostafrika): https://de.wikipedia.org/wiki/Deutsche_Kolonien_und_Schutzgebiete (25.11.2018). Karte mit den Kapitulationen: https://de.wikipedia.org/wiki/Deutsche_Kolonien_und_Schutzgebiete#/media/File:Erster_Weltkrieg_in_Kolonien_1914-18.png (11.02.2016).

25 https://de.wikipedia.org/wiki/Deutsche_Kolonien_und_Schutzgebiete#Rechtliche_Ungleichheit (11.02.2016).

26 Zu Geographie und Erdkunde als „deutscher" Wissenschaft siehe Liulevicius 2002, S. 210-215.

die Kolonien des Deutschen Reiches zu mehr als 2,5 % des Außenhandels des Kernlands beigetragen.[27]

Berlin hat aber, um sein erfolgreiches „Konzept" der Herrschaft über unmittelbare Untertanen „kolonial" verwirklichen zu können, die an Deutschland angrenzenden Gebiete erobern und dort seine Territorial-Herrschaft ausbauen wollen. Was dabei herauskam, möchte ich gerne das Preußische Kolonial-Paradox nennen. Denn das „Konzept" der unmittelbaren Untertanen enthielt auch eine zunehmende Ethnisierung deutscher Identität. Direkt angrenzende Kolonien konnte Deutschland daher eigentlich in seinen äußeren Grenzen zunächst widerspruchsfrei „nur" „von der Maas bis an die Memel, von der Etsch bis an den Belt" sammeln wollen. Die Polen (Gebiete Posen und Westpreußen, dann Ruhrgebiet) und Sorben konnten in dieser rassistisch-geografistischen Konzeption eigentlich nur ein Problem darstellen, in gewisser Hinsicht auch die Bewohner Elsass-Lothringens, welches man aber nach 1871 nicht wieder hergeben wollte.[28] Dass dem Deutschen Reich 1890 Helgoland wichtiger war als Sansibar,[29] das entsprach schon ganz der Politik der Ausdehnung des Reiches an seinen eigenen Grenzen. Und auch „ein während der französisch-britischen Faschoda-Krise Ende 1898 von französischer Seite erneut unterbreitetes Angebot, Elsass-Lothringen gegen eine der französischen Kolonien zu tauschen, wurde erneut abgelehnt"[30] – ein deutliches Beispiel des Paradoxons, dass Deutschland sein Territorium erweitern, aber es nicht mit Nichtdeutschen zu tun haben wollte. Auch die „kleindeutsche Lösung"[31] hatte in dieser Hinsicht gegenüber der „großdeutschen" bis 1918 den Vorteil, dass man sich auf diese Weise mit Habsburg keinen Vielvölkerstaat eingehandelt hatte, welcher obendrein noch eine verschachtelte, intermediäre Herrschaft eingebracht hätte.

Angrenzende Kolonien? Kaum Vorbilder für Preußen/Deutschland. Das Russische Reich, das Habsburgerreich und das Osmanische Reich, diese Vielvölkerreiche, hatten die kolonisierten Flächen vor ihrer eigenen Haustür. Diese Imperien, ausgestattet mit höchst verschachtelten, mit dualistischen Verfasstheiten und mit je zahlreichen Herrschaftstiteln führenden Monarchen an der Spitze, diese Imperien konnten deshalb kein Vorbild für Berlin sein, weil sie dem Prinzip des Durchregierens und überhaupt der reinen Vertikale widersprachen. Am ehesten konnte noch das aus dem Absolutismus, aus der absoluten Zarenherrschaft („Selbstherrschaft"[32]) kommende Russische Reich hier Vorbild sein, aber auch dieses war mit seiner West- und Südausdehnung nach Polen, Finnland und in den Kaukasus zuweilen gehalten gewesen, intermediäre Zugeständnisse zu machen. Ab 1714, mit dem Ende zumindest der *Anwendung* des *pomest'e*-Systems,[33] konnten in der Ukraine die

27 https://de.wikipedia.org/wiki/Deutsche_Kolonien#%C3%96konomische_Bilanz (06.01.2019).

28 Siehe oben. Es spielte dabei keine Rolle, dass die mehrheitlich deutschsprachigen Lothringer und Elsässer „sich trotzdem gefühlsmäßig der französischen grande nation zugehörig fühlten", zitiert in: https://de.wikipedia.org/wiki/Reichsland_Elsa%C3%9F-Lothringen#Haltung_der_Bev.C3.B6lkerung_zur_Annexion. (12.03.2019).

29 https://de.wikipedia.org/wiki/Vertrag_zwischen_Deutschland_und_England_über_die_Kolonien_und_Helgoland (10.02.2016); schon 1865: „Dänemark seinerseits bot 1865 vergeblich Dänisch-Westindien an, um den vollständigen Verlust Schleswigs zu verhindern."

30 https://de.wikipedia.org/wiki/Deutsche_Kolonien_und_Schutzgebiete#Weltpolitik_unter_Kaiser_Wilhelm_II. (11.02.2016).

31 https://de.wikipedia.org/wiki/Kleindeutsche_L%C3%B6sung (11.02.2016).

32 https://de.wikipedia.org/wiki/Autokratie#Autokratische_Regierungen_in_Russland. (12.03.2019)

33 Nach https://ru.wikipedia.org/wiki/Поместная_система. (04.03.2019)

Imperator/innen im 18. Jahrhundert noch durchsetzen, dass der einheimische Adel zwar kooptiert, aber, ebenfalls schon unter Peter I., eine reine Gouvernementsverwaltung etabliert wurde. Die Südukraine wurde „Neurussland“ genannt. Aber Finnland und zunächst auch Polen besaßen eine gewisse territorialisierte Autonomie.

East of Memel. Welche tatsächlichen und ideellen Vorläufer es nun auch immer gegeben haben mag: im Ersten Weltkrieg hatten die deutschländischen (nicht hingegen die österreich-ungarischen) Truppen seit 1915 eine Reihe von Gebieten östlich und nördlich der Memel besetzt. Liulevicius beschreibt konkret, wie verwirrt die Soldaten des Deutschen Reiches darüber waren, dass in den Städten Angehörige mehrerer Ethnien und Religionen lebten. Hindenburg und Ludendorff schufen mit Ober Ost einen Militärstaat, eine Art militarisierten riesigen Gutshof, der zwar sehr chaotisch in seinen Befehls- und Verordnungsproduktionen war, der aber das Prinzip des Herrschens über unmittelbare Untertanen einführte. Dabei wurden zwar (meist evangelische) Deutsche und Nichtdeutsche, genauso Militärs und Zivilisten getrennt behandelt. Wichtig ist aber, dass in Ober Ost das Durchregieren und Durchverwalten von Hindenburg-Ludendorff bis in das kleinste Dorf Programm war. Man wollte das Deutschtum hineindrillen, und dazu benutzte man ein so auch genanntes Kulturprogramm, welches zunächst nur das Deutsche in Wort, Schrift und Bild propagierte. Später hat man dann zwar mit dem Ziel, einen Randstaatenkorridor gegen den Kriegsgegner Russland und ab Dezember 1916 gegen das offiziell ja eigentlich geförderte „Königreich Polen“ (ich setze es in Anführungsstriche, weil es keinen König und kein Reich gab) gleichzeitig zu errichten, auch die litauische, “weißruthenische“, ukrainische („kleinrussische“) und die jüdische Kultur gefördert, aber der Glaube daran, dass mit diesen Völkern ein Staat zu machen ist, hielt sich in Grenzen, und somit auch das Kulturprogramm. Da haben wir wieder das preußische Paradox! Man wollte Gebiete erobern, und hatte dies sogar geschafft, aber man wollte keine intermediäre Herrschaft. Dann schon lieber Randstaaten, in denen Deutsche nicht siedelten – einen Postkolonialismus *avant la lettre*.

Deutlich wurde dies 1918, als Friedrich Naumann die Forderung nach einem Frieden ohne Annexionen im Deutschen Reichstag damit begründete, dass man doch ein Nationalstaat bleiben wolle:

> „Aber wir sind ebenso zu der Erkenntnis gekommen, dass der eigentliche Kern der Kraft in der Aufrechterhaltung des nationalen Staates als solchen [!] liegt, [...] und es ist verwunderlich, daß diejenigen, die das Wort vom nationalen Staate am lautesten im Munde führen, jetzt am eifrigsten bemüht sind diesen Staat zu entnationalisieren.“[34]

Zwei Elternteile der „Geburt des Ostlands“. Jürgen Zimmerer nennt seinen Aufsatz von 2004 „Geburt des Ostlandes“, schreibt aber nichts über diesen Geburtsprozess im Osten von Deutschland und sieht das Ostland auch nicht schon im Ersten Weltkrieg oder vorher „geboren“. Wenn wir aber mit Strazhas und Liulevicius sagen, dass mit Ober Ost von Herrschaft nicht nur eine Vorstellung existierte, sondern von 1915 bis 1918 auch verwirklicht wurde, dann können wir synthetisieren: nicht nur Erfahrungen aus den Übersee-Kolonien, sondern auch der Verwaltung in Ober Ost und überhaupt Gebieten wie z.B. Westpolesien, die völkerrechtlich zum Russischen Reich gehört hatten, (die das Deutsche Reich im Ersten

34 Reichstag, 142. Sitzung 18.03.1918, Rede von D. Naumann [Waldeck], S. 4442-4444.

Weltkrieg mehrere Jahre lang besetzt gehabt hatte), wurden dann später bei der „unfassbaren“ Shoah ausgewertet und ausgeweitet, „reformiert“ und ins Extreme geführt. Es gab also zwei Elternteile bei der Geburt des Ostlands.

Der wahrscheinlich wichtigste Aspekt dieser „Kontinuität und Reform“[35] ist der Versuch, das preußische Kolonial-Paradox rassistisch-eliminatorisch zu überwinden: schon in Preußen hatte man sich eine intermediäre Herrschaft und Deutschland als Vielvölkerreich nicht vorstellen können. Die Nazis und andere Extrem-Antisemiten wie Ludendorff zogen dann die Konsequenz: die deutschländische „Kolonisierung“ im Osten nur als Deutschland und nur mit Deutschen. Nicht nur aus antisemitischen, nicht nur aus kriegsstrategischen, nicht nur aus sadistisch-rassistischen Gründen wollte man die Oberschicht in den eroberten Ostgebieten abschaffen, sondern auch deshalb, weil man die Vorstellung hatte, dass Deutsche überall eine kleine, durchregierende Oberschicht bilden würden. Es bestand die gar nicht unberechtigte Hoffnung, dass man den vielen vom „Ostrausch“[36] ergriffenen Menschen als Kolonisatoren (im Sinne, die Böden urbar zu machen) zeigen würde, was eine Harke ist.

Doch damit wurde das preußische Kolonial-Paradox nicht aufgehoben, sondern nur inhaltlich und geografisch verschoben. Denn selbst die Nazis konnten in ihren kühnsten Ostkolonial- und Besiedlungsplänen auf absehbare Zeit kein entsprechendes Programm und keine passende Ideologie für eine Germanisierung all der eroberten Gebiete auflegen, geschweige denn verwirklichen.

Im Unterschied hierzu war den Entscheidern in Großbritannien klar, dass sie kein komplettes Durchregieren zum Beispiel im Vielvölkerstaat Indien hätten durchführen können. Großbritannien hat die mediatisierte Herrschaftstechnik im „Commonwealth“, hat das Teilen und Herrschen perfektioniert, und hat schon im 19. Jahrhundert, z.B., als es 1878 de facto auch Zypern bekam, schon auf eingeübte entsprechende Herrschaftstechniken zurück blicken können.

Allgemein spricht man ja vom Kolonialparadox, da einerseits die Kolonisierer die kolonisierten Gebiete und Menschen als das ewig Andere konzipierten, andererseits gerade dies durch die Kolonisierung selbst in Frage gestellt wurde, insofern sie sie als Modernisierung, Zivilisierung oder Europäisierung bezeichneten. Das speziell preußisch-deutschländische Kolonialparadox umfasste also über dieses allgemeine Paradox hinaus noch den Aspekt, dass Preußen durch die allgemeine, direkte und territorialisierte Verwaltungsherrschaft groß geworden war, daher Assimilation und allgemeines Untertanentum im Idealfall der indirekten Herrschaft über besondere Gebiete oder Menschengruppen oder einer Koloniebildung vorzog; dies führte nicht nur zu besonderen Schwierigkeiten mit den Übersee- und angrenzenden Gebieten bis 1914, sondern auch dazu, dass der militärisch-politische Komplex das Gebiet Ober Ost 1915 bis 1918 als Militärstaat im Staate schuf. Man wollte im Ersten Weltkrieg Territorien im Osten erobern, aber das evangelische, außerliberale Berlin konnte sich in seinem Geografismus echte Kolonisierung nur als durchregierte und durchverwaltete

35 „Reform“ kann am Beispiel Propagandatechnik gezeigt werden. Wie Babette Quinkert in ihrem Buch über die Belarus' ausführt, wollte man unbedingt aus den Fehlern bei der Propaganda im Ersten Weltkrieg lernen und es dann „besser“, konsequent lügnerischer machen. Vgl. Quinkert, Babette: Propaganda und Terror in Weißrußland, 1941-1944. Die deutsche „geistige Kriegsführung“ gegen Zivilbevölkerung und Partisanen. Paderborn 2009, S. 28.

36 Blackbourn 2008, S. 147.

nicht-mediatisierte Herrschaft über unmittelbare Untertanen, mithin als Germanisierung und Annektierung vorstellen und war deshalb irritiert, dass es mit Einheimischen umgehen musste – besonders irritiert von Polesien. Man sah die Schaffung und Unterstützung des „Königreich Polens" im Dezember 1916, der UNR 1918 (mit Polesien) und anderer „Randstaaten" bis zuletzt eher als Notbehelf denn als konsequente (neo-)koloniale Intervention an. Man wusste nicht, was man mit Gebieten östlich der Memel tun sollte.

1918. Wegen der historiographischen Konzentration auf Deutschlands „Westfront" fand die militärische Expansion des Deutschen Reichs und Österreich-Ungarns im Jahr 1918 nach Osten lange Zeit wenig Beachtung. In der Zeit vom 18. Februar bis zur Kapitulation im November und sogar darüber hinaus, also vor *und* nach der Unterzeichnung des Vertrags in Brest vom 3. März 1918, hatten die Mittelmächte die Belarus' und weite Teile der Ukraine besetzt. Die Oberste Heeresleitung (OHL) entgegnete Bedenken aus dem Auswärtigen Amt dahingehend, dass man nicht auf halbem Wege stehen bleiben könne. Doch lassen sich diese Vorstöße auch weniger strategisch erklären, nämlich damit, dass sie die RKP(b) und die Sowjets unter Druck setzen sollten und dass man den Westalliierten zuvorkommen wollte, die mit der RKP(b) und den Sowjets seit 1918 neue Kriegsgegner hatten.

Interessanter ist daher, warum von November 1917 bis Januar 1918 die Truppen des Deutschen Reichs eben nicht gegen die schwachen, ja noch nicht einmal existierenden sowjetischen Truppen vorgegangen waren. Auf einer sichtbaren Ebene waren die Soldaten des Deutschen Reichs und ihre Familien kriegsmüde, und die Mitte-Links-Mehrheit hatte im Reichstag eine „Friedensresolution" durchgebracht.

Es gab auch zunächst, Ende 1917, Verbrüderungsszenen,[37] die allerdings einem Teil der russischsprachigen Historiographie zufolge von der deutschländischen Seite her von oben kontrolliert oder sogar organisiert waren.[38] Dass es aber sogar bis Ende 1918 zu keinem größeren Krieg zwischen den sowjetischen Gebieten und Deutschland kam, lag, so meine These, daran, dass die RSFSR mit den Mittelmächten Frieden geschlossen hatte, während Großbritannien, Frankreich sowie russländische Weißgardisten und die tschechoslowakische Legion an der Eisenbahnstrecke hingegen Vorstöße auf die Zentren der Sowjetmacht durchzuführen gedachten – nach Moskau und Petrograd.

Es ist in Vergessenheit geraten, dass z.B. in Orša ein regulärer Übergang zwischen den deutschländisch besetzten und sowjetischen Gebieten existierte. „Die Rückwanderung vollzog sich mit Eisenbahntransporten hauptsächlich über Kowel und Pinsk, gelegentlich auch über Orscha, Dünaburg und Pleskau" (ab 1. Juni 1918).[39]

Auf einer tieferen Ebene finden wir aber wieder das preußische Kolonial-Paradox: man konnte (im Gegensatz zu den Nicht-Verspäteten, worunter auch Österreich-Ungarn fällt) nicht gut einen Raum konzipieren, der diese „weiten" Gebiete kolonisieren sollte, weil man sich Kolonisierung nur als Germanisierung vorstellte. Hitler war also 1926 nun wirklich

37 Smol'janinov, M.M.: Moral'no-boevoe sostojanie rossijskich vojsk Zapadnogo fronta v 1917 godu, Minsk 2008: Zwischen S. 92 und 93.

38 Beljavina 2013, S. 45.

39 Günther, Oliver: Die Rückwanderung von Wolhynien nach Deutschland bis 1918. Eine Recherche im Geheimen Staatsarchiv Preussischer Kulturbesitz (GstAPK) = http://www.wolhynien.de/pdf/rw_GstAPK.pdf, S. 9-10.; vgl. auch Miłosz, Czesław: Wiersze, S. 155, zitiert in: Kaźmierczyk, Zbigniew: Rosja mentalna Miłosza, In: Teksty Drugie 2010,5, S. 237-246, hier S. 239, http://rcin.org.pl/Content/49161/WA248_66798_P-I-2524_kazmierczyk-rosja.pdf.

nicht der erste, der die Kolonialpolitik ablehnte, auch wenn er meinte, es so darstellen zu müssen: „Wir schließen endlich ab die Kolonial- und Handelspolitik der Vorkriegszeit und gehen über zur Bodenpolitik der Zukunft. Wenn wir aber heute in Europa von neuem Grund und Boden reden, können wir in erster Linie nur an Rußland und die ihm untertanen Randstaaten denken.“[40]

Polesien. In Ober Ost, eine Art geografisches Neu-Neuostpreußen[41] mit Halbkreismittelpunkt Königsberg, hat man das Kolonisieren durch Germanisieren (und Untertanenproduzieren) brutal und bürokratisch betrieben. Polesien war hingegen selbst aus der Sicht der OHL schon zu jenseitig. Das besetzte Sumpfgebiet Westpolesiens sollte nicht germanisiert werden. Man konnte Westpolesien bis einschließlich Pinsk besetzen. Doch in Pinsk versuchte man intermediär durchzuregieren – ein Widerspruch in sich. In den ersten zwei Monaten nannten die deutschländischen Besatzer das intermediäre Organ sogar *Stadtverwaltung,*[42] ab dem Spätherbst 1915 dann nur noch *Bürgerkomitee.* Das Bürgerkomitee hatte im Zweifelsfall einfach zu tun, was die deutschländische Stadtkommandantur befohlen hatte. Und im Laufe der Zeit bis zum Waffenstillstand von Dezember 1917, solange also Pinsk eine von drei Seiten durch Truppen des Russländischen Reichs beschossene Frontstadt war, so der Eindruck bei der Lektüre der Pinsker Zeitung, hatte das Bürgerkomitee weniger und weniger zu sagen. Aber in unserem Zusammenhang wichtig ist die Tatsache, dass das Bürgerkomitee Abgaben einsammelte (einsammeln musste) und gemäß einem von der Militärverwaltung aufgestellten Stadthaushalt die konkreten Ausgaben verwirklichte (verwirklichen musste). Mit den geringen Ad-hoc-Budgets der Stadt Pinsk konnte man in der Regel nur viel zu wenig Brot verteilen, als dass die Menschen davon satt geworden wären, und die Mittel für Waisenhäuser und Grundschulen reichten ebenfalls vorne und hinten nicht zur Aufrechterhaltung des Betriebs. Auch soll man sich nicht davon täuschen lassen, dass die Militärkommandantur mehrmals annoncierte, dass sie Freiwillige für verschiedene Arbeiten suchte – der Zwangscharakter solcher Arbeiten sollte nur verschleiert werden, denn Zwangsarbeit verstieß gegen die Landkriegsordnung. Man regierte intermediär und wollte die Juden und Polen (präziser: die Menschen jüdischen Glaubens und katholischer Konfession) auf seine Seite ziehen, und nicht etwa, wie 25 Jahre später, ausrotten oder versklaven. Aber ein Konzept für Pinsk ist nicht erkennbar.

10.4 Kolonisation angrenzender versus innerer Gebiete – das Russländische Reich

Der Hauptunterschied, ja die von mir vorgenommene definitorische Abgrenzung einer Kolonialisierung angrenzender Flächen einerseits von denen innerer Flächen ist schlicht die geografische Lage. Während die geografische Expansion privater und staatlicher Händler oder Krieger nach Sibirien oder Mittelasien in angrenzende Gebiete erfolgte, handelte es

40 Hitler, Adolf: Mein Kampf. Zwei Bände in einem Band, S. 742, zitiert in: https://de.wikipedia.org/wiki/Lebensraum_im_Osten#cite_note-6

41 https://upload.wikimedia.org/wikipedia/de/2/2f/Landkarte_Neuostpreu%C3%9Fen_1806.png (12.02.2016).

42 Shohet 2012, S. 333-335; Pinsker Zeitung 17.01.1916, S. 1.

sich bei den beiden Verkehrsinfrastruktur-Erneuerungen in Polesien ab 1870 um *innere* Kolonisation mit dem Ziel der staatlichen Durchdringung der Fläche(n) zu ökonomischen Zwecken. Und dieses ist von Selbstkolonisierung zu unterscheiden, weil es sich um einen Vorgang handelte, der nicht aus Polesien selbst kam. Es spielt dabei auch keine Rolle, dass es sicherlich Korrelationen insofern gibt, als die angrenzende Kolonisierung eher andere Ethnien hingegen, die innere meist die Titularethnie von Staaten betrifft.

Die angrenzende und die innere Kolonisation. Russland entstand und fand zu sich laut Aleksandr Ėtkind (Alexander Etkind) erst durch eine innere Kolonialisierung, wohingegen England schon als Nation bestanden habe und erst dann sich und andere kolonisierte. Hierzu ist zunächst zu bemerken, dass England (ebenfalls) eine „angrenzende Kolonisierung" betrieben hat: erst in Schottland, dann mit Schottland im fast gar nicht durch Salzwassergebiete getrennten[43] Irland.[44]

Etkind macht die an sich nicht neue, aber in den Zusammenhang mit der Diskussion von Kolonisierung und Selbstkolonisierung wieder interessante Beobachtung, dass die Eliten im Russländischen Reich teilweise aus dem polnischen Adel amalgamisiert wurden. Er behauptet, dass „70 % des Adels des Russischen Reichs nicht russisch" gewesen sei. Hier kann eine leichte Fehleinschätzung vorliegen, weil die polnische (und ukrainische?) Szlachta bis zu 10 % der polnischen Bevölkerung umfasste, aber zum Teil verarmt war – und es galt im Russischen Reich nicht mehr: *„Szlachcic na zagrodzie również wojewodzie"* (Der kleine Landadelige ist dem Wojewoden gleich). Polnische und im Baltikum deutschstämmige Adelige beherrschten in den westlichen Gebieten des Russländischen Reichs russische, und wir würden ergänzen, vor allem belaruthenische, ukrainische, polnische, jüdische, litauische, lettische und estnische Bauern.

Wie dem auch sei, Alexander Etkind macht uns bewusst, dass sich russische Oberschichtsmenschen im Russischen Reich als Kolonisierer wie Kolonisierte kennzeichneten. Die semantisch recht unbestimmte grammatische Form des Reflexivs in der russischen Sprache war dem Bestreben dienlich, das Russische Reich als Imperium darzustellen, das sich selbst kolonisiert, oder: durch sich selbst kolonisiert wird.

Polesien im Russländischen Reich. Wann wurde Polesien im Etkindschen Sinne kolonisiert? Lasst uns die Etkind-These anhand von Polesien als Teil des Russländischen Reichs prüfen. Das am auffälligsten Unpassende war hier, dass es eben nicht einen amalgamisierten, nur früher polnischen Adel gab; dieser blieb zumindest in Westpolesien bis zum Untergang des Russländischen Reichs betont „nichtrussisch".

Dort, wo die Kolonisation nicht von schwarz/weiß, Arier-Nichtarier oder anderen rassistischen Dichotomien signifiziert wurde, insbesondere bei der inneren Kolonisation, ist es manchmal schwierig, die Kolonisierten überhaupt auszumachen. Es waren die Kolonisierer, denen dann der Begriff „Einheimischer", heutzutage *„locals",* oder ein aus einem Toponym abgeleitetes Xenonym wie „Poleschuken" zur Kennzeichnung einfiel. Der *tutėjšy,* der Hiesige, ist der Begriff, mit dem die Menschen nicht nur bezeichnet, sondern gleichzeitig entsignifiziert werden konnten und sollten; denn Hiesige gab es ja eigentlich überall in der Welt.

Neben der „materiellen" Kolonisierung erfolgte dann oft eine zweite, gedankliche, diskursive Aktivität (Lefebvre Nr. 1) der Kolonisateure: sie konnten in ihrer Vorstellung die

43 Vgl. Nelson 2009, S. 1.
44 Vgl. O'Sullivan 2001, S. 87-99.

Ein-Heim-ischen nicht übergehen, da jene genauso ein Recht auf Heimat haben würden, wie die Kolonisateure selbst. So wie Deutsche den Heimatkult – durchaus auch den der „kleinen Heimat" – pflegten, so wurde der auch den Fremden zugebilligt, solange sie in der Fremde blieben. Bei Karl May können wir diese Ambivalenz in der Beschreibung von Indianern oder Kurden gut erkennen. So war es auch bei den russländischen (bis 1914) und polnischen (1921–1939) sowie sowjetischen (1939–1941) Durchdringungsversuchen in Polesien.

Ein anderer Aspekt der inneren Kolonisierung in Polesien war, dass das Russländische Reich Neusiedler nicht nur zur Bildung grenzsichernder Gemeinden geschätzt, sondern auch gegen deutsche, tschechische und polnische Siedler in Polesien zunächst nichts einzuwenden gehabt zu haben schien. Es waren ja sogar deutsche und niederländische Siedler besonders unter Katharina (aus dem Hause Anhalt-Zerbst) als Kolonisten gerufen worden.[45]

Ein dritter Aspekt war der Bumerang genannte: Beamte wurden erst in Taschkent, danach dann in Petersburg eingesetzt, um Kolonialpraktiken einzuüben, die auch in der Heimathauptstadt oder vielleicht noch mehr im inneren Kolonisationsgebiet von Nutzen sein würden.

Alle drei Phänomene bei der inneren Kolonisierung ab 1870 passen nicht zum Begriff Selbstkolonisierung. Wir sollten auch den Entstehungsprozess der ukrainischen, belaruthenischen und russischen Fürstentümer, des Moskauer Zentralstaats und des Petersburger „Russländischen Imperiums" nicht als Selbstkolonisierung beschreiben, weder in einem Haupt- noch einem Nebenaspekt, weder auf der geografischen, noch der diskursiven Ebene.

Dennoch halte ich den Begriff Selbstkolonisierung für brauchbar, aber für ein ganz anderes Phänomen: Selbstkolonisation wäre ein guter Begriff für eine Selbstsorge[46] wie auch eine diskursive Selbstverzwergung.

So, wie man sich darüber streiten kann, ob die Etablierung mittelalterlicher Herrschaft in den deutschen Ländern ein freiwilliger Deal, nämlich Schutz gegen Boden[47] oder ein Gewaltakt war, so könnte man die Selbstkolonialisierung als einen auch Vorteile bringenden Akt darstellen, der die Souveränität der Einheimischen auf Dritte überträgt. Eine genauere Kritik solcher Begrifflichkeiten würde aber den Rahmen dieser Arbeit sprengen.

Darüber hinaus sollten wir für das Russländische Reich klar zwischen der Kolonisierung angrenzender Gebiete, die ja mit der Frontierverschiebung und dem bis zum Ethnozid gehenden Ausrottungen so stark denen der USA ähnelten, und andererseits innerer Gebiete unterscheiden. Gewiss handelte es sich hier im Russländischen Reich nicht hauptsächlich um den Unterschied, dass die Herrscher besonders zimperlich mit den „alten" Untertanen umgegangen wären. Aber der geografische Aspekt ist deshalb wichtig, weil eine Landschaftsintervention in die als eigene Urheimat begriffene Region wie Polesien notwendigerweise ohne Rassismus auskommen musste. Nie hat man im Russländischen Reich den „Poleschuken" ihren Status als gegenüber anderen Bauernfamilien gleichwertig abgesprochen, selbst wenn man sie als Primitivlinge dargestellt hat. Sie galten eben nicht als „Fremdstämmige" *(inorodcy)*.

45 http://www.deutsche-auswanderer-datenbank.de/index.php?id=422 (12.03.2019), Deutsche Auswanderer-Datenbank, Historisches Museum Bremerhaven.
46 Winker, Gabrielle: Care Revolution. Schritte in eine solidarische Gesellschaft, Bielefeld 2015.
47 Elias, Norbert: Zivilisation, Teil 2, a.a.O.

10.5 Angrenzende Kolonien (in) der Sowjetunion?

Welche russländischen Kolonisierungspraktiken wurden in der ab Mitte der 20er Jahre konsolidierten russlandzentrierten Sowjetunion weitergeführt?

Die UdSSR hob sich durch ihre, wenn auch von den Moskauer Führern zumindest teilweise ausdrücklich taktisch gemeinte Einwurzelungs-Politik (*korenizacija)* von den zarischen insofern ab, als dass sie die Völker zu Titularnationen einer Union (dSSR) formal gleichberechtigter Republiken erhob. Den Juden war zwar kein bzw. mit Birobidžan ein nicht akzeptables Territorium zugewiesen worden, aber immerhin wurde das Jiddische in der BSSR und somit in Ostpolesien zu einer offiziellen Sprache, allerdings nicht sehr sichtbar (vielleicht auch erst später durch die Bibliothekssäuberungen der Nazis und Kommunisten unsichtbar) gemacht. Sichtbar blieb das Jiddische noch in den 1930er Jahren vielmehr vor allem an der neugegründeten Universität, aber auch im öffentlichen Raum, zum Beispiel am Minsker Passagierbahnhof.

Umso deutlicher sind hingegen moderne innere Kolonisierungspraktiken der Sowjetmacht, wie auch ein *social engineering* zu erwarten.

Doch sollten wir uns hüten, den Kolonie- und Kolonisierungsbegriff weit auszudehnen, also jedwede gesteuerte Modernisierungsmaßnahme oder Herrschaftstechnik, jede Intervention, jede staatliche Durchdringung der Fläche(n), wie zum Beispiel die Zwangskollektivierung der Landwirtschaft und selbst die Alphabetisierung, als Kolonisierung oder *Innere Kolonisierung* zu betrachten.

Angesichts, dessen, dass die Sowjetunion bewusst eine „nichtadelige“ Amalgamisierung der Völker betrieb und (wie später Jugoslawien) die Existenz des Sowjetmenschen (bzw. des Jugoslawen oder der Jugoslawin) nicht ohne jeden Erfolg verkündete und forcierte, war es 1939 aus sowjetischer Sicht nicht ohne Risiko, die BSSR und die Ukrainische SSR einfach zu vergrößern. Auf der einen Seite konnte der Kreml angesichts der langen das Soziale und Nationale verbindenden Agitation und auch aus geografischen Gründen schlecht zurück, andererseits enthielten die Deportationen gegen Polen und Juden eine deutlich antipolnische und antijüdische Stoßrichtung, auch wenn die Angehörigen dieser Völker bis Juni 1941 keinesfalls flächendeckend vertrieben wurden; es handelte sich um das Gegenteil von Amalgamisierung.

Die Mongolei kann in der Kolonisierungsterminologie als erster postkolonialer Staat der sowjetischen Welt bezeichnet werden; einzelne Elemente dieses Vorgehens kann man in den finnisch-sowjetischen Beziehungen nach 1944 wiederfinden.

In der Ablehnung von Kolonien trafen sich übrigens Bismarck und die Nationalsozialisten mit den kommunistischen Führern. Allerdings hatte die UdSSR ein plausibleres ideologisches Argument für diese Ablehnung, nämlich das der postulierten Gleichheit aller Proletarier, Geschlechter und Völker. Bis 1939 wurde diese Gleichheit dahin pervertiert, dass *alle* Menschen der Entrechtung und dem (blutigen) Staatsterror und ihrer Ermordung gewärtig sein mussten, – und dass einzelne Ethnien aus welchen Gründen auch immer sehr wohl unterschiedliche Chancen und Grenzen hatten (Holodomor, Zwangsumsiedlungen). Ab 1939 führte man in den sowjetisch besetzten Gebieten in der westlichen Belarus' und der westlichen Ukraine (staatsrechtlich der Polnischen Republik zugehörig) und Moldawiens direkte (durch Volksabstimmungen gestützte) Annexionen durch – Kolonien wurden nicht gemacht.

10.6 Kolonialvorstellungen und kolonialistische Aktivitäten in der Polnischen Republik: Polesien

Die Unterscheidung von angrenzender, innerer und Selbst-Kolonisation, die in klassischen deutschen wie heutigen Etkindschen Texten durcheinandergerät, ist zudem gut geeignet, die unterschiedlichen Vorstellungen von Akteuren in der Polnischen Republik zu gruppieren. Die einen, wahrscheinlich die Mehrheit, stellten sich unter einer Kolonisation Polesiens, wie anhand von Władysław Grabski gezeigt, eine angrenzende Kolonisation vor. Die zugrundeliegende Vorstellung war nämlich, dass es ein außerpolnisches Polesien direkt im Osten der Curzon-Linie, des ethnischen Polens gab, in welches hineingewirkt werden solle. Die Pfeile auf dem Umschlag des Kalendarz Ziem Wschodnich 1935[48] veranschaulichen dieses Denken einer Kolonisation der Ostgebiete (*Ziemie Wschodnie*) von *Polska B* durch das Mutterland (hier: Warschau).

Hingegen sahen T. Wid und Leon Wasilewski, wahrscheinlich auch die polnischen Großgrundbesitzer in den Interventionen in Polesien eher Maßnahmen zur inneren Kolonisation, bzw. verbanden solche Maßnahmen nicht mit einer asymmetrischen geografischen Vorstellung von West und Ost: Hier erscheinen Maßnahmen zur inneren Kolonisation nur als Modernisierung, nicht auch als Polonisierung. Es ist offensichtlich, dass die so verstandenen und konzipierten Maßnahmen mit dem polnisch-litauisch-ukrainisch-belaruthenischen „Föderalismus"-Konzept der Zeit bis 1921 bzw. derjenigen „staatlichen Assimilation" korrespondierten, in der es zwar eine eher nicht eingestandene Asymmetrie zwischen Staat und Gesellschaft gab, die aber nicht geografisch konnotiert war. In vielen Einwendungen des Wojewoden Kostek-Biernacki gegen Warschauer Vorgaben ist dies noch aufzuspüren. Als Beispiel soll hier seine (oben im Meliorations-Kapitel beschriebene) Eingabe gegen nach Polesien zu bringende Meliorationshilfsarbeiter aus *Polska A* dienen.

Wer hatte Recht? Welches Konzept wurde materialisiert? Auf den ersten Blick handelte es sich um eine angrenzende Kolonisation, denn die wirtschaftliche, soziale und ethnische Struktur Polesiens unterschied sich, zumindest die Durchschnittswerte betreffend, klar von derjenigen westlich der Curson-Linie. Doch galt hier noch mehr als für die Ostgebiete des Deutschen Reiches, dass es eine polnische oder polonisierte Bevölkerungsgruppe seit Jahrhunderten gab, – seit einer Zeit also, als es noch gar keine flächendeckenden Überseekolonien der europäischen Mächte gab. Zudem gab es in Lemberg und Vilnius einen solch hohen Anteil polnischer Bevölkerung, dass man, wenn man im Bild bleibt, von fließenden Übergängen zwischen dem Mutterland und der angrenzenden Kolonie zu sprechen hätte. Die Wojewodschaft Polesien war das Extrembeispiel für Unterschiedlichkeit.

Beide Positionen sind daher nur halb richtig, und gerade deshalb konnten integrationistische wie föderalistische Positionen korrekte Argumente anführen.

48 Kalendarz Ziem Wschodnich 1935, U1, siehe oben, S.171, Abbildung 14.

Diese ja (nur) teilweise gelungene innere Kolonisation Polesiens konnte zu dem semantischen Feld einer Kolonisation der Lebenswelten erweitert werden, ein Begriff, den es damals noch nicht gab, der aber dasjenige gut ausdrückt, was viele beschreiben wollten. Die Besiedlung mit Ex-Militärs oder die Melioration der Sümpfe gelang ja gar nicht gut, und so gab es auf der Diskurs-Ebene für die belaruthenisch-nationalen, ukrainisch-nationalen und kommunistischen Kräfte Gelegenheit, dagegen zu protestieren. Aber den Nerv der Bevölkerung trafen diese Kräfte nicht deshalb, weil die Bevölkerung diese (ja wie gesagt gar nicht unbedingt umgesetzten) Ideen von Landschaftskolonisation so schlecht fand, sondern weil sie die „Melioration der Seelen“[49] nicht am eigenen Leib erfahren wollte und ein sehr gutes Gespür dafür hatte, dass dies eben von den Modernisierern mit beabsichtigt war. Und zu diesen Modernisierern zählten auch die „eigenen“ belaruthenischen, ukrainischen und sowjetischen „alternativen“ Modernisierer.

Die Kolonisation der Lebenswelten war 1939 bereits teilweise gelungen, die Dörfler, besonders die jüngeren, hatten sich daran gewöhnt, dass man zu Polen gehörte, dort zum Militär sollte, dass es polnisches Geld war, mit dem man bezahlte, oder welches einem fehlte, dass in der Schule nicht der Zar, sondern Piłsudski zu verehren war.

Egal ob Polesien als angrenzendes oder inneres Territorium angesehen wurde: Der mäßige Erfolg einer solchen Kolonisation hatte viel mit der Tatsache zu tun, dass in den Gebieten östlich der Curzonlinie erst seit März 1921, hundertprozentig sicher sogar erst seit 1923 (mit der Anerkennung durch den Botschafterrat), mit dem Wiederaufbau der Wirtschaft und dem Neubau der polnischen Staatlichkeit begonnen werden konnte – vor allem aber mit der oben erörterten Randlage Polesiens.

Einzig die Wojewodschaft Polesien, in Maßen auch Wolhynien und Navahrudak konnten aus Warschauer, Krakauer und Posener Sicht ohne Abstriche als zu kolonisierende Gebiete wahrgenommen werden. Lemberg und Vilnius hingegen mit ihrem starken Anteil polnischer Bevölkerung galten in vieler Hinsicht schon als polnisch, als „unseres“, bezeugt durch Friedhöfe, auf denen polnische Helden und Schriftstellerinnen begraben lagen. In diesem Fall täuschen die Pfeile auf dem Umschlag des Kalendarz Ziem Wschodnich. Denn die Interventionen nach Braslaŭ oder Kolomyja sollten zumindest zum Teil aus Vilnius bzw. Lemberg, nach Polesien aus Brest erfolgen.

Doch das grundsätzliche Dilemma lag tiefer: Gerade die „Poleschuken“ sollten ja als halbe Polen gelten, die leicht zu polonisieren seien. Ein kolonianistisches *„Othering“* verbot sich da eigentlich. Doch das schwer unterdrückbare Mehrwertigkeitsgefühl sperrte sich gegen das Zum-Eigenen-Machen, gegen das Verseinen. Und dies war das polnische Kolonialparadox.

10.7 Belaruthenische Kolonisierung Polesiens?

Die nationale belaruthenische Darstellung ging davon aus, dass die Belarus' von Dritten geteilt worden war, und dass die Entstehung eines Nationalstaats als Befreiung von Kolonisateuren zu erfolgen habe. (Die Sowjetunion förderte diese Vorstellung eine zeitlang, beispiel-

49 Ziemia pińska. Czasopismo poświęcone sprawom Województwa Poleskiego 24.03.1929, Heft 2, S. 2, In: AAN, Bestand 323/0, Akta Kazimierza Lewińskiego, Sign. 60.

haft ist hier die russischsprachige Broschüre mit dem Titel „Die westliche Belarus' – eine Kolonie des Polens der Pans“ von 1928,[50] sie spielte also insofern ein wenig mit dem Feuer, da ja die Sowjetarmee 1939 von außen kam.)

Aber hat die belaruthenische Bewegung mit ihren Zentren Vilnius und Minsk vielleicht übersehen, dass sie selbst kolonialistische Vorstellungen hatte oder sogar kolonialistisch tätig waren? Nein, Belege dafür, dass man sich für etwas Besseres als die Bewohner Polesiens hielt, Siedlungspläne und dergleichen habe ich nicht gefunden. Für den bekanntesten Geographen der Belarus, Arkadz Smolič, war Polesien nur ein (gleichrangiger) landwirtschaftlicher Bezirk unter mehreren. Instruktiv verlautbarte die Zeitung Belaruthenischer Weg *(Belaruski Šljach)*, als sie den „ukrainischen Imperialismus“ kritisierte, dass es einen „belaruthenischen Imperialismus nicht gibt und nicht geben wird“: „Ein Poleschuk ist ein Poleschuk, er ist weder ein belarussischer Ackermann noch ein Steppen-*Chochol*“. Man wolle keine „diplomatischen Spiele“.[51]

Allerdings betrieb die belaruthenische Nationalbewegung (bewusst oder unbewusst) sehr wohl eine Verseinungsstrategie gegenüber der polesischen Landbevölkerung. Die Vertreter der belaruthenischen Bewegung hatten die im Westen der Region eher ukrainisch als belaruthenisch sprechenden Polesierinnen und Polesier nicht gefragt, ob sie zur Belarus' gehören wollten oder nicht, genauso wenig übrigens wie diejenigen aus dem Regierungsbezirk Smolensk, und genau genommen nicht einmal die aus dem Kernland.

10.8 Exkurs: Die Zwischenkriegs- und sowjetische Zeit war bitter für die westbelaruthenische Nationalbewegung

Die belaruthenische Nationalbewegung war zu schwach, als dass ihr eigenes Ideologem eine dauerhafte Wirkung hätte entfalten können. Die Bewegung wurde zu der immer wieder spät, zu spät kommenden. In ihrer äußeren Erscheinung orientierte sie sich an den anderen späten Nationalbewegungen, doch war (oder ist zumindest heute) offensichtlich, dass ihr Nominalismus – von der Ausrufung der BNR 1918 bis zur Behauptung von hunderttausend BSRH-Mitgliedern 1927 – allzu sehr mit der jeweils aktuellen Passivität ihres potenziellen Souveräns kontrastierte.

Anders als die (ansonsten an ähnlichen Problemen scheiternde, aber das kann ich hier nicht ausführen) anarchistische und „nichtnationale“ Massenbewegung in Spanien hätte die belaruthenische sich nicht auf jenes „Null und Atlantis“[52] stützen können, welches seit den 2000er Jahren von vorwiegend Minsker Künstler-Kreisen produziert wurde. In den 1920er Jahren war das Ziel der westbelaruthenischen Bewegung die Herstellung von Staatlichkeit. Und dies hat unvermeidlicherweise nicht nur die eigene Bevölkerung geothert, in deren Namen man zu sprechen anstrebte, weil diese teilweise immer noch in vormodern-bäuerlicher Weise in jeder Verwaltung das Andere sah. Wer in der Nationalbewegung volksnah sein

50 Kon, Feliks: Zapadnaja Belorussija – kolonija panskoj Pol'ši (k processu nad Belorusskoj Gromadoj), Moskva 1928.

51 U čatyry kija, In: Belaruski Šljach, Mensk, 30. März 1918, Nr. 7, S. 1 – ich danke Andrėj Čarnjakevič für den Hinweis.

52 Scharlaj 2012.

wollte, befasste sich also instinktiv oder sogar bewusst wenig mit einem Verwaltungsaufbau.

Die Formulierung des Ziels der Staatlichkeit hat all jene „Westbelaruthenen“ nicht nur in den politischen, sondern auch den physischen Tod geführt, die ab 1930 in die BSSR ausgewandert sind, weil sie die Illusion hatten, im Hochstalinismus etwas für die Staatlichkeit der Belarus' tun zu können. Der von Stalin übernommene Nominalismus, der die BSSR als Grundpfeiler einer „Union“ proklamierte, wo sie doch spätestens jetzt nur noch ein zu Stalins beliebiger Disposition stehender Werbegag war, war ja das Hauptsächliche, was die BSSR von der BNR übernommen hatte.

Die belaruthenische Nationalbewegung hat nicht erkannt, dass sie sich in den „Schatten Polesiens“[53] hätte legen können – dafür war es wahrscheinlich noch zu früh; denn wenn sie das getan hätte, hätte sie wahrscheinlich eine ordentliche Portion Antistaatlichkeit in ihr Programm aufnehmen müssen. Doch dem christlichen-katholischen Flügel verbot sich dies aus prinzipiellen Gründen, und der soziale bis sozialistische Flügel hatte ja erst unlängst selbst durchlebt, wie es in dem Frieden von Riga eben (aus belaruthenischer Sicht:) die starken Staaten, also die Republik Polen und das Sowjetland ihre Heimat unter den Nagel hatten reißen können.

Die Niederlage, besser: das Nichtdurchkommen der belaruthenischen Nationalbewegung hatte aus Sicht der Protagonisten allerdings einen bedeutenden ideengeschichtlichen, einen für den Opferdiskurs eigentlich entscheidenden Vorteil: sie blieb sauber, von der Macht unberührt. Fast. Denn das Telegramm an Kaiser Wilhelm war 1918 zu einem falschen Zeitpunkt geschrieben. Doch selbst dieser Deutsche war vergessen, war er doch schon einige Monate später nicht mehr an der Macht. Die Handvoll Belaruthenen, die sich später 1944 erneut dem Spiel Deutschlands zur Verfügung gestellt hatte, waren hingegen zwar nicht in ihrem Selbstbewusstsein, wohl aber in ihrer Funktion eine reine Staffage der niedergehenden Großmacht Deutschland, die, wie gesagt, stärker an der Shoah als an einem Sieg im Weltkrieg interessiert war.

Eine bikonfessionelle Nationalbewegung – konnte das gut gehen? Die belaruthenische Bewegung wurde zudem durch den Antagonismus von Katholizismus und Orthodoxie auf die Probe gestellt. Zum einen bildeten die westlichen und östlichen Nachbarn mit ihrem Katholizismus und ihrer Orthodoxie starke religiöse Gravitationszentren.[54] Eine dezidiert bikonfessionelle Nationalbewegung konnte die westbelaruthenische in der konkreten Situation der Republik Polen, wie in den Kapiteln über den Ersten Weltkrieg und über die Religionspolitik in der Polnischen Republik gesehen, nicht sein; aber hätte sie sich als eine dezidiert säkulare ausgeben können? Diese naheliegende Option hätte, zumindest in einer religionspluralistischen Ausformulierung, sogar die jüdische Bevölkerung einschließen können. Doch diese Version war nicht nur durch den allseits als Horror empfundenen sowjetischen Staatsatheismus seit 1918 verbaut, sondern hätte in Polesien all jene auf dem Land Lebende mitnehmen müssen, die Elemente von außer- und vorchristlichen Religionen weiterlebten, und welche die Gotteshäuser in erster Linie nicht aus spirituellen Gründen besuchten, sondern deshalb, weil Regeln zu befolgen waren.

53 Čarnjakevič, Iryna: Belarus' u scjani Palessja, In: Arche – Pačatak 2013, Nr. 4, S. 7-9.
54 Rudovič, Stanislaŭ: Naukova ėtyka ŭ „bol'šom kolchoze“, ci Jak prafesary spisvajuc' u dacentaŭ, In: Arche. Pačatak 4/2017, S. 281-302, hier S. 284.

Ein katholisches Bekenntnis der Belaruthenen wurde, wie schon Leon Wasilewski beschrieben hat, sowohl von Polen als auch von den zarischen Behörden als ein „polnisches" angesehen.[55] Daher waren sowohl die katholische als auch die orthodoxe Konfession (als „russifizierte"), wenn nicht politisiert, so doch ethnisiert. Eine bikonfessionelle belaruthenische Nationalbewegung hatte also nicht nur zwei nebeneinander her bestehenden Konfessionen unter ihr Dach zu bringen, sondern auch noch gegen die Ideologisierung oder sogar Nationalisierung dieser Konfessionen anzukämpfen.

Quintessenz: Die belaruthenische Nationalbewegung konnte sich also schlecht an anderen, entweder katholisch oder orthodox ausgerichteten Nationalbewegungen orientieren. Mehr noch, eine bikonfessionelle oder säkulare Nationalbewegung war etwas, was man in Osteuropa damals nicht verstand und daher sogar Misstrauen hervorrief. Einzig in Deutschland gab es eine sich de facto auf Bikonfessionalität stützende überkonfessionelle halbsäkulare Religionsverfassung.

Die belaruthenische Nationalbewegung konnte in Polesien nicht intervenieren, weil sie daran scheiterte, nicht mehr vom „dritten Bruder" (Kolas) zurück zum „einfach nur Existierenden" gehen zu können. Der Belaruthene war nun als kleiner Bruder des Russen und des Ukrainers in seiner Rolle festgelegt.

10.9 Vergleich der deutschen, russischen, polnischen und sowjetischen Interventionen – Kolonisierungsbestrebungen?

Ich habe zunächst versucht, mit der Unterscheidung der vier Arten von Kolonisation eine begriffliche Schärfe herzustellen. Dies will ich nun auf einer entörtlichen Ebene fortsetzen. Hilft der Begriff der Intervention, die vier Arten der Kolonisation zu unterscheiden? Eine Intervention verweist nach der Definition in der Einleitung zunächst auf eine Kurzfristigkeit. Als solcher hilft dieser Begriff nicht, die allesamt als langfristige Vorhaben angelegten Kolonisationsarten zu unterscheiden.

In Polesien waren von den vier Arten von Kolonialismus drei möglich, da

A) Polesien für niemanden eine Überseekolonie hätte sein können.

B) Angrenzender Kolonialismus: Die Entscheider im Deutschen Reich und in Österreich-Ungarn wollten das polesische Gebiet wohl als Verhandlungsmasse für einen Gebietstausch; eine Kolonialisierung gab es während der Besatzung durch das Deutsche Reich nur als Minimalverwaltung eines Frontgebiets, aus dem zunehmend Rohstoffe geplündert wurden. Das im wahrsten Sinne des Wortes naheliegende Schwerpunktgebiet blieb Ober Ost. Die Mittelmächte haben im Vertrag vom 9. Februar 1918 mit der UNR durch Angliederung Polesiens an die UNR es ihren ukrainischen Vertragspartnern schmackhaft gemacht, ihre Unterschrift unter diesen ersten Friedensvertrag des Ersten Weltkriegs zu setzen. Die Republik Polen hingegen machte nach dem Abgesang der föderalistischen Idee(n) die Ostgebiete (*Ziemie Wschodnie;* enger: *Kresy Wschodnie*) und somit auch Polesien ausdrücklich zu einem Teil des „Mutterlands", besser: des polnischen Zentralstaates. Das Wort Annexi-

55 Wasilewski, Leon: Die nationalen und kulturellen Verhältnisse im sogenannten Westrussland, Wien 1915, S. 18-21.

on, selbst die Rede von „die westliche Belarus' wurde an Polen abgetreten" (*„otošla v Pol'šu"*) ist hier fehl am Platze, allein schon, weil die Sowjetunion sich nicht als Rechtsnachfolgerin des Russischen Reiches begriff. Ob es sich verfassungsrechtlich um eine Okkupation durch polnische oder sowjetische Streitkräfte handelte, darüber kann man sich daher vielleicht streiten. Zudem handelte es sich um historisches polnisch-litauisches Gebiet. Die – erfolgreich als nationale Befreiung verbrämte – sowjetische Besatzung unter anderem Westpolesiens hingegen war eine Annexion unter Nutzung eines antikolonialen Diskurses in der Ukraine und der Belarus. Eine Kolonisierung gab es eher im Sinne der Sowjetisierung als eine Kolonisierung der Lebenswelten und, wenn man so will, derjenigen der Wirtschaft, da nun das wirtschaftliche, soziale und überhaupt das tägliche Leben von Moskau aus erfasst und gesteuert wurde.

C) Von einer aktiven *inneren Kolonialisierung* Westpolesiens können wir ohnehin nur für die Polnische Republik sprechen, denn Westpolesien gehörte offiziell und vom Nachbar anerkannt zur Republik Polen. Das Deutsche Reich und der Sowjetstaat kamen 1915/1920 und 1939/1944 von außen. Tatsächlich haben viele Entscheider eine innere Kolonisierung Polesiens durch die Polnische Republik angestrebt. Welche Unterschiede sich je nach politischem Standort und nach Art der Landschaftsinterventionen und des *social engineering* ergeben haben, ist oben aufgeführt. Auch die sowjetischen Okkupanten sahen 1939/1941 ihre Aktivitäten als innere Kolonisation an – ja, sie versuchten dadurch, dass sie sich in normaler und normalisierender Weise um Melioration und Brückenbau kümmerten, eine Normalität herzustellen und zugleich vorzutäuschen. Sie haben fast von Anfang an eine aktive innere Kolonisation betrieben: schon im Jahr 1 ihrer Besatzung erarbeiteten sie Pläne zum Ausbau der Verkehrsinfrastruktur und des Grundschulwesens.

D) eine „reflexive" Selbstkolonialisierung als *Parikía*-Konzept *avant la lettre*.

Wenn es in Polesien eine Zeit der Selbstkolonisierung gegeben haben sollte, dann war sie 1914 längst abgeschlossen. Mental waren viele Bewohnerinnen und Bewohner noch wie in Zeiten der Leibeigenschaft erzogen, bildeten nun die breite Masse; aber sie wussten, dass sie eine rechtlich freie Unterschicht waren und „nur" Salz brauchten. Also, was verstehen wir eigentlich wirklich unter Selbstkolonisation? Der Partisan (siehe unten) war eigentlich immer selbstkolonisiert, da im Normalfall unsichtbar. Wenn durch die Auflösung der Servitute und die Flurbereinigung ein Teil der Allmende und andrer *commons* in Eigentum umgewandelt wurde, dann konnte dies keine Selbstkolonisation sein.

Die hohe Geschwindigkeit der Umwälzungen, das versuchte oder gelungene Powerplay der jeweils Herrschenden, die Landschaftsinterventionen, das *social engineering* ließen in allen vier betrachteten Perioden (1914–1918, 1918–1921, 1921–1939, 1939–1941) einer Selbstkolonisierung keine Zeit.

Sowohl bei „Intervention" als auch bei „Kolonisation" verbinden sich zumindest zwei Phänomene: es trifft erstens eine Aktivität von außen auf zweitens Asymmetrie. Deshalb ist eine Kolonisierung immer eine Intervention, solange es sich nicht um einen sehr langsamen, den Zeitgenossen nicht nur kaum merklichen, sondern auch unbeabsichtigten „Prozess" handelt.

10.10 Warum sich Polesien als Interventionsgebiet lohnte und nicht lohnte

Bevor also die Fragen einer Kolonisierung beantwortet werden konnten, mussten sich die Sozialtechnologen, die möglichen und tatsächlichen Landschaftsintervenierer und *social engineerer* fragen, ob sich eine Intervention in Polesien überhaupt lohnte, ob Polesien zu einem organischen Ganzen zu formen den Aufwand rechtfertigte. Die negativen Aspekte lagen klar auf der Hand: nichts ist so wenig formbar wie ein Sumpfgebiet, wo selbst die Grundelemente Erde, Wasser, Feuer und Luft schwer abgrenzbar blieben und in welchem obendrein nur wenige Menschen lebten, die auch kaum einen Überschuss an Gütern für das Gebiet jenseits von Polesien produzierten. Diese Argumente kamen denen der „Deutschen“ gegen Überseekolonien nahe. Lag es da nicht nahe, sich lieber mit Großstädten zu befassen, wo Menschen schon zusammengefasst lebten, wo sie in Fabriken durch den maschinellen Arbeitsablauf organisiert wurden, wo, wie die Marxisten hofften, die Masse zur Klasse wird? Kybernetisch und sozialtechnologisch gesehen, war es irrational, sich dem dünn besiedelten Polesien und der dortigen Bevölkerung anzunehmen. Auf der anderen Seite faszinierte die Idee, dass hier eine komplette Landschaft ihrer Boden- und Seelen-Beackerung in deren Augen harrte.[56] Hier konnte aus deren Sicht „primitives“, aber arbeitsames und vielleicht sogar unverdorbenes und gutmütiges[57] „Menschenmaterial“ geformt werden. Sie wollten Polesier zu Polen machen: durch Schule und Armee.

Auf der anderen Seite wurde Polesien nur deshalb zu einer Interventionslandschaft, weil es vorher, noch bis 1921, eine Antiinterventionslandschaft gewesen war. Weil zuvor niemand Polesien hatte formen wollen, blieb es in Augen der Interventen formbar.

Polesien formen zu wollen, hieß ja, aus Sümpfen „urbares Land“ zu machen. Dass es zum Erhalt des Großwildes großer Waldflächen, und zum Erhalt der Fische eher unzugänglicher Laichplätze bedurfte, das war vielleicht jenen klar, die nicht ideologisch an diese Fragen heran gingen. Vor allem aber, und dies ist ja bis heute zu beobachten, werden solche ökologischen Fragen dort als wenig wichtig empfunden, wo die Ökologie noch in Takt ist. Bis in die 1960er Jahre gab es in Polesien noch so viel Sumpf, ungezählte Flussarme und stehende Gewässer, dass die Melioration sich immer nur auf einen Teil des Geländes bezog. Denn den Sumpf konnte man nur durch heftige Maßnahmen überhaupt bändigen. In Polesien zu leben wie ein Fisch im Wasser, im „Einklang“ oder „Zweiklang“, in „Kooperation“ mit der „Natur“, das kam bis 1941 nur sehr wenigen potenziellen und realen Kolonisierern in den Sinn.

---

56 Blackbourn 2008 über die Nazis undihre Vorstelllungen einer Umsgestaltung „der Natur“.

57 Liulevicius 2002, S. 152-154; Borodziej: Geschichte Polens im 20. Jahrhundert, S. 27; Plaetschke, Bruno: Kulturgeographische und politische Auswirkungen der Agrarreform in Polnisch-Weißrußland. In: Geographische Wochenschrift 1935, S. 1082-1088, hier Seite 1087: „kindlich“.

11. Interventionslandschaft und die Partisanen

Der **Vorteil der Einheimischen** gegenüber Ortsfremden war ja die Orts- und Flächenkenntnis, von der in Polesien zwei Arten unterschieden werden können: Erstens das Sich-Auskennen in der näheren Umgebung, zweitens das Wissen um Flora, Fauna und Klima in Polesien allgemein: Ökologische Zusammenhänge auch in solchen Orten Polesiens zu (er)kennen, die man persönlich und aus eigener Anschauung nicht (gut) kannte, z.B. den Konnex des Vorkommens von Niedersümpfen und Erlen, und die Fähigkeit, daraus Schlüsse für günstige Wege, Tierfangstellen und Weideflächen zu ermitteln.

Die Staatsmächte wiederum hatten ihre eigenen Arten von Orts- und Flächenkenntnissen, sie kannten (oder falls nicht, so holten sie es schnell nach) die Längen- und Breitengrade, erstellten und benutzten Karten, bestimmten mit Triangulation und Vermessungsgeräten Standorte und Entfernungen. Damit sie im Krieg gegenüber Feinden im Vorteil blieben, wurden daher ja im Ersten Weltkrieg auch Kirchtürme gesprengt.[1] Der „Höhepunkt" der Ortskenntnis im wahrsten Sinne des Wortes einer Draufsicht waren Luftaufnahmen zunächst des Deutschen Reichs,[2] später auch der Polnischen Republik: das „aerophotogrammetrische Verfahren" diente, zumindest hauptsächlich oder vordergründig, der zivilen Maßnahme der Trockenlegung der Sümpfe.

Eine Eisenbahnstrecke befand sich (im Gegensatz zum Flusslauf) immer am gleichen Ort, sehr vorteilhaft für die Menschen von außen. Die in den 1880er Jahren in Polesien geschlagene Schneise der Eisenbahnschienen ermöglichte den von außen Kommenden und Städtern eine zusätzliche Orientierung, und dies galt sogar für die ad hoc gebauten Schmalspurbahnen. Selbst bei Sprengungen von Eisenbahnlinien ging es „nur" um Menschen, Tiere, Güter und die Eisenbahnen selbst – die mühsam gegen widriges Gelände errichteten Gleistrassen hingegen wurden bis 1941 nicht umgelegt. Der Ortsvorteil der Einheimischen war nur solange relativ groß, wie die Gegend nicht melioriert war. Die Nutzung des Ortsvorteils – das war ja der Partisanenvorteil.

Einbau der Minsker Partisanendarstellung in Orts-, Flächen- und Raumtheorien. Der Name einer Kunstausstellung aus dem Jahr 2012, „Zero Radius"[3] ist als Ausdruck für Partisanentätigkeit schlechthin zu betrachten. Damit er nicht gesehen wird, ist die Fläche des Partisanen möglichst klein („null"). Denn der Partisan hat zwei Eigenschaften: er schießt, „überfällt heimtückisch", und andererseits ist er unsichtbar.

Den Aspekt des Schießens haben die Minsker Kulturschaffenden also beiseite geschoben und fokussieren auf den „Abwesenheitscode".[4]

---

1 Foto des Soldaten Willy Seifert (unveröffentlicht).
2 Vgl. Das 41. Reserve-Korps von der Somme zum Pripjat: mit 438 Bildern, München 1918.
3 Vgl. Klinaŭ, Artur: Partisanen. Kultur_Macht_Belarus, Berlin 2014, S. 131.
4 Akudowitsch, Valentin: Der Abwesenheitscode. Versuch, Weißrussland zu verstehen, Berlin 2013 [Akudovič]; Klinaŭ, Artur: Partisanen. Kultur_Macht_Belarus, Berlin 2014.

11.1 Partisanismus als Konzept und als Flächenidee

Es ist offenkundig, dass wir diese Aspekte mit Raumtheorien verbinden können. Im belaruthenischen Denken (und Handeln!) zog man sich nicht nur häufig den Schuh des Kolonisiertwordenseins an. Mehr noch: Der Code der Abwesenheit funktionierte nur dann, wenn man sich *noch nicht einmal* als das ewige Andere (der russischen, polnischen, deutschländischen Herrscher) definierte, denn selbst dies hätte noch zu viel Angriffs-"Fläche" geboten. Weite Teile der Intelligenz zogen – im Gegensatz zu den Ukrainern – als analytische Kategorie und (Partisanen-)Strategie das vor, was wir den „Zero-Radius" nennen. Das gelang im dünn besiedelten Polesien am Besten. Auch deshalb liegt ja die „Belarus' im Schatten Polesiens".

Uns ist absurderweise eine Partisanenaktion zunächst als ein sporadisch angewandtes militärisches Vorgehen der offiziellen Zarischen Armee im Ersten Weltkrieg begegnet.[5] Partisanentätigkeit war in Osteuropa nicht von Anfang an ein räumliches oder gar staatspolitisches Konzept. Das Chaos nach der Februar- und Oktoberrevolution bewirkte, dass (auch) in Polesien viele Bewaffnete (Männer) auf eigene Rechnung arbeiteten; dies verstärkte sich nach den Regeln der (Bürger-)Kriegsökonomie selbst. Auch der polnisch-sowjetische Krieg wurde in Polesien nicht einfach Armee gegen Armee geführt, sondern „Untergrundler" wirkten mit.[6] Nach 1921 hatten die Republik Polen und die UdSSR auf ihrer Seite der Grenze jeweils ihre eigenen Probleme mit Banden. Innerhalb Polesiens gab es in den 1920er Jahren abnehmenden partisanischen Widerstand, zum Beispiel den Slucker Aufstand auf sowjetischem oder die von Piotr Cichoracki beschriebene Bauerngewalt auf polnischem Staatsgebiet.[7]

In den 1930er Jahren versuchte man mit Hilfe des staatlichen Terrors (auch) auf beiden Seiten Polesiens, all solche Widerstandsbewegungen im Keim zu ersticken: heftiger als die polnische *pacyfikacja* war der stalinistische Terror. In dieser „Friedenszeit" verzeichnen wir sowohl spontane bäuerliche durchaus grausame Aktionen und den Pogrom von Brest vom Mai 1937, während in der ersten Hälfte der 1920er Jahre gewaltsame Aktionen fast offen von den moskautreuen Kommunisten ausgingen oder zumindest gesteuert wurden – zum Beispiel der erwähnte Überfall auf den Zug am 24. September 1924, in welchem der Wojewode Stanisław Downarowicz und der nachmalige Pinsker Bischof Bischof Zygmunt Łoziński saßen.[8] Während von der Aktion der zarischen Armee 1916 im Süden Polesiens bis hin zum letzten polnischen Widerstandsnest gegen die deutsch-sowjetische Besatzung schon deutlich wurde, dass Polesien als Partisanenland geeignet war, wurde Polesien 1941 bis 1953 zum Partisanengebiet schlechthin. Bald entstand die Rede von der Belarus' (nicht: Polesien) als Partisanenland.

---

5 Bondarenko 2010, S. 113.

6 Prypjatskae Palesse 2016, S. 238.

7 Cichoracki, Piotr: Polesie nieidylliczne. Zaburzenia porządku publicznego w województwie poleskim w latach trzydziestych XX w., Łomianki 2007. Derselbe: Stołpce-Łowcza-Leśna 1924. II Rzeczpospolita wobec najpoważniejszych incydentów zbrojnych w województwach północno-wschodnich. Łomianki 2012.

8 Cichoracki 2012, S. 136-233, zitiert in: Cichoracki 2014, S. 75-76; Paciorkowski, Jerzy: Służba na wygnaniu, Policja 997, nr 1 (58), styczeń 2010, S. 14-15.

Der Partisanismus ist eine kämpferisch-strategische und analytische Kategorie zugleich. Am Anfang stand oft die Bewunderung für die Partisanen – die immer noch verbreiteten Che-Guevara-Ikonen sind Beleg dafür. Ob jemand als Partisan oder Terrorist bezeichnet wird, kommt bekanntlich nur auf die Perspektive an.

Viele Menschen und Mächte schlugen sich auch deshalb auf die Seite der Partisanen, weil sie davon ausgingen, dass diese kein Imperium errichten wollen – weder ein großstaatliches Reich, noch ein Riesenreich, in dem lauter Partisanen das Sagen haben. Der Partisan ist also in der glorifizierenden Sicht der ewige David, der immer wieder einen Goliath finden wird, allerdings auch benötigt. Er hat demnach eine örtliche oder regionale Reichweite, aber eigentlich keine nationale und schon gar nicht die eines multinationalen Staates oder ganzen Kontinents. „Die Sowjetunion – das Land der Partisanen“ ergibt keinen Sinn – „Die Belarus' – das Land der Partisanen“ schon. Eigentlich kann es nur ein „Gebiet“ oder „Land“ als Fläche der Partisanen geben, und da war die BSSR wie geschaffen. Die Bewohnerinnen und Bewohner der BSSR, das wusste man in Moskau, würden sich gegen diese Titulierung nicht wehren, weil sie sich auch sonst nicht viel wehrten, und weil die Selbstversinnbildlichung der Belaruthenen als Dritter Bruder programmatisch durch Kolas' *„Dudar“* diesen schon als bedürfnis-, ja eigenschaftslosen geschaffen hatte.[9] Der Dudar hatte schon die Befindlichkeit des Partisanen, die nun „nur noch“ mobilisiert zu werden brauchte – und das, obwohl die Bewohnerinnen und Bewohner der BSSR sich gar nicht danach sehnten, als Helden verehrt zu werden.

In der KP(b)B konnten ehemalige Partisanen wie z.B. Petr Mašeraŭ in der Parteihierarchie weit aufsteigen. In der Ukrainischen KP war dies nicht möglich. Der Begriff des „Roten Partisanen“ wurde sowjetisiert und damit entanarchisiert. Noch heute, 2016, sieht man, wie die einzelnen Partisaneneinheiten ihren Platz im halbkugelbedeckten Olymp des Museums des Großen Vaterländischen Kriegs in Minsk bekommen.[10] Das postsowjetische Minsk setzte dem Partisanen, sofern er nicht antisowjetisch war, damit nicht nur ein Denkmal, sondern gab ihren Einheiten vielmehr einen epigraphischen Platz im Minsker Olymp: nämlich einen hemi-sphärischen, einen Raum (!), wie er olympischer und damit *auch* metaphorischer nicht sein konnte. Glanz und Glorie dem Partisanen. In dieser Halbkugel sind die Namen der Einheiten in goldenen Lettern in der Wand eingeschrieben. Partisanen und die Partisanenverbände werden so in eine Reihe mit regulären Verbänden der Sowjetarmee gestellt.

Dies lässt die raumlose, flächenlose, fast ortslose Seite der partisanischen Topographie vergessen und verschwinden – was umso einfacher zu bewerkstelligen ist, als ja die Partisanen selbst dieses zeitweilige Verschwinden zum Überleben brauchten. Aus dem gleichen Grund konnten die nicht- und antisowjetischen, vor allem polnischen, ukrainischen und auch jüdischen Partisanenverbände aus der Heldenerzählung ausgespart werden.

9 Auf deutsch: Kolas, Jakub: Der Schalmeibläser [1906], In: Die junge Eiche. Klassische belorussische Erzählungen, hg. von Norbert Randow, Leipzig 1987, S. 9-11.

10 Museum des Großen Vaterländischen Kriegs, Minsk, obere Halle.

11.2 Der Partisanismus nach 2000

Nach 2000 haben einige Belarutheninnen und Belaruthenen den "Partisanen" wieder aus der analytischen wie strategischen Enge herausgeholt. Der Deal zwischen Bürger und – nicht selten brutaler – Staatsmacht der Republik Belarus' hatte gelautet, sich gegenseitig in Ruhe zu lassen. Doch Analytiker wie Akudovič erkannten, dass der Partisan nicht nur derjenige ist, der aus einer räumlichen Nullposition (aus dem Versteck) heraus schießen und brutal ermorden kann, zuweilen auch diejenigen, für die er angeblich kämpft, (es gibt dann kaum noch Unterschied zum Marodieren), sondern dass er auch derjenige ist, der verschwindet, bis er unsichtbar ist.[11] Und genau diese andere Seite des Partisanen, die Zwerg-Seite (weniger als „David"), die „feige" Seite, ist das, was die Bevölkerungsmehrheit am Partisanen viel besser mit der eigenen kleinbürgerlichen Lebenskunst in Deckung (!) bringen kann als diese Schießereien. Dieses neue Konzept des Partisanismus ist so erfolgreich, dass die militante Seite in der derzeitigen Diskussion kaum eine Rolle spielt, oder wenn doch, dann nur auf einer kulturellen Ebene, wie z.B. in der Zeitschrift pARTisan, wie der Name schon sagt.

Auch deshalb ist *Zero Radius* ein sehr gut zur Partisanentheorie passender Begriff. Der Partisan hat in seiner Rückzugsphase keinen Raum; er hat aber einen Ort, einen Punkt im geografischen Raum. Er lebt eben an einem Ort ohne „Bereich", ohne Fläche. Die Partisanen kannten in ihrer Rückzugphase nicht den gelebten Raum, sondern den gelebten Ort. „Allerdings wurde[...] der gelebte Ort und sein Beziehungsgefüge nie entschlossen genug in den Vordergrund gerückt und ausgeleuchtet".[12] Das heutige offizielle Minsk und die heutigen Minsker Alternativ-Kulturellen bilden also komplementär je eine Hälfte des (belaruthenischen) Partisanen ab.

Die pARTisans könnten nun noch einen Schritt gehen: sie könnten erkennen, dass wie die Partisanen auch die Juden nicht inexistent, sondern „nur" abwesend sind: nach ihrer Ermordung *eigentlich* da. Der Partisanismus der Belaruthenen („Ich bin nicht da!") korrespondierte mit der Anwesenheit, ja der Anwesenheitspflicht der Juden bis 1939/1941 in beiden Teilen der Belarus. Die Juden waren das Tor der Bäuerinnen und Bauern zur Außenwelt. Wenn die Bauern nicht zu den Juden gegangen sind, sind die Juden zu den Bauern gegangen.[13] Dadurch wurde die „Ich-bin-nicht-da"-Position der belaruthenischen Bauern erst möglich gemacht. Mehr noch: der historische belaruthenisch-nordukrainische Partisanismus ist ohne die für die „Öffentlichkeit" zuständigen Juden in den Städten gar nicht verständlich und wäre vielleicht im 20. Jahrhundert gar nicht entwickelt worden. Und die Belaruthenen dachten in ihrer Partisanenmentalität wahrscheinlich, dass die Juden der Belarus' diese Mentalität auch hätten.

---

11 Klinaŭ, Artur: Partisanen. Kultur_Macht_Belarus, Berlin 2014.

12 Kozljanič, Robert Josef: Leben, Wohnen, Fühlen. Von der beheimatenden Funktion „herzerwärmender" Orte, In: Leib, Ort, Gefühl: Perspektiven der räumlichen Erfahrung, hg. Von Michael Großheim; Anja Kathrin Hild; Corinna Lagemann; Nina Trčka (Hg.), Freiburg 2015, S. 369-392, hier S. 375

13 Siehe oben, besonders das Unterkapitel „Verkaufe nur an Juden"; Berichte des Grenzschutzkorps' KOP, Akten aus dem Archivum Akt Nowych (AAN) Bestand 2478, Sign. 9, KOP, Polacy na ZW RP i na terenach ZSRR w latach 1918-1939. Zbiór kserokopii materiałów z archiwów zagranicznych 1918-1944, 1935, Einheit 92; vgl. Biegun 1982.

Die Belaruthenen haben in ihrer Nationalbewegung fast alles den Ukrainern nachgemacht und blieben dabei immer zurück. Es handelte sich aber nicht nur um eine reine Zeitverschiebung. Da die Belarus' keine Entsprechung zu einem Habsburg mit seinen ukrainischen Lehrstühlen hatte, hatten die Belaruthenen kaum jemanden, der sie gegen andere Völker ausspielen wollte. Im Habsburger und im Deutschen Reich wollte man mal die Polen, mal die Ukrainer klein halten. Die Belaruthenen aber wurden nur selten als Schachfigur im Spiel der Mächte verwendet, und so schloss sich der Kreis: dieses Volk konnte sich dem Verstecken und Verschwinden um so leichter hingeben.

11.3 Keine eigene Hauptstadt – daher Atopie und Partisanismus?

Die Belaruthenen hatten auf ihrem Territorium keine Hauptstadt, denn deren Hauptstadt Vil'nja/Vilnius lag am geografischen Rande und war nicht belaruthenisch geprägt: um Vilnius konkurrierten ja auch Polen, Juden und Litauer. Vor dem Ersten Weltkrieg hatten die Belaruthenen auch aufgrund ihrer partisanischen Unsichtbarkeit also nicht mal eine eigene Hauptstadt *für sich*. Die Gouvernementshauptstadt Minsk war nichts gegen die Gouvernementshauptstädte Vilnius und sogar Grodno/Hrodna. Das lag nicht an der reinen Einwohnerzahl, sondern vor allem daran, dass die Universitätsstadt Vilnius eine intellektuelle Hochburg von zumindest vier besagten Nationalbewegungen war. Weil die Städte, erst Recht imaginierte oder tatsächliche Hauptstädte eine Anwesenheitspflicht erheischen, wenn man *street credibility* erlangen will, hat dies den Partisanengeist noch verstärkt in die Fläche gedrängt. Erst nach der Shoah und nach einem polnisch-belaruthenischen Bevölkerungsaustausch nach dem Zweiten Weltkrieg übernahmen die Belaruthenen und Russen die nun in der geografischen Mitte der Belarus' liegende Stadt Minsk und die anderen Städte in der Belarus' komplett. Der Übergang vom bäuerlichen zum kleinbürgerlichen Leben erfolgte über das Dorf in der Stadt, über den „Heu auf dem Asphalt"[14].

Das Leben im Sich-Wegducken und Verstecken war noch vor hundert Jahren eine so eingeübte und daher unauffällige und normale Lebensart, dass die belaruthenische Nationalbewegung nicht erkannt hatte, dass sie sich nicht nur mit Zeichnungen auf der Landkarte, sondern ganz praktisch territorialisieren musste. Sie unterschätzte die Bedeutung von staatlicher Verwaltung. „Die Erlangung der belaruthenischen Staatlichkeit" – man dachte da wahrscheinlich an Parlamente, Armee und Währung, auch an Pässe, Stempel und Briefmarken, aber zu wenig an Territorialverwaltungen – an jene Zivil-Verwaltungen, die man im Ersten Weltkrieg evakuiert hatte, die im Krieg plötzlich dem offiziellen und leicht partisanischen militärischen Kommando weichen mussten und dadurch mit der Flüchtlingsfrage noch überforderter waren, als sie es ohnehin schon waren.

Die politisierten Belaruthenen dachten also durch und durch kleinteilig und partisanisch.

Dass die Belaruthenen und die Juden im Gegensatz zu den Ukrainern keine „eigene" Hauptstadt hatten, sollte keinesfalls unterschätzt werden, weil dies nicht nur symbolisch wichtig war, sondern auch ganz konkret die Zivilverwaltung betraf. Auch daher gab es übrigens erst vom Deutschen Reich (1915), dann von der RSDRP(b)/RKP(b) (1919) und von

14 https://www.uni-potsdam.de/uploads01/tx_upevents/Uni-Potsdam-Flyer-Heu-Auf-Dem-Asphalt-LoRes.pdf (25.01.2019). Dank an Thomas Weiler.

der BNR in der Phase ihres Niedergangs immer wieder die Versuche, Litauen und die Belarus' in einem Staat zusammen zu fassen. Die nominalistische oder sogar realistische Behauptung belaruthenischer Staatlichkeit stand zum Partisanenprinzip des „Ich bin nicht da" natürlich in krassem Gegensatz. Auch hieraus, und nicht nur aus der schieren Größe und der Anzahl der Ukrainer erklären sich wichtige Unterschiede zur belaruthenischen Nationalbewegung.

Die Hauptstadt dieser schwachen Bewegung war nach 1922 a-topisch, die Belaruthenen fühlten sich in Vilnius, welches von 1906 mit der Gründung der Zeitschrift Naša Niva das an der geografischen Peripherie liegende Zentrum belaruthenischer Identität gewesen war, nun nicht mehr zu Hause; dadurch wurden die Belaruthenen reruralisiert, ihr Zuhause blieb das Hier, das *„tut"*, und das war keine bestimmte Stadt.

Auch die Polesier hatten keine Hauptstadt: Pinsk war zwar die natürliche, weil geografisch ziemlich zentral gelegene und bevölkerungsreichste Hauptstadt von Polesien. Doch wenn ich sagte, dass die Poleschuken sich nicht als Poleschuken ansahen, als Bewohner Polesiens, dann suchten sie wahrscheinlich auch keine Hauptstadt Polesiens. Nur für die Juden hatte Polesien eine Hauptstadt: für die „Hierbleiber" war dies ganz sicher Pinsk, für die Zionisten Jerusalem.

Märchenrepublik Belarus' schließt Partisanenkult nicht aus – im Gegenteil! All das führt dazu, dass die ganzen Reden von der nationalen Bewegung der Belaruthenen übertrieben wirken. Man eröffnete natürlich Theater, Kinderheime und gründete einen Lehrerverband. Aber die belaruthenische Nationalbewegung verfügte, wenn schon sowieso kaum über Adelige (die waren ja fast alle polonisiert), noch nicht einmal über eine nennenswerte Anzahl von Ärzten und Rechtsanwälten, jenen klassischen Trägern moderner Bewegungen von bisher nicht zu Staatlichkeit gelangter Nationen[15]), sondern nur über Lehrer. Man musste überlegen, Geld von Magdalena Radziwiłł zu nehmen![16] Man musste sich mit den Deutschen oder Russen gut stellen! Man musste mit ansehen, wie das westliche Polesien 1918 Litauen oder der Ukraine zugeschlagen werden sollte bzw. wurde. Die belaruthenische Nationalbewegung war es gewohnt, selten aus der Ebene der Diskurse in die der Machtfragen emporzusteigen (oder, wenn man will, hinabzusteigen).

Als weiteres Beispiel für den „Faktor Partisan" in der belaruthenischen Nationalbewegung führe ich an, dass es kein mir bekanntes Foto vom Ersten Allbelaruthenischen Kongress mit über 1700 Eingeladenen und wahrscheinlich 600 tatsächlichen[17] Teilnehmerinnen und Teilnehmern vom Dezember 1917 gibt (siehe Kapitel 2). 1700 Menschen waren „nicht da", leugneten quasi ihre Existenz, weil sie wirklich nicht da waren oder eben: weil sie nicht auf einem Foto verewigt sind. Es wurden Universale für das Universum herausgegeben, aber man las sie nicht einmal in der Stadt, in der sie herausgegeben wurden. Zumindest stießen die *Gramoty* und Universale nicht auf Widerhall.[18] Die Rede von der belarutheni-

15 Vgl. Türken in der Dobrudscha: Ağuiçenoğlu, Hüseyin: Zwischen Bindung und Abnabelung. Das „Mutterland" in der Presse der Dobrudscha und der türkischen Zyprioten in postosmanischer Zeit, Würzburg 2012.

16 Cuba, Michail V.: Belaruski nacyjanal'ny ruch u peryjad pamiž dzvjuma dėmakratyčnymi rėvaljucyjami: (1907 - 1917 hh.); matėryjaly da kursa „Historyja Belarusi", Brėst 2003, S. 95.

17 Zur Teilnehmerzahl siehe Rudling 2015, S. 77.

18 Mamontov, Viktor Ivanovič: Belarus' v period germanskoj okkupacii v gody pervoj mirovoj vojny: sentjabr' 1915 - nojabr' 1918 gg., Voronež 1997, S. 25.

schen Staatlichkeit hat auch deshalb eine gewisse Aura des Märchenhaften, weil sie von Kulturschaffenden getragen wurde: Die Luckevičs, Cëtka, Harun', Kupala, Kolas – alle waren sie Kulturleute. Frischer Wind kam 1917 und 1918 aus Petrograd, aus der Gruppe um Aljaksandr Čarvjakoŭ und Dzimtrij Žylunovi^c. Später haben die RKP(b)/VKP(b) und die KPdSU auch sehr häufig Fremde an die Spitze von Partei und Staat in der Belarus' gesandt; war das wirklich nur deshalb, weil es keine zuverlässigen Parteileute in Minsk gab? Oder fand man auch in Minsk wieder nur Leute vor, die das Verwaltungswesen unterschätzen, oder, noch drastischer formuliert, die eine staatliche Hoheit nicht durch eine ordinäre Staatsverwaltung beschmutzt sehen wollten?

Die belaruthenische Nationalbewegung wirkte unwirklich. Dadurch, dass sie sich an den Verhandlungstischen von Brest-Litovsk (1917/1918) und Riga (1920/1921) nicht beweisen durfte (oder: brauchte), auch nicht in ihrem sowjetischen oder prosowjetischen Zweig, dadurch war sie nie zu harten Kompromissen gezwungen. Die Kompromisse musste jede und jeder belaruthenisch Nationalbewegte mit sich selbst ausmachen und tat es auch. Sie entschieden sich in ihren kleinen Parteien im Ersten Weltkrieg für das Deutsche oder das Russische Reich, im Bürgerkrieg für oder gegen die Sowjets, nach 1920/1921 für Moskau, Warschau, Vilnius, Riga (Ezavitaŭ) oder sogar Prag und Berlin, bildeten ihre Miniparteien.

Die Juden wären für die belaruthenische Staatlichkeit mitkonstituierend gewesen. Ohne sie hätte es, das ergibt sich aus diesem Text, bis 1939/1941 in der Belarus' mit der Staatlichkeit nichts werden können. Aber neben den jüdischen Parteien erkannten nur die Bolschewiki, vielleicht auch die bald bedeutungslosen Menschewiki – im Gegensatz zu den anderen Parteien. Die belaruthenische Nationalbewegung hätte daher schon in ihren ersten Schritten über ihren eigenen partisanischen Schatten springen und von vorneherein die Juden grundsätzlich und integral miteinbeziehen müssen (und nicht nur als Addendum wie es auf den von den Deutschen genehmigten Konferenzen geschah), wenn sie erfolgreich sein wollte. Mit der Verbindung zwischen Zmitrok Bjadulja und Jakub Kolas war dies sogar in Ansätzen geschehen.

Partisanismus als Raumideologie: Mobilmachung ist nur der Gegenbegriff zu Befindlichkeit. Den „Ich-bin-nicht-da-aber-ich-schieße“-Partisanismus, der beide Elemente, das Erscheinen und das Verschwinden beinhaltet, betrachten wir nun in seiner raumkonstruktionellen Erscheinungsweise. Der Kultur-Partisanismus ist die „Zero-Radius-Flächenkonstruktion“. Die Annäherung an den Null-Radius ist das möglichst kleine Stamm- und Aktionsgebiet der Partisan*innen. Polesien, das wäre unsere These, war wie geschaffen dafür.

Die pARTisanen bezogen sich auf den Null-Radius, den Punkt. Ein Punkt ist unsichtbar, eine geo-metrische (man beachte den eingebürgerten und den wörtlichen, also doppelten Sinn des Wortes!) menschliche Konstruktion. Eine Fläche eroberte dieser Partisan nur zeitweise und auch nur eine kleine. Denn er hatte einen Körper, da ließ sich nichts dran machen. Er hatte nur ein Leben. Einen virtuellen Krieg gab es noch nicht.

Die andere Hemisphäre, die schießenden, (egal, ob gerechtfertigt oder nicht) mordenden, nach außen gehenden, schließlich sich auch mit regulären Herren verbündenden und siegenden Partisanen, die wurden von der offiziellen Historiographie der BSSR und der Republik Belarus' herausgestellt. Aber ist der Partisan, sind die Partisanen nicht durch diesen

Anwesenheitscode in der Kuppel auch ein bisschen gefangen? Bekommt durch die Musealisierung von Partisanenunterständen im Eins-zu-Eins-Format nicht auch der Partisan – von den Ausstellungskonzeptmachern ungewollt – den Status einer ausgestopften Trophäe, wie ein abgeschossener, ausgestopfte Wolf? Denn der Wolf wird ja im Naturkundemuseum auch nicht als darnieder liegend und wehrlos, sondern erhobenen Kopfes ausgestellt!

Die zwei säuberlich getrennten Sphären der Beschreibung des Partisanenraums: die unsichtbare und die sichtbare Hälfte, die bäuerlich-kleinbürgerlich-ängstliche und die glorreiche Hälfte, die Befindlichkeit und die Mobilmachung, das sind der Zero-Radius und der Olymp. Mobilmachung ist nur der Gegenbegriff von Befindlichkeit.

11.4 Interventionslandschaft und das Gewaltraumkonzept

Da sich unser Projekt „Polesien als Interventionslandschaft“ mit „Raumkonstruktionen“ befasste, wird von mir eine Antwort erwartet, was ich vom Gewaltraumkonzept halte. Wenn ich es richtig verstehe, dann ist die zentrale These des Gewaltraumkonzeptes,[19] dass Gewalt an bestimmten Orten, auf bestimmten Flächen in bestimmten (geografisch gemeinten) Räumen sich historisch selbst immer wieder reproduziert hat – Gewalt schuf Gewalt –, was durch bestimmte, unter Anderem geografische Strukturen gefördert wird. Als Kennzeichen ließen sich fehlende zivilgesellschaftliche Strukturen, fehlende Staatlichkeit (dies pointiert in Snyders „Black Earth“[20]) anführen. Ein Sumpfgebiet wie Polesien wäre dann ein heißer Kandidat für einen Gewaltraum, weil die Reichweite staatlicher Herrschaftstechniken aufgrund der ökogeografischen Bedingungen gering wäre.

Zunächst: es geht in diesem Konzept ja nicht nur um staatliche, gar staatsmonopolistische Gewalt. Falls es um Staatsgewalt geht, dann in autoritärer oder totalitärer Gestalt staatsterroristischer Willkür. Insofern ist die Rede von Gewalträumen in staatsfernen oder -freien Räumen, Zonen oder Flächen etwas tautologisch, weil, was einem ja angesichts der Empirie zu erkennen nicht schwerfällt, die sich ausbreitende willkürliche Gewalt dort, wo es keine legitimen Herrschaftsstrukturen (z.B. Staaten) gibt, nur zu gut bekannt ist: denn die Wette der Anarchisten, dass es auch ohne Staatlichkeit ginge, wurde bislang verloren.

Ja, Polesien war eine Fläche, die fast ununterbrochen von der sichtbaren Gewalt heimgesucht wurde: während des „Großen Rückzugs“ und der Besatzung durch die Zwangsarbeit einsetzenden Mittelmächte; während der Bürgerkriegsauseinandersetzungen mit ihren Pogromen; während der polnisch-sowjetischen Kämpfe bis 1920; während der von äußerst brutalen Pogromen geprägten kurzfristigen Herrschaft auf Rädern und Hufeisen der Balachovcer und anderer Banden in dieser Zeit und kurz danach; während des sowjetisch-staatlichen Terrors in Ostpolesien in den 1930er Jahren; während des Pogroms in Brest 1937 an den Juden und ähnlichen Aktivitäten in Westpolesien, wie auch von Polizeiwillkür; wäh-

19 Bei Snyder, Beyrau, Baberowski, Schnell, Kindler; Christian Gerlach hingegen eher „gesellschaftlich“: Gerlach, Christian: Extrem gewalttätige Gesellschaften: Massengewalt im 20. Jahrhundert, München 2011.

20 Auf deutsch: Snyder, Timothy: Black Earth. Der Holocaust und warum er sich wiederholen kann, München 2015.

rend des brutalen Vorgehens und der Deportationen durch sowjetische Sicherheitsstrukturen gegen alle vermeintlichen und wirklichen Gegner 1939/1941 – und gipfelnd im Besatzungsterror und der Shoah durch die Deutschen nach 1941 (wie auch der nicht zimperlichen Gegenreaktion verschiedener Partisanengruppen). Deshalb kann man selbstverständlich diese Geschichte als Kontinuität eines Gewaltraums beschreiben. Kosińskis „bemalten Vogel“ lese ich als einen Polesientext und er ist sehr beeindruckend. Doch was ist durch diese Bezeichnung, durch den Begriff Gewaltraum gewonnen, außer einer emotionalen Reaktion der interessierten Leserschaft? Die Gewaltzeit in diesem Gewaltraum war nach 1953 mit dem endgültigen Ende der letzten Reste der OUN-UPA in Polesien, nach diesem 30-jährigen Krieg beendet, und die große Mehrheit der Bevölkerung fand (und findet) dies gut. Eine Ecke Polesiens als nichtstaatlichen (und dann doch staatlichen) Gewaltraum zu bezeichnen, das hat unlängst durch den illegalen Bernsteinabbau im ukrainischen Polesien wieder Berechtigung gefunden. Aber dieses Beispiel zeigt auch deutlich, welchen Einfluss die ukrainisch-belaruthenische Grenze, genauer: die unterschiedliche politisch-sicherheitliche Durchdringung der Fläche in der Ukraine einerseits und der Belarus' andererseits hat.

„Gewaltraum“ ist meiner Meinung nach eine begriffliche Intervention, die verdeckt zum Ziel hat, sozialen Utopien ihre Irrationalität zu bescheinigen und herauszustellen, dass der Mensch dem Menschen ein Wolf ist, solange nicht verbindlich agierende Staaten dies unterbinden. Die zugunde liegende These finde ich ja richtig, weiß aber, dass es eine These ist, und benötige dazu auch kein Gewaltraumkonzept.

Ich wiederhole mich, aber ich habe bei „Gewaltraum“ auch eine Kritik am Begriff Raum. Ich habe in der Einleitung bereits auf die Diffusität des Begriffs Raum hingewiesen, darauf, dass Gewaltraum, politischer Raum, sozialer Raum zu viel Luft nach oben hat, und der Gebrauch oder eben Nichtgebrauch von Gewaltfläche, politische Fläche und soziale Fläche deutlicher zu entscheiden zwingen würde, zu erklären, was man eigentlich meint. Bei den *Bloodlands* kommt noch das Emotionale, ja „Sphärische“ des Raumbegriffs hinzu, der im Englischen vielleicht bei -lands mitschwingt, aber im deutschen „Blutländer“ oder gar „Blutflächen“ eben (noch?) nicht.

Vielleicht will man uns auch aufrütteln, die Wichtigkeit demokratisch legitimierter staatlicher Institutionen darlegen. Das ist ehrenwert, aber mit der selben Berechtigung könnte man zur Unterbindung von Gewalträumen auch autoritäre Staaten und die Einschränkung bürgerlicher Freiheiten begründen, also es rechtfertigen, wenn die Manövrierräume für zivile Tätigkeiten kontrolliert und unterbunden werden.

Ein Gewaltraum wäre für mich ein geografisches Territorium, in welchem über einen längeren Zeitraum des 20. Jahrhunderts hinweg die oben kurz angedeutete Vertauschung von Mittel und Ziel existiert, in der also Gewalt nicht der allfälligen Modernisierung dient, sondern umgekehrt neue Techniken der Gewaltausübung dienen.

Die sowjetischen Besatzer versuchten ihren Angriffskrieg als Befreiung, ihre Intervention als Spaziergang zu tarnen. Im Ergebnis kam in der Propaganda eine Mischung aus stolzgeschwellter Befreiungsideologie einerseits und andererseits der Behauptung heraus, eigentlich nur die Normalität wieder hergestellt zu haben. Um diesen Widerspruch aufzulösen, wurde die in Kriegszeiten übliche Vertauschung zwischen Ziel und Mittel von Modernisierung und Intervention nicht durchgeführt. In den aufbewahrten Unterlagen wirkt es so, als habe sich die neue Sowjetmacht von vorneherein um die Alphabetisierung und die Errichtung von Kanälen und Brücken über selbige gekümmert. Dass in mehreren Aktionen sogenannte Volksfeinde deportiert oder vor Ort ermordet wurden, gehörte insofern auch zur sowjetischen Normalität politischer Abschreckung und Disziplinierung und kurzfristiger wirtschaftspolitischer Umverteilung.

Das Vorgehen der sowjetischen Besatzer von 1939 bis 1941 gibt uns eine Hausaufgabe auf: Ist in dieser Zeit das von ihnen besetzte Territorium als ein Gewaltraum zu bezeichnen? Wo wäre die Grenze zwischen militärisch-polizeilich repressiven und nichtmilitärischen, zwischen gewaltsamen und zivilen Interventionen zu ziehen? Die allermeisten Einwohner wollten schon 1939 in keinem Gewaltraum leben. Und weil die Besatzer dies wussten, stellte Moskau seinen ersten staatlichen Übergriff auf fremdes Territorium so zivil wie möglich dar.

12. Schluss!

Da haben wir sie also, unsere Interventionslandschaft – oder? Ich habe Interventionen und Interventionsvorhaben in die Fläche („den Raum") untersucht (Kapitel 7) und die Lefebvreschen Räume neu gerastert, um erkennen zu können, ob dessen Räume eigentlich „Interventionsräume" sind, ob die Fläche als Landschaft begriffen wurde (Kapitel 8); ob, und wenn ja, wer *social engineering* mit welchem Erfolg betrieb (Kapitel 9); sowie, ob, und wenn ja, für wen Polesien im Denken und Handeln eine aktuelle oder potenzielle Kolonie darstellte (Kapitel 10); schließlich, wo die Fläche der Partisanen war, und wer sich sie im offiziellen und im alternativen Minsk wie vorstellt (Kapitel 11).
Gab es einen situations- und systemübergreifenden roten Interventions-Faden von 1914 bis 1941? Heute, bis zu hundert Jahre nach dem Geschichtszeitraum dieses Buches, haben wir präsent, dass Menschen Konflikte zwischen Menschen und Menschengruppen zuungunsten der „Natur", der „Zukunft", „unserer Nachkommen" zu lösen versuchen – unter Anderem durch Landschaftsinterventionen. Haben sie es bis 1941 nur subjektiv nicht gemacht, in Wirklichkeit aber doch gemacht?

Polesien war eine Region der Heteronarrativität. Das betraf selbst die – kulturalistisch, biologistisch und/oder geografistisch schlecht bis recht untermauerten – Raumordnungspläne. Für das Russische Reich war Polesien Gegenstand aktiver *innerer Kolonisation*, (ausdrücklich nicht: Selbstkolonisation). Das von Truppen des Deutschen Reichs und Österreich-Ungarns im Ersten Weltkrieg besetzte westliche Polesien stand weder für annexionistische noch kolonialistische Raumordnungsvorhaben der Besatzer Pate – im Gegensatz zum davon nordwestlich gelegenen, militärisch durchverwalteten *„Land Ober Ost"*. Noch in der Zeit der Friedensverträge von Brest-Litovsk 1918 schien die Mittelmächte das von ihnen bis einschließlich Homel' besetzte Ostpolesien als Interventionslandschaft nicht zu interessieren.

Im Raumzeit-Belegungsplan der Zweiten Polnischen Republik galten die einheimischen „Poleschuken" als polonisierbar, das Territorium sollte zudem durch ethnische, katholische Polen, vorzugsweise Ex-Militärs besiedelt werden. Doch blieb die Wojewodschaft Polesien auch innerhalb der *Kresy Wschodnie* oder der Ostgebiete *(Ziemie Wschodnie)* nach wirtschaftlichen Maßstäben wie auch klassisch-modernen sozialen Kriterien (Alphabetisierung und überhaupt Bildung, Gesundheitswesen, Sterblichkeitsrate) Schlusslicht der Republik. Nach der Besetzung auch Westpolesiens durch die Rote Armee 1939 wurde auch dieses Territorium nationalisiert – die KP-Vorsitzenden der Ukraine und der Belarus' setzten sich darüber auseinander, *wohin* nationalisiert.

Und doch: es ging weniger um Land als um Leute, weniger um Flächendeckungsversuche als um Herrschaft über Menschen. Vilnius und Lemberg waren für Polen nicht wegen ihrer Befindlichkeit auf der Landkarte wichtig, sondern weil dort Polen lebten. Es ging Polen – im Gegensatz zu den Absichten der Mittelmächte im Ersten Weltkrieg – nicht um Kornkammern, sondern um Polen.

Die zu geringen Verseinungsversuche – also die Versuche, die Menschen der nationalen Minderheiten zu den Seinen, den Eigenen zu machen – der Entscheider in der deutschen Militär- und der polnischen Staatsmacht in Westpolesien führten zu einer geringen Reichweite derselben. Diese Herrschaft wäre vor allem in Friedenszeiten effektiver gewesen, wenn es eine Staatsraison und eine Staatsmacht gegeben hätte, die die Bevölkerung ernster genommen hätte. So aber ergänzten und verstärkten sich Befund und Prognose gegenseitig, dass mit den Einheimischen kein Staat zu machen sei. Erst Recht galt dies für das Verhältnis der Staatsmacht zu den Juden, die, falls man Erfolg und Ruhm als Maßstab nimmt, mit Chaim Weizmann, Golda Meir und Menachim Begin prominente nachmalige aus polesischen Gefilden und Gestaden hervorgegangene Politikerinnen und Politiker stellten. Manès Sperber schrieb, die Juden in den Schteteln hätten ein intellektuelles Überlegenheitsgefühl selbst dem einheimischen Adel gegenüber gehabt.[1] Aber kein herrschaftlicher Vertreter, weder die Entscheider im Russischen Reich noch die Besatzer im Ersten Weltkrieg, weder die Militanten im Bürgerkrieg, noch die polnische Herrschaft bis 1939 forderten ein Mitwirken an den Strukturen und Umwälzungen Polesiens durch die Einheimischen ein. Die Sowjetunion war da ab 1939 ganz anders, die Akteure von außen forderten zur aktiven Einordnung in und Unterordnung unter das System 1939–1941 auf und hatten keine Hemmungen, bei diesem Prozess mit Gewalt nachzuhelfen, schafften missliebige Menschen aus dem westbelaruthenischen und westpolesischen Frontgebiet brutal weg oder ermordeten sie an Ort und Stelle; dies wiederum sollte den Ein- und Unterordnungsprozess der Verbliebenen noch beschleunigen.

Ziel war nicht eine Eroberung der Natur, ein Sieg über die Natur oder eine „Aneignung des Raums" Polesien. Wohl aber das Mittel. Bei Landschaftsinterventionen beachtete man in Polesien bis 1941 in der Regel nicht nur unter Anderem auch die Leute, es ging sogar in erster Linie um die Leute, nicht um die Flächen, jedenfalls nicht subjektiv – selbst bei der Melioration. Einzig bei dem Naturschutz, dieser Landschaftsintervention zur Verhinderung von Landschaftsintervention, ging es um die Landschaft.

Nicht nur die Deutschen bis 1919 konnten gerade deshalb das Holz so hemmungslos abtransportieren, weil sie mit der Landschaft nichts Besonderes vorhatten.

Die polnische Nation hatte als „Leuteschaft" keine Macht über die Landschaft. 123 Jahre hatte die polnische Nation ohne eigenen Staat überlebt. Sie versicherte sich ihrer Existenz nicht nur über ihre Kultur, sondern auch ihre Geografie; bestes Beispiel ist das vielbändige geografische Wörterbuch *Słownik geograficzny Królestwa Polskiego i innych krajów słowiańskich*.[2] Aber die Flächendeckungsbestrebungen waren keineswegs einem Geografismus geschuldet. Vielmehr waren sie Ausdruck des klassischen Irredentismus. Es ist insbesondere im Vergleich zu Italien und den Niederlanden auffällig, wie wenig die Sumpf-

1 „Die Juden des Ghettos von Venedig, von Rom oder Worms blieben eine in ihrer eigenen Vaterstadt diskriminierte, exilierte Minderheit, während die Einwohner des Schtetls *majoritär*, also bei sich zu Hause waren; ihre nichtjüdischen Nachbarn, etwa die polnischen Adeligen, mochten mächtig und reich sein und auf sie herabsehen: Die Juden waren jedoch von ihrer eigenen Überlegenheit überzeugt. Im Schtetl gab es nicht eine Spur eines Minderwertigkeitsgefühls wegen der Zugehörigkeit zum Judentum und daher nicht die geringste Neigung, das eigene Wesen zu verhüllen oder wie die anderen zu werden." Sperber, Manès: Die Wasserträger Gottes. All das Vergangene…, Wien 1974, S. 25.

2 Słownik geograficzny Królestwa Polskiego i innych krajów słowiańskich, Warszawa 1880-1902.

trockenlegung als ein nationales Projekt dargestellt wurde. Das war kein böser Wille, sondern Realismus. Denn die Wojewodschaft Polesien war zu groß, das Projekt zu gewaltig und die Wojewodschaft lag zu nah an der kommunistischen UdSSR.

In der Polnischen Republik hat man keineswegs das Verwaltungshandeln vernachlässigt. Der Staat wollte sehr wohl in die Fläche vorrücken, aber nicht als Selbstzweck. Ziel war nicht mehr und nicht weniger, als eine moderne polnische Republik aufzubauen und zu versicherheitlichen.

Die Reichweite der Herrschaft reichte in die Schtetl Polesiens, darüber hinaus überall dorthin, wo die Militärs auftraten, wo eine Polizeistation, ein Eisenbahnposten, eine Poststelle, eine staatliche Schule war. So stellte sich selbst noch der bestgemeinteste Versuch, die Bauern- und Stadtfamilien zu den Seinen zu machen, eben doch als Intervention dar, teilweise als Intervention wider Willen. Die einzigen Einheimischen, die in die polnische Republik allmählich integriert werden konnten, waren die polnischen Großadligen Polesiens – sofern sie es wollten.

Die Interventen beabsichtigten mit ihren Landschaftsinterventionen und ihrem *social engineering* eine biologische und geografische Manövriermasse in ihre Hände zu bekommen, doch die Objekte der Begierde, also die Menschen, schufen sich bald mit mehr, bald mit weniger Erfolg Manövrierräume für ihr Leben.

Verzeichnis benutzter Archivbestände

Archiwum Akt Nowych, Warschau

9	Ministerstwo Spraw Wewnętrzych
13	Ministerstwo Rolnictwa i Reform Rolnych
14	Ministerstwo Wyznań Religijnych i Oświecenia Publicznego
15	Ministerstwo Opieki Społecznej
63	Związek Powiatów Rzeczypospolitej w Warszawie (1919–1939)
71	Komitet do Spraw Szlachty Zagrodowej na Wschodzie Polski, Sekcja Naukowa (1937–1939)
322	Ministerstwo Spraw Zagranicznych
323	Akta Kazimierza Lewińskiego
390	Akta Leona Wasilewskiego
473	Przedstawicielstwo Rady Regencijny w Berlinie
509	Przedstawicielstwo Rady Regencyjny Królestwa Polskiego w Rosji
1183	Urząd Wojewódzki w Brześciu (1923–1939)
2478	Polacy na ziemiach wschodnich RP i na terenie ZSRR w latach 1918–944. Zbiór kserokopii materialów archiwalnych z archiwów zagranicznych
2675	Komisja Naukowa Badań Ziem Wschodnich w Warszawie
2678	Towarzystwo Rozwoju Ziem Wschodnich

→ Zitierweise: AAN Bestand, Signatur, Blatt

Bundesarchiv, Berlin-Lichterfelde

N 2203/23	Reinhard Mumm
R 703	Stellvertreter des Reichskanzlers (Friedrich von Payer)
R 901	Auswärtiges Amt
R 3101/858	Beauftragter des Generalquartiermeisters, Landstelle Brest Litowsk

→ Zitierweise: BA Lichterfelde, Bestand, Signatur, Blatt

Nacyjanal'nyj Histaryčny Archiŭ Belarusi, Minsk

22 Minskoe gubernskoe po zemskim i gorodskim delam prisutstvie, gorod Minsk Minskogo uezda Minskoj gubernii

47 Minskaja gubernskaja zemleustroitel'naja komissija Glavnogo upravlenija zemleustrojstva i zemledelija, gorod Minsk Minskogo uezda Minskoj gubernii

295 Kanceljarija minskogo gubernatora, gorod Minsk Minskogo uezda Minskoj gubernii

325 Minskaja gubernskaja zemskaja uprava, gorod Minsk Minskogo uezda Minskoj gubernii

487 2-e Pinskoe mužskoe vysšee načal'noe učilišče Minskoj direkcii narodnych učilišč, gorod Pinsk Pinskogo uezda Minskoj gubernii

700 Minskij gubernskij komitet Vserossijskogo zemskogo sojuza pomošči bol'nym i ranenym voinam, gorod Minsk Minskogo uezda Minskoj gubernii

915 Podatnoj inspektor 2-go učastka Pinskogo uezda Minskoj kazennoj palaty, gorod Pinsk Pinskogo uezda Minskoj gubernii

2415 Upravlenie Polesskich železnych dorog Ministerstva putej soobščenija, gorod Gomel', Gomel'skogo uezda Mogilevskoj gubernii

→ Zitierweise: NIAB fond (Bestand) -opis', delo (Signatur), Blatt

Nacyjanal'nyj Archiŭ Rėspubliki Belarusi, Minsk

4p ZK der KP(b)B (Central'nyj komitet Kommunističeskoj Partii (bol'ševikov) Belarusi

60p Institut istorii partii i Oktjab'skoj revoljucii pri CK KP(b)B, g. Minsk

325 Narodnyj sekretariat Belorusskoj Narodnoj Respubliki (BNR), g. Minsk

567 Tomaš Tomaševič Grib

→ Zitierweise: NARB fond (Bestand)-opis', delo (Signatur), Blatt

Zonal'nyj gosudarstvennyj Archiv v g. Pinske, Pinsk

200 Stadtrat von Pinsk (1939–1941, Gorodskoj Sovet Pinska)

210 Waldwirtschaft (1939–1941, Lesnoe chozjajstvo)

350 Volksbildung (1939–1941, Narodnoe obrazovanie)

361 Vorläufige Stadtverwaltung, Pinsk (1939, Vremennoe upravlenie g. Pinska)

→ Zitierweise: ZGA Pinsk fond-opis', delo (Signatur), Blatt

Quellen- und Literaturverzeichnis

Ağuiçenoğlu, Hüseyin: Zwischen Bindung und Abnabelung. Das „Mutterland“ in der Presse der Dobrudscha und der türkischen Zyprioten in postosmanischer Zeit, Würzburg 2012

Akudowitsch, Valentin: Der Abwesenheitscode. Versuch, Weißrussland zu verstehen, Berlin 2013 [belar. 2007]

Allgemeine Zeitung des Judentums, 7. Januar 1916

Ansprache des Generals Smuts am 3. November 1919 in Johannesburg bei dem ihm zu Ehren veranstalteten Empfang der jüdischen Gemeinschaft Südafrikas. In: Der Jude, 1919–1920, Heft 11, S. 522-528

Archivy Belaruskaj Narodnaj Rėspubliki, Tom 1, Kniha 1, Vil'nja [u.a.] 1998

Atlas historyczny Polski, wydanie 14, Warszawa 1998

Baberowski, Jörg: Der Anfang vom Ende. Das Zarenreich im Ersten Weltkrieg, In: Osteuropa 2014, H. 2-4, S. 7-20

(—): Diktaturen der Eindeutigkeit. Ambivalenz und Gewalt im Zarenreich und in der frühen Sowjetunion, In: Moderne Zeiten? Krieg, Revolution und Gewalt im 20. Jahrhundert, Göttingen 2006, S. 37-59

Babkov, A.M.: Bežency v Belorussii v gody Pervoj mioroj vožny (1915–1916), In: Histaryčnaja navuka i histaryčnaja adukacyja ŭ Rėspublicy Belarus', Častka 1: Historyja Belarusi, Minsk 1994, S. 131-138

Balachoŭcy. Svedčanni. Dakumenty. Dasledavanni, Smalensk 2014

Barański, Władisław: Kwestja drzewna w Polsce, Warszawa 1928

(—): Akcja gospodarcza na ziemiach północno-wschodnich, [Wilno]: Izba Przemysłowo-Handlowa w Wilnie, 1934

Baroŭskaja, Vol'ha: Belaruskae pytanne na sovetsko-pol'skich perahavorach 1918–1921 hh., Minsk 2017

Bartók, Béla: A népzenéröl, Budapest 1981

Bartoszewicz, Joachim: Znaczenie polityczne kresów polskich dla Polski, Warszawa 1924

Bataille, Georges: Die Aufhebung der Ökonomie. Das theoretische Werk, Band 1, München 1975

Bauman, Zygmunt: Flüchtige Moderne, Frankfurt/Main ³2005

Belaruskaja Narodnaja Rėspublika – krok da nezaležnasci. Da 100-hoddzja abvjaščėnnja. Histaryčny narys, Minsk 2018

Belaruski Zbornik 1956, Heft 3, Heft 4

Beljavina, V.N. [=Bjaljavina, Valjancina Mikalaeŭna]: Belarus' v gody Pervoj mirovoj vojny, In: Nauka i innovacii, 10(2014), Nr. 140, S. 66-70

(—): Belarus' v gody Pervoj mirovoj vojny, Minsk 2013

Belorusskaja SSR v cifrach, Minsk 1929

Benecke, Werner: Die Ostgebiete der Zweiten Polnischen Republik. Staatsmacht und öffentliche Ordnung in einer Minderheitenregion 1918–1939, Köln 1999

(—): Die Kresy – ein Mythos der polnischen Geschichte, In: Hein-Kirchner, H. und Hahn, H.H. (Hg.): Politische Mythen im 19. und 20. Jahrhundert in Mittel- und Osteuropa, Marburg 2006, S. 257-266

(—): Die Quäker in den Kresy Wschodnie der Zweiten Polnischen Republik. Aufzeichnungen britischer und amerikanischer Mitglieder der „Society of Friends" über ihre Tätigkeit in den Ostgebieten Polens nach dem Ersten Weltkrieg, in: JbbGO 42 (1994), S. 510-520

(—): Kresy. Die weißrussischen Territorien in der polnischen Republik (1921–1939). In: Handbuch der Geschichte Weißrusslands, Göttingen 2001, S. 153-165

Bezpartyjny Blok Współpracy z Rządem (Hg.): Polesie 1926–1930, [Warszawa] 1930

Białoruscy parlamentarzyści II Rzeczypospolitej, https://pl.wikipedia.org/wiki/Kategoria:Bia%C5%82oruscy_parlamentarzy%C5%9Bci_II_Rzeczypospolitej 03.11.2018

Bič, M. V., U. N. Sidarcoŭ und V. M. Famin: Historyja Belarusi XX stahoddze: vučėbny dapamožnik dlja 10–11 klasaŭ sjarėdnjaj školy, Minsk ²1993

Biegun, Dov: David's Castle – Davidgrodek: saga in the pripet marshes, London 1982

Bieńkiewicz, Wacław: Niektóre wiadomosci o województwie poleskim. In: Rocznik Poleski 1927, Brześć 1926, S. 29-51

Biskupski, Stefan: Ceny ziemi w województwie poleskiem w latach 1924–1929 = Prix de terres au département de Polesie en 1924–1929. Warszawa 1931

Bissaga, Teofil: Geografia kolejowa Polski z uwzględnieniem stosunków gospodarczo-komunikacyjnych, Warszawa 1938

Blackbourn, David: Die Eroberung der Natur. Eine Geschichte der deutschen Landschaft, München 2008

(—): The Conquest of Nature and the Mystique of the Eastern Frontier in Nazi Germany, In: Nelson, Robert L. (Hrsg.): Germans, Poland, and Colonial Expansion to the East 1850, New York, New York 2009, S. 147-148

Bochan, Jurij Mikalaevič: Vaennyja padzei 1648–1667 hh., In: Prypjackae Palesse, Minsk 2016, S. 92-98

Bodenatlas. Daten und Fakten über Acker, Land und Erde, Berlin 2015

Böhm, André und Maryna Rakhlei: Weissrussland. Mit Minsk, Brest, Hrodna, Homel, Mahiljoŭ und Vicebsk, Berlin 2016

Bohn, Thomas M., Aliaksandr Dalhouski und Markus Krzoska: Wisent-Wildnis und Welterbe: Geschichte des polnisch-weißrussischen Nationalparks von Białowieża, Köln 2017

Bon, Tomas: [Thomas Bohn] Dudar' i raskrašennye pticy. Istorija ljudej na bolote, In: CrossRoad 3–4, S. 184-190

Bondarenko, Vjačeslav: Polkovodcy i voenačal'niki Pervoj mirovoj vojny – urožency Belarusi, Minsk 2014

(—): Uterjannye pobedy Rossijskoj imperii [sobytija Pervoj mirovoj vojny na belorusskoj zemle, izmenivšie chod mirovoj istorii], Minsk 2010

Bor'ba trudjaščichsja Zapadnoj Belorussii za social'noe i nacional 'noe osvoboždenie i vossoedinenie s BSSR. Dokumenty i materialy, tom 1, Minsk 1962

Borodziej, Włodzimierz: Geschichte Polens im 20. Jahrhundert, München 2010

Boyd, Louise A.: The marshes of Pinsk. In: The Geographical Review, 1936, S. 376–395

Brandt, Bernhard: Geographischer Bilderatlas des polnisch-weißrussischen Grenzgebietes. Mit 100 photographischen Aufnahmen und 1 Übersichtskärtchen. Berlin 1918

Brockhaus' Konversationslexikon F. A. Brockhaus in Leipzig, Berlin und Wien, 14. Auflage, 1894–1896, 13. Band: Perugia – Rudersport = http://www.retrobibliothek.de/retrobib/seite.html?id=132872

Brokgauz – siehe: *Ėnciklopedičeskij*

Brown, Kate: A Biography of No Place: From Ethnic Borderland to Soviet Heartland, Cambridge, Mass. 2003

Brozowski, Czesław: Akcja osadnictwa wojskowego na kresach wschodnich 1920–1931, o. O., 1938

Bruisch, Katja: The State in the Swamps. Wetland Drainage as a Means of Territorialization in the Late Russian Empire. In: Zeitschrift für Ostmitteleuropaforschung ca. 2019, Heft 1
Bujak, F.: Historia osadnictwa ziem polskich w krótkim zarysie, Warszawa 1920
Bürgener, Martin: Pripet-Polessie. Das Bild einer polnischen Ostraum-Landschaft. Mit 5 Karten, 40 Abbildungen auf Tafeln, 8 Skizzen und Kurvenbildern im Text. Petermanns Geographische Mitteilungen 237 (Ergänzungsheft), Gotha 1939

Caprotti, Federico: Mussolini's Cities: Internal Coloniallism in Italy 1930–1939, Youngstown 2007
Čarnjakėvič, Iryna: Belarus' u cjani Palessja. In: ARCHE. Pačatak 3(102) 2011, S. 7-9
(—): U pašukach Palessja, In: ARCHE. Pačatak 2011,3 (102), S. 7-12
Chackevič, A.: Aryšty i dėpartacyi ŭ zachodnich ablascjach Belarusi (1939–1941 hh.), In: Belaruski Histaryčny Časopis' 1994, Heft 1, S. 89-94
Chernev, Borislav: Twilight of empire – the Brest-Litovsk Conference and the remaking of East-Central Europe, 1917–1918, Toronto 2017
Chomič, S.M.: Asnoŭnyja ėtapy farmavannja tėrytoryi BSSR (1918–1926), In: Belarusi Histaryčny Ahljad 2000, S. 365-401
(—): Belaruski nacyjanal'ny ruch va ŭmovach peršaj susvetenaj vajny (žniven' 1914 – ljuty 1917 hh.), In: Oktjabr' 1917 goda v sud'be mirovoj civilizacii. K 90-letiju Oktjabr'skoj revoljucii, Minsk 2008, S. 368-391
Chvahina, Taccjana Arkad'eŭna: Pinsk. Sėrca Paleskaha kraju, Minsk 2014
Cicharacki, Petr [Cichoracki, Piotr]: Paljašuk – ab'ekt cyvilizacyjnaj misii. In: ARCHE. Pačatak 2014, № 7-8 (128-129), S. 72-110
Cichoracki, Piotr: Droga ku anatemie. Wacław Kostek-Biernacki (1884–1957), Warszawa 2009
(—): Polesie nieidylliczne. Zaburzenia porządku publicznego w województwie poleskim w latach trzydziestych XX w., Łomianki 2007
(—): Polonisation Projects for Polesia and their Delivery in 1921–1939. In: Acta Poloniae Historica 109, 2014, S. 61–79
(—): Stołpce-Łowcza-Leśna 1924. II Rzeczpospolita wobec najpoważniejszych incydentów zbrojnych w województwach północno-wschodnich. Łomianki 2012
(—): Województwo poleskie 1921–1939. Z dziejów politycznych Polesia, Łomianki 2014
Ciechanowiecki, Andrzej: Michał Kazimierz Ogiński und sein Musenhof zu Słonim: Untersuchungen zur Geschichte der polnischen Kultur und ihrer europäischen Beziehungen im 18. Jahrhundert, Köln 1961 [Übersetzung: Cechanavecki, Andžėj S.: Michail Kazimir Ahinski i jaho „sjadziba mazaŭ“ u Slonime, Minsk 2006]
Cilauro, Santo; Gleisner, Tom; Sitch, Rob: Molwanien: Land des schadhaften Lächelns, München 2005
Clogg, Richard: Geschichte Griechenlands im 19. und 20. Jahrhundert. Ein Abriß, Köln 1997
Conrad, Benjamin: Umkämpfte Grenzen, umkämpfte Bevölkerung. Die Entstehung der Staatsgrenzen der Zweiten Polnischen Republik 1918–1923, Stuttgart 2014
Cuba, Michail V.; Belaruski nacyjanal'ny ruch u peryjad pamiž dzvjuma dėmakratyčnymi rėvaljucyjami: (1907–1917 hh.); matėryjaly da kursa „Historyja Belarusi“, Brėst 2003
(—): V.Z. Korž. Nevjadomyja i malavjadomyja staronki žyccja, Pinsk 2010
Čujkov, Vasilij I.: Missija v Kitae: zapiski voennogo sovetnika, Moskva 1981
Curschmann, Fritz: Die Weißruthenen. Ein erwachendes slawisches Bauernvolk. In: Deutsche Rundschau XLIV, (=Jahrgang 44) 1918, Seite 273-296
Cvetkovski, Roland: Modernisierung durch Beschleunigung, Raum und Mobilität im Zarenreich, Frankfurt/Main 2006
(—): Territorialisierung Rußlands oder die Verdichtung des Raumes. Landverkehr und Geschwindigkeit im Zarenreich 1650–1900, Köln (Diss.) 2005

Czarnowski, Stefan Zygmunt: W sprawie określenia granic strategicznych państwa polskiego: (studyum wojskowo-geograficzne), Warszawa 1921

Czerwijowski, Zygmunt: Projekt sfinansowania melioracji Polesia, Warszawa 1935

Danilov, Jurij N.: Rossija v mirovoj vojně 1914–1915 g. g., Berlin 1924

Das 41. Reserve-Korps von der Somme zum Pripjat: mit 438 Bildern, München 1918

Das Land Ober Ost. Deutsche Arbeit in den Verwaltungsgebieten Kurland, Litauen und Bialystok-Grodno. hrsg. im Auftrage des Oberbefehlshabers Ost, Stuttgart 1917

Das Volk (Siegen) [Zeitung] vom 18.02.1918

Der große Feldzug im Osten von April bis Oktober 1915 [Karte ohne Maßstab] Hermann Stegemanns Geschichte des Krieges Band III.

Der Sieg in Polen, (Hg. Oberkommnado der Wehrmacht), Berlin 1940

Die Kämpfe um Baranowitschi. Sommer 1916 unter Benutzung amtlicher Quellen des Reichsarchivs bearbeitet von Walther Vogel, Major s. Zt. Hauptmann beim Stabe des Oberbefehlshabers Ost, Oldenburg 1921

Direnok, Efim D.: Bol'ševiki Gomel'ščiny v period oktjabr'skoj revoljucii i graždanskoj vojny, Minsk 1976

Dokumenty i materialy po istorii sovetsko-pol'skich otnošenij, Moskva, Tom 2, 1964; Tom 3, 1965; Tom 4, 1966

Dönhoff, Marion Gräfin: Dogma oder Weizen? In: Die Zeit, 5. September 1975

Dr. Tänzer. In: Allgemeine Zeitung des Judentums, 7. Januar 1916, S. 6-10

Dreidoppel, Kaspar: Der griechische Dämon: Widerstand und Bürgerkrieg im besetzten Griechenland 1941–1944, Wiesbaden 2009

Drugi powszechny spis ludności z dn. 9. XII. 1931 r.: mieszkania i gospodarstwa domowe, ludność, stosunki zawodowe; województwo poleskie, Warszawa 1938

Dworakowski, Stanisław: Rubież Polesko-Wołyńska. In: Sprawy narodowościowe 12 (1938), 3, S. 3-25

Dzjadzinkin, A.L.: Kastryčnickaja rėvaljucyja i ažyccjaŭlenne leninskaj uladja ŭ Rasii i Belarusi (kastryčnik-listapad 1917 h.), In: Oktjabr' 1917 goda v sud'be mirovoj civilizacii. K 90-letiju Oktjabr'skoj revoljucii, Minsk 2008, S. 225-233

Einax, Rayk: Entstalinisierung auf Weißrussisch. Krisenbewältigung, sozioökonomische Dynamik und öffentliche Mobilisierung in der Belorussischen Sowjetrepublik 1953–1965, Wiesbaden 2014

Elias, Norbert: Über den Prozeß der Zivilisation: soziogenetische und psychogenetische Untersuchungen; Wandlungen des Verhaltens in den weltlichen Oberschichten des Abendlandes, Band 2, Frankfurt/Main 1976

Ełski [= Laniewski], Stanisław: Die weissruthenische Frage: Historisch-politischer Abriss, Berlin: Publikationsstelle für den Dienstgebrauch, 1942

Emmer, Maksymilian: Jak filmowalismy Polesie, In: Ziem Wschodnich i Kalendarz na rok 1937, 1937, S. 273-279

Ėnciklopedičeskij Slovar' F.A.Brokgauza i I.A.Efrona (v 86 tomach s illjustracijami i dopolnitel'nymi materialami) = http://www.vehi.net/brokgauz/

Ėncyklapedyja historyi Belarusi (ĖHB), Minsk tom 1, 1993; tom 2, 1994; tom 5, Minsk 1999; tom 6, Minsk 2001

Engelhardt, Eugen von: Weißruthenien: Volk und Land, Berlin 1943

Engelking, Anna: Śladami Józefa Obrębskiego po 60 lat. Raport z rekonansu terenowego na Polesiu, In: Zaharoddze-1, Minsk 1999, S. 44-51

Erinnerungen eines Soldaten. Autobiografie. Original 1951 im K. Vowinckel Verlag, Nachdruck 18. Auflage: Motorbuch, Stuttgart 2003 =

https://de.wikipedia.org/wiki/Heinz_Guderian#Zweiter_Weltkrieg
Esch, Peter: Polen kreuz und quer. Blicke hinter die Kulissen, Berlin 1939
Ėtkind, Aleksandr: Chlyst: sekty, literatura i revoljucija, Moskva 1998
Etkind, Alexander: Internal Colonizasion. Russia's Imperial Experience, Cambridge 2011
Etzemüller, Thomas (Hg.): Die Ordnung der Moderne. Social Engineering im 20. Jahrhundert, Bielefeld 2009
Express Poleski, 1 (1933)

Fisch, Jörg: Das Selbstbestimmungsrecht der Völker. Die Domestizierung einer Illusion, München 2010
Fitzpatrick, Sheila: On Stalin's Team. The Years of Living Dangerously in Soviet Politics. Princeton 2015
Freund, R.: Die polnische Agrarreform. In: Weltwirtschaftliches Archiv 24(1926), S. 309-320

Ganzenmüller, Jörg und Tatjana Tönsmeyer: Vom Vorrücken des Staates in die Fläche. Ein europäisches Phänomen des langen 19. Jahrhunderts, Köln [u.a.] 2016
Gazeta Poleska, Jahrgang 1–4 (1933–1936) [z.T. enthalten in: AAN, Bestand 323/0, Akta Kazimierza Lewińskiego, Sign. 64]
Gerlach, Christian: Extrem gewalttätige Gesellschaften: Massengewalt im 20. Jahrhundert, München 2011
Geschichte: Rußland.Polen“ http://www.retrobibliothek.de/retrobib/seite.html?id=137975&imageview=true; in der 4. Auflage, 1885–1892, 10. Band: „Königshofen – Luzon“
Gestwa, Klaus: Social und Soul Engineering unter Stalin und Chrustschow, 1928–1964, In: Etzemüller, Thomas (Hg.) (2009): Die Ordnung der Moderne. Social Engineering im 20. Jahrhundert. Bielefeld 2009, S. 241-278
(—): Die Stalinschen Großbauten des Kommunismus: sowjetische Technik- und Umweltgeschichte, 1948–1967, München 2010
Gierowska-Kałłaur, Joanna: Zarząd Cywilny Ziem Wschodnich (19 lutego 1919 – 9 września 1920), Warszawa 2003
Gloger, Zygmunt: Encyklopedia staropolska 1900–1903, t.3, S. 98-99
Gomel'skaja oblast', Auflage 3, Minsk 1988
Gomółka, Krystyna: Białorusini w II Rzeczypospolitej, Gdańsk 1992
Gospodarcze i kulturalne potrzeby województwa poleskiego. Według memoriału wręczonego w dniu 17 XII 1936 roku Prezesowi Rady Ministrów, Warszawa, 1937
Gosudarstvennye granicy Belarusi. Sbornik dokumentov i materialov v dvuch tomach. Tom 1 (mart 1917–nojabr' 1926), Minsk 2012, Tom 2 (nojabr' 1926–dekabr' 2010), Minsk 2013 (sost. V.E. Snapkovskij i.dr.)
Graeber, David: Schulden: die ersten 5000 Jahre, 5.Auflage, Stuttgart 2012
Grodzicki, Ludwik: Polska A i Polska B. In: Rocznik Ziem Wschodnich i kalendarz na 1937, Warszawa 1937, S. 20-22
(—) (oprac.): Struktura posiadania mniejszej własności rolnej na Ziemiach Wschodnich: (według danych Statystyki Produkcji Rolnej z 1931 r.). Z. 4, Województwo Poleskie; Instytut Gospodarczy Ziem Wschodnich. Biblioteka Narodowa Instytut Gospodarczy Ziem Wschodnich, Warszawa 1938
Gross, Jan T.: Und wehe, du hoffst… Die Sowjetisierung Ostpolens nach dem Hitler-Stalin-Pakt 1939–1941, Freiburg 1988
Großes Fremdwörterbuch, Leipzig 1986
Gryglaszewski, Roman: Zdjęcia sytuacyjne rzek Polesia metodą aerofotogrametryczną Brześć nad Bugiem 1931

Grzelak, Czesław: Kresy w ogniu. Wojna na ziemiach wschodnich Rzeczypospolitej we wrześniu 1939 roku, Warszawa 2014

Grzywaczewska, A.: Kultura wsi poleskiej na przełomie XIX i XXX wieku, część 1 – kultura materialna, In: Echa Polesia 2012, Nr. 3

Günther, Oliver: Die Rückwanderung von Wolhynien nach Deutschland bis 1918 eine Recherche im Geheimen Staatsarchiv Preussischer Kulturbesitz (GStAPK)=http://www.wolhynien.de/pdf/rw_GstAPK.pdf

Haffner, Sebastian: Anmerkungen zu Hitler, 22. Auflage, März 2001

(—): Die sieben Todsünden des Deutschen Reiches im Ersten Weltkrieg [1964], Köln 2014

Handbuch der Geschichte Weißrußlands, hg. Von Dietrich Beyrau und Rainer Lindner, Göttingen 2001

Handel na wsi. In: Polesie. Organ wsi poleskiej, Nr. 4 (26.08.1928), S. 8

Hank, Sabine u.a.: Feldrabbiner in den deutschen Streitkräften des Ersten Weltkriegs, Berlin 2013

Haslinger, Peter und Vadim Oswalt (Hg.): Kampf der Karten. Propaganda- und Geschichtskarten als politische Instrumente und Identitätstexte. Marburg/L. 2012

Hazeta „Homan". 1916, No 2

Hein, Heidi: Der Piłsudski-Kult und seine Bedeutung für den polnischen Staat 1926–1939, Marburg 2002

Hejke, Krzysztof: Polesie, Poznań 2009

Henning, Friedrich-Wilhelm: Das industrialisierte Deutschland 1914–1978, 5. Aufl., Paderborn 1979

Henschel, Christhardt: Jeder Bürger Soldat Juden und das polnische Militär (1918–1939) Schriften des Simon-Dubnow-Instituts, Band 29, [erscheint 2019]

(—): „Gute Soldaten werden sie nie sein": Diensttauglichkeit und Ethnizität im militärischen Diskurs der Zweiten Polnischen Republik. In: Barelkowski/Kraft/Röskau-Rydel (Hg.): Zwischen Geschlecht und Nation. Osnabrück 2016, S. 197ff.

(—) und Stephan Stach: Einleitung: Nationalisierung und Pragmatismus. Staatliche Institutionen und Minderheiten in Polen 1918–1939. In: Zeitschrift für Ostmitteleuropaforschung 2013, S. 164-186

(—): Brüchige Einheit. Die polnischen Streitkräfte 1918–1921, In: Fragmentierte Republik. Das politische Erbe der Teilungszeit in Polen 1918–1939", hrsg. v. Kai Struve u. Michael G. Müller, Göttingen 2017, S. 39-67

(—): Frontline Soldiers into Farmers. Military Colonisation in Poland after the First and the Second World War, In: Hannes Siegrist und Dietmar Müller (Hg.): The Notion, Institutions, and Practices of Property to Land in the 20th Century, New York [u.a.] 2015, S. 144–162

Hepke, Marian: Polesische Reise. Bilder von einer Fahrt durch Europas größtes Sumpfgebiet, 3. Auflage, Bromberg 1934

Hildermeier, Manfred: Montagen statt Mehrwert, In: Journal of Modern European History 2012, S. 290-298

Historia Polski w liczbach T. 1, Państwo, społeczeństwo, publ. oprac. Andrzej Wyczański et al.; Główny Urząd Statystyczny, Warszawa 2003

Historia Polski w liczbach. T. 2, Gospodarka, zespół red. Franciszek Kubiczek et. al.; publ. oprac. Andrzej Wyczański; Główny Urząd Statystyczny, Warszawa 2006

Historyja belaruskaj dzjaržaŭnasci ŭ kancy XVIII – pačatku XIX st.: u dzvjuch knihach, kniha 1, Minsk 2011; kniha 2, Minsk 2012

Historyja Belaruskaj SSR u 5 t., t. 3, Minsk 1973

Historyja Pinska: ad staražytnasci da sučasnasci; da 915-j hadaviny z peršaha letapisnaha ŭpaminannja, hg. von Nacyjanal'naja Akadėmija Navuk Belarusi, Instytut Historyi. [A. M. Litvin], Minsk 2012

Hoensch, Jörg K.: Geschichte Polens, Stuttgart 1983

Homan Nr. 41 (1918), zitiert in: Historyja Belaruskaj Dzjaržaŭnasci, Minsk 2001, kniha 1
Horaczuk, Michał: Prace Biura projektu meljoracji Polesia. In: Wiadomości Geograficzne 1930 [auch Sonderdruck]
Horoszkiewicz, R(oman): Powiat stoliński, 1930
(—): Szlachta zasciankowa na ziemiach wschodnich. Polskie Towarzystwo Turystyczno-Krajoznawcze, Oddzial Pinski, Warszawa 1936
Hroch, Miroslav: Social preconditions of national revival in Europe: a comparative analysis of the social composition of patriotic groups among the smaller European nations, Cambridge 1985
Hryckevič, Anatol': Sluckae paŭstanne 1920 h. Zbrojny čyn u barac'be za nezaležnasc' Belarusi. In: Spadčyna 1993, No. 2, S. 3

Ignatenko, I.M.: Fevral'skaja buržuazno-demokratičeskaja revoljucija v Belorussii, Minsk 1986
Il'jankoŭ, Vjačaslaŭ: Les vjadomy: Da abstavin smerci R.A.Skirmunta, In: Zaharoddze 3, Minsk 2001
Iljustravanaja chranalohija Historyi Brlarusi, Minsk 1995
Ioffe, Ėmanuil: Pantelejmon Ponomarenko: „Železnyj" stalinist, Minsk 2015, S. 76-81
(—): Stranicy istorii evreev Belarusi. Kratkij naučno-popul'arnyj očerk. Minsk 1996
Istorija Belorusskoj SSR, tom 2: Minsk 1961

Jäger, Walter: Weißruthenien: Land, Bewohner, Geschichte, Volkswirtschaft, Kultur, Dichtung; mit 93 Abb. u. 1 Kt., Berlin 1919
Jarmarki Poleskie – próba aktywizacji życia gospodarczego, Kraków 2013
Jasiewicz, Krzysztof: Rzeczywistość sowiecka 1939–1941 w świadectwach polskich Żydów. Warszawa 2009
Jasiewicz, Krzysztof: Oni: okupacyjny aparat sowiecki na Kresach Północno-Wschodnich w latach 1939–1941, Warszawa 2015
Jureit, Ulrike: Das Ordnen von Räumen. Territorium und Lebensraum im 19. und 20. Jahrhundert, Hamburg 2012

Kachanouski, Alexander: Die Bauernschaft im Wandel. Von der Aufhebung der Leibeigenschaft bis zur Kollektivierung (1861–1929). In: Handbuch der Geschichte Weißrußlands, Göttingen 2001, S. 249-257
Kacprzak, Michał: Ziemia dla żołnierzy: problem pozyskania i rozdysponowania gruntów na cele osadnictwa wojskowego na Kresach Wschodnich 1920–1939, Łódź 2009
Kaleko, Saul: Die Agrarverhältnisse in Weißrußland vor und nach der Umwälzung im Jahre 1917, Diss., FWU Berlin 1929
Kalendarz Ziem Wschodnich na rok 1935, Warszawa 1935
Kamiński, W.: Osadnictwo wojskowe. In: Rocznik Ziem Wschodnich 1937
Kappeler, Andreas: Geschichte der Ukraine, Bonn 2015
Karskij, Efim: Materialy dlja izučenija sěverno-malorusskich govorov, a takže perechodnych ot bělorusskich k malorusskim: (Polěs'e), SPb. 1902
Kascjuk, Michail Paŭlavič (hg.): Historyja Belarusi, 5 Bände, Minsk 2005–2008
(—): Šljach da isciny. Histaryčnaja navuka Belarusi ŭ kancy XX – pačatku XXI. st., Minsk 2015, S. 139-148
Kaspjarovič, Halina: Matėryjal'naja kul'tura belaruskaha naroda: Adzenne. In: Naviny Belaruskaj Akadėmii Navuk, Minsk, 05.03.1993
Kisel', Valer: Mjastėčka Haradnaja: ad majdėboryi da sel'savetu. In: ARCHE. Pačatak 2013, Nr. 4, S. 295-343

Kištynov, Andrej: Ėkonomičeskij potencial Poles'ja v načale XX veka, In: Zaharoddze – 3. Minsk 2001. [sbornik sta'ej] Matėryjaly navukowa-krajaznaŭčaj kanferėncyi „Palesse ŭ XX stažoddzi 1 – 4 čėrvenja 2000h.“, Belastok 2001, S. 115-119
Kitajczuk, Mieczysław: Burzliwe dzieje Polesia, Wrocław 2002
Klimčuk, Fëdar: Ustupnae slova. In: Zaharoddze, Nr. 3, Minsk 2001
Klinaŭ, Artur: Partisanen. Kultur_Macht_Belarus, hg. Von Taciana Arcimovič sowie Steffen Beilich, Thomas Weiler und Tina Wünschmann, literabel.de, Berlin 2014
Kobieta na Polesiu, hg. Koło Krajoznawcze Uczniów Gimn. Państ. im. Marsz. J. Piłsudskiego, Pińsk 1939
Kochanowski, Jerzy: Dowód istnienia. Jak zmieniały się w Polsce dokumenty tożsamości, In: Polityka Nr. 44(2322), 03.11.2001, S. 70-72
(—): Paradoxe Erinnerungen an die kresy, In: Hein-Kirchner, H. und Hahn, H.H. (Hg.): Politische Mythen im 19. und 20. Jahrhundert in Mittel- und Osteuropa, Marburg 2006, S. 267-278
Kock, Heinrich: Die Friedensverhandlungen von Brest-Litowsk im Spiegel der Wiener Presse: Dissertation, Hamburg 1937
Koenen, Gerd: Spiel um Weltmacht. Deutschland und die Russische Revolution Vom Weltkrieg zum Bürgerkrieg http://www.bpb.de/apuz/254460/spiel-um-weltmacht-deutschland-und-die-russische-revolution?p=2 (vom 18.08.2017, gesehen 21.11.2018)
Kohl, Paul: „Ich wundere mich, dass ich noch lebe“, Sowjetische Augenzeugen berichten, Gütersloh 1990
Kolas, Jakub: Ded Talaš. In: Kolas, Jakub: Izbrannye proizvedenij v dvuch tomach. Tom 2: Povesti i rasskazy [russisch], Moskva 1956, S. 325-531
(—): Der Schalmeibläser [1906], In: Die junge Eiche. Klassische belorussische Erzählungen, hg. von Norbert Randow, Leipzig 1987, S. 9-11
Kolejowiec Kresowy. Organ Myśli Niepodległej. Pismo tygodniowe, Brześć 1922–1924
Komarnicki, Wacław: Odbudowa państwowości polskiej na ziemiach wschodnich, Wilno 1929
Kon, Feliks: Zapadnaja Belarus' – kolonija panskoj Pol'ši (k processu nad Belorusskoj Gromadoj), Moskva 1928
Kondracki, Jerzy und Stanisław Lencewicz: Katalog jezior poleskich. Bd. 1, Warszawa 1938
Kopp, Kristin: Germany's wild east: constructing Poland as colonial space, Ann Arbor, Mich. 2012
Kornat, Marek: Z Projektów federacyjnych w polskiej myśli politycznej (1917–1921), In: O ziemię naszą, nie waszą. Ideowe aspekty procesów narodowotwórczych w Europie Środkowej i Wschodniej, Łukasz Adamski (red.), Warszawa 2018, S. 361-409
Kosinski, Jerzy: Der bemalte Vogel, Frankfurt/Main 1968 [Malowany ptak]
Kouida, Artem: Melioration im Belarussischen Polesien. Die Modernisierung der sowjetischen Peripherie (1965–1991), Wiesbaden 2019
Kozljanič, Robert Josef: Leben, Wohnen, Fühlen. Von der beheimatenden Funktion „herzerwärmender“ Orte. In: Leib, Ort, Gefühl: Perspektiven der räumlichen Erfahrung, hg. Von Michael Großheim; Anja Kathrin Hild; Corinna Lagemann; Nina Trčka (Hg.), Freiburg 2015, S. 369-392
Kozłowski, Jan Zygmunt: Pierwszy „Jarmark Poleski” w Polsce Odrodzonej, Brześć n/B. 1937
Kraft, Claudia: Europa im Blick der polnischen Juristen: Rechtsordnung und juristische Profession in Polen im Spannungsfeld zwischen Nation und Europa 1918–1939, Frankfurt/Main 2002
Krivošein, S.M.: Meždubur'e. Vospominanija, Belgorod, Voronež 1964, S. 251
Kronika Łuniniecka. Tygodnik poświęcony sprawom społecznym i gospodarczym 1933, Rok 1
Krumeich, Gerd: Der Erste Weltkrieg. Die 101 wichtigsten Fragen, München [3]2015
Krummacher, Friedrich Arnold und Helmut Lange: Krieg und Frieden: Geschichte der deutsch-sowjetischen Beziehungen. Von Brest-Litowsk zum Unternehmen Barbarossa, München u.a. 1970
Krzyżanowski, Lech: Sędziowie Drugiej Rzeczypospolitej. Okręgi apelacyjne: krakowski i katowicki. Katowice 2011

Kulczyński, Stanisław: Park natury na Polesiu i jego stosunek do planu meljoracji: odczyt wygłoszony na 12-stym Zjeździe dorocznym Państwowej Rady Ochrony Przyrody w Warszawie w dn. 11 stycznia 1930 r. In: Ochrona Przyrody. Band 10(1930)

Kulwieć, Kazimierz: Polska w granicach naturalnych i historycznych, Warszawa 1919

Kumanev G.A.: Rjadom so Stalinym: otkrovennye svidetel'stva. Vstreči, besedy, interv'ju, dokumenty, Moskva 1999

Kundrus, Birthe: Colonialism, Imperialism, National Socialism. How Imperial was the Third Reich? In: Bradley Naranch/Geoff Eley (Hg.), German Colonialism in a Global Age, Durham/London 2014, S. 330-346

(—): Kolonialismus. Imperialismus, Nationalsozialismus? Chancen und Grenzen eines neuen Paradigmas,. In: Claudia Kraft/Alf Lüdtke/Jürgen Martschukat (Hg.), Kolonialgeschichten. Regionale Perspektiven auf ein globales Phänomen, Frankfurt/Main 2010, S. 187-210

Kvačuk, Evgenij: Voenno-političeskaja situacija na Poles'e v 1918–1919 godach. In: Zaharoddze–3. [sbornik stat'ej] «Palesse ŭ XX stažoddzi 1 – 4 čėrvenja 2000h., Belastok 2001

Lachocki, Gryzelda Niziol: Goodbye tomorrow, Lawrenceville, Va. 1999

Lachowiczówna, Z.: Drogi bite i koleje żelazne w województwach wschodnich, Warszawa 1937

Ladyseŭ, U.F.: Kastryčnickaja rėvaljucyja i prablemy dzjaržaŭna-palityčnynahasamavyznačėnnja Belarusi (listapad 1917 – studzen' 1918 hh.). In: Oktjabr' 1917 goda v sud'be mirovoj civilizacii. K 90-letiju Oktjabr'skoj revoljucii, Minsk 2008, S. 268-273

Laeuen, Harald: Östliche Agrarrevolution und Bauernpolitik, Breslau 1934

(—): Polnische Tragödie, Stuttgart 1955

(—): Polnisches Zwischenspiel. Eine Episode der Ostpolitik, Berlin 1940

Lagodinsky, Sergey. In: Green Values, Religion & Secularism. Conservations with European politicians and activists, ed. Nuala Ahern and Erica Meijers, S. 148-154

Landau, Zbigniew und Jerzy Tomaszewski: Wirtschaftsgeschichte Polens im 19. und 20. Jahrhundert, Berlin 1986

Lastoŭski, Vaclaŭ (Vlast): Karotkaja historyja Belarusi, Vil'nja 1910

Latyšonak, Aleh und Jauhen Miranovič: Historyja Belarusi ad sjarėdziny XVIII st. da pačatku XXI st., Vil'nja 2010

Laz'ko, Ryhor: Nas ab'jadnali – chto? – Čužanicy, Ab historyčnych umovach ab'jadnannja Belarusi u verasni 1939 h In: Vosen' 1939 goda ŭ histaryčnaj tradycyi i vusnaj historyi, Minsk 2015, S. 22-36

Leblang, St.: Polnische Bauernparteien. In: Europäische Bauernparteien im 20. Jahrhundert, 1977, S. 271-322

Lefebvre, Henri: Die Produktion des Raums [1974], in: Raumtheorie. Grundlagentexte aus Philosophie und Kulturwissenschaften. Hrsg. v. Jörg Dünne und Stephan Günzel, Frankfurt/Main 2006, S. 330-342.

Lehnstaedt, Stephan: Imperiale Polenpolitik in den Weltkriegen. Eine vergleichende Studie zu den Mittelmächten und zu NS-Deutschland (= Einzelveröffentlichungen des Deutschen Historischen Instituts Warschau) Osnabrück 2017

Lencewicz, Stanisław: Polska, Warszawa (1937) (=Wielka Geografia Powszechna 7)

Lenz, Siegfried: Der Überläufer. Roman, 4. Auflage, Hamburg 2016

Lichodedov, Vladimir: Belarus' čerez fotoob"ektiv nemeckogo soldata 1915–1918 = Belarus' durch das Fotoobjektiv des deutschen Soldaten 1915–1918 = Belarus' praz fotaab'ektyŭ njameckaha saldata 1915–1918, Minsk 2008

Ličkov, Leonid Semenovič: Servituty, In: Ėnciklopedičeskij slovar' Brokgauza i Efrona, Band 29a(1900), S. 629-641

Lipinskij, Leonid Pavlovič: Krest'janskoe dviženie v Belorussii v 1914–1917 gg., Minsk 1975

(—): Stolypinskaja agrarnaja reforma v Belorussii, Minsk 1978

Lis-Błoński, Stanisław: Bałachowcy [Verlag:] Mireki 2013
Liulevicius, Vejas G.: Kriegsland im Osten. Eroberung, Kolonisierung und Militärherrschaft im Ersten Weltkrieg 1914–1918, Hamburg 2002
Livan, Ali: Historiographische Auseinandersetzungen mit der Region Polesien, Essay, 2015, Internetveröffentlichung
Ljachoŭski, U.V.: Uplyv peršaj susvetnaj vojny i rėvaljucijnych padzej 1917h. na škol'nuju spravu ŭ Belarusi. In: Oktjabr' 1917 goda v sud'be mirovoj civilizacii. K 90-letiju Oktjabr'skoj revoljucii, Minsk 2008, S. 284-301
Loring, Benjamin: "Colonizers with Party Cards". Soviet Internal Colonialism in Central Asia, 1917–39. In: Kritika: Explorations in Russian and Eurasian History 15:1 (2014), Seite 77–102
Ludkiewicz, Zdzisław: Parcelacja a reforma rolna, Lwów 1922
Luks, Leonid: Die Utopie an der Macht. Zum bolschewistischem Terror unter Lenin und Stalin. In: Historisches Jahrbuch. Bd. 119 (1999), S. 232–264
Łuszczyk-Ilienkowa, Nina: Pińsk, Elektrownia. Mam dziesięć lat, opracowała Anna Engelking, Warszawa 2004

Mackiewicz, Józef: Okna zatkane szmatami, Londyn 2007
Majecki, Henryk: Problem samookreślenia narodowego Poleszuków w Polsce okresu międzywojennego, In: Zaharodz'dze-3: Matėryjaly navukova-krajaznaŭčaj kanfėrėncyi „Pales'se ŭ XX stahodz'dzi" (1-4 čėrvenja 2000 h., Belastok), Ukl. i ah. rėd. F. Klimuka, A. Ėnhel'kinh, V. Labačėŭskaja. Minsk Tėchnalëhija, 2001, Nr. 3. = https://archive.is/20120715155200/http://languages.miensk.com/Lang_Eu_As_Af/Indoeuropean/Westpalesian/majecki.htm
Mak, Geert: Amerika! Auf der Suche nach dem Land der unbegrenzten Möglichkeiten, München 2014
Mały rocznik statystyczny, Rok 1, Warszawa 1930
Mały rocznik statystyczny, Rok 9, Warzsawa 1938
Mały rocznik statystyczny, Rok 10, Warszawa 1939
Mamontov, Viktor Ivanovič: Belarus' v period germanskoj okkupacii v gody pervoj mirovoj vojny: sentjabr' 1915-nojabr' 1918 gg., Voronež 1997
Manos, Helene: Zu Hamburg in der „Fremde"? Eine Kritik der griechischen Emigrationsideologie, Hamburg 2001
Marakoŭ, L.U.: Rėprėsavanyja litaratary, navukoŭcy, rabotniki asvety, hramadskija i kul'turnyja dzejačy Belarusi: 1794–1991, ėncyklapedyčny davednik u troch tamach, tom 3. Kn.1, Minsk 2003
Marczak, Michał: Przewodnik po Polesiu, Brześć nad Bugiem 1935
Martin, Terry Dean: The Affirmative Action Empire: Nations and Nationalism in the Soviet Union, 1923–1939, Ithaca, NY, 2001
Matelski, Dariusz: Mniejszości narodowe w Wojsku Polskim w 1922 roku, Poznań 1995
Materialy dlja geografii i statistiki Rossii: sobrannye oficerami General'nago štaba. Bd. 15. Minskaja gubernija. Buch 2, SPb. 1864
Mateusz z Polesia: Polesie dziś i dawniej, [Brześć n. Bugiem] 1930
Maŭr, Janka: Zbor tvoraŭ u čatyroch tamach, Tom 4, Paleskija rabinzony. Apovesc', Minsk 1976
Maz'ko, Ėduard: Palesse ŭ kancėpcyjach belaruskich palityčnych partyi Zachodnjaj Belarusi. In: Zaharoddze, Nr. 3, Minsk 2001, S. 149-153
Mazec, V.H.: Bežanskae pytanne i sproby jaho vyrašėnnja ŭ 1918 hodze, In: Smarhonščyna: trahedyja, heraizm, pamjac' Minsk 2009, S. 620-634

(—): Heapalityčnyja aspekty stanjaŭvlennja belaruskaj dzjaržaŭnasci (Listapad 1917– Sakavik 1918). In: Oktjabr' 1917 goda v sud'be mirovoj civilizacii. K 90-letiju Oktjabr'skoj revoljucii, Minsk 2008, S. 302-311

Mazower, Mark: Der Balkan, Berlin ²2003

McNeill, John: Something New Under the Sun: An Environmental History of the Twentieth-Century World, London 2001

Mel'nikaŭ, Ihar: Zabyty korpus. Historyja pol'skaha vojska na tėrytoryi Babrujščyny ŭ 1918, 1919–1920 hadach, Minsk 2108

(—): Zachodnebelaruskaja atlantyda 1921–1941, Minsk 2015

Melezh, Iwan: Menschen im Sumpf, Roman, Berlin 1974

Meyers Konversationslexikon, 4. Auflage, Karte „Polen vor den Friedensschlüssen von Oliva (1660) und Andrussow (1667)", dargestellt in: http://www.retrobibliothek.de/retrobib/hiresfaksimile_504475.jpeg

Michaljuk [Michaluk], Dorota: Belaruskaja Narodnaja Rėspublika ŭ 1918–1920 hh., Lja vytokaŭ belaruskaj dzjaržaŭnasci, Smalensk 2015

Michlic-Coren, Joanna: Anti-Jewish Violence in Poland 1918–1939 and 1945–1947. In: Polin. Studies in Polish Jewry 12 (2000), S. 34-61

Mienski, J.: The Establishment of the Belarussian SSR. In: Belarussian Review 1(1955), S. 11

Mieszczankowski, Mieczysław: Struktura agrarna Polski międzywojennej, Warszawa 1960

Migun, Dmitrij Adamovič: Germanija i Belarus': uroki istorii (1914–1922), Minsk 2001

Milata, Alojzy: Na froncie wschodnim. Malowniczy opis krain, położonych na wschodnim froncie wojennym: Podole, Polesie, Litwa, Siedmogród i Rumunia, Cieczyn 1916

Miljakova, Lidija (red.): Kniga pogromov. Pogromy na Ukraine, w Belorussii i evropejskoj časti Rossii v period Graždanskoj vojny, 1918–1922 g. Sbornik dokumentov, Moskva 2007

Miłosz, Czesław: Trwoga-sen. In: Wiersze, S. 155, dargestellt in: http://rcin.org.pl/Content/49161/WA248_66798_P-I-2524_kazmierczyk-rosja.pdf

Miranovič, Jauhen: Ustup, In: Bežanstva 1915 hoda, Białystok 2000

Mirni perehovory miž Ukrains'koju deržavoju ta RSFSR 1918 r. Protokoly i stenohramy plenarnych zasidan'. Zbirnik dokumentiv i materialiv, Kyiv [u.a.] 1999

Mironowicz, Antoni: Rewindykacja prawosławnych obiektów sakralnych w II Rzeczypospolitej. In: Białoruskie Zeszyty Historyczne 21(2004), S. 83-103

Mironowicz, Eugeniusz: Białoruś (wydanie 2., uzupełnione) Warszawa 2007, (=Historia Państw Świata w XX Wieku)

Mondalski, W.: Polesie, Kraków 1927

Morgenthau, Henry: All in a life, 1922, dargestellt: https://archive.org/details/allinlifetime00morguoft

Morphy, Howard: Colonialism, History and Construction of Place. The Politics of Landscape in Northern Australia, In: Bender, Barbara (Hrsg.): Landscape: politics and perspectives, Providence, S. 205-244

Münkler, Herfried: Der Große Krieg. Die Welt 1914 bis 1918, Berlin ²2013

Na poleskiej autostradzie (reportaż). In: Polesie. Nr 10 13.11.1938

Narysy historyi Belarusi, častka 2, Minsk 1995

Nasze Lasy i ochrona przyrody. Przewodnik po wystawie. Lwów 5-30 września 1936 r., 1936

Nelard, [Oktawiusz] inż (Hg.): Polesie ilustrowane. Monografja. Praca zbiorowa pod redakcją inż. Nelarda, Brześć n/B. 1923

Nelson, Robert L. (Hg.): Germans, Poland, and Colonial Expansion to the East 1850, New York, New York, 2009

Niezbrzycki, Jerzy: Polesie: opis wojskowo-geograficzny i studjum terenu, Warszawa 1930

O'Sullivan, Aidan: Crannogs. Places of Resistance in the Contested Landscapes of Early Modern Ireland. In: Bender, Barbara und Margot Winer (Hg.): Contested landscapes. Movement, exile and place, Oxford 2001, S. 87-101
Obrębski, Józef: Dzisiesi ludzie Polesia, In: Przeglad socjologiczny, Bd4 (1936), Heft1-2
(—): Problem etniczny Polesia,. In: Sprawy narodowościowe 10, Heft 1-2
(—): Polesie, Kraków 2007, Redakcja naukowa i wstęp Anna Engelking, Warszawa 2007 (= Studia etnosocjologiczne 1)
Očerki istorii Kommunističeskoj partii Belorussii, 2. izd., Minsk 1968, T.2
Ogonowski, Jerzy: Uprawnienia językowe mniejszości narodowych w Rzeczypospolitej Polskiej 1918–1939, Warszawa 2000
Orsini-Rosenberg, Stanisław: Zagadnienia styczne polityki gospodarczej i technologji społeczniej na Ziemiach Wschodnich Rzeczypospolitej, Warszawa 1928
Orwid-Bulicz, Roman: Der Preis des Sieges, Bonn 1967
Osen' 1939 goda: korennoj perelom v sud'be belorusskogo naroda, Brest 2009
Ossendowski, Antoni Ferdynand: Polesie. Łomianki [1934] 2015 (Cuda Polski)
Osterkamp, Jana: Wasser, Erde, Imperium. Eine kleine Politikgeschichte der Meliorationen in der Habsburgermonarchie. In: Ganzenmüller/Tönsmeyer 2016, S. 179-198
Osteuropa 64(2014), 2–4, Totentanz. Der Erste Weltkrieg im Osten Europas.
OUN-UPA v Belarusi. 1939–1953 gg. dokumenty i materialy, sost. V.I.Adamuško [i dr.] 2-e izd., Minsk 2012

Paciorkowski, Jerzy: Służba na wygnaniu, Policja 997, nr 1 (58), styczeń 2010, ISSN 1734-1167
Palujan, U.A.: Asadniki. In: ĖHB, tom 1, 1993, S. 202
Pamjac'. Pinsk, Minsk 1998
Paškevič, Aljaksandr: Nacyjanal'nyja pracėsy ŭ Paleskim vaevodstve ŭ 1920-ja hh. Praz pryzmu vynikaŭ vybarčych kampanij u pol'ski parlament. In: ARCHE 2013, Nr. 4, S. 99-210.
Pavlovič, M. P.: Osnovy imperialističeskoj politiki i mirovaja vojna, Band 11,1: Brestskij mir i uslovija ėkonomičeskago vozroždenija Rossii: estestvennyja bogatstva Rossii; ėkonomičeskij progress i gosudarstvennyja sooruženija, žel̆eznodorožnoe stroitel'stvo, vodnoe stroitel'stvo, Volgo-Donskoj kanal. Moskva: Izdat. Vserossiskago Central'nago Ispolnitel'nago Komiteta Sovětov R., S. K. i K. Deputatov., 1918
Perspektivnyj plan razvitija sel'skogo i lesnogo chozjajstva BSSR na 1925/26–1929/30 g., Minsk 1927
Pervaja vseobščaja perepis' naselenija Rosskijskoj Imperii 1897, XI. Grodnenskaja gubernija, SPb. 1903; XXII. Minskaja gubernija, SPb. 1904
Piasecki, Sergiusz: Der Geliebte der großen Bärin. Roman, Köln [u.a.] 1962
Pickhan, Gertrud: „Gegen den Strom": der allgemeine jüdische Arbeiterbund „Bund" in Polen 1918–1939, Stuttgart 2001
Piłsudski, Józef: Pisma zbiorowe. Wydanie prac dotychczas drukiem ogłoszonych, Tom V, Warszawa 1937
Pinčuk, Michail: Arkadz' Smolič. Najlepšy znaŭca belaruskaj zemli, Minsk 2015
Pinsker Zeitung. Pinskaja Gazeta, Pinsk 1915–1918
Pipes, Richard: Communism: a history of the intellectual and political movement, London 2003
(—): The Formation of the Soviet Union, Cambridge 1954
Platonaŭ R.: Utvarėnne BSSR, In: Ėncyklapedyja historyi Belarusi. U 6 t. T. 6. Kn. 2: Usveja – Jašyn; Dadatak, Minsk 2003
Plaetschke, Bruno: Kulturgeographische und politische Auswirkungen der Agrarreform in Polnisch-Weißrußland. In: Geographische Wochenschrift 1935, S. 1082-1088

Polesia Czar, hg. Koło Krajoznawcze Uczniów Gimnazjum im. J. Piłsudskiego, Pińsk 1936
Polesie i jego bogactwa. Rada Wojewódzka Okręgowych Towarzystw Rolniczych Województwa Poleskiego, Brześć n. B. 1926
Polesie. Organ wsi poleskiej, Rok 3, 1930
Polesie. Tygodniowe Pismo społeczne, gospodarcze i kulturalne. Wydaje i odpowiada H[ieronim] Opitz, Rok 1 (1938)
Poleski Dziennik Wojewódzki Nr 7, 30.05.1936, S. 91-94 und Nr. 8, 26.06.1936 Poz. 59-60. Aufbewahrungsort: AAN Bestand 63, Związek powiatów RP, Sign. 591
Połowicz, Marian Stanisław: Wielkopolanie na front poleski! Projekt kolonizacji Polesia wieśniakami z Wielkopolski, Poznań 1931
Polujan, Vladimir Aleksandrovič: Revoljucionno-demokraticeskoe dvizenie v zapadnoj Belorussii (1927–1939 gg.), Minsk 1978
Polesskij kommunar: dvuchnedel'nyj žurnal: organ Gomel'skogo gubernskogo komiteta Rossijskoj kommunističeskoj partii (1925–1926)
Poniatowski, J.: Młode pokolenia chłopów, Rzym 1946
Popowski, Josef: Entsumpfungs-Arbeiten in dem Polesie. Vortrag vom Ober-Lieutenant Josef Popowski, Wien 1884
Posadskij, Anton V. (Hg.): Krest'janskij front: 1918–1922 gg. Sbornik statej i materialov, Moskva 2013
Powierza, Bołesław, Inż.: O sfinansowaniu meljoracji Polesia w warunkach 1934 roku. In: Inżynieria Rolna, Warszawa 1934, H.2-3
Pragier, Adam: Das Klima im Lande. In: Staemmler, Klaus: Polen. Geschichte u. Gegenwart in Berichten u. Dokumenten, Würzburg 1975, S. 169-171
Pruchnik, Josef: Wissenschaftliche Untersuchungen im Zusammenhang mit der Bearbeitung eines Entwässerungsplans der Sümpfe von Polesie in Polen, Groningen 1932, Sonderdruck
Pruchnik, Józef, Inż: Postępy prac przy meljoracji Polesia. Referat (uzupełniony) wygłoszony na zebraniu tygodniowym P. T. P. w dniu 6 marca 1929 r. In: Czasopismo techniczne [auch Sonderdruck], S. 1- 2
(—): Postępy prac przy meljoracji Polesia. (Sprawozdanie za rok 1930. Lwów 1931 Odbitka z „Czasopisma Technicznego" 1931 r.
Prypjatskae Palesse, Minsk 2016 (=Belarus' praz pryzmu rėhijanal'naj historyi)
Puchała-Rojek, Karolina (red.): Zofia Chomętowska: Polesie; fotografie z lat 1925–1939 [...] w wystawie: Zofia Chomętowska. Między kadrami. Fotografie z lat 1925–1945; Narodowe Muzeum Historyczne Republiki Białorusi, Mińsk, Warszawa 2011
Puczyński, Kazimierz: Droge wodne na Polesiu. In: Rocznik Ziem Wschodnich, 1938, S. 93-98
Pervaja Vseobščaja perepis' naselenija Rossijskoj Imperii 1897 g. Pod red. N.A.Trojnickogo. t.I. Obščij svod po Imperii rezul'tatov razrabotki dannych Pervoj Vseobščej perepisi naselenija, proizvedennoj 28 janvarja 1897 goda. S.-Peterburg, 1905, zitiert in: http://demoscope.ru/weekly/ssp/rus_rel_97.php
Quinkert, Babette: Propaganda und Terror in Weißrußland 1941–1944. Die deutsche „geistige" Kriegsführung gegen Zivilbevölkerung und Partisanen, Paderborn 2009
Radkau, Joachim: Natur und Macht. Eine Weltgeschichte der Umwelt, München [2000] 2002
Radzikowski, J.: Kilka uwag w sprawie meljoracyj [!] na Polesiu. In: Inżynieria Rolna 1926, Nr. 5, S. 444-460
Ramanovič, P.S.: Administracijna-tėrytryjal'nae ŭladkavanne Belarusi 1917–1921 hh., In: Oktjabr' 1917 goda v sud'be mirovoj civilizacii. K 90-letiju Oktjabr'skoj revoljucii, Minsk 2008, S. 320-324
Randow, Norbert: Vorwort. In: Randow, Norbert (Hg.): Die junge Eiche. Klassische belorussische Erzählungen, Leipzig 1987, S. 5-8

Raspe, Jonathan: Nation wider Willen. Weißrussland in der Sowjetunion, 1921–1931. In: Jahrbücher für Geschichte Osteuropas 2018, S. 218-244

Razuvanava, K.S.: Belaruski Instytut Haspadarki i Kul'tury ŭ Zachodnjaj Belarusi (1926–1936 hh.), Minsk 2013

Reforma rolna w Polsce, Warszawa 1929

Reichstag. 142. Sitzung 18.03.1918, Rede von D. Naumann [Waldeck], S. 4442-4444

Repatriacje i migracje ludności pogranicza w XX wieku: stan badań oraz źródła do dziejów pogra - nicza polsko-litewsko-białoruskiego, Białystok 2004

Rhode, Gotthold: Kleine Gesachichte Polens, Darmstadt 1965

Rižskij mir v sud'be belorusskogo naroda, kniga 1, 2014; kniga 2, Minsk 2014

Rocznik Ziem Wschodnich 1938, Warszawa 1938

Rolecki, Rudolf: Czudzin – wieś powiatu łuninickiego. Stosunki społeczno-gospodarcze. In: Biało - ruskie Zeszyty Historyczne 2006, Nr. 26, S. 146-217

Rolnictwo na Polesiu. In: Polesie 1(5.8.1928), Nr.1

Romanowicz, Lidija: Szkola rolnicza w Duboi. In: Echa Polesia, 1. Juni 2014

Rozenblat, Evgenij: Meždu mifom i real'nost'ju: evrejskie bežency v zapadnoj Belarusi 1939–1941 gg. In: Repatriacje i migracje ludności pogranicza w XX wieku: stan badań oraz źródła do dzie - jów pogranicza polsko-litewsko-białoruskiego, Białystok 2004, S. 48-57

Rozporządzenie Prezesa Głównego Urzędu Ziemskiego z dnia 14 grudnia 1922 r. o wykonaniu usta - wy z dnia 10 stycznia 1922 r. w przedmiocie likwidacji serwitutów w województwach: wołyńs - kiem, poleskiem i nowogródzkiem oraz w powiatach: białostockim, bielskim, grodzieńskim, so - kólskim i wołkowyskim województwa białostockiego.

Rozprawa Rudolfa Roleckiego poświęcona Czudzinowi, oprac. Jerzy Tomaszewski, In: Białoruskie Zeszyty Historyczne. Z. 26 (2006), S. 141-217

Rudling, Per A.: The Rise and Ffall of Belarusian Nationalism, 1906–1931. Pittsburgh 2015

Ruchniewicz, Krzysztof: Der erste Weltkrieg – der fremde Krieg. In: FAZ 10.08.2014, http://www.faz.net/aktuell/politik/die-gegenwart/der-erste-weltkrieg-der-fremde-krieg-13090610.html (30.03.2018)

Rudovič, Stanislaŭ S.: Belaruski nacyjanal'ny kamitėt, In: ĖHB, tom 1, Minsk 1993, S. 448-449

(—): Naukova ėtyka ŭ „bol'šom kolchoze", ci Jak prafesary spisvajuc' u dacentaŭ. In: Arche. Pačatak 4/2017, S. 281-302

Rühle, Edward: Ziemie Wschodnie w cyfru. In: Rocznik Ziem Wschodnich 1938, S. 14

Rühling, Rudolf: Eisenbahngeographie Polens, Dresden 1935

Rustemeyer, Angela und Diana Siebert: Alltagsgeschichte der unteren Schichten im Russischen Reich 1861–1914. Kommentierte Bibliographie zeitgenössischer Titel und Bericht über die Forschung, Stuttgart 1997

Ruszczyk, Grażyna: Polesie. Fotografie z lat dwudziestych i trzydziestych, Warszawa 1996

Ruuskanen, Esa auf der Konferenz der ESEH in Zagreb, 1. Juli 2017

Rychłowski, Stefan: Dzisiejszy stan problemu meljoracji Polesia, Warszawa 1937

Šabunja, Konstantin Ivanovič: Agrarnyj vopros i krest'janskoe dviženie v Belorussii v revoljucii 1905–1907 gg., In: Ežegodnik po agrarnoj istorii vostočnoj Evropy 1961, S. 435-446

Sakaloŭski, Uladzimir: Auf der Suche nach der verlorenen Identität. In: Via Regia, Oktober 1993, S. 18-20
Samorząd terytorialny w II Rzeczypospolitej – zarys prawno-historyczny, Biuro analiz i dokumentacji. Zespół Analiz i Opracowań Tematycznych. Opracowania tematyczne, OT-638, Kancelaria Senatu, Warszawa 2015 = https://www.senat.gov.pl/gfx/senat/pl/senatopracowania/134/plik/ot-638_internet_2.pdf
Sawaniewska-Mochowa, Zofia und Anna Zielińska: Stereotyp drobnej szlachty wiejskiej w tekstach literackich, folklorystycznych i gwarowych. Rekonesans, In: Pogranicza języków, pogranicza kultur: studia ofiarowane Elżbiecie Smułkowej, Warszawa 2003, S. 280-287
Sawicki, Kazimierz: Wykonanie meljoracji [!] rolnych przy scalaniu gruntów. In: Inżynieria Rolna, 1926, Heft 5-6, (S. 249-542, Pamiętnik 1-go Ogólno-Państwowego Zjazdu Meljoracyjnego w Warszawie 25 – 28 wrzećnia 1926 roku), S. 365-369
Sbornik ukazov RSFSR. 1918. No 99. St. 1019, zitiert in: http://elib.bsu.by/bitstream/123456789/92350/1/Snapkovsky.pdf, Nr. 36
Scharlaj, Marina: Null und Atlantis: Metaphorische Konzeptualisierung des Weißrussischen, München [u.a.] 2012
Schenk, Frithjof Benjamin: Russlands Fahrt in die Moderne: Mobilität und sozialer Raum im Eisenbahnzeitalter, Stuttgart 2014
Schenke, Cornelia: Nationalstaat und nationale Frage. Polen und die Ukrainer in Wolhynien 1921–1939, Hamburg 2004
(—): Polnische Ukrainepolitik in Wolhynien 1921–1939. In: Zeitschrift für Ostmitteleuropaforschung, 62(2013), 2, S. 273-291
Schmidt, Christoph: Die entheiligte Utopie. Jüdische Ideen- und Sozialgeschichte am Dnepr (1750–1900), Köln 2004
Schnell, Felix: Räume des Schreckens. Gewalt und Gruppenmilitanz in der Ukraine 1905–1933, Hamburg 2012
Schulthess' europäischer Geschichtskalender/59,2(NF34,2)1918 [erschien 1922]
Schuster, Frank M.: Zwischen allen Fronten: Osteuropäische Juden während des Ersten Weltkrieges (1914–1919), Köln [u.a.] 2004
Semirjaga, Michail Ivanovič: Tajny stalinskoj diplomatii 1939–1941, Moskva 1992
Seržputoŭski, Aljaksandr: Prymchi i zababony belarusaŭ-palešukoŭ, Mensk 1930, Neuauflage Minsk 1998
Shohet, Azriel: The Jews of Pinsk, 1881 to 1941, Palo Alto 2012
Sidarėvič, A.M.: Belaruski narodny kamitėt, In: ĖHB, tom 1, Minsk 1993, S. 438
Siebert, Diana: Aller Herren Außenposten. Korfu von 1797 bis 1944, Köln 2016
(—): Bäuerliche Alltagsstrategien in der Belarussischen SSR (1921–1941). Die Zerstörung patriarchalischer Familienwirtschaft, Stuttgart 1998 [1998a]
(—): Die ländliche Wirtschaft im polnischen und sowjetischen Teil des weißrussischen Polesien (1921–1939). Ein Vergleich, Köln 1990 (unveröffentlichte Magisterarbeit, nachträglich eingestellt auf http://www.diana-siebert.de/geschichte/Polesie-Magisterin-1990.html)
(—): Józef Obrębski und die Argonauten der westpolesischen Sümpfe, Köln 1998 (unveröffentlicht, nachträglich eingestellt auf http://www.diana-siebert.de/geschichte/Jozef-Obrebski-Diana-Siebert.pdf) [1998b]
(—): The failure of mapmaking and territorialisation of statehood in Polesia and Belarus' in 1918. In: New Eastern Europe, Warsaw 2018, Heft 6
Zibert, Dyjana [Siebert, Diana]: Ustanova addzelaŭ ZAHS u SSRB: hramadzjanizacyja i indyvidualizacyja praz ustanaŭlenne paradku, In: Belaruski Histaryčny Ahljad, 2017, T.24, S. 71-88

Zibert, Diana [Siebert, Diana]: Karta iz priloženija k Brest-Litovskomu mirnomu dogovoru: pričiny neopublikovanija i ošibki v interpretacii teksta dokumenta v nemeckojazyčnoj istoriografii. In: Žurnal Belorusskogo gosudarstvennaja universiteta. Istorija 2018, Nr. 2 [2018a]

Zibert, Diana: Passivnost' kak neprjijatie krest'janami Belorussii kollektivizacii. In: Histaryčnaja navuka i Histaryčnaja adukacyja ў Rėspublicy Belarus'. Tėzisy dakladaў i pa'edamlennjaў, Minsk 1993, T. 1, S. 185-186.

Skorowidz miejscowości Rzeczypospolitej Polskiej: opracowany na podstawie wyników pierwszego powszechnego spisu ludności z dn. 30 września 1921 r. i innych źródeł urzędowych. T. 8, Województwo poleskie. Hg.: Główny Urząd Statystyczny Rzeczypospolitej Polskiej, Warszawa 1924

Śleszyński, Wojciech: Bezpieczeństwo wewnętrzne w polityce państwa polskiego na ziemiach północno-wschodnich II Rzeczypospolite, Warszawa 2007

(—): Województwo poleskie, Kraków 2014

(—): Zajścia antyżydowskie w Brześciu nad Bugiem 13 V 1937 roku. Białystok 2004

Sloin, Andrew: The Jewish Revolution in Belorussia. Economy, race, and Bolshevik power, Bloomington [u.a.] 2017

Słownik geograficzny Królestwa Polskiego i innych krajów słowiańskich, Warszawa 1880–1914, om VIII, Per–Pozaj, hasło „Polesie“, Warszawa 1887

Sluč, Sergej: UdSSR, Vostočnaja Evropa i Vtoraja mirovaja vojna 1939–1941: diskussii, kommentarii, razmyšlenija, hg. Rossijskaja Akademija Nauk, Institut Slavjanovedenija. [Otv., Red. i Sost.: S. Z. Sluč], Moskva 2007

Smaljančuk, Ales': Paleskaja vëska ŭ stasunku da Pana. In: Smaljančuk, Ales': Belaruskaja historyja: znajsci čalaveka, Minsk 2013, S. 138-154

Smaljančuk, Aljaksandr: Raman Skirmunt (1868–1939). Zyccjapis hramadzanina Kraju. Minsk 2018

Smilovickij, Leonid: Evrei v Turove: istorija mestečka mozyrskogo Poles"ja. Ierusalim [Jerusalem] 2008

Smol'janinov, Michail Mitrofanovič: Moral'no-boevoe sostojanie rossijskich vojsk Zapadnogo fronta v 1917 godu, Minsk 2008

(—): Belarus' v Pervoj mirovoj vojne 1914–1918 gg., Minsk 2014

Snyder, T.: Das Bild ist größer, als man denkt. Eine Antwort auf manche Kritiken an Bloodlands, In: Journal of Modern European History 2013, S. 6-18

(—): Black Earth. Der Holocaust und warum er sich wiederholen kann, München 2015

(—): Bloodlands. Europa zwischen Hitler und Stalin. 4., durchges. Aufl., München 2012

Sobolewski, Walerjan: Zagospodarowanie Polesia. In: Kalendarz Ziem Wschodnich, Warszawa 1935, S. 212-216

Société des nations. Commission consultative et technique des communications et du transit. Note du Comité d'experts mis à la disposition du Gouvernement polonais par la Société des Nations sur l'assèchement des marais de la Polésie, Genève 1927

Sorkina, Ina: Mjastėčki belaruskaha Palessja ŭ XIX – peršaj trėci XX stst. In: ARCHE. Pačatak 2013, Nr. 4, S. 52-81

Source Records of the Great War, Vol. VI, ed. Charles F. Horne, National Alumni 1923, dargestellt in: http://www.firstworldwar.com/source/ukrainianpeacetreaty.htm

Šparaha, Vol'ha: Das Politische ist das Private, In: Klinaŭ, Artur: Partisanen. Kultur_Macht_Belarus, Berlin 2014, S. 144-149

Sperber, Manès: Die Wasserträger Gottes. All das Vergangene... München 1981

Spittler, G.: Passivität statt sozialer Bewegung. Familiäre Subsistenzwirtschaft als Basis für defensive Strategien der Bauern und Passivität der Verwaltung, In: Soziale Bewegung in Entwicklungsländern, Baden-Baden 1983

Staškevič, Mikalaj: Peryjad njameckaj i pol'skaj akupacyi 1918–20, In: ĖHB, tom 5, 1999, S. 417-419

Staniewicz, Witold (prof. dr.): Zagadnienie melioracji Polesia, Wilno 1937

Stawecki, P.: Polityka wojskowa Polski 1921–1926, Warszawa 1981
Stegner, Tadeusz: Wyznania. In: Metamorfozy 10, Warszawa 2015, S. 189-223
Stępowski, Marjan: W dżungli poleskiej: wrażenia z wędrówek radjokronikarza, Lwów 1933
Stobniak-Smogorzewska, J.: Kresowe osadnictwo wojskowe 1920–1945, Warszawa 2003
Stone, Norman: The eastern front: 1914–1917, London 1975
Strazhas, Abba: Deutsche Ostpolitik im Ersten Weltkrieg. Der Fall Ober Ost, 1915–1917, Wiesbaden 1993
Streffleur's Militärblatt, 25. September 1915, S. 2-5, hier S., 5
Strowski, J.: Związki rolnicze na Polesiu, Brześć nad Bugiem 1935
Studnicki, Władisław: W sprawie osadnictwa żołnierskiego na ziemiach wschodnich, Warszawa 1921
(—): Das östliche Polen, Kitzingen, Main: Holzner 1953
(—): Ziemie Wschodnie, stan gospodarczy i widoki rozwoju, Warszawa 1929
Stužynskaja, Nina: Belarus' mjacežnaja: z historyi ŭzbroenaha antysaveckaha supracivu ŭ 20-ja hh. XX stahoddzja, Minsk 2012
Sunderland, Willard: the Baron's Cloak. A History of the Russian Empire in War and Revolution, Ithaca 2014
Šybeka, Zachar': Narys historyi Belarusi (1795–2002), Minsk 2003
Szafer, Władysław: Ochrona przyrody na Polesiu = (Preservation of nature in Polesie) (Biuro Meljoracji Polesia.) Odb.: Postęp prac przy meljoracji Polesia: sprawozdanie za lata 1931–1932, Brześć nad Bugiem 1933
Szejnert, Małgorzata: Usypać góry. Historie z Polesia, Kraków 2015

Tabiński, P.: Akcja unijna a krytyka polska, Warszawa 1932
Tagungsbericht: Die Entstehung und Entwicklung des Antisemitismus als politische Bewegung im europäischen Vergleich (1879–1914), 24.03.2010–26.03.2010 Berlin, in: H-Soz-Kult, 19.04.2010, <www.hsozkult.de/conferencereport/id/tagungsberichte-3073>
Takoeva, Irina Timurovna: Gomel'skaja gubernija. Kak vsë načinalos'. Neizvestnye stranicy, Gomel' 2014
Tereškovič, Pavel V.: Ėtničeskaja istorija Belarusi XIX-načala XX v. v kontekste central'no-vostočnoj Evropy, Minsk 2004
Tillinger, T.: Regulacja Prypeci. In: Inżenieria Rolna 1928, 5
Tillinger, T.T.: Drogi wodne na Polesiu. In: Kalendarz Ziem Wschodnich na rok 1935, 1935, S. 209-212
Tohuleva, A.D.: Kastryčnickaja rėvaljucyja i Belaruskaja Sacyjalistyčnaja Hramada. In: Oktjabr' 1917 goda v sud'be mirovoj civilizacii. K 90-letiju Oktjabr'skoj revoljucii, Minsk 2008, S. 351-356
Tołpa, Stanisław: Z wędrowek po Polesiu, Lwów 1936
Tomaszewski, Jerzy: Ojczyzna nie tylko Polaków. Mniejszości narodowe w Polsce w latach 1918–1939, Warszawa 1985
(—): Rzeczpospolita wielu narodów, Warszawa 1985
(—): Z dziejów Polesia. 1921–1939. Zarys stosunków społeczno-ekonomicznych, Warszawa 1963
Traccjak, Sjarhej A.: Brėscki mir i hramadska-palityčnyja pracėsy ŭ Belarusi, listapad 1917 – studzen' 1919 h, Minsk 2009
Trafimčyk, Anatol' V.: Bal'šaviki i ich adnosiny da dzjaržaŭnasci Belarusi ŭ peršai hod rėvaljucyi. In: Oktjabr' 1917 goda v sud'be mirovoj civilizacii. K 90-letiju Oktjabr'skoj revoljucii, Minsk 2008, S., Minsk 2008, S. 360-368
(—): Lenin i Stalin dumajuc' pra Belarus', Minsk 2013
(—): Uspaminy „zachodnikaŭ" pra peršyja saveckija vybary ŭ Hancavickim raëne Brėsckaj voblasci, In: Vosen' 1939 hoda ŭ histaryčnyj tradycyi i vusnaj historyi, Minsk 2015, S. 95-105

Traktat Pokoju między Polską a Rosją i Ukrainą, Ryga 18 marca 1921. 85 lat później, Warszawa 2006, S. 43-79
Trojanowski, W.: Melioracja nieużytków w województwach wschodnich wobec reformy rolnej. In: Inżynieria Rolna 1926, Nr. 5-6, S. 461-479
Trusiewicz, Stanisław: Uwagi i dane o możliwościach ekspansji gospodarczej kupiectwa i rzemiosła polskiego na Polesiu i dodatek informacyjny o Wołyniu, [Warszawa] 1937
Trybuś, Krzysztof: Kresy – dekonstrukcja, Poznań 2007
Trzeciak, ks. Dr Stanisław: Talmud o gojach a kwestia żydowska w Polsce [ca. 1939], Neuausgabe 2010
Turonak, Jury: Madėrnaja historyja Belarusi, Vil'nja 2008

U čatyry kija. In: Belaruski Šljach, Mensk, 30.03.1918, Nr. 7
Urzędowy Rozkład jazdy i lotów z załączniki: Komunikacja samochodowa P.K.P.[...] (Reprint Poznań 2014)
Ustawa z dnia 15 lipca 1920 roku o wykonaniu reformy rolnej, poz. 462 = http://isap.sejm.gov.pl/DetailsServlet?id=WDU19200700462

Vabiščėvič, A.M.: Asveta na Palessi ŭ 1921–1939 hh.: pamiž spaddzjavannjami i rėalijami. In: ARCHE. Pačatak 2013, S. 82-98
(—): Asveta ŭ Zachodnjaj Belarusi (1921–1939 hh.), Brėst 2004
(—): Nacyjanal'ny-kul'turnae žycce Zachodnjaj Belarusi (1921–1939 гг.), Brėst 2008
Vabiščevič, A.M., In: Vesn. Brėsc. Un-ta Ser. humanit i hramad. Navuk 2007,2
Vakar, Nicholas P.: Belorussia – the Making of a Nation – A Case Study, Cambridge, Massachusetts 1956
Van de Grift, Liesbeth: On New Land a New Society: Internal Colonisation in the Netherlands, 1918–1940, in: Contemporary European History 22, 4 (November 2013), S. 609-626; DOI: 10.1017/S0960777313000386
Vasmer, Max: Die Urheimat der Slawen. In: Volz, Wilhelm (Hrsg.): Der ostdeutsche Volksboden. Aufsätze zu den Fragen des Ostens, Breslau 1926, S. 118-143
Velhagen & Klasings Atlas von 1936
Verfassung der Republik Polen vom 17. März 1921, http://www.verfassungen.eu/pl/verf21-i.htm
Vestnik Polesskich Železnych Dorog; (Aufbewahrungsort:) NIAB Bestand 2415-1, Sign. 395
Vjačorka, Aljaksej: Staronki žyccja paleskaha mjastėčka ŭ mižvaenny čas, In: Arche 2014, Nr. 7–8, S. 334-367
Vjaliki histaryčny atlas Belarusi, tom 4, Minsk 2018
Vogel, Johannes (Hofprediger): Bis Pinsk mit der Garde-Kavallerie, Potsdam: Stiftungsverlag 1918
Volkssekretariat der BNR an den Kanzler Deutschlands 5.4.1918. In: Archivy BNR, tom 1, kniha 1 Vil'nja [u.a.] 1998, S. 79
von Hirschhausen, Béatrice, Hannes Grandits, Claudia Kraft, Dietmar Müller, Thomas Serrier (Hg.): Phantomgrenzen. Räume und Akteure in der Zeit neu denken, Göttingen 2015
Vorbild Wehrmacht? Wehrmachtsverbrechen, Rechtsextremismus und Bundeswehr, Köln 1998, hg. von Klotz, Johannes und Gerlach, Christian
Vosen' 1939 goda ŭ histaryčnaj tradycyi i vusnaj historyi, Minsk 2015
Volkava V. V.: Administracyjna-tėrytaryjal'ny padzel njameckaj akupacyjnaj zony Ober Ost (1915–1918 hh.), In: Pracy histaryčnaha fakul'tėta BDU: navukovy zbornik, Minsk 2012, Nr. 7, S. 28-34
Vrublevskij, Vadim Valer'evič (Hg.): Belarus' v gody Pervoj mirovoj vojny: (1914–1918); sbornik dokumentov, Minsk 2014

Wakar, Włodzimierz: Rozwój terytoryalny narodowości polskiej Cz. III. Statystyka narodowościowa kresów wschodnich, cz. 3, Kielce 1917
Walczewska, Sławomira: Damen, Ritter und Feministinnen. Zum Frauenrechtsdiskurs in Polen, Wiesbaden 2015
Waldbericht der Bundesregierung, Stand September 2017
Wasilewski, Leon: Die nationalen und kulturellen Verhältnisse im sogenannten Westrussland, Wien 1915
(—): Die Ostprovinzen des alten Polenreiches. (Lithauen und Weißruthenien. Die Landschaft Chełm. Ostgalizien. Die Ukraina), Krakau 1916
(—): Sprawy narodowosciowe w teorji i w życiu, Warszawa 1929
Wendland, Anna Veronika: Die Russophilen in Galizien: ukrainische Konservative zwischen Österreich und Rußland, 1848–1915, Wien 2001
(—): Rezension zu Schenke, a.a.O., 2004, In: JbbGO 2010, S. 121-125
Wheeler-Bennett, John W.: Brest-Litovsk: The Forgotten Peace. March 1918, London 1963
Wid, T.: Polesie w okresie rządów pomajowych, Brześć 1928
Wierzbicki, Marek: Białorusini w wojsku Polskim (1921–1939) In: Mniejszości narodowe i wyznaniowe w siłach zbrojnych Drugiej Rzeczypospolitej 1918–1939: zbiór studiów, pod red. Zbigniewa Karpusa i Waldemara Rezmera, Toruń 2001, S. 153-176
Winker, Gabrielle: Care Revolution. Schritte in eine solidarische Gesellschaft, Bielefeld 2015
Wirpsza, Witold: Polaku, kim jesteś? 2. Auflage, Berlin 1986
Wirpsza, Witold: Pole, wer bist Du?, Luzern [u.a.] 1971
Włodarkiewicz, Wojciech: Polesie 1939, Warszawa 2011 (=Historyczne bitwy)
Wohlleben, Peter: Der Wald. Eine Entdeckungsreise. 3. Auflage, München 2016
Wychować lojalnych obywateli – polityka oświatowa państwa polskiego na Polesiu, wstęp i opracowanie naukowe Andrzej Smolarczyk, Wojciech Śleszyński, Anna Włodarczyk, Kraków-Białystok 2016
Wysłouch, Franciszek: Echa Polesia, Londyn 1979, nach der Neuauflage Łomianki o.J.
(—): Opowiadania poleskie [Londyn 1968], nach der Ausgabe Łomianki o.J. [²1994]
(—): Na ścieżkach Polesia, o.O. 1976, nach der Ausgabe Łomianki o.J.
Wysocki, Artur: Zderzenie kultur: polskość i sowieckość na ziemiach wschodnich Rzeczypospolitej Polskiej w latach 1939–1941 we wspomnieniach Polaków, Lublin 2014
Wyszczelski, L.: Działalność oświatwo-wychowawcza w Wojsku Polskim w latach 1918–1939, Warszawa 1995

Z žyccja našej vёski. In: Belaruski front, Nr. 37(01.02.1939), 4. Jg., S. 3-4
Zaerko, A.L.: Krovavaja granica. Kniga pervaja 1918–1939, Minsk 2002
Zaharodz'dze-3: Matėryjaly navukova-krajaznaŭčaj kanfėrėncyi „Pales'se ŭ XX stahodz'dzi" (1-4 čėrvenja 2000 h., Belastok) Ukl. i ah. rėd. F. Klimuka, A. Ėnhel'kinh, V. Labačėŭskaja. Minsk 2001
Zahidulin, A.M.: Dzaržaŭnaja palityka Pol'šy ŭ haline belaruskaj adukacyi (1921–1939 hh.). In: Vesnik GrDU, ser. 1, no. 2 (2005), S. 16
(—): Ėtnakanfesijanal'naja palityka pol'skich ulad u Zachodnjaj Belarusi (1921–1939), Hrodna 2007
Zalewska, Gabriela: Ludność żydowska w Warszawie w okresie międzywojennym, Warszawa 1996
Zasim, Pilip: Šani, vёska Pružanskaha paveta. Ėkanamičnae i sacijal'nae dasledavanne. In: ARCHE. Pačatak 2013, Nr. 4, S. 359-419
Zeitschrift für Ostmitteleuropaforschung 62(2013), Heft 2: Nationalisierung und Pragmatismus. Staatliche Institutionen und Minderheiten in Polen 1918–1939, hg. v. Stephan Stach u. Christhardt Henschel
Zelepos, Ioannis: Die Ethnisierung griechischer Identität 1870–1912: Staat und private Akteure vor dem Hintergrund der „Megali Idea", München 2002

(—): Kleine Geschichte Griechenlands. Von der Staatsgründung bis heute, München 2014
Zemke, H.: Der Oberbefehlshaber Ost und das Schulwesen im Verwaltungsbereich Litauen während des Weltkriegs, Berlin 1936
Zender, Matthias: Das Volksleben in den Rheinlanden seit 1815. In: Wirtschaft und Kultur im 19. und 20. Jahrhundert (=Rheinische Geschichte in drei Bänden, Band 3, Düsseldorf 1979, S. 759-868
Ziemia pińska. Czasopismo poświęcone sprawom Województwa Poleskiego, 1929
Ziemia Poleska, Rok 1 (1932); Rok 2 (1933)
Zilch, Reinhold: Okkupation und Währung im Ersten Weltkrieg: die deutsche Besatzungspolitik in Belgien und Russisch-Polen 1914–1918, Goldbach 1994
Zimmerer, Jürgen: Die Geburt des „Ostlandes" aus dem Geiste des Kolonialismus. Die nationalsozialistische Eroberungs- und Beherrschungspolitik in (post-)kolonialer Perspektive. In: Sozial.Geschichte, 19(2004) 1, S. 10-43
(—): Von Windhuk nach Auschwitz? Beiträge zum Verhältnis von Kolonialismus und Holocaust, Münster 2011
Związek Osadników: Sprawozdanie z działalności za czas od 1.11.1933 do 1.10.1935 r., Warszawa 1935
Życie Polesia, vom 31. Januar 1926, Nr. 5
Żydzi w Polsce odrodzonej. Działalność społeczna, gospodarcza, koświatowa i kulturalna red. I.Schiper, A. Tartakower, A. Hafftki, t.II, Warszawa 1933
Žyhocki, Mikola: Jakub Kolas i lehendarny dzed Talaš. Narysy, Minsk 2012

Abbildung 17: Die Wojewodschaft Polesien gehörte von 1921 bis 1939 zur Republik Polen. Sie erstreckte sich auf den westlichen Teil der Landschaft Polesien und war ab 1930 in 9 Landkreise (powiaty) unterteilt. Abbildung: Verwaltungsgliederung 1938

Quelle: Poznaniak - własna praca na podstawie Mapa Gmin Rzeczypospolitej Polskiej, GUS 1938, CC BY-SA 2.5

https://pl.wikipedia.org/wiki/Wojew%C3%B3dztwo_poleskie#/media/File:Wojew%C3%B3dztwo_poleskie_-_podzia%C5%82_administracyjny_1939.png